효과적인 치료전략 선택하기

Lourie W. Reichenberg, Linda Seligman 지음

김영혜, 김민정, 심은정, 신혜린, 양현정, 유나현, 윤정설 옮김

Σ **시그마프레스**

효과적인 치료전략 선택하기, 제5판

발행일 | 2017년 7월 25일 1쇄 발행
저 자 | Lourie W. Reichenberg, Linda Seligman
역 자 | 김영혜, 김민정, 심은정, 신혜린, 양현정, 유나현, 윤정설
발행인 | 강학경
발행처 | ㈜ 시그마프레스
디자인 | 조은영
편 집 | 이지선

등록번호 | 제10-2642호
주소 | 서울시 영등포구 양평로 22길 21 선유도코오롱디지털타워 A401~403호
전자우편 | sigma@spress.co.kr
홈페이지 | http://www.sigmapress.co.kr
전화 | (02)323-4845, (02)2062-5184~8
팩스 | (02)323-4197

ISBN | 978-89-6866-952-1

Selecting Effective Treatment
A Comprehensive Systematic Guide to Treating Mental Disorders, 5th Edition

＊ 책값은 책 뒤표지에 있습니다.

이 도서의 국립중앙도서관 출판예정도서목록(CIP)은 서지정보유통지원시스템 홈페이지(http://
seoji.nl.go.kr)와 국가자료공동목록시스템(http://www.nl.go.kr/kolisnet)에서 이용하실 수 있습
니다. (CIP제어번호 : CIP2017017606)

역자 서문

지난 2011년 3월에 상담 및 심리치료의 이론, 제2판과 2014년도와 2015년도에 '제4판'이 출간되었다. 이 번 역서들은 모두 Lourie W. Reichenberg와 Linda Seligman 박사의 저서였다. 다양한 상담이론들을 성장배경, 정서, 행동, 사고체계로 나누어 상세하면서도 흥미롭게 기술한 이 책은 번역을 하면서도 애정을 느낄 만큼 좋은 전문교재라고 여겼었다. 당시 저자 소개에 언급되었던 책 중에 하나가 바로 이 책이었다. 2016년에 시그마프레스로부터 이 책을 의뢰받고 두 저자에 대한 관심만으로도 충분히 번역하고 싶은 마음이 들었던 것이 사실이다.

상담심리학을 가르치고 실제 상담 현장에 있는 훌륭한 후배 동료들과 이 책을 살펴보며 '같이 번역해 보자'는 마음이 저절로 들 정도로 역자 모두가 애정을 담아 번역을 시작하게 되었다. 이 책은 새롭게 등장한 DSM-5의 체계를 큰 틀로 놓고 상담 현장에서 만나는 내담자의 문제를 효과적으로 개입할 수 있는 길을 찾아주는 훌륭한 안내서와도 같다. 제1장에 설명되어 있지만, 저자들은 내담자의 문제를 이해하는 통합적 모델로 'DO A CLIENT MAP'을 제안하였다. 알파벳으로 표시된 글자 하나하나가 의미하는 것은 진단(D), 치료목표(O), 평가(A), 치료자의 자질(C), 치료 장소(L), 개입 전략(I), 치료의 주안점(E), 치료 참여 구성(N), 치료 속도(T), 약물 치료(M), 보조 개입(A), 예후(P) 등이다.

진단의 틀은 DSM-5의 기준을 따르되 수많은 최근 연구들과 사례를 적용하며 쓴 이 책은 각각의 증상을 가진 내담자의 삶을 눈앞에서 보듯 기술해 주고 있다. 상담 현장에서 슈퍼비전을 할 때 공통적으로 받는 질문은 내담자에게 어떤 치료적 개입을 언제, 어떻게 해야 하는지, 상담 과정에서 무엇을 초점으로 두어야 하는지, 가족상담이나 부부상담은 필요한지, 앞으로 몇 회기를 더 해야 하는지, 약물치료는 병행해야 하는지 등이다. 이 질문에 대한 답과 상담자의 태도나 역할은 어떠해야 하는지를 함께 고민하며 공부하는 상담자들에게 이 책의 통합적 틀이 다소나마 도움이 될 수 있을 것으로 기대해 본다.

이 책에서 알려 주고자 하는 것은 어쩌면 '내담자의 마음속에 있는 (변화를 위한) 지도를 찾으라'는 것이 아닐까 싶다. 앞서 번역했던 상담 및 심리치료의 이론 책에서 그러했듯 저자들은 뭐 하나 빠뜨리지 않으려는 듯 꼼꼼한 진단 틀을 기술할 뿐 아니라 적절한 사례를 반드시 넣어 줌으로써 살아 있는 교재로 만들어 주었다. 역자들은 원서에 기술된 수려한 문장들의 본래 의미를 잘 전달하려고 애썼으나 부족한 부분도 있을 것이다. 역자들의 역량 부족을 꼼꼼한 일정 관리와 세심한 교정으로 보완해 준 편집부 이지선 선생님과 늘 응원해 주시는 김갑성 차장님 그리고 강학경 사장님께 감사의 말씀을 드리고 싶다.

2017년 7월
역자 대표 김영혜

저자 서문

25년 전, 이 책의 초판에 치료 계획에 대한 체계적 접근이 포함되었었는데, 치료 설계는 Linda Seligman 박사의 독자적인 아이디어였다. 이 책의 초판 서문에 그녀는 다음과 같이 기술하였다.

이 책은 *DSM* 및 여러 연구 결과에 기초하고 있으며 체계적이고 구조화된 접근으로 사례와 치료 계획 예시를 제공하고 있다. 이러한 포괄적인 관점을 통해 정신질환을 치료하는 치료자들이 최신 지식을 잘 사용하고 가장 효과적인 서비스를 제공하도록 도울 수 있을 것이다.

25년이 지난 지금 *DSM-5*의 출간과 함께, 치료 계획에 대한 종합적인 접근의 내용을 담고 있는 이 책의 제5판은 오늘날 더욱더 의미가 있다.

2013년 *DSM-5*의 출간 이후, 나는 와일리출판사의 편집장인 Rachel Livsey와 함께 정신건강 서비스 제공자들에게 *DSM-IV*-TR에서 *DSM-5*로의 변화에 대해 교량 역할을 해줄 책을 준비하기 위해 함께 작업해왔다. Rachel과 와일리출판사의 헌신적인 직원들 덕분에, *DSM-5 Essentials*가 6개월 만에 출판되었으며 치료자를 위한 유용하고 대중적인 도구가 되었다.

*DSM-5 Essentials*와 이 책은 둘 다 *DSM-5*를 보완하기 위해 기획되었다.

과정을 간소화하기 위해 이 책의 5판은 진단적 범주를 *DSM-5*의 새로운 수정 내용과 일관되게 완전히 재조직하였다. 이 책은 새로운 *DSM-5*의 발달적 관점을 따르며 아동의 장애들을 적절한 범주에 포함시키고 있다. 따라서 자폐스펙트럼장애는 이제 지적장애, 학습장애, ADHD와 함께 신경발달장애의 장에서 찾을 수 있다. 그리고 아동기에 뿌리를 둔 다른 장애(예 : 양극성, 불안, 우울)에 대한 논의는 그 장애들의 특정 범주에 통합되었다. 이러한 변화는 정신질환의 19개 범주에 적용된다. 이에 흥미가 있는 독자들은 *DSM-IV*에서 *DSM-5*로 변화한 모든 목록을 *DSM-5 Essentials*와 *DSM-5* 부록에서 찾을 수 있을 것이다(APA, 2013, p. 809).

이 책에서 변화하지 않은 것은 각 장애들을 치료 설계 체계 안에 두는 구조적 일관성이다. '통합 치료 모델'이라는 머리글자는 진단의 다축체계가 삭제된 이후에 더욱 의미가 있다. 많은 학생들과 교수들은 "단일 축의 세계에서 우리는 어떻게 진단을 하는가?"라고 질문해왔다. 그러나 치료 설계 체계에 익숙한 또 다른 사람들은 환자들을 평가하고, 진단하고, 효과적인 치료법을 선택하는 데 이 간단하지만 통합적인 방식에 곧 의지하게 될 것이라고 확신한다. 학생, 상담가, 사회복지사 등은 이 책이 환자들과 작업하는 데 있어 얼마나 중요한지 나에게 말해왔다. 제일 많이 듣는 코멘트는 다음과 같다. "당신의 책은 내가 대학원 시절에도, 그리고 지금도 필요한 책이었고 몇 년 후에도 계속 사용할 것입니다."

차례

효과적인 치료 계획

진단과 평가는 왜 중요한가

학생, 동료, 인턴, 전문직 종사자를 막론하고 정신질환 진단은 일종의 '낙인찍기'라고 반응하고 '보험회사 용도'라고 고집하는 것을 들어왔다. 어떤 이유에서인지 이러한 말들은 DSM-5의 출간 이후로 더 늘어나는 것처럼 보이며, 어쩌면 이는 새롭고 다소 정교하게 변화된 것을 학습해야 함을 피하기 위한 것인지도 모른다. 확실히 진단은 쉽지 않지만, 정확한 진단 없이는 어떤 치료를 추천할 것인지 알아낼 방법이 전혀 없다.

다음과 같은 시나리오를 고려해보자.

📖 사례 연구 1.1

잭은 64세 노인(남)이다. 그는 쉽게 화를 내고, 같이 어울리기 어려운 성향을 보이기 시작해서 부부 상담을 받기 시작했다. 결혼한 지 35년 차가 되자 그는 아내에게 고함을 지르기 시작했고, 특히 저녁에는 매우 적대적인 태도를 보였다. 아내는 별거를 생각하는 중이다. 이들 부부는 매주 부부 상담을 받고 있지만 상황은 악화되기만 하는 것 같다.

📖 사례 연구 1.2

질리안은 강박장애(OCD) 증상으로 인해 정신과 의사에게 항우울제(SSRI)를 처방받고 있는 14세 소녀이다. 그녀는 타인이 만들어준 음식을 먹는 것 또는 타인이 만졌던 것을 싫어하며 현재 체중이 45kg 미만으로 떨어진 상태이다. 담당 정신과 의사는 개인치료를 받으라고 외부 진료 의뢰를 보냈고 그녀를 맡은 상담자는 자신이 운영하고 있는 여성·청소년 식욕부진 내담자를 위한 지지 집단이 딱 맞을 것이라고 판단한다. 이 지지 집단은 매주 모임을 갖는다. 그러나 그녀의 증상은 개선되지 않았고 모임에 나간 첫 달에 체중이 오히려 2kg 이상 더 빠졌다.

📖 **사례 연구 1.3**

> 3명의 개구쟁이 아들이 있는 37세의 한 유부녀는 섬유근육통 증후군과 류마티스성 관절염 진단을 받았다. 그녀는 항상 지쳐 있고 통증을 호소했으며 자신과 가족을 돌보기 위해 최근에는 직장을 그만두었다. 의사의 권고에 따라 그녀는 매주 치료에 참석하기 시작했다. 그녀의 치료자는 병에 이름을 붙이고 게슈탈트 빈의자 기법을 통해 의자에게 분노를 표출하도록 독려했다.

부정확한 진단, 진단 없음, 부적절한 치료, 치료자의 부적절한 임상적 이해는 방금 설명한 상황의 원인을 일부 제공했다.

사례 연구 1.1의 잭은 몇 달 후, 매년 받는 신체검사를 위해 병원에 갔다. 그의 아내가 남편이 저녁에 짜증을 쉽게 낸다는 말을 하자 의사는 이것이 '일몰증후군(sundown syndrome)'의 증상임을 알아챘다. 이는 알츠하이머병의 잠재적 증상이다. 내담자는 정확한 신경학적 진단을 받기 위해 신경과 의사에게 진료 의뢰되었다.

사례 연구 1.2의 강박증이 있는 소녀에게 정신과 의사는 개인 상담을 받도록 권유했다. 만약 그녀가 강박적 사고와 강박적 행동을 줄이기 위한 개인 인지행동치료를 받았더라면 약물치료와 병행할 수 있는 적절한 치료가 되었을 수도 있었다. 불행히도 식욕 부진을 앓고 있는 다른 소녀들 집단에 들어온 그녀는 전에 생각하지 못했던 새로운 강박적 섭식 행동을 배우게 되었다. 이것은 또한 그녀의 경쟁심을 자극하기도 했다. 한 달 만에 그녀의 몸무게가 더 줄어들어 병원에 입원해야 했다.

사례 연구 1.3의 세 자녀를 둔 어머니는 스트레스에 의해 악화되는 고통스러운 신체장애가 있었다. 그녀는 결국 스트레스 감소를 위한 명상 집단으로 보내졌는데 거기에서 그녀는 수용 및 이완 훈련을 학습했다. 그녀는 이제 약물치료 없이 통증을 관리할 수 있으며 자신을 따뜻하게 대하는 방법을 배웠다.

이 이야기에서 알 수 있듯이 진단 및 치료 계획의 주요 목표는 올바른 치료 결정을 내려서 내담자가 자신과 삶에 대해 더 긍정적인 평가를 하고 더욱 충실하게 일상생활을 해서 자신의 목표를 달성하는 데 도움이 되는 것이다. 다른 의료 및 정신건강 전문가와 마찬가지로 의사, 정신과 의사, 심리학자, 상담가, 사회복지사 및 중독 전문가는 무엇보다도 상황을 악화시키지 않아야 한다. 하지만 이를 준수하기 위해서 무엇이 내담자에게 유익하고 해가 되는지 잘 파악하고 있어야 한다.

범불안장애, 주요우울장애 및 일부 섭식장애 등 자세히 연구된 일부 질환들의 경우 특정한 치료법이 위약 처방을 하거나 치료하지 않는 것보다 더 효과적이라는 것이 연구를 통해 밝혀졌다. 이러한 개입이 특정 질환에 사용되는 경우 내담자의 증상은 비교적 짧은 기간에 걸쳐 약물 복용과 함께 개선된다. 더 중요한 것은 상담이 끝난 후에도 치료 효과가 유지된다는 것이다.

그러나 많은 질환들은 관련 연구가 거의 이루어지지 않은 상태이기도 하고 간혹 연구 결과가 많이 나와 있다 하더라도 가장 효과적인 치료 방법이 밝혀지지 않은 경우가 태반이다. 행동장애, 양극성장애 및 경계성 성격장애의 경우에서 볼 수 있듯이 해당 질환의 진행 단계가 어디인지, 치료시기에 가장 문제를 일으키는 증상이 무엇인지, 장기적 접근 방법이 무엇인지에 따라 치료 방법이 달라진다.

*DSM-5*의 많은 진단에는 증거 중심의 치료법이 존재하지 않는다. 일부 진단은 새로운 것들이기 때문에 적절한 연구 기반을 갖지 못하고 또 일부는 연구의 관심과 연구비를 이끌어내기에는 지나치게 희귀해서 사례 연구에서는 문헌을 참고하여 증상 완화를 위한 여러 치료법을 제시할 수 있다.

이러한 경우 특히 심리치료가 효과적임을 기억하자. 심리치료가 매우 효과적이었기 때문에 약 40년 전에 이미 Smith, Glass 및 Miller(1980)가 심리치료의 효과에 대한 메타분석 연구를 실시하였다. 그들은 "치료가 종결되면 평균적으로 치료를 받은 사람이 치료를 받지 않은 사람들의 80%보다 상태가 더 호전되었다."(p. 87)고 결론지었다.

치료 계획을 위한 통합 모델

치료 계획은 일반적으로 질환의 증상을 인식하는 데서 시작하여 내담자의 특징을 고려한 후 치료 방법을 고민하는 방향으로 움직인다. 이 흐름은 이 책에서 DO A CLIENT MAP[1]이라고 부르는 통합 치료 모델을 이용한다.

진단, 치료 목적, 개입 유형을 비롯하여 효과적인 치료 계획에 필요한 모든 구성 요소는 DO A CLIENT MAP이라는 줄임말을 활용하여 설명할 것이다. DO A CLIENT MAP 모델의 진단 및 평가 방법에 익숙한 독자들은 어떻게 이 간단한 약어가 치료 계획 과정의 모든 주요 요소를 포함하여 치료 과정의 완성도를 높이고 효과적으로 만들 수 있는지 이미 알고 있다. 처음으로 DO A CLIENT MAP 방법을 접하는 독자들은 이 12글자 하나하나가 어떻게 평가 및 치료 계획 과정을 상기시키는 데 도움이 되는지 아래의 목록을 통해 확인하도록 한다.

- Diagnosis(진단)
- Objectives of treatment(치료 목표)
- Assessment(평가 — 평가를 명확히 하기 위해 '구조화된 임상 면담, 설문지, 척도, 신경학적 검사, 검사 목록, 간단한 자기보고척도 등의 도구를 활용할 수 있다)
- Clinician characteristics(치료자의 자질)
- Location of treatment(치료 장소)
- Interventions to be used(개입 전략)
- Emphasis of treatment[치료의 주안점 — 필요한 도움의 수준, 치료자의 지시 수준, 강조점의 선택(인지, 행동, 정서, 혹은 이 세 요소들의 조합) 등]
- Numbers(치료 참여 구성 — 가족치료, 개인치료, 집단치료 등 치료에 몇 명이 참여할지를 결정하기)
- Timing(치료 속도 — 회기의 빈도, 진행 속도 및 치료 기간)
- Medications(약물치료 — 필요한 경우)
- Adjunct services(보조 개입 — 지역사회 서비스, 지지

집단, 대안적 치료)
- Prognosis(예후)

상담자는 통합 치료 모델을 활용하여 각 항목에 대한 내담자 정보를 수집하고 구조화된 치료 과정에 필요한 평가를 완료할 수 있게 된다. 이 책에서는 각 장의 진단과 관련된 사례 연구를 설명하기 위해 각 머리글자를 활용하였다.

여기 제시된 양식은 진단 및 치료를 위해 학생, 인턴, 치료자 및 기타 정신건강 전문가들이 20년 이상 성공적으로 사용한 것이다. 이 양식은 증거에 기초한 치료 활동을 할 수 있는 안정적이고도 포괄적인 토대를 제공할 것이다. 이 양식은 오랜 기간에 걸쳐 검증된 것이다. DSM-5에서 다축 시스템을 제거했지만 단순한 DO A CLIENT MAP 약어가 학생들뿐 아니라 실무 경력이 풍부한 치료자들에게도 쉽게 사용될 수 있는 진단 틀을 제공한다. 이제 시작해보자.

진단

(DO A CLIENT MAP)

효과적인 치료 계획은 진단의 개념화로 시작된다. 현재 우리가 알고 있는 지식수준과 연구 결과를 반영한 몇 가지 다른 분류 체계가 있다. 이것이 현재 우리가 이용할 수 있는 최상의 것이기는 하지만 새로운 연구 결과를 반영하면서 진화하는 가변성을 내포한 것으로 보아야 한다. 그러므로 이 체계들은 최신 의학 지식과 발맞추어 이해될 수 있도록 주기적으로 개정 및 보완되어야 한다(Moriyama, Loy, & Robb-Smith, 2011).

정신질환의 진단 및 통계 편람 5판(DSM-5; APA, 2013)은 미국에서 가장 널리 사용되는 분류 체계이다. 국제질병분류(International Classification of Diseases and Related Health Problems, ICD)는 세계보건기구(WHO)에서 출간한 것으로 질병률 및 사망률 통계를 집계하기 위해 세계 117개 국가에서 사용되고 있다. ICD는 주기적으로 개정되며 10판이 최신판이다. 그리고 11판이 현재 집필 중에 있다. 현재 미국에서는 ICD-10-CM(임상용)을 의료 코드 및 보고서 작성의 기본으로 활용하고 있다. 미국에서는 국립보건통계센터에서 해당 업무를 주관한다. 2015년 10월 1일부터 '건강보험

---

1 역자 주 : 치료 계획의 첫 글자들을 모은 것으로, '내담자를 그리다', '내담자를 알아가다'라는 의미를 내포

양도 및 책임에 관한 법'(Health Insurance Portability and Accountability Act, HIPAA)에 해당하는 모든 미국 의료 서비스 제공자는 의료 및 정신건강 의료행위에 대해 *ICD-10-CM* 진단 코드를 사용하도록 되어 있다. *ICD-9*와 *ICD-10*의 진단 코드는 세계보건기구에서 제정한 것이다. 이 코드는 WHO 웹 사이트(www.who.int/classifications/icd/en)에서 무료로 사용할 수 있으며 *DSM-5* 및 *DSM-5 Essentials: The Savvy Clinician's Guide to the Changes in Criteria*(Reichenberg, 2014)에도 실려 있다.

DSM과 ICD는 새로 나오는 연구 결과, 갱신되는 주요 통계 자료, 질환 원인, 최신 정신질환 분류 정보 등을 반영하기 위해 주기적으로 개정된다. 두 분류 체계는 진단에 주안점을 두는 것으로 치료 영역에는 개입하지 않는다.

또 이 두 체계는 본질적으로 모호성을 내포하고 있다. *DSM-5*와 *ICD-10*이 궁극적인 진단을 내려주는 것이라고 생각하기보다 이 둘은 현재 학계가 알고 있는 최선의 지식으로 판단한 결과이며 학계의 최신 지식이 발달함에 따라 분류법도 변할 것이다. 정신건강 전문가들은 항상 최신 지식을 습득하고 있어야 한다.

우리가 가질 수 있는 중요한 철학적 질문으로 '정상'과 '질환'의 경계, 연구의 기저가 되는 표준, 인과론, 문화적 차이, 신체적 및 정신적 질환의 구성 요소가 무엇인지에 대한 질문 등은 모두 흥미로운 주제이지만, 다른 책에서 다루고 있기도 하고 이 책의 범위를 벗어난다.

정신장애와 스트레스성 사건들에 대한 정상 반응을 구분하기 위해 주의할 필요가 있다. *DSM-IV*에 등재된 장애 중 70% 이상은 임상적으로 유의미한 고통 또는 손상을 진단 조건으로 하고 있다. *DSM-5*는 정신장애에 대해 약간 다른 정의를 제시한다.

> 정신장애는 정신 기능의 기저에 있는 심리적·생물학적 또는 발달 과정의 기능장애를 보여주는 것으로 인지 활동, 정서조절 또는 행동에 임상적으로 유의미한 문제가 발생한 것을 특징으로 한다. 정신질환은 대개 사회적·직업적 혹은 기타 중요 활동에 대한 상당한 스트레스와 관계가 있다. (APA, 2013, p. 20)

현대 의학이 모든 정신장애를 진단하고 근본 원인을 밝혀내기 전까지는 어느 시점에서 내담자의 특정 행동이나 행동의 후유증이 비정상이 되었는지 혹은 언제부터 스트레스와 유의미한 관계가 생겼는지 결정하는 임상적 판단이 필요할 것이다. 그때까지는 *DSM-5*와 *ICD*가 정신질환 진단에 대해 파악할 수 있는 최선의 정보이다.

또 다른 진단 과제는 병존 또는 동반 장애가 있는 경우이다. *DSM-5*는 진단기준이 충족된다면 동시에 여러 진단을 내릴 수 있도록 해준다. 동반 질환이 많다는 것은 진단이 더욱 어려워진다는 의미이기도 하고 또 성격, 행동, 약물 사용 및 기타 영향을 주는 요소들이 치료 계획에 고려되어야 하므로 치료가 더욱 복잡해진다는 의미이기도 하다.

결국 모든 기준이 충족될 수 있다는 강력한 징후가 있는 경우 잠정적 진단이 내려질 수도 있다. 진단 과정에서 정보가 충분하지 않은 경우 진단 후에 '임시 진단(provisional)'이라는 표기를 할 수가 있다. 또 장애 지속 기간에 대한 기준이 지나치게 짧은 경우에도 '임시 진단'이라고 결정할 수 있다.

진단에 중요한 것 중 또 하나는 내담자의 발달 단계, 애착, 사회화, 성 정체성, 도덕적 및 정서적 발달과 같은 과정에 대해 이해하는 것이다. 내담자의 발달 단계를 이해하는 것은 어린이, 청소년, 가족 및 노인을 치료할 때 특히 중요하다(Levant, 2005). 마찬가지로 증상이 언제 시작됐는지, 증상이 언제 어린이의 성장에 영향을 주었을지 등 질환의 발달 과정 또한 중요하다. 오랜 기간 질환이 있던 사람들은 주요 성장 단계에 도달하지 못했을 수 있다. 이는 특히 주도성 및 사회화에서 두드러질 수 있다.

12년에 걸쳐 수천 명의 전문가가 160개 이상의 팀과 집단에 참여하여 정신장애 진단기준에 대한 현장 연구 실험을 수행한 결과가 *DSM-5*에 반영되어 있다. 이 과정이 끝난 후 미국정신의학회(American Psychiatric Association, APA) 이사회는 지금의 *DSM-5*를 최종 승인했다. APA에 따르면 승인된 모든 최종 변경사항들은 치료자가 누구든 상관없이 정확하고 일관성 있는 진단이 유지될 수 있도록 정신장애의 기준을 좀 더 명확하게 정의하기 위한 것이다 (APA, 2013).

변경 목록 전체는 *DSM-IV*에서 *DSM-5*까지 *DSM-5 Essentials: The Savvy Clinician's Guide to the Changes in*

Criteria(Reichenberg, 2014)에서 확인할 수 있다. 다음은 *DSM-5*에서 변경된 가장 중요한 사항 중 일부이다.

1. 모든 진단을 결합하고 최대한 많은 진단을 목록화하는 축이 없는 진단 체계(WHO의 **국제질병분류**와 유사)로 방향을 수정하였다.

2. *DSM-IV*에서 달리 명시되지 않는 기타 분류(not-otherwise-specified, NOS)로 명시된 진단 분류에 대해 더 명확한 설명을 추가했다. 분류되기 어려운 것을 전부 포함하는 NOS를 사용하는 대신 치료자들은 이제 임상적으로는 유의미하지만 질환의 조건에 꼭 들어맞지 않는 현상들을 식별하고 왜 특정 질환의 조건이 충족되지 않는지를 설명할 수 있다. 또는 응급실 상황에서 치료자들은 정보가 불충분하다고 보고서를 작성하고 '명시되지 않음'이라는 진단을 내릴 수 있다. *DSM-5*의 모든 질환에서 이 두 가지 선택지를 사용할 수 있다.

3. *DSM-IV*에서 사용한 범주별 접근법보다 장애를 차원적 접근으로 다시 분류한다. 예를 들어 강박장애는 새로운 분류이며 불안장애 옆에 위치한다. *DSM-5*는 진단을 명확히 하고 매뉴얼의 임상적 유용성을 높이기 위해 차원적 교차 측정을 제공한다.

4. 일부 범주는 조현병 스펙트럼 및 기타 정신병적 장애와 같이 '스펙트럼' 접근법을 통해 다뤄지고 다양한 범주의 증상 발현 또한 하나의 장애로 간주할 수 있다.

5. 광장공포증과 공황장애 등 일부 장애를 분리시켰다. 진단을 더 명확하게 할 수 있도록 공황발작은 이제 다른 질환에도 적용될 수 있는 수식어로 간주된다.

*DSM-5*는 또한 발달 및 생애 접근법을 채택해서 아동기에 시작하는 장애들은 어른의 장애 진단 부분과 묶어서 기술한다. 예를 들어 아동 및 청소년의 불안장애는 성인의 불안장애 내용과 묶인다. *DSM-5*는 유아기부터 노년기까지 일생에 걸쳐 여러 단계에서 겪을 수 있는 장애를 순서대로 기술한다. 여기에는 유아기에 시작될 수 있는 신경발달장애부터 노년층에서 발생하는 신경인지장애까지 아우른다.

정신장애에 대한 지식의 진보와 여러 가지 이유로 *DSM-5*에 등재된 여러 장애에 대해 상당한 편집이 있었다. 예를 들어 약물 사용에 대한 진단은 *DSM-IV*에서 사용된 남용 및 의존 범주를 제거하고 대신 심각도 수준에 따라 진단을 결정한다. *DSM-IV*에서 가장 빈번하게 진단되는 질환으로 적응장애가 있는데, 이것은 이제 고도의 스트레스를 일으키는 생활사건에 대한 심각한 반응으로 간주되며 따라서 PTSD 및 반응성 애착장애와 마찬가지로 외상 및 스트레스 관련 장애로 분류된다. *DSM-5*에서 언급된 개정사항 및 다른 변경사항들이 논의될 것이다.

간단명료한 사용을 위해 이 책은 *DSM-5*의 양식을 그대로 따를 것이다. 이 책은 다음과 같이 세 가지 부분으로 나뉜다.

제1부 기본적 개관으로 이 책의 사용법을 안내하고 진단 및 치료 계획에 사용되는 DO A CLIENT MAP 체계를 소개한다.

제2부 *DSM-5*와 동일한 순서로 20가지의 장애를 설명한다.

제3부 치료자들이 자살성향 평가를 할 수 있도록 이 책의 제4판에 수록된 부록을 실었고 저자 및 주제 색인을 자세히 담았다.

치료 목표

(DO A CLIENT MAP)
일반적으로 치료 목적 및 목표(goal)의 결정은 상담자와 내담자의 협력적 과정이어야 한다. 변화에 대한 준비 상태, 내담자의 동기, 치료에 대한 기대를 비롯해서 내담자마다 다양한 변수 및 치료비용 등이 고려되어야 한다. 내담자의 특정 측면들이 치료 결과에 영향을 미칠 수 있으므로 치료의 목표와 목적을 결정할 때 영향을 주는 요소들을 잘 살펴야 한다. 이러한 요소에는 치료 참여도, 장애의 심각도, 개선 행동을 취하려는 의지와 능력, 그리고 내담자의 성격 등이 있다(Muran & Barber, 2010; Prochaska, Norcross, & DiClemente, 2013).

변화에 대한 준비가 덜 된 내담자들은 인식 수준의 개선, 극적인 완화, 주변에 대한 평가에 집중할 수 있는 상담자가 필요하다.

변화에 대한 저항은 상담자가 직접 직면하는 대신 개연성을 갖고 다른 시각에서 접근하고, 상담자는 변화를 받아들일 수 있는 Rogers의 치료적 조건들(공감, 진솔성, 무조건적 긍정적 존중 등)과 내담자가 변화의 측면을 많이 생각해볼 수 있는 상황을 제공한다(Seligman & Reichenberg, 2013). Carl Rogers는 "인간관계를 빼놓고는 유의미한 긍정적 성격 변화가 일어나지 않는다."고 말했다(Rogers, 1967, p. 73). 변화에 대한 내담자의 마음가짐을 지지해주는 것은 Miller와 Rollnick이 2013년에 창시한 개인 중심의 동기강화상담의 목표이다. 동기강화상담은 상담자가 내담자로 하여금 변화하기로 마음먹을 수 있는 상황을 조성해준다. 또 동기강화상담은 섭식장애, 물질 오남용, 도박 등 이중 진단 장애와 같이 까다로운 치료의 초기에 자주 사용된다. 동기강화상담을 치료 개입에 도입하는 치료자들은 이를 도입하지 않는 치료자들에 비해 이중 진단 장애 내담자들에 대하여 더 성공적인 결과를 달성할 확률이 높다(Stasiewicz, Herrman, Nochajski, & Dermen, 2006). 특별한 관심을 받는 것만으로 증상이 호전되는 경우가 있다는 것은 잘 알려진 사실이다(Prochaska & Norcross, 2010). 이른바 호손(Hawthorne) 효과는 자신감을 향상시키고 초조함을 가라앉히고 개선을 촉진한다. 변화에 대한 내담자의 마음의 준비는 뚜렷하게 구분이 되는 다섯 가지 단계를 거쳐 일어난다. (1) 사전 숙고, (2) 숙고, (3) 준비, (4) 행동, (5) 행동 유지이다(Prochaska & Norcross, 2010). 각 단계는 특정 태도, 행동, 언어 양식이 두드러지는 기간을 나타낸다. 여러 인구 집단과 연구 결과물들을 종합해보면 변화된 행동을 하려는 내담자의 마음의 준비는 다음과 같은 요소에 의해 결정이 된다는 것을 알 수 있다.

1. 사전 숙고(precontemplation) : 이 단계에 있는 사람들은 행동을 변화시킬 계획은 없지만 생각은 하고 있거나 혹은 변화할 수 있기를 바란다. 이 단계를 넘어가기 위해서 내담자 스스로 자신에게 문제가 있다는 것을 인정해야 한다. 치료자의 코치가 도움이 될 수 있고 사전 숙고 단계에 있는 사람 중 40~45%가 다음 단계로 넘어간다.
2. 숙고(contemplation) : 이 단계에서 내담자는 자신에

게 문제가 있다는 것을 기꺼이 인정하고 변화를 바라게 된다. 다행히 내담자 중 35~40%는 유의미한 변화를 위해 행동을 취한다. 소크라테스 문답법을 사용하는 치료자들은 변화를 가져오는 작은 행동을 취하도록 독려할 확률이 높다.

3. 준비(preparation) : 이 단계에서는 행동과 의도가 일치되며 이 단계의 20%의 사람들은 행동을 취할 준비가 되어 있다.
4. 행동(action) : 이 단계에서는 사람들이 자신의 행동을 변화시키기 시작한다. 이 단계는 하루 또는 6개월까지 지속될 수 있으며 당사자는 재발을 방지할 기술과 전략을 습득한다. 치료자들은 행동 및 행동 유지 단계의 내담자들에게 필요에 따라 전문적인 조언과 지원을 제공한다(Prochaska et al., 2013).
5. 행동 유지(maintenance) : 6개월 이상 지속되는 행동 변화를 유지하는 것이 행동 유지 단계의 꽃이다.

DO A CLIENT MAP 과정 중 다음 단계는 평가에 대한 포괄적 검토이다.

평가

(DO A CLIENT MAP)
포괄적이고 측정 가능한 임상 진단이 증거 기반 치료에서 얼마나 중요한 첫 단계인지 20년간 많은 연구가 발표되었다. 치료자들은 TAT나 로르샤흐 등 투사적 검사에서 심리측정에 적절하다고 여겨지는 임상적으로 유용한 평가 방법으로 그 무게를 점진적으로 옮겨왔다. 즉 치료자들은 표준화되어 있고 신뢰성이 확보되고 다른 도구와 동시에 사용할 수 있으며 예측력이 유효하고 수치상 표준화가 되었거나 혹은 구간별 구분 점수가 존재하여 개인별 적용이 가능한 평가에 의존한다(Hunsley, Lee, Wood, & Taylor, 2015). 최근 몇 년 사이에 개발된 간단한 증상별 검사 도구들은 진단에 많은 도움이 되었다. 평가의 궁극적 목적은 포괄적인 평가를 통하여 각 내담자의 필요에 맞춘 증거 기반의 효과적인 치료 계획을 수립할 수 있게 하는 것이다.

이를 위해 치료자는 우선 내담자 개인에 대한 전반적인

이해를 하는 작업을 선행해야 한다. 내담자의 이야기를 잘 들어주고 진실하며 유연해야 한다는 점의 중요성은 아무리 강조해도 부족함이 없다. 치료자의 이러한 특성들은 내담자와의 견고한 관계 형성 및 성공적 치료 결과와 비례 관계에 있음이 밝혀졌다. 한 연구에서는 평가 과정에서도 내담자와 치료자의 관계가 형성되고 일반적인 심리검사를 받는 경우보다 협력적 치료 모델을 사용하는 경우가 내담자-치료자 관계가 더 견고했다는 것을 밝혀냈다(Hilsenroth, Peters, & Ackerman, 2004). 치료자들은 치료의 모든 단계에서 이 점을 유의해야 하지만 특히 최초 평가 단계에 더욱 그러하다.

최초 평가에 고려해야 할 중요한 점을 열거하면 다음과 같다.

- 내담자가 진술하는 문제의 기술
- 내담자의 인구학적 특성 및 문화적 배경
- 정신 상태 진단
- 내담자의 신체적 및 의료적 상태
- 내담자의 인지 기능, 행동, 정서 및 분위기에 대해 치료자가 느낀 인상
- 지능 및 행동 기능(예: 목표 설정, 계획 세우기, 정리 능력 등)
- 가족 사항 및 가족의 지지
- 기타 관련 이력 및 경험
- 일상 기능 및 삶의 질(직접 관찰 및 내담자 발언으로 평가)
- 연인 관계 이력 및 대인관계 문제 등
- 삶의 방식
- 교육 및 직업 이력
- 정신질환 가족력
- 폭력/자살 행동 이력
- 기타 관련 정보(Seligman, 2004; Strub & Black, 2000)

치료자들은 내담자와 관련된 모든 기록, 이전의 심리검사 자료, 의학적 진단 등을 모두 수집하여 검토하고 현재 해당 내담자를 담당하는 의료인들과 연락할 수 있도록 의료 기록을 확보한다.

정신건강 전문가들은 내담자의 기능을 확인하기 위해 구조화된 진단적 면담, 심리검사, 평정 척도 등을 점점 더 활용하고 있다. 모든 조건에 다 들어맞는 평가 도구라는 것은 없으며 치료자들은 내담자의 필요에 맞는 것을 쓰도록 결정해야 하며 주어진 상황과 내담자에게 맞도록 질문을 수정하는 유연성과 여유를 가지고 있어야 한다. 내담자로부터 특정 내용을 파악하려고 파헤치는 것보다 치료자-내담자의 긍정적 치료 관계를 조성하는 것이 더 중요하다는 것을 치료자는 기억해야 한다. 내담자가 긴장해 있고 판단되는 것에 대해 두려워하거나 심리치료를 통해 무엇을 기대해야 할지 모르는 상황에서는 더욱 이를 기억해야 한다.

구조화된 진단 면담은 다음을 포함한다.

- DSM-5용 구조화된 임상 면담(Structured Clinical Interview for the DSM-5, SCID-5; First, Williams, Karg, & Spitzer; 2015)
- 국제성격장애척도(International Personality Disorder Examination; Loranger, Janca, & Sartorius, 1997)
- 증상 체크리스트-90 개정판(Symptom Checklist-90 Revised; Derogatis, 1994)—아홉 가지의 증상군에 속한 90개 항목의 체크리스트
- 간편 증상 목록(Brief Symptom Inventory, BSI; Derogatis Melisaratos, 1983)—SCL-R에 기초한 53개의 자기보고 문항으로, 10분 이내에 수행 완료 가능
- 정동장애 및 조현병척도(Schedule for Affective Disorders and Schizophrenia, SADS; Endicott & Spitzer, 1978)

일반 성격 목록에는 다음이 있다.

- 밀론 임상 다축 목록-III(Millon Clinical Multiaxial Inventory-III; Millon, Millon, Davis, & Grossman, 2009)
- MMPI-2(Minnesota Multiphasic Personality Inventory-2; Hathaway & McKinley, 1989)

자살 충동 성향을 평가하는 척도에는 다음이 있다.

- 자살 충동 성향 척도(Scale for Suicidal Ideation, SSI; Beck, Steer, & Ranieri, 1988)—자살 충동 성향을 평

가하는 21가지 항목의 척도

- 벡 자살사고 척도(Beck Scale for Suicide Ideation, BSI; Beck & Steer, 1991)—21개의 자기보고식 문항

질환별 진단 항목은 증상의 심각도와 빈도를 판단하기 위해 사용되며 향후 측정을 위한 기준으로 사용된다. 각 진단에 따라 다른 평가는 이 책에 수록되어 있다. 가장 자주 쓰이는 항목은 다음과 같다.

- 벡 우울 척도(Beck Depression Inventory; Beck, Steer, & Brown, 1996)
- 벡 불안 척도(Beck Anxiety Inventory; Beck & Steer, 1990)
- 미시간 알코올중독 검사(Michigan Alcoholism Screening Test; Selzer, 1971)
- 코너스 3판(Conners 3; Conners, 2015)
- 아동용 행동 평가 체계 2판(Behavioral Assessment System for Children-2, BASC-2; Reynolds & Kamphaus, 2002)
- 섭식장애 척도(Eating Disorder Examination, 16th ed., EDE; Fairburn, 2008)
- 약물 남용 검사(Drug Abuse Screening Test; Skinner, 1982)

일부 평가 방법들은 정보 수집 단계에 도움이 될 수 있도록 DSM-5에 포함되어 있다. DSM-5(APA, 2013)의 섹션 III에는 최신 측정법들이 수록되어 있다. 여기에는 진단을 돕기 위한 다중 증상 측정, 각 질환별로 증상의 심각도, 빈도, 강도, 지속 시간을 측정하는 방법(예 : 우울증 및 PTSD), 가정 환경 및 유년 시절의 성장기 평가 방법, 그리고 문화적 배경 면담법 등이 수록되어 있다. 이러한 다중 증상 측정 도구들은 이들을 뒷받침하는 과학적 근거가 충분히 존재하지는 않지만 향후 연구가 원활히 이루어질 수 있도록 설계되어 있다. 더 자세한 증상 평가에 대해 알아보고자 할 때는 eHRS(전자의료기록)에 접속하면 된다(APA, 2013, p. 745).

세계보건기구 장애평가목록 2.0(WHODAS 2.0; Üstün, Kostanjsek, Chatterji, & Rehm, 2010)은 치료 과정을 추적할 수 있는 36개 항목의 자기보고식 평가척도이다. 이와는 별도로 개인의 지능, 능력, 적성, 흥미, 가치관, 진로 지향 등을 평가하는 데 쓰이는 다른 목록 및 척도도 있다.

평가는 치료 계획에 있어서 중요한 부분이며 따라서 세심하게 수행되어야 한다. 치료자가 정확하고 포괄적인 진단을 내리면서 내담자가 필요한 부분과 강점을 잘 이해하지 못한다면 효과적인 치료 계획이 세워지기 어렵다. 이 부분은 포괄적이고 세심한 진단 평가를 위해 시간을 들여야만 가능한 것이다. 이 책 전반에서 진단 도구가 있는 질환들은 해당 진단 도구를 기술할 것이다.

치료자의 자질

(DO A CLIENT MAP)
치료에서 내담자와 치료자 사이의 긴밀한 관계는 치료 결과에 대한 가장 좋은 예측 지표이다(Horvath & Symonds, 1991). 치료자의 개인적 특성은 내담자와 치료자의 관계가 얼마나 협력적일지를 잘 예측해주는 요소이다(Laska, Smith, Wislocki, Minami, & Wampold, 2013).

치료를 위한 긴밀한 관계가 어떤 역할을 하는지 메타분석한 결과, 이 관계는 치료 결과 설명량 중 8%를 차지한다는 것이 밝혀졌다(Horvath, Del Re, Flückiger, & Symonds, 2011). 70여 개에 이르는 연구들을 메타분석한 또 다른 연구는 치료자와 내담자의 관계는 치료 결과에 대한 유의미한 예측 요인이라고 확인해주었으나(Del Re, Flückiger, Horvath, Symonds, & Wampold, 2012) 이 관계는 기존 연구에서 충분히 다루어지지 않았을 가능성이 있다(Crits-Christoph, Connolly Gibbons, Hamilton et al., 2011). 치료자와 내담자 사이의 협력적 관계를 수립한다는 것은 그 사이의 유대관계뿐 아니라 치료의 목표를 세우고 동의할 수 있다는 것을 의미한다(Hatcher, Barends, Hansell, & Gutfreund, 1995; Hatcher & Barends, 1996, 2006; Horvath & Bedi, 2002).

50년 이상의 연구를 통해 치료 결과와 상관관계가 있는 치료자의 자질, 태도, 접근법에 대한 상당한 증거가 쌓여 있다. 또 우리는 어떤 요소가 중요하지 않은지도 알게 되

었다. 예를 들면 성별, 나이, 문화적 배경은 치료의 성공에 거의 영향을 미치지 않는다. Rogers가 말한 치료적 조건들의 조화, 무조건적 긍정적 존중에서 높은 점수가 나온 치료자들은 낮은 점수가 나온 치료자들에 비해 더 성공적인 결과를 만들어내는 경향이 있다. 이는 치료자의 이론적 지향과 상관없이 목격되는 현상이다(Zuroff, Kelly, Leybman, Blatt, & Wampold, 2010).

내담자와 치료자 간 동맹의 안정성 또한 중요하기 때문에 이들의 관계에 문제 요소가 발생하는 경우 이를 인지하고 치료 중단이 일어나기 전에 해결해야 한다. 치료자와 내담자 사이의 오해, 비판을 받거나 동정을 받거나 내담자 쪽에서 치료자에 대해 느끼는 신뢰도, 예민함, 공감 능력 등에 대해 조금이라도 머뭇거리게 하는 것은 잠재적 불화 요소로 간주될 수 있다. 이러한 요소들이 발생할 때마다 치료자는 이를 확인하고 대처해야 하며 치료자와 내담자 사이의 관계가 긴밀하게 유지될 수 있도록 노력해야 한다.

물론 내담자들도 치료를 위한 관계형성 능력에 개인별로 차이가 있다. 조현병 스펙트럼 장애, 양극성장애, 중증성격장애와 같이 중증 정신장애가 있는 내담자나 신뢰를 못하는 내담자, 유년기 애착의 상처가 깊은 내담자는 치료자와 긍정적 관계를 형성하기 위해 부가적인 치료가 필요할 수 있다. 내담자와 치료자 간 불화가 생긴 경우이든 신뢰 관계가 형성되기 힘든 경우이든, 치료자는 치료의 속도를 낮추고 공감적으로 반응하며 내담자와 같은 공간에 있을 때 진심과 무조건적 긍정적 존중의 자세로 대한다. 이것은 치료의 기본이다.

중증 질환이나 약물 남용 문제가 있는 사람들과는 치료를 위해 긴밀한 협력 관계를 유지해야만 내담자들이 치료를 지속하고 문제를 극복하는 데 필요한 도움이 이루어질 수 있다.

치료 결과에 영향을 주는 다른 치료자 변수들이 존재한다. 치료자가 정서적으로 건강하고, 활동적·희망적·긍정적이며, 판단하지 않고, 솔직하며, 또 내담자에게 책임감을 갖도록 격려하는 성향일수록 긍정적 결과가 생길 확률이 높다. 다음은 치료를 위한 긍정적 협력 관계를 조성하고 유지할 수 있는 치료자의 특징에 대한 연구 결과이다.

- 공감과 이해를 느낄 수 있게 함
- 높은 수준의 윤리적 기준을 유지
- 능숙한 대인 기술, 지지적 자세, 따뜻함, 존중심, 수용을 느끼게 함
- 안심시켜주고 보호해주는 태도
- 내담자를 비난하기보다는 함께해주는 자세
- 내담자가 스스로 감정을 느끼고 견딜 수 있도록 도와줌
- 내담자가 스스로 힘이 있다고 인식하게 해주고 내담자의 주도성을 지지함
- 마음이 열려 있고 유연함
- 판단적이지 않고 불확실성과 복잡성에 대해 인내함
- 자아실현, 자기만족, 자기계발, 스트레스 대처 등에 대한 건강하고 모범적인 정신적 상태를 보임
- 자신의 감정과 생각을 이야기하고 신뢰감을 줌
- 긍정적 전망과 희망을 표현함
- 문화에 대해 유연함
- 내담자와 적극적으로 상호작용하고 내담자에 대해 수용적임
- 치료 과정의 구조와 주안점을 알려주되 지나치게 명령적이지 않음
- 권위를 나타내지만 독재자처럼 행동하지 않고 내담자를 통제하기보다 자유롭게 행동하도록 해줌
- 방어적이지 않고 자신의 한계를 알고 있으며 자기비판이 가능하고 항상 내담자를 도와줄 최선의 방법을 모색함
- 규칙이 아닌 사람과 절차에 집중함
- 초기부터 치료를 위한 협력 관계를 형성하고 치료 단계마다 관계에 대해 주의하고 관계의 문제 요소가 생길 때마다 유념하며 부정적 과정을 효과적으로 관리함(Bowman, Scogin, Floyd, & McKendree-Smith, 2001; Greenberg, Watson, Elliott, & Bohart, 2001; Lambert & Barley, 2001; Lambert & Cattani-Thompson, 1996; Meyer et al., 2002; Muran & Barber, 2010; Orlinsky, Grawe, & Parks, 1994; Rimondini et al., 2010)

치료자와 내담자의 관계는 전문적 관계라는 것은 당연

한 것이다. 이 관계에서 넘어서지 말아야 하는 부분은 넘어서면 안 된다. 치료를 받으러 오는 내담자들은 영향을 받기 쉽고 위로가 필요하므로 치료자는 높은 수준의 윤리를 실천할 책임이 있다. 일부 메타분석 연구들에 따르면 치료자와 내담자 사이의 유대관계가 어떤 개입 방법을 사용했는지보다 치료 결과를 더 잘 예측해주는 요소였다(Karver, Handelsman, Fields, & Bickman, 2006; Martin, Garske, & Davis, 2000; Shirk & Karver, 2003). 치료자들은 훈련, 지도감독, 내담자에 대한 반응성을 높임으로써 치료적 유대관계를 증진시키는 방법을 학습할 수 있다(Anderson, Lunnen, & Ogles, 2010; Stiles, 2009).

치료적 유대관계에 불협화음이 생겼을 때 이것에 잘 대처하는 것은 내담자에게 삶의 현장에서 어떻게 타인과 관계를 맺고 어떻게 생산적인 방향으로 문제를 해결할지를 학습할 수 있게 하는 즉각적인 기회가 된다. 이는 치료실 밖에서 타인들과의 관계에서 사용할 수 있는 기술이다(Stiles et al., 2004).

치료자의 경험과 치료 결과의 상관관계를 수행한 연구 자료는 거의 존재하지 않으며, 있다 하더라도 결론을 짓지 않은 자료들이다. 일부 연구 결과에 따르면 경험이 많다고 해서 내담자와 치료자 간의 협력적 관계가 개선된다는 보장이 없다고 하며(Hersoug, Hoglend, Monsen, & Havlik, 2001), 이론적 성향보다는 전문성이 더 중요하다는 두 건의 연구 결과가 있다(Eells, Lombart, Kendjelic, Turner, & Lucas, 2005). 현재까지 치료자의 훈련 기간, 전문 역량, 전공 분야(예 : 심리학, 상담, 사회복지 등)와 같은 기타 치료자 변수는 치료 결과와 상관관계가 있다고 확인되지는 않았다. 과거의 한 연구(Berman & Norton, 1985)에 따르면 전문가와 준전문가들의 효용성은 동일하다고 알려져 있다.

성별, 인종, 종교 등과 같은 치료자의 인구학적 변인 및 전문 역량은 치료 결과와의 관계가 확인되지 않았다(Bowman et al., 2001; Wampold & Brown, 2005). 60건 이상의 연구에 대한 메타분석 연구에 따르면 치료자의 성별은 치료 결과에 영향을 주지 않고(Bowman et al., 2001) 조기 종결률에도 영향을 주지 않는다고 하였다(Cottone, Drucker, & Javier, 2003). 하지만 일부 내담자들에게는 치료자의 성별이 중요할 수가 있다는 것을 기억하자. 치료자와 내담자의 성별을 일치시키는 것이 개선된 결과를 가져오지 않는다 하더라도 내담자의 요청을 받아들이는 것은 치료를 위한 협력 관계에 도움이 될 수 있으므로 고려할 가치가 있다.

Anderson과 동료들(2009)은 치료자의 나이에서 대인관계 기술의 연륜이 나타나는 경우에는 치료 결과에 상당한 영향이 생긴다고 밝혔다. 내담자들이 선호하는 상담자의 연령대는 내담자 자신의 나이에 따라 일어나는 일들을 이해할 수 있으며 충분한 경험을 통해 연륜이 느껴지지만 뒤처진 치료법을 따르지 않을 것 같은 인상을 주는 연령대이다.

치료자는 자신의 세계관과 내담자의 세계관이 어떤 식으로 경험 혹은 추측하거나 가정하는 명제들을 만드는지 알고 있어야 한다. 치료자와 내담자를 막론하고 모든 사람은 나이, 성별, 인종 등 자신의 정체성을 설명하는 여러 가지 방식이 있다. 치료자는 모든 사람이 여러 측면에서 서로 다른 고유의 경험과 배경을 가지고 있다는 것을 인식할 수 있는 문화적 감수성을 지니고 있어야 한다. 다양한 환경 중 각자가 어떤 사회적 좌표를 갖는지는 'ADDRESSING' 이라는 줄임말을 통해 기억할 수 있다. ADDRESSING은 Age(나이), Disability(후천적 장애), Disability(발달상의 장애), Religion 및 spirituality(종교 및 영성), Ethnicity(인종), Socioeconomic status(사회경제적 지위), Sexual orientation(성적 지향), Indigenous heritage(민족 유산), National origin(출신 국가), Gender/sex(성별)의 줄임말이다(Hays 2001, 2008). 한 개인의 문화를 이해하는 것은 그 사람의 가족 배경을 이해하는 것과 같은 무게로 그 중요성을 가지며 치료를 더 효과적으로 만들어줄 수도 있다(Hays, 2009; Schnyder, 2009).

탄탄한 치료적 협력 관계 형성에 방해가 될 수 있는 요소들, 예를 들면 지나치게 비판적이거나 요구하는 것이 많거나 하는 등의 개인적 성향도 치료자들은 알고 있어야 한다. 방어적 성향, 지나친 기술의 사용, 과하거나 부족한 회기 구조화 등은 모두 협력적 관계 형성에 부정적 영향을 줄 수 있다(Sharpless, Muran, & Barber, 2010).

치료 장소

(DO A CLIENT MAP)

2012년 미국 인구의 14.5%에 해당하는 3,410만 명의 성인이 조사 기간 중 1년 이내에 정신건강 치료 혹은 상담을 받은 것으로 조사되었다. 치료나 상담을 받은 대상 중 12.4%에 이르는 사람들은 약물 처방을 받았고, 6.6%는 상담 혹은 외래 정신건강 서비스를 활용했으며, 0.8%는 입원을 했었다(SAMHSA, 2013).

입원 내담자인지 혹은 외래 내담자인지에 따라 정신건강 치료가 제공되는 환경은 다른 유형으로 나타난다. 일반적으로 치료 장소는 다음 사항을 고려하여 결정된다.

1. 내담자가 자신 혹은 타인에게 미칠 수 있는 위험
2. 증상의 진단, 특성 및 경중
3. 치료의 목적과 목표
4. 치료비용, 보험 적용 범위 및 내담자의 재정 자원
5. 내담자의 현재 생활 환경 및 지원 체계
6. 사전 치료의 특징과 효과
7. 내담자의 의견(Seligman, 2004)

개인의 상황과 질환에 대해 최적화된 돌봄을 제공할 수 있는 최소한의 제한을 제공하는 환경이 최선의 선택이다. 만약 내담자에게 필요한 자원이 부족하거나 과도하게 제한적인 환경은 치료에 도움이 되지 않을 수 있다. 비용 대비 최적의 효율적인 치료법이 필요할 수도 있는데 예를 들면, 약물 남용 치료는 입원 치료를 진행하기 전에 외래 치료를 선행하는 등의 방법을 고려하는 것이다.

성인, 청소년, 혹은 어린이에 대해 최적의 치료를 결정할 때는 서로 연결된 여러 복잡한 요소들을 고려하게 된다. 많은 경우 이 결정은 보험 적용 여부와 재정적 요소에 기반한다. 치료 선택으로는 거주 치료, 입원 치료, 부분 입원 치료(partial hospitalization program, PHP), 그리고 외래 치료가 있다. 연구 문헌에는 치료 선택에 대한 참고 내용이 매우 빈약하기 때문에 이 결정은 임상적 판단을 따르도록 한다. 각 치료 방법에 대한 내용은 다음과 같다.

거주 치료

거주 치료는 중증의 신경성 식욕부진증과 같은 섭식장애, 외래 치료로 호전되지 않는 만성 약물남용장애, 그리고 정신과 입원 치료 후 추가 집중 치료가 필요한 경우에 고려되는 방법이다. 중증 정동장애 및 행동장애가 있는 어린이와 청소년은 훈련된 직원들이 24시간 감시 및 관찰을 하는 거주 치료를 받을 수 있다. 많은 경우 의무 교육은 지속적으로 수행되기도 한다. 거주 치료는 대개 장기간에 걸쳐서 이루어진다.

입원 치료

정신건강을 위한 입원 치료는 대부분 내담자를 자세히 관찰해야 하거나 내담자가 약물치료에 적응하거나 약물치료를 안정화시켜야 할 때 필요하다. 입원 치료는 거주 치료보다 상당히 단기간이며 대부분의 경우 하룻밤에서 수 주 이내의 기간에 걸쳐 이루어진다. 정신질환의 평균 입원 치료 기간은 7.2일이다(Center for Disease Control, 2010). 입원 치료는 자살 충동 혹은 살인 충동, 혹은 자해 위험이 있는 사람들에게 적절한 방법이 되기도 한다. 입원 치료 프로그램은 일반적으로 상당히 구조화되어 있다. 입원 치료 프로그램을 종료할 수 있는 시점이 되면 내담자들은 즉시 부분 입원 치료(PHP)나 외래 치료와 같이 좀 더 자유로운 환경에서 치료를 받게 된다.

부분 입원 치료

부분 입원 치료(PHP)와 주간 치료 프로그램들은 약물 남용, 우울증, 이중 진단, 섭식장애와 같이 특정한 치료를 필요로 하는 내담자에게 초점을 두는 고도로 구조화된 프로그램이다. 이 프로그램은 내담자가 치료를 받는 동안 자신의 집에서 생활할 수 있도록 해준다. 부분 입원 치료는 대개 거주 치료나 입원 치료에서 치료를 전환하는 전이 기간에 활용된다. 주간 치료는 24시간 돌봄이 필요 없는 사람들에게 효과적이고 더 저렴한 선택이다. 일반적으로 부분 입원 치료 후에는 강도를 낮춘 반나절 프로그램 또는 치료 개선 효과 유지를 돕는 주간 집단 모임을 수행하게 된다. 제한적인 연구 결과에 따르면 주간 치료는 정신병, 기분장

애, 불안장애 및 경계성 성격장애에 도움이 된다(Lariviere, Desrosiers, Tousignant, & Boyer, 2010). 기분장애가 있는 청소년들에 대한 예비 연구들에 따르면 부분 입원 치료는 증상을 완화시키고 청소년들이 받아들일 만한 치료 형태라고 나타났다(Lenz, Del Conte, Lancaster et al., 2013). 부분 입원 치료는 또 비용을 감소시키는 것으로 나타났다(Garfield et al., 2010).

외래 치료

정신건강장애 치료의 대부분은 사설 기관, 지역 정신건강센터, 가정 폭력, 아동 문제, 다문화 이슈, 자살 예방 등 특정 이슈를 전문으로 다루는 시설을 망라하여 모든 외래 치료 환경에서 이루어진다. 2012년 통계에 따르면 우울 경험으로 외래 치료를 찾은 사람들 중 다수(58.5%)는 치료자의 상담실에서 치료를 받았다. 34%는 정신과 의사 혹은 심리치료자를 만났고, 24.6%는 상담실에 갔으며, 24.3%는 심리학자를 만났고, 19%는 종교적 혹은 영성적 조언을 찾았다. 11.6%는 기타 의사의 도움을 받았고, 11.4%는 사회복지사를 찾아갔으며, 7%는 기타 정신건강 전문인을 찾았다(SAMHSA, 2013).

개입 전략

(DO A CLIENT MAP)

정신건강 질환에 대해 사용할 수 있는 사회심리적 선택지가 늘어남에 따라 수백만의 사람들에게 새로운 가능성이 열리게 되었다. 현재까지 약 400가지 이상의 비약물치료 개입 방법이 존재한다고 알려져 있으며 계속 증가 추세에 있다. 신기술의 도움을 받는 치료 방법을 통해 자신의 거주 공간을 떠날 수 없는 이들을 포함한 전보다 더 많은 사람들이 치료를 받을 수 있게 되었다.

새로 등장한 마음챙김 기반 및 수용 기반 접근법들은 반추, 초조함, 우울증에 도움을 주고 있고 많은 치료자들이 이론적 성향보다는 관련 증상들에 주안점을 두는 종합적 치료법으로 무게를 옮기고 있다.

이 새로운 각각의 치료법은 특정 장애를 겪고 있는 내담자들에게 맞춘 추가 선택사항을 제공한다.

치료자들은 이제 "나는 X, Y, 혹은 Z 치료법에 대해 수련을 받았지만 이제 CBT, 마음챙김, 실존치료, 대인관계 치료로 확장했다."는 말을 점점 더 많이 하고 있다. 많은 치료자들은 어떤 접근법을 선택할지 내담자와 협의하여 선택할 수 있는 단단한 상담 관계형성을 선호한다.

1980년대에 증거 기반 치료법이 도입되면서 치료적 협력 관계의 중요성에 대해 많은 내용이 밝혀졌다. 그 이후에는 진단명과는 상관없이 모든 성공적 치료들의 공통 요인에 대한 연구가 이루어졌는데, 이 요인에는 치료를 위한 협력적 관계, 내담자의 동기부여, 치료자의 기술, 협력적 관계가 치료의 성공에 미치는 영향 등이 있다. 대부분의 치료법들에 치료 효과가 있기 위해서는 특정 조건들이 만족되어야 한다는 연구 결과들이 나타나면서 이제는 점점 더 특정 이론이나 치료 방법을 강조하는 것이 더욱 어려워지고 있다. 치료 성공의 요인 중 가장 널리 연구되는 것 중 하나는 치료를 위한 협력적 관계이다. 치료를 위한 협력적 관계가 얼마나 치료 결과와 연관되어 있는지는 다수의 연구와 메타분석을 통해 확인되었다(Del Re et al., 2012; Gaudiano, Dalrymple, Weinstock, & Lohr, 2015; Martin et al., 2000).

이제 증거 기반의 치료를 잘 아는 능숙한 치료자라면 다음의 사실을 잘 알고 있다.

- 치료를 위한 협력적 관계가 치료의 성공에 상당히 큰 부분을 차지한다.
- 이러한 협력적 관계는 치료자, 내담자, 그리고 그 둘 사이에서 생기는 관계로 구성된다.
- 특정 장애에 대해서는 일부 치료 방법의 효과가 밝혀졌다(예 : 특정공포증에 대한 노출 치료법, 경계성 성격장애에 대한 변증법적 행동치료 등).

각 사례에 대한 치료법 권고사항은 증거 기반 치료법이 있는지를 먼저 고려하는 것이다(Chorpita, Daleiden, & Weisz, 2005). 풍부한 치료 개입 선택지가 존재하지만 치료의 목표와 목적을 수립할 때는 치료의 전문성을 제공하는 치료자와의 협력적 작업이야 하며 반드시 내담자의 필요에 맞도록 치료 권고사항 내용은 조절될 수 있어야 한다. 어떤 경우에는 치료가 본격적으로 시작하기 전에 합병증이 우선적으로 치료되어야 할 수도 있다. 또 어떤 경우에는 관계 문제, 정서조절장애, 또는 성격장애의 증상이 먼저 해결되어야 할 수도 있다.

경험적 증거가 있는 치료법

미국심리학회(American Psychological Association)는 1993년 임상심리학 분과(Division of Clinical Psychology)를 통해 경험적 증거가 있는 치료법(EST)들을 추적하기 시작했다. '잘 정립된 치료법'은 (1) 무선통제집단으로 위약 또는 다른 치료법과 비교하여 효능이 입증된 실험, (2) 다수의 일련의 단일사례설계 실험을 필요로 한다. '효능 가능성이 있는 치료법'은 그 제한이 좀 더 자유롭다.

　미국심리학회의 증거 기반 치료에 관한 대통령 특별위원회(2006)는 치료자의 임상적 전문성, 내담자의 특성과 가치를 종합적으로 반영한 최선의 증거 기반 치료법과 이들의 연구 근거를 열거하는 웹사이트를 만들었다. 이 항목들은 장애별로 검색할 수도 있고 경험적 근거가 있는 치료의 기준에 부합하는 75가지의 치료 방법별로 검색할 수도 있다. 제12분과 특별위원회(TFT)가 1995년에 경험적 증거가 있는 치료법(EST) 초판을 출간했을 때 경험적 증거가 있다고 확인된 치료법은 18가지에 불과했지만 이제는 75가지가 넘으며 그중 많은 수가 '잘 정립된 치료법'으로 구분된다.

　증거 연구가 존재하는 다수의 심리치료(예 : 조현병 및 스트레스 면역 훈련을 위한 사회기술 훈련 등)는 치료자 대부분이 사용하는 치료법이 되었다. 기타 증거 기반 치료법들은 최근에 추가된 것으로 만성 통증에 대한 수용전념치료, 사회불안에 대한 인지행동치료, PTSD에 대한 장기간 노출법 등이 그 예이다. 기타 증거 기반 치료법 중 일부는 이 책에 열거하였다. 전체 항목은 www.div12.org에 임상 실험, 추가 자료, 훈련 매뉴얼 및 인터랙티브 콘텐츠 링크 등이 정리되어 있다.

- 만성 통증, 우울증, 복합 불안, 정신병 및 강박장애에 대한 수용전념치료
- ADHD, 섭식장애, 범불안장애(GAD), 특정공포증, 사회불안, 공황장애, 조현병 및 PTSD에 대한 인지행

동치료
- 알코올사용장애 및 우울증에 대한 부부행동치료
- 경계성 성격장애를 위한 변증법적 행동치료
- PTSD를 위한 안구운동 민감소실 및 재처리 기법
- 우울증에 대한 정서중심치료
- 양극성장애를 위한 가족치료
- 식욕 부진 및 신경성 폭식증에 대한 가족치료
- 폭식장애, 신경성 폭식증 및 우울증에 대한 대인관계치료
- 강박장애에 대한 노출 및 반응 방지(ERP) 기법
- 특정공포증에 대한 노출치료
- 경계성 성격장애를 위한 도식치료
- 조현병을 위한 사회학습/토큰경제 프로그램
- 조현병을 위한 사회기술 훈련
- 조현병에 대한 직업 활동 지원

미국심리학회의 제53분과는 어린이와 청소년을 위한 증거 기반 치료법 목록을 관리한다. 증거를 기반으로 하는 가장 잘 수립된 치료법들은 다음과 같다.

- 우울증에 대한 인지행동치료 및 대인관계치료(interpersonal psychotherapy, IPT)
- ADHD 및 자폐스펙트럼장애에 대한 행동치료
- 섭식장애를 위한 가족치료
- 불안을 위한 외상 중심 인지행동치료
- 적대적 반항장애 및 행동장애를 위한 양육관리 훈련

웹사이트(effectivechildtherapy.org)에는 다른 유망한 치료법이 포함되어 있으며 공익성 서비스로 정기적으로 갱신된다.

　다른 증거 기반의 치료 자료는 국립보건 및 임상연구소(NICE)와 국립증거기반치료법 등록협회(NREPP)에서도 확인할 수 있다. 이 각각의 기관들은 이 장의 마지막 참고 자료 부분에 열거되어 있다.

　여러 질환에 대한 증거 기반 치료법들이 밝혀져 있지만 모든 질환에 효과적인 치료의 포괄적 목록은 존재하지 않는다. 일부 질환에 대해서는 복수의 치료법이 효과가 있는 것으로 밝혀졌다. 예컨대 불안 및 기분 장애, 조현병 및 경

계성 성격장애가 그 예이다. 다른 질환들에 대해서는 치료법을 뒷받침하는 연구 결과가 존재하지 않기도 하다. 이 책의 주안점은 어떤 치료 개입이 효과가 있는지 그리고 내담자에게 최고의 치료 선택지가 되는지의 여부이다. 관련 연구가 없는 경우 문헌에 등장하는 사례 보고가 참고가 될 수 있고 유사 질환에 대한 치료법을 통해 결과를 추측할 수 있다. 각 질환에 대한 개입 전략 부분에서 해당 질환에 대한 증거 기반 치료가 존재하는 경우 이를 기술할 것이고, 뒷받침하는 연구 결과가 있을 경우 이에 대한 치료 추천사항을 담을 것이다.

어떤 개입 방법이 효과가 있다고 판정된 시점과 그 방법이 널리 사용되는 시점 사이에는 '연구와 임상의 시간차'가 존재하는 것으로 보인다. 한 연구에 따르면 대부분의 치료자들은 증거 기반 치료법에 관한 수련을 받지 않은 것으로 나타났다(Schnyder, 2009). 그러나 대부분의 내담자들은 치료자를 선택할 때 치료자의 이론적 성향을 근거로 결정을 내리지 않는다. 많은 증거 기반 치료법들이 매뉴얼을 사용하는데, 치료법 매뉴얼을 사용하는 것에 대해 거부감을 느끼는 내담자들이 존재하는 것도 사실이다. 치료법 매뉴얼 사용 여부와 상관없이 Schnyder가 이후에 한 연구에 따르면 증거 기반 치료법 사용 중에 20%의 내담자가 중도 탈락한 것으로 나타났다.

해롭기 때문에 사용되지 말아야 하는 치료법들이 존재하는 것은 분명하다. 또 어떤 치료법들은 관련 연구 결과가 모호하거나 또는 관련 연구 자체가 오류가 있을 수도 있다. 치료자들은 치료에 사용되는 치료 방법을 선택할 의무가 있고 넓게는 의료인으로서 "해가 되는 행위를 하지 않는다."는 히포크라테스 선서를 준수할 직업적 의무가 있다. 근거가 존재하지 않는 치료법의 사용은 주의해서 적용해야 한다. 해롭다고 알려졌거나 돌봄 수준을 낮추는 치료법은 사용하지 말아야 한다.

그러나 회색지대가 존재하는데, 여기에 속하는 치료법들은 증거가 있는 연구가 존재하지 않지만 많은 치료자들에 의해 사용되는 것들이다. 이는 전문 문헌에서 상당한 논란이 되는 주제였는데, 약 10년 전에 이렇게 논란이 되는 치료법 중 일부는 이제 증거 기반 치료법이 되었다는 것을 우리는 인지할 필요가 있다. 증거 연구가 부족한 신규

치료법을 도입할 때 치료자는 충분히 관련 조사를 해야 하며 해당 치료법의 이론적 배경 설명이 빈약할 때는 더욱 그러하다(Pignotti & Thyer, 2015). 심리치료의 전반적 논란을 설득력 있고 포괄적으로 정리한 연구가 있다(Lilienfeld, Lynn, & Lohr, 2015).

경력이 있는 치료자들은 내담자의 치료 성공을 이끌어내기 위한 다양한 방법이 있다는 것을 알고 있다. 내담자와의 최초 전화 통화 시점부터 치료자들은 협력적이고 전문적이며 치료에 도움이 되는 관계를 형성하도록 노력한다. 대부분의 치료적 변화가 이 관계를 근간으로 시작하게 된다.

치료를 추천하지 않는 경우

증거 연구를 활용하는 경우 치료를 위한 모든 선택지를 검토하는데, 개입을 전혀 하지 않는 선택지도 물론 검토한다. 실제로 치료를 받는 사람들 중 5~10%에 이르는 이들은 치료 과정에서 질환이 악화된다(Lambert & Ogles, 2004). 심리치료의 부정적 효과에 대해서는 연구 자료가 거의 없지만 다음의 경우에는 치료를 전혀 하지 않는 것이 가장 좋은 선택지인 것으로 보인다.

- 복수의 치료 실패 이력이 확인되는 내담자
- 소송 등 법적 절차를 진행 중인 내담자(예 : 이혼 소송, 자녀 양육권 소송, 법정 명령 치료 과정 등). 이러한 내담자들은 치료를 찾는 목적이 순수하지 않을 수 있고 따라서 치료 과정에서 자신의 목적을 달성하기 위해 거짓 반응을 할 수 있다.
- 장애인 복지 혜택을 받기 위해 치료를 받거나 치료 호전이 없을 경우 금전적 혜택을 누리게 되는 신규 내담자
- 치료를 받으면 2차 이득이 생기지만 스스로 변화할 동기나 의도가 전혀 없는 꾀병 내담자, 혹은 병이 난 것처럼 속이는 사람
- 뿌리 깊은 성격장애를 가진 사람들을 비롯하여 치료에 대해 부정적 반응을 보일 확률이 높은 사람(예 : 자기애성 · 경계성 · 강박성 · 반사회성 성격장애) 혹은 공격적 성격 패턴을 보이거나 자신/타인에게 위협을 보이는 사람

치료를 받아도 호전이 없는 이유 중에는 치료자와 내담자의 목표 불일치도 있다. 이러한 불일치는 치료 중반에 조기 종결을 하게 되는 원인인 경우가 많다(Antony & Barlow, 2011). 앞에서 다룬 바와 같이 변화에 대한 준비를 평가하는 것은 이러한 치료 실패 확률을 감소시킨다. 치료를 하지 않는 것을 추천하는 것은 내담자들을 위험으로부터 보호하고 부정적 치료 경험을 방지하며 내담자가 좀 더 수용적으로 될 때까지 치료를 미룰 수 있도록 설계한다. 간혹 어떤 사람들은 심리치료가 어떤 것인지 궁금해하는 순수한 호기심에 치료를 찾으러 오기도 한다. 식별할 수 있는 장애나 문제가 없는 경우에는 치료를 받는다 하더라도 도움이 될 일이 없을 것이라는 점을 명확히 알려주어야 한다. 치료를 받지 않는 것이 최선의 선택으로 판단되는 경우라 하더라도 치료를 받지 않도록 조언해주는 것은 내담자에게 쉽게 납득되지 않을 수 있고 또 많은 치료자들은 이 선택지를 사용하지 않으려 할 수도 있다.

치료의 주안점

(DO A CLIENT MAP)
치료자들은 자신의 취향과 각각의 내담자들의 필요에 따라 심리치료 모델을 변형하려는 경향이 있다. 동일한 방식의 치료라 할지라도 치료자 개인마다 이를 수행하는 방법은 다르게 나타난다. 내담자들 또한 치료에 대해서 경험하는 효과가 저마다 다르다. 심리치료 방법을 적용하는 것은 형성된 치료관계에 따라 다르다고까지 말할 수도 있다. 여기서는 치료가 각 강조 영역 및 개인에 따라 어떻게 변형되는지를 다룬다.

지시형 및 환기형

치료 접근법은 지시형, 환기형, 혹은 이 둘의 혼합일 수 있다. 지시형 접근법은 목표 달성 및 치료를 위한 협력적 관계가 수준 미달인 상황과 관련된 것으로 보인다(Hersoug, Hoglend, Havik, von der Lippe, & Monsen, 2009; Malik, Beutler, Alimohamed, Gallagher-Thompson, & Thompson, 2003; Muran & Barber, 2010). 환기형 접근법은 정화(catharsis and abreaction), 진솔성, 공감, 감정에 대한 반추, 지지, 무조건적 긍정적 존중 등을 강조한다. 심지어 비판과 대립에도 지지적 자세가 그 기저에 있다. 치료자들은 접근법들을 혼합하는데 초기에 내담자 파악이나 증상 대처에는 환기형 접근으로, 인지적 목표 및 행동적 목표를 달성하기 위한 치료에서는 지시형 접근에 더 무게를 둔다.

지시형 접근법은 일반적으로 행동 또는 인지의 변화를 추구한다. 치료자가 주도권을 쥐고 치료법을 결정하고 특정 증상이나 목표에 주안점을 둔다. 내담자가 실질적인 행동 변화를 경험할 수 있도록 인지행동 스펙트럼의 어떠한 기법도 고려·선택될 수 있다. 체계적 둔감화, 홍수법, 정적 강화, 토큰경제, 소크라테스 문답법, 독서치료를 비롯한 여러 기법들이 회기 내에 수행되고 과제, 일기, 독서치료, 행동목록은 회기 밖에서 수행하도록 하여 학습을 돕는다. 합리적 정서적 행동치료의 창시자인 Albert Ellis는 내담자들이 회기 밖에서 수행할 수 있는 실험들을 구체화하도록 독려하여 그 결과를 회기 중에 심도 있게 토론하는 방법을 사용했다. 모든 지시형 접근법에서 치료자는 권위자의 지위를 갖고, 목표점을 정의하고, 증상을 바꾸도록 설계된 프로그램들을 감독한다.

지시형 접근법 대신 환기형 접근법은 자기주도적이고 내담자-치료자 간 적절한 협력 관계를 맺을 수 있는 사람들에게 더 효과적인 것으로 보인다(Malik et al., 2003; Sharpless et al., 2010). 경험적이고, 정신역동적이며, 인본주의적(예: 게슈탈트, 인간중심, 정서중심) 접근 방법들은 대개 지시형이기보다 환기형에 더 무게가 실려 있으며, 회기의 주안점은 내담자가 중요하게 여기는 것으로 결정하는 방식을 취한다. 환기형 치료법들은 좀 더 경험적이며 내담자가 자신의 삶에 대해 가장 잘 알고 있다고 간주하므로 당사자가 가장 잘 문제를 해결할 수 있다고 본다.

탐색 및 지지

연구 문헌에서 거의 다루어지지 않았지만 치료에서 중요하게 여겨야 하는 부분은 탐색과 지지 측면이다. 탐색의 관심사는 일반적으로 분석, 내용 파악, 해석이다. 과거가 어떤 영향을 미치는지 그리고 자신의 행동 패턴을 인식하도록 도움을 줌으로써 깨달음을 얻도록 해준다. 반대로 지지를 강조하는 방법들은 증상의 완화와 행동의 변화를 주 목표로 한다.

그러나 한 연구에서는 변화를 위해 꼭 통찰이 필요하지는 않다는 결론을 냈다(Wallerstein, 1986). 45%의 경우 변화는 내담자의 통찰 수준을 넘었으며 통찰이 변화를 넘는 수준은 7%에만 해당되었다. Wallerstein은 지지치료가 기대했던 것보다 더 효과가 있으며 탐색적 치료보다 효과가 떨어지는 것으로 보이지 않는다는 결론을 내렸다. 그러나 Schnyder(2009)는 치료법의 70%가 약물치료를 동반할 수도 혹은 동반하지 않을 수도 있는 지지적 치료인데 이 치료방법에 대해서는 경험적 근거가 부족하다고 하였다.

지지적 정신치료는 공감하고 격려해주며 안심시켜준다. 뿐만아니라 내담자가 위기를 겪고 있거나, 양극성장애, 조현병, 치매 등과 같은 심각한 정신질환 진단으로부터 회복 중일 때 내담자의 자존감을 개선시켜준다. 이는 제한된 공간에서 치료를 위한 협력적 관계를 형성하고 희망을 높이기 위해 무조건적 수용, 적극적 경청, 안전한 환경에서 공감을 받아야 하는 내담자에게도 해당된다. 이것의 목표는 심리교육, 인지재구조화, 문제해결, 혹은 환경 변화가 일어날 수 있도록 하는 것이다.

지지치료란 내담자 개인이 일상을 살아갈 수 있도록 자아의 기능, 현실 인식, 명료한 생각을 강화시키기 위한 의도된 개입으로 정의된다. Rockland(2003)는 지지적 및 탐색적 개입을 제공하는 지지적 치료법의 개요를 제시했다. 치료자는 지지적 및 탐색적 개입을 균형 있게 조합하여 내담자의 상황에 가장 잘 맞는 개입을 설계할 수 있다.

강조의 다른 측면

과거, 현재, 미래 중 어느 것에 치중할지는 내담자의 필요 및 치료자의 선호 등에 의해 영향을 받을 것이다. 누구에게 치료법을 맞추는가와 어떤 이론적 측면에 언제 관심을 둘 것인가 하는 것은 치료자의 직감에 의해 결정된다.

대부분의 치료자들은 내담자가 어느 수준의 지원이 필요한지, 치료의 어느 면을 강조해야 하는지, 행동 · 인지 · 정서 중 어디에 주안점을 둘지, 얼마나 지시적이어야 할지를

직감적으로 결정한다. 치료의 이러한 측면들에 대해서 더 많은 연구가 이루어지면 치료 계획을 개선시킬 수 있으며 각 내담자의 필요에 맞게 치료의 틀을 짜는 방법을 학습하는 데 도움이 될 것이다. 이를 통해 특정 부류의 내담자들에게는 왜 특정 치료법이 다른 치료법에 비해 더 효과가 있는지 알게 해줄 수도 있다.

치료 참여 구성

(DO A CLIENT MAP)

DO A CLIENT MAP 줄임말에서 N은 치료에 누가 개입되어 있는지를 가리킨다. 누가 치료 대상이 되어야 하는지를 결정하는 것은 치료자의 중요한 역할 중 하나이다. 대부분의 장애는 치료자와 내담자의 개인별 일대일 상황에서 치료가 진행된다. 적대적 반항장애나 품행장애와 같이 어린이와 관계된 장애는 부모의 관리 혹은 가족 상담을 통해 가장 잘 치료될 수 있다. 집단치료 또한 고려대상이 된다. 다음에 이 내용들을 설명하였다.

개인치료

당장의 문제, 위기 상황, 집단에서 창피를 느낄 만한 문제를 겪고 있는 사람들은 개인치료를 받는 것이 최선의 선택이다. 개인치료는 취약하고 우울하며 사랑하는 사람을 잃거나 자존감이 낮고 필요로 하는 도움을 받는 데 수동적인 사람들에게 최소한 치료 초기 단계에는 도움을 줄 수 있다. 특히 치료를 처음 받는 사람들에게는 일반적으로 개인치료가 바람직한 선택이다. 하지만 개인치료에도 한계가 있다. 개인치료는 전이가 일어날 수 있고 치료자에게 제공되는 피드백 분량이 줄어들며 가족 구성원의 역동에 개입하거나 문제의 원인인 대인관계 문제들을 해결할 기회가 거의 주어지지 않는다. 새롭게 학습된 대인관계 행동은 반드시 치료자와의 만남 이외의 공간에서 시도되고 치료자에게 보고되어야 한다. 개인치료를 시작한 사람들 중 대다수가 집단 내의 역동관계에 관한 도움을 더 많이 받을 수 있는 집단치료로 변경한다.

집단치료

집단치료는 일상과 유사한 치료적 환경을 제공하며 상호작용과 학습을 위한 공간을 제공한다. 집단치료는 문제를 정상화하고 자존감을 개선시키며 수치심을 감소시키도록 도울 수 있다. 집단치료는 철수, 경쟁심, 수줍음, 공격성향, 권위자와의 문제 등 대인관계 문제를 다루어야 할 때 일반적으로 첫 번째 선택이 된다(Fenster, 1993). 집단치료는 약물 남용, 섭식장애, 사랑하는 사람을 잃은 경우 등 여러 상황에 효과가 있는 것으로 나타났다(Reichenberg, 2014).

집단 상황에서 작업하는 치료자들은 집단 내 역동에 대해 익숙해야 하며 개인이 집단치료를 통해 어떤 도움을 받을지에 대해서 뿐만 아니라 집단 전체가 한 개인에 의해 어떤 영향을 받을지도 생각해야 한다. 집단치료에 이상적인 내담자는 자신이 겪고 있는 대인관계 문제에 대해 알고 있고 변화하려는 동기부여가 된 사람들이다. 내담자는 적절한 방법으로 피드백을 주고받을 수 있어야 하며 자신의 행동에 대해 일정한 책임을 질 의사가 있어야 한다. 따라서 두려움이 많거나 자기중심적이거나 지나치게 공격적이거나 혼란한 사람들은 적절한 집단치료 대상이 아니다. 이러한 사람들은 집단치료에서 별로 도움을 받지 못할 것이며, 오히려 집단 전체에게 부정적 영향을 끼칠 수도 있다. 이러한 내담자들에게 집단치료가 도움이 되려면 개인치료에서 진척이 있고 난 후로 미루는 것이 바람직할 것이다.

집단치료 유형은 다양하다. 어떤 집단에서는 진단을 초월하기도 한다. 그래서 서로 다른 진단을 받은 사람들이 동일한 기술 혹은 훈련을 받는다. 예를 들면 남녀 집단에 분노조절 기술을 가르치거나 여러 유형의 행동장애 내담자들에게 충동조절 기술을 가르치거나 모든 유형의 섭식장애가 있는 집단에 정서조절을 가르치는 것이다. 집단치료에서는 유사한 문제가 있는 사람들이 서로에게 대처 기술을 배우고 피드백과 상호 모델링을 통해 개선점을 이끌어내고 서로 지지하고 인정해주는 분위기를 만들어낸다. 대부분 집단에서 중요한 점은 집단 내의 상호 작용과 대인관계 기술 학습에 중점을 두는 것이다.

커플 및 가족 치료

커플 및 가족에 대한 개입은 대부분의 경우 효과가 있지만 특히 더 효과가 있는 장애들도 있다. 커플치료에 대한 증거 기반 연구 결과들이 나와 있다. 증거 기반 치료법에는 정서중심 커플치료(Greenberg & Johnson, 1988; Johnson, 2004), 관계개선 치료(Guerney, 1977, 1994), 약물 남용 치료를 위한 커플행동치료(behavioral couples therapy, BCT; Ruff, McComb, Coker, & Sprenkle, 2010) 등이 있다.

또 가족체계 연구에서는 일부 유형의 가족치료 또한 근거가 있는 것을 알아냈는데, 신경성 식욕부진증(Wilson & Fairburn, 2007)과 조현병 스펙트럼 장애(Barlow & Durand, 2008)가 여기에 포함된다. 어린이 5명 중 1명이 정신질환의 진단적 분류에 부합한다. 또 성인 장애의 50%는 아동기에 처음 발현된다(Hunsley & Mash, 2012). ADHD, 적대적 반항장애, 행동장애와 같은 아동기의 장애들은 부분적 혹은 병행적 치료로 가족치료를 포함한다(Kazdin, 2008). 양극성장애, 약물남용장애, 섭식장애, 강박장애 등이 있는 사람들 중 유전적 배경 혹은 가족력이 있는 사람들은 가족치료를 통해 개선될 확률이 높다(Finney, Wilbourne, & Moos, 2007; Miklowitz & Craighead, 2007). 이 장애들에 대한 유년기 초기의 진단과 치료 및 치료에 가족치료를 포함하는 것은 이 책의 관련 장에서 확인할 수 있다.

개인치료와 마찬가지로 가족치료에서 치료를 위한 협력적 관계는 최초 3~4회의 상담에서 수립된다(Robbins, Turner, & Alexander, 2003).

가족치료를 수행하는 경우 치료를 위한 협력적 관계를 세대에 걸쳐 형성하게 된다. 가족 구성원 1명과 생성된 협력적 관계는 다른 가족 구성원과의 협력적 관계에 영향을 받으며, 이는 독립적으로 생각할 수 없는 것이다(M. Beck, Friedlander, & Escudero, 2006).

한 연구에서 가족치료의 경우 협력 관계는 다음과 같은 조건에 의해 강화되는 것으로 밝혀졌다.

- 치료자와 가족 구성원들이 치료 목표를 위해 협력함
- 치료자는 치료를 위한 협력적 관계 형성을 위해 필요한 조건(공감, 따뜻함, 무조건적 긍정적 존중)을 조성함

- 치료자는 긍정적이고 희망을 불어넣음
- 치료자는 상담 중에 능동적임(M. Beck et al., 2006)

내담자가 치료를 위한 협력적 관계를 어떻게 인식하는지가 치료자의 인식보다 치료의 결과를 더 잘 예측한다. 가족치료에서 협력관계 인식에 대한 예측력은 여성이 남성보다 더 높다는 연구가 있다(Quinn, Dotson, & Jordan, 1997). 가족체계치료에서 협력관계가 약하면 부정적 결과가 나타날 것이라고 예측할 수 있다.

치료 속도

(DO A CLIENT MAP)
치료 속도란 치료의 빈도와 진행 시간을 말하며 이 둘은 가변적이다. 대부분의 외래 치료는 50~60분 동안 이루어지며 1주일에 1회 진행된다.

치료 막바지에 이르러서는 상담 종결이 쉬워질 수 있도록 회기를 격주 간격으로 하는 경우가 많다. 대조적으로 전통적인 정신분석은 1주일에 5회의 상담을 하는 경우가 보통이다.

치료 지속 기간은 경우에 따라 매우 다르다. 연구 결과들은 여러 가지 결론을 내놓지만 치료 효과가 가장 많이 일어날 확률이 있는 기간은 최초 10~20번째 회기이다(Schnyder, 2009).

치료 기간과 치료 효과의 관계를 메타분석한 연구에서는 상담의 총횟수와 치료 기간은 치료 결과와 정적 관계가 있다고 결론지었다(Orlinsky & Howard, 1986). 모든 연구가 같은 결과를 보여주지는 않았지만, 다수의 연구에서 단기 치료는 유의미하고 지속적인 긍정적 결과를 가져오지만 일부의 장애와 일부의 내담자에게만 해당한다고 하였다. 예를 들면 단기 치료는 자살시도, 트라우마, 국가적 재난 사태 등 위기 이후가 바람직하다(Roberts, 2002).

내담자의 문제가 스트레스, 역기능적 행동, 학업 문제, 대인관계의 어려움, 혹은 직업상 문제와 관계가 있다면 단기간의 인지치료가 가장 효과가 좋은 것으로 보인다(Littrell, Malia, & Vanderwood, 1995). 단기정신역동 심리치료는 우울증에 적합하다(Luborsky et al., 1996). 일반적으로 단기 치료는 약 75% 정도의 내담자들에게 효과가 있어 보인다. 단기 치료는 기간이 제한이 되어 있기 때문에 많은 내담자들이 좀 더 집중하고 치료에서 더 많은 것을 얻어가려는 경향이 있다.

약물치료(필요한 경우)

(DO A CLIENT MAP)
앞에도 언급했듯이 이 책은 약물 처방을 하지 않는 치료자들을 대상으로 한다. 따라서 각 장의 약물치료 부분의 주안점은 진단에 따라 다르다. 적응장애를 겪는 대부분의 사람들은 치료를 위한 약물이 필요하지 않을 것이다. 양극성장애나 조현병과 같은 좀 더 심각한 장애의 경우 치료의 주안점은 약물치료일 것이고 심리치료는 보조적 역할을 할 것이다.

ADHD, 주요우울장애, 불안장애 등을 치료할 때 치료와 더불어 약물이 병행 처방된다. 조현병 스펙트럼 장애, 양극성장애, 신경인지장애 및 일부 신경발달장애를 포함하는 여러 중증의 정신장애들은 1차적으로 약물치료로 관리가 되며 부차적으로 개인 및 가족치료가 동반이 된다. 상황이 허락한다면 다른 장애들은 오프라벨[2] 처방 약품을 사용해서 심리사회적 치료 효과를 증대하거나 증상을 완화시킬 수 있다. 이는 경계성 성격장애, 해리장애 및 성인 ADHD에 해당될 수 있다. 의약 처방을 받는 사람들에게 의약품 사용 준수를 지속적으로 파악하는 것은 종종 심리치료의 중요한 부분이며 치료에 대한 전체론적 접근을 반영한다(Pratt & Mueser, 2002). 일부 경우에는 약물 처방과 심리치료를 조합하는 것이 시너지 효과를 낼 수 있는데, 이는 특히 주요우울장애의 치료에 더 두드러진다. 약물치료는 우선 증상을 감소시키고 에너지를 제공하고 긍정적 자세를 갖도록 돕는다. 약물치료는 내담자가 심리치료를 잘 활용할 수 있도록 돕는데 초기에는 지지적/공감적 돌봄을 제공하여 희망을 불어넣고 후에는 내담자가 안정을 찾고 회복할 수 있도록 돕는다. 이는 심리치료와 약물 처방의 시너지 때문이며 시너지는 지속될 확률이 높다.

2　역자 주 : 식약처에서 의약품을 허가한 용도 이외의 적응증에 약을 처방하는 행위

치료자들은 새로운 의약품들과 이들의 상호작용 및 부작용 프로파일에 익숙해지도록 종합 의약 처방 매뉴얼 최신판을 보유하고 있어야 한다.

심리치료에서 다양한 의약품 사용의 효과를 잘 이해하고 있는 비의료 치료자들은 내담자의 약물 사용 고려를 위해 치료 진도를 가속화할지 여부 그리고 외부에 의뢰할 시점은 언제인지를 결정할 수 있을 것이다. 치료자들은 내과의사 및 정신과 의사와 함께 내담자의 의약 처방에 대한 회의를 하여 내담자의 치료 계획을 수립하기도 하고 의약품의 상호작용 및 부작용을 고려해야 하므로 내담자의 의약품 사용 정보를 잘 알고 있어야 한다.

다음은 향정신성 약물의 간략한 목록이다. 이 책의 독자 모두는 의약품 매뉴얼이 있어야 한다.

향정신성 의약품은 항정신병제, 항우울제, 기분 안정제, 불안 완화제 및 기타 약물의 총 다섯 가지 분류로 나눌 수 있다. 각각을 간략히 묘사하면 다음과 같다.

항정신병제 : 항정신병제는 기본적으로 조현병 스펙트럼장애, 양극성장애, 망상 및 환각과 관련된 기타 장애를 치료하기 위해 처방된다. 경계성 성격장애, 투렛장애, 중증의 인지장애 등이 있는 사람은 특정 증상을 완화시키기 위해 항정신병제를 오프라벨로 처방받을 수 있다.

- 전통적 항정신병제 : 페노티아진(예 : 토라진, 프로릭신, 멜라릴, 스텔라진)
- 할로페리돌(할돌)

근래 내약성이 좋고 추체외로계 부작용이 적은 비전형적 항정신병제는 미국 식품의약국(FDA)의 승인을 받았다. 그 목록은 다음과 같다.

- 클로자릴(클로자핀)
- 지오돈(지프라시돈)
- 리스페달(리스페리돈)
- 인베가(팔리페리돈)
- 자이프렉사(올란자핀)
- 자이프렉사 렐프레브(올란자핀 파모아, 주사제)
- 쎄로켈(쿠에티아핀)
- 아빌리파이(아리피프라졸)

- 사프리스(아세나핀 말레인산)
- 파납트(일로페리돈)
- 라투다(루라시돈)

변경된 약물과 부정적 약물 반응은 웹사이트(www.fda.gov/Drugs/DrugSafety)에서 확인할 수 있다.

항우울제 : 항우울제의 종류는 다음과 같다.

- 트라이사이클릭 및 헤테로사이클릭
  - 토프라닐(이미프라민)
  - 파멜롤(노르트립틸린)
  - 비박틸(프로트립틸린)
  - 서몬틸(트라이미프라민)
  - 노르프라민(데시프라민)
  - 엘라빌(아미트리프틸린)
  - 아센딘(아목사핀)
- 모노아민 산화효소 억제제(MAOIs)
  - 엠삼 셀레길린(피부 패치)
  - 나르딜(페넬진)
  - 파네이트(트라닐시프로민)
  - 마플란(이소카복사지드)
- 선택적 세로토닌 재흡수 억제제(SSRIs)는 우울증뿐 아니라 섭식장애 및 신체증상장애의 치료에 효과적이다. 선택적 세로토닌 재흡수 억제제는 또 우울증과 관련된 불안을 감소시켜줄 수 있다. 모든 선택적 세로토닌 재흡수 억제제에는 사용 시 어린이, 청소년 및 청년에게 자살 성향을 증가시킬 수 있다고 경고하는 FDA의 '블랙박스' 경고문[3]이 포함된다. 선택적 세로토닌 재흡수 억제제에는 다음 제품이 있다.
  - 프로작, 사라펨, 심비악스(플루옥세틴)
  - 졸로푸트(설트랄린)
  - 셀렉사(시탈로프람)
  - 렉사프로(에스시탈로프람)
  - 팍실, 팍실 CR, 펙세바(파록세틴)
  - 루복스(플루복사민말레이트)

---

3 역자 주 : 미국 식품의약국(FDA)이 지정하는 가장 강력한 경고문

– 비브리드(빌라조돈)
- 선택적 세로토닌/노르에피네프린 재흡수 억제제는 다음과 같다.
  – 심발타(둘록세틴)
  – 이펙사(벤라팍신)
  – 레메론(미르타자핀)
  – 프리스틱(데스벤라팍신)
- 비전형적 항우울제는 다음과 같다.
  – 웰부트린(부프로피온)
  – 네파조돈
  – 데시렐(트라조돈)
  – 루디오밀(마프로틸린)

기분 안정제 : 가장 잘 알려진 기분 안정제는 리튬이다. 리튬은 조울증, 순환성장애 및 조현정동장애와 관련된 조증, 우울증 및 기분 불안정의 증상을 완화시키는 효과가 있다. 다른 기분 안정제로는 토피라메이트(토파맥스), 디발프로엑스(데파코트), 발프로산(데파킨), 라모트리진(라믹탈)이 있다.

불안 완화제 : 항불안제/벤조디아제핀은 불안, 공황발작, 발작, 불면증을 완화해준다. 불안 완화제는 마약이나 알코올 금단 증상을 완화시켜주고 약물 사용과 관련된 공격성을 통제해주며 정신병 치료약의 효과를 강화시키는 데도 사용된다. 이들 중 일부는 중독성이 강하므로 소량으로 처방되어야 하고 중독 성향이 있거나 우울증이 있거나 자살 성향이 있는 이들에게는 처방해주면 안 된다. 이러한 약품에는 알프라졸람(자낙스), 로라제팜(아티반), 디아제팜(바리움) 및 클로나제팜(클로노핀)이 있다.

흥분제 : 흥분제는 집중력을 개선시키고 ADHD가 있는 성인 및 아동의 충동조절을 도울 수 있도록 처방된다. 다음의 흥분제들은 FDA 허가를 받은 것이다. 각 의약품 항목에 대해서는 연령 제한이 설정되어 있으며 일부는 ADHD가 있는 성인 치료에 인가되지 않았다. 흥분제의 가장 흔한 부작용으로는 식욕부진과 수면 문제가 있다.

- 리탈린, 콘서타, 데이트라나 패치, 메타데이트, 메틸린(메틸페니데이트)
- 애더럴(암페타민혼합염)
- 덱세드린(덱스트로암페타민)
- 바이반스(리스덱스암페타민)

비흥분제 의약품 : 스트라테라는 어린이, 청소년 및 성인의 ADHD 치료를 위해 인가된 최초의 비흥분제 의약품이다. FDA가 승인한 타 비흥분제 의약품으로는 6~17세를 상대로는 인튜니브(구안파신)가 인가를 받았으며 캅베이(클로니딘)는 단독으로 사용하거나 타 정신흥분제와 같이 쓴다. 모든 의약품에 다 적용되듯 위험한 사용과 부작용은 약물 사용의 장점과 비교해서 판단해야 한다. 이러한 판단은 의사의 조언을 받고 처방해야 한다.

알코올 및 기타 금단 약물 : 날트렉손(레비아) 및 메타돈을 비롯한 몇 가지 약품은 중독을 완화시키는 데 도움이 된다. 벤조디아제핀은 약물 금단 현상을 완화시킬 때 사용될 때가 있다. 항정신병제는 정신병과 편집증이 불안과 초조를 동반할 때 도움이 될 수 있다.

기타 약물 : 기타 약품들은 정신병 치료의 목적으로 '오프라벨'로 처방되는 것이 있다. 어떤 약품이 FDA 인가를 받았다 하더라도 의도한 목적으로 받은 것이 아닐 수 있다. 물론 의도한 목적에 대해서는 효과가 있을 수가 있다. 고혈압 치료에 자주 처방되는 베타차단제는 불안장애의 증상을 감소시키기 위해 처방될 수 있다(Preston, O'Neal, & Talaga, 2013).

이 책에서는 특정 의약품이 해당 장애에 대해 근거가 있다고 판단된 경우에는 그 장애의 개입 전략 목록에 포함될 것이다.

보조 개입

(DO A CLIENT MAP)
보조 개입을 위한 외부 진료 요청은 치료 목표에 도움이 될 때 이루어져야 한다. 적절한 보조 개입의 예로는 체중 감량을 돕기 위한 운동 프로그램, 사회화를 돕는 자원봉사 서비스, 이완을 돕는 마음챙김, 내담자가 신체 감각을 인식하도록 돕는 바이오피드백 등이 있다.

DSM-5 진단 중 한 가지를 받은 내담자 중 50%에 가까운 사람들이 두 가지 진단을 받을 확률이 있다. 치료가 주요 장애에 주안점을 둔다면 보조 개입은 2차 장애의 증상에 도움을 줄 수 있다. 보조 개입은 치료가 진행 중이거나 혹은 치료 종결 때 시작할 수 있고 혹은 내담자가 치료 기간에 언급했지만 주요 이슈가 아니었던 2차 문제에 대해 치료받기로 할 때 시작할 수도 있다. 내담자의 목표에 따라 커플치료, 가족치료, 마음챙김 중심의 스트레스 감소, 혹은 직업 상담에 대한 외부 의뢰 등 여러 가지 방법이 적절할 것이다. 지역사회 서비스를 잘 챙기는 치료자들은 내담자에게 필요하다면 적절하게 외부로 의뢰할 수 있을 것이다. 미국의 대부분의 지역에는 지역사회 서비스 위원회(Community Services Board)가 있어서 내담자가 사는 지역에서 정신건강에 필요한 도움과 정보를 제공할 수 있다.

인터넷은 치료자의 치료 목표 및 목적에 맞춘 효과적인 교육적/치료적 부가 서비스를 제공하는 역할을 할 수 있다. 신뢰할 만한 정신건강 온라인 사이트 몇 곳을 소개한다.

- www.nami.org
- www.mayoclinic.com/health/depression-and-exercise/MH00043
- www.webmd.com/depression/guide/understanding-depression-prevention
- http://mhrecovery.com/resouces.htm
- suicidology.org(자살로 인해 가까운 사람이 사망한 경우 애도하는 이를 도움)

많은 사람들이 자신이 보유한 스마트폰을 이용해서 온라인으로 정신건강 정보를 확인할 수 있다. 그들 중 일부는 애플리케이션을 스마트폰에 설치하여 약물 복용, 운동, 명상, 기분 기록, 바이오피드백 활동 등 기타 건강 관련 활동이 필요한 시점에 알림을 받을 수 있다. Tactical Breather 같은 애플리케이션은 공황장애 상황에 도움이 될 수 있는 호흡 방법을 알려준다. PTSD를 위한 어떤 애플리케이션은 참전 군인들이 트라우마를 겪는 상황에서 바로 무엇을 해야 하는지 알려주고 즉시 연락할 수 있는 핫라인 전화번호를 알려준다. 페이스북과 같은 소셜미디어에서도 자신 혹은 친구의 정신건강을 염려하는 사람들에게 관련 정보, 모니터링, 추후 관련 정보 제공을 통해 공동체 감시 기능을 제공한다.

예후

(DO A CLIENT MAP)
미국인들 중 50%에 가까운 사람들은 평생에 걸쳐 한 번 이상 정신장애를 경험한다. 치료를 하면 이들 중 80%는 회복한다. 대부분 장애의 예후는 두 가지 변수에 따라 달라진다. 장애의 특성 및 경중, 그리고 긍정적 변화를 이끌어내는 내담자의 동기이다. 조현병이나 양극성장애와 같은 중증의 질환은 일생 동안 장기간에 걸쳐 나타날 것이다.

치료적 제언 : 통합 치료 모델

통합 치료 모델(DO A CLIENT MAP) 방법은 이 책 전반에 걸쳐 언급될 것이다. 각 장은 사례 연구로 시작하고 두 가지의 통합 치료 모델로 마무리한다. 하나는 해당 범주로 분류된 모든 장애에 대한 일반적 정보이고 또 하나는 해당 사례 연구에 맞춘 것이다. 이 장은 여러 가지 사례 연구로 시작하였다.

다음은 정신과 의사에게 강박장애 진단을 받은 14세 소녀 질리안에게 적용한 통합 치료 모델 예시이다.

진단(D)
- 강박장애

(계속)

치료 목표(O)

- 장애와 관련된 강박적 생각과 행동을 완화시키는 것
- 관련된 불안과 우울증 수준을 낮추는 것
- 동반 장애를 모두 치료하는 것

평가(A)

- 예일-브라운 강박 척도(Y-BOCS)
- 관련 증상들에 대한 기타 척도(즉 우울증, 불안 등)
- 동반 장애 존재 여부 파악. 특히 충동통제와 관련된 장애 위주(예 : 섭식장애, 도박, 약물 남용 등)
- 아동기에 일어났을 수 있는 동반 장애 이력 파악 : ADHD, 틱장애, 투렛장애 등

치료자의 자질(C)

- 인내심이 많고 지지적이며 격려해줌
- 지시적이며 확고할 수도 있지만 협력적임
- 다양한 행동적 및 인지적 개입에 대해 친숙함

치료 장소(L)

- 외래/내담자 환경

개입 전략(I)

- 인지행동 및 행동 치료(특히 인지 및 왜곡된 인지 수정)
- 불안 감소를 위한 노출 및 반응 방지(ERP) 기법

치료의 주안점(E)

- 현재 중심

- 다소 지시적
- 지지적

치료 참여 구성(N)

- 개인치료(집단치료는 강박장애에 비추천)

치료 속도(T)

- 일반적으로 낮에 상담
- 평균 정도의 기간(8~10회기 상담)
- 평균 정도의 진행 속도

약물치료(M)

- 강박 증상 진정을 위한 선택적 세로토닌 재흡수 억제제 사용

보조 개입(A)

- 영양 교육과 지원을 제공할 영양사
- 스트레스 관리를 위한 다른 방법(명상, 요가)
- 부정적 심리 상태를 감소시킬 활동 시간표

예후(P)

- 증상 완화가 좋음
- 스트레스를 주는 사건이 증상을 악화시키기 때문에 애를 완전히 제거하는 것에 대해서는 크게 긍정적 기대를 하기 어려움

추천문헌

Anthony, M. M., & Barlow, D. H. (Eds.). (2010). *Handbook of assessment and treatment planning for psychological disorders* (2nd ed.). New York, NY: Guilford Press.

Ardito, R. B., & Rabellino, D. (2011). Therapeutic alliance and outcome of psychotherapy: Historical excursus, measurements, and prospects for research. *Frontiers in Psychology, 18*. doi:10.3389/fpsyg.2011.00270

MedWatch, U.S. Food and Drug Administration Safety Alerts www.fda.gov/safety/medwatch FDA medication alerts website

Miller, W. R., & Rollnick, S. (2013). *Motivational interviewing: Helping people* change (3rd ed.). New York, NY: Guilford Press.

Miller, W. R. (2000). Rediscovering fire: Small interventions, large effects. *Psychology of Addictive Behaviors, 14*, 6–18.

Preston, J. D., O'Neal, J. H., & Talaga, M. C. (2013). *Handbook of clinical psychopharmacology for therapists* (7th ed.). Oakland, CA: New Harbinger.

Winston, A., & Winston, B. (2002). *Handbook of integrated short-term psychotherapy*. Washington, DC: American Psychiatric Press.

참고문헌

American Psychiatric Association. (2013). *Diagnostic and statistical manual of mental disorders* (5th ed.). Arlington, VA: Author.

American Psychological Association Presidential Task Force on Evidence-Based Practice. (2006). Evidence-based practice in psychology. *American Psychologist, 61,* 271–285.

Anderson, T., Lunnen, K. M., & Ogles, B. M. (2010). Putting models and techniques in context. In S. D. Miller, B. L. Duncan, M. A. Hubble, & B. E. Wampold (Eds.), *The heart and soul of change* (2nd ed., pp. 143–166). Washington, DC: American Psychological Association.

Anderson, T., Ogles, B. M., Patterson, C. L., Lambert, M. J., & Vermeersch, D. A. (2009). Therapist effects: Facilitative interpersonal skills as a predictor of therapist success. *Journal of Clinical Psychology, 65,* 755–768.

Antony, M. M., & Barlow, D. H. (2011). *Handbook for assessement and treatment planning of psychological disorders* (2nd ed.). New York, NY: Guilford Press.

Barlow, D. H., & Durand, V. M. (2008). *Abnormal psychology: An integrative approach* (2nd ed.). Pacific Grove, CA: Brooks/Cole.

Beck, A. T., & Steer, R. A. (1990). *Manual for the Beck Anxiety Inventory.* San Antonio, TX: Psychological Corporation.

Beck, A. T., & Steer, R. A. (1991). *Manual for the Beck Scale for Suicide Ideation.* San Antonio, TX: Psychological Corporation.

Beck, A. T., Steer, R. A., & Brown, G. K. (1996). *Manual for the Beck Depression Inventory-II.* San Antonio, TX: Psychological Corporation.

Beck, A. T., Steer, R. A., & Ranieri, W. (1988). Scale for Suicide Ideation: Psychometric properties of a self-report version. *Journal of Clinical Psychology, 44,* 499-505.

Beck, M., Friedlander, M. L., & Escudero, V. (2006). Three perspectives on clients' experiences of the therapeutic alliance: A discovery-oriented investigation. *Journal of Marital and Family Therapy, 32,* 355–368.

Berman, J. S., & Norton, N. C. (1985). Does professional training make a therapist more effective? *Psychological Bulletin, 98,* 401–407.

Bowman, D., Scogin, F., Floyd, M., & McKendree-Smith, N, (2001). Psychotherapy length of stay and outcome: A meta-analysis of the effect of therapist sex. *Psychotherapy, 38,* 142–148.

Centers for Disease Control. (2010). *Number and rate of discharges from short-stay hospitals and of days of care, with average length of stay and by selected first-listed diagnostic categories: United States, 2010.* National Hospital Discharge Survey: 2010 table FastStats, CDC.gov downloaded June 2, 2015 from cdc.gov

Chorpita, B. F., Daleiden, E., & Weisz, J. R. (2005). Identifying and selecting the common elements of evidence based interventions: A distillation and matching model. *Mental Health Services Research, 7,* 5–20.

Conners, C. K. (2015). Conners' Rating Scale-Revised manual, North Tonawanda, NY: Mental Health Systems.

Cottone, J., Drucker, P., & Javier, R. A. (2003). Gender differences in psychotherapy dyads: Changes in psychological symptoms and responsiveness to treatment during three months of therapy. *Psychotherapy, 40,* 297–308.

Crits-Christoph, P., Connolly Gibbons, M. B., Crits-Christoph, K., Narducci, J., Schamberger, M., & Gallop, R. (2006). Can therapists be trained to improve their alliances? A preliminary study of alliance fostering psychotherapy. *Psychotherapy Research, 16,* 268–281. doi:10.1080/10503300500268557

Crits-Christoph, P., Connolly Gibbons, M. B., Hamilton, J., Ring-Kurtz, S., & Gallop, R. (2011). The dependability of alliance assessments: The alliance–outcome correlation is larger than you might think. *Journal of Consulting and Clinical Psychology, 79,* 267–278.

Del Re, A. C., Flückiger, C., Horvath, A. O., Symonds, D., & Wampold, B. E. (2012). Therapist effects in the therapeutic alliance-outcome relationship: A restricted-maximum likelihood meta-analysis. *Clinical Psychology Review, 32,* 642–649.

Derogatis, L. R. (1994). *Symptom Checklist 90–R: Administration, scoring, and procedures manual* (3rd ed.). Minneapolis, MN: National Computer Systems.

Derogatis, L. R., & Melisaratos, N. (1983). The Brief Symptom Inventory: An introductory report. *Psychological Medicine, 13,* 595-605.

Eells, T. D, Lombart, K. G., Kendjelic, E. M., Turner, L. C., & Lucas, C. P. (2005). The quality of psychotherapy case formulations: A comparison of expert, experienced, and novice cognitive-behavioral and psychodynamic therapists. *Journal of Consulting and Clinical Psychology, 73,* 579–589.

Endicott, J., & Spitzer, R. L. (1978). A diagnostic interview: The Schedule for Affective Disorders and Schizophrenia. *Archives of General Psychiatry, 35,* 837-844.

Fairburn, C. G. (2008). Eating Disorders Questionnaire. In C. G. Fairburn, *Cognitive Behavior Therapy and Eating Disorders, Appendix.* Guilford Press, New York.

Fenster, A. (1993). Reflections on using group therapy as a treatment modality—why, how, for whom and when: A guide to clinicians, supervisors and instructors. *Group,*

17, 84–101.

Finney, J. W., Wilbourne, P. L., & Moos, R. H. (2007). Psychosocial treatments for substance use disorders. In P. E. Nathan & J. M. Gorman (Eds.), *A guide to treatments that work* (3rd ed., pp. 179–202). New York, NY: Oxford University Press.

First, M. B., Williams, J. B. W., Benjamin, L. S., & Spitzer, R. L. (2015). *Structured Clinical Interview for DSM-5 Personality Disorders* (SCID-5-PD). Washington, DC: American Psychiatric Publishing.

First, M. B., Williams, J. B. W., Karg, R. S., & Spitzer, R. L. (2015). *Structured Clinical Interview for DSM-5 Disorders (SCID-5): Clinician version user's guide.* Washington, DC: American Psychiatric Publishing.

Flückiger, C., Del Re, A. C., Wampold, B. E., Symonds, D. & Horvath, A. O. (2012). How central is the alliance in psychotherapy? A multilevel longitudinal meta-analysis. *Journal of Counseling Psychology, 59,* 10–17. doi: 10.1037/a0025749

Garfield, R. L., Love, J. R., & Donohue, J. M. (2010). Health reform and the scope of benefits for mental health and substance use disorder services. *Psychiatric Services, 61,* 1082–1086.

Gaudiano, B. A., Dalrymple, K. L., Weinstock, L. M., & Lohr, J. M. (2015). The science of psychotherapy: Developing, testing and promoting evidence-based treatments. In S. O. Lilienfeld, S. J. Lynn, & J. M. Lohr (Eds.)., *Science and pseudoscience in clinical psychology* (2nd ed., pp. 155–190). New York, NY: Guilford Press.

Green, K., Worden, B., Menges, D., & McCrady, B. (2008). Alcohol use disorders. In J. H. Hunsley & E. J. Mash (Eds.), *A guide to assessments that work* (pp. 339–369). New York, NY: Oxford University Press.

Greenberg, L. S., & Johnson, S. M. (1988). *Emotionally focused therapy for couples.* New York, NY: Guilford Press.

Greenberg, L. S., Watson, J. C., Elliott, R., & Bohart, A. (2001). Empathy. *Psychotherapy, 38,* 380–384.

Guerney, B. G., Jr., (1977). *Relationship enhancement: Skill training programs for therapy, problem prevention and enrichment.* San Francisco, CA: Jossey-Bass.

Guerney, B. G. Jr., (1994). The role of emotion in relationship enhancement marital/family therapy. In S. Johnson & L. Greenberg (Eds.), *The heart of the matter: Perspectives on emotion in marital therapy* (pp. 124–150). New York, NY: Brunner/Mazel.

Hatcher, R. L., & Barends, A. W. (1996). Patients' views of the alliance in psychotherapy: Exploratory factor analysis of three alliance measures. *Journal of Consulting and Clinical Psychology, 64,* 1326–1336.

Hatcher, R. L., & Barends, A. W. (2006). Thinking about the alliance in practice. *Psychotherapy, Theory, Research, Practice, Training, 41,* 7–10.

Hatcher, R. L., Barends, A. W., Hansell, J., & Gutfreund, M. J. (1995). Patients' and therapists' shared and unique views of the therapeutic alliance: An investigation using confirmatory factor analysis in a nested design. *Journal of Consulting and Clinical Psychology, 63,* 636–643.

Hathaway, S., & McKinley, J. C. (1989). *Minnesota Multiphasic Personality Inventory (MMPI-2).* Columbus, OH: Merrill/Prentice-Hall.

Hays, P. A. (2001). Addressing cultural complexities in practice: A framework for clinicians and counselors. Washington, DC: American Psychological Association.

Hays, P. A. (2008). *Addressing cultural complexities in practice: Assessment, diagnosis, and therapy* (2nd ed.). Washington, DC: American Psychological Association.

Hays, P. A. (2009). Integrating evidence-based practice, cognitive-behavior therapy, and multicultural therapy: Ten steps for culturally competent practice. *Professional Psychology: Research and Practice, 40,* 354-360.

Hersoug, A. G., Hoglend, P., Havik, O., von der Lippe A., & Monsen, J. (2009). Therapist characteristics influencing the quality of alliance in long-term psychotherapy. *Clinical Psychology and Psychotherapy, 216,* 100–110.

Hersoug, A., Hogland, P., Monsen, J., & Havik, O. (2001). Quality of working alliance in psychotherapy therapist variables and patient/therapist similarity as predictors. *The Journal of Psychotherapy Practice and Research, 10,* 205–216.

Hilsenroth, M. J., Peters, E. J., & Ackerman, S. J. (2004). The development of therapeutic alliance during psychological assessment: Patient and therapist perspectives across treatment. *Journal of Personality Assessment, 83,* 332–344

Horvath, A. O., & Bedi, R. P. (2002). The alliance. In J. C. Norcross, Ed. *Psychotherapy relationships that work: Therapist contributions and responsiveness to patients* (pp. 37–69). New York, NY: Oxford University Press.

Horvath, A., Del Re, A. C., Flückiger, C., & Symonds, D. (2011). The alliance. In J. C. Norcross (Ed.). *Relationships that work* (pp. 25–69). New York, NY: Oxford University Press.

Horvath, A., & Symonds, B. D. (1991). Relation between working alliance and outcome in psychotherapy: A meta-analysis. *Journal of Counseling Psychology, 38,* 139–149.

Hunsley, J., Lee, C. M., Wood, J., & Taylor, W. (2015). Controversial and questionable assessment techniques. In S. O. Lilienfeld, S. J. Lynn & J. Lohr (Eds.), *Science and pseudoscience in clinical psychology* (2nd ed., pp. 42–82). New York, NY: Guilford Press.

Hunsley, J. & Mash, E. J. (2011). The role of assessment in evidence-based practice. In M. M. Antony and D. H. Barlow, *Handbook of assessment and treatment planning for psychological disorders* (2nd ed., pp. 3–22). New York, NY: Guilford Press.

Johnson, S. (2004). *The practice of emotionally focused couple therapy: Creating connection* (2nd ed.). Philadelphia, PA:

Brunner-Routledge.

Karver, M. S., Handelsman, J. B., Fields, S., & Bickman, L. (2006). Meta-analysis of therapeutic relationship variables in youth and family therapy: The evidence for different relationship variables in the child and adolescent treatment outcome literature. *Clinical Psychology Review, 26*, 50–65.

Kazdin, A. E. (2008). Evidence-based treatment and practice: New opportunities to bridge clinical research and practice, enhance the knowledge base, and improve patient care. *American Psychologist, 63*, 146–159.

Lambert, M. J., & Barley, D. E. (2001). Research summary on the therapeutic relationship and psychotherapy outcome. *Psychotherapy, 38*, 357–361.

Lambert, M. J., & Cattani-Thompson, K. (1996). Current findings regarding the effectiveness of counseling: Implications for practice. *Journal of Counseling and Development, 74*, 601–608.

Lambert, M. J., & Ogles, B. M. (2004). The efficacy and effectiveness of psychotherapy. In M. J. Lambert (Ed.), *Bergin and Garfield's handbook of psychotherapy and behavior change* (pp. 139-193). Hoboken, NJ: Wiley.

Lariviere, N., Desrosiers, J., Tousignant, M., & Boyer, R. (2010). Who benefits the most from psychiatric day hospitals: A comparison of three clinical groups, *Journal of Psychiatric Practice, 16*, 93–102.

Laska, K. M., Smith, T. L., Wislocki, A. P., Minami, T., & Wampold, B. E. (2013). Evidence-based treatments in practice: Therapist effects in the delivery of therapy for PTSD. *Journal of Counseling Psychology, 60*, 31–41. doi:10.1037/a0031294.

Lenz, A. S., Del Conte, G., Lancaster, C., Bailey, L., & Vanderpool, E. (2013). Evaluation of a partial hospitalization program for adolescents, *Counseling Outcome Research and Evaluation, 5*, 3–16.

Levant, R. F. (2005). *Report of the 2005 Presidential Task Force on Evidence-Based Practice*. Washington, DC: American Psychological Association.

Lilienfeld, S. O., Lynn, S. J., & Lohr, J. M. (Eds.). (2015). *Science and pseudoscience in clinical psychology* (2nd ed.). New York, NY: Guilford Press.

Littrell, J. M., Malia, J. A., & Vanderwood, J. (1995). Single session brief counseling in a high school. *Journal of Counseling and Development, 73*, 451–458.

Loranger, A. W., Janca, A., & Sartorius, N. (Eds.). (1997). *Assessment and diagnosis of personality disorders: The International Personality Disorder Examination (IPDE)*. New York, NY: Cambridge University Press.

Luborsky, L., Diguer, L., Cacciola, J., Barbar, J. P., Moras, K., Schmidt, K., & De Rubeis, R. J. (1996). Factors in outcomes of short-term dynamic psychotherapy for chronic depression versus nonchronic depression. *Journal of Psychotherapy Practice and Research, 5*, 152–159.

Malik, M. L., Beutler, L. E., Alimohamed, S., Gallagher-Thompson, D., & Thompson, L. (2003). Are all cognitive therapies alike? A comparison of cognitive and noncognitive therapy process and implications for the application of empirically supported treatments. *Journal of Counseling and Clinical Psychology, 71*, 150–158.

Martin, D. J., Garske, J. P., and Davis, M. K. (2000). Relation of the therapeutic alliance with outcome and other variables: A meta-analytic review. *Journal of Consulting and Clinical Psychology, 68*, 438–450.

Meyer, B., Pilkonis, P. A., Krupnick, J. L., Egan, M. K., Simmens, S. J., & Sotsky, S. M. (2002). Treatment expectancies, patient alliance, and outcome: Further analyses from the National Institute of Mental Health treatment of depression collaborative research program. *Journal of Counseling and Clinical Psychology, 70*, 1051–1055.

Miklowitz, D. J., & Craighead, W. E. (2007). Psychosocial treatments for bipolar disorder. In P. E. Nathan & J. M. Gorman (Eds.), *A guide to treatments that work* (3rd ed., pp. 309–322). New York, NY: Oxford University Press.

Miller, W. H., & Rollnick, S. (2013). Motivational interviewing: Helping people *change* (3rd ed.). New York, NY: Guilford Press.

Millon, T., Millon, C., Davis, R., Grossman, S. (2009). *MCMI-III Manual* (4th ed.). Minneapolis, MN: Pearson Education, Inc.

Moriyama, I. M., Loy, R. M., Robb-Smith, A. H. T. (2011). *History of the statistical classification of diseases and causes of death*. Hyattsville, MD: National Center for Health Statistics.

Muran, J. C., & Barber, J. P. (2010). *The therapeutic alliance: An evidence-based guide to practice*. New York, NY: Guilford Press.

Orlinsky, D. E., Grawe, K., & Parks, B. K. (1994). Process and outcome in psychotherapy: In A. E. Bergin & S. L. Garfield (Eds.), *Handbook of psychotherapy and behavior change* (4th ed., pp. 270–376). Hoboken, NJ: Wiley.

Orlinsky, D. E., & Howard, K. I. (1986). Process and outcome in psychotherapy. In S. L. Garfield & A. E. Bergin (Eds.), *Handbook of psychotherapy and behavior change* (3rd ed., pp. 311–381). Hoboken, NJ: Wiley.

Pratt, S. I., & Mueser, K. T. (2002). Schizophrenia. In M. M., Antony & D. H., Barlow (Eds.), *Handbook of assessment and treatment planning for psychological disorders* (pp. 375–414). New York, NY: Guilford Press.

Pignotti, M. G., & Thyer, B. A. (2015). New age and related novel unsupported therapies in mental health practice. In S. O. Lilienfeld, S. J. Lynn, & J. M. Lohr (Eds.), *Science and pseudoscience in clinical psychology* (pp.191–209). New York, NY: Guilford Press.

Preston, J. D., O'Neal, J. H., & Talaga, M. C. (2013). *Handbook of clinical psychopharmacology for therapists* (7th ed.). Oakland, CA: New Harbinger.

Prochaska, J. O., & Norcross, J. C. (2010). *Systems of psychotherapy: A transtheoretical analysis* (7th ed.). Pacific Grove, CA: Brooks/Cole.

Prochaska, J. O., Norcross, J. C., & DiClemente, C. C. (2013). *Systems of psychotherapy: A transtheoretical analysis* (6th ed.). Pacific Grove, CA: Brooks/Cole.

Quinn, W. H., Dotson, D., & Jordan, K. (1997). Dimensions of the therapeutic alliance and their association with outcome in family therapy. *Psychotherapy Research, 7*, 429–438.

Reichenberg, L. W. (2014). *DSM-5 essentials: The savvy clinician's guide to the changes in criteria.* Hoboken, NJ: Wiley.

Reynolds, C. R., & Kamphaus, R. W. (2002). *Behavior Assessment System for Children.* Circle Pines, MN: American Guidance Service.

Rimondini, M., Del Piccolo, L., Goss, C., Mazzi, M., Paccaloni, M., & Zimmermann, C. (2010). The evaluation of training in patient-centred interviewing skills for psychiatric residents. *Psychological Medicine, 40*, 467–476.

Robbins, M. S., Turner, C. W., & Alexander, J. F. (2003). Alliance and dropout in family therapy for adolescents with behavior problems: Individual and systemic effects. *Journal of Family Psychology, 17*, 534-544.

Roberts, A. R. (2002). Assessment, crisis intervention, and trauma treatment: The integrative ACT intervention model. *Brief Treatment and Crisis Intervention, 2*, 1–21.

Rockland, L. H. (2003). *Supportive Therapy: A Psychodynamic Approach.* New York, NY: Basic Books.

Rogers, C. (1967). The conditions of change from a client-centered viewpoint. In B. Berenson & R. Carkhuff (Eds.), *Sources of gain in counseling and psychotherapy* (pp. 71–85). New York, NY: Holt, Rinehart & Winston.

Ruff, S., McComb, J. L., Coker, C. J., & Sprenkle, D. H. (2010). Behavioral couples therapy for the treatment of substance abuse: A substantive and methodological review of O'Farrell, Fals-Stewart, and colleagues' program of research. *Family Process, 49*, 439–456.

Schnyder, U. (2009). Future perspectives in psychotherapy. *European Archives of Psychiatry and Clinical Neuroscience, 259*(Suppl. 2), 123–128.

Seligman, L. (2004). *Diagnosis and treatment planning in counseling* (3rd ed.). New York, NY: Kluwer/Plenum.

Seligman, L. & Reichenberg, L. W. (2013). *Theories of counseling and psychotherapy: Systems, strategies, and skills* (4th ed.). Upper Saddle River, NJ: Pearson Education.

Selzer, M. L. (1971). The Michigan Alcoholism Screening Test: The quest for a new diagnostic instrument. *American Journal of Psychiatry, 127*, 1653–1658.

Sharpless, B. A., Muran, J. C., & Barber, J. P. (2010). CODA: Recommendations for practice and training. In J. C. Muran & J. P. Barber (Eds.), *The therapeutic alliance: An evidence-based guide to practice* (pp. 341–354). New York, NY: Guilford Press.

Shirk, S. R., & Karver, M. (2003). Prediction of treatment outcome from relationship variables in child and adolescent therapy: A meta-analytic review. *Journal of Consulting and Clinical Psychology, 71*, 452–464.

Skinner, H. A. (1982). The Drug Abuse Screening Test. *Addictive Behavior, 7*, 363–371.

Smith, M. L., Glass, G. V., & Miller, T. J. (1980). *The benefits of psychotherapy.* Baltimore, MD: Johns Hopkins University Press.

Stasiewicz, P. R., Herrman, D., Nochajski, T. H., & Dermen, K. H. (2006). Motivational interviewing: Engaging highly resistant clients in treatment. *Counselor, 7*, 26–32.

Stiles, W. B. (2009). Responsiveness as an obstacle for psychotherapy outcome research: It's worse than you think. *Clinical Psychology: Science and Practice, 16*, 86–91.

Stiles, W. B., Glick, M. J., Osatuke, K., Hardy, G. E., Shapiro, D. A., Agnew-Davies, R., ... Barkham, M. (2004). Patterns of alliance development and the rupture-repair hypothesis: Are productive relationships u-shaped or v-shaped? *Journal of Counseling Psychology, 51*, 81. doi:10.1037/0022–0167.51.1.81

Strub, R. L., & Black, F. W. (2000). *The mental status examination in neurology* (4th ed.). Philadelphia, PA: Davis.

Substance Abuse and Mental Health Services Administration (2013). *Results from the 2012 National Survey on Drug Use and Health: Mental Health Findings*, NSDUH Series H-47, HHS Publication No. (SMA) 13–4805. Rockville, MD: Author.

Üstün, T. B., Kostanjsek, N., Chatterji, S., & Rehm, J. (Eds.). (2010). *Measuring health and disability: Manual for WHO Disability Assessment Schedule (WHODAS 2.0)* Geneva, Switzerland: World Health Organization Press.

Wallerstein, R. S. (1986). *Forty-two lives in treatment.* New York, NY: Guilford Press.

Wampold, B. E., & Brown, G. S. (2005). Estimating variability in outcomes attributable to therapists: A naturalistic study of outcomes in managed care. *Journal of Consulting and Clinical Psychology, 73*, 914–923.

Wilson, G. T., & Fairburn, C. G. (2007). Treatments for eating disorders. In P. E. Nathan & J. M. Gorman (Eds.), *A guide to treatments that work* (2nd ed., pp. 579–611). New York, NY: Oxford University Press.

Zuroff, D. C., Kelly, A. C., Leybman, M. J., Blatt, S. J., & Wampold, B. E. (2010). Between-therapist and within-therapist differences in the quality of the therapeutic relationship: Effects on maladjustment and self-critical perfectionism. *Journal of Clinical Psychology, 66*, 681–697. doi:10.1002/jclp.20683

02

신경발달장애

📖 사례 연구 2.1

샤우니는 초등학교에 막 입학하여 학교에 다닌 지 2주째 되었는데 교장실에 두 번이나 호출되었다. 첫 번째 호출은 아침에 버스에서 내린 직후에 일어난 일 때문이었다. 다른 친구들은 학교에 들어가려고 차례로 교문에 줄을 서 있었는데, 샤우니는 줄을 서는 대신 버스에서 내려 운동장을 가로질러 그네를 타러 간 것이다. 두 번째 호출은 조용한 오후 시간에 있었던 일 때문이었다. 다른 친구들이 책상에 머리를 대고 쉬고 있는 동안 샤우니는 책상을 연필로 탁탁 쳤다. 교사가 그만하라고 말했고, 그 말을 세 번째 했을 때 샤우니는 옆에 앉은 남학생에게 연필을 던지면서 얼굴을 때렸다.

집에서 샤우니는 소파에서 뛰고, 여동생과 함께 쓰는 방의 트윈 침대에서 뛰고, 취침 시간에 잠자리에 드는 것을 거부한다. 이런 일로 샤우니는 자주 혼난다. 잠잘 시간에 어머니가 조용히 누워 있으라고 하면 샤우니는 '피곤하지 않아서' 잠잘 수가 없다고 대답하고는 몰래 침대에서 기어나와 자고 있는 동생에게 귓속말을 하면서 동생을 깨운다. 그러고 나면 그들은 함께 킥킥거리며 장난을 친다. 결국 어머니는 다시 방에 들어와 그들을 갈라놓게 된다.

샤우니는 언제나 활동적인 아이였다. 샤우니 어머니는 샤우니가 에너자이저 버니(끊임없이 움직이는 토끼 캐릭터) 같다고 한다. 휴가 중 해변가와 놀이터에서 하루 종일 논 후 잠잘 시간이 되어도 샤우니는 피곤해하지 않았다. 어머니의 보고에 따르면, 샤우니가 네 살 때 한번은 식구들이 모두 자고 있는데 혼자 일어나 이웃집까지 걸어간 적이 있다고 한다. 가는 길에 샤우니는 이웃의 정원에 있는 꽃을 모두 꺾었고 그 집 초인종까지 눌렀다. 그때가 새벽 6시 30분이었다. 그해에 샤우니는 유치원에서도 퇴학 조치를 받았다. 샤우니는 그 유치원에 6주 정도 다녔는데, 교사의 지시를 못 듣는 것처럼 행동했고, 자리에 앉아서는 계속 몸을 비비 꼬면서 꿈틀댔으며, 가만히 앉아 있으라는 지시가 있을 때마다 책상 주변을 빙빙 돌아다녔다.

샤우니의 어머니는 자기 딸을 어떻게 도와야 할지 알지 못했다. "저도 어릴 때는 샤우니 같았어요. 그 애는 단지 자유로운 영혼일 뿐이에요."라고 유치원 직원에게 말했다. 샤우니가 결국 유치원을 그만 다니게 되면서 가정에는 여러 가지 문제가 생겼다. 어머니는 샤우니를 맡길 사람을 찾을 때까지 직장에 휴가를 냈다. 샤우니의 동생은 자기는 유치원에 가는데 언니는 집에 있어도 되는 것에 대해 불공평하다며 속상해했다. 부모는 이 문제로 말다툼을 자주 하기 시작했다.

이러한 행동과 발달력은 샤우니가 주의력결핍 과잉행동장애 — 과잉행동/충동 우세형임을 시사한다.

DSM-5로 개정되면서 나타난 가장 중요한 변화 중 하나는 새로운 발달적 분류 구조를 도입한 것이다. 이러한 구조 속에서 정신장애는 영유아기와 아동기에 처음 진단되는 장애로 시작하여 발달적 생애주기 접근에 근거하여 분류하게 된다. 이 장에서 다루게 될 신경발달장애는 다음과 같다.

- 지적장애
  - 지적발달장애, 이전의 정신지체
  - 전반적 발달지연
  - 명시되지 않는 지적장애
- 의사소통장애
  - 언어장애
  - 말소리장애
  - 아동기 발병 유창성장애(말더듬)
  - 사회적(실용적) 의사소통장애
- 자폐스펙트럼장애
- 주의력결핍 과잉행동장애
- 특정학습장애
  - 읽기
  - 쓰기
  - 수학
- 운동장애
- 발달성 협응장애
- 상동증적 운동장애
- 틱장애
  - 투렛장애
  - 지속성 운동 또는 음성 틱장애
  - 잠정적 틱장애
- 달리 명시된 그리고 명시되지 않는 신경발달장애

위에 제시한 장애는 신경발달장애로 분류된다. 이전에 아동기 장애로 분류되었던 몇몇 장애(예 : 배설장애, 반응성 애착장애, 품행장애)는 재분류되면서 다른 장으로 옮겨졌다. 아스퍼거장애는 자폐스펙트럼장애의 하위 유형으로 진단하게 되었다. 이제 각각의 신경발달장애를 자세히 살펴보도록 하자.

지적장애

DSM-5에서는 지적장애를 지적장애(이전의 정신지체), 전반적 발달지연, 그리고 명시되지 않는 지적장애라는 세 가지 진단으로 분류하였다. 모든 지적장애는 지적 결함과 적응 기능의 결함이라는 특징을 지니며 심각도 수준이 결정될 수 있는지 여부에 따라 진단이 구분된다.

지적장애(지적발달장애)

지적장애(intellectual disability)는 이전에는 정신지체로 불렸으나 미국 연방정부법(공법 111-256)에서 정신지체를 지적장애라는 용어로 대체하면서 이러한 법의 변화를 반영하기 위해 재명명되었다. 이러한 명칭 변경으로 *DSM*-5는 세계보건기구(WHO, 2005)에서 발간하는 국제질병분류(ICD)와도 더욱 부합하게 되었다. *ICD*-10에서는 현재 지적장애라는 용어를 사용하고 있지만, *ICD*-11에서는 지적발달장애라는 용어를 사용할 예정이다. *DSM*-5는 두 용어를 병기하면서 현재 용어와 미래 용어의 가교 역할을 하고 있다.

지적장애(지적발달장애)의 핵심은 발달 시기 동안 지적 결함과 적응 기능의 결함이다. 장애 아동은 독립성과 책임감에 있어서 문화적으로 수용되는 발달적 이정표에 도달하지 못하고 일상 활동(예 : 독립적 생활, 사회적 참여, 의사소통) 기능 중 한 가지 이상에서 도움을 필요로 하게 된다. 이러한 결함은 한 영역(가정, 학교, 직장, 지역사회) 이상에서 나타난다.

지적장애의 심각도 수준은 더 이상 IQ점수를 기반으로 결정하지 않고, 장애 정도(경도, 중등도, 고도, 최고도)를 반영하는 명시자(specifier)를 사용하여 결정한다. *DSM*-5에서 심각도는 IQ점수가 아닌 적응 기능에 기초하는데, 그 이유는 적응 기능 수준을 통해 그들이 어느 정도의 지원이 필요한지를 알 수 있기 때문이다(APA, 2013).

평가　지적장애는 비슷한 배경과 생활연령을 가진 사람들과 비교하여 내린 적응 기능에 대한 평가와 표준화된 검사 결과를 기반으로 진단해야 한다. 적응 기능의 평가는 개념적 영역, 사회적 영역, 실용적 영역과 같은 다양한 영역에 대한 종합적 평가를 통해 이루어진다. 이를 통해 다양한 환경(예 : 가정, 학교, 직장, 지역사회)에서 개인이 보여주는 일상생활, 의사소통, 사회적 참여, 그리고 독립적 생활 정도를 결정할 수 있다. 지적장애의 심각도 수준을 변별해주는 표가 *DSM*-5에 수록되어 있으니 참고하기 바란다(APA, 2013, pp. 33-35).

웩슬러 아동용 지능검사 4판(Wechsler, 2003)과 스탠퍼드-비네 지능검사 5판(Roid, 2003)은 가장 많이 사용되는 지능 검사로 전반적 지능 지수를 제공한다. 평균에서 2표준편차 이하이면 일반적으로 지적 기능에 결함이 있는 것으로 본다. 평가 시에는 의사소통, 학습, 운동의 어려움과 같은 다른 영역의 결함도 고려해야 한다.

지적장애 및 이와 공병하는 장애의 증상을 평가할 때는 의학적 기록, 가족, 교사, 기타 그 사람에 대해 충분히 아는 것 같은 사람을 참고하는 것이 최선이다. 종합 평가는 태아기 및 주산기의 병력, 유전적 요인에 대한 평가, 기타 의학적·정신적 상태에 대한 평가, 문제 행동(자해 행동, 상동증)에 대한 평가를 포함해야 한다.

지적장애를 가진 사람들도 ADHD, 특정학습장애, 의사소통장애, 자폐스펙트럼장애 및 상동증적 운동장애를 함께 진단받을 수 있다. 실제로 ADHD 및 특정학습장애를 포함한 많은 장애가 일반인에 비해 지적장애를 가진 사람들에게서 더 높은 비율로 나타난다. 상태의 심각도를 판단하고 치료 계획을 수립하기 위해서는 이런 모든 장애를 고려해야 한다.

치료자의 자질　지적장애를 가진 아동 및 성인과 일하는 치료자는 의사소통, 인지, 사회적 기술, 그리고 운동 기술의 발달 단계에 대한 지식이 있어야 한다. 치료자는 현실적인 목표를 수립할 수 있어야 하며, 지적장애를 가진 사람들뿐만 아니라 그들과 상호작용하는 다양한 서비스 종사자들 및 가족 구성원들과 소통하는 데 있어 진실성과 인내심을 보여주어야 한다.

지적장애를 가진 대부분의 사람들은 가능한 최대의 독립성을 유지하기 위해 지속적인 치료를 필요로 하기 때문에, 치료자는 장기 사례관리자가 되어 다양한 서비스를 조직화하고 내담자를 대변하는 역할을 하기도 한다.

개입 전략　지적장애를 가진 사람들에 대한 성공적 개입을 위해서는 상동증과 역기능을 감소시키기 위한 조기 개입, 가족 중심의 접근, 개인의 환경에 치료 통합시키기, 그리고 학업적·사회적 환경에 참여시키기라는 네 가지 요소가 필수적이다(Harbin, McWilliam, & Gallagher, 2000).

구체적인 치료적 개입은 장애의 심각도와 인지적 연령에 따라 달라질 수 있다. 특수교육, 가정에서의 건강관리, 언어 자극 및 사회적 기술 훈련을 포함하는 조기 개입이 필수적이다. 이러한 조기 개입은 장기적으로 매우 커다란 치료 효과가 있을 수 있다. 치료는 각 개인에게 맞춤형으로 구성되어야 하며, 아동의 인지 능력에 따른 발달적 접근을 취해야 한다.

사회적 기능과 직업적 기능의 향상 가능성이 있는 경도에서 중등도의 결함을 가진 사람들의 경우에는 적절한 기능 훈련을 동반한 지역사회 기반 치료, 부모교육, 그리고 개인 상담이 효과적일 수 있다. 청소년기와 성인 초기의 지적장애인들은 직업 훈련을 통해 취업에 대한 도움을 받을 수 있다.

고도와 최고도의 지적장애를 가진 사람들의 경우 시설에 거주하면서 취미의 개발 및 사회적 기술 향상에 대한 치료적 도움을 받는다.

행동 수정은 특히 자해 행동(self-injurious behaviors, SIBs)이 있을 때 선택하게 되는 치료 방법이다.

약물치료는 전통적으로 ADHD, 우울, 불안, 상동증적 운동장애와 같은 공병 장애 증상을 완화시키는 데 사용되어 왔다. 약물치료는 지적장애의 중요한 축이 되는 유전적 증후군(예 : 취약X 증후군)의 핵심 증상을 완화시키는 데도 사용될 수도 있다(Berry-Kravis, Knox, & Hervey, 2011).

예후　지적장애를 가진 청소년과 성인 초기의 사람들에게는 치료적 개입에 있어서 사례관리의 역할이 중요할 때가 많다. 지적장애는 평생 지속되는데, 장애의 경과는 개인의 개별적 필요를 채워주는 교육적 치료, 직업적 치료 및 다양한 형태의 치료에 의해 나아질 수 있다. 적절한 환경과 가족의 도움이 있었을 때는 다른 영역에 대한 적응 기술을 개발할 수도 있고, 직업을 가지고 만족스러운 대인관계를 영위할 수 있다.

전반적 발달지연

전반적 발달지연(global developmental delay)은 지적 기능의 여러 영역에서 결함을 보이지만 현 시점에서 그 심각도를 결정할 수 없는 만 5세 이하의 아동에게 진단된다. 전반적 발달장애로 진단되려면 해당 아동은 지적 기능의 여러 영역에서 전형적인 발달 이정표에 도달하지 못해야 한다. 나아가 아동은 너무 어리거나 기능의 손상이 너무 심각한 이유로 표준화된 검사를 받을 수 없어야 한다. 지적장애(지적발달장애)의 진단을 위해서는 표준화된 검사 결과가 필요하기 때문에, 표준화된 검사 결과가 없다면 지적장애로 진단하는 것이 불가능하다. 이러한 이유로 전반적 발달지연의 진단을 받게 된 경우는 일정 기간 후에 재평가가 필요하다.

명시되지 않는 지적장애

명시되지 않는 지적장애는 지적 기능 결함이 심각하여 평가가 불가능하고 아동의 나이가 5세 이상이 되었을 때 진단한다. 평가가 불가능한 이유는 다양할 수 있다. 신체적 장애(실명, 난청, 운동 능력 장애) 때문일 수도 있고, 동반이환 정신장애나 심각한 행동 문제 때문일 수도 있다. 일정 기간 후에는 이 진단에 대한 재평가가 반드시 필요하다. 흔히 공병하는 장애(ADHD, 자폐스펙트럼장애, 상동증적 운동장애, 불안장애)에 대한 평가도 함께 이루어져야 한다.

의사소통장애

의사소통장애(communication disorders)는 언어(language), 의사소통(communication), 그리고 말하기(speech)에서의 결함을 핵심 특징으로 한다. DSM-5의 언어장애, 말소리장애, 아동기 발병 유창성장애(말더듬), 사회적(실용적) 의사소통장애, 달리 명시된 의사소통장애, 그리고 명시되지 않는 의사소통장애가 이 진단적 분류에 포함된다. 의사소통장애는 환경에 대한 반응이라기보다는 신경학적인 원인이 기저에 있다고 본다.

언어장애

구어의 발달에 있어서 아동 간 편차가 많긴 하지만, 4세가 되면 대부분의 아동이 5,000단어에 근접하는 어휘력을 보이게 된다. 이 단계가 되면 아동은 구어를 이해하고, 질문에 답할 수 있으며, 어느 정도는 대화에 참여할 수 있다. 그런데 이 시기에 청력이나 다른 감각의 손상이 없음에도 불구하고 의사소통이나 언어를 이해하는 데 문제를 보이는 아동은 언어장애로 진단될 수 있다.

언어장애(language disorder)의 핵심은 언어 습득과 사용에 있어서의 어려움에 있다. 결함은 모든 종류의 언어(즉 말, 글, 수화 등)에 영향을 미치며, 제한적이거나 부족한 어휘력, 제한된 문장 배열 능력, 담화(즉 대화할 능력)의 손상이 원인이 된다.

진단을 위해서 결함은 연령에서 기대되는 규준 이하로 양적으로 측정되어야 한다. 또한 이러한 결함으로 인해 사회적 참여, 학업적 성취, 직업적 수행, 그리고 효과적인 의사소통에 기능적 제한이 발생해야 한다. 언어적 어려움은 운동 능력의 역기능, 의학적 상태, 또는 신경학적 상태로 인한 것이 아니어야 한다. 또한 결함은 지적장애나 전반적 발달지연으로 잘 설명되지 않아야 한다.

모든 신경발달장애가 그러하듯 의사소통장애는 초기 발달 시기에 시작된다. 4세가 되면 언어 능력이 충분히 안정되기 때문에 그 능력을 측정해볼 수 있다. 이를 바탕으로 미래의 언어발달 결과가 어떠할지에 대해 예측해볼 수 있다. 4세 이후에 언어장애 진단을 받는 아동은 성인기 내내 그 결함을 보일 수 있다. 수용성 언어의 결함을 가진 아동은 표현성 언어의 결함을 보이는 아동들보다 예후가 좋은 편이다.

언어장애는 가족력이 있는 편이고, 말소리장애를 동반하기도 한다. 낮은 사회경제적 지위와 양육자에 의해 제공되는 구어의 질 또한 아동의 언어발달과 상관이 있다.

모든 학습은 언어발달로부터 시작되기 때문에, 이 영역에서의 결함은 가능한 빨리 평가하고 치료해야 한다. 언어장애는 나중에 발병하는 읽기장애, 학업 문제, 행동 문제와도 직접적인 상관이 있다.

말소리장애

상대가 이해할 수 있는 말을 생성하려면 말소리에 대한 지식과 더불어 호흡하는 동안 입의 움직임을 조절하는 능력이 요구된다. 아동이 이런 능력이 없거나 그 능력이 아동의 발달 단계나 연령과 맞지 않으면, 말소리장애(speech sound disorder)로 진단될 수 있다.

DSM-5의 말소리장애 기준에는 발달 초기 발병, 한 가지 이상의 환경에서의 기능 손상, 명료한 말하기를 방해하는 말소리 생성의 지속적인 어려움이 포함된다.

만약 이러한 어려움이 청력 손상이나 신경학적·신체적·구조적 손상 때문이면 말소리장애로 진단하지 않는다. 그 문제가 말하기의 문화적 혹은 지역적 변형을 반영하는 것이거나, 불안장애(예 : 선택적 함구증)로 인한 것이거나, 신경학적 장애(예 : 뇌성마비)로 인한 것이어도 말소리장애로 진단되지 않는다.

아동기 발병 유창성장애(말더듬)

아동기 발병 유창성장애(childhood onset fluency disorder; DSM-IV에서는 말더듬)는 신경발달장애로 분류되기는 하지만 환경적 스트레스나 불안에 의해 악화될 수 있는 장애이다.

대부분의 아동은 언어를 습득하는 기간(2~7세 사이)의 초반에는 말을 더듬는다. 하지만 5세가 되면 대부분 말더듬을 멈춘다. 아동기 발병 유창성장애는 음이나 음절의 반복, 말 막힘, 길어지는 자음과 모음, 단어 대체(문제가 되는 단어를 사용하는 것을 피하기 위해), 전체 단어 반복, 그리고 말하는 동안의 과도한 신체 긴장으로 정의된다. 아동은 유창성 부족으로 말하기에 대해 불안하고 다양한 상황의 의사소통에 어려움을 경험하는데, 이러한 문제는 신경학적 문제(예 : 뇌졸중, 외상)나 다른 의학적 상태 또는 정신장애로 잘 설명되지 않는다.

발병은 보통은 초기 아동기에 되는 편이지만, 성인기 발병 유창성장애도 진단될 수 있다. 말더듬을 보이는 사람의 3분의 2는 유전적 영향 때문이고, 3분의 1 정도만이 환경적 문제 때문이다. 그럼에도 불구하고 말더듬을 보이면 지탄받게 되는 경우가 종종 있다(Guitar & McCauley, 2010).

이 장애로 인해 초래되는 가장 큰 기능적인 문제는 불안으로 인한 사회적 기능의 손상이다. 말더듬을 보이는 아동과 성인은 모두 말하기가 요구되는 상황에 참여하는 것을 효과적으로 줄이려고 회피 행동을 개발한다.

이 장애를 치료하려면 주로 언어병리학자와 협력하면서 장애의 심각도를 줄이고 부가적 혹은 반응적 행동(말더듬을 피하려다 생겨나는 틱, 수전증, 주먹 쥐기, 눈 깜박거림 등)을 제거하려고 노력한다.

지지적인 환경은 아동의 자연스러운 회복에 필수적이다. 아동에게 더 빨리 말하라고 지시하거나 놀리거나 다른 사람이 문장을 완성해주도록 해서는 안 된다. 말더듬을 치료하려면 무엇보다 인내를 보여야 한다. 개입할 때 언어병리학자는 아동이 단어를 적절하게 만들어내고, 말하면서 긴장감을 줄이고, 천천히 말하도록 돕는 역할을 한다. 아동이 말하기를 시작하기 전에 심호흡을 하는 법을 배워 숨쉬기를 조절하도록 하는 것도 도움이 된다.

인지행동치료는 아동이 타인과 상호작용하게 되는 사회적 사건 등에 놓일 때 경험하게 되는 불안을 낮추는 데 도움이 될 수 있다(Blomgren, 2013). 그런데 이 장애가 있는 성인은 부끄러움이나 낮은 자존감 때문에 치료를 찾기 꺼리는 편이다. 한 연구에 따르면, 유창성장애를 가진 성인은 더듬는 말을 하기보다는 차라리 아예 말을 하지 않는 편을 선택하는 경향이 있다(Boyle, 2013).

안타깝게도 말더듬은 유전적 영향을 많이 받는다는 증거에도 불구하고 사회적 낙인이 있는 편이다. 이 장애를 가진 성인은 자신의 말하는 능력에 대한 불안 때문에 의사소통 기회를 제한하고 자존감이 더 낮아지게 되어, 취업이나 대인관계 등의 상황에서 좋은 기회를 자주 놓친다.

말더듬을 보이는 사람들 대부분은 다른 사람들보다 지능적으로나 능력적으로 부족하지 않다. 그럼에도 불구하고 그들은 자의식과 부끄러움 때문에 취업 면접, 사회적 상호작용, 직장에서 비중 있는 책임 맡기와 같은 상황을 피하곤 한다.

장애의 심각도는 상황마다 다르게 나타난다. 특히 말해야 한다는 압박이 있을 때는 증상이 심각해진다. 하지만 노래를 부르거나, 책을 큰 소리 내서 읽거나, 애완동물에게 말을 걸 때는 증상이 완화된다.

예후

말더듬 아동 대부분은 4세 전에 증상이 관해되며, 학령기 아동 중 1%만이 아동기 발병 유창성장애로 진행된다. 장애가 아동기 이후에도 지속될지의 여부에 영향을 미치는 요인에는 여러 가지가 있다. 여기에는 장애에 대한 가족의 불안과 개인의 불안, 장애의 가족력, 6개월 이상 지속되는 증상, 그리고 말소리장애나 언어장애의 동반이 속한다. 종단적 연구들에 따르면 65~85%의 아동이 이 장애를 극복하였다. 성인기까지 지속된 경우는 1% 미만이었는데, 이 경우 여성보다는 남성이 3~4배가량 많았다. 8세에 아동이 보이는 말더듬의 심각도는 아동이 장애를 극복하게 될지와 청소년기 및 성인기까지 증상을 지속하게 될지를 예측해주는 요인이 된다.

사회적(실용적) 의사소통장애

사회적(실용적) 의사소통장애[social (pragmatic) communication disorder]는 DSM-5에 새롭게 추가된 장애이다. 이 장애를 가진 아동은 언어적·비언어적 의사소통의 사회적 사용에 결함을 보인다. 구체적인 문제 영역으로 사회적 목적에 맞는 의사소통 사용의 결함, 말하는 뉘앙스를 이해하여 상황에 맞게 억양이나 어조를 조절(예 : 도서관에서 목소리 낮추기, 성인과 아동에게 다른 방식으로 말하기)하는 데 있어서의 결함 등이 있다. 대화를 주고받는 차례를 지키거나 구체적으로 언급하지 않은 것(예 : 애매모호한 의미, 비유, 유머)을 이해하는 데 보이는 어려움도 문제가 된다.

사회적(실용적) 의사소통장애는 보통 5세 전후의 아동들에게 뚜렷하게 나타나는데, 이 점은 기타 의사소통장애와 유사하다. 5세 정도가 되면 대부분의 아이들은 의사소통의 뉘앙스를 이해한다. 증상이 다소 경미한 경우 초기 청소년기까지도 발견되지 않을 수 있다. 이 장애는 효과적인 의사소통을 제한하고 나아가 사회적 관계, 일, 학업성취에 영향을 미친다.

진단을 성인기에 하게 되는 경우라도 초기 아동기부터 증상이 있었다는 증거가 필요하다. 자폐스펙트럼장애의 가족력, 특정학습장애, 혹은 다른 의사소통장애가 있으면 사회적(실용적) 의사소통장애가 발병할 가능성이 증가한다.

사회적 불안장애의 경우 사회적 의사소통의 실용적 적용을 이해하지만 두려움이나 불안 때문에 말하지 못한다는 측면에서 사회적(실용적) 의사소통장애와 구별된다. 이 장애는 지적장애와도 구별되는데, 지적장애 역시 사회적 의사소통 기술의 결함을 보이지만 지적장애로 설명이 된다

면 의사소통장애를 추가 진단할 필요는 없다. 자폐스펙트럼장애로 진단되었을 때는 제한적이거나 반복적인 행동 패턴을 보인 적이 없을 경우에만 사회적(실용적) 의사소통장애를 추가한다. DSM-IV에서 달리 명시되지 않는 전반적 발달장애(pervasive developmental disorder-not otherwise specified, PDD-NOS)로 진단받았던 아동 중 일부는 이제 이 장애로 진단될 것이다. 자폐스펙트럼장애에서 사회적 의사소통 부분의 기준만 충족시켰던 아동들도 이 장애로 진단하는 것을 고려해볼 수 있다.

명시되지 않는 의사소통장애 장애

DSM-5에서는 증상이 임상적으로 현저한 고통을 일으키지만 특정 의사소통장애의 완전한 기준을 만족시키지 않는 경우 명시되지 않는 의사소통장애로 진단된다.

자폐스펙트럼장애

DSM-5로 개정되면서 나타난 많은 변화들 가운데 특히 자폐스펙트럼장애 진단에서의 변화는 가장 포괄적이면서도 영향력이 큰 편이다. 아동기 자폐, 달리 분류되지 않는 전반적 발달장애, 아동기 붕괴성장애, 아스퍼거장애라는 네 가지 전반적 발달장애가 자폐스펙트럼장애(autism spectrum disorder, ASD)라는 하나의 장애로 통합되었다. ASD 진단조건은 아동이 사회적 의사소통과 반복적인 행동 양상이라는 두 가지 주요 영역에서 모두 문제를 보이는 것이다. 심각도 명시자를 사용하여 증상과 장애의 심각한 정도를 설명한다. 예를 들어 아스퍼거장애는 자폐스펙트럼장애 경도에 해당한다.

진단

자폐스펙트럼장애(ASD)로 진단되려면 아동은 사회적 의사소통의 결함(진단기준 A)과 제한적이고 반복적인 행동(진단기준 B)이라는 두 가지 주요 기능 영역의 문제를 보여야 한다. 증상은 초기 발달 시기부터 나타나야 하며(진단기준 C), 이러한 증상으로 인한 학업적·사회적·직업적 기능의 손상이 있어야 한다(진단기준 D). 장애의 발현은 경도(이전

의 아스퍼거장애)에서 시작하여 상당한 지원을 필요로 하는 고도 수준까지 스펙트럼으로 나타난다.

*DSM-IV*에서 자폐증을 진단받았던 사람은 *DSM-5*에서 ASD 진단을 받는다. 사회적 의사소통에 어려움이 있으나 ASD 진단기준을 충족시키지 못하는 사람들은 사회적(실용적) 의사소통장애로 진단된다(APA, 2013).

진단 시 장애의 심각도, 아동의 나이와 발달 수준, 기타 공병 장애를 명시하도록 한다. 사회적 의사소통과 제한적이고 반복적인 행동의 심각도 수준은 3단계로 분류된다. 1단계는 '지원이 필요한 수준'이고, 2단계는 '많은 지원을 필요로 하는 수준'이며, 3단계는 '상당히 많은 지원을 필요로 하는 수준'이다(APA, 2013, p. 52).

진단에서는 다음의 사항도 명시해야 한다.

- 지적 손상을 동반하는 경우 또는 지적 손상을 동반하지 않는 경우
- 언어 손상을 동반하는 경우 또는 언어 손상을 동반하지 않는 경우
- 긴장증을 동반하는 경우
- 알려진 의학적 · 유전적 상태 또는 환경적 요인과 관련 있는지 여부
- 다른 신경발달장애, 행동장애 또는 정신장애와 관련 있는지 여부(이에 대해 명시해야 한다)

미국질병통제예방센터에서 수행한 최근 연구들에 따르면 68명의 아동 중 1명이 자폐스펙트럼장애 양상을 보이고 있다(CDC, 2014). 남아만 두고 보면 그 비율이 42명 중 1명 정도로 증가한다. 남아는 여아에 비해 자폐스펙트럼장애가 될 확률이 5배 정도 높다. ASD는 모든 문화와 사회경제적 지위에서 발생한다. 하지만 아프리카계 미국인 아동이나 여아의 경우 사회적 손상이나 의사소통 문제를 보이지 않으면 과소 진단되거나 늦게 진단될 수 있다(APA, 2013).

자폐증 진단을 받는 아동은 세계적으로 증가 추세이다(Blumberg et al., 2013). 자폐증의 극적 증가에 대해 여러 가지 설명이 시도되었다. 더 많은 범위를 포함하도록 바뀐 진단기준, 자폐증에 대한 인식의 증가, 더 어린 시기에 진단하는 경향, 유병률 연구의 방법론적 차이, 실제 자폐증이

증가할 가능성 등이 언급되어 왔다.

ASD는 생물학적 장애로 유전 가능성이 37~90%에 이른다. 하지만 여전히 근본적인 원인은 밝혀지지 않고 있다. ASD 사례의 15% 정도는 유전적 변이와 연관이 있는 것으로 보인다(APA, 2013). 오늘날까지 자폐증 민감 유전자를 찾고자 100개 이상의 유전자를 실험하였다(Dawson & Faja, 2008). 몇몇 사례의 경우에는 특정 유전자 때문에 자폐증이 발생한 경우가 있었지만, 100개 정도 되는 대부분 유전자는 유전적 민감성에 기여하고 이것이 환경적 영향에 의해 악화되는 것으로 보인다.

쌍둥이 연구에 의하면 유전적 요인은 ASD의 40% 이하를 설명할 수 있으며, 환경적 요인이 55% 이상을 설명할 수 있는 것으로 나타났다(Hallmayer et al., 2011). 환경적 요인과 결합한 유전적 요인은 아동 발달의 결정적 시기에 뇌 발달을 저해할 수 있다. 연구자들은 개인차에 따라 다양한 발달경로를 통해 비정상적 신경회로의 생성 및 자폐 증상의 발현이 가능하다고 본다.

다양한 불특정 환경 위험 요소도 역할을 하는 것으로 보인다. 여기에는 태내 전염과 질병(즉 풍진, 임신당뇨병), 그리고 임신 중 복용한 특정 약물(즉 수면제, 간질약)이 포함된다. 자폐증의 산전 위험 요인을 연구한 64개의 연구에 대한 종합적 메타분석에서는 통계적으로 유의미한 위험 요인으로 추가되는 요인이 별로 없는 것으로 나타났다. 출생 당시 모의 나이(30세 이상)와 부의 나이(40세 이상)와 더불어 출생순위, 특히 첫째인 것 정도가 추가적인 요인으로 나타났다(Gardener, Spriegelman, & Buka, 2009). 태내기 알코올 섭취는 저체중, 발달지연, ADHD나 태내 알코올 증후군과 같은 기타 신경발달장애와 함께 ASD의 원인이 될 수 있다.

환경물질(금속, 플라스틱의 환경호르몬, 수은)에 대한 연구도 이루어지고 있다. 연구에 수은이 자주 포함되다 보니, ASD와 예방접종 사이의 연관성에 대해 의문을 제기하는 경우가 많다. 최근까지 세계 각지에서 이루어진 40개 이상의 연구는 예방접종과 자폐증 사이에 아무런 관련성을 찾지 못했다. 따라서 자폐스펙트럼장애의 발달에 기여하는 환경적 요인에 대한 연구가 더 필요한 것이 분명하다.

내담자 특징

미국 소아과학회(American Academy of Pediatrics)는 모든 영아가 9개월, 18개월, 24개월, 30개월에 선별 검사를 받도록 권고한다(Earls & Curry, 2011). 초기 진단과 치료적 개입은 증상 완화에 초점을 두고 있다(Koegel, Koegel, Ashbaugh, & Bradshaw, 2014).

 ASD로 진단되는 아동 대부분은 3세 이전에 증상을 보이는데, 대부분의 부모는 아동의 언어가 발달하지 않을 때 ASD일 수 있다는 것을 알아차린다. 소수의 아동은 처음에는 정상적으로 발달하다가 14~24개월 정도에 퇴행한다(Chakrabarti & Fombonne, 2001). 이 기간에 이들은 이전에 습득한 언어와 더불어 사회적 관심 및 시선접촉도 상실한다(Wiggins, Rice, & Baio, 2009).

 ASD 아동은 인간 활동을 모방하는 가상놀이를 거의 하지 않는다. 그들은 무생물적 물체를 가지고 반복적이고 상동증적인 상호작용을 자주 보인다. 예를 들어, 장난감을 가지고 가상놀이를 하기보다는 장난감을 한 줄로 세우는 놀이는 한다. 자라면서 이러한 놀이 활동은 기계적 물체, 시간 관리, 사실적 자료에 대한 강박적 흥미로 발전할 수 있다. ASD 아동의 30% 정도는 틱 증상, 상동적 움직임 및 발성을 동반한다. 아이들은 선풍기나 조명 스위치와 같이 움직이는 사물에 매료되기도 하고, 공격적이고 과활동적인 행동을 보이기도 하며, 수면이나 식이에 이상을 보이기도 한다. 때로는 공룡, 기차, 기상학과 같은 특정 영역에 비상한 관심을 보이기도 한다.

사회적 의사소통 양식

언어와 의사소통 영역에서 문제가 되는 증상은 아이가 12~24개월 사이가 되면 보통 확인된다. 그런데 어떤 영아들은 6개월부터도 ASD 증상을 보인다. 영아들이 보이는 초기 증상으로는 낮은 빈도의 미소와 즉흥적 발성, 얼굴 응시를 덜함, 신체적 접촉 추구 시도 적음 등이 있다(Maestro et al., 2002). 좀 더 성장한 영유아의 경우에는 자기 이름을 불러도 반응이 없고 초기 언어 습득이 어려울 수 있다. 말하기는 제한적이거나 비전형적이며, 대화 유지를 힘들어하는 경우가 많다. 30년 전 이루어진 연구를 보면, 자폐 아동의 50%가 성인이 되어서도 말을 하지 않는 것으로 나타났다. 오늘날에는 조기 발견과 개입 덕분에 말을 하지 않는 채로 있는 자폐 아동 수가 10% 이하로 줄었다(Koegel et al., 2014).

제한적이고 반복적인 행동

ASD 진단을 받은 아동은 감각 정보에 대해 과소 반응하거나 과잉 반응을 하는 경향이 있다. 또한 다른 활동으로 전환하는 것을 힘들어한다. 이들은 스트레스를 받으면 반복적이고 상동증적인 운동 양상을 보인다. 이들이 보이는 상동증적인 행동에는 돌기, 흔들기, 팔 위아래로 움직이기, 손뼉치기 및 기타 반복적인 몸짓이 있는데, 이런 행동을 통해 아동은 과하게 자극받았을 때 스스로를 달랜다. 이러한 상동증적 행동을 자기자극(self-stims) 또는 자극(stims)이라고 부른다(Gallo, 2010).

부가적 증상

떼쓰는 행동, 분노발작, 기타 공격적 행동과 같이 파괴적인 행동 증상은 부가적 증상으로, 자폐 증상 중 언어 및 사회적 의사소통 증상에 대한 인식이 없을 때 나타나기 시작한다. 기능적으로 동등한 대체 행동(functionally equivalent replacement behaviors, FERBs)을 학습하도록 하는 초기 개입은 의사소통에 대한 좌절을 줄이고 파괴적인 행동증상의 소거에 도움이 된다(Koegel et al., 2014). 이들의 자해 행동은 보통 의사소통 기능을 한다(예 : 자신의 고통이나 질병에 대한 양육자의 관심 유도).

지적장애

ASD를 가진 아동 중 일부는 시각적 기술과 공간적 기술에서 상대적 강점을 보이는 식의 인지 능력 불균형을 보일 수 있다. 이들 대부분은 지적장애 진단을 받는다. 물론 평균 혹은 우수한 수준의 인지 능력을 보이는 기능 수준이 높은 아동들도 있는데, 그들은 ASD 경도로 진단된다.

경도 자폐스펙트럼장애

경도 자폐스펙트럼장애의 경우 양호한 언어 능력, 평균에서 평균 이상의 지능, 덜 심각한 정도의 증상이라는 특징을 보이는데, 이로 인해 이들의 사회적 역기능 정도를 과소평가하게 될 수 있다. ASD 아동이 모두 그러하듯 이들 역시 사회적 단서를 읽는 것을 힘들어한다. 이로 인해 의미 있는 대인관계를 형성하지 못하게 되고 조현성 성격장애로 오해받기도 한다. 이들은 주고받는 대화에 참여하는 방식을 알지는 못하지만 사회적 접촉을 좀 더 추구한다는 면에서 조현성 성격장애와는 구별된다.

동반이환 ASD 아동은 수면 문제, 염색체 이상, 위장 기능 장애, 그리고 만성 감염을 포함한 다양한 일반적 의학적 상태를 동반하는 경우가 많다. 거의 3분의 1 정도는 발작을 보이며, 여성과 낮은 지능, 매우 부족한 언어 기술, 빈약한 운동 능력을 보이는 아동에게서 더 흔하게 나타난다.

ASD 아동의 75% 정도는 공병 정신장애를 하나 이상 가지고 있으며, 40% 정도는 둘 이상 가지고 있다(APA, 2013). 가장 흔한 공병 장애로는 ADHD, 발달성 협응장애, 강박장애(OCD), 지적장애, 학습장애가 있다. 이러한 동반 증상은 아동의 섭식과 수면에 영향을 미쳐 감별진단을 어렵게 한다. 영유아나 심각도가 고도인 아동 혹은 우수한 지능을 가진 아동의 경우 감별진단이 더욱 힘들다.

사회적 동기의 손상은 흔하며 의사소통 기술의 손상 정도는 개인차가 크다. 하지만 ASD 진단을 받는 거의 모든 사람들이 모국어 사용과 이해에 문제를 보이며, 구어의 사용에서 비정상성을 보인다. 이러한 언어적 문제는 사회적 기능의 향상을 더욱 어렵게 한다.

아동 ASD 아동의 경우 일차친척(first-degree relative)[1] 중 정서장애가 있는 사람이 있을 가능성이 상당히 높다. ASD를 진단받은 아동의 3분의 1가량은 가족들이 불안장애, 기분장애, 양극성장애를 보이는 것으로 보고되었다(Kabot, Masi, & Segal, 2003).

ASD 아동은 성적 학대를 경험한 비율이 다른 아동에 비해 2.2배 높다. 연구자들은 이 아동들이 보다 의존적이며, 더 많은 양육자를 경험하게 되고, 부적절한 사회적 기술을 보이며, 자신을 방어할 전략이 부재하기 때문에 취약성이 커졌을 것이라고 설명한다. 따라서 자폐증이 있는 아동에게 성적 건강에 대해 가르칠 필요가 있다. 이들을 교육할 때는 적절한 신체 접촉에 대한 교육과 함께 아동 스스로가 자신을 방어할 수 있는 전략을 가르쳐야 한다. 이들의 성교육에 대한 추가적인 자료가 필요하다면 미국 소아과 정책 의회에서 발간된 발달장애 아동 및 청소년의 성(Sexuality of Children and Adolescents with Developmental Disabilities)을 참고할 수 있다(AAP, 2013).

청소년 아동기에서 청소년기로의 전환은 모든 아동에게 도전이 된다. 이때 아동은 신체적·정서적·생물학적으로 큰 변화를 경험한다. 또한 이 시기에 교육과 직업에 있어서 성인기에 영향을 미치는 중요한 결정들을 하게 된다. 사춘기에 대한 사회적 기대는 혼란스럽고 이성교제가 시작되기도 한다. ASD 아이들은 상대적으로 미숙한 사회적 기술과 판단력 때문에 따돌림, 성적 학대, 폭력에 노출될 가능성이 증가한다. 따라서 이 시기에는 특히 성, 자기변호 및 자기보호에 대한 교육이 필요하다. 중요한 교육 주제들에는 사생활, 부적절한 신체 접촉, 성인에게 알리기 등이 포함된다. 양육자는 청소년이 이해할 수 있도록 명료한 직접 화법을 통해 정보를 제공해야 한다. 청소년기에서 성인기로 이행하면 다른 도전거리들이 발생한다. 이때는 성인으로서 갖게 되는 사생활 보호 권리와 그 권리를 주장할 필요성, 그리고 부모님을 떠나 독립을 준비하는 것 등이 중요한 주제가 된다.

성인 ASD가 21세에 끝나는 것이 아님에도 불구하고 성인 집단에 대한 연구는 거의 없다. 21세가 넘으면서 ASD 성인 중 독립적인 생활에 대한 준비가 되는 사람들도 많이 있다. 하지만 여전히 가족들과 함께 살거나 다른 지지적 환경에 있어야 하는 사람들도 많이 있다. 성인이 되면 ASD를 가진 사람들 중 많은 수가 공공장소에서는 반복적 행동을 억제하는 것을 익히고 보상 전략의 개발을 통해 사회적 도전을 감당하게 된다. 독립적 생활이나 소득이 있는 직업생활과 같은 지표로 측정되는 심리사회적 기능이 빈곤할 것으로 예상된다. 경력 상담, 직업 재활, 그리고 독립생활은 심사숙고하여 결정해야 할 부분이다.

최근 연구에 따르면 지원 고용된 ASD 성인은 자존감이 향상하고, 삶의 질이 증가하였으며, 일상생활 기술에서 문제가 되는 부분이 줄어들고, 장애 증상도 덜 보이는 것으로 보고되었다. 하지만 지원 고용에 대한 메타 연구는 직업치료에 대해 일반적으로 적용할 만한 구체적 제언을 하기에는 정보가 불충분하다고 결론을 내렸다(Taylor et al., 2012). 따라서 개별 사례마다 맞춤형 의사결정이 필요하다.

---

1 역자 주 : 형제, 자녀, 부모를 포함하며, 배우자는 해당하지 않는 관계로, 조부모, 손자녀를 포함하지 않는다는 점에서 직계가족과 구분됨

나이가 들어가면서 ASD 환자가 보이는 사회적 고립과 의사소통 문제는 부정적인 결과를 초래할 수 있다. 빈약한 사회적 기술과 의사소통 문제로, 또는 대다수의 사람들이 직관적으로 아는 행동을 깨닫는 데 드는 노력에 대한 스트레스로 불안, 좌절, 기타 정서적 문제가 증가할 수 있다. 경도의 ASD 성인의 경우, 행동치료를 통해 도전거리가 될 수 있는 새로운 상황에서의 의사소통을 도울 수 있다. 이들에게 특히 도전거리가 될 수 있는 상황의 예로는 나이 든 부모, 형제자매, 오랜 친구의 죽음에 대한 애도 상황이 있다.

중등도의 ASD를 보이는 많은 사람들은 나이가 들면서도 지지적인 생활 환경에 있으면서, 일과 여가 활동을 지속하는 것을 통해, 사회에 기여하며 가치를 인정받을 수 있다. ASD로 진단받는 아동이 증가하고 이들이 성인기에 진입하게 되면서, 추가적인 지지 환경이 필요한 것으로 보인다.

가족　일차친척 중 전반적 발달장애를 가진 사람이 있으면 가족은 이에 지대한 영향을 받는다. 자폐증 아동을 둔 부모들 대부분이 아이를 기르면서 생기는 도전거리들로 인해 임상적으로 유의미한 수준의 스트레스를 경험하는 것으로 나타났다(Koegel, 2000; Koegel, Koegel, Ashbaugh, & Bradshaw, 2014). 자폐 아동의 형제자매는 친구관계에 문제가 있는 경우가 많으며, 외롭다고 느끼며, 장애를 가진 아이에 대해 걱정한다(Bagenholm & Gillberg, 1991). 부부는 아동에게 집중하면서 서로에게 시간과 에너지를 할애하지 못하다 보니, 부부간 문제를 겪게 되는 경우도 흔한 편이다.

평가

자폐스펙트럼장애의 평가는 세 가지 과정을 통해 이루어질 수 있다(Earl & Curry, 2011). 우선 18개월 이상 24개월 미만의 모든 유아를 대상으로 선별 검사를 할 수 있다. 스크리닝 검사에서 ASD 증상을 보인 아동들은 정밀 진단 평가를 받게 한다. 거기에서 ASD 진단을 받은 아동만 광범위한 다학제 분야(의학, 심리학, 유전학)의 평가에 의뢰한다.

선별　선별 도구와 심층 행동평가를 사용하면 자폐스펙트럼장애 진단이 수월하다. 일반 아동과 자폐스펙트럼장애

아동을 구별하기 위해 다음과 같은 다양한 선별 도구를 사용할 수 있다.

- 사회적 의사소통 질문지(Social Communication Questionnaire, SCQ)—이전의 자폐증 선별 질문지로 선별에 유용한 것으로 알려져 있음(Baird et al., 2001; Kabot et al., 2003)
- 걸음마기 아동을 위한 수정된 자폐증 검진표, 개정판(Modified Checklist for Autism in Toddlers, Revised, M-CHAT-R; Robins et al., 2013)—16~30개월 사이의 걸음마기 아동 중 저위험군을 위한 선별 도구. 20개의 '예/아니요' 문항으로 구성되어 있고, 부모가 체크하도록 되어 있음. 자폐증의 초기 증상을 발견할 수 있도록 도움을 줌. 5분이면 점검표를 완성할 수 있다. 선별을 통해 양성 판정을 받은 아동의 부모는 의료기관을 통해 후속 조치를 하게 됨
- 만 2세 아동을 위한 자폐증 선별 도구(Screening Tool for Autism in Two-Year-Olds, STAT; Stone, Coonrod, Turner, & Pozdol, 2004)—12개의 문항으로 구성된 상호작용 검사로, 실시하는 데 20분 정도 걸림. 이 검사를 통해 아동이 자폐증에 해당하는지, 다른 발달장애에 해당하는지를 구별할 수 있음
- 의사소통 및 상징적 행동 검사 발달 프로파일 영유아 검진표(Communication and Symbolic Behavior Scales Developmental Profile Infant/Toddler Checklist, CSBS-DP-IT; Wetherby et al., 2008)—이 점검표는 24문항으로 구성되어 있음. 부모나 양육자가 기입할 수 있는데, 검사는 5~10분 정도 걸림. 4장으로 구성된 행동 견본을 통해 아동의 의사소통, 상징적 행동, 표현성 언어를 측정하게 됨. CSBS-DP-IT는 9~24개월의 영아를 대상 초기 선별을 위해 개발되었음

좀 더 자란 아동을 대상으로 경도 ASD(이전의 아스퍼거 증후군)를 선별하기 위해 다음과 같은 도구를 사용한다.

- 자폐스펙트럼 선별 질문지(Autism Spectrum Screening Questionnaire, ASSQ)
- 아동기 아스퍼거 증후군 검사(Childhood Asperger

Syndrome Test, CAST)

- 아스퍼거 증후군 오스트레일리아판 검사(Australian Scale for Asperger's Syndrome, ASAS)

진단적 검사　아동이 ASD 증상이 있는 것으로 선별을 통해 판명되면, 종합적인 평가가 필요하다. 다양한 평가 도구를 통해 아동의 자폐증 증상과 심각도를 측정할 수 있다. 가장 널리 사용되는 검사인 아동기 자폐증 평가 검사(Childhood Autism Rating Scale, CARS; Schopler, Reichler, De Vellis, & Daly, 1991)를 예로 들어보자. 이 검사는 15개 영역에서 아동의 수행을 평가한다. 평가대상이 되는 15개 영역은 관계 맺기, 모방, 정서 반응, 신체 사용, 물체 사용, 변화 적응, 시각 반응, 청력 반응, 감각 반응, 두려움 혹은 신경과민, 언어적 의사소통, 비언어적 의사소통, 활동 수준, 지적 기능, 그리고 일반적 인상이다. CARS를 통해 아동의 심각도를 종단적으로 추적하며 평가하기도 한다.

아동이 선별되면 그 후에 보다 심층적인 평가가 필요하다. 이때 자폐증 진단 관찰 계획(Autism Diagnostic Observation Schedule, ADOS)과 자폐증 진단 면담 개정판(Autism Diagnostic Interview-Revised, ADI-R)을 활용하여 정밀한 평가를 할 수 있다. Gallo(2010)는 ADOS가 자폐증 연구를 위한 '표준(gold standard)'이라고 본다. ADOS는 구조화된 면담 도구로, 아동 및 부모를 면담할 때 사용되는데, 진단이 불분명하거나 아동의 발달력을 제대로 알 수 없을 때도 유용하게 사용할 수 있다.

의학적 의뢰　선별을 통해 자폐스펙트럼장애로 진단받게 된 아동은 일반적으로 보다 광범위한 의학적·유전적 평가를 위해 의뢰된다. 미국 소아·청소년 정신의학회(American Association of Child and Adolescent Psychiatry, AACAP)는 자폐스펙트럼장애를 위한 다양한 선별 도구 및 진단 도구 목록을 제시하고 있다(Volkmar et al., 2014). 보다 자세한 논의를 원한다면 Coonrod와 Stone(2005)을 참고할 수 있다. 여기에 소개된 선별 도구 중에는 *DSM-5*의 진단기준의 변화에 맞추어 수정되어야 할 부분이 있을 수 있다는 것을 기억할 필요가 있다.

치료자의 자질

자폐스펙트럼에 있는 아동을 상담하는 치료자는 이 장애와 관련된 증상의 범위에 대한 충분한 지식을 갖추고 평가, 개입, 교육 계획을 위한 적절한 의뢰를 할 수 있어야 한다. 치료자는 다학제 간 팀의 일부로 기능하면서 선별과 평가 과정 속에서 다른 전문가에게 의뢰하며, 아동의 개별적 필요와 학습 유형에 맞는 행동적 개입을 수립하는 것을 돕는다(Kabot et al., 2003).

자폐 아동을 둔 가족들 대부분에게는 조기 평가와 개입, 적절한 서비스의 접근성, 서비스를 받기 위한 재정 마련, 그리고 최소한의 제한을 둔 교육적 환경을 찾는 것이 주요 관심사이다. 치료자는 이렇게 복잡한 문제들을 해결하는 과정 속에 있는 가족들을 지지해줄 수 있다. 치료자는 아동의 부모에게 연방 및 주 정부의 법에서 보장하는 권리와 혜택에 대해 알 수 있도록 의뢰체계를 제공하고 옹호해주는 것을 통해 값으로 환산할 수 없는 도움을 제공하게 된다.

개입 전략

행동주의에 기초한 집중적 치료를 통해 조기에 개입하는 것이 자폐스펙트럼장애를 치료하는 데 핵심이 된다. 학술지에 게재된 논문들을 살펴보면 선별은 가능한 한 가장 초기에 이루어져야 하며, 그 후에는 매우 구조화되고 전문화된 프로그램을 통한 치료가 필요하다. 가장 효과적인 프로그램을 위해 다음과 같은 사항을 고려한다.

- 구조화된 행동적 개입과 교육적 개입은 더 나은 치료 효과와 관련이 있다.
- 프로그램은 부모교육과 부모 지지를 포함하여 구성한다.
- 치료적 개입은 언어와 의사소통 기술, 사회적 기술, 일상생활 기술의 향상에 초점을 두도록 한다.
- 개인적 목표를 수립하도록 한다.
- 경험 있는 학제 간 팀을 구성하도록 한다.
- 훈련을 통해 치료적 효과가 다른 영역에 적용되도록 한다.

조기 개입　자폐증에 대한 행동적 개입에 특화된 프로그램의 수가 증가하고 있다. 3세 전에 이루어지는 조기 치료를 받으면 언어와 사회적 기술이 더 많이 향상되고, 학습을 방해하는 반복적 행동이 더 많이 줄어드는 것으로 나타났다(Koegel et al., 2010; Koegel et al., 2014; Smith, 2010).

자폐스펙트럼 아동 치료에서 조기에 개입되어야 할 가장 중요한 영역은 바로 의사소통 영역이다. 5세 미만의 자폐스펙트럼 아동을 대상으로 한 연구에 따르면, 동기와 자주성(initiation)이라는 두 가지 아동의 핵심적 기능 영역에 초점을 둔 개입을 통해 85%의 아동이 주요 의사소통 수단으로 구어를 사용할 수 있게 되었다(Koegel, 2000). 수년에 걸쳐 프로그램을 수정하여 더 이른 나이인 3세 이하의 아동에 대한 개입을 시도했을 때 성공률이 95%까지 상승하였다(Koegel et al., 2014). 이러한 프로그램은 나아가 학령기 학업 수행을 향상시키고, 공격 행동, 자위적(self-stimulating) 행동, 그리고 자해 행동을 감소시키는 데 효과적인 것으로 나타났다. 이 접근에서 부모는 아동에 대해 지속적으로 개입하며 양육할 수 있도록 훈련받는다.

부모교육 프로그램은 아동의 의사소통 기술을 향상시키고, 파괴적 행동을 감소시키며, 치료적 효과를 일반화하는 데 효과적이다(Koegel et al., 2010). 나아가 부모의 불안을 감소시키고 효능감을 높이는 데도 도움이 된다. 물론 경도의 자폐스펙트럼장애 아동과 같은 경우 언어습득 훈련이 필요하지 않을 수도 있다. 그들에게는 사회적 호혜성과 실용적 언어 기술을 이해하도록 하는 학습을 장려하는 개입을 한다.

부모의 관여는 치료 결과에 큰 영향을 미친다. Koegel과 동료들(2014)은 가능한 초기부터 부모가 '능동적 훈육가'가 되도록 권고한다. 부모는 ASD의 핵심 증상을 치료하는 데 도움이 되는 개입 기술을 배우고 실행할 수 있다. 조기 개입을 통해 부모는 자녀를 도와줄 수 있다는 자신감을 얻게 되고, 조기 개입이 되지 않았을 때 생길 수 있는 이차적 증상을 예방하며, 그로 인한 비용도 절감할 수 있다.

앞에서 언급했듯이 ASD 아동에게 개입할 때는 구조화되어 있으면서 아동의 개별적 흥미를 고려한 개입이 필요하다. 아동에게 일련의 단순한 단계별로 진행되는 과제를 가르치고 아동의 흥미를 끌고 바람직한 행동에 대해서는 긍정적 강화를 제공하는 것이 가장 효과적이다(NIMH,

2004).

가족들은 아동을 학교 기반 프로그램에 등록할 것인지, 가정 기반 환경에서 치료할 것인지, 혹은 특수치료센터를 병행하면서 치료할지를 결정해야 한다. 특수치료센터는 가장 최신식 치료를 제공하지만, 그 숫자가 많지 않으며 편리하지 않을 수 있고 비용이 만만치 않다는 특징이 있다. 프로그램은 주로 대학과 연계되어 있고 대기자가 많은 편이다. 하지만 ASD 증상은 삶의 전반에 미치는 영향이 크기 때문에, 치료는 다양한 측면에서 이루어져야 하고 다양한 의료인의 협력을 필요로 할 때가 많다는 것을 기억할 필요가 있다.

고도의 ASD 아동은 특수교육, 언어치료, 그리고 물리치료를 병행하는 편이다. 더 심각한 의학적 상태가 공존하는 경우 추가적으로 의사, 신경학자, 그리고 기타 의학 전문가의 치료를 받기도 한다. 심리치료사는 이러한 광범위한 서비스에 대한 사례관리와 기타 서비스에 대한 컨설팅을 해주는 역할을 하게 된다.

대표적인 가정 기반 프로그램으로 UCLA 조기집중 행동치료(Early and Intensive Behavioral Intervention, EIBI) 프로그램이 있다. 이 프로그램에서는 3세 이하의 아동이 3년에 걸쳐 일대일의 행동 수정을 받게 된다(Smith, 2010). 프로그램은 주당 20시간으로 시작하여, 아동의 적응 정도에 따라 주당 40시간까지 늘린다. 의사소통 및 학업 기술의 향상, 자조 기술 습득, 운동 기술 향상, 놀이 참여가 프로그램의 목표가 된다. 이 프로그램은 통계적으로 상당히 의미 있는 효과를 보였다(Reichow & Wolery, 2009). 메타분석을 개관한 연구는 조기집중 행동치료가 ASD 아동에게 효과적임을 입증했다(Reichow, 2012).

학령기 아동　학령기가 되면 가장 효과적인 치료를 위해 아동을 개별화 교육 계획(individualized education plan, IEP)에 등록하는 것이 좋다. 이 플랜은 아동의 학업 문제뿐 아니라 그들이 경험할 사회적 어려움과 정서적 어려움에 대해서도 돌봄을 제공한다(Dunn & Honigsfeld, 2009). 가족이 참여하는 가운데 학제 간 팀을 통해 집중치료를 제공하는 프로그램 구성이 가장 효과적이다. 조기 시작 덴버 모델(Early Start Denver Model; Dawson, Rogers, & Munson, 2010)

과 자폐증 관련 의사소통장애가 있는 아동을 위한 치료 및 교육 프로그램(Treatment and Education of Autism and related Communication Handicapped Children program; Ozohoff & Cathcart, 1998)은 무작위로 통제된 실험 연구에서 그 효과성을 증명한 구조화된 교육 모델이다.

효과적인 교육적 개입의 보급과 개발은 지속적인 도전거리이다. 미국 연방정부 장애인교육법(Individuals with Disabilities Education Act, IDEA)에 따르면, ASD 아동은 그들의 필요에 부합하는 공교육을 무료로 제공받을 권리가 있다. 모든 주가 조기 집중 프로그램을 제공하는 것은 아니며, 제공하는 주라 할지라도 재정 부족으로 고품질의 근거 기반 치료를 제공하지 못하는 경우가 많다. 상당 부분의 재정부담은 결국 아동의 가족 몫이 되는 경우가 대부분이다.

경도 자폐스펙트럼장애 아동 경도의 ASD 아동은 지능, 언어 기술, 독립적 기능 수준이 괜찮은 편이기 때문에, 초등학교에 들어갈 때까지 진단되지 않는 경우가 많다(Tsatsanis, Foley, & Donehower, 2004). 부모가 발달 초기에 아동에 대해 염려했다고 보고하는 경우가 거의 없다. 그래도 어떤 걱정이라도 있었는지 말해보라고 하면, 부모는 아동이 조숙했다고 할 가능성이 높다.

경도의 ASD에 대한 치료에는 개별화된 행동치료, 집단 상담(또래와 상호작용 연습), 심리교육, 그리고 사회적 기술 훈련(적절한 눈맞춤 유지, 먼저 인사 건네기, 사회적 질문에 답하기) 등이 있다. 향상된 기술에 대한 평가 항목에는 공감 표현하기, 질문하기, 또래와 관계 맺기가 포함된다. 경도의 ASD 아동은 일반 친구들과 무리 없이 잘 어울리는 편이다.

청소년 상담 청소년기는 많은 아이들에게 힘든 시기인데, ASD 학생은 청소년기를 특히 더 힘들게 경험한다. 이때 스크립트를 줄여가고 사회 상황 이야기를 들려주고 새로운 상황에 대한 역할극을 해보도록 하는 식으로 구성된 사회적 기술 훈련을 도입하는 것이 도움이 될 수 있다. 이러한 훈련은 청소년의 대화 기술을 향상시키고, 적절한 사회적 행동에 대한 이해를 높이며, 사회적 상황에 대한 불안을 줄이는 데 효과적일 수 있다(Adams, Gouvousis, VanLue, &

Waldron, 2004; Tsatsanis et al., 2004). 학교는 또래를 모방할 기회와 다른 친구들과 짝이 되어 활동할 수 있는 기회를 제공한다는 점에서 모든 학생들에게 사회적 압박을 덜면서 또래관계를 향상시킬 수 있는 환경이 된다(Dawson & Faja, 2008). 부모는 교사에게 아동의 발달 단계마다 필요한 특정 부분에 대해 알려주어야 한다. 또한 아동이 따돌림의 대상이 되거나 기타 공격적 행동의 표적이 되었을 때는 개입할 필요가 있다. 장애를 가진 아동이 성적 학대를 경험할 위험이 크기 때문에 성교육도 이들을 위한 개입에 포함되어야 한다.

성인 상담 청소년기에서 성인기로의 이행기에는 직업적 재활과 과도기 계획이 필요하다. 연방정부가 후원하는 갓 트렌지션 프로그램(Got Transition program)과 맞춤형 건강관리법은 청년들이 적절한 건강관리 보험을 유지하는 데 도움을 줄 것이다.

약물치료 약물은 증상을 줄이는 데 도움이 된다. 특히 반복적 행동, 틱, 불안, 부주의, 기타 아동의 학습 능력을 방해하는 공병 상태가 있을 때 약물은 효과적이다. 리스페리돈(리스페달)과 아리피프라졸(아빌리파이)는 FDA가 승인한 두 가지 약물로, 자폐증에서 나타나는 신경질적 증상을 치료하는 데 효과적이다.

ASD 아동 및 청소년의 거의 절반이 약물치료를 통해 다른 장애와 유사한 증상을 치료하고 있다. 그중 하나가 SSRI 인데 이는 불안·우울·강박 증상에 사용되는 약물이다. 과잉행동과 부주의에 대한 자극제, 공격적 행동과 자해 행동을 치료하는 신경이완제도 사용되고 있으며, 항경련제는 발작이 있는 ASD 아동 4명에 1명꼴로 처방되고 있다(NIMH, 2004; Rosenblatt & Carbone, 2013). 미국 소아·청소년 정신의학회(AACAP)는 ASD 아동이 보이는 특정 증상이나 공병 상태를 치료하기 위해 약물치료를 권하고 있다(Volkmar et al, 2014).

30~90%의 ASD 아동이 보안대체약물을 사용하고, ASD 에 대한 수백 가지의 대체요법이 있지만, 이들의 효과성을 입증하는 경험적 연구는 거의 없는 실정이다(Rosenblatt & Carbone, 2013). 미국 소아 진료지침 협회(American

Academy of Pediatrics Practice Guidelines)에서는 ASD 치료에 있어서 세크레틴의 정맥투여, 무글루텐, 무카세인 식이, 비타민 B6와 마그네슘, 오메가-3 지방산 등은 효과적이지 않다고 권고한다. 치료자는 아동의 부모에게 대체요법을 권하기 전에 자폐증에 대한 근거 기반 치료 연구를 검토해야 한다(Reichow, Peohring, Cocchetti, & Volkmar, 2011; Volkmar et al., 2014).

가족치료 부모는 교육, 옹호 훈련, 그리고 지지가 필요하다. 부모는 우선 아동이 자폐증에 대해 평가받을 수 있도록 조치를 하고, 그다음에는 조기 개입을 위한 훈련을 받아야 한다(Koegel et al., 2014). 또한 개인치료 계획 수립에 조력하는 모임에 참여하면서 지지모임에 소속되도록 한다. 부모와 형제자매를 위한 지지적 치료와 가족 상담은 거의 언제나 추천된다. 상담자는 부모와 협력하여 ASD 아이들을 옹호하고 여러 서비스를 조직화하며 가족의 스트레스를 줄여준다. 부부 상담이나 형제자매 상담은 정서적 지지를 제공하고 장애에 대한 유용한 정보원이 된다는 면에서 유익하다. 미국 자폐증 협회(Autism Society of America), 자폐증 상호 네트워크(Interactive Autism Network), 국가 건강관리 전환센터(National Health Care Transition Center), 자폐증 성인을 위한 미래 개발(Advancing Futures for Adults with Autism)과 같이 네트워크를 형성할 수 있는 단체에 자폐 아동의 가족을 의뢰하는 것도 필요하다. 이런 집단은 대부분 온라인 자원을 제공하며 미국 전역에 지역센터를 보유하고 있다.

예후

자폐스펙트럼장애의 양상은 개인마다 매우 이질적이기 때문에 그 예후도 매우 다양하다. 조기 개입이 치료의 효과 면에서는 가장 중요한 부분일 것이다. 그렇다 하더라도 ASD에 대한 완전한 치료법이 있는 것은 아니다. 아동과 가족에 대한 치료는 평생에 걸쳐 필요한 부분이다(Rosenblatt & Carbone, 2013). 경도의 ASD 경우의 예후는 매우 양호하여, 그들 중 많은 수가 독립적인 삶을 영위하게 된다. ASD 심각도 수준이 높을수록 또한 공병하는 의학적 상태가 있다면 장애가 갈수록 심화될 수 있기 때문에 거주 치료

가 적절할 수 있다.

주의력결핍 과잉행동장애

주의력결핍 과잉행동장애(attention-deficit/hyperactivity disorder, ADHD)는 *DSM-5*에서 신경발달장애로 분류된다. ADHD는 아동기에 시작되며 뇌에서 실행 기능, 충동 조절, 그리고 의사결정에 관여하는 영역인 전두엽, 전측 대상회, 기저핵, 소뇌 부분에 영향을 미친다는 면에서 신경발달장애로 구분된다.

신경발달적 관점에서 평가와 개입은 가능한 한 가장 빠른 시점에 이루어져야 한다. 일생에 영향을 미칠 수 있는 만성 동반 장애가 생기기 전에 ADHD를 발견하여 개입할 필요가 있다. 학령기 이전에 조기 행동 개입을 한 것에 대한 연구가 소수 이루어졌는데, 이에 따르면 조기 행동 개입이 있었던 경우 치료가 종결된 후에도 치료 효과가 지속되는 것으로 나타났다. 학령전기 자기조절과 모자간의 상호 작용 향상에 초점을 둔 무선통제실험(RCT)에서는 ADHD 증상이 크게 향상되었으며, 9주 후의 추수 연구에서도 그 효과가 지속되는 것으로 나타났다(Thompson et al., 2009). 성공적인 행동치료를 위해 가능한 조기에 ADHD를 발견하는 것이 중요한데, 이를 위해서는 신경학적 기반의 평가 도구가 있어야 한다(Halperin, Bedard, Churchack-Lichtin, 2012).

*DSM-5*에서는 12세 이전 충동성이나 과잉행동 증상을 5개 정도 보고하는 성인에 대한 ADHD 진단을 허용한다. 이에 비해 아동의 경우 ADHD 진단을 받으려면 6개 이상의 증상이 반드시 필요하다.

진단

주의력결핍 과잉행동장애(ADHD)는 일상생활 기능에 문제를 초래하는 지속적인 부주의와 충동성 또는 과잉행동이 핵심이다. 이러한 증상들은 발달적으로 적절하지 않으며, 두 가지 이상의 상황(예 : 가정, 학교, 직장, 또래관계)에서 발견된다. 진단을 위해서는 6개 이상의 부주의 증상(예 : 세부적이 면에 대한 주의력 결여, 잊어버림, 쉽게 산

만해짐, 물건 등을 잃어버림, 지속적 주의가 요구되는 과제를 회피함, 과제와 활동을 체계화하지 못함, 지시를 완수하지 못함, 다른 사람이 말을 거는 데 경청하지 않음, 지속적인 주의집중의 결여) 그리고/또는 6개 이상의 충동성 또는 과잉행동 증상(예 : 손발을 가만히 있지 못함, 가만히 앉아 있지 못함, 부적절하게 뛰어다니거나 기어오름, 지나치게 수다스럽게 말함, 조용히 놀지 못함, 가만히 있지 못하거나 다른 사람과 보조를 맞추기를 힘들어함, 차례를 기다리기 힘들어함, 다른 사람의 활동을 방해함, 질문이 끝나기 전에 대답함)을 보여야 한다. ADHD 증상은 12세 이전부터 있어야 하며 적어도 6개월 이상 지속되어야 한다.

아동의 경우 증상이 정상적 아동기 발달에서 벗어난 것인지를 구별하는 것이 중요하다. 예를 들어, 걸음마를 배우는 유아가 15분간 가만히 앉아 있지 못하거나 자신이 원하는 장난감을 가지고 놀고 싶어 차례를 기다리지 못한다면 이는 정상일 것이다. 하지만 7세 아동이 같은 행동을 한다면 이것은 정상이 아니다. ADHD 아동은 '너무 지나치게' 행동하는 것으로 묘사되곤 한다. 즉 에너지가 지나치게 넘치고 지나치게 수다스럽게 말하며 부적절할 정도로 과하게 뛰어다녀서, 에너지 넘치는 토끼처럼 보일 때가 많다. 주의력은 과도하게 집중될 수도 있고(새로운 영화를 볼 때), 완전히 부재할 때도 있다(아이가 질문에 대한 대답을 들었음에도 불구하고 같은 질문을 계속해서 반복하는 경우).

*DSM-5*는 증상이 두 가지 또는 그 이상의 환경에 존재한다고 명시함으로써 환경에 대한 진단기준을 강화했다. 따라서 아동이 학교에서만 문제를 보인다고 ADHD로 진단하는 것이 아니고, 그 증상을 가정이나 다른 환경(예 : 또래와 있는 상황, 집단 활동)에서도 보여야 진단 가능하다. 성인의 경우에도 다양한 생활 영역(예 : 직장, 가족, 친구)에서 증상을 지속적으로 보여야 한다.

ADHD의 심각도 수준은 개인이 보이는 증상의 숫자에 따라 경도, 중등도, 고도로 분류된다. 과거에는 진단기준에 부합하였으나 현재는 충동성이나 부주의 증상이 6개 미만이면서 지속되는 증상이 소수 있을 경우에는 부분 관해 상태가 명시되어야 한다.

ADHD의 하위 유형은 복합형, 주의력결핍 우세형, 과잉행동/충동 우세형 중 하나로 세분화하여 명시한다.

ADHD 증상이 임상적으로 유의미한 고통을 일으키지만 진단을 위한 기준에 완전히 부합하지 않는 경우, 치료자는 '달리 명시된' ADHD 분류를 사용하고 그 이유를 기록한다. 특정 진단(예 : 기타 신경발달장애를 동반한 경우)을 내리기에는 정보가 불충분하다고 판단되는 경우 명시되지 않는 ADHD로 진단해야 한다.

내담자 특징

ADHD 증상은 연령에 따라 다양하게 나타날 수 있는데, 아동은 매우 충동적인 행동, 주의집중의 어려움, 정서적 과민성, 정좌의 어려움 등을 보고한다. 과잉행동 증상은 주로 학령전기에 처음 발견되는데, 이러한 행동이 정상적 발달에서 얼마나 벗어난 것인지를 잘 살펴보아야 한다. 부주의 증상의 경우 초등학교 저학년 시기에 좀 더 뚜렷하게 나타나는데, 이때 주변 사람들이 증상에 대해 걱정을 하게 되면서 검사와 진단으로 이어진다. 아동이 청소년기에 진입하면서 초기에 보였던 과잉행동은 부산함, 지루함, 충동성의 형태로 변하게 되고, 그중 25%는 성인기까지 증상을 지속적으로 보인다.

ADHD 아동의 50% 정도까지 동반 장애가 나타나는데, 적대적 반항장애와 학습장애가 가장 많이 보고되는 동반 장애이다(MTA Cooperative Group, 1999, 2004). ADHD는 우울 · 불안 · 품행 장애 및 파괴적 기분조절부전장애와 증상이나 현상 면에서 유사성이 높아 구별하기가 쉽지 않다. 주요 진단이 자폐스펙트럼장애(ASD)나 지적장애인 경우에는 공병하는 ADHD 증상이 식별되지 못할 가능성이 높기 때문에 진단이 더 복잡하고 어려워진다.

ASD 아동의 거의 절반은 ADHD 진단도 받는다. ASD나 ADHD, 어느 것으로 진단되든 아동은 부주의, 과잉행동, 분노발작을 보일 가능성이 높다. 하지만 장애에 따라 계획이나 스케줄의 예상치 못한 변화에 대한 반응은 매우 다르게 나타난다. ADHD 아동의 경우 자제력이 부족하고 충동성이 있기 때문에 ASD만 진단받는 아동과 달리 정서적으로 매우 동요하는 모습을 보일 것이다.

적대적 반항장애만 있는 아동도 ADHD 아동처럼 모든 영역(예 : 가정, 학교, 대인관계)에서 증상을 보일 것이다. 하지만 이들이 보이는 권위적 인물에 대한 저항은 부정적 성향 및 반항심과 관련이 있다. ADHD 아동의 경우에는 지속적인 정신적 노력에 대한 혐오나 자주 망각하는 것이 원인이 된다.

적절한 치료를 위해서는 정확한 진단이 중요하다. ADHD는 양극성장애나 우울장애와도 구별된다. 양극성장애나 우울장애는 한번 시작되면 며칠간 지속되는 고양된 기분이나 우울한 기분이 나타나며 기분이 오르락내리락하기도 한다. 이와 대조적으로 ADHD에서 보이는 충동적 행동과 과잉행동은 보다 연속적인 특징이 있다.

ADHD 아동은 학습장애 아동과도 구별된다. ADHD 아동은 부주의가 학습 환경뿐만 아니라 다른 생활 영역(예 : 가정, 스포츠 등)에서도 나타난다. 물론 ADHD 아동의 경우 ADHD와 학습장애를 모두 진단받을 가능성이 높다.

ADHD를 치료하지 않으면 아동은 가정불화, 저조한 학업 수행, 관계 문제 등을 보일 가능성이 높다. ADHD를 보이는 많은 아동이 적어도 한 학년 정도는 유급을 받으며 3분의 1 정도는 고등학교 졸업에 실패한다(Barkley, 2006).

증상은 상황에 따라 다르게 나타난다. 하지만 자신이 흥미를 갖는 활동에 참여하고 있거나 교사나 부모와 일대일 상황에 있거나 재미있는 영화를 보거나 비디오 게임을 하거나 흥미가 고조될 만한 새로운 상황에 있으면 증상이 나타나지 않을 수도 있다.

아동기에 ADHD 진단을 받은 사람들 대부분은 청소년이 되어서도 증상을 지속적으로 보인다. 거의 50%에 해당하는 학생들이 한 학년을 유급당하거나 정학당하거나 학교를 그만둔다. 이들은 계속해서 학교 성적이 저조하고 또래 및 성인과의 관계에서 어려움을 보이며 물질 사용(특히 알코올이나 마리화나) 문제가 있으며 품행장애 및 반사회성 행동의 초기 증상(예 : 거짓말, 도둑질, 권위에 대한 저항, 양심의 가책 결여)을 보인다.

성인 ADHD   거의 4분의 3의 ADHD 성인이 치료가 요구되는 동반 장애를 가지고 있다. 동반 장애는 지속되는 경향이 있으며, 물질사용장애나 고도의 우울증, 또는 자살 생각으로 발전할 위험성을 높인다(Kooij, 2012). 아동기에 ADHD 진단을 받은 사람은 아동기에 ADHD를 진단받지 않은 사람에 비해 자살률이 5배나 높았다(Barbaresi et al., 2013).

ADHD 진단을 받은 성인은 일에서 성과가 저조하고, 타인의 지시를 따르는 능력이 부족하고, 마감시간을 맞추기 힘들어하고, 일에 쉽게 실증을 느껴 지속적인 노력을 할 수 없기 때문에 직장을 자주 옮기는 편이다. 자기조절이나 자기훈련이 힘들기 때문에 관계에서도 문제가 생긴다. 즉 ADHD 증상은 성인기로 진행되면서 더 심각한 결과를 초래하는 것이다. 성인 ADHD의 진단을 위해서는 배경정보에서 12세 이전에 최소한 5개의 증상이 있었다는 내용이 필요하다.

ADHD는 대부분의 문화에서 관찰되는데, 아동은 약 5%, 성인은 2.5% 정도의 비율이다. 한 종단 연구에 따르면 아동기에 ADHD 진단을 받은 성인의 30%가 27세가 된 시점에도 증상을 보이고 있었다. 문화에 따라 ADHD를 치료하는 방법에 차이가 있었다. 미국에서 수행된 연구들을 살펴보면 소녀보다는 소년이, 히스패닉이나 아프리카계 미국인보다는 백인이, 도심이나 변두리 지역보다는 사회경제적 지위가 높은 계층에 속하는 아동들이 약물치료를 더 많이 받았다(Miller, Nigg, & Miller, 2009). 그리고 유럽이나 기타 지역보다는 미국에서 아동에 대한 약물치료를 더 많이 하는 것으로 나타났다. 이러한 차이는 문화적 차이뿐만 아니라 약에 대한 태도의 차이를 반영하는 것으로 볼 수 있다.

평가

아동기에 ADHD를 진단하려면 병력, 학교 수행 기록, 아동 행동 평가 척도, 검사 결과(예 : 지능검사, 수행검사) 등을 자세히 검토해야 한다. 아동, 부모 및 교사와의 면담 내용도 잘 살펴보아야 한다. 아동의 교사가 1명 이상이면 해당 아동과 가장 많은 시간을 보내는 교사가 면담 대상이 되도록 한다. 여러 상황에서의 아동의 행동을 평가하기 위해 치료자는 교실에서의 행동, 다른 학생과의 관계, 다양한 학교 상황에서의 행동(예 : 줄 서기, 혼자 작업하기, 집단 상황)에 대해 질문하도록 한다.

교사에게는 아동의 행동을 어떤 식으로 다루는지, 아동에 대한 평가나 의뢰가 이루어졌던 적은 있는지를 물어야 한다. 가족 배경정보를 수집하는 것 역시 진단을 위해 필수적인 부분이다. 질문에는 부모의 배경, 학력 및 이력, 물질 남용 여부, 가족의 병력 및 정신과 문제 등이 포함되어야 한다. 기타 아동의 가정생활 관련 정보는 치료 계획을 수립하고 제언을 따를 가족의 능력을 평가하는 데 유용하게 사용될 수 있다.

ADHD를 동반 가능성이 있는 다른 장애와 구별하기 위해서는 광범위한 평가가 필요하다. 만약 WAIS-IV 또는 WISC-IV 검사 결과가 있으면 SCAD 프로파일(동형 찾기, 코딩, 산수, 그리고 숫자 소검사들의 프로파일)이나 다른 소검사 분산 점수를 통해 ADHD나 학습장애를 판별할 수 있다.

ADHD를 진단하는 데 심리검사만 사용하는 것은 아니다. 기능적 뇌 촬영이나 뇌전도(EEGs)를 통해 전두엽 기능의 저하를 판단하여 ADHD 진단에 활용하기도 한다. 하지만 이러한 기술만으로는 ADHD와 다른 원인에서 기인한 정상적 주의력 결핍이나 부산함을 구별할 수는 없다. 따라서 현재까지는 하나의 객관적인 검사만으로 ADHD를 정확히 진단할 수는 없다(Hill, 2012).

진단은 발달력에 대한 조사와 신경학적 발견, 그리고 행동, 반응 시간 검사, 심리학적 평가, 관찰자 보고를 통해 종합적으로 유추된다.

ADHD 진단을 위해서 의료인, 정신건강 상담사, 교사나 고용인, 부모나 배우자를 포함한 다학제 간 팀이 관여하며, 배경정보와 발달력 및 현재의 기능 수준에 대한 정확한 정보가 요구된다.

아동기 ADHD의 진단을 돕기 위해 행동 체크리스트를 활용해볼 수 있다. 가장 많이 사용되는 검사는 다음과 같다.

- 아켄바흐 아동 행동 평가 척도 — 부모용, 교사용, 청소년 자기보고용(Achenbach Child Behavior checklist; Parent, Teacher, and Youth Self-Report forms; Achenbach, 1991)
- 아동용 행동 평가 체계 2판(Behavior Assessment System for Children, 2nd ed., BASC-2; Reynolds & Kamphaus, 2002)

이러한 검사는 리커트 4점 척도를 사용하여 특정 영역의 행동을 평가한다.

청소년과 성인 ADHD 증상은 지속적인 경우가 흔하다. 아동기에 ADHD를 진단받은 사람의 70%가 청소년기에도 같은 진단을 받는다. 아동기에 진단을 받지 않았던 사람 중에 17%가 청소년이 되어서 진단을 받기도 한다(Sibley et al., 2012). 청소년의 행동에 대해 측정하려면 부모와 교사에게 묻는 것이 가장 좋다.

성인을 위한 측정도구 및 질문지에는 코너스 성인 ADHD 진단지(Conners' Adult ADHD Rating Scale, CAARS; Conners, Erhardt, & Sparrow, 1999)와 세계보건기구에서 개발한 6문항의 성인 ADHD 자가진단지(six-item Adult ADHD Self-Report Scale)가 있다(Kessler et al., 2005).

성인기에 ADHD를 진단하려면 12세 이전에 어느 정도 증상이 있었다는 증거가 필요하기 때문에 임상적 면접을 통해 얻은 정보와 다른 정보들을 함께 살펴보는 것이 중요하다(예 : 성적표, 친구 및 가족과의 면담, 지능검사 혹은 성취검사 결과). 증상으로 인한 어려움은 두 가지 또는 그 이상의 환경(예 : 직장, 대인관계, 가정)에서 나타나야 한다.

치료자의 자질

ADHD를 진단받은 사람들을 상담하는 치료자는 주의력을 향상시키고 동기를 고취시키며 만족을 지연하는 것을 목표로 삼고 이에 도움이 되는 행동적 개입과 사회기술 훈련을 주로 활용한다. 이러한 개입은 아동의 모든 생활 영역(예 : 가정, 학교, 교우관계)에서 실시되어야 한다. 개입을 실행하려면 치료자뿐 아니라 교사와 부모 모두 학습, 연습, 격려, 모니터링, 강화를 사용할 필요가 있다.

치료자는 부주의 증상들, 즉 주의산만, 손발을 가만히 있지 못함, 부적절하게 뛰어다님, 가구에 올라감 등 때문에 좌절감을 느낄 수 있는데, 이러한 좌절감은 부모나 교사도 경험한다. 치료가 효과를 발휘하도록 하려면 차분한 자세를 유지하고 증상이 악화되지 않도록 해야 한다. 치료자는 자신의 정서적 문제에 대해 분명히 인식하고, 내담자의 문제와 자신의 문제를 구별할 수 있어야 한다.

상담자는 행동 관리 전략을 잘 익히고, 내담자의 필요에 따라 치료를 맞춤형으로 만들도록 한다. 한계를 설정하고, 개입 시에는 공감적이고 유연한 자세를 유지한다. ADHD의 신경학적 기저에 대한 지식을 갖추고, 부모와 아동에게

ADHD를 교육하고, 의사, 교사, 부모, 아동 및 치료자로 구성된 팀의 일부로서 협력하도록 한다.

치료자는 약물치료를 받는 아동의 증상 변화 및 행동 향상을 모니터링하도록 한다. 현재 성공적 치료에 대한 기준이 있는 것은 아니지만, 코너스 교사용 진단지 축약형(Abbreviated Conners' Teacher Rating Scale; Conners, 1997)은 아동의 행동이 얼마나 향상되었는지를 기록하는 데 유용하게 사용될 수 있다. 학급 상황에서 증상이 25% 감소하였거나 성적이나 학업 기능이 향상되었다면 상당한 호전으로 정의될 수 있다. 바람직한 치료 결과에 대해서는 더 많은 연구가 필요하다.

ADHD 성인을 치료할 때는 동기강화상담 기술과 인지행동치료를 활용하여 그들이 치료에 대한 흥미를 유지하도록 도울 수 있다. 여기에 부부치료나 진로상담를 접목하면 이들이 직장이나 관계에서 경험해온 광범위한 많은 문제들에서 회복되도록 도움을 줄 수 있을 것이다.

개입 전략

3,000개 이상의 ADHD에 대한 임상 연구의 논문이 2006~2012년 사이에 출판되었다. 이 논문들은 ADHD의 발달, 원인, 치료 전략에 대한 많은 새로운 정보를 제공해준다(Barkley, 2012). 이러한 새로운 지식을 통해 가장 효과적인 학급 교수 전략, 부모지지 상담, 전 연령대의 ADHD를 치료하는 데 도움이 되는 행동 개입 등이 나올 수 있다. 최근 통계에 따르면 ADHD 치료를 받은 대부분의 아동이 자극제 약물치료를 받으나, 부모 관리 훈련(parent management training)이나 학급 개입은 병행하지 않는다. 정신자극제 약물이 아동의 뇌, 즉 아직 어리고 성장하고 있는 뇌에 장기적으로 어떠한 영향을 주는지에 대한 지식이 부족하다는 측면에서, 미국 소아과학회는 5세 이하의 아동에 대해서는 부모와 교사에 의해 실시되는 근거 기반 행동치료를 우선적으로 권장한다(AAP, 2011).

5세 이상의 아동을 위해서는 약물치료와 함께 부모 관리 훈련, 행동 초점 학급 개입을 권한다(AAP, 2011). 미국 소아과학회에서 가이드라인을 제시하기 전에는 ADHD 아동 10명 중 3명만이 약물치료와 행동치료를 병행했다. 10명 중 4명은 약물치료만 받았고, 10명 중 1명은 행동치료만 받았으며, 10명 중 1명은 아무런 치료도 받지 않았다(Visser et al., 2015).

부모 관리 훈련 부모 관리 훈련은 부모-자녀 간의 갈등을 줄이고, 가정에서 부모님이 사용할 수 있는 성공적인 전략을 실천하는 데 도움이 된다. 이러한 개입을 통해 궁극적으로는 ADHD가 품행장애(청소년기) 혹은 반사회성 성격장애(성인기)로 진행될 가능성을 줄일 수 있다.

ADHD 아동을 둔 부모를 위한 다양한 근거 기반 부모 관리 훈련 프로그램이 있다. 대부분의 프로그램은 8~12주로 구성되며, 4~12세 사이의 아동을 둔 부모를 대상으로 하고 있다. 이들 아동은 ADHD로 인해 학교와 가정에서 어려움을 경험하고 있다는 특징이 있다. 물론 프로그램마다 나름대로의 개성은 있지만 모든 프로그램은 공통적으로 부모교육 훈련을 포함한다. 이 훈련은 부모의 양육 스트레스를 줄이고, 부모로서의 통제감을 향상시키는 데 도움을 주며, 나아가 아동이 적대적 반항장애 혹은 강박장애로 진행될 가능성을 줄이는 데 기여한다. 많은 연구들은 부모 훈련 프로그램이 양육 스트레스를 감소시키고 아동의 행동을 수정하는 데 효과적임을 입증하였다(Anastopoulous & Farley, 2003; Barkley, 2006; Kazdin, 2008).

대부분의 청소년들은 연령이나 발달 단계상 부모 관리 훈련에 잘 반응하지 않는다. 치료자는 개인상담이나 선택요법(choice therapy; Glasser, 1990), 문제해결 훈련, 혹은 부모-자녀 상호작용 훈련과 같은 대안적 치료를 고려해야 한다(Zisser & Eyberg, 2010).

약물치료

자극제 약물에 대한 연구는 많이 수행된 편이며, 특히 6~12세 사이의 남학생과 ADHD 복합형에 대한 연구가 잘 축적되어 있다(Charach et al., 2011). 자극제 약물의 가장 흔한 부작용으로는 식욕 감퇴와 불면증이 있다. 두통, 복통, 어지러움도 부작용으로 언급되는데 그리 흔하지는 않다(Smith, Barkley, & Shapiro, 2006). 매우 드물게 성장 억제가 나타나기도 한다. 약물을 중단하면 모든 부작용도 사라진다. 물론 자극제 약물은 특정 동반 장애(예 : 불안장애,

양극성장애)가 있을 때는 금해야 한다. 아동에게 자극제 약물을 처방할 때는 많은 요소들을 신중히 고려하면서 그 효과와 위험성을 잘 따져보아야 한다. 장애의 심각성, 연령, 불안 수준, 부모의 선호, 약물 순응도, 이전 치료 경험, 장애를 대처하는 교사·아동·부모의 능력 등을 잘 고려해볼 필요가 있다.

아동기 약물 처방은 주로 초등학생을 대상으로 한다. 아동기에 약물치료로 증상을 줄이면 청소년이 되어서 학교생활을 덜 힘들어하고, 약물 남용이나 무모하게 운전하는 부분, 혹은 충동적인 결정을 하는 행동을 줄일 수 있다고 생각하는 것이다. 하지만 최근에 나온 종단 연구들은 이러한 효과에 대해 회의적이다. 즉 ADHD 때문에 약물 처방을 받았던 청소년이 그렇지 않았던 청소년에 비해 상대적으로 문제가 적었다는 것을 보여주는 연구는 없다.

미국 소아과학회(2011)는 *DSM-5* 진단기준에 따라 ADHD로 진단되는 6~11세 아동의 치료를 위해 행동 관리 훈련과 약물치료를 병행할 것을 권장하는 가이드라인을 제시한다. 12~18세의 청소년은 청소년의 동의하에 약물치료와 행동치료를 병행할 것을 권장한다(APA, 2011). 부모, 학교, 기타 서비스 제공자들이 치료를 위해 협업하는 것은 효과적인 ADHD 치료를 위해 필수적인 부분이다.

약물 처방을 받는 아동의 85%는 메틸페니데이트(리탈린)을 처방받았다. 그다음으로 덱스트로암페타민(덱세드린)이 두 번째로 많이 처방되었고, 페몰린(싸일러트)가 세 번째로 그 뒤를 이었다(Greenhill & Ford, 2002; Marcus et al., 2005). 아토목세틴(스트라테라)은 자극제가 아니라서 남용될 염려가 없는 약물이다. 이 약물은 2003년 ADHD 아동과 성인에 대한 치료제로 FDA의 승인을 받았다(Smith et al., 2006). 자극제 약물은 ADHD 아동에 대한 치료제로 가장 많이 연구되었고 가장 효과적인 것으로 입증되었다. MTA 연구에 따르면 200개가 넘는 연구가 정신자극제(메틸페니데이트, 암페타민, 페몰린)의 효과성을 입증하였다. 위약 효과를 보고한 아동이 13%인데 비해 약물 처방을 받은 아동의 70%가 효과성을 보고하였다(Greenhill & Ford, 2002).

5년 이상의 종단 연구들은 약물 사용을 지속하는 것이 학업 성과 향상과 관련이 있으며 적대적 반항장애, 품행장애, 불안장애, 우울장애와 같은 더 심각한 장애의 발병을 줄이는 데 도움이 되는 것으로 본다(Biederman, Monuteaux, Spencer, Wilens, & Faraone, 2009). 약물을 꾸준히 복용하지 않거나 중단하는 비율은 적게는 13.2%에서 많게는 64%에 이르며, 즉각적으로 반응하는 자극제인 경우가 서서히 반응하는 자극제에 비해 중단률이 높은 것으로 나타났다(Adler & Nierenberg, 2010).

학령전기 아동 학령전기 아동에 대한 최근 행동 개입은 아동 치료와 부모 훈련을 통해 아동의 파괴적 행동이 진행되는 것을 막고 부모와 아동 사이에 긍정적이고 애정 어린 관계를 촉진하는 것에 초점을 두고 있다. 초기 연구들은 이러한 개입을 받은 집단이 무처치 통제 집단에 비해 치료적 효과를 보고한 것으로 나타났다. 개입의 효과는 2년 추수 연구 시점까지 유지되었다. 4개의 프로그램이 28가지 무선 할당된 통제 실험을 통해 부모 행동 훈련(parent behavior training, PBT)의 효과를 연구했다. 그 결과 부모 행동 훈련이 파괴적 행동장애를 가진 학령전기 아동에게 효과적이며, ADHD 증상 완화에도 도움이 되는 것으로 나타났다. 특별히 학령전기 아동의 ADHD 증상을 다루기 위해 고안된 프로그램으로는 새숲 부모교육 프로그램(New Forest Parenting Program)이 있다(Thompson et al., 2009).

기타 메타분석 결과들은 낮은 사회경제적 가정(자원을 갖춘 교육수준이 높은 부모를 가진 가정은 제외한다)의 아동을 위해서는 교사를 위한 학교 혹은 어린이집 개입을 추가하는 것이 중요하다는 것을 보여준다. 이러한 아동들은 ADHD 증상이 더 심하고, 약물에 덜 순응하는 편이며, 부모는 부모 관리 훈련 프로그램에 참석할 능력이 안 될 가능성이 높다(Froehlich et al., 2007; Marcus et al., 2005; Perwien, Hall, Swensen, & Swindle, 2004).

학령전기 아동에 대한 정신자극제 약물의 효과에 대한 단기(4주 혹은 그 이하) 연구가 소수지만 이루어졌다. 연구 결과 ADHD 증상은 전반적으로 완화되었는데, 약물과 관련된 부작용(예 : 고양된 정서 문제)도 보고되었다(Greenhill et al., 2006). 연구에서 10개월간 약물치료를 지속한 가정의 46%가 부모의 선호와 약물의 내성에 대한 염려를 보고했다. 학령전기 아동에 대한 정신자극제의 효과에 대한 좀 더 장기적인 연구는 극소수이다. 학령전기 ADHD 치료 연구(Preschool ADHD Treatment Study, PATS)는 특별히 학령전기의 ADHD를 연구했다. 그 결과 부모 행동 훈련과 약물치료 모두가 효과적이지만, ADHD 위험이 있는 학령전기 아동의 치료 방법으로 부모 행동 훈련만이 선호되는 것으로 나타났다.

성인 비록 아동기에 진단을 받아본 적이 없는 성인이라 하더라도 치료를 받으면 인지적 증상과 행동적 증상을 완화하는 데 효과를 볼 수 있다. 성인 ADHD의 치료는 내담자 각자가 보이는 부주의(집중력 부족, 과민성, 정동불안, 조직화의 어려움)와 충동성(예 : 돈 관리 문제, 잦은 이직, 관계 문제, 부적절한 성관계)의 구체적 증상 또는 약물남용을 살펴 개인에게 맞춤형으로 실시되어야 한다. 중등도에서 고도 범위에 있는 ADHD 성인에 대한 효과적인 개입을 위해서는 약물치료와 인지행동치료를 병행하도록 한다 (Solanto, Marks, Mitchell, Wasserstein, & Kofman, 2008). 아동에게 효과적인 동일 약물을 성인 ADHD에도 처방한다. ADHD 성인의 75%가 동반 장애를 가지고 있기 때문에 효과적인 치료를 위해서는 이러한 동반 장애에 대한 치료도 병행해야 한다(Kooij, 2012).

오늘날까지 성인 ADHD의 치료 개입에 대한 연구는 별로 이루어지지 않았다. 대부분의 연구가 아동과 청소년을 대상으로 한다. 성인에 대한 개입은 주로 인지행동적이며 문제해결을 돕고 산만성을 줄이며 이완 기술을 통해 대처 기술을 향상시키도록 고안되어 있다. 바이오피드백, 이완 훈련, 환경 조작과 같은 다른 종류의 치료도 고려해볼 수 있다. 약물치료와 심리치료도 성인들을 위한 치료의 한 부분이 된다. 어린 시절 ADHD 진단을 받지 않았던 사람들 중 상당수는 치료에 적응하는 데 시간이 걸린다(Young, Bramham, Gray, & Rose, 2008).

성인을 위한 치료는 일반적으로 장애에 대한 심리교육으로 시작한다. 그리고 ADHD 증상과 기타 동반 장애에 대해 약물치료를 하고, 구체적인 문제 행동에 대해서는 인지행동치료에 기초한 기술 훈련을 실시한다. 개인상담을 통해 관계 문제, 낮은 자존감, 실패에 대한 두려움, 완벽주의적 신념 및 충동성 관련 문제를 다룬다. 우울과 불안에 대

한 평가와 치료도 치료 계획의 일부가 되어야 한다(Kooij, 2012). 시간 관리, 과업 완수, 사회적 기술도 추가적인 집단 상담을 통해 포함될 수 있다. 성인 ADHD 권리 옹호 집단과의 연계도 도움이 될 수 있다.

예후

주의력결핍/과잉행동장애는 아동기에 증상이 시작되는 신경발달장애로 분류된다. 행동치료를 병행하는 약물학적 개입은 아동 및 성인의 치료에 효과적임이 경험적으로 상당히 지지되고 있다. ADHD를 발달시킬 위험이 있다고 판단되는 학령전기 아동에 대한 예방적인 차원의 행동 개입의 효과에 대한 초기 연구가 진행되고 있다. 아직은 더 많은 연구가 필요하지만 예비 연구 결과는 고무적이다(Halperin et al., 2012). ADHD는 치료 없이 방치하면 그 증상이 청소년기와 성인기까지 지속되어 장기적으로 부정적 결과(예 : 취업 문제, 과계 문제, 품행장애, 자살)를 초래할 가능성이 크다. 아동기에 ADHD 진단을 받고 치료를 받으면 그중 절반은 성인이 되어 관해 상태가 될 수 있다.

특정학습장애

*DSM-5*에 소개된 특정학습장애(specific learning disorder)는 읽기, 쓰기, 그리고 수학 영역이 포함된다. 모든 학습장애는 최소 6개월 이상 증상이 지속되어야 하며, 아동의 생활연령에서 기대되는 수준보다 낮은 학업적 수행을 보여야 한다. 학습의 어려움은 시력이나 청력의 손상, 불충분한 교육, 해당 언어의 유창성 부족, 또는 기타 정신적 또는 신경학적 장애로 더 잘 설명되지 않아야 한다. 따라서 학습장애는 지적장애, 전반적 발달지연 또는 언어의 유창성 부족으로 인한 것이 아니다.

읽기, 쓰기, 수학적 추론에서의 문제는 초등학교 저학년 시기부터 진단될 수 있다. 하지만 경우에 따라서는 학업적 요구가 가중되는 고학년이 되어서야 진단되기도 한다. 학습장애는 일생 지속되는 기능 손상을 야기하기 때문에 조기에 진단하여 빨리 치료를 시작하는 것이 좋다. 많은 아동은 집중적인 프로그램을 통해 보상 기술을 발달시킴으로써

학업 수행과 성인기 구직에 도움을 받는다. 치료를 받지 않으면 기능 손상으로 평생 낮은 학업 성취와 직업 성취를 보일 수 있고 심리적 문제의 가능성도 증가하게 된다. 반대로 높은 수준의 사회적 지지 또는 정서적 지지가 있으면 더 나은 효과를 얻을 수 있다.

학습장애의 유병률은 학령기 아동의 5~15%에 이른다. 그중 읽기장애가 가장 흔하다. 남아는 여아에 비해 2배 정도 학습장애가 될 가능성이 높다(Leckliter & Enriquez, 2013). 다양한 유전적·환경적(예 : 출산 시 저체중, 태내 니코틴 노출)·문화적 요소가 학습장애의 발병에 영향을 미친다. 학령전기에 언어 지연이나 행동 문제를 보였고 ADHD 진단을 받은 아동이면 그 위험성이 더 높아진다. 일차친척 가운데 학습장애였던 사람이 있으면 아동이 학습장애가 될 확률이 수학의 경우는 10%, 읽기의 경우는 8% 증가한다.

진단을 위해서는 교육적 시험, 학교 성적표, 발달력과 병력, 가족 배경, 심리학적 평가와 같이 다양한 출처의 정보를 종합할 필요가 있다. 특정학습장애는 모든 문화, 인종, 사회경제적 지위 및 모든 언어권에서 나타난다. 물론 어떤 언어들은 다른 언어들보다 더 배우기 어려운 면이 있지만 말이다.

조기 개입을 통해 읽기, 수학, 쓰기 기술의 향상을 가져올 수 있다. 성인의 약 4%가 치료를 받지 않은 이유로 지속적인 기능 손상을 갖게 되는 것으로 나타났다. 평가 시에는 개인이 속한 언어 및 문화적 맥락을 고려해야 한다. 심각도(경도, 중등도, 고도)를 명시하면서 구체적으로 어느 영역(수학, 읽기, 쓰기)의 문제인지를 명시해야 한다.

수학

수학 관련 결함은 학령기 아동의 1% 이상에게서 나타난다. 이러한 결함은 과정상의 문제, 의미기억의 문제, 그리고 시공간 지각 문제가 내포되어 있을 수 있다. 개념에 대한 이해가 잘 안 되다 보면 그로 인해 문제를 푸는 과정에서 실수를 하거나 순서화하는 데 어려움을 겪거나 유아들이 하는 식(예 : 손가락으로 숫자 세기)으로 문제해결을 시도하게 될 수 있다. 기억력 결함이나 재인의 문제는 연산을 하

는 도중 잊어버리거나 다시 시작하거나 과정을 바꾸는 식의 문제를 발생시킬 수 있다. 시공간 관계를 이해하는 데 어려움이 있는 아동은 시공간적으로 제시한 정보를 잘못 이해해서 어려움을 겪는다. 수학에 대한 아동의 자신감 부족과 함께 이러한 문제로 인해 아동은 기대 이하의 수행을 보이게 된다.

읽기

학령기 아동의 약 4%가 읽기장애로 진단될 수 있는데, 이는 학습장애 중 가장 높은 수치이다. 읽기장애가 있는 아동 대부분은 남아이다. 그리고 많은 수의 아동은 모르는 단어를 읽고, 어휘 목록을 암기하고, 읽은 자료를 이해하는 것을 어려워한다. 읽기의 정확성, 속도, 유창성도 영향을 받을 수 있다. 난독증(dyslexia)이라는 단어는 글자들을 제대로 배열하지 못하는 것 이상을 의미하는 것으로, 단어 인지, 해독, 그리고 철자 능력에 영향을 미치는 학습 문제 전반을 의미한다.

쓰기

쓰기의 문제는 맞춤법, 구두법, 문법 문제를 포함한다. 나아가 작문의 명료도 부족과 단락의 구조화의 문제도 포함할 수 있다. 쓰기장애는 일반적으로 쓰기 문제만이 아니라 필기 및 작문의 문제도 동반하여 나타난다.

치료자의 자질 학습장애 내담자를 상담하는 치료자는 치료 팀의 일부로서 기능할 수 있어야 한다. 치료 팀에는 학교, 가정과 더불어 직업상담사, 의사, 또는 언어치료사가 포함된다. 모든 아동은 지각 과정 및 인지 과정과 함께 시각 문제와 청각 문제에 대한 평가를 받아야 하며, 정서 기능에 대한 평가도 받아야 한다.

개입 전략 학습장애가 있는 아동에 대한 개입은 대부분 학교에서 이루어진다. 1997년 재정된 미국 장애인교육법(IDEA)과 2004년 개정된 IDEA는 장애가 있는 모든 아동에 대한 서비스를 기술하고 있는데, 이것이 그 근거가 된다. 이 법률에 따르면 학교는 학습장애가 있는 모든 아동에

대해 개별화 교육 계획(IEP)을 수립해야 한다. 주요 목표는 학습이나 기술에 결함이 있는 학생을 조기에 식별하여 가장 제한이 적은 환경에서 가능한 한 체계적이고 연구에 기초한 개입을 하는 데 있다.

근거 기반 치료에서는 결함이 있는 특정 영역에 대해 직접적인 지침을 주고 때로는 그 영역을 과잉 숙달하게 하는 방식을 사용한다. 청각 및 언어 과정 결함이 있는 아동을 대상으로 기능적 MRI 스캔을 활용하여 실시한 연구에 따르면, 집중적인 행동 개입을 통해 뇌가 작동하는 방식을 변화시킬 수 있었으며 결과적으로 읽기 기술뿐 아니라 뇌의 전반적 기능도 향상된 것으로 나타났다(Simos et al., 2007).

덧붙여 학습장애 아동은 종종 대인관계 기술에 대한 도움을 얻고자 상담을 찾는다. 아동은 학습을 방해하는 지각적 문제 때문에 부적절한 사회적 행동을 보일 수 있다. 언어 결핍을 보이는 아동의 치료로는 비언어적 접근(예 : 놀이치료나 활동치료)이 가장 효과적일 수 있다. 치료자는 문제에 기여하는 가능한 요인들과 함께 동반 정신장애를 유념해야 한다.

인지행동 모델에서는 사회적 기술 훈련 프로그램을 통해 아동이 사회적으로 다른 사람에게 접근하는 방법, 주의를 기울이고 경청하는 방법, 그리고 상황에 맞게 적절히 의사소통하는 방법을 배우도록 한다. 아동은 사회적 맥락을 이해하고, 대화를 주고받는 규칙을 이해하며, 그리고 개인적 공간을 존중하는 것을 배우게 된다. 사회적 기술 훈련은 주로 소집단 환경을 통해 실습을 장려하고 피드백을 제공하며 향상된 사회적 기술을 계속 발전시키는 방식으로 실시된다.

다른 장애와 마찬가지로 동반 장애(예 : 불안, ADHD)에 대한 치료가 치료의 효과성을 위해 반드시 필요한 부분이다. 이를 위해서는 종합 평가가 이루어져야 한다.

예후　학습문제는 교육, 취업, 자존감에 평생 영향을 미칠 수 있다. 하지만 학습장애가 조기에 발견되고 치료된다면 아동이 읽기를 배울 수 있을 뿐 아니라 아동의 뇌가 기능하는 방식까지 변하여 아동의 인생이 달라질 수 있다. 수학, 읽기, 쓰기에 대한 조기 개입을 통해 초등학교 시절의 유급부터 고등학교 시절의 퇴학을 방지하고, 자신의 능력 이하

의 직업을 갖게 되거나 낮은 자존감과 우울의 문제 등에서 이들을 구해줄 수 있다. 예방 차원의 개입에는 학습 및 기술 결함의 교정, 심리치료, 사회적 기술 훈련이 포함된다.

운동장애

*DSM-5*에는 발달성 협응장애, 상동증적 운동장애, 틱장애라는 세 가지 운동장애가 소개된다. 운동장애(Motor disorder)는 아동기에 시작되며, 운동 활동에서의 발달지연 그리고/또는 비정상적 운동 행동이 특징적으로 나타난다. 장애는 다른 의학적 상태(예 : 헌팅턴 무도병)와 관련되어 있거나 약물(예 : 코카인)로 인한 것이 아니어야 하며, 일상생활 활동에 심각한 기능적 손상을 초래해야 한다. 운동장애는 이질적이어서 이에 대한 임상적 증상, 원인, 발달적 경과, 공병 양상, 치료적 제언도 다양하다.

발달성 협응장애

발달성 협응장애(developmental coordination disorder) 증상은 초기 발달 단계에서 나타나지만, 대부분의 아동이 5세 이전에는 이 장애로 진단받지 않는다. 5~11세 사이의 아동은 5~6%의 유병률이 보고되고 있다. 남아는 여아에 비해 진단되는 비율이 높은 편이며, 그 비율은 2 : 1에서 7 : 1에 이른다(APA, 2013).

장애의 평가는 신체 검사, 부모 및 학교의 보고, 표준화된 검사 결과를 포함하여 병력과 발달력에 대한 철저한 조사를 통해 이루어진다. 운동 기술 결함이 있으면 일상적인 운동 기술 발달 이정표(예 : 혼자 옷 입기, 달리기, 가위 사용, 손글씨 쓰기)에 도달하는 것이 지연된다. 이 장애는 보통 5세 이전에 진단되지 않고 학령기 초기에 소근육 운동 기술(가위로 자르기, 연필 사용)에서의 손상이나 대근육 운동 기술(자전거 타기, 깡충깡충 뛰기)의 손상이 나타나면서 진단되는 편이다. 손글씨 쓰기에서 문제로 인해 이 진단을 고려하게 되는 경우가 종종 있다.

지적장애가 있으면 운동의 어려움이 해당 아동의 정신 연령에서 기대되는 것보다 과도할 때 진단이 된다. 협응의 문제가 시각적 손상이나 신경학적 상태(예 : 신경근육 장

애, 뇌성마비)에 의한 것이면 발달성 협응장애가 진단되지 않는다.

아동 중기에도 발달성 협응장애 아동의 과반수 이상이 증상을 계속해서 보인다. 특히 신체적 협응과 운동 순서화(예 : 모형 만들기, 농구하기, 퍼즐 맞추기)가 요구되는 활동에서 어려움을 지속적으로 보인다. 이로 인해 이들은 단체 스포츠에서 소외되고 낮은 자존감을 보이며 행동 문제를 발달시키고 적절한 체력을 갖추기 힘들어하는 등의 문제를 보이게 된다. 협응의 문제는 성인기까지 지속될 수 있으며, 이로 인해 운전을 하거나 도구를 가지고 작업을 하는 등의 새로운 업무를 배우는 데 어려움을 겪게 된다.

ADHD는 가장 흔하게 동반되는 장애로, 발달성 협응장애의 약 50%가 ADHD 진단도 받는다. 기타 동반 장애로는 특정학습장애, 말하기 및 언어 장애, 자폐스펙트럼장애, 그리고 파괴적 및 정서적 행동 문제가 있다.

연구에 따르면 물리 치료와 직업 치료를 받는 아동이 그렇지 않은 아동에 비해 예후가 좋다. 물리치료사는 아동이 특정 문제 영역에 적응하도록 돕는 전략을 제시해주면서 나아가 해당 아동이 학교와 지역사회에서 더 잘 기능하고 다른 아동들과도 어울릴 수 있도록 조력한다. 예를 들어, 학급 교실에서 아동이 컴퓨터를 사용하여 쓰기 관련 과제를 할 수 있도록 하는 식의 조치를 취하기도 한다.

직업치료사와 물리치료사는 부모에게 아동이 경험하는 어려움을 이해하도록 교육하여 아동이 보상 전략을 배우는 데 조력자가 되도록 할 수 있다(Blank, Smits-Engelsman, Polatajko, & Wilson, 2012). 이런 프로그램 중 하나가 프로처럼 인쇄하기(Printing Like a Pro!)이다. 이 프로그램은 인지 전략을 제공하여 소근육 협응 문제가 있는 초등학생이 글씨를 인쇄할 수 있도록 해준다. 모델링, 모방, 자기말, 자기평가를 통해 아동은 각 단어를 만드는 올바른 방식을 배우고 나아가 긍정적이고 격려하는 자기말을 학습하게 된다(Montgomery & Zwicker, 2011, 2013).

인지행동적 개입은 아동이 문제해결 기술을 기르고 자존감, 회피, 사회적 고립의 문제를 대처하는 데 도움이 된다. 조력을 통해 아동은 특정 기술을 연마하고 획득할 수 있다. 그래도 협응에 대한 어려움은 일생 지속된다. 발달성 협응장애가 전반적 삶의 질에 미치는 전체적인 영향은 아직 알려진 바 없지만 이에 대한 연구가 현재 진행 중이긴 하다(Blank et al., 2012; Zwicker et al., 2013).

상동증적 운동장애

상동증적 운동장애(stereotypic movement disorder)의 핵심 증상은 목적이 없는 것 같지만 억제할 수 없는 것 같은, 반복적 운동 행동(예 : 손 흔들기, 머리 흔들기, 몸 흔들기)이다.

아동은 대부분이 발달 기간 동안 흔들기나 뺨 때리기와 같이 단순한 반복적 움직임을 보인다. 그리고 대부분의 아동은 자신의 행동에 주의를 기울이면 행동을 멈추게 된다. 그런데 상동증적 운동장애가 있는 아동은 극단적인 증상을 보인다. 상동증은 자해 행동(예 : 눈 찌르기, 입술이나 기타 신체 부위 깨물기, 머리 박기)으로 발전할 수도 있다. 이런 경우 대부분은 지적장애를 동반한다. 만약 아동이 사회적으로 고립되어 있거나 가중된 스트레스 환경에 처하게 되면 상동증적 행동을 보일 위험성이 높아지게 된다.

80%의 아동은 2세 전에 상동증적 운동장애로 확인된다. 지적장애를 가진 아동은 상동증적 행동과 자해 행동을 평생 지속할 가능성이 높다.

상동증적 운동장애는 주요 진단이 될 수도 있고 다른 신경발달장애나 정신장애에 부가적으로 진단될 수 있다. 상동증적 운동장애의 경우 명시자를 통해 심각도(경도, 중등도, 고도)와 자해 행동 동반 여부를 명시하도록 한다. 치료자는 장애가 기존의 의학적 혹은 유전적 상태, 신경발달장애, 혹은 환경적 요인(예 : 태아기 알코올 노출)과 관계가 있는지도 명시해야 한다.

앞에서 언급했듯이 치료는 조기에 시행될수록 효과적이다. 아동이 학교에 들어가면 지도 교육 계획(Instructional Education Plan)의 혜택을 받아볼 수 있다.

틱장애

틱은 갑작스러운 음성 증상 또는 반복적이고 억제하기 힘든 동작으로 정의된다. 틱은 스트레스 혹은 분노나 흥분 같은 강한 정서에 의해서 나타날 수 있다. 신체 질병, 알레르기, 피곤은 틱 증상을 악화시킬 수 있다. 반면에 수면, 스트레스가 없는 환경, 흥미로운 활동에 몰두하는 것은 틱 증상을 줄어들게 할 수 있다.

*DSM-5*에서는 틱장애(tic disorder)를 그 심각도와 증상에 따라 네 가지, 즉 투렛장애, 지속성(만성) 운동 또는 음성 틱장애, 잠정적 틱장애, 그리고 달리 명시된 혹은 명시되지 않는 틱장애로 분류하고 있다.

투렛장애(Tourette's disorder)는 여러 가지 운동 틱과 최소 한 가지 이상의 음성 틱이 있어야 진단될 수 있다. 틱 증상은 18세 이전에 나타나야 하며 1년 이상 지속되어야 한다. 또한 다른 의학적 상태나 약물의 생리적 효과에 의해 설명되지 않아야 한다.

지속성(만성) 운동 또는 음성 틱장애의 진단기준도 투렛장애와 유사하다. 다만 운동 틱이나 음성 틱 중 한 가지만 나타나야지 두 가지가 동시에 나타나서는 안 된다.

잠정적 틱장애는 운동 틱과 음성 틱이 나타나는데 그 기간이 1년 이하일 때 진단된다.

달리 명시되는 틱장애와 명시되지 않는 틱장애는 틱장애에 대한 모든 진단기준이 충족되지는 않았지만 틱 증상이 있고 이로 인해 현저한 고통이나 기능적 손상이 있을 때 진단된다.

진단 틱은 주로 학령초기에 발병하며 10~12세 사이에 증상이 최고조가 된다. 대부분의 틱 증상은 청소년기가 되면 약화되거나 사라진다. 가족력의 영향은 기존 연구에서 충분히 증명되었으며, 쌍둥이 연구에서도 투렛장애가 유전적 요인에 의해 영향받을 가능성이 시사되었다(Gunther & Sharp, 2013; O'Rourke, Scharf, Yu, & Pauls, 2009). 주산기 위험 요인으로는 부의 연령, 저체중, 연쇄구균 감염, 산모의 알코올 · 담배 · 카페인 사용, 출산 시 저산소증 등이 있다.

틱장애는 다른 장애를 동반하는 경우가 많으며, 특히 ADHD 증상은 틱 발병 전에 나타나는 경우가 많다. 강박장애, 불안 및 우울 장애, 학습장애 역시 흔하게 동반되는 장애이다(Gunther & Sharp, 2013). 투렛장애를 가진 사람의 75% 가량은 다른 정신건강 관련 진단을 받는데, 가장 흔한 것이 ADHD, 강박장애, 자폐스펙트럼장애이다. 수면장애 증상, 자해 행동, 공격성 역시 이들이 흔히 보이는 증상이다.

평가 예일 전반적 틱 심각도 검사(Yale Global Tic Severity Scale; Storch et al., 2005)와 아동용 동작 평가 배터리 2판(Movement Assessment Battery for Children, 2nd ed.)이 틱장애의 진단을 위해 자주 사용되는 도구이다.

치료 개입 투렛장애 및 기타 틱장애의 치료를 위해 약물치료와 함께 인지행동치료를 병행한다. 행동적 개입에는 자가 모니터링(self-monitoring) 및 이완 기법에서 습관 역전 훈련 등이 포함된다. 이러한 개입을 통해 전조감각에 대한 알아차림이 증가하고 틱을 다른 행동으로 대체하게 된다.

극단적인 스트레스나 자해를 동반하는 틱 증상을 완화하려면 약물치료가 필요할 수 있다. 틱의 치료를 위해 클로니딘과 구안파신이 처방되기도 한다. 하지만 어떤 약물이든 약물을 사용할 때는 주의가 필요하다. 예를 들어, 동반 장애인 ADHD를 치료하기 위해 사용하는 자극제는 틱 증상을 오히려 악화시킬 수 있다.

또한 약물이 투렛장애를 치료할 수 없다는 것도 기억할 필요가 있다. 약물은 단지 틱 빈도를 줄여주거나 증상을 억압하는 데 도움을 줄 수 있는 정도이다. 약물치료를 중단하게 되면 증상의 재발 가능성이 높아진다. 경우에 따라서는 ADHD나 OCD와 같은 동반 장애를 치료하기 위해 사용한 약물 덕분에 틱 증상이 완화되기도 한다(Eddy & Rickards, 2011; Leckman, Bloch, Smith, Larabi, & Hampson, 2010).

달리 명시된/명시되지 않는 신경발달장애

특정 신경발달장애의 진단기준을 충족시키지 못하는 장애도 진단될 수 있다. 특정 장애에 해당하지 않는 이유도 적시할 수 있다. 예를 들어, 주산기 알코올 노출과 관련된 신경발달장애라고 진단할 수 있다.

명시되지 않는 장애 분류는 증상이 특정 장애의 진단기준을 충족시키지 않으며 정보의 불충분 등을 이유로 치료자가 그에 대한 설명을 명시하지 않기로 결정한 경우 사용된다.

치료적 제언 : 통합 치료 모델

이 장에서는 신경발달장애를 다루었다. 신경발달장애는 보통 아동이 학령기에 접어들기 전 단계인 초기 발달 단계에 시작된다. 내담자를 위한 통합 치료 모델에 따라 이 장에서 논의한 장애에 대한 일반적인 치료적 제언을 다음과 같이 정리한다.

진단

- 아동이 학령 전, 즉 초기 발달 단계에서 주로 처음 진단되는 장애에는 지적장애, 전반적 발달지연, 의사소통장애[예 : 언어장애, 말소리장애, 아동기 발병 유창성장애, 사회적(실용적) 의사소통장애], 자폐스펙트럼장애, 주의력결핍 과잉행동장애, 특정학습장애(예 : 읽기, 쓰기, 수학), 운동장애(발달성 협응장애, 상동증적 운동장애), 틱장애(즉 투렛장애, 지속성 운동 또는 음성 틱장애, 잠정적 틱장애, 달리 명시된 틱장애, 명시되지 않는 틱장애), 그리고 기타 신경발달장애가 있음

치료 목표

- 역기능적 행동 제거
- 학업 기능 향상
- 사회화 기능과 동료집단 참여 향상
- 장애에 대한 가족의 이해 증진
- 부모 역할과 가족 기능 향상

평가

- 지능 · 주의력 · 학업 능력에 대한 평가
- 행동 및 기타 관련 증상에 대한 평가

치료자의 자질

- 아동의 발달적 양상과 이슈에 대한 충분한 지식
- 지지 제공과 라포 형성 속에서 한계 설정과 저항 다루기 기술을 갖출 것
- 가족 구성원, 교사, 학교 상담사, 의사와 함께 협업

치료 장소

- 보통 외래 환경

- 학교, 상담센터, 지역 병원, 기타 외래 진료 환경에서 치료
- 고도의 지적장애의 경우 주간 치료 센터 활용

개입 전략

- 행동치료 — 기저선 설정, 현실적인 목표 설정, 행동변화에 초점을 둔 전략
- ADHD와 품행장애 치료를 위한 부모 관리 훈련
- 행동 수정 및 행동변화에 대한 추적
- 강화와 논리적 결과의 사용
- 아동과 가족에게 장애에 대한 교육 제공
- 의사소통 및 기타 기술에 대한 훈련
- 청소년과 성인을 위한 현실치료

치료의 주안점

- 구조화하면서도 지지적일 것
- 주로 현재에 초점

치료 참여 구성

- 개인치료 및 가족치료
- 집단치료나 놀이치료도 때로는 도움이 될 수 있음

치료 속도

- 주로 단기와 장기 사이로 빠르게 상담 진행

약물치료

- ADHD, 투렛장애, 기타 장애가 고도의 심각도를 보일 경우 추천

보조 개입

- 부모 교육과 지지 집단(즉 CHADD, NAMI)
- 아동을 위한 보상 활동

예후

- 장애에 따라 다름

통합 치료 모델 : 샤우니

이 장은 6세로 현재 초등학교 1학년인 샤우니에 대한 소개로 시작되었다. 샤우니는 몇 년간 광범위한 행동 및 학업 문제를 보였다. 주의력결핍 아동의 경우 흔히 그렇듯이 그녀의 부모도 아동기에 유사한 증상을 보인 적이 있다. 그래서 샤우니의 부모는 그녀의 증상의 심각성을 이해하기 어려워했고 그녀의 행동을 수정하는 것을 돕는 것도 힘들어했다. 샤우니를 위해 다음의 치료 설계를 제안한다.

진단

- 주의력결핍 과잉행동장애, 과잉행동/충동 우세형, 중등도

치료 목표

- 학교 행동 문제 제거하기
- 주의력과 집중력 향상시키기
- 수면 습관 향상시키기

평가

- 코너스 측정 검사
- 지능과 학습능력 평가

치료자의 자질

- 라포 형성, 저항 극복, 한계 설정을 잘하는 사람
- 가족 개입을 사용하는 데 유능한 사람

치료 장소

- 외래 환경의 개인센터
- 학교 및 의사와 협력

개입 전략

- 부모 관리 훈련을 통해 잠자리 습관을 확립하기 위한 행동수정 기법을 교육
- 잠자리 훈련에 협력하는 것을 강화하기 위해 스티커와 차트 활용
- 충동 행동에 대한 촉발자를 인식하고 대체 행동을 하는 것에 조력
- 긍정적 행동을 강화
- 학교에서 개별화 교육 계획(IEP)을 세우는 것을 고려

치료의 주안점

- 구조화하면서도 지지적, 주로 현재에 초점

치료 참여 구성

- 부모 개입(주로 어머니)을 동반한 개인치료

치료 속도

- 중장기 치료, 주 1회 주기로 빠르게

약물치료

- ADHD 증상 완화를 위해 약물 사용이 적절할지에 대한 결정을 위해 아동 정신의에게 의뢰

보조 개입

- 부모 교육과 지지(즉 CHADD)
- 아동에게 성공적 경험이 될 만한 재미있는 신체적 활동 (예 : 체조, 발레)

예후

- 부모의 협조와 강화가 병행된다면 양호할 것으로 예상. 그렇지 않으면 나쁘지 않은 정도

추천문헌

Journals, including *Adolescence, Child Abuse and Neglect, Child Development, Developmental Psychology, Elementary School Guidance and Counseling, Journal of Abnormal Child Psychology, Journal of the American Academy of Child and Adolescent Psychiatry*, and *Journal of Clinical Child Psychiatry*.

American Academy of Child and Adolescent Psychiatry.
(2007). AACAP official action: Practice parameter for the assessment and treatment of children and adolescents with attention deficit/hyperactivity disorder. *Journal of the American Academy of Child & Adolescent Psychiatry*, 46, 894–921.

American Academy of Pediatrics. (2007). *Surveillance and screening algorithm: Autism spectrum disorders*. Available at www.pediatrics.org

American Academy of Pediatrics (2011). Clinical practice

guideline for the diagnosis, evaluation and treatment of attention-deficit/hyperactivity disorder in children and adolescents. *Pediatrics, 128,* 1007–1022. Retrieved from www.aappolicy.aappublications.org

American Association on Intellectual and Developmental Disabilities www.aaidd.org

American Speech-Language-Hearing Association: www .asha.org

Autism Speaks: www.autismspeaks.org

Baggerly, J. N., Ray, D. C., & Bratton, S. C. (Eds.). (2010). *Child-centered play therapy research: The evidence base for effective practice.* Hoboken, NJ: Wiley.

Barkley, R. A. (2006). *Attention-deficit hyperactivity disorder: A handbook for diagnosis and treatment* (3rd ed.). New York, NY: Guilford Press.

Barkley, R. A., & Murphy, K. R. (2006). *Attention deficit hyperactivity disorder: A clinical workbook* (3rd ed.). New York, NY: Guilford Press.

Coonrod, E. E., & Stone, W. I. (2005). Screening for autism in young children. In: F. Volkmar, A. Klin, R. Paul, and D. J. Cohen (Eds.), *Handbook of autism and pervasive developmental disorders* (3rd ed., 707–730). Hoboken, NJ: Wiley.

Earls, M. & Curry, E. (2011, January 21–22). *The American Academy of Pediatrics autism screening guidelines: Integrating screening guidelines in primary care practice.* American Academy of Pediatrics. Available at www.firstsigns.org

Guitar, B. (2006). *Stuttering: An integrated approach to its nature and treatment* (3rd ed.). Philadelphia, PA: Lippincott Williams & Wilkins.

Hansen, R. L., & Rogers, S. J. (Eds.). (2013). *Autism and other neurodevelopmental disorders.* Washington, DC: American Psychiatric Publishing.

Mash, E. J., & Barkley, R. A. (Eds.). (2010). *Assessment of childhood disorders* (4th ed.). New York, NY: Guilford Press.

NICE Clinical Guidelines, No. 72. (2009). *Attention Deficit Hyperactivity Disorder: Diagnosis and Management of ADHD in Children, Young People and Adults.* National Collaborating Centre for Mental Health. Leicester, UK: British Psychological Society.

Rosenblatt, A. I., & Carbone, P. S. (2013). *Autism spectrum disorders.* Elk Grove Village, IL: American Academy of Pediatrics.

Volkmar, F., Siegel, M., Woodbury-Smith, M., King, B., McCracken, J., Slate, M., and the American Academy of Child and Adolescent Psychiatry (AACAP). (2014). Practice parameter for the assessment and treatment of children and adolescents with autism spectrum disorder. *Journal of the American Academy of Child and Adolescent Psychiatry, 53,* 237–257.

참고문헌

Achenbach, T. (1991). *Manual for the Child Behavior Check-list.* Burlington: University of Vermont Department of Psychiatry.

Adams, L., Gouvousis, A., VanLue, M., & Waldron, C. (2004). Social story intervention: Improving communication skills in a child with autism spectrum disorder. *Focus on Autism and Other Developmental Disabilities, 19,* 87–94.

Adler, L. D. & Nierenberg, A. A. (2010). Review of medication adherence in children and adults with ADHD. *Postgraduate Medicine, 122,* 184–191.

American Academy of Child and Adolescent Psychiatry. (2007). AACAP official action: Practice parameter for the assessment and treatment of children and adolescents with attention deficit/hyperactivity disorder. *Journal of the American Academy of Child & Adolescent Psychiatry, 46,* 894–921.

American Academy of Pediatrics (2011). Clinical practice guideline for the diagnosis, evaluation and treatment of attention-deficit/hyperactivity disorder in children and adolescents. *Pediatrics, 128,* 1007–1022. Retrieved from www.aappolicy.aappublications.org

American Academy of Pediatrics. (2013). Policy statements affirmed or retired: sexuality of children and adolescents with developmental disabilities. *Pediatrics, 132,* 2013–2267.

American Psychiatric Association. (2013). *Diagnostic and statistical manual of mental disorders* (5th ed.). Washington, DC: Author.

Anastopoulos, A. D., & Farley, S. E. (2003). A cognitive-behavioral training program for parents of children with attention-deficit/hyperactivity disorder. In A. E., Kazdin & J. R., Weisz (Eds.), *Evidence-based psychotherapies for children and adolescents* (pp. 187–203). New York, NY: Guilford Press.

Bagenholm, A., & Gillberg, C. (1991). Psychosocial effects on siblings of children with autism and mental retardation: A population-based study. *Journal of Mental Deficiency Research, 35,* 291–307.

Baird, G., Charman, T., Cox, A., Baron-Cohen, S., Swettenham, J., Wheelwright, S., & Drew, A. (2001). Screening and surveillance for autism and pervasive developmental disorders. *Archives of Disease in Childhood, 84,* 468–475.

Barbaresi, W. J., Colligan, R. C., Weaver, A. L., Voigt, R. G., Killian, J. M., & Katusic, S. K. (2013). Mortality, ADHD, and psychosocial adversity in adults with childhood ADHD: A prospective study. *Pediatrics, 131,* 637–644.

Barkley, R. A. (2006). *Attention-deficit hyperactivity disorder: A handbook for diagnosis and treatment.* (3rd ed.): New

York, NY: Guilford Press.

Barkley, R. A. (2012). Foreword. In C. Yemula (Ed.), *The management of ADHD in children, young people, and adults Cutting edge psychiatry in practice*, 4. South Essex Partnership University NHS Foundation Trust. Retrieved from www.cepip.org/sites/default/files/CEPiP.2012.1.pc

Berry-Kravis, E., Knox, A., & Hervey, C. (2011). Targeted treatments for fragile X syndrome. *Journal of Neurodevelopmental Disorders, 3*, 193–210.

Biederman, J., Monuteaux, M. C., Spencer, T., Wilens, T. E., & Faraone, S. V. (2009). Do stimulants protect against psychiatric disorders in youth with ADHD? A 10-year follow-up study. *Pediatrics, 124*, 71–78.

Blank, R., Smits-Engelsman, B., Polatajko, H., Wilson, P. (2012). European Academy for Childhood Disability (EACD): Recommendations on the definition, diagnosis and intervention of developmental coordination disorder (long version). *Developmental Medicine and Child Neurology, 54*, 54–93.

Blomgren, M. (2013). Behavioral treatments for children and adults who stutter: A review. *Psychology Research and Behavior Management, 6*, 9–19. doi:10.2147/PRBM.S31450

Blumberg, S., Bramlett, M., Kogan, M., Schieve, L., Jones, J., & Lu, M. (2013). Changes in prevalence of parent-reported autism spectrum disorder in school-aged U.S. children: 2007 to 2011–2012. *National Health Statistics Report, 65*, 1–7.

Boyle, M. P. (2013). Assessment of stigma associated with stuttering. Development and evaluation of the self-stigma of stuttering scale (4S). *Journal of Speech, Language, and Hearing Resources, 56*, 1517–1529.

Centers for Disease Control and Prevention. (2014). Prevalence of autism spectrum disorders among children aged 8 years. Autism and Developmental Disabilities Monitoring Network, 11 Sites, United States, 2010. *Morbidity and Mortality Weekly Report Surveillance Summaries, 63*, 1–21.

Chakrabarti, S., & Fombonne, E. (2001). Pervasive developmental disorders in preschool children. *Journal of the American Medical Association, 285*, 3093–3099.

Charach, A., Dashti, B., Carson, P., Booker, L., Lim, C. G., Lillie, E., … Schachar, R. (2011). Attention deficit hyperactivity disorder: Effectiveness of treatment in at-risk preschoolers; long-term effectiveness in all ages; and variability in prevalence, diagnosis, and treatment. Comparative Effectiveness Review No. 44. (Prepared by the McMaster University Evidence-based Practice Center under Contract No. MME2202 290–02–0020.) AHRQ Publication No. 12-EHC003-EF. Rockville, MD: Agency for Healthcare Research and Quality. Retrieved from: www.effectivehealthcare.ahrq.gov/reports/final.cfm

Conners, C. K. (1997), *Conners Rating Scale—Revised manual*. North Tonawanda, NY: Mental Health Systems.

Conners, C. K., Erhardt, D., & Sparrow, M. A. (1999). *Conners' Adult ADHD Rating Scales (CAARS)*. New York, NY: Multihealth Systems.

Coonrod, E. E., & Stone, W. I. (2005). Screening for autism in young children. In F. Volkmar A. Klin, R. Paul & D. J. Cohen (Eds.), *Handbook of autism and pervasive developmental disorders*, (3rd ed., 707–730). Hoboken, NJ: Wiley.

Dawson, G., & Faja, S. (2008). Autism spectrum disorders: A developmental perspective. In T. P. Beauchaine & S. P. Hinshaw (Eds.), *Child and adolescent psychopathology*. Hoboken, NJ: Wiley.

Dawson, G., Rogers, S., & Munson, J. (2010). Randomized, controlled trials of an intervention for toddlers with autism: The Early Start Denver Model. *Pediatrics, 125*, 17–23.

Dunn, R., & Honigsfeld, A. (2009). *Differentiating instruction for at risk students: What to do and how to do it*. Lanham, MD: Rowman & Littlefield Education.

Earls, M. & Curry, E. (2011). *The American Academy of Pediatrics autism screening guidelines: Integrating screening guidelines in primary care practice*. Retrieved from wwwfirstsigns.org

Eddy, C. M., & Rickards, H. E. (2011). Treatment strategies for tics in Tourette Syndrome. *Therapeutic Advances in Neurological Disorders, 4*, 25–45.

Froehlich, T. E., Lanphear, B. P., Epstein, J. N., Barbaresi, W. J., Katusic, S. K., & Kahn, R. S. (2007). Prevalence, recognition, and treatment of attention-deficit/hyperactivity disorder in a national sample of US children. *Archives Pediatric Adolescent Medicine, 161*, 857–864.

Gallo, D. P. (2010). *Diagnosing autism spectrum disorders: A lifespan perspective*. West Sussex, UK: Wiley-Blackwell.

Gardener, H., Spiegelman, D., & Buka, S. L. (2009). Prenatal risk factors for autism: Comprehensive meta-analysis. *The British Journal of Psychiatry, 195*, 7014.

Glasser, W. (1990). *The control theory and reality therapy workbook*. Canoga Park, CA: Institute for Reality Therapy.

Greenhill, L. L., & Ford, R. E. (2002). Childhood attention-deficit hyperactivity disorder: Pharmacological treatments. In P. E. Nathan & J. M. Gorman (Eds.), *A guide to treatments that work* (2nd ed., pp. 25–56). New York, NY: Oxford University Press.

Greenhill, L., Kollins, S., Abikoff, H., McCracken, J., Riddle, M., Swanson, J., … Cooper, T. (2006). Efficacy and safety of immediate-release methylphenidate treatment for preschoolers with ADHD. *Journal of the American Academy of Child Adolescent Psychiatry, 45*, 1284–1286.

Guitar, B. (2006). *Stuttering: An integrated approach to its nature and treatment* (3rd ed.). Philadelphia, PA: Lippincott Williams & Wilkins.

Guitar, B., & McCauley, R. J. (2010). *Treatment of stuttering: Established and emerging approaches*. Baltimore, MD: Lippincott Williams & Wilkins.

Gunther, J. R., & Sharp, F. R. (2013). Tourette syndrome, tic disorders, and other comorbidities In: R. L. Hansen and S. J. Rogers (Eds.), *Autism and other neurodevelopmental disorders* (pp. 103–126). Washington DC: American Psychiatric Publishing.

Hallmayer, J., Cleveland, S., Torres, A., Phillips, J., Cohen, B., Torigoe, T., ... Risch, N. (2011). Genetic heritability and shared environmental factors among twin pairs with autism. *Archives of General Psychiatry, 68*, 1095–1102.

Halperin, J. M., Bedard, A-C. V., Curchack-Lichtin, J. T. (2012). Prevention intervention for ADHD: A neurodevelopmental perspective, *Neurotherapeutics, 9*, 531–541.

Hansen, R. L., & Rogers, S. J. (Eds.). (2013). *Autism and other neurodevelopmental disorders*. Washington, DC: American Psychiatric Publishing.

Harbin, G. L., McWilliam, R. A., & Gallagher, J. J. (2000). Services for young children with disabilities and their families. In J. P. Shonkoff & S. J. Meisels (Eds.), *Handbook of early childhood intervention* (2nd ed., pp. 387–415). New York, NY: Cambridge University Press.

Hill, P. (2012). Diagnosis of ADHD. *Cutting edge psychiatry in practice, 2*, 22–27. Retrieved from www.cepip.org/sites/default/files/CEPiP.2012.1.pc

Kabot, S., Masi, W., & Segal, M. (2003). Advances in the diagnosis and treatment of autism spectrum disorders. *Professional Psychology: Research and Practice, 34*, 26–33.

Kazdin, A. E. (2008). Evidence-based treatment and practice: New opportunities to bridge clinical research and practice, enhance the knowledge base, and improve patient care. *American Psychologist, 63*, 146–159.

Kessler, R. C., Adler, L., Ames, M., Demler, O., Faraone, S. V., Hiripi, E., ... Walters, E. E. (2005). The World Health Organization Adult ADHD Self-Report Scale (ASRS): A short screening scale for use in the general population. *Psychological Medicine, 35*, 245–256.

Koegel, L. K. (2000). Interventions to facilitate communication in autism. *Journal of Autism and Developmental Disorders, 30*, 383–391.

Koegel, L. K., Koegel, R. L., Ashbaugh, K. & Bradshaw, J. (2014). The importance of early identification and intervention for children with or at risk for autism spectrum disorder. *International Journal of Speech-Language Pathology, 16*, 50–56.

Kooij, J. J. S. (2012). Adult ADHD. *Cutting edge psychiatry in practice, 2*, 163–169. Retrieved from www.cepip.org/sites/default/files/CEPiP.2012.1.pc

Leckliter, I. N., & Enriquez, J. L. (2013). Disorders of learning: Dyslexia, dysgraphia, dyscalculia, and other symbolic dysfunctions. In R. L. Hansen & S. J. Rogers (Eds.), *Autism and other neurodevelopmental disorders* (pp. 227–256). Washington, DC: American Psychiatric Publishing.

Leckman, J. F., Bloch, M. H., Smith, M. E., Larabi, D., & Hampson, M. (2010). Neurobiological Substrates of Tourette's Disorder. *Journal of Child and Adolescent Psychopharmacology, 20*, 237–247. doi:10.1089/cap.2009.0118

Maestro, S., Muratori, F., Cavallaro, M. C., Pei, F., Stern, D., Golse, B., & Palacio-Espasa, F. (2002). Attentional skills during the first 6 months of age in autism spectrum disorder. *Journal of the American Academy of Child and Adolescent Psychiatry, 41*, 1239–1245.

Marcus, S. C., Wan, G. J., Kemner, J. E., & Olfson, M. (2005). Continuity of methylphenidate treatment for attention-deficit/hyperactivity disorder. *Archives of Pediatric Adolescent Medicine, 159*, 572–578.

Miller, T. W., Nigg, J. T., Miller, R. L. (2009). Attention deficit hyperactivity disorder in African American children: What can be concluded from the past ten years? *Clinical Psychology Review, 29*, 77–86.

Montgomery, I., & Zwicker, J. G. (2011). *Printing like a pro! A cognitive approach to teaching printing to primary school age children*. Vancouver, BC: Sunny Hill Health Center for Children. Retrieved from http://www.childdevelopment.ca/School-Age_Therapy_Practice_Resources.aspx

Montgomery, I., & Zwicker, J. G. (2013). Power of partnership: Development of Printing Like a Pro! Using the Knowledge to Action framework. *Occupational Therapy Now, 15*, 8–10.

MTA Cooperative Group. (1999). A 14-month randomized clinical trial of treatment strategies for attention-deficit/hyperactivity disorder. *Archives of General Psychiatry, 56*, 1073–1086.

MTA Cooperative Group (2004). National Institute of Mental Health Multimodal Treatment Study of ADHD follow-up: 24-month outcomes of treatment strategies for attention-deficit/hyperactivity disorder. *Pediatrics, 113*, 754–761.

National Institute of Mental Health. (2004). *Autism spectrum disorders (pervasive developmental disorders)* [Online]. Available: www.nimh.nih.gov/publicat/autism.cfm

NICE Clinical Guidelines, No. 72. (2009). *Attention Deficit Hyperactivity Disorder: Diagnosis and Management of ADHD in Children, Young People and Adults*. National Collaborating Centre for Mental Health. Leicester,

UK: British Psychological Society.

O'Rourke, J. A., Scharf, J. M., Yu, D., & Pauls, D. L. (2009). The genetics of Tourette syndrome: A review. *Journal of Psychosomatic Resources, 67*, 533–545.

Ozohoff, S., & Cathcart, K. (1998) Effectiveness of a home program intervention for young children with autism. *Journal of Autism Developmental Disorders, 28*, 25–32.

Perwien, A., Hall, J., Swensen, A., & Swindle, R. (2004). Stimulant treatment patterns and compliance in children and adults with newly treated attention-deficit/hyperactivity disorder. *Journal of Managed Care Pharmacology, 10*, 122–129.

Reichow, B. (2012). Overview of meta-analyses on early intensive behavioral intervention for young children with autism spectrum disorders. *Journal of Autism and Developmental Disorders, 42*, 512–520.

Reichow, B., Peohring, D., Cocchetti, D. M., & Volkmar, F. R. (Eds.). (2011). *Evidence-based practices and treatments for children with autism.* New York, NY: Springer.

Reichow, B., & Wolery, M. (2009). Comprehensive synthesis of early intensive behavioral interventions for young children with autism based on the UCLA Young Autism Project Model, *Journal of Autism Developmental Disorders, 39*, 23–41.

Reynolds, C. R., & Kamphaus, R. W. (2002). *Behavior assessment system for children.* Circle Pines, MN: American Guidance Service.

Robins, D. L., Casagrande, K., Barton, M., Chen, C. A., Dumont-Mathieu, T., & Fein, D. (2013). Validation of the Modified Checklist for Autism in Toddlers, Revised with Follow-Up (M-CHAT-R/F), *Pediatrics, 133*, 37–45.

Roid, G. H. (2003). *Stanford-Binet Intelligence Scales* (5th ed.). Rolling Meadows, IL: Riverside.

Rosenblatt, A. I., & Carbone, P. S. (2013). *Autism spectrum disorders.* Elk Grove Village, IL: American Academy of Pediatrics.

Schopler, E., Reichler, R. J., De Vellis, R. F., & Daly, K. (1991). *Childhood autism rating scale.* Los Angeles, CA: Western Psychological Services.

Sibley, M. H., Pelham, W. E., Molina, B. S., Gnagy, E. M., Waschbusch, D. A, Garefino, A. C, ... Karch, K. M. (2012). Diagnosing ADHD in adolescence. *Journal of Consulting and Clinical Psychology, 80*, 139–150.

Simos, P. G., Fletcher, J. M., Sarkari, S., Billingsley, R. L., Denton, C., & Papanicolaou, A. C. (2007). Altering the brain circuits for reading through intervention: A magnetic source imaging study. *Neuropsychology, 21*, 485–496.

Smith, B. H., Barkley, R. A., & Shapiro, C. J. (2006). Attention-deficit/hyperactivity disorder. In E. J. Mash & R. A. Barkley (Eds.), *Treatment of childhood disorders* (3rd ed., pp. 65–136). New York, NY: Guilford Press.

Smith, T. (2010). Early and intensive behavioral intervention in autism. In J. R. Weisz & A. E. Kazdin (Eds.), *Evidence-based psychotherapies for children and adolescents* (2nd ed., pp. 312–326). New York, NY: Guilford Press.

Solanto, M. V., Marks, D. J., Mitchell, K. J., Wasserstein, J., & Kofman, M. D. (2008). Development of a new psychosocial treatment for ADHD. *Journal of Attention Disorders, 11*, 728–736.

Stone, W. L., Coonrod, E. E., Turner, L. M., & Pozdol, S. L. (2004). Psychometric properties of the STAT for early autism screening. *Behavioral Science, 34*, 691–701.

Storch, E. A., Murphy, T. K., Geffken, G. R., Sajid, M., Allen, P., Roberti, J. W., & Goodman, W. K. (2005). Reliability and validity of the Yale Global Tic Severity Scale. *Psychological Assessment, 17*, 486–491.

Taylor, J. L., McPheeters, M. L., Sathe,, N. A., Dove, D., Veenstra-VanderWeele, J., & Warren, Z. (2012). A systematic review of vocational interventions for young adults with autism spectrum disorders, *Pediatrics, 130*, 531–538.

Thompson, M. J., Laver-Bradbury, C., Ayres, M., Le Poidevin, E., Mead, S. Dodds, C., ... Sonuga-Barke, E. J. (2009). A small-scale randomized controlled trial of the revised New Forest Parenting Programme for preschoolers with attention deficit hyperactivity disorder. *European Child and Adolescent Psychiatry, 18*, 605–616.

Tsatsanis, K. D., Foley, C., & Donehower, C. (2004). Contemporary outcome research and programming guidelines for Asperger's syndrome and high-functioning autism. *Topics in Language Disorders, 24*, 249–259.

Visser, S. N., Bitsko, R. H., Danielson, M. L., Ghandour, R. M., Blumberg, S. J., Schieve, L. A., ... Cuffe, S. P. (2015). Treatment of attention deficit/hyperactivity disorder among children with special health care needs. *Journal of Pediatrics, 166*, 1423–1430.

Volkmar, F., Siegel, M., Woodbury-Smith, M., King, B., McCracken, J., Slate, M., and the American Academy of Child and Adolescent Psychiatry (AACAP). (2014). Practice parameter for the assessment and treatment of children and adolescents with autism spectrum disorder. *Journal of the American Academy of Child and Adolescent Psychiatry, 53*, 237–257.

Wechsler, D. (2003). *Wechsler Intelligence Scale for Children* (4th ed.). San Antonio, TX: Pearson.

Wetherby, A. M., Brosnan-Maddox, S., Peace, V., et al. (2008). Validation of the infant-toddler checklist as a broadband screener for autism spectrum disorders from 9 to 24 months of age. *Autism, 12*, 487–511.

Wiggins, L. D., Rice, C. E., Baio, J. (2009). Developmental regression in children with an autism spectrum disorder identified by a population-based surveillance system. *Autism, 13*, 357–374.

World Health Organization (2005). *ICD-10 classification of mental and behavioral disorders.* Geneva, Switzerland: World Health Organization.

Young, S., Bramham, J., Gray, K., & Rose, E. (2008). The experience of receiving a diagnosis and treatment of ADHD in adulthood. A qualitative study of clinically referred patients using interpretative phenomenological analysis. *Journal of Attention Disorders, 11*, 493–503.

Zisser, A., & Eyberg, S. M. (2010). Treating oppositional behavior in adolescents using parent-child interactive therapy. In J. Weisz & A. Kazdin (Eds.), *Evidence-based psychotherapies for children and adolescents* (2nd ed., pp. 179–193). New York, NY: Guilford Press.

Zwicker, J. G., Harris, S. R., & Klassen, A. (2013). Quality of life domains affected in children with developmental coordination disorder: A systematic review. *Child: Care, Health, and Development, 39*, 562–80. doi:10.1111/j.1365-2214.2012.01379.x.

조현병 스펙트럼 및 기타 정신병적 장애

03

📖 **사례 연구 3.1**

칼리스타는 어린아이 둘을 키우는 27세 어머니인데, 그녀가 특이한 생각을 하는 것을 크게 염려한 부모가 치료를 권하여 치료에 왔다. 며칠 전 그녀는 3개월 된 딸을 뒷자리에 태운 채 교통사고를 냈다. 경찰이 왔을 때 그녀는 자신의 아버지가 정부 관계 기관의 기관장이기 때문에 자신을 체포할 수 없다고 말했다. 그녀는 경찰에게 아버지의 전화번호를 알려주며 직접 전화해보라고 하였다.

칼리스타는 자신이 다른 아이들과 '잘 맞는다'고 느낀 적이 없는, 늘 어색하고 이상한 아이였다. 기분을 좋게 하려고 그녀는 이웃 아이들에게 자신이 미래를 예측할 수 있다고 말하기 시작했다. 아이들이 진실을 알게 되었을 때 그녀는 놀림감이 되었고 괴롭힘을 당했다. 그녀는 친구가 거의 없었고 중3 때 자살을 시도했다.

자살시도 후에 칼리스타는 자신의 삶이 여분으로 남은 것이며 따라서 그녀가 다른 사람들을 구원할 수 있다고 믿기 시작했다. 그녀는 자신이 다른 별에서 왔으며 뛰어난 지도자들 중 하나로 지구에 보내졌다고 믿었다. 그녀의 이야기는 점점 더 기괴해졌지만 칼리스타는 늘 조용한 태도와 상냥한 미소를 보였다. 그녀를 처음 만나는 사람들은 그녀를 좋아했고 그녀가 자신의 고향별 이야기를 시작하기 전까지는 어떠한 이상한 점도 발견하지 못했다.

자동차 사고가 있기 몇 달 전부터 칼리스타는 자신이 암환자나 불치병 환자들을 치유할 능력이 있다고 주장하는 온라인 사업을 시작했다. 치료법을 찾고 있던 불치병 환자 몇몇이 절박한 심정으로 그녀에게 왔다. 한 사람이 췌장암으로 사망하자, 칼리스타는 사람들에게 그가 그녀의 능력을 충분히 강하게 믿지 않고 죽기를 선택했으니 그의 잘못이라고 말했다.

칼리스타는 고등학교를 졸업했지만 몇 달 동안 직장을 구하지 못했다. 그녀는 항상 무엇인가를 시작하는 것에 들떠 있었지만 제때 시작하는 것에는 어려움이 있었고 쉽게 지루함을 느꼈다. 따라서 몇 주 만에 그만두거나 해고되었다. 그녀와 그녀의 아이들은 부모님에게 얹혀서 살았지만 그녀는 다른 사람들에게 자신이 다국적 기업의 책임자라고 말했다. 사람들은 그저 단순히 그녀가 거짓말을 한다고 말하지만, 칼리스타는 진심으로 자신의 망상을 사실이라고 믿고 있었다.

아이가 태어날 때마다 그녀는 우울해졌고 '무감각'해지기 위해서 진통제를 처방받아 복용했다. 그녀는 하루 종일 잠을 자기 시작했고 약과 술을 탈출구로 이용했다. 자동차 사고가 난 것은 이때였고, 칼리스타와 아이들의 안전을 걱정하던 그녀의 부모는 상담을 받으라고 강요했다. 칼리스타는 망상장애, 과대형, 괴이한 내용 동반으로 진단되었다.

망상, 환각, 사고장애는 조현병 스펙트럼 및 기타 정신병적 장애의 핵심 특징이다. *DSM-5*는 정신병적 장애에 대해 스펙트럼적인 관점을 취하고, 정신병리가 심화된 정도를 근거로 분류를 구성한다. 치료자들은 시간적 조건이 제한되어 있는 정신병 경로(단기 정신병적 장애, 조현양상장애)로 옮겨가거나 긴장증, 와해된 운동 행동, 음성 증상(감퇴된 정서 표현, 무언증, 무의욕증)과 관련된 완전한 조현병 또는 조현정동장애를 진단하려고 하기 전에, 경미한 장애(예 : 조현형 성격장애, 망상장애)를 우선 고려하는 것이 좋다.

비록 진단에 있어서 필수적이지는 않지만, 조현병 스펙트럼 장애들은 모두 *DSM-5*(APA, 2013, p. 743)에 포함된 정신병 증상 심각도 평정 척도(Clinician-Rated Dimensions of Psychosis Symptom Severity)로 증상의 심각도를 신속히 평가할 수 있다. 이는 두 장으로 이루어진 평가지로, 환각, 망상, 와해된 언어, 비정상적 정신 · 운동 행동, 음성 증상, 손상된 인지, 우울, 조증을 평정하기에 편리하다.

이제 우리는 이 장에 포함된 다음의 장애에 대해 설명할 것이다.

- 조현형 성격장애
- 망상장애
- 단기 정신병적 장애
- 조현양상장애
- 조현병
- 조현정동장애
- 물질/약물치료로 유발된 정신병적 장애
- 다른 의학적 상태로 인한 정신병적 장애
- 긴장증 명시자
- 달리 명시된 그리고 명시되지 않는 조현병 장애

조현형 성격장애

이 장에서는 조현병 스펙트럼 및 기타 정신병적 장애의 하나로 조현형 성격장애(schizotypal personality disorder)를 목록에 제시한다. 전체 진단기준은 성격장애를 다룬 장에서 자세히 다룬다.

망상장애

일반적으로 인간의 20~30%가 편집적 사고를 갖고 있는 것으로 추정된다. 이들 중 10%가 반대의 현실에도 불구하고 망상을 놓지 않을 것이다(Freeman & Garety, 2009). 이러한 신념의 대부분이 일상이나 직업적 기능을 방해하지 않고 이러한 신념을 가진 사람들의 대부분은 비교적 정상적인 삶을 사는 것으로 보인다. 이들이 장애를 가졌다는 사실은 종종 발견되지 않기도 하는데, 이는 이 사고장애가 기이한 행동이나 지각보다는 잘못된 인지를 근거로 하기 때문이다. 대인관계나 고용에 문제를 초래하거나 공격적이거나 소송을 일삼는 사람이 된다면 문제가 될 수 있지만, 일반적으로 이상한 신념들은 일상적인 기능에 영향을 주지 않는다.

진단

망상장애(delusional disorder)는 조현병 스펙트럼 및 기타 정신병적 장애 중에서 기능이 가장 덜 손상된 장애이며, 하나 또는 그 이상의 망상이 적어도 1개월 동안 지속된다. *DSM-5*에서는 망상이 기이하지 않아야 한다는 조건은 삭제되었고, 필요하다면 '괴이한 내용 동반'이 추가적으로 명시된다. 망상적 사고 이외의 행동은 전체적으로 이상하거나 심하게 손상되어 보이지 않을 것이다. 그러나 비록 스스로는 모르더라도 일반적으로 상당히 기능적으로 손상되어 있다. 환각은 있다 하더라도 경미하고 망상과 관련되어 있다. 만일 내담자가 조현병의 진단기준 A를 충족한 적이 있다면 망상장애 진단은 내려지지 않는다. 정서 삽화가 나타난다면, 이는 망상 기간과 관련되어 간단하게 발생한다.

망상은 행동에 영향을 미칠 수 있다. 사회적 기능이 빈약할 때, 망상은 그 자체로 중요한 역할을 했을 수 있다. 동료들에게 무시당했다고 느끼고 직장을 잃을 것이라는 공포감을 가진 한 여성을 예로 들어보자. 그녀는 동료들이 자신을 지켜보고 있다고 느끼기 시작했고, 이것은 동료들이 자신의 침실에 카메라를 설치하고 그녀가 옷을 벗고 잠자리에 들어 잠을 자는 동안 지켜보고 있다는 망상적 신념으로 발전했다. 스트레스가 증가할수록 그녀는 옷을 갈아입거나 밤에 잠을 자는 것을 멈추었다. 결국 그녀의 업무는 엉망이 되었고 헝클어진 용모 때문에 직원 회의에 참석하는 것을 금지당했다. 그녀는 결국 직위에서 해지되었다.

망상을 경험하는 사람들은 결정을 내리기 위해서 정서적으로 동기화된 신념을 사용하는 경향이 있다. 무력감을 느끼는 것은 스트레스가 되는데, 자신이 다른 사람들에게 없는 마술적인 힘을 가지고 있다고 믿거나 자신이 중요한 사람과 관련되어 있다고 믿는 것은 자존감을 증가시킨다.

진단을 내릴 때는 다음의 하위 유형에 따라 망상의 종류가 명시되어야 한다.

피해형 피해망상은 가장 일반적인데, 자신이 무시당한다고 느끼고, 이 느낌이 망상 체계의 발달로 악화될 때 종종 시작된다. 보통 피해망상은 다른 사람이 자신을 감시하거나 미행하거나 독살하려 하거나 음해하려 하거나 속이려 하거나 비방한다는 공포감 또는 자신이 자신을 곤경에 빠트리려는 사람들의 희생자라는 생각이다. 이러한 유형의 망상은 종종 폭력적인 보복이나 소송으로까지 악화되기도 한다.

색정형 성적망상은 누군가 다른 사람, 일반적으로 더 높은 지위에 있는 사람에게 사랑받는다는 신념인데, 그 사람이 완벽하게 낯선 사람이라 하더라도 그러한 신념이 가능하다. 망상의 대상을 스토킹하거나 그에게 접근하는 것이 일반적이고, 피해자가 유명인일 때는 빈번하게 저녁 뉴스에 보도되기도 한다.

과대형 과대망상의 주요 주제는 자신이 특별히 재능이 있고 특수한 능력이나 통찰력을 갖고 있다거나 또는 유명하거나 권력 있는 사람과 관련된다는 잘못된 신념이다. 과대성은 우울과 함께 가지 않기 때문에, 과대망상을 가진 사람들은 대부분 우울해지지 않는다. 그러나 만일 누군가가 현실을 직면시키고 그들의 현실 왜곡 방어막을 치워버린다면 우울해지기도 한다. 이러한 경우에 방어가 발가벗겨지고 극도로 취약해진다. 그들의 자존감은 급락하고 심지어 자살충동을 경험하게 되기도 한다.

질투형 자신의 파트너가 자신을 속이고 있다고 생각하는 망상은 여성보다 남성에게서 더 일반적으로 발견된다. 사실보다는 해석을 통해(퇴근 후 집에 돌아왔을 때 싱크대 위에서 빈 와인잔 2개가 발견되면 그 사람은 자신의 파트너가 바람을 핀다고 믿는다) 이러한 망상에 이른다.

신체형 신체형망상의 주요 주제는 몸에서 냄새가 난다거나 몸이 속에서부터 썩고 있다는 신념과 같이 신체 기능과 관련된다.

혼합형 두드러진 하나의 주제가 있지 않고 상이한 하위 유형들이 혼재된 형태이다.

명시되지 않는 유형 제시된 하위 유형들과는 다르거나 망상적 신념이 규명되지 않을 때이다.

망상장애는 성인 중기에서 후기에 발병하며 평생 유병률은 약 0.2%로 추정된다. 망상장애는 대부분의 문화에서 발생하는데, 망상의 내용은 문화적 배경에 따라 다양하다. 장애는 남성과 여성에게서 유사하게 발생한다. 그러나 남성에게서 발생할 때 미혼인 경우가 많고 증상이 더 심각하며 약물사용장애나 조현성 또는 조현형 성격장애를 동반하는 형태로 나타난다(dePortugal, Gonzalez, Miriam, et al., 2010).

만약 망상이 믿기 어렵고 실생활 경험 중 일부가 아닌 것이 분명하다면(예 : 자신이 자는 동안 자신의 몸이 지구를 떠나서 다른 행성으로 간다고 믿는 남자) '괴이한 내용 동반'이라는 명시자가 진단에 추가될 것이다.

처음에 치료자들은 첫 삽화인지, 다중 삽화인지, 지속적인 상태인지 또는 명시되지 않는 경우인지 구분해야 한다. 이것이 첫 삽화인지 다중 삽화인지 판단한 다음, 현재 상태가 현재 급성 삽화 상태인지, 현재 부분 관해 상태인지, 또는 현재 완전 관해 상태인지가 명시되어야 한다. 차도가 있었던 기간이 거의 없이 증상을 보이고 있다면, '지속적인 상태'로 명시된다.

망상장애를 진단할 때는 치료자들이 다른 정신장애(예 : OCD, 신체이형장애), 의학적 상태(예 : 치매) 그리고 약물이나 물질(예 : 코카인)의 영향을 배제하도록 제시된 제외 기준이 감별진단에 도움이 된다.

공유된 망상장애는 *DSM-5*에서 삭제되었다. 망상장애 환자의 파트너에게서 망상 증상이 나타나는 경우는 '달리 명시된 조현병 스펙트럼 및 기타 정신병적 장애'로 진단된다.

내담자 특징

망상장애로 발달하는 사람들은 대체적으로 예민하고 평균

이하의 지능과 통찰력이 있으며 종종 고립되어 있는 경향이 있다. 심한 스트레스(예 : 이혼, 실직) 또는 극심한 불안정과 의심의 시간 후에 망상이 발달할 수 있다. 망상적 신념 체계가 발달하는 것은 종종 사람들이 자신에게 일어난 일을 자존감을 보호하는 방식으로 이해하도록 하는 방어기제 때문이다. 부인, 반동형성, 투사와 같은 방어가 일반적이다.

망상은 삶에서 겪는 실망에 대해 심리적 보상을 제공하기도 한다. 마술적 사고와 관계사고(무작위로 경험하게 되는 사건들이 어떤 이유나 특별한 의미를 갖고 있다고 믿는 것) 또한 전형적이다. 이 장애를 가진 많은 사람들에게 세상은 적대적이고 불친절한 곳이다. 그들은 착취당하고 고립되었다고 느끼고 불신감을 경험할 것이다. 망상장애를 가진 어떤 사람들은 감정적이고 방어적이고 싸움(특히 권위적인 대상)을 좋아할 수 있고, 또 다른 사람들은 자신을 과대하게 보고 자신이 성공한 사람이며 특별한 지식이 있다고 볼 수 있다. 어떤 이들은 뜻을 같이하는 사람들을 찾아낼 것이다. 예컨대, 과대망상 유형의 여성은 자신이 외계인에 의해 특별히 선택되어 지구에 보내졌다고 믿고 유사한 신념을 가진 다른 사람들과 함께할 것이다.

망상장애를 가진 대부분의 사람들은 자신의 망상적 신념 체계를 만들어내고 유지시키는 특정한 잘못된 인지를 다음과 같이 갖는다.

- 귀인 편향 — 자신이 아닌 다른 사람 탓하기
- 증거가 나타나기 전에 결론으로 건너뛰기
- 확인 편향 — 자신의 신념을 확인시켜주는 증거 찾기

치료자의 자질

망상 환자들과 작업할 때 치료자들은 초기에 망상이나 그것의 결과보다는 불면증이나 직업적 문제와 같은 괴로운 이차 증상에 초점을 둠으로써 치료에 대한 환자의 동기를 증가시킬 수 있다. 치료자들은 환자 문제의 특성을 이해하기 위해 망상을 충분히 의논해야 하지만, 환자의 망상 체계에 참여해서는 안 되며 환자에게 직접적으로 맞서서도 안 된다. 환자의 신념에 도전하기보다 환자에 대해 긍정과 지지를 제공함으로써 치료자는 대안적인 설명을 부드럽게 제

안할 수 있고 환자에게 궁금증을 유발할 수 있다. 이러한 방법으로 인지 오류의 수정이 간접적으로 이루어진다.

망상장애 환자와 작업할 때는 치료적 관계가 특히 중요하다. 긍정적 관계가 맺어질 때 많은 성과가 있으며, 긍정적 관계가 없다면 치료가 지속되는 것은 불가능하다.

개입 전략

장애의 특성 때문에 망상장애 환자들은 치료를 찾는 경우가 드물고 약물치료를 받거나 입원하는 것에 대해 두려움을 가질 수 있다. 결과적으로 망상장애에 대한 효과적인 치료법을 연구하는 것이 거의 불가능하다. 그러나 가능한 몇몇의 연구들과 인지행동치료(CBT), 약물치료, 가족치료에 대한 전반적인 문헌들을 통해 몇 가지 추론이 가능하다.

인지행동치료, 사회기술 훈련, 그리고 심리교육은 망상장애 환자들의 사회적 고립과 스트레스를 경감시키고 사회적 행동을 정상화시키고 핵심 신념을 수정하는 데 중요하다. 직관적으로 생각할 때 CBT가 이들에게 망상적 신념에 의문을 갖기 시작하고 낡은 인지도식을 규명하고 부정적 사고를 긍정적 대안들로 대체하는 방법을 배우도록 호기심을 유발하는 데 도움이 되는 것 같다. 지속적인 피해망상 환자를 대상으로 한 무선통제실험에서, 목표로 선정된 염려에 대해 인지행동적 개입을 사용했고 고통스러운 편집증이 유의미하게 호전되는 결과가 나타났다(Foster, Startup, & Potts, 2010).

인지행동치료는 망상적 신념에 대한 확신의 강도를 낮추고 긍정적 활동을 증가시키고 염려나 결론으로 건너뛰는 등의 증상을 감소시키는 데 효과적인 것으로 밝혀졌다(O'Connor et al., 2007; Waller, Freeman, Jolley, Dunn, & Garety, 2011).

모즐리 리뷰 훈련 프로그램(Maudsley Review Training Program)의 예비 연구에서 연구자들은 결론으로 건너뛰기와 같이 특별히 목표로 선정된 추론 과정에 CBT를 적용시켰고, CBT의 유용성에 대한 통찰을 뒷받침했다. 컴퓨터화된 프로그램은 지속적이고 확신에 찬 망상을 가진 환자들에게 신념의 유연성과 망상적 확신을 유의미하게 호전시키는 결과를 가져왔다(Waller et al., 2011).

더 앞서 이루어진 망상장애 환자에 대한 CBT의 효과성 연구 조사에서는 혼재되고 애매한 결과가 보고되었다(Garety, Bentall, & Freeman, 2008). 망상장애 개입에 대한 더 최근 개괄은 망상장애 환자의 다수가 표준화된 항정신병 약물을 적은 양 사용했을 때 좋은 반응이 나타날 가능성이 있지만, 이 환자들에게 약물을 처방하는 것에 대한 이슈가 문제로 남는다. CBT 역시 도움이 되는 것으로 밝혀졌지만, 역시 오랜 기간의 치료 참여는 시간을 요하는 것이며 이들이 치료 상태를 유지하는 것이 어렵다는 문제점이 있다(Fear, 2013).

망상이 있는 환자에게 CBT를 사용하기로 한 치료자들은 환자의 망상 신념 체계가 유지되도록 뒷받침하는 특정한 추론 과정을 목표로 하는 개입을 사용해야 한다. 어떠한 현실 검증이라도 부드럽고 지지적인 방법으로 신뢰할 수 있는 치료적 관계가 형성된 후에 이루어져야 한다. 환자의 강점, 긍정적 행동, 탄력성을 강조하는 것뿐만 아니라 정서 표현을 격려하는 것이 도움이 될 수 있다. 망상과 망상의 전조 또는 선행사건에 대한 직면이나 힘겨루기는 피해야 한다(Kantor, 2004).

정신과 환자의 약 1~4%가 망상장애를 갖고 있다(Preston, O'Neal, and Talaga, 2010). 그러나 이 장애를 가진 대부분의 사람들이 외래를 중심으로 치료되고 있다. 1994~2004년의 망상장애 224사례를 개괄한 연구에서 50%가 항정신병 치료약물에 긍정적인 반응을 보인 것으로 밝혀졌다(Manschreck & Khan, 2006). 약물 중에서 피모짓(오랩)과 리스페리돈(리스페달), 올란자핀(자이프렉사), 지프라시돈(지오돈)과 같은 비정형 항정신병약들이 효과가 있는 것으로 보인다. 약물치료는 진단이 조기에 이루어지고 촉진 요인이 명확하고 신체적 망상이 있을 때 효과적일 가능성이 크다. 모든 정신장애와 마찬가지로 정신병에 대한 치료가 늦어지면 치료 예후는 좋지 않을 것이다(Preston et al., 2010).

망상장애가 호전될수록 이전에는 가려졌던 불안과 우울 증상이 나타날 수 있다. 이는 진전의 징후로 보아야 하며 동반되는 정서장애나 불안 역시 치료해야 한다.

가족치료 역시 증상을 완화하고 망상장애의 원인이 되는 가족 스트레스를 경감시키는 데 도움이 될 것이다. 그러나 치료자들은 환자의 허락이 있을 때만 가족 구성원들과 이야기해야 하며 환자가 없을 때 이루어진 어떠한 대화(예 : 전화하기, 시간 약속 잡기)도 환자에게 알려야 한다.

예후

어떤 망상장애 환자들은 빨리 회복된다. 색정형, 피해형, 신체형은 질투형, 과대형보다 더 예후가 좋다(Kantor, 2004). 여성이 남성보다 더 회복이 잘되고, 병전 기능이 좋으며 촉발 요인이 있고 급성으로 발병하며 지속 기간이 짧은 사람은 예후가 좋다. 어떤 사람들은 장애가 장기적인데, 이 경우는 증상이 몇 년간 좋아졌다가 나빠졌다가를 반복했을 가능성이 있다. 또 어떤 사람들은 조현병으로 진행될 것이다.

단기 정신병적 장애

급성으로 발병했다가 한 달 만에 정상화되는 망상, 환각, 또는 와해된 언어는 단기 정신병적 장애(brief psychotic disorder)의 지표이다. 장애가 한 달 이상 지속된다면 1~6개월간 증상이 지속되는 망상장애나 조현양상장애와 같은 다른 장애가 고려되어야 한다. 단기 정신병적 장애와 조현양상장애는 증상의 수나 지속 기간에 있어서 차이가 있지만 조현병과 동일한 진단기준을 갖는다. 조현양상장애는 진단을 위한 조건에 기능적 손상이 포함되지 않는다.

진단

단기 정신병적 장애는 급성으로 발병하여 일반적으로 2주 이상 환각, 망상, 와해된 언어, 긴장증과 같은 비정상적 정신운동 행동 등 정신병의 양성 증상 중 하나를 보여야 한다. 증상은 일반적으로 전조 기간 없이 폭발적으로 나타나며 환자는 발병 한 달 이내에 기능이 병전 수준으로 돌아온다.

명시자는 다음과 같다.

- 현저한 스트레스 요인을 동반하는 경우(정신병적 증상이 하나 또는 그 이상의 생활 스트레스 사건의 결과일 때)
- 현저한 스트레스 요인을 동반하지 않는 경우

- 산후 발병(임신 중 또는 출산 4주 이내에 발병했을 경우)
- 긴장증 동반
- 현재 심각도를 명시할 것

평균 발병 연령은 30대 중반이지만 단기 정신병적 장애는 청소년기나 생애주기의 어느 때라도 나타날 수 있다. 이 장애는 남성에 비해 여성에게서 2배로 나타나며, 일반적으로 정신병 첫 발병 사례의 9%에 해당한다. 신념이 망상인지를 판단하기에 앞서 문화와 종교적 신념은 참작되어야 한다. 만약 그것이 그 사람의 종교적 관습에서 받아들여지는 부분이라면, 문화적으로 인정되는 행동(예 : 종교적 경험의 일부로 목소리 듣기)은 정신병적 증상으로 고려되지 않는다.

단기 정신병적 장애는 정신병적 증상이 있다는 점에서 *DSM-5*의 III편에서 추가 연구가 필요한 진단적 상태로 포함시킨 약화된 정신병 증후군(attenuated psychosis syndrome)과 구별된다. 약화된 정신병의 증상들은 유사해 보일 수는 있지만, 정신병의 경계는 넘은 적이 없고 현실검증력과 통찰력은 온전하게 남아 있다.

약화된 정신병 증후군을 *DSM-5*에 포함시킴으로써 단기 정신병적 장애와 여타의 초발 정신병 삽화 경험의 정보를 수집하고, 그리하여 조기 개입과 치료가 양극성장애와 조현병 스펙트럼 장애와 같은 더 심각한 장애로 진행되는 것을 막는 데 더 효과적인지를 판단할 수 있다. 이러한 점에서 약화된 정신병 치료는 논란이 되고, 효과적인 근거 기반 치료법을 규명하기 위해 더 많은 연구가 필요하다.

내담자 특징

단기 정신병적 와해를 경험하는 사람은 정서적으로 변덕스럽고 기이한 옷차림(예 : 잠옷 세 벌 껴입기)을 하며 최근 사건들에 대한 기억이 손상되기도 한다. 집중을 하지 못하거나 주의력 결핍 역시 나타날 수 있다.

부정적 정서와 의심에 대한 기질적 소인 또는 조현형 및 경계성 성격장애 특질들이 선행되기도 한다. 이러한 증상이 있는 사람은 스트레스 상황에서 단기 정신병적 장애에 대해 취약하다.

처음에는 정서적 혼란이나 혼돈을 겪고 정서가 재빨리 변화하기도 한다. 인지적 손상으로 판단력이 흐려지거나 망상적 사고를 기반으로 의사결정을 하기도 한다. 사고나 행동이 자살과 관련되어 나타난다면 특별히 관리가 필요하다. 통찰력이 있다면 자신에게 일어나고 있는 일에 대해 두려움을 느낄 것이다.

초발 정신병 삽화를 경험하는 청소년들은 이후 양극성장애(38%)나 조현병 또는 조현정동장애(27%)가 발병할 위험성이 증가한다. 후자는 수행 기능이 더 나쁘고, 양극성 진행에서 보편적으로 발견되는 불안장애의 과거력이 없다. 정신병 증상의 관해는 히스패닉계, 더 좋은 집중력, 오랜 항우울제 치료, 그리고 급성 발병 및 짧은 지속 기간과 관련된다(Correll et al., 2008).

개입 전략

단기 정신병적 장애 치료에는 항우울제나 항정신병제가 사용되는데, 이때 조증 삽화를 유발하지 않도록 또는 아동이나 청소년과 같은 어린 연령에서 신경이완약물의 부작용에 과도하게 시달리지 않도록 반드시 신중하게 사용해야 한다.

예후

재발하기도 하지만 그렇지 않는다면, 단기 정신병적 장애는 완치에 대한 예후가 훌륭하다. 사실, 병전 수준으로 기능이 회복되는 것이 *DSM-5* 기준에서의 필요조건이다. 앞서 언급한 것처럼 기능적 결과들은 단기 정신병적 장애의 필요조건이 아니다.

조현양상장애

조현양상장애(schizophreniform disorder)는 단기 정신병적 장애(하루~한 달간 지속)와 조현병(적어도 6개월간 지속)의 중간에 있는 진단이다. 조현양상장애와 조현병 진단을 구별하는 또 다른 중요한 차이점은 손상의 정도이다. 조현병 진단을 위해서는 직장, 대인관계, 일상생활의 활동에서 어려움을 유발하는 정도의 기능적 손상이 있어야 한다. 비록 이 정도의 손상이 조현양상장애에서 나타날 수 있지만, 이는 진단의 필수조건은 아니다. 조현양상장애의 모든 다른 기준들은 조현병과 완전히 동일하다.

진단

조현양상장애는 단기 정신병적 장애와 조현병 사이의 연속선상에 있다. 이 장애는 둘 또는 그 이상의 양성 또는 음성 정신병 증상이 있어야 한다. 양성 증상은 망상과 환각을 포함한다. 음성 증상은 변화 없는 정동, 목표나 동기 부족, 제한된 사고와 언어 패턴이다.

증상은 평균적인 사람과 비교해서 그 발생이 더 하거나(positive) 덜 한(negative) 것을 말한다. 환언하면 양성 증상(망상, 청각적 또는 시각적 환각)은 대부분의 사람들이 경험하는 것 이상의 사고 및 지각과 관련된다. 음성 증상(표정 없는 얼굴, 모노톤의 목소리, 쾌감 상실)은 정서, 의사소통, 추동의 측면에서 대부분의 사람들이 경험하는 것이 없거나 더 적은 것이다. 음성 증상은 망상과 환각이 제어되고 난 후에 남게 되는 잔류 증상이다. 음성 증상은 치료가 더 어렵다.

우울과 불안 증상이 전구 증상 기간에 앞서 나타날 수 있는데, 전구 증상 기간에는 경도에서 중도의 지각 혼란, 의지나 결단력 부족, 목표지향적 행동의 상실이 나타난다. 언어 혼란과 함께 딱히 망상적이지 않은 비전형적 사고, 환각의 경계는 넘지 않은 지각의 비정상성이 역시 나타날 수 있다. 이러한 증상들은 기능적 손상을 유발하여 동료나 가족에게 발견되기 시작한다.

마술적 사고, 스트레스에 대한 과민성, 정서 적응성, 인지적 결함(예 : 집중력 부족, 빈약한 기억력), 빈약한 대인관계 기술, 사회적 철수가 나타나는 것이 문제의 한 원인이 된다. 이러한 특질들은, 특히 우울이나 성격장애가 있었다면, 가시적인 정신병적 증상들이 발달되기 전에도 수년간 있어 왔을 것이다. 정신병 증상이 있으면서 진단받고 치료가 시작되기 전까지 평균 시간은 1년이다. 만일 이전 전구 증상들이 추가된다면, 이 기간은 3년으로 늘어난다(Evans et al., 2005).

다양한 지역에서의 종단 연구에 의하면 정신병, 물질 남용, 비전형적 사고 내용(즉 마술적 사고), 편집적이거나 의심스러운 사고, 그리고 사회적 손상이라는 가족력이 조현병이나 다른 정신병적 장애로 변형될 것으로 주로 예상할 수 있는 증상들이다(Cannon et al., 2008). 확실히 어떤 원인으로 인해 전구 증상 기간에서 정신병으로 넘어가는지에 대해서는 잘 이해가 되지 않고 있으며, 이는 유전적 · 신경학적 · 환경적 또는 심리사회적 원인에 대한 계속된 연구의 주제이기도 하다.

만일 전구 증상 기간 동안에 동반 장애(예 : 성격장애, 물질 남용)가 있다면, 이들은 종종 예후를 더 나쁘게 하는 원인으로 작용한다(Compton, Weiss, West, & Kaslow, 2005; Larson, Walker, & Compton, 2011; Stefanis et al., 2004).

증상들이 정신병의 경계를 넘으면 전구 증상 기간은 끝난다. 이 시점에 항정신병 의약품으로 치료하는 것이 승인된다.

내담자 특징

조현양상장애 증상은 조현병 증상과 동일한데, 적어도 망상, 환각, 와해된 언어, 긴장증 또는 극도로 와해된 행동, 음성 증상(예 : 감퇴된 감정 표현, 쾌감 상실) 중 2개가 존재한다. 이 증상 중 적어도 하나는 망상, 환각, 와해된 언어여야 한다.

조현정동장애와 정신병 양상을 동반한 정서장애 역시 구분되어야 한다. 즉 증상이 나타나는 기간 동안에 우울증이나 조증이 활성화되지 않거나, 만일 정서 삽화가 발생한다면 증상이 나타나는 기간 중 낮은 비율로만 나타나야 한다.

조현양상장애의 심각성 수준은 증상에 대한 질적 평가를 근거로 규명되어야 한다. 장애가 긍정적 예후 특성과 함께 나타나는지 그렇지 않은지 역시 기록되어야 한다. 긴장증이 나타난다면 기록하고 부호화해야 한다.

치료자의 자질

조현양상장애 환자들이 장애를 받아들이고 현실 지각을 회복하는 데는 지지적이고 공감적이고 진실되며 판단이나 비판을 하지 않는 치료자가 더 도움을 줄 가능성이 있다. 효과적인 치료자는 환자들이 효과적인 대처 기술을 발달시키고 자신들의 정신병 증상의 촉발 요인이 된 사건을 이해하고 다루기 시작하는 데 도움을 줌으로써 전문성과 온정의 모델이 될 것이다.

평가

조현병과 관련된 전구 증상과 양성·음성 증상을 측정할 수 있는 다양한 척도가 있다.

- 전구 증상 척도(Scale of Prodromal Symptoms, SOPS; Miller et al., 1999)
- 양성 증상 평가 척도(Scale for the Assessment of Positive Symptoms, SAPS; Andreasen, 1984)
- 전구 증후군을 위한 구조화된 면담(Structured Interview for Prodromal Syndromes, SIPS; Miller, 2003)
- 양성 음성 증상 척도(Positive and Negative Symptom Scale, PANSS; Kay, Fiszbein, & Opler, 1987)—조현병 증상의 심각도를 측정함

평가에서는 전구 증상과 단기간 지속되고 자발적으로 회복되는 일시적인 정신병적 증상을 구별해야 한다. 기본적인 전구 증상은 다음과 같다(Klosterkotter, Hellmich, Steinmeyer, & Schultze-Lutter, 2001).

- 사고장애
- 언어 손상(맥락 없는 말, 작업기억의 문제)
- 지각장애
- 일상적인 스트레스를 다룰 능력이 없음
- 정서적 반응을 포함한 정서 및 정동 조절장애
- 사회적 관계를 유지할 능력이 없음
- 비정상적인 신체 감각

한 메타분석에서는 전구 증상이 진단되었을 때 정신병으로 전환될 위험성이 1년 이내에 22%, 3년 이내에는 36%로 보고되었다(Fusar-Poli, Bonoldi, et al., 2012). 유전적인 위험 요인이나 조현형 성격장애를 갖고 있는 사람들은 전환될 위험성이 높다(Yung et al., 2003). 조현병으로 전환된 청소년들은 ADHD, 불안 및 정동 장애, 물질 사용의 과거력이 있을 가능성이 높다(Fusar-Poli, Deste, et al., 2012).

개입 전략

조현양상장애는 조기 진단과 치료가 이루어지면 더 좋은 결과를 예상할 수 있다. 전조 증상을 식별하고 조기에 개입을 하면 정신병으로 전환이 덜 된다. 다섯 번의 무선통제실험(RCTs)에 대한 한 메타분석에서는 일관된 치료는 위험성을 줄이는 것과 관련이 있음을 보고하였다(Preti & Cella, 2010). *DSM-5*는 약화된 정신병을 추가 연구가 필요한 진단적 상태로 III편에 포함시켰다. 약화된 정신병은 그 사람이 한 번도 정신병 삽화를 경험하지 않았지만 망상, 환각, 또는 와해된 언어 중 적어도 하나의 증상 때문에 임상적으로 심각한 고통을 경험했을 때만 적절할 것이다. 약화된 환각은 모호할 수 있다(예 : 그림자, 광륜, 작은 중얼거림). 약화된 망상은 종종 의심이나 박해받는 느낌과 관련된다. 이들은 다른 사람의 동기에서 위험을 감지하는 능력이 극도로 발달할 수 있을 것이다. 약화된 정신병 증후군은 15~35세에서 가장 일반적이다(APA, 2013).

조현양상장애에만 해당하는 것은 아니지만, 이중 맹검 무선실험에서 오메가-3 지방산이 고위험군이 정신병으로 전환되는 것을 감소시키는 데 도움이 되는 것으로 밝혀졌다(Amminger et al., 2007).

예후

전조 증상 기간이 짧고(4주 이하), 활성기 동안 혼란이 있었고, 병전 기능이 좋았다면 조현양상장애의 예후가 좋다. 음성 증상이 있고 정서가 둔화되며 시선 접촉이 되지 않는다면 결과가 좋지 않을 수 있다.

조현병

조현병(schizophrenia) 증상은 최소 6개월 이상 지속되어야 한다는 기간에 대한 기준을 제외하고는 조현양상장애와 동일하다. 환각과 망상은 조현병을 다른 진단들과 구분 짓는 것으로 보이는 증상이다. 그러나 삶의 질에 훨씬 더 큰 영향을 미치는 것은 더 지속적이고 전반적인 만성적 상태를 동반하는 다른 증상들이다. 어떤 특질들이 부재하다는 의미에서 소위 '음성 증상'으로 불리는데, 감퇴된 감정 표현, 모노톤의 목소리, 눈맞춤 부족, 즐거움을 느끼는 능력의 부재가 있다. 장기적으로 이 증상들은 개인의 행동에 만연하게 되어 사회적 관계를 발달시키고 고용을 유지하고 독립

적으로 사는 능력에 영향을 미칠 가능성이 훨씬 더 크다.

진단

조현병 진단을 위해서는 망상, 환각, 와해된(비논리적이거나 자주 이탈되는) 언어, 긴장증 또는 극도로 와해된 행동, 그리고 음성 증상(쾌감 상실, 무의욕증) 중 적어도 2개가 1개월 동안 있어야 한다. 망상, 환각 또는 와해된 언어가 이 증상들 중 적어도 하나로 포함되어야 한다. 기능 수준은 하나 이상의 주요 생활 영역(예 : 일, 가정, 대인관계, 자기관리)에서 이전 기능 수준보다 더 저하되어야 한다.

편집형, 파괴형, 긴장형, 미분화형, 잔류형이라는 조현병 하위 유형들은 진단 사이에 어떠한 의미 있는 차이점도 제공하지 않는다고 판단되어 *DSM-5*에서는 삭제되었다. 또한 망상이 기이해야 한다는 조건도 *DSM-5*에서는 삭제되었다.

조현병은 사회적 · 직업적 기능에 영향을 미치면서 불규칙한 경과를 보일 수 있다. 대부분의 조현병 환자들은 부모보다 고용수준이 낮고, 특히 대부분의 남자들은 결혼을 하지 않거나 직계가족 이외의 사회적 관계를 발달시키지 않는다(APA, 2013). 기대수명이 줄어드는 것 역시 일반적인데, 이는 동반되는 의학적 상태(예 : 당뇨병, 심혈관 상태)과 음주나 흡연 때문이기도 하고 건강 유지에 필요한 활동(운동, 체중조절, 건강검진)을 하지 않기 때문이기도 하며 장기간의 항정신병 치료의 영향이기도 하다. 조현병 환자의 20%가량이 일생에 최소 한 번 자살시도를 하고, 시도의 5~6%가 사망에 이른다. 자살률은 정신병 삽화동안 무직인 사람, 약물을 함께 사용하는 젊은이, 그리고 퇴원 후에 높게 나타난다.

유년기 진단 아동의 조현병 진단에 대한 *DSM-5* 기준은 성인의 경우와 동일하다(즉 환각, 망상, 와해된 언어와 행동, 쾌감상실 또는 무의욕증). 조현병 증상을 가진 아동은 학교, 타인과의 관계, 또는 일상생활의 활동에서 기대되는 기능 수준을 성취하지 못한다. 전조 증상 기간은 최소 6개월 이어야 하지만, 어떤 증상(목표지향적 행동의 부족, 경험에 대한 비전형적 지각, 비논리적 언어)은 수년간 존재하기도 한다. PTSD 증상이 조현병 스펙트럼 장애의 증상과 유사하다는 점 때문에 진단이 훨씬 복잡하다.

조현병은 추정컨대 아동 1만 명 중 1명에게서 나타난다. 조기 발병은 자주 동반되는 장애(예 : ADHD, ODD, CD, PTSD, 불안, 우울)를 동반하고 종종 아동기 성학대 또는 트라우마와 관련된다(Asarnow & Kernan, 2008). 아동기 발병이 드물기는 하지만, 만일 청소년기 이전에 발병한다면 경과와 결과가 더 심각할 가능성이 있다.

청소년기 동안은 뇌 발달이 가속화되고 조현병에 대한 보고 사례 역시 증가하는데, 남성이 여성보다 약 5년 더 이르게 발병하는 것으로 보고된다(Kopelowicz, Liberman, & Zarate, 2007). 초발 정신병 삽화 중 많은 경우가 청소년기에 마리화나, 자극제, 그리고 다른 약물들을 사용한 것과 관련되었다. 이러한 약물들을 섭취한 취약한 개인에게서 정신병이 발달한다는 것은 충분히 입증되었는데, 정신병의 무려 10%가 대마 사용이 그 원인이다(Compton, Goulding, & Walker, 2007; Fergusson, Poulton, Smith, & Boden, 2006; Kopelowicz et al., 2007). 약물성 정신병으로 진단된 사람들의 무려 25%가 이후 약물과 관련 없는 정신병으로 발달한다(Caton et al., 2007).

내담자 특징

망상, 환각 그리고 다른 정신병적 증상은 초기 성인기에 나타나는 경향이 있는데, 본격적인 초발 정신병 삽화는 남성은 20대 초반에서 중반에 나타나고 여성은 20대 후반에 나타난다. 두 성별 모두 평생 유병률은 거의 동일하다. 그러나 남성이 일반적으로 음성 증상을 더 많이 갖고 있으며 장애의 기간도 길어 더 나쁜 결과로 이어진다.

조현병의 발달에 대해 단일한 유전자가 원인이 되지는 않는다. 연구는 여러 개의 위험 형질이 민감성을 만들어내는 데 함께 작용하고 이들은 조현병의 발달뿐만 아니라 자폐스펙트럼장애, 양극성장애, 우울장애와 관련될 것으로 보고하였는데, 이로써 연구자들은 세 장애 사이에 연결성이 있을 것으로 믿게 된다(Walton et al., 2013).

가족력이 있는 사람들은 마술적 사고, 비정상적 지각, 편집, 고립의 특징을 발달시키기 쉽다(Freudenreich, 2008). 조현병 환자의 반 이상에게서 시각장애가 나타나는데, 시각장애가 있다는 것은 조현병으로 전환될 가장 큰 예측인자 중 하나이다. 예를 들면, 한 연구에서는 어머니가 조현병을 앓고 있는 4세 어린이의 시각 왜곡이 6세의 신경학적 증상들과 관련이 있고, 이후 조현병이 발달하는 것과 관련되는 것을 발견하였다(Silverstein et al., 2015). 고위험 아동을 대상으로 초기에 인지-지각 훈련을 하는 것이 조현병으로 전환되는 비율을 낮출 수 있는지에 대한 연구가 진행되고 있다. 여러 기능 영역(예 : 시각, 청각)에 걸친 생물학적 지표를 찾는 연구로, 언젠가는 조현병의 증상을 확인하기 위해 의사의 진료실에서 실시할 수 있는 비교적 간단한 검사가 개발될 수 있을 것이다.

유전적 민감성에 따라 스펙트럼의 한쪽 끝에 있는 A군 성격장애(예 : 조현형, 조현성, 편집성) 또는 회피성 성격장애로 발달하거나 다른 쪽 끝에 있는 완연한 조현병으로 진단될 것이다. 어떤 사람이 조현적 특성을 갖거나 성격장애를 갖거나 또는 조현병 스펙트럼 장애를 갖는 것을 결정하는 것이 무엇인지를 주제로 많은 연구들이 진행 중이다(Fryar-Williams & Strobel, 2015).

이 장애를 가진 사람과 유전자의 50%를 공유하는 가족들이 일반 인구에 비해 장애를 가질 가능성이 12배가 더 높게 나타나는 것과 같이 조현병에 대해 가족적인 요소가 있음에도 불구하고, 유전적 요인은 조현병 발달 위험의 단지 60~80%에 해당한다(MacDonald & Schulz, 2009). 명백히 환경적 요인 역시 역할을 한다(Mjellem & Kringlen, 2001). 여러 개의 메타분석에서 겨울 출생(Demler, 2011), 도시 거주, 낮은 사회경제적 지위, 출산 합병증, 고령의 아버지의 환경적 요인 중 어떤 것에라도 해당될 때 조현병 발달의 위험성이 높아진다는 것을 발견했다(MacDonald & Schulz, 2009). 대마 사용과 만성적인 정신자극제 남용이 도파민 조절장애를 유발하여 조현병 발달로 이어질 수 있다(Howes & Kapur, 2009).

이민 1세대 역시 조현병 발달과 관련되지만 이러한 관련성은 2세대가 되면서 사라져서, 환경적 스트레스가 정신병 장애의 발달에 미치는 영향을 더욱 확인시켜주었다(Singh & Kunar, 2010).

아동기 트라우마, 특히 성학대는 성인의 정신병 증상과 상관이 있다. 만일 신체적·성적·심리적 학대가 16세 이전에 있었다면 환각, 망상, 그리고 정돈되지 않은 사고가 나타날 가능성이 높은 것으로 알려져 있다. 한 연구에서는 환청을 겪는 성인의 70%에서 아동기 트라우마 과거력이 있었다(Read, van Ohs, Morrison, & Ross, 2005; Spauwen, Krabbendam, Lief, Wichen, & van Ohs, 2006). 누적된 트라우마는 성격 구조와 함께 타인을 신뢰하고 느끼고 관계를 형성하는 능력에 영향을 미친다.

근래 몇 년간 폭력에 관심을 집중시키는 대중매체가 늘고 있는데, 조현병을 앓고 있는 사람에 의한 폭력은 극히 드물다는 것에 주의할 필요가 있다. 한 연구는 조현병 환자에 의한 폭력은 모든 폭력의 10% 미만이라고 밝혔다(Walsh, Buchanan, & Fahey, 2002). 사실, 조현병 환자들은, 특히 노숙자이거나 치료를 받지 않은 상태라면 가해자보다는 폭력의 피해자가 될 가능성이 더 크다(Insel, 2011).

편집적 망상이 있거나 물질 남용이 동반된다면 조현병 환자가 폭력적으로 될 위험성이 증가한다(Swanson et al., 2006). 치료받지 않은 초발 정신병 삽화 역시 위험성을 높인다. 여러 연구들은 심각한 정신질환 환자를 비정형 항정신병약물로 치료하는 것은 입건율과 폭력을 낮춘다고 보고하였다(Torrey, 2014). 폭력이 나타난다면, 일반 대중보다는 주로 보호자, 가족 구성원, 치료자, 그리고 다른 의료인, 그리고 지역사회 서비스 전문가들이 피해자가 된다(Swanson et al., 2006).

평가

정신병을 치료하고 더 심각한 증상이 나타나는 것을 예방하기 위해서는 조기 평가와 개입이 중요하다. 그러나 마술적 사고와 느슨한 연상이 7세 이하의 아동에게서는 전형적이기 때문에 아동기에는 조현병을 평가하는 것이 복잡하다. 연령이 높은 아동에게서는 환청(조현병 아동의 80% 이상에게서 나타남), 망상(63%까지), 마술적 사고, 그리고 비논리적 대화와 같은 증상들은 심각하게 받아들여야 한다. 이러한 증상들은 진공 상태에서 일어나는 것은 아니며, 낮은 학교 성적, 다른 아이들과의 관계 형성 어려움, 실행 기능 감소(예 : 작업기억 감소, 처리속도 저하) 또는 기능 발달에서의 눈에 띄는 문제들과 함께 가장 자주 나타난다. 음성 증상(예 : 실행 기능의 문제, 인지적 저하, 감퇴된 감정 표현)이 양성 증상(예 : 망상, 환각)보다 앞서 나타난다.

청소년에게서는 추가적인 전조 증상이 있는데, 사회적 철수, 외모에 대한 관심 부족, 학업적 기능의 뚜렷한 저하, 이상한 행동, 흥분과 우울, 수면 문제, 그리고 특히 목표지향적 활동에 대한 에너지 또는 동기 감소이다(Evans et al., 2005; Kopelowicz et al., 2007).

성인은 종종 아동기에 언어나 운동 문제가 있었고, 목표지향 행동(옷 입기, 제시간에 등교하기)에서 혼란과 어려움이 있었으며, 타인의 사회적 단서를 이해하기 어려웠고(마음이론), 비정상적인 성격 양식이 있었다고 보고한다(Evans et al., 2005).

많은 조현병 환자들은 자신의 증상을 기억하거나 보고하는 데 어려움이 있다. 평가를 위한 초기 면담에는 환자와 가족 또는 믿을 만한 친구를 포함할 수 있다. 환자가 혼자서는 어떠한 평가 도구도 완성할 수 없다면 환자에 대해 잘 알고 있는 정보제공자가 대신 완성할 수 있다. 평가 도구는 다음과 같다.

- 세계보건기구 장애평가목록 2.0(WHODAS 2.0)은 18세 이상 성인에게서 기능의 특정 영역에서의 어려움을 규명하는 데 도움이 된다. 36문항의 자기기입식 질문지이며 채점 설명서는 *DSM-5*(APA, 2013, p. 745)와 온라인(www.psychiatry.org/dsm5)에 있다.
- 양성 음성 증후군 척도(Positive and Negative Syndromes Scales, PANSS; Kay, Fiszbein, & Opler, 1987)와 정신병 증상을 위한 구조화된 면담(Structured Interview for Psychotic Symptoms, SIPS; Miller et al., 1999)은 정신병 증상 환자를 선별하는 데 도움이 된다.
- 벡 우울 척도(BDI; Beck, Steer, Brown, 1996)
- 불안 증상은 벡 불안 척도(BAI; Beck & Steer, 1990)로 평가될 수 있다. 두 검사는 경험적으로 타당화되었고 적용, 채점, 해석이 쉽다.

물질사용장애와 PTSD가 조현병과 동시에 나타나는 빈도가 높다는 점에서 두 장애도 평가되어야 하며 평가 결과가 치료 계획에 포함되어야 한다.

주거 상황, 가족 환경, 직업적 수행, 대인관계 과거력을 포함한 그 사람의 현재 생활 기능에 대한 평가는 동일하게 중요하다. 장애에 대한 낮은 통찰(질병 부인)은 약 복용을 준수하지 않는 가장 흔한 원인이기 때문에, 환자의 통찰 수준과 처방된 치료약에 대한 태도 역시 언급되어야 한다.

심각한 정신질환을 가진 환자와 작업을 할 때는 많은 치료자들이 치료의 기본 원칙으로 환자에게 약을 잘 복용하도록 요청한다. 치료자는 신경이완 약물에 대한 실용적 지식을 잘 갖추어야 하며 환자의 정신과 의사와 협력적 관계를 유지해서 환자의 약물 요법에 대한 최근의 어떠한 변화에 대해서도 알고 있어야 한다.

치료자의 자질

치료자는 따뜻함과 존중, 그리고 회복에 대한 낙관적 태도를 환자에게 전달할 수 있어야 한다. 그들은 의사, 치료자, 그리고 가족으로 이루어진 치료 팀의 구성원으로서 상호작용할 능력이 있어야 한다. 치료자들은 필요할 때 만날 수 있어야 하고 일관되며 간단명료해야 한다. 불안을 경감시키고 치료에 대한 협조를 높이는 온정적인 관심을 토대로 하여 치료적 동맹을 발전시키는 것이 가장 바람직한 것으로 보인다.

어떤 환자들은 의심하거나 조심스럽거나 또는 철수될 수 있다. 치료자들은 환자와 자신들을 보호하기 위한 한계를 설정하는 것과 함께 환자를 안심시키는 것이 필요할 것이다. 치료자들은 무엇이 회복을 좌절시키는지 알아차리고 이해하며 환자의 자기효능감, 탄력성, 대처 기술 향상 등의 노력을 인지하고 강화해야 한다.

신뢰와 긍정적인 치료 동맹이 유지된 후에 부드러운 현실 검증을 한다면 환자가 망상적 신념을 언급하기 시작하도록 할 수 있을 것이다. 치료자들은 환자의 망상 체계를 지지하거나 동조하지 않아야 하지만 대립을 일삼아서도 안 된다(Freudenreich, 2008). 호기심과 혼란의 조합이 아마도 최선의 접근법일 것이다. 치료자 역할 중 일부는 그 사람이 망상과 환각에 대해 그것이 무엇인지—마음의 착오—를 자각할 수 있는 어느 정도의 통찰력을 갖도록 돕는 일일 것이다. 그것이 무엇인지—시각적 현상을 뇌가 잘못 표상화한 것—를 통해 시각장애를 이해할 수 있다. 그들이 언제 편향된 확증이라는 잘못을 저지르는지를 자각하도록 돕는 것은 인지적 과정을 향상시키는 데 도움이 된다. 환자에게 다른 사람의 관점을 고려하기 위해 제3의 마음이론을 어떻게 사용하는지 보여주는 것은 통찰력을 증가시키는 데 도움이 된다(Islam et al., 2011). 환자에게 다른 사람에 대한 의심이나 편집적 상상을 확인하도록 요청하는 것 역시 도움이 된다. 대립이나 논쟁은 치료 동맹을 파괴하는 원인이 될 수 있다.

조현병 아동과 작업하는 치료자들은 반드시 아동기 발달적 문제에 친숙해야 하며 공존하는 상태(예 : PTSD, 기분장애, ODD)에 정통해야 한다. 그들은 또한 조현병 진단이라는 결과와 불확실한 장기적 예후를 받아들이기 위해 애쓰는 가족들을 도울 수 있어야 한다.

치료에 순응하지 않는 것에 더해, 우울, 자살사고, 약물과 담배 남용, 폭력, 그리고 공존하는 의학적 상태의 요인은 조현병의 진단과 치료를 복잡하게 할 수 있다. 이러한 모든 요인은 조현병 환자들의 기대수명을 짧게 하는 데 일조하는데, 가끔은 일반 인구에 비해 무려 25년이 줄기도 한다.

개입 전략

조현병의 경과는 다양하다. 어떤 사람들은 한 번의 삽화를 겪고 기능이 높은 수준으로 회복되기도 한다. 다른 사람들에게 조현병은 보다 만성적인 경과를 보이고 심각한 장애를 초래하기도 한다. 조현병에 대한 치료 제안은 장애의 경과와 단계에 따라 다양하다. 급성 정신병 삽화 동안에는 치료의 목표가 안전(환자와 다른 사람들 모두를 위한)을 제공하고, 정신병과 다른 증상(예 : 공격성, 우울)을 경감시키고, 환자를 가능한 최상의 기능 수준으로 돌려놓는 것에 있다(Hasan et al., 2012). 유지 단계에 환자가 차도를 보이는 동안에는 회복과 안정을 촉진하고 재발 가능성을 감소시키는 것이 목표가 된다. 이 단계에서의 치료는 사회적 기술, 자존감, 재발 예방에 초점을 두는 것이 가능하다. 모든 단계에서 최고의 치료는 약학적인 개입과 심리사회학적인 개입의 조합이다.

입원 치료　초발 정신병 삽화 동안에는 종종 입원이 필요한데, 특히 환자의 정신병이 화려하거나 자신이나 타인에게 위협을 드러낸다면 필요하다. 불행히도 현재 입원은 주(week) 단위가 아니라 일(day) 단위로 측정되어 많은 환자들이 약물에 안정되기 전에 퇴원하게 된다. 예전에는 더 장기적인 입원으로 개입하던 것에서, 이제는 부분 입원, 주간 치료 프로그램, 그리고 중간시설이 이러한 빈틈을 채우고 있다. 이처럼 단계적으로 감소하는 프로그램을 통해 약물치료를 제공하고, 안정을 증대시킬 수 있고, 매일에 대한 구조화와 사회화를 제공할 수 있다. 적절한 때 그들은 독립적인 생활로 전환하는 환자들에게 사례관리 서비스도 제공할 수 있다.

약물치료　항정신병 의약품으로 약물치료를 하는 것은 조현병 및 그와 관련된 대부분의 장애들을 치료하는 데 기본이 된다. 그러나 효과적인 치료를 위해서는 심리사회적 개입, 기술 훈련, 가족 심리교육, 지원고용, 그리고 다른 지역사회 프로그램 역시 포함되어야 한다.

60가지 이상의 신경이완 약제가 단일하게 또는 복합적으로 조현병 치료를 위해 개발되어 왔다. 환각, 망상, 편집 증상(양성 증상)은 뇌의 도파민의 영향을 조절하여 효과적으로 감소시킨다. 항정신병 약물 첫 세대가 발달했던 1950년대 이래로, 무수한 임상적 실험들이 약물의 효과성을 보여주었다(Tandon, 2011). 이후 개발된 '비정향 항정신병 약물'인 리스페리돈(리스페달), 올란자핀(자이프렉사), 클로자핀(클로자릴)은 앞선 약물들의 원치 않는 일군의 부작용을 감소시켜 항정신병 약물을 더 잘 견딜 수 있도록 하기 위한 것이었다. 그렇지만 임상 실험과 메타분석은 새로운 항정신병 약물에 대한 어떠한 명확하거나 일관된 이점을 여전히 찾지 못하고 있다. 오래되거나 새로운 비정형 항정신병 약물 모두가 진정작용, 지발성 안면마비, 위장과 심혈관 장애, 그리고 더 심각하게는 신경이완제 악성증후군(긴장증 부분에서 더 논의됨)과 같은 부작용을 유발한다.

어떤 약물은 다른 약물보다 더 효과적일 것인데, 치료에 저항이 높은 조현병에 더 효과적인 것으로 증명된 것은 클로자핀이 유일하다. 일반적으로 치료자들은 항정신병 약물을 선택할 때 개인의 임상적 상태, 부작용(예 : 바이탈 사인, 체중, 화학적 수치)을 모니터링할 일정을 따를 수 있는

지, 특정 약물로 인한 일군의 부작용을 견딜 수 있는지, 그리고 환자가 복용하는 다른 약물들과의 상호작용을 토대로 한다(Hasan et al, 2012; Tandon, 2011).

약물치료가 점점 줄어들든지 중단되든지 간에, 대부분의 조현병 환자들은 정신병 증상이 다시 나타나는 것을 경험할 것이다. 통제된 임상 실험에서는 약물치료가 중단된 1년 이내에 65~75%가 재발한다고 보고하였다(Bradford, Stroup, & Lieberman, 2002; Harkavy-Friedman, 2006). 연구에 의하면 초발 정신병 삽화를 경험한 사람들의 80% 이상이 5년 이내에 약물치료를 중단한다(Robinson, Woerner, McMeniman, Mendelowitz, & Bilder, 2004). 재발하고 약물치료로 돌아오는 때마다 이전보다 덜 완벽한 차도를 보이는 결과가 나타난다. 새로운 연구는 정신병 삽화가 있을 때마다 뇌의 회백질 크기가 감소하며 이것이 이후 인지 손상과 관련될 것이라고 제안하기 시작한다(Cobia, Smith, Wang, & Csernansky, 2012). 다른 연구들은 항정신병제제를 지속적으로 사용하는 것이 뇌의 구조적 변화를 예방할 수 있을 것이라고 제안한다(Lieberman et al., 2005).

항정신병제제 중 어떤 것도 조현병의 음성 증상(예 : 감퇴된 감정 표현, 우울, 사회적 철수)에는 큰 효과가 없다. 사회화를 촉진하는 사회적 기술 훈련과 기타의 지역사회 기반의 프로그램을 병행하는 것이 도움이 될 수 있다.

조현병 환자의 약물치료 수락 비율은 기껏해야 50%이기 때문에, 종종 약물관리치료가 제안된다. 약물에 대한 부정적인 태도, 항정신병 약물의 원치 않는 부작용(예 : 떨림, 지발성 안면마비), 그리고 다른 사람들이 자신을 통제하려 한다는 편집성이 약을 처방된 대로 복용하는 데 걸림돌이 된다. 조현병 치료의 시작 단계에서 약물순응치료로 개입하는 것이 장애에 대한 통찰력을 높이고 약물치료체계를 유지하는 것이 필요하다는 것을 더 잘 인정하도록 하는 데 도움이 된다. 대개는 초기의 교육적 회기에 이어서 촉진 회기가 매달 진행된다(Wirshing & Buckley, 2003).

이러한 치료가 약물치료 순응도를 높이고 사회화를 돕고 실질적인 도움을 제공하기 위한 것임에도 불구하고, 약물순응치료의 효과성을 검증하는 연구는 쉽지 않다. 단기 (4~6주) 프로그램에 대한 종단 연구에서는 정신병원 퇴원 1년 후 증상이나 치료 순응이 개선되지 않았다고 보고하였

다(Dickerson & Lehman, 2011). 그러나 기술 훈련에 대한 메타분석에서는 몇 주간의 훈련이 치료 효과의 크기와 정적인 상관이 있다고 보고하였다. 최소 6개월간 진행되는 주 2회 프로그램이 가장 효과적인 것으로 밝혀졌다(Pratt & Mueser, 2002).

심리사회적 개입   약물치료가 안정적으로 된 후에는 조현병 환자의 상태 유지와 재발 방지를 위해 심리사회적 개입이 중요한 부분이 될 수 있다. 무선통제실험에 대한 메타분석에서는 인지치료, 사회적 기술 훈련, 가족중심 집단 개입, 그리고 양성 증상에 대한 인지행동치료가 효과적인 치료 옵션으로 보고되었다.

중대한 손상이 있는 기능이 낮은 환자 집단에서 18개월간 무선실험으로 인지치료를 실시했을 때 일반적 치료에 비해 동기와 전반적 기능을 개선되고 무의욕증, 무관심, 망상, 환각이 감소하는 것으로 밝혀졌다(Grant, Huh, Perivoliotis, Stolar, & Beck, 2012).

기술 훈련   습득된 기술이 회기 밖에서 일반화될 수 있고 기능 향상이라는 결과를 가져오는지가 명확하지 않음에도 불구하고 자기주장성, 사회적 기능, 기술 습득, 정신병리학에 대한 여러 메타분석에서는 사회적 기술에서의 의미 있고 일관된 개선이 보고되었다(Grant et al., 2012). 바로 '자율적 삶과 실제적으로 향상된 기술 훈련을 위한 파트너(Partners in Autonomous Living and In Vivo Amplified Skills Training)'가 습득한 기술을 일상생활에서 사용하도록 강화하기 위해 개발된 몇몇 프로그램의 예이다(Liberman, Glynn, Blair, Ross, & Marder, 2002).

인지행동치료   환자에게 조현병의 양성 증상(망상, 환각)에 어떻게 대처할지를 가르치는 인지행동치료(CBT)는 삽화 사이의 평균적인 기능을 향상시키는 것으로 보인다. 이것은 특히 약물에 반응하지 않는 사람들에게는 장애의 양성·음성 증상 모두를 관리하는 것을 학습하게 함으로써 약물치료에 대한 중요한 보조물이 될 수 있다(van der Gaag, Stant, Wolters, Buskens, & Wiersma, 2011). 30년 이상 환청을 겪은 사람들에 대한 무선통제실험에서 마음챙김을 통해 환각을 수용하도록 가르치는 것은 불안과 부정적

정서를 감소시키고 자기통제감을 증가시키는 것과 관련되었다. 이들은 심지어 정신병 삽화 동안에도 환청을 더욱 수용하게 되었고 긍정적 정서를 갖게 되는 것을 학습하였다 (Shawyer et al., 2012).

중복 진단 이 집단에서 물질사용장애의 비율이 높기 때문에 조현병과 물질사용을 동시에 치료하기 위한 통합적 치료법이 개발되고 있다. 성공적인 개입들로는 동기강화 개입, 사회적 지지, 정기적인 약물 선별, 그리고 필요할 때 이루어지는 가족 단위의 개입이 있다. 사례관리, 지원 고용, 주거 지원 역시 제공될 필요가 있을 것이다. 중복 진단을 위한 대부분의 프로그램은 치료에 대한 위험 감소 접근법을 취하는데, 이는 회복 과정에서 예상되는 부분인 재발을 예측하고 관련 계획을 수립하는 것이다(Mahgerefteh, Pierre, & Wirshing, 2006). 중독 가능성이 높은 약물(예 : 벤조디아제핀)은 피하도록 주의해야 하며, 많은 중복 진단 환자들은 약물의 상호작용을 피하기 위해 약물치료를 중단할 것이기 때문에 조현병에 대한 약물치료를 잘 따르고 있는지를 신중히 살펴야 한다(Pratt & Mueser, 2002). 대부분의 중복진단 치료는 장기적일 것이며 치료에는 사례관리, 주거 지원, 그리고 기타 필요한 것들에 대한 관심이 포함될 수 있다.

집단치료 집단치료를 치료에 포함시키는 것은 회복의 단계에 따라 다를 것이다. 약물치료에 안정적인 사람들, 특히 초발 정신병 삽화를 경험한 사람들은 집단 사회화와 지지뿐 아니라 장애, 약물치료 순응, 사회적 기술, 그리고 문제해결 치료에 대한 심리교육이 도움이 될 수 있다. 가능하다면 클럽회관과 지원고용 프로그램이 회복을 도울 뿐만 아니라 동료애를 증가시킬 수 있다. 회복을 예측하는 요인에 대한 10년의 추적 연구에서 연구자들은 공격성과 우울이 낮고 음성 증상이 적으며 이전에 일을 한 경력이 있고 독립적으로 생활할 능력이 있는 것이 좋은 결과와 관련된다고 밝혔다(Shrivastava, Shah, Johnston, Stitt, & Thakar, 2010).

장기 관리 연구에 의하면 조현병 환자들이 약물치료를 지속하고, 어느 정도의 동료 지지와 직업이 있고, 우울과 스트레스를 관리하는 치료에 적극적으로 참여하고, 흥미 있거나 즐거운 활동에 참여하고, 일정한 가족의 지지가 있으며, 물질 남용을 삼간다면 오랜 기간 더 잘 지낼 수 있다 (Warner, 2009).

더 큰 자기낙인을 경험한 사람, 사회적 기술에 어려움이 있는 사람, 이혼을 겪고 있는 사람, 약물을 사용하는 사람, 그리고 통찰력이 낮은 사람은 회복을 유지할 가능성이 낮다(Lysaker, 2008; Sibitz, Unger, Woppmann, Zidek, & Amering, 2011).

사전 경고 없이 재발하는 경우는 드물다. 성급함, 수면장애, 불안, 편집증과 같은 전구 증상들이 며칠 또는 몇 주간 지속될 수 있다. 스트레스(예 : 적대적인 환경 또는 환자에 대해 적대적이고 비판적인 사람, 거주 불안정, 직업 관련 문제)는 재발을 촉발시킬 수 있다. 탄력성을 조성하고 자존감을 유지하며 긍정적인 정서를 증가시키는 일련의 대처기술이 스트레스를 축소하고 긴급한 치료에 대한 필요성을 감소시킬 수 있다.

전반적으로 도움을 주는 전문가들과 장기적으로 연락을 하는 것이 회복률에 도움이 된다(Roth & Fonagy, 2005). 환자들에게 필요한 적극적 지역사회 치료(assertive community treatment, ACT) 프로그램, 직업 상담, 지원 고용, 거주 지원, 그리고 심리사회적 치료를 통해 지속적으로 사례관리를 하는 것은 조현병 환자의 회복을 유지하는 데 중요한 부분이다. 지역사회 치료 프로그램은 입원과 독립적 생활의 중간 다리를 제공하는 데 도움이 되며 조현병 환자들이 입원 환자로 보내는 시간을 줄여주는 것으로 보인다(Mahgerefteh et al., 2006).

가족중심 개입 심각한 정신병리에서 회복하고 있는 대부분의 사람들은 가족의 품으로 돌아간다. 여러 연구에서 전구 증상 기간에 있는 사람들을 포함한 조현병 환자의 재발과 재입원율을 감소시키기 위해 가족중심 심리교육적 프로그램이 경험적으로 확립되어 왔다(Miklowitz, 2014). 약물치료 순응률 역시 증가하였다.

심리교육, 의사소통 패턴의 개선, 환자에 대한 부정적 정서 반응(예 : 비판)의 감소, 가족 문제에 대한 대처지향적 접근은 모두 재발을 예방하는 데 효과적인 방법이다. 심리치료와 기술 훈련은 재발을 막는 데 중요하다. 가족 상담, 사회적 기술 훈련, 그리고 교육과 지지집단을 제공하는 지역사회 기반 프로그램은 가족들이 자신이 사랑하는 사람이 처한 상황에 대해 느끼는 수치심, 죄책감, 슬픔에 대처하는 것을 돕는 데 중요하다.

아동기 조현병　성인과 마찬가지로 조현병 아동 환자의 치료는 약물치료, 가족치료, 사회적 기술 훈련, 그리고 심리사회적 치료를 포함한 여러 치료 양상이 필요하다. 치료자들은 아동의 학교에서 개별화 교육 계획(IEP)을 개발하는 데 또한 관여하게 될 것이다. IEP에는 사회적 · 정서적 목표와 대인관계적 상호작용, 적절한 행동, 그리고 효과적인 의사소통과 같은 사회적 기술 훈련이 포함되어야 한다. 아동이 스스로를 진정시키기 위해 갈 수 있는 편안한 장소를 확보하는 것뿐만 아니라 스트레스 관리 기술을 익히도록 하는 것 역시 유용할 수 있다. 앞선 연구에서는 약물치료만 받은 아동들로 이루어진 통제집단에서 83%의 재발률을 보인 것과 달리 약물치료에 더하여 가족적 개입을 받은 아동은 재발률이 17%에 머물렀다(Bellack & Mueser, 1993).

정신질환자들을 위한 전국연합(National Alliance for the Mentally Ill, NAMI)은 정신질환자와 그 가족을 교육하고 지원하며 변호하기 위해 일반인들이 설립한 35년 이상 된 전국 규모의 기관이다. NAMI는 가족들이 심각한 정신질환을 이해할 수 있도록 돕기 위한 12주 교육 프로그램을 제공한다. 가족간 교육 프로그램은 교육, 대처 전략, 집단과 동료의 지지를 통해 가족들이 조현병의 치료와 유지에서 능동적인 역할을 하도록 힘을 북돋는 데 도움을 준다. 가족들의 스트레스와 불안이 감소하는 것은 환자에 대한 부정적 정서 표현을 낮추는 결과를 가져오며, 결국 조현병의 재발률을 낮추는 것으로 알려져 있다.

예후

어떤 조현병 환자들은 첫 삽화 이후에 완벽한 차도를 보일 것이다. 한 연구에 의하면 초발 정신병 삽화를 경험한 사람들의 62%가 전반적으로 개선된 것에 반해, 5년 이내 재발률은 14%였다. 여러 번의 삽화를 경험한 사람들과 대마나 술을 사용하는 사람들(Drake & Mueser, 2002; Moore et al., 2007), 그리고 약물치료를 지속하지 않는 사람들의 회복은 좋지 않다.

이 장애로 입원한 환자들의 거의 50%는 첫 삽화 2년 이내에 재발할 것이다. 음성 증상(예 : 우울, 무의욕증)은 남아서 환자가 냉담하고 고립된 느낌을 갖도록 할 것이다. 불행히도 78%의 사례가 5년 이내에 두 번째 재발을 경험한다. 두 번째 재발 이후에는 인지적 표류나 성격 악화가 심해지며, 각 삽화가 계속해서 나타날 때마다 더욱 나빠진다.

악화되는 현상이 종종 진단 이후 첫 몇 년간 나타나기 때문에, 조현병이 뇌에 미치는 영향을 감소시키는 데 조기 진단과 치료는 결정적인 것으로 보인다. 의심할 바 없이 예방책에 초점을 둔 향후 연구와 약물에 의해 유발된 정신병, 아동기 성학대, 신체적 학대의 영향에 대한 교육에 관한 향후 연구들이 이 힘든 장애의 증상을 경감시키거나 발병을 늦추는 데 도움이 될 수 있을 것이다. 조현병 아동 환자의 장기적 결과 역시 조기 개입과 치료 과정에서의 가족의 지지로 개선될 수 있다.

조현정동장애

조현정동장애(schizoaffective disorder)는 *DSM-5*에서 가장 이해되지 않는 장애 중 하나이다. 인지장애 증상과 함께 정서장애 증상을 포함하는데, 각각의 지속 기간이나 심각도는 진단을 위해 필수적이다. 다른 정신병과 양극성장애와 마찬가지로, 조현정동장애는 틀림없이 더욱 유동적이며 증상의 개요, 출현, 치료에 대한 반응이 현재 *DSM-5*에 언어로 묘사된 것보다 더 다양하게 나타나는데, 특히 사회적 기술과 결과에 있어서 그렇다(Parker, 2014). 비록 *DSM-5*에서 조현병 및 기타 정신병적 장애에 대한 장이 정신병적 증상의 다섯 영역에 대한 묘사로 시작하고 심각도 수준을 결정하는 데 도움이 되는 정보를 제공하기는 하지만, 조현정동장애의 대부분의 증상기준은 *DSM-IV*와 거의 다르지 않다(Parker, 2014).

진단

조현정동장애의 특징은 정신병적 증상(환각, 망상)과 정서 삽화(조증 또는 우울증)가 동시에 나타나는 기간이 2주 이상 지속된다는 점이다.

주요 기분 삽화(주로 우울) 증상이 질병 기간의 반 이상 동안 나타나야 한다. 조현정동장애로 진단하기 위해서는 2주 동안 망상이나 환각이 주요 기분 삽화 없이 나타난 일이 적어도 한 번은 있어야 한다(APA, 2013).

이 장애는 진단이 복잡하고, 일반적으로 시간이 지나면서 새로운 증상들이 명백해지면 드러난다. 어떤 사람들은 처음에는 조현병으로 진단이 되었다가, 이후 정동 증상(주로 우울증)이 눈에 띄면 조현정동장애로 진단이 바뀐다. 그러나 다른 사람들은 심각한 우울증이나 조증과 함께 나타나며 처음에는 기분장애, 즉 MDD나 양극성장애로 진단을 받는다. 시간이 지나면서 정신병적 증상이 드러나고 더욱 눈에 띄면 조현정동장애라는 보다 적절한 진단으로 바뀌게 된다.

증상의 패턴과 타이밍은 사람에 따라 다양해서 초기 진단에 혼란을 야기한다. 그러나 패턴은 진단에 중요하지 않다. 정신병과 기분 증상의 동시발생이 조현정동장애의 특징이다.

- 양극형인지 우울형인지 명시할 것
- 긴장증을 동반하는지 명시할 것
- 다음의 경우 명시할 것
  - 첫 삽화
  - 다중 삽화
  - 지속적인 상태
  - 명시되지 않는 경우
- 정신병적 증상의 수를 근거로 현재 심각도를 명시할 것

만일 조증 삽화가 있다면 양극형으로, 주요우울 삽화(MDE)가 있다면 우울형으로 명시한다. 이 장애의 발병 연령은 남성은 초기 성인기인 경우가 많고, 여성은 증상 발병이 다소 늦다. 아동기에 진단되는 경우는 드물다. 이 장애는 조현병, 양극성장애, 또는 조현정동장애 환자의 일차친척(형제, 부모 등)에게서 더욱 일반적으로 나타난다.

내담자 특징

빈약한 현실 검증력, 자기관리에서의 문제, 사회적 고립, 기능에서의 장애가 조현정동장애와 관련된다. 기능이 손상된 정도가 일터, 대인관계, 일상적 활동에서의 어려움을 유발함에도 불구하고 조현병만큼 심각하지 않으며 이것들이 진단의 필수조건은 아니다(APA, 2013). 이 장애에 전형적으로 수반되는 사회적 손상과 직업적 문제에 전두엽 인지 기능장애가 일조한다. 조현정동장애의 양성·음성 증상에서 차도가 있은 후에도 25%만이 사회적·직업적 기능에서의 지속적인 회복이 가능하다(Robinson, et al., 2004).

질환의 대다수에서 우울증이 자주 발견된다. 인지적 기능장애 증상이 발달하기 전에 내담자가 갖고 있던 목표와 삶의 계획이 갑작스럽고 무력하게 상실되면서 결과적으로 조현병 스펙트럼에 걸쳐 삶의 질 손상 증후군(quality-of-life-impairment syndrome)이라는 상태가 종종 나타난다. 당연하게도 많은 사람들이 자신을 이전 기능 수준보다 감퇴한 것으로 지각한다. 자기낙인이 빈약한 통찰력과 어우러지면서 기능을 더욱 저하시킬 수 있고 삶의 질 감소로 이어질 수 있다. 우울이 스트레스 증가 및 삶에 대한 불만족과 조합되면서 종종 자살사고로 이어지기도 하며, 이는 역시 낮은 삶의 질과 관련된다(Yanos, Roe, & Lysaker, 2010; Ritsner & Gibel, 2007). 이 장애를 가진 사람 중 5~10%가 자살을 할 것이며, 이 비율은 북아메리카에서 유럽, 남아메리카, 인도에서보다 높게 나타난다(APA, 2013).

무엇이 조현정동장애를 유발하는지는 명확하지 않다. 이 장애는 가끔 건강한 젊은 성인이 스트레스성 생활사건을 겪은 후에 나타난다. 이러한 경우에 발병은 갑작스럽고, 뚜렷한 혼란과 혼돈이 동반된다.

감별진단에서는 코카인, 암페타민, 펜시클리딘과 같은 약물사용, 스테로이드 약물치료, 발작장애는 제외시켜야 한다. 이러한 조건들은 모두 조현정동장애로 오해할 수 있는 증상을 유발할 수 있다.

평가

앞서 언급한 것처럼 *DSM-5*의 III편 — 새로 개발된 평가 도구치와 모델 — 에 대안적인 *DSM-5* 모델(정신병 증상 심

각도 차원)이 포함되어 있기는 하지만, *DSM-5*는 정신병적 장애에 대해 차원적 접근으로 변화하지 않았다(APA, 2013, p. 742). 평가 도구는 정신병적 장애를 규명할 다섯 가지 주요 영역, 즉 망상, 환각, 와해된 사고와 언어, 비정상적 정신운동 행동(긴장증 포함), 음성 증상(감퇴된 정서 표현, 무쾌감증, 사회적 고립, 무언어증)을 평가할 척도를 제공한다.

*DSM-5*에서는 조현정동장애가 조현병, 양극성장애, 기분장애를 연결하는 역할을 하고 이들과 더욱 유사하다고 보면서 이 장애를 종단적으로 재개념화한 것은 사실이다.

인지 기능, 우울증, 조증에 대한 차원적 평가 도구 역시 제공되는데, 이는 이 장애의 대부분 기간 동안 주요 기분 삽화(주요우울 또는 조증)가 있어야 하는 조현정동장애의 진단에 특히 중요하다. 게다가 기분장애와 동시에 조현병 진단기준 A(망상 또는 환각)가 적어도 2주 동안 충족되어야 하며, 질환의 전체 경과 중에서 어느 기간은 주요 기분 삽화가 없으면서도 역시 망상이나 환각이 경험되어야 한다(APA, 2013).

조현정동장애는 인구의 0.3%에 영향을 미치며 비교적 드물지만, 이 장애의 복잡한 증상 개요 때문에 양극성장애, 기분장애, 또는 다른 조현병 스펙트럼 장애 등으로 잘못 진단이 내려지기가 매우 쉽다. 흥미롭게도 조현정동장애는 아프리카계 미국인과 히스패닉계에게서 과잉 진단되는 경향이 있으므로, 정신병을 결정하는 데 있어서 문화적 차이를 고려하는 데 주의해야 한다. 이 진단의 종단적 특징 때문에 시간이 흐름에 따라 증상 특성의 변화를 인지하고, 평가하고, 이전 기분 또는 조현병 스펙트럼 장애 진단이 더 이상 적절하지 않게 될 때 조현정동장애로 진단을 바꾸는 데 주의를 기울여야 한다.

치료자의 자질

치료자는 기분장애 증상(우울증과 조증)과 정신병을 알아차리는 데 능숙해야 하며, 이 장애의 단계에 따라 적절한 형태의 지지를 제공할 수 있어야 한다.

정신병과 관련된 모든 장애에서처럼, 정신병 증상은 종종 저항과 의심이 동반되고, 이러한 환자와 작업할 때는 안심시키기와 부드러운 현실 검증이 필요하다. 이 장애에서는 일반적으로 통찰력이 낮아지므로, 어떠한 현실 검증도 부드럽게 이루어져야 한다. 지지하고 구조화하며 공감 및 수용하고 안심을 시킨다면 공포, 의심, 편집적 사고를 표현할 수 있는 안전한 환경을 만들어줄 수 있다.

치료자들은 또한 시간이 지남에 따라 증상을 평가하는 데도 재빨라야 하고 병리적인 기분 변화에 민감해야 한다. 조현정동장애 환자들은 자주 우울증이나 조증 삽화 이후에 장기적인 정신병 기간을 경험한다. 치료자들은 이 장애의 패턴을 이해해야 하며, 가능하면 환자가 이전 기능 수준으로 회복하도록 도와야 한다. 일반적으로 통찰력이 부족하며 치료가 성공적이려면 이러한 사실도 언급되어야 한다.

현실적인 목표를 설정하고 환자의 사기가 저하되고 수치스러워하거나 자신을 탓하게 되는 상황은 피하는 것이 중요하다.

개입 전략

조현정동장애의 치료만을 위한 연구는 거의 이루어지지 않았는데, 그 이유 중 일부는 연구에 사용된 대상들의 이질성 때문이다. 대부분의 연구가 조현병 스펙트럼 전체에 해당하는 대상을 포함시키며 장애 사이의 구별을 하지 않는 경향이 있는데, 이는 조현정동장애가 정신병과 기분장애의 양상을 모두 포함하고 정서 및 인지 장애 모두에 대한 치료가 필요하다는 점에서 안타까운 일이다(Maj, Pinozzi, Formicola, Bartoli, & Bucci, 2010).

다른 점도 있지만 이 장애의 치료적 개입은 조현병에 대한 개입과 유사하다. 언제나 약물치료가 치료에서 최우선시되며, 급성 정신병 단계나 기분 증상 모두를 목표로 심리사회적 개입이 뒤따른다. 특히 환자의 안전이나 약물치료의 안정화를 확실히 하기 위하여 첫 정신병 삽화 등의 시기에 입원이 필요할 것이다. 조현병과 마찬가지로 퇴원은 종종 중간시설이나 그룹홈으로 옮기거나 또는 환자가 약물치료에 안정될 때까지 가족 구성원이 보살피는 형태로 이루어진다. 급성 증상이 진정된 후에는 독립적인 생활로 복귀하도록 하는 데 주간 치료 프로그램, 부분 입원, 그리고 지역사회 서비스가 유용할 것이다.

환자를 돌보는 모든 팀원(예 : 정신과 의사, 치료자, 사례관리자, 가족 구성원)이 진료의 연속성을 갖고 함께 일을 해나가기 위해서는 사례관리와 진료 연계가 필요할 것이다. 조현정동장애가 정신병 장애와 기분장애의 양상을 모두 갖고 있기 때문에, 치료는 개별화되어야 하며 인지뿐만 아니라 정서 증상에도 초점을 두어야 한다. 이 환자들에게 적합한 부수적인 치료로는 심리교육, 심리사회적 치료, 가족치료, 기술 훈련이 있다.

약물치료 특별히 조현정동장애를 위한 약물치료를 연구하는 것에는 한계가 있다. 치료는 대부분 양극성장애에 대해 신중하게 약물치료를 하는 것과 유사할 것인데, 왜냐하면 항우울제가 조증 삽화를 촉발시키거나 또는 정신병 증상 치료를 위해 사용한 다른 약물이 조증에서 우울증으로 전환되는 결과를 초래할 위험성이 있기 때문이다. 초발 정신병 삽화 이후에 최상의 조합을 찾기 전까지는 종종 약물을 다양하게 조합하는 것이 필요할 것이다. 특히 리튬, 항우울제, 비정형 항정신병제제, 그리고 신경이완제 등의 기분 안정제는 모두 조현정동장애의 어떤 단계를 치료하는 데 유용한 것으로 알려져 왔다. 리튬은 특히 양극성 아형 단계를 유지하는 데 유용할 수 있다(Robinson et al., 2004). 리튬과 항정신병 약물치료가 장기화되면 그 영향이 심각할 수 있기 때문에, 혈액 내 화학적 수치를 주기적으로 모니터링할 필요가 있다.

14주간의 이중맹검 약물 실험에서는 조현정동장애와 관련된 양성 및 음성 증상을 줄이는 데 클로자핀(클로자릴), 리스페리돈(리스페달), 그리고 올란자핀(자이프렉사)이 할로페리돌(할돌)보다 우수하다는 것이 밝혀졌다(Volavka et al., 2002). 클로자핀을 꾸준히 복용하는 것도 긍정적인 결과를 보여주었다. 한 연구에서 이 약물을 사용하여 치료한 참가자의 65%가 더 이상의 입원도 하지 않았고 기분 삽화도 보이지 않았다(Zarate, Tohen, Banov, & Weiss, 1995). 또한 자살로 인한 사망자 수도 감소하는 것으로 밝혀졌다(Meltzer, 2012). 그러나 클로자핀의 긍정적인 결과에 더하여 이 약물의 이점과 함께 예상 밖의 부작용(예 : 과립구감소증, 대사성 부작용, 심근염)도 따져보아야 한다는 증거도 쌓이고 있다(Meltzer, 2012).

심리사회적 개입 조현정동장애 환자들을 최소 50% 포함한 무선통제실험에 의하면 사회적 기술 훈련, 직업 훈련, 그리고 적극적 지역사회 치료(ACT)가 약물치료에 대한 부가적인 치료로 효과적인 것으로 밝혀졌다(Dixon et al., 2010). 세 가지 무선통제실험에 대한 메타분석에서는 일반적인 지역사회 치료에 비해 적극적 지역사회 치료가 조현병 환자의 노숙과 입원률을 낮추는 것으로 밝혀졌다(Coldwell & Bender, 2007).

적극적 지역사회 치료의 일환으로 일을 하고자 하는 조현병 스펙트럼 장애 환자에게 일자리를 찾아주고 지속적인 지원을 제공하는 고용 지원은 고용률과 업무 시간을 증가시키는 것으로 밝혀졌다. 고용 지원 프로그램과 정신건강 서비스가 통합될 때 더 좋은 결과가 나타난다. 그러나 고용 지원이 이들에게 경제적인 자립을 제공하지는 못한다(Dixon et al., 2010).

특별히 정신병 증상(망상, 환각, 음성 증상)을 다루기 위해 고안된 개인이나 집단 인지행동치료는 대처 기술을 개발하고 약물 내성이 없는 양성 증상을 감소시키는 데 도움이 되는 것으로 밝혀졌다. 인지행동치료는 구체적인 문제 영역(예 : 사회불안, 약물 내성이 있는 환각)을 규명하고 대처 전략을 발달시키는 데 도움이 된다. 전반적으로 통제된 연구와 여러 메타분석에 의하면 인지행동치료가 매주 또는 격주로 4~9개월 동안 진행이 될 때 증상(망상, 환각, 음성 증상)의 심각도가 감소하고 사회적 기술이 증가한다(Tarrier & Wykes, 2004; Wykes, Steel, Everitt, & Tarrier, 2008).

인지행동치료와 사회적 기술 훈련 역시 가정과 지역사회에서 매일의 기능을 향상시키고 일터에서의 사회적 상호작용과 대인관계 기술을 향상시키며 독립적인 생활을 조성하기 위해 필요하다. 이 환자들에게는 구체적인 생활 상황과 문제해결에 초점을 둔 구조화된 행동적 개입이 적절하다. 내용은 다양할 수 있지만(예 : 불법 약물 거절하기, 직장 의사소통 기술, 돈 관리), 대부분의 기술 훈련 프로그램은 행동적인 접근을 취하고 모델링, 역할연기, 교정적 피드백, 정적 강화, 새롭게 배운 기술을 리허설하고 연습하기 위한 회기 간 과제로 구성된다.

앞서 언급한 것처럼 가족의 지지가 중요한데, 가족의

지지는 재발률이 25% 감소되는 것과 관련된다(Glynn, Cohen, Dixon, & Niv, 2006). 가족중심치료는 가족 구성원들이 이 장애를 이해하고 자신들의 사랑하는 가족을 위해 어떻게 지지할 것인지를 배우고 환자에 대한 부정적인 정서 반응(예 : 비판하기, 부정적으로 생각하기)을 감소시키고 협력적 의사결정과 긍정적 강화를 사용하여 지속적인 약물치료를 강화할 수 있도록 돕는 심리교육과 위기 개입을 제공하는 것이 목표이다. 여러 메타분석에서는 가족 개입이 6개월 이상 지속될 때 재발률과 추가적인 입원이 유의미하게 감소한다고 밝혔다(Mari & Streiner, 1994; Pilling et al., 2002; Pitschel-Walz, Leucht, Bauml, Kissling, & Engel, 2001). 가족 역동을 개선하고 스트레스를 경감시키고 약물치료를 지속하도록 하기 위해서는 더 단기간의 개입이 효과적이었다(Falloon et al., 1985; Mueser, Sengupta, Schooler, et al., 2001).

NAMI, 양극성연합(Bipolar Alliance), 병원 기반 교육 프로그램과 같은 기관이 제공하는 지역사회 지원은 가족 구성원들로 하여금 이 만성적이고 심신을 지치게 하는 장애를 갖고 살아가는 사람들을 오랜 기간 수용하고 지지하도록 하는 데 도움이 된다. 예전에는 면대면으로만 가능했던 동료지지 집단이 이제는 온라인에서도 제공된다. 이러한 집단들을 통해 타인에게 크게 수용되는 경험을 하고 약물치료를 잘 따르게 되며 대처를 잘하고 걱정이 감소하며 일상 기능이 개선되고 자기관리를 잘하게 되면, 자기낙인이 감소하는 데 도움이 된다. 자기조력 집단이 삶의 질을 향상시키고 사회적 관계망을 증가시키며 증상을 개선시킨다는 연구는 많지는 않다. 더 오래 참여할 때 그리고 참여자가 집단에 더 능동적으로 참여할 때 긍정적인 결과가 나타나는 것으로 보인다(Davidson et al., 1999; Powell, Yeaton, Hill, & Silk, 2001).

전기충격치료는 약물치료에 반응하지 않는 사람들이나 항정신병 약물이나 여타의 약물을 복용하는 것을 불가능하게 하는 의학적 상태가 공존하는 사람들에게는 선택지가 될 수 있다. 매년 10만 명 이상이 조현정동장애를 포함한 기분이나 사고장애 치료를 위해 전기충격치료를 받았다(Mankad, Beyer, Weiner, & Krystal, 2010).

근래에 조현정동장애 치료에 도움이 될 수 있는 더 새로운 접근법이 무선통제실험 방법으로 연구되고 있지만, 아직 승인되지는 않았다. 구체적으로 조현병 스펙트럼 장애의 연구와 치료를 위한 500개 이상의 임상실험이 현재 진행 중이다. 성인과 아동의 정신병적 증상의 치료를 위한 반복적 경두개 자기자극(rTMS)과 관련한 여러 임상실험이 있다. 임상실험의 다수가 새로운 약물치료와 관련된다. 다른 주제로는 심리사회적 개입(예 : 마음챙김, 코칭, 작업요법)과 심부뇌자극술(deep brain stimulation, DBS)을 이용한 대안적 치료법이 있다. 또한 스마트폰 사용, 모바일 앱, 보디센서가 자기관리와 재발 감소를 위한 가능한 도구로 연구되고 있다. 확실히 미래에는 이 어렵고 삶을 피폐하게 하는 장애의 증상을 다룰 수 있도록 돕기 위한 새롭고 흥미진진한 가능성이 나타날 것이다.

조현정동장애를 위한 모든 치료에는 약물치료에 대한 순응, 가족과 사회적 지지, 심리치료, 안정적인 스케줄과 반복성, 그리고 건강한 생활양식(예 : 운동, 적절한 식이요법, 좋은 수면 위생)이 필요하다.

예후

최근 두 삽화 사이에 경과가 좋은 조현정동장애 환자들이 많은 반면, 만성적으로 손상된 상태로 남는 환자도 있을 것이다. 조기 발병, 병전 기능의 손상, 끊임없는 진행, 그리고 환자의 정서와 일치하지 않는 망상과 환각이 나쁜 예후와 관련된다. 약물치료에 대한 순응, 적극적 지역사회 치료, 그리고 가족의 지지는 좋은 결과와 관련된다. 10년의 치료 결과에 대한 연구들은 조현정동장애가 조현병보다 예후가 좋다고 보고하였다(Harrow, Grossman, Herbener, & Davies, 2000). 그렇다고 하더라도 재발은 보편적인데, 특히 약물치료가 중단되었을 때 그렇다. 이 복잡한 장애에 대해 더 알고자 하는 독자들은 이 장의 마지막 참고문헌에 있는 Craddock, O'Donovan과 Owen(2009)의 저서를 읽기 바란다.

물질/약물치료로 유발된 정신병적 장애

초발 정신병 삽화를 경험한 사람들의 무려 25%가 물질이나 약물을 복용하거나 독소에 노출된 이후에 증상이 발달한다. 메타분석에서는 대마와 알코올이 조현병 환자들이 가장 광범위하게 사용하는 물질이라고 보고하였다. 젊을수록, 남성일 경우, 그리고 초발 정신병 삽화를 경험한 경우에 대마와 더욱 명확히 관련되어 있었다(Koskinen, Lohonen, Koponen, Isohanni, & Miettunen, 2010).

망상이나 환각이 물질이나 약물을 사용하는 것과 관련이 있다면, 물질/약물치료로 유발된 정신병으로 진단될 것이다. 일반적으로 정신병 증상은 물질사용에 선행하지 않으며, 물질이나 약물치료가 중단된 이후에는 차도를 보이거나 약해진다.

정신병적 장애를 촉발하는 것으로 알려진 물질은 대마, 펜시클리딘, 흡입제, 진정제, 환각제, 또는 항불안제, 암페타민, 코카인, 그리고 다른 여러 가지이다. 물질은 진단의 일부로 명시되어야 한다.

정신병 증상을 유발하는 것으로 알려진 약물은 마취제와 진통제, 항콜린제, 코르티코스테로이드, 소화기계 치료약물, 근육이완제, 비스테로이드성 소염제, 항우울제, 디설피람이다.

일반 의약품 역시 정신쇠약의 원인이 될 수 있다. 가장 가능성이 높은 것으로는 페닐레프린과 슈도에페드린이 있다(APA, 2013).

일산화탄소, 이산화탄소, 연료나 페인트, 사린, 몇몇 살충제, 그리고 신경가스와 같은 독소들 역시 정신병 증상을 유발하는 것으로 알려져 있다.

심각도 명시자들과 함께 발병이 중독 중에 일어났는지 또는 금단 중에 일어났는지가 기록되어야 한다. 조현병 스펙트럼 및 다른 정신병적 장애들과 물질 사용이 보통 함께 나타났는지 역시 기록되어야 하며, 따라서 우울증과 조증뿐만 아니라 인지 기능에 대한 평가가 정밀한 진단을 위해 중요하다. 발병과 경과, 물질 사용의 증거가 고려되어야 한다. DSM-5는 이전 정신병력이 없으면서 35세 이상인 사람에게 망상이 갑작스럽게 나타난다면 물질 또는 약물치료로 인한 정신병적 장애를 고려할 것을 명시하였다.

다른 의학적 상태로 인한 정신병적 장애

정신병적 장애의 증상이 망상이나 환각을 유발하는 것으로 알려진 의학적 상태와 함께 나타난다면 다른 의학적 상태로 인한 정신병적 장애 진단을 고려해야 한다. 그러나 만약 섬망이 있을 때만 이 상태가 나타난다면 이 진단이 내려져서는 안 된다. 이 경우에는 주요 또는 경도 신경인지장애 진단이 더욱 적절할 것이다.

환각과 망상을 촉발하는 것으로 알려진 의학적 상태들로는 내분비와 신진대사 상태, 난청, 편두통, 중추신경계 감염, 체액이나 전해액 불균형, 간이나 신장의 질병, 자가면역질환, 그리고 헌팅턴 무도병, 뇌혈관질환, 다발성 경화증과 같은 기타 신경학적 상태가 있다. 뇌전증은 다른 의학적 상태로 인한 정신병적 장애의 원인으로 가장 빈번하게 언급되는데, 뇌전증 환자의 2~7.8%에서 장애가 나타난다(APA, 2013). 노화와 관련된 과정(즉 동맥경화)과 고령 집단에서 이 장애의 유병률이 높다. 젊은 연령 집단에서는 뇌전증, 두부외상, 자가면역이나 종양질환과 같은 기존 질병이 있을 가능성이 더 높다.

다른 의학적 상태로 인한 정신병적 장애의 경과는 단일 삽화만으로 호전되는 경우일 수 있고, 또는 기저하는 의학적 상태가 변화함에 따라 악화되는 순환하는 상태의 일부일 수 있다. 일반적으로 두부외상이나 뇌혈관 질환과 같은 기존 증상들이 더 나쁜 결과를 낳는다.

긴장증

2013년에 DSM-5에서 조현병의 아형을 삭제하면서, 긴장증(catatonia)은 더 이상 조현병의 유형이 아니다. 그러나 긴장증은 여전히 다른 정신장애나 의학적 상태의 맥락에서, 또는 다음에 대략적으로 기술된 것처럼 특정화되지 않은 긴장증으로 분류될 수 있다.

다른 정신장애와 관련된 긴장증(긴장증 명시자)

- 긴장증 명시자는 거부증, 납굴증, 자세유지증, 반향언어증, 반향동작증, 반응 부족, 초조, 찡그림, 상동증, 강경증, 혼미, 또는 매너리즘(정상 행위의 이상하고 상세한 희화화)의 증상 중 셋 이상이 존재하는 뚜렷한 정신운동장애가 나타날 때 다른 정신장애와 함께 사

용될 수 있다.

- 긴장증 명시자는 병원 세팅에서 가장 흔히 사용되고, 조현병 진단을 받은 개인의 무려 35%에서 나타난다. 우울증이나 양극성장애가 진단된 사례의 대다수를 구성한다(APA, 2013). 긴장증 명시자가 적절할 다른 정신장애들로는 신경발달장애, 정신병적장애, 또는 다른 정신장애가 있다.
- 다른 의학적 상태들은 제외되어야 한다(예 : 감염성, 대사성, 또는 신경학적 상태). 긴장증은 약물치료의 부작용, 특히 신경이완제 악성증후군일 수 있으며, 약물치료 역시 제외되어야 한다.

다른 의학적 상태로 인한 긴장성장애

- 신경학적 상태(예 : 머리 외상, 뇌혈관 질환)와 대사 상태(당뇨성 케토애시도시스, 칼슘과잉혈)를 포함한 다양한 의학적 상태가 긴장증을 유발할 수 있다. 만일 같은 시기에 신경이완제를 복용하고 있다면, 신경이완제 악성증후군을 고려할 것이다.
- 다른 의학적 상태로 인한 긴장성장애는 그것이 이 장애를 유발할 수 있는 의학적 상태의 결과라는 직접적인 신체적 증거(검진, 과거력, 연구 결과에 근거)가 있을 때, 그리고 앞서 나열된 셋 이상의 정신운동 장애 증상(거부증, 납굴증, 자세유지증, 반향언어증, 반향동작증, 반응 부족, 초조, 찡그림, 상동증, 강경증, 혼미, 또는 매너리즘)이 있을 때 진단될 수 있다. 긴장증은 임상적으로 유의미한 고통을 유발해야 하며 다른 정신장애로 더 잘 설명되거나 섬망 중에만 나타나서도 안 된다.
- 명시되지 않는 긴장증은 기저하는 정신장애나 의학적 상태가 명확하지 않을 때 또는 더 구체적인 진단을 내릴 정보가 충분하지 않을 때 내려질 수 있다.

긴장증은 정신병 환자의 10%에 달하는데, 가장 흔하게는 중증 양극성 또는 우울성 정신병에서 발견된다. 긴장증 증상의 치료에는 주로 벤조디아제핀이나 전기충격치료(ECT)가 사용되는데, 이는 보통 조현병 스펙트럼 장애여서 빠른 반응을 얻지 못하는 경우를 제외하고는 효과가 빠르

다(Rosebush & Mazurek, 2010).

148명의 긴장증 환자를 대상으로 한 연구에서, 46%가 정동장애, 20%가 조현병, 6%가 조현정동, 16%가 다양한 신경학적 질환, 4%가 벤조디아제핀 금단, 그리고 8%가 다른 정신병적 장애가 있었다(Rosebush & Mazurek, 2006).

신경이완제 악성증후군은 항정신병 약물치료에 대한 부정적인 반응으로 인해 초래되는 생명을 위협하는 신경학적 장애이다. 환자의 60%에서 신경이완제를 처음 복용하거나 양을 늘린 첫 주 이내에 증상이 발병한다. 그러나 노출된 지 1~44일 사이에 증상이 발달하고, 환자의 96%가 30일 이내에 나타난다(Lazarus, 1989; Henderson, 2011). 남성과 여성의 비율은 2 : 1이다. 신경이완제 악성증후군은 의학적으로 위급 상황을 초래하는데, 종종 집중적인 보살핌이 필요하다. 열, 오한, 의식 수준의 변화, 섬망의 진행, 무기력, 혼수상태와 함께 긴장증과 유사한 양상, 특히 근육 경직이 나타날 수 있다.

오직 클로자핀에 의한 신경이완제 악성증후군만이 약물로 인한 운동장애를 보이지 않으며, 다른 모든 비정향 항정신병 약물은 장애가 나타날 수 있다(Picard et al., 2008). 이 장애의 심각성 때문에 증상을 가볍게 보아 넘겨서는 안 된다. 신경이완제 악성증후군은 조기 발견과 치료가 필수적이며, 신경이완 약물을 중단해야 하며 의학적으로 보살펴야 한다.

성공적인 치료는 즉각적으로 증상을 인지하고, 신경이완제 약물치료를 중단하고, 특정 약물(벤조디아제핀)을 사용하여 치료하며, 지지적으로 보살피는 것에 달려 있다. 신경이완제 악성증후군은 드물게 나타나는데, 신경이완제를 복용하는 인구의 0.01~0.02%로 추정된다(Strawn, Keck, & Caroff, 2007).

달리 명시된/명시되지 않는 조현병 스펙트럼 및 기타 정신병적 장애

조현병 스펙트럼 진단 분류 중 어떠한 장애의 진단기준도 완전히 충족시키지 않지만, 기능적 측면에서 고통이 명확하고 증상이 조현병 스펙트럼 장애의 특징을 보일 때, 치료자는 이 장애를 내릴 수 있다. 진단기준을 충족시키지 않는

이유가 제시되어야 한다. 다음과 같이 예시를 들 수 있지만, 이 예시에 국한될 필요는 없다.

- 정신병 증후군 — 완전한 정신병 역치하에 해당하는 정신병과 유사한 증상. 일반적으로 통찰력이 유지되고 증상이 덜 심각하다.
- 망상장애 환자의 파트너에게 있는 망상 증상 — DSM-IV

의 '공유된 심리적 장애'나 ICD-10의 유도된 정신병적 장애와 유사하다. 망상적인 파트너와 관계를 맺고 망상적 자료의 영향을 받는 사람이어야 한다. 그 외에는 자신만 단독으로는 망상적 장애 진단기준을 충족시키지 않는다.

- 다른 양상들 없이 나타나는 끊임없는 환청

치료적 제언 : 통합 치료 모델

현실 인식 손상과 관련된 장애의 치료를 위한 제언이 환자 개요 양식으로 요약되어 있다.

진단

- 현실 인식 손상과 관련된 장애(조현병, 단기 정신병적 장애, 조현양상장애, 망상장애, 조현정동장애, 조현형 성격장애, 긴장증, 정신병적 장애, 다른 의학적 상태로 인한 정신병적 장애, 물질/약물치료로 유발된 정신병적 장애)

치료 목표

- 치료가 가장 효과적일 수 있는 안전하고 지지적인 환경을 제공하기
- 주 증상을 경감 또는 제거시키기
- 환자의 현실 인식 회복시키기
- 장애에 대한 환자의 대처 능력과 적응력을 최대화시키기
- 환자가 스트레스원이나 외상적 경험을 해결하도록 돕기
- 적절한 경우 사회적 · 직업적 기능을 향상시키기
- 재발 예방 전략을 확립하기
- 가족 구성원들이 자신들의 관련 욕구를 충족시킴과 동시에, 장애를 이해하고 환자를 어떻게 도울지 학습할 수 있도록 돕기

평가

- 의학적 · 신경학적 · 심리적 평가
- 진단을 돕고 공존하는 상태(자살 의도가 없는 자해, 자살 사고, 물질사용, 스트레스, 불안, 우울)과 관련된 특정 증상을 명확히 하기 위한 검사지

치료자의 자질

- 지지적이고 신뢰를 형성할 수 있으며 장기적인 치료 관계가 가능함
- 사려 깊고 일관되며 낙관성이나 희망을 소통할 수 있어야 함
- 장애의 특성과 경과에 대한 지식이 있음
- 의료인, 심리치료사, 재활상담자와 협력이 가능함
- 환자와 가족에게 지지와 심리교육을 제공할 수 있음

치료 장소

- 초발 정신병 삽화와 다른 정신병적 장애에 대한 치료는 처음에는 입원 세팅으로 시작하고 이후 외래 또는 낮 병동으로 진행함

개입 전략

- 정신병을 다루고 안정화하기 위한 약물치료
- 안정화를 유지하기 위한 지지적인 심리치료
- 필요하다면 환자와 가족에게 지지를 제공하고 이해를 돕고 약물 순응을 높이기 위한 심리교육
- 대처 기술과 스트레스 관리를 향상시키기 위한 행동치료
- 망상, 조현병의 양성 증상, 이 장애를 유지하는 작용을 하는 인지 왜곡을 다루기 위한 CBT
- 가족 기능을 다루고 환자에 대한 부정적 정서 표현을 경감시키기 위한 가족중심치료

치료의 주안점

- 장애의 특성과 단계에 따라 다양함(예 : 정신병에 대해서는 행동과 증상 경감에 초점을 둠)
- 지지하고 구조를 제공하는 것이 전형적으로 강조됨

(계속)

치료 참여 구성

- 우선적으로 개인치료
- 특화된 치료에 대해서만 집단치료(예 : 조현병에 대한 환경요법)
- 초기에 가족에게 환자를 어떻게 도울지를 교육할 때 별도의 가족 심리교육이 종종 유용함
- 환자의 연령과 동거 형태에 따라 가끔 가족치료가 도움이 됨

치료 속도

- 몇몇 예외사항(예 : 단기 정신병적 장애)을 제외하고는, 치료는 장기적일 것임
- 가끔 한 주에 여러 회기가 진행됨

약물치료

- 정신병적 장애에 대해서는 항정신병 약물치료가 거의 항상 진행됨
- 약물은 부작용이 발생하는지, 잘못 사용되지 않는지, 또는 자살의 위험은 없는지 주의 깊게 관찰되어야 함

보조 개입

- 재활 상담
- 사회적 기술 훈련과 활동 개발
- 필요하다면 가족들을 위한 임시 위탁

예후

- 장애(예 : 단기 정신병적 장애는 예후가 매우 좋으며, 조현병에 비해 조현정동장애가 더 예후가 좋음)와 조기 진단 및 치료에 따라 다양함

통합 치료 모델 : 칼리스타

이 장은 두 아이를 키우는 27세 어머니, 칼리스타 W에 대한 묘사로 시작되었다. 그녀는 자신이 다른 행성에서 지구로 왔기 때문에 특별한 치유 능력이 있다는 과대 망상을 갖고 있다. 어린 시절 따돌림, 청소년기 자살시도, 처방된 진통제에 중독된 현 상태, 그리고 가족 문제와 관련된 스트레스 모두가 아마도 이 장애에 일조하였을 것이다. 치료는 초기에는 변증법적 행동치료(DBT), 부드러운 현실 검증, 그리고 칼리스타가 스트레스원을 다루고 경감시키며 대처 기술을 향상시키도록 돕는 것에 초점을 두었다. 안정기 이후에는 칼리스타와 그녀의 부모가 관계를 향상하도록 돕기 위한 가족치료를 시작하도록 계획되었지만, 가족치료가 시작되기 전 주에 칼리스타는 다른 두 여성과 그녀들의 자녀들과 함께 공동거주를 하기 위해 돌연 아이들과 함께 버몬트로 이사했다.

진단

- 망상장애, 과대망상형, 지속형, 기이한 내용
- 초기 관해 중 물질사용장애(알코올)
- 부모-자녀 관계 문제

치료 목표

- 망상 증상 제거

- 의사소통과 양육 기술 향상
- 알코올과 처방약물 복용 자제하기
- 대처 방법, 지지체계, 자신감, 독립 능력 향상

평가

- 인지적 또는 의학적 장애의 가능성을 제외하기 위하여 의학적 · 신경학적 평가를 의뢰

치료자의 자질

- 지지적이고 차분함
- 공감적
- 부드러운 현실 검증에 능숙함
- 가족 역동에 대한 지식이 있음

치료 장소

- 외래

개입 전략

- 증상, 의사소통 기술, 문제에 대한 대안적 해결책 발달, 효과적인 문제해결에 대한 교육
- 환자의 감정에 대해 인정하되, 특정 망상 내용에 대한 최

(계속)

소한의 논의가 이루어짐
- 환자가 미래에 대한 현실적 목표를 설정하도록 돕기
- 부모가 칼리스타의 병에 대해 이해하고 대처할 수 있도록 가족치료로 돕기

치료의 주안점
- 구조화가 중요
- 현실 검증력 향상
- 현재를 지향하면서, 비교적 직접적으로 강조

치료 참여 구성
- 외래 세팅에서 개인치료 후 가족치료

치료 속도
- 증상을 감소시키기 위해 부드럽지만 지속적인 속도로 돕기

- 중간정도의 기간

약물치료
- 이 시기에는 필요하지 않음. 불안과 우울이 두드러진다면 필요하게 될 것임

보조 개입
- 사회적 기술 훈련과 활동의 개발
- 스트레스를 감소시키기 위한 마음챙김 명상이나 MBSR
- 요가나 다른 신체 활동
- 물질사용을 다루기 위한 12단계 프로그램

예후
- 만일 환자가 치료에 장기적으로 참여하고 공병 장애가 치료된다면 예후는 좋음

추천문헌

Craddock, N., O'Donovan, M. C., & Owen, M. J. (2009). Psychosis genetics: Modeling the relationship between schizophrenia, bipolar disorder, and mixed (or "Schizoaffective") psychoses. *Schizophrenia Bulletin, 35*, 482–490.

Frochtmann, L. J., Mojtabai, R., Bromet, E. J. (2009). Other psychotic disorders. In B. J. Sadock, V. A. Sadock, & P. Ruiz (Eds.), *Kaplan and Sadock's comprehensive textbook of psychiatry*, (9th ed., pp. 1605–1628). Philadelphia, PA: Wolters Kluwer Health/Lippicott Williams & Wilkins.

Parker, G. F. (2014). *DSM-5 and psychotic and mood disorders. Journal of the American Academy of Psychiatry and the Law, 42*, 182–190.

Torrey, E. F. (2014). *Surviving schizophrenia: A family manual* (6th ed.). New York, NY: Harper Collins.

참고문헌

Andreasen, N. C. (1984). *Scale for the Assessment of Positive Symptoms* (SAPS). Iowa City: University of Iowa.

American Psychiatric Association. (2010). *Practice guideline for the treatment of patients with schizophrenia*. Washington, DC: Author.

American Psychiatric Association. (2013). *Diagnostic and statistical manual of mental disorders* (5th ed.). Washington, DC: American Psychiatric Publishing.

Amminger, G. P., Schäfer, M. R., Papageorgiou, K., Klier, C. M., Cotton, S. M., Harrigan, S. M., . . . Berger, G. E. (2007). Omega 3 fatty acids reduce the risk of early transition to psychosis in ultra-high risk individuals: A double-blind randomized, placebo-controlled treatment study. *Schizophrenia Bulletin, 33*, 418–419.

Asarnow, R. F., & Kernan, C. L. (2008). Childhood schizophrenia. In T. P. Beauchaine & S. P. Hinshaw (Eds.), *Child and adolescent psychpathology* (pp. 614–642). Hoboken, NJ: Wiley.

Beck, A. T., & Steer, R. A. (1990). *Manual for the Beck Anxiety Inventory*. San Antonio, TX: Psychological Corporation.

Beck, A. T., Steer, R. A., & Brown, G. K. (1996). *Manual for the Beck Depression Inventory-II*. San Antonio, TX: Psychological Corporation.

Bellack, A., & Mueser, K. T. (1993). Psychosocial treatment for schizophrenia. *Schizophrenia Bulletin, 19*, 317–336.

Bradford, D., Stroup, S., & Lieberman, J. (2002). Pharmacological treatments for schizophrenia. In P. E. Nathan & J. M. Gorman (Eds.), *A guide to treatments that work* (2nd ed., pp. 169–200). New York, NY: Oxford University Press.

Cannon, T. D., Cadenhead, K., Cornblatt, B., Woods, S. W., Addington, J., Walker, E., . . . Heinssen, R. (2008). Prediction of psychosis in youth at high clinical risk: A multisite longitudinal study in North America. *Archives* of General Psychiatry, 65, 28–37.

Caton, C. L. M., Hasin, D. S., Shrout, P. E., Drake, R. E., Dominguez, B., First, M. B., ... Schanzer, B. (2007). Stability of early-phase primary psychotic disorders with concurrent substance use and substance-induced psychosis. British Journal of Psychiatry, 190, 105–111.

Cobia, D. J., Smith, M. J., Wang, L. & Csernansky, J. G. (2012). Longitudinal progression of frontal and temporal lobe changes in schizophrenia. Schizophrenia Research, 139, 1–6.

Coldwell, C. M., & Bender, W. S. (2007). The effectiveness of assertive community treatment for homeless populations with severe mental illness: A meta-analysis. American Journal of Psychiatry, 164, 393–399.

Compton, M. T., Goulding, S. M., & Walker, E. F. (2007). Cannabis use, first-episode psychosis, and schizotypy: A summary and synthesis of recent literature. Current Psychiatry Review, 3, 161–171.

Compton, M. T., Weiss, P. S., West, J. C., & Kaslow, N. J. (2005). The associations between substance use disorders, schizophrenia-spectrum disorders, and Axis IV psychosocial problems. Social Psychiatric Epidemiology, 40, 939–946.

Correll, C. U., Smith, C. W., Auther, A. M., McLaughlin, D., Shah, M., Foley, C., ... Cornblatt, B. A. (2008). Predictors of remission, schizophrenia, and bipolar disorder in adolescents with brief psychotic disorder or psychotic disorder not otherwise specified considered at very high risk for schizophrenia. Journal of Child and Adolescent Psychopharmacology, 18, 475–490.

Craddock, N., O'Donovan, M. C., & Owen, M. J. (2009). Psychosis genetics: Modeling the relationship between schizophrenia, bipolar disorder, and mixed (or "Schizoaffective") psychoses. Schizophrenia Bulletin, 35, 482–490.

Davidson, L., Chinman, M., Kloos, B., Weingarten, R., Stayner, D., & Tebes, J. (1999). Peer support among individuals with severe mental illness: A review of the evidence. Clinical Psychology: Science and Practice, 6, 165–187.

Demler, T. L. (2011). Challenging the hypothesized link to season of birth in patients with schizophrenia, Innovations in Clinical Neuroscience, 8, 14–19.

dePortugal, E., Gonzalez, N., Miriam, V., Haro, J. M., Usal, J., & Cervilla, J. A. (2010). Gender differences in delusional disorder. Evidence from an outpatient sample. Psychiatry Research, 177, 235–239.

Dickerson, F. B., & Lehman, A. F. (2011). Evidence-based psychotherapy for schizophrenia: 2011 update. Journal of Nervous and Mental Disorders, 199, 520–526.

Dixon, L. B., Dickerson, F., Bellack, A. S., Bennett, M., Dickinson, D., Goldberg, R. W., ... Schizophrenia Patient Outcomes Research Team (PORT). (2010). The 2009 schizophrenia PORT psychosocial treatment recommendations and summary statements. Schizophrenia Bulletin, 36, 48–70.

Drake, R. E., & Mueser, K. T. (2002). Co-occurring alcohol use disorder and schizophrenia. Alcohol Research & Health, 26, 99–102.

Evans, D. L., Foa, E. B., Gur, R. E., Hendin, H., O'Brien, C. P., Seligman, M. E. P., & Walsh, B. T. (2005). Treating and preventing adolescent mental health disorders. New York, NY: Oxford University Press.

Falloon, I. R. H., Boyd, J. L., McGill, C. W., Gilderman, A. M., Williamson, M., & Simpson, G. M. (1985). Family management in the prevention of morbidity of schizophrenia. Clinical outcome of a two-year longitudinal study. Archives of General Psychiatry, 42, 887–896.

Fear, C. F. (2013). Recent developments in the management of delusional disorders. Advances in Psychiatric Treatment, 19, 212–220.

Fergusson, D., Poulton, R., Smith, P., & Boden, J. M. (2006). Cannabis and psychosis. British Medical Journal, 332, 172–176.

Foster C., Startup, H., & Potts, L. A. (2010). A randomized controlled trial of a worry intervention for individuals with persistent persecutory delusions. Journal of Behavior Therapy in Experimental Psychiatry, 41, 45–51.

Freeman, D., & Garety, P. A. (2009). Delusions. In J. E. Fisher & W. T. O'Donohue (Eds.), Practitioner's guide to evidence-based psychotherapy (pp. 205–213). New York, NY: Springer.

Freudenreich, O. (2008). Psychotic disorder: A practical guide. Philadelphia, PA: Lippincott Williams & Wilkins.

Fryar-Williams, S., & Strobel, J. E. (2015). Biomarkers of a five-domain translational substrate for schizophrenia and schizoaffective psychosis. Biomarker Research, 3, 3.

Fusar-Poli, P., Bonoldi, I., Yung, A. R., Borgwardt, S., Kempton, M. J., Valmaggia, L., ... McGuire, P. (2012). Predicting psychosis: Meta-analysis of transition outcome in individuals at high clinical risk. Archives of General Psychiatry, 69, 220–229.

Fusar-Poli, P., Deste, G., Smieskova, R., Barlati, S., Yung, A. R., Howes, O., ... Borgwardt, S. (2012). Cognitive functioning in prodromal psychosis: A meta-analysis. Archives of General Psychiatry, 69, 562–571.

Garety, P., Bentall, R. P., & Freeman, D. (2008). Research evidence of the effectiveness of cognitive behavioral therapy for persecutory delusions: More work is needed. In D. Freeman & R. Bentall (Eds.), Persecutory delusions: Assessment, theory and practice (pp. 329–350). London, England: Oxford University Press.

Glynn, S. M., Cohen, A. M., Dixon, L. B., & Niv, N. (2006). The potential impact of the recovery movement on family interventions for schizophrenia:

Opportunities and obstacles. *Schizophrenia Bulletin, 32,* 451–463.

Grant, P. M., Huh, G. A., Perivoliotis, D., Stolar, N. M., & Beck, A. T. (2012). Randomized trial to evaluate the efficacy of cognitive therapy for low-functioning patients with schizophrenia, *Archives of General Psychiatry, 69,* 121–127.

Harkavy-Friedman, J. M. (2006). Can early detection of schizophrenia reduce suicidal behavior? *American Journal of Psychiatry, 163,* 768–770.

Harrow, M., Grossman, L. S., Herbener, E. S., & Davies, E. W. (2000). Ten-year outcome: Patients with schizoaffective disorders, schizophrenia, affective disorders, and mood-incongruent psychotic symptoms, *British Journal of Psychiatry, 177,* 421–426.

Hasan, A., Falkai, P, Wobrock, T., Lieberman, J., Glenthoj, B., Gattaz, W. F., ... the WFSBP Task Force. (2012). World Federation of Societies of Biological Psychiatry (WFSBP) guidelines for biological treatment of schizophrenia, Part 1: Update 2012 on the acute treatment of schizophrenia and the management of treatment resistance. *World Journal of Biological Psychiatry, 13,* 318–378.

Henderson, T. (2011). Neuroleptic malignant syndrome in adolescents: Four probable cases in the Western Cape. *South African Medical Journal, 101,* 405–407.

Howes, O. D., & Kapur, S. (2009). The dopamine hypothesis of schizophrenia: Version III, the final common pathway, *Schizophrenia Bulletin, 35,* 549–562.

Insel, T. (2011, September 28). The global cost of mental illness, *Director's Blog,* National Institute of Mental Health.

Islam, S., Kjallquist, U., Moliner, A., Zajac, P., Fan, J. B., Lonnerberg, P., & Linnarson, S. (2011) Characterization of the single-cell transcriptional landscape by highly multiplex RNA-seq., *Genome Research, 21,* 1160–1167.

Kantor, M. (2004). *Understanding paranoia.* Westport, CT: Praeger.

Kay, S. R., Fiszbein, A., & Opler, L. A. (1987). The Positive and Negative Syndrome Scale (PANSS) for schizophrenia. *Schizophrenia Bulletin, 13,* 261–276.

Klosterkotter, J., Hellmich, M., Steinmeyer, E. M., & Schultze-Lutter, F. (2001). Diagnosing schizophrenia in the initial prodromal phase. *Archives of General Psychiatry, 58,* 158–164.

Kopelowicz, A., Liberman, R. P., & Zarate, R. (2007). Psychosocial treatments for schizophrenia. In P. E. Nathan & J. M. Gorman (Eds.), *A guide to treatments that work* (3rd ed., pp. 203–242). New York, NY: Oxford University Press.

Koskinen, J., Lohonen, J., Koponen, H., Isohanni, M., & Miettunen, J. (2010). Rate of cannabis use disorders in clinical samples of patients with schizophrenia: A meta-analysis, *Schizophrenia Bulletin, 36,* 1115–1130.

Larson, M. K., Walker, E. F., & Compton, M. T. (2011). Early signs, diagnosis and therapeutics of the prodromal phase of schizophrenia and related psychotic disorders, *Expert Rev Neurotherapy, 10,* 1347–1359.

Lazarus, A. (1989). Neuroleptic malignant syndrome. *Hospital Community Psychiatry, 40,* 1229–1230.

Liberman, R. P., Glynn, S., Blair, K. E., Ross, D., & Marder, S. R. (2002). In vivo amplified skills training: Promoting generalization of independent living skills for clients with schizophrenia. *Psychiatry, 65,* 137–155.

Lieberman, J. A., Perkins, D., Belger, A., Chakos, M., Jarskog, F., Boteva, K., & Gilmore, J. (2001). The early stages of schizophrenia: Speculations on pathogenesis, pathophysiology, and therapeutic approaches, *Biological Psychiatry, 50,* 884–897.

Lieberman, J. A., Tollefson, G. D., Charles, C., Zipursky, R., Sharma, T., Kahn, R. S., ... HDGH Study Group. (2005). Antipsychotic drug effects on brain morphology in first-episode psychosis. *Archives of General Psychiatry, 62,* 361–370.

Lysaker, J. T. (2008). *Schizophrenia and the fate of the self.* New York: NY: Oxford University Press.

MacDonald, A. W., & Schulz, S. C. (2009). What we know: Findings that every theory of schizophrenia should explain, *Schizophrenia Bulletin, 35,* 493–508.

Mahgerefteh, S., Pierre, J. M., & Wirshing, D. A. (2006). Treatment challenges in schizophrenia: A multifaceted approach to relapse prevention. *Psychiatric Times, 23.* Available at www.psychiatrictimes.com/article

Maj, M., Pinozzi, R., Formicola, A. M., Bartoli, L., & Bucci, P. (2010). Reliability and validity of the DSM-IV diagnostic category of schizoaffective disorder: Preliminary data. *Journal of Affective Disorders, 57,* 95–98.

Mankad, M. V., Beyer, J. L., Weiner, R. D., & Krystal, A. (2010). *Clinical manual of electroconvulsive therapy.* Arlington, VA: American Psychiatric Publishing.

Manschreck, T. C., & Khan, N. L. (2006). Recent advances in the treatment of delusional disorder. *Canadian Journal of Psychiatry, 1,* 114–119.

Mari, J. J., Streiner, D. L. (1994). An overview of family interventions and relapse on schizophrenia: Meta-analysis of research findings. *Psychological Medicine, 24,* 565–578.

Meltzer, H. Y. (2012). Clozapine: Balancing safety with superior antipsychotic efficacy, *Clinical Schizophrenia & Related Psychoses,* 134–144.

Miklowitz, D. (2014). A family-focused intervention for prodromal schizophrenia in young adults. *Psychiatry Weekly, 9.*

Miklowitz, D. J., O'Brien, M. P., Schlosser, D. A., Addington, J., Candan, K. A., Marshall, C., ... Cannon, T. D. (2014). Family-focused treatment for adolescents and young adults at high risk for psychosis: Results of a randomized trial. *Journal of the American Academy of Child and Adolescent Psychiatry, 53*, 848–858.

Miller, T. J. (2003). Structured Interview for Prodromal Symptoms (SIPS). *Schizophrenia Research, 61*, 19–30.

Miller, T. J., McGlashan, T. H., Woods, S. W., Stein, K., Driesen, N., Corcoran, C. M., ... Davidson, L. (1999). Symptom assessment in schizophrenic prodromal states. *Psychiatric Quarterly, 70*, 273–287.

Mjellem, N., & Kringlen, E. (2001). Schizophrenia: A review with emphasis on the neurodevelopmental hypothesis. *Nordic Journal of Psychiatry, 55*, 301–309.

Moore, T. H., Zammit, S., Lingford-Hughes, A., et al. (2007). Cannabis use and risk of psychotic or affective mental health outcomes: A systematic review. *Lancet, 28*, 319–328.

Mueser, K. T., Sengupta, A., Schooler, N. R., Bellack, A. S., Xie, H., Glick, I. D., & Keith, S. J. (2001). Family treatment and medication dosage reduction in schizophrenia: Effects on patient social functioning, family attitudes, and burden. *Journal of Consulting and Clinical Psychology, 69*, 3–12.

O'Connor, K., Stip, E., Pelissier, M. C., Aardema, F., Guay, S., Gaudette, G., ... LeBlanc, V. (2007). Delusional disorder: A comparison of cognitive-behavioral therapy and attention placebo control, *Canadian Journal of Psychiatry, 52*, 182–190.

Parker, G. F. (2014). *DSM-5* and psychotic and mood disorders. *Journal of the American Academy of Psychiatry and the Law, 42*, 182–190.

Picard, L. S., Lindsay, S., Strawn, J. R., Kaneria, R. M., Patel, N. C., Keck, P. E. (2008). Atypical neuroleptic malignant syndrome: Diagnostic controversies and considerations. *Pharmacotherapy, 28*, 430–435.

Pilling, S., Bebbington, P., Kuipers, E., Garety, P., Geddes, J., Orbach, G., & Morgan, C. (2002). Psychological treatments in schizophrenia: I. Meta-analysis of family intervention and cognitive behaviour therapy. *Psychological Medicine, 32*, 763–782.

Pitschel-Walz, G., Leucht, S., Bauml, J., Kissling, W., Engel, R. R. (2001). The effect of family interventions on relapse and rehospitalization in schizophrenia—a meta-analysis. *Schizophrenia Bulletin, 27*, 73–92.

Powell, T. J., Yeaton, W., Hill, E. M., & Silk, K. R. (2001). Predictors of psychosocial outcomes for patients with mood disorders: The effects of self-help group participation. *Psychiatric Rehabilitation Journal, 25*, 3–11.

Pratt, S. I., & Mueser, K. T. (2002). Schizophrenia. In M. M. Antony & D. H. Barlow (Eds.), *Handbook of assessment and treatment planning for psychological disorders* (pp. 375–414). New York, NY: Guilford Press.

Preston, J. D., O'Neal, J. H., & Talaga, M. C. (2010). *Handbook of clinical psychopharmacology for therapists* (6th ed.).

Oakland, CA: New Harbinger.

Preti, A., & Cella, M. (2010). Randomized-controlled trials in people at ultra high risk of psychosis: A review of treatment effectiveness. *Schizophrenia Research, 123*, 30–36.

Read, J., van Ohs, J., Morrison, A., & Ross, C. A. (2005). Childhood trauma, psychosis, and schizophrenia: A literature review with theoretical and clinical implications. *Acta Psychiatrica Scandinavia, 112*, 330–350.

Ritsner, M. S., & Gibel, A. (2007). The effectiveness and predictors of response to antipsychotic agents to treat impaired quality of life in schizophrenia: A 12-month naturalistic follow-up study with implications for confounding factors, antidepressants, anxiolytics and mood stabilizers. *Progressive Neuropsychopharmacology, Biology and Psychiatry, 30*, 1442–1452.

Robinson, D. G., Woerner, M. G., McMeniman, M., Mendelowitz, A., & Bilder, R. M. (2004). Symptomatic and functional recovery from a first episode of schizophrenia or schizoaffective disorder. *American Journal of Psychiatry, 161*, 473–479.

Rosebush, P. I., & Mazurek, M. F. (2006). Catatonia: Clinical features, differential diagnosis and treatment. In D. V. Jeste & J. H. Friedman (Eds.), *Current clinical neurology: Psychiatry for neurologists.* (pp. 81–92). Totowa, NJ: Humana Press.

Rosebush, P. I., & Mazurek, M. F. (2010). Catatonia and its treatment. *Schizophrenia Bulletin, 36*, 239–242.

Roth, A., & Fonagy, P. (2005). *What works for whom? A critical review of psychotherapy research* (2nd ed.). New York, NY: Guilford Press.

Shawyer, F., Farhall, J., Mackinnon, A., Trauer, T., Sims, E., Ratcliff, K., ... Copolov, D. (2012). A randomised controlled trial of acceptance-based cognitive behavioural therapy for command hallucinations in psychotic disorders, *Behaviour Research and Therapy, 50*, 110–121.

Shrivastava, A., Shah, N., Johnston, M., Stitt, L., Thakar, M. (2010). Predictors of long-term outcome of first-episode schizophrenia: A ten-year follow-up study, *Indian Journal of Psychiatry, 52*, 320–326.

Sibitz, I., Unger, A., Woppmann, A., Zidek, T., & Amering, M. (2011). Stigma resistance in patients with schizophrenia. *Schizophrenia Bulletin, 37*, 316–323.

Silverstein, S., Keane, B. P., Blake, R., Giersch, A., Green, M., & Ken, S. (2015). Vision in schizophrenia: Why it matters. *Frontiers in Psychology, 6*, 1–3.

Singh, S. P., & Kunar, S. S. (2010). Cultural diversity in early psychosis. In P. French, J. Smith, D. Shiers, M. Reed, & M. Rayne (Eds.), *Promoting recovery in early psychosis* (pp. 66–72). Oxford, UK: Wiley-Blackwell.

Spauwen, J., Krabbendam, L., Lieb, R., Winchen, H., & van Ohs, J. (2006). Impact of psychological trauma on the development of psychotic symptoms: Relationship with psychosis proneness. *British Journal of Psychiatry*, *188*, 527–533.

Stefanis, N. C., Delespaul, P., Henquet, C., Bakoula, C., Stefanis, C. N., Van Os, J. (2004). Early adolescent cannabis exposure and positive and negative dimensions of psychosis. *Addiction*, *99*, 1333–1341.

Strawn, J. R., Keck, P. E., & Caroff, S. N. (2007). Neuroleptic malignant syndrome. *American Journal of Psychiatry*, *164*, 870–876.

Swanson, J. W., Swartz, M. S., Van Dorn, R. A., Elbogen, E., Wager, H. R., Rosenheck, R. A., . . . Lieberman, J. A. (2006). A national study of violent behavior in persons with schizophrenia. *Archives of General Psychiatry*, *63*, 490–499.

Tandon, R. (2011). Antipsychotics in the treatment of schizophrenia: An overview. *Journal of Clinical Psychiatry*, *72*(Suppl.), 4–8.

Tarrier, N., & Wykes, T. (2004). Is there evidence that cognitive behaviour therapy is an effective treatment for schizophrenia? A cautious or cautionary tale? *Behavioral Research Therapy*, *42*, 1377–1401.

Torrey, E. F. (2014). *Surviving schizophrenia* (6th ed.). New York, NY: HarperCollins Publishers.

Van der Gaag, M., Stant, A. D., Wolters, K. J. K., Buskens, E., & Wiersma, D. (2011). Cognitive behavioural therapy for persistent and recurrent psychosis in people with schizophrenia-spectrum disorder: Cost-effectiveness analysis. *British Journal of Psychiatry*, *198*, 59–65.

Volovka, J., Czobor, P., Sheitman, B., Lindenmayer, P., Citrome, L., McEvoy, J., . . . Lieberman, J. (2002). Clozapine, olanzapine, risperidone, and haloperidol in treatment-resistant patients with schizophrenia and schizoaffective disorder. *American Journal of Psychiatry*, *139*, 255–262.

Waller, H., Freeman, D., Jolley, S., Dunn, G., & Garety, P. (2011). Targeting reasoning biases in delusions: A pilot study of the Maudsley Review Training Program for individuals with persistent, high conviction delusions. *Journal of Behavior Therapy in Experimental Psychiatry*, *42*, 414–421.

Walsh, E., Buchanan, A., & Fahy, T. (2002). Violence and schizophrenia: Examining the evidence. *British Journal of Psychiatry*, *180*, 490–495.

Walton, E., Geisler, D., Lee, P. H., Hass, J., Turner, J. A., Liu, J., . . . Ehrlich, S. (2013). Prefrontal inefficiency is associated with polygenic risk for schizophrenia. *Schizophrenia Bulletin*, *40*, 1263–1271.

Warner, R. (2009). Recovery from schizophrenia and the recovery model. *Current Opinion in Psychiatry*, *22*, 374–380.

Wirshing, D. A., & Buckley, P. (2003, May). Schizophrenia treatment challenges. *Psychiatric Times*, *20*. Available: www.psychiatrictimes.com/p030540.html

Wykes, T., Steel, C., Everitt, B., & Tarrier, N. (2008). Cognitive behavior therapy for schizophrenia: Effect sizes, clinical models, and methodological rigor. *Schizophrenia Bulletin*, *34*, 523–537.

Yanos, P. T., Roe, D., & Lysaker, P. H. (2010). The impact of illness identity on recovery from severe mental illness. *American Journal of Psychiatric Rehabilitation*, *13*, 73–93. doi:10.1080/15487761003756860

Yung, A. R., Phillips, L. J., Yuen, H. P., Francey, S. J., McFarlane, C. A., Hallgren, M., . . . McGorry, P. D. (2003). Psychosis prediction: 12-month follow-up of a high-risk ("prodromal") group. *Schizophrenia Research*, *60*, 21–32.

Zarate, C. A., Tohen, M. F., Banov, M. D., & Weiss, M. K. (1995). Is clozapine a mood stabilizer? *Journal of Clinical Psychiatry*, *56*, 108–112.

04 양극성장애 및 관련 장애

📖 **사례 연구 4.1**

로나는 고교시절 교지 편집장을 지내고 졸업생 대표를 할 정도로 우수한 학생이었다. 어려서는 전반적으로 예민했었고, 청소년기에는 항상 거절감과 무가치감을 느꼈기 때문에 교우관계를 맺고 유지하는 데 어려움을 겪기도 했었다. 그녀의 어머니는 몇 번의 우울 발작을 겪기도 했었고 딸에게 좋은 안내자 역할을 하지는 못했다. 그녀가 무엇인가에 부대낄 때마다 스트레스를 관리하는 방법은 '침대로 자기를 데려가는 일'이었다.

로나는 규모가 있는 주립대학으로 진학하였다. 대학 1학년 때는 학업에 열중하여 전 과목에서 A학점을 받았다. 2학년 때 6개월간 동기와 연애를 했는데 2학기 중반쯤에 자신이 임신했다는 것을 알게 되었다. 남자친구는 그녀와 헤어지자고 했고, 한 달 후 그녀는 유산을 했다. 두 사건을 겪으며 그녀는 슬펐고 무기력해졌다. 아침이면 자리에서 일어나기가 힘들었고 마치 물속을 걷는 것처럼 무거운 느낌이었다. 그녀는 수업에 어떤 옷을 입고 가야 할지 같은 아주 간단한 결정도 내리기 힘든 것처럼 보였고, 결국 모든 것을 멈춰버렸다. 침대에 누워 지낸 지 10일 만인 어느 날 아침, 자리에서 일어나서는 울음을 터트렸다. 그녀가 할 수 있는 유일한 일은 자기 차에 올라타서 3시간을 운전해서 부모님 집으로 가는 것이었다. 며칠 동안 침대에서 지내고 나서, 도대체 무엇이 잘못되었는지 모르겠다고 울면서 부모님께 이야기했다. 부모는 그녀를 주치의에게 보냈고 주요우울장애로 진단하고 선택적 세로토닌 재흡수 억제제(SSRI)를 처방했다.

로나는 수업을 많이 빠졌기 때문에 휴학을 했고 부모님과 지내면서 나머지 6개월을 보냈다. 그녀는 사람들에게 화를 잘 냈고 심술궂게 굴었으며, 대학 친구들에게 전화가 와도 받지 않았다. 부모는 그녀의 기분이 나아지게 하려고 애썼고, 새 옷을 살 수 있게 용돈을 주곤 했다.

여름이 끝날 무렵 로나는 기분이 훨씬 나아졌고 수업량을 줄여서 복학을 했다. 대부분은 자기 유지를 잘했고, 슬프거나 불안할 때마다 기분을 풀기 위해 쇼핑을 가곤 했다. 한번은 분명히 물건 값을 지불할 수 있는 돈이 있었음에도 새 티셔츠를 훔쳐서 붙잡혔다. 옷을 돌려줬고 처벌받지는 않았지만, 그날 밤 로나는 외출을 해서 술을 과하게 마셨고 처음 보는 사람 둘이서 집까지 데려다주었다.

룸메이트는 로나를 걱정하여 그녀의 행동에 대해 이야기해보려 했지만 로나는 상관하지 말라고 하였다. 부모가 찾아왔지만 화를 내며 돌려보냈다. 그 후 몇 달간은 학교에서는 그럭저럭 지내면서 파티에 가고 술을 마시는 것으로 기분을 좋게 하며 지내다가 환각제가 섞인 마리화나를 피웠다. 로나는 아주 편집적이 되어 자신이 미쳐가고 있다고 생각했다.

마치 그녀는 통제력을 잃고 삶을 살아가고 있는 것처럼 보였다. 부모님께는 사실을 말씀 드릴 수 없었고 룸메이트는 더 이상

(계속)

상관하지 않았다. 아무도 의지할 사람이 없어졌을 때, 위기전화에 전화를 했다. 전화상담사는 매우 지지적이었고 로나는 자신이 얼마나 자주 기분이 처져서 침대로 가서는 다시는 일어나고 싶어 하지 않는지를 이야기했다. 그러나 어떤 경우에는 며칠씩 잘 차려입고 자신이 섹시하다고 느끼며 남자들이 자기에게 술을 사는 클럽으로 가서는 그곳에서 다시 자신에 대해서 좋은 느낌을 받기도 했다. 과제를 하면서 밤을 새고는 다음 날 수업에 들어가기도 했다. 그렇게 밤샘 공부를 하는 동안에는 자신이 대단한 일을 하는 것처럼 느꼈다. 그러고는 다시 무너져서 정오까지 잠을 자고 수업에 못 들어가서 자신을 미워하고 기분을 나아지게 하려고 쇼핑을 갔다.

스트레스를 줄이기 위해 강박적으로 먹은 결과 약 9kg이나 살이 쪘고 다시 침대 밖으로 나오기 어려워졌다. 그녀는 대학 보건소에서 정신건강 치료를 받았다. 그곳에서는 그녀의 가족력, 이전 주요우울 삽화(MDE), 최근 우울과 의기양양함 사이의 변화, 성마름, 체중 증가, 지속적인 자기패배적인 행동을 근거로 제II형 양극성장애, 비전형적인 양상 동반으로 진단했다.

상대적으로 짧은 조증 또는 경조증 삽화가 있는 만성적인 우울증이 양극성장애의 주요 특징이다. 양극성장애는 치료되기도 어렵고 쇠약하게 하며, 종종 오진을 하게 되고 재발이 잘 된다. 양극성장애는 미국 내에서 만성적인 통증장애와 허리 문제와 더불어 장애의 원인이 되는 상위 3개의 문제 중 하나이다(Druss et al., 2009).

양극성장애가 많은 면에서(유전적으로, 가족력, 증상학적으로) 단극성 우울증과 조현병 사이에 있다는 생물학적·임상적 유사성을 근거로, *DSM-5*에서는 양극성장애를 우울장애와 분리하여 자체적인 진단범주로 두게 되었다.

이 장에서는 다음의 양극성장애와 그와 관련된 장애의 진단과 치료를 다룬다.

- 제I형 양극성장애
- 제II형 양극성장애
- 순환성장애
- 물질/약물치료로 유발된 양극성 및 관련 장애
- 다른 의학적 상태로 인한 양극성 및 관련 장애
- 달리 명시된 양극성 및 관련 장애
- 달리 명시되지 않는 양극성 및 관련 장애

모든 양극성장애는 모두 다른 수준과 정도로 기분 삽화, 우울증 삽화 및 다양한 증상을 포함한다. 다음은 양극성장애 진단을 내리게 하는 '구성 요소'에 대한 논의이다.

기분 삽화 : 양극성 및 관련 장애의 구성 요소

특정한 양극성장애를 진단하는 구성 요소가 되는 기분 삽화(예 : 주요우울 삽화, 조증, 경조증)에 대한 간단한 설명과 경과 인자들을 따라가면서, 각각의 양극성 및 관련 장애에 대하여 논의할 것이다.

주요우울 삽화

주요우울 삽화(MDE)의 증상은 양극성장애와 주요우울장애에서 동일하며 2주간 다음 중 최소 다섯 가지 증상이 하루 중 대부분, 거의 매일 있어야 한다(최소한 우울한 기분 또는 흥미나 기쁨의 상실 증상 중 하나가 포함되어야 함).

- 우울한 기분(슬픔, 공허감, 절망감). 아동의 경우는 과민한 기분만으로도 충분하다.
- (성)쾌감 상실 또는 이전에 즐겼던 활동에서의 흥미나 즐거움의 저하
- 유의미한 체중 감소 또는 증가(1개월 동안 5% 이상의 변화) 또는 식욕의 감소 또는 증가
- 불면 또는 과다수면
- 2주간 거의 매일 정신운동 초조 또는 지연
- 처지는 느낌
- 피로 또는 활력의 상실
- 죄책감 또는 무가치감
- 우유부단함, 집중의 곤란
- 죽음에 대한 생각 또는 구체적인 계획 없는 자살사고

증상은 반드시 임상적으로 유의미한 고통 또는 직장과 사회적인 관계 또는 기능을 발휘해야 하는 영역에서의 손상을 일으키는 것이어야 하고, 물질 또는 다른 의학적인 상태로 인한 것이 아니어야 한다. 만일 상실 또는 슬픔이 있고 이것이 의미 있는 우울 증상을 일으키고 있다면 임상적 판단은 MDE가 존재하는지에 따라서 내려져야 한다. 감별은 정동장애의 과거력과 슬픔을 표현하는 문화적 규준을 고려하여 이루어져야 한다(APA, 2013).

양극성 또는 관련 장애를 진단받은 대부분의 사람들이 최소 1회 이상의 주요우울 삽화의 과거력이 있음에도 불구하고, MDE가 주요우울장애를 진단하는 필요조건은 아니다. 일부의 사람들에게서는 조증 삽화가 먼저 있을 수도 있기 때문이다(APA, 2013).

제I, II형 양극성장애에서는 자살시도율이 높은데, 3분의 1의 환자가 평생 1회 이상의 자살시도를 한다고 보고한다(Ruggero, Chelminski, Young, & Zimmerman, 2007). 부정적인 사고 양식, 높은 수준의 자기비판, 반추적 사고 방식이 양극성장애 환자들에게서 자살사고를 예고하기도 한다(Stange et al., 2015). 제II형 양극성장애에서 자살시도 빈도는 경조증 상태에서보다 우울 삽화에서 30배 더 높다(Compton & Nemeroff, 2000).

조증 삽화

주요우울장애, 제I, II형 양극성장애에서 나타나는 우울 삽화가 동일해 보이더라도 조증 증상은 경조증의 경미한 증상에서부터 더 심한 손상을 일으킬 수 있는 정신병을 동반한 극단적인 조증 증상까지 포함한다. 조증 삽화는 증가된 활력과 고양된 기분 또는 과민성이 최소 일주일간 지속된다. DSM-5에서의 중요한 변화는 조증 삽화에서 첫 필요조건으로서 '증가한 활력'이 추가된 것이다. 또한 다음 증상 중 최소 세 가지(기분이 단지 과민하다면 네 가지) 증상이 있어야 하고, 평소 행동과는 변화가 있어야 한다.

- 과대감
- 수면에 대한 욕구 감소
- 말이 많아짐
- 질주하는 듯한 사고

- 주의 산만
- 활동성의 증가
- 부정적인 결과를 낳을 것이 유력한 과도한 쾌락추구 행동(예 : 과다한 성욕, 과도한 소비, 도박 등)

조증 삽화는 일반적으로 매우 심각해서 종종 자해 또는 타해를 예방하기 위하여 입원을 하게 된다. 환자의 변덕스럽고 때때로 보이는 기괴한 행동으로 인하여 대인관계와 직업 장면에서 현저한 기능 손상이 발생한다. DSM-5에서 조증은 양극성장애를 다른 장애들과 구분 짓는 특징이다. 양극성 및 관련 장애 각각은 어느 정도의 조증 또는 경조증을 포함하며, 그 범위는 순환성장애에서의 고양된 기분으로부터 제I형 양극성장애에서의 최소 일주일간 지속되는 조증까지이다. 조증 또는 경조증의 유무가 양극성 및 관련 장애와 우울장애를 구분한다.

주요 증상이 심한 과민성인 아동의 경우, 전형적인 아동의 행동과는 명확히 다른 조증 또는 경조증(예 : 조증의 경우 7일, 경조증의 경우 4일) 범주에 합치되는 증상을 보이는 경우에만 양극성장애 진단을 한다. 극단적이거나 지속적인 과민성을 보이는 대부분의 경우에는 파괴적 기분조절부전장애로 진단하는 것이 더 적절하다(APA, 2013).

경조증 삽화

경조증은 제II형 양극성장애의 특징이다. DSM-5에서 경조증은 4일 연속 들뜨고, 고양되고 과민한 기분과 활동성 및 활력이 증가한 상태로 정의된다. 이 기간 동안 다음의 세 가지 또는 네 가지 증상이 있어야 한다(기분이 단지 과민할 경우에는 네 가지 증상이 있어야 한다).

- 자존감의 증가
- 수면 욕구의 감소
- 평소보다 말이 많아짐
- 질주하는 듯한 사고 또는 사고의 비약
- 쉽게 산만해짐
- 목표지향적인 행동의 증가 또는 정신운동 초조
- 고통스러운 결과에 이를 수 있는 활동에 과도하게 몰두함(예 : 과도한 쇼핑, 무분별한 성행위, 위험한 투자 등)

앞의 행동이 다른 사람들의 눈에 띌 정도여야 하고, 당사자에게도 평소와는 다른 행동이지만 그 정도가 직장이나 사회관계에서 문제를 일으킬 만한 것이거나 입원을 요할 정도는 아니어야 한다(APA, 2013). 삽화 역시 조증이나 정신병으로 더 잘 설명될 수 없어야 하고, 약물 복용, 약물 남용, 기타 물질로 인한 것이 아니어야 한다. *DSM-5*에서의 중요한 변화는 *DSM-IV*에서는 제외됐었지만 경조증 삽화가 우울증 치료를 위한 약물복용이나 기타 치료(예 : 전기충격치료 혹은 빛 치료)로 인한 경우, 치료 발현 정서 변화(treatment-emergent affective switch, TEAS)는 명확히 양극성장애의 진단범주에 포함된다. TEAS의 여부는 추후에 경조증 혹은 조증 삽화로 발전할 위험성이 높아진다는 것을 가리킨다(Parker, 2012).

기분 삽화에 대한 모든 범주에 합치된다면 그 정도가 경미한지, 보통인지, 심각한지 그리고 부분적으로 진정되었는지 또는 완전히 진정되었는지 명시해야 한다.

경조증 삽화에 추가로 제II형 양극성장애의 진단에는 주요우울 삽화(전에 설명했듯이)가 존재해야 한다.

명시자

제I형과 제II형 양극성장애 진단을 위한 *DSM-5* 범주는 다음과 같은 명시자를 포함한다.

- 불안증 동반
- 혼재성 양상 동반
- 급성 순환성 동반
- 멜랑콜리아 양상 동반
- 비전형적 양상 동반
- 기분과 일치하는 정신병적 양상 동반
- 기분과 일치하지 않는 정신병적 양상 동반
- 긴장증 동반
- 주산기 발병 동반
- 계절성 동반

명시자는 일반적으로 모든 정서 상태(주요우울장애, 조증, 경조증)에 적용되고 각 유형의 삽화를 더 명확히 설명하는 데 추가로 덧붙여진다. 예외사항은 다음의 각각 명시자에 대한 설명에서 더 논의된다.

불안증 동반 많은 연구들을 통해 불안한 감정과 관련하여 *DSM-5*에서는 새로운 명시자가 생겨나게 되었다. 우울과 극단적인 불안이 함께하는 경우 불안정하게 하고 자살률을 높이고 병증의 기간이 더 길거나 치료에 대한 반응이 적을 수 있다. 불안증 명시자가 되기 위해서는 다음 증상 중 최소 두 가지가 조증, 경조증, 우울 삽화 기간 중 거의 대부분의 시간 동안 나타나야 한다.

- 긴장감 또는 신경이 날카로워지는 느낌
- 안절부절못함
- 집중하기 어려움
- 끔찍한 일이 일어날 것 같은 불안 또는 두려움
- 통제력을 잃을 것 같은 두려움

불안의 심각도는 다음의 증상에 해당되는 개수에 따라 명시되어야 한다.

- 두 가지 증상 — 경도
- 세 가지 증상 — 중등도
- 네 가지 또는 다섯 가지 증상 — 중등도~고등도
- 불안을 동반한 네 가지 또는 다섯 가지 증상 — 고도

증상의 심각도가 올라가고 불안을 동반한 경우 잠재적으로 자살 위험이 높아진다. 중등도에서 고도까지의 불안을 평가할 때는 과거 자살시도, 최근 자살사고, 구체적인 계획 여부, 자살 수단에 접근성 등을 평가해야 한다.

혼재성 양상 동반 '혼재성 양상 동반' 명시자는 *DSM-IV*로부터 달라진 부분인데, '혼재된 삽화' 범주는 조증 증상과 우울 증상이 동시에 나타나야만 했지만 더 이상은 그렇지 않다. *DSM-5*에서 혼재성 명시자는 최소 3개의 우울 증상이 있는 경우, 우울 삽화(주요우울장애 또는 양극성장애)에 적용될 수 있다. 조증 또는 경조증에서 우울 삽화 기간 중 나타나는 혼재성은 이후 제I형 양극성장애 또는 제II형 양극성장애로 발달될 수 있기 때문에 정확한 구분이 중요하다. 또한 조증 기간 중 나타나는 우울과 주요우울 삽화 기간 중 나타나는 조증 증상을 구분하는 것은 진단 시 혼란을

더할 수 있다. 특히 동반이환되는 질환(즉 ADHD, 경계성 성격장애)이 혼재성에 더해질 때 그렇다(Goldberg, 2015).

급성 순환성 동반 급성 순환성이란 주요우울 삽화와 조증 또는 경조증 삽화 사이를 옮겨다니는 비율을 언급하는 것이다. 최근 12개월 동안 최소 네 번의 기분 삽화가 있었다면 급성 순환성이다. 삽화 간에 두 달의 휴식기가 있거나 한 가지 기분 삽화(예 : 우울)에서 조증 또는 경조증 삽화로 이동하는 것으로 나타날 수 있다.

양극성장애를 위한 체계적 치료 프로그램(STEP-BD) 연구에 따르면, 급성 순환성은 양극성장애 환자의 20%에서 나타난다(Schneck et al., 2004; Truman et al., 2007). 유전인자와 가족력이 급성 순환성 양상으로의 발달과 관련이 있어 보이지는 않고 약물처치와 물질 남용(예 : 항우울제, 알코올, 코카인 등) 및 기타 의학적 상태(갑상선기능부전, 일주기 리듬 방해), 소아기 신체적 또는 성적 학대 경험이 급성 순환성 양상으로 발달되는 데 기여하는 것으로 보인다. 성별 역시 기여 인자로서, 급성 순환성을 경험한 환자의 70~90%가 여성이다. 양극성장애가 더 초기에 발병했던 사람들에게서 급성 순환성이 더 자주 발견된다. 일반적으로 급성 순환성을 동반하는 사람들은 정서 불안정성이 증가하고 입원율이 높아지며 자살률이 높아지는데, 이는 급성 순환성이 제I형 양극성장애 또는 제II형 양극성장애를 더 통제하기 어렵게 만들기 때문이다(Parker, 2012). 1960년 이후로 급성 순환성의 빈도가 증가한 것으로 보고되는 것은 양극성장애 치료를 위한 항우울제 사용의 증가와 관련이 있어 보인다. 정서 변화의 위험성은 전기충격치료나 모노아민옥시다아제 억제제가 사용되었을 때 삼환계 항우울제나 SSRI가 사용되었을 때보다 낮다(Truman et al., 2007).

멜랑콜리아 양상 동반 심한 의존성, 모든 활동에서의 즐거움의 상실, 즐거운 사건에 대한 감정성 반응의 부족 등은 멜랑콜리아 양상을 동반한 우울증에서 공통적으로 나타난다. 아침 일찍 깸, 눈에 띄는 몸무게 손실, 정신운동 변화(불안 또는 지체), 과도한 죄책감 등이 또한 나타난다. 멜랑콜리아를 동반한 우울증은 반응적 또는 비전형적 우울증보

다는 발병 연령이 늦는 경향이 있다.

비전형적 양상 동반 명칭에도 불구하고, 비전형적 우울은 일반 우울증 환자의 36% 이상에 영향을 미친다(Matza, Revicki, Davidson, Stewart, 2003). 증상으로는 기분 반응성 또는 주요우울장애 기간 중 즐거움을 경험하는 능력 그리고 식욕 증가로 인한 체중 증가, 과다수면, 축 처지는 느낌 등이다. 거절 민감성은 일반적이며 생애 초기에 발생하며 일생 동안 지속되는 양상을 보인다. 우울하지 않은 경우에도 그렇다.

우울의 비전형적 양상은 제II형 양극성장애에서 높은 비율로 나타나며, 비전형적 양상이 있는 경우 의료진은 가족력과 양극성장애의 기타 증상이 있는지를 평가해야 한다(Akiskal & Benazzi, 2006; Perugi, Ghaemi, & Akiskal, 2006).

정신병적 양상 동반 환각 또는 망상과 같은 정신병적 양상은 조증 삽화 기간 또는 우울 삽화 기간 동안에 경험될 수 있다(경조증 삽화 기간에는 그렇지 않다). 정신병적 양상의 유형(기분 일치적 또는 기분 불일치적)은 망상이 환자의 최근 기분 상태(예 : 우울증 또는 조증)에서 지속적으로 있었는지의 여부에 따라 결정된다.

기분 불일치적 정신병적 양상 동반의 경우 망상 또는 환각의 내용이 조증 또는 우울증과 관련이 없다. 기분 중립적이다. 예를 들어, 사고 주입(누군가가 당신 머리에 사고를 주입하고 있다는 믿음) 또는 박해 망상(누군가가 당신을 잡아가기 위해 밖에 있다는 생각) 등은 기분 상태와는 관련이 없다.

기분 일치적 정신병적 양상의 경우는 환각 또는 망상이 최근 기분 상태와 일치할 때 명시될 것이다. 예를 들어, 조증 상태에 있는 사람은 에너지가 충만할 것이고 자신이 특별한 재능을 가지고 있고 자신의 능력을 팔기 위해 이웃집으로 직접 방문할 것이다. 또는 미국 대통령이 되는 망상은 과대감과 일치한다.

정신병적 양상의 존재는 조현병 스펙트럼 질병으로 종종 오진된다. 그러나 제I형 양극성장애 환자의 거의 60%는 조증 삽화 기간에 정신병적 양상을 경험하고(Goodwin &

Jamison, 1990) 단극성과 양극성 우울증의 거의 20%에서 주요우울장애 삽화 기간 중 정신병적 양상이 흔하게 나타난다(Ohayon & Schatzberg, 2002). 우울증적 정신병은 전형적으로 죄책감, 무가치감 또는 손상된 현실감각을 동반한다.

긴장증 동반   긴장증적 양상은 조증 삽화와 더 흔하게 나타나긴 하지만 주요우울장애 삽화에서 발견될 수도 있다. 증상은 기분 삽화 기간 동안 내내 나타나고 운동 정지, 자세 유지증, 반향언어증 또는 반향동작증 등을 포함한다. 유병률은 기분 삽화 중에서 약 13~31% 정도 되고, 특히 제I형 양극성장애에서 빈번하다.

주산기 발병 동반   여성의 8~22%는 정신병적 양상을 동반하거나 하지 않은 기분 삽화(조증, 경조증, 우울증)를 경험하게 되는데, 이는 임신과 출산으로 촉발된다(Somerset, Newport, Ragan, & Stowe, 2006). 초산부에게 더 흔히 나타난다. 주산기 발병의 진단기준에 합치하려면 증상이 임신 기간 동안이나 분만 후 4주 이내에 시작되어야 한다. 극심한 불안, 기분 불안정, 강박적 사고가 빈번하다. 정신병적 증상에 초점을 두는 것은 신생아의 안녕에 대한 두려움에 대한 것이 흔하고, 흔치 않지만 잘못된 안내로 아이를 안전하게 지키고자 한 시도가 아기에게 해를 가하는 경우도 있다(예 : 명령 환청, 악마 등). 한번 여성이 주산기 기분 삽화를 겪으면 이후 분만 시 재발 확률은 30~50% 정도 높아진다(APA, 2013).

계절성 동반   계절성 양상 명시자는 매해 같은 시기(가을과 겨울에 가장 흔하다)에 발병하는 조증, 경조증, 주요우울장애 삽화와 관련이 있다. 최소 2년간 삽화가 있어야 하고 다른 유형의 비계절성 조증, 경조증, 주요우울장애보다 더 빈번히 나타나야 한다. 계절성 양상을 동반한 주요우울장애 삽화 기간 동안, 음식 갈구, 고갈된 에너지, 체중 증가, 과다수면이 흔하게 나타난다. 제I형 양극성장애보다는 제II형에서 더 흔히 나타나는 것으로 보이고 남성보다는 여성에게서 더 자주 나타난다.

제I형 양극성장애

계속해서 양극성장애(bipolar disorder)를 진단하기 위한 구성 요소 모델을 따르자면, 제I형 양극성장애(bipolar I disorder, BP-I)는 최소한 1회의 조증 삽화가 반드시 있어야 하고, 이때의 조증 삽화는 최소 7일간 지속되고, 그 기간 동안 거의 매일 목표지향적 행동과 에너지가 증가하고 팽창된 기분 혹은 과민한 기분이다. 제I형 양극성장애에서 조증 상태는 평균 2~6주간이다. 사례의 60%는 바로 우울 삽화가 따르고 7~9개월간 지속된다. 혼재성 동반, 급성 순환성, 정신병적 양상을 지닌 명시자들은 물질 남용이나 기타 임상 장면에서 심각성을 더하게 된다.

첫 6개월 이내에 조증 삽화를 겪은 환자의 20%만이 이전 수준의 고용 상태로 돌아갈 수 있다. 약 90%의 사람들에게서 심각한 기능 손상이 일어난다(Merikangas et al., 2011). 많은 사람들이 점차 일을 줄이거나, 지지적이고 스트레스가 적은 직장에서 시간제로 일을 하거나 일을 그만두게 된다. 50% 이상의 사람들이 향후 5년 동안 고용과 관련해서 어려움을 겪게 된다(Miklowitz & Craighead, 2007).

첫 번째 조증 삽화 이후로 90%의 사람들이 또 다른 삽화를 겪게 된다. 그러므로 장기간의 약물치료는 대부분의 양극성장애 환자에게 중요하다. 약물치료를 중간에 중단하는 것은 조증의 재발을 상당 부분 설명한다. 한 연구 결과, 급성 조증 삽화로 입원한 환자의 64%가 입원 직전 달에 약물 복용을 중단했던 것으로 나타났다(Keck et al., 1996). 치료를 하지 않는 경우 제I형 양극성장애 환자는 평생 동안 10회 이상의 삽화를 겪게 된다. 빈도는 1년에 3회 발병하는 경우부터 매 10년에 한 번씩 발병하는 경우까지 다양하다.

*DSM-5*에서는 미국의 경우 제I형 양극성장애의 유병률을 0.6%로 보고하고 있고, 11개국에서의 12개월 유병률을 0.0~0.6%로 보고하고 있다(APA, 2013). 알코올 및 관련 상태에 관한 국립 역학 연구(National Epdemiological Study of Alcohol and Related Conditions, NESARC)의 지역사회 표본에서는 18~20세에서 잠재적으로 높은 일생 유병률 6%가 보고되었다(Cicero, Epler & Sher, 2009). 성별 차이는 없었다.

최근 메타분석 결과에서는 아동에서 양극성장애의 전

체 발생률은 1.8%이고 사춘기 이전 아동에게서는 1% 미만으로 발생한다(Van Meter, Moreira & Youngstrom, 2011). Birmaher와 동료들(2009)이 수행한 장기 연구에서 7~17세의 아동을 대상으로 4년간 양극성 증상의 경과를 살펴보았다. 연구를 통하여 심각한 증상을 보인 대부분의 아동이 제I형 또는 제II형 장애 범주에 합치하지 않았고, *DSM-IV* 체계로 진단할 경우 달리 명시되지 않는 양극성장애(NOS)에 해당되었다. 2년 6개월간 81.5%가 완전히 회복되었고, 아동 중 62.5%만이 이후 1년 6개월 내에 증상이 재발되었다. 재발 증상에 조증은 거의 없었다. 대부분은 우울 증상이나 혼재된 양상을 보였다. 더 좋지 않은 결과는 다음과 같을 때 예상되었다.

- 발병을 더 빨리 할수록
- 증상 지속 기간이 길수록
- 양극성 NOS 진단
- 가족력
- 낮은 사회경제적 지위(Birmaher et al., 2006)

최소한 한 가지 다른 장애를 가질 공병률은 100%로 조사되었고(Kessler, Borges & Walters, 1999) 더 만성적인 결과와 관련이 있다(Magalhaes et al., 2012). 불안장애의 경우가 가장 흔하며, 더 어리고 역할 기능과 삶의 질이 더 열악하고 자살시도 가능성이 더 높고 수입이 낮은 것과 연관이 있다(Simon et al., 2004). 다음이 가장 일반적으로 공병하게 되는 장애들과 공병률이다.

- 모든 불안장애 — 75%(APA, 2013)
- 흡연장애 — 양극성장애 환자는 일생 동안 흡연율이 63%이며(Lasser et al., 2000), 이는 뇌의 화학작용과 관련이 있는 것으로 보인다.
- 알코올사용장애 — 50% 이상(APA, 2013)
- 모든 물질사용장애 — 60% 이상(Zarate & Tohen, 2002)
- 모든 성격장애 — 30~40%
- 경계성 성격장애(BPD) — 대략 34~37%이며 양극성장애가 관해되는 경우 28% 미만으로 떨어진다(Miklowitz, 2008). BPD와 양극성장애가 공병하는 경

우 물질 남용 및 자살시도 위험률이 증가하고 치료 순응도가 떨어지며 치료적 반응이 안 좋아진다. 또한 사회적 직업적으로 기능 손상이 심해질 수 있다(Riemann et al., 2014).

- ADHD — 19.4%(Kessler, 2006)
- PTSD — 17.2%(Simon et al., 2004)
- 도박 — 양극성장애와의 공병률 13~23%(Zarate & Tohen, 2002)
- 파괴적, 충동조절 및 품행 장애 — 일생 동안 양극성장애와의 공병률 69%(Kovacs & Pollack, 1995)
- 섭식장애 — 14.3%, 폭식장애가 가장 흔함(McElroy et al., 2010)

또한 사회불안, 편두통과 양극성장애 간에 연결성이 크다. 한 연구에서 양극성장애 환자들이 일반인들보다 편두통을 앓을 가능성이 2배인 것으로 나타났다(McIntyre et al., 2006). 공병하는 장애에 대한 충분하지 않은 치료는 더 좋지 않은 결과를 야기하고 혼재된 정서 명시자율이 더 높아지며 자살률이 매우 높아지고 심리사회적 문제들을 상당히 많이 겪게 된다. 자살시도 및 성공에 대한 통계 자료를 보면 일생 동안 제I형 양극성장애 환자의 51%가 자살을 시도하고 그중 거의 20%가 성공한다. 놀랍지 않지만 이전 자살시도 경험, 다른 장애의 공병, 우울, 희망상실 등이 자살 위험성을 높인다(Valtonen et al., 2005).

내담자 특징

많은 사람들이 우울 삽화의 일부로 반추를 경험한다. 그들은 아마도 계속해서 생각할 것이고 감정이 더 나빠지고 추가적으로 이야기를 더 만들어내어 절망에 빠져 있는 자신을 발견하게 될 것이다. 조증의 경우도 그럴 수 있지만 부정적인 사고를 반추하는 대신, 즐거운 생각 또는 목표지향적인 행동, 예를 들면 복권에 당첨되는 일과 같은 것을 마음속에서 지울 수가 없다. 그러한 생각이 지속적으로 커지고 낙관적인 생각이 확고해져서는 그 일을 성취할 방법에 대한 생각을 몰아쳐서 하고 바로 지금 복권—당첨확률을 높이기 위해 수백 장의 복권—을 사러 가야 할 필요성을 만들어낸다. 그들은 아마도 자녀의 돼지저금통을 깰 수도

있는데 이는 자신의 생각이 너무 중요하기 때문이다. 이후에 자신이 저지른 일에 대한 결과를 처리해야만 한다.

제I형 양극성장애는 직업적 기능의 손상을 일으킬 뿐만 아니라 관계를 훼손하기도 한다. 미국 동반이환 조사(National Comorbidity Survey Replication, NCS-R)에서 제I형 양극성장애 환자의 44.6%가 가정에서 심한 관계 손상이 있었는데, 일반 인구에서 더욱 더 높은 비율로 결혼 문제가 있다고 보고되었다(Druss et al., 2009; Miklowitz & Craighead, 2007). 비판하는 것과 감정 표현을 크게 하는 것이 양극성장애 환자의 가정에서 자주 보인다. 한쪽 부모가 BP-I를 가진 가족 내에서 성장한 경우 비판과 과보호를 번갈아 나타낼 수 있다. 문제해결 기술을 배우지 못하여 친밀한 관계 내에서의 문제가 종종 드러난다.

또한 진단받은 환자의 50%가 사회생활에서 장애 때문에 생긴 문제를 가지고 있었다(Druss et al., 2009).

양극성장애를 앓는 결혼한 성인의 이혼율은 평균 이혼율보다 높으며, 이는 배우자 중 한 사람이 주요우울장애를 앓는 경우와 유사하다. 지지를 얻고 부부가 증상을 극복하기 위해 함께 작업해볼 수 있는 기회를 갖게 하는 부부 상담이 양극성장애 환자에게 도움이 될 수 있다. 배우자가 상담 회기에 함께 참여해서 현실 점검을 하도록 도울 수 있는데, 양극성 환자들은 증상을 축소하거나 약물치료를 거부할 수 있기 때문에 필요한 일이다. 배우자를 통해 책임 수준도 알 수 있다. 치료에 참여한 배우자는 또한 장애에 대한 심리교육을 받을 수 있고 상호관계 문제에 대하여 의논할 기회를 갖게 된다.

아동기 및 청소년기 증상   18세가 조증, 경조증, 우울증 삽화가 처음 시작되는 평균 연령이다. 이전에 언급했듯이 수일 또는 수 주간 지속되는 매우 심한 과민성은 파괴적 기분조절부전장애로 더 잘 설명될 수 있다. 양극성장애 진단을 위해서는 조증 범주의 진단기준 B에 합치해야 하며, 평소 아동의 행동과의 확연한 차이, 증가한 에너지, 목표지향적 과업, 마무리할 능력이 없는 프로젝트를 지나치게 많이 떠안기 또는 발달적으로 부적절한 성행위(성적인 학대 또는 노골적인 자료에 노출되어 나타나는 결과가 아닌 것)에 집중하는 경우를 포함한다. 가족력은 가장 확실한 위험 요인 중

하나이다. 최소한 부모 중 한 사람이 양극성장애인 아동의 51%가 정신병적 장애를 갖게 되는데, 보통은 ADHD, 단극성 우울장애 또는 양극성장애 등이다(Chang, Steiner & Ketter, 2000). 아동기에 양극성과 유사한 증상들이 혼재된 상태에서 더 자주 발견되는데 제I형, 제II형 또는 순환성장애 진단범주에는 합치되지 않고 달리 명시된 양극성 및 관련된 장애로 진단되는 것이 더 정확할 것이다(*DSM-IV*에서는 양극성 NOS였다). 부모가 양극성장애인 아동은 거절민감성, 우울하고 과민한 기분, 감소된 기분 반응성의 증상을 보이기 훨씬 쉽다. 과대감, 도취감 또는 감소된 수면욕과 같은 기타 조증 또는 경조증 신호는 공통적이지 않다(Chang et al., 2000).

최근 연구에서는 양극성장애(*DSM-IV*에서는 BP-I, BP-II 또는 BP-NOS) 아동의 41%가 자살사고를 가지고 있고, 31%가 자살 계획을 가지고 있는 것으로 보고되었다. 자살 사고의 심각도가 증가하고 있는 것은 낮은 자존감, 우울, 희망 없음, 삶의 질, 가족 엄격성과 관련이 있는데, 자존감이 낮을수록 그리고 가족 엄격성이 심할수록 자살 계획에 대한 유의미한 위험 인자가 된다(Weinstein, Van Meter, Katz, Peters & West, 2015). 정확하고 빠른 초기 진단이 중요하고 이후 적절한 치료를 추천할 수가 있게 된다.

양극성장애 청소년들은 물질 남용 문제와 학교에서의 행동 문제 등이 함께 발생할 수 있다. ADHD, OCD, 품행장애가 양극성장애로 오진될 수 있는데, 특히 청소년과 아동의 경우 그렇다. 만일 증상이 겹치면 뚜렷한 조증 삽화에 대한 보고가 반드시 있어야 한다. 청소년의 경우에는 과거력에 반드시 처방된 약물 복용 여부와 알코올 또는 물질 남용 사례가 있었는지를 포함시켜야 한다. 때때로 우울증 치료를 위해 처방된 항우울제, ADHD를 위한 흥분제 또는 스테로이드가 갑자기 조증 삽화를 일으킬 수 있다(Miklowitz & Cicchetti, 2010).

정신병적 양상의 존재 또는 물질 남용은 자살률 또는 자해율을 높인다(Goldstein et al., 2005).

초기에 평가하고 치료를 하는 것이 중요한데, 그 이유는 양극성장애로 인하여 쇠약하게 되고, 물질 사용 및 자살률 — 청소년들의 사망원인 3위 — 이 높아지기 때문이다(National Center for Health Statistics, 2003). 초기 치료 개

입으로 가족 기능을 향상시킬 수 있고 강하게 표현되는 정서를 감소시키는 데 도움을 줄 수 있다. 중요한 새로운 연구에 의하면 비판, 분노, 부모의 양극성 자녀의 삶에 대한 지나친 개입이 부정적인 결과를 지속시킨다고 한다(Peris & Miklowitz, 2015).

평가

수 주 또는 수개월간 갑작스럽게 심각한 조증이 발병한 경우 BP-I로 가장 쉽게 진단된다(Oakley, 2005). 조증 증상이 정신병으로 보일 만큼 심각한 경우, 종종 조현병으로 오진되기도 한다. 반대로 환자가 주요우울 삽화를 먼저 보인 경우에는 치료자가 조증 또는 경조증 증상에 대한 철저한 평가를 실시할 만큼 충분한 경험이 있지 않으면 단극성 우울장애로 진단하기 쉽다. 일련의 평가를 통하여 양극성장애일 가능성이 있는 증상의 양상을 밝혀낼 수 있다(Parker, 2012). 이를 위해 몇 가지 검사 도구가 개발되어 있다.

Parker(2012)는 치료자들이 양극성 차원 지표(dimension of the Bipolarity Index)를 사용하기를 권하는데, 이것은 BP-I과 주요우울장애의 관련된 특징을 구분할 수 있도록 하는 문항이 있는 간단한 목록이다.

1. 경조증/조증 — 증상의 존재 여부를 질문
2. 발병 연령 — 양극성 환자의 경우 일반적으로 25세 이전 발병, 주요우울장애의 경우 더 늦음
3. 정신병적 장애 가족력이 주요우울장애보다 BP-I에서 더 빈번함
4. 질환의 경과 — 주요우울장애보다 BP-I에서 삽화 재발률이 더 높음
5. 치료 반응 — 주요우울장애보다 BP-I이 치료 실패 가능성이 더 높음

또한 Ketter와 동료들(2015)은 정신병 과거력이 있거나 우울의 비정형적 증상이 있다는 것은 우울이 주요우울장애보다는 양극성장애와의 관련성을 알려주는 지표라고 하였다.

우울은 BDI(Beck, Steer & Brown, 1996) 또는 PHQ-9으로 평가할 수 있다. PHQ-9은 우울 증상을 측정할 수 있는 자기보고식 9개의 문항으로 환자가 관해되었는지 또는 치료 효과가 있는지를 알아보기 위하여 사용할 수 있다.

경조증 또는 조증 증상은 기분장애 질문지(Mood Disorder Questionaire, MDQ)로 평가할 수 있다. 자기보고식 13문항 검사로 조증 또는 경조증에 양성인지를 선별하기 위한 7문항 포함되어 있다(Manning, 2005). MDQ검사에서 BP-I 환자들은 BP-II 환자보다 충동적 감각 추구 점수가 더 높다.

아동 평가　아동의 경우 나이, 공병하는 진단(예 : ADHD), 부모의 증상에 대한 보고를 고려하여 임상적으로 유의미한 증상들 사이에서 판단을 내리기가 어렵다(Lucy & Beldon, 2006, 2008). 발달지연, 부모-자녀 관계 문제, 아동의 기질, 기타 새롭게 혹은 진행되고 있는 심리사회적 스트레스 요인을 포함하여 아동의 행동에 대한 기타 가능성에 대하여 반드시 고려해야 한다(AACAP, 2007). 양극성장애로 발전된 사람의 대다수는 최소한 1명의 생물학적 부모가 양극성 혹은 우울장애를 가지고 있다는 것을 주목해야 한다. 이는 부모-자녀 간의 관계 문제의 발달로 귀인될 수 있는데, 관계 문제는 종종 양방향적이다(Aschbrenner, Greenberg & Seltzer, 2009).

Baroni와 동료들(2009)은 아동의 조증 평가에 대한 상세한 안내 지침을 개발하였다. 이 지침은 아동기 양극성장애와 기타 장애(DMDD 포함)를 구분하는 데 도움이 될 것이다.

- 부모와 아이를 함께 그리고 (가능할 경우) 따로 인터뷰한다.
- 비교를 위하여 아동의 과거 행동의 기저선을 정한다.
- 조증 행동이 보이는 정확한 기간을 확인한다.
- 수면 욕구가 감소된 것인지 잠들기 어려운 것(예 : 불면증)인지를 구분한다.
- 도취감 또는 고조된 민감성이 진행된 기간을 확인한다.
- 아동이 흥분을 경험할 때 다른 때와 비교해서 고조되는 기분의 정도를 비교해본다.
- 조증 증상이 기분이 바뀌는 때 발생하는지 확인한다.
- 거대감 또는 과민한 행동이 표준에서 벗어나는지 확인한다.

증상 보고를 하기 위하여 부모에게 반드시 행동 일기 또는 기분 일지를 작성하도록 한다. 아동의 경우 양극성장애

로 발달하는 데 가장 일반적인 요인 중의 하나가 양극성장애 가족력이므로, 가족의 정신병 과거력을 심도 있게 수집해야 한다(Baroni, Lunsford, Luckenbaugh, Towbin & Leibenluft, 2009). 아동의 양극성장애 진단을 위한 특별한 심리측정법은 없다. 하지만 몇 가지 도구로 조증 증상의 존재 및 심각도를 결정하는 데 도움을 받을 수는 있다.

- 워싱턴대학교 K-정서장애 및 조현병 진단표(Schedule for Affective Disorders and Schizophrenia, K-SADS) — 학령기 아동을 위한 조증 평정 척도로 동시 타당성이 좋음(Geller et al., 2001)
- Young 조증 평정 척도(Young Mania Rating Scale, YMRS; Young, Biggs, Ziegler & Meyer, 1978) — 선행한 24시간 동안의 조증 정도를 평정하는 데 유용함(Hunt et al., 2005)
- 아동 행동 평가 척도(Child Behavior Checklist, CBCL; Achenbach, 1991) — 유용함

조증 증상이 없는 경우 증상은 우울장애, 불안장애, ADHD, ODD로 더 잘 설명이 되고, 심한 과민성이 있는 경우는 DMDD이다.

치료자의 자질

약물 복용 불이행은 양극성장애 환자들에게 흔한 문제이다. 약물 처방을 받은 환자의 반 이상이 복용을 중지하거나 규칙적으로 복용하지 않는다(Johnson & Fulford, 2008). 어떤 사람은 쇠약해진다는 점, 부작용, 비용 부담, 비순응에 대한 이유로 정신질환을 앓는 것과 관련하여 흠이 잡히는 것에 대하여 언급하는 경우가 있다. 또 어떤 사람들은 자신에게 약물이 필요하다는 것을 완전히 부정한다.

치료자들은 확고한 치료 동맹을 맺어야 하고 복용 순응을 할 수 있도록 도와야 할 것이다. 치료 관계의 질이 양극성 증상의 재발을 막는 첫 번째 방어벽이다. 연구에 의하면 치료 동맹이 조증 증상을 더 성공적으로 관리하게 하는 예언 요인이라고 한다(Strauss & Johnson, 2006). Havens와 Ghaemi는 치료자들이 기분 안정제(2005, p. 138)로 환자가 절망의 순간 믿고 의지할 수 있는 확고하고 지지적인 관계를 제공하는 것으로서 동맹을 이용한다고 하였다. 양극성

좌절과 생활상의 손실 그리고 치료를 위해 필요한 약물치료를 몇 년간 겪은 이후에 우울로 인하여 세상에 대하여 완전히 희망을 상실할 수 있다(Havens & Ghaemi, 2005). 치료자들은 중다양식치료 팀의 일부로서 효율적으로 작업할 수 있어야 한다.

개입 전략 : 복약 관리

양극성장애 치료에서 새로운 발전이 많았는데, DSM-5에서 가장 눈에 띌 만한 변화는 SGA 약물치료[즉 아세나핀(사프리스)], 장기 효과가 있는 주사용 리스페리돈의 FDA 승인, 아동 양극성장애 치료를 위한 몇 가지 약물의 승인 그리고 심부뇌자극술과 같은 치료의 사용(Berlim et al., 2014)과 양극성 우울 치료에서 항우울제를 사용하는 것에 대한 우려 등이다(Pacchiarotti et al., 2013).

복약 관리가 양극성장애 치료에서 가장 주요하지만, 건강상의 이유로 약물치료를 할 수 없는 유아, 노인, 임산부 등을 위하여 심리사회적인 치료가 약물치료의 효과적인 보조제로서 지속적으로 발전하고 있다.

양극성장애의 치료를 위한 복약 관리에 대한 논의는 주로 심리사회적 치료에 초점을 두는 이 책의 범위 밖이다. 이 인구와 함께 작업하는 사람들은 정신과 의사들과 가장 적합한 돌봄을 제공할 수 있는 의료 공동체에 속한 이들과 협업할 것이다. *Advances in the Treatment of Bipolar Disorder*(2015)에서 Terence Ketter는 이 만성 장애 치료의 모든 면에 대한 최신의 정보를 담았다(Ketter, 2015; Ketter, Wang, & Miller, 2015 참조).

먼저 양극성장애를 위한 약물치료에 대한 간단한 개관을 한 이후에 보조적인 심리사회적 개입에 대한 논의를 할 것이다.

FDA 승인을 받은 기분 안정제와 기타 약물은 양극성장애를 위한 증거 기반 실제의 기초를 형성한다. 기분 안정제는 급성일 때 조증, 경조증, 또는 혼재된 삽화를 다루는 데 가장 효과적이다(APA, 2004). 양극성 우울증을 완화시키는 것이 더욱 도전해볼 만할 것이며, STEP-BD의 최근 연구 결과들은 양극성 우울증의 치료를 위하여 항우울제 약물을 처방하는 것의 일반적인 치료법에 대한 의문을 제기하였다. 약물치료와 심리사회적인 개입 그리고 조합치료를 비교한

3개의 무작위 통제 실험 자료에서 정서 안정제가 조증 치료를 위해 가장 효과적이라는 것을 발견하였고 반면 심리치료는 우울증에 더 큰 효과를 보였다(Bowden, et al., 2011; Miklowitz, 2013; Sachs et al., 2007; Sachs & Nasrallah, 2014). 항우울제가 자주 사용됨에도 불구하고 양극성 우울장애 치료에 효과가 있다는 것은 알려져 있지 않다.

심리치료와 약물치료를 통합한 복합 치료는 양극성장애 치료에서 약물치료 단독 진행보다는 더 효과적이라고 밝혀졌다(Geddes & Miklowitz, 2013; Grunze et al., 2013; Miklowitz et al., 2007; Sachs, 2004, 2008).

내담자의 안전을 보장하기 위한 정신과 전문의, 치료자, 가족의 상호작용을 포함하는 협업적 돌봄 모델은 평가를 위한 정보를 제공하고, 치료를 시작하며 치료 동맹을 공고히 할 수 있는 가장 적합한 접근으로 보인다(Bauer et al., 2006a; Bauer, 2006b). 내담자의 주치의 또는 정신과 전문의가 처방하는 추천 치료는 조증 또는 우울증의 존재 여부에 따라 달라질 것이다. 양극성장애를 위한 심리사회적 치료에 대한 논의를 하기 이전에 BP-I, 즉 조증, 우울증, 경조증의 세 가지 각 국면 동안의 약물치료에 대하여 간단히 살펴보도록 하겠다.

임신 중이거나 수유 중인 양극성장애 여성을 위한 치료는 복잡할 수 있다. 약물을 중단하는 경우에는 우울 또는 조증이 되는 위험성과 약물치료가 태아 또는 수유 중인 아이에게 미치는 위험성 사이에서 균형을 맞춰야 한다. Bobo, Stevens, Geerling(2015)은 임신, 출산 중, 출산 후에 전구 증상이 발생하는 경우 무엇을 해야 하는지 명시한 안전 계획서의 개발을 추천하였다.

약물치료에 대한 논의는 이 책의 범위를 넘어선다. 관심 있는 독자는 이 장 마지막에 있는 추천문헌 목록을 참고할 수 있고 약물치료, 부작용 목록, 추천 치료법 등 BP-I를 위한 기본 치료 지침에 익숙해질 수 있다(Grunze et al., 2013; Ketter, 2015; Miklowitz, 2006; Sachs, 2004, 2008).

양극성 조증 리튬은 1970년에 조증 치료제로 FDA 승인을 받았으며 지난 50년간 그 효과로 이후 치료제들의 기초가 된 것으로 처음 조증 증상을 보이고 이후 주요우울 삽화를 보이는 제I형 양극성장애 환자의 70%에 가장 잘 작용한다.

이 패턴은 양극성장애 가족력을 가진 대부분의 사람들에게 적용된다.

재발과 심각한 증상의 위험에도 불구하고 BP-I 치료에서 50%의 사람들이 약물치료 비용과 힘이 빠지는 부작용, 가장 흔한 이유인 홍반 등을 언급하며 약물치료를 번번이 중단한다(Johnson & Fulford 2008). 순응에 영향을 주는 것으로 밝혀진 다른 요인들로는 치료자와의 관계 강도, 어떤 것이든 틀리다(예 : 질병인식 불능증)는 BP-I 환자의 통찰의 부족, 알코올 또는 약물 남용 여부, 공병하는 성격장애(특히 A군 또는 C군) 등이 있다. 약물 순응은 BP-I 환자의 치료 목표가 되어야 한다.

양극성 우울증 세 가지 약물만이 양극성 우울증 치료제로 FDA에서 승인되었다. 루라시돈(라투다)은 2013년에 양극성 우울증 치료제로 승인받았고, 쿠에티아핀(쎄로켈)이 그 뒤를 이었으며 올란자핀과 플루옥세틴(심비악스)의 복합 치료가 양극성 우울증에 효과적인 치료법으로 승인되었다(Chang & Ha, 2011; Price & Marzani-Nissen, 2012).

무작위 추출, 이중맹검 위약통제 연구에서 항우울제가 기분 안정제와 함께 처방되었을 때, 기분 안정제가 단독으로 처방된 경우보다 효과가 없다는 결과가 있었고, 이것이 양극성 우울에 대하여 항우울제가 지속적으로 사용되는 것에 대하여 의문을 던졌지만 다른 항우울제들이 처방되고 있다. 항우울제보다 보조적인 심리사회적인 치료가 기분 안정제 단독사용(STEP-BD)보다 훨씬 효과가 우세한 것으로 나타났다.

항우울제 사용으로 양극성장애 환자들이 조증, 경조증 또는 동시에 우울한 상태와 불안한 상태가 동반되는 근육수축정좌불능증으로 바뀔 수 있다. 근육수축정좌불능증은 자살 위험률을 높인다(Sachs et al., 2007; Manning, 2010; Valente et al., 1988).

심리사회적 치료

양극성장애의 보조 치료로 경험적 지지를 받는 심리사회적 치료에는 가족중심치료(FFT), 대인관계 및 사회적 리듬치료(IPSRT), 인지행동치료가 있다. 마음챙김 요소를 포함한 인지행동치료로 많은 양극성장애의 증상이 개선되는 것으로 보인다.

대인관계 및 사회적 리듬치료   대인관계 치료와 결합한 사회적 리듬치료(Interpersonal and Social Rhythm Therapy, IPSRT)의 반복성과 지속성은 양극성장애를 가진 사람들이 삶을 재건할 수 있는 튼튼한 기반을 마련해준다. 행동 개입은 내담자가 기분을 고양시키고 충분한 수면을 할 수 있게 해주는 수면-기상 주기를 발달시키는 것을 돕는 24시간 주기 리듬에 중점을 둔다. 내담자들이 기분 삽화의 패턴, 지속 기간, 빈도, 계절성을 기록하기 시작하고, 촉발 요인과 침전제를 알게 되면서, 이후 어떤 것이 삽화를 일으킬 수 있을지를 예측할 수 있게 되어 그 상황을 피할 수 있게 된다. 주도적이며 안정되고 건강하며 균형 있는 삶을 유지하는 것이 양극성장애를 가진 사람들이 우울 국면에 있는 기간을 단축시킬 수 있다고 알려졌다(Frank, 2007). IPSRT 치료를 하는 사람들은 다른 치료 양식으로 전환한 사람들에 비하여 재발률이 낮다. IPSRT는 또한 집단 작업과 청소년들에게 적용되어 왔다(Goldstein et al., 2014).

인지행동치료   양극성장애에서 인지행동치료(CBT)의 사용은 많은 다양한 초점이 있을 수 있다. 약물치료 효과를 증대시키기 위하여 행동 계약과 인지적인 기술을 사용하는 것이 가장 일반적이다(Basco, Ladd, Myers, & Tyler, 2007). 새로운 내담자에게 CBT를 적용할 때는 기분, 인지에 대한 자기 모니터링 및 왜곡된 신념에 대한 도전과 그것을 건강한 사고로 대체하는 것에 초점을 둔다. 장기간의 소실을 유지하는 사람에게는 즐거운 활동 계획 세우기 활동지, 대인관계 의사소통 개선하기, 감사 체크리스트 만들기 등이 도움이 된다. 양극성장애로부터 어느 회복 단계에 있든지 내담자들은 스트레스 감소 기법과 부정적인 사고를 인지하고 통제하기로부터 도움을 받을 수 있다. CBT는 개인치료든 집단치료든 일반적으로 20~25회기 진행된다. 조증을 방지하는 데 중점을 두는 CBT는 사람들로 하여금 과도한 목표지향적인 사고와 활성화된 행동을 깨닫게 하고 충동적인 행동을 줄이게 하는 데 도움을 주기도 한다.

마음챙김 기반 인지행동치료   마음챙김 요소를 포함하는 인지행동적 개입, 특히 마음챙김 기반 인지치료(mindfulness-based cognitive therapy, MBCT)는 경험적 지지를 받고 있다(Segal, Williams, & Teasdale 2002, 2013; Williams, Teasdale, Segal, & Kabat-Zinn, 2007). 양극성장애에 대한 연구에서는 MBCT가 양극성장애를 가진 사람들의 정서 과정을 개선한다는 것(Howells, Rauch, Ives-Deliperi, Horn, & Stein, 2014)과 불안을 감소시킨다는 점을 밝혔다(Ives-Deliperi, Howells, Stein, Meintjes, & Horn, 2013). 양극성장애 환자 12명을 대상으로 한 이전 연구에서는 MBCT를 받은 이들이 마음챙김, 낮아진 우울 증상, 개선된 정서조절 능력, 주의 집중 곤란 감소 등을 보인 것을 밝혔었다. 더 개선된 심리적 웰빙과 더 긍정적인 정서 역시 보고되었다. 3개월간의 치료 기간 끝에 MBCT가 양극성장애 치료에서 불안, 반추, 우울 증상을 감소시킨다고 알려져 있으나, 증거 기반 결과인지를 판단할 수 있을 정도의 더 큰 표본으로 연구할 것을 제안하였다. Deckersbach, Hozel, Eisner, Lazar, Nierenberg(2004)는 BP-I의 진행 중인 우울 및 조증 기분 증상의 치료를 위해 약물치료에 보조 역할로 개인치료와 짝지어진 12주 마음챙김 집단 프로그램의 초안을 만들었다.

변증법적 행동치료   변증법적 행동치료(Dialectical Behavior Therapy, DBT) 역시 청소년의 양극성장애 치료에서 약물치료의 보조 역할로 지지되어 왔다(Goldstein, Axelson, Birmaher, & Brent, 2007). 무작위 파일럿 연구에서 DBT를 받은 청소년들이 치료 시간에 더 잘 참여하였고, 우울 증상을 덜 보였으며, 평상시 치료보다 3배 낮은 자살 사고를 보였다(Goldstein et al., 2015).

가족중심치료   가족중심치료(Family-Foucused Theray, FFT)는 David Miklowitz와 동료들(2010)이 내담자와 가족, 부모 또는 배우자를 대상으로 만든 지침서 기반 치료 프로그램이다. 이것은 가족들이 가장 큰 재발요인으로 알려진 비난이나 과한 정서 표현(high Expressed Emotion, high EE)을 하지 않고 효과적으로 의사소통하는 방법을 배우는 심리교육 요소를 가지고 만들어졌다. 문제해결 기술 역시 약 9개월간 진행되는 21회기 내에 교육된다.

FFT는 양극성 내담자들이 전조증상과 재발의 계기가 되는 행동, 수면 위생의 중요성, 약물치료 병행 등을 포함한 자신의 장애에 대한 사항을 더 잘 이해하도록 돕는다. 세 번의 통제된 무작위 실험에서 FFT는 개인치료와 비교했을 때 재입원율을 감소시키고 재발하는 시간 간격을 늘린 것으로 나타났다(Rea et al., 2013). 조증과 우울 증상 모두에서 개선이 되었고 FFT는 가족 내의 긴장을 감소시키는 것으로 나타났다. 청소년을 대상으로한 소규모 실험에서는 기분 안정제 복용과 함께 진행된 개선된 가족 의사소통으로 조증과 우울 증상 모두 감소되는 효과를 얻었다(Miklowitz et al., 2000).

FFT는 또한 가족들로 하여금 가족원의 혐오스러운 행동(성마름, 공격성, 반대 행동)이 그들의 '생화학적 원인에 의한 질환 상태'와 관련이 있는 것으로써 부모나 사랑하는 대상을 향한 의도적인 행동은 아니라는 것을 이해하도록 돕는다(Miklowitz, 2006, p. 469). 심리교육의 효과와 사물을 다르게 보려는 노력으로 가족 의사소통은 개선되고 재발률은 감소한다. 가족의 거의 90%는 가족 구성원의 양극성장애로 인하여 정서적으로 고통스러운 감정이나 '보호자 부담감'을 보고하며, 특히 자살사고 또는 약물치료가 빈약하게 병행되고 있는 경우에 그렇다. FFT-HPI(가족중심치료 — 건강 개선 개입)는 보호자들과 함께 사용되기 위해 변환되어 왔고 양극성장애를 가진 가족원을 돌보는 사람들에게서 나타나는 우울 증상을 감소시키고 자기돌봄 기술을 개선한다.

기타 치료

다른 많은 치료가 있다. 치료 결과에서 개선이 있다고 알려진 치료가 다음에 열거되어 있다.

전기충격치료 및 반복적 경두개 자기자극
전기충격치료(ECT)는 심각한 우울증을 치료하는 가장 오래된 것으로 알려진 치료법 중 하나이다. 이는 또한 BP-I의 조증 국면에 효과적이다(Mohan et al., 2009; Hiremani, Thirhalli, Tharayil, & Gangadhar, 2008). ECT는 대개는 약물요법이 금지되는 상황이나 우울증이 고질적인 사람인 경우에 적용된다. 384명을 대상으로 한 9개의 통제된 실험을 최근 메타분석하여 ECT와 반복적 경두개 자기자극(rTMS)의 효과를 비교하였다(Micallef-Trigona, 20014). 두 치료 모두 우울증을 감소시키는 데 효과가 있었으며, ECT의 효과가 rTMS보다 더 우세하였다. 그러나 rTMS가 ECT보다 부작용과 마취를 하지 않아도 된다는 추가적인 이점이 있다. rTMS가 임상에서 일상적으로 사용되는 것은 아니지만, 치료 저항 우울증 관리와 약물치료를 할 수 없는 사례에서는 심리치료와 병행하여 중요한 역할을 하는 것은 분명하다.

주간 치료
주간 치료 프로그램은 외래 환자 세팅에서 제공될 수 있는 것보다 더 많은 구조와 지원을 필요로 하는 사람들에게 종종 필요하다(Miklowitz, 2006). 주간 치료는 조증 삽화에서 입원 치료 이후, 퇴원 전에 약물치료에 안정화될 시간이 더 많이 필요한 경우 고려되어야 한다.

심리교육
회복 기간 동안에 개인 또는 집단으로 심리교육을 받는 것은 치료에서 효과적인 보조이다(Colom et al., 2009). 조증 삽화 중에 있는 사람들이나 정신병에 있는 사람은 효과적으로 참여할 수 없기 때문에 집단치료는 적합하지 않다. 자기관리 기술, 양극성장애 대처 기술 개발이 일반적인 주제이다.

가령, 우울 및 양극성 장애 지지동맹(Depression and Bipolar-Support Alliance; DBSalliance.org)과 정신질환자들을 위한 전국연합(NAMI)과 같은 자조집단은 양극성장애를 가진 사람들과 그 가족을 위한 정보원과 지지원이 될 수 있다. 국립정신질환동맹(National Alliance Mental Illness, NAMI; www.nami.org)에서 운영하는 가족 대 가족 프로그램이 많은 가족들에게 도움이 되고 있다.

아동과 청소년을 위한 개입

양극성장애를 가진 아동 및 청소년을 대상으로 실시한 무작위 추출 통제 실험은 아직 실시된 적이 없다. 가족교육이 약물치료를 고양시키고 재발률을 감소시킨다. 중다가족 심리교육 집단(multifamily psychoeducation groups, MFPG)은 기분의 심각도를 감소시키는 것과 관련이 있다(Fristad, Verducci, Walters, & Young, 2009).

양극성장애를 가진 아동과 부모 사이의 부정적인 의사소통 패턴 때문에, 가족교육은 치료의 중요한 부분이다. 가족

중심 요소를 포함한 복합 치료는 증상을 감소시키고 가족 내에서 의사소통과 문제해결 기술을 향상시키며 표현되는 감정(예 : 적개심, 비판, 과방어)을 감소시킨다(Miklowitz, 2010; Miklowitz & Cicchetti, 2010). 성인들과의 작업에서 성공적이었음에도 불구하고, 청소년을 대상으로 FFT를 보조치료로 하고 약물치료를 시행한 2년간의 무작위 통제 실험에서 결합치료가 약물치료와 단기 심리교육에 비하여 더 효과적이라는 점은 발견되지 않았다(Miklowitz et al., 2006).

무지개 치료라고도 알려진 아동과 가족 중심 인지행동 치료(CFF-CBT)는 7~13세 아동을 대상으로 한 12회 지침서 기반 심리사회적 개입이다. CFF-CBT는 인지행동치료, 대인관계치료, 마음챙김 등 몇몇 다양한 치료 접근의 요인을 결합하여 아동들이 정서를 조절하고, 부정적인 사고를 통제하고 필요한 경우 지원을 요청할 수 있도록 돕는다(Pavuluri et al., 2004). 무작위 임상 실험 결과, CFF-CBT는 정서적인 증상을 감소시키고 장기간의 심리사회적인 기능을 향상시키는 데 효과적일 수 있다(West et al., 2014). 이전의 연구에서는 증상들이 개인과 집단 CFF-CBT 모두에서 감소되었었다(Pavuluri et al., 2004). 청소년을 대상으로 CFF를 소규모 개방 실험을 실시한 결과 청소년에게서 양극성 증상이 감소하였고 심리사회적인 기능이 향상되었다. 무작위 임상 실험이 최근에 실시되었다(West & Weinstein, 2012). 치료 계획에 형제들을 교육하는 것을 포함하여 대인관계 및 가족 문제 해결의 일환으로서 양극성장애를 가진 형제 또는 자매에 대한 공감을 증대시키는 데 도움을 주고자 하였다.

성인을 대상으로 경험적으로 인증된 다른 치료(예 : DBT, IPT-SRT, MBCT)가 아동을 대상으로 한 치료에 성공적으로 적용할 수 있을 것으로 보인다. 사실인지를 판단하기 위해서는 더 많은 연구들이 필요하다.

예후

양극성장애는 권장 치료를 실시한다 하더라도 거의 재발하는 만성적이고 심각한 장애이다. 많은 삽화가 있었을 때나 공병하는 물질사용장애, 급성 순환성 또는 부정적

인 가족 정서 양식이 있는 경우에는 예후가 더 좋지 않다(Miklowitz, 2010). 치료의 1차 목표는 내담자의 자살사고, 충실한 약물 복용 여부를 모니터링하고 추가적인 지지와 기술을 기반으로 한 심리치료를 제공하는 것이다.

BP-I의 심각성, 치료 계획의 어려움, 약물 비순응 위험률, 높아진 자살률을 고려할 때, 부정적인 정서를 감소시키고 삶의 질을 향상시키는 대안적인 방법이 고려되어야 한다. MBSR과 MBCT는 양극성장애 치료에서 약물과 심리사회적 치료에 훌륭한 보조 역할을 할 수 있다(Marchand, 2012).

BP-I에 대한 심리사회 치료를 타당화할 수 있는 경험적 증거가 많다. 이제 필요한 것은 장애의 국면, 공병 장애, 생애 동안의 지속 기간, 양극성장애의 다양한 하위 유형에 적용 가능성 등에 특정하는 연구이다.

제II형 양극성장애

입원 또는 외래 환자 중에서 우울증으로 진단된 사람들의 40%가 이후에 양극성장애로 발견된다(Benazzi, 2007). 더 놀라운 것은 증상이 처음 나타난 시기와 양극성장애로 바르게 진단되는 시간 사이에 평균 10년이 걸린다는 사실이다(Ketter, 2009).

제II형 양극성장애(BP-II)의 진단을 위해서는 경조증 삽화와 주요우울 삽화의 과거력과 최근 기록이 있어야 한다. 역사적으로 양극성장애의 40% 정도가 진단되지 않았었다(Angst, 2013). 이것은 BP-II의 경우 특히 그런데, 왜냐하면 경조증 증상(예 : 증가된 활동성 또는 에너지에 따르는 확장되거나 고양되고 과민한 기분)은 일반적으로 직업적 또는 사회적 기능 저하를 가져오지 않고 종종 의식되지 않고 진행되기 때문이다. 경조증 삽화를 경험하는 많은 사람들은 실제로 자신의 기능성이 높아진 것으로 보거나(Ketter, 2009) 최소한 우울 증상에 따르는 행복한 시기로 본다.

불행하게도 치료자가 우울한 내담자의 경조증 증상을 선별하는 데 실패한다면 그들을 주요우울장애로 오진하고 치료하게 된다. 게다가 경조증 증상을 감지하는 데 실패하고 항우울제가 처방되는 경우 약물치료로 인한 경조증을 유발

할 수 있고, 취약한 사람들에게서는 자살 위험률이 상승하게 된다.

진단

종합적으로 제II형 양극성장애의 진단을 위해서는 조증 삽화 없이 최소 1회의 경조증 삽화와 최소 1회의 주요우울 삽화가 있어야 한다. 증상은 조현병 스펙트럼, 정신병적 장애, 망상장애로 잘 설명될 수 있다. 우울 증상은 기능 손상을 유발해야 하며, 경조증 증상은 그렇지 않다.

진단 시 치료자는 최근 또는 가장 마지막 삽화가 경조증이었는지 우울증이었는지를 특정화해야 한다. 만일 기분 삽화에 대한 범주에 합치되면 다음과 같이 분류한다.

- 경도
- 중등도
- 고도

다른 명시자는 앞에서 언급했던 것과 같다.
다음과 같이 분류한다.

- 부분적 소실
- 완전한 소실

혼재된 상태, 급성 순환성, 공병 장애 등과 같은 이슈를 고려하여 BP-II를 주의 깊게 진단하는 것이 개인에게 효과적인 치료 제언을 할 수 있게 해준다.

일차친척(어머니, 아버지 또는 형제) 중 기분장애를 가진 사람이 있다면 양극성장애로 발달한 위험률이 증가한다. 양부모가 모두 기분장애가 있다면 그 가능성은 50%까지 상승한다. 유전적 소인이 필요조건이기는 하지만 충분조건은 아니다. 물질사용, 소시오패스, 기질 또는 환경적인 스트레스 요인(예 : 트라우마, 아동 학대)과 같은 환경적 요인 역시 그 역할을 한다. 불안 또는 우울한 기분을 자가 치료하고자 물질 사용, 특히 알코올을 사용하는 경우 역시 기분장애가 있는 가족 내에서 증가한다.

내담자 특징

BP-II는 만성이며 경조 증상 1.3%에 비해서 50% 이상으로

우울 증상이 주가 된다(Judd & Akiskal, 2003). 증상이 없는 기간이 정상 상태라고 일컬어진다. 사람들이 치료를 많이 원하는 시기는 우울한 국면 동안이다.

BP-II에서의 기능 손상은 주로 우울의 재발과 관련이 있는데, 이때는 경조증 때보다 훨씬 더 큰 손상을 가져온다. 이는 사회적인 손상 때문으로 정서 증상이 해결된 뒤 오랜 후에 생기기도 하고 오래도록 지속되기도 한다. 생애 동안 삽화의 수는 BP-I보다 BP-II가 더 많으며 정서 삽화 간의 시간은 나이가 들수록 줄어드는데, 이것으로 많은 전문가들이 BP-II 장애가 더 오래 지속되고 손상을 가져오는 점을 지목한다.

BP-II에서의 우울 증상은 불규칙적이며 과다수면과 과식을 포함할 수 있다. 우울 삽화의 발생에 대한 초기의 경고 신호에는 낮은 에너지 수준, 낮은 리비도, 자기 비난, 쾌감상실(기쁨을 경험하지 못함), 타인들로부터의 철수 또는 고립, 슬픈 느낌이 있다.

경조증의 초기 경고 신호는 도취된 느낌, 성욕 증가, 질주하는 사고, 끝말 잇기처럼 빠른 연상 또는 창의적인 생각, 한 번에 지나치게 많은 프로젝트를 떠맡기, 밤 새우기, 자신감 느끼기, 보통 때보다 크고 빠르게 말하기 등이다. 경조증 삽화 기간 동안, BP-II를 가진 사람들은 충동적인 행동(예 : 과도한 알코올과 다른 물질 사용, 강박적 섭식, 과소비)을 할 수 있다. 당사자는 어떤 것도 잘못되었다고 지각하지 못하거나 짜증이 늘고, 인내심이 줄거나 불안함을 경험할 수 있다.

BP-II 장애를 가진 사람 중 5~15%는 급성 순환기를 갖고, 이것은 남성보다는 여성이 더 많다. 일단 경조증 삽화가 확인되고 제II형 양극성장애로 진단이 되면, 진단은 다시는 주요우울장애로 뒤바뀌지 않는다.

동반이환은 흔하며 BP-II의 60% 사람들이 3개 또는 그 이상의 공병하는 정신장애를 가지고 있다. 이 공병 장애들 각각은 기분 상태와 연관이 되는 것으로 보인다. 구체적으로 살펴보면 다음과 같다.

- 75%는 불안장애(흔히 사회불안)를 가지고 있다.
- 37%는 물질사용장애를 가지고 있다.
- 14%는 일생 동안 섭식장애(가장 흔하게 폭식)를 갖는

다. 섭식장애를 가진 사람들은 그렇지 않은 사람들에 비하여 우울 삽화를 더 많이 갖고, 몸무게 변동이 더 심하고, 매우 큰 정신병적 공병을 갖게 된다(McElroy et al., 2010; Wildes, Marcus, & Fagiolini, 2007).

몇몇 의학적 상태도 BP-II와 상관이 있다.

- 갑상선 기능부전
- 여성에게서 생리적 문제
- 편두통
- 쿠싱증후군
- 애디슨병
- 당뇨병
- 비만

양극성 또는 관련 장애를 가진 거의 모든 여성의 절반은 출산 이후에 우울, 조증 또는 혼재된 상태를 경험한다.

BP-II와 다른 장애 간에 정확한 감별진단이 중요하다. BP-II에서 우울 삽화는 BP-I에서와 같지만 BP-I으로 진단을 결정하는 것은 조증 삽화의 존재 여부이다. 정신병적 증상은 제II형 양극성장애에서는 나타나지 않고 그 존재가 조증의 표시가 될 수 있으며 BP-I으로 진단할 수 있게 한다. BP-II는 주요우울 삽화의 존재에 의해 기타 특정화된 양극성장애의 범주와는 구분될 수 있다. BP-II는 또한 많은 유사한 면을 경계성 성격장애와 공유하지만 삽화의 성격이 다르다.

ADHD 역시 제II형 양극성장애와 공통점을 가지고 있을 수 있는데, 특히 아동·청소년기에 그렇다. 다시 돌아가서 차별화된 명백한 4일간의 경조증 삽화를 찾아내는 것은 제II형 양극성장애의 윤곽을 잡는 것이다. 아동기에 BP-II로 진단하는 것은 어렵다. 경조증의 증상은 반드시 삽화가 있고, 일반적으로 제II형 양극성장애 가족력이 있다. 삽화가 없는 과민성은 DMDD 또는 불안장애 증상일 가능성이 높다.

제II형 양극성장애의 진단범주에 대해서는 논쟁이 있다(Frances & Jones, 2012). DSM-IV에 포함된 이후로 제II형 양극성장애를 가진 사람들을 단극성 우울증으로 오진하는 것에 대한 염려가 늘어나고 있는데, 경조증 증상이 아직 나타나지 않았기 때문이다. 혼재된 삽화에 대한 정확한 정의가 부족하여 진단을 흐리게 한다. 제II형 양극성장애와 관련된 다른 주제들은 다음의 명확한 설명에서 도움을 받을 것이다.

1. DSM-5 범주는 최소 4일간 나타나는 경조증을 필요로 한다. 많은 연구자들이 경조증 증상의 지속 기간이 1~3일 정도의 기간이 되기가 더 쉽다고 논쟁을 벌여오고 있다(Akiskal, 1996; Benazzi, 2003; Judd et al., 2003).
2. 경조증의 임상적 모습은 고양된 기분 상태와 주로 연관되는 행복감 또는 도취감보다는 과민성이기 쉽다.
3. 문헌에서는 때때로 BP-II를 BP-I의 가벼운 버전 또는 '부드러운 양극성'이라고 언급한다. 더 이상 온화한 것은 없다. BP-I의 조증 증상이 정신병으로 이어질 수 있으며 이 장애가 세계적으로 무능하게 만드는 원인 중의 하나이기는 하지만, BP-II는 우울이 더 빈번하고 더 길게 지속되고 단극성 우울증보다는 직장에 더 많이 장기 결석을 하게 된다.
4. 진단의 그림을 더 혼란스럽게 하는 것은 경조증 증상을 식별하려는 시도이다. BP-II의 경도의 경조증은 BP-I에서 발견되는 조증 증상에 더 걸맞는 고양되고 확장된 기분보다는 과민성 혹은 증가한 에너지로 나타난다.
5. BP-II는 과소 진단된다. Benazzi(2007)에 따르면 역학 조사에는 문제가 있다. DSM-IV에서 BP-II의 0.5%를 일생 동안의 공동체 유병률로 기록했지만 역학조사 결과 유병률은 5%로 나타났다.
6. 우울한 내담자에게 경조증 증상에 대한 더 나은 설명을 해주면서 경조증 증상의 여부를 묻는 것은 도움이 될 것이다. 달리 명시된 양극성 및 관련 장애의 범주에 있는 잠재적 경조증 또는 우울증을 위한 새로운 DSM-5의 범주가 명확성을 준다. 이 장에 있는 추가적인 평가 방법 및 평가 도구 역시 도움이 될 것이다.

평가

처음 우울 삽화가 있던 사람의 35~60%가 양극성장애로 진단되기 때문에, 치료자들은 우울 증상이 있는 모든 사람에게서 조증 또는 경조증 이력이 있는지 반드시 선별해야 한다. 증가한 활력과 목표지향적 활동 기간에 대한 평가 없이는 오진을 할 가능성이 많다(Benazzi, 2007). BP-II에서의 우울증은 가장 명확한 특징으로, 75%가 대부분의 시간 동안 우울한데, 이때 기능 손상을 보고한다(Merikangas et al., 2011).

경조증 및 조증 증상을 치료자들이 종종 진단을 내리지 않는 경우가 있다. 몇몇 선별 도구가 치료자가 우울과 경조 또는 조증 증상 사이를 오가는 증상을 인지할 수 있도록 도울 수 있다.

- 경조증 체크리스트(Hypomania Checklist) — 33문항 또는 16문항 자기보고식 체크리스트. 경조증을 동반하거나 동반하지 않은 증상을 구분하기 위하여 설계됨(Angst et al., 2005; Forty et al., 2010)
- 기분장애 질문지(MDQ; Hirschfeld et al., 2000) — 양극성 스펙트럼 장애 존재 여부를 선별하기 위한 자기보고식 질문지. 선별 결과가 양성이라면 더 자세한 평가를 권유함
- 기분 변화 질문지(Mood Swing Questionnaire; Parker et al., 2012)
- 젠킨스 활동성 설문(Jenkins Activity Survey, JAS; Jenkins, Zyzanski & Rosenman, 1979) — 원래는 A형 행동을 확인하기 위하여 개발된 선다형 자기보고식 질문지. 속도와 성급함, 시간 긴급성과 직업 몰입 차원에서 점수가 높을수록 순환적 기질과 관련이 있음(Oedegaard, Neckelmann, & Fasmer, 2006)

인지적 손상(빈약한 의미 기억력, 빈약한 언어 기억력, 손상된 수행 기능) 역시 흔하며 고용 관련 문제가 생기고 빈약한 심리사회적 기술과 대인관계 어려움이 있다(Ruggero et al., 2007).

치료자의 자질

Carl Rogers는 변화는 관계 안에서만 일어난다고 말한 적이 있다. 변화를 위해서는 치료 동맹의 발달이 필요한데, 신뢰, 정직성, 내담자와 그가 선호하는 것에 대한 진정한 존

중을 발달시킬 수 있는 치료자가 BP-II 내담자의 생명을 안전하게 지키고 장애를 이해하고 관리하며 다른 의학적 질환의 상태에 있을 경우 내담자의 장애를 수용하는 새로운 목표를 설정할 수 있다.

제II형 양극성장애를 가진 많은 사람들은 치료에 임하지 않는다. 보통 우울 삽화에 있는 사람들은 자해 또는 자살사고 위험성을 평가받아야 한다.

BP-II는 BP-I보다 흔한데, 경조증의 증상과 그들이 적응할 수 있고 즐길 수 있다는 사실 때문에 잘 보고되거나 진단되지 않는다.

항우울제 복용 치료로 조증 또는 경조증 삽화가 일어날 수 있는 위험성 때문에 처음 우울 증상이 나타나는 사람은 모두 경조증 또는 우울증 증상을 평가받을 것을 추천한다. 선별 도구는 다음과 같다.

- 국제 종합 진단 면접(Composite International Diagnostic Interview, CIDI 3판) — 조증 증상을 확인하기 위하여 설계되었고 두 질문 중 하나에 긍정 답변을 하면 12개의 추가적인 질문이 나옴(Kessler et al., 2006)
- 기분장애 질문지(MDQ; Hirschfeld et al., 2000) — 13개의 '예/아니요' 질문과 증상의 시기 및 기능성 증상에 대한 2개의 추가적인 질문. MDQ는 경도에서 심각한 기능 손상(이것은 BP-II의 특징이 아니다)까지의 요구조건 때문에 BP-II를 진단하지 않음(Benazzi, 2003)
- 경조증 체크리스트(HCL-32; Angst et al., 2005) — 32문항의 자기보고식 체크리스트로 단극성 우울증과 경조증을 동반한 우울 증상을 구분함
- 경조증 체크리스트(HCL-16) — HCL-32의 단축형으로 처음 우울 증상을 나타낸 내담자를 위한 선별 검사를 제공
- M-3 체크리스트(My Mood Monitor; Gaynes et al., 2010) — 양극성장애, 불안, PTSD를 위한 23문항 자기보고식 선별 검사

최근의 제I형 양극성장애와 제II형 양극성장애를 구분하기 위해 사용되는 세 가지 선별 검사를 메타분석한 결과 경

조증 체크리스트(HCL-32)가 제II형 양극성장애를 찾아내는 데 가장 정확한 것으로 나타났다(Carvalho et al., 2014).

　MDD 삽화, 경조증, 조증 삽화를 구분하는 것은 중요하다. 혼재성 양상, 급성 순환성 삽화, 기타 다른 양상을 알아차리는 것은 도움이 된다. 치료자들은 주의 깊고 완전한 진단 접수 면접을 수행할 것이고 다음을 포함할 것이다.

- 심도 깊은 가족력
- 중복되는 것을 포함하여 과거 또는 최근 질환
- 동반이환의 존재
- 치료 이력, 경험이 있다면 치료에 대한 반응
- 직업적·사회적·가족적 역할에서 기능을 수행하는 데 삽화의 영향

대인관계 기능을 질문하여 많은 중요한 정보를 얻을 수 있는데, 이는 관계의 불안정성 이력이 단서를 줄 수 있기 때문이다. 관계 불안정성, 여러 번의 이혼, 가족 구성원들로부터 소외, 잦은 직장 이동을 포함한 불규칙한 직업력, 무직 기간, 재정적 어려움 등은 모두 양극성장애와 관련이 있다. 또한 과소비, 도박, 물질 사용, 난교와 같은 무모하거나 충동적인 행동에 질문의 초점을 맞추어야 한다. 치료자는 이러한 행동의 존재 여부뿐만 아니라 가족, 친구, 직업상에서 충동적인 결정으로 인한 부정적인 결과가 있는지를 질문해야 한다. 유사하게 내담자의 '대처 목록'(Cleradin, 2012, p. 180)과 지지 체계 탐색을 통해 치료자는 내담자의 상황을 이해하는 데 도움을 받을 수 있다.

개입 전략

제II형 양극성장애는 만성적이고 기능 손상을 낳는 일생 동안의 장애이며 약물치료, 심리사회적 치료 또는 두 치료 모두 필요할 수 있다. 명백한 증거 기반 치료 방침을 알릴 수 있는 BP-II를 위하여 잘 설계된 통제 실험의 결과가 있을 때까지는 BP-I에 특정되거나 모든 양극성 및 관련 장애에 일반화된 자료를 기반으로 계속해서 추정하게 될 것이다. 앞으로는 더 많은 무선통제실험이 BP-II 치료에 초점을 맞출 것이다. 그때까지 권장되는 치료는 각 개인의 필요에 특정화되어야 하며, 기분의 안정과 내담자의 안전에 초점을 맞추어야 한다.

BP-II의 약물치료는 다음 사항을 고려하여 결정되어야 한다.

- 최근의 자살사고 또는 자살 행동의 존재
- 치료력과 약물 반응
- 최근 장애의 국면 — 급성, 우울 또는 평상
- 약물치료와 그로 인한 장기간의 부작용
- 공병 장애의 존재

약물치료에 대한 개인의 선호도 고려해야 하는데, 왜냐하면 궁극적으로 약물 복용을 수용하는 것은 내담자이기 때문이다(Goldberg, Dekoven, Schabert, & Coyle, 2009).

BP-II가 양극성 및 관련 장애에서 가장 흔하게 발병하는 것이기는 하나 증상과 공병하는 장애를 치료하기 위한 약물 복용에 대한 무선통제실험은 제한적이다(Grunze et al., 2002). 그렇더라도 리튬을 복용한 사람들은 자살로 인한 사망률이 낮다(Angst et al., 2005). 리튬은 항공격성 및 항충동성을 포함하고 자살방지 효과성에 대한 많은 증거가 있다(Grunze et al., 2013). 최근에는 BP-II에 한정하여 리튬의 효과성을 판정하기 위하여 무선통제실험이 진행 중이다.

2006년에는 비정형 항정신병 약물 쿠에티아핀(쎄로켈)이 BP-II 관련된 주요우울 삽화의 치료를 위하여 FDA 승인을 받은 첫 번째 약물이다(Young et al., 2013). 다른 항경련성, 항정신병, 항우울 약물이 BP-II 치료에 효력이 있었으나 아직 BP-II에 특정화된 무선통제실험은 존재하지 않는다. 이 약물들의 많은 부작용과 경조증 또는 조증 삽화를 일으킬 가능성, 공병하는 의학적 심리적 상태의 존재 때문에 BP-II 치료를 위한 약물을 선택하는 데는 신중해야 한다.

양극성장애 치료에서 기분 안정을 위해 항우울제를 추가하는 것이 일반적이기는 하지만, 효과에 대해서는 아직 명확하지 않다(Aubry, Ferrero, & Schaad, 2007; Ketter, 2009; Parker, 2012). 특히 BP-II 치료에서 기분 안정제와 함께 항우울제를 사용할 때 그 효과성을 검증할 더 많은 연구가 필요하다.

BP-II와 공병하는 장애를 치료하는 다른 약물 사용에 대해 제한된 자료들이 보고되고 있다. 라모트리진은 공병하는 물질사용장애를 치료하는 데 희망적이다. 아주 소규모 연구에서 기분을 향상하고 알코올 갈망을 감소시키며, 알

코올 소비를 낮춘 결과가 있다(Rubio et al., 2006). 발프로에이트가 공격성, 과민성, 공병하는 경계성 성격장애와 관련된 대인관계 혼란을 감소시키는 데 도움이 되는 것으로 나타났다(Frankenburg & Zanarini, 2002).

BP-II 치료는 내담자 각자의 요구에 맞게 개인화되어야 한다. BP-II 치료 방법에 대한 합치도는 낮으며 많은 다양한 임상 모델이 개발되어 왔다(Parker, 2012, 2015). 많은 경우 BP-I 치료를 따르고 있고 약물치료와 이후 심리사회적 개입을 포함한다. BP-II를 위한 약물학적 치료에 대한 완전한 논의는 이 책의 범위 밖이다. 관심이 있는 독자는 생물학적 정신의학회 세계연합(World Federation of Societies of Biological Psychiatry)이 네 번째로 발행한 양극성장애의 생물학적 치료(Grunze et al., 2013)를 참고하면 되며, 이 장의 끝에 추천문헌 목록에 있다.

지금부터는 보조 치료 역할을 할 수 있는 BP-II에 특정화된 심리사회적 치료에 대한 논의로 돌아가도록 하자.

심리사회적 개입 BP-II에 특정화된 연구는 거의 없으므로, 권장 치료는 대인관계 치료, CBT, FFT, 심리교육, 체계적 돌봄 모델을 포함하여 BP-I에서 언급된 것과 유사하다. 각각의 치료는 BP-I 장애를 다루면서 앞에서 충분히 논의하였다. 독자들은 치료를 시작할 때, 양극성 및 관련 장애의 각 하위 분류가 다르며 각각의 환자들은 장애의 특정 국면에 있을 것이라는 점을 염두에 둔다. 많은 경우 공병 장애가 있을 것이고 이것도 치료가 필요하다. 연령에 따라 많은 사람들이 이전의 치료 경험이 많을 수 있는 반면 처음으로 치료를 시작하는 사람도 있을 수 있다. 심리치료의 선택은 치료받는 사람의 나이와 단계에 적절해야 한다.

협업적 돌봄 모델 약물치료가 양극성장애 치료에 있어 가장 최전선에 있기는 하지만 연구들에 의하면 약물치료 단독으로는 충분하지 않다. 치료는 반드시 사람들에게 자신의 회복에 대한 책임을 지고 자신의 장애를 자가 관리하는 법을 배우도록 할 수 있어야 효과가 있다.

또한 장애와 약물치료 그리고 그 효과에 대한 개방된 토론을 포함한 복약 지도를 심리교육의 형식으로 추가적인 도움을 주어야 한다. 3년간의 무선통제실험 협업적 돌봄과 평상시 치료를 그대로 한 통제 집단을 비교한 결과 내담자

로 하여금 반복된 일상(취침 시간, 기상 시간, 식사 시간)을 만들고 그것을 유지할 수 있게 돕는 것이 약물치료에 더 순응적이게 하였고 재발을 덜하게 하였다.

일상을 만들기 위하여 매일의 차트를 사용하는 것은 도움이 되지만 치료자는 반복되는 일상에 대한 찬반을 역시 언급해야 한다. 경조증을 경험한 내담자들은 약물치료가 시작되면 통제되는 느낌 또는 지루한 느낌을 표현할 수 있다. 그들의 청구서가 제때 지불되고, 식사가 더 규칙적으로 되더라도 그들은 '하고 싶다고 느끼면 하던' 자기 계획대로 하던 자발성을 그리워할 수 있다. 자신의 새로운 목표의 장기적인 이점을 포함한 찬반 논의는 자신의 행동에 대한 손익분석을 할 수 있도록 도울 수 있다.

다음의 개입은 BP-II 치료에 효과적이라고 증명된 것으로 매뉴얼 치료 접근에 가장 가깝다. 모든 치료 방법을 아우르는 공통점은 다음과 같다.

- 양극성장애에 대한 심리교육
- 복약 지도
- 위험 요인과 부적응적인 습관에 대한 확인
- 초기 경고 신호를 관리하는 방법
- 심리사회적인 문제 다루기

인지행동치료 마음챙김 기반 인지치료(MBCT)가 범불안장애, 양극성 우울, 자살사고를 감소시키는 데 효과가 있다는 점이 지지를 받고 있다. MBCT는 자살사고와 우울에 영향을 주는 것으로 알려진 두 가지 면인 자기중심적 사고를 감소시키고 반추에 대한 대안을 주는 역할을 한다. 메타분석 결과 MBCT가 단극성 우울증에서 우울증 재발을 감소시키는 데 도움이 된다고 밝혀졌다(Marchand, 2012). 마음챙김은 이전에 자살시도를 했던 사람들의 뇌에서 전두엽 비대칭을 실제로 변화시켰다. MBCT가 자살사고 및 행동을 감소시키고 우울증에서 회복되는 데 도움이 되는지를 알아보기 위한 연구가 최근에 진행 중이다(Williams et al., 2010).

지지치료와 CBT를 비교하는 무선통제실험에서 치료 방법에 관계없이 증상 개선 면에서는 동일했다. 2년 후의 추수연구에서 64.5%의 참가자들이 재발하였고, 이전 삽화의 횟수, 재발 이전 참가한 회기 수, BP-II가 있는 것과 관련되었다. 최근의 한 연구에서는 CBT가 도움이 되기는 하지만

이것은 내담자가 12번째 회기에 참여한 이후에는 그 효과가 사라지는 것으로 알려졌다(Pedersen, 2012).

심리교육 실제 생활 스트레스와 최근의 장애(예 : 불안, ADHD, 물질사용장애)에 초점을 두거나 다수의 상황(직업 능력 훈련, 명상, 건강한 생활습관)에 사용될 수 있는 도구를 교육하는 심리교육이 가장 높이 평가될 수 있다. 예를 들면, 기분 반응성이 BP-II를 가진 사람들을 모두 연결하는 공통점이고, 그것의 통제 여부로 결과를 예견할 수 있다. 어떻게 기분을 조절하고, 불안을 줄이고, 긍정적 경험을 계획하며 충동적인 선택을 피하는지를 심리교육에서 제공하는 것이 넓은 범위의 충동조절장애(예 : 폭식, 알코올 또는 물질 남용, 과소비)에 효과가 있는 것으로 증명되었다.

한 타당도가 있는 집단 심리교육 프로그램은 일반인들이 BP-II 진단을 대처할 수 있고, 치료 동맹을 향상시키며, 전조 신호를 감지하고 건강한 생활 습관 선택지에 초점을 맞출 수 있도록 돕는 데 중점을 둔다(Lolich, Vazquez, Alvarez, & Tamayo, 2012). BP-II에 한정한 약물치료와 병행한 심리교육에 대한 또 다른 연구에서는 참가자들이 통제집단에 비하여 유의미하게 5년간 치료 결과를 더 잘 유지하였고, 기분 삽화의 빈도가 감소하였다(Colom et al., 2009).

가족중심치료 약물치료가 BP-II 치료의 다양한 지점에서 필요하기는 하지만, 약물치료만 단독 시행하는 것은 지나친 것이다. 약물치료는 환자가 이전에 즐겼던 기능 수준으로 되돌릴 수 없다. David Miklowitz와 동료들은 자신들이 사랑하는 가족원을 돕고, 가족 구성원들도 양극성장애의 여파에 대하여 적응하고 공감할 수 있도록 가족중심치료(FFT)를 개발하였다. 양극성장애 연구에서는 FFT를 30회기 실시하는 것으로 생활 만족도를 높이고 양극성장애를 가진 사람들의 생활 기능 수준을 높일 수 있다고 가리키고 있다(Miklowitz & Otto, 2007).

대인관계와 사회적 리듬치료 심리교육과 지지치료 그리고 사회적 리듬치료(IPSRT)를 결합한 것은 양극성장애를 가진 사람들이 일상을 규칙적으로 하고 반복된 일상과 감정 사이의 연결성을 깨닫도록 도와준다. 대인관계적인 요소는 생활사건 특히 대인관계 문제 영역(예 : 역할 논쟁, 생활상의 변화, 슬픔)과 기분과의 연결성을 보기 시작하도록 돕는다. BP-II가 BP-I보다 더 난해하기 때문에, IPSRT는 사람들이 자신들의 감정을 조절하고 덜 감정적으로 반응하고 DBT(즉 호흡 연습, 기분전환하기, 자기진정시키기)와 유사한 기술을 사용할 수 있도록 돕는다. 또한 물질, 카페인, 자신들의 기분을 더 좋게 할 수 있게 하기 위하여 사용할 수 있는 다른 행동을 지속하는 것을 배우고, 결국은 그러한 행동이 궁극적으로는 회복되는 결과를 가져오게 된다(Swartz, Levenson & Frank, 2012). IPSRT는 BP-I에 대한 증거 기반 치료이며, BP-II에 대한 효과성을 예비 자료로 가지고 있다. 연구에서 몇몇 BP-II 사례 치료에서는 IPSRT 단독(약물치료 없이)으로도 효과가 있을 수 있다고 제안하였다(Swartz, Levenson & Frank, 2012).

예후

나이가 더 젊으며, 장애를 가진 기간이 더 적은 것 그리고 교육 수준이 더 높은 것이 BP-II를 가진 사람들이 기능적으로 회복하는 것과 관련이 있다. 급성 순환성과 함께 만성화된 경우, 병전 낮았던 사회 기능 수준, 자살시도 경험 그리고 정서장애의 가족력 등은 좋지 않은 결과로 이어지는 경향이 있다(Judd et al., 2003).

순환성장애

극단적 기분 불안정성 및 반응성이 순환성장애(cyclothymic disorder)의 핵심 특성이다. 친구, 이웃, 동료들과의 긴장된 관계는 보통 이 만성 장애와 관련된 변덕스러움 및 불안정성으로 인한 것이다. 몇몇 사람들에게는 증상이 오랫동안 있어서 과민성과 변덕스러움이 그 사람들의 정체성의 일부로 받아들여지고, 또한 경계성 성격장애로 오진되기도 한다. 과민성 증상과 기분이 문제를 일으키지 않는 경우에는, 때때로 A형 행동(예 : 과도하게 몰아치거나 경쟁적)은 개인을 이상적인 고용인으로 보이게 하기도 한다(Oedegaard et al., 2006).

치료를 하지 않는 경우 순환성장애 사례의 15~50%는

BP-I 또는 BP-II 장애로 발전하게 된다(APA, 2013). *DSM-5* 범주에 합치되기 위해서는 순환 증상이 2년 동안(아동, 청소년의 경우 1년) 최소 절반의 시간 동안 있어야 하고 이때 조증 또는 주요우울장애 범주에는 들지 않아야 한다.

진단

순환성장애는 일반 인구의 3~6% 사이에 영향을 주는 것으로 예상되지만 대부분의 사람들이 치료를 하지 않기 때문에 이 비율이 정확하지는 않다(Aubry et al., 2007). 기분이 요동치는 것과 함께 증가한 리비도, 질주하는 사고, 증가한 에너지, 긍정적으로 되는 것 등을 종종 보고한다. 위험을 감수해야 하는 행동에 참여하는 것도 흔하다. 경도의 경조증 증상(활력, 자신감 또는 경계심 느끼기)은 문제로 간주되지 않을 가능성이 높고 대부분의 사람들은 순환적 증상 때문에 치료를 시작하지는 않을 것이다(Akiskal, 2005). 우울 증상이 더 불편할 가능성이 있으며 비전형적적인 우울 증상을 포함할 수 있다.

　모든 양극성 및 관련 장애에서 수면 방해 및 하루 주기와 사회적 리듬의 분열은 기분을 통제할 수 없게 할 것이다(Mansell, 2007; Totterdell & Kellett, 2008). 이 장애는 불안, 특히 공황장애, 섭식장애(폭식증과 폭식장애), 신체이형장애, 알코올 및 물질 관련 장애, 연극성 또는 경계성 성격장애를 동반하기 쉽다(Perugi & Akiskal, 2002). 양극성장애와 공병하는 섭식장애를 가진 사람들은 섭식장애 없이 양극성장애만 있는 사람들보다 더 많은 우울 삽화와 큰 몸무게 변동을 갖게 되기 쉽다(McElroy et al., 2010; Perlis et al., 2006; Wildes et al., 2007).

내담자 특징

순환성장애를 가진 사람들은 사회적 상호작용(예 : 거부 민감성, 분리불안), 환경(예 : 빛 민감성, 음식 및 약물 반응성)에 크게 반응할 수 있다. **Perugi**에 의하면 이 '순환적 기질'은 알코올 남용 및 섭식장애를 포함하여 자주 동반이환하게 되는 충동조절장애의 존재와 함께 기분 반응성을 설명한다. 경계성 성격장애는 순환적 장애와 일반적으로 동반되는 것뿐만 아니라 두 장애가 서로 혼돈이 되는데, 불규칙한 정서를 동반하는 불안 의존적 특질이 있다면 그럴 수 있다(Perugi, 2010; Perugi, Angst & Azorin, 2015).

　순환성장애를 가진 사람들은 매력적이고 사교적이며 또는 변덕스럽고 고집스럽게 보일 수 있다. 그들은 아마도 BP-I 또는 II보다는 짧고(몇 달보다는 몇 일 또는 몇 주) 덜 심각한 지속적인 기분 변화를 경험할 것이다.

　몇몇 연구에서는 순환성장애에서의 잦은 기분 변동은 BP-I과 BP-II의 분리된 삽화보다 더 쇠약하게 만들 수 있고, 장애의 지속과 증상이 있는 날의 증가에 기초하여 더 많은 기능적 손상을 불러올 수 있다고 제안하였다. 순환적 장애는 다른 양극성 및 관련 장애보다 치료에 더 반응하지 않을 수 있고 더 높은 수준의 동반이환과 관련될 수 있다(McElroy, Strakowski, West, Keck, & McConville, 1997).

　조급함, 긴박함, 과민함, 경쟁성(순환성장애에서 발견되는 모든 차원의 A형 행동)의 존재는 단극성 우울과 순환성 장애를 구분 짓는 데 사용될 수 있다(Oedegaard et al., 2006). 젠킨스 활동성 설문지(JAS; Jenkins et al., 1979)에서 점수가 높을수록 이러한 증상과 연관이 있는 '순환적 기질'이 있음을 가리킨다.

　양극성장애, 조현병 또는 분열적 정서장애가 있는 일차 친척(예 : 부모, 자녀, 형제)이 있는 경우가 양극성장애 진단을 받을 가능성을 가리키는 가장 신뢰할 수 있고 빈도가 높은 지표이다(APA, 2013). 아동기 증상을 기저로 누가 순환성 또는 다른 양극성 관련 장애로 발달하게 될지 예언할 수는 없지만, 양극성장애를 가진 부모의 최대 50%의 자녀가 정신병리, 즉 일반적으로 ADHD, 우울증, 불안 또는 양극성장애로 발달할 것이다(Chang et al., 2000; Malhi, Bargh, Coulston, Das, & Berk, 2014).

　순환성장애는 *DSM-5*에 새롭게 생긴 파괴적 기분조절부전장애와는 구분되어야 한다(APA, 2013). 이 새로운 우울 장애는 어린 시절 극단적인 성마름이 있었는지 여부에 따라 인지된다.

　추가 연구가 필요한 진단적 상태에 대한 *DSM-5*의 III편에서 순환성장애와 제II형 양극성장애 사이에 있는 다른 진단적 의견을 제안한다. 주요우울 삽화가 있고 2~3일간 지속되는 최소 두 번의 경조증적 기간이 있는 경우 단기 경조증 동반 우울증 삽화로 간주되어야 한다.

아동기 순환성장애에 대한 손쉬운 연구들이 출간되었다. 그렇더라도 순환성장애는 다른 양극성장애와 다른 아동기 장애와는 확실히 다를 수 있다는 것을 연구를 통해 알 수 있다(Van Meter, Youngstrom, & Findling, 2012). 거의 진단이 되지는 않지만 순환성장애의 증상(예 : 과민성, 지속되는 기분부전)은 이후 제I형 또는 제II형 양극성장애로 발달하게 되는 아동에게서 더 많이 나타난다. 소급해보면 양극성 성인은 어려서 과민하고, 과활동적이고 변덕스러웠다고 회상된다.

평가

순환성은 분노와 적대감(비동기 공격적 행동) 증상이 공격적 행동이 가정, 직장, 가족원과의 관계에서 값을 치룬 이후에 대개 생애 후반에 진단된다(Dolenc et al., 2014). 순환성장애 치료를 구하는 사람이 거의 없는데, 아마도 이것은 우울함에서 평상심으로 빨리 돌아가고 또는 자신들의 삶에서 문제를 일으키지 않는 경조증과 관련된 고양된 기분, 증가한 활력, 생산성 때문일 것이다.

평가 도구는 제I형과 II형 양극성장애 진단 때와 유사하다. 평가를 위해 앞 절을 참고한다.

치료자의 자질

우울력을 지닌 내담자와 작업할 때 치료자는 앞에서 언급했던 평가 도구 중의 하나를 이용하여 경조증적 증상의 존재를 선별해야 한다. 기분장애 가족력과 우울 삽화의 심각도와 발생 시간 연대 등을 묻는 것은 완전한 전체 평가에서 중요한 부분이다.

만일 우울 증상과 기분 증상이 의심되면 내담자에게 몇 달간 기분 일지를 매일 작성하도록 하는 것이 기분의 상승과 하강에 패턴이 있는지 여부를 판단할 수 있는 손쉬운 방법이다. 내담자가 무엇이 기분 변화를 촉발하는지 알도록 도울 수 있고 기분 · 정서 반응성을 변화시키는 것을 도울 수 있는 치료자는 내담자의 삶에 의미 있는 차이를 만들어낼 수 있다. 치료자는 순환성장애 내담자가 종종 오진된다는 것을 염두에 두어야 한다. 순환성에 대한 정확한 진단을 방해하는 것은 다음과 같다.

- 장애에 대한 인식 부족
- 정신장애를 가진 것과 관련된 낙인
- 치료자 편에서 경조증 증상에 낯설음
- 기분 기복을 기질의 정상적인 한 부분으로 받아들이는 경향
- 공병하는 성격장애(예 : 경계성 또는 연극성) 증상에 초점두기
- 순환성을 호르몬에 의한 기분 기복으로 오진
- 순수한 단극성 우울증과 혼재된 양상의 증상을 포함한 우울증을 분별하는 데 실패

개입 전략

순환성장애 치료에 특정한 연구는 거의 없지만, 몇 가지 예외를 제외하면 치료가 일반적으로 기타 양극성 및 관련 장애와 동일하다(Van Meter et al., 2012).

대인관계 및 사회적 리듬치료(IPSRT), Klerman의 대인관계치료와 사회리듬치료의 통합은 가령 대인관계 결핍, 약물 순응 및 기타 치료 이슈와 같은 임상적으로 초점이 되는 문제 영역과 함께 사회리듬 안정화에 초점을 두는, 실용적인 현재중심 치료이다(Frank, 2007). IPSRT는 양극성 및 관련 장애에 대한 증거 기반 치료이다.

순환적 기분 조절을 돕는 가족중심치료와 인지행동치료(Totterdell & Kellett, 2008)는 기분 안정을 돕기 위해 약물치료와 병행하는 경우에 도움이 되는 것으로 보인다(Miklowitz, 2006; Rizvi & Zaretsky, 2007). 이 환자들에게 항우울제를 처방하는 경우에 조증 삽화를 초래할 가능성이 있기 때문에 주의를 요한다.

일반적으로 공병하는 장애인 불안은 양극성 스펙트럼 장애에서 더 열악한 결과와 연관이 있다. 놀랍지 않지만 동반 이환하는 불안과 양극성장애에 대한 22개 치료를 체계적으로 검토한 결과 CBT가 순환성장애에서의 불안을 감소시키는 데 효과적이었다. 심리교육 단독으로는 이 환자군에서 불안을 감소시키는 데 효과적이지 않다고 알려졌다(Stratford, Cooper, Di Simplicio, Blackwell, & Holmes, 2015).

Totterdell, Kellett, Mansell(2012)은 마음챙김을 목표로

하는 인지치료가 사고를 통제하는 데 도움을 주었고 조절력을 증가시켰으며 기분 불안정성을 감소시켰고 전반적인 기능 향상을 도모한다는 것을 발견했다. 전반적으로 마음챙김 기반 인지치료가 적절해 보이며 적절히 받아들여지는 치료 방법론이다. 순환성장애에 더 일반적으로 적용하기 위해서는 더 많은 연구가 필요하다(Webber, Jermann, Gex-Fabry, Nallet, Bondolfi, & Aubry, 2010). 한 연구에서는 마음챙김 기반 인지치료가 순환성장애 치료로 안전하고 수용할 만하다고 하였다. 하지만 치료의 효과성을 판단하기 위해서는 더 많은 연구가 필요하다(Stratford et al., 2015).

다른 장애와 마찬가지로 순환성장애의 조기 진단과 치료는 초기 관계와 증상을 덜 심각하게 해준다. 순환성장애가 의도적인 행동이라기보다는 기분장애라는 것을 가족에게 교육하는 것은 이 장애의 예측할 수 없는 기분 변화 때문에 손상된 관계를 재건하는 데 오랫동안 도움을 줄 수 있다. FFT는 스트레스를 줄이고 약물 순응성을 높이고 의사소통 기술을 향상시키며 가족들이 더 나은 문제해결 기술 전략을 세울 수 있도록 돕는 가족 상담 접근법이다(Miklowitz, 2010).

적응 기술을 향상시키고 대인관계를 발달시키는 행동 기술 훈련은 직업 상담이 하는 것처럼 치료 보조 역할을 할 수 있다. 순환성장애를 가진 사람들이 자신의 상호작용 패턴이 다른 사람들에게 어떻게 영향을 미치는지를 이해하는 데는 집단치료가 도움을 준다. 치료 집단은 피드백을 주고받는 새로운 방식과 대인관계 기술을 실험해볼 수 있는 환경을 제공한다.

제I형과 제II형 양극성장애에 처방되는 같은 약물(예 : 항정신병제, 항우울제, 기분 안정제 및 불안완화제)이 처방될 가능성을 높이기는 하지만 순환성장애 치료를 위한 약물 요법 이용에 대한 무선통제실험은 이루어지지 않았다. 왜냐하면 정신병적 증상이 있지 않기 때문에 항정신성 약물치료는 필요하지 않다. 아동, 청소년, 청년층에게 항우울제를 처방하지 않는 예방조치가 순환성장애 환자군에도 적용된다. 순환성장애를 가진 청소년 또는 아동의 치료에서는 고려되는 모든 약물치료에 심리사회적 치료를 포함하는 것은 물론 가족치료도 포함해야 한다.

예후

순환성장애 치료에 대한 연구는 거의 없다. 순환성 증상의 장기적인 특성은 완치는 어려울 수 있다는 점을 시사한다. 순환성장애가 더 심각한 양극성장애로 발달할 수 있다는 것을 고려해볼 때, 일반적으로 장기 치료를 받도록 한다. 장애의 상대적인 유병률과 양극성 스펙트럼상의 위치는 후기 청소년기 또는 초기 성인기에 발병하며 치료하지 않으면 만성이 되는 경향이 있고 유의미하게 증상이 없는 기간이 없는 이 장애에 대한 장기적인 연구의 필요성을 강조한다.

물질/약물치료로 유발된 양극성 및 관련 장애

처방된 약물(예 : 항우울제, 스테로이드, 인터페론, 아편류, 심장약) 또는 물질(예 : 알코올, 코카인, 덱사메타손)의 복용 또는 금단 증상이 기분 동요를 유발할 수 있다. 이 진단은 물질에 중독되거나 금단 기간 중 또는 이러한 증상이 나타날 수 있다고 알려진 약물치료에 노출된 이후에 발생하는, 고양되거나 확장되고 또는 짜증나는 기분(우울한 기분을 동반하거나 동반하지 않은 경우에도)이 발생한다면 고려될 수 있다.

항우울제 또는 ECT 치료 기간 동안에 발생하는 조증 또는 경조증 증상의 경우에는 물질/약물치료로 유발된 양극성 및 관련 장애보다는 양극성장애로 진단하기에 충분하다(APA, 2013).

이 진단과 관련이 있는 물질 및 약물에는 자극제, 펜시클리딘, 스테로이드, 의학적 가치는 없으나 남용될 우려가 높은 합성된 '디자이너 약품'(예 : 입욕 소금, 향신료/K-2, 2C-1/스마일)이다. 청소년의 약물 사용에 관한 2012년 미래 모니터링 조사(Monitoring the Future Survey)에서 고등학생의 11% 이상이 합성 마리화나(아카, '스파이스')를 사용했다고 보고하였다(Johnston, O'Malley, Miech, Bachman, & Schulenberg, 2015).

조증 증상에 추가적으로 환각, 공격성, 응급실 방문 횟수, 사망 등이 부작용에 포함된다. 물질사용의 과거력이 진단의 정확도에 기여할 것이다(APA, 2013).

명시자는 다음과 같다.

- 중독 중 발병
- 금단 중 발병

다른 의학적 상태로 인한 양극성 및 관련 장애

60세 이후 조증 증상의 발병은 다른 의학적 상태(예 : 신경인지장애, 물질 남용)를 제외시키기 위한 의학적 점검을 하도록 자극한다. 조증 증상(고양된 기분, 과민함) 또는 증가된 활동성 및 활력 수준이 종종 노인과 특정 의학적 상태로 인한 직접적인 생리학적 결과로 개인에게 발병할 수 있다. 쿠싱병, 다발성 경화증, 뇌손상 트라우마, 뇌졸중 등이 가장 많이 알려져 있으나 다른 신경학적인 또는 내분비적인 상태나 감염 상태(예 : HIV, 전염성단구증가증, 간염)가 또한 조증 또는 경조증을 발병하도록 할 수도 있다.

명시자가 포함되는 경우는 다음과 같다.

- 조증 양상 동반
- 조증 또는 경조증 유사 삽화 동반
- 혼재된 양상 동반

일반적으로 의학적 상태가 호전되면 증상 역시 호전된다. 성별 및 연령차가 의학적 상태와 관련이 높을 수 있다. 조증, 경조증, 또는 우울증 증상이 의학적 질병(예 : 스테로이드)을 치료하기 위해 처방된 약물로 인한 것이라면, 약물로 인한 양극성장애가 더 적절할 것이다.

달리 명시된 양극성 및 관련 장애

양극성 및 관련 장애의 어느 장애 범주에도 완전히 기준을 만족시키지 못하지만 여전히 기능상의 실제적인 어려움, 고통, 양극성 유사 증상이 있을 때 이 범주가 가장 임상적인 모습을 잘 대표할 수 있을 것이다. 달리 명시된 양극성 및 관련 장애로 분류된 예는 다음을 포함하지만, 여기에 한정되는 것은 아니다.

단기 순환성 : 경조증 삽화의 모든 범주에 만족하지만 기간이 24개월 미만(아동 및 청소년의 경우 12개월 미만)

불충분한 증상 동반 조증 삽화 : 우울 삽화의 과거력이 있으나 대부분의 증상은 조증 범주에 맞고 완전한 범주(예 : 최소 연속 7일간)와 1~2개의 다른 증상이 맞지 않는다. 또한 조증 증상이 경조증으로 더 잘 설명되지는 않아서 삽화가 제II형 양극성장애 범주에 맞지 않는다.

주요우울 삽화의 과거력이 없는 경조증 삽화 : 경조증 삽화의 범주에 맞지만 이전에 주요우울 삽화를 경험한 적이 없는 개인이 최소 24개월 동안 지속성 우울장애(기분저하증)를 겪는다면 두 진단 모두 가능하다.

명시되지 않는 양극성 및 관련 장애

증상이 양극성장애와 관련 장애의 진단범주에 합치하지 않고, 치료자가 범주에 합치하지 않는 이유를 특정화하지 못하며(또는 모를 때), 특정한 진단을 내리기 위한 충분한 정보가 없는 경우(예 : 응급실 상황)에 명시되지 않는 양극성 및 관련 장애가 적절한 진단일 것이다.

치료적 제언 : 통합 치료 모델

이 장에서 논의된 양극성장애 유형에는 제형 양극성장애, 제 II형 양극성장애, 순환성장애, 물질/약물로 인한 양극성장애, 의학적 상태로 의한 양극성 및 관련 장애가 포함된다. 이 장애들에 대하여 이 장에 제시된 정보는 통합 치료 모델에 따라 12개 요인으로 요약되었다.

진단

- 양극성장애(제1형 양극성장애, 제2형 양극성장애, 순환성장애, 다른 의학적 상태로 인한 양극성 및 관련 장애, 물질/약물치료로 유발된 양극성장애)

치료 목표

- 정서 안정화(우울, 조증, 경조증 완화)
- 대처 메커니즘 개선
- 가족과 그 외 관계, 직업, 전반적 적응에 재진입
- 일관적이고 건강한 생활양식 구축
- 재발의 전조 증상을 확인하고 개입하기

평가

- 벡 우울 척도와 정서장애 및 조현병 진단표 등을 사용하여 우울, 자살사고 평가
- 경조증 체크리스트-32로 경조증 평가
- 불안한 경우 자살사고 평가하기
- 신체 증상에 대한 의학적 검사
- 공병 장애를 확인을 위한 MMPI와 같은 광범위한 정신장애 척도
- RAP, CAGE, MAST, AUDIT, SASSI 등과 같은 알코올 및 물질 사용에 대한 자기평가

치료자의 자질

- 내담자가 안정화될 때까지 지지치료 제공
- 공감, 진정성, 돌봄, 무조건적 긍정적 존중과 같은 Rogers의 치료적 조건
- 내담자의 의존성 및 좌절에 편안함
- 쾌활하고 긍정성을 심어줄 수 있음
- 동기와 독립성 고양시킬 수 있음
- 장기간 지속되는 어려움과 역기능 패턴을 다룰 수 있고 구조화되고 현재에 중점을 둠

치료 장소

- 일반적으로 외래 환자 세팅이지만 증상이 심하거나 자살 위험이 높고 또는 현실감을 잃은 경우에는 입원 세팅
- 필요하다면 약물치료에 안정될 때까지 부분적인 입원

개입 전략

- 제형 양극성장애를 위한 첫 번째 치료는 약물치료
- 지지치료와 대인관계 치료
- 사회적 리듬치료
- STEP-BD 모델
- 반추를 없애기 위한 마음챙김 기반 인지치료
- 성인, 청소년, 아동을 위한 가족중심치료
- 내담자와 가족을 위한 심리교육
- 약물과 알코올 사용 줄임
- 재발 방지

치료의 주안점

- 초반부에는 지시적이고 지지적
- 후반부에는 덜 지시적이고 더 탐색적

치료 참여 구성

- 주로 개인치료
- 청소년 또는 아동을 위한 가족치료
- 종종 커플치료
- 증상이 약화된 이후 집단치료가 도움이 됨

치료 속도

- 중기(최소 3~6개월)
- 중간 속도(일주일에 1~2회)
- 지속적이고 연장된 추수 지도

약물치료

- 제형 양극성장애를 위한 1차 치료는 장애의 시기와 심각도에 따라, 약물치료가 거의 항상 사용됨
- 기분 안정제, 항우울제, 정신병치료제가 심리치료와 종종 함께 지시됨

보조 개입

- 신체 활동 증가

(계속)

- 수면 및 기상 리듬 안정화와 기타 일상생활
- 사회 기술 훈련
- 사회 기술 및 적응 기술 발달
- 일관적 지지 집단

예후

- 첫 번째 삽화로부터는 회복이 쉬우나 반복되는 조증 삽화는 좋지 않은 예후를 예언함
- 재발이 흔함

통합 치료 모델 : 로나

이 장은 이전에 연인과의 결별과 연속된 실패로 주요우울 삽화와 행동과 정서에서 증상을 경험한 23세 대학 졸업생 로나에 대한 설명으로 시작하였다. 로나의 사례는 우울증, 경조증, 물질사용, 성격장애 증상의 많은 부분을 반영하고 있으며, 이러한 장애를 진단할 때 주의할 점을 설명한다. 로나의 우울 삽화는 전형적인 특징(체중 증가, 과수면)을 보이며, 이는 단극성장애에서보다 양극성장애에서 더 자주 나타나는 경향이 있다. 또한 로나의 침투적 과민함, 거절 민감성, 자기 패배적 행동 패턴(난잡한 성행위, 과소비, 충동적 음식 섭취)과 정서장애에는 가족력이 있었다. 이는 그녀의 증상이 조증 범주에는 일치하지 않고 경조증에만 일치한다는 사실과 결합하여 치료자가 전형적인 특성을 가진 제II형 양극성장애로 진단하게 되었다. 로나가 보이는 불안 증상으로 인해 치료자는 그녀에게 자살검사를 실시했고, 그 당시 로나는 위험성이 낮은 것으로 판단되었다. 치료자는 공병이 있는지를 알아보기 위하여 유사한 증상의 기타 장애들에 대한 평가도 실시할 것이다.

다음은 내담자 치료 설계이다.

진단

- 제II형 양극성장애, 단회 삽화, 중도의, 전형적인 특성을 지닌, 혼합 삽화
- 경계성 성격장애, 사회불안장애, 물질사용장애 제외

치료 목표

- 정서 안정
- 경조증 증상 감소
- 적응 메커니즘 개선, 관계 개선
- 지속적이고 건강한 삶 확립

평가

- 불안성 장애를 기반으로 자살 가능성 평가

- 우울증과 경조증 평가(예 : 벡 우울척도, 경조증 체크리스트-32)
- 알코올과 물질 사용의 심각성을 판단하기 위한 RAP, CAGE, MAST, AUDIT, 기타 자기보고식 평가
- 성격장애를 제외하기 위한 MMPI

치료자의 자질

- 지지적이고 인내하지만 구조적
- 쾌활하고 희망을 주입시킬 수 있음
- 효과적인 대인관계 기능 수행의 모델이 될 수 있음

치료 장소

- 외래 환자 세팅

개입 전략

- 내담자의 중요 관계(모녀 관계와 로나의 거부 민감성, 부모와의 장기간의 갈등에 미치는 어머니의 우울증 영향)에서의 패턴을 탐색하는 지지치료 및 대인관계치료
- 장애에 대한 내담자와 가족의 심리교육
- 사회적 상호작용에서 자신의 기대와 소망을 명확히 하고 소통할 수 있도록 하는 데 집중한 건강한 사회적 상호작용의 촉진
- 내담자의 정서적 회피를 고려하여, 마음챙김 요소를 포함하는 CBT의 형식 검토(예 : MBCT, ACT, DBT, MBSR)
- 사회적 리듬치료(예 : 매일 수면 및 기상을 위한 알람 설정, 증가한 활동성 고양과 내담자의 에너지 수준을 향상시키기 위한 규칙적인 운동, 건강한 오락 활동 설정)
- 안정화되었을 때 충동적 음식 섭취 이슈 다루기와 음식 일지 소개

치료의 주안점

- 내담자의 친구에게 막역한 친구와 동료가 없다는 것을 고

(계속)

려한, 치료 초기 높은 강도의 지지
- 내담자 증상이 완화되었을 때 탐색과 교육을 포함하는 방향으로 초점을 옮김

치료 참여 구성

- 치료 초기 접근으로서 개인치료
- 내담자가 수용할 수 있는 경우 어머니를 몇 회기 치료에 참여시킴

치료 속도

- 일주일에 1회
- 중기간(최소 3~6개월)
- 재발을 방지하기 위한 매달 보수 회기를 고려함

약물치료

- 증상이 악화된 경우 약물치료를 위하여 정신과의에게 의

뢰를 고려함

보조 개입

- 증가한 운동, 사회적 리듬치료, 오락 활동
- 스트레스 관리를 위한 교육 전략
- 강하게 표현되는 정서의 감소를 위한 가족교육
- 요가 또는 기타 신체 활동, 마음챙김 워크숍

예후

- 경조증 감소에는 매우 효과적이나 재발이 흔함
- 성격장애, 물질사용장애 또는 불안장애가 공병할 경우 덜 긍정적
- 재발된 경우 반드시 연장 치료 또는 추수 면담 또는 두 가지를 모두 사용하여 다뤄야 함

추천문헌

Deckersbach, T., Hozel, B., Eisner, L., Lazar, S. W., & Nierenberg, A. A. (2014). *Mindfulness-based cognitive behavioral therapy for bipolar disorder*. New York, NY: Guilford Press.

Frances, A., & Jones, K. D. (2012). Bipolar disorder type II revisited. *Bipolar Disorders, 14*, 474–477.

Frank, E. (2007). *Treating bipolar disorder: A clinician's guide to interpersonal and social rhythm therapy*. New York, NY: Guilford Press.

Geddes, J. R., & Miklowitz, D. J. (2013). Treatment of bipolar disorder. *Lancet, 381*, 1672–1682. doi:10.1016/S0140–6736(13)60857–0.

Grunze, H., Vieta, E., Goodwin, G. M., Bowden, C., Light, R. W., Moller, H., & Kasper, S. (2013). The World Federation of Societies of Biological Psychiatry (WFSBP) Guidelines for the Biological Treatment of Bipolar Disorders: Update 2012 on the long-term treatment of bipolar disorder. *The World Journal of Biological Psychiatry, 14*, 154–219.

Ketter, T. A. (Ed.). (2015). *Advances in treatment of bipolar disorders*. Arlington, VA: American Psychiatric Publishing.

Miklowitz, D. J. (2014). Clinician's guide to bipolar disorder, New York, NY: Guilford Press.

Miklowitz, D. J. (2008). Adjunctive psychotherapy for bipolar disorder: State of the evidence. *American Journal of Psychiatry, 165*, 1408–1419.

Miklowitz, D. J. (2011). *The bipolar survival guide* (2nd ed.). New York, NY: Guilford Press.

Muzina, D. J., Colangelo, E., Manning, J. S., & Calabrese, J. R. (2007). Differentiating bipolar disorder from depression in primary care. *Cleveland Clinic Journal of Medicine, 74*, 89–105.

Parker, G. (Ed.). (2012). *Bipolar II: Modeling, measuring, and managing* (2nd ed.). New York, NY: Cambridge University Press.

Peris, T. S., & Miklowitz, D. J. (2015). Parental expressed emotion and youth psychopathology: New directions for an old construct. *Child Psychiatry and Human Development, 56*, 1.

Renk, K., White, R., Lauer, B., McSwiggan, M., Puff, J., & Lowell, A. (2014). Bipolar disorder in children. *Psychiatry Journal, 2014*, 1–19. doi:20.2255/2014/928685

Sachs, G. S. (2004). *Managing bipolar affective disorder*. London, England: Science Press.

Sachs, G. S. (2008). Psychosocial interventions as adjunctive therapy for bipolar disorder. *Journal of Psychiatric Practice* (Suppl. 2), 39–44.

Segal, Z. V., Williams, J. M., & Teasdale, J. D. (2013). *Mindfulness-based cognitive therapy for depression* (2nd ed.). New York, NY: Guilford Press.

웹사이트

www.nimh.nih.gov—National Institute of Mental Health
www.bpkids.org—Child & Adolescent Bipolar Foundation
www.dbsalliance.org—Depression and Bipolar Support Alliance
www.nami.org—National Alliance on Mental Illness
www.nmha.org—Mental Health America
www.psych.org—The American Psychiatric Association
www.aacap.org—American Academy of Child and Adolescent Psychiatry

참고문헌

Achenbach, T. (1991). *Manual for the Child Behavior Checklist*. Burlington: University of Vermont, Department of Psychiatry.

Akiskal, H. (1996). The prevalent clinical spectrum of bipolar disorders: Beyond DSM-IV. *Journal of Clinical Psychopharmacology, 16,* (2 Suppl), 4S–14S.

Akiskal, H. (2005). Searching for behavioral indicators of bipolar II in patients presenting with major depressive episodes. The red sign, the rule of three, and other biographic signs of temperamental extravagance, activation and hypomania. *Journal of Affective Disorders, 84,* 279–290.

Akiskal, H., & Benazzi, F. (2006). Does the FDA proposed list of possible correlates of suicidality associated with antidepressants apply to an adult private practice population? *Journal of Affective Disorders, 94,* 105–110.

American Academy of Child and Adolescent Psychiatry. (2007). Practice parameter for the assessment and treatment of children and adolescents with bipolar disorder. *Journal of the American Academy of Child and Adolescent Psychiatry, 46,* 107–125.

American Psychiatric Association. (2004). *Practice guideline for the treatment of patients with bipolar disorder* (2nd ed.). Washington, DC: Author.

American Psychiatric Association. (2013). *Diagnostic and statistical manual of mental disorders* (5th ed.). Washington, DC: Author.

Angst, J. Angst, F., Gerber-Werder, R., & Gamma, A. (2005). Suicide in 406 mood-disorder patients with and without long-term medication: A 40 to 44 years' follow-up. *Archives of Suicide Research, 9,* 279–300.

Angst, J. (2013). Bipolar disorders in DSM-5: Strengths, problems and perspectives. *International Journal of Bipolar Disorders, 112.*

Angst, J., Adolfsson, R., Benazzi, F., Gamma, A., Hantouche, E., Meyer, T. D., ... Scott, J. (2005). The HCL-32: Towards a self-assessment tool for hypomanic symptoms in outpatients. *Journal of Affective Disorders,* 88, 217–233.

Aschbrenner, K. A., Greenberg, J. S., & Seltzer, M. M. (2009). Parenting an adult child with bipolar disorder in later life. *Journal of Nervous and Mental Disorders, 197,* 298–304.

Aubry, J. M., Ferrero, F., & Schaad, M. (2007). *Pharmacotherapy of bipolar disorders*. Hoboken, NJ: Wiley.

Barnhofer, T., Duggan, D., Crane, C., Hepburn, S., Fennell, M. J. V., & Williams, J. M. G. (2007). Effects of meditation on frontal α-asymmetry in previously suicidal individuals. *NeuroReport, 18,* 709–712.

Baroni, A., Lunsford, J. R., Luckenbaugh, D. A., Towbin, K. B., & Leibenluft, E. (2009). Practitioner review: The assessment of bipolar disorder in children and adolescents. *Journal of Child Psychology and Psychiatry and Allied Disciplines, 50,* 203–215.

Basco, M. R., Ladd, G., Myers, D. S., & Tyler, D. (2007). Combining medication treatment and cognitive-behavior therapy for bipolar disorder. *Journal of Cognitive Psychotherapy, 21,* 7–15.

Bauer, M. S., McBride, L., Williford, W. O., Glick, H., Kinosian, B., Altshuler, L., ... Sajatovic, M. (2006a). Collaborative care for bipolar disorder: Part I. Intervention and implementation in a randomized effectiveness trial. *Psychiatric Services, 57,* 927–936.

Bauer, M. S., McBride, L., Williford, W. O., Glick, H., Kinosian, B., Altshuler, L., ... Sajatovic, M. (2006b). Collaborative care for bipolar disorder: Part II. Impact on clinical outcome, function, and costs. *Psychiatric Services, 57,* 937–945.

Beck, A. T., Steer, R. A., & Brown, G. K. (1996). *Manual for the Beck Depression Inventory-II*. San Antonio, TX: Psychological Corporation.

Beck, A. T., Ward, C. H., Mendelson, M., Mock, J., & Erbaugh, J. (1961). An inventory for measuring depression. *Archives of General Psychiatry, 4,* 561–571.

Benazzi, F. (2003). Improving the Mood Disorder Questionnaire to detect bipolar II disorder. *Canadian Journal of Psychiatry, 48,* 770–771.

Benazzi, F. (2007). Bipolar II disorder: Epidemiology, diagnosis, and management. *CNS Drugs, 21,* 727–740.

Berlim, M., McGirr, A., Van den Eynde, F., Fleck, M. P. A., & Giacobbe, P. (2014). Effectiveness and acceptability of deep brain stimulation (DBS) of the subgenual cingulate cortex for treatment-resistant depression: A systematic review and exploratory meta-analysis. *Journal of Affective Disorders, 159,* 31–38.

Birmaher, D., Axelson, D., Goldstein, B., Strober, Gill, Hunt, ... Keller, M. (2009). Four-year longitudinal course of children and adolescents with bipolar spectrum disorders: The course and outcome of bipolar youth (COBY) study. *American Journal of Psychiatry, 166,* 795–804.

Birmaher, D., Axelson, M., Strober, M., Gill, M. K.,

Chiappetti, L., Ryan, N., ... Keller, M. (2006). Clinical course of children and adolescents with bipolar spectrum disorders. *Archives of General Psychiatry*, *63*, 175–183.

Bobo, W. V., Stevens, A., & Geerling, B. (2015). How to manage bipolar disorder in pregnancy and postpartum: Pharmacotherapy for pregnant and nursing women with bipolar disorder. *Bipolar Disorders*, *17*, 45–48.

Bouwkamp, C., de Kruiff, M. E., van Troost, T. M., Snippe, D., Blom, M. J., Remco, M. J., ... Haffmans, P. M. J. (2013). Interpersonal and social rhythm group therapy for patients with bipolar disorder. *International Journal of Group Psychotherapy*, *63*, 97–115.

Bowden, C. L., Perlis, R. H., Thase, M. E., Ketter, T. A. Ostacher, M. M., Calabrese, J., ... Sachs, G. S. (2011). Aims and results of the NIMH systematic treatment enhancement program for bipolar disorder (STEP-BD). *CNS Neuroscience Therapy*, *18*, 243–349.

Carvalho, A. F., Takwoingi, Y., Sales, P. M., Soczynska, J. K., Kohler, C. A., Freitas, T. H., ... Vieta, E. (2014). Screening for bipolar spectrum disorders: A comprehensive meta-analysis of accuracy studies. *Journal of Affective Disorders*, *172*, 337–346.

Chang, J. S., & Ha, K. (2011). Management of bipolar depression. *Indian Journal of Psychological Medicine*, *33*, 11–17.

Chang, K. D., Steiner, H., & Ketter, T. A. (2000). Psychiatric phenomenology of child and adolescent bipolar offspring. *Journal of the American Academy of Child and Adolescent Psychiatry*, *39*, 453–460.

Cicero, D. C., Epler, A. J., & Sher, K. J. (2009). Are there developmentally limited forms of bipolar disorder? *Journal of Abnormal Psychology*, *118*, 431–447.

Cleraden, T. (2012). The trajectory of illness experienced by those with Bipolar II disorder. In G. Parker (Ed.) *Bipolar II: Modeling, measuring, and managing* (2nd ed., pp. 166–181). New York, NY: Cambridge University Press.

Colom, F., Vieta, E., Sanchez-Moreno, J., Goikolea, J. M., Popova, E., Bonnin, C. M., & Scott, J. (2009). Psychoeducation for bipolar II disorder: An exploratory, 5-year outcome subanalysis. *Journal of Affective Disorders*, *112*, 30–35.

Compton, M. T., & Nemeroff, C. B. (2000). The treatment of bipolar depression. *Journal of Clinical Psychiatry*, *61*, 57–67.

Deckersbach, T., Holzel, B., Eisner, L. R., Stange, J. P., Peckham, A. D., Dougherty, D. D., Rauch, & Nierenberg, A. A. (2012). Mindfulness-based cognitive therapy for nonremitted patients with bipolar disorder. *CNS Neuroscience Therapy*, *18*, 133–141.

Deckersbach, T., Hozel, B., Eisner, L., Lazar, S. W., & Nierenberg, A. A. (2014). *Mindfulness-based cognitive behavioral therapy for bipolar disorder.* New York, NY: Guilford Press.

Dolenc, B., Dernovsek, M. Z., Sprah, L., Tavcar, R., Perugi, G. & Akiskal, H. S. (2014). Relationship between affective temperaments and aggression in euthymic patients with bipolar mood disorder and major depressive disorder. *Journal of Affective Disorders*, *174*, 13–18.

Druss, B. G., Hwang, I., Petukhova, M., Sampson, N. A., Wang, P. S., & Kessler, R. C. (2009). Impairment in role functioning in mental and chronic medical disorders in the United States. Results from the National Comorbidity Survey Replication. *Molecular Psychiatry*, *14*, 728–737.

Forty, L., Kelly, M., Jones, L., Jones, I., Barnes, E., Caesar, S., ... Smith, D. (2010). Reducing the Hypomania Checklist (HCL-32) to a 16-item version. *Journal of Affective Disorders*, *124*, 351–356.

Frances, A., & Jones, K. D. (2012). Bipolar disorder type II revisited. *Bipolar Disorders*, *14*, 474–477.

Frank, E. (2007). *Treating bipolar disorder: A clinician's guide to interpersonal and social rhythm therapy.* New York, NY: Guilford Press.

Frankenburg, F. R., & Zanarini, M. C. (2002). Divalproex sodium treatment of women with borderline personality disorder and bipolar II disorder: A double-blind placebo controlled pilot study. *Journal of Clinical Psychiatry*, *63*, 442–446.

Fristad, M. A., Verducci, J. S., Walters, K., & Young, M. E. (2009). Impact of multifamily psychoeducational psychotherapy in treating children aged 8 to 12 years with mood disorders. *Archives of General Psychiatry*, *66*, 1013–1021.

Gaynes, B. N., DeVeaugh-Geiss, J., Weir, S., Gu, H., MacPherson, C., Schulberg, H. C., ... Rubinow, D. R. (2010). Feasibility and diagnostic validity of the M-3 Checklist: A brief, self-rated screen for depressive, bipolar, anxiety, and post-traumatic stress disorders in primary care. *Annals of Family Medicine*, *8*, 160–169.

Geddes, J. R., & Miklowitz, D. J. (2013). Treatment of bipolar disorder. *Lancet*, *381*, 1672–1682. doi:10.1016/S0140–6736(13)60857–0.

Geller, B., Zimerman, B., Williams, M., Bolhofner, K., Craney, J. L., DelBello, M. P., & Soutullo, C. (2001). Reliability of the Washington University in St. Louis Kiddie Schedule for Affective Disorders and Schizophrenia (WASH-U-KSADS) mania and rapid cycling sections. *Journal of the American Academy of Child and Adolescent Psychiatry*, *40*, 450–455.

Goldberg, E. L., Dekoven, M., Schabert, A., & Coyle, A. (2009). Patient medication adherence: The forgotten aspect of biologics. *Biotechnological Healthcare*, *6*, 39–42.

Goldberg, J. E. (2015). Mixed depression: A farewell to differential diagnosis? *Journal of Clinical Psychiatry*, *76*,

378–380.

Goldstein, B. I. (2012). Recent progress in understanding pediatric bipolar disorder. *Archives of Pediatric and Adolescent Medicine, 166,* 362–371. doi:10.1001/archpediatrics.2011.832.

Goldstein, T. R., Axelson, D., Birmaher, B., & Brent, D. A. (2007). Dialectical behavior therapy for adolescents with bipolar disorder: A 1-year open trial. *Journal of the American Academy of Child and Adolescent Psychiatry, 46,* 820–830.

Goldstein, T. R., Birmaher, B., Axelson, D., Ryan, N. D., Strober, M. A., Gill, M. K., . . . Keller, M. (2005). History of suicide attempts in pediatric bipolar disorder: Factors associated with increased risk. *Bipolar Disorder, 7,* 525–535.

Goldstein, T. R., Fersch-Podrat, R. K., Axelson, D. A., Gilbert, A., Hlastala, S., Birmaher, B., & Frank, E. (2014). Early intervention for adolescents at high risk for the development of bipolar disorder: Pilot study of Interpersonal and Social Rhythm Therapy (IPSRT). *Psychotherapy, 51,* 180–189.

Goldstein, T. R., Fersch-Podrat, R. K., Rivera, M., Axelson, D. A., Merranko, J., Yu, H., . . . Birmaher, B. (2015). Dialectical behavior therapy for adolescents with bipolar disorder: Results from a pilot randomized trial. *Journal of Child and Adolescent Psychopharmacology, 25,* 140–149.

Goodwin, F. K., & Jamison, K. R. (1990). *Manic-depressive illness: Bipolar disorders and recurrent depression.* Oxford, U.K.: Oxford University Press.

Grunze, H., Vieta, E., Goodwin, G. M., Bowden, C., Light, R. W., Moller, H., & Kasper, S. (2013). The World Federation of Societies of Biological Psychiatry (WFSBP) Guidelines for the Biological Treatment of Bipolar Disorders: Update 2012 on the long-term treatment of bipolar disorder. *The World Journal of Biological Psychiatry, 14,* 154–219.

Havens, L. L., & Ghaemi, S. N. (2005). Existential despair and bipolar disorder: The therapeutic alliance as a mood stabilizer. *American Journal of Psychotherapy, 5,* 137–147.

Hiremani, R. M., Thirthalli, J., Tharayil, B. S., & Gangadhar, B. N. (2008). Double-blind randomized controlled study comparing short-term efficacy of bifrontal and bitemporal electroconvulsive therapy in acute mania. *Bipolar Disorders, 10,* 701–707.

Hirschfeld, R., Williams, J. B. W., Spitzer, R. L., Calabrese, J. R., Flynn, L., Keck, P. E., . . . Zajecka, J., (2000). Development and validation of a screening instrument for bipolar spectrum disorder: The Mood Disorder Questionnaire. *American Journal of Psychiatry, 157,* 1873–1875.

Howells, F. M., Rauch, L., Ives-Deliperi, V. L., Horn, N. R., & Stein, D. J. (2014). Mindfulness-based cognitive therapy may improve emotional processing in bipolar disorder: Pilot ERP and HRV study. *Metabolic Brain Disorders, 29,* 367–375.

Hunt, J. I., Dyl, J., Armstrong, L., Litvin, E., Sheeran, T., & Spirito, A. (2005). Frequency of mania symptoms and bipolar disorder in psychiatrically hospitalized adolescents using the K-SADS mania rating scale. *Journal of Child and Adolescent Psychopharmacology, 15,* 918–930.

Ives-Deliperi, V. L., Howells, F., Stein, D. J., Meintjes, E. M., & Horn, N. (2013). The effects of mindfulness-based cognitive therapy in patients with bipolar disorder: A controlled functional MRI investigation. *Journal of Affective Disorders, 150,* 1152–1157.

Jenkins, C. D., Zyzanski, S. J., & Rosenman, R. H. (1979). *Jenkins Activity Survey: JAS Manual.* San Antonio, TX: Psychological Corp.

Johnson, S. L., & Fulford, D. (2008). Development of the Treatment Attitudes Questionnaire in bipolar disorder. *Journal of Clinical Psychology, 64,* 466–481.

Johnston, L. D., O'Malley, P. M., Miech, R. A., Bachman, J. G., & Schulenberg, J. E. (2015). *Monitoring the Future national survey results on drug use: 1975–2014: Overview, key findings on adolescent drug use.* Ann Arbor, MI: Institute for Social Research, University of Michigan.

Judd, L. L., & Akiskal, H. S. (2003). The prevalence and disability of bipolar spectrum disorders in the U.S. population: Re-analysis of the ECA database taking into account subthreshold cases. *Journal of Affective Disorders, 73,* 123–131.

Judd, L. L., Akiskal, H. S., Schettler, P. J., Coryell, W., Endicott, J., Maser, J. D., . . . Kessler, R. C. (2003). A prospective investigation of the natural history of the long-term weekly symptomatic status of bipolar II disorder. *Archives of General Psychiatry, 60,* 261–269.

Keck, P. E., McElroy, S. L., Strakowski, S. M., Stanton, S. P., Kizer, D. L., Balistreri, T. M., . . . West, S. A. (1996). Factors associated with pharmacologic noncompliance in patients with mania. *Journal of Clinical Psychiatry, 57,* 292–297.

Kessler, R. C. (2006). The prevalence and correlates of adult ADHD in the United States: Results from the national comorbidity survey replication. *American Journal of Psychiatry, 163,* 716–723.

Kessler, R. C., Akiskal, H. S., Angst, J., Guyer, M., Hirschfeld, R. M., Merikangas, K. R., & Stang, P. E. (2006). Validity of the assessment of bipolar spectrum disorders in the WHO CIDI 3.0. *Journal of Affective Disorders, 96,* 259–269.

Kessler, R. C., Borges, G., & Walters, E. E. (1999). Prevalence of and risk factors for lifetime suicide attempts in the National Comorbidity Survey. *Archives of General Psychiatry, 56,* 617–626.

Ketter, T. A. (Ed.). (2015). *Advances in treatment of bipo-*

lar disorders. Arlington, VA: American Psychiatric Publishing.

Ketter, T. A. (2009). *Handbook of diagnosis and treatment of bipolar disorders*. Arlington, VA: American Psychiatric Publishing.

Ketter, T. A., Wang, P. W., & Miller, S. (2015). Bipolar Therapeutics Update 2014: A tale of three treatments. *Journal of Clinical Psychiatry, 76*, 69–70.

Klerman, G. L., Weissman, M. M., Rounsaville, B. J., & Chevron, E. S. (1984). *Interpersonal psychotherapy of depression*. New York, NY: Basic Books.

Kovacs, M., & Pollock, M. (1995). Bipolar disorder and comorbid conduct disorder in childhood and adolescence. *Journal of the American Academy of Child and Adolescent Psychiatry, 34*, 715–723.

Lasser, K., Boyd, J., Woolhandler, S., Himmelstein, D. U., McCormick, D., & Bor, D. H. (2000). Smoking and mental illness: A population based prevalence study. *Journal of the American Medical Association, 284*, 2606–2610.

Lolich, M., Vazquez, G. H., Alvarez, L. M., & Tamayo, J. M. (2012). Pychosocial interventions in bipolar disorder: A review. *Actas Esp Psiquiatry, 40*, 84–92.

Luby, J. L., & Belden, A. (2006). Defining and validating bipolar disorder in the preschool period. *Development and Psychopathology, 18*, 971–988.

Luby, J. L., & Belden, A. C. (2008). Clinical characteristics of bipolar vs. unipolar depression in preschool children: An empirical investigation. *Journal of Clinical Psychiatry, 69*, 1960–1969.

Magalhães, P. V., Kapczinski, F., Nierenberg, A. A., Deckersbach, T., Weisinger, D., Dodd, S., & Berk, M. (2012). Illness burden and medical comorbidity in the Systematic Treatment Enhancement Program for Bipolar Disorder. *Acta Psychiatric Scandinavia, 125*, 303–308.

Malhi, G. S., Bargh, D. M., Coulston, C. M., Das, P., & Berk, M. (2014). Predicting bipolar disorder on the basis of phenomenology: Implications for prevention and early intervention. *Bipolar Disorders, 16*, 455–470.

Manning, J. S. (2005). Burden of illness in bipolar depression, Primary Care Companion. *Journal of Clinical Psychiatry, 7*, 259–267.

Manning, J. S. (2010). Tools to improve differential diagnosis of bipolar disorder in primary care. *Primary Care Companion Journal of Clinical Psychiatry, 12*(Suppl. 1), 17–22.

Mansell, W. (2007). An integrative formulation-based cognitive treatment of bipolar disorders: Application and illustration. *Journal of Clinical Psychology: In Session, 63*, 447–461.

Marchand, W. R. (2012). Self-referential thinking, suicide, and function of the cortical midline structures and striatum in mood disorders: Possible implications for treatment studies of mindfulness-based interventions for bipolar depression. *Depression Research and Treatment, 2012*. doi: 10.1155/2012/246725.

Matza, L. S., Revicki, D. A., Davidson, J. R., & Stewart, J. W. (2003). Depression with atypical features in the National Comorbidity Survey. *Archives of General Psychiatry, 60*, 817–826.

McElroy, S. L., Strakowski, S., West, S., Keck, P., & McConville, B. (1997). Phenomenology of adolescent and adult mania in hospitalized patients with bipolar disorder. *American Journal of Psychiatry, 154*, 44–49.

McElroy, S. L., Frye, M. A., Hellman, G., Altschuler, L., Leverich, G. S., . . . Post, R. M. (2010). Prevalence and correlates of eating disorders in 875 patients with bipolar disorder. *Journal of Affective Disorders, 182*, 191–198.

McIntyre, R. S., Konarski, J. Z., Wilkins, K., Bouffard, B., Soczynska, J. K., & Kennedy, S. H. (2006). The prevalence and impact of migraine headache in bipolar disorder: Results from the Canadian Community Health Survey. *Headache, The Journal of Head and Face Pain, 46*, 973–982.

Merikanagas, K. R., Jin, R., He, J. P., Kessler, R. C., Lee, S., Sapson, N. A., . . . Zarkov, Z. (2011). Prevalence and correlates of bipolar spectrum disorder in a world mental health survey initiative. *Archives of General Psychiatry, 68*, 241–251.

Micallef-Trigona, B. (2014). Comparing the effect of repetitive transcranial magnetic stimulation and electroconvulsive therapy in the treatment of depression: A systematic review. *Depression Research and Treatment, 2014*, 8.

Miklowitz, D. J. (2006). Psychosocial interventions in bipolar disorders: Rationale and effectiveness. In H. S. Akiskal & M. Tohen (Eds.), *Bipolar psychopharmacotherapy: Caring for the patient* (pp. 313–332). Hoboken, NJ: John Wiley & Sons.

Miklowitz, D. J. (2008). Adjunctive psychotherapy for bipolar disorder: State of the evidence. *American Journal of Psychiatry, 165*, 1408–1419.

Miklowitz, D. J. (2010). *Bipolar disorder: A family-focused treatment approach* (2nd ed.). New York, NY: Guilford Press.

Miklowitz, D. J., & Cicchetti, D. (Eds.). (2010). *Understanding bipolar disorder: A developmental psychopathology perspective*. New York, NY: Guilford Press.

Miklowitz, D. J., & Craighead, W. E. (2007). Psychosocial treatments for bipolar disorder. In P. E. Nathan & J. M. Gorman (Eds.), *A guide to treatments that work* (3rd ed., pp. 309–322). New York, NY: Oxford University Press.

Miklowitz, D. J., & Otto, M. W. (2007). Psychosocial interventions for bipolar disorder: A review of literature and introduction of the systematic treatment enhancement program. *Psychopharmacological Bulletin, 40*, 116–131.

Miklowitz, D. J., Otto, M. W., Frank, E., Reilly-Harrington, N. A., Kogan, J. N., Nierenberg, A. A.,

... Sachs, G. S. (2007). Intensive psychosocial intervention enhances functioning in patients with bipolar depression: Results from a 9-month randomized controlled trial. *American Journal of Psychiatry, 164,* 1340–1347.

Miklowitz, D. J., Schneck, C. D., George, E. L., Taylor, D. O., Sugar, C. A., Birmaher, B., ... Axelson, D. A. (2014). Pharmacotherapy and family-focused treatment for adolescents with bipolar I and II disorders: A 2-year randomized trial. *American Journal of Psychiatry, 171,* 658–667.

Miklowitz, D. J., Simoneau, T. L., George, E. L., Richards, J. A., Kalbag, A., Sachs-Ericsson, N., & Suddath, R. (2000). Family-focused treatment of bipolar disorder: 1-year effects of a psychoeducational program in conjunction with pharmacotherapy. *Biological Psychiatry, 48,* 582–592.

Mohan, T. S., Tharyan, P., Alexander, J., & Raveendran, N. S. (2009). Effects of stimulus intensity on the efficacy and safety of twice-weekly, bilateral electroconvulsive therapy (ECT) combined with antipsychotics in acute mania: A randomised controlled trial. *Bipolar Disorders, 11,* 126–134.

Muzina, D. J., Colangelo, E., Manning, J. S., & Calabrese, J. R. (2007). Differentiating bipolar disorder from depression in primary care. *Cleveland Clinic Journal of Medicine, 74,* 89–105.

National Center for Health Statistics. (2003). *Health United States 2003 with chartbook on trends in the health of Americans.* Hyattsville, MD: Author.

Oakley, L. D. (2005). Neurobiology of nonpsychotic illnesses. In L. C. Copstead & J. L. Banasik (Eds.), *Pathophysiology: Biological and behavioral perspectives* (3rd ed., pp. 1192–1209). St. Louis, MO: Elsevier Saunders.

Oedegaard, K. J., Neckelmann, D., & Fasmer, O. B. (2006). Type A behavior differentiates bipolar II from unipolar depressed patients. *Journal of Affective Disorders, 90,* 7–13.

Ohayon, M. M., & Schatzberg, A. F. (2002). Prevalence of depressive episodes with psychotic features in the general population. *American Journal of Psychiatry, 159,* 1855–1861.

Pacchiarotti, I., Bond, D. J. Baldessarini, R. J., Nolen, W. A., Grunze, H. L., Licht, R. W., ... Vieta, E. (2013). The International Society for Bipolar Disorder (ISBD) task force report on antidepressant use in bipolar disorders. *American Journal of Psychiatry, 170,* 1249–1262.

Parker, G. (Ed.). (2012). *Bipolar II: Modeling, measuring, and managing* (2nd ed.). New York, NY: Cambridge University Press.

Parker, G. (2015). Managing bipolar II disorder: Some personal perspectives. *Australasian Psychiatry, 23,* 116–119.

Parker, G., Graham, R. K., Hadzi-Pavlovic, D., Fletcher, K., Hong, M., & Futeran, S. (2012). Further examination of the utility and comparative properties of the MSQ and MDQ bipolar screening measures. *Journal of Affective Disorders, 128,* 104–109.

Pavuluri, M. N., Graczyk, P. A., Henry, D. B., Carbray, J. A., Heidenreich, J., & Miklowitz, D. J. (2004). Child- and family-focused cognitive-behavioral therapy for pediatric bipolar disorder. *Journal of the American Academy of Child and Adolescent Psychiatry, 43,* 528–537.

Pedersen, T. (2012). CBT, supportive therapy equally effective for bipolar. *Psych Central.* Retrieved from http://psychcentral.com/news/2012/07/08/cbt-supportive-therapy-equally-effective-for-bipolar/41324.html

Peris, T. S., & Miklowitz, D. J. (2015). Parental expressed emotion and youth psychopathology: New directions for an old construct. *Child Psychiatry and Human Development, 56,* 1.

Perlick, D. A., Miklowitz, D. J., Lopez, N., Chou J., Kalvin, C., Adzhiashvili, V., & Aronson, A. (2010). Family-focused treatment for caregivers of patients with bipolar disorder. *Bipolar Disorder, 12,* 627–637.

Perlis, R. H., Ostacher, M. J., Patel, J. K., Marangel, L.B., Zhang, H., Wisniewski, S. R., ... Thase, M. E. (2006). Predictors of recurrence in bipolar disorder: Primary outcomes from the Systematic Treatment Enhancement Program for Bipolar Disorder (STEP-BD). *American Journal of Psychiatry, 163,* 217–224.

Perugi, G. (2010). Cyclothymic temperament and/or borderline personality disorder. *Annals of General Psychiatry, 9*(Suppl), S77.

Perugi, G., & Akiskal, H. S. (2002). The soft bipolar spectrum redefined: Focus on the cyclothymic, anxious-sensitive, impulse-dyscontrol, and binge-eating connection in bipolar II and related conditions. *Psychiatric Clinics of North America, 25,* 713–737.

Perugi, G., Angst, J., Azorin, J-M., & BRIDGE-II-MIX Study Group. (2015). Mixed features in patients with a major depressive episode: The BRIDGE-II-MIX Study. *Journal of Clinical Psychiatry, 76,* e351–e358.

Perugi, G., Ghaemi, S. N., & Akiskal, H. (2006). Diagnostic and clinical management approaches to bipolar depression, bipolar II, and their co-morbidities. In H. Akiskal & M. Tohen (Eds.), *Pscyhopharmacotherapy,* (pp. 193–234). West Sussex, England: Wiley.

Price, A. L., & Marzani-Nissen, G. R. (2012). Bipolar disorders: A review. *American Family Physician. 85,* 483–493.

Rea, M. M., Tompson, M. C., Miklowitz, D. J., Goldstein, M. J., Hwang, S., & Mintz, J. (2003). Family-focused treatment versus individual treatment for bipolar disorder: Results of a randomized clinical trial. *Journal of Consulting and Clinical Psychology, 71,* 482–492.

Renk, K., White, R., Lauer, B-A., McSwiggan, M., Puff, J., & Lowell, A. (2014). Bipolar disorder in children. *Psychiatry Journal, 2014.* doi: 10.1155/2014/928685.

Riemann, G., Weisscher, N., Goossens, P. J. J., Draijer, N., Apenhorst-Hol, M., & Kupda, R. W. (2014). The addition of STEPPS in the treatment of patients with bipolar disorder and comorbid borderline personality features: A protocol for a randomized controlled trial. *BMC Psychiatry, 14,* 172.

Rizvi, S., & Zaretsky, A. E. (2007). Psychotherapy through the phases of bipolar disorder: Evidence for general efficacy and differential effects. *Journal of Clinical Psychology, 63,* 491–50.

Rubio, G., López-Muñoz, F., & Alamo, C. (2006). Effects of lamotrigine in patients with bipolar disorders and alcohol dependence. *Bipolar Disorders, 8,* 1399–1456.

Ruggero, C. J., Chelminski, I., Young, D., & Zimmerman, M. (2007). Psychosocial impairment associated with bipolar II disorder. *Journal of Affective Disorders, 104,* 53–60.

Sachs, G. S. (2004). *Managing bipolar affective disorder.* London, England: Science Press.

Sachs, G. S. (2008). Psychosocial interventions as adjunctive therapy for bipolar disorder. *Journal of Psychiatric Practice, 14*(Suppl. 2), 39–44.

Sachs, G. S., & Nasrallah, H. A. (2014). Treatment of bipolar depression: Lessons from Systematic Treatment Enhancement Program for Bipolar Disorder (STEP-BD). Bipolar depression: Presentation, diagnosis, and treatment. *Current Psychiatry, 13*(Suppl.), S1–S4.

Sachs, G. S., Nierenberg, A. A., Calabrese, J. R., Marangell, L. B., Wisniewski, S. R., Gyulai, L., ... Thase, M. E. (2007). Effectiveness of adjunctive antidepressant treatment for bipolar depression. *New England Journal of Medicine, 356,* 1711–1722.

Schneck, C. D., Miklowitz, D. J., Calabrese, J. R., Allen, M. H., Thomas, M. R., Wisniewski, S. R., ... Sachs, G. S. (2004). Phenomenology of rapid-cycling bipolar disorder: Data from the first 500 participants in the Systematic Treatment Enhancement Program. *American Journal of Psychiatry, 161,* 1902–1908.

Segal, Z. V., Williams, J. M., & Teasdale, J. D. (2002). *Mindfulness-based cognitive therapy for depression: A new approach to preventing relapse.* New York, NY: Guilford Press.

Segal, Z. V., Williams, J. M., & Teasdale, J. D. (2013). *Mindfulness-based cognitive therapy for depression* (2nd ed.). New York, NY: Guilford Press.

Simon, N. M., Otto, M. W., Wisniewski, S. R., Fossey, S. M., Sagduyu, K., Frank, E., ... Pollack, M. H. (2004). Anxiety disorder comorbidity in bipolar disorder patients. Data from the first 500 participants in the Systematic Treatment Enhancement Program for Bipolar Disorder (STEP-BD). *American Journal of Psychiatry, 12,* 2222–2229.

Somerset, W., Newport, D. J., Ragan, K., & Stowe, Z. N. (2006). Depressive disorders in women: From menarche to beyond the menopause. In C. L. M. Keyes & S. H. Goodman (Eds.), *Women and depression* (pp. 62–88). New York, NY: Cambridge University Press.

Stange, J. P., Hamilton, J. L., Burke, T. A., Kleiman, E. M., O'Garro-Moore, J. K., Seligman, N. D., ... Alloy, L. B. (2015). Negative cognitive styles synergistically predict suicidal ideation in bipolar spectrum disorders: A 3-year prospective study. *Psychiatric Residency, 12,* 162–168.

Stratford, H. J., Cooper, M. J., Di Simplicio, M., Blackwell, S. E., & Holmes, E. A. (2015). Psychological therapy for anxiety in bipolar spectrum disorders: A systematic review. *Clinical Psychology Review, 35,* 19–34.

Strauss, J. L., & Johnson, S. L. (2006). Treatment alliance predicts improved treatment attitudes and decreased manic symptoms in bipolar disorder. *Psychiatry Research, 145,* 215–223.

Swartz, H. A., Levenson, J. C., & Frank, E. (2012). Psychotherapy for bipolar II disorder: The role of interpersonal and social rhythm therapy. *Professional Psychology: Research and Practice, 43,* 145–153.

Totterdell, P., & Kellett, S. (2008). Restructuring mood in cyclothymia using cognitive behavioral therapy: An intensive time-sampling study. *Journal of Clinical Psychology, 64,* 501–518.

Totterdell, P., Kellett, S. M., & Mansell, W. (2012). Cognitive behavioural therapy for cyclothymia: Cognitive regulatory control as a mediator of mood change. *Behavioural and Cognitive Psychotherapy, 40,* 412–424.

Truman, C. J., Goldberg, J. F., Ghaemi, S. N., Baldassano, C. F., Wisniewski, S. R., Dennehy, E. B., ... Sachs, G. S. (2007). Self-reported history of manic/hypomanic switch associated with antidepressant use: Data from the Systematic Treatment Enhancement Program for Bipolar Disorder (STEP-BD). *Journal of Clinical Psychiatry, 68,* 1472–1479.

Valente, S. M., Saunders, J., & Street, R. (1988). Adolescent bereavement following suicide: An examination of relevant literature. *Journal of Counseling and Development, 67,* 174–177.

Valtonen, H., Suominen, K., Mantero, O., Leppamaki, S., Arvillomi, P., & Isometsa, E. T. (2005). Suicidal ideation and attempts in Bipolar I and II disorders. *Journal of Clinical Psychiatry, 66,* 1456–1462.

Van Meter, A. R., Moreira, A. L. R., & Youngstrom, E. A. (2011). Meta-analysis of epidemiologic studies of pediatric bipolar disorder. *Journal of Clinical Psychiatry, 72,* 1250–1256.

Van Meter, A. R., Youngstrom, E. A., & Findling, R. L. (2012). Cyclothymic disorder: A critical review. *Clinical Psychology Review, 32*, 229–243.

Webber, B., Jermann, F., Gex-Fabry, M., Nallet, A., Bondolfi, G., & Aubry, J. M. (2010). Mindfulness-based cognitive therapy for bipolar disorder: A feasibility trial. *European Psychiatry, 25*, 334–347.

Weinstein, S. M., Van Meter, A., Katz, A. C., Peters, A. T., & West, A. E., (2015). Cognitive and family correlates of current suicidal ideation in children with bipolar disorder. *Journal of Affective Disorders, 173*, 15–21.

West, A. E., & Weinstein, S. M. (2012). A family-based psychosocial treatment model. *Israeli Journal of Psychiatry and Related Sciences, 49*, 86–93.

West, A. E., Weinstein, S. M., Peters, A. T., Katz, A. C., Henry, D. B., Cruz, R. A., & Pavuluri, M. N. (2014). Child- and family-focused cognitive-behavioral therapy for pediatric bipolar disorder: A randomized clinical trial. *Journal of the American Academy of Child and Adolescent Psychiatry, 53*, 1168–1178.

Wildes, J. E., Marcus, M. D., & Fagiolini, A. (2007). Eating disorders and illness burden in patients with bipolar spectrum disorders. *Comprehensive Psychiatry, 48*, 516–521.

Williams, J. M. G., Russell, I. T., Crane, C., Russell, D., Whitaker, C. J., & Duggan, D. S. (2010). Staying well after depression: Trial design and protocol. *BMC Psychiatry, 10*, 10–23.

Williams, M., Teasdale, J., Segal, Z., & Kabat-Zinn, J. (2007). *The mindful way through depression.* New York, NY: Guilford Press.

Wolpert, E. A., Goldberg, J. F., & Harrow, M. (1990). Rapid cycling in unipolar and bipolar affective disorders. *American Journal of Psychiatry, 147*, 725–728.

Young, R. C., Biggs, J. T., Ziegler, V. E., & Meyer, D. A. (1978). A rating scale for mania: Reliability, validity, and sensitivity. *British Journal of Psychiatry, 133*, 429–435.

Young, A. H., Calabrese, J. R., Gustafsson, U., Berk, M., McElroy, S. L., Thase, M. E., . . . Earley, W. (2013). Quetiapine monotherapy in bipolar II depression: Combined data from four large, randomized studies. *International Journal of Bipolar Disorders, 1*, 1. doi: 10.1186/2194-7511-1-10

Zarate, C. A., & Tohen, M. F. (2002). Bipolar disorder and comorbid Axis I disorders: Diagnosis and management. In L. N. Yatham, V. Kusumakar, & S. P. Kutcher (Eds.), *Bipolar disorder: A clinician's guide to biological treatments* (pp. 115–138). Philadelphia, PA: Brunner-Routledge.

05 우울장애

카렌은 30세의 아프리카계 기혼 여성으로 어머니가 그녀를 치료자에게 데리고 왔다. 카렌은 심각한 우울감과 절망감을 호소했다. 그녀는 자신의 다섯 살짜리 아들도, 집안일도 거의 돌볼 수 없었으며, 지난 2주 이상을 자녀의 학교에서 보조 역할을 하는 시간제 업무 또한 할 수 없었다. 그녀는 체중 감소, 과도한 피로감과 수면, 지나친 죄책감 등의 증상도 나타냈다.

카렌과 남편은 8년 전에 결혼했다. 남편은 군인이었으며, 업무상 집을 자주 비울 수밖에 없었다. 카렌은 남편이 없을 때 언제나 힘겨워했고, 남편이 군인을 그만두기를 바랐다. 남편은 그녀가 자신에게 너무 의존적이라고 불평했으며, 그녀에게 취미생활을 하라고 제안하기도 했다.

학교에서 하는 일을 제외하고는 카렌이 하는 바깥활동은 거의 없었으며, 어머니 말고는 지지해줄 만한 사람도 거의 없었다. 어머니는 카렌을 낳고 얼마 안 되어 과부가 되었고, 이후에 재혼하지 않은 채 살았다. 그녀는 카렌에게 남편의 죽음에 너무 충격을 받아서 다른 남자와 교제할 여력이 없었다고 말했다. 그녀는 심각한 우울 삽화를 경험한 것으로 보였지만, 그에 대한 어떠한 치료도 받은 적이 없었다.

카렌의 결혼생활에서 갈등은 점점 커져갔고 3주 전에 최고조에 달했는데, 이는 3주 전 남편이 해외근무를 위해 집을 떠났기 때문이었다. 카렌은 남편이 다른 여자와 사랑에 빠져 집으로 다시는 돌아오지 않을까 봐 걱정했는데, 그녀의 걱정이 타당할 만한 어떠한 행동도 남편은 한 적이 없었다. 그녀는 좋은 아내가 아니라고 스스로 질책했으며, 남편 없이는 살 가치가 없다고 했다. 지난 몇 주 동안 그녀가 잠시나마 밝아졌던 순간은 남편이 손으로 직접 쓴 편지를 받을 때뿐이었다. 그녀는 그 편지를 읽고 또 읽었으며, 몇 시간 동안은 기분이 좀 나아졌지만 이내 다시 깊은 우울감이 몰려왔다.

카렌의 발달력을 살펴보면, 그녀가 자주 아팠다는 것을 제외하고는 주목할 만한 일은 없었다. 고등학교 졸업 후 그녀는 비서로 일했고, 결혼 전까지 어머니와 함께 살았다. 그녀는 결혼 전에 거의 데이트를 한 적이 없었는데, 젊었을 때 몇 번 데이트했던 남자가 다른 여자와 약혼했을 때 매우 우울해졌다는 것을 기억하고 있었다.

카렌은 자신의 기능 수준을 손상시킬 만큼 심각한 우울증으로 고통받고 있다. 카렌이 현재 겪고 있는 우울증 삽화에 대한 촉발 요인을 확인할 수 있다. 그러나 그녀의 증상은 적응장애나 다른 상태로 보이지는 않는다. 그녀의 반응은 다른 것을 고려하기에는 이미 너무 많이 역기능적으로 보인다. 카렌은 우울장애로 보이는 기분장애를 경험하고 있다.

주요우울장애는 사람들을 고통스럽게 하고 삶을 피폐하게 만드는 여러 정신장애 중 전 세계적으로 가장 빈번하게 발생하는 장애이다(World Health Organiozation, 2014).

우울장애는 이 장에서 기술하고 있는 하위 범주에서 보듯이 다양한 형태를 보인다.

- 파괴적 기분조절부전장애
- 월경전불쾌감장애
- 주요우울장애
- 지속성 우울장애
- 물질/약물치료로 유발된 우울장애

*DSM-5*에서는 우울장애의 진단을 명료화하고 세밀하게 조정하고자 많은 변화가 있었다. 기분부전은 이제 지속성 우울장애라 부르게 되었고, 증상의 더 정확한 기술을 제공하는 주요우울 삽화의 증상을 포함한다. 2개의 새로운 장애인 월경전불쾌감장애와 파괴적 기분조절부전장애가 진단 범주의 개선 결과 추가되었다. 정의에 의하면 월경전불쾌감장애는 여성에게만 해당되며, 파괴적 기분조절부전장애는 6~18세의 아동에게만 진단 가능하다.

중요한 누군가의 죽음으로 인해 비통해하는 사람의 경우 이전에는 2개월 동안은 주요우울장애로 진단하지 않았던 사별 반응 제외 기준이 *DSM-5*에서는 제외되었다. 왜냐하면 이전에 우울증을 경험한 많은 사람들이 중요한 상실 후에 더 쉽게 우울증으로 발전할 가능성이 높다는 사실을 인정하게 되었기 때문이다. 이것 말고도 상당한 변화가 우울장애의 임상적 그림을 변화시켰으며, 더 적절한 치료적 개입을 할 수 있게 하였다. 이제 우리는 *DSM-5*의 새로운 진단인 파괴적 기분조절부전장애로 시작하는 첫 번째 우울장애부터 보도록 하겠다.

파괴적 기분조절부전장애

지난 12개월 동안 화와 분노발작을 동반하는 지속적 과민성이 이 새로운 *DSM-5* 장애의 핵심특징이며, 6~18세의 아동·청소년에게만 진단할 수 있다. 파괴적 기분조절부전장애(disruptive mood dysregulation disorder, DMDD)는 임상적 출현과 장기 경과에서 아동기 양극성장애, 주의력결핍 과잉행동장애, 간헐적 폭발장애와는 다르다. 열거된 모든 장애가 서로 유사하게 겹치는 증상이 있고 구별하기 힘들기 때문에 세심한 평가와 발달력 탐색이 정확한 진단을 하는 데 필수적이다.

진단

파괴적 기분조절부전장애의 증상은 10세 이전에 나타나야 하며, 아동의 발달 수준에 부합하지 않을 정도로 더 심각한 분노발작을 포함하거나 상황에 적절한 정도의 강도나 시간을 넘어서는 심각한 과민성과 불만/좌절감을 포함한다. 이러한 분노발작은 행동적(예 : 사물, 자신, 타인에 대한 공격)이거나 언어적(예 : 감정적인 폭풍 또는 장황한 비난)일 수 있다. 관련 증상은 1년 이상의 기간 동안 주 3회 이상 일어나며, 적어도 2개 이상의 다른 상황(예 : 집, 학교, 또래관계)에서 발생한다. 분노발작 사이의 기간 동안에 아동의 기분이 더 나아지지 않으며, 오히려 아동은 거의 매일, 하루의 대부분을 만성적으로 과민하고 화가 난 상태로 있다. 이러한 모습은 다른 사람들(예 : 부모, 선생님, 또래집단)에게 관찰 가능한 형태로 나타난다. 또한 지난 12개월 동안 이러한 모든 증상이 전혀 없는 기간이 연속 3개월이 되지 않는다.

과거에 심각한 기분조절부전장애를 가진 아동은 양극성장애로 진단되어 왔고, 항정신성 약물을 처방받았다. 그러나 최근에는 지속적으로 과민한 기분을 보이는 대부분의 아동이 양극성장애로 발전하지 않으며, 나이가 들면서 우울장애나 불안으로 진단되는 경우가 더 빈번하다는 종단 연구의 결과가 나타났다(Althoff et al., 2010; Stringaris, Cohen, Pine, & Leibenluft, 2009). 이러한 오진의 결과와 성장하는 아동의 뇌에 대한 항정신성 약물의 효과는 여러 문헌에서 많은 담론의 주제가 되어 왔다.

이러한 증상을 보이는 아동의 거의 절반이 1년 후에 만성적인 과민성을 경험하는 만큼 파괴적 기분조절부전장애는 심각한 장애라고 할 수 있다. 특히 아동(평균 13세)부터 성인(평균 33세)까지 추적한 한 종단연구에서는 아동기의 만성적인 과민성이 성인기의 기분부전, 주요우울장애, 범불안장애를 예측할 수 있음이 밝혀졌다(Stringaris et al.,

2009). 한 분리된 종단 연구에서는 아동기의 심각한 기분조절부전이 성인기 초기의 단극성 우울장애의 유의미한 위험 요인이라고 나타났다(Brotman et al., 2006). 발달 가능한 다른 증상은 공격성, 학교 내 문제 행동, 자살시도, 자해 행동을 포함한다.

동반하는 장애의 출현 역시 높은 편이기 때문에 세심한 평가를 통해 파괴적 기분조절부전장애를 아동기 양극성장애, 적대적 반항장애, 주의력결핍 과잉행동장애, 간헐적 폭발장애와 구별해야 한다. 부정적·긍정적·중립적 자극에 의해 주의가 어떻게 분산되는지 측정하는 정서 방해 과제를 사용하여 양극성장애 아동과 덜 심각한 기분조절부전(조증 삽화 없음) 아동을 비교한 결과, 기분조절부전 아동이 양극성장애 아동보다 주의가 덜 분산되며 더 둔감한 반응을 보이는 것으로 나타났다. 연구자들은 이러한 감소된 반응이 정서적·행동적 조절 실패에 기여할 수 있음을 언급했다(Rich et al., 2010).

가족 내의 정신건강 이력 또한 파괴적 기분조절부전장애를 양극성장애와 구별하는 데 도움을 준다. 한 연구에서는 파괴적 기분조절부전장애 아동의 경우 가족 내 장애의 비율이 일반 인구의 비율(3%)과 동일한 수준으로 낮다고 보고하였다(Brotman et al., 2007). 이와는 대조적으로 양극성장애 아동의 33%는 동일 장애를 가진 부모가 있는 것으로 나타났다.

내담자 특징

파괴적 기분조절부전장애의 정확한 비율은 알려져 있지 않으나 아동과 청소년에서 약 2~5%의 비율로 발생할 것이라고 예상된다. 이 장애는 여성보다는 남성에게서, 청소년기보다는 학령기 아동에게서 더 흔하다(APA, 2013).

*DSM-5*는 최근 아동 양극성장애 비율의 증가를 기술하면서, 양극성장애는 모든 증상이 출현해야 하고, 진단기준이 충족되었을 때만 진단해야 한다는 점을 명시하였다. 과민성의 증상을 조증으로 간주해서는 안 된다. 특히 아동의 경우 기대되는 사건(휴가, 놀이공원 방문 등)에 대한 흥분은 발달적으로 적절한 모습이며 조증의 증상이 아니다. 더 나아가 *DSM-5*는 파괴적 기분조절부전장애의 진단을 위해

서는 증상 발병시기가 10세 이전이어야 하고, 만성적 과민성을 보이는 아동의 50%가 1년 뒤에도 지속적으로 해당 장애의 진단기준을 만족시킬 것이라고 명시하였다.

평가

파괴적 기분조절부전장애를 가진 대부분의 아동은 만성적 과민성이 오랜 역사를 가지고 있을 것이며, 이전에 적대적 반항장애 진단을 받았을 가능성이 있다. 다른 동반하는 장애 역시 흔한데, 주요우울장애, 불안 관련 장애, 주의력결핍 과잉행동장애, 품행장애 등이다.

파괴적 기분조절부전장애와 양극성장애의 감별진단은 조증/경조증 삽화의 출현 또는 부재 여부이다. 하루 이상 길게 지속되는 조증 삽화가 진단된다면 파괴적 기분조절부전장애가 아니라 양극성장애 진단이 타당하다. 양극성장애는 가족력이 있고, 남녀 간에 유병률이 동등한 반면, 파괴적 기분조절부전장애는 여성보다는 남성에게서 더 흔하다. 또한 양극성장애에서 나타나는 기분 변화는 삽화적이지만, 파괴적 기분조절부전장애에서는 그렇지 않다. 증상 발병의 나이 또한 중요한데, 파괴적 기분조절부전장애의 증상은 아동기에 시작되는 반면, 양극성장애의 증상은 청소년기나 그 이후에나 나타난다.

파괴적 기분조절부전장애와 적대적 반항장애의 감별진단은 적대적 반항장애 아동에게는 잘 발견되지 않으나 파괴적 기분조절부전장애 아동에게서는 나타나는 기분조절부전과 만성적인 과민성, 반복적인 분노발작의 패턴에 따라 구분된다. 두 장애의 증상이 모두 있다면 파괴적 기분조절부전장애가 적대적 반항장애보다 우선한다. 이 두 장애는 함께 진단 내려질 수 없다(APA, 2013).

간헐적 폭발장애 또한 파괴적 기분조절부전장애와 동시에 일어날 수 없다. 간헐적 폭발장애 아동은 주요한 감정 폭발 증상이 3개월 정도로 삽화 간에 휴지기가 있으나, 파괴적 기분조절부전장애 증상은 12개월 동안 지속적이다. 이러한 증상을 가진 아동은 간헐적 폭발장애이거나 파괴적 기분조절부전장애로 진단 내려지며, 2개를 동시에 진단할 수 없다.

파괴적 기분조절부전장애의 동반이환율은 주의력결핍

과잉행동장애, 주요우울장애, 품행장애, 불안장애, 물질사용장애에서 매우 흔하다. 이러한 동반 장애들은 파괴적 기분조절부전장애의 진단을 더 복잡하게 할 수 있다. 증상 및 가족적 배경, 이전 약물치료의 효과 등에 대한 정확한 평가가 임상적 진단을 내리는 데 중요한 실마리를 제공해 줄 수 있을 것이다.

과민성이 지속성 우울장애나 주요우울 삽화의 출현 중에만 있다면 파괴적 기분조절부전장애 대신 언급한 장애들로 진단해야 한다. 불안장애의 경우에는 파괴적 기분조절부전장애와 동시에 진단할 수 있다. 그러나 과민성이 불안장애의 악화 기간 동안 발생한 것이라면 불안장애가 더 적절한 진단이다. 또한 감정폭발이 자폐스펙트럼장애의 부수적인 증상(예 : 늘 하던 똑같은 일상이 방해받은 경우)이라면 자폐스펙트럼장애 진단이 더 적절하다.

현재 파괴적 기분조절부전장애 평가를 위한 사용 가능한 도구는 없지만 아동 · 청소년 문제 행동 평가척도와 다른 아동용 평가 도구들과 같은 측정 도구를 기분, 불안, 신경발달학적 장애의 증상 출현을 진단하는 데 활용할 수 있다. 이와 같은 평가 도구의 활용을 통해 아동의 임상적 모습을 정확하게 진단할 수 있고, 더 나아가 정확한 진단에 근거한 치료적 개입의 우선순위를 결정할 수 있을 것이다.

치료자의 자질

치료자는 심각한 기분조절부전과 아동기에 흔히 진단되는 다른 장애(주의력결핍 과잉행동장애, 적대적 반항장애, 간헐적 폭발장애, 양극성장애)를 구별할 수 있어야 한다. 이러한 장애의 빈도와 심각성을 고려해볼 때, 이 장애를 가진 환자와 작업한 치료자들은 이러한 증상을 보이는 아동들을 더 잘 알아낼 것이다(Towbin, Axelson, Leibenluft, & Birmaher, 2013).

아직 파괴적 기분조절부전장애에 대한 무선통제실험 연구가 없기 때문에, 서로 다른 아동 대상 치료 양식에 대한 다양한 지식 또한 요구된다. 치료자들은 부모교육과 관련된 아동기 행동적 이슈를 다루는 데 정통해야 하며, 교사, 의사, 아동과 관련된 다른 성인들과의 협업 능력 또한 요구된다.

개입 전략

현재로서는 파괴적 기분조절부전장애의 치료에 대한 연구는 거의 없으며, 활용 가능한 무선통제실험 연구 자료 또한 전혀 없는 실정이다. 우선적으로 개입해야 하는 가장 심각한 증상을 판별하기 위해 증상의 위계를 정하는 것이 필요하다. 항정신성 약물 사용에 동반되는 부작용의 위험을 감수할 만큼 증상이 심각한 것이 아니라면, 일반적으로 기분장애를 가진 아동의 치료에서 가장 우선적으로 해야 할 일은 언제나 심리치료와 부모 대상 심리교육이다. 결국 파괴적 기분조절부전장애는 우울장애의 한 종류이며, 아동은 조증이나 정신병이 아니라 우울증에 대한 처치를 받아야 한다. 만약 조증이나 정신병 관련 증상이 나타난다면 파괴적 기분조절부전장애가 아닌 다른 진단을 고려하는 것이 타당하다.

무수히 많은 연구들은 우울과 불안이 인지행동치료에 잘 반응한다고 보고하고 있다. 부모교육도 적대적 반항장애의 치료에 효과적인 것으로 나타났다. 한 무선통제 연구에서는 집단 형태의 가족 심리교육이 기분장애와 달리 명시되지 않는 경계성 성격장애(BP-NOS)를 가진 아동에게 효과적인 것으로 나타났다(Fristad, Verducci, Walters, & Young, 2009). 아동 대상의 이러한 치료 방법에 대한 더 깊은 논의는 이어지는 주요우울장애 부분에서 가능할 것이다.

파괴적 기분조절부전장애의 경우 동반이환 장애가 흔하기 때문에 치료에 대한 진단을 통한 접근이 도움이 될 것이다. 즉 간헐적 폭발장애, 적대적 반항장애, 다른 충동통제장애에서 효과적이라고 증명된 치료들이 파괴적 기분조절부전장애로 진단되는 동일한 증상을 치료하는 데 효과적일 수 있다. 이러한 치료법에 대한 논의는 적대적 반항장애, 간헐적 폭발장애, 자폐스펙트럼장애 관련 장에서 찾을 수 있다. 심각한 우울 증상은 또한 약물치료의 대상이 된다. 결국 바꾸어 말하면, 추후 연구를 통해 파괴적 기분조절부전장애 치료에 특히 효과적이라고 하는 방법을 확인할 때까지 추천할 만한 치료법은 관련 문헌들을 통해 추론할 수밖에 없다. 임상적으로는 현재 파괴적 기분조절부전장애의 치료에 SSRI 계열 약물과 다른 약물의 효과를 검증하는 과정 중에 있다.

예후

몇몇 사람들에게는 파괴적 기분조절부전장애의 심각한 기분조절부전이 시간이 갈수록 더 심해진다. 그러나 또 다른 사람들의 경우에는 청소년기나 초기 성인기에 불안이나 기분의 문제, 양극성장애로 변하기도 한다(Brotman et al., 2006; Leibenluft, 2011). 지금까지 파괴적 기분조절부전장애 치료 성과에 대한 연구는 전혀 없다. 이와 같이 삶을 피폐하게 만드는 아동기 장애에 대해 가장 적합한 평가와 치료를 할 수 있도록 유용한 연구 결과를 제공할 만한 추후 연구들이 매우 절실하다.

주요우울장애

미국에서 주요우울장애(major depressive disorder)는 성인 인구의 약 26%로 추정되며, 직업 상실, 물질 남용, 자살 증가 등에 기여하는 중요한 원인 중 하나이다(Kessler, Chiu, Demler, & Walters, 2005). 우울증의 정확한 진단은 가장 적합한 치료적 접근을 선택하는 데 매우 중요한 첫 번째 단계이다. 증상의 정확성과 심각도 수준은 치료가 외래로 진행되어야 할지, 입원의 형태로 진행되어야 할지를 결정하는 데 중요하다. 환자의 나이 또한 개인치료와 가족치료 중에 무엇이 더 적합할지를 정하는 데 고려해야 할 부분이다. 정신병, 사고장애, 또는 자살사고가 나타난다면, 지지치료 또는 대인관계치료를 약물치료와 결합한 형태로 진행되는 것이 더 적절하다.

주요우울장애의 진단기준은 DSM-IV에서 기술한 내용과 동일하나, 2개의 새로운 명시자(예 : 불안증 동반, 혼재성 양상 동반)가 추가되었고, 중요한 인물의 사별 후, 2개월 동안에는 주요우울장애로 진단하지 않았던 이전의 사별 반응 제외 기준이 사라졌다는 것이 DSM-5에서 달라진 점이다.

진단

주요우울장애는 최소 2주 이상 지속되는 주요우울 삽화로 특징지을 수 있다. 주요우울 삽화 증상은 양극성장애 장에서 기술한 목록과 동일하며, 슬프거나 우울한 기분 또는 흥미나 즐거움의 상실 중 하나를 꼭 포함해야 한다. 이러한 느낌은 거의 매일, 하루 중 대부분의 시간 동안 지속된다. 이 기간 동안 기분과 에너지의 상실은 대인관계와 학교 또는 직장에서 유의미한 기능적 손상을 가져온다. 이러한 변화는 물질사용이나 다른 의학적 상태에 기인한 것이 아니어야 한다.

우울한 기분이나 흥미나 즐거움의 상실 외에도 다음 중 4개 이상의 증상이 동반된다.

- 식습관에서의 변화(식욕 감소 또는 증가)
- 수면습관에서의 유의미한 변화(불면 또는 수면과다)
- 정신운동 초조나 지연
- 활력의 상실
- 죄책감이나 무가치감
- 집중력의 감소 또는 우유부단함
- 죽음이나 자살에 관한 반복적인 생각

이미 언급한 바와 같이 DSM-5에서는 사별 반응을 제외시켰던 이전의 기준은 없어졌다. 이러한 변화는 사별 후 보이는 우울 증상이 다른 상황에서 일어나는 주요우울 삽화와 다르지 않다는 연구 결과들에 기초한 것이다. 그것은 동등하게 유전적으로 연결되어 있는데, 이전에 주요우울 삽화 경험이 있거나 주요우울 삽화 가족력이 있는 사람들의 경우 더 잘 일어나고, 동일한 특징과 동반이환 패턴을 보인다. DSM-5는 사별 반응이 의미 있는 상실 후에 뒤따르며 주요우울 삽화와 구분되어야 한다는 것을 주지하면서도 동시에 주요우울장애의 진단 경험이 있는 사람은 이전 장애로 진단할 수 있게 하였는데, 이는 이러한 반응이 만성적이며 재발성이고 항우울제 약물에 잘 반응하기 때문이다(Zisook et al., 2012).

DSM-5는 광범위한 각주를 포함시켜서(APA, 2013, p. 161) 치료자들이 비탄(grief)과 주요우울 삽화 간의 차이점을 더 쉽게 구별하도록 돕고, 이 둘이 동시에 나타날 수 있음을 명시하였다. DSM-5는 또한 강렬한 슬픔, 식습관과 수면습관에서의 문제, 활력과 집중력의 감소를 가져와 결국 의미 있는 기능적 손상을 초래하는 유의미한 상실의 종류(예 : 재정적 파탄, 이혼, 자연재해, 양육권 분쟁을 통한 자녀 상실, 사랑하는 사람의 상실 등)를 포함시키기 위하여 '상실'의 정의를 확장하였다. 슬픔과 주요우울 삽화가 동시에 존재할 때 결과는 더 심각하고, 반추, 죽음에 대한 생각, 자살사고 등이 포함될 수 있다. 복잡한 양상의 슬픔을 경험하는 사람들에 대한 연구에서는 13%가 이전의 자살시도 경험이 있고, 44%가 수동적인 자살 행동에 개입한다고 나타났다(Szanto et al., 2006). 치료자들은 복잡한 양상의 슬픔을 보이는 사별 후 반응을 보이는 사람들과 작업할 때 이 점을 염두에 두어야 할 것이다.

아동과 청소년의 경우에는 과민성(irritability)이 불쾌감(dysphoric symptom)을 대체할 수도 있다. 기대한 성과를 유지하거나 성취하는 데 실패하여 섭식 문제가 나타날 수도 있다. 주요우울 삽화의 심각도는 증상과 증상의 개수 및 강도, 기능적 손상의 정도에 기초하여 다음과 같이 결정해야 한다.

- **경도** : 적은 기능적 손상, 주요우울 삽화의 진단기준을 초과하는 최소한의 증상
- **중등도** : 증상의 개수 및 강도 또는 기능적 손상이 '경도'와 '고도' 사이
- **고도** : 증상의 개수가 진단기준을 상당히 초과하고, 증상의 강도가 스스로 다루기 힘들며, 증상이 사회적 직업적 기능을 방해함
- **정신병적 양상 동반** : 기분과 일치하는 또는 기분과 일치하지 않는 환각과 망상이 존재함. 정신병적 양상은 주요우울 삽화를 가진 사람들의 3분의 1에서 나타나며 남녀 동일한 비율을 보임(Wilhelm, 2006)
- **부분 관해 상태** : 최근에 나타난 주요우울 삽화 증상이 진단기준을 완전히 충족시키지 않거나 증상 출현 이후 2개월 미만의 시간이 경과된 경우
- **완전 관해 상태** : 지난 2개월 동안 과거 주요우울 삽화의 증상이 전혀 나타나지 않은 경우
- **명시되지 않는 경우**

주요우울장애의 진단은 또한 다음과 같은 명시자를 포함해야 한다.

- **불안증 동반** : '불안증 동반' 명시자는 *DSM-5*에서 새롭게 등장한 것으로 다음 증상 중 최소한 2개 이상을 보임. (1) 긴장하고 신경이 날카로운 느낌, (2) 안절부절못함, (3) 집중의 어려움, (4) 끔찍한 일이 벌어질 것이라는 두려움, (5) 통제력 상실에 대한 두려움. 현재의 심각도를 경도(증상 2개), 중등도(증상 3개), 중등도~고도(증상 4개 또는 5개), 고도(증상 4개 또는 5개이면서 운동 초조)로 명시할 것. 불안증은 자살위험 증가, 긴 지속 기간, 치료에 대한 무반응과 관련이 있으며, 1차 진료와 특수 정신건강 분야에서 주요한 양상으로 알려져 있음
- **혼재성 양상 동반** : 주요우울 삽화의 대부분의 시간 동안 거의 매일 다음의 조증/경조증 증상 중 최소한 3개 이상을 보임. (1) 비정상적으로 고양된 기분, (2) 과대감, (3) 평소보다 말이 많아짐, (4) 질주하는 듯한 빠른 사고 또는 사고의 비약, (5) 활력이나 목표지향적 행동의 증가, (6) 과도한 소비 활동, 쇼핑, 성행위, (7) 수면 욕구 감소. 혼합 증상은 약물이나 물질사용에 의한 것이 아니며, 타인에게 관찰 가능한 행동상의 변화가 있어야 함. 주요우울 삽화와 공존하는 혼재성 양상은 양극성장애 발생의 위험 요인임. 조증 또는 경조증의 진단기준을 모두 충족한다면 주요우울장애가 아니라 제I형 양극성장애, 제II형 양극성장애로 진단해야 함
- **멜랑콜리아 양상 동반** : 주요우울 삽화가 흥미나 즐거움의 상실 또는 유쾌한 사건에 대한 반응 결여를 포함하고, 다음의 증상 중 최소한 3개 이상을 보임. (1) 낙담, 절망, 시무룩함, (2) 아침에 증상이 더 악화되는 경향, (3) 평소보다 최소 2시간 이상을 일찍 깸, (4) 정신운동의 초조나 지연, (5) 의미 있는 체중 감소 또는 식욕 저하, (6) 과도하거나 부적절한 죄책감. 멜랑콜리아 양상은 주요우울 삽화가 더 심할 때 또는 정신병적 양상을 동반할 때 나타남
- **비전형적 양상 동반** : 실제의 또는 기대되는 긍정적 사건에 대한 반응성이 늘어나고, 다음 중 적어도 2개 이상의 특징을 보임. (1) 체중 또는 식욕의 증가, (2) 과다수면, (3) 팔 또는 다리가 무거운 느낌(예 : 물속에서 걷는 듯한 느낌), (4) 대인관계에서 의미 있는 손상을 초래하는 거절에 대한 민감성이 오래 지속되는 양상
- **기분과 일치하는 정신병적 양상 동반** : 망상과 환각이 경험하고 있는 우울한 주제들과 일치하여 나타남(예 :

무가치감, 과도한 죄책감, 죽음에 대한 생각, 처벌받는 느낌)

- **기분과 일치하지 않는 정신병적 양상 동반** : 망상과 환각이 나타나지만, 내용이 전형적인 우울한 주제와 관련이 없고, 기분과 일치하는 주제와 일치하지 않는 주제가 혼재되어 나타남
- **긴장증 동반** : 다음 증상 중 적어도 3개 이상을 보임(혼미, 강경증, 납굴증, 함구증, 거부증, 자세유지증, 매너리즘, 상동증, 초조/외부자극에 의해 영향을 받지 않음, 찡그림). 주요우울 삽화의 대부분의 기간 동안에 나타나야 함
- **주산기 발병 동반** : 임신 중이거나 출산 후 4주 이내에 시작하는 우울증. 이 유형의 우울증은 심각한 불안, 공황발작을 동반하고, 정신병적 양상을 동반하거나 동반하지 않기도 함. 강박사고와 반추는 주로 아기의 안녕감과 관련되어 있음(Somerset, Newport, Ragan, & Stowe, 2006). 이후의 출산에서 30~50%가 재발함(APA, 2013)
- **계절성 동반** : 재발성 주요우울 삽화의 경우에 적용됨. 적어도 2년 동안 중등도의 우울 삽화가 1년 중 같은 시기(예 : 여름, 가을)에 시작되는 양상을 보임. 이러한 삽화는 시간이 지나면서 주요우울 삽화의 비계절성 삽화보다 더 자주 나타남

내담자 특징

주요우울장애 증상의 발병은 갑작스러울 수도 있고, 중요한 상실이나 다른 스트레스원에 뒤따라 일어나기도 하며, 불안이나 우울한 기분(아동 · 청소년의 경우에는 과민성)과 함께 시작되기도 하고, 며칠이나 몇 주에 걸쳐 진행되기도 한다. 치료가 없이도 이 장애는 6개월에서 1년 사이에 자연히 사라지기도 하지만 잔류 증상들이 2년 정도나 길게 지속될 수도 있다. 기능적 손상은 직장에서의 업무 능력 상실, 결석, 이전에 즐겼던 사회적 활동에 대한 참여가 불가능해지는 것 등으로 나타난다. 무기력해지며, 아침에 옷을 차려입는 등의 일상적인 활동을 수행할 만한 힘도 없을 만큼 심각해질 수 있다. 재발 가능성이 꽤 높으며, 각 주요우울 삽화 이후에 재발이 증가하는 경향이 있다.

주요우울장애는 자살 및 다른 자기파괴적 행동(예 : 물질 사용, 폭식, 건강에 대한 부주의) 등의 높은 치사율과 관련이 있다. 울음, 반추, 과도한 걱정과 고통이 초기 증상으로 흔하다.

청소년기에 시작하며, 여성이 남성보다 1.5~3배 더 많이 나타난다(Kessler et al., 2005). 주요우울장애, 양극성장애, 알코올 남용은 가족력이 흔하다(Wilhelm, 2006). 주요우울장애를 경험하게 되는 사람들은 부정정서를 더 많이 갖고 있으며, 생활사건에 대한 부정적인 해석을 하며, 부정적인 정서를 확대하는 경향이 있다. 이러한 인지적 오류가 스트레스를 유발하는 생활사건과 결합할 때 주요우울장애의 발병에 기여하게 된다. 외상의 경험은 우울증의 취약성을 확대시킬 수 있다.

아동기 우울증 아동의 우울 증상은 개인적 특징(예 : 기질, 성격, 우울 관련 생물학적 소인)의 결과일 수 있다. 부정적 정서성은 슬픔 및 무가치감 등의 우울 증상을 증가시키며 역기능적인 비관적 신념체계 형성에 기여하는 것으로 밝혀졌다(Mezulis, Shibley Hyde, & Abramson, 2006). 환경 요인과 가족의 상호작용 유형도 아동의 기분장애 발생 위험을 증가시킨다. 이혼, 부모의 죽음, 외상, 방치, 학대 등의 혐오적인 생활사건은 아동기 기분장애와 모두 관련이 있다(Beesdo, Pine, Lieb, & Wittchen, 2010). 아마도 환경적 스트레스 요인이 잠재되어 있는 유전적 취약성에 타격을 가하게 된다는 이론이 아동기 우울증의 원인에 가장 적합한 설명을 할 수 있을 것이다(Antai-Otong, 2008 ; Gotlib, Joormann, Minor, & Hallmayer, 2008). 가장 전형적인 예로 우울증을 앓다가 물질 남용으로 사망한 어머니를 둔 아동을 들 수 있을 것이다. 이 아동은 기분장애 관련 유전적 소인을 가질 가능성이 있고, 이것이 부모의 죽음이라는 생활 환경상의 변화에 의해 촉발될 수 있다. 아동기 우울 증상의 원인에 상관없이, 초기 평가와 개입은 정서적 건강에 매우 중요하다.

평가

해밀턴 평정 척도(Hamilton Rating Scale ; Hamilton, 1960),

*DSM*용 구조화된 임상 면담(Structured Clinical Interview for *DSM*, SCID; First, Spitzer, Gibbon, & Williams, 2002), 벡 우울 척도(BDI; Beck, Steer, & Brown, 1996) 등 많은 유용한 도구들이 우울증의 증상과 심각도를 평가하기 위해 활용 가능하다. 다른 평가 도구는 환자의 대처 기술, 지지 체계, 대인관계, 강인성과 탄력성 등에 대한 정보를 제공해 주기도 한다.

외상의 경험, 우울증이나 다른 정신장애에 대한 가족력 등 초기의 발달적 어려움이 발견되면, 더 광범위한 배경 탐색을 통해 환자와 치료자가 현존하는 문제들의 역동과 속성을 더 완벽하게 이해할 수 있을 것이다. 동반이환 장애가 흔하며 자살사고, 이전의 자살시도, 조증이나 정신병적 증상의 출현 등에 대해 세심하게 평가해야 한다.

우울장애의 가족력에 대한 충분한 탐색은 우울장애의 유전적 소인을 판단하는 데 매우 중요하다. 일차친척이 양극성장애를 가진 경우, 제I형, 제II형 양극성장애의 위험은 증가한다. 이후에 양극성장애로 진단되는 대부분의 사람들이 처음에는 우울증으로 나타나기 때문에 고양된 기분, 증가된 활력, 비전형적인 우울 등에 대해 신중하게 검토해야 한다. 경조증 체크리스트(Forty et al., 2010)와 기분장애 질문지(Hirschfeld et al., 2000)가 단극성 우울증과 조증/경조증 증상을 구별하는 데 도움이 된다.

어머니의 우울증이 아동기 우울증 발생에 기여하는 요인이 될 수 있으므로 어머니의 우울증의 확인과 치료가 아동에 미치는 영향을 줄일 수 있다(Rogers, Lenze, & Luby, 2013). 양육 스트레스 지표(Parenting Stress Index)가 도움이 될 것이다(Haskett, Nears, Ward & McPherson, 2006).

아동용 우울 척도(Children's Depression Inventory-2, CDI-2; Kovacs, 2010)는 28개 문항의 자기보고 형식의 평가 도구로서 2~17세의 아동을 대상으로 실시할 수 있다. 12개 문항의 아동용 우울 척도 단축형도 활용 가능하다. 11~20세까지의 경우에는 레이놀즈 청소년 우울 척도 2판(Reynolds Adolescent Depression Scale 2nd ed., RADS-2, Reynolds, 1987)이 불쾌한 기분, 신체적 불만, 쾌감상실, 절망감, 부정적인 자기평가 등의 우울 증상을 검토할 수 있다. 평가 초기부터 우울 증상을 보이는 아동 및 청소년은 증상의 심각도, 우울장애의 종류, 동반하는 장애의 출현 여부, 복용하는 약물 여부, 자살사고, 물질 사용 등의 보다 공식적인 우울장애 평가 단계를 거쳐야 한다(American Academy of Child and Adolescent Psychiatry, 2007).

우울증으로 아동 및 청소년을 평가할 때, 아동용 진단 면담 스케줄 4판(Diagnostic Interview Schedule for Children version IV; Jensen et al., 1996), 아동 · 청소년용 진단 면담 개정판(Diagnostic Interview for Children and Adolescents — Revised; August, Braswell, & Thomas, 1998), 학령기 아동용 정서장애 및 조현병 진단표(Schedule for Affective Disorders and Schizophrenia for School-Age Children; Ambrosini, 2000; Kaufman et al., 1997)가 적절한 구조화 또는 반구조화 면담양식을 제공해줄 것이다. 아동용 행동 평가 체계(Behavior Assessment System for Children, BASC-3; Reynolds & Kampaus, 2015)도 또한 행동평가에 도움이 된다.

Luby와 동료들은 취학 전 아동을 대상으로 우울증의 초기 신호(예 : 즐거움의 상실, 과민성, 활력 저하, 회피 행동)를 확인할 수 있는 20문항의 도구를 개발했다. 유아 우울 척도(Preschool Feelings Checklist)는 전형적인 정신건강 평가가 요구되는 어린 아동을 미리 확인하는 데 매우 요긴하고 타당한 도구이다(Luby, Heffelfinger, Koenig-McNaught, Brown, Spitznagel, 2004).

치료자의 자질

우울증 아동과 작업하기 위해서 치료자는 우울장애의 발달적 측면과 연령 관련 차이점을 잘 이해하고 있어야 한다. 부모와 협업하는 능력, 아동을 공감하는 능력, 자살의 징후나 자살사고를 알아차릴 수 있는 민감성 등은 매우 중요하다(Mackinaw-Koons & Fristad, 2004). 대부분의 경우 효과적인 치료동맹을 맺기 위해서 비밀보장이 유지되어야 하지만, 아동의 안전이 위협받는 상황(자살 행동, 무방비적인 성관계, 난폭운전, 기타 위험에 빠뜨릴 수 있는 다른 행동)에서는 치료자가 비밀보장의 원칙을 거부할 수 있다.

주요우울장애 성인과 작업하는 치료자들은 지지적이면서 구조화되어 있고, 현재에 초점을 맞추고, 판단 없이 인지적 왜곡에 부드럽게 도전할 수 있고, 희망을 심어줄 수 있거나 적어도 환자 스스로 희망을 가질 수 있을 때까지 곁에서 희망을 잃지 않도록 도와줄 수 있을 것이다.

개입 전략

주요우울장애의 치료 전략은 증상의 개수와 강도, 환자의 나이와 기능 수준, 동반이환 장애의 출현 여부 등에 기초하여 결정한다.

정신병적 증상이나 자살사고 및 자살 행동이 나타나면 약물치료와 심리치료를 함께하는 것이 적절하다. 심한 경우에는 환자의 안전을 위해 입원을 요구하기도 한다. 퇴원 후에는 부분 입원이나 주간 치료 프로그램이 추가적인 지지를 제공하기 위해 필요할 수 있는데, 환자가 자살 징후나 정신병적 증상을 나타내는 경우, 우울로 인해 정상적으로 움직일 수 없을 때 특히 그렇다(Sledge et al., 1996).

경험적 연구들은 주요우울장애의 많은 다른 심리사회적 치료의 효율성을 지지한다. 행동활성화치료(behavior activation therapy), 수용 기반 인지행동치료(acceptance-based cognitive-behavioral therapies, ACT, MBCT), 인지행동분석체계 치료(cognitive behavioral analysis system of psychotherapy, CBASP), 대인관계치료(interpersonal therapy, IPT). 과정 경험적인 정서중심치료(emotion-focused therapy)도 지지되고 있다. 장년층과의 치료에서는 회상 및 인생회고 치료(Reminiscence/Life Review Therapy)가 효과적이다. 외래치료는 전형적으로 주 1~2회 정도로 하며, 상당히 빠른 속도로 진행된다.

주요우울장애에 대한 심리사회적 개입은 일반적으로 지속성 우울장애와 동일하며 다음 부분의 지속성 우울장애에서 더 자세하게 다룰 것이다. 이제 우리는 약물치료에 대한 논의로 넘어가고자 한다.

약물치료 우울증의 정도가 심하고 재발성이며 만성적일 때 약물치료가 필요하다. 정신병적 증상의 출현 또한 약물치료가 요구된다(Nemeroff & Schatzberg, 2007).

정신병적 증상이 없는 주요우울장애 환자의 30~50%가 약물에 반응하지 않는다는 사실에도 불구하고, 미국에서 우울증으로 치료받는 사람들의 75%가 항우울제 처방을 받는다(Keitneretal et al., 2009; Kluger, 2003). 다음의 SSRI 계열의 약물이 주요우울장애의 약물치료에 가장 많이 처방

하는 것이다.

- 시탈로프람(셀렉사)
- 에스시탈로프람(렉사프로)
- 플루복사민말레이트(루복스)
- 플루옥세틴(프로작)
- 파록세틴(팍실)
- 설트랄린(졸로푸트)

이러한 유형의 약물은 투여하기가 쉽고, 초조함, 메스꺼움, 설사, 불면, 성기능 저하와 같은 부작용이 있다. 약물치료가 최소한의 증상 개선도 보이지 않는다면 또 다른 약물이 추가되거나 세로토닌 및 노르에피네프린 재흡수 억제제(SNRI)와 같은 다른 유형의 약물이 처방된다. 때때로 약물치료 활성화가 추가되는데, 치료에 저항하는 환자거나 멜랑콜리아 아형의 경우에 특히 그렇다(Nemeroff & Schatzberg, 2007).

약물치료 효과에 관한 연구들은 효과 측면에서 SSRI 계열의 약물들 간의 차이점을 찾는 데는 실패했다. 주요우울장애에 대한 다중약물치료에 대한 정보는 그리 많지 않다. 단극성장애에 대한 항정신성 약물의 효과나 안정성에 대한 종단 자료도 아직은 없다(Keitner et al., 2009). 지금까지 아리피프라졸(아빌리파이), 올란자핀(자이프렉사), 쿠에티아핀(쎄로켈)이 이러한 유형의 사용에서 FDA의 승인을 받은 비전형적 항정신성 약물이다. 치료저항 우울증에 대한 비전형적 항정신성 약물의 사용에 대한 분석은 소비자 보고서(Consumer Reports, 2010)로부터 활용 가능하다.

주요우울장애는 재발률이 높아서 재발방지를 위한 요인도 치료의 중요한 부분이다. 문제 영역에 대한 대처를 돕고 우울 삽화가 완전히 출현하기 전에 재발 징후를 찾아내기 위해서 추수회기를 월 1회로 지속할 수 있다. 마음챙김 기반 인지치료(MBCT)의 효과와 관련한 메타 연구에서 Marchand(2012)는 이것이 주요우울장애의 재발률을 감소시킨다는 것을 밝혔다.

다른 치료 어떤 사람의 경우 다른 유형의 치료가 정신약리학의 성공적인 대안이 되기도 한다. 운동, 빛 치료, 반복적 경두개 자기자극, 전기충격치료 등이 가능한 대안이다.

운동요법은 도움이 된다. 운동의 긍정적 효과는 당뇨, 고혈압, 심혈관계 질환과 같은 만성적인 건강 문제에 이미 잘 알려져 있다. 운동은 또한 주요우울장애의 재발 위험이 높은 사람들에게 보호 요인으로 작용할 수 있다(Matta, Thompson, & Gotlib, 2010). 운동은 기분을 개선시키고, 우울 증상을 감소시키며, 중장년층 성인에게서 주요우울장애의 관해에 기여한다(Blumenthal et al., 2007; Barbour, Edenfield & Blumenthal, 2007). 운동이 많은 건강상의 이득이 있는 것은 사실이지만 다른 치료 방법과의 통합적 접근에 대한 임상적 효과는 좀 더 연구가 필요하다.

빛 치료는 일정 기간 동안 매일 사용할 때 계절성 정동장애의 증상을 감소시킬 수 있다. 몇몇 연구에서는 약물치료나 인지치료와 빛 치료를 함께 시행할 때 빛 치료 단독으로 시행할 때보다 효과가 더 좋은 것으로 나타났다(Rosenthal, 2006).

반복적 경두개 자기자극은 우울증 치료 방법으로서 2008년에 FDA로부터 취급 허가를 받았다. 이 방법은 일반적으로 약물치료를 할 수 없을 때 고려하는 방법이다. 외래진료 세팅에서 30~40분가량의 시간이 소요되며 4~6주 동안 매일 반복적으로 실시한다. 제한된 효과성 자료들이 활용 가능하다(Husain & Lisanby, 2011; Janicak et al., 2008).

전기충격치료(ECT)는 때때로 주요우울장애 증상이 심할 때 사용하는데, 약물치료를 할 수 없을 때, 치료 저항이 있을 때, 즉각적인 자살 위험이 있을 때 주로 사용한다. 제한된 연구 결과들로는 단극성과 양극성 우울증 모두 치료효과가 유사한 것으로 나타났다(Medda et al., 2009). 드물게는 죽음까지 이르기도 하는, 전기충격치료의 부작용 때문에 즉각적인 증상의 감소가 요구될 때, 환자의 선호가 있을 때, 환자가 그 과정에 긍정적이고 인내심이 있을 때 사용한다. 이득이 위험을 능가할 만한지를 결정하기 위해서는 세심한 주의가 요구된다.

아동·청소년을 위한 개입　아동의 발달 수준을 고려하여 약간의 변화는 요구되지만, 기본적으로 소아우울증에 대한 개입도 성인우울증과 유사하다(인지행동치료나 대인관계치료). 모든 우울증과 양극성장애에서처럼 안전이 가장 우선시되므로 자살사고나 자살시도를 먼저 평가해야 한다.

아동이 자살 징후를 보이거나 이전의 자살시도 경험이 있다면, 안전을 위한 계획을 먼저 수립해야만 하고, 우울증의 심리사회적 치료를 시작하기 전에 환자를 먼저 안정시키는 일이 필요하다. 아주 드문 경우이나 아동이 심각하게 손상되었거나 자살사고가 있거나 다른 사람의 안전을 위협하고자 할 때는 SSRI 계열의 약물을 고려해야 한다.

초등학생 대상의 우울증 치료법으로 잘 확립된 특별한 방법이 있지는 않다(Kaslow, Petersen-Coleman, & Meuhr, 2014). 아동기 우울 증상이 경도나 중등도인 경우에 지지치료와 우울증에 대한 가족 또는 학교의 심리교육이 우선적으로 필요하다. 증상이 나아지지 않거나 아동이 더 심각하거나 복잡한 양상의 우울증을 보인다면 인지행동치료나 대인관계치료 중 어떤 하나를 시작해야 한다. 수용 기반 치료와 같은 정서중심의 인지행동치료는 통제집단과 비교해볼 때 아동의 우울증을 감소시키는 것으로 나타났다(Kaslow et al., 2014).

12~18세의 청소년의 우울증에도 인지행동치료와 대인관계치료는 효과적인 것으로 나타났다. 아동기 우울증 치료에 관한 대부분의 무선통제실험 연구들은 개인치료와 집단치료 모두에서 효과가 있는 것으로 드러난 인지행동치료적 요소에 기반을 두고 있다(Compton et al, 2004; David-Ferdon & Kaslow, 2008). 15~16주 회기로 진행되는 맥락적 정서조절치료(contextual emotion regulation therapy; Kovacs & Lopez-Duran, 2012)도 몇몇 효과적인 인지행동치료의 요소(즉 인지적 재구조화, 긴장이완 훈련, 의사소통과 갈등해결 전략, 즐거운 활동 계획하기 등)를 포함하고 있다. 청소년을 위한 대인관계치료도 통제집단에서보다 더 효과적인 것으로 나타났으며, 10대 청소년들에게 사회적 지지체계, 의사소통, 정서 표현을 제공하는 것으로 나타났다.

약물의 심각한 부작용 및 항우울제를 복용하는 청소년들이 우울 증상이 증가하고 자살 위험이 있다는 내용의 '블랙박스 경고문' 등을 볼 때, 아동·청소년의 우울증에 약물이 첫 번째 처방이 되어서는 안 된다(Christophersen & Vanscoyoc, 2013). FDA는 아동의 우울증 치료제로 플루옥세틴(프로작)이라는 단 1개의 SSRI 약물만을 승인하였다. 연구들은 증상이 심각할 때, 빠른 반응이 필요할 때, 자신과 타인에 대한 아동의 안전이 주요 관심사일 때만 약물치료가 단독으로 사용되어야 한다고 밝히고 있다. 일단 우울 증상이 호전되면, 아동은 인지행동치료 또는 대인관계치료 와 약물치료를 병행하는 형태의 치료에 더 반응적이 된다.

항우울성 약물이 증상 경과의 관찰 없이 종종 처방된다 는 것을 고려해볼 때, 치료자는 약물의 내성 및 증상 호전 정도를 포함하여 약물치료 경과를 관찰하는 데 중요한 역 할을 해야 할 수도 있다. 이미 언급한 바와 같이 미국 식품 의약국(FDA)의 블랙박스 경고문은 항우울제를 복용하는 아동 · 청소년의 자살사고, 불안, 자살 행동의 위험 증가에 주의할 것을 명시하고 있다. 아동은 특히 치료 초기의 몇 달 동안 세심한 주의와 관찰이 필요하다. 아동의 가정생활 이 많이 해체되어 있다면 증상의 경과에 대한 적절한 관찰 이 불가능할 수도 있다. 우울증이 심각하지 않거나 치료하 기 힘든 상황이 아니거나 다른 치료 방법이 전혀 효과가 없 다고 밝혀진 게 아니라면, 지금으로서는 SSRI 약물을 처방 하는 것에 대한 위험이 약물 처방의 이득보다 더 클 것으로 판단된다(Birmaher & Brent, 2010).

아동 · 청소년, 초기 성인의 우울증에 대한 더 광범위 한 치료적 개입에 대한 이해를 하고자 하는 독자들이 있다 면 이 장의 마지막에 추천문헌에 제시된 National Institute for Health and Clinical Excellence(NICE) 가이드라인, Texas Children's Medication Algorithm Project(2007), practice parameters of the American Academy of Child and Adolescent Psychiatry(2007)가 도움이 될 것이다.

예후

주요우울장애의 전반적 예후는 매우 좋은 편으로, 우울증 의 심각도, 지지적인 인간관계의 유무, 환자의 학습된 자원 의 풍부함, 동반하는 장애의 유무 여부와 상관이 있는 것으 로 나타났다(Craighead et al., 2007).

지속성 우울장애(기존 기분부전장애)

지속성 우울장애(persistent depressive disorder, 기분저하 증)는 수년 동안 신경증적 우울증, 우울성 성격장애, 기분 부전장애 등과 같은 다양한 이름으로 불려왔다. 많은 연구

결과가 축적됨에 따라 이제 우리는 성격적 기질보다는 지 속성 우울장애가 수년(혹은 수십 년) 동안 지속적으로 사람 들로부터 즐거움과 희망, 심지어 생명까지도 빼앗아갈 수 있는, 만성적이고 경미한 우울증이라고 이해하게 되었다.

DSM-5의 새로운 진단기준은 DSM-IV로부터 주요우울장 애와 기분부전장애의 특징을 하나의 장애로 종합하였다.

성인의 경우, 지속성 우울장애의 증상에 대한 2년이라는 지속 기간이 그대로 남아 있다. 그러나 아동 · 청소년의 경 우에는 진단에 필요한 최소한의 기간은 1년이며, 주요 증상 은 우울한 기분보다는 과민성일 수 있다.

우울증의 진단기준을 충족하는 사람들은 식습관의 변화 (과식 또는 식욕상실), 수면과다 또는 불면, 활력상실, 집중 의 어려움, 자존감 하락, 희망의 상실 중 2개 또는 그 이상 의 증상을 보고해야만 한다.

지속성 우울장애는 증상의 차원적 속성에 기초하여 세부 적으로 조정 가능하다. 치료자는 발병시기, 지속 기간, 심 각도, 주요우울 삽화가 동반된다면 그 삽화의 유형(예 : 지 속성, 간헐적인, 현재의) 등과 같은 장애의 특징을 정확히 포착해야 한다. 이렇게 함으로써 치료자는 환자가 가진 증 상의 정보들을 정확하게 이해하고, 적절한 치료 전략을 선 택하여 궁극적으로 장기적인 성과를 얻을 수 있다.

순환성장애, 주요우울장애, 다른 증상의 특징은 또한 불 안증 동반, 혼재성 양상 동반, 비전형적 양상 동반, 멜랑콜 리아 양상 동반, 정신병적 양상 동반(기분과 일치하는지의 여부를 명시)이라는 명시자를 밝힐 필요가 있다. 또한 지속 성 우울장애의 발병이 조기인지(21세 이전), 후기인지(21세 이후)도 명시해야 한다. 주산기 발병 동반도 가능한 명시자 목록에 있다.

과거 DSM은 주요우울장애와 지속성 우울장애를 구별해 왔다. 조증/경조증 삽화의 이력 또한 지속성 우울장애의 진 단기준으로부터 배제되었다. 새로운 차원적 진단에서 지속 성 우울장애는 오르락내리락하고 때때로 서로 겹치기도 하 는 후유증 증상의 한 부분으로 간주된다. 그러므로 주요우 울 삽화가 지속성 우울장애와 동시에 존재할 수도 있고, 지 속성 우울장애를 가진 사람들은 우울증 경험이 없는 사람들 보다 주요우울 삽화를 발전시킬 더 큰 위험을 가지고 있다.

진단

지속성 우울장애는 우울한 기분이나 활력의 상실, 부정적 생각들이 일상적으로 되기 때문에 종종 치료받지 않은 채 방치될 수 있는 심각한 장애이다. 한때 지속성 우울장애는 우울성 성격장애로 간주한 적이 있었으나 현재에는 상실, 외상, 사별, 다른 개인적 위기 등의 결과로 발생할 수 있다고 보고 있다. 증상이 10~20년까지 오래 남아 있을 수 있고 (Pettit & Joiner, 2006), 본인과 가족들이 원래 그런 사람이라는 인식을 갖게 되기도 한다. 증상은 만연되어 있고 오래 지속된 것이기 때문에 살면서 직면하는 사건들을 지각하고, 거기에 반응하는 생활양식처럼 발전한다. 흔하지 않지만 치료를 찾아온다면 그것은 체중 증가나 직업목표 상실과 같은 관련 증상 때문이다.

만성적인 기분부전의 흔한 증상은 활동 감소, 무기력감, 사회적 활동의 거부 등을 포함한다. 이러한 증상들은 과식, 과다수면과 같은 자율신경 증상과 결합하여 궁극적으로 기능적 손상, 우유부단함, 삶에 대한 수동성 등 한 개인의 생활에 큰 타격을 준다. 연구들은 다른 유형의 우울장애를 가진 사람들과 비교해볼 때, 지속성 우울장애 환자들의 경우 더 심각한 심리사회적 기능 손상이 초래된다고 보고하고 있다. 치료관계와 부부관계를 포함하는 관계형성의 문제는 기분부전의 가장 흔한 기능적 손상의 결과이다(Subodh, Avasthi, & Chakrabarti, 2008). 지속성 우울장애 환자들의 인지는 만성적인 우울 상태에 빠져서 꼼짝할 수 없는 것처럼 보인다. 연구들은 이러한 만성 장애를 가진 사람들에게서 무능력감, 자기효능감의 결여, "뭐 하러 귀찮게?" 혹은 "그런다고 뭐가 달라지는데?"라는 생각들이 발견된다고 하였다. 지속성 우울장애의 조기 발병은 장애의 심각도와 직접적으로 관련이 있으며, 지속성 우울장애는 40%가 약물에 반응하지 않는 치료저항 장애로 종종 간주된다(Gotlib & Schraedly, 2000).

*DSM-5*에서는 지속성 우울장애 기간 중에 주요우울 삽화의 진단이 가능하다. 종종 이중 우울증(double depression)으로 언급되었던 것이 지난 2년 동안 주요우울장애의 진단기준 또한 충족된다면 이제는 동시에 발병할 수 있다. 죄책감, 무망감, 자살사고 등이 나타나므로 지속성 우울장애가

있는 사람들은 이러한 증상의 유무를 평가해야만 한다.

미국에서의 유병률이 다른 나라에서보다 높기는 하지만 지속성 우울장애는 모든 나라에서 흔하게 나타나며, 특히 여성에게서 더 흔하다. 60세 이상 인구의 5분의 1이 기분부전의 진단기준을 충족하는 것으로 추정된다. 이러한 집단에서 장애는 여성보다는 남성에게서 2배 더 많다(Kessler et al., 2005).

내담자 특징

기분부전의 조기 발병은 미래의 우울 삽화에 취약하게 만드는 만성적인 비관주의, 부정성, 탄력성 결여의 결과로 보인다. 생활사건이나 만성적인 환경적 스트레스원이 발생하면, 부정적인 인지 패턴이 촉발된다. 이들은 일반적으로 자존감과 활력이 낮고, 외향성 성향 또한 낮으며, 사회적 지지체계가 빈약하고, 무기력하며, 대인관계에서의 실수와 잘못을 반추하고, 스트레스가 되는 생활사건이나 사회적 상황에서의 좌절감을 다루는 것에 서툴다(Pettit & Joiner, 2006). 지속성 우울장애를 가진 사람들은 갈등을 회피하고, 기분을 좋게 하기 위해서 과도하게 일하거나 과도한 쇼핑, 알코올이나 음식, 다른 물질을 남용하는 등의 방법으로 자신의 불쾌한 생각과 감정에서 멀어지려 하고, 오랫동안 지속적으로 자신의 어려움을 외면하려고 한다.

기분부전에 관한 초기 연구에서는 이 장애로 진단된 사람들의 30%가량이 어떤 시점에서 조증 삽화로 전환된다고 나타났다(Brunello et al., 1999). 우울증과 양극성장애의 가족력은 높은 편이며 10대 청소년과 초기 성인기의 지속성 우울장애 발생과 관련이 있을 가능성이 있다. 기분부전 아동을 추적한 한 종단 연구에서는 이들 중 76%가 주요우울장애로, 13%가 양극성장애로 발전했음을 보고했다 (Kovacs, Akiskal, Gatsonis, & Parrone, 1994).

기분장애에 관한 현장 연구에서는 기분부전의 진단기준을 만족하는 사람들의 4분의 3이 주요우울장애의 진단기준 또한 충족시킨다는 사실을 밝혔다(Keller et al., 1995). 기분부전의 회복 기간은 통계분석 결과 52개월이 중앙 값으로 산출되었는데, 이는 다른 우울장애보다 더 긴 것으로 나타났다. 이 장애의 만성적 속성과 지속 기간은 치료

의 진행 속도를 늦추고, 회복 후에도 증상이 계속 남게 되는 것과 관련이 있다(Rhebergen et al., 2010). 이 장애는 재발 위험이 높은 편으로, 한 연구에서는 10년 후의 재발비율이 71.4%에 이르는 것으로 나타났다(Klein, Shankman, & Rose, 2006).

지속성 우울장애는 우울증보다는 덜 심각한 것으로 인식되고는 있지만, 사회적 · 직업적으로 심각한 기능적 손상을 가져오며, 다른 장애나 질병으로부터의 이환율을 증가시키고, 자살의 위험 또한 높은, 잠재적으로 매우 심각한 장애라는 인식이 점점 늘어나고 있는 추세이다(Ishizaki & Mimura, 2011).

평가

벡 우울 척도(BDI)와 해밀턴 평정 척도와 같이 우울증의 심각도를 평가하는 도구들이 지속성 우울장애 환자들을 대상으로 사용 가능하다. 심각도 척도, 기분 평가, 다른 성과 측정 도구가 치료 효과를 살펴보기 위하여 계속 사용되어야 한다. 치료자는 또한 약물남용 여부, 자살사고, 동반하는 장애의 유무를 평가해야 한다. 다양한 증상을 위한 몇몇 평가 도구가 이 장의 끝에 제시되어 있다.

치료자의 자질

지속성 우울장애 환자들은 주요우울장애 환자들보다 치료자로 하여금 더 많은 임상적 도전을 하도록 한다. 그들은 너무 오랫동안 우울한 상태로 지내왔기 때문에 우울한 것 외에는 어떻게 지내야 하는지를 더 이상 기억하지 못하는 사람들처럼 보이고, 가족이나 친구들에 의해 억지로 치료실에 끌려오지 않는 한 스스로 치료실을 찾아오지도 않는 경향이 있다.

치료자는 환자와의 치료 동맹을 맺고 유지하는 데 매우 숙련되어 있어야 하며, 치료 동맹에 균열이 일어나는 신호에 대해서는 매우 민감해야 한다. 동기강화상담의 기법은 치료 초기에 특히 유용할 수 있는데, 치료에 대한 저항을 다루고 적절한 목표와 구조를 설정하는 데 도움이 된다. 지속성 우울장애 환자와 작업하는 치료자는 이 장애의 특징과 만성적 속성을 잘 이해하고 치료 기간이 길어질 수 있다

는 사실을 잘 인지하고 있어야 한다. 치료자는 지지적이면서도 잘 구조화되어 있고 지시적인 모습도 보여야 한다. 또한 정서적인 면보다는 인지적 · 행동적 측면에 초점을 맞추어야 한다. 또한 치료자는 환자가 활동을 늘이고, 인지를 수정하고, 자존감과 대인관계 기술을 향상할 수 있도록 돕는 다양한 치료적 기법과 아이디어를 가지고 있어야 한다.

우울한 사람들은 종종 대인관계에서 어려움을 보이며, 자신과 비슷한 사람들과 파트너가 되는 경우가 있다. 인지행동치료, 부부 상담, 대인관계 치료를 하는 치료자들이 이 장애를 가진 사람들을 치료하는 데 더 성공적인 것으로 나타났다(Craighead et al., 2007). 과거력 탐색은 이 장애를 지속시키는 역동을 명확히 하고, 반복적이고도 자기파괴적인 패턴을 밝히는 데 매우 유용하다. 중 · 장년층의 성인들은 통찰치료보다는 문제해결에 집중하는 치료를 더 잘 수용하는 것으로 나타났다(Karel, Ogland-Hand, & Gatz, 2002). 지속성 우울장애 기간 동안에 주요우울 삽화가 발견된다면, 무망감과 자살사고 또한 나타날 수 있으므로 이에 대한 확인도 꼭 해야 한다.

개입 전략

메타 연구 결과들에 의하면 반추사고를 감소시키고 대인관계 향상에 초점을 맞춘 인지행동치료, 대인관계치료, 심리치료와 약물치료의 결합치료가 지속성 우울장애의 개입 전략으로 가장 먼저 고려해볼 만한 방법이다(van Hees, Rotter, Ellermann, & Evers, 2013).

인지행동분석체계 치료 인지행동분석체계 치료(CBASP)는 특히 만성적인 우울증을 위해 개발되었다(McCullough, Schramm, & Penberthy, 2015). CBASP는 생각과 느낌을 수정하고 대인관계 능력을 향상할 수 있도록 돕는 세 가지 기법을 사용한다. 상황분석, 대인관계 변별연습, 행동적 기술 훈련 및 시연이 그것이다. 이것은 매우 구조화된 치료 방법으로서, 만성적으로 우울한 사람들은 환경과 떨어져 있고, 대인 간 상황에 대처하는 방법에 대해 다른 사람으로부터 받는 피드백이 부족하다고 가정한다. 문제해결, 잠재적 행동의 결과에 대한 논의를 통해 우울한 환자들은 우울증이 그들을 힘들게 하는 대인간 문제에 어떻게 기여하

고 있는지를 배우게 된다. 자기주장이나 직업 네트워킹과 같은 특정 영역에서의 추가적인 기술 훈련을 통해 지속성 우울장애 환자들의 행동을 변화시키는 방법을 배운다. 미국심리학회의 12분과는 CBASP의 치료 효과가 여러 연구들에 의해 강력하게 지지된다고 밝혔다(www.div12.org). CBASP는 집단치료의 형태로도 가능하다. 만성적으로 우울한 사람들의 경우, 항우울제 약물치료는 CBASP 치료와 결합 형태로 제안되기도 한다(McCullough, Schramm, & Penberthy, 2015).

한 예비 연구에서는 조기 발병한 만성적 우울증을 가진 사람 30명을 CBASP 치료집단과 대인관계치료 집단에 무선적으로 배치한 후 연구한 결과, 해밀턴 평정 척도에서는 두 집단 간에 유의미한 점수 차이가 없었으나, 벡 우울 척도(BDI; Beck et al., 1996)에서는 우울 증상의 감소가 나타났다. CBASP는 대인관계치료(IPT, 25%)에 비해 높은 관해율(57%)이 나타났지만, 1년 후 추적 연구에서는 BDI 점수의 차이가 없는 것으로 나타났다(Schramm et al., 2011). Keller와 동료들의 초기 연구에서는 증상이 점점 악화되었던 통제집단에 비해 CBASP 유지 프로그램 참가했던 실험집단의 사람들의 재발률이 낮으며, 실제로 시간에 따른 증상의 호전을 보이는 것으로 나타났다.

또 다른 무선통제실험 연구에서는 항우울제 약물치료에 실패한 만성 우울증 환자들을 12주 동안 CBASP와 약물치료 병행 집단, 단기지지치료와 약물치료 병행 집단, 약물치료 집단에 배치하였다. 연구 결과 CBASP와 약물치료 병행 집단에 참여한 사람들이 다른 두 집단에 비해 사회적 문제해결에서 유의미한 향상을 나타냈다. 연구자들은 사회적 문제해결에서의 변화가 시간에 따른 우울 증상에서의 변화를 예측할 것이라고 하였다(Klein et al., 2011).

마음챙김 기반 인지치료　마음챙김 기반 인지치료(MBCT)는 Segal, Williams와 Teasdale(2002)이 개발한 것으로 마음챙김에 기초한 성공적인 스트레스 감소에 기반을 두고 있다(Kabat-Zinn, 1990). 이 개입 전략은 주요우울 삽화로부터 회복한 사람들의 우울증 재발을 방지하기 위하여 고안되었다. MBCT는 사람들이 자신의 생각과 느낌, 신체 감각을 자각하고, 그것들을 판단 없이 수용하도록 돕는다. 의식

적으로 생각집중 훈련(focused thinking)을 한 사람들은 반추사고와 부정적 사고의 적절한 대안을 찾을 수 있게 된다.

많은 연구 결과에 의해 변증법적 행동치료(DBT), 수용전념치료(ACT), 마음챙김 기반 인지치료(MBCT)와 같은 수용이나 마음챙김 요소를 포함하는 인지치료들은 모두 주요우울장애의 치료에 효과적이라는 사실이 강력하게 지지되고 있다(Ma & Teasdale, 2004). 명상이 뇌에 미치는 효과를 연구하는 하버드대학교 연구 팀은 단 8주간의 명상을 통해 MRI로 관찰 가능한 뇌의 변화가 일어났다고 밝혔다(Hozel et al., 2011). 다른 연구에서는 마음챙김 명상이 이전의 자살시도 경험이 있는 사람들의 뇌의 전두엽에서 비대칭성의 변화를 일으켰다고 밝혔다(Barnhofer et al., 2007). 현재 임상 연구들은 약물치료와 병행하거나 병행하지 않은 마음챙김 기반 인지치료와 반복적으로 재발하는 주요우울장애에 통상적으로 사용했던 개입 전략을 비교하고 있다(Huijbers et al., 2012).

대인관계치료　대인관계치료(IPT)는 경험적 증거에 기초하여 중·장년층 성인의 우울증을 위한 개입 전략으로, 주요우울장애뿐만 아니라 기분부전에도 효과적인 것으로 나타났다(Gillies, 2001). Harry Stack Sullivan의 정신역동적 대인관계 이론에 뿌리를 두고 있는 IPT는 1969년 뉴헤이븐-보스턴 우울증 협동 연구 프로젝트(New Haven-Boston Collaborative Depression Research Project)의 일환으로 개발되었다(Markowitz & Weissman, 2013).

IPT는 특히 사별과 관련된 우울 삽화와 노년층의 우울증 치료에 효과적이다(Hinrichsen & Clougherty, 2006; Reynolds et al., 1999; Scogin, Welsh, Hanson, Stump, & Coates, 2005). 회상치료(reminiscence therapy) 또한 노년층 우울에 효과적이라고 밝혀졌다(Scogin et al., 2005).

행동치료　우울증을 위한 행동활성화치료, 문제해결치료, 행동적 커플치료 등 기본적으로 심각한 우울장애 치료에 경험적으로 타당하다고 밝혀진 어떤 형태의 행동치료든지 간에 모두 지속성 우울장애 치료에 효과적일 수 있다. 대인관계치료와 행동활성화치료는 이전 장의 주요우울장애 개입과 관련한 부분에서 더 자세하게 논의하였다.

약물치료 인지행동치료나 약물치료 단독으로 하는 것보다 복합 치료가 약간 더 효과적인 것으로 밝혀지고 있다. 심리치료와 약물치료의 복합 치료를 통해 치료자는 환자가 꾸준히 약물을 복용할 수 있도록 돕고, 약물 사용에 관한 심리교육을 할 수 있고, 사회적 기술과 '마음챙김'을 가르치고 환자 개개인의 욕구에 맞는 개입 전략을 시도할 수 있다.

약물치료가 지속성 우울장애의 치료에 효과적이라고 밝혀졌지만, 한 연구에 의하면 환자의 40%는 약물에 의한 증상 호전이 없는 것으로 나타났다. 환자가 너무 일찍 항우울제 약물 복용을 중단하기도 하고, 약물치료를 중단하면 증상이 다시 재발되기도 한다(Olfson, Marcus, Tedseschi, & Wan, 2006). 이러한 경우에는 SSRI 계열의 약물이 지속성 우울장애 환자에게 조금 더 효과적인 것으로 나타났다(Nemeroff & Schatzberg, 2007).

예후

조기 발병의 지속성 우울장애일수록 예후가 안 좋은 것으로 나타났다. 더 건강한 방식의 기능 수행을 기억할 수 있는 사람, 지지체계와 좋은 대인관계 기술을 가지고 있는 사람, 만족스러운 생활방식을 유지할 수 있는 사람일수록 치료에 더 잘 반응하는 경향이 있다. 이러한 기준이 충족되지 않는 사람들이나 치료받지 못한 채 남아 있는 증상이 조기에 발병한 사람일수록 예후가 좋지 않다. 지속성 우울장애를 가진 몇몇 사람들은 도전해야만 하는 여러 인지적 왜곡을 보이는 경우가 있다. 수용 또는 마음챙김에 기초한 요소들을 포함하고 있는 인지행동치료가 삶의 변화를 가져올 수도 있다. 그러나 치료를 하지 않은 채 놔두게 되면, 지속성 우울장애는 계속 반복되며 대인관계 및 삶의 다른 영역에 부정적 양식을 초래하는 평생 지속되는 행동 패턴으로 발전할 가능성이 높다.

월경전불쾌감장애

*DSM-5*의 출판과 함께 월경전불쾌감장애(premenstrual dysphoric disorder)도 잘 정의된 생물학적 표시자(marker)에 의해 다른 장애와는 구별되는, 특정한 방법으로 치료

하면(예 : SSRI 계열의 약물) 증상이 개선되는, '임상적으로 유의미한 정신장애'가 되었다. 월경전불쾌감장애는 증상의 출현이나 심각도 면에서 월경전 증후군(premenstrual syndrome, PMS)과 구분된다. 진단 전에 최소 2개월 이상의 기간 동안 이 장애의 모든 증상이 드러나야 한다.

진단

월경전불쾌감장애의 증상은 일반적으로 월경 시작 1주 전에 시작하여 월경이 시작되면 최고조에 이른다. 월경전불쾌감장애를 진단하기 위해서는 총 5개의 월경 전 증상이 요구된다. 이때 기분의 두드러진 변화, 우울한 기분, 과민성, 거절 민감성, 불안, 증가된 대인관계 불안을 포함하는 증상 중 적어도 한 가지를 포함해야 한다. 다른 증상에는 집중의 어려움, 사회적 철수, 수면방해, 과식 또는 음식의 탐닉, 활력 저하, 압도되는 느낌, 두통, 부종, 유방의 압통과 같은 신체적 증상이 해당된다.

월경전불쾌감장애는 과거의 월경주기의 50% 이상에서 일어나야만 하고, 직장과 학교, 대인관계에서의 기능 손상을 가져올 만큼 충분히 심각해야 한다. 이러한 증상은 월경이 시작하면 줄어들거나 없어진다.

월경전불쾌감장애는 전 세계 성인 여성의 1.8~5.8%의 비율로 나타나는 것으로 추정된다(Gehlert, Song, Chang, & Harlage, 2009). 이 장애와 관련된 대부분의 증상들은 임신 기간이나 폐경기 이후에는 사라진다.

월경전불쾌감장애의 증상은 정도가 덜 심각한 월경전 증후군과는 구별되어야 한다. 증상은 비슷하지만 대다수의 여성들은 하나 이상의 월경전 증후군 증상은 보이더라도, 월경전불쾌감장애의 보다 심각한 진단기준을 만족하는 경우는 드물다. 또한 월경전불쾌감장애는 다른 정신장애(예 : 양극성장애, 주요우울장애, 지속성 우울장애)의 증상들로 잘못 진단내려질 수도 있다. 몇 달 동안 증상의 목록을 지속적으로 관찰하는 것은 그 증상이 지속적인 것인지 아니면 여성의 월경 주기에 따라 변화하는 것인지를 판단하는 데 도움이 될 것이다. 월경전불쾌감장애의 가장 주요한 특징은 증상이 고조되었다가 월경이 시작되면 증상이 다시 가라앉는다는 것이다.

다른 정신장애(예 : 불안, 우울, 폭식증, 물질사용장애)의 증상은 월경전 단계에서 더 악화될 수도 있다. 다른 의학적 상태(예 : 편두통, 천식, 알레르기) 또한 악화될 수 있다.

이 장애는 의학적 상태나 물질 사용에 의한 것이 아니어야 하며, 월경전 주기 동안 악화되는 다른 정신장애와도 구별되어야 한다. 현재 구강 피임약을 복용하는 사람이 피임약 복용을 중단했을 때 증상이 나타나서 심각해진다면 월경전불쾌감장애라고 진단할 수 있다.

월경전불쾌감장애의 증상은 때때로 주요우울 삽화만큼 심각할 수 있고, 일주일 후 사라지는 증상이더라도 대인관계와 직업적 기능에서 상당한 문제를 초래할 수도 있다.

치료자의 자질

월경전불쾌감장애의 치료에는 다차원적인 접근이 필요하다. 산부인과 전문의, 내분비 전문의, 정신과 전문의 등에게 의뢰할 필요도 있으며, 다른 의학 전문가들로부터 자문을 구해야 하는 경우도 있다. 월경전불쾌감장애의 진단과 잠재적인 월경전 증후군을 구분해야 하기 때문에, 치료자는 월경주기에 따라 변하는 증상을 호소하는 환자에게 최소 2개월 이상의 기분 변화를 관찰해볼 것을 설명할 필요가 있다.

기분 변화 차트는 매월 월경전불쾌감장애의 증상을 추적해보는 데 유용하다. 또한 이 장애가 기본적으로 호르몬의 영향을 받는 것이고, 매월 주기에 따라 심각해졌다가 감소하는 양상을 가진다는 것을 알게 되는 것만으로도 어떤 여성들에게는 위안이 되기도 한다. 왜냐하면 그들이 경험하는 극도의 정서적·신체적 증상이 생물학적인 원인에서 비롯되었다는 것을 이해하게 되기 때문이다.

몇몇 여성들은 생물학적 장애의 증상과 관련된다는 오명에 관심을 갖기도 한다. 그러나 많은 사람들은 이미 가족이나 친구들로부터 기분이 나아지도록 기분을 조절하는 최선의 방법에 대한 이런저런 조언을 들을 것이다. 아마도 자신의 증상과 치료적 방법에 대해 개방적이고 호기심 많은 여성 환자들을 도울 수 있는 최고의 방법은 그 환자들에게 지지적이고 마음을 쓰는 치료자일 것이다.

평가

월경전불쾌감장애의 평가는 최고 2개월 동안의 증상을 기록하는 것에서부터 시작한다. 매일매일의 기분을 그래프로 간단하게 나타내고 증상이 나타나는지, 아닌지를 모니터링하는 것은 쉽게 해볼 수 있는 방법이다.

최신 버전의 월경전 긴장 평정 척도(Premenstrual Tension Rating Scales; Steiner, Macdougall, & Brown, 2003)가 청소년을 대상으로 새롭게 수정되었다(PSST-A; Steiner et al., 2011). 전반적인 우울 증상을 위한 다른 평가 도구들은 온라인 사이트(www.psychiatry.org/practice/dsm/dsm5/online-assessment-measures)에서 활용 가능하다.

개입 전략

도움이 되는 많은 다른 치료법을 포함하여 월경전불쾌감장애의 치료는 증상 감소에 초점을 맞추고 있다. 증상이 다시 나타나기는 하지만, 몇몇 여성들에게는 배란 억제가 도움이 되기도 하며(Epperson et al., 2012), 때때로는 비타민(비타민 B, 마그네슘, 칼슘)이 도움이 되기도 한다. 항우울제와 항불안제가 기분과 과민성 증상 감소에 도움이 될 수도 있다. 스트레스를 줄여주는 운동, 생활습관의 변화, 심리치료도 효과적인 것으로 밝혀졌다(Pearlstein & Steiner, 2008). 즉 다른 우울장애에 효과적이라고 밝혀진 치료가 월경전불쾌감장애의 치료에도 효과적인 편이다.

월경전불쾌감장애의 일차적인 치료는 일반적으로 배란과 월경 시작 전의 기간 동안 선택적 세로토닌 재흡수 억제제를 복용하는 것이다. 복용 결과 정서성의 감소, 무기력과 음식 탐닉의 감소, 대인관계와 직업 장면에서의 기능 유지 능력에 대한 관심 증가 등이 나타났다(Cunningham, Yonkers, O'Brien, & Eriksson, 2009).

인지적 왜곡과 부정적 사고에 목표를 둔 치료법은 월경전불쾌감장애와 관련된 무망감과 무기력함을 감소시키는 것을 도울 수 있다. 또한 카페인 섭취를 줄이고, 식단을 변경하고, 이뇨제와 진통제를 복용하는 것이 도움이 되기도 한다. 또한 예상되는 기분 변화 전에 친구나 가족, 배우자에게 자신의 상태를 미리 이야기하고 설명하는 것도 필요하다.

예후

월경전불쾌감장애의 관리는 여성의 일생에서 폐경 전까지 지속되는 과정일 것이다. 목표 증상(예: 두통, 과민성, 불면)을 위한 약물의 사용, 심리치료와 스트레스 감소를 위한 생활습관 변화(운동, 다이어트, 비타민 섭취) 등을 통해 대부분의 여성들은 이 장애를 효율적으로 다루는 법을 배운다.

물질/약물치료로 유발된 우울장애

많은 약물은 우울장애나 죽음에 대한 생각, 자살과 같은 정신과적인 부작용이 있는 것으로 알려져 있다. 옥시코돈, 벤조디아제핀, 천식에 사용하는 류코트리엔 억제제(예: 싱귤라), 고혈압치료제인 베타차단제 프로프라놀롤, 항말라리아 약물인 메플로퀸(라리엠), 금연보조제인 챈틱스 등과 같은 약물은 모두 정신과적 부작용이 있다. 몇몇 약물은 우울증에서 약물로 인한 효과를 보기 위해 투여 용량을 더 증가시키는 현상인 '용량 반응 증가'를 일으킨다.

만성적인 알코올, 불법 물질, 처방약의 사용은 사용 기간 동안 또는 사용 후에도 우울장애의 발달 원인이 될 수 있다. 또한 정신장애의 치료를 위해 처방된 약물이 그 장애를 더 악화시키기도 한다. 예를 들면, 항우울제는 일반적으로 우울장애의 치료에 안전한 것으로 간주되고 있으나, 18~24세의 성인을 대상으로 치료 관련 자살의 위험이 높아진다고 밝힌 다수의 메타분석 연구 후에, FDA는 2007년에 이러한 내용을 담은 '블랙박스 경고문'을 만들었다. FDA는 항우울제 처방을 처음 받는 18~24세 성인의 경우, 치료로 유발되는 자살사고에 대한 각별한 주의와 모니터링이 필요하다고 권고하였다(APA, 2013; Friedman & Leon, 2007).

물질/약물치료로 유발된 우울장애는 물질 중독이나 금단 증상과는 구별되어야 하며, 다른 의학적 상태로 인한 우울장애와도 구별된다. 이 장애와 연극성 성격장애 및 도박장애와의 공병률은 매우 흔하다. 물질/약물치료로 유발된 우울장애 환자들은 알코올사용장애, 다른 물질사용장애, 다른 성격장애(즉 반사회성, 편집성)와도 함께 보인다. 이 장애의 평생 유병률은 0.26%로 추정되며, C형 간염 치료 약물을 복용하는 사람들, 다량의 코르티코스테로이드를 처방받는 사람들, 높은 수치의 에스트로겐/프로게스테론을 포함한 피임약을 처방받은 여성들에게서 더 빈번히 발생한다. 이 장애를 가진 사람들은 과거에 스트레스 사건을 많이 경험한 것으로 나타났으며, 물질사용장애나 반사회적 문제 행동을 보이는 가족들이 있으며, 죽음에 대한 생각이나 자살사고를 하는 것으로 나타났다.

따라서 치료자는 우울장애를 진단할 때, 환자가 최근 처방받은 약물 중 우울장애를 유발하는 약물이 없는지에 대해 충분히 고려해야만 한다.

다른 의학적 상태로 인한 우울장애

만성적인 신체적 질병은 언제나 우울장애에 대한 위험 요인이다. 특히 갑상선 또는 신장 관련 질병의 경우와 같은 의학적 문제는 우울장애로부터 회복하는 속도를 지연시키는 것으로 보인다.

치료받지 않고 방치된 우울증은 신체적 질병에 부정적 영향을 주기 때문에 그러한 질병과 관련되어 발병된 우울증은 명확히 밝혀내고 치료해야만 한다.

환자들은 질병(예: 암, 신경질환, 염증질환)이 먼저 나타난 경우도 있지만, 우울장애가 이러한 신체적 질병 전에 존재했던 경우도 있다. 모든 경우, 치료자는 환자가 자신의 신체적 질병에 대한 의학적 평가를 제대로 받을 수 있도록 돕고, 의사로부터 치료받도록 해야 한다.

우울장애의 비전형적인 특징(예: 비전형적인 발병 나이 또는 가족력의 부재)이 의학적 상태가 우울장애의 원인이라는 판단을 하는 데 단서가 될 수 있다. 파킨슨병이나 헌팅턴병처럼 우울장애가 심각한 운동장애 발병 전에 선행되기도 한다. 의학적 상태의 결과로서 나타난 우울장애와 의학적 상태에 대한 처방 약물의 치료에 뒤따라 나타난 우울장애(물질/약물치료로 유발된 우울장애)의 구분은 명확히 이뤄져야 한다.

치료자는 다른 의학적 상태로 인한 우울장애가 우울한 특징이 있는지, 유사 주요우울 삽화가 있는지, 복합된 양상(조증 또는 경조증 또한 나타나나 지배적이지는 않음)이 존재하는지 등에 대해 명확히 해야만 한다.

주요우울 삽화 이력이 있는 환자는 현재의 우울증이 의학적 상태만으로 발병된 것이 아니기 때문에 다른 의학적 상태로 인한 우울장애로 진단해서는 안 된다.

다른 의학적 상태로 인한 우울장애의 예후는 의학적 상태에 대한 예후와 직접적으로 관련이 있다.

달리 명시된/명시되지 않는 우울장애

*DSM-5*는 증상이 우울장애의 명시된 진단기준에 충족되지 않거나 치료자가 왜 기준이 충족되지 않는지 설명할 수 없을 때 평가할 수 있는 2개의 진단범주를 제공하고 있다.

달리 명시된 우울장애는 기간 진단기준을 만족하지 않는 4~13일간의 단기 우울 삽화나 증상이 충분하지 않은 우울 삽화(오직 하나의 다른 증상만을 포함하는 우울 정서), 또는 치료자가 보기에 *DSM-5* 기준에는 충족하지 않으나 우울장애 증상이 있다고 전달할 때 사용할 수 있다.

명시되지 않는 우울장애는 응급실 상황에서 일어난 것처럼, 치료자가 진단을 내릴 수 있는 정보가 불충분하거나 진단기준에 왜 부합하지 않는지의 이유를 명시할 수 없을 때 진단된다.

치료적 제언 : 통합 치료 모델

이 장에서 논의된 기분장애 유형은 주요우울장애(MDD), 지속성 우울장애(PDD, 기분저하증)와 *DSM-5*에서 새롭게 등장한 파괴적 기분조절부전장애(DMDD)와 월경전불쾌감장애(PMDD)이다. 이 장에서 소개한 정보들을 통합 치료 모델의 12개 요소에 따라 요약하면 다음과 같다.

진단
- 기분장애(주요우울장애, 지속성 우울장애, 파괴적 기분조절부전장애, 월경전불쾌감장애, 물질/약물치료로 유발된 우울장애, 다른 의학적 상태로 인한 우울장애, 달리 명시된/명시되지 않는 우울장애)

치료 목표
- 우울감 완화하기
- 재발 방지 전략 가르치기, 재발 방지하기
- 대처 기술을 향상하기
- 가족의 지지와 대인관계, 직업 및 전반적 적응 수준을 높이기
- 안정적이고 건강한 생활방식 만들기

평가
- 벡 우울 척도(BDI)와 정서장애 및 조현병 진단표와 같은 우울증 및 자살사고 척도
- 경조증, 조증, 또는 정신병 증상 이력 평가하기
- 공병하는 정신장애 진단을 위하여 미네소타 다면적 인성 검사(MMPI)와 같은 정신장애 척도
- RAP, CAGE, MAST, AUDIT, SASSI와 같은 알코올 및 물질 사용 자가 평가
- 아동 행동 평가척도와 유아 우울 척도(Preschool Feeling Checklist)

치료자의 자질
- 공감, 진실성, 보살핌, 무조건적 긍정적 존중의 인간중심 접근
- 환자의 의존성과 무기력함에 익숙하기
- 탄력성
- 희망을 심어줄 수 있는 능력
- 동기와 독립심, 낙관주의를 고취시키기
- 오래된 어려움과 역기능을 다룰 수 있을 뿐만 아니라 구조화되고 현재 지향적

치료 장소
- 외래 환자 치료를 주로 하지만, 증상이 심각하거나 자살 위험이 높거나 현실 검증력이 부족할 때는 입원 치료

개입 전략
- 행동적 · 인지적 · 인지행동적 치료, 마음챙김 기반 인지치료, 대인관계치료, 인지정서행동치료(REBT), 수용전념치료(ACT), 변증법적 행동치료(DBT)
- 가족중심치료

(계속)

- 파괴적 기분조절부전장애 아동을 위한 부모교육 훈련
- 장애에 대한 교육
- 재발 방지

치료의 주안점

- 인지와 행동에 대한 강조
- 초기에는 지시적이고 지지적
- 회기가 진행될수록 덜 지시적이고 더 탐색적

치료 참여 구성

- 기본적으로 개인치료
- 아동 및 청소년 대상일 경우에는 가족치료
- 부부치료
- 증상이 약해진 후에는 집단치료가 효과적

치료 속도

- 중간 정도의 기간(최소 3~6개월)
- 보통 속도(일주일에 1회 또는 2회)
- 유지 및 연장된 추수회기

약물치료

- 심각한 우울증이나 월경전불쾌감장애일 경우 항우울제 약물치료가 심리치료와 동반
- 아동, 청소년, 초기 성인의 경우 SSRI 약물 사용에서 FDA의 '블랙박스 경고문'을 주의

보조 개입

- 활동 증가시키기
- 사회 기술 및 대처 기술 향상
- 동질적인 지지 그룹
- 과제 할당
- 진로상담

예후

- 주요우울 삽화의 각 삽화와 월경전불쾌감장애의 경우에는 회복이 잘되지만, 지속성 우울장애의 경우에는 덜 희망적임
- 파괴적 기분조절부전장애의 예후는 잘 알려져 있지 않으므로 추후 연구가 필요함
- 상당한 정도의 완전 관해(complete remission)
- 재발이 흔함

통합 치료 모델 : 카렌

이 장은 남편이 해외근무를 위해 집을 떠나면서 심각한 우울 증상을 경험하게 된 30세 여성인 카렌의 사례로 시작하였다. 카렌의 사례는 우울증으로 고통받는 사람들의 전형적인 특징을 보여준다. 카렌의 어머니 또한 우울 삽화의 이력이 있으며, 우울증은 가족적 배경이 작용하는 장애이다. 카렌은 아버지의 죽음이라는 초기 상실 경험이 있으며, 낮은 자존감, 빈약한 자원과 흥미, 타인에 대한 의존 등을 보이고 있다. 그녀가 현재 경험하고 있는 우울증은 자신의 결혼생활이 위험에 처해 있다는 주관적인 지각에서 비롯된 반응성 우울증으로 보인다. 그녀의 증상은 전형적인 주요우울장애로 보이는데, 정서적 증상(무망감, 죄책감)과 신체적 증상(수면 및 식욕 장애, 피곤함)을 포함하고 있다. 다음의 치료 설계는 카렌의 치료를 위한 내용이다.

진단

- 주요울장애, 단일 삽화, 심각함, 정신병적 양상 없음, 비전형적 양상
- 의존적 성격 특질
- 남편의 해외 근무로 인한 분리, 결혼 갈등

치료 목표

- 우울 수준 감소
- 신체 증상 제거
- 사회적 · 직업적 기능 향상
- 자존감, 독립심, 활동 수준 향상
- 부부관계에서의 적절한 분리와 의사소통 기술 향상
- 부부관계 스트레스와 갈등 감소
- 인지적 왜곡과 비합리적 가정 감소

(계속)

평가

- 매 회기 시작 시점에 벡 우울 척도(BDI) 평가
- 필요하다면 자살 평가
- 경조증/조증 증상의 이력 초기 평가
- SASSI, CAGE 또는 기타 알코올 및 물질 사용 자가 평가
- 신체검사

치료자의 자질

- 지지적이고 인내심이 많지만 구조화된 모습
- 효과적인 대인관계 기능의 모델이 되고 교육할 수 있는 능력
- 낙담하고 잠재적인 자살 위험이 있는 환자와 빠르게 치료 동맹을 맺을 수 있는 능력
- 가능하다면 여성치료자(역할모델이 될 수 있도록)

치료 장소

- 외래 환자 치료
- 환자가 치료에 빠르게 반응하지 않고, 우울 양상이 비교적 고정적으로 지속된다면 입원 치료 고려

개입 전략

- 환자의 의미 있는 대인관계 탐색을 위한 대인관계치료(아버지의 죽음으로 인한 초기 상실 경험, 어머니와의 의존적이고 유착된 관계, 남편과의 갈등)
- 사회적 상호작용의 격려
- 인지치료를 통하여 그녀 자신과 그녀의 역할, 대인관계에 대한 환자의 사고를 분석하고 수정하기
- 관련된 감정의 탐색
- 자기주도성 부족과 남편과의 현재 관계에 초점을 두기(대인관계 역할 논쟁과 대인관계 결손)
- 남편에 대한 기대와 바람을 인식하고 표현할 수 있도록 돕고 그녀의 관계를 재협상하기
- 과거와 현재 관계의 강점과 약점을 볼 수 있도록 격려하고, 가정과 치료회기 내에서 관계를 향상할 수 있도록 돕기
- 에너지 수준을 높이기 위하여 활동과 규칙적인 운동을 하도록 격려
- 역할연기, 신념체계 탐색, 의사소통 기술 훈련, 모델링

치료의 주안점

- 우울증으로 인한 환자의 비활동성 경향으로 인해 높은 수준의 지시성이 요구됨

- 환자가 스스로 회복할 수 있는 방법에 대한 의식이 부족하므로 치료자가 구조적 틀과 지도를 제공함
- 회기가 진행될수록 구조적 틀과 지도를 줄이고, 환자가 자신의 삶에 대한 책임을 받아들일 수 있도록 환자의 숙련감과 유능감을 높여줌
- 환자의 친구가 별로 없다는 점을 고려해볼 때 치료 시작 시점에는 많은 지지가 필요함
- 환자의 증상이 완화되고 스스로 지지체계를 만들어나갈 것이므로 탐색과 교육 쪽으로 치료의 초점을 변경함(치료자의 지지는 비교적 높은 수준으로 계속 유지할 것)
- 역기능적 인지(부적절한 일반화, 자기비난)와 행동 결손(활동 부족, 사회 기술 및 대인관계 기술 부족, 타인에 대한 의존성) 모두에 관심을 가짐
- 정서적 증상이 지배적으로 보인다 할지라도 환자의 대인관계에 대한 치료에 초점을 맞추기(그녀의 우울감에 초점을 맞추는 것은 오히려 무망감을 더 깊게 자리 잡게 할 가능성이 있음, 현재 우울증의 촉발 요인이 대인관계에서 비롯된 것으로 보이기 때문)

치료 참여 구성

- 치료 초기에는 개인치료
- 남편이 집에 돌아온 이후에는 부부 상담
- 환자가 동의한다면 환자의 어머니도 몇 회기에 참여 가능

치료 속도

- 치료 초기에는 일주일에 2회(환자의 우울감과 자살사고를 줄이고 기능 수준 향상을 위하여)
- 직업 기능 회복 후에는 일주일에 1회
- 처음에는 비교적 점진적이고 지지적인 속도(그러나 환자의 취약한 상태가 허락하는 한 빠르게 진행)
- 예상 기간은 3~9개월
- 증상 완화뿐만 아니라 재발 방지를 위한 치료 연장 가능

약물치료

- 적절한 약물 처방을 위하여 정신과 의사에게 의뢰(내인성 우울증이라기보다는 반응성 우울증으로 보이지만, 주요우울장애에는 심리치료와 약물치료를 병행하는 것이 효과적이므로 심각한 우울감과 무망감 치료를 위한 약물이 필요할 것으로 보임)

보조 개입

- 신체적 운동

(계속)

- 마음챙김 명상
- 부담이 적은 과제 제안(자기주장 글 읽기)
- 사교모임을 포함하여 즐거운 활동 목록 만들기
- 우울 증상 감소 후 여성의 지지 그룹 참여

예후

- 단일 삽화, 주요우울장애의 증상 감소에는 예후가 좋음
- 의존적인 성격 특질 수정에는 덜 희망적인 편
- 또 다른 주요우울 삽화 가능성 50%(재발 가능성은 환자와 가족들과 함께 논의해야 하며, 치료연장이나 추수회기 중에 꼭 언급되어야 함)

추천문헌

American Academy of Child and Adolescent Psychiatry. (2007). Practice parameter for the assessment and treatment of children and adolescents with depressive disorders. *Journal of the American Academy of Child and Adolescent Psychiatry, 46*, 1503–1526.

Christophersen, E. R., & Vanscoyoc, S. M. (2013). *Treatments that work with children: Empirically supported strategies for managing childhood problems* (2nd ed.). Washington, DC: American Psychological Association.

Consumer Reports (2011). Using antipsychotics to treat depression. Accessed September 2, 2015.

David-Ferdon, C., & Kaslow, N. J. (2008). Evidence-based psychosocial treatments for child and adolescent depression. *Journal of Clinical Child and Adolescent Psychology, 37*, 62–104.

Gotlib, I. H., & Hammen, C. L. (Eds.). (2014). *Handbook of depression* (3rd ed.). New York, NY: Guilford Press.

National Institute for Health and Clinical Excellence (NICE). www.nice.org.uk

Segal, Z. V., Williams, J. M., & Teasdale, J. D. (2013). *Mindfulness-based cognitive therapy for depression,* 2nd ed. New York, NY: Guilford Press.

Hughes, C. W., Emslie, G. J., Crismon, M. L., Posner, K., Birmaher, B., Ryan, N., . . . Texas Consensus Conference Panel on Medication Treatment of Childhood Major Depressive Disorder. (2007). Texas Children's Medication Algorithm Project: Update from Texas Consensus Conference Panel on Medication Treatment of Childhood Major Depressive Disorder. *Journal of the American Academy of Child and Adolescent Psychiatry, 46*, 667–686.

참고문헌

American Psychiatric Association. (2013). *Diagnostic and statistical manual of mental disorders* (5th ed.). Washington, DC: Author.

Althoff, R. R., Verhulst, F., Retew, D. C., Hudziak, J. J., & van der Ende, J. (2010). Adult outcomes of childhood dysregulation: A 14-year follow-up study. *Journal of the American Academy of Child and Adolescent Psychiatry, 49*, 1105–1116.

Ambrosini, P. J. (2000). Historical development and present status of the Schedule for Affective Disorders and Schizophrenia for School-Age Children (K-SADS). *Journal of the American Academy of Child and Adolescent Psychiatry, 39*, 49–58.

American Academy of Child and Adolescent Psychiatry. (2007). Practice parameter for the assessment and treatment of children and adolescents with depressive disorders. *Journal of the American Academy of Child and Adolescent Psychiatry, 46*, 1503–1526.

Antai-Otong, D. (2008). *Psychiatric nursing biological and behavioral concepts* (2nd ed., pp. 150–170). Clifton Park, NY: Delmar Cengage Learning.

August, G. J., Braswell, L., & Thomas, P. (1998). Diagnostic stability of ADHD in a community sample of school-aged children screened for disruptive behavior. *Journal of Abnormal Child Psychology, 26*, 345–356.

Barbour, K. A., Edenfield, T. M., & Blumenthal, J. A. (2007). Exercise as a treatment for depression and other psychiatric disorders: A review. *Journal of Cardiopulmonary Rehabilitation and Prevention, 27*, 359–367.

Barnhofer, T., Duggan, D., Crane, C., Hepburn, S., Fennell, M. J. V., & Williams, J. M. G. (2007). Effects of meditation on frontal α-asymmetry in previously suicidal individuals. *NeuroReport, 18*, 709–712.

Beck, A. T., Steer, R. A., & Brown, G. K. (1996). *Beck Depression Inventory* (2nd ed. manual). San Antonio, TX: Psychological Corporation.

Beesdo, K., Pine, D. S., Lieb, R., & Witchen, H. U. (2010). Incidence and risk patterns of anxiety and depressive disorders and categorization of generalized anxiety disorder. *Archives of General Psychiatry, 67*, 47–57.

Birmaher, B., & Brent, D. A. (2010). Depression/dysthymia. In M. Dulcan (Ed.), *Dulcan's textbook of child & adolescent psychiatry.* Arlington, VA: American Psychiatric Publishing.

Blumenthal, J. A., Babyak, M. A., Doraiswamy, P. M., Watkins, L., Hoffman, B. M., Barbour, K. A., . . . Sherwood, A. (2007). Exercise and pharmacotherapy in the treatment of major depressive disorder. *Psychosomatic Medicine, 69*, 587–596.

Brotman, M. A., Rich, B. A., Schmajuk, M., Reising, M., Monk, C. S., Dickstein, D. P., . . . Liebenluft, E. (2007). Attention bias to threat faces in children with bipolar disorder and comorbid lifetime anxiety disorders, *Biological Psychiatry, 61*, 819–821.

Brotman, M. A., Schmajuk, M., Rich, B. A., Dickstein, D. P., Guyer, A. E., Costello, E. J., . . . Liebenluft, E. (2006). Prevalence, clinical correlates and longitudinal course of severe mood dysregulation in children. *Biological Psychiatry, 60*, 991–997.

Brunello, N., Akiskal, H., Boyer, P., Gessa, G. L., Howland, R. H., Langer, S. Z., . . . Wessely, S. (1999). Dysthymia: Clinical picture, extent of overlap with chronic fatigue syndrome, neuropharmacological considerations, and new therapeutic vistas. *Journal of Affective Disorders, 52*, 275–290.

Christophersen, E. R., & Vanscoyoc, S. M. (2013). *Treatments that work with children: Empirically supported strategies for managing childhood problems* (2nd ed.). Washington, DC: American Psychological Association.

Compton, S. N., March, J. S., Brent, D., Albano, M., Weersing, V. R., & Curry, J. (2004). Cognitive-behavioral psychotherapy for anxiety and depressive disorders in children and adolescents: An evidenced-based medicine review. *Journal of the American Academy of Child and Adolescent Psychiatry, 43*, 930–959.

Craighead, W. E., Sheets, E. S., Brosse, A. L., & Ilardi, S. S. (2007). Psychosocial treatments for major depressive disorder. In P. E. Nathan & J. M. Gorman (Eds.), *A guide to treatments that work* (3rd., pp. 289–308). New York, NY: Oxford University Press.

Cunningham, J., Yonkers, K. A., O'Brien, S., & Ericksson, E. (2009). Update on research and treatment of premenstrual dysphoric disorder. *Harvard Review of Psychiatry, 17*, 120–137.

David-Ferdon, C., & Kaslow, N. J. (2008). Evidence-based psychosocial treatments for child and adolescent depression. *Journal of Clinical Child and Adolescent Psychology, 37*, 62–104.

Epperson, C. N., Steiner, M., Hartlage, S. A., Eriksson, E., Schmidt, P. J., Jones, L., & Yonkers, K. A. (2012).

Premenstrual dysphoric disorder: Evidence for a new category for *DSM-5. American Journal of Psychiatry, 169*, 465–475.

First, M. B., Spitzer, R. L., Gibbon, M., & Williams, J. B. W. (2002). *Structured Clinical Interview for DSM-IV Axis I Disorders, patient version (SCID-I/P).* New York, NY: Biometrics Research.

Forty, L., Kelly, M., Jones, L., Jones, I., Barnes, E., Caesar, S., . . . Smith, D. (2010). Reducing the Hypomania Checklist (HCL-32) to a 16-item version. *Journal of Affective Disorders, 124*, 351–356.

Friedman, R. A., & Leon, A. C. (2007). Expanding the black box—Depression, antidepressants, and the risk of suicide. *New England Journal of Medicine, 356*, 2342–2346.

Fristad, M. A., Verducci, J. S., Walters, K., & Young, M. E. (2009). Impact of multifamily psychoeducational psychotherapy in treating children aged 8 to 12 years with mood disorders. *Archives of General Psychiatry, 66*, 1013–1021.

Gehlert S., Song, I. H., Chang, C. H., & Hartlage, S. A. (2009). The prevalence of premenstrual dysphoric disorder in a randomly selected group of urban and rural women. *Psychological Medicine, 39*, 129–136.

Gillies, L. A. (2001). Interpersonal psychotherapy for depression and other disorders. In D. H. Barlow (Ed.), *Clinical handbook of psychological disorders* (3rd ed., pp. 309–331). New York, NY: Guilford Press.

Gotlib, I. H., & Hammen, C. L. (Eds.). (2014). *Handbook of depression* (3rd ed.). New York, NY: Guilford Press.

Gotlib, I. H., Joormann, J., Minor, K. L., & Hallmayer, J. (2008). HPA axis reactivity: A mechanism underlying the associations among 5-HTTLPR, stress, and depression. *Biological Psychiatry, 63*, 847–851.

Gotlib, I. H., & Schraedly, P. K. (2000). Interpersonal psychotherapy. In L. R. Synder & R. E. Ingram (Eds.), *Handbook of psychological change: Psychotherapy process and practice for the 21st century* (pp. 258–279). New York, NY: Wiley.

Hamilton, M. (1960). A rating scale for depression. *Journal of Neurological and Neurosurgical Psychiatry, 23*, 56–62.

Haskett, M. E., Nears, K., Ward, C. S., & McPherson, A. V. (2006). Diversity in adjustment of maltreated children: Factors associated with resilient functioning. *Clinical Psychology Review, 26*, 796–812.

Hinrichsen, G. A., & Clougherty, K. F. (2006). *Interpersonal psychotherapy for depressed older adults.* Washington, DC: American Psychological Association.

Hirschfeld, R., Williams, J. B. W., Spitzer, R. L., Calabrese, J. R., Flynn, L., Keck, P. E., . . . Zajecka, J. (2000). Development and validation of a screening instrument for bipolar spectrum disorder: The Mood Disorder Questionnaire. *American Journal of Psychiatry,*

157, 1873–1875.

Hölzel, B. K., Carmody, J. Vangel, M., Congleton, C., Yer-ramsetti, S. M., Gard, T., & Lazar, S. W. (2011). Mindfulness practice leads to increases in regional brain gray matter density. *Psychiatry Research: Neuroimaging, 191*, 36–43.

Huijbers, M. J., Spijker, J., Rogier, A., Donders, T., Digna, J. F., van Schaik, S., . . . Speckens, E. M. (2012). Preventing relapse in recurrent depression using mindfulness-based cognitive therapy, antidepressant medication or the combination: Trial design and protocol of the MOMENT study. *MC Psychiatry, 12*, 125. doi:10.1186/1471-244X-12-125

Hughes, C. W., Emslie, G. J., Crismon, M. L., Posner, K., Birmaher, B., Ryan, N., . . . Texas Consensus Conference Panel on Medication Treatment of Childhood Major Depressive Disorder. (2007). Texas Children's Medication Algorithm Project: Update from Texas Consensus Conference Panel on Medication Treatment of Childhood Major Depressive Disorder. *Journal of the American Academy of Child and Adolescent Psychiatry, 46*, 667–686.

Husain, M. M., & Lisanby, S. H. (2011). Repetitive transcranial magnetic stimulation (rTMS): A noninvasive neuromodulation probe and intervention. *Journal of ECT, 27*, 2.

Ishizaki, J., & Mimura, M. (2011). Dysthymia and apathy: Diagnosis and treatment. *Depression Research and Treatment*, Article ID 893905, 1–7. http://dx.doi.org/10.1155/2011/893905

Janicak, P. G., O'Reardon, J. P., Sampson, S. M., Husain, M. M., Lisanby, S. H., Rado, J., . . . Demitrack, M. A. (2008). Transcranial magnetic stimulation (TMS) in the treatment of major depression: A comprehensive summary of safety experience from acute exposure, extended exposure and during reintroduction treatment. *Journal of Clinical Psychiatry, 69*, 222–232.

Jensen, P. S., Watanabe, H. K., Richters, J. E., Robert, M., Hibbs, E. D., Salzbert, A. D., . . . Liu, S. (1996). Scales, diagnosis, and child psychopathology: II. Comparing the CBCL and the DISC against external validators. *Journal of Abnormal Child Psychology, 24*, 151–168.

Kabat-Zinn, J. (1990). *Full catastrophe living: Using the wisdom of your body and mind to face stress, pain, and illness.* New York, NY: Dell.

Karel, M. J., Ogland-Hand, S., & Gatz, M. (2002). *Assessing and treating late-life depression.* New York, NY: Basic Books.

Kaslow, N., Petersen-Coleman, M., & Meuhr, A. (2014). Biological and psychosocial interventions for depression in children and adolescents. In I. Gotlib, & C. Hammon (Eds), *Handbook of Depression.* New York, NY: Guilford Press.

Kaufman, J., Birmaher, B., Brent, D., Rao, U., Flynn, C., Moreci, P., . . . Ryan, N. (1997). Schedule for Affective Disorders and Schizophrenia for School-Age Children—Present and Lifetime. Version (K-SADS-PL): Initial reliability and validity data. *Journal of the American Academy of Child and Adolescent Psychiatry, 36*, 980–988.

Keitner, G. I., Garlow, S. J., Ryan, C. E., Ninan, P. T., Solomon, D. A., Nemeroff, C. B., & Keller, M. B. (2009). A randomized, placebo-controlled trial of risperidone augmentation for patients with difficult-to-treat unipolar, non-psychotic major depression. *Psychiatric Research, 43*, 205–214.

Keller, M. B., Klein, D. N., Hirschfeld, R. M. A., Kocsis, J. H., McCullough, J. P., Miller, I., . . . Shea, T. (1995). Results of the *DSM-IV* mood disorders field trial. *American Journal of Psychiatry, 152*, 843–849.

Kessler, R. C., Akiskal, H. S., Ames, M, Birnbaum, H., Greenberg, P., Hirschfeld, R. M., . . . Wang, P. S. (2006). Prevalence and effects of mood disorders on work performance in a nationally representative sample of U.S. workers. *American Journal of Psychiatry, 63*, 1561–1568.

Kessler, R. C., Chiu, W. T., Demler, O., & Walters, E. E. (2005). Prevalence, severity, and comorbidity of 12-month DSM-IV disorders in the National Comorbidity Survey Replication. *Archives of General Psychiatry, 62*, 617–627.

Klein, D. N., Leon, A. C., Li, C., D'Zurilla, T. J., Black, S. R., Vivian, D., . . . Kocsis, J. H. (2011). Social problem solving and depressive symptoms over time: A randomized clinical trial of cognitive-behavioral analysis system of psychotherapy, brief supportive psychotherapy, and pharmacotherapy. *Journal of Consulting and Clinical Psychology, 79*, 342–352.

Klein, D. N., Shankman, S. A., & Rose S. (2006). Ten-year prospective follow-up study of the naturalistic course of dysthymic disorder and double depression. *American Journal of Psychiatry, 163*, 872–880.

Klerman, G. L., Weissman, M. M., Rounsaville, B. J., & Chevron, E. S. (1984). *Interpersonal psychotherapy of depression.* New York: Basic Books.

Kluger, J. (2003, September). Real men get the blues, *Time*, 48–49.

Kovacs, M. (2010). *Children's Depression Inventory* (2nd ed., manual). North Tonawanda, NY: Multi-Health Systems.

Kovacs, M., Akiskal, H. S., Gatsonis, C., & Parrone, P. L. (1994). Childhood-onset dysthymic disorder. Clinical features and prospective naturalistic outcome. *Archives of General Psychiatry, 51*, 365–374.

Kovacs, M., & Lopez-Duran, N. (2012). Contextual emotion regulation therapy: A development-based intervention for pediatric depression. *Child and Adolescent*

Psychiatric Clinics of North America, 21, 327–343.

Leibenluft, E. (2011). Severe mood dysregulation, irritability, and the diagnostic boundaries of bipolar disorder in youths. *American Journal of Psychiatry, 168,* 129–142.

Luby, J. L. (2009). Early childhood depression. *American Journal of Psychiatry, 166,* 974–979.

Luby, J. L., Heffelfinger, A., Koenig-McNaught, A. L., Brown, K., & Spitznagel, E. (2004). The Preschool Feelings Checklist: A brief and sensitive screening measure for depression in young children. *Journal of the American Academy of Child and Adolescent Psychiatry, 43,* 708–717.

Ma, S. H., & Teasdale, J. D. (2004). Mindfulness-based cognitive therapy for depression: Replication and exploration of differential relapse prevention effects. *Journal of Consulting and Clinical Psychology, 72,* 31–40.

Mackinaw-Koons, B., & Fristad, M. A. (2004). Children with bipolar disorder: How to break down barriers and work effectively together. *Professional Psychology: Research and Practice, 35,* 481–484.

Markowitz, J. C., & Weissman, M. M. (2013). Interpersonal psychotherapy: Past, present, and future. *Clinical Psychology and Psychotherapy, 19,* 99–105.

Matta, J., Thompson, R. J., & Gotlib, I. H. (2010). BDNF genotype moderates the relation between physical activity and depressive symptoms. *Health Psychology, 29,* 130–135.

McCullough, J. P. (2000). *Treatment for chronic depression: Cognitive behavioral analysis system of psychotherapy (CBASP).* New York, NY: Guilford Press.

McCullough, J. P., Schramm, E., & Penberthy, J. K. (2015). *CBASP as a distinctive treatment of persistent depressive disorder: CBT distinctive feature series.* London: Rutledge Press.

Medda, P., Perugi, G., Zanello, S., Ciufa, M., & Cassano, G. B. (2009). Response to ECT in bipolar I, bipolar II, and unipolar depression. *Journal of Affective Disorders, 118,* 55–59.

Mezulis, A. H., Shibley Hyde, J., & Abramson, L. (2006). The developmental origins of cognitive vulnerability to depression: Temperament, parenting, and negative life events in childhood as contributors to negative coping style. *Developmental Psychology, 42,* 1012–1025.

Nemeroff, C. B., & Schatzberg, A. F. (2007). Pharmacological treatments for unipolar depression. In P. E. Nathan & J. M. Gorman (Eds.), *A guide to treatments that work* (3rd ed., pp. 271–288). New York, NY: Oxford University Press.

Olfson, M., Marcus, S. C., Tedeschi, M., & Wan, G. J. (2006). Continuity of antidepressant treatment for adults with depression in the United States. *American Journal of Psychiatry, 163,* 101–108.

Pearlstein, T., & Steiner, M. (2008). Premenstrual dysphoric disorder: Burden of illness and treatment update. *Journal of Psychiatry and Neuroscience, 33,* 199–301.

Pettit, J. W., & Joiner, T. E. (2006). *Chronic depression: Interpersonal sources, therapeutic solutions,* Washington, DC: American Psychological Association.

Reynolds, C. R., & Kamphaus, R. W. (2015). *Behavior assessment system for children,* (3rd ed.). Hoboken, NJ: Pearson.

Reynolds, C. F., Miller, M. D., Pasternak, R. E., Frank, E., Perel, J. M., Comes, C., . . . Kupfer, D. J. (1999). Treatment of bereavement-related major depressive episodes in later life: A controlled study of acute and continuation treatment with nortriptyline and interpersonal psychotherapy, *American Journal of Psychiatry, 156,* 202–208.

Reynolds, W. M. (1987). *Reynolds Adolescent Depression Scale: Professional manual,* (2nd ed.). Torrence, CA: WPS.

Rhebergen, D., Beekman, A. T. F., de Graaf, R., Nolen, W. A., Spiker, J., . . . Penninx, B. (2010). Trajectories of recovery of social and physical functioning in major depression, dysthymic disorder and double depression: A 3-year follow-up. *Journal of Affective Disorders, 124,* 148–156.

Rich, B. A., Brotman, M. A., Dickstein, D. P., Mitchell, D. G., Blair, R. J., & Leibenluft, E. (2010). Deficits in attention to emotional stimuli distinguish youth with severe mood dysregulation from youth with bipolar disorder. *Journal of Abnormal Child Psychology, 38,* 695–706.

Rogers, C. E., Lenze, S. N., & Luby, J. L. (2013). Late preterm birth, maternal depression, and risk of preschool psychiatric disorders. *Child & Adolescent Psychiatry, 52,* 309–318.

Rosenthal, N. E. (2006). *Winter blues: Everything you need to know to beat seasonal affective disorder* (2nd ed.). New York, NY: Guilford Press.

Schramm, E., Zobel, I., Dykierek, P., Kech, S., Brakemeier, E. L., Külz, A., & Berger, M. (2011). Cognitive behavioral analysis system of psychotherapy versus interpersonal psychotherapy for early-onset chronic depression: A randomized pilot study. *Journal of Affective Disorders, 129,* 109–116.

Scogin, F., Welsh, D., Hanson, A., Stump, J., & Coates, A. (2005). Evidence-based psychotherapies for depression in older adults. *Clinical Psychology: Science and Practice, 12,* 222–237.

Segal, Z. V., Williams, J. M., & Teasdale, J. D. (2002). *Mindfulness-based cognitive therapy for depression: A new approach to preventing relapse.* New York, NY: Guilford Press.

Sledge, W. H., Tebes, J., Rakfeldt, J., Davidson, L., Lyons, L., & Druss, B. (1996). Day hospital/crisis respite care versus inpatient care: Part I: Clinical outcomes. *Journal of Psychiatry, 153,* 1065–1073.

Somerset, W., Newport, D. J., Ragan, K., & Stowe, Z. N. (2006). Depressive disorders in women: From menarche to beyond the menopause. In C. L. M. Keyes & S. H.

Goodman (Eds.), *Women and depression: A handbook for the social, behavioral, and biomedical sciences* (pp. 62–88). Cambridge, England: Cambridge University Press.

Steiner, M., Macdougall, M., & Brown, E. (2003). The Premenstrual Symptoms Screening Tool (PSST) for clinicians. *Archives of Women's Mental Health, 6*, 203–209.

Steiner, M., Peer, M., Palova, E., Freeman, E., Macdougall, M., & Soares, C. N. (2011). The Premenstrual Symptoms Screening Tool revised for adolescents (PSST-A): Prevalence of severe PMS and premenstrual dysphoric disorder in adolescents. *Archives of Women's Mental Health, 14*, 77–81.

Stringaris, A. Cohen, P., Pine, D. S., & Leibenluft, E. (2009). Adult outcomes of youth irritability: A 20-year prospective community-based study. *American Journal of Psychiatry, 166*, 1048–1054.

Subodh, B. N., Avasthi, A., & Chakrabarti, S. (2008). Psychosocial impact of dysthymia: A study among married patients. *Journal of Affective Disorders, 109*, 199–204.

Szanto, K., Shear, M. K., Houck, P. R., Reynolds, C. F., Frank, E., Caroff, K., & Silowash, R. (2006). Indirect self-destructive behavior and overt suicidality in patients with complicated grief. *Journal of Clinical Psychiatry, 67*, 233–239.

Towbin, K., Axelson, D., Leibenluft, E., & Birmaher, B. (2013). Differentiating bipolar disorder—not otherwise specified and severe mood dysregulation. *Journal of the American Academy of Child and Adolescent Psychiatry, 52*, 466–481.

van Hees, M., Rotter, T., Ellermann, T., & Evers, S. (2013). The effectiveness of individual interpersonal psychotherapy as a treatment for major depressive disorder in adult outpatients: A systematic review. *BMC Psychiatry, 13*, 1.

Wilhelm, K. (2006). Depression: From nosology to global burden. In C. L. M. Keyes & S. H. Goodman (Eds.), *Women and depression* (pp. 3–21). New York, NY: Cambridge University Press.

World Health Organization. (2001). *Strengthening mental health promotion* (Fact sheet No. 220). Geneva, Switzerland: World Health Organization.

Zisook, S., Corruble, E., Duan, N., Iglewicz, A., Karam, E. G., Lanouette, N., . . . Young, I. T. (2012). The bereavement exclusion and *DSM-5*. *Depression and Anxiety, 29*, 665.

06 불안장애

📖 **사례 연구 6.1**

필립은 37세의 뉴욕 출신 브라질인으로 호흡곤란, 왼팔 마비, 극심한 가슴통증을 겪고 응급실로 갔다. 그는 9월 11일 쌍둥이빌 딩으로 비행기가 돌진하던 당시 자신은 일 때문에 스태튼 섬 여객선에 있었다고 보고하였다. 그는 빌딩이 무너지는 것을 목격 하였고 그날 이후, 뉴욕으로 갈 때면 식은땀을 흘리고 심장이 쿵쿵 뛰며 약해지는 느낌을 항상 갖는다고 하였다. "제가 심장 마 비인가요?" 하고 의사에게 묻고는 "제가 죽나요?"라고도 하였다.

필립의 심전도를 찍어보았으나 정상이었고, 심장마비도 아니었다.

몇 주 후, 필립은 뉴저지 고속도로에서 운전하고 가던 도중 심하게 식은땀을 흘리기 시작했다. 거의 숨을 쉴 수 없게 되었을 때 갓길에 차를 세우고 119를 불렀고 응급차를 타고 응급실로 갔다. 여러 가지 검사를 실시했지만 아무 문제점을 찾지 못했고, 귀가 조치되었다. 이런 식의 느낌이 들기만 하면 그는 일을 할 수가 없었다. 그는 또다시 그런 일이 일어나 죽게 될까 두려워 더 이상 운전을 할 수가 없었다.

의사들은 이것이 불안일 수 있다고 하며 바리움을 처방해주었다. 필립은 이것이 모두 '자신의 머릿속의 일'일 뿐이라는 것을 인정하지 않았지만 운전하는 것은 두려웠다. 운전 도중 또 다른 일이 벌어질지도 모른다고 생각했기 때문이다. 3개월 후 필립 은 주치의에게 더 이상 이렇게 살 수 없다고 말하였다. 첫 번째 응급실 방문 이후로 6회의 유사 발작을 겪었고 그것은 그의 삶과 가정생활에 영향을 주고 있었다. 그는 자신에게 무슨 일이 벌어지고 있는지 알 필요가 있었다. 주치의는 그를 정신과 전문의에 게 의뢰하였고, 그는 필립을 광장공포증을 동반하지 않은 공황발작으로 진단하였다.

*DSM-IV*의 불안장애 범주가 3개의 독립된 영역으로 재분류 되었다. 불안장애, 강박 및 관련 장애, 외상 및 스트레스 관 련 장애가 그것이다. 각 장은 장애의 연관성에 따라 인과적 으로 진행될 것이다. 하지만 불안장애들은 과도한 두려움과 행동장애를 동반하는 불안이라는 특징을 공유한다.

발달 및 생애주기에 대한 고려를 하는 *DSM-5* 체계를 유 지하면서도 유년기 장애(예 : 분리불안, 선택적 함구증)로

여겨졌던 몇몇 장애들이 이 새로운 장으로 옮겨졌고 범주 에 약간의 변화가 있기는 하였으나 불안장애로 재분류되었 다. *DSM-5*에서의 불안장애 목록은 다음과 같다.

- 분리불안장애
- 선택적 함구증
- 특정공포증

- 사회불안장애
- 공황장애
- 공황발작 명시자
- 광장공포증
- 범불안장애
- 물질/약물로 유발된 불안장애
- 다른 의학적 상태로 인한 불안장애
- 달리 명시되거나 명시되지 않는 불안장애

DSM-IV 출간 이후로 불안장애 범주에는 매우 사소한 변화가 있었다. 가장 큰 변화는 다음과 같다.

- 대부분 불안장애에 대하여 요구되는 기간이 나이에 상관없이 6개월로 바뀌었다. 분리불안은 예외적으로 최소 4주간 지속되는 경우 아동에게 진단된다.
- 광장공포증과 공황장애에 대하여 독립적 범주가 만들어졌다.
- 사회불안장애에 대하여 '수행에 대해서만'이라는 명시자가 추가되었다.
- 공황장애 진단범주에 합치하지 않는 경우에도 공황발작 명시자에 기타 의료 및 심리적 장애에 추가될 수 있다.
- 사회불안, 특정공포증 또는 광장공포증 환자가 자신의 불안이 과도한지 인지하는 것은 더 이상 요구되지 않는다. 또한 불안은 문화적인 면을 고려하였을 때 실제 위험 또는 위협의 일부가 아닐 필요가 있다.

각각의 불안장애는 두려움, 불안, 회피 행동, 이 장에 있는 다른 장애에서와는 다른 인지에 근거하여 구분된다. 대부분의 불안장애들은 유년기에 뿌리를 두고 있으며 치료하지 않으면 지속된다. 불안장애는 또한 2 : 1의 비율(APA, 2013)로 남성보다 여성에게 자주 나타난다. 지금부터는 *DSM-5*의 불안장애에 대하여 논의하고자 한다.

분리불안장애

사랑하는 대상으로부터 분리되거나 버려질 것이라는 두려움은 유년기의 가장 흔한 두려움 중 하나이며 발달과정 중

특정 시기에 10명 중 1명에게 나타난다. 그러나 아동의 4%만이 행동장애, 등교 거부 또는 집을 떠나는 것에 대한 두려움 등으로 이어지는 심각한 불안을 겪는다. 아동이 나이가 들면서 이러한 불안은 감소하고 그중 3분의 1만이 성인기까지 지속된다(Shear, Jin, Ruscio, Walters & Kessler, 2006). 나이에 상관없이 이 장애의 핵심 특징은 과도한 불안과 주요 애착 대상과의 분리의 결과로 나타나는 두려움이다.

진단

양육자 또는 사랑하는 대상으로부터 분리될 것이라는 발달적으로 부적절하고 과도한 두려움이 분리불안장애(separation anxiety disorder)의 핵심 특징이다. 이 장애로 진단받기 위해서는 아동 또는 성인이 최소한 다음의 세 가지 특징을 보여야 한다.

- 애착 대상으로부터의 분리가 예상될 때마다 재현되는 고통. 그 고통은 과도해야 함
- 사랑하는 대상을 잃을 것(죽음, 상해, 입원 등)이라는 지속적인 염려
- 가령 유괴되거나 사고가 나거나 병들거나 불구가 되는 등 애착 대상을 만날 수 없게 되는 뜻밖의 사건이 일어날 것이라는 과도한 걱정
- 분리에 대한 두려움으로 등교 거부, 출근 꺼리기, 쇼핑 또는 다른 장소로 가는 것을 못 내켜 함
- 주요 애착 대상이 가까이 있지 않은 경우 홀로 있는 것에 대한 두려움
- 외박 거부
- 분리에 대한 두려움과 관련된 악몽
- 주요 애착 대상과의 분리 또는 분리가 예상될 때의 신체적 증상(예 : 구역질, 구토, 두통, 복통 등)

두려움은 아동과 청소년의 경우 최소 4주간, 성인의 경우 6개월 이상 나타나야 하고 심각한 기능적 손상을 일으켜야 한다. 편집성 성격장애, 질병불안장애 또는 광장공포증으로 인한 집을 떠나는 것에 대한 두려움과 같이 다른 진단으로는 설명될 수 없는 상태여야 한다.

내담자 특징

분리불안은 유년기에 가장 흔하게 발병되는 불안장애이다. 부모 또는 주 양육자로부터의 분리를 못 내켜 하는 것과 매달리기, 주 양육자가 (집에서 조차) 방을 나가는 것에 대한 항의와 발달상 나이가 지났음에도 부모와의 동침을 요구하는 것 등이다.

생애 두 번째 해에 나타나는 발달적으로 적합한 '낯가림'과는 다르게, 분리불안장애가 발병하는 절정 연령은 7~9세(Suveg, Aschenbrand & Kendall, 2005)이다. 물론 어떤 나이에든 발병할 수 있고, 성인이 되었을 때 처음 발병하는 경우도 있다. 지속적으로 분리불안장애를 겪고 있는 아동은 등교 거부, 적대적 반항장애(ODD), ADHD, 우울증 등의 증상을 갖고 있는 경우가 많다(Beidel & Alfano, 2011). 성인들은 기능적인 손상을 더 많이 보고한다.

분리불안이 일찍 발병하는 경우는 다른 불안이나 정서 장애로 발전하는 위험 요인이 될 수 있다. 이 장애가 있는 816명의 청소년을 대상으로 실시한 연구에서 30세에 우울장애와 공황장애로 발전하는 비율이 더 높다는 것을 알아냈다(Lewinsohn, Holm-Denoma, Small, Seeley, & Joiner, 2008).

성인기 분리불안은 아동기 분리불안의 연속인 경향이 있으며 일반적으로 더 심각하게 기능을 어렵게 하고 평생동안 지속될 수 있다. 일반적으로 더 의존적인 행동을 보이는 성인일수록 우울증, 공황장애, 기타 공병하는 장애를 보일 가능성이 높아진다. 보통 신경증에 대한 점수가 높게 측정되고, 성인들은 사회적 또는 개인적인 기능 수행에서의 어려움을 더 많이 보고한다(Beidel & Alfano, 2011).

연구자들은 분리불안과 시각 처리 및 주의와 관련된 편도에서의 변화의 관계를 알아내었다. 거부에 대한 민감성이 높을수록 이 장애로 발달될 가능성이 있다(Redlich et al., 2015).

분리불안장애 아동은 사춘기 이전이거나 여성이고 낮은 사회경제적 지위 가족 출신일 가능성이 많다.

특히 여성 중에는 분리불안장애가 가족 내에서 유전 양상이 있거나 과보호받은 결과로 분류되는 경향이 있는데, 이는 기타 불안장애와 구분되는 특징이다. 다른 유형의 불안장애가 있는 대부분의 사람들은 잘 돌봐주지 않거나 방임하는 부모를 가졌다고 보고한다(Manicavasagar, Silove, Wagner, & Hadzi-Pavlovic, 1999).

성인도 애착 대상에게 위험(사고, 죽음, 병에 걸림)이 오고 있다는 두려움을 겪으면서 아동과 같은 방식으로 분리불안을 경험한다. 꿈에서는 대상 상실에 대한 두려움이 나타난다. 복통, 구역질, 구토와 같은 신체적 고통이 생긴다.

청소년과 성인의 경우, 아동에게는 흔하지 않은 현기증, 심항진, 기절할 것 같은 느낌, 머리가 하얘지는 느낌을 경험할 수 있다. 성인의 경우 이 장애는 복합 비애와 관련될 수 있다(Pini et al., 2012).

등교를 거부하는 아동의 4분의 3은 분리불안 또한 가지고 있을 것이다. 등교 거부는 5~6세에 절정에 이르는데, 이는 입학 시기와 맞물린다. 이들 중 많은 경우는 집 밖에서 활동을 할 수 있도록 격려받지 못했기 때문에, 하루 종일 학교에 있어야 하는 것은 커다란 불안을 야기하는 요인이 될 수 있다.

등교 거부를 하는 다른 유형의 아동은 남자, 청소년, 높은 사회경제적 지위 가족 출신인 경우가 많다. 이 집단은 자신들의 회피 행동을 초래하는 학교 환경에서의 특정 상황(예 : 시험불안, 사회불안, 집단 괴롭힘)에 대한 불안을 표현하는 경우가 많다. 그들은 특정 또는 사회 공포를 가지고 있을 수 있다. 특정 공포를 다루는 장에서 등교 거부에 대하여 더 다루도록 하겠다.

평가

분리불안 증상이 있는 아동을 평가할 때는 기타 다른 불안 장애와의 구분이 반드시 이루어져야 한다. 분리불안이 있는 아동은 강한 두려움 또는 주 애착 대상으로부터 분리되는 것에 대한 불안을 표현하는데, 여기에는 집안의 다른 장소에 혼자 있는 것에 대한 두려움, 밤에 혼자 자는 것 또는 주 양육자에게 안 좋은 일이 일어날 것이라는 걱정 등이 포함된다.

일단 아동에게서 불안장애의 증상이 확인되면, 다른 불안 및 회피 행동을 포함하여 심도 있는 평가가 이루어져야 한다. 가장 자주 사용되는 진단 면담은 아동 및 부모를 위한 불안장애 면접지(Anxiety Disorder Interview Schedule for Children and Parents, ADIS-C/P; Silverman & Alfano, 1996)이다.

자기보고법은 아동 또는 성인에게서 빠르고 쉽게 불안증상을 측정할 수 있는 방법이다.

- 아동용 다면적 불안 척도(Multidimensional Anxiety Scale for Children; March, Parker, Sulivan, Stallings, & Conners, 1997) — 분리/공황을 포함하여 다른 네 가지 영역에서 불안을 측정. 39개의 문항 척도는 8~19세 아동을 대상으로 설계됨
- 스펜스 아동 불안 척도의 분리불안 하위척도(Separation Anxiety Subscale on the Spence Children's Anxiety Scale; Spence, 1997, 1998; Spence, Barrett & Turner, 2003) — 분리불안과 다른 불안장애를 감별하는 44개의 문항을 포함함
- 벡 불안 척도(BAI; Beck & Steer, 1990) — 성인용 간편 검사
- 청소년 분리불안 검사(Adolescent Separation Anxiety Test; Brown & Wright, 2003) — 투사 검사
- 성인용 분리불안 체크리스트 척도(Adult Separation Anxiety Checklist Scale; Manicavasagar, Silove, Wagner, & Drobny, 2003) — 자기보고식 질문지
- 분리불안 증상 척도(Separation Anxiety Symptom Inventory; Silove et al., 1993) — 성인용으로 15개 문항의 자기보고식 검사. 척도는 아동기 분리불안 증상에 대하여 질문함
- 애착 유형 질문지(Attachment Style Questionnaire; Feeney, Noller, & Hanrahan, 1994) — 성인 애착 유형(안전, 회피, 불안)을 판별하기 위해 설계된 40문항의 자기보고 검사

아동에 대한 주의 깊은 평가를 위해서는 아동의 불안을 악화시키거나 감소시키는 주요 인물이 누구인지를 아동과의 면담을 통해 알아내는 것과 부모와의 면담 그리고 아동이 부모 또는 주 양육자와 상호작용하는 것을 관찰하는 것 등이 이루어져야 한다.

치료자의 자질

아동과 함께 작업하는 치료자들은 반드시 가족치료 수련과 지도감독을 받고 근거 기반 개입을 해야 한다. 또한 치료자들은 전체론적 관점에서 아동의 가정생활과 학교 환경 그리고 또래들과의 관계에 대하여 알아야 한다.

일반적으로 정신적인 문제가 있는 아동을 치료하는 데 있어 부모의 참여는 대개 치료 효과를 높인다(Kendall & Pimentel, 2003). 치료자들은 분리불안장애 치료에 적합한 사례인지를 판단할 필요가 있을 것이다. 왜냐하면 부모-자녀 관계의 역동이 아동의 불안의 원인이 될 수도 있는데, 특히 주요 애착 대상이 과도하게 방어적이거나 곤란에 빠져 있는 경우 그렇다.

개입 전략

아동의 치료　비록 분리불안장애의 치료에 대한 연구가 거의 없기는 하지만 인지행동치료는 아동기 불안장애를 위한 최상의 선택이다. 일반적으로 두려움과 공포는 고전적 조건 형성으로 획득되고, 아동이 두려움을 주는 자극에 단계적으로 노출되는 것으로 두려운 상황을 직면하게 되는 노출치료를 통하여 사라진다. 인지치료에서는 아동에게 대처 진술을 주고 성취감과 숙달감을 발달시킬 수 있게 돕는다.

코핑 캣(Coping Cat)은 인지행동치료를 매뉴얼화한 것으로 Kendall이 1994년에 개발한, 아동기 분리불안에 대한 최초의 근거 기반 치료 중 하나이다. 이 치료는 60% 이상의 효과가 있는 것으로 알려졌다(Podell, Mychailyszyn, Edmunds, Puleo, & Kendall, 2010). 이 프로그램의 핵심은 두려움을 주는 자극에 대한 노출의 통합이다. 불안해지고 고통을 다뤄보게 하는, 실제 경험을 제공하는 단계적 노출법을 사용함으로써 아동은 일정 정도의 불안은 정상적인 것이라는 점을 알게 되고, 그러한 감정을 가지고 어떻게 있어야 하는지, 회피 행동을 어떻게 감소시킬 수 있는지, 인지 과정을 확인하는 방법을 학습하여 어떻게 대처 기술을 개발시킬지를 결정하게 되어 마침내 자신의 두려움을 정면으로 마주하게 된다.

또한 부모를 참여시키는 아동에 대한 개입이 불안을 감소시키는 경향이 있고, 또한 기타 중요한 이득이 있다. 이완

이나 점진적 개선과 같은 전략 또한 이 장애에 유용한다. 치료에 돌입하기 이전에 이완법을 먼저 가르쳐야 한다.

아동과 청소년 대상 인지행동치료는 연령에 적합해야 하고 일반적으로 다음과 같은 점을 따라야 한다.

- 불안과 두려운 상황에 대한 교정적 심리교육
- 부적응적인 사고를 다루기 위한 인지재구조화
- 각성과 관련된 반응성을 목표로 하는 신체 다루기 기법
- 두려움을 주는 자극에 대한 점진적이고 통제된 노출과 회피 행동의 소거
- 치료 이득을 확고히 하기 위한 재발 방지

아동의 불안장애에 대한 인터넷 기반의 인지행동치료에 대한 무작위 실험 결과 7~7세 아동이 Camp Cope-A-Lot이라는 12회 컴퓨터 프로그램에서 효과를 본 것으로 나타났다. 한 연구에서는 컴퓨터 프로그램을 완수한 아동의 81%가 더 이상 불안장애 범주에 속하지 않게 되었다(Khanna & Kendall, 2010).

아동기 불안장애에 대한 치료는 일반적으로 초기에는 부모가 인도하는 인지행동치료 개입을 하고 점차 강한 온라인 또는 컴퓨터 프로그램으로 작업하는 단계적 접근법을 취한다. 치료 기간은 아동의 나이, 장애의 심각도, 기타 다른 장애의 유무에 따라 결정된다.

등교 거부에 대한 치료는 복잡하고, 하나 이상의 진단이 있을 수 있다. 등교 거부 행동의 원인을 파악하는 것이 효과적인 개입법을 개발하는 데 중요한 첫걸음이 될 것이다. 심층적 치료 계획에는 등교를 촉진하기 위하여 부모, 치료자, 교사가 포함될 것이다. 아동이 매일의 수업에 참여할 수 있을 때까지 때로는 부분적인 수업 참여와 가정에서의 과외 활동이 이루어진다. 등교 거부 치료에 대한 완전한 논의는 이 책의 범위를 넘어서는 것으로 Beidel과 Alfano(2011)의 저서에서 찾을 수 있을 것이다. 일반적으로 등교 거부를 하는 분리불안 아동은 이차 이득(집에 있게 되면서 얻는 것)이 생기기 이전에 가능한 빠른 시일 내에 치료되어야 한다.

복합 치료 분리불안장애를 치료할 때 인지행동치료와 함께 약물치료가 동반된다. 7~17세 아동·청소년 448명을 대상으로 한 아동·청소년 불안 중다양상 연구(Child-Adolescent Anxiety Multimodal Study, CAMS; Compton et al., 2010) 결과 설트랄린과 코핑 캣 프로그램을 결합한 치료 효과가 81%로 설트랄린 단독 치료인 경우 60%와 CBT 단독 치료인 경우 55%에 비하여 월등하게 우수한 것으로 평가되었다. 두 치료 모두 위약치료 효과보다 24% 정도 우세하였다.

성인 치료 성인 분리불안에 대한 연구는 거의 이루어지지 않아 근거 기반 치료가 이 장애에 있어 성인에게 효과적인지 여부를 판단할 수 없다. CBT가 최선의 선택이지만 한 연구에서 분리불안장애를 가진 성인들과 공황장애 또는 광장공포증을 가진 성인들을 비교하였다. 두 집단 모두 CBT 치료를 받았다. 분리불안장애를 가진 집단에서 공황장애 집단보다 4배 정도가 CBT의 치료 효과를 얻지 못했다(Aaronson et al., 2008). 다른 연구에서는 분리불안장애를 가진 성인들이 불안과 우울 치료에 좋지 않은 치료 결과를 보였다(Kirsten, Grenyer, Wagner, & Manicavasagar, 2008).

예후

아동기 분리불안장애는 일찍 치료하는 것이 좋은 결과를 얻는 것으로 보인다. 단독이든 복합 치료를 하든 CBT와 약물치료(예 : 설트랄린)는 효과가 있다. 어린 아동일수록 부모의 개입이 좋은 결과를 야기한다. 그러나 청소년들은 또래 집단이나 개인일 때 더 효과적인 것으로 보인다. 일부 아동이나 청소년의 경우 불안의 형태가 나이가 들면서 변하기도 한다. 즉 더 이상 애착 대상으로부터 분리되는 것에 대하여 두려워하지 않으나 다른 형태의 불안을 경험할 수 있다는 것이다(Beidel & Alfano, 2011).

성인 분리불안은 새롭게 드러난 장애이기 때문에 연구가 거의 없다. 성인에 대한 치료가 아동에 대한 치료와 유사할 것이고 심리치료와 약물치료를 불안의 심각도에 따라 조합하는 것이 합리적일 것이다.

선택적 함구증

선택적 함구증은 1980년에 *DSM-III*에 처음으로 수록되었다. *DSM-IV*에서 아동이 말하지 않는 것을 선택 또는 선정했다는 점을 정확히 반영하기 위하여 명칭을 선택적 함구증(selective mutism)으로 변경하였다. *DSM-5*의 출간으로 선택적 함구증은 불안장애로 분류되었다. 이전에는 아동기 장애로 분류되었다.

진단

사회적으로 말하는 것이 기대되는 하나 또는 그 이상의 상황에서 말수가 없는 것이 선택적 함구증의 큰 특징이다(Viana, Beidel, & Rabian, 2009). 이 장애는 흔하지 않아서 아동의 1% 미만이 이 질환을 앓고 5세 이전에 주로 발병하게 되는 아동기 초반의 장애이다. 청소년과 성인은 흔하지는 않지만 진단이 될 수도 있다.

선택적 함구증을 앓는 대부분의 아동은 유치원이나 1학년이 될 때까지 장애의 어떤 징후도 보이지 않는다. 장애가 흔하지는 않지만 대부분의 초등학교에서 1명 또는 그 이상의 아동이 있을 가능성이 높고, 학교에서 아동이 말을 해야 하는 상황(예 : 읽기, 시험, 친교 활동)일 때 문제가 발생할 수 있다.

학교에서의 첫 달을 제외하고 증상이 최소 한 달간 지속되어야 한다. *DSM-5*에 의하면 증상은 낯선 상황이거나 언어적인 불편함으로 인한 것이 아니어야 하며 의사소통 능력의 결함(예 : 자폐, 의사소통장애, 조현병)으로 인한 것도 아니어야 한다.

선택적 함구증을 보이는 아동은 가장 흔하게 사회불안과 같은 다른 장애를 동반한다(Viana et al., 2009). 기타 불안장애(예 : 분리불안, 특정공포증)와 말을 해야 하는 상황에서 반대 행동을 하는 것은 일반적인 것이다. 신경인지장애와 야뇨증 또한 동반되기도 한다.

선택적 함구증은 알려져 있지는 않지만 기질로 인한 것일 수 있다. 이 아동은 눈에 띄게 수줍고 사회 상황에 서투르다. 이 장애를 가진 아동의 부모 역시 사회적인 행동을 하는 데 서투를 수 있는 불안장애를 갖고 있을 수 있다. 몇몇 연구에서는 부모들이 전반적으로 방어적이고 다른 불안장애나 장애가 전혀 없는 아동의 부모에 비하여 더 통제적이었다는 것을 알아냈다. 이 장애에서 부모의 역할이 아동의 불안장애 발달에 선행을 하는 것인지 아동의 사회적 기술의 부족으로 인한 것인지는 그다지 잘 알려져 있지 않다.

내담자 특징

보통은 과도한 수줍음과 사회 상황에서의 머뭇거림이 선택적 함구증에 선행한다. 말을 하지 않기로 결정한 아동들은 말수가 적고 사회 상황에 서툴며 치대고 당황하게 되는 것을 두려워하고 운동장이나 친척 모임에서 "가서 놀아라."라는 부모의 말을 듣지 않을 수도 있다. 이러한 행동은 사회적인 상황이나 낯선 이들 사이에서만 나타나기 때문에, 증상이 초등학교나 예비학교를 입학할 때까지는 아동의 발달이나 기능에 영향을 주지 않을 수 있다. 이 아동들은 입학하는 시점에서부터 학업적·사회적 문제가 생기고 놀림감이나 또래들에게 괴롭힘을 당하는 대상이 되기 시작한다.

불안은 유전 요인이 높다. 놀랄 일도 아니지만, 이 장애를 가진 아동의 부모는 선택적 함구증이 없는 아동의 부모보다 사회불안장애, 회피성 성격장애, 조현형 성격장애(특히 어머니) 및 기타 불안장애 평가에서 높은 점수를 받는 경향이 있다(Chavira, shipon-Blum, Hitchcock, Cohan & Stein, 2007; Kristensen & Torgersen, 2001).

평가

조기 진단과 평가는 이후에 발생할 수 있는 실제적인 학업 및 사회성 손상을 방지하기 위하여 중요하다. 가정에서 부모 및 직계 가족들과 함께일 때 이완되고 편안한 경우 증상을 보이지 않을 수 있고, 집에서 놀이를 하는 모습이나 형제들과 있는 모습을 촬영하면 자폐스펙트럼 증상이 있거나 의사소통장애 또는 언어 지연이 있는 경우를 판단하는 데 도움이 될 수 있다.

평가는 선택적 함구증으로 진단을 확정하는 것뿐만 아니라 다른 의학적 상태 또는 함구증의 원인을 설명할 수 있는 심리적인 요인을 판단할 수 있게 한다. 치료를 위해 필요한 공병 장애 여부 또는 상태 등을 확인해야 한다. 선택적 함구증에 대한 완전한 평가를 위해서는 다음을 포함해야 한다.

- 아동의 병전 기능에 대한 이해
- 다양한 상황(가정, 학교, 낯선 친척을 방문한 경우)에서 아동의 언어 능력에 대한 관찰
- 아동이 말하지 않기로 결정하게 하는 요인(스트레스, 불안 수준, 공병의 존재)에 대한 평가
- 아동의 기질, 수줍음의 정도, 반항 행동
- 초기 양육자에 대한 애착 유형(어머니가 대부분 그러나 항상은 아님)
- 불안장애 가족력을 포함한 가족 환경

선택적 함구증 질문지(Selective Mutism Questionnaire, SMQ; Letamendi et al., 2008)는 심각도, 범위, 기능적 손상을 평가하도록 돕는다. 아동의 불안을 평가하는 것은 치료에서 진전을 평가하기 위한 기저선을 설정하는 데 도움을 줄 수 있다. 아동기 평가는 다음이 포함되어야 한다.

- 벡 청소년 척도(Beck Youth Inventories; Beck, Beck & Jolly, 2001)
- 해밀턴 불안 척도(Hamilton Anxiety Scale, HARS; Hamilton, 1959)
- 아동을 위한 다면적 불안 척도(Multidimensional Anxiety Scale for Childhood; March et al., 1997)

치료자의 자질

부모, 학교 그리고 아동과의 협업이 선택적 함구증을 치료하는 데 중요한 요소이다. 치료자는 자신감과 일관성 그리고 온화한 태도를 보여주어야 한다. 이러한 자세는 과도하게 방어적이거나 지배적인 부모를 안심하게 하고 아동이 치료에 참여하는 데 필요한 신뢰감을 키울 수 있게 한다.

선택적 함구증을 보이는 아동을 치료하는 데 있어 첫 번째 도전은 본인 스스로가 불안하고 불안전하기 쉬워서 자녀에게 과도하게 방어적이고 통제적으로 될 수 있는 부모를 돕는 것이다. 자극 소거 행동 기법으로 시작하는 단계적인 접근이 도움이 될 수 있다. 아동이 말을 하는 대상(대개는 어머니)은 아동과 함께 치료 회기에 함께 참여해야 하며, 아동이 점차 더 편안해지면 부모는 점점 철수해도 된다. 아동은 의사소통을 위해 점차 더 노력하는 것에 대하여 강화를 받아야 한다(예 : "너는 용감해."). 이 접근은 아동

의 학교나 아동이 말하는 것을 거부하는 다른 상황에서 사용할 수 있다.

어떤 경우에는 아동과 의사소통을 하는 친한 동급생이 아동이 말을 할 때까지 아동에게 말을 걸면서 학급에서 매개체 역할을 할 수 있다.

학교에서 교사와 다른 사람들과 협업하는 것은 아동이 학습한 기술을 안전하게 적용해볼 수 있수 있는 기회를 보장하기 위해 중요하다. 치료자는 스피치와 언어 전문가와 협업하고, 아동의 학교 내에서의 기능을 평가하거나 개별화 교육 프로그램(individualized educaton program, IEP) 계획을 발전시키도록 촉진할 필요가 있다.

개입 전략

선택적 함구증에는 심리치료가 선호된다(Kaakeh & Stumpf, 2008). 치료는 전형적으로 협업하고(예 : 학교, 가족, 아동, 치료자의 참여) 가족중심적이며 인지행동적인 개입을 한다.

행동 접근은 불안을 감소시키고 언어적인 의사소통을 향상시키기 위하여 설계되며 종종 자극 소거(Kehle, Bray, Byer-Alcorace, Theodore, & Kovac, 2012), 행동 조성, 비상 대처법, ERT, 회피 행동에 대한 대체요법(Lang, Regester, Mulloy, Rispoli, & Botout, 2001) 등을 포함한다.

비디오 자기모델링을 포함하는 역할극을 하게 되는 행동 기법은 의사소통 문제를 감소시키고 말문을 조금 더 쉽게 열게 하며 언어적인 질문에 대답하게 하는 데 효과적이다. 학습된 기술은 다른 사회적인 상황, 예를 들어 친구들과의 놀이, 식당에서 음식 주문하기, 새로운 사람 만나기 등으로 전이될 수 있다(Lang et al., 2011). 9세 여아 단 1명의 사례 연구에 기반을 두기는 했지만 이 연구가 희망을 보여준다.

복합 치료 아동이 치료에 반응하지 않으면 약물치료를 선택할 수 있다. 그러나 선택적 함구증을 약물치료한 연구는 사례 보고와 소수의 시도 건수, 짧은 기간의 추수 검사로는 한계가 있다(Bork & Snyder, 2013). 몇몇 아동은 선택적 세로토닌 재흡수 억제제(SSRI) 치료에 반응한다. 치료에 효과적인 약물의 양이나 치료 기간에 대한 연구가 충분하지는 않지만, 플루옥세틴이 SSRI 중에 가장 연구가 많이 되어 있다(Kaakeh & Stumpf, 2008).

예후

학업 및 사회성에서 문제가 더 생기기 이전에 더 어린 아동에 대한 치료 개입이 바람직하다. 3~9세 아동 24명이 참여한 무선통제 연구에서 말하기가 의미 있게 향상되었고, 가장 어린 집단에서 가장 큰 향상을 보였다(Oerbeck, Stein, Wentzel-Larsen, Oyvind, & Kristensen, 2013).

특정공포증

특정공포증(specific phobia)의 가장 큰 특징은 특정한 대상이나 상황이 실재할 때의 과도하고 비합리적인 두려움이다. 성인은 자신의 반응 강도가 합리적인 선 이상이라는 것을 인지하는 경향이 있다. 그러나 공포는 활동과 관계를 방해하고 심각한 고통을 준다. 아동은 자신의 반응이 과도하다는 것을 종종 인지하지 못하고 분통 터트리거나 소리 지르기, 매달리는 행동으로 반응할 수 있다.

공포증은 5개의 범주 중 하나로 특정화된다.

1. 동물(예 : 개, 벌레, 거미)
2. 자연 환경(예 : 폭풍, 높이, 물)
3. 혈액-주사-상처(예 : 침입성 의학적 치료 과정, 바늘)
4. 상황(예 : 비행기, 엘리베이터, 다리)
5. 기타(예 : 숨막힘에 대한 두려움, 가장 캐릭터)

진단

특정공포증을 앓는 대부분의 사람은 특정 대상이나 상황에 직면했을 때 즉시 불안이 높아지고 적극적으로 회피하려고 한다. 공포증은 지속적이고 대개는 최소 6개월 이상 지속된다. 이 장애를 앓는 환자의 4분의 3은 한 가지 이상의 상황 혹은 대상을 두려워하거나 회피할 것이다(APA, 2013).

아동의 경우 비합리적인 두려움은 상대적으로 일반적인데, 특히 자연에 있는 대상(예 : 뱀), 어두움에 대한 두려움, 혈액, 주사 등에 그렇다. 대부분은 점차 회복되고 치료를 요하지 않는다. 지속적이고 일상생활(예 : 다리가 무너지는 두려움 때문에 다리를 건너는 것을 포기하는 것)을 방해하는 반응을 일으키는 공포는 특정공포증이다.

특정공포증은 매우 흔해서 인구의 50%가 일생 동안 한 가지 또는 그 이상의 두려움을 갖지만 이 중 3분의 1 이하만이 치료를 찾는다(McCabe, Ashbaugh, & Antony, 2011). 그러나 이 중 소수만이 일상생활을 방해하는 공포증으로 진행된다. 유병률은 미국과 유럽에서는 6~9%이고 아시아와 아프리카 그리고 라틴 아메리카 나라들에서는 2~4%이다.

특정공포증은 보통은 초기 아동기에 진행되며 아동의 5%에 영향을 주다가 13~17세 청소년의 16%까지 증가한다. 특정공포증의 발병률은 나이에 따라 감소하는 경향이 있다.

일반적으로 여성이 남성보다 2배 더 공포증을 경험한다. 공포증의 유형은 성별에 따라 다양해서 여성의 경우는 자연 환경, 동물, 특정 상황에 더 두려움을 경험한다(APA, 2013).

젊은이들의 시대적인 두려움은 시간이 지나면서 변하는 경향이 있는데, 특히 청소년의 경우는 자신을 둘러싸고 있는 세계로부터의 실제적인 두려움을 반영한다. 1997년에 일반적이었던 청소년기의 두려움은 동물, 학급에서 발표하기, 고소공포 등이었다. 청소년기의 두려움에 대한 최신 예비연구에서 '죽음과 두려움'에 대한 다음의 두려운 상황이 가장 높은 순위에 있었다(Burnham, 2009).

- 강간
- 테러리스트의 공격
- 전쟁에서 싸워야 하는 것
- 허리케인/토네이도
- 교내 저격수
- 총격

대부분의 사람들은 자신의 공포증을 치료하지 않는다. 오히려 공포의 대상을 피하거나 적응하기 위하여 환경을 변화시킨다. 다른 형태의 불안장애와는 다르게 이 불안은 일시적이고, 두려움의 대상이나 환경에 노출되었을 때 즉시 신체적인 각성이 시작되었다가 노출된 시간 동안만 지속된다. 이 시간 동안 신체적인 증상에는 심장박동의 증가, 가빠지는 호흡, 공황발작, 어지러움, 메스꺼움, 떨림, 식은 땀 흘리기 등이 있다.

특정 공포는 대개 우울증이나 양극성장애, 기타 불안장애, 물질관련장애, 신체화 증상과 관련된 장애, 성격장애

(가장 흔하게 의존성 성격장애)를 동반한다. 자살시도 위험률이 점차 증가하고 있는데 아마도 다중의 공병 때문일 것이다. 특정공포증을 가진 개인은 진단을 받지 않은 사람들보다 자살을 시도할 확률 높아서 60%에 이른다.

내담자 특징

한 연구에서 등교 거부를 한 아동의 22%가 특정공포증 범주에 속했다(Last & Strauss, 1990). 특정 공포는 스쿨버스 탑승, 체육 시간, 불에 대한 두려움 또는 기타 사건을 포함한다. 이 장애의 발병률은 10~11세 사이에 정점을 찍는데, 이는 특정 공포 또는 사회 공포와 연관이 있는 것으로 생각된다(Ollendick & Mayer, 1984). 흥미롭게도 한 연구에서 등교 거부를 하는 아동이 특정 공포 또는 사회 공포를 가지고 있는 경우가 더 많다는 것을 알아냈다. 등교 거부와 관련된 다른 환경적인 요인은 부모의 죽음 또는 질병, 전학이나 반편성, 학교에서 상처받은 사건 등이다.

장기간의 질병, 괴롭힘을 당하거나 놀림감이 됨, 학급 앞에서 발표해야 하는 경우, 기타 아동에게 스트레스를 주는 상황 이후에 학교에서 멀어지는 것은 학교 회피의 원인이 될 수 있다. 부모가 이러한 회피를 인정할 때, 이것은 강화되고 점차 등교 거부로 변할 수 있다. 그러므로 불안 기반 장애라고 결정하기 전에 등교 거부의 원인을 명확히 확인하는 것이 중요하다. 등교 거부의 다른 원인은 강박장애(OCD), 우울증, 적대적 반항장애(ODD), 품행장애 등이 있을 수 있다(Beidel & Alfano, 2011).

혈액-주사-손상형 공포는 다른 유형과는 다르므로 치료 과정에서 이 점을 고려해야 한다. 대부분의 공포증이 신체적인 각성(빠른 심박, 혈압 상승)을 포함하는 반면, 혈액-주사-손상형은 공포 단서에 반응할 때 강한 혈관미주 신경 반응, 급작스런 혈압 저하, 혼절을 하게 된다. 이 유형의 공포증 환자의 거의 70%가 의료 상황에서 기절한 경험이 있다. 이것이 이들로 하여금 건강 검진 또는 입원한 가족을 병문안 가는 것을 피하게 만들 수 있다(Hellstrom, Fellenius, & Ost, 1996; Ritz, Meuret, & Simon, 2013).

평가

공포증의 경과와 심각도를 차트에 기록하거나 일지를 쓰는 것은 내담자와 치료자 모두에게 도움이 되는데, 표준화된 척도를 사용하여 증상을 자기보고 하는 것 등이 있을 수 있다. 특정공포증 평가 도구를 선정할 때 치료자는 많은 최신의 두려움이 평가상의 선택지에 없을 것이라는 점을 인지하고 있어야 한다. 그러므로 심도 깊은 평가를 위해 특정 공포가 진단범주에 속하는지, 그렇지 않은지에 대하여 대화를 나누는 것이 필요할 것이다. 치료자들은 자신이 사용하는 모든 평가가 치료하고 있는 아동ㆍ청소년에게도 적절한 것인지를 확인해야 한다.

대부분의 공포증 평가 척도는 각성과 회피 행동 모두를 평정한다. 다음은 신뢰도와 타당도가 높은 평가이다.

- Spider 질문지(Spider Questionnaire, SPQ; Klorman, Hastins, Weerts, Melanmed, & Lang, 1974) — 자기보고식 30문항 척도
- 뱀 질문지(Snake Questionnaire, SNAQ; Klorman et al., 1974) — 뱀 공포에 대한 언어-인지적인 요소
- 치과 불안 척도(Dental Anxiety Inventory, DAI; Stouthard, Hoogstraten, & Mellenbergh, 1995) — 36문항 질문지
- 폐소 공포증 상황 질문지(Claustrophobia Situation Questionnaire, CSQ; Febbraro & Clum, 1995) — 폐소 공포 상황과 관련한 자기보고식 42문항

병원 공포 설문지(Medical Fear Survey, MFS)는 주사, 혈액 흐름, 날카로운 물건, 의학 검사등에 대한 두려움을 평가하는 자기보고식 50문항 척도이다. MFS의 하위 척도에는 혈액과 주사에 대한 두려움을 포함하고, 종종 혈액 또는 주사 공포증의 평가 도구로 사용된다(Fogel & Greenberg, 2015).

아동의 특정공포증의 진단은 아동의 나이, 발달 단계, 경험한 손상의 정도 등을 반드시 포함해야 한다. 특별히 아동에 대한 평가에는 다음이 포함된다.

- 아동을 위한 공포 설문지-II(Fear Survey Schedule for Children-II, FSSC-II; Gullone & Lane, 2002) — 아동의

두려움을 평가하기 위하여 가장 자주 사용되는 평가

- 특정 공포에 대한 자기효능감 질문지(Self-Efficacy Questionnaire for Specific Phobias, SEQ-SP; Flatt & King, 2009)—아동이 인지하고 있는 두려움 자극 대상을 다루는 능력
- 아동 불안 민감성 지표(Child Anxiety Sensitivity Index, CASI; Silverman, Fleisig, Rabian, & Peterson 1991)

기능 평가에서 역시 아동의 두려움의 발병 시기와 경과, 신체와 행동적인 변화, 회피와 접근 행동, 역기능적 인지, 효능감 변인, 환경에서의 모든 변인을 질문해야 한다. 공포로 인한 기능적 교육적인 손상 역시 반드시 기록되어야 한다. 몇몇 공포증은 상처가 되거나 놀랐던 경험 이후 발달된다. 치료자들은 두려움에 선행한 모든 사건, 동반 장애 치료를 복잡하게 만들 수 있는 잠재적인 이차 이득에 대한 정보를 이끌어내야 한다.

치료자의 자질

특정공포증에 대한 대부분의 치료에는 두려운 상황에 대한 **실생활 노출**(in vivo)이 포함되므로 치료자들은 지지적이고 회피 행동이 소거되고 내담자가 두려운 감정에 익숙해지도록 하는 안전한 환경을 제공해야 한다(Davis, Ollendick, & Ost, 2012).

치료자들은 치료 결과에 대하여 지지적이고 긍정적이어야 하며, 사람들이 놀라는 상황을 경험할 수 있도록 용기를 북돋는 동안 그들을 공감하고 수용한다는 점을 전달할 수 있어야 한다. 창의성과 유연성이 노출 관련 치료 계획에 필요할 것이다. 치료자들은 내담자와 함께 두려운 상황이 일어나는 장소(예 : 다리, 비행기, 엘리베이터)에 동행하거나 자신의 센터에서 강도가 센 실생활 노출 회기(3시간)를 계획할 수도 있다.

많은 내담자들은 실생활 노출에 반대하거나 어떤 종류의 노출치료도 반대할 수 있다. 이러한 환자들과 작업하는 치료자는 노출치료를 숙련되게 사용해야 하며 내담자가 부가적인 스트레스를 받지 않고 과정을 안전하게 지날 수 있게 해야 한다. 노출과 반응 방지 과제는 치료자가 내담자와 신뢰관계를 쌓아 협업할 수 있고 과정을 자세히 설명하고 그 회기를 위한 적절한 시간을 배정했을 때 수행될 수 있다. 왜냐하면 지름길이 될 수 있는 실생활 노출은 두려움을 더 강화시킬 수도 있기 때문이다. 대부분의 경우 치료 과정에 두려움 위계가 포함될 것이다. 각 단계는 점진적이어야 한고 내담자의 동의가 있을 경우에만 진행되어야 한다.

개입 전략

특정공포증은 모든 불안장애 중에서 치료가 가장 가능한 장애로, 노출 기반 개입이 가장 효과적인 치료 접근이다.

노출은 경험적으로 지지적인 치료이다(Wolitsky-Taylor, Horowitz, Powers, & Telch, 2008). 치료는 창의적이고 내담자와 협력하고, 불안 위계, 즉 공포와 관련된 열 가지 두려운 자극 목록을 가지고 시작한다. 예를 들어, 치과 공포증을 작업하는 것은 다음의 목록과 같다.

1. 치아의 통증을 경험하기
2. 치과 의사에게 가는 것에 대하여 생각하거나 이야기하기
3. 치아 하나에 구멍 뚫기
4. 치과 의자에 앉기
5. 드릴 소리
6. 입 안에 주사 놓기
7. 치과 예약이 있다는 것을 알기
8. 치과 예약을 하기 위하여 전화하기
9. 대기실에 앉아 있기
10. 치과로 운전하기

이 목록은 두려움을 일으키는 정도에 따라 1에서 100 척도로 평정된다. 치과 공포의 예로 재배치된 경우가 다음과 같다.

1. 입 안에 주사 놓기
2. 치아 하나에 구멍 뚫기
3. 치과 의자에 앉기
4. 드릴 소리
5. 대기실에 앉아 있기
6. 치과로 운전하기

7. 치과 예약이 있다는 것을 알기
8. 치과 예약을 하기 위하여 전화하기
9. 치아의 통증을 경험하기
10. 치과 의사에게 가는 것에 대하여 생각하거나 이야기하기

상상하거나 실생활 노출 둔감화는 두려움을 약화시키기 위하여 사용된다.

첫째 이완 기술이나 두려움에 부적합한 행동, 가령 노래하기나 먹기 등을 배운다. 그러고 나서 한 번에 한 가지씩 가장 두렵지 않은 자극이 우선으로 제시되는데, 이때 내담자는 각 항목마다 불안을 조절 가능한 수준으로 낮추기 위하여 이완 기술을 사용하도록 지시를 받는다.

이러한 방식으로 전체가 한 번에 하나씩 위계순으로 제시되고, 각 항목과 연관된 불안이 소거된다.

실생활 노출 치료는 상상(심상) 노출에 더 알맞으나 다른 치료도 사용될 수 있다. 그러나 아동은 실생활 노출이 가장 필요할 수 있는데 왜냐하면 아동이 발달적으로 상상 노출로부터 이득을 얻기 어려울 수 있기 때문이다(Head & Gross, 2008). 특히 두려움을 유발하는 자극제와 치료 회기에서 실제로 접촉하도록 신중하게 계획한다면 이와 병행하여 시각화와 사진으로 상상 노출을 할 수 있다.

용감하고 능력 있는 주인공이 등장하는 이야기를 사용하는 것을 통하여 상징적인 모델링을 하는 것도 어린 아동에게는 효과적이다(Beidel & Alfano, 2011). 치료자들은 가령 "나는 두려워할 필요가 없어. 나는 나 자신을 돌볼 수 있어."와 같은 자기조절 문장을 강화시킨다.

몇몇 사례(예 : 비행 공포)에서 실제 현실로 노출치료를 실시할 수 있기도 한다.

노출치료는 반드시 내담자가 동기화된 상태로 있고 통제감을 발달시킬 수 있도록 용기를 북돋는 것과 함께 이루어져야 한다. 치료는 다음 기술을 사용하여 더욱더 향상될 수 있다.

- 긍정적인 대처 진술
- 인지재구조화
- 사고 중지
- 사고 전환
- 성공 리허설
- 주장 훈련
- 최면요법
- 불안의 내적 단서 자기모니터링
- 치료자의 모델링
- 강화되는 실제연습
- 지지치료
- 가족치료

인지 전략이 노출 기반 개입과 통합되었을 때 효과성이 증가한다. 그러나 인지적 접근 단독으로 사용되었을 때는 특정공포증에 효과적이지 않다.

몇몇 특정공포증의 경우, 3시간으로 연장된 한 회기가 5회기를 진행하는 것보다 더 효과가 있을 수 있다(Davis et al., 2012; Haukebe et al., 2008). 다양한 특정공포증에 극대화된 노출이 효과가 있는 것으로 나타나고 있고, 동물 공포, 주사 및 치과 치료에 더 효과가 있어 보인다(Zlomke & Davis, 2008).

혈액-주사-손상형(기절로 이어짐)은 물론이고 더 복잡한 공포증은 전형적으로 더 천천히 진행되어야 하고, 기절하는 것을 방지하기 위하여 응용된 근육 긴장 이완법과 실생활 노출을 결합하는 것으로 효과를 볼 수 있다(Ost & Sterner, 1987). 몇몇 매뉴얼 기반 치료가 특정공포증에 가능하다(Craske, Antony, & Barlow, 2006).

공포증의 경우 일반적으로 적용되지 않는데, 왜냐하면 약물을 사용하면 노출 기반 치료에서 이득을 얻을 수 있는 환자의 능력이 감소되기 때문이다. 특히 벤조디아제핀은 불안을 감소시키고 환자가 치료로부터 이득을 얻기 위하여 필요한 수준의 불안까지 올라가지 않도록 하기 때문이다(Antony & Barlow, 2002).

약물치료는 때때로 단기간 처방되기도 하는데 예를 들어, 비행기 비행 동안 또는 치과 치료 이전 30분 동안과 같은 특정한 일과 연관된 불안을 감소시키기 위하여 제한적으로 사용된다. 약물치료는 문제를 치료하지 않으면서 두려움이 사실이라는 것을 실제적으로 강화할 수도 있다.

대부분의 아동에게서 행동치료가 선호되며 성공률이 높다. 약물치료는 심리치료에 반응하지 않는 경우, 다중의 공

병이 있는 경우 또는 예를 들어, 아동이 숨이 막히는 것에 대한 강한 두려움으로 먹기를 멈추는 것과 같은 기능 손상이 심각한 경우에 필요할 수 있다(Beidel & Alfano, 2011).

예후

특정공포증에 대한 예후는 불안장애 중에서 가장 좋은 편으로 70~85%가 유의미한 개선을 경험한다. 또한 특정 자극에 대한 여분의 두려움은 남아 있거나 몇 년 후에 다시 돌아올 것이다. 아동의 경우 실생활 노출을 포함하는 치료에 가장 좋은 치료 반응을 보였다(Beidel & Alfano, 2011).

사회불안장애

언급된 많은 불안장애와 같이 사회불안장애(social anxiety disorder, *DSM-IV*에서는 사회공포증)는 생물학적·환경적·기질적·유전적 요인의 복잡한 상호작용의 결과로 인한 것으로 보인다. 아동기 수줍음을 넘어선 사회적인 상황에서의 부정적인 평가에 대한 두려움과 수행 불안은 자기 고립과 직업, 자존감, 관계에 손해를 입는 회피의 일생을 살게 한다.

진단

사회불안장애는 미국 성인 인구 중 약 680만 명 정도가 앓고 있고 우울증과 알코올사용장애에 이어 세 번째로 흔한 정신질환이다.

많은 불안장애와 같이 사회불안장애 환자들은 자신의 감정적인 반응을 두려워하는 경향이 있다. 이러한 경우 두려움은 사회적인 상황과 수행과 관련이 있는데, 판단받거나 비판받고 모욕당하게 되는 것에 대한 큰 불안을 갖기 때문이다. 사람들이 자신의 불안으로 인한 신체 증상(예 : 땀 흘림, 목소리 떨림, 말더듬)을 알아챌 것이라는 곤혹감은 불안과 불편감을 더 증가시킬 뿐이다.

사회적인 상황을 종종 회피하거나 불안해하며 견뎌내게 된다. 회피는 오직 불안을 강화시킬 뿐이며 악순환으로 이어진다.

사회적으로 불안한 사람들은 타인이 보내는 위협적인 정보(예 : 부정적인 단서, 분노, 비평)에 집중한다(Mathews & MacLeod, 2002, 2005). 이것은 불안을 더 커지게 하고 비효율적인 사회적인 행동을 하도록 한다(Amir, Weber, Beard, Bomyea, & Taylor, 2008).

타인이 자신을 부정적으로 바라본다는 믿음으로 항상 자기비판적이다. 또한 실제로 그렇지 않은 경우에도 타인이 부정적인 반응을 보였다고 인지하고, 비판에 대하여 과도하게 경계하는 경향이 있다. 자신이 말을 하거나 수행을 할 때 타인이 자신의 수행에 대하여 어떻게 생각할지에 대하여 주의를 기울이면 실제로 더 좋지 않은 수행을 하게 되는 결과로 이어지고, 이것은 자신의 부정적인 기대를 강화시키게 된다(Markway & Markway, 2003).

사회불안장애가 있는 사람들은 지각된 무시에 더 민감할 뿐만 아니라 자신의 대화, 의상 또는 수행에서의 실수에 대해서는 더 용납하지 못한다.

그들은 민감하고 쉽게 상처 입으며 취약할 것이다. 그들은 손상된 사회적인 기술 때문에 사람들에게 기쁨조가 되고 복종적이거나 사회적으로 기분 좋게 하는 행동, 가령 자주 미소짓기, 동의하고 동조하기, 과도하게 사죄하는 모습 보이기 등을 하게 된다. 또는 공격성이나 분노로 자신의 불안을 감출 수도 있다. 많은 이들이 사회적인 상호작용으로부터 자신을 고립시키고 회피 행동을 하고 '술기운'을 위해 알코올을 소비하거나 눈맞춤을 피한다.

사회불안과 관련된 두려움은 무력하게 만들고 엄청난 고립과 기타 손상의 원인이 된다. 이러한 두려움을 갖고 있는 이들은 교육 수준이 낮고 미혼일 가능성이 많으며, 장애가 없는 사람들에 비하여 무직인 경우가 더 많다(Mannuzza et al., 1995). 우울증, 회피, 물질 남용 등이 흔하며 자살 위험률이 증가하게 된다(Kessler, Chiu, Demler, & Walters, 2005; Turk, Heimberg, & Magee, 2008).

사회불안장애는 부정적인 비평, 사회적인 금지, 부적절감에 대한 과민성이 특징인 회피성 성격장애와 유사한 점이 많다(APA, 2013). 두 장애의 범주에 합치하는 사람들은 더 우울한 경향이 있고 기능 손상의 수준이 더 높다(Chambless, Fydrich, & Rodebaugh, 2008).

사회불안장애가 있는 아동은 울거나 표정이 굳거나 매달리는 행동을 경험하거나 말하기를 거부하거나 불끈 화를 내기도 한다. 아동의 경우 말하기를 거부하거나 표정이 굳는 것은 고통이나 사회불안을 감소시키는 회피 행동을 하는 것이다. 예를 들어, 한 아동이 교실에서 이름이 불릴 말을 하거나 사회적으로 곤혹한 상태를 겪기보다 표정이 굳고 대답을 하지 않으려 할 것이다. 사회불안은 반드시 또래집단에서 일어나며 성인과의 상호작용에서는 일어나지 않는다.

사회불안장애의 경우는 오직 공개적인 연설이나 공적인 장소에서 수행하는 경우와 관련한 불안에 대해 수행 명시자를 갖고 있다.

내담자 특징

사회불안장애는 불안장애 중 가장 흔한 장애 중 하나이며, 성인의 경우 12%(Ruscio et al., 2008), 아동의 경우 5%, 13~17세에서는 16%의 일생 유병률을 보인다(APA, 2013). 발병하는 평균 연령은 8~15세 사이이다(APA,2013).

다른 유형의 불안장애와 유사하게 사회불안장애는 2 : 1 비율로 남성보다는 여성에게 더 흔하다. 증상은 매우 수줍음이 심한 아동에게서 아동기에 시작되는 경우가 있으며 분리불안, 선택적 함구증, 등교 거부 또는 기타 공병 장애를 갖고 있기도 한다.

사회불안장애의 증상은 아동과 청소년에게서 유사하나 청소년의 경우 아동보다는 사회적인 상황에 대한 회피와 두려움 수준이 더 높은 것으로 보고하며(Rao et al., 2007) 학교와 또래 사이에서의 기능 손상이 더 심각하다. 몇몇 연구에서는 사회불안장애가 있는 청소년이 겪는 기능적인 고통이 사회 활동을 참여하기 어렵게 만들 수 있을 만큼 힘들며, 발달에서 중요한 이 시기 동안 사회화를 막는 회피 행동들로 이어지게 한다고 하였다(Eder & Nenga, 2003).

초기 청소년기에 사회적인 기술 훈련을 하는 것은 자기주장성, 학급에서의 발표, 데이트 하기 등과 관련된 결손을 다루는 데 도움이 된다(Beidel et al., 2007; Essau, Conradt, & Petermann, 1999). 치료되지 않은 사회불안은 만성이 될 가능성이 있다(Turk et al., 2008).

이 장애에 대한 정확한 병인은 거의 알려져 있지 않다. 확실히 기질이 한 가지 역할을 하기는 한다. 생애에서 장애로 발달한 아동의 44%에서 아동기에 행동적 억제(수줍음)가 있었던 것으로 알려져 있다(Biederman et al., 2001). 그렇기는 하나 이 장애를 가진 청소년의 11%만이 아동기에 수줍음이 있었다고 보고하였다. 가족력 역시 관련이 있어 보인다. 가족 구성원들이 이 장애로 발달하게 되는 위험률이 2~6배 더 높다. 수줍음, 소심함, 새로운 사람을 만났을 때의 두려움 등 유전되는 기질이 이 장애에 원인이 될 수 있으나 이러한 행동은 다른 가족들에 의해서 모델링되었을 수 있다. 환경적인 요인도 배제할 수 없다.

아동기의 학대, 괴롭힘, 역경도 이 장애를 발달시키는 요인이다(APA, 2013). 거의 50%의 사례에서 대부분의 성인은 조건화된 사건을 기억해낼 수는 없었지만, 사회불안이 트라우마 또는 모욕적인 사건을 경험한 직후에 생겼다고 하였다(Beidel & Alfano, 2007). 사회불안장애로 발달하게 되는 특정한 경로를 알아내기 위하여 더 많은 연구가 필요하다.

평가

사회불안과 정상 불안을 구분하는 것이 중요하다.

다른 사람들이 어떻게 생각하느냐를 신경 쓰는 것은 적응적이고 우리가 타인을 더 잘 대우할 수 있도록 돕는다. 모든 사람이 사회적인 상황에서 어느 정도의 불안은 경험한다.

사회불안은 연속선상에 존재하는 것으로 어떤 사람은 사회불안을 거의 경험하지 않을 것이고 어떤 사람은 극심한 불안을 경험하게 된다. 대부분의 사람들은 이 극단 사이의 어느 곳에 있게 된다. 중요한 점은 문제가 되지 않는 선에서 합리적인 수준의 불안을 유지하는 것이다.

대부분의 불안이 관계를 시작할 때, 채용 면접 또는 첫 번째 데이트 등에서 더욱 두드러지고 시간이 경과하면서 감소되는 경향이 있기 때문에, 치료자들은 내담자가 처음 몇 회기 동안 불안이 증가하는 모습을 보이는지를 염두에 두고 있어야 한다.

높은 비율의 공병률 때문에 기타 다른 불안장애, 물질 관련장애, 우울증, 자살사고에 대한 평가도 이루어져야 한다. 이에 합당한 몇몇 척도와 자기보고식 질문지는 다음과 같다.

- 불안장애 면담 척도-5(Anxiety Disorders Interview Schedule-5, ADIS-5)—사회불안을 포함하여 다양한 형태의 불안의 유무를 평가하며 *DSM-5* 버전으로 업데이트됨(Brown & Barlow, 2014)
- 사회적 상호작용 불안 척도(Social Interaction Anxiety Scale, SAIS; Mattick & Clarke, 1998)—사회불안을 평가하는 데 도움이 됨
- 사회 공포 및 불안 검사(Social Phobia and Anxiety Inventory, SPAI; Turner, Beidel, Dancu, & Stanley, 1989)—15세 이상에게 추천함
- 벡 우울 척도-II(BDI-II; Beck, Steer & Brown, 1996)—자살사고의 유무와 함께 우울을 평가
- 아동을 위한 사회 불안 척도-개정판(Social Anxiety Scale for Children-Revised, SASC-R; La Greca and Stone, 1993)—22문항의 자기보고 검사이며 아동의 사회불안장애를 평가
- SPAI-C(Beidel, Turner, & Morris, 1998)—8~14세 아동에게 적합함
- 아동을 위한 공포 설문지-II(Fear Survey Sched-ule for Children-II, FSSC-II; Gullone & Lane, 2002)

내담자들이 증상을 기록하고 호전되는 것을 관찰하기 위하여 증상 일지를 작성하고, 일기를 쓰거나 기타 자기 관찰 도구를 사용하도록 권해야 한다.

치료자의 자질

사회불안장애 환자들은 일반적으로 사회에서 상호작용하는 불편함을 상담실로 가지고 온다. 그들은 감정을 나누는 것을 부정하거나 주저하고 치료자의 평가에 과도하게 걱정하며 거절받기를 기대할 수도 있다. 첫 회기부터 치료자의 중요한 역할은 내담자가 자신들의 불안을 충분히 잘 관리하여 섣부르게 치료를 중단하지 않게 하는 것이다.

신뢰는 천천히 쌓여갈 것이다. 이것은 특히 사회불안장애 환자들에게 해당되며 회피성 성격장애가 공병할 경우 더욱 그렇다. 내담자들은 치료에 노출될 준비가 되어 있지 않을 수 있거나 자신의 수행에 대한 불안정성 또는 불확실성 또는 다음 회기에서 비판받을 것이 두려워서 회기 사이에 주어지는 과제를 완수하지 못할 수도 있다. 이런 내담자와 작업할 때는 공감과 협업이 필요하며 비판적이거나 거부적인 모습을 보이지 않는 돌봄이 필요하다. 즉각적인 결과를 구하거나 변화에 초점을 맞추기보다는 치료자들은 천천히 진행을 하면서 변화에 대한 자신의 믿음을 점검하고 내담자들의 노력과 이미 이루어낸 성과들을 칭찬하는 것이 필요할 수 있다.

개입 전략

노출치료와 인지재구조화는 사회불안장애를 위한 전형적인 개입 방법이다. 이런 유형의 치료법은 사람들이 사회화되는 것이나 발표 낯선 사람과 이야기하는 것과 관련된 두려움을 없애는 데 도움이 되며, 사회불안장애 치료에 있어서는 노출치료 단독으로 진행하는 것보다는 더욱 효과적이다(Ougrin, 2011). 많은 다양한 치료 매뉴얼과 내담자용 워크북, 치료자용 안내서가 노출치료와 인지재구조화의 통합에 대한 단계적인 토론을 제공해줄 수 있을 것이다(Hope, Heimberg, & Truk, 2010; Turk et al., 2008).

Ougrin(2011)은 노출치료와 인지재구조화의 결합이 사회불안장애 치료에 더욱 효과적이라는 것을 발견하였으나 다른 불안장애에 대해서는 그렇지 않았다. 치료는 일반적으로 12~20주로 구성되며 다음 요소를 포함한다.

- 사회불안장애에서 두려움의 시작과 지속되는 것에 대한 심리교육
- 점차 더 두려운 상황에의 노출
- 문제가 되는 사고를 인지하고 자기관리하기 위한 인지재구조화
- 회기 사이의 과제(예 : 읽기, 학습한 것을 일반화하기 위한 실험)

다른 유형의 노출에는 역할 연습, 현실 상황(실생활 노출) 참여, 간접적인 '시각화' 등이 있다. 몇몇 형태의 자기 관찰은 치료에서 가치 있는 면이고, 비디오 녹화하기, 녹음하기, 자가평정하기 또는 타인으로부터의 피드백을 구하는 것 등이 포함될 수 있다. 비디오 피드백은 종종 사람들의 부정적인 자기 표현에 주의를 환기시킬 수 있고 그 결과 그

부분이 수정될 수 있다.

사회 기술 훈련은 두려움을 감소시키고 사회화와 사회 기술을 향상시키기 위하여 사용된다. 특정한 치료 모듈은 의사소통 기술, 목소리 톤, 자세, 눈맞춤 및 사람들의 필요에 따라 결정된 그 외의 것들에 초점을 맞추게 될 것이다.

적극적 근육 이완, 시각화, 복식 호흡하기, 기타 이완 기술들이 불안을 자기관리할 수 있도록 돕기 위하여 교육될 것이다.

치료는 특히 수행 관련 불안의 경우 신체 증상에 초점을 맞추는 것으로부터 관심을 돌리고 현재 자신이 하고 있는 것에 초점을 맞추는 법을 가르치기 위하여 맞춤식으로 진행될 것이다.

인지행동집단치료 Heimberg와 동료들(1998)이 개발한 인지행동집단치료(Cognitive Behavior Group Therapy, CBGT)는 사회불안장애에 대하여 경험적으로 지지를 받는 치료법이다. CBGT는 일반적으로 매회 2.5시간씩 12주동안 진행된다. CBGT는 자기 자신, 세계, 미래에 대한 핵심 믿음을 재구조하는 것을 포함하는 것으로 수정될 수 있다(Hope, Heimberg, & Turk, 2010). 치료는 특이한 사고, 이미지, 안전 행동, 주의력 전략 등을 다룬다. 또한 사회적인 역할에 참여하는 것 대신에 집에 머물거나 파티에서 가까운 친구에게만 말을 하는 것과 같은 회피 양식을 다룬다. 자기 평가의 일부로서 비디오 피드백이 자주 사용된다.

CBGT(CBT와 같이)는 인지 변화가 행동 변화를 일으키기 위하여 필요하다는 가정을 기본으로 한다. 집단치료는 사회불안 때문에 집단 활동이 주는 이점을 경험할 수 없는 경우가 아닐 때 효과가 있다. 집단 상호작용은 타인들로부터 새로운 기술을 배우고 안전한 세팅에서 관계를 맺는 새로운 방식을 실험해보고, 동료들로부터 피드백을 받아보는 기회를 제공한다. 또한 두려움을 정상화하고 다른 사람들과의 연결 — 사회불안을 갖고 있는 사람들의 삶에서 종종 빠져 있는 부분 — 을 제공한다.

마음챙김 기반 인지치료 판단 없이 지금 이 순간에 초점을 두고 유지하는 것이 마음챙김 명상의 목표이다. 마음챙김 개입은 이완을 증가시키고 교감신경계 반응을 감소시키는 데 효과적이라고 증명되었다(Schneier, Bruce, & Heimberg, 2014). 자기수용, 스트레스 감소, 수면 개선 등의 효과 역시 있을 수 있다. 마음챙김 기반 인지치료(MBCT; Segal, Williams, & Teasdale, 2002)는 사람들에게 자신을 불안하고 우울한 사고에 취약하게 만드는 사고의 패턴이 있음을 인지하도록 돕기 위하여 집단 기술 훈련 프로그램으로 개발되었다. MBCT는 사람들에게 자신의 생각, 감정, 신체 감각을 더 잘 인지하고 그러한 사고 패턴을 변화하여 자신의 감정의 악순환 고리와 불안으로부터 자유로워지기 시작하도록 교육을 한다. MBCT는 Jon Kabat-Zinn의 마음챙김 스트레스 감소(MBSR) 프로그램을 바탕으로 하였고 일반적으로 6~8주로 구성된다. MBSR과 사회불안을 대상으로 한 CBGT를 비교한 무선통제실험(RCT)에서 두 개입 모두 효과적인 것으로 나타났다. CBGT가 MBSR보다 사회불안을 낮추는 데는 더 효과적이었다. 그러나 명상을 기반으로 한 개입은 사회불안을 완화시키지는 못했다(Koszycki, Benger, Shlik, & Bradwejin, 2007).

청년들을 대상으로 한 CBGT와 MBCT 두 번째 비교 연구에서는 CBGT의 효과가 컸으나 결과에서는 두 치료가 매우 유사하였다(Piet, Hougaard, Hecksher, & Roseberg, 2010). Schneier와 동료들(2014)은 CBT가 더 효과가 있기는 하지만 마음챙김이 비용 대비 효과는 더 있다고 결론지었으며 사회불안장애 치료에 저비용 대안으로 제안할 수 있다고 하였다.

대인관계치료 대인관계치료(IPT)는 오류가 있는 사회관계를 수정하는 데 초점을 두는 것으로 사회불안장애에 도움이 되는 치료 선택일 수 있다. 그러나 무선통제실험(RCT) 결과 IPT가 사회불안 치료에서 위약치료보다 더 나은 결과를 보이지는 않았다는 결론을 내렸다(Lipsitz et al., 2008). 두 번째 RCT는 정신과 병동 입원 환자를 대상으로 하였고, 이 장애에 대한 IPT 치료 효과를 강하게 지지하였다(Borge et al., 2008).

최근 이루어진 매뉴얼화된 정신역동적 치료와 CBT를 대기자 집단과 비교한 대규모 실험에서 정신역동적 치료가 대기자 집단보다 더 효과가 있고, CBT와는 동일한 효과가 있다고 밝혀졌다. 그러나 재발률은 그다지 좋지는 않았다.

그렇더라도 Schneier와 동료들(2014)은 이 실험이 사회불안장애에 대한 매뉴얼화된 정신역동적 접근이 희망이 있다는 사실을 알린 것이라고 하였다.

복합 치료 약물 복용으로 사회불안장애가 치료되지는 않지만 심리치료와 함께 사용되기도 하는데, 특히 수행 불안을 감소시키고 치료에 참여시키는 능력을 향상 시키기 위하여 복합 치료를 사용한다.

벤조디아제핀은 이 장애에 동반하는 불안을 감소시키는 데 효과적이다. 클로나제팜은 효과성이 가장 잘 증명이 되어 있다(Davidson et al., 1993). 벤조디아제핀의 장점은 효과가 빠르다는 것으로 PRN(필요한 경우)으로 처방될 수 있으며, 내성이 생기기 쉽다. 벤조디아제핀의 단점은 남용할 가능성이 있는 보통 수준의 진정제 기능을 한다는 것이다. 우울증 또는 물질사용장애를 공병으로 가지고 있는 사람들에게는 처방되지 않는다. 베타차단제 역시 수행 불안을 치료하는 데 어느 정도의 효과가 있어 사용되기도 한다.

세 가지 SSRI, 즉 플루복사민(루복스 CR), 파록세틴(팍실), 설트랄린(졸로푸트)와 SNRI 벤라팍신(이펙사 XR)은 사회불안장애 치료제로 FDA 승인을 받았다. CBT와 약물요법은 사회불안장애 치료에 있어 동일한 효과가 있는 것으로 보인다. 가장 큰 차이는 치료가 끝난 이후에 생기는 일에 있다. CBT 치료와 함께하면 효과가 유지된다.

예후

다양한 치료 양식이 사회불안장애 치료에 효과적인 것으로 밝혀졌다. 인지행동치료가 일반적으로 치료 효과가 오래 지속된다는 점 때문에 선택되는 것으로 보인다. 회기에 참여하기 어렵거나 치료에 대한 의지가 없는 이들에게는 다양한 생물학적 선택사항이 있다. 하지만 대부분의 사람들이 약물치료가 중단되고 2개월이 지난 후 치료 이전의 기능수준으로 돌아간다(Hofmann & Barlow, 2002).

사회불안장애 치료가 가능한 마음챙김 기반 인지치료, 인지 오류 수정, 매뉴얼화된 정신역동 심리치료와 같은 새로운 심리치료가 있다. 이후 연구들에서 사회불안장애를 발달시키는 다양한 원인을 더욱 명확히 밝히고 더 효과적이며 가장 좋은 치료법을 밝히기를 기대한다.

공황장애

갑자기 일어나는 공황발작이 6개월간 반복적으로 발생하고 미래에 있을 발작 가능성에 대한 지속적인 걱정의 원인이 되거나 발작이 일어났던 장소를 공포스럽게 회피하게 되는 것이 공황장애(panic disorder)의 특징이다. 회피 행동(예 : 다리를 건너기를 피하고 다른 길로 돌아서 운전하기, 의사를 반문하기, 심장박동이 증가하는 것이 두려워 운동을 회피하기)은 부적응적이며 직장생활이나 운동 또는 많은 일상생활 활동에 참여하는 데 영향을 끼치는 기능에 손상을 일으킬 수 있다.

진단

DSM-5(APA, 2013)에서는 공황발작을 "수분 내로 절정에 이르는 강한 두려움 또는 강한 불편감의 급상승"으로 정의한다(p. 208). 이 기간 동안 다음 증상 중 네 가지 이상이 나타나야 한다.

- 발한
- 심계 항진 또는 심장박동 수 증가
- 숨가쁨
- 가슴 통증 또는 불편감
- 질식할 것 같은 느낌
- 메스꺼움
- 아찔한 느낌 또는 어지러운 느낌
- 화끈거림 또는 추운 느낌
- 저림 또는 마비
- 이인화 또는 현실감 상실
- 스스로 통제할 수 없거나 미칠 것 같은 두려움
- 죽을 것 같은 두려움

(한 번 이상의) 공황 삽화 재발이 반드시 있는데, 또 다른 발작에 대한 지속적인 걱정 또는 공황발작의 재발을 피하기 위한 행동상의 중요한 변화(예 : 직장으로 운전하여 출근하던 중 발작을 일으켰기 때문에 더 이상은 운전하기를 거부하는 것)와 같은 증상에 이어 한 달 이내에 재발한다. 최소한 처음에는 발작이 급작스러우며 뜻밖으로 보일 수 있으나 이후의 발작은 확실한 계기가 있을 수 있다.

공황발작은 매우 흔하며 미국에서는 12개월 유병률이 성인 인구의 12%를 넘으며, 성인의 50%는 일생 동안 최소 1회의 공황발작을 경험할 것으로 추측된다.

그러나 미국 인구의 3% 미만은 공황장애 범주에 합치된다. 다른 국가에서도 유병률은 유사하다. 공황장애는 남성보다는 여성에게서 2 : 1의 비율로 높게 나타난다. 공황장애가 있는 사람의 여성 친척들이 공황장애가 될 위험이 높은 반면 남성 친척의 경우는 알코올사용장애가 될 위험률이 더 높다. 공황장애는 이후 발병하는 우울증과 관련이 있다(Goodwin et al., 2005).

공황발작은 아동에게서는 거의 일어나지 않으며 청소년에서 중년까지 발병률이 증가한다. 치료하지 않는 경우 만성 장애가 되어 실업을 포함한 심각한 기능 손상의 결과를 낳는다. 공황장애가 자연적으로 완쾌되는 경우는 거의 없다. 다음 공황발작이 일어나기 전까지 몇 년 동안 나아지는 경우가 치료에서는 일반적이다.

자다가 공황 상태로 깨는 야간성 공황발작은 공황장애 환자 25~30명 중의 1명 정도로 발생하고(APA, 2013), 발병률이 공황발작이 있는 사람들 전체의 75%까지 높을 수 있다(Craske & Barlow, 2008).

다시 공황발작이 일어날 수도 있다는 걱정과 함께, '고조되는 듯한' 느낌 또는 신체적 · 정신적 건강과 관련한 걱정으로 불안한 느낌이 일반적이다. 생리적인 증상에 대하여 민감하며(심계 항진, 질병 불안, 약물 부작용에 대한 과민성), 두려움으로 일상의 과업, 면대면 약속 또는 일을 완수하지 못한다. 알코올, 약물, 불법적인 물질을 사용하는 것이 일반적인데, 이는 공황발작을 통제하거나 피하기 위한 시도이다.

내담자 특징

공황발작은 강렬한 두려움 또는 불편감이 갑자기 제한된 시간에 발생하고 일반적으로는 10분 내로 절정(때로는 2분 내)에 이르며 30분 이상 지속되는 경우는 거의 없다(Eifert & Forsyth, 2005). 이 시간 동안 당사자는 심장 마비가 왔거나 정신을 잃고 또는 통제력을 잃을지도 모른다고 믿는다.

그들은 진료를 위해 응급실을 여러 번 방문하게 되고 건강 관련 증상(예 : 심장박동, 호흡)에 대하여 과도하게 걱정하게 될 수도 있다. 왜냐하면 발작은 꽤 공포스러워서 그들은 공황발작이 일어났던 장소(예 : 다리, 군중)나 또 다른 발작이 일어났을 경우 대피하는 데 어려움이 있을 수 있는 장소(예 : 비행기, 극장)를 피하기 시작하게 된다.

놀랄 만한 발작이 반복될수록 당사자는 광장 공포를 일으킬 만한 많은 장소와 상황을 공포스러워하며 회피하게 되기 시작한다. 공황장애와 광장 공포의 결합이 DSM-5에서 두 가지 진단으로 고려되었고, 3분의 2 정도가 공병하며 공황장애에서 나타나는 많은 어려움을 겪게 된다.

모든 공황발작이 공황장애로 연결되는 것은 아니다. 발작은 기타 많은 장애에서도 흔하게 발견되기 때문 DSM-5에서는 주요우울장애, 특정공포증, PTSD와 같은 장애에 부가될 수 있는 공황발작 명시자를 추가하였다. 공황발작 명시자는 이 장의 후반부에 자세히 다룰 것이다.

많은 사람들은 고조된 불안 민감성을 경험하고 불안의 생리적 증상(심계 항진, 가슴 통증 또는 불편감, 메스꺼움, 현기증, 오한, 식은땀)을 심장 발작으로 오인한다.

이 장애는 종종 편두통, 심장 승모판 탈수, 메니에르병, 천식, 수면 중 호흡정지 등과 연관 지어지는데, 이것들은 공황장애의 원인이 되지는 않지만 공황장애에 의해 더 악화될 수 있다. 쌍방향으로 악화가 가능하다.

공황발작(재발되면 공황장애)의 원인이 될 수 있는 몇몇 의학적인 상태로는 과도한 카페인 복용, 기타 자극제(예 : 코카인, 메스암페타민)의 사용, 갑상샘과다증, 발작장애(seizure disorder), 만성폐쇄성폐질환(COPD) 등이 있다. 이러한 경우 물질 또는 약물로 인한 불안장애 진단이 공황장애보다는 더 적절할 것이다.

"공황장애는 완전한 증상이 있는 (기대하지 않은) 공황발작을 경험한 적이 없다면 진단되어서는 안 된다"(APA, 2013, p. 212). 네 가지 진단범주에 합치하지 않거나 기대하지 않았던 발작이 없는 경우에는 달리 명시된 불안장애로 진단될 수 있다.

평가

공황장애에 대한 심도 있는 다면적인 평가의 중요한 일부가 완벽한 의학적인 평가이며, 여기에는 임상 면담, 행동 평가, 공황 일지 또는 자기보고, 자기보고식 질문지가 포함된다. 자기보고식 평가는 치료 계획 수립뿐만 아니라 정확한 진단을 위하여 중요하다.

공항장애 증상을 측정하는 것뿐 아니라 회피를 평가하는 것도 명확한 진단을 하는 데 도움이 된다. 만일 ADIS-5(Anxiety and Related Disorders Interview-5; Brown & Barlow, 2014)의 결과가 없다면, 내담자는 두려운 상황 목록을 작성하여 0에서 8로 평정해보도록 지시를 받게 되며 0은 공황 또는 회피가 전혀 없는 것을, 8은 불안과 회피가 가장 많은 것을 나타낸다. 증상은 치료가 얼마나 효과가 있었는지를 판단하기 위하여 치료 이전, 진행 중, 이후로 평가된다.

치료자의 자질

공황장애를 겪고 있는 내담자에게는 첫 번째 회기가 매우 중요하다. 불안과 공황장애가 있는 개인은 일반적으로는 자신의 불안을 감소시키고 공황발작을 감소시키기 위하여 했던 시도들이 성공적이지 못했던 경험을 갖고 있다. 그들은 아마도 이 문제에 대하여 화가 나 있거나 치료에서 했던 다양한 시도로부터 좌절되어 있고 우울 증상을 동시에 갖고 있을 수 있다. 이 반응이 정상적이라는 것과 치료가 효과적일 수 있다고 내담자들에게 재확신을 주는 것이 또 다른 치료를 시작할 수 있도록 동기부여를 하는 데 도움을 줄 수 있다.

증상과 치료에 대한 심리교육이 첫 시작으로 좋다. 공황발작의 생리 증상을 이해한 사람들은 다시 발작이 일어났을 때 덜 두려워할 수 있다.

복식 호흡법과 기타 호흡 연습에 대한 학습은 적절히 산소를 들이마시고 과호흡을 피하게 해주는 좋은 방법이다. 근육 이완은 긴장을 푸는 데 도움이 되는 또 다른 기술이다. 치료자는 증상을 모니터링하고 평가하는 것의 중요성에 대하여 지도할 필요가 있다.

개입 전략

공황장애의 치료법으로 인지행동치료극이 사용되고 있다.

약물 복용과 마음챙김 기반 스트레스 감소도 CBT에 좋은 보조 치료 역할을 한다.

인지행동치료 CBT의 효과성은 잘 알려져 있다(Barlow, Conklin, & Bentley, 2015). 심리교육과 자극감응 훈련, 인지치료의 결합이 많은 통제된 임상 실험 결과로 지지를 받고 있다. 무엇이 '정상'인지에 대한 심리교육이 치료 과정에서 중요한 첫걸음이다. 특정한 신체 감각에 대한 오해석을 줄이는 것이 공황장애에 대한 CBT의 일부이다. 예를 들어, 자율신경계의 각성 신호에 대한 과한 불안이 사람들로 하여금 운동, 카페인 등이 심장 발작의 원인이 될 것이라고 믿도록 한다. 그러나 공황발작의 40%가 자율신경계의 각성의 어떤 신호와도 관련이 없다(Craske & Barlow, 2014). 파국적인 인지를 줄이는 것은 사례의 대부분에서 증상의 감소를 가져왔다(Noda et al., 2007).

자극감응 훈련은 공황장애 치료에서 CBT의 효과적인 요인이라고 알려져 있다(Lee et al., 2006). 공황 통제 치료(Panic Control Treatment, PCT)는 Craske와 Barlow가 1980년대에 개발한 것으로, 성인과 청소년 대상의 공황장애에 대한 근거 기반 치료가 되었다(Craske & Barlow, 2007; Pincus, Ehrenreich, & Mattis, 2008). PCT는 호흡 재훈련을 동반 또는 동반하지 않는 인지 재구조를 포함한다(Barlow, Conklin, & Bentley, 2015).

공황장애 치료에서 인지치료와 자극감응 훈련을 비교한 결과 12회기 이후 그리고 4주 후, 6개월 후 추적 검사에서 차이를 발견하지 못했다. 두 치료 모두에서 피험자의 75~92%가 공황에서 자유로웠다(Arntz, 2002).

불안에 민감한 여대생 또래에 대한 최근 연구에서 에어로빅 활동, 달리기가 불안 민감성 감소와 파국적인 사고를 감소시키는 데 특히 효과적인 메커니즘이 될 수 있다고 밝혀졌다(Sabourin, Stewart, Watt, & Krigolson, 2015). 많은 새로운 수용 기반 치료가 회피 반응에 대안으로 계획되는 가치 지속적인 활동에 대한 일지를 계속 쓰는 것을 포함하고 있다. 많은 연구가 더 필요하다.

예후

공황장애에 대한 장기간의 예후에 대하여 보고하는 연구가 거의 없지만, 연구로부터 몇몇 제한적 계획을 세워볼 수는 있다. 일반적으로 치료를 안 하면 공황장애는 회복과 재발을 반복할 수 있다. 공황장애를 위한 치료 프로그램을 마친 사람들은 확연한 개선을 경험할 수 있으며, 길어진 재발 기간 동안을 즐길 수 있다.

중복되는 의학적인 상태가 있거나 성격장애, 우울증, 불안, 우울 또는 자살사고 등이 있는 경우는 치료에 덜 반응할 수 있다.

공황발작 명시자

모든 공황발작이 공황장애의 일부로 발생하는 것은 아니다. 급작스러운 발작이 특정한 공포(예 : 새, 거미, 바늘) 대상과 접촉하는 것으로 자극이 될 수 있고 수행 불안 또는 사회불안장애에서 평가받고 비판받는 것에 대한 두려움으로 일어날 수도 있다. 외상후 스트레스장애(PTSD)를 겪는 사람들도 자동차 역화나 기타 알려진 자극제에 의해 자극되었을 때 종종 공황발작을 일으킬 수 있다. 다리 위를 운전해서 건너는 것도 과도한 고소 공포를 가진 사람에게는 공황발작의 원인이 될 수 있다. 이 모든 경우에 사람들은 무엇이 발작의 원인인지를 안다. 그러나 공황장애의 경우에는 발작이 예상하지 않은 상황에서나 계획하지 않은 상태에서 일어난다.

공황발작 명시자(panic attack specifier)가 적절한 기타 장애들은 우울증, 일반화된 불안장애 또는 특정한 신체증상장애, 천식과 연관이 있다. 공포는 일반화된 불안장애(GAD) 또는 암과 같이 심각한 질병으로 진단받았을 때도 일어날 수 있다.

불안은 종양이 있는 경우 발생하는 증상이어서 미국 임상종양학회(American Society of Clinical Oncology, ASCO)에서는 모든 종양 환자에게 첫 진단 이후와 이후 치료와 치료 사이 기간에 불안과 우울을 검사하도록 추천하고 있다.

ASCO는 암 환자들에게서 불안 또는 우울 증상을 발견하고 치료할 수 있는 실제 가이드라인을 개발하였다(Andersen et al., 2014). 공황발작은 암과 기타 질병을 치료하는 과정에서 심해지고 약해지는 것을 반복하므로 심도 있는 돌봄의 일환으로 치료되어야 한다.

공황발작은 기타 불안장애, PTSD, 많은 심리학적 의학적 장애와 많은 질환(예 : 편두통, 심장, 호흡기, 위장)과 연관이 있을 수 있다. 공황발작이 위의 장애 중 하나와 겹쳐서 일어났을 때 '공황장애를 동반한 범불안장애'처럼 명시자로 추가된다.

공황발작 명시자로 고려해야 하는 증상은 공황장애의 13개 증상과 같다(주의 : 공황장애에서 공황발작 명시자는 특정화될 필요가 없는데, 정의에 의하면 이 장애에서 공황발작은 본질적인 것이기 때문이다).

강렬한 두려움과 불편감과 함께 공황발작을 경험하는 사람들은 종종 자신이 심장 발작이 일어나거나 '미쳐가고 있다'며 두려워한다. 이들에게는 자신의 공황발작이 불안, 우울과 함께 일어나고 자살사고 및 행동이 증가할 가능성이 있다.

첫 번째 발작 몇 달 전에 선행하는 확인 가능한 스트레스 요인(예 : 가족 구성원의 죽음, 불법 또는 처방된 약물의 남용, 대인관계 스트레스)처럼 흡연 역시 공황발작과 관련이 있다.

기타 심리학적 또는 의학적인 장애와 연관이 있는 공황발작의 치료는 공황장애 치료와 같고 촉발제(예 : 카페인, 알코올, 약물 남용)의 회피와 심리교육 그리고 일반적인 건강, 식사, 운동, 수면 등을 포함한다. 호흡 연습과 이완 훈련 역시 도움이 된다.

광장공포증

군중, 열린 공간 또는 닫힌 공간, 집 밖에 홀로 있을 때의 뚜렷한 두려움이 광장공포증(agoraphobia)의 특징이다. 만일에 이들이 피할 수 없는 상황(예 : 배, 비행기, 극장 등)에 있을 때, 증가하는 공황과 같은 증상(또는 기타 당황스러운 행동)에 대한 두려움이 매우 심각하여 그곳에 가는 것을 거부하게 된다. 점점 더 상황을 피하고 누군가를 동반하기를 요구하게 되면, 결국에는 집 안에만 있게 되고 삶을 유지하기 위하여 필요한 모든 것을 제공해줄 타인에게 완전히 의존하게 된다. 모든 불안장애 중에서 광장공포증이 일과 관련된 무력함 측면에서는 가장 손상이 심하다.

진단

*DSM-5*에서 광장공포증은 공황장애로부터 분리되어, 광장공포증 단독으로 공황 명시자가 있는 광장공포증 또는 공황장애 진단범주에 들어가는 경우에는 두 진단 모두(광장공포증과 공황장애) 될 수 있다(APA, 2013). 몇몇 경우에 불안과 광장공포증은 공황장애 발병에 선행한다. 그러나 사례의 30~50%에서 공황이 광장공포증 증상에 선행한다. 광장공포증 단독 진단은 일반적으로 이어지는 공황장애의 강한 예언 인자이다(Bienvenue et al., 2006).

공황발작이 항상 광장공포증이나 공황장애와 관련이 있는 것은 아니다. 새로운 *DSM-5*에서 공황발작은 다른 *DSM-5* 장애들에 대한 명시자가 될 수 있다.

광장공포증의 다른 증상은 다음과 같다.

- 실제 위험성 또는 상황에서의 위험률 이상의 지속적인 두려움, 불안 또는 회피
- 직업, 사회화하는 것 또는 일반적으로 삶을 살아가는 능력에 부정적으로 영향을 주는 임상적으로 의미 있는 손상

모든 불안장애와 같이 일시적인 증상을 제외하기 위하여 광장공포증 진단을 위한 최소 지속 기간은 6개월로 한다. 이 장애의 경과는 지속적이고 만성적이다. 치료 없이는 거의 회복되지 않는다(예 : *DSM-5*에 의하면 10% 미만; APA, 2013). 치료를 하더라도 더 심각한 사례에서는 반복적인 재발을 경험하기 쉽다. 광장공포증의 장기 사례의 경우는 주요우울장애(MDD), 지속성 우울장애, 물질사용장애로 발달될 수 있다. 특히 남성의 경우는 물질사용장애와 동반이환할 가능성이 높다.

광장공포증은 인구의 1.7%에서 발생하며 청소년과 성인에서 가장 많이 진단될 수 있다. 광장공포증 발병의 60% 이상이 35세 이전에 시작된다. 아동에게서도 일어날 수 있지만 진단이 흔하지는 않다.

위험한 상황에 대한 정상적인 불안은 광장공포증과는 분명히 구분되어야 한다. 천둥번개가 치는 중에 외출을 하는 것과 우범지대에서 늦은 밤에 애완견 산책을 나가는 것을 두려워하는 사람들은 이 장애로 진단되지 않을 것이다.

나이와 문화적인 고려도 이루어져야 한다. 예를 들어, 노인은 자신의 불안을 단지 나이 탓이라고 규정할 수도 있다(예 : 낙상 때문에 군중을 두려워하는 것). 몇몇 종교는 여성이 집을 떠나거나 홀로 여행하는 것을 금한다.

광장공포증은 그것의 조직적인 특성 때문에 특정공포증(예 : 다리, 비행기)과는 구분될 수 있다. 예를 들어, 만일 불안이 모든 형태의 교통수단과 관련이 있다면 이것은 광장공포증일 수 있다. 이 장애는 PTSD와도 구분이 된다. PTSD에서는 촉발사건이 있고 개인의 두려움과 회피 행동은 특정한 트라우마 경험에 대한 기억과 관련이 있다.

공황 관련 물질 사용은 일반적으로 물질이 떨어진 경우에 멈춘다. 사회불안장애와 관련이 있는 두려움은 일반적으로 비판받거나 판단받는 것에 대한 두려움과 관련이 있는 반면, 광장공포증과 연관된 공황은 덫에 걸린 느낌과 그 상황(배, 터널, 비행기)에서 벗어날 수 없을 것 같은 느낌과 관련이 있다. 불안과 연관된 우울 증상은 심각하게 다루어져야 하는데 이 증상이 자살사고 및 행동과 종종 연결되기 때문이다.

광장공포증의 원인은 잘 알려져 있지 않다. 대부분의 불안장애와 같이 불안장애를 가지고 있는 직계 가족에서의 유전적인 요인을 갖고 있다. 기저의 유전적인 요인이 두려움 및 불안과 관련이 있는 뇌의 신경전달물질에 영향을 주거나 영향을 받는 환경 요인(예 : 호르몬 변화, 카페인 소비, 흡연, 스트레스)에 의하여 악화된다.

감응회피는 카페인, 운동, 성생활 또는 신체를 민감하게 하는 활동 등으로 심장박동 수 증가와 사람들이 공황과 연관시키기 시작하는 기타 신체적인 민감성을 회피할 때 일어난다. 결국에는 불안 민감성 또는 '두려움에 대한 두려움'이 생겨난다.

대부분의 광장공포증을 가진 사람들은 기타 불안장애(공황장애, 분리불안), 우울장애, PTSD, 알코올사용장애를 포함하여 다른 공병 장애를 가지고 있을 것이다.

많은 사람들이 물질 사용 문제를 발전시키거나 불안을 감소시키기 위하여 처방된 약물에 의존하게 된다. 남성이 여성보다 더 많이 자가 약물치료를 한다(Eifert & Forshth,

2005). 몇몇 성격장애는 공황장애와 관련이 있는데 회피성 · 의존성 · 연극성 성격장애에서 흔하다.

내담자 특징

광장공포증을 가진 사람들은 매우 불안하고 통제력을 잃는 것(예 : 소변 조절이 안 되는 것, 공황발작을 하는 것, 가슴 통증이 일어나는 것, 기절하는 것)을 두려워하여 직장을 나가거나 외식을 하거나 진료를 받으러 갈 때마다 동반할 사람을 필요로 하게 될 때까지 두려움이 활동을 제한하게 한다.

도망치기 어려운 장소(예 : 다리, 터널, 비행기, 보트, 군중)가 점점 더 많아진다. 이러한 상황에 노출하는 것은 종종 강한 감정 및 공황과 관련된 신체적인 증상(예 : 어지러움, 숨이 짧아짐, 사지의 약화)을 촉발하여 사람들은 자신이 위험하다고 지각하는 상황을 회피하기 위하여 도망가게 된다.

보통 정도의 광장공포증 증상은 생활양식에 제한(예 : 대중교통 회피, 스포츠 경기 관람이나 콘서트 참석 안 하기, 가게가 붐비지 않을 때 쇼핑하기)을 줄 수 있다. 더 심각한 경우에는 유일하게 집만이 안전지대가 되고 그 경계를 벗어날 수 없게 된다(Barlow, 2014).

과잉각성, 예기 불안, 수동성이 광장공포증을 가진 사람들의 공통된 기질이다. 건강 염려 및 의학적인 문제 또한 있을 것이고 자신의 제한된 기동성의 원인으로 지목되기도 하지만 흔하지는 않다. 몇몇 연구를 보면 여성 흡연자보다는 남성 흡연자에서의 발병률이 더 높은 것으로 나타났다. 운전 중의 현기증과 어지러움에 대한 두려움 또한 원인이 될 수 있다(Hara et al., 2012).

평가

표준화된 척도와 질문지, 공황 및 광장공포에 대한 증상의 사용을 통하여, 두려움이 명확해지고 광장 공포 상황이 확실해질 것이다. Brown과 Barlow(2014)는 최근에 불안과 관련 장애 면담 계획(Anxiety and Related Disorder Interview Schedule, ARDIS)을 *DSM-5*에 맞춰 개정하였다. 광장공포에 특정화된 다른 평가 척도와 질문지들이 있다.

- 광장공포증 기동성 척도(Mobility Inventory for Agoraphobia; Chambless, Caputo, Gracely, Jasin, & Williams, 1985)
- 광장공포증 인지 질문지(Chambless, Caputo, Bright & Gallagher, 1984)

물질 사용, 우울 및 자살 경향성은 기타 공병하는 불안 또는 성격장애와 함께 반드시 평가되어야 한다.

치료자의 자질

지지적이고 열정적이며 수용이고 공감적인 것은 모든 불안장애 치료에서 기본이다. 이것은 특히 광장 공포의 경우 그렇다. 내담자들은 반드시 위험을 무릅쓰도록 독려되어야 하고, 아주 사소한 노력일지라도 강화되어야 한다. 내담자의 초기 의존성에 편안하게 대할 수 있고 구조를 제공하며 다소 느린 치료 속도를 유지할 수 있는 치료자의 능력이 치료가 효과를 발휘할 수 있게 하는 데 기본 요소이다. 치료자 모델링은 과도하게 불안하여 수동적이고 우울해 보이는 내담자에게 긍정적인 영향을 줄 수 있다.

CBT의 심리교육적인 요인의 중요한 부분은 내담자로 하여금 과잉각성과 관련한 인지 왜곡을 이해하도록 도우며, 두려움은 실제로 사람들을 안전하게 보호하기 위하여 발달한 적응적 기능이었으나 점차 강화—사람들을 안전하게 보호하는 것보다는 반추와 두려움의 끝없는 순환에 머무르게 하는 것으로—된 것이라는 점을 이해하도록 돕는 것이다.

개입 전략

광장공포증 치료를 위한 근거 기반 치료에서는 다음의 Craske와 Barlow(2014)를 기초로 한 요소들을 통합한 인지행동치료를 포함할 것이다.

- 장애에 대한 정보를 제공하고 불안한 감정을 정상화하고 고통의 수준을 평정하도록 하는 심리교육
- 촉발제를 확인하고 일지를 쓰며 자기관찰하기
- 카프노메트리 보조 호흡법 훈련(Capnometry-Assisted Respiratory Training, CART; Meuret et al., 2008)
- 불규칙한 호흡을 하는 사람들을 위한 호흡 재훈련(Craske & Barlow, 2014)

- 자신의 증상 관리를 위한 초점 맞추기와 같은 응용된 이완 기법과 자가진정법 교육
- 자신을 돌볼 수 있도록 과장된 위험, 생활스트레스 요인, 파국화와 같은 인지 왜곡 재구조화. 인지 왜곡에 대한 전형적인 도전은 특정한 스트레스 상황이 닥쳤을 때 불안은 그 상황이 끝나면 금방 사라질 것이라고 자신에게 말을 하는 것이다.
- 특정한 상황을 회피하기 위한 노출 기반 요인은 치료실 밖 일상에서 연습하게 된다(Craske & Barlow, 2014). 점진적인 접근법을 사용하는 노출 및 반응 방지(E/RP) 기법은 불안에 민감하게 하여 두려움(공공장소에 있기, 대중교통 이용하기)을 더 잘 인지하도록 하고 회피 행동을 하지 않도록 한다.
- 노출 동안 수용(예 : ACT)
- 학습한 것을 강화하기 위하여 회기 사이에 내 주는 과제에 대한 강화

위에서 대략 설명한 CBT의 광장공포증 치료는 경미한 광장공포증에서 50~70%가 개선 효과를 보였다(Barlow et al., 1989). 광장공포증 치료 참가자의 평균 탈락률은 19%이다(Haby, Donnelly, Corry, & Vos, 2006).

자기주도적 치료는 치료 매뉴얼과 자기개발서에서부터 인터넷과 컴퓨터 프로그램으로 확장되고 있다. 이러한 치료 방법은 자기동기화되어 있고 증상이 심각하지 않은 사람들에게 적합하다. 심각한 사례의 내담자들이 단계적 치료로 더 도움을 받을 수 있는데, 이 치료에서는 자기주도적 치료 이후에 컴퓨터 또는 치료자의 도움을 받는 치료가 뒤따르게 된다.

광장공포증을 위한 자기주도적 치료는 치료자가 없는 경우 감소율이 더 높기는 하지만 치료자의 지시적 치료만큼 효과적이라고 밝혀졌다(Craske & Barlow, 2014; Kiropoulos, 2008). 집단 또는 개인치료와 상관없이 결과는 유사하였다(Craske & Barlow, 2014).

예후

치료는 광장공포증 환자들의 삶을 획기적으로 개선하며 우울증과 다른 불안장애 증상 역시 감소시킬 수 있다. 재발이 흔하지 않은 것은 아니지만 장애가 처음 발병했을 때보다 보통은 치료가 더 쉽다.

범불안장애

범불안장애(generalized anxiety disorder, GAD)는 일생 유병률이 5.7%로 가장 흔한 불안장애 중 하나이다(Kessler et al., 2005). 병인론은 잘 알려지지 않았지만 기질, 유전 요인, 환경적인 위험 요소가 기여할 것이다. 범불안장애로 발달하게 되는 위험 요인의 3분의 1은 유전 요인이다. 유전적 성향이 부정적인 정서성(신경증으로 알려진)과 생애 초기에 나타나는 걱정과 결합하여 불안 기질이 발달하도록 기여하게 된다. 결정적으로 범불안장애의 원인이 되는 환경적인 위험 요인은 알려져 있지 않다. 그러나 스트레스가 많은 생활 상황이 기존의 불안을 악화시킨다는 것은 이미 알려져 있다. GAD는 *DSM-5* 장애 중에서 가장 높은 동반이환 중의 하나이며, 개인을 무력하게 만들어서 미국에서만 1년에 11억 장애인을 만든다(APA, 2013).

진단

GAD는 약간 불안감을 느끼는 것보다는 더 많게, 과도하고 통제하기 어려운 불안을 경험하며, 다양한 삶의 여건에 대하여 걱정하는 날이 그렇지 않은 날보다 더 많은 기간으로 6개월 이상 지속되는 것이라고 정의된다. 걱정은 통제하기 어려워서 상당한 고통을 주고 다음 증상 중 최소 세 가지를 동반한다(아동의 경우 최소 1개).

- 안절부절못하거나 들떠 있는 느낌
- 피로
- 집중하기 어려움
- 과민성
- 근육 긴장
- 수면 방해

GAD의 12개월 유병률은 나이에 따라 다르다. 미국 청소년의 거의 1%와 성인의 3%가 GAD를 가지고 있다. 이 장애는 중년에 절정에 이르고 나이가 들어감에 따라 감소한

다. GAD는 다른 장애에 비하여 인생 후반기에 진단되는 경향이 있고 아동기에는 거의 진단되지 않는다. 평균 연령은 30세이다. 그렇더라도 대부분의 사람들은 언제 자신의 증상이 시작되었는지 지목하지 못한다. 그보다는 불안과 걱정이 일생 동안 진행하는 것 같다.

여성의 경우 남성보다 2배 더 많고 유럽계가 비유럽계(예 : 아시아인, 아프리카인, 아메리카 및 태평양 원주민)에 비하여 더 많다. 불안이 과도한지를 평가할 때는 다양한 사회, 문화, 연령 관련한 맥락을 고려하는 것이 중요하다. 예를 들어, 미끄러지거나 넘어지는 것에 대한 과도한 걱정은 81세 여자 노인이 자신의 활동을 제한하는 원인이 될 것이다. 이것은 과도한 걱정이 아니지만 만일 그녀가 넘어졌을 때 어떤 일이 벌어질지를 생각해본다면 실제로 현실적이다.

다른 신체적인 증상이 GAD에 수반하며 메스꺼움, 설사, 손바닥에 땀 흘리기, 떨림 또는 떨리는 느낌, 과장되게 놀라는 반응을 포함한다. 불안은 위험에 대한 신체의 생리적 반응과 연관이 있다. 짧은 호흡 증상, 증가한 심박동 수, 어지럼증은 모두 불안과 관련이 있으나 GAD보다는 공황장애에서 더 많이 발생한다.

대략 GAD환자의 80%가 동반이환을 가지고 있고(Roy-Byrne & Cowley, 2007), 가장 많은 것은 다른 불안장애(공황, 사회불안, 특정공포증)이고 또는 우울장애(예 : MDD, 침투성 우울장애)도 있다. 주요우울장애(MDD)는 불안 증상과 수면 감소에서 GAD와 공통점이 있다. 그러나 일찍 잠이 깨는 것은 MDD에서 더 흔하며 일차성 불면증이 GAD를 더 확실히 나타낸다.

GAD는 PTSD와 OCD도 불안을 요소로 가지고 있지만 구분을 해야 한다. OCD가 때때로 일반적이지 않은 걱정의 내용을 가지고 있다는 점과 GAD는 강박이 없다는 면에서 자아 이질적인 것으로 OCD와 구분이 된다.

질병불안장애는 건강 관련 염려를 한다는 점에서 GAD와 공통적이지만 GAD에서는 의료적인 염려는 작은 부분만 차지한다는 데서 다르다. 그들은 다양한 염려를 일반화하는 경향이 있다.

GAD는 또한 알코올 및 기타 물질사용장애와 공병한다.

GAD 관련 증상이 다른 질환(예 : 갑상샘과다증) 또는 물질 사용(예 : 흥분제, 코카인)에 기인하는 것이라면 GAD 대신에 그 장애로 진단될 것이다.

과도하게 걱정하는 사람들은 종종 수면 방해, 피곤함, 주의집중 곤란을 보고한다. GAD는 수면 관련 장애와는 반드시 구분되어야 한다.

아동 취학 이전의 아동은 괴물이나 주 양육자로부터의 분리를 걱정하는 경향이 있다. 학령기 아동은 자연재해(예 : 지진, 폭풍)를 염려하고, 무엇이든 완벽하지 않게 하는 것에 대한 의심 때문에 반복해서 과제를 수행하게 만드는 완벽주의적 경향성이 발달할 수도 있다. 내부의 불안정 때문에 외부로부터의 인정과 안심을 원할 수 있다.

아동과 청소년에서의 불안 증상은 학교, 운동 또는 자신의 수행이 평가되는 상황은 언제나 발생하므로 수행 이슈와 함께 순환한다. 반추 또는 걱정하는 행동 등을 동반하는 사회불안, OCD, 우울증과 같은 장애가 더 적절한 진단임에도 GAD가 아동에게 과진단된다. 아동의 경우는 질병에 대한 걱정이 분리불안장애의 증상이 될 수 있다.

내담자 특징

분명히 모든 사람이 일정 정도의 불안을 경험하기는 하지만 모두가 불안장애로 진단을 받지는 않는다. GAD와 비병리적인 불안을 구분하는 것은 과도한지, 관리할 수 없는 정도인지 그리고 삶의 기능을 방해하는 정도인지 등 걱정의 정도에 있다.

대인관계 기능이 GAD 환자들의 걱정 주제로 가장 자주 보고 되는데, 대부분이 자신을 다른 사람보다 대인관계 기술면에서 부족하다고 본다(Erickson & Newman, 2007). GAD로 진단받은 많은 사람들이 공병하는 성격장애를 가지고 있다. 다른 불안장애보다 훨씬 GAD 환자들은 결혼 불만족 및 불화를 보고한다(Whisman, Uebelacker, & Weinstock, 2004). 이러한 GAD와 연관된 대인관계 결손은 치료에서의 높은 중도 탈락률, 치료 중 권고사항에 대한 낮은 순응률 그리고 낮은 완화율을 예언한다(Behar et al., 2009).

예언적 불안 또는 미래에 대한 불안은 GAD에서 일반적이다. 미래에 대한 걱정이 불안의 알림 역할을 하는 반면 과거에 대한 걱정은 우울에서 더 일반적이라고 알려져 있다. 현재에 집중을 못 하는 것은 사람들로 하여금 일어날지도 모르는 일에 대하여 과도하게 경계하도록 만들어서 안절부절못하는 신체적인 증상, 수면 방해, 근육 긴장을 증가시킨다.

특히 OCD와 공병하는 GAD 환자들은 불확실성을 참지 못하는 경향이 있다(Holaway, Heimberg & Coles, 2006). 때때로 그들의 걱정과 반추는 어떤 목표를 수행하고 있는 것인데 그 목표는 자신이 생산적인 어떤 일(예 : 어떤 문제에 대한 해결책을 찾기 위한 고민을 하고 있다는 것)을 하고 있다고 믿는 것으로, 사실 그 고민은 회피 기능을 하고 있는 것이다. 걱정하고 반추하며 다른 사람들로부터의 정보 및 확신을 구하지만 그들은 결정을 미루며 자신이 판단되거나 비판받게 되는 상황을 피하고 있는 것이다. 불안을 느끼고 그것을 수용하고 나아가기보다는 꾸물거리고, 준비하는 데 과도한 시간을 보내고 결정을 미루는 경향이 있다.

앞에서 언급했듯이 GAD의 일반화 경향은 모든 것(예 : 재정, 일, 학교 수행, 집안일, 책임감, 건강)에 대하여 염려할 때 명백해진다. 더 많은 영역에서 걱정할수록 GAD 진단은 더욱 적절해진다. 과도한 염려는 신체 증상(예 : 안절부절, 수면 문제)의 원인이 되기도 한다. 시간과 에너지 소비적 염려는 즐거움을 주는 활동에서 종종 멀어지게 하고 직장이나 가정에서 생산적인 일을 하는 데 시간을 덜 쓰게 만든다. 빠르고 효과적으로 기능할 수 없는 것이 중요한 손상이고 GAD는 전 세계적으로 무능함의 가장 큰 원인 중 하나이다.

평가

모든 사람은 어느 정도의 걱정을 한다. 이 행동이 정상적인지, 불안장애로 인한 것인지는 다음과 같은 평가 도구로 결정할 수 있다.

- 해밀턴 평정 척도(HARS; Hamilton, 1959)
- 상태-특질 불안 검사(State-Trait Anxiety Inventory, STAI; Spielberger et al., 1983)
- 불안장애 면담 계획-5(ADIS-5; Brown & Barlow, 2014)
- 범불안장애 질문지(Generalized Anxiety Disorder Questionnaire, GADQ; Roemer, Borkovec, Posa & Borkovec, 1995)

GAD-7 질문지(Spitzer, Kroenke, Williams, & Lowe, 2006)는 7개 문항 자기보고 검사로 지난 2주간의 불안 정도를 평가할 수 있게 한다. 내담자는 심도 있는 탐색을 위한 선별 도구로 쓰이는 가령 '예민한, 불안한 또는 안절부절한 느낌' 또는 '걱정을 멈출 수 없는' 등의 문장에 기록하도록 요구받는다.

치료자의 자질

범불안장애를 가진 많은 사람들은 두통이나 소화 문제, 수면의 어려움, 허리 통증 등과 같은 신체적인 고통에 대한 의학적 치료를 받는 것을 우선적으로 찾기가 쉽다(Kroenke et al., 2007). 1차 진료의가 불안을 관리할 수 있는 방도로 종종 심리치료를 권한다.

대부분의 내담자들보다 GAD 환자들이 정서 경험과 그것을 다루는 것을 두려워하고 피하려고 하는 경향이 있다. 환자가 치료에서 도움을 받을 수 있을 정도로 오랫동안 치료에 머물게 설득할 수 있다면 대부분의 치료자들은 효과를 낼 수 있는 여러 가지 기법을 가지고 있다. 이들 증상의 자아 동질적인 면은 자신들의 증상을 심리적인 원인보다는 의학적인 이유로 돌리고, 종종 조기 치료 종결을 하도록 한다. 그러므로 치료자의 협업적인 태도와 합리적인 추론 능력이 도움이 될 것이다.

가령, 복식 호흡과 같은 간단한 연습은 치료 초반부에 교육할 수 있고 이는 수면 개선하기, 이완 유도하기, 걱정 조절하기 등에 도움이 될 것이다. 치료 초기에 조금이라도 성공 경험을 보고하는 내담자는 치료를 계속할 가능성이 높다.

따뜻함, 공감적, 신뢰감과 협업을 북돋을 수 있는 능력 등의 치료자의 자질은 내담자로 하여금 치료에 머무르고 상호 동의한 치료 목표를 향해 작업해나갈 수 있도록 하는 중요한 부분이다(Castonguay, Constantino, & Grosse Holtforth, 2006).

어떤 심리치료에서든지 긍정적인 치료 동맹을 형성하는 것이 치료 성공을 위한 필요조건이다. 심리교육은 사람들이 자신의 증상의 원인을 이해하고 자신의 불안을 정상화하는 데 도움이 된다.

개입 전략

CBT는 GAD 치료에 가장 효과적이다. GAD의 치료에 대한 몇몇 메타분석에서 다음과 같은 점이 일관적으로 발견되었다(Bolognesi, Baldwin & Ruini, 2014; Borkovec & Ruscio, 2001; Hanarahan, Field, Jones, & Davey, 2013).

- CBT는 불안 증상을 의미 있게 감소시킨다.
- CBT는 대기자, 치료 없는 집단, 위약 집단보다 우세하다.
- CBT는 GAD 치료에서 분석적 심리치료보다 우세하다.
- 인지치료와 행동치료를 결합한 치료가 인지치료, 행동치료, 이완치료 단독보다 효과적이다.
- 개인치료가 집단치료보다 더 효과적이다(Covin Ouimet, Seeds & Dozois, 2008).
- 연령이 높은 성인집단보다는 젊은 집단에서 결과가 더 뚜렷하다(Covin et al., 2008).

불안에 대한 초기 연구에서 불안의 자아 동질적인 특성을 발견하였다. 많은 사람들이 자신이 오래 생각하기만 한다면 올바른 해결책이 떠오를 것이고 그러면 자신이 문제를 해결하고 일어날 수 있는 위험이나 위협을 방지할 수 있을 것이라고 믿으며, 대처를 할 때 잘못된 시도로서 염려를 사용한다(Borkovec & Newman, 1998). 그러나 그러한 믿음은 부적응적이고 사람들로 하여금 즐거운 일을 하는 것을 방해하면서 반추와 부정적인 사고를 증가시킨다.

가령, 중성적인 정보를 부정적인 방식으로 해석하기와 어떤 일이 벌어지면 그 사람이 준비되어 있을 것이라는 생각으로 어떤 상황에서든 최악의 시나리오를 준비하는 경향성 등과 같은 GAD에 기여하는 다른 인지 왜곡이 확인된다.

인지재구조화 기법은 Beck과 Emery(1985)가 처음으로 제안한 지 30년이 지난 이후 오늘날까지도 사용되는 많은 CBT 치료의 기본 형식이다. 이 접근은 활동적이고 논리적이며 조직화되어 있다. 또한 치료자-내담자의 협업을 요구하고, 질문이 개입의 주요한 형식이 되는 귀납적/소크라테스적 방법을 강조한다. 회기 사이에 내주는 과제 또한 새로운 기술을 강화시키는 데 중요하다.

과거에 GAD를 위한 인지행동치료는 주로 두 가지 목표에 초점을 두었는데, 하나는 인지재구조화이고 다른 하나는 이완 기술을 늘려서 불안 증상을 감소시키는 것이었다. 새로운 연구에서는 치료가 효과적이기 위해서는 정서와 대인관계의 결손 또한 반드시 언급해야 한다고 지적하고 있다.

정서적인 처리의 어려움이 GAD의 핵심이므로, 정서 표현이 적은 것이 이 집단에서 흔하게 발견되는 특질이라는 점은 놀랄 만한 사실이 아니다(Llera & Newman 2010; Mennin, Heimberg, Turk & Fresco, 2005). 이러한 경향성은 대인관계를 어렵게 하고, 치료에서의 높은 탈락률을 기록하게 한다.

그러므로 CBT로 치료할 때는 내담자가 부적응적인 인지도식을 어떻게 유지하고 있는지에 중점을 두고 대인관계 문제에 초점을 맞춰야 한다(Boswell, Llera, Newman, Castonguay, 2011). 두려운 자극에 대한 정서 처리와 노출이 치료 계획에 포함되어야 하며 많은 사례에서는 아마도 두려운 정서 처리와 연결될 것이다.

Behar, DiMarco, Hekler, Mohlman, Staples(2009)는 대략의 GAD에 대한 다섯 가지 개념화 모델—회피, 불확실성에 대한 비관용, 정서조절 곤란, 메타 인지 모델, 수용 기반—을 치료 결과와 함께 제시하였다.

Roemer와 Orsillo(2014)는 자신들이 GAD의 수용 기반 행동 모델로 제안한 것에 대하여 개관하였다. 내부 감정을 수용하여 통합하고, 개인적으로 의미 있는 행동을 시작할 수 있도록 내담자를 돕는 것은 고전적인 CBT가 할 수 있었던 것 이상으로 GAD로부터 편안해지도록 해줄 것이다. 몇몇 예비 연구에서 이것이 참인 것으로 나타났으며, 최근에 더 많은 연구들이 수행 중에 있다(Mennin & Fresco, 2014).

Bolognesi와 동료들(2014)은 GAD를 위한 인지 기반 치료에 대한 심도 깊은 문헌 연구를 수행하였다. 대부분의 치료들이 정서조절 곤란, 메타 인지, 감정 회피, 불확실성을 못 견딤 등을 지적하였다. 가장 잘 알려진 것은 다음과 같은 것이다.

- 마음챙김 기반 스트레스 감소
- 마음챙김 기반 인지치료

- 수용 기반 행동치료
- 메타 인지 모델
- 인터넷 기반 CBT
- 대인관계 정서 처리 치료(I/EPT)

범불안장애를 위한 메타 인지 모델은 염려에 대한 통제 불능성과 효과성에 대한 깊은 신념에 도전하고 염려를 다루는 다른 전략과 대처 기술을 소개한다(Fisher & Wells, 2009). 한 RCT에서는 GAD 치료에서 메타 인지가 응용된 이완법보다 더 효과적이라고 밝혀졌다(Bolognesi, Baldwin, & Ruini, 2014).

CBT는 수십 년간 GAD의 표준이 되어 왔고 성공률이 높았다. 그러나 앞에서 언급했듯이 효과적인 치료는 반드시 대인관계와 정서 처리 과정을 다루고(I/EP; Erickson & Newman, 2007), GAD 환자에서 매우 일반적인 불확실성에 대한 못 견딤을 다뤄야 한다(Dugas et al.,2010).

GAD에서 흔히 발견되는 회피 활동은 삶에서 사람의 즐거움을 뺏는 경향이 있다. 가치 있고 의미 있는 활동을 하는 대신에 이를 경험하거나 추구하는 데서 멀어지게 하는 회피 활동(예 : TV 시청, 꾸물거리기, 청소하기)으로 허비된다(Hayes, Strosahl, & Wilson, 2012).

마음챙김 기반 스트레스 감소   Jon Kabat-Zinn의 마음챙김 기반 스트레스 감소(MBSR)는 고통, 불안, 우울증 치료를 위해 30년 전에 개발되었다(Miller, Fletcher, Kabat-Zinn, 1997). 마음챙김 기반 치료 접근은 몇 가지 예를 들자면, 섬유근육통, 허리 통증, 트라우마, 수면장애와 같이 넓은 범위의 의학적 장애를 치료하는 데 보조 도구로 지난 20년간 점차 인기를 얻고 있다. 최근 늘어나는 연구에서 특별히 명상이 어떻게 신체에 영향을 미치고 스트레스를 감소시키며 수면을 개선하고 고통을 감소시키며 정서 조절을 하고 해마에 미치는 노화의 영향을 감소시키는지를 확인하고 있다(Kurth, Cherbuin, & Luders, 2005; Marchand, 2012, 2013). 가장 중요한 점은 명상이 스트레스에 기여하는 코르티솔 호르몬 수준에 좋은 영향을 준다는 점이다(Brand, Holsboer-Trachsler, Naranjo, & Schmidt, 2012). 한 연구에서 장기간의 명상이 코르티솔 호르몬 수준에 주는 영향과 수면 패턴을 비교하여 명상자의 경험 길이에 따라 오전의 코르티솔 호르몬 수준이 감소한다는 것을 알아냈다.

마음챙김 기반 인지치료   마음챙김 기반 인지치료(MBCT)는 MBSR의 마음챙김 요소들을 통합하여 특히 불안과 긴장, 염려, GAD의 핵심 시스템인 반추 등을 감소시키기 위한 인지 전략을 짠 것이다(Evans et al., 2007). GAD 치료에서 MBCT에 대한 광범위한 무선통제실험(RCT)가 제한적이기는 하지만 Vollestad, Sivertsen, Nielsen(2011)은 마음챙김 훈련이 대기자 통제 집단에 비교하여 GAD 치료에 있어서 그 효과가 유지되었다고 보고한다. MBCT는 이제 특히 GAD, 공황장애, 공황발작 치료에 널리 권유되고 있다(Lee et al., 2007; Orsillo, Roemer, & Barlow, 2003; Roemer & Orsillo, 2005; Roemer, Orsillo, & Salters-Pedneault, 2008).

인터넷 기반 인지행동치료   컴퓨터 기반 자기조력 프로그램(computer based self-help program)은 면대면 치료에 참여하는 것을 꺼리는 사람들 또는 회기에 참여하기 어려운 사람들에게 유익할 수 있다. 온라인 개입은 몇몇 불안장애를 치료할 때 추후에 장기간의 면대면 개입으로 옮겨가야 하는 추가적인 치료가 필요한 사람들에게는 유익한 첫 시작일 수 있다. 추후 연구에서 이 치료가 어떻게 효과를 내는지를 알아내는 것이 필요하다.

인터넷 기반 치료 개입은 심리학에서 빠르게 성장하는 영역이며 특히 불안장애 치료에서 그렇다.

치료자 지지 인터넷 기반 인지행동치료(Internet-Based CBT, ICBT)는 성인에게서 불안 증상을 감소시키는 데 효과적이라고 밝혀졌지만 면대면 치료와 유의미한 차이를 보이지는 않는다(Olthuis, Watt, Bailey, Hayden, & Stewart, 2015). 저자들은 치료자 지지 ICBT, 면대면 CBT, 안내 없는 CBT(즉 자기조력)등 21개 이상의 다양한 RCT를 개관하였다.

또 다른 개입으로는 쉽게 이름 짓자면, CALM(Coordinated Anxiety Learning and Management)은 사회 불안, 공황장애, 특정공포증, GAD 치료에 이미 타당화된 CBT를 제공한다. 참가자들은 자신들이 선호하는 치료(CBT 단독, 약물치료 단독 또는 약물치료를 병행하는 CBT)를 선택하고 나서 컴퓨터 기반 프로그램을 완성하도록 지시를 받는다. 이 프로그램은 교육, 자기 모니터링, 위계 세우기, 호흡 훈련, 재발 방지, 각자의 불안장애 유형에 따라 맞춤 제작된 특정 모듈(인지재구조화, 내적이고 외적인 자극에 노출)로 구성되어 있다. 결과를 보면 불안 증상, 보살핌의 질, 18개월 이상의 무기능 상태 등에서 크게 개선된 것을 알 수 있다(Roy-Byrne et al., 2010). CALM의 멀티사이트 RCT는 최근에 미국 전체의 4개 지역에서 수행되고 있다. 이 프로젝트는 NIMH에서 제공하였고 1,000명 이상의 참가자들이 있다.

인터넷과 컴퓨터 기반 치료는 지속적으로 인기를 끌고 있다. 메타분석과 체계적 개관을 보면 ICBT가 위약효과 또는 대기자 명단에 있는 것보다 더 효과적이었으며 GAD 치료에 있어서는 표준 CBT와 동일한 효과를 나타냈다(Bolognesi et al., 2014).

복합 치료 GAD 환자들은 장애가 주는 생리적인 증상들로 종종 불편함을 겪기 때문에 약물치료가 처방된다. 경미한 GAD에서는 기저 수준으로 처방된 알프라졸람(자낙스)과 같은 벤조디아제핀계가 대다수의 사례에서 단기간의 효능을 보인다.

항우울제 특히 SSRIs는 전형적으로 벤조디아제핀계 대신에 선호된다. 벤라팍신(이펙사)은 GAD 치료로 FDA 승인을 받게 될 첫 번째 항우울제이다(Roy-Byrne & Cowley, 2007).

불안장애를 치료하기 위하여 약물치료를 자주 사용함에도 불구하고 약물치료는 일단 중단되는 경우 그 효과가 유지되는 데 부정적인 결과를 가지고 있다는 것이 밝혀졌다. 또한 약을 복용한 GAD 환자들은 불안의 절정을 경험할 기회와 불안을 어떻게 견디고 경험하며, 어떤 행동도 취할 필요가 없다는 것을 배울 기회가 없는 것이다. 결과적으로 그들은 약물이 중단되었을 때 자신의 불안에 대처할 수 없게 된다.

약물치료는 불안 증상을 감소할 수는 있을지라도 GAD

의 특징인 염려에 대해서는 거의 영향을 끼치지 못한다(Anderson & Palm, 2006).

인지행동치료가 더 효과적이고 안전하며 많은 사례에서 약물치료가 중단되었다(Gosselin, Ladouceur, Morin, Dugas, & Baillargeon, 2006).

아동 및 청소년 치료 인지행동치료가 아동기 불안장애 치료를 위해 적합하지만, GAD 치료에 특정한 연구는 거의 없다. 아동 및 청소년 치료에서 CBT 사용에 대한 41개 RCT의 Cochran 연구(Cochran Review)에서 CBT가 효과적이라는 것을 알아냈다. 그러나 CBT가 일반적인 상황, 활동을 통제한 상황 또는 약물치료 상황과 비교해서 더 효과적인지 알아내기 위한 더 많은 자료가 필요하다(James, James, Chowdry, Soler, & Choke, 2015).

마음챙김 기반 치료(MBSR-T, MBCT), 스트레스 감소, 수용 기반 치료 및 그 외의 것이 아동 및 청소년에게 적용 가능하도록 개발되었다. 많은 소규모의 RCT와 기타 질적 그리고 양적 연구들이 희망을 보여주고 있다. Burke(2009)가 진행한 아동 및 10대를 위한 마음챙김 기반 프로그램 예비 연구를 보면 이 프로그램이 10대와 아동에게 받아들여질 수 있고 적합하다고 하였다. 그러나 이 프로그램들이 근거 기반 치료로 고려되기 이전에 이에 대해 더 활발한 연구를 할 필요가 있다.

예후

범불안장애는 높은 비율의 무능과 손상을 가져오는 만성 장애이다. 많은 장애들이 GAD와 공병하고 증상을 더 심각하게 만든다. 이 장애를 가진 사람의 절반은 회복할 수 있으나 나머지는 재발할 수 있다. 자신의 증상을 관리하기 위하여 약물치료에만 의존하는 사람들은 인지재구조화 기술을 획득하지 못하여 재발을 경험하기 쉽다(Rodriguez et al., 2006). 마음챙김, 이완 훈련, 수면 위생법, 횡격막 호흡 등을 통합시킨 전통적인 CBT는 사람들이 자신의 불안을 조절하고 재발을 방지하기 위하여 사용할 수 있는 도구를 제공할 것이다.

물질/약물치료로 유발된 불안장애

약 복용, 독소에 노출되는 것 또는 물질 사용으로 인한 불안 또는 공황 증세가 이 장애의 1차 증상이다. 신체적 증거(예 : 실험실 검사, 신체 검사) 또는 불안 또는 공황 증상을 유발할 수 있는 물질 사용 또는 노출 이력이 필요하다.

다음이 명시자이다.

- 중독 상태에서 발생
- 금단 상태에서 발생
- 약물치료 후 발생

물질/약물로 인한 불안장애는 흔하지 않으며 12개월 유병률이 0.002%이고 응급실이나 병원 세팅에서 더 찾아보기가 쉽다. 공황 또는 불안 증상은 다른(또는 알려지지 않은) 물질도 극심한 불안을 일으킬 수는 있지만, 다음의 물질, 약물 또는 독소와 함께 나타나기 쉽다.

- 마리화나, 알코올, 카페인, 흥분제, 흡입제, 환각제 및 기타 물질 사용
- 특정류의 물질로부터의 금단 — 알코올, 오피오이드(아편유사제), 진정제, 항불안제 및 기타 흥분제
- 마취제, 진통제, 기관지 확장제, 항콜린제, 인슐린, 갑상선제제, 항고혈압제, 경구피임약, 항히스타민제, 스테로이드제제, 심혈관계 치료약물, 리튬, 항경련제, 항정신병 치료약물, 항우울제 등의 치료약물
- 중금속 또는 다음 독소에의 노출 — 일산화탄소, 이산화탄소, 가솔린, 페인트, 신경가스, 살충제)
- 기타 명시되지 않은 물질, 치료약물, 독소

증상이 물질 사용 이전에 선행된다면 진단을 내려서는 안 된다. 증상이 불안을 유발했을 것으로 여겨지는 물질, 또는 약물 사용 이후 한 달 이상 지속된다면 다른 진단을 고려해보아야 한다. 이 증상은 다른 불안장애 또는 섬망의 존재로 더 잘 설명될 수 없어야 한다.

다른 의학적 상태로 인한 불안장애

만일 불안장애가 의학적 조건의 생리학적 결과로 인한 것이

라면 발병, 경과 및 다른 요소들이 진단을 위해 사용될 것이다. 많은 다른 유형의 의학적 상태가 불안을 증상으로 가지고 있다고 알려져 있고, 다음이 가장 일반적인 경우이다.

- 심혈관계 질환(예 : 부정맥, 울혈성 심부전)
- 내분비 질환(예 : 갑상선 항진, 저혈당증)
- 신진대사 장애(예 : 비타민 B12 결핍)
- 신경계 질환(예 : 발작장애, 뇌염)
- 호흡기 질환(예 : 천식, 폐렴)

의학적 상태로 인한 불안장애 진단을 위해서 의학적인 질환이 불안의 원인이라는 것이 알려져 있어야 하고 불안 발생에 선행해야 한다.

상승된 불안은 많은 의학적 질환과 관련이 있어 보이는데, 특히 천식, 고혈압, 궤양, 관절염 등이 그렇다. 그러나 인과 관계는 없다.

*DSM-5*에 따르면 의학적 질환을 진단받은 것이 심각한 불안을 유발했거나 또는 생리적으로 의학적인 상태와 관련되지 않은 만성적인 질환을 앓고 있는 상황에서 1차적 불안장애가 시작된 경우라면 의학적 상태로 인한 불안장애로 진단하지 않는다. 그런 상황에서는 1차 불안장애(GAD 또는 공황장애)를 진단하는 것이 더 적절할 것이다.

의학적 상태로 인한 불안장애는 불안장애가 아니라 질환, 고통 및 다른 신체적 증상에 몰두하는 질환불안장애와는 구분되어야 한다. 질환불안장애를 가진 개인은 실제 의학적 상태가 있을 수도 있고, 없을 수도 있다.

달리 명시된/명시되지 않는 불안장애

때때로 증상이 명시된 불안장애 범주에 일치하지 않거나, 불안 증상이나 의학적인 상태 중 어떤 것이 먼저 시작되었는지를 결정하기 어려운 경우가 있다. 이러한 경우 진단은 달리 명시된 또는 달리 명시되지 않는 불안장애로 내려질 것이다. 다른 예들이 다음과 같으나 또 여기에 한계를 지어서는 안 된다.

- 신경의 공격

- 기간 범주에 일치하지 않는 범불안
- 제한된 공격 숫자를 포함한 공황장애 증상

명시되지 않는 불안장애는 응급실 세팅에서 치료자가 불충분한 정보를 가지고서 범주에 맞지 않는 이유를 명시하지 않기로 결정할 때 사용된다.

치료적 제언 : 통합 치료 모델

이 장에서 다룬 불안장애에 대한 치료적 제언을 요약하였다.

진단

- 불안장애(분리불안장애, 선택적 함구증, 특정공포증, 사회불안장애, 공황장애, 광장공포증, 범불안장애, 물질/약물치료로 유발된 불안장애, 다른 의학적 상태로 인한 불안장애)

치료 목표

- 불안 및 관련된 인지, 행동, 신체적 증상 제거
- 스트레스 관리, 사회 및 직업적 기능 향상
- 숙달감 발달

평가

- 의학적 진환과 구분하기 위하여 종종 신체검사를 포함함
- 불안 또는 두려움 평가
- 체크리스트, 면담 각 장애에 해당하는 척도
- 특정 행동을 포착하기 위한 동영상 녹화

치료자의 자질

- 인내하는
- 용기를 북돋우는
- 지지하면서도 확고한
- 유연한
- 염려하나 통제하지 않는
- 고요하며 안심을 주는
- 광범위한 행동 및 인지 개입을 편하게 하는
- 과제를 내고 지시할 수 있는

치료 장소

- 보통은 외래 환자
- 때때로 입원

개입 전략

- 동기부여적 면담
- 인지행동 및 행동 치료
- 왜곡된 인지의 수정 및 대체
- 실생활 노출 및 시각적 탈감각화, 노출 및 반응 방지법
- 수용 기반 치료
- 마음챙김 기반 인지치료
- 불안 관리 훈련/스트레스 예방
- 문제해결
- 이완
- 과제 내주기
- 아동기 이슈를 위한 가족치료

치료의 주안점

- 일반적으로 현재 중심
- 적당히 지시적

치료 참여 구성

- 장애의 성격에 따라 개인 또는 집단치료
- 필요한 경우, 특히 아동기 장애에 대해서는 가족치료

치료 속도

- 보통 단기에서 중기 동안(8~20회기) 주 1회 상담
- 중간 속도
- 상황에 따라 필요한 치료를 하는 융통성 있는 일정 관리

약물치료

- 보통 불안을 무력하게 하지 않는 한 필요하지 않음
- 몇몇 불안장애에 대해서는 보조치료 가능

보조 개입

- 명상 및 마음챙김
- 운동

(계속)

- 스트레스를 위한 기타 접근법
- 계획된 오락 활동

예후
- 장애에 따라 다양함
- 증상 개선에 대해서는 양호
- 장애 신호의 완벽한 소거에 대해서는 적절함

통합 치료 모델 : 필립

이 장은 쌍둥이빌딩이 무너지던 날 뉴욕에 있었던 37세 브라질 출신의 남성 필립에 대한 설명으로 시작했다. 그는 후에 호흡곤란, 가슴 통증, 마비, 심장 발작 또는 미칠 것 같은 두려움으로 진행되었다. 그의 증상은 광장공포증이 없는 전형적인 공황장애였다. 다음은 필립을 치료하기 위한 통합 치료 모델이다.

진단
- 광장공포증이 없는 공황장애

치료 목표
- 불안 및 관련된 인지, 행동, 신체적 증상 제거
- 스트레스 관리, 사회 및 직업적 기능 향상

평가
- 의학적 장애를 판단하기 위한 신체검사
- 임상 면담
- 행동 평가 척도
- 내담자의 자기보고 일지 또는 공황 일지
- ADIS-5 또는 기타 불안 및 회피 행동 심각도 평가

치료자의 자질
- 인내하는, 고요하며 안심시켜주는
- 신체적 증상과 반응을 정상화시키는 것에 대한 교육이 가능한
- 증상을 관찰하게 할 때 온화하게 지시적
- 광범위한 행동 및 인지 개입을 편하게 하는

치료 장소
- 일반적으로 외래 환자

개입 전략
- 증상에 대한 심리교육
- 불안과 파국적 사고를 감소시키는 인지치료
- 체내수용기 노출
- 마음챙김 기반 스트레스 감소

치료의 주안점
- 대개는 현재 중심
- 적당히 지시적

치료 참여 구성
- 개인치료

치료 속도
- 대개 단기에서 중기(12~20회기)로 1주일에 1회
- 중간 속도

약물치료
- 종종 치료 보조로 사용됨

보조 개입
- 적절한 산소 공급을 하도록 호흡 재훈련
- 긴장을 풀기 위한 근육 이완

예후
- 일반적으로 증상 완화에 효과
- 성격장애, 우울증, 또는 동반이환 상태일 경우 예후가 덜 긍정적임

추천문헌

Beidel, D. C., & Alfano, C. A. (2011). School refusal. In D. C. Beidel & C. A. Alfano (Eds.), *Child anxiety disorders: A guide to research and treatment* (2nd ed., pp. 197–225). New York, NY: Routledge.

Biegel, G. M. (2009). *The stress reduction workbook for teens: Mindfulness skills to help you deal with stress.* Oakland, CA: Instant Help Books.

Craske, M. G., & Barlow, D. H. (2007). *Mastering your anxiety and panic: Therapist's guide* (4th ed.). New York, NY: Oxford University Press.

Gabbard, G. O. (2014). *Anxiety disorders in psychodynamic psychiatry in clinical practice* (5th ed.). Washington, DC: American Psychiatric Publishing.

Kabat-Zinn, J. (2012). *Mindfulness for beginners: Reclaiming the present moment—and your life.* Boulder, CO: Sounds True.

Marchand, W. R. (2013). Mindfulness meditation practices as adjunctive treatments for psychiatric disorders. *Psychiatric Clinics of North America, 36,* 141–152.

Pincus, D. B., Ehrenreich, J. E., & Mattis, S. G. (2008). *Mastery of anxiety for adolescents. Therapists' guide.* New York, NY: Oxford University Press.

참고문헌

Aaronson, C. J., Shear, M. K., Goetz, R. R., Allen, L. B., Barlow, D. H., White, K. S.,... Gorman, J. M. (2008). Predictors and time course of response among panic disorder patients treated with cognitive-behavioral therapy. *Journal of Clinical Psychiatry, 69,* 418–424.

American Psychiatric Association. (2013). *Diagnostic and statistical manual of mental disorders* (5th ed.). Washington, DC: Author.

Amir, N., Weber, G., Beard, C., Bomyea, J., & Taylor, C. T. (2008). The effect of a single-session attention modification program on response to a public-speaking challenge in socially anxious individuals. *Journal of Abnormal Psychology, 117,* 860–868.

Andersen, B. L., DeRubeis, R. J., Berman, B. S., Gruman, J., Champion, V. L., Massie, M. J.,... Rowland, J. H. (2014). Screening, assessment, and care of anxiety and depressive symptoms in adults with cancer: An American Society of Clinical Oncology guideline adaptation. *Journal of the American Society of Clinical Oncology, 32,* 1605–1619.

Anderson, I. M., & Palm, M. E. (2006). Pharmacological treatments for worry: Focus on generalized anxiety disorder. In G. C. L. Davey & A. Wells (Eds.), *Worry and its psychological disorders: Theory, assessment and treatment.* West Sussex, England: Wiley.

Antony, M. M., & Barlow, D. H. (2002). Specific phobias. In D. H. Barlow (Ed.), *Anxiety and its disorders* (pp. 380–417). New York, NY: Guilford Press.

Arntz, A. (2002). Cognitive therapy versus interoceptive exposure as treatment of panic disorder without agoraphobia, *Behavioral Research in Therapy, 40,* 325–341.

Barlow, D. H. (Ed.). (2014). *Clinical handbook of psychological disorders* (5th ed.). New York, NY: Guilford Press.

Barlow, D. H., Conklin, L. R., & Bentley, K. H. (2015). Psychological treatments for panic disorders, phobias, social and generalized anxiety disorders. In P. E. Nathan and J. M. Gorman (Eds.), *A guide to treatments that work* (4th ed., pp. 409–462). New York, NY: Oxford University Press.

Barlow, D. H., Craske, M. G., Cerny, J. A., & Klosko, J. S. (1989). Behavioral treatment of panic disorder. *Behavior Therapy, 20,* 261–282.

Beck, A. T., & Emery, G. (1985). *Anxiety disorders and phobias.* New York, NY: Basic Books.

Beck, A. T., & Steer, R. A. (1990). *Manual for the Beck Anxiety Inventory.* San Antonio, TX: Psychological Corporation.

Beck, A. T., Steer, R. A., & Brown, G. K. (1996). *Manual for the Beck Depression Inventory-II.* San Antonio, TX: Psychological Corporation.

Beck, J. S., Beck, A. T., & Jolly, J. B. (2001). *Beck Youth Inventories of Emotional & Social Impairment: Depression Inventory for Youth, Anxiety Inventory for Youth, Anger Inventory for Youth, Disruptive Behavior Inventory for Youth, Self-concept Inventory for Youth: Manual.* San Antonio, TX: Psychological Corporation.

Behar, E., DiMarco, I. D., Hekler, E. B., Mohlman, J., & Staples, A. M. (2009). Current theoretical models of generalized anxiety disorder (GAD): Conceptual review and treatment implications, *Journal of Anxiety Disorders, 23,* 1011–1023.

Beidel, D. C., & Alfano, C. A. (2011). *Child anxiety disorders: A guide to research and treatment* (2nd ed.). New York, NY: Routledge.

Beidel, D. C., Turner, S. M., & Morris, T. L. (1998). *Social phobia and anxiety Inventory for children.* North Tonawanda, NY: Multi-Health Systems.

Beidel, D. C., Turner, S. M., Young, B. J., Ammerman, R. T., Sallee, F. R., & Crosby, L. (2007). Psychopathology of adolescent social phobia. *Journal of Psychopathology Behavior Assessment, 29,* 47–54.

Biederman, J., Hirshfeld-Becker, D. R., Rosenbaum, J. F., Perenick, S. G., Wood, J., & Faraone, S. V. (2001). Lack of association between parental alcohol or drug addiction and behavioral inhibition in children. *American Journal of Psychiatry, 158,* 1731–1733.

Bienvenu, O. J., Onyike, C. U., Stein, M. B., Chen, L. S., Samuels, J., Nestadt, G., & Eaton, W. W. (2006). Agoraphobia in adults: Incidence and longitudinal relationship with panic. *British Journal of Psychiatry, 188*, 432–438.

Biegel, G. M. (2009). *The stress reduction workbook for teens: Mindfulness skills to help you deal with stress.* Oakland, CA: Instant Help Books.

Bolognesi, F., Baldwin, D. S., & Ruini, C. (2014). Psychological interventions in the treatment of generalized anxiety disorder: A structured review. *Journal of Psychopathology, 20*, 111–126.

Borge, F. M., Hoffart, A., Sexton, H., Clark, D. M., Markowitz, J. C., & McManus, F. (2008). Residential cognitive therapy versus residential interpersonal therapy for social phobia: A randomized clinical trial. *Journal of Anxiety Disorders, 22*, 991–1010.

Bork, P., & Snyder, D. (2013). When behavioral intervention failed: A single case report of a successful treatment of selective mutism using fluoxetine. *Clinical Medicine and Diagnostics, 3*, 6–10.

Borkovec, T. D., & Newman, M. G. (1998). Worry and generalized anxiety disorder. In P. Salkovskis, A. S. Bellack, & M. Hersen (Eds.), *Comprehensive clinical psychology: Vol. 6, Adults: Clinical formulation and treatment* (pp. 439–459). New York, NY: Pergamon Press.

Borkovec, T. D., & Ruscio, A. M. (2001). Psychotherapy for generalized anxiety disorder. *Journal of Clinical Psychiatry, 62*, 37–42.

Boswell, J., Llera, S. J., Newman, M. G., & Castonguay, L. G. (2011). A case of premature termination in a treatment for generalized anxiety disorder. *Cognitive and Behavioral Practice, 18*, 326–227.

Brand, S., Holsboer-Trachsler, E., Naranjo, J. R., & Schmidt, S. (2012). Influence of mindfulness practice on cortisol and sleep in long-term and short-term meditators. *Neuropsychobiology, 65*, 109–118.

Brown, T. A., & Barlow, D. H. (2014). *Anxiety and Related Disorders Interview Schedule for DSM-5 (ADIS-5).* New York, NY: Oxford University Press.

Brown, L. S., & Wright, J. (2003). The relationship between attachment strategies and psychopathology in adolescence. *Psychology and Psychotherapy: Theory Research and Practice, 76*, 351–367.

Burke, C. A. (2009). Mindfulness-based approaches with children and adolescents: A preliminary review of current research in an emergent field. *Journal of Child and Family Studies, 19*, 133–144. doi:10.1007/s10826-009-9282-x

Burnham, J. J. (2009). Contemporary fears of children and adolescents: Coping and resiliency in the 21st century. *Journal of Counseling and Development, 87*, 28–35.

Castonguay, L. G., Constantino, M. J., & Grosse Holtforth, M. (2006). The working alliance: Where are we and where should we go? *Psychotherapy: Theory, Research, Practice, and Training, 43*, 271–279.

Chambless, D. L., Caputo, G., Bright, P., & Gallagher, R. (1984). Assessment of fear in agoraphobics: The body sensations questionnaire and the agoraphobic cognition questionnaire. *Journal of Consulting and Clinical Psychology, 52*, 1090–1097.

Chambless, D. L., Caputo, G., Gracely, S., Jasin, E., & Williams, C. (1985). The Mobility Inventory for Agoraphobia. *Behaviour Research and Therapy, 23*, 35–44.

Chambless, D. L., Fydrich, T., & Rodebaugh, T. L. (2008). Generalized social phobia and avoidant personality disorder: Meaningful distinction or useless duplication? *Depression and Anxiety, 25*, 8–19.

Chavira, D. A., Shipon-Blum, E., Hitchcock, C., Cohan, C., & Stein, M. B. (2007). Selective mutism and social anxiety disorder: All in the family? *Journal of the American Academy of Child and Adolescent Psychiatry, 46*, 1464–1472.

Compton, S. N., Walkup, J. T., Albano, A. M., Piacentini, J. C., Birmaher, B., Sherrill, B. T.,...March, J. S. (2010). Child/Adolescent Anxiety Multimodal Study (CAMS): Rationale, design, and methods. *Child and Adolescent Psychiatry and Mental Health, 4*, 1–15.

Covin, R., Ouimet, A. J., Seeds, P. M., & Dozois, D. J. (2008). A meta-analysis of CBT for pathological worry among clients with GAD. *Journal of Anxiety Disorders, 22*, 108–116.

Craske M. G., Antony, M. M., & Barlow, D. H. (2006). *Mastering your fears and phobias: Therapist's guide* (2nd ed.). New York, NY: Oxford University Press.

Craske, M. G., & Barlow, D. H. (2007). *Mastering your anxiety and panic: Therapist's guide* (4th ed.). New York, NY: Oxford University Press.

Craske, M. G., & Barlow, D. H. (2008). Panic disorder and agoraphobia. In D. H. Barlow (Ed.), *Clinical handbook of psychological disorders* (4th ed., pp. 1–64). New York, NY: Guilford Press.

Craske, M. G., & Barlow, D. H. (2014). Panic disorder and agoraphobia. In D. H. Barlow (Ed.), *Clinical handbook of psychological disorders* (5th ed.). New York, NY: Guilford Press.

Davidson, J. R., Potts, N., Richichi, E., Krishnan, R., Ford, S. M., Smith, R., & Wilson, W. H. (1993). Treatment of social phobia with clonazepam and placebo. *Journal of Clinical Psychopharmacology, 13*, 423–428.

Davis, T. E., Ollendick, T. H., & Ost, L. (Eds.). (2012). *Intensive one-session treatment of specific phobias.* New York, NY: Springer.

Dugas, M. J., Brillon, P., Savard, P., Turcotte, J., Gaudet, A., Ladouceur, R.,... & Gervais, N. J. (2010). A randomized controlled clinical trial of cognitive-behavioral therapy and applied relaxation for adults with generalized anxiety disorder. *Behavior Therapy, 41*, 46–58.

Edenfield T. M., & Saeed S. A. (2012). An update on mindfulness meditation as a self-help treatment for anxiety and depression. *Psychology Research and Behavior Management, 5,* 131–141.

Eder, D., & Nenga, S. K. (2003). Socialization in adolescence. In J. Delamater (Ed.), *Handbook of social psychology* (pp. 157–182). New York, NY: Kluwer Academic/Plenum Press.

Eifert, G. H., & Forsyth, J. P. (2005). *Acceptance and commitment therapy for anxiety disorders.* Oakland, CA: New Harbinger.

Erickson, T. M., & Newman, M. G. (2007). Interpersonal and emotional processes in generalized anxiety disorder analogues during social interaction tasks. *Behavior Therapy, 38,* 364–377.

Essau, C. A., Conradt, J., & Petermann, F. (1999). Frequency and comorbidity of SP and social fears in adolescents. *Behavior Research Therapy, 37,* 831–843.

Evans, S., Ferrando, S., Findler, S., Stowell, C., Smart, C., & Haglin, D. (2007). Mindfulness-based cognitive therapy for generalized anxiety disorder. *Journal of Anxiety Disorders, 22,* 716–721.

Febbraro, G. A. R., & Clum, G. A. (1995). A dimensional analysis of claustrophobia. *Journal of Psychopathology and Behavioral Assessment, 17,* 335–351.

Feeney, J. A., Noller, P., & Hanrahan, M. (1994). Assessing adult attachment. In M. B. Sperling & W. H. Berman (Eds.), *Attachment in adults: Clinical and developmental perspectives* (pp. 128–152). New York, NY: Guilford Press.

Fisher, P., & Wells, A. (2009). *Metacognitive therapy for anxiety and depression.* New York, NY: Guilford Press.

Flatt, N., & King, N. (2009). The Self-Efficacy Questionnaire for Phobic Situations (SEQ-SP) development and psychometric evaluation. *Behaviour Change, 26,* 141–152.

Fogel, B. S., & Greenberg, D. B. (2015). *Psychiatric care of the medical patient.* New York, NY: Oxford University Press.

Gabbard, G. O. (2014). *Anxiety disorders in psychodynamic psychiatry in clinical practice* (5th ed.). Washington, DC: American Psychiatric Publishing.

Goodwin, R. D., Fergusson, D. M., & Horwood, L. J. (2005). Childhood abuse and familial violence and the risk of panic attacks and panic disorder in young adulthood. *Psychological Medicine, 35,* 881–890.

Gosselin, P., Ladouceur, R., Morin, C. M., Dugas, M. J., & Baillargeon, L. (2006). Benzodiazepine discontinuation among adults with GAD: A randomized trial of cognitive-behavioral therapy. *Journal of Consulting and Clinical Psychology, 74,* 908–919.

Gullone, E., & Lane, B. (2002). The Fear Survey Schedule for Children-II: A validity examination across response format and instruction type. *Clinical Psychology & Psy-*chotherapy, 9, 55–67.

Haby, M. M., Donnelly, M., Corry, J., & Vos, T. (2006). Cognitive behavioural therapy for depression, panic disorder and generalized anxiety disorder: A meta-regression of factors that may predict outcome. *The Australian and New Zealand Journal of Psychiatry, 40,* 9–19.

Hamilton, M. (1959). The assessment of anxiety states by rating. *British Journal of Medical Psychology, 32,* 50–55.

Hanrahan, F., Field, A. P., Jones, F. W., & Davey, G. C. (2013). A meta-analysis of cognitive therapy for worry in generalized anxiety disorder. *Clinical Psychology Review, 33,* 120–132.

Hara, N., Nishimura, Y., Yokoyama, M., Inoue, K., Nishida, A., Tanii, H., . . . Okazki, Y. (2012). The development of agoraphobia is associated with the symptoms and location of a patient's first panic attack. *BioPsychoSocial Medicine, 6,* 12.

Haukebe, K., Skaret, E., Ost, L.-G., Kvale, M., Raadal, M., Berg, E., . . . Kvale, G. (2008). One- vs. five-session treatment of dental phobia. A randomized controlled study. *Journal of Behavior Therapy and Experimental Psychiatry, 39,* 381–390.

Hayes, S. C., Strosahl, K., & Wilson, K. G. (2012). *Acceptance and commitment therapy: The process and practice of mindful change* (2nd ed.). New York: Guilford Press.

Head, L. S., & Gross, A. M. (2008). Systematic desensitization. In W. T. O'Donohue & J. E. Fisher (Eds.), *Cognitive behavior therapy: Applying empirically supported techniques in your practice* (2nd ed., pp. 542–549). Hoboken, NJ: Wiley.

Heimberg, R. G., Liebowitz, M. R., Hope, D. A., Schneier, F. R., Holt, C. S., Welkowitz, L. A., . . . Klein, D. F. (1998). Cognitive behavioral group therapy vs. phenelzine therapy for social phobia. *Archives of General Psychiatry, 55,* 1133–1141.

Hellstrom, R. G., Fellenius J., & Ost, L. G. (1996). One versus five sessions of applied tension in the treatment of blood phobia. *Behaviour Research and Therapy, 34,* 101–112.

Hofmann, S. G., & Barlow, D. H. (2002). Social phobia (social anxiety disorder). In D. H. Barlow (Ed.), *Anxiety and its disorders* (pp. 454–476). New York, NY: Guilford Press.

Holaway, R. M., Heimberg, R. G., & Coles, M. E. (2006). A comparison of intolerance of uncertainty in analogue generalized anxiety disorder and obsessive-compulsive disorder. *Journal of Anxiety Disorders, 20,* 157–173.

Hope, D. A., Heimberg, R. G., & Turk, C. (2010). *Managing social anxiety: A cognitive behavioral therapy approach* (2nd ed.). New York, NY: Oxford University Press.

James, A. C., James, G., Chowdry, F. A., Soler, A., & Choke, A. (2015). Cognitive behavioral therapy for anxiety disorders in children and adolescents. Cochrane Database System Review Feb 18;2:CD004690. doi: 10.1002/14651858.CD004690.pub4

Kaakeh, Y., & Stumpf, J. L. (2008). Treatment of selective mutism: Focus on selective serotonin reuptake inhibitors, *Pharmacotherapy*, *28*, 214–224.

Kehle, T. J., Bray, M. A., Byer-Alcorace, G. F., Theodore, L. A., & Kovac, L. M. (2012). Augmented self-modeling as an intervention for selective mutism. *Psychology in the Schools*, *49*, 93–103.

Kendall, P. C. (1994). Treating anxiety disorders in children: Results of a randomized clinical trial. *Journal of Consulting and Clinical Psychology*, *62*, 100–110.

Kendall, P. C., & Pimentel, S. S. (2003). On the physiological symptom constellation in youth with generalized anxiety disorder (GAD). *Journal of Anxiety Disorders*, *17*, 211–221.

Kessler, R. C., Chiu, W. T., Demler, O., & Walters, E. E. (2005). Prevalence, severity, and comorbidity of 12-month DSM-IV disorders in the National Comorbidity Survey Replication. *Archives of General Psychiatry*, *62*, 617–627.

Kessler, R. C., Berglund, P., Demler, O., Jin, R., Merikangas, K. R., & Walters, E. E. (2005). Lifetime prevalence and age-of-onset distributions of DSM-IV disorders in the National Comorbidity Survey Replication. *Archives of General Psychiatry*, *62*, 593–602.

Khanna, M. S., & Kendall, P. C. (2010). Computer-assisted cognitive behavioral therapy for child anxiety: Results of a randomized clinical trial. *Journal of Consulting and Clinical Psychology*, *78*, 737–745.

Kiropoulos, L.A., Klein, B., Austin, D. W., Gilson, K., Pier, C., Mitchell, J., & Ciechomski, L. (2008). Is internet-based CBT for panic disorder and agoraphobia as effective as face-to-face CBT? *Journal of Anxiety Disorders*, *22*, 1273–1284.

Kirsten, L. T., Grenyer, B. F., Wagner, R., & Manicavasagar, V. (2008). Impact of separation anxiety on psychotherapy outcomes for adults with anxiety disorders. *Counselling & Psychotherapy Research*, *8*, 36–42.

Klorman, R., Hastings, J. E., Weerts, T. C., Melamed, B. G., & Lang, P. J. (1974). Psychometric dscription of some specific-fear questionnaires. *Behavior Therapy*, *5*, 401–409.

Koszycki, D., Benger, M., Shlik, J., & Bradweijn, J. (2007). Randomized trial of a meditation-based stress reduction program and cognitive behavioral therapy in generalized social anxiety disorder. *Behavioral Research Therapy*, *45*, 2518–2526.

Kristensen, H., & Torgersen, S. (2001). MCMI-II personality traits and symptom traits in parents of children with selective mutism: A case-control study. *Journal of Abnormal Psychology*, *110*, 648–652.

Kroenke, K., Spitzer, R. L., Williams, J. B., Monahan, P. O., & Lowe, B. (2007). Anxiety disorders in primary care: Prevalence, impairment, comorbidity and detection. *Annals of Internal Medicine*, *146*, 317–325.

Kurth, F., Cherbuin, N., & Luders, E. (2015). Reduced age-related degeneration of the hippocampal subiculum in long-term meditators. *Psychiatry Residency*, *4*, 78–85.

La Greca, A. M., & Stone, W. L. (1993). Social Anxiety Scale for Children—Revised: Factor structure and concurrent validity. *Journal of Clinical Child Psychology*, *22*, 17–27.

Lang, R., Regester, A., Mulloy, A., Rispoli, M., & Botout, A. (2011). Behavioral intervention to treat selective mutism across multiple social situations and community settings. *Journal of Applied Behavior Analysis*, *44*, 623–628.

Last, C. G., & Strauss, C. C. (1990). School refusal in anxiety-disordered children and adolescents. *Journal of the American Academy of Child and Adolescent Psychiatry*, *29*, 31–35.

Lee, S. H., Ahn, S. C., Lee, Y. J., Choi, T. K., Yook, K. H., & Suh, S. Y. (2007). Effectiveness of a meditation-based stress management program as an adjunct to pharmachotherapy in patients with anxiety disorder. *Journal of Psychosomatic Research*, *62*, 189–95.

Lee, K., Noda, Y., Nakano, Y., Ogawa, S., Kinoshita, Y., Funayama, T., & Furukawa, T. A. (2006). Interoceptive hypersensitivity and interoceptive exposure in patients with panic disorder: Specificity and effectiveness. *BMC Psychiatry*, *6*, 32.

Letamendi, A. M., Chavira, D. A., Hitchcock, C. A., Roesch, S. C., Shipon-Blum, E., Stein, M. B., & Roesch, S. C. (2008). The Selective Mutism Questionnaire: Measurement structure and validity. *Journal of the American Academy of Child and Adolescent Psychiatry*, *47*, 1197–1204. doi:10.1097/CHI.0b013e3181825a7b

Lewinsohn, P. M., Holm-Denoma, J. M., Small, J. W., Seeley J. R., & Joiner, T. E. (2008). Separation anxiety disorder in childhood as a risk factor for future mental illness. *Journal of the Academy of Child and Adolescent Psychiatry*, *47*, 548–555.

Lipsitz, J. D., Gur, M., Vermes, D., Petkova, E., Cheng, J., Miller, N.,...Fyer, A. J. (2008). A randomized trial of interpersonal therapy versus supportive therapy for social anxiety disorder. *Depression and Anxiety*, *25*, 542–553.

Llera, S. J., & Newman, M. G. (2010). Effects of worry on physiological and subjective reactivity to emotional stimuli in generalized anxiety disorder and nonanxious control participants. *Emotion*, *10*, 640–660.

Manicavasagar, V., Silove, D., Wagner, R., & Drobny, J. (2003). A self-report questionnaire for measuring separation anxiety in adulthood. *Comprehensive Psychiatry, 4,* 146–153.

Manicavasagar, V., Silove, D., Wagner, R., & Hadzi-Pavlovic, D. (1999). Parental representations associated with adult separation anxiety and panic disorder-agoraphobia. *Australia and New Zealand Journal of Psychiatry, 33,* 422–428.

Mannuzza, S., Schneier, F. R., Chapman, T. F., Liebowitz, M. R., Klein, D. F., & Fyer, A. J. (1995). Generalized social phobia: Reliability and validity. *Archives of General Psychiatry, 52,* 230–237.

March, J. S., Parker, J. D., Sullivan, K., Stallings, P., & Conners, C. K. (1997). The Multidimensional Anxiety Scale for Children (MASC): Factor structure, reliability, and validity. *Journal of the American Academy of Child and Adolescent Psychiatry, 36,* 554–565.

Marchand, W. R. (2012). Mindfulness-based stress reduction, mindfulness-based cognitive therapy, and Zen meditation for depression, anxiety, pain, and psychological distress. *Journal of Psychiatric Practice, 18,* 233–252.

Marchand, W. R. (2013). Mindfulness meditation practices as adjunctive treatments for psychiatric disorders. *Psychiatric Clinics of North America, 36,* 141–152.

Markway, B., & Markway, G. (2003). *Painfully shy: How to overcome social anxiety and reclaim your life.* New York, NY: St. Martin's Griffin.

Mathews, A., & MacLeod, C. (2002). Induced emotional biases have causal effects on anxiety. *Cognition and Emotion, 16,* 310–315.

Mathews, A., & MacLeod, C. (2005). Cognitive vulnerability to emotional disorders. *Annual Review of Clinical Psychology, 1,* 197–225.

Mattick, R. P., & Clarke, J. C. (1998). Development and validation of measures of social phobia scrutiny fear and social interaction anxiety. *Behaviour Research and Therapy, 36,* 455–470.

McCabe, R. E., Ashbaugh, A. R., & Antony, M. M. (2011). Specific and social phobia. In M. M. Antony & D. H. Barlow (Eds.), *Handbook of assessment and treatment planning for psychological disorders* (2nd ed., pp. 186–223). New York, NY: Guilford Press.

Mennin, D. S., & Fresco, D. M. (2014). Advancing emotion regulation perspectives on psychopathology: The challenge of distress disorders. *Psychological Inquiry: An International Journal for the Advancement of Psychological Theory, 26,* 80–92.

Mennin, D. S., Heimerg, R. G., Turk, C. L., & Fresco, D. M. (2005). Preliminary evidence for an emotion dysregulation model of generalized anxiety disorder, *Behaviour Research and Therapy, 43,* 1281–1310.

Meuret, A. E., Wilhelm, F. H., Ritz, T., & Roth, W. T. (2008). Feedback of end-tidal pCO2 as a therapeutic approach for panic disorder. *Journal of Psychiatric Research, 42,* 560–568.

Miller J., Fletcher K., Kabat-Zinn J. (1997). Three-year follow-up and clinical implications of a mindfulness-based stress reduction intervention in the treatment of anxiety disorders. *General Hospital Psychiatry, 17,* 192–200.

Noda, M., Nakano, T., Lee, Watanabe, N., Chen, J., Noguchi, Y., . . . Furukawa, T. A. (2007). Sensitization of catastrophic cognition in cognitive-behavioral therapy for panic disorder. *BMC Psychiatry, 10,* 70.

Oerbeck, B., Stein, M. B., Wentzel-Larsen, T., Oyvind, L., & Kristensen, H. (2013). A randomized controlled trial of a home- and school-based intervention for selective mutism—defocused communication and behavioural techniques. *Child and Adolescent Mental Health, 19,* 192–198.

Ollendick, T. H., & Mayer, J. A. (1984). School phobia. In S. M. Turner (Ed.), *Behavioral theories and treatment of anxiety* (pp. 367–411). New York, NY: Plenum Press.

Olthuis, J. V., Watt, M. C., Bailey, K., Hayden, J. A., & Stewart, S. H. (2015). Therapist-supported Internet cognitive behavioral therapy for anxiety disorders in adults. Cochrane Database Syst Rev. 2015 Mar 5; 3:CD011565. doi: 10.1002/14651858.

Orsillo, S. M., Roemer, L., & Barlow, D. H. (2003). Integrating acceptance and mindfulness into existing cognitive behavioral treatment for GAD: A case study. *Cognitive and Behavioral Practice, 10,* 222–230.

Ost, L. G., & Sterner, U. (1987). Applied tension: A specific behavioral method for treatment of blood phobia. *Behaviour Research and Therapy, 25,* 25–29.

Ougrin, D. (2011). Efficacy of exposure versus cognitive therapy in anxiety disorders. *BMC Psychiatry, 11,* 200.

Piet, J., Hougaard, E., Hecksher, M. S., & Rosenberg, N. K. (2010). A randomized pilot study of mindfulness-based cognitive therapy and group cognitive-behavioral therapy for young adults with social phobia. *Scandinavian Journal of Psychology, 51,* 401–410.

Pincus, D. B., Ehrenreich, J. E., & Mattis, S. G. (2008). *Mastery of anxiety for adolescents. Therapists' guide.* New York, NY: Oxford University Press.

Pini, S., Gesi, C., Abelli, M., Muti, M., Lari, L., Cardini, A., . . . Shear, K. M. (2012). Assessment of the relationship between adult separation anxiety disorder and complicated grief in a cohort of 454 outpatients with mood and anxiety disorder. *Journal of Affective Disorders 143,* 64–68.

Podell, J. L., Mychailyszyn, M., Edmunds, J., Puleo, C. M., & Kendall, P. C. (2010). The Coping Cat Program for anxious youth: The FEAR plan comes to life. *Cognitive and Behavioral Practice, 17,* 132–141.

Rao, P. A., Beidel, D. C., Turner, S. M., Ammerman, R. T., Crosby, L. E., & Sallee, F. R. (2007). Social anxiety disorder in childhood and adolescence: Descriptive psychopathology. *Behavior Research Therapy*, *45*, 1181–1191.

Redlich, R., Grotegerd, D., Opel, N., Kaufmann, C., Zwitserlood, P., Kugal, H.,...Suslow, T. (2015). Are you gonna leave me? Separation anxiety is associated with increased amygdala responsiveness and volume. *Social Cognitive and Affective Neuroscience, 20*, 278–284.

Ritz, T., Meuret, A. E., & Simon, E. (2013). Cardiovascular activity in blood-injection-injury phobia during exposure: Evidence for diphasic response patterns? *Behavioral Research Therapy, 51*, 460–468.

Rodriguez, B. F., Weisberg, R. B., Pagano, M. E., Bruce, S. E., Spencer, M. A., Culpepper, L., & Keller, M. B. (2006). Characteristics and predictors of full and partial recovery from generalized anxiety disorder in primary care patients. *Journal of Nervous Mental Disorders, 194*, 91–97.

Roemer, L., Borkovec, M., Posa, S., & Borkovec, T. D. (1995). Generalized Anxiety Disorder Questionnaire (GADQ). A self-report diagnostic measure of generalized anxiety disorder. *Journal of Behavioral Therapy and Experimental Psychology, 26*, 345–350.

Roemer, L., & Orsillo, S. M. (2005). An acceptance-based behavior therapy for generalized anxiety disorder. In S. M. Orsillo & L. Roemer (Eds.), *Acceptance and mindfulness-based approaches to anxiety: Conceptualization and treatment* (pp. 213–240). New York, NY: Springer.

Roemer, L., & Orsillo, S. M. (2007). An open trial of an acceptance-based behavior therapy for generalized anxiety disorder. *Behavior Therapy, 38*, 72–85.

Roemer, L., & Orsillo (2014). Acceptance-based behavior therapy for the treatment of generalized anxiety disorder. In D. H. Barlow (Ed.). *Clinical handbook of psychological disorders* (5th ed.). New York, NY: Guilford Press.

Roemer, L., Orsillo, S. M., & Salters-Pedneault, K. (2008). Efficacy of an acceptance-based behavior therapy for generalized anxiety disorder: Evaluation in a randomized controlled trial. *Journal of Consulting and Clinical Psychology, 76*, 1083–1089.

Roy-Byrne, P., Craske, M. G., Sullivan, G., Rose, R. D., Edlund, M. J., Lang, A. J.,...Stein, M. B. (2010). Delivery of evidence-based treatment for multiple anxiety disorders in primary care: A randomized controlled trial. *Journal of the American Medical Association, 303*, 1921–1928.

Roy-Byrne, P., & Cowley, D. S. (2007). Psychological treatments for panic disorder, generalized anxiety disorder, specific phobia, and social anxiety disorder.

In P. E. Nathan and J. M. Gorman (Eds.), *A guide to treatments that work* (3rd ed., p. 420). New York, NY: Oxford University Press.

Ruscio, A. M., Brown, T. A., Chiu, W. T., Sareen, J., Stein, M. B., & Kessler, R. C. (2008). Social fears and social phobia in the USA: Results from the National Comorbidity Survey Replication. *Psychological Medicine, 38*, 15–28.

Sabourin, B. C., Stewart, S. H., Watt, M. C., & Krigolson, O. E. (2015). Running as interoceptive exposure for decreasing anxiety sensitivity: Replication and extension. *Cognitive Behavior Therapy, 2*, 1–11.

Scharfstein, L. A., & Beidel, D. C. (2014). Social skills and social acceptance in children with anxiety disorders. *Journal of Clinical and Childhood Adolescent Psychology, 44*, 826–838.

Schneier, F. R., Bruce, L. C., & Heimberg, R. G. (2014). Social anxiety disorder (social phobia). In G. O. Gabbard (Ed.), *Gabbard's Treatment of psychiatric disorders* (5th ed., pp. 367–379). Arlington, VA: American Psychiatric Publishing.

Segal, Z. V., Williams, J. M., & Teasdale, J. D. (2002). *Mindfulness-based cognitive therapy for depression: A new approach to preventing relapse.* New York, NY: Guilford Press.

Shear, K., Jin, R., Ruscio, A. M., Walters, E. E., & Kessler, R. C. (2006). Prevalence and correlates of estimated *DSM-IV* child and adult separation anxiety disorder in the National Comorbidity Survey Replication. *American Journal of Psychiatry, 163*, 1074–1083.

Silove, D., Manicavasagar, V., O'Connell, D., Blaszczynski, A., Wagner, R., & Henry, J. (1993). The development of the Separation Anxiety Symptom Inventory (SASI). *Australian and New Zealand Journal of Psychiatry, 27*, 477–488.

Silverman, W. K., & Alfano, A. M. (1996). *The Anxiety Disorders Interview Schedule for DSM-IV—Child and parent versions.* San Antonio, TX: Psychological Corporation.

Silverman, W. K., Fleisig, W., Rabian, B., & Peterson, R. A. (1991). Childhood Anxiety Sensitivity Index. *Journal of Clinical Child Psychology, 20*, 162–168.

Spence, S. H. (1997). Structure of anxiety symptoms among children: A confirmatory factor-analytic study. *Journal of Abnormal Psychology, 106*, 280–297.

Spence, S. H. (1998). A measure of anxiety symptoms among children. *Behavior Research and Therapy, 36*, 545–566.

Spence, S. H., Barrett, P. M., & Turner, C. M. (2003). Psychometric properties of the Spence Children's Anxiety Scale (SCAS) with young adolescents. *Anxiety Disorders, 17*, 605–625.

Spielberger, C. D. (1983). Manual for the *State-Trait Anxiety Inventory: STAI (Form Y).* Palo Alto, CA: Consulting

Psychologists Press.

Spitzer, R. L., Kroenke, K., Williams, J. B. W., & Lowe, B. (2006). A brief measure for assessing generalized anxiety disorder. *Archives of Internal Medicine, 166*, 1092–1097.

Stouthard, M. E. A., Hoogstraten, J., & Mellenbergh, G. J. (1995). A study on the convergent and discriminant validity of the Dental Anxiety Inventory. *Behaviour Research and Therapy, 33*, 589–595.

Suveg, C., Aschenbrand, S., & Kendall, P. (2005). Separation anxiety disorder, panic disorder, and school refusal. *Child and Adolescent Psychiatric Clinics of North America, 14*, 773–795.

Turk, C. L., Heimberg, R. G., & Magee, L. (2008). Social anxiety disorder. In D. H. Barlow (Ed.), *Clinical handbook of psychological disorders* (4th ed., pp. 123–167). New York, NY: Guilford Press.

Turner, S. M., Beidel, D. C., Dancu, C. V., & Stanley, M. A. (1989). An empirically derived inventory to measure social fears and anxiety: The Social Phobia and Anxiety Inventory. *Psychological Assessment, 1*, 35–40.

Viana, A. G., Beidel, D. C., & Rabian, B. (2009). Selective mutism: A review and integration of the last 15 years. *Clinical Psychology Review, 29*, 57–67.

Vollestad, J., Sivertsen, B., & Nielsen, G. H. (2011). Mindfulness-based stress reduction for patients with anxiety disorders: Evaluation in a randomized controlled trial. *Behavioral Research and Theory, 49*, 281–288.

Whisman, M. A., Uebelacker, L. A., & Weinstock, L. M. (2004). Psychopathology and marital satisfaction: The importance of evaluating both partners. *Journal of Consulting and Clinical Psychology, 72*, 830–838.

Wolitsky-Taylor, K. B., Horowitz, J. D., Powers, M. B., & Telch, M. J. (2008). Psychological approaches in the treatment of specific phobias: A meta-analysis. *Clinical Psychology Review, 28*, 1021–1037.

Zlomke, K., & Davis, T. E. (2008). One-session treatment of specific phobias: A detailed description and reviews of the treatment efficacy. *Behavior Therapy, 39*, 207–223.

강박 및 관련 장애

📖 **사례 연구 7.1**

루이자는 55세의 이혼 여성으로 이전부터 우울한 기분과 충동적인 쇼핑의 문제를 보고해왔다. 루이자는 가족 간에 긴밀한 관계를 유지하는 히스패닉 가정에서 자랐고, 25년 전 이혼한 후 어머니가 있는 아파트로 이사하여 함께 살았다. 5년 전에 어머니가 돌아가시자 이전까지 순조롭게 돌아가던 일상이 깨지고 그녀는 지속성 우울장애를 호소하게 되었다. 그녀는 어머니와 함께 만들어 먹던 식사가 생각나고 그로 인해 슬퍼지자 요리하는 것을 멈추었다. 그녀는 기분을 좋아지게 하려고 쇼핑을 하였고 기분이 나아질 만한 것들로 자신을 꾸밀 수 있는 것을 샀다. 그러나 그녀가 산 것은 거의 필요가 없거나 실제로 거의 사용하지 않았기 때문에 구매한 것들은 식탁이나 싱크대 위, 심지어 가스렌지 위에도 쌓여갔다. 몇 년이 지나자 그녀가 산 물건들은 잡동사니처럼 어수선하게 부엌에 가득 차버렸고, 결국 냉장고로 가기까지 부엌에서 물건들을 치우며 겨우겨우 갈 수 있는 정도가 되었다. 그러던 어느 날, 그녀는 우표를 찾을 수 없었고, 집세를 내지 못했다.

집주인이 집세를 요구하며 그녀의 집에 방문하였고, 그녀는 문을 열어주었다. 집에 들어온 집주인은 온갖 잡동사니들이 아파트 여기저기에 수북히 쌓여 있는 것을 보게 되었다. 집주인은 방화 책임자(fire marshal)를 불렀고, 루이자에게 60일 동안 이 지저분한 상태를 깨끗하게 치우거나 집에서 나가라고 했다. 멀리 텍사스 엘파소에 사는 그녀의 오빠가 그녀를 도와주러 왔다. 그는 청소회사에 부탁하여 루이자가 자기 물건들을 정리하고 잡동사니를 버릴 수 있도록 일주일에 한 번씩 와달라고 하였다. 그러나 청소담당자가 왔을 때 루이자는 물건을 어떻게 할지 결정하는 문제로 거의 미칠 지경이 되었다. 청소담당자는 루이자에게 물건들을 '보관하기', '버리기', '미결정'으로 분류해줄 것을 요청했다. 루이자는 2시간 동안 보관해야 할 것들로 가득 찬 상자들을 여러 개 정리했지만, 버리거나 결정하지 못하겠다는 물건은 단 하나도 없었다. 루이자는 이 상황이 너무 힘들어 고양이와 함께 욕실로 들어가 문을 잠가버리고 말았다.

청소회사는 예전에도 루이자와 같은 고객을 만난 적이 있었다고 하면서, 심리치료가 그녀의 불안감을 낮추는 데 많은 도움을 줄 수 있을 것이라며 심리치료사를 한번 만나보라고 권하였다. 루이자는 집을 치우지 않으면 아파트에서 쫓겨날 신세가 될 것이 뻔했기 때문에 마지못해 심리치료 약속을 잡았다.

심리치료 첫 회기에서 상담자는 매우 친절하고 연민 어린 마음으로 루이자를 대하였다. 루이자는 오빠가 쓸데없이 자신의 일에 끼어들었다고 화를 냈으며, 계속해서 어머니를 잃은 슬픔에 대하여 이야기했다. 그녀는 고양이가 자기 곁에 남은 유일한 가족이라고 했다. 그녀는 상담자에게 어머니와 함께 보던 똑같은 TV 쇼 프로그램을 매일매일 본다고도 말했다. 쇼핑에 대해서 말할 때는 얼굴이 밝아졌다. 쇼핑은 그녀의 기분을 끌어올리고 더 좋게 만들 수 있는 유일한 것이었다. 그녀는 '지저분한 부엌'

(계속)

때문에 야단법석을 떨게 된 상황을 이해하지 못했고, 오빠와 집주인이 그저 자신을 가만히 놔두기만을 바랐다. 그들이 그녀가 아파트에서 잘 살 수 있게 돕고자 한다는 것을 이해할 수 없었다.

　　루이자는 과도한 수집과 결여된 통찰력 등의 수집광으로 진단받았다.

강박 및 관련 장애는 사람들이 자신의 삶을 충분히 즐기지 못하게 해서 결국은 삶을 피폐하게 만드는 장애이다. 치료하지 않은 채 계속된다면 증상이 점점 악화되어 대인관계 및 직업 장면의 능력을 손상시키고 점점 더 많은 시간을 들여 원치 않은 행동을 반복적으로 하게 된다.

　　이러한 증상의 공통성과 신경학적 토대를 인정하면서 DSM-5는 몇몇 이질적인 장애들을 강박 및 관련 장애라는 새로운 범주로 통합하였다.

　　DSM-IV에서 강박장애는 불안장애로 분류되었고, 신체이형장애는 신체형장애, 발모광은 충동통제장애로 분류되었다. 이러한 장애와 2개의 새로운 장애인 수집광과 피부뜯기장애가 추가되어 강박 및 관련 장애의 새로운 범주가 구성되었다.

- 강박장애
- 신체이형장애
- 수집광
- 발모광(털뽑기장애)
- 피부뜯기장애
- 물질/약물치료로 유발된 강박 및 관련 장애
- 다른 의학적 상태로 인한 강박 및 관련 장애
- 달리 명시된 강박 및 관련 장애
- 명시되지 않는 강박 및 관련 장애

우리는 이제 위 장애들을 각각 살펴보기로 할 것이다.

강박장애

미국에서 약 330만 명의 사람들이 강박장애(obsessive-compulsive disorder, OCD)로 추정되며, 이것은 산업화된 국가에서 의학적 장애의 10대 원인 중에 속한다고 보고된 바 있다(Murray & Lopez, 1996; Steketee & Pigott, 2006).

강박장애로 진단되는 사람들은 강박사고(반복되는 침투적인 사고, 이미지, 충동)와 강박 행동(불안 감소 또는 두려운 상황을 회피하기 위해 만드는 반복적이고 의도가 있는 행동 또는 정신적 행위) 또는 둘 중에 하나를 보이는 사람들이다. 이러한 생각과 행동은 일상적 활동과 사회적·직업적 기능을 방해하고 괴롭게 만든다. 강박 및 관련 장애를 가진 사람들은 전형적으로 자신의 생각과 행동이 과도하며 합리적이지 않음을 알지만 그것을 멈출 수 없다. 그들은 병식(insight)이 좋거나 양호한 것으로 보인다. 그들의 생각이나 행동이 과도하며 합당한 이유가 없음을 알지 못하는 청소년이나 성인들의 경우의 강박장애는 '병식이 좋지 않음'으로 기술된다. 강박장애 환자가 자신의 믿음이 진실이라고 확신하는 경우에는 '병식이 없음/망상적 믿음'이라고 명시한다.

진단

특별한 강박사고와 강박 행동은 강박장애의 핵심 특징이며, 전형적으로 환자들이 받아들일 수 없고 상당한 불안을 불러일으키는 몇몇 내용(비도덕적이거나 불법적, 불쾌하거나 당황스러운 내용)을 포함하고 있다. 또한 환자들은 마술적 사고를 하고 생각을 하는 것만으로도 실제 행동으로 옮겨질 것이라고 믿거나 그러한 생각 때문에 자신이나 주변 사람들이 해를 입게 될 것이라고 믿는다. 예를 들면, 한 아동은 자신의 부모에게 뭔가 나쁜 일이 벌어질 것이라는 두려움을 가지고 있는데, 그것만으로 죄책감을 느끼고 나쁜 생각이 실제 상황으로 일어날 것이라고 걱정할 수 있다.

　　강박 행동은 실제의 반복적 행동이거나 심리 내적인 활동으로 일종의 의식처럼 행해지며, 불안이나 불편감, 원치 않는 생각이나 사건을 막기 위해 하는 행동이다. 강박장애 환자들은 보통 강박 행동과 강박사고 둘 다를 보이며, 이것들은 서로 얽혀 있는 양상을 띤다. 예를 들어 고양이를 냉장고에 둔 채 문을 닫아버리는 강박사고를 하는 한 여성은 하루에도 몇 번이나 냉장고 물건들을 정리하고 비우는 강박 행동을 하면서 고양이가 냉장고에 없음을 확인하려고 한다.

강박장애에서 흔히 발견되는 공통적인 특징은 다음과 같다.

- 정서적 괴로움을 초래하고 정상적 사고 과정을 방해하는 침투적인 강박적 사고, 단어, 문장. 사고는 음란하거나 터무니없는 경우가 있음
- 반복적으로 떠오르는 폭력적이거나 성과 관련되어 있거나 매우 고통스러운 강박적 이미지
- 생각하는 것만으로도 실제로 그 일이 벌어질 것이라는 믿음과 같은 비합리적 가정에 근거한 강박적 믿음
- 문을 잘 잠갔는지 또는 고양이가 집 안에 잘 있는지를 반복적으로 확인하는 것과 같은 강박적 반추 또는 반복하여 걱정하는 행동
- 타인에 대한 공격적 사고, 자해(예 : 발코니에서 뛰어내리기), 수치감을 불러일으키는 행동(예 : 발가벗은 채로 거리를 달리기) 등을 포함하는 강박적 충동
- 특정 사물(곤충, 세균, 질병, 혈액), 상황 및 장소(병원, 공공화장실), 특정 행동의 수행과 관련된 강박적인 두려움 또는 강한 불안감
- 강박사고로부터 안도감을 얻을 수 있도록 돕는 반복적으로 하는 강박적인 의식행위. 청소, 정리, 저장, 숫자 세기, 확인하기 등은 강박사고와 연합된 불안을 경감하기 위한 강박 행동의 예임(Steketee & Pigott, 2006)

위와 같은 특징에 추가할 수 있는 공통적인 강박 행동은 반복하기, 안도감을 구하기, 일종의 의식적 절차로서 접촉하기 등이 포함된다. 많은 강박장애 환자들은 확인하기 및 오염 관련 증상과 같이 다수의 증상이 종종 서로 겹치는 경우가 많다. 강박장애의 증상은 시간이 가면서 생활 스트레스에 기초하여 호전과 악화를 반복하는 경향이 있다(Franklin & Foa, 2007). 이러한 만성적 형태의 장애는 전형적으로 고정적이며 치료받지 않으면 증상은 점점 더 악화된다.

강박장애는 빠르면 약 2세경에 시작되지만 대부분 남성의 경우에는 10대 후반에, 여성의 경우에는 20대 초반에 진단된다. 35세 이후에 시작되는 강박장애는 거의 드문 것으로 나타났다(APA, 2013). 조기 발병은 여성보다는 남성에게서 더 흔하며, 10세 이전에 증상의 발병을 보고한 강박장애 남성 환자는 25%이다. 스트레스 사건이나 외상사건 후 갑작스럽게 발병하는 경우도 보고되지만, 강박장애는 보통 점진적으로 진행되는 편이다. 그러나 40% 정도는 어떠한 촉발 요인도 발견할 수 없는 것으로 나타났다.

강박장애는 증상 발달에 기여하는 다양한 생물학적/유전적 요인과 환경적 요인이 있는 것으로 보고되고 있다. 예를 들면, 강박장애는 일란성 쌍생아에게서 0.51의 일치율을 보이며, 몇몇 가족에서 더 높은 유병률을 보인다. 쌍생아 연구는 강박장애 발달에서 생물학적/유전적 요소가 있음을 지지한다. 비정상적인 세로토닌 수준뿐 아니라 뇌의 안와전두피질(orbitofrontal cortex)의 기능 이상 또한 영향을 미치는 것으로 나타났다. 환경적 스트레스(아동기 학대 경험, 외상사건 등)도 영향을 미치는 것으로 보고되었다. 기질도 또한 강박장애 발달에 영향을 미친다. 내현화하는 경향이 강하고 높은 정서성을 보이는 아동이 더 쉽게 영향을 받는 것으로 보인다. 사고의 오류(마술적 사고, 사고-행동 융합, 완벽주의, 대칭성) 또한 관계가 있지만, 이것은 강박장애의 원인이라기보다는 결과로 보인다. 많은 장애들과 마찬가지로, 환경적 스트레스와 함께 기질적 요인과 결합한 유전적 소인이 강박장애의 발달에 기여한다고 보는 것이 타당할 것이다(APA, 2013; Foa, Yadin, & Lichner, 2012). 단 한 번의 계기로 강박장애가 발병하는 일은 매우 드문 일이기는 하지만 그런 경우도 더러 발생한다.

강박장애의 증상(침투적인 사고와 강박적인 행동)은 일반 사람들에게서도 90%까지 심하지 않은 수준에서 나타나기도 한다. 그러나 이러한 생각은 한 달에 열 번 또는 그 이하로 나타나지만, 강박장애 환자들은 강박적 사고를 피할 수 없고, 불안을 줄이기 위한 시도로 하루에 몇 시간이나 강박적으로 의식을 행하는 데 보낸다.

내담자 특징

강박장애 환자들은 몇몇 특징적인 성격적 특징을 가지고 있다. 그들은 윤리적으로 경직되어 있으며, 죄책감과 후회

를 강하게 느끼는 편이다. 압박감을 자주 느끼고 과도하게 반추하며 스스로를 의심하고 통제와 관련된 이슈에 민감하며 높은 수준의 확신을 요구하고 우유부단하고 완벽주의적인 모습을 보인다. 기억과 관련된 요인 및 정서적인 요인이 강박장애의 중심에 있다. 강박 행동은 관찰 가능하기 때문에 강박사고보다 더 쉽게 진단할 수 있다. 강박장애 환자들은 전형적으로 도움을 구하기 전에는 몇 년 동안 증상을 숨기면서 증상에 대해 수치심과 죄책감을 느끼는 경향이 있다. 그들은 때때로 공격적이며 친밀감을 회피한다. 강박적인 저장 행동은 강박장애 환자의 30%나 되는 비율에서 발견되며, 현재에는 독립된 장애로 분리되었다.

강박장애는 다른 장애를 동반하는 경우가 흔하다. 39% 이상이 강박장애와 함께 다른 불안장애(예 : 범불안장애, 사회불안장애, 외상후 스트레스장애, 공황장애)를 호소한다. 약 3분의 1은 기분장애나 양극성장애를 함께 호소한다. 신체이형장애는 강박장애 환자의 12%에서 발견된다(Butcher, Mineka, & Hooley, 2006). C군 성격장애(특히 의존성 성격장애와 회피성 성격장애)는 강박장애 환자의 50%나 되는 비율에서 함께 보고되는 것으로 나타났다. 강박성 성격장애가 동반되는 경우는 매우 드물지만, 강박장애 진단 시 이에 대한 배제 여부를 확인해야 한다(Steketee & Pigott, 2006). 섭식장애(특히 신경성 폭식증)는 강박장애 환자의 10%에서 나타난다.

자기의심, 강박적 사고, 반추는 약물남용의 이유가 되기도 하는데, 강박장애 환자들은 불안을 줄이기 위하여 약물에 의존하는 경우가 종종 발생한다. 좋지 않은 치료 효과는 약물남용, 우울증, 병식이 좋지 않은 것과 관련이 있다.

공상적이고 해리적이며 조현적인 사고 과정 또한 강박장애 증상의 발달과 관련이 있는 것으로 나타났다. 특히 추론 과정에서 상상에 과도하게 의존하는 것은 현실과 불일치하는 추론을 하게 되는 이유로 보인다(Aardema & Wu, 2011).

강박장애 아동·청소년 중 약 50%는 주의력결핍 과잉행동장애, 분리불안장애, 다른 불안장애, 기분장애 등과 같은 다른 정신장애 진단이 동반된다(American Academy of Child and Adolescent Psychiatry, 2012). 틱과 투렛장애의 출현은 강박장애 아동에게는 흔하지만 성인에게는 흔하지 않다. 아동기 강박장애의 대부분은 명확한 촉발 요인이 없다. 그러나 자폐스펙트럼장애와 같은 다른 장애의 동반은 진단을 더 어렵게 만든다. 그렇다 하더라도 일반적으로 강박장애 아동에게 조기 진단과 개입은 좋은 치료 효과를 가져 온다.

강박장애는 심각도의 연속선상 위에 존재한다. 강박 행동에 보내는 시간이 과도한 강박장애 환자일수록 대인관계와 직업 장면에서 어려움을 겪게 된다. 병식 또한 살펴보아야 하는데, 어떤 강박장애 환자들은 자신의 행동이 이상하며 과도하다는 것을 지각하지 못하기 때문이다.

최근의 연구들에서는 강박장애 증상이 뇌의 백색물질 미세구조, 특히 미엘린 무결성(myelin integrity)의 이상과 관련 있는 것으로 나타났다. 관련 연구들은 백색물질이 강박장애의 병리생리학에 기여한다고 밝혔다(Fan et al., 2012). SSRI 계열의 약물치료는 이러한 뇌의 변화들을 중재하거나 부분적으로 바꿀 수 있다.

평가

강박장애의 진단을 고려할 때는 그 사람의 적응과 기능을 방해하고 괴롭히면서 하루에 한 시간 이상 지속되는 과도한 강박적 사고와 의식적 행동을 살펴보아야 한다.

강박장애 평가 도구들은 일반적으로 임상 면접, 자기보고, 행동 평가 도구가 있다. 예일-브라운 강박 척도 및 증상 체크리스트 ― 면담용(Y-BOCS; Goodman et al., 1989)은 임상적 관점에서 강박장애의 유용한 측정 도구이며 최근에는 아프리카계 미국인 대상으로 타당화되었다(Williams, Wettemeck, Thibodeau, & Duque, 2013). 컴퓨터용도 사용 가능하다. Y-BOCS는 자해, 공격성, 오염, 종교적 강박사고, 저장, 신체, 성 관련, 경직성, 정확성 등의 범주에서 특정한 의식 행동과 강박사고를 파악할 수 있도록 개발되었다.

구조화된 임상 면담과 함께 실시하는 자기보고식 방법도 강박장애 증상에 대한 정보를 많이 제공해줄 수 있다. 면담을 하는 동안의 행동 관찰 또한 강박장애 평가에 좋은 정보를 준다. 예를 들면, 환자들은 문의 손잡이를 만지기 싫어하거나 물건들을 여러 번 확인하거나 계속해서 안심이 될 만한 말을 요청할 것이다. 물론 우유부단함, 완벽주의, 그리고 지속적인 확신에 대한 요구는 평가 과정에서 발견되지 않을 수도 있다. 치료자는 온화하며 인내심 있는 태도를 보이고 치료회기 시간이 제한되어 있음을 상기시키며 개방형 질문보다는 폐쇄형 질문을 한다(Taylor, Jobson, Winzelberg, & Abascal, 2002). 면담 중에 사고-행동 융합(생각이 실제 상황으로 일어난다는 믿음)은 환자가 자신의 강박사고를 드러내고자 하는 욕구를 감소시킬 수 있다.

강박장애에 유용한 몇 가지 자기보고 검사는 다음과 같다.

- 파두아 검사(Padua Inventory)
- 강박 행동 체크리스트(Compulsive Activities Checklist)
- 예일-브라운 강박 척도(Yale-Brown Obsessive Compulsive Scale, Y-BOCS; Goodman et al., 1989)
- 강박증상목록 개정판(Obsessive-Compulsive Inventory-Revised, OCI-R; Foa et al., 2002)

강박증상목록 단축형은 18개 문항으로 씻기, 확인하기, 정리하기, 강박사고, 저장하기, 무효화하기(neutralizing)의 6개 하위 척도로 이루어져있다. 이 평가 도구는 내적신뢰도와 검사-재검사 신뢰도가 좋은 것으로 나타났다.

성공적인 치료를 위해서는 우울증, 범불안장애, 수집광, 충동통제장애(약물남용, 도박, 섭식, 성 관련 장애 포함) 등과 같이 동반 장애와 관련된 증상들도 평가하는 것이 중요하다. 약물과 의학적 상태에 의한 강박장애 증상뿐만 아니라 사고장애와 정신병 또한 배제되어야만 한다. 충분한 정보가 없거나 강박장애의 진단기준을 완전히 충족하지 못했을 때는 '달리 명시된 강박 및 관련 장애' 또는 '명시되지 않는 강박 및 관련 장애' 진단이 더 적절하다.

치료자의 자질

강박장애 환자들은 중간에 치료를 그만두는 경향이 있지만 치료를 계속하는 환자들은 비교적 높은 성공률을 보인다(Watson, Anderson, & Rees, 2010). 강박장애 환자와 작업하는 치료자는 치료자와 환자 모두 정서적 스트레스를 감당할 수 있도록 구조화된 노출 및 반응 방지 기법을 계획하고 실행할 수 있어야 한다. 환자에게 노출치료를 주로 하게 되며, 치료의 효과가 있다는 사실을 알려주고, 치료과정에서 치료자가 환자와 함께한다는 사실을 확신시켜줌으로써 환자가 치료에 협조할 수 있도록 한다(Zoellner, Abramowitz, Moore, & Slagle, 2008). 강박장애 환자와 작업하는 치료자는 지지와 압박 간의 미묘한 균형감을 잘 유지할 수 있어야 한다. 이 장애를 가진 사람들은 주로 수치심, 죄책감, 불안, 낮은 자기개방성 등을 보이므로 치료자는 융통성이 있고 잘 격려하며 존경할 만한 인물이 되어야 한다. 동시에 치료자는 구조화하고 단호하고 구체적이며 미리 계획을 세울 줄 알아야 한다.

개입 전략

성인의 강박장애 치료에서 가장 효과적인 것은 노출 및 반응 방지 기법(exposure and response prevention therapy, ERP)으로 알려진 행동치료이다. 노출 및 반응 방지 기법은 정서적 자극 회로에 대한 뇌의 반응에서의 연결을 변화시켜 뇌의 정서적 학습 효과를 높인다. 이러한 정서적 학습 효과를 향상시키는 것으로 밝혀진 유일한 약물은 D-사이클로세린이다(Hofmann, Otto, Pollack, & Smits, 2015).

1974~1992년 수행된 16개의 연구를 메타분석한 결과, 노출 및 반응 방지 기법(ERP) 성공률은 83%까지 이른다. 치료 효과는 29개월 추적 결과 76% 정도인 것으로 나타났다(Foa & Kozak, 1996). 노출 및 반응 방지 치료를 장기적으로 시행하면 약물치료보다도 효과적인 것으로 알려졌다(Foa et al., 2005). 83%의 치료 반응 비율과 많은 치료 효과를 보인 12개의 성과 연구에 대한 리뷰는 장기 추적에서도 그대로 유지되었다(Franklin & Foa, 2008).

이 치료의 첫 번째 단계는 강박사고, 강박 행동, 불안의 속성, 빈도, 심각도에 대한 명확한 아이디어를 얻는 것이다.

노출을 하고 반응을 방지하는 전략은 모두 주의 깊게 계획하고 통제되어야 한다. 노출은 전형적으로 점진적으로 진행되어야 하는데, 낮은 불안 상황에서 시작해서 환자가 익숙해지면 점점 더 높은 불안 유발 자극으로 가야 한다. Franklin과 Foa(2008)는 환자의 스트레스 수준이 여전히 높더라도 노출을 종결하지 않는 것의 중요성을 강조했다. 그래서 노출 회기를 45분에서 2시간까지 지속하도록 하여 환자의 불안이 상승했다 감소하는 충분한 시간을 확보하도록 한다. 일단 환자가 이러한 과정에 익숙해지고 편안해지면, 집에서도 노출 및 반응 방지 기법(ERP)을 지속할 수 있는 용기가 생기게 되고, 종종 가족이나 친구의 도움을 받을 수도 있을 것이다. 이러한 경험을 일기처럼 메모해두는 것도 환자가 자신의 상황이 호전되고 있는 것을 추적하고 견고히 하는 데 도움을 준다.

전형적으로 강박장애 치료는 비교적 단기치료로 이루어진다(때때로 10회기 미만). 회기 사이의 과제, 재발방지 훈련 등은 치료 효과를 유지하는 데 필수적이다(Franklin & Foa, 2008).

노출 및 반응 방지가 강박장애의 가장 핵심적인 두 가지 절차라고 해도 환자 중 25%는 이러한 치료적 접근을 거부한다(Woo & Keatinge, 2008). 효과적이라고 밝혀진 다른 치료적 접근이나 개입은 환자들로 하여금 그들의 사고 과정에서의 오류에 도전하도록 돕는 인지치료적 접근이다. 이러한 치료는 소수의 연구에서 노출 및 반응 방지 기법(ERP)과 유사한 정도의 치료 효과를 보이는 것으로 나타났다(Rosa-Alcazar et al., 2008; Wilhelm et al., 2009).

특별히 SSRI 계열, 세로토닌 재흡수 억제제 클로미프라민 등의 약물은 증상 감소에 효과적인 것으로 다수의 무선 통제실험 연구, 메타 연구, 전문적인 치료 안내에서 보고되고 있다(Kellner, 2010). 네 가지 세로토닌 재흡수 억제제(에스시탈로프람, 설트랄린, 파록세틴, 플루복사민)는 강박장애 치료에 가장 강력한 효과를 나타내는 약물이다(Bandelow et al., 2008). SSRI 계열의 약물은 효과가 나타나기까지 8~12주가 걸리며 부작용도 있다. 또한 약물을 중지하면 통상적으로 치료 효과가 떨어진다.

강박장애는 약물만으로 치료하기에는 어려워 보이는데, 위에서 언급한 연구들에서조차도 40~60%의 사례들은 증상의 호전이 거의 없거나 단지 부분적으로 일어났을 뿐이다(Kellner, 2010). 노출 및 반응 방지 치료에 인지행동치료를 추가하는 경우 더 효과적으로 나타났으며, 미국의학협회(American Medical Association)는 SSRI 계열의 약물을 복용하는 동안 계속해서 증상을 보이는 사람들에게 노출 및 반응 방지 치료를 추천한다고 강박장애 치료 가이드라인을 변경하였다(Simpson et al., 2013).

노출 및 반응 방지 치료는 강박행동의 의식행위를 잊도록 뇌의 습관형성회로를 재교육하는 과정이다. 항우울제에 반응하지 않는 환자들의 경우 노출 및 반응 방지 치료에 더 반응을 보이는 경향이 있다. 노출 및 반응 방지 치료는 강박장애의 증상 감소, 병식의 증가, 기능 향상, 삶의 질 상승 등에 있어서 위약과 리스페리돈보다 효과가 좋다(Simpson et al., 2013).

강박장애 아동 환자의 치료도 성인의 경우와 동일하다. 최선의 치료는 인지행동치료이다. 인지행동치료는 노출시키고 강박적 행동을 방지하는 핵심 요소를 사용하여 부적 강화의 순환을 막는다. 아동에게 강박장애 증상을 외재화하도록 가르치고("그것은 내가 아니다. 그것은 나의 강박장애이다."), 강박사고를 받아들이는 게 아니라 오히려 말대답을 하도록 알려준다(Christophersen & Vanscoyoc, 2013). 약물치료, 특히 SSRI 계열의 약물은 더 심각한 강박장애 증상이 있는 아동에게 추가적인 치료가 된다(Franklin, Zagrabbe, & Benavides, 2011). SSRI 계열의 약물이 강박장애 아동의 치료제로 FDA의 승인을 받았지만, 아동을 대상으로 한 SSRI 약물의 장기적 복용의 영향에 대한 자료들은 아직 확실하지 않다.

최근에는 더 새로운 치료 방법이 검토 중에 있다. 치료 저항 강박장애를 위한 경두개 자기자극의 사용에 대한 임상실험이 진행 중이다. 글루타메이트, N-아세틸시스테인과 같은 약물치료가 증가하고 있고, 케타민과 같은 다른 약물의 사용도 진행 중이다(Ressler & Rothbaum, 2013; Rodriguez et al., 2013). 신경외과적 접근은 다른 치료로 효과를 보지 못한 심각한 강박장애 환자에게 때때로 시도된다. FDA는 치료하기 매우 힘든 강박장애의 경우 뇌의 특정 부위에 전기자극을 보내는 심부뇌자극술(DSB)을 승인했다(Dougherty, Wilhelm, & Jenike, 2014).

예후

치료자는 강박장애의 치료를 위한 현실적인 목표를 세우도록 한다. 치료를 마친 환자들의 높은 비율이 충분한 증상의 호전을 경험함에도 불구하고, 강박장애는 완벽하게 회복되기보다는 부분적으로 차도를 보이는 경우가 더 많다(Eisen et al., 2010; Kellner, 2010). 그러나 증상의 50%만 감소되더라도 환자의 삶의 질은 상당한 정도로 달라진다.

긍정적 예후와 관련 있는 요인은 강박 행동의 존재, 낮은 불안과 우울 수준, 전문적 도움을 구하기 전 강박장애의 지속 기간이 짧음, 사고와 행동의 비현실적 특징에 대한 환자의 병식, 환자의 긍정적인 사회적 · 환경적 적응 상태, 장애의 발병과 관련한 명확한 촉발 요인 등이다(Franklin & Foa, 2008).

신체이형장애

신체이형장애(body dysmorphic disorder)의 핵심 특징은 상상하는 또는 지각된 외모나 신체적 결함에 대해 과도하게 집착하는 것이다. 결함이 타인에게도 관찰되는 것이라면 장애의 정도는 매우 가벼운 정도이다. 모든 강박장애와 마찬가지로 신체이형장애도 통상적으로 반복적인 행동과 강박적인 사고가 존재한다. 반복적인 행동은 종종 거울로 자기 자신을 확인하기, 과도하게 치장하기, 신체적 외모에 집착하기, 남들에게 자신의 외모에 대해 끊임없이 확인하기 등이다. 집착은 자기를 남들과 비교하기, 과도한 운동, 지각된 결함을 고치기 위한 반복적인 외과적 시술을 찾아다니기 등을 포함한다.

한 어린 소녀가 다른 사람들에게는 괜찮아 보이는데도 자신의 코가 너무 크고 못생겨 보인다고 할 때처럼 신체이형장애를 가진 사람들의 경우, 다른 사람들은 그들의 지각이 극도로 과장되어 있다는 사실을 알고 있다. 미용시술을 하는 사람들의 3~18%는 신체이형장애의 진단기준을 만족한다(Veale & Neziroglu, 2010). 신체이형장애의 관해율에 대한 종단 연구는 지각된 결함을 고치기 위한 미용치료와 피부치료가 신체이형장애의 증상을 감소시키거나 경감시키지 않는 것으로 나타났다(Phillips, Pagano, Menard, Fay, & Stout, 2005). 신체이형장애를 가진 사람들은 일반적으로 미용 시술의 결과에 만족하지 않는데, 그렇기 때문에 반복적인 외과적 처치를 받기 전에 이 장애가 인지되고 진단되어 치료되는 것이 중요한 것이다(Wilhelm, Phillips, & Steketee, 2013).

신체이형장애는 또한 체중에 집착하는 섭식장애와 다르다. 섭식장애의 진단기준이 충족되면 섭식장애로 진단된다. 근육이형증은 남성에게서 절대적으로 많이 나타나는 신체이형장애의 특정한 형태로서 자신의 체격이 너무 작거나 근육이 부족하다는 생각에 사로잡혀 있는 경우이다.

이 장애를 가진 많은 사람들은 병식이 부족하고, 실제로 자신의 결함이 타인에게 매우 혐오스럽고, 위장이나 미용 시술, 다른 극단적 조치가 필요하다고 믿는다. 어떤 사람들은 망상을 가지며 다른 사람들이 자신의 결함을 비웃는다고 믿는다. 신체이형장애의 믿음과 관련된 병식의 정도와 관련된 명시자는 좋거나 양호한 병식, 좋지 않은 병식, 병식 없음/망상적 믿음과 같다. 근육이형증이 동반되는 경우에도 명시해야 한다.

이러한 외모 집착은 당뇨병, 우울증, 심근경색보다도 더 심각한 기능적 손상을 가져온다. 신체이형장애 환자의 3분의 1은 망상을 함께 경험한다(Deckersbach et al., 2000). 그들의 경우에는 자살사고와 자살 행동의 위험이 증가한다.

2013년 전에 신체이형장애는 신체형장애로 간주되었다. 그러나 발병 시기, SSRIs에 대한 치료반응, 성별 비율 등 강박 및 관련 장애와 많은 증상을 공유하기 때문에 강박 및 관련 장애로 다시 분류되었다. 예를 들면, 얼굴에 0.6cm의 상처가 있다고 믿는 여성은 자신이 친구들과의 대화에서 초점이 되고, 친구들은 자신이 없을 때 자신의 끔찍한 상처를 계속해서 비웃으며 조롱할 것이라고 생각한다면, 그녀는 DSM-IV의 망상장애, 신체형이 아니라 신체이형장애, 병식 없음/망상적 믿음으로 진단될 것이다.

내담자 특징

신체이형장애를 가진 사람들은 자의식, 망상적 사고, 손상된 사회적 기능에 기여하는 자신의 신체에 대한 강박적 사고를 갖는다. 가장 빈번하게 집착의 대상이 되는 신체 부위는 코, 피부, 머리카락, 뺨, 입술, 눈이다(Veale & Neziroglu, 2010). 정신병적 사고는 지각된 특정 결함 중심으로 돌아간다. 어떤 사람들은 치장하거나 원치 않는 결함을 숨기는 데 과도하게 시간을 보낸다. 어떤 사람들은 불안을 통제하고자 사람들을 만나는 것을 전적으로 피한다. 또한 자신의 강박적 사고를 잊는 데 도움을 주는 회피적 행동에 집착하기도 한다. 음주, 약물 사용, 강박적 운동은 이러한 유형의 사람들에게서 가장 자주 발견되는 행동이다. 이 장애를 가진 남성들은 자신의 체격, 성기, 가는 모발, 키 등에 집착하는 경향이 있다. 여자들은 체중과 얼굴에 대한 강박적 성향을 보이고 이상적인 모습과 자신을 비교한다. 신체이형장애를 가진 200명의 사람들을 대상으로 한 조사에서 32.5%가 일생 중 어떤 한 시점에서 섭식장애를 동반하는 것으로 나타났다(Ruffolo et al., 2006).

신체이형장애는 정확하게 진단 내려지기 전까지 꽤 많은 시간이 걸리기는 하지만, 장애의 증상은 종종 청소년기에 시작된다. 이 장애를 가진 사람들 중 약 20%가 신체이형장애 증상 때문에 학교를 그만둔다. 자살 위험은 일반적으로 청소년기에 더 큰데, 신체이형장애를 가진 청소년의 경우 자살 위험이 더 높으며, 우울증에 더 취약하고, 자살에 대해 더 많이 반추하며, 자살시도 횟수가 증가한다. 또한 청소년과 성인 모두 섭식장애, 불안장애, 우울장애, 다른 강박장애 등 신체이형장애와 함께 동반되는 다른 장애로 인해 치료를 받아야만 하는 경우가 있다.

치료자의 자질

치료자는 외모에 대한 과도한 관심과 정상적인 관심을 구별할 수 있어야만 한다. 실제의 신체적 결함에 대해 걱정하는 사람들은 이 장애로 진단하지 않는다. 어느 정도는 심리교육이 청소년과 성인들에게 도움이 되는데, 그들에게 정상적인 신체 이미지와 대중매체가 신체 이미지를 왜곡하는 데 얼마나 큰 역할을 하는지 등을 알려주기, 자신의 신체를 수용하는 것을 격려하기 등을 할 수 있다.

개입 전략

신체이형장애와 관련된 강박적 속성이 습관 역전 훈련(habit reversal training)과 노출 및 반응 방지 기법 모두에 잘 반응하는 경향이 있음에도 불구하고, 신체이형장애의 치료에 대한 종단 연구는 거의 찾아보기 힘들다. 신체 이미지와 관련되었으며 이상형을 과대평가하는 경직된 사고를 수정하는 인지치료가 도움이 될 수 있는데, 어떤 경우에는 60%에 달하는 관해율이 보고되기도 하였다(Phillips, Pagano, Menard, & Stout, 2005).

치료자가 신체이형장애를 진단하고 치료하는 데 도움이 될 만한 몇몇 인지행동치료 매뉴얼도 개발되었다(Wilhelm, Phillips, & Steketee, 2013; Veale & Neziroglu, 2010). 치료는 특히 이 장애의 독특한 증상에 초점을 맞춰야 한다.

노출 및 반응 방지 기법은 강박장애 치료에 가장 우선시되는 것으로, 이 기법이 역시 신체이형장애의 치료에도 효과적이라는 것은 그리 놀랄 만한 일이 아니다. 노출 및 반응 방지 기법은 특정 증상에 잘 맞춰져야 한다(예 : 거울 확인 또는 과도한 운동). 인지행동치료 또한 신체에 대한 인지적 왜곡을 확인하고 제거하는 인지적 재구조화를 시도한다(Wihelm et al., 2013). 일반적으로 신체이형장애를 가진 사람들은 미용시술을 하거나 다른 외과적 처치를 하는 것을 단념하게 해야 한다.

수용전념치료(acceptance and commitment therapy, ACT)와 마음챙김 치료도 신체이형장애의 치료에 도움이 된다(Pearson, Heffner, & Follette, 2010). 수용전념치료(ACT)의 머리글자는 핵심 개념이다. A는 생각과 감정의 수용, 특히 어려운 생각과 감정, C는 환자의 가치관을 반영하는 다음 단계 또는 길을 선택, T는 행동 실행 단계이다. 수용전념치료(ACT)는 공감적 격려와 연민을 제공하며 인지치료보다 더 실험적이다. 치료 방법은 장애의 범위에 따라 적용되며, 불안, 우울, 만성통증, 성격장애 등을 비롯하여 많은 장애의 치료에 효과적인 것으로 밝혀졌다. 스트레스 유발 사고나 감정, 충동에 반응하는 것이 아니라 있는 그대로 받아들이는 것이 강력한 개입 전략이 될 수 있다(Woods & Twohig, 2008; Pearson et al., 2010).

집단치료도 지지를 제공하고 사회화를 증진시키며 감정의 직접적인 표현을 높이는 데 도움이 될 수 있다. 집단치료의 가장 중요한 점은 참여자가 듣는 현실적인 피드백이다. 외모에 대해 동료로부터 듣게 되는 피드백은 치료자의 피드백보다 더 강력하다. 집단치료의 또 다른 장점은 우울증 감소, 회피 행동의 수정, 증상의 책임에 대한 수용 등이 있다.

신체이형장애의 치료제로 FDA의 승인을 받은 약물은 없다. 그러나 클로미프라민과 플루옥세틴의 몇몇 통제된 시도는 신체이형장애로 SRI 치료를 받는 환자들의 4분의 3이 좋은 반응을 보인다고 나타냈다(Phillips, 2015). 일반적으로 더 높은 복용량이 요구되지만 반응까지의 시간은 9주로 긴

편이다.

예후

한 연구에서 완전 관해의 가능성은 단지 9%에 지나지 않다고 밝혀졌지만, 신체이형장애도 치료 후에 호전되는 양상을 띤다(Phillips et al., 2006). 심각한 신체이형장애 증상을 가졌거나 증상의 지속 기간이 긴 경우, 또는 동반하는 성격장애를 가진 사람들은 부분적 또는 완전 관해를 성취하기 어려운 경향이 있다(Phillips et al., 2005). 약물치료의 경우, 약물을 중지하면 증상이 재발하는 경향이 있다(Veale & Neziroglu, 2010). 신체이형장애가 삶의 질을 떨어뜨려 결국 삶을 피폐하게 만든다는 점을 고려해볼 때, 특히 청소년 치료와 관련하여 많은 연구가 필요하다.

수집광

*DSM-IV*에서 수집광(hoarding disorder)은 강박장애의 하나의 증상으로 간주되었다. 그러나 이제는 진단적 타당성과 임상적 유용성이라는 연구에 기초한 증거에 의해 독립된 장애가 되었다. 런던의 수집광 현장 연구(London Field Trial for Hoarding Disorder)에서는 타당도, 신뢰도, *DSM-5*에서 제안한 수집광 진단기준에 대한 인식을 확인하였고, 명시자뿐 아니라 진단과 각각의 개별 기준에 대한 민감성, 특이성, 평가자 간 신뢰도가 모두 우수하다고 판단하였다. 더욱이 진단기준은 단순히 수집(collect)을 하는 사람들과 부적응적으로 저장(hoard)을 해두는 사람들을 정확하게 구별하는 것으로 나타났다(Mataix-Cols, Billotti, Fernandez de la Cruz, & Nordsletten, 2013).

수집광에 대한 *DSM-5*의 진단기준은 다음과 같다.

- 실제 가치와는 상관없이 소지품을 폐기하는 것(팔기, 재활용하기, 버리기, 기부하기 등)에 대한 어려움
- 소지품을 폐기한다는 생각만으로도 불쾌감(불안, 실수에 대한 두려움) 경험
- 소집품을 폐기하지 못해 쌓아두게 되면서 생활 공간이 원래의 용도로 사용할 수 없게 됨(예 : 욕조가 식물

로 가득차서 더 이상 욕조에서 목욕할 수 없음, 식탁이 종이로 어질러짐)
- 수집광 행동이 기능적 손상을 가져옴(아무도 집으로 초대할 수 없어서 사회적 관계가 끝나거나 옷을 찾을 수 없어서 늘 직장에 지각을 함)
- 수집광 증상이 의학적 상태(뇌손상, 심혈관질환)로 인한 것이 아님
- 수집광 증상이 다른 정신장애(예 : 강박장애, 주요우울장애, 망상)로 더 잘 설명되지 않음

수집광의 명시자는 다음을 포함한다.

과도한 습득 동반 수집광의 75%는 소지품을 폐기하는 것의 어려움과 동시에 과도하게 구매하는 행동을 보인다(Frost, Steketee, & Tolin, 2011). 과도한 습득은 가능한 공간이 없거나 필요하지 않거나 사용 가치가 없는데도 습득하는 것과 관련이 있다. 수집광의 50% 정도는 공짜 물건의 과도한 습득을 보이며, 적은 비율(25% 이하)의 사람들은 물건을 훔치는 경우도 있다(Frost & Steketee, 2014).

병식의 수준 좋거나 양호하거나 좋지 않거나 병식 없음/망상적 믿음이 표시되어야 한다. '좋거나 양호한 병식'은 자신의 수집 행동이 과도하며 문제를 일으킨다는 사실을 인식한다. '좋지 않은 병식'은 수집 행동이 반론의 증거에도 불구하고 문제가 되지 않는다고 대체로 믿고 있다면 명시한다. '병식 없음/망상적 믿음'은 수집과 관련된 믿음이나 행동이 반론의 증거에도 불구하고 문제가 되지 않는다고 확신한다면 명시한다.

이 장애는 임상적으로 의미 있는 고통을 초래하는 것이 확실하다. 그러나 병식이 좋지 않다면, 기능적 손상은 환자 주변 사람들(예 : 가족, 이웃, 집주인)에게만 알려지고, 제3자에 의해 잡동사니 물건이 치워질 때까지 환자 본인에게는 불쾌감을 초래하지 않을 것이다. 잡동사니 물건을 정해진 기한 내에 치우라는 강제적 개입은 이들에게 특히 고통스러운 일이다. 수집광 환자들은 소지품을 버리는 능력이 부족하며 제3자가 개입될 때 이러한 불안이 더 올라간다.

내담자 특징

스트레스와 부정적 감정이 수집광 환자들에게 종종 보이며, 이것이 수집광 증상의 발달에 기여하는 부분이 있다. 수집광은 회피 대처 양식과 관련이 있으며, 이들은 기분을 좋게 하기 위해 쇼핑을 하거나 물건을 습득한다. 수집광 환자의 4분의 3이 '과도한 습득 동반' 명시자 기준을 충족시킨다.

수집광 행동을 보이는 많은 사람들은 우유부단하고, 조직화하는 데 어려움을 겪으며, 중요한 무엇인가를 잃을 수도 있다는 두려움을 가지고 있다. 또한 많은 사람들이 소유물에 대한 이상한 믿음을 가지고 있고, 정서적으로 소유물에 애착을 형성한다. 완벽주의는 종종 수집광 환자들이 지난 몇 년간 사용하지 않았음에도 자신의 물건을 버리는 것을 어렵게 한다. 각각의 물건을 버리기 전에 세심하고 완벽주의적으로 조사를 해야 하는 욕구는 결국 그 물건을 간직해야 한다는 이유를 찾게 해준다. 의미 있는 물건을 잃어버린다거나 나중에 필요하게 될 물건을 버리는 것과 같은 좋지 않은 결과에 대한 두려움도 흔하게 발견된다. 어떤 사람들의 경우에는 소지품이 자신의 정체성과 복잡하게 얽혀 있어서 그러한 물건을 버린다면 그들의 역사가 사라진다고 두려워하기도 한다.

미국 인구의 2~6%가 수집광 진단을 받는다(APA, 2013). 여자보다는 남자가 더 많고, 성인기 초기(34~44세)보다는 그 이후의 성인(55~94세)에게서 3배 더 많이 나타난다. 보통 청소년기에 발병이 시작되며, 시간이 경과함에 따라 더 악화되는 경향을 보인다. 심각도의 다른 예측 요인은 연령, 성별, 결혼 여부, 우울이나 불안과 같은 동반하는 장애의 유무 등에 따라 달라진다(Ayers & Dozier, 2014).

실수에 대한 두려움, 우유부단함, 꾸물거림 등과 같은 관련 성향 외에도 이 장애는 명확한 신경생물학적 관련성이 있다. 수집광은 강박장애보다는 가족 간의 관련성이 더 높은 것으로 나타났는데, 일차친척 간에 12%가 이 장애를 보인다. 흥미롭게도 수집광 환자들의 가족 중 50~80%가 또한 수집광 행동을 보인다고 보고하였다. 잠재적인 유전적 연관성 이외에도 수집광은 사랑하는 사람의 죽음과 같은 외상이나 스트레스 사건에 의해서도 촉발될 수 있다.

수집광 환자의 4분의 3이 우울장애나 불안장애를 동반한다. 가장 흔한 것은 주요우울장애(50%), 사회불안장애, 범불안장애이다. 강박장애도 약 20% 정도이다. 성격장애는 우울감만큼이나 수집광 환자들에게 자주 나타나는 장애는 아니다. 단지 강박장애나 우울 및 불안 장애에서 기인한 수집광 행동은 수집광으로 진단하지 않는다(APA, 2013). 유사하게 뇌손상, 신경발달학적 장애, 신경인지장애(예 : 알츠하이머) 등으로 인한 수집광 행동도 수집광으로 진단하지 않는다.

치료자의 자질

수집광 행동으로 인해 전문적인 도움을 구하는 것을 방해하는 것은 수치심과 당황스러움이다. 치료자들은 그들이 변하고자 하는 동기가 생기도록 돕는 데 지지적이고 인내심을 가져야 한다. 미래의 개선에 대한 희망을 주입시키고 목표에 초점을 맞추는 동기강화상담이 도움이 될 수 있다. 환자가 공간을 어떻게 사용하고 있는지 보도록 돕고, 잡동사니들을 치우고 난 후 그들의 침실이 어떤 모습일지를 생각해보게 하는 것 등은 변화를 동기화하는 데 효과적일 수 있다(Steketee, Frost, Tolin, Rasmussen, & Brown, 2010).

치료자는 천천히 진행하면서 환자들이 스스로에 대한 위엄과 존중을 느끼도록 해야 하는데, 잡동사니가 환자 자신의 소유물이며, 궁극적으로 그들 스스로가 의사결정을 할 것이고 그들 스스로가 노력하고자 지향하는 목표를 가지고 있다는 것 등을 알려주어야 한다. 많은 경우 목표는 다른 사람들(집주인, 소방공무원, 가족)이 정하게 되는데, 이것은 환자들을 매우 화나게 하는 점이다. 그들이 잡동사니처럼 쌓인 물건들을 수용 가능한 기준으로 줄여야 한다는 필요를 스스로 내면화하도록 돕는 것이 중요하다.

Frost와 Steketee(2014)는 과도한 습득이 종종 간과되지만 수집광 역동에 매우 중요한 부분이라고 하였다. 습득의 정도(예 : 양, 빈도)에 대한 평가가 이 장애를 정확하게 평가하는 데 중요한 부분이어야 한다. 때때로 과도한 습득을 줄이려는 치료가 잡동사니 물건을 줄이거나 제거하는 것보다 더 쉽게 성공할 수 있다.

치료자는 또한 환자의 가족이나 환자 본인이 잡동사니 물건을 줄이거나 버리기 위해 고용한 다른 전문가들과 함께 작업을 하기도 한다. 정신과 의사, 의사, 환자의 삶의 질에 개입하는 다른 사람들과의 자문 또한 요구될 것이다.

평가

수집광 환자들은 우울, 불안, 강박 장애와 같은 증상을 많이 보이기 때문에 치료자는 수집광 증상을 가려내기 위한 질문을 영리하게 할 줄 알아야 한다. 수집광 평정 척도(Hoarding Rating Scale Interview)는 잡동사니, 습득, 폐기, 디스트레스, 손상과 관련된 5개의 문항으로 이루어진 간단한 반구조화 면접이다(Tolin, Frost, & Steketee, 2010). HRS-I는 수집광과 아닌 사람을 잘 구별하도록 해주기 때문에 치료자는 수집광 행동이 중요하게 다뤄야 할 문제인지 아닌지를 결정하기 쉽다. 수집광에 대한 다른 유용한 측정 도구는 아래와 같다.

- 예일-브라운 강박 척도 증상 체크리스트(Y-BOCS; Goodman et al., 1989)
- 저장장애 척도(Saving Inventory-Revised tool; Frost, Steketee, & Grisham, 2004)
- 수집광 평정 척도(Hoarding Rating Scale Assessment Interview; Tolin, Frost, & Steketee, 2010)
- 우울 및 불안 평가 척도들

심각도 수준 또한 수집광 행동의 평가에서 고려되어야 하는 부분이다. 동물 수집, 음식 수집, 더러운 물건(예 : 사용한 기저귀) 수집은 단지 어지럽게 잡동사니를 모으는 수집광 행동과 비위생적인 생활 환경을 만드는 행동 사이의 선을 긋는 지점이다. 동물을 수집하는 사람들은 다른 사람들보다 더 좋지 않은 병식을 보이는 경향이 있다(Steketee et al., 2010).

수집광 행동과 단순한 수집 및 저장 행동 간의 감별진단은 상세한 기술(묘사)을 요구한다. 단순한 수집은 체계화되어 있고 의도가 있으며 어수선한 잡동사니나 스트레스, 정신장애로 인한 손상이 나타나지 않는다. 진단기준 C에 해당하는 '어지럽히는 것'이란 '다른 목적으로 설계된 공간에 아예 무관하거나 미미한 관련이 있는 다수의 사물을 난잡하게 뒤섞어 쌓아두는 것'을 뜻한다(APA, 2013, p. 248).

어수선한 잡동사니들은 저장 목적으로 만들어진 차고나 창고, 지하실 같은 공간이 아니라 집 안의 실제 공간에서 발견된다.

제3자의 개입(예 : 친구, 가족, 가정부, 공무원 등)으로 집이 어지럽혀지지 않고 안전하고 사용 가능하도록 유지된다면, 이러한 경우에도 여전히 수집광으로 진단 가능할 것이다. 아동에게 수집광 행동을 진단할 때는 물건을 버리거나 공간을 사용 가능하게 유지하는 것에 부모가 어느 정도 개입하고 있는지의 여부를 고려해야 한다.

치료

수집광으로 치료를 찾는 사람은 거의 없다. 그보다는 우울이나 불안으로 가족에 의해 치료를 찾는 경우가 더 흔하다. 수집광 환자들은 일반적으로 변화에 대한 동기가 없기 때문에 치료가 매우 힘들고, 치료가 시작된다 해도 조기 종결되는 경우가 종종 있다. Frost와 Hartl(1996)은 처음으로 인지행동치료와 결합한 가정 내 개입(in-home intervention)이 도움이 된다는 것을 밝혀냈다. 노출 및 반응 방지 기법(ERT)이 최선책일 수 있으나 많은 환자들은 이 치료 방법을 거부하며, 가족의 압력이나 집에서 쫓겨날 것이 두려워 억지로 치료를 시작한다 해도 치료를 쉽게 중단한다.

일단 변화에 대한 동기가 형성되면 행동치료도 시작할 수 있다. 치료의 첫 번째 단계는 새로운 물건을 습득하는 것을 줄이고, 가지고 있는 물건을 버리도록 하는 것이다(Frost & Tolin, 2008). 이후에 인지적 오류를 변화시키는 데 초점을 두고, 수집품에 대한 비합리적 신념에 도전하도록 돕는 인지치료가 가장 도움이 될 것이다. 치료 이전과 치료 도중, 치료 후에 성공 장면을 상상하도록 하는 시각화 방법도 도움이 된다. 환자가 즐거운 경험, 마음챙김, 다른 프로그램에 참여하도록 격려하여 부정적 심리 상태를 경감시키도록 하는 것도 기분을 개선하고 에너지 수준을 높이는 데 도움이 된다.

수집광은 새로운 *DSM-5* 진단이기 때문에 SSRI 계열이나 다른 약물의 효과에 대한 연구가 아직 수행되지 않았다. 약물치료 효과를 보이지 않는 많은 강박장애 환자들이 수집광들로 나타나는 것으로 보아 아마도 수집광 환자들 또한 약물치료 효과가 좋지 않을 것으로 예상할 수 있다. 아마도 추후의 연구가 이러한 사실에 대한 진위 여부를 판단하는 데 필요할 것이다.

치료가 효과적이었다면 동반되는 장애에 대한 치료 또한 필수적으로 이루어져야 한다. 우울에는 SSRI 계열의 약물이, 불안 증상의 감소에는 항불안제가 도움이 될 것이다.

예후

수집광은 나이가 들면서 증상이 더 심해지는 만성적 상태를 보인다. 최근 연구에 따르면 뇌 백색물질과 수집광 행동 간에 관계가 있는 것으로 나타났다. 쌍생아 연구에서는 약 50%의 변량이 유전적 요인에 기인하는 것으로 밝혀졌다. 이제 수집광은 *DSM-5*의 개별적인 진단범주가 되었기 때문에, 치료적 개입 방법(심리치료, 약물치료, 심리치료와 약물치료의 병행)의 효과에 대한 추가적인 연구가 가장 적합한 치료적 개입을 결정하는 데 유용할 것이다. 수집광 환자들은 대부분 자신의 수집광 행동에 대한 언급 없이 다른 장애에 대한 치료를 요청하기 때문에, 치료자는 반드시 가족 등 주변 인물에게 수집광 행동과 관련된 질문을 하여 환자가 받아야 하는 적절한 치료를 받을 수 있도록 해야 한다.

발모광(털뽑기장애)

발모광(trichotillomania)의 핵심 특징은 반복적으로 자신의 털을 뽑아서 결국에는 탈모로 이어지게 된다는 것이다.

진단

발모광의 *DSM-5* 진단기준은 지속적인 털 뽑기, 털 뽑기를 중단하려는 반복된 시도, 사회적·직업적으로 영향을 주는 임상적으로 의미 있는 고통이나 손상을 포함한다. 털 뽑기는 의학적 상태에 기인한 것이 아니고, 다른 정신장애(예 : 신체이형장애)에 의해 더 잘 설명되지도 않는다.

내담자 특징

발모광은 사회적·직업적 기능의 현저한 손상과 삶의 질 감소를 가져온다. 한 자기보고 연구(Keuthen et al., 2001)

에서는 발모광 환자의 4분의 3이 친밀감 상실(40%), 친구와의 만남 감소(40%), 데이트 활동 감소(47%), 가족들과의 관계에 부정적 영향(50%)과 같이 관계에서의 고통을 보고했다. 업무 보고 실패, 지각, 진로 포부 감소, 동료와의 관계 저하 등의 직업 수행 능력의 감소 또한 나타났다.

발모광의 유병률은 성인과 청소년에서 약 1~3.5%로 나타난다(Franklin et al., 2011). 발모광은 남성보다는 여성에게서 10배 더 많이 나타난다. 유전적인 취약성이 존재할 수 있는데, 발모광은 강박장애 환자와 그들의 일차친척들에서 3배 더 많이 나타난다. 털 뽑기는 아동기에 시작되며 나이가 들수록 더 악화되는 경향이 있다(Franklin et al., 2011).

발모광은 주요우울장애와 가장 흔하게 동반된다. 다른 강박 및 관련 장애도 자주 함께 동반되며, 털 뽑기는 강박장애의 대칭적 의식 행동의 증상일 수도 있고, 신체이형장애의 신체 이미지의 강박적 초점의 부분일 수도 있다. 손톱 깨물기, 피부 뜯기, 다른 반복적인 신체 관련 증상들이 발모광 환자에게서 흔히 나타난다.

평가

발모광과 관련하여 효과적이고 적절한 치료를 위해서 평가는 정확한 진단을 위한 과정에서 가장 먼저 이루어져야 하는 단계이다. 증상 발병 시기, 증상의 내용, 지속 기간, 심각도, 동반하는 장애, 기능적 손상 등에 관한 광범위한 정보들을 수집해야 한다. 발달적 요인과 이전 치료 경험 및 치료 성과 또한 포함한다.

여러 도구가 치료자의 초기 평가에 유용하게 쓰인다. Franklin, Zagrabbe와 Benavides(2011)는 다음과 같은 도구를 추천한다.

- 발모광 진단 면담(Trichotillomania Diagnostic Interview, TDI; Rothbaum & Ninan, 1994) — 반구조화 면담
- 매사추세츠 병원 털뽑기 증상 심각도 척도(Massachusetts General Hospital Hairpulling Symptom Severity Scale, MGH-HS; Keuthen et al., 1995) — 가장 많이 사용되는 자기보고 검사
- 밀워키 발모광 하위 유형 척도(Milwaukee Inventory

of Subtypes of Trichotillomania, MIST; Flessner, Woods, Franklin, Keuthen, & Piacentini, 2008) — 뽑기 유형을 측정하는 9점 리커트척도 설문지로 아동용(MIST-C; Flessner et al., 2007)도 있음

• 아동용 발모광 척도(Trichotillomania Scale for Children, TSC; Tolin, Diefenbach, Flessner, 2008) — 어린 아동을 대상으로 사용 가능한 자기보고 검사

치료자의 자질

치료의 성공 여부는 협조적인 작업 관계를 형성했느냐의 여부에 달려 있다. 신체 관련 반복 행동(예 : 머리카락 뽑기, 피부 뜯기, 손톱 깨물기)을 보이는 사람들은 자신의 행동에 당황하기 쉽고 부인과 회피를 잘하며, 비밀스러운 경향이 있다. 어떤 사람들은 치료에 나타나기를 아예 원하지 않기 때문에 라포를 형성하고 유지하는 것이 첫 번째 단계에서 매우 필수적이다. 또 어떤 사람들은 가족이나 친구에게 몇 년간 자신의 장애를 숨기기 때문에 사실대로 말할 수 없고 말하기 싫어한다. 또 다른 사람들은 자신의 몸이나 머리의 털을 면도한다는 사실을 숨기거나 자신이 털이나 눈썹이 빠지는 병에 걸렸다고 말하기도 한다. 치료자는 환자의 병식의 수준을 주의 깊게 살펴보아야 한다. 환자들을 치료에 참여시키는 것이 치료자에게는 매우 도전적인 작업일 수 있다. 또한 치료를 계속 받도록 하는 것도 지속적인 투쟁이 될 수 있다.

개입 전략

발모광은 치료하기 힘든 만성적인 상태이다(Snorrason, Berlin, & Lee, 2015). 비록 20개보다도 더 적은 수의 무선통제실험이 발모광 환자를 위한 개입을 위해 수행되었고, 대부분 행동적 또는 약물 관리와 관련된 것이기는 하지만, 습관 역전 훈련 요소를 포함하는 행동치료가 더 선호되는 치료 유형이며 가장 효과적인 것으로 보인다.

2개의 무선통제실험에서 습관 역전 훈련의 인지행동치료가 약물치료 집단과 위약 효과 집단 모두에서 더 우수한 것으로 나타났다. 습관 역전 훈련, 자극통제, 인식 훈련이 대부분의 인지행동적 개입의 기본을 형성한다(Franklin et al., 2011).

생각, 느낌, 행동 간의 상호작용에 초점을 두는 것은 치료에서 중요한 부분이다. 동기강화상담도 종종 초반의 회기에서 치료에 대한 저항을 다루는 데 도움이 된다(Miller & Rollnick, 2013). Gianoli와 Tolin(2012)은 털 뽑기나 피부 뜯기, 다른 신체 관련 반복 행동(예 : 엄지손가락 빨기, 손톱 깨물기)을 하는 성인과 아동을 대상으로 효과적인 인지행동치료적 접근을 상세하게 기술한 바 있다. 이러한 접근은 다음과 같은 모듈을 포함한다.

• 라포 형성
• 심리교육
• 습관 역전 훈련은 다음과 같은 항목을 포함
  — 인식 훈련(자기관찰하는 방법 가르치기)
  — 자극 통제(뽑는 행동 전 선행사건 메모하기)
  — 경쟁 반응 훈련(예 : 'koosh' 공 가지고 놀기)
  — 사회적 지지(부드럽게 변화해야 하는 행동습관을 상기시켜주기 위하여)
  — 재발 방지

발모광 환자 44명을 대상으로 한 무선통제실험에서는 인지행동치료 집단과 지지치료 집단을 비교하였다. 지지치료를 받은 대조군 집단과 비교하여 인지행동치료를 받은 집단에서 유의미하게 털 뽑기의 감소가 나타났다. 이를 통해 연구자들은 인지행동치료가 발모광 치료에 더 적절하다고 보고하였다(Toledo, De Togni Muniz, Brito, de Abreu, & Tavares, 2015).

약물치료는 습관 역전 훈련이 포함된 인지행동치료만큼 효과적이지는 못한 것으로 나타났다. SSRI 계열의 약물이 가장 많이 처방되지만, 오피오이드 수용체 차단제, 글루타메이트 변조기, 비정형 신경이완제(atypical neuroleptics)와 같은 다른 약물도 도움이 될 수 있다(Franklin et al., 2012). 장애 자체에 대해서뿐만 아니라 생물학적 심리학적 원인에 대한 이해, 연령과 관련된 그리고 발달적인 효과, 치료 효과 등에 대해 더 많은 연구들이 이루어져야 할 것이다.

예후

발모광은 만성적이고 치료하기 힘든 장애이다. 발모광 아동 및 성인 환자 모두 치료의 효과를 보이는데, 재발률은 성인보다는 확실히 아동과 청소년에게서 더 낮다(Flessner, Penzel, Trichotillomania Learning Center-Scientific Advisory Board, & Keuthen, 2010; Grant, Stein, Woods, & Keuthen, 2012).

피부뜯기장애

*DSM-5*의 새로운 장애인 피부뜯기장애[excoriation (skin-picking) disorder]는 피부병변으로 이어지는 반복적인 피부 뜯기가 핵심 특징이다. 일반적으로 피부뜯기를 멈추거나 줄이려는 반복적인 노력을 하고, 그러한 노력이 실패하면 부정적인 감정, 수치심, 당혹감, 불안으로 이어진다. 기본적으로 피부뜯기장애의 증상은 털을 뽑는 대신 피부를 뜯는다는 점을 제외하고는 정확하게 발모광의 증상과 같다.

피부뜯기는 상당히 흔하지 않은 증상으로서, 성인 인구의 대략 1.5%보다 적은 비율로 나타난다(Dougherty, Wilhelm, & Jenike, 2014). 평생 유병률은 2.0~5.4%이다(Grant, Odlaug, Chamberlain, & Kim, 2010). 여자가 남자보다 10 : 1의 비율로 더 많은 것으로 나타난다(APA, 2013). 또한 이 장애는 보통 불안이나 우울증이 동반된다(Hayes, Storch, & Berlanga, 2009). 격정성 우울증(agitated depression), 강박장애, 망상장애(기생충병) 등이 종종 이 장애의 발달에 선행한다.

피부뜯기장애는 보통 청소년기에 시작되는데, 사춘기 후에 흔히 나타나는 여드름과 같은 피부 변화와 함께 자주 시작된다. 종종 자신의 외모를 개선하려는 시도(예 : 딱지 뜯기, 여드름 짜기)로서 시작된 것이 반복적으로 순환된다. 손톱 깨물기 및 털 뽑기와 유사하게 피부를 뜯는 행동은 부적 강화가 되어 억제할 수 없으며 통제하기 힘들어지고, 일단 형성된 행동은 불안한 생각을 감소시키는 효과를 가지기 때문에 계속해서 피부 뜯는 행동이 걱정과 원치 않는 결과를 통제하는 수단으로 기능하게 된다.

이 장애의 과정은 종종 만성적이며, 하루 중 상당한 시간을 피부를 뜯거나 피부 뜯는 것에 대한 생각을 하거나 또는 피부 뜯는 행동을 멈추려는 생각에 할애하게 된다. 피부를 뜯는 가장 흔한 부위는 얼굴, 팔, 손이지만 광범위한 부위에 걸쳐 일어난다. 피부 뜯기는 보통 손톱을 이용하여 미미한 피부 이상(예 : 여드름, 굳은 살, 이전에 뜯겨서 생긴 딱지 등)이 있는 부위를 뜯거나 문지르거나 짜는 행동으로 나타나며, 손톱 외의 다른 물체(즉 족집게, 핀, 종이클립)를 사용하기도 한다.

정신병적 사고(예 : 벌레로 들끓는다는 믿음)와 관련 있거나 물질(예 : 코카인)에 의한 피부 뜯기는 피부뜯기장애로 진단하지 않는다. 또한 피부뜯기가 고의적 자해의 시도이거나 비자살적 자해 행동일 때도 피부뜯기장애로 진단하지 않는다. 심각한 가려움을 유발하는 다른 의학적 상태(예 : 옴)로 인한 경우에도 피부뜯기장애로 진단하지 않는다. 여드름을 짜거나 뜯는 일반적인 행동과 피부뜯기장애로 인한 행동은 구별이 되어야 한다. 피부를 뜯는 데 할애하는 시간(분 단위 대 시 단위)의 양과 기능적 손상의 정도(사회적 관계 거부, 결석이나 결근 등)도 구별하는 데 도움이 된다.

내담자 특징

피부를 뜯는 행동은 종종 책을 읽을 때, TV를 볼 때, 앉아서 뭔가 다른 활동을 할 때 함께 일어난다. 피부를 뜯는 사람의 극히 소수만이 피부뜯기장애로 발전할 만큼 심각한 정도를 보인다. 92명을 대상으로 한 연구에서는 사람들이 피부를 뜯거나 뜯는 것에 대한 생각을 하거나 뜯지 않으려고 하는 것에 하루에 평균 2.8시간을 보내는 것으로 나타났다(Flessner & Woods, 2006). 드물기는 하지만 합병증(즉 감염, 흉터, 조직 손상)이 나타날 수도 있으며 의학적 관심이 요구되기도 한다.

강박장애는 가장 흔히 동반되는 장애이며, 가족력이 있는데, 강박장애 환자와 일차친척에게서 더 흔한 것으로 나타난다(Bienvenu et al., 2000; Bienvenu et al., 2012).

주요우울장애와 발모광 또한 피부뜯기장애와 가장 흔하게 동반되는 장애이다. 입술 깨물기, 손톱 깨물기, 볼 씹기 등과 같은 반복적인 신체 관련 행동을 포함한 다른 조건들이 달리 명시된 강박 및 관련 장애(신체에 집중된 반복적 행동장애)의 진단에 적절할 수도 있다.

평가

몇몇 피부뜯기장애 평가 도구가 활용 가능하다.

- 쿠텐 피부뜯기 진단 척도(Keuthen Diagnostic Inventory for Skin Picking, K-DISP) —6개 문항의 반구조화된 면담(Keuthen et al., 2001)
- 피부뜯기 치료 척도(Skin Picking Treatment Scale)
- 피부뜯기 척도(Skin Picking Scale; Keuthen et al., 2001)
- 피부뜯기 증상 평가 척도(Skin Picking Symptom Assessment Scale)
- 피부뜯기 척도(Skin Picking Impact Scale; Keuthen et al., 2001)

치료자의 자질

라포 형성과 노출 및 반응 방지 기법에 대한 지식 외에도 동기강화상담 기법이 성공적인 치료를 위해 필요하다(Miller & Rollnick, 2013). 공감, 성공적인 치료 후에 어떤 모습일지를 상상하도록 하는 시각화, 다른 동기강화상담 도구가 장기적인 변화를 만들고 유지하는 데 도움이 될 수 있다.

개입 전략

모든 강박 및 관련 장애에서처럼 피부 뜯기 행동이 기여하는 기능을 알아내는 것이 적절한 치료를 결정하는 데 첫 번째 단계이다.

피부뜯기장애를 위한 습관 역전 훈련(HRT)에 관한 하나의 무선통제실험에서는 습관 역전 훈련(HRT)이 피부뜯기장애의 치료법 목록 중에서 가장 우수한 것으로 나타났다(Teng, Woods, & Twohig, 2006).

마음챙김은 수용전념치료에 포함되면서(Woods & Twohig, 2008) 동시에 변증법적인 행동치료이다. 다른 이완 기법처럼 생각을 확인하고 인식하기, 행동하지 않으면서 불

안하지만 가만히 앉아 있기 등에 도움이 되는 것처럼 보인다. 현재로서는 피부뜯기장애나 발모광의 치료에 있어서 마음챙김 자체만의 효과에 대해 살펴본 연구는 없다.

피부뜯기에 대한 약물 복용의 효과에 대한 연구는 제한적이다. 플루옥세틴이 위약보다는 효과적이라고 한 연구에서 밝혀진 바 있다(Simeon,, et al., 1997). 라모트리진(Grant et al., 2010)과 시탈로프람(Arbabi et al., 2008)의 효과를 연구했던 다른 2개의 연구에서는 약물치료가 효과적이지 않은 것으로 나타났다.

예후

종단 추적 연구를 비롯하여 더 많은 연구가 피부뜯기장애의 치료를 위해 필요하다. 이 장애의 증상은 인생 주기에 따라 호전과 악화가 반복되고, 1회에 몇 주에서 몇 개월, 몇 년까지 나타났다가 사라지기도 한다. 불안 수준과 스트레스를 유발하는 생활사건은 증상을 악화시킬 수 있다.

물질/약물치료로 유발된 강박 및 관련 장애

이 범주는 강박 및 관련 장애 증상(예 : 강박사고, 강박 행동, 신체에 집중된 반복 행동)이 지배적이고, 강박 관련 증상을 야기하는 것으로 알려진 물질이나 약물 사용의 전력(신체검사, 실험실 결과, 병력에 의해 기록된 문서)이 있을 때 사용한다.

이 장애로 진단하기 위해서는 증상이 유의미한 기능적 손상을 초래해야만 하고, 강박 관련 장애로 더 잘 설명되지 않아야 한다. 즉 증상은 물질이나 약물의 사용 후에 나타나야만 하며, 첫 번째 단계에서는 해당 개인이 강박 관련 증상을 야기하는 것으로 알려진 물질에 노출되었는지를 결정하는 것이다.

코카인, 암페타민, L-도파, 다른 흥분제, 비정형 항정신성 약물은 어떤 사람들에게는 강박 증상을 야기하는 것으로 알려진 물질이다. 중금속과 다른 독소도 유사한 효과를 보일 수 있다. 진단은 '중독 중 발병', '금단 중 발병', '치료약물 사용 후 발병'을 명시해야 한다. '치료약물 사용 후 발병' 명시자는 약물 사용의 수정이나 변화를 나타내기 위해

사용할 수 있다.

증상이 물질이나 약물, 다른 의학적 상태에서 기인한 것인지 알 수 없는 경우지만 증상이 주요하다면, 달리 명시된/명시되지 않는 강박 및 관련 장애로 진단해야 한다. 또한 증상은 섬망의 경과 중에서도 배타적으로 출현할 수 있다

다른 의학적 상태로 인한 강박 및 관련 장애

어떤 의학적 상태는 강박장애와 유사한 증상을 유도하기도 한다. 바이러스와 박테리아에 의한 뇌염, 뇌혈관장애로 인한 뇌병변장애, 두뇌 손상, 종양은 모두 강박장애 관련 증상과 관련이 있다. 또한 연쇄상구균 감염 아동에게 영향을 주는 아동기 급성 발병 신경정신학적 증후군도 강박사고, 강박 행동, 틱, 다른 관련 증상을 유도할 수 있다.

이러한 의학적 상태가 나타나고 강박장애 유사 증상이 유의미한 기능적 손상을 초래하게 된다면, 이 진단을 고려할 수 있다. 치료자는 의학적 상태의 발병과 강박장애 증상의 발병 간의 관계, 강박 및 관련 장애의 비정형 특징의 출현, 강박장애 유사 증상을 초래할 수 있는 생리적 기제 등에 대해 면밀히 조사해야 한다.

이 장애를 적용하기 위해서는 신체검사, 실험실 결과물, 증상이 다른 의학적 상태의 직접적 결과라는 역사에 기초한 증거가 명백해야만 한다. 섬망, 약물 및 물질의 사용 또는 다른 정신장애(예 : 질병불안장애, 원발성 강박장애 등)의 경과 중에 단독으로 발생한 것이 아니어야 한다.

다른 의학적 상태로 인한 강박 및 관련 장애라는 진단을 내릴 때는 아래와 같은 증상의 지배적인 출현이 있는지를 명시해야 한다.

- 강박장애 유사 증상 동반
- 외모에 대한 집착 동반
- 수집광 증상 동반
- 털 뽑기 증상 동반
- 피부뜯기 증상 동반

달리 명시된/명시되지 않는 강박 및 관련 장애

달리 명시된 강박 및 관련 장애 범주는 강박 및 관련 장애의 어느 것에도 완전한 기준을 만족하지 않는 증상을 진단하기 위해 사용한다. 증상은 기능적 손상을 초래해야만 하며, 치료자는 기준이 충족되지 않는 이유를 명시해야만 한다. *DSM-5*(APA, 2013)가 제공하고 있는 몇몇의 예는 다음과 같다.

- 실제 결함이 있는 신체이형 유사 장애 : 이것은 타인에게도 명백히 관찰되는 신체적 결함에 대한 과도한 집착과 관련되어 있다. 신체적 결함에 대한 과도한 집착은 기능적 손상과 정서적 고통을 초래한다.
- 반복적 행동이 없는 신체이형 유사 장애 : 반복적 행동이나 심리 내적인 행위가 나타나지 않는 점만을 제외하고는 신체이형장애의 기준을 만족한다.
- 신체에 집중된 반복된 행동장애 : 손톱 깨물기, 입술 깨물기, 볼 씹기, 신체에 집중된 다른 반복적 행동이 나타나고 이것이 임상적으로 유의미한 기능적 손상을 초래한다. 행동을 중지하려는 반복적인 시도가 있다.
- 강박증적 질투 : 배우자의 부정에 대한 생각에 과도한 집착으로 이러한 믿음은 비망상적이지만 강박적 사고, 반복적인 행동의 수행(즉 확인하기, 전화하기)으로 이어지고, 개인의 삶과 직장 및 가정에서의 적절한 수행 능력을 방해한다. 강박증적 질투는 강박 관련 장애로 분류되어야 하고 편집성 성격장애 또는 망상장애의 결과가 아니어야 한다.
- 수보-교후(Shubo-kyofu) : 신체의 기형을 가지는 데 대한 과도한 공포(신체이형장애와 유사함)
- 코로(Koro) : 남자의 경우 음경이 체내로 퇴행될 것 같다는 과도한 불안(여자의 경우 외음부나 유두에 해당)
- 지코수-교후(Jikoshu-kyofu, 후각관계 증후군) : 더럽고 불쾌한 체취를 가지는 데 대한 과도한 공포

달리 명시되지 않는 강박 및 관련 장애는 증상이 강박 및 관련 장애의 진단 부류 중 어느 것에도 완전한 기준을 만족하지 않지만, 하나 또는 그 이상의 기능 영역에서 임상적으로 유의미한 고통을 초래할 때 진단할 수 있다. 치료자는

더 명확한 진단을 내리기 위한 충분한 정보를 가지고 있지
않고 왜 진단기준이 만족되지 않는지를 명시할 수 없을 때

선택한다.

치료적 제언 : 통합 치료 모델

이 장은 강박 및 관련 장애의 진단과 치료에 초점을 두고 있다. 이 장애들은 증상의 출현과 추천할 만한 치료법에서 매우 다양성을 보임에도 불구하고, 근본적인 공통성이 있다. 치료 설계 구성 방식에 맞춰 체계화한, 강박 및 관련 장애를 위하여 일반적으로 추천할 만한 통합 치료 모델은 다음과 같다.

진단

- 강박 및 관련 장애(강박장애, 신체이형장애, 수집광, 발모광, 피부뜯기장애, 물질/약물치료로 유발된 강박 및 관련 장애, 달리 명시된/명시되지 않는 강박 및 관련 장애)

치료 목표

- 장애와 관련된 강박사고 및 강박 행동의 감소
- 불안 및 우울 수준의 감소
- 동반하는 장애에 대한 처치

평가

- 각각의 장애에 적합한 체크리스트 면담 및 척도
- 예일-브라운 강박 척도(Y-BOCS)
- 때때로 다른 장애의 출현을 배제하기 위한 의학적 검사가 요구됨

치료자의 자질

- 인내심이 있고, 지지적이며, 용기를 북돋울 수 있음
- 지시할 수 있고 단호하나 협조적이어야 함
- 행동적/인지적 개입을 폭넓게 사용 가능함

치료 장소

- 외래 환자 치료

개입 전략

- 인지행동치료 및 행동치료, 특히 왜곡된 인지의 인식과 수정
- 불안 감소를 위한 통제된 노출 및 반응 방지 기법
- 왜곡된 사고를 받아들이는 수용전념치료
- 마음챙김 기반 인지치료

- 변증법적 행동치료
- 부정적인 심리 상태 감소를 위한 긴장이완 훈련
- 회기 간 과제
- 진행 경과에 대한 자기 관찰

치료의 주안점

- 현재 지향
- 지시적
- 지지적
- 인지행동적

치료 참여 구성

- 개인치료
- 지지를 제공하고 정서를 정상화하기 위한 집단치료
- 장애가 가족 기능에 영향을 주고 있다면 가족치료

치료 속도

- 대개는 주 1회
- 때때로 유연한 스케줄
- 보통의 기간(8~20회기)
- 보통의 속도

약물치료

- 강박사고 및 강박 행동의 감소를 위한 SSRI 계열의 약물
- 심각한 불안 감소를 위한 항불안제

보조 개입

- 명상과 마음챙김
- 운동
- 스트레스 관리와 관련된 다른 개입
- 부정적인 심리 상태 감소를 위한 계획된 유쾌한 활동

예후

- 증상의 개선에는 대체로 좋음
- 장애의 징후를 완전하게 제거하는 것에는 덜 희망적임

통합 치료 모델 : 루이자

이 장의 앞에서 어머니의 죽음 후 수집광 증상이 나타난 55세의 루이자라는 여성의 사례를 소개하였다. 루이자의 진단과 치료 계획을 통합 치료 모델에 맞춰 제안하면 다음과 같다.

진단

- 1차 진단 : 수집광, 과도한 습득 동반, 좋지 않은 병식
- 지속성 우울장애
- 형제 관계 문제
- 거주 관련 문제(강제 퇴거 보류 중)

치료 목표

- 아파트 청소에 대한 흥미를 갖도록 돕기
- 불안과 우울의 감소
- 수치심과 당혹감의 감소
- 긴장이완 및 유쾌한 활동을 찾도록 돕기
- 사회기술 향상 및 대인관계 개선
- 형제와의 관계 개선

평가

- 수집광 척도 수정판
- 수집광 평가 척도(Hoarding Rating Scale)
- 벡 우울 및 불안 척도 : 평가 및 진행 경과 측정

치료자의 자질

- 따뜻함과 연민
- 지지적이고 격려할 수 있음
- 노출치료 기반 인지행동치료에 능숙함

치료 장소

- 외래 환자 치료 : 치료자 사무실
- 실제 노출을 위한 환자의 아파트

개입 전략

- 치료 목표 설정 및 60일 안에 실현 가능한 현실적인 계획 수립
- 긴장이완 훈련(예 : 호흡법, 점진적인 긴장이완)
- 과도한 습득, 비축, 저장과 관련된 생각에 대한 인지재구

조화(예 : 완벽주의, 돈, 정체성)
- 불안의 위계 정하기
- 실제 노출 치료(불안 감소를 위해 회피하던 상황에 대한 잘 통제된 노출)

치료의 주안점

- 신뢰감을 형성하고 치료적 동맹을 위해 초기에는 지지적이어야 함
- 환자의 에너지를 동원하고 인지재구조화와 실제 둔감화를 위한 구조를 제공하기 위해 적당히 지시적이어야 함
- 수집광의 활성화된 증상의 경감과 함께 점진적으로 협력적인 태도를 보임

치료 참여 구성

- 치료 초기에는 개인치료
- 인지적 재구조화와 긴장이완 기술의 교육 후에는 청소회사와 함께 환자의 아파트에서 실제 둔감화

치료 속도

- 조기 종결이나 과도한 노출을 피하기 위한 세심한 속도 조절
- 규칙적인 회기

약물치료

- 현재는 불필요함
- 지속성 우울장애가 악화된다면 SSRI 계열의 약물

보조 개입

- 마음챙김 명상 워크숍 : 긴장이완을 돕고 사회화 촉진 도모
- 가능하다면 환자의 남자형제와 함께 가족치료 회기

예후

- 증상의 유의미한 감소 및 잡동사니 제거에 좋을 것으로 판단됨
- 재발방지 및 치료 효과의 장기 유지에는 덜 긍정적임

추천문헌

Frost, R. O., & Steketee, G. (2010). *Compulsive hoarding and acquiring: Treatment that works, Workbook.* Boston, MA: Houghton Mifflin Harcourt Press.

Frost, R. O., & Steketee, G. (2014). *The Oxford handbook of hoarding and acquiring.* New York, NY: Oxford University Press.

Grant, J. E., Stein, D. J., Woods, D. W., & Keuthen, N. J. (2012). *Trichotillomania, skin picking, and other body-focused repetitive behaviors.* Arlington, VA: American Psychiatric Publishing.

Veale, D., & Neziroglu, F. (2010). *Body dysmorphic disorder: A treatment manual.* Chichester, England: Wiley.

Wilhelm, S., Phillips, K. A., & Steketee, G. (2013). *Cognitive behavioral therapy for body dysmorphic disorder.* New York, NY: Guilford Press.

참고문헌

Aardema, F., & Wu, K. D. (2011). Imaginative, dissociative, and schizotypal processes in obsessive-compulsive symptoms. *Journal of Clinical Psychology, 67,* 74–81.

American Academy of Child and Adolescent Psychiatry. (2012). AACAP updates recommendations on the diagnosis and treatment of obsessive-compulsive disorder in children. *American Family Physician, 85,* 1107–1109.

American Psychiatric Association. (2013). *Diagnostic and statistical manual of mental disorders* (5th ed.). Washington, DC: Author.

Arbabi, M., Farnia, V., Balighi, K., Mohammad, M. R., Nejati-Safa, A. A., Yazdchi, K., . . . Darvish, F. (2008). Efficacy of citalopram in treatment of pathological skin picking; a randomized double blind placebo controlled trial. *Acta Medica Iranica, 46,* 367–372.

Ayers, C. R., & Dozier, M. E. (2014). Predictors of hoarding severity in older adults with hoarding disorder. *International Psychogeriatrics, 27,* 1–10.

Bandelow, B., Zohar, J., Hollander, E., Kasper, S., Moller, H. J., WFSBP Task Force, . . . Vega, J. (2008). World Federation of Societies of Biological Psychiatry (WFSBP) guidelines for the pharmacological treatment of anxiety, obsessive-compulsive and post-traumatic stress disorders first revision. *World Journal of Biological Psychiatry. 9,* 248–312.

Bienvenue, O. J., Samuels, J., Riddle, M. A., Hoehn-Saric, R., Liang, K. Y., Cullen, B. A., . . . Nestadt, G. (2000). The relationship of obsessive-compulsive disorder to possible spectrum disorders: Results from a family study. *Biological Psychiatry, 48,* 287–293.

Bienvenue, O. J., Samuels, J. F., Wuyek, L. A., Liang, K. Y., Wang, Y., Grados, M. A., . . . Nestadt, G. (2012). Is obsessive-compulsive disorder an anxiety disorder, and what, if any, are spectrum conditions? A family study perspective. *Psychological Medicine, 42,* 1–13.

Butcher, J. N., Mineka, S., & Hooley, J. M. (2006). *Abnormal psychology* (13th ed.). Boston, MA: Pearson Education.

Christophersen, E. R., & Vanscoyoc, S. M. (2013). *Treatments that work with children: Empirically supported strategies for managing childhood problems,* 2nd Ed. Washington, DC: American Psychological Association.

Dougherty, D. D., Wilhelm, S., & Jenike, M. A. (2014). *Obsessive compulsive and related disorders* (pp. 431–454). Arlington, VA: American Psychiatric Publishing.

Deckersbach, T., Savage, C. R., Phillips, K. A., Wilhelm, S., Buhlmann, U., Rauch, S. L., . . . Jenicke, M. A. (2000). Characteristics of memory dysfunction in body dysmorphic disorder. *Journal of the International Neuropsychological Society, 6,* 673–681.

Eisen, J. L., Pinto, A., Mancebo, M. C., Dyck, I. R., Orlando, M. E., & Rasmussen, S. A. (2010). A 2-year prospective follow-up study of the course of obsessive-compulsive disorder. *Journal of Clinical Psychiatry, 71,* 1033–1039.

Fan, Q., Yan, X., Wang, J., Chen, Y., Wang, X., Li, C., . . . Ziao, Z. (2012). Abnormalities of white matter microstructure in unmedicated obsessive-compulsive disorder and changes after medication. *PloS One, 7,* e35889. doi:10. 1371/journal.pone.0035889.

Flessner, C. A., Penzel, F., Trichotillomania Learning Center–Scientific Advisory Board, & Keuthen, N. J. (2010). Current treatment practices for children and adults with trichotillomania: Consensus among experts. *Cognitive Behavioral Practitioner, 17,* 290–300.

Flessner, C. A., & Woods, D. W. (2006). Phenomenological characteristics, social problems, and the economic impact associated with chronic skin-picking. *Behavior Modification, 30,* 944–963.

Flessner, C. A., Woods, D. W., Franklin, M. E., Keuthen, N. J., Piaentini, J., Cashin, S. E., & Moore, P. S. (2007). The Milwaukee Inventory for Styles of Trichotillomania-Child Version (MIST-C): Initial development and psychometric properties. *Behavior Modification, 31,* 896–918.

Flessner, C. A., Woods, D. W., Franklin, M. E., Keuthen, N. J., & Piacentini, J. (2008). Styles of pulling in youth with trichotillomania: Exploring differences in symptom severity, phenomenology, and comorbid psychiatric symptoms. *Behavioral Research and Therapy, 46,* 1055–1061.

Foa, E. B., Hembree, E. A., Cahill, S. P., Rauch, S. A. M., Riggs, D. S., Feeny, N. C., . . . Yadin, E. (2005). Randomized trial of prolonged exposure for posttraumatic stress disorder with and without cognitive restructuring:

Outcome at academic and community clinics. *Journal of Consulting and Clinical Psychology, 73,* 953–964.

Foa, E. B., Huppert, J. D., Leiberg, S., Langner, R., Kichic, R., Hajcak, G., & Salkovskis, P. M. (2002). The Obsessive-Compulsive Inventory: Development and validation of a short version. *Psychological Assessment, 14,* 485–496.

Foa, E. B., & Kozak, M. J. (1996). Psychological treatment for obsessive-compulsive disorder. In M. R. Mavissakalian & R. F. Prien (Eds.), *Long-term treatments of anxiety disorders* (p. 285). Washington, DC: American Psychiatric Press.

Foa, E. B., Yadin, E., & Lichner, T. K. (2012). *Exposure and response (ritual) prevention for obsessive-compulsive disorder: Therapist guide.* New York, NY: Oxford University Press.

Franklin, M. E., & Foa, E. B. (2007). Cognitive behavioral treatments for obsessive compulsive disorder. In P. E. Nathan & J. M. Gorman (Eds.), *A guide to treatments that work* (2nd ed., pp. 367–386). New York, NY: Oxford University Press.

Franklin, M. E., & Foa, E. B. (2008). Obsessive compulsive disorder. In D. H. Barlow (Ed.), *Clinical handbook of psychological disorders: A step-by-step treatment manual* (4th ed., pp. 164–215). New York, NY: Guilford Press.

Franklin, M. E., Zagrabbe, K., & Benavides, K. L. (2011). Trichotillomania and its treatment: A review and recommendations. *Expert Review of Neurotherapeutics, 11,* 1165–1174. doi:10.1586/ern.11.93

Frost, R., & Hartl, T. (1996). A cognitive-behavioral model of compulsive hoarding. *Behavior Research and Therapy, 34,* 341–350.

Frost, R. O., & Steketee, G. (2014). *The Oxford handbook of hoarding and acquiring.* New York, NY: Oxford University Press.

Frost, R. O., Steketee, G., & Grisham, J. (2004). Measurement of compulsive hoarding: Saving inventory–revised. *Behavioural Research and Therapy, 42,* 1163–1182.

Frost, R. O., Steketee, G., & Tolin, D. F. (2011). Comorbidity in hoarding disorder. *Depression and Anxiety, 28,* 876–884.

Frost, R. O., & Tolin, D. F. (2008). Compulsive hoarding. In J. Abramowitz, D. McKay, & S. Taylor (Eds.), *Clinical handbook of obsessive-compulsive disorder and related problems* (pp. 76–94). Baltimore, MD: Johns Hopkins University Press.

Gianoli, M. O., & Tolin, D. F. (2012). Cognitive-behavioral therapy for pediatric trichotillomania. In J. E. Grant D. J. Stein, D. W. Woods, & N. J. Keuthen (Eds.), *Clinical manual for the treatment of trichotillomania, skin-picking, and other stereotypic disorders* (pp. 153–174). Washington, DC: American Psychiatric Press.

Goodman, W. K., Price, L. H., Rasmussen, S. A., Mazure, C., Fleischmann, R. L., Hill, C. L., . . . Charney, D. S. (1989). The Yale-Brown Obsessive Compulsive Scale. I. Development, use, and reliability. *Archives of General Psychiatry, 46,* 1006–1011.

Grant, J. E., Odlaug, B. L., Chamberlain, S. R., & Kim, S. W. (2010). A double-blind, placebo-controlled trial of lamotrigine for pathologic skin picking: Treatment efficacy and neurocognitive predictors of response. *Journal of Clinical Psychopharmacology, 30,* 396–403. doi:10.1097/JCP.0b013e3181e617a1

Grant, J. E., Stein, D. J., Woods, D. W., & Keuthen, M. J. (2012). *Trichotillomania, skin picking, and other body-focused repetitive behaviors.* Arlington, VA: American Psychiatric Publishing.

Hayes, S. L., Storch, E. A., & Berlanga, L. (2009). Skin picking behaviors: An examination of the prevalence and severity in a community sample. *Journal of Anxiety Disorders, 23,* 314–314.

Hofmann, S. G., Otto, M. W., Pollack, M. H., & Smits, J. A. (2015). D-cycloserine augmentation of cognitive behavioral therapy for anxiety disorders: An update. *Current Psychiatry Reports, 17,* 532.

Kellner, M. (2010). Drug treatment of obsessive-compulsive disorder. *Dialogues in Clinical Neuroscience, 12,* 187–197.

Kessler, R. C., Berglund, P., Demler, O., Jin, R., Merikangas, K., & Walters, E. E. (2005). Lifetime prevalence and age of onset distributions of DSM-IV disorders in the National Comorbidity Survey Replication. *Archives of General Psychiatry, 62,* 593–602.

Keuthen, N. J., Deckersbach, T., Wilhelm, S., Engelhard, I., Forker, A., O'Sullivan, R. L., . . . Baer, L. (2001). The Skin Picking Impact Scale (SPIS): Scale development and psychometric analyses. *Psychosomatics, 42,* 397–403.

Keuthen, N. J., O'Sullivan, R. L., Ricciardi, J. N., Shera, D., Savage, C. R., . . . Borgmann, A. S. (1995). The Massachusetts General Hospital Hairpulling Scale, 1: Development and factor analyses. *Psychotherapy and Psychsomatics, 64,* 141–145.

Mataix-Cols, D., Billotti, D., Fernandez de la Cruz, L., & Nordsletten, A. E. (2013). The London field trial for hoarding disorder. *Psychological Medicine, 43,* 837–847.

Miller, W. R., & Rollnick, S. (2013). *Motivational interviewing: Helping people change* (3rd ed.). New York: NY: Guilford Press.

Murray, C. I. L., & Lopez, A. D. (Eds.). (1996). *The global burden of disease and injury series: Vol. I. A comprehensive assessment of mortality and disability from disease, injuries, and risk factors in 1990 and projected to 2020.* Cambridge, MA: Harvard University Press.

Pearson, A. N., Heffner, M., & Follette, V. M. (2010). *Acceptance and commitment therapy for body image dissatis-*

faction. Oakland, CA: New Harbinger.

Phillips, K. (2015). Body dysmorphic disorder. In K. Phillips & D. J. Stein (Eds.), *Handbook on obsessive compulsive and related disorders.* Arlington, VA: American Psychiatric Publishing.

Phillips, K. A., Pagano, M. E., Menard, W., Fay, C., & Stout, R. L. (2005). Predictors of remission from body dysmorphic disorder: A prospective study. *Journal of Nervous and Mental Disorders, 193,* 564–567.

Phillips, K. A, Pagano, M. E., Menard, W., & Stout, R. L. (2006). A 12-month follow-up study of the course of body dysmorphic disorder. *American Journal of Psychiatry, 163,* 907–912.

Ressler, K. J., & Rothbaum, B. O. (2013). Augmenting obsessive-compulsive disorder treatment: From brain to mind. *Journal of the American Medical Association, Psychiatry, 70,* 1129–1131.

Rodriguez, C. I., Kegeles, L. S., Levinson, A., Feng, T., Marcus, S. M., Vermes, D., … Simpson, H. B. (2013). Randomized controlled crossover trial of detamine in obsessive-compulsive disorder: Proof of concept. *Neuropsychopharmacology, 38,* 2475–2483.

Rosa-Alcázar, A. I., Sánchez-Meca, J., Gómez-Conesa, A., & Marín-Martínez, F. (2008). Psychological treatment of obsessive-compulsive disorder: A meta-analysis. *Clinical Psychology Review, 28,* 1310–1325.

Rothbaum, B. O., & Ninan, P. T. (1994). The assessment of trichotillomania. *Behaviour Research & Therapy. 32,* 651–662.

Ruffolo, R. R., Stadel, J. M., & Hieble, J. P. (2006). a-adrenoceptors: Recent developments. *Medicinal Research Reviews, 14,* 229–270.

Simeon, D., Stein, D. J, Gross, S., Islam, N., Schmeidler, J., & Hollander, E. (1997), A double-blind trial of fluoxetine in pathologic skin picking. *Journal of Clinical Psychiatry, 58,* 341–347.

Simpson, H. B., Foa, E. B., Liebowitz, M. R., Huppert, J. D., Cahill, S., Maher, M. J., … Campeas, R. (2013). Cognitive-behavioral therapy vs risperidone for augmenting serotonin reuptake inhibitors in obsessive-compulsive disorder: A randomized clinical trial. *Journal of the American Medical Association Psychiatry, 70,* 1190–1199.

Snorrason, I., Berlin, G. S., & Lee, H.-J. (2015). Optimizing psychological interventions for trichotillomania (hair-pulling disorder): An update on current empirical status. *Psychology Research and Behavior Management, 8,* 105–113. doi:10.2147/P

Steketee, G., Frost, R. O., Tolin, D. F., Rasmussen, J., & Brown, T. A. (2010). Waitlist controlled trial of cognitive behavior therapy for hoarding disorder. *Depression and Anxiety, 27,* 476–484.

Steketee, G., & Pigott, T. A. (2006). *Obsessive compulsive disorder: The latest assessment and treatment strategy* (3rd ed.).

Kansas City, MO: Compact Clinicals.

Taylor, C. B., Jobson, K., Winzelberg, A., & Abascal, L. (2002). The use of the Internet to provide evidence-based integrated treatment programs for mental health. *Psychiatric Annals, 21,* 671–677.

Teng, E. J., Woods, D. W. & Twohig, M. P. (2006). Habit reversal as a treatment for chronic skin picking: A pilot investigation. *Behavior Modification, 30,* 411–422.

Toledo, E. L., De Togni Muniz, E., Brito, A. M., de Abreu, C. N., & Tavares, H. (2015). Group treatment for trichotillomania: Cognitive-behavioral therapy versus supportive therapy. *Journal of Clinical Psychiatry, 76,* 447–455.

Tolin, D. F., Diefenbach, G. J., & Flessner, C. A. (2008). The Trichotillomania Scale for Children: Development and validation. *Child Psychiatry and Human Development, 39,* 331–349.

Tolin, D. F., Frost, R. O., & Steketee, G. (2010). A brief interview for assessing compulsive hoarding: The Hoarding Rating Scale-Interview. *Psychiatric Research, 178,* 147–152.

Veale, D. & Neziroglu, F. (2010). *Body dysmorphic disorder: A treatment manual.* Hoboken, NJ: Wiley.

Watson, H. J., Anderson, R. A., & Rees, C. S. (2010). Evidence-based clinical management of obsessive compulsive disorder. In R. A. Carlstedt (Ed.), *Handbook of integrative clinical psychology, psychiatry, and behavioral medicine: Perspectives, practice, & research* (pp. 411–442). New York, NY: Springer.

Wilhelm, S., Phillips, K. A., & Steketee, G. (2013). *Cognitive behavioral therapy for body dysmorphic disorder.* New York, NY: Guilford Press.

Wilhelm, S., Steketee, G., Fama, J. M., Buhlmann, U., Teachman, B. A., & Golan, E. (2009). Modular cognitive therapy for obsessive-compulsive disorder: A wait-list controlled trial. *Journal of Cognitive Psychotherapy, 23,* 294–305.

Williams, M. T., Wetterneck, C. T., Thibodeau, M., & Duque, G. (2013). Validation of the Yale-Brown Obsessive Compulsive Scale in African Americans with obsessive-compulsive disorder. *Psychiatry Research, 209,* 214–221.

Woo, S. M., & Keatinge, C. (2008). *Diagnosis and treatment of mental disorders across the lifespan.* Hoboken, NJ: Wiley.

Woods, D. W., & Twohig, M. P. (2008). *Trichotillomania: An ACT-enhanced behavior therapy approach. Therapist guide.* New York, NY: Oxford University Press.

Zoellner, L. A., Abramowitz, J. S., Moore, S. A., & Slagle, D. M. (2008). Flooding. In W. T. O'Donohue & J. E. Fisher (Eds.), *Cognitive behavior therapy: Applying empirically supported techniques to your practice* (pp. 202–211). Hoboken, NJ: Wiley.

08 외상 및 스트레스 관련 장애

📖 **사례 연구 8.1**

61세 벤은 기혼자이며 아일랜드의 카톨릭 신자였는데, MRI 검사를 통해 척추를 누르는 악성 종양이 발견된 뒤 2주 후에 상담을 찾아왔다. 그는 몇 주 동안 통증이 계속 있어왔다고 했다. 그리고 오랫동안 걸을 수 없고 가족의 짐이 되는 걸 원치 않았기에 예정되어 있던 아일랜드 가족 여행을 취소해야만 했다고 말했다. 병 때문에 그는 많은 시간 공포에 떨고 슬퍼하고 있었으며 치료에 대한 결정을 내리기 어려워했다. 의사는 그에게 종양을 제거해야 한다고 말했지만 그 결과로 마비가 올 수도 있다고 하였다. 또한 방사선 치료도 해야 할 것이다. 벤은 너무 무서웠다. 그는 그동안 열심히 일해왔고, 곧 은퇴를 한 후 이제야 삶에서 전성기라고 할 만한 시간이 올 것이라고 기대하고 있었다. 그러나 수술을 하면 이 모든 것이 끝날 것 같아 두려웠다. 다시는 걷지 못하게 될까 봐 두려웠고, 가족에게 짐이 되고 싶지 않았다. 그는 삶의 끝자락을 활동적으로 살면서 그동안 열심히 산 삶에 대한 보상을 받고 싶었다. 만약 몸이 마비가 된다면 휠체어 사용이 가능하도록 집을 개조해야 하거나 공동주거시설로 들어가야 할 것이다. 그런데 그는 더 이상의 재정적 부담을 질 수 없었고 이로 인한 스트레스도 받고 싶지 않았다. 벤은 수술을 받지 않는 것에 대해 고려 중이었지만 의사는 수술을 받지 않으면 갑자기 사망할 수도 있다고 하였다. 벤은 공포에 휩싸였고 어떤 선택을 하더라도 위험과 문제점들이 내포되어 있는 미래에 대한 선택의 기로에 서 있었다. 불안과 두려움은 그가 결정을 하는 데 방해가 되고 있었으며, 가족을 위해서 자살이 더 좋은 선택이 아닌가 하는 생각이 때때로 들기도 했다. 이러한 걱정이 있었지만 그는 건설업 관리자로서 일을 계속하고 있었고 개인적·직업적 책임을 충실히 수행하고 있었다.

벤은 지난 몇 해 동안 삶이 쉽지는 않았지만 모두 잘 참으면서 견뎌왔다고 하였다. 사업이 경제 상황으로 어려워져서 새로운 파트너를 고용해야 한 적이 있었다. 그리고 아내는 유방암에 걸렸고 점차 나아지고 있지만 현재도 화학요법으로 치료 중이었다. 아일랜드로의 여행은 아내의 유방 절제술을 한 후 지속적인 치료를 받기 전에 축하 이벤트로 계획한 것이었다. 벤은 두 딸과 다니엘이라는 일곱 살짜리 손자가 있다. 벤은 이 손자가 삶의 가장 큰 즐거움이라고 이야기했다. 벤은 몇몇 친한 친구들이 있었고, 어머니와 여동생과도 친밀한 관계를 맺고 있다. 그는 낚시나 손자와 함께하는 미니 골프와 같은 야외 활동을 즐긴다고 하였다.

벤의 증상과 관련한 병에 대한 진단으로 몇 가지 강력한 두려움을 갖게 하였다. 아버지는 자동차 사고로 60세에 돌아가셔서 손주를 만날 수 없었다. 또한 은퇴생활을 놓쳤는데, 이는 열심히 일한 대가인 마지막 삶을 즐기는 기회를 놓친 것이다. 벤 또한 죽게 되어 손주가 크는 것을 지켜보지 못할 것 같아 두려웠다. 또한 살게 되더라도 몸이 마비되어 가족들에게 과중한 부담을 줄까 봐 걱정되었다. 마지막으로 아내가 화학요법 치료를 받을 때 돕지 못하고 재정적 지원을 계속하지 못하게 되어 그녀를 돌보

(계속)

지 못하는 것이 두려웠다. 벤은 그동안은 삶의 많은 문제들을 잘 대처해왔었고, 그 어떤 것도 희망이 없거나 무기력하게 보인적은 없었다고 보고했다.

    벤은 잘 기능하고 정서적으로 건강한 사람이다. 가족과 친구들과 좋은 관계를 맺었고, 유용한 흥밋거리도 갖고 있었으며, 가족과 교회에도 근면하고 책임감 있는 사람이다. 그러나 아내가 암 진단을 받은 지 얼마 안 되어 벤도 병을 진단받게 되자 미래에 대해 많은 두려움과 불안감이 생기게 되었고 낙담하게 되었다. 벤은 불안과 우울한 기분이 함께 있는 적응장애를 경험하고 있었다.

적응장애와 임상적 주의를 기울일 만한 다른 상태(기존에는 V코드 상태로 알려진)는 DSM-5(APA, 2013)에서 가장 증상이 가벼운 항목으로 기술되어 있다. 이번 장은 우리 삶의 스트레스 사건 혹은 외상적 사건 때문에 증상이 시작되는 외상 및 스트레스 관련 장애에 대해 다루고 있다. DSM-5에서는 몇몇 아동기에 대한 진단, 외상후 스트레스장애(PTSD), 급성 스트레스장애(ASD)와 적응장애(AD)의 하위 유형을 포함하고 있다. 스트레스나 외상에 노출되면 연령, 과거의 트라우마 노출 경험, 유전적 특성, 기질, 환경적 요인 등에 따라 광범위한 증상을 초래한다.

    적응장애는 DSM-5에서 극심한 스트레스와 외상후 스트레스장애를 포함하는 집단의 장애군으로 외상 및 스트레스 관련 장애로서 재개념화되었다. 이 장애들은 모두 증상이 발현되기 전에 외상적 혹은 스트레스 사건에 노출되어야 한다. 그러나 시기나 증상의 심각도 측면에서 서로 구분될 수 있다. 외상은 한 사건(즉 강간, 교통사고 등) 이후에 발생하거나 일정 기간 동안 지속적인 노출(예 : 만성적 아동 학대, 전쟁에 노출)에 의해 발생할 수 있다. 아동, 청소년, 여성, 의학적 질환이 있는 사람, 재난이나 전쟁 혹은 집단 학살 생존자들은 모두 외상 및 스트레스 관련 장애에 취약한 집단이다. 다른 정신질환과 같이 환경적 스트레스 사건이 발생한 후 특정한 사람에게만 스트레스 관련 장애가 발생하는 것은 유전적 소인이 기저가 되는 것으로 보인다.

    대략 일반인 중 50%는 생애에서 외상적 사건을 적어도 한 번은 경험하게 될 것이다. 그러나 대부분은 임상적 장애로 발전하지는 않는다. 외상후 스트레스장애를 위한 국가센터(National Center for PTSD)에서는 여성 중 10%와 남성 중 4%가 삶에서 PTSD로 발전된다고 보고하고 있다. 이는 이 장애의 발전에 있어서 유전적 취약성에 대해 강조하고 있다(Blanco, 2011). 임상적 장애로 발달될 경향성은 의학적 질병 혹은 상처가 있거나 여성이거나 일련의 스트레스 사건들이 함께 발생하거나 혹은 위험 속에서 무력감을 느끼거나 가족이 위기에 직면해 있다고 믿을 때 더 커진다.

    장기적으로 스트레스가 유전 발현을 변화시킬 수 있다면, 스트레스는 후생적 발생을 일으킬 것이다. 외상 노출은 미래의 스트레스 대처 능력을 변화시켜 후생적 결과에 지속적으로 영향을 미칠 것이다. 이러한 결과의 예로는 아동 학대 혹은 심각한 아동 방치 등이 있다. 아동 학대나 방치를 당한 사람들은 이후의 삶에서 다른 정신적 장애를 일으킬 경향이 높은데, 아이들에 대한 장기적 외상 결과의 두 가지 예로는 반응성장애와 탈억제성 사회적 유대감 장애가 있다.

    다음은 외상 및 스트레스 관련 장애의 하위 유형이다.

- 반응성 애착장애
- 탈억제성 사회적 유대감 장애
- 외상후 스트레스장애
- 급성 스트레스장애
- 적응장애
- 달리 명시된 외상 및 스트레스 관련 장애
- 명시되지 않는 외상 및 스트레스 관련 장애

반응성 애착장애와 탈억제성 사회적 유대감 장애

반응성 애착장애(reactive attachment disorder, RAD)와 탈

억제성 사회적 유대감 장애(disinhibited social engagement disorder, DSED)는 새로운 *DSM-5*의 외상 및 스트레스 관련 장애 유형 중 연관된 장애이다. 두 장애는 모두 생애 초기에 외상이나 만성적 정서 유기에 대한 반응으로 보인다.

탈억제성 사회적 유대감은 원래 *DSM-IV* 안에서 반응성 애착장애의 하위 유형이었다. 그러나 이 두 장애는 병의 진행이 달라보였기 때문에 분리되었다. 연구자들은 아동이 다시 안정적 환경에 놓였을 때, 반응성 애착장애의 증상은 사라지지만 탈억제성 사회적 유대감 장애 증상은 사라지는데 좀 더 많은 시간이 필요하며 사춘기 동안은 증상이 더 심해질 수 있음을 지적했다(Zeanah et al., 2004).

여러 연구 결과들은 반응성 애착장애와 탈억제성 사회적 유대감 장애 진단기준에 대해 타당화했고 두 장애가 유의미하게 다른 기능상의 손상을 유발하는 별개의 장애임을 발견하였다(Gleason et al., 2011; Glowinski, 2011). 그러나 그 둘의 유사성과 각 장애에 대한 증거 기반 임상 치료 연구가 거의 없다는 사실 때문에 반응성 애착장애와 탈억제성 사회적 유대감 장애에 대해 여기서 좀 더 논의하고자 한다.

진단

반응성 애착장애　심각한 방치나 학대를 경험한 아동 중 10% 미만에서 나타나는 드문 장애이다. 증상은 최초로 9개월 이상 5세 이전의 연령에서 나타난다. 5세 이상의 아동에게도 이 장애의 증상이 나타날 수 있는지에 대해서는 아직 불분명하다(APA, 2013).

심각한 방치가 유일하게 이 장애의 위험 요인으로 알려져 있으며, 진단에 대한 필요조건이기도 하다. 불충분한 돌봄의 패턴은 다음 중 적어도 하나에 의해 정의된다.

- 기본적인 정서적 욕구의 박탈
- 주요 양육자가 자주 바뀜
- 애착을 발달시킬 기회가 제한된 특수한 환경(예 : 고아원)에서 양육되어 특정한 사람과 선택적인 애착을 형성할 수 없었음

아동은 고통을 겪을 때 안락함을 찾거나 이에 대해 반응을 보이지 않으며, 다음의 정서적·사회적 증상 중 최소한

두 가지 특징을 나타낸다.

- 다른 사람들에게 최소한의 사회적·정서적 반응만을 보임
- 제한된 긍정적 정서
- 설명할 수 없는 짜증(과민성), 슬픔, 두려움을 나타냄

증상은 돌 이전에 나타날 수 있으며 모든 증상의 기준이 맞을 경우 '고도'로 판단될 수 있다. 이 장애는 증상이 12개월 이상 존재하는 경우 '지속성'이 있다고 구분한다. 공존질환으로는 방치로 인한 인지 혹은 언어적 지연이 일반적이다. 의학적 상태, 특히 영양 결핍 또한 보일 수 있다. 우울 증상 또한 일반적이며 이는 반응성 애착장애를 유발하는 비슷한 상태로부터 기인한다. 그러나 우울 자체가 반응성 애착장애를 유발하는 원인이 된다는 징후는 없다. 탈애착과 정서적 무반응 이외에도 파괴적 행동장애나 발달지연도 또한 나타날 수 있으며 이로 인해 반응성 애착장애가 양극성장애, 외상후 스트레스장애, 불안장애, 해리장애와 진단적으로 혼동될 수 있다(Hall & Geher, 2003). 반응성 애착장애 진단에서 자폐스펙트럼장애에는 해당되지 않아야 하며, 지능 손상, 기분장애나 ADHD에 해당되지 않아야 한다.

탈억제성 사회적 유대감 장애　낯선 성인에게 무분별한 사교성을 드러내는 것이 탈억제성 사회적 유대감 장애의 특징이다. 아동은 낯선 사람에게 다가가는 데 거리낌이 전혀 없으며 무분별한 친밀감을 나타내며 접근한다. 탈억제성 사회적 유대감 장애가 있는 아동은 특정한 양육자에 대해 애착의 선호가 없으며 낯선 사람에게 과도하고 무분별하게 위안을 얻고자 한다(Zeanah, 2009).

탈억제성 사회적 유대감 장애의 진단기준은 다음과 같은 특징에 있어서 반응성 애착장애와 같다. 아동이 적어도 9개월 이상의 발달연령이어야 한다는 점, 증상은 5세 이전에 나타나야 한다는 점, 사회적·정서적 방치의 경험이나 양육자가 자주 바뀜, 혹은 특정한 사람과 선택적 애착을 형성할 기회가 제한된 시설에서 양육된 점이다. 이 장애는 12개월 이상 존재하는 경우 '지속성'이 있다고 구분한다. 이러한 부분은 반응성 애착장애와 같으나 추가적으로 이 장애에 있어서는 아동이 낯선 성인에게 무분별하게 사교성을 드러내며

다음 중 적어도 두 가지 이상의 행동 패턴을 나타내야 한다.

- 아동의 발달연령 혹은 문화와 다른 낯선 사람에게 과도하게 친밀한 행동을 함
- 낯선 상황에서도 성인 양육자가 있는지 확인하지 않고 걱정하지 않음(예 : 아무 걱정 없이 양육자로부터 멀리 떨어져 걸어가버림)
- 낯선 성인에게 접근하고 상호작용하는 데 망설임이 없음
- 망설임 없이 낯선 성인을 기꺼이 따라 나서려고 함

시설에서 입양한 아이들에 대한 한 연구에 따르면 이들에게 있어서 가장 지속적으로 나타나는 사회적 이상 행동은 무분별한 사회적 행동이었으며, 추후에 새로운 양육자와 애착이 형성된 뒤에도 이러한 무분별한 사회적 행동이 몇 년간은 지속된 것으로 나타났다(Zeanah et al., 2004). 이러한 아동은 청소년기에 충동적인 거짓말, 도둑질, 성 문제와 같은 부가적인 증상이 나타날 수 있다. 탈억제성 사회적 유대감 장애의 증상은 반응성 애착장애보다 좀 더 어렵고 지속된다. Courtois와 Ford(2013)는 이들이 자신에게 사기를 치려는 성인이나 좀 더 나이가 많은 다른 아동에게 쉽게 속아 넘어가 다른 외상이 발생할 가능성이 있음을 지적하였다. 보통 이러한 어린 희생자들은 내부 집단(예 : 가족이나 기관)에서 이미 학대당하거나 고립된 경험이 있다.

적절한 사회적 상호작용 반응의 부재는 아동으로 하여금 연령에 맞게 사회적 경계선에 부합하고 문화적으로 허용된 방식의 상호작용을 할 수 있는 능력을 손상시킨다. 유년기 중반에 탈억제성 사회적 유대감 장애 아동은 언어적으로나 신체적으로 몹시 성인과 유사하거나 진짜가 아닌 감정을 드러낼 경향성이 있다. 방치로 인한 결과가 아동의 삶에 더 이상 영향을 끼치지 않아도 이러한 증상은 지속된다. 청소년기에는 또래 친구들과의 무분별한 행동으로 인해 또래관계에서 문제가 생기게 된다. 그리고 친구들과의 갈등은 결과적으로 일생 동안 다른 성인과 동료 관계에 문제를 야기시킬 수 있다.

탈억제성 사회적 유대감 장애는 애착 어려움의 더 높은 위험성과 더불어 ADHD, PTSD, 적대적 반항장애, 품행장애와도 높은 공존율을 보인다. 대부분의 증상은 아동기와 청소년기에 확연히 드러난다. 이 장애가 성인기에도 나타나는지에 대한 것은 아직 알려지지 않았다. 여러 사례들에서 80% 가까이 높은 공존장애를 보였다.

주의를 끌려는 행동 증상과 피상적 관계의 발전이 특히 정신병리 및 기능적 손상과 연관된다.

내담자 특징

최근에 미국에서는 50만 명 이상의 아동이 위탁 시설 혹은 보호 시설에 거주하고 있다. 심지어 매년 더 많은 아동들이 입양되고 있다. 그리고 친척들이 대신 아이들을 키워주는 아동의 수는 알려지지 않았지만 통계적으로 대략 미국에서 7,800만 명 이상의 아동이 조부모의 집에서 거주하고 있는 것으로 보고 된다(Ellis & Simmons, 2014). 대부분의 이러한 아동은 주 양육자와 안전하게 애착관계를 형성하고 보살핌을 받으며 사랑받으며 자라고 있다. 그러나 몇몇 아동은 5세 이전에 학대를 당하고 방치당하고 양육자가 계속해서 바뀌게 되는 혼란 등을 경험하게 되어 기능적 손상과 피해가 있을 것이다. Kay와 Green(2013)은 반응성 애착장애와 탈억제성 사회적 유대감 장애의 원인을 정확하게 이해하고 이 장애의 적절한 치료적 개입을 개발하기 위하여 추후 연구에서 청소년기에 대한 연구와 보호 시설 외의 집단에 대한 연구가 필요하다고 제안하였다.

애착이란 영아와 부모 혹은 양육자 사이에 만들어지는 정서적 유대를 말한다. 여러 이유로 이 관계가 파괴되면, 반응성 혹은 탈억제성 애착장애가 발생할 수 있다. 조기에 치료하지 않으면 정서적 발달이 저해되고, 이후의 사회적 기능도 파괴될 수 있다. 이 장애에 대한 이른 발견과 치료가 아동의 이후 관계에 상당한 영향을 줄 수 있다.

DSM-5에 따르면 반응성 애착장애와 탈억제성 사회적 유대감 장애를 갖고 있는 아동은 주 양육자가 없거나(예 : 주 양육자가 자주 바뀜으로 인해), 보호 시설에서 자랐거나, 양육자와 관계를 전혀 맺지 않았다.

그러나 만약 학대가 공식적으로 보고되지 않으면 이 사람들을 진단하기는 어려울 수 있다. 5세 이전의 아동은 자신의 경험을 기술할 수 없고, 만약 이들이 집에서 나오게

되면 어떤 일이 있었는지 정확히 보고받는 것은 불가능할 것이다.

반응성 애착장애와 탈억제성 사회적 유대감 장애는 *DSM*이나 ICD 분류학에서 가장 증거 자료가 부족한 영역 중 하나이다(Kay & Green, 2013). 반응성 애착장애라는 이 명칭에도 불구하고, 안정적 애착을 갖고 있는 아동, 불안정 애착을 갖고 있는 아동, 그리고 양육자에 대해 애착을 전혀 형성하지 않은 아동에게도 발생할 수 있다. 그리고 보호 시설에 있지 않지만 학대받은 청소년들에 대한 자료에서 보면 탈억제성 사회적 유대감 장애는 학대받은 경험, 높은 정신병리 비율, 치료에 더 일찍 방문하는 정도와 관련이 높았다(Kocovska et al., 2012).

보호 시설에서 자라다가 이후 입양된 아동에 관한 몇 안 되는 연구가 있다. 약간 연령대가 높은 아동(10~17세)에 대한 한 연구에 따르면 아동과 입양한 양육자(보통은 어머니)와의 문제보다 아동과 또래관계 혹은 새 가족의 형제들과의 기능장애가 두드러진다. 그러나 이 연구의 한계점은 러시아의 고아원에서 자라다가 미국으로 입양된 아동의 가족에 의한 자가보고라는 점이다(Hawk & McCall, 2014). 이러한 종류의 더 많은 연구들은 실제 사례의 수를 알아내고 증상을 기술하며 초기 아동기의 적절한 양육의 부재로 인한 영향을 개선할 수 있는 가족적 요인을 확인하는 데 유용할 것이다.

학대와 상실의 고통은 정서적 · 사회적 · 언어적 · 인지적 발달에 큰 피해를 줄 수 있다. 이러한 결과들은 아동의 발달 수준과 상실의 기간, 심각도, 종류 등에 따라 각 개인마다 다르고 다양할 것이다(Knudsen, 2003; Nelson, Thomas, & de Haan, 2006). 이에 대해 좀 더 관심이 있는 독자들은 Nelson, Zeanah, 그리고 Fox(2007)의 초기 학대와 스트레스가 두뇌 발달에 미치는 영향에 대한 전문을 읽어보기 바란다.

학대와 같은 외상 경험이 있는 아동의 경우, 주의력과 기억력, 인지적 편향의 발달, 상위 인지 등에서 경험이 어떻게 처리되는지를 이해하기 위한 추가적인 연구가 필요하다(Zilberstein, 2014). 또한 더 많은 연구를 통하여 초기 아동기의 사회적 · 정서적 박탈이 어떻게 애착 형성 과정을 방해하는지, 그리고 이러한 정보를 반응성 애착장애 아동을 위한 근거 기반 치료의 발전에 어떻게 활용할 것인지를 탐색해보아야 할 것이다. 분명, 고아원에서 일상적으로 학대를 받고 자란 아동은 가장 심각한 문제를 갖고 있을 것이다. 그러나 연구들은 집에서 양육을 잘 받지 못하고 스트레스에 노출된 경우에도 아동의 두뇌 발달에 영향을 미칠 수 있다고 보고하고 있다(Romer & Walker, 2007).

평가

반응성 애착장애나 탈억제성 사회적 유대감 장애로 진단하기 위해서는 사회적 방치의 결과와 반응성 애착장애 증상의 원인에 해당하는 발달력상의 사건이 5세 이전에 존재해야 하며, 다음 사항을 포함해야 한다.

- 주 양육자로부터의 지속적인 분리 경험
- 주 양육자의 잦은 교체
- 심각한 방치나 학대
- 어린 시절부터 보호 시설에서의 거주 기록

반응성 애착장애의 증상에 대한 임상적 평가와 확진은 아동, 부모나 양육자 혹은 아동을 잘 알고 있는 성인을 관찰함으로써 이루어질 수 있다.

아동과 양육자 사이의 관계의 질을 관찰하는 것은 정확한 평가를 위해 중요한 부분이 될 수 있다(Clark, Tluczek, & Gallagher, 2004). Mares와 Torres(2014)는 임상적 평가의 일부로 위탁기관 아동을 대상으로 어떻게 반구조화된 관찰을 실시하는지에 대한 개요를 보여주고 있다. 덧붙여서 적절한 관심과 보살핌을 받고 있는지 확인하기 위하여 아동이 현재 거주하는 상태에 대해 정기적으로 평가할 필요가 있을 것이다.

치료자의 자질

반응성 애착장애와 탈억제성 사회적 유대감 장애 아동과 작업하는 치료자들은 애착 과정의 역동에 대한 이해를 해야만 할 것이다. 아동과 부모 혹은 주 양육자 사이의 관계를 형성하는 것은 치료의 목표가 될 가능성이 클 것이다.

치료자는 경계를 형성하고 양육자와 아동이 작업하는 데 있어 적절한 행동의 모델이 되어주지만 여전히 지지적이고 공감적이어야 한다.

치료자는 의학적 전문가, 학교 교사나 상담자, 때로는 아동의 이익을 보장하기 위해 법적으로 책임이 있는 다른 전문가(예: 조부모, 위탁기관 협력자, 사회복지사, 국선변호인, 소송 후견인)와 협력적 팀을 이루는 작업에도 편안함을 느껴야 한다.

개입 전략

지금까지 반응성 애착장애나 탈억제성 사회적 유대감 장애를 위한 경험적 근거 기반 치료가 밝혀지지 않았다. 그러나 아동이 안전하고 안정적인 가정생활의 기반을 형성하기 위해 필요한 것이 무엇인지에 대한 논문은 매우 많은 편이다. 이 연구들에서 가장 중요한 전제조건은 아동이 안정적 애착을 형성할 수 있도록 민감하고 정서적으로 도움을 줄 수 있으며 반응적인 양육자가 보장되는 것이다.

사례 보고서에서와 마찬가지로 몇 연구들에서는 반응성 애착장애와 탈억제성 사회적 유대감 장애의 다른 요소들에 대해 조명하고 있다. 치료는 아동의 필요에 따라 개별적으로 이루어져야 한다(Shreeve, 2012).

- 탈억제성 사회적 유대감 장애는 여러 학대 경험, 치료의 조기 진입, 정신병리의 높은 비율과 연관된다(Kay & Green, 2013).
- 개인적이고 지속적인 인간의 접촉은 영아들에게 중요한 치료적 역할을 한다(Spitz, 1945).
- 민감한 양육은 아동의 스트레스의 영향을 감소시킨다(Dozier et al., 2009).
- 운동 기능, 언어, 인지 발달의 치료는 사회적 발달보다 빨리 향상되는 경향이 있다[Rutter & O'Connor, & English and Romanian Adoptees(ERE) 연구 팀, 2004].
- 부모나 양육자가 치료에 참여할 만큼 정서적으로 건강하다는 전제하에 양육자가 치료에 참여해야 한다(Boris & Zeanah, 2005).
- 기본적으로 치료적 개입은 부모로 하여금 자녀가 단지 '작은 어른'이나 심지어 그들의 확장된 존재가 아닌 다른 인격체로 볼 수 있도록 도와야 한다. 따라서

치료적 개입은 양육자에게 아동의 현재 기능 수준에 근거하여 연령에 적합한 기대치를 이해시켜야 할 것이다(Bernier & Dozier, 2003).
- 정서적 방치는 시설이나 여러 위탁 시설에 거주한 결과 때문은 아니다. 이는 부모의 약물 남용, 주요우울장애, 외상후 스트레스장애와 같은 정신적 상태로 인한 것일 수 있다(Schechter & Wilheim, 2009).
- 어머니의 스트레스를 다루는 능력의 정도는 아주 어린 아동을 얼마나 잘 양육하는지와 관계된다(Martorell & Bugental, 2006).
- 탈억제성 사회적 유대감 장애는 반응성 애착장애보다 치료하기가 더 어렵다. 이는 아마도 다른 장애로 발전하기 쉬운 위험성 때문일 것이다(Schechter, 2012).

애착에 대한 우리의 지식이 증가됨에 따라 이를 바탕으로 몇몇 치료적 개입이 검증되고 있다. 다음은 아동에 대한 조기 개입을 간단히 살펴본 것이다.

애착과 생물행동적 만회(Attachment and Biobehavioral Catchup, ABC)는 애착 이론과 스트레스 신경생물학을 기반으로 애착의 붕괴를 경험한 신생아나 유아를 위해 관계 형성을 촉진하기 위해 설계된 개입이다. 매뉴얼화되어 있는 이 개입에는 양부모와 아동이 함께하는 집에서 실행하는 치료 회기가 10회 포함된다. 이 치료의 목적은 양부모가 무조건적인 지지와 양육을 제공할 수 있는 능력을 증진시켜 궁극적으로는 아동의 행동을 변화할 수 있게 하는 데 있다. 이 개입에는 아동의 행동에 상관없이 아이를 양육할 수 있는 방법을 배우고, 점차적으로 문제 행동에 초점을 두어 공격적이고 충동적인 행동을 줄일 수 있는 방법을 학습하게 된다. 그리고 마지막 치료 회기에서는 정서와 접촉의 중요성을 포함하고 있다. 각 회기마다 피드백이 주어지고 각 회기를 녹음하여 다시 볼 수 있도록 한다. ABC는 아동이 스트레스를 조절할 수 있게 하는 치료적 결과와 양부모에게 있어 영아나 유아의 애착 안정성을 증진시킨다는 결과가 입증되고 있다(Dozier et al., 2009). 무선통제 실험 연구(RCTs)에서 ABC 집단의 결과를 가족 성장 교육(Developmental Education for Families, DEF)의 통제 집단과 비교한 결과, 회피 행동 감소의 면에서는 단기간에 긍정

적 결과를 보였다. 장기적으로 어떤 결과를 가져올지에 대해서와 애착 안정성의 개입 효과에 대한 더 많은 연구가 필요한 실정이다(Dozier et al., 2008).

ABC 개입은 10개월 미만의 어린아이들이나, 24~36개월 사이의 아이들, 그리고 외국 부모에 의해 입양된 아이들을 위해 채택되어 왔다.

부쿠레슈티 조기 개입 연구조사(Bucharest Early Intervention Project)는 유기되고 보호 시설에 거주하는 아동에 대해 연구하였는데, 보호 시설에서 나온 후 위탁 시설에 거주하게 되는 시점이 어리면 어릴수록 42~54개월 사이에 갖게 되는 인지적 문제가 더 적은 것으로 밝혀졌다(Nelson et al., 2007). 이 연구조사는 아동 발달에 민감한 시기가 있으며 인간의 생애에서 초기 형성 시기에 양육자와의 애착이 중요하다는 점에 지적하고 있다.

반응성 애착장애에만 국한된 것은 아니지만 양육자와 아동의 관계를 향상시킴으로써 아동의 감정조절을 증진시키고 행동적 문제를 감소시키는 다른 개입은 다음의 사항을 포함하고 있다.

- 학부모-아동-교사 협력 프로그램 : 인크레더블 프로그램(Incredible Years; Webster-Stratton & Reid, 2010) — 품행장애 청소년을 위한 다면적 접근
- 행동 관리 훈련(Behavior Management Training, BMT) — 부모 훈련 프로그램으로 반응성 애착장애의 치료를 위한 긍정적 전망을 보여주는 부모 훈련 프로그램. 한 사례 연구는 반응성 애착장애에 적용하여 성공적 치료를 보여줌(Buckner, Lopez, Dunkel, & Joiner, 2008)
- 마음챙김 부모 훈련 — 부모에게 어떻게 부정적 양육 방법을 줄이고 긍정적 유대를 증진시키는지에 대해 교육하여 양육에 대한 만족감, 자비심, 전반적인 가족 기능이 향상되도록 도움(Duncan, Coatsworth, & Greenberg, 2009). 마음챙김 부모 훈련에는 마음을 담아 경청하기, 부모의 자기조절, 연민을 갖고 비판단적으로 아이를 수용하기를 포함함

반응성 애착장애를 위한 아직 증명되지 않은 치료, 특히

강압적 기술은 위험할 수 있고 적용해서는 안 된다는 점에 주목하는 것은 중요하다(AACAP, APA, APSAC). 이러한 기술은 소위 '다시 태어나기' 기법이나 아동이 진정될 때까지 강압적으로 붙들고 있는 '붙잡기' 전략을 포함하고 있다. 그리고 애착에 대한 '저항'을 깨고자 하는 치료법들을 포함하고 있다. 미국 소아·청소년 정신의학회(AACAP)와 미국 정신의학회(APA)는 논란의 여지가 있으며 치료 효과에 대한 근거가 뒷받침되지 못하고 있는 이러한 치료법에 대해 잠재적으로 정신적·신체적 손상을 주었으며, 심지어 몇 사례에서는 사고로 사망에 이르게 되었기에 강하게 반발하고 있다.

예후

초기의 효과적인 개입은 반응성 애착장애와 탈억제성 사회적 유대감 장애의 경로를 변화시키는 데 필요하다. 그리고 이후에 더 심각한 행동장애로 발전하는 것을 막을 수 있다. 그러나 아직 이에 대한 결과를 다룬 연구들은 없다. 인생 초기에 심각한 정서적 박탈을 경험한 아동은 이후에 좀 더 심각한 결과를 갖게 되는 경향이 있어 보인다.

외상후 스트레스장애

외상후 스트레스장애(posttraumatic stress disorder, PTSD)에 대한 많은 연구와 경험적 근거들은 DSM-5에서 장애에 대한 많은 변화를 가져왔다. 우선, DSM-IV에서처럼 PTSD는 더 이상 불안장애로 간주되지 않는다. 대신 외상 및 스트레스 관련 장애 중 하나에 들어가며 정의에 의하면 외상적 혹은 스트레스 사건에 노출되는 것이 진단의 필수조건이다. PTSD의 모든 증상이 불안이나 공포의 맥락에서 이해될 수 없다. 침투적 기억과 해리적 반응을 보일 수 있으며 이때 외상적 사건 이후 신체적 각성의 증상, 외상과 관련된 자극에 대한 회피 혹은 혐오, 사고나 기분에 있어서 부정적 변화를 동반하기도 한다. 또한 다른 감정적인 반응도 PTSD 후유증의 일부분이다.

PTSD는 인생의 첫 해부터 시작하여 어떤 연령대에도 일어날 수 있다(APA, 2013). 진단 매뉴얼 역사상 처음으로

PTSD 증상에 대해 발달적으로 적절하도록 6세나 그 이전 연령에 대해서 개발한 것은 주목할 만하다. 다음은 성인, 청소년 그리고 6세 이후의 아동과 관련된 PTSD 증상에 대한 것이다.

진단

PTSD의 주요 특징은 외상적 사건에 노출되는 것이다. 여기서 외상적 사건이란 *DSM-5*에서 정의하기로는 사망에 이르는 위협, 심각한 상해, 혹은 성적 폭력을 직접 경험하거나 이에 노출되는 것을 의미한다. 이러한 노출은 다음과 같은 방식으로 일어날 수 있다.

- 직접 경험하는 것
- 외상사건이 다른 사람에게 일어나는 것을 직접 목격하는 것(이는 전자매체나 사진을 통한 것이 아닌 실제적인 것이어야 함)
- 외상사건이 가까운 사람이나 친구에게 일어났음을 알게 되는 것(이 사건은 폭력적이거나 사고와 같은 것이어야 함)
- 비상사태의 초기 대응자 혹은 경찰이 경험할 수도 있는데, 외상사건의 혐오스러운 세부 내용에 반복적으로 또는 극단적으로 노출되는 것

다음의 침투 증상 중 한 가지 이상이 나타나야 하며 외상적 사건과 연관되어 있어야 한다.

- 사건에 대한 침투적 기억. 아동의 경우 기억이 놀이로 표현될 수 있다.
- 외상사건에 대한 반복적인 악몽. 아동의 경우 외상적 사건에 대한 자세한 내용이 결여될 수 있다.
- 외상사건이 실제로 일어나는 것 같은 해리 반응
- 강렬한 심리적 스트레스
- 스트레스를 야기하는 내적·외적 단서에 대한 신체적 반응
- 다음 중 2개 이상을 포함하는 사고 혹은 기분의 부정적 변화
  - 외상사건에 대한 중요한 사실을 기억하지 못함
  - 자기 자신에 대한 지속적인 부정적 믿음

- 외상의 원인이나 결과에 대한 왜곡된 인식
  - 지속적인 부정적 감정 상태(예 : 수치심, 분노, 죄책감, 공포, 두려움)
  - 활동에 대한 흥미 결여
  - 다른 사람들로부터 분리된 느낌
  - 기쁨이나 즐거운 감정을 경험하지 못함
- 외상사건 이후 다음 두 가지 이상의 각성 반응 증상을 보임
  - 짜증과 분노폭발
  - 자기 파괴적 행동
  - 과도한 경계심
  - 과도한 놀람 반응
  - 집중 곤란
  - 수면의 어려움

이 장애의 증상은 적어도 1개월 이상 나타나야 하며 한 가지 이상의 기능 영역에서 심각한 고통이나 기능적 손상을 초래해야 한다. PTSD를 다음과 같이 구분할 수 있다.

- 해리 증상 — 이인증(즉 자기 몸 밖에 있는 것 같은 분리된 느낌)을 동반한 PTSD
- 해리 증상 — 현실감 상실(즉 주변이 꿈과 같고 초현실적인 것 같은 비현실적 감각)을 동반한 PTSD
- 지연된 표현형 — 외상적 사건에 노출된 지 6개월이 지나서야 PTSD의 전체 기준이 충족되는 경우

　PTSD 진단기준에 맞는 사람들의 80%가 적어도 한 가지 이상의 장애를 동반한다. 가장 흔히 동반되는 것은 우울장애, 불안장애, 양극성장애, 약물관련장애이다. 아프가니스탄이나 이라크에 참전했던 퇴역군인들 중, PTSD 장애가 있는 사람들의 48%는 가벼운 외상적 뇌손상(traumatic brain injury, TBI)을 동반했다. 전쟁에서 돌아온 남성 퇴역군인들의 자살률 증가는 PTSD와 자살 간 상관관계에 대한 연구의 증가와 관심을 불러일으키고 있다. 2009년 재향군인회 남성의 자살률은 10만 명 중 38.3명 꼴이었는데, 이는 미국 인구에서 남성의 자살률이 10만 명 중 19.4명에 비하면 거의 2배에 달한다. 같은 기간 동안 여성의 자살률은 각각 12.8%와 4.9%였다. 전쟁 외상에 대한 연구에서 여러 번

상해를 입었거나 상해로 인해 입원을 경험했던 사람들이 가장 높은 자살률을 보였다(Bullman & Kang, 1995). 자살 경향이 보인다면 PTSD를 위한 치료를 진행하기 전에 자살 경향에 대해 다뤄야 한다(부록 참조).

6세 이전 아동의 PTSD *DSM-5*의 발달 관련 새로운 하위 유형은 6세 이하 아동의 PTSD에 대한 진단을 하고 있다. 이 진단기준은 미취학 아동과 관련된 경험과 증상을 고려하고 있으며 발달적으로 민감하다(Scheeringa, Zeanah, & Cohen, 2011). 외상의 종류에는 실제적인 외상, 생명의 위협을 당한 것, 심각한 손상 또는 성적인 폭력을 포함하고 있다. 이러한 외상으로는 학대, 교통사고, 자연재해, 개에게 물린 것, 외과수술, 대인폭력 목격, 또는 폭력이나 손상 없는 부적절한 성적 경험이 있다(APA, 2013). 아동은 외상을 직접 경험할 수도 있고, 다른 사람(특히 주 양육자)에게 일어나는 것을 목격할 수도 있으며, 부모나 양육자에게 일어난 외상적 사건을 알게 될 수도 있다. 외상적 사건을 목격하는 것은 전자매체, TV, 사진을 통한 것은 아니어야 한다.

아동 PTSD의 진단을 위해서는 충격적 사건에 대한 반복적 기억, 안 좋은 꿈, 해리 반응(즉 플래시백), 외상을 상기시키는 것에 대한 심리적 고통 혹은 신체적 반응 중 하나 이상의 침투 증상을 보여야 한다.

그리고 외상사건을 기억나게 하는 대상이나 활동을 회피하려는 노력, 외상적 사건을 기억나게 하는 사람이나 대상을 회피하려는 노력, 부정적 정서 빈도의 증가, 활동에 대한 관심의 감소, 사회적 철수, 그리고 긍정 정서의 감소 중 하나 이상의 회피 증상 혹은 부정적 인지도 나타나야 한다.

외상사건에 대한 발달적으로 적절한 아동 PTSD 반응 규준은 성인을 위한 규준보다 좀 더 행동에 기반을 두고 있다. 아동은 외상에 대한 이야기를 잘 하지 않는다. 대신 흥분이나 각성과 같은 증상으로서의 행동이 나타날 수 있다. 외상사건과 관련하여 과민함, 분노폭발, 짜증에서 두 가지 이상의 증상이 나타나야 한다. 또한 신체적 증상, 즉 과도한 경계심, 과도한 놀람 반응, 집중의 곤란, 또는 수면 장해에서 두 가지 이상을 보여야 한다.

성인 PTSD와 마찬가지로 아동의 경우에도 증상의 기간이 한 달 이상 지속되어야 한다. 그리고 학교에서, 부모 혹

은 양육자와 혹은 다른 또래들과의 관계에서 심각한 괴로움을 초래해야 한다. 그리고 이는 다른 의학적 상태나, 약물, 지능 손상의 결과가 아니어야 한다.

아동 PTSD는 다음과 같이 구분될 수 있다.

- 해리 증상 동반 — 이인증 또는 비현실감
- 지연되어 표현되는 경우 — 외상적 사건에 노출된 지 6개월이 지나서야 PTSD의 전체 기준이 충족되는 경우

내담자 특징

PTSD는 보통 여성이 남성에 비해 유병률이 더 높게 나타난다. 미국 성인의 평생 유병률은 대략 8.7%이다. 유럽이나 대부분의 아시아, 아프리카, 라틴 아메리카 국가들에서의 유병률은 미국에 비해 낮게 나타난다.

PTSD는 직업의 종류에 따라 유병률이 증가하기도 하는데, 외상사건에 노출된 사람들 중 퇴역군인, 응급 의료인, 경찰관, 소방관과 같은 직업에 종사하는 사람들의 유병률은 30%에 달한다. PTSD의 가장 높은 유병률은 강간, 전쟁, 유괴 생존자들에게서 보였다(APA, 2013).

아동과 청소년의 PTSD 증상은 성인들과 다르다. 어린 아동의 경우, 증상은 보통 ADHD에게서 보이는 과잉행동(예 : 주의산만, 충동성)과 닮았다. 분리장애 및 적대적 반항장애와 동반될 가능성도 있다. 등교 거부, 분노와 짜증, 그리고 안전과 죽음에 대한 걱정 사고 증가와 같은 증상을 보일 수 있다. 수면, 식사, 주의력과 관련된 문제들이 흔히 나타나며 악몽이나 다른 나쁜 꿈도 나타날 수 있다. 놀이에서 반복적인 주제가 등장하거나 악몽에서도 반복된 주제가 나타난다. 불안, 혼동, 해리 증상과 같은 증상도 나타날 수 있다. 이러한 행동은 학업적 성취에 부정적 영향을 미치며 가족이나 또래관계에도 지장을 준다.

청소년기의 외상은 성적 행동, 약물 의존, 무모하고 공격적인 행동과 같은 고위험 행동과 연관되어 있다. 성적 학대를 당한 아동은 해리 증상이 있거나 그 사건에 대해 기억하지 못할 수 있다. 특히 학대의 가해자가 가족의 일원이라면, 낯선 사람일 때보다 가족 간의 충성심 때문에 가족으로부터 도움받기가 더 힘들어진다(Courtois & Ford, 2013). 아동에게는 발달적 퇴행(예 : 야뇨증, 언어 능력 상실)이 일

어날 수 있다. 아직 증상이 나타나기에는 불충분한 수준의 PTSD는 좀 더 나이가 들었을 때 나타날 수 있다. 그러나 몇몇은 이것이 어릴 때에도 기억을 하지 못하는 만성적 학대, 방치, 성적 학대의 결과로써 또는 현재는 아동 PTSD의 역치에 이르지 못하지만 뇌의 각성 시스템에 영향을 준 외상의 결과로써 발생할 수 있다고 믿고 있다(van der Kolk, 2014).

성인의 외상 증상은 종종 다른 장애와 비슷해 보일 수 있는데, 이 증상이 다른 장애(예 : 양극성장애, ADHD)와 구분되는 특성은 각성 상태에 대해 자기 보호적으로 방어한다는 데 있다. 불안정한 기분에 대한 치료는 환자들이 자신의 극단적 감정 반응 배후에 있는 두려움과 불안을 인식할 수 있도록 돕는 데 중요한 역할을 한다(Courtois & Ford, 2013). 과각성, 짜증, 주의집중 문제, 과도한 경계심, 수면장애가 위협에 대한 반응이라는 것을 알게 되었을 때가 바로 가장 효과적인 치료시점이다.

Briere와 Scott(2006)은 언제 환자가 치료 범위에 도달하는지, 그리고 언제 정서적 각성을 견딜 수 있는 능력이 개발되는지 인식하는 것의 중요성에 대해 논하고 있다. 이 시점에서 환자가 그만두지 않고 조금 더 참도록 하면서 감정을 느끼도록 격려한다. 환자의 치료 범위를 점차적으로 확장하기 위한 다양한 종류와 다양한 기간의 노출 기반 접근이 가능할 것이다.

평가

외상적 사건을 겪은 사람들은 종종 그에 대해 이야기하기를 꺼린다. 따라서 평가할 때 표면적이 아닌 깊은 탐색이 필요할 것이다. 그들이 동의한 PTSD 증상에 대해 좀 더 설명하거나 말하도록 해야 할 것이다.

아동과 청소년의 외상을 측정하기 위하여 질문지, 자가보고 도구, 척도, 체크리스트 등의 다양한 도구가 가능하다. 아동을 위한 다음 두 가지 정신의학적 구조화된 면담은 PTSD에 대한 모듈을 포함하고 있다.

- 아동을 위한 진단 면접 계획-IV(Diagnostic Interview Schedule for Children-Version IV, DISC-IV)

- 학령기 아동용 정서장애 및 조현병 진단표(Kiddie Schedule of Affective Disorders and Schizophrenia for School-Age Children, K-SADS; Kaufman et al., 1997)

이 두 가지는 아동과 부모의 자가 보고서를 포함하고 있다. 포괄적 임상 면담이 종종 아동의 PTSD의 가장 중요한 정보출처가 되곤 하는데 외상의 종류, 심각도, 동반 장애(예 : 신체적 장애, 적대적 반항장애, 품행장애)의 발현에 대한 평가를 포함해야 한다.

6~17세 아동의 PTSD 증상의 심각도는 아동 PTSD 반응지표(Child PTSD Reaction Index, CPTSD-RI)로 평가할 수 있으며, 17문항의 단축형도 있다(Ohan, Myers, & Collett, 2002). 평가척도는 대부분의 정신의학적 논문에서 지지되었고 신뢰도와 타당도도 높았다(Foa, Keane, Friedman, & Cohen, 2009). 아동을 위한 그 밖의 다른 척도들과 평가 도구들은 다음과 같은 것이 있다.

- 아동과 청소년을 위한 외상 설문지(Child and Adolescent Trauma Survey)
- 어린 아동을 위한 외상 증상 체크리스트(Trauma Symptom Checklist for Young Children, TSCYC; Briere, 2001) — 아동을 위한 양육자의 자가보고
- 치료자용 PTSD 척도(Clinician-Administered PTSD scale) — 아동과 청소년용, 아동 PTSD 체크리스트
- 아동 PTSD 증상 척도(Child PTSD Symptom Scale, CPSS) — 8~18세 아동을 위해 매일매일의 기능뿐 아니라 PTSD의 증상 빈도를 평가함

아동 PTSD를 위한 표준화된 선별 테스트는 양육자의 자가보고와 자기가 평가하는 체크리스트를 포함하고 있다. 반구조화된 진단 면담도 또한 도움이 된다. 아동을 위한 평가 도구에 대한 완벽한 논의는 이 책에선 담을 수 없을 것이다. 이에 대해 좀 더 구체적인 논의에 흥미가 있는 독자들은 Balaban(2009)의 저서를 참고하기 바란다. 그리고 *DSM-IV-TR*의 PTSD 증상을 포함하고 있는 여기에 제시된 많은 평가 도구는 *DSM-5* 규준으로 계속 개정될 필요가 있음을 유념해주기 바란다.

치료자의 자질

PTSD의 모든 경험적 근거 기반 치료는 치료자들이 적극적인 역할을 하는 적극적이고 지시적 특성을 보인다. 회기는 목표지향적이고 치료 기술이 뒷받침하고 있으며, 보통 치료 시간이 제한되어 있다.

치료자는 환자와 신뢰를 구축하기 위하여 Rogers의 치료적 조건인 온정, 긍정적 존중, 공감, 일치성과 같은 태도를 형성해야 한다. 치료자는 또한 환자가 통제감과 자율성을 회복할 수 있는 안전한 환경을 제공해야 한다. 환자들이 충분히 치료적 환경에서 편안함을 느끼며 외상적 사건을 다루고자 할 때까지 그 사건에 대해 이야기하도록 압박해서는 안 된다.

환자의 경험을 타당화하는 것은 치료의 중요한 부분이고 치료자들은 환자의 두려움을 인정하는 것과 그들의 회복탄력성과 강점에 대해 언급하는 것의 상처받을 가능성 사이에 조심스러운 균형을 맞추어야 할 것이다.

PTSD 혹은 급성 스트레스장애 환자들은 흔히 치료에 생산적으로 참여하기를 꺼리며, 이는 약속을 잊거나 치료자가 권고하는 것을 이행하지 않는 등의 행동으로 표현된다.

개입 전략

증상에 대한 조기 개입과 치료는 중요하다. 이는 급성 스트레스장애가 PTSD로 완전히 진행되는 이행을 막을 수 있을 것이다.

최근의 PTSD 치료에서는 외상에 초점을 맞춘 CBT가 가장 경험적 근거에 기초한 치료로 지지되고 있다. 넓은 범위로 보았을 때 CBT에 속하는 스트레스 면역 훈련, 외상에 대한 정서적 처리, 장기적 노출(Foa et al., 2009). 그리고 인지처리치료(Resick, Monson, & Rizvi, 2008)는 성폭행과 전쟁을 포함한 모든 외상의 종류에 걸쳐 긍정적 결과를 보여주고 있다. 환자의 특정 상황에 알맞은 치료기법을 통합한 것이 가장 유용할 것이다. 심각한 증상을 보이거나 정서적으로 제정신이 아닌 환자 혹은 기능이 많이 손상된 환자들은 외상에 노출하기 전에 제일 처음에 안전함과 통제에 대한 감각을 다시 구축해야만 한다.

보통 효과적인 인지적 · 행동적 치료 기법은 다음 사항을 의도하고 있다.

- 외상에 접근하는 것을 촉진하는 것
- 감정의 표현을 증진시키는 것
- 대처 기술을 증진시키는 것
- 외상적 기억의 통제를 증진시키는 것
- 인지적 왜곡과 자기 비난을 감소시키는 것
- 환자의 이전 기능 수준으로 회복시키는 것

PTSD를 위한 경험적 근거에 기초한 치료로는 노출치료, 인지처리치료, 불안조절치료가 있다. 그리고 안구운동 민감소실 및 재처리(EMDR)도 가능할 수 있는데, 이는 약간 논란거리가 남아 있다(American Psychological Association, div.12.org). 우리는 이제 이 각각의 치료에 대해 살펴보겠다.

장기적 노출 PTSD를 위한 치료법으로 외상 기억에 대한 장기적 노출(prolonged exposure, PE)이 최적의 치료로 보인다. 노출치료는 PTSD를 위한 치료로 타당화가 잘된 치료법이다(Foa, Keane, Friedman, & Cohen, 2009; Ponniah & Hollon, 2009). 노출치료의 목표는 두려움과 양립할 수 없는 새로운 정보를 제공하면서 무서운 기억을 활성화시켜 새로운 학습이 일어나게 하는 것이다.

환자는 두려움에 대한 단계를 만든 후 매일 45분 동안 두려운 단서에 집중한다. 이때 제일 약한 두려움 자극부터 시작하여 두려움의 목록에 있는 단서들을 하나하나 진행해나가 두려움이 없어질 때까지 계속한다.

회기의 길이, 치료의 횟수 그리고 노출의 종류는 환자의 필요에 따라 다양할 것이다. CBT에 근거한 노출은 다양한 사람들에게 그리고 특정 트라우마를 위하여 조기 개입으로 채택될 수 있다. 몇몇 모델은 치료 회기 빈도는 낮추고 대신 긴 시간(3시간)의 치료 회기를 갖기도 한다. 노출법은 실제 노출, 유도된 심상 혹은 가상현실 등을 포함할 수 있다. 이라크전에 참전한 퇴역군인에 대한 한 연구는 장기적 노출을 촉진하기 위하여 가상 이라크를 창조하기도 하였다(Zoellner et al., 2008).

인지처리치료 Resick와 Schnicke(1992)는 특히 성폭

행 생존자들을 치료하기 위해 인지처리치료(cognitive processing therapy, CPT)를 개발하였다. 위험에 대한 지각, 죄책감, 분노가 PTSD에서 발견되면서 PTSD는 불안장애와 분리되었다. 그리고 통제의 역할(회피)과 더불어 이러한 인지들은 외상 기억을 계속 살아 있게 한다. CPT에서는 노출이 불안조절 훈련과 환자들의 혼란스러운 인지를 변화시키는 인지재구조화와 결합되어 있다. 환자들은 외상적 사건에 대해 쓴 후 기억하는 내용을 치료자에게 읽어주는데, 이때 치료자는 이해, 반응에 대한 탐색, 정서적 표현을 촉진하게 된다. 그리고 환자들은 자신의 이야기를 스스로에게 매일 읽어주어 그 경험에 익숙해지고 외상적 사건과 그들의 반응에 대한 이해를 증가시키게 된다. 대처 기술 훈련과 짝을 이루게 되면 환자들은 외상에 반복적으로 노출할 때 더 예민해지게 된다. 초기 연구에 따르면 많은 무선통제실험 연구(RCT)는 CPT가 신체적 폭행이나 성적 폭행의 여성 피해자들, 퇴역군인들, 아프가니스탄이나 보스니아헤르체고비나 난민들 등을 포함하여 다양한 상황과 다양한 사람들에게 효과가 있다고 밝혀왔다(Chard, Schuster, & Resick, 2012). CPT의 12회 구조화된 모델은 강간과 관련된 PTSD를 치료하는 데 있어 단독 노출치료만큼 효과가 있었다.

불안조절치료 불안조절치료(anxiety management therapy, AMT)의 목표는 두려움과 관련된 기억을 수정하는 것이다. 이를 위하여 AMT는 외상적 기억을 활성화시키는 것과 이완 기법, 호흡 재교육, 부적응적 사고와 신념을 변화시키도록 돕는 인지재구조화와 같은 불안을 줄이는 것으로 알려진 기술을 연합시킨다. PTSD가 있는 베트남 전쟁 퇴역군인에 대한 한 연구에서 침투적 전쟁 기억의 강도와 빈도를 줄이고 전쟁 경험을 기억나게 하는 자극으로부터 회피하는 행동을 줄이는 데 있어서 AMT는 노출 기반 치료만큼 효과가 있었다(Pantalon & Motto, 1998). AMT는 PTSD 치료에서 노출법과 함께 혹은 단독으로 사용될 수 있다.

안구운동 민감소실 및 재처리(Shapiro, 1989) 재향군인회(2010)의 임상 지침서에는 PTSD를 위한 가장 첫 번째 치료법으로 안구운동 민감소실 및 재처리(eye movement desensitization and reprocessing, EMDR)를 추천하고 있다. 과학적 연구 또한 EMDR을 효과적인 PTSD 치료법으로 결론짓고 있다(NICE, 2005; Spates & Rubin, 2012). 그러나 EMDR은 민간인들에 비해 전쟁 참전 군인들에게는 덜 효과적이다(Bisson & Andrew, 2007). EMDR은 PTSD를 위한 다른 근거 기반 치료에 비해 더 효과적으로 보이지는 않는다. 그리고 어떻게 EMDR이 효과적인지에 대해 여전히 정확히 밝혀지지 않았으며 더 많은 연구가 필요하다는 결론을 남기고 있다(Lilienfeld, Lynn, & Lohr, 2015; Lohr et al., 2015).

그 밖의 다른 치료들 PTSD 환자들과 작업할 때 종종 포함되는 다른 치료 옵션으로는 집단치료, 가족치료, 마음챙김과 수용치료가 있다. 각각의 치료들은 PTSD 치료의 또 다른 가능성을 보여주고 비록 도움이 될 수도 있지만 아직 경험적으로 타당화가 되어 있지 않다.

주의사항 중요한 사건의 스트레스에 대해 보고하는 것(critical incident stress debriefing, CISD)과 외상에 대해 보고하는 다른 종류의 것은 2001년 세계무역센터의 쌍둥이 빌딩 공격 시점에 유명해졌다. 첫 번째 반응자, 피해자, 그리고 그 밖의 많은 다른 사람들은 외상을 떨쳐버리기 위하여 다시 그 외상에 대해 보고하였다. 몇몇에게는 도움이 되었지만 어떤 사람들은 더 나빠졌다. 그때 이후 CISD나 다른 종류의 심리적 외상 스트레스를 보고하는 것이 치료를 받지 않은 것보다 더 효과적으로 나타나지는 않았으며, 오히려 해로운 가능성이 있다고 밝혔다(Lohr, Gist, Deacon, Devilly & Varker, 2015).

약물치료 PTSD의 약물치료는 선택적 세로토닌 재흡수억제제(SSRI) 계열, 베타차단제, 항정신병 약물, 항경련제를 사용한다(APA, 2004/2009). FDA는 SSRI계열 파록세틴과 설트랄린을 PTSD 치료제로 허가하였다. 다른 SSRI들도 사례 보고서나 언급되어진 성공적인 공개 실험에서도 역시 효과가 있었다. PTSD 치료에 대한 종합적인 약물 연구는 Friedman과 Davidson(2007)의 글을 참고할 수 있다. 비전형적인 정신병 약물, 벤조디아제핀, 그리고 베타차단제들은 PTSD 증상을 치료하기 위해 사용되어 왔다. 그러나 PTSD 증상의 복잡한 결과(예 : 재경험, 회피/마비, 과각성)를 다룰 수 있는 하나의 약물은 아직까지 발견되지는 않았다. 그렇기는 하지만 많은 약물들이 PTSD 치료에서 효과적으로 사용되어 왔다. 벤조디아제핀을 사용할 때는 중독의 가능성과 효과성 연구의 부족에 대해 감안하고 주의하면서 사용해야 할 것이다. 벤조디아제핀을 더 이상 사용하지 않을 때 증상이 더 심해지는 것도 염려되는 바이다(APA, 2004/2009).

집단치료와 가족치료　가족치료는 보통 아동의 외상 치료에 적합하다. 어린 시절 학대를 받았던 사람들은 성인이 되어 학대를 경험할 가능성이 평균 이상이다(Messman & Long, 1996). 보통 처음에는 가족이 아동을 학대하고, 이러한 학대사건은 이후의 가족 간 문제에 영향을 주게 된다.

집단치료도 퇴역군인을 포함한 PTSD 환자들이 지지 네트워크를 형성하고, 경험을 타당화하고, 비난이나 외로운 감정을 줄이는 데 도움이 된다. 집단치료는 상호의존성과 공유를 조성할 수 있지만 이것이 오히려 외상을 악화시킬 수도 있다. 따라서 집단치료자는 집단치료에 참여할 준비가 되어 있는 집단원들을 선별해야 한다. 그리고 외상적 경험의 생생한 묘사에 노출되고, 이야기할 때 이를 면밀하게 살펴봐야 한다.

군인집단　직업 선택은 그 개인으로 하여금 PTSD로 발전할 위험성을 증가시킬 수도 있다. 특히 참전군인과 경찰관 집단에서는 17~19% 정도의 PTSD 유병률을 보인다(Carlier, Lamberts, & Gersons, 1997; Richardson, Frueh, & Acierno, 2010). PTSD를 위한 수용 기반 치료는 효과적이고 참전군인들에 의해 잘 수용되는 것으로 밝혀졌다. 현재에 집중하는 마음챙김은 미래에 대한 불안을 감소하고 과거에 대한 반추를 감소시키는 것으로 나타났다(Mantzios, 2014; Vujanovic, Niles, Pietrefesa, Schmertz, & Potter, 2011).

PTSD 아동 치료　특히 학대의 역사가 있는 아동이라면 아동의 신체적 안전감을 형성하는 것으로 치료가 시작되어야 한다.

PTSD의 가장 우선적인 처치는 심리치료의 어떤 형태를 포함하고 있을 것이다. 외상에 중점을 둔 CBT(TF-CBT)는 아마도 다른 어떤 치료보다 아동을 위한 효과성에 근거가 많이 있다. 한 복합지역 연구에 따르면, TF-CBT는 성적 학대를 당한 아동 치료를 위한 아동중심 치료보다 더 효과가 있었다(Cohen, Deblinger, Mannariono, & Steer, 2004). 노출치료 이후 감정과 대인관계 조절 기술 훈련(skills training in affect and interpersonal regulation, STAIR)에 대한 무작위 대조군 연구에서 STAIR과 노출치료를 함께 개입한 집단이 노출치료 이후 지지적 상담을 한 통제집단이나 지지적 상담 이후 기술 훈련을 한 통제집단에 비하여 효과가 높은 것으로 밝혀졌다(Cloitre et al., 2010).

경험적 연구들은 아직까지 심리치료가 약물치료보다 효과적인지에 대해 밝히지 못하였다. 그러나 아동에게 사용하는 선택적 세라토닌 재흡수 억제제(SSRI) 계열의 약물이나 다른 향정신적 약물과 관련된 부작용이나 위험성으로 인해 심각한 급성 스트레스장애(ASD)나 PTSD의 경우를 제외하곤 점차 약물 사용이 기피되었다. 또한 PTSD 아동을 위한 항정신병약의 효과에 대한 연구도 없는 실정이다. 비록 많은 약물이 각성과 불안을 감소시킬 수 있어도, 어린 아동에게 강력한 신경안정제 약물을 사용할지에 대해 결정을 할 때 약물의 부작용 결과를 고려해야 할 것이다.

예후

PTSD는 많은 사람들의 심신을 약하게 만드는 질병일 수 있지만 자연재해, 강간, 폭력, 그리고 그 밖의 대인관계적 외상을 경험한 사람 중 3분의 2는 PTSD로 발전되지 않는다는 것을 기억하는 것이 중요하다. 많은 다른 사람들은 자연스럽게 없어지는 가벼운 증상을 보일 것이다. PTSD로 발전하는 사람 중 50%는 세 달 사이에 완전히 회복하고, 많은 사람들은 12개월 이상 지속되는 증상을 갖게 될 것이다(Blanco, 2011). 질병 이전의 기능 수준이 높고, 좋은 대처 기술을 갖고 있으며, 지지적인 가족, 외상이 발생한 후 바로 치료를 찾는 것은 모두 좋은 결과를 갖고 올 수 있는 요인이다. 뒤늦게 질병이 발생하거나 다른 공존장애를 갖고 있는 사람들의 예후는 좋지 않다.

급성 스트레스장애

급성 스트레스장애(acute stress disorder, ASD)는 보통 외상적 사건(예 : 전쟁, 신체적 폭행에 대한 위협이나 실제적 물리적 폭행)에 노출된 직후 또는 노출되는 동안 발생하며 사건에 대한 재경험, 각성 증상, 회피 증상을 포함한다. 해리 증상도 포함될 수 있으나 필수적이지는 않다. 급성 스트레스장애(ASD)와 PTSD의 주된 차이는 증상의 시작점과 지속 기간에 대한 기준이다. ASD는 지속 기간이 3일 이상 1개월 이내이다. 이 기간 동안 5영역에서 14개의 증상 중 적어도 9개 이상이 나타나야 한다.

외상적 사건에 노출된 대부분의 사람들은 급성적 스트레스장애로 발전되지 않는다. 대인관계적 외상사건(예 : 폭행, 강간, 총기사건 목격)으로 인해 진단되는 비율은 20~50%이며, 교통사고나 산업 재해와 같이 대인관계적 폭행을 포함하지 않는 사례는 20% 이하이다. 여성은 급성 스트레스장애로 발전될 위험성이 높은데, 이는 아마도 대인적 폭행에 노출된 위험성이 더 크기 때문일 것이다(APA, 2013). 22개 논문을 살펴본 결과 처음에 급성 스트레스장애를 지닌 외상 생존자 중 적어도 반 이상은 이후에 PTSD의 기준에 부합될 것이다(Bryant, 2011).

스트레스가 되는 사건에 대해 3일까지는 그 어떤 장애에 대해 고려할 필요가 없는 정상적 반응으로 간주된다. 대부분의 외상을 경험한 사람들은 ASD나 이후 PTSD로 발전되지는 않는다.

적응장애

적응장애(adjustment disorder)는 임상 현장에서 가장 흔히 진단되는 장애 중 하나이다. 학교에서의 괴롭힘, 이혼, 의학적 진단을 받는 것, 실직과 같이 스트레스가 되는 그 어떤 생활사건도 혼란된 사고, 불안, 우울 혹은 관계에 지장을 주는 특이한 행동 변화를 유발할 수 있으며, 집이나 직장 혹은 학교의 문제를 야기시키는 촉발 요인이 될 수 있

다. 암의 재발을 경험하는 사람 중 30%는 적응장애 증상으로 발전될 수 있다(Okamura et al., 2002).

진단

적응장애는 DSM-5에서 시간적 제한을 두는 몇 안 되는 장애 중 하나이다. 구체적으로 살펴보면, 촉발사건이 발생한 후 3개월 이내에 증상이 나타나고, 기대되는 것보다 증상이 심각하며 스트레스 사건이 종결되면 6개월 이내에 증상이 사라진다. 몇 사례에서는 적응장애의 증상이 6개월 기준을 넘어서기도 하는데 이는 촉발 요인(장애를 초래하는 의학적 상태나 아동의 양육권 전쟁이 지속되는 경우처럼)이 만성적이고 지속되기 때문이다. 이러한 경우 진단은 몇 달 혹은 몇 년 동안 보존될 수 있다. 그러나 스트레스 사건이 더 이상 계속되지 않음에도 적응장애가 지속되는 경우에는 다른 종류의 외상 및 스트레스 관련 장애로 진단될 수 있다.

DSM-5에서는 6종류의 적응장애가 세분화되어 있다.

1. 우울 기분 동반
2. 불안 동반
3. 불안 및 우울 기분 함께 동반
4. 품행장애 동반
5. 정서 및 품행 장애 동반
6. 명시되지 않는 경우

우울 기분 동반 적응장애는 가장 흔하게 나타나며 그다음으로는 불안 동반 적응장애이다(Pelkonen, Marttunen, Henriksson, & Lonnqvist 2005). 적응장애는 보통 높은 자살률과 관련이 있다. 한 연구에 의하면 자살한 청소년 중 3분의 1은 적응장애로 진단받았다(Casey & Bailey, 2011).

적응장애의 유병률은 어떤 집단인지에 따라 다양하다. 정신건강 기관을 방문한 사람 중 7~28%가 적응장애로 진단되며, 정신과 병원을 방문한 사람 중 50%가 적응장애 진단기준에 충족된다(APA, 2013; Casey, 2009; Mitchell et al., 2011; Pelkonen et al., 2005).

긍정적인 생활사건도 스트레스 원인이 될 수 있다. 많은 사람들은 처음으로 집을 떠난 후에, 결혼을 한 후에, 첫 아이를 낳은 후에, 혹은 은퇴를 한 후에 적응장애를 경험한

다. 때로는 사람들이 스트레스가 되는 생활사건에 대해 정상적으로 반응하는 것인지 적응장애인지 구분하는 것이 어려울 수도 있다. 만일 그 상황에서 기대되는 것보다 그 반응이 심각하거나 기분 변화, 불안 또는 행동이 기능적 손상을 초래한다면 적응장애가 고려되어야 할 것이다.

적응장애를 진단할 때 문화적 요인에 대한 고려가 이루어져야 한다. 어떤 문화 속에서는 사별과 같은 특정한 생활사건에 대해 강한 정서적 반응이 기대되기도 한다. 생활사건에 대한 반응이 그 문화에서 정상적으로 보이는 것보다 강한지 혹은 부적응적인지를 고려해야 할 것이다.

아동과 청소년 적응장애를 경험하는 아동은 행동의 변화를 보일 것이며 심지어 품행장애를 보일 수 있다. 아동의 적응장애 존재는 일반적으로 이후의 삶에서 좀 더 심각한 장애를 예견할 수 있다(Andreasen & Hoenck, 1982).

정상적인 사별은 적응장애에 대해 고려하지 않을 것이다. 그러나 문화적·종교적 혹은 나이 등에 적합한지를 고려하여 기대되는 것보다 슬픔의 지속 기간이 길거나 강도가 심하다면 적응장애 진단이 적절할 수 있다. 진단을 위한 다른 가능성으로 사별에 대한 V코드가 가능한데, 만일 주요우울 삽화에 대한 증상에 맞다면 이 진단이 가능하다. 만일 증상이 심각하고 지속되며 복잡한 사별 관련 장애라면 이는 *DSM-5*의 III편에 있는 '추가 연구가 필요한 진단적 상태'로 진단될 수 있다.

내담자 특징

적응장애를 보이는 사람들은 극심한 불안과 스트레스가 되는 생활 상태를 대처하지 못할 것 같은 기분을 보이는 경향이 있다. 우울한 기분과 행동화(예 : 음주, 짜증)도 보일 수 있다. 환경적 변화는 때때로 이러한 증상을 줄이는 데 도움이 된다.

삶은 때때로 스트레스가 될 수 있는데, 생활 스트레스 환경에 잘 대처한 경험이 있는 사람들은 보통 강력한 지지체계를 유지하고 있고, 삶에 대해 낙관적인 태도를 갖고 있으며, 의미 있는 관계를 맺고 있다. 생활사건이 일어나기 전에 기존의 전반적인 기능 수준이 좋고, 학력 수준이 높으며 대인관계나 경제적 사정이 안정적인 사람이라면 생활의 어려움에 쉽게 적응할 가능성이 더 높다. 건강에 대한 대처도 스트레스 요인이 오직 한 가지라면 좀 더 대처하기 쉬울 것이다. 이러한 경우라면 증상이 자연적으로 사라질 것이고 치료를 찾지 않을 것이다.

적응장애로 치료를 찾는 사람들이 불안이나 우울한 감정의 잠재적 증상을 갖고 있는 경우는 드물지 않다. 종종 비효과적 대처 양식은 사람들이 처해 있는 상황을 받아들이거나 문제를 해결하는 것을 방해한다. 만일 여러 스트레스 생활사건(예 : 암 진단을 받은 후의 실직이나 자연재해 속에서 살아가기 등)이 한 번에 일어난다면 스트레스 다발 요인으로도 알려진 다중 스트레스 요인이 발생할 수 있다.

적응장애로 발전하기 전에 가족 불화, 신체적 통증을 잘 조절하지 못하는 것, 음주, 혹은 다른 약물관련장애가 공통 요인으로서 선행하는 경향이 있다. 한 연구에서, 우울은 46% 정도가 적응장애와 공존하는 것으로 밝혀졌다. 사람들은 어려움을 조절하고자 노력하고 스트레스를 줄이기 위하여 알코올이나 다른 약을 사용하기 때문에 약물 의존도 역시 흔히 동반된다. 한 연구에 의하면 처음에 적응장애로 진단된 59%의 사람들이 이후에 물질사용장애로 다시 진단되었다(Greenberg, Rosenfeld, & Ortega, 1995). 다른 공존장애들로는 불안장애, 공황장애, 그리고 아동의 경우 품행장애가 있다.

적응장애와 자살 적응장애는 자살과 높은 상관이 있다. 따라서 적응과 관련된 장애를 보이는 청소년이나 성인은 필요하다면 조심스럽게 평가해야 하고 안전에 대한 계획을 세워야 한다(Strain, Klipstein, & Newcorn, 2011).

최근 인구학적 정보에서는 베이비붐 세대에서 자살률이 증가하고 있는데, 이 중 특히 남성이고 고등학교 학력 이하인 경우 자살률이 더 높았다(Phillips, 2010; Phillips, Robin, Nugent, & Idler, 2013). 흔히 노화와 관련된 스트레스 요인(예 : 경제적 부담, 만성적 질병, 우울, 불안)은 자살의 원인이 될 수 있고 자살의 위험률을 높일 수 있다. 또 한 연구에 의하면 미혼이거나, 과부 혹은 이혼한 중년 여성도 우울 증상의 높은 비율을 보였고 자살의 위험이 높았다(Bernal et al., 2007).

또한 적응장애는 더 심각한 상실을 겪거나 발달상 대처

기술이 덜 성숙한 청소년과 아동에게서 더 빈번히 일어나는 것처럼 보인다. 양육자를 잃거나 부모의 이혼, 이사, 전학, 학대는 흔히 촉발 요인이 된다. 사회적 상호작용의 어려움, 따돌림, 성적에 대한 불안, 10대의 임신, 그리고 다른 청소년기의 스트레스원은 적응장애 진단의 원인이 될 수 있다. 물론 이때 아동의 나이, 가족지지 정도, 기질에 따라 차이가 있기는 하다.

청소년기에 있어 적응장애로 발전하는 데 가장 많이 언급되는 전조는 관계에서의 실망이다(Benton & Lynch, 2006). 청소년의 자살시도 또한 부모, 교사 혹은 다른 이들과의 관계의 어려움과 연관되어 있다. 이는 적응장애와 마찬가지로 심각한 스트레스로 일어날 수 있으며, 정신적 고통을 자가 치료하는 한 방법으로 알코올이나 물질 남용에 의해 심각해질 수 있다. 이러한 결과는 적응장애와 함께 추가되는 것이다.

자살의 가장 큰 예언 변인은 이전에 자살시도를 한 이력이다. 자살을 시행한 사람 중 40%는 이전에 자살시도를 한 적이 있다. 청소년기에는 자살시도가 종종 가족의 자살, 우울, 학대 내력과 관련된다. 비록 자살시도는 남자 청소년보다 여자 청소년이 3배 높게 나타나지만, 실제 자살로 죽게 되는 것은 남자 청소년이 5배나 더 높다. 남자아이들은 여자아이들에 비해 좀 더 치명적인 자살 도구(예 : 권총, 높은 곳에서 뛰어내리기, 질식 등)를 사용하는 경향이 있으며, 여자아이들은 처방된 약이나 그 밖의 약(예 : 자가 중독)을 과다복용하는 경향이 있다. 자살 평가나 예방에 대한 추가적인 정보는 부록에 포함되어 있다.

치료자의 자질

적응장애 치료는 보통 짧고 종종 긴급하기 때문에 사람들로 하여금 변화된 생활 환경을 좀 더 효과적으로 대처할 수 있도록 돕는 데 중점을 둔다. 지지적이고 공감적이며 따뜻한 치료자들이 보통 환자들로 하여금 개인의 자원과 현재의 위기를 잘 극복하는 데 필요한 회복탄력성을 동원할 수 있도록 돕는다. 협력적인 태도와 의사결정을 하는 데 있어 약간의 방향과 지도를 제공할 수 있는 능력 또한 도움이 된다.

심리교육, 단기의 구조화된 개입, 외부의 지지원에 대

한 소개 또한 도움이 될 수 있다. 대부분의 사람들은 치료에 잘 반응하고 시간이 지나면서 어려운 시간을 보낼 수 있을 것이다. 그러나 치료자는 감정적으로 압도되어 있거나 희망이 없거나 심지어 자살 경향이 있는 사람들, 게다가 적절한 사회적 지지체계나 자원이 없기에 고통 속에 있는 사람들로 하여금 현재 위기를 잘 견딜 수 있도록 도울 준비가 되어 있어야 한다.

적응장애와 다른 다양한 장애의 증상의 빈번한 중복으로 인하여 치료자들은 언제 주요우울장애, 범불안장애, 성격장애가 한 개인의 대처 능력을 방해할 수 있는지에 대해 능숙하게 식별할 수 있어야 한다.

평가

비록 임상 현장에서 가장 많이 진단 내려지는 장애임에도 불구하고 적응장애를 위한 평가 도구가 아직 구체적으로 개발되지 않았다(Casey Bailey, 2001). 임상 면담 중에 오직 구조화된 임상 면담(SCID; First, Spitzer, Gibbon, & Williams, 2002)만이 적응장애에 대한 부분을 포함하고 있을 뿐이다.

비록 그러한 도구가 없어도 치료자는 스트레스 생활사건에 대한 정상적인 반응(예 : 실직 후의 슬픔과 분노)과 병리적인 반응(예 : 실직 후에 자살이나 타살에 대한 생각)을 구분할 수 있어야 한다. 맥락이나 진행 과정, 이전의 기능 수준, 그리고 치료 내력 등을 고려한 숙련된 임상평가나 사례의 이력 조사가 가장 중요하며 어떤 것도 이를 대신할 수 없을 것이다.

치료자들은 스트레스의 정도, 우울, 불안을 평가하는 도구를 사용하면서 증상의 심각도나 강도를 더 잘 이해할 수 있을 것이다. 벡 우울 척도(Beck & Steer, 1990)나 벡 불안 척도(Beck, Steer & Brown, 1996) 같은 타당화된 도구들은 증상이 이들 장애와는 분리된 진단을 할 수 있을 정도로 심각한지를 판단하는 데 도움을 줄 것이다. DSM-5의 우울과 불안에 대해 그 정도를 점수로 구분할 수 있는 증상 도구들은 증상이 가벼운 것인지, 중간 정도인지, 혹은 심각한지를 판단하는 데 도움을 줄 수 있다. 평가 도구는 성인과 아동(11~17세), 어린아이의 부모가 할 수 있다. 만일 증상이 우울과 불안으로 진단하는 것이 확실하다면 적응장애는 진단에서 제외된다. 온라인 사이트(www.psychiatry.org/practice/dsm/dsm5/onlinei-assessment-measures)에서 점수로 그 정도를 구분할 수 있는 도구를 사용할 수 있다.

보통 적응장애는 정서장애(우울, 불안, 혹은 PTSD)로 진단 내려지거나 아예 진단이 내려지지 않는 특징이 있을 수 있다. 때때로 적응장애가 있는 사람들은 (항우울제 치료제와 함께) 우울 치료나 불안 증상(벤조디아제핀과 함께) 치료를 받는다. 한 연구에 의하면 적응장애로 진단받은 45%의 사람들이 항우울제 처방을 받았다. 그러나 적응장애를 위해 이러한 약을 사용하는 것에 대해 지지하는 근거 기반 연구들은 없는 실정이다. 한편 단기 심리치료를 사용하는 것이 적응장애 치료에 추천되고 있다(Fernandez et al., 2012).

개입 전략

적응장애는 스트레스 요인이 사라지거나 수용되거나 해결되면 자연스럽게 사라지는 경향이 있다. 그래서 치료에서는 지지적인 환경을 제공함으로써 잘못된 선택이나 자기 파괴적 행동으로 상황을 악화시키기 전에 부적응적인 사고 과정이나 행동 패턴을 다룸으로써 회복을 촉진하도록 도울 수 있다. 치료의 목표는 다음과 같은 것이 될 수 있다.

1. 환자들로 하여금 스트레스 요인을 줄이거나 제거하기 위한 문제해결 기술을 발달시키도록 돕는 것
2. 대처 기술의 강화
3. 제거할 수 없는 스트레스 요인에 대해 수용이나 이완, 마음챙김 기술 등을 사용해 개인의 반응을 변화시키는 것

단기 위기 개입 모델은 적응장애 치료에 도움이 될 수 있다. 적응장애로 발전하도록 이끄는 위기 특성에 대한 치료자의 이해는 적절한 치료 개입을 선택할 수 있도록 해준다. 그러나 일반적인 감기를 치료하는 것과 같이 적응장애에 대한 치료는 특정한 증상을 감소시키는 데 초점을 두는 경향이 있다. 환자가 현재 갖고 있는 자원이나 대처 방법은 치료의 기초를 제공해줄 것이며 치료자는 환자가 자기 자신이 갖고 있는 장점에 대한 자각을 늘리고, 그 장점들을 공고히 하며, 필요한 경우 새로운 대처 기술을 발달시킬 수 있도록 도와야 한다.

적응장애 치료에 초점을 맞춘 연구가 별로 없는 실정인데, 다른 외상 및 스트레스 관련 장애에 대한 개입은 적응장애자에게도 또한 적합할 것이며 불안, 우울, 다른 증상들에 초점을 맞춰야 할 것이다(Strain & Friedman, 2011). 지속되는 스트레스 요인에 대해서 장기적으로 지지적 치료를 지속하는 것과 더불어 상황이나 스트레스 요인에 초점을 맞춘 단기 집중 개인 상담이 보통 일반적이다(Casey & Bailey, 2011).

비록 적응장애에만 초점을 맞추거나 적응장애 모두를 다루진 않았지만 몇몇 연구들에서 다음의 치료가 적응장애의 특정 증상에 대해 도움이 된다고 밝히고 있다.

불안 : 이완 훈련, 심호흡 훈련, 마음챙김 기반 스트레스 감소법(MBSR), 마음챙김 기반 인지치료(MBCT)

수면장애 : 마음챙김 명상, 요가

과도한 반추 : 합리적 정서행동치료, 수용 기반 인지치료(ACT, DBT)

자기 돌봄의 부족 : 건강한 식단조절, 운동, 정기검진에 대한 격려

일과 관련된 스트레스 : 진로상담 관련 인지치료

배우자 관련 문제 : 의사소통 기술을 증진시키는 커플치료

애도와 상실 : 상실에 초점을 맞춘 대인관계치료 — 애도와 상실과 관련된 지지 집단에 점차 참여하도록 함

질병 혹은 의학적 불안 혹은 우울 기분 : 지지적 개인치료, 마음챙김 기반 스트레스 감소법, 특정 질병(암, 고통조절 관련)을 갖고 있는 사람들을 위한 지지 집단

정서조절장애 : 변증법적 행동치료, 마음챙김 기반 스트레스 감소법

행동 문제 : 알코올이나 물질 남용과 관련된 심리치료, 현실 치료

자살사고 : 자살 평가, 예방, 개입

심리사회적 개입 생활 스트레스와 관련된 감정을 인식하고 견디고 수용할 수 있도록 돕는 마음챙김에 기반을 둔

훈련은 감정을 조절하기가 어렵고 삶의 전환이나 위기를 경험하고 있는 사람에게 주요한 대처 기술이 될 수 있다(Dimidjian & Linehan, 2008). 최근 무선통제실험 연구(RCT)에서 우울, 불안 혹은 적응장애를 갖고 있는 1차 진료 환자들에게 마음챙김 기반 집단치료를 CBT와 비교했다. 두 집단은 우울과 불안 척도에서 비슷한 상승을 보였으며 연구자들은 CBT를 포함하여 개인 상담이 마음챙김 기반 집단치료와 비슷한 이득을 준다고 결론지었다(Sundquist et al., 2014). 그리고 미국, 노르웨이, 덴마크에서 시행한 다른 연구에서는 마음챙김 기반 치료가 불안과 우울의 감소 그리고 주관적 안녕감을 증진시켰다고 보고하고 있다(Jazaleri, Goldin, Werner, Ziv, & Gross, 2012; Wurtzen et al., 2013). 적응장애를 위해 28주 동안 시행된 요가 명상에 대한 연구에서도 우울, 불안, 그리고 전반적 기능상에서 증진된 결과를 보였다(Srivastava, Talukdar, & Lahan, 2011).

암 환자들이 스스로 지각한 MBSR의 이득에 대한 질적 연구에서 보면 MBSR이 의학 치료로 인한 고통과 불안을 감소시킨 것으로 밝혀졌다(Mackenzie, Carlson, Munoz, & Speca, 2007). 다른 연구들에서도 이완을 증진시키고 불안 증상을 감소시키며 수면의 질을 증진시킨 것으로 밝혀졌다(Ferguson & Sgambati; Kabat-Zinn, 1990).

불안이나 우울의 준임상적 증상을 겪고 있는 환자들에게는 MBSR 8주 프로그램을 추천할 수 있다. 증상에 대한 개선이 일어나지 않으면 환자들은 약물로 조절하도록 할 수 있다. 한편 항우울제나 벤조디아제핀을 투여한 이후에도 증상의 개선이 없는 30~40%의 사람들에게 대안적으로 마음챙김 기반 인지행동치료나 MBSR의 과정을 추천할 수 있다. 어떤 사람들은 치료 집단의 특성으로 도움을 받는 사람이 있는 것 같다. 물론 집단치료에 잘 맞지 않는 사람은 MBSR을 하지 않도록 한다.

유방암 생존자들에 대한 무선통제실험 연구에서 MBSR 과정에 참여하지 않은 통제 집단에 비해 MBSR 과정에 참여한 집단은 우울과 불안이 감소되었고 삶의 질이 증가되었음이 밝혀졌다(Lengacher et al., 2009).

문제해결치료는 행동장애, 결혼 관련 문제, 자살사고, 신체 질병이 있는 사람들에게 근거 기반 프로그램으로 알려져 있다(Nezu, Nezu, & McMurran, 2008).

진로 관련 스트레스에 대한 심리교육이나 진로상담과 마찬가지로 인지치료는 일과 관련된 어려움이 있는 사람들을 도울 수 있는 것으로 나타났다.

한 연구에 의하면 변증법적 행동치료(DBT)를 받지 않은 사람들에 비해 DBT를 받은 사람이 자살시도를 절반 정도 덜하는 것으로 나타났다(Linehan et al., 2006). DBT는 적응장애가 있는 환자들에게 감정조절 방법을 배울 수 있게 할 뿐 아니라 이러한 감정적 고통을 감당할 수 있는 만큼의 수준으로 감소시키는 데 도움을 줄 수 있다.

개입 전략은 한 개인의 특정 스트레스 요인, 회복탄력성 요인 그리고 다른 동반 장애의 여부에 따라 달라질 것이다. 적응장애의 종류(예 : 불안, 우울, 품행 장애)에 따라 효과적인 전략을 결합한 임상적 판단이 가장 좋다.

70명의 적응장애 진단을 받은 남녀에 대한 한 연구에서는 피험자들을 네 종류의 처치 집단 — 지지적 심리치료 집단, 플라시보 집단, 항우울제 처방 집단, 벤조디아제핀 처방 집단 — 에 배당했다. 연구자는 이 네 집단 모두 증상의 유의미한 개선이 있었음을 밝혔다. 분명 추후 연구에서는 이 장애를 위한 가장 나은 처치 과정을 판단하는 것이 필요할 것이다.

약물치료 비록 적응장애를 위한 특정 처치에 대한 통제 연구는 없지만 약물치료 전에 상담이 먼저 추천되어야 한다. 만일 심리적 개입이 그 환자의 고통을 유의미하게 줄이지 못하거나 우울이나 불안의 증상이 너무 심하다면 약물치료를 추천하는 것이 좋을 것이다. 증상이 심하다면 우울 장애나 불안장애에 대한 진단이 더 맞지는 않을지에 대해서도 고려해야 한다.

최근 연구에 의하면 적응장애를 갖고 있는 사람 중 심리치료를 찾기보다는 항우울제로 치료하는 사람이 더 많은 것으로 나타났다. 비록 약물이 초기의 불안을 줄일 수는 있지만, 대처 기술이나 회복탄력성을 증진시키지는 못하며, 치료자와 대화를 나누면서 받게 되는 지지를 얻지 못한다. 또한 정상적인 스트레스를 경험하는 사람들이 실제적 애도 반응에 대해 약을 처방받을 가능성 또한 존재한다(Doka, 2013). 모든 약물은 증상에 중점을 두고, 시간 제한적으로 그리고 심리치료와 함께 사용되어야 한다.

적응장애와 자살 위험성의 증가로 인하여 치료자들은 자살의 위험성에 대해 세심하게 평가해야 하며, 이때 현재 자살사고가 있는지 그리고 이전에 자살시도를 한 적은 없는지를 살펴봐야 한다. 독자들은 자살평가와 관련된 추가적인 정보를 부록에서 참고할 수 있다.

긍정적인 대처 기술이 무너지게 되면 이는 또한 적응장애로 발전하게 할 것이다. 이에 긍정적인 대처 기술, 회복탄력성, 지지체계에 대한 평가는 치료 전략 형성에 도움이 될 수 있다(Carl, Soskin, Kerns, & Barlow, 2013).

스트레스 대처척도(Coping Inventory for Stressful Situations; Endler & Parker, 1990)는 48개 문항의 자가보고 형태로서 세 종류의 대처 기술(적극적, 수동적, 회피적)을 평가하도록 만들어졌다. 각 종류는 어떤 상황이냐에 따라 적응적일 수 있다. 예를 들어 한 연구에 의하면 수동적 대처 전략을 더 많이 사용했던 만성적 고통을 갖고 있는 사람이 정서중심의 고통 대처 방법을 사용했던 사람보다 고통을 더 겪는 경향을 보였다(Smith, Lumley, & Longo, 2002).

가족치료 연령, 환경, 사건에 따라 스트레스에 대한 반응은 전체 가족에게 영향을 미칠 수 있다. 적어도 몇 회기의 가족치료는 타당해 보이며 개인이 받고 있는 지지를 좀 더 견고하게 해주고, 투자하고 있는 노력이 약화되지 않도록 확실히 하는 것을 도울 것이다. 특히 스트레스 요인이 전체 가족에게 영향을 미치는 삶의 변화(예 : 이혼, 종신형 질병, 이직, 새로운 아기)일 때 가족치료는 모든 사람이 한 집합체로서의 관점을 갖고 서로 협력할 수 있도록 도울 수 있을 것이다.

약간 오래된 것이긴 하나 몇몇 연구 결과(Andreasen & Hoenck, 1982)에 따르면 적응장애 진단을 받은 청소년은 점차 다른 정신적 장애로 발전될 경향이 있으며, 적어도 부분적으로는 충동성 때문에 자살 위험성이 증가된다고 밝히고 있다(Portzky, Audenaert, van Heeringen, 2005). 이에 아동과 청소년의 치료는 성인의 치료와 달라야 하고 예방적 요소를 포함해야 할 것이다.

독서치료 독서치료 혹은 영화치료도 또한 환자가 겪고 있는 감정을 타당화하는 데 도움을 줄 수 있다. 사랑하는 사람을 상실한 후 이에 대처하고 있는 아동을 도울 수 있는 좋은 책이 많다. 그중 하나는 *Tear Soup: A Recipe for Healing After Loss*(Schwiebert & Deklyen, 2005)와 *The Invisible String*(Karst & Stevenson, 2000)이다. 독서치료는 이혼(Trafford, 2009, 2014), 실연(Viorst, 2002), 직업의 변화(Bolles, 2015; Coelho, 2005), 은퇴(Nelson & Bolles, 2010), 암(Seligman, 1996) 등과 같이 인생의 다른 종류의 변화를 타당화하는 데 도움을 줄 수 있다. 이 장 끝에 추천 목록에 그 목록이 제시되어 있다.

예후

성인, 특히 적응장애가 있는 여성의 경우 예후는 매우 좋다. 적응장애에 대한 치료는 많은 사람들에게 성장을 촉진하는 경험이 될 수 있다. 대부분의 사람들은 이전의 기능 수준으로 돌아가고 또 많은 사람들의 경우 기능이 더 좋아지기도 하는데, 이는 다시 획득한 자신감, 대처 기술의 증진, 그들이 찾은 가족, 친구, 지지 집단으로부터 받은 사회적 지지의 강화 때문이다.

남성, 청소년, 행동적 증상이 있는 사람들, 혹은 공존 장애가 동반된 경우의 예후는 그만큼 좋지는 않다. 적응장애가 있는 청소년의 경우 종종 좀 더 심각한 장애로 발전되는 경우가 많다(Benton & Lynch, 2006). 특히 남자 청소년의 경우 심각한 스트레스원이 발생한 이후 자살사고가 증가했다(Portzky et al., 2005). 반복된 스트레스를 경험하는 사람의 경우 혹은 성격장애, 우울장애, 불안장애가 동반된 사람들의 경우 또한 적응하는 시기를 좀 더 어렵게 보내는 편이다.

몇몇 연구들은 적응장애 치료를 받은 사람이 이후의 삶에서 다른 어려움을 겪을 때 치료를 찾는 경향이 있다고 밝혔다. 이는 아마도 치료에서 이득을 얻고 치료를 개인적 성장의 또 다른 긍정적 기회로 기대하는 것일 수 있다. 혹은 이는 어떤 면에서 단지 불완전한 회복의 지표일 수도 있다. 어떤 경우이건 이 주제에 대한 좀 더 많은 연구가 필요해 보인다.

달리 명시된 외상 및 스트레스 관련 장애

어떤 외상 및 스트레스 관련 장애는 이 진단 분류에 속한 장애 중 어느 것에도 완전한 기준을 만족시키지 않는 증상들로 적용될 것이다. 완전한 기준을 만족시키지 않는 이유의 예는 다음과 같다.

- 스트레스 요인이 연장된 기간 없이 6개월 이상의 연장된 기간을 갖는 적응 유사 장애
- 아타케 데 네르비오스(Ataque de nervios; 신경발작)

- 지속성 복합 애도장애 — DSM-5에서 '추가 연구가 필요한 진단적 상태' 부분에 명시되어 있으며 지속적인 심각한 비탄과 애도 반응이 특징적임

명시되지 않는 외상 및 스트레스 관련 장애

이 범주는 증상이 외상 및 스트레스 관련 장애 범주에 있는 장애 중 하나와 비슷하지만 치료자가 타당한 진단을 위한 충분한 정보를 갖고 있지 않을 때 사용된다(예 : 응급실 상황).

치료적 제언 : 통합 치료 모델

이 장은 외상 및 스트레스 관련 장애에 대한 새로운 DSM-5 범주에 대해 중점을 두었다. 이 장에 포함되어 있는 정보는 환자를 위한 통합 치료 모델을 따른 다음 치료 제언으로 요약되어 있다.

진단

- 반응성 애착장애, 탈억제성 사회적 유대감 장애, 외상후 스트레스장애, 급성 스트레스장애, 달리 명시되지 않는 외상 및 스트레스 관련 장애

치료 목표

- 상황에 대한 이해와 지식 증가
- 정보수집 촉진
- 강점의 증진
- 대처, 문제해결, 의사결정 능력 증진
- 증상의 완화
- 지지를 받도록 함
- 적어도 이전 기능 수준으로의 회복

평가

- 과도기적 불안, 우울, 스트레스 평가
- 문제 목록

치료자의 자질

- 융통성 있지만 구조화된, 현재 중심의
- 낙관적인

- 장애의 넓은 영역에 대한 진단 및 치료적 기술이 있는

치료 장소

- 외래

개입 전략

- 위기 개입
- 노출 및 반응 방지 기법
- 외상중심의 CBT
- 변증법적 행동치료
- 대인관계치료
- 의학적 질병으로 인한 고통을 감소하기 위한 마음챙김 스트레스 감소법
- 마음챙김 기반 인지치료
- 스트레스 조절법
- 자기 주장, 의사결정, 의사소통, 긴장이완, 재구조화 등과 같은 대처 기술의 강화 및 발달
- 그 밖의 다른 단기적 혹은 적극적 개입

치료의 주안점

- 지지에 대한 적절한 강조
- 현재 고민과 관련되었을 때만 탐색함
- 특정 촉진 요인과 반응에 의해 결정되는 것에 주의를 둠

치료 참여 구성

- 보통 개인치료

(계속)

- 때에 따라 개인치료와 동시에 혹은 개인치료 이후에 집단 치료가 권고됨
- 마음챙김 부모 양육 훈련 프로그램
- 청소년을 위한 가족치료가 때때로 권고됨
- PTSD를 위한 커플치료

치료 속도

- 보통 단기의 빠른 속도의 치료
- 공존 정신장애의 출현에 따라 기간은 조정될 수 있음

약물치료

- 보통은 필요 없음

보조 개입

- 목표와 방향성을 명시화하기 위한 검사
- 교육과 정보 제공
- 비슷한 고민을 갖고 있는 사람들과 함께하는 동료들의 지지 집단
- 환경적 변화가 필요할 수도 있음

예후

- 장애의 원인이나 촉진하는 것이 변화하거나 없어지거나 수용된다면, 그리고 특히 다른 정신장애가 보이지 않고 질병이 생기기 전의 기능이 좋으며 자존감도 높은 사람이라면, 예후는 매우 좋음

통합 치료 모델 : 벤

이 장에서는 적응장애로 진단된 61세 남성인 벤의 사례로 시작했다. 단기 상담을 통해 벤은 수술로 인해 생길 수 있는 것들에 대한 두려움으로 인하여 자살사고를 하게 되었다는 것을 깨닫게 되었다. 다행히도 휠체어는 필요 없었다. 그러나 벤은 은퇴를 해야 했고 그와 아내는 제한된 수입에서 어떻게 살아야 할지를 배워가고 있는 중이다. 그러나 다른 한편 좋은 점은 손주와 더 많은 시간을 보낼 수 있었고 하교 후 매일 그를 책임지기까지 하였다.

갑작스러운 의학적 위기가 끝난 이후, 벤은 보람 있는 목표와 방향성을 구축할 수 있는 은퇴 계획에 도움을 받기 위해, 그리고 건강과 생활양식과 관련된 목표를 실행하기 위하여 치료를 계속 받았다. 적응장애를 갖고 있는 대부분의 다른 사람들처럼 벤은 자신의 자원을 굳건히 하거나 동원시킬 수 있게 하며, 결정을 내리고, 삶을 보람된 방향으로 세우는 데 도움을 주는 단기 상담만이 필요할 뿐이었다. 그는 또한 아버지의 죽음에 대해 잘 작업하기 위하여, 그리고 아내를 암으로 잃게 될까 봐 갖고 있는 두려움이나 미래에 대한 다른 두려움에 대하여 충분한 지지를 받았다. 치료 과정은 그로 하여금 앞으로 오게 될 과도기적 삶의 변화에 효과적으로 대처하게 할 수 있었다. 이 장에서는 벤이라는 환자에 대한 치료설계를 포함하고 있다.

진단

- 불안과 우울한 감정을 동반한 적응장애

- 점액낭종과 척추관 협착증
- 가족의 사망
- 인생 주기와 관련된 어려움 — 은퇴

치료 목표

- 진단과 관련된 불안과 우울의 감소
- 환자로 하여금 의학적 치료에 대한 결정을 하도록 도움
- 식습관, 수면, 운동, 자기 보호와 관련된 건강한 습관을 갖도록 촉진
- 아내의 암과 관련된 대처 노력을 계속하도록 하며 은퇴와 관련된 보람된 생활양식을 개발하도록 도움
- 이전의 기능 수준을 회복하고 자존감을 유지하도록 도움

평가

- 벡 우울 및 불안 척도
- 위기를 평가하기 위한 자살 관련 척도

치료자의 자질

- 지지적이고 수용적인, 그러나 행동 중점적인
- 은퇴와 인생 전환기에 대한 이해가 있는

치료 장소

- 외래

(계속)

개입 전략

- 수용 기반 인지행동치료
- 슬픔과 관련된 반응을 타당화하는 작업
- 정보를 모으고 결정을 할 수 있도록 하는 전략 사용
- 과거의 성공적 대처기제 확인 및 동원
- 시각적 이미지와 긴장 이완
- 안녕감을 증진시키기 위한 계획과 은퇴에 대한 적응

치료의 주안점

- 지지에 대한 높은 강조
- 중간 정도의 지시
- 인지, 행동, 감정(특히 두려움), 그리고 대처 기술을 탐색하면서 현재에 초점을 둠

치료 참여 구성

- 주로 개인치료를 하면서 몇 번 환자와 아내가 참여하는

상담 회기를 갖음

치료 속도

- 단기치료
- 일주일에 한 번
- 중간 정도의 페이스를 유지한 빠른 치료

약물치료

- 필요 없음

보조 개입

- 남은 등의 통증을 돕기 위하여 마음챙김 스트레스 감소법
- 매일매일 움직이기 위한 기공 체조

예후

- 매우 좋음

추천문헌

Bolles, R. N. (2015). *What color is your parachute? 2016. A practical manual for job hunters and career changers* (3rd ed.). Berkeley, CA: Ten Speed Press.

Coelho, P. (2005). *The alchemist.* Scranton, PA: Thorndike Press.

Courtois C. A., & Ford, J. D. (2013). *Treatment of complex trauma: A sequenced, relationship-based approach.* New York, NY: Guilford Press.

Dozier, M. (n.d.). *The Attachment and Biobehavioral Catch-up Intervention.* http://abcintervention.com/index.html

Duncan, L. G., Coatsworth, J. D., & Greenberg, M. T. (2009). A model of mindful parenting: Implications for parent-child relationships and prevention research. *Clinical Child and Family Psychology Review, 12,* 255–270.

Foa, E. B., Keane, T. M., Friedman, J., & Cohen, J. A. (2009). *Effective treatments for PTSD.* New York, NY: Guilford Press.

Kabat-Zinn, J. (1990). *Full catastrophe living: Using the wisdom of your body and mind to face stress, pain, and illness.* New York, NY: Dell.

Karst, P., & Stevenson, G. (2000). *The invisible string.* Camarillo, CA: Devorss.

Nelson, J. E., & Bolles, R. N. (2010). *What color is your parachute? For retirement* (2nd ed.). Berkeley, CA: Ten Speed Press.

Schwiebert, P., & DeKlyen, C. (2005). *Tear soup: A recipe for healing after loss.* Portland, OR: Grief Watch.

Seligman, L. (1996). *Promoting a fighting spirit: Psychotherapy for cancer patients, survivors, and their families.* San Francisco, CA: Jossey-Bass.

Van der Kolk, B. (2014). *The body keeps score: Brain, mind, and body in the healing of trauma.* New York, NY: Viking.

van Dijk, S. (2011). *Don't let emotions run your life: Dialectical behavior therapy skills for helping teens manage mood swings, control angry outbursts, and get along with others.* Oakland, CA: New Harbinger.

Viorst, J. (2002). *Necessary losses.* New York, NY: Fireside Books.

참고문헌

American Psychiatric Association. (2013). *Diagnostic and statistical manual of mental disorders* (5th ed.). Washington, DC: Author.

American Psychiatric Association. (2009). *Practice guideline for the treatment of patients with acute stress disorder and posttraumatic stress disorder.* Washington, DC: Author. (original work published 2004)

Andreasen, N. C., & Hoenck, P. R. (1982). The predictive value of adjustment disorders: A follow-up study. *American Journal of Psychiatry, 139,* 584–590.

Balaban, V. (2009). Assessment of children. In E. B. Foa,

T. M. Keane, M. J. Friedman, & J. A. Cohen (Eds.), *Effective treatments for PTSD* (2nd ed., pp. 62–80). New York, NY: Guilford Press.

Beck, A. T., & Steer, R. A. (1990). *Manual for the Beck Anxiety Inventory*. San Antonio, TX: Psychological Corporation.

Beck, A. T., Steer, R. A., & Brown, G. K. (1996). *Manual for the Beck Depression Inventory-II*. San Antonio, TX: Psychological Corporation.

Benton, T. D., & Lynch, J. (2006, July 13). Adjustment disorders. *EMedicine*. Available at www.emedicine.com/Med/topic3348.htm

Bernal, M., Haro, J. M., Bernert, S., Brugha, T., de Graff, R., Bruffaerts, R., . . . ESEMED/MHEDEA Investigators. (2007). Risk factors for suicidality in Europe: Results from the ESEMED study. *Journal of Affective Disorders, 101*, 27–34.

Bernier, A., & Dozier, M. (2003). Bridging the attachment transmission gap: The role of maternal mind-mindedness. *International Journal of Behavioral Development, 27*, 355–365.

Bisson, J., & Andrew, M. (2007, July 18). Psychological treatment of posttraumatic stress disorder. *Cochrane Database System Review, 2007*(3), CD003388.

Blanco, C. (2011). Epidemiology of PTSD. In D. J. Stein, M. J. Friedman, & C. Blanco (Eds.), *Postraumatic stress disorder* (pp. 49–74). Oxford, UK: Wiley.

Bolles, R. N. (2015). *What color is your parachute? 2016. A practical manual for job hunters and career changers* (rev. ed.). Berkeley, CA: Ten Speed Press.

Boris, N. W., & Zeanah, C. H. (2005). Practice parameter for the assessment and treatment of children and adolescents with reactive attachment disorder in infancy and early childhood. *Child and Adolescent Psychiatry, 44*, 1206–1219.

Briere, J. (2001). *Trauma symptom checklist for children (TSCC): Professional manual*. Lutz, FL: Psychological Assessment Resources.

Briere, J. (2005). *Trauma symptom checklist for young children: Professional manual*. Lutz, FL: Psychological Assessment Resources.

Briere, J., & Scott, C. (2006). *Principles of trauma therapy: A guide to symptoms, evaluation and treatment*. Thousand Oaks, CA: Sage.

Bryant, R. A. (2011). Acute stress disorder as a predictor of posttrumatic stress disorder: A systematic review. *Journal of Clinical Psychiatry, 72*, 233–239.

Buckner, J. D., Lopez, C., Dunkel, S., & Joiner, T. E. (2008). Behavior management training for the treatment of reactive attachment disorder. *Child Maltreatment, 13*, 289–297.

Bullman, T. A., & Kang, H. K. (1995). A study of suicide among Vietnam veterans. *Federal Practitioner, 12*, 9–13.

Carl, J. R., Soskin, D. P., Kerns, C., & Barlow, D. H. (2013). Positive emotion regulation in emotional disorders: A theoretical review. *Clinical Psychology Review, 33*, 343–360.

Carlier, I. V., Lamberts, R. D., Gersons, B. P. (1997). Risk factors for posttraumatic stress symptomatology in police officers: A prospective analysis. *Journal of Nervous and Mental Disorders, 185*, 498–506.

Casey, P. (2009). Adjustment disorder: Epidemiology, diagnosis and treatment. *CNS Drugs, 23*, 927–938.

Casey, P., & Bailey, S. (2011). Adjustment disorders: The state of the art. *World Psychiatry, 10*, 11–18.

Chard, K. M., Schuster, J. L., & Resick, P. A. (2012). Empirically supported psychological treatments: Cognitive processing therapy. In J. G. Beck & D. M. Sloan, *The Oxford handbook of traumatic stress disorders* (pp. 439–448). New York, NY: Oxford University Press.

Clark, R., Tluczek, A., & Gallagher, K. C. (2004). Assessment of parent-child early relational disturbances. In R. DelCarmen-Wiggins & A. S. Carter (Eds.), *Handbook of infants and toddler and preschool mental health assessment* (pp. 25–60). New York, NY: Oxford University Press.

Cloitre, M., Stovall-McClough, K. C., Nooner, K., Zorbas, P., Cherry, S., Jackson, C. L., . . . Petkova, E. (2010). Treatment for PTSD related to childhood abuse: A randomized controlled trial. *The American Journal of Psychiatry, 167*, 915–924.

Coelho, P. (2005). *The Alchemist*. Scranton, PA: Thorndike Press.

Cohen, J. A., Deblinger, E., Mannarino, A. P., & Steer, R. A. (2004). A multisite, randomized, controlled trial for children with sexual abuse-related PTSD symptoms. *Journal of the American Academy of Child and Adolescent Psychiatry, 43*, 393–402.

Courtois, C. A., & Ford, J. D. (2013). *Treatment of complex trauma: A sequenced, relationship based approach*. New York, NY: Guilford Press.

de Leo, D. (1989). Treatment of adjustment disorders: A comparative evaluation, *Psychological Rep, 64*, 51–54.

Department of Veterans Affairs (2010). *VA/DoD clinical practice guidelines for the management of post-traumatic stress*. Washington, DC: Department of Veterans Affairs and Department of Defense.

Dimidjian, S., & Linehan, M. M. (2008). Mindfulness practice. In W. T. O'Donohue & J. E. Fisher (Eds.), *Cognitive behavior therapy: Applying empirically supported techniques in your practice* (2nd ed., pp. 327–336). Hoboken, NJ: Wiley.

Doka, K. J. (2013). *Grief and the DSM: A brief Q&A*. Retrieved from http://www.huffingtonpost.com/kenneth-j-doka/grief-and-the-dsm_b_3340216.Html

Dozier, M., Lindhiem, O., Lewis, E., Bick, J., Bernard, K., & Peloso, E. (2009). Effects of a foster parent training program on young children's attachment behaviors: Preliminary evidence from a randomized clinical trial. *Child and Adolescent Social Work Journal, 26*, 321–332.

Dozier, M., Peloso, E., Lewis, E., Laurenceau, J., & Levin, S. (2008). Effects of an attachment–based intervention on the cortical production of infants and toddlers in foster care. *Development and Psychopathology, 20*, 845–859.

Duncan, L. G., Coatsworth, J. D., & Greenberg, M. T. (2009). A model of mindful parenting: Implications for parent-child relationships and prevention research. *Clinical Child and Family Psychology Review, 12*, 255–270.

Ellis, R. R., & Simmons, T. (2014). Coresident grandparents and their grandchildren: 2012, *Current Population Reports*, pp. 20–576, U.S. Census Bureau, Washington, DC.

Endler, N., & Parker, J. D. A. (1990). *The Coping Inventory for Stressful Situations (CISS)*. North Tonawanda, NY: Multi-Health Systems.

Ferguson, K. E., & Sgambati, R. E. (2008). Relaxation. In W. T. O'Donohue & J. E. Fisher (Eds.), *Cognitive behavior therapy: Applying empirically supported techniques in your practice* (2nd ed., pp. 434–444). Hoboken, NJ: Wiley.

Fernandez, A., Mendive, J. M., Salvador-Carulla, L, Rubio-Valera, M., Luciano, J. V., Pinto-Meza, A.,...DASMAP investigators. (2012). Adjustment disorders in primary care: Prevalence, recognition, and use of services. *British Journal of Psychiatry, 201*, 137–142.

First, M. B., Spitzer, R. L., Gibbon, M., & Williams, J. B. W. (2002). *Structured clinical interview for DSM-IV Axis I disorders, patient version (SCID-I/P)*. New York, NY: Biometrics Research.

Foa, E. B., Keane, T. M., Friedman, J. & Cohen, J. A. (2009). *Effective treatments for PTSD*. New York, NY: Guilford Press.

Friedman, M. J., & Davidson, J. R. T. (2007). Pharmacotherapy for PTSD. In M. J. Friedman, T. M. Keane, & P. A. Resick (Eds.), *Handbook of PTSD: Science and Practice* (pp. 376–405). New York, NY: Guilford Press.

Gleason, M. M., Fox, N. A., Drury S., Smyke, A., Egger, H. L., Nelson, C. A.,...Zeanah, C. H. (2011). Validity of evidence-derived criteria for reactive attachment disorder: Indiscriminately social/disinhibited and emotionally withdrawn/inhibited types. *Journal of the Academy of Child and Adolescent Psychiatry, 50*, 216–231.

Glowinski, A. (2011). Reactive attachment disorder: An evolving entity, *Journal of the American Academy of Child and Adolescent Psychiatry, 50*, 210–212.

Greenberg, W. M., Rosenfeld, D. N., & Ortega, E. A. (1995). Adjustment disorder as an admission diagnosis.

American Journal of Psychiatry, 152, 459–461.

Hall, S. E. K., & Geher, G. (2003). Behavioral and personality characteristics of children with reactive attachment disorder. *Journal of Psychology, 137*, 145–162.

Hawk, B. N., & McCall, R. B. (2014). Perceived relationship quality in adolescents following early social-emotional deprivation. *Clinical and Child Psychology and Psychiatry, 19*, 439–459.

Jazaleri, H., Goldin, P. R., Werner, K., Ziv, M., Gross, J. J. (2012). A randomized trial of MBSR versus aerobic exercise for social anxiety disorder. *Journal of Clinical Psychology, 68*, 715–731.

Kabat-Zinn, J. (1990). *Full catastrophe living: Using the wisdom of your body and mind to face stress, pain, and illness*. New York, NY: Dell.

Karst, P., & Stevenson, G. (2000). *The invisible string*. Camarillo, CA: Devorss.

Kaufman, J., Birmaher, B., Brent, D., Rao, U., Flynn, C., Moreci, P.,...Kearns, G. L. (1997). Schedule for Affective Disorder and Schizophrenia for School-Age Children—Present and Lifetime Version (K-SADS-PL): Initial reliability and validity. *Journal of the American Academy of Child & Adolescent Psychiatry, 36*, 980–988.

Kay, C., & Green, J. (2013). Reactive attachment disorder following early maltreatment: Systematic evidence beyond the institution. *Journal of Abnormal Child Psychology, 41*, 571–581.

Keane, T. M., & Barlow, D. H. (2002). Posttraumatic stress disorder. In D. H. Barlow (Ed.), *Anxiety and its disorders* (pp. 418–453). New York, NY: Guilford Press.

Knudsen, E. I. (2003). Early experiences and critical periods. In L. R. Squire, F. E. Bloom, S. K. McConnell, J. L. Roberts, N. C. Spitzer, & M. J. Zigmond, (Eds.), *Fundamental neuroscience* (2nd ed., pp. 555–573). New York, NY: Academic Press.

Kocovska, E., Puckering, C., Follan, M., Smillie, M., Gorski, C., Barnes, J.,...Minnis, H. (2012). Neurodevelopmental problems in maltreated children referred with indiscriminate friendliness. *Research in Developmental Disabilities, 33*, 1560–1565.

Lengacher, C. A., Johnson-Mallard, V., Post-White, J., Moscoso, M. S., Jacobsen, P. B., Klein, T. W.,...Kip, K. E. (2009). Randomized controlled trial of mindfulness-based stress reduction (MBSR) for survivors of breast cancer. *Psycho-Oncology, 18*, 1261–1272.

Lilienfeld, S. O., Lynn, S. J., & Lohr, J. M. (Eds.). (2015). *Science and pseudoscience in clinical psychology* (2nd ed.). New York, NY: Guilford Press.

Linehan, M. M., Comtois, K. A., Murray, A. M., Brown, M. Z., Gallop, R. L., Heard, H. L.,...Behavioral Research and Therapy Clinics. (2006). Two-year randomized trial and follow-up of dialectical behavior therapy vs. treatment-by experts for suicidal behaviors and borderline personality disorder. *Archives of General Psychiatry, 63,* 757–766.

Lohr, J. M., Gist, R., Deacon, B., Devilly, G. J., & Varker, T. (2015). Science- and non-science-based treatments for trauma-related stress disorders, In S. O. Lilienfeld, S. J. Lynn, & J. M. Lohr (Eds.), *Science and pseudoscience in clinical psychology* (2nd ed., pp. 277–321). New York, NY: Guilford Press.

Mackenzie, M. J., Carlson, L. E., Munoz, M., & Speca, M. (2007). A qualitative study of self-perceived effects of Mindfulness-based Stress Reduction (MBSR) in a psychosocial oncology setting. *Stress and Health: Journal of the International Society for the Investigation of Stress, 23,* 59–69.

Mantzios, M. (2014). Exploring the relationship between worry and impulsivity in military recruits: The role of mindfulness and self-compassion as potential mediators. *Stress and Health, 30,* 397–404.

Mares, S., & Torres, M. (2014). Young foster children and their carers: An approach to assessing relationships. *Clinical and Child Psychology and Psychiatry, 19,* 367–383.

Martorell, G. A., & Bugental, D. B. (2006). Maternal variations in stress reactivity: Implications for harsh parenting practices with very young children. *Journal of Family Psychology, 20,* 641–647.

Messman, T. L., & Long, P. J. (1996). Child sexual abuse and its relationship to revictimization in adult women: A review. *Clinical Psychology Review, 16,* 397–420.

Mitchell, A. J., Chan, M., Bhatti, H., Halton, M., Grassi, L., Johansen, C., & Meader, N. (2011). Prevalence of depression, anxiety, and adjustment disorder in oncological, haematological, and palliative care settings: A meta-analysis of 94 interview-based studies. *Lancet Oncology, 12,* 160–174.

National Institute for Clinical Excellence (NICE). (2005). Post-traumatic stress disorder (PTSD). The management of PTSD in adults and children in primary and secondary care. *Clinical Guideline, 26.* London, UK: NICE.

Nelson, J. E., & Bolles, R. N. (2010). *What color is your parachute? For retirement* (2nd ed.). Berkeley, CA: Ten Speed Press.

Nelson, C. A., Thomas, K. M., & de Haan, M. (2006). Neural bases of cognitive development. In W. Damon, R. Lerner, D. Kuhn, & R. Siegler (Eds.), *Handbook of child psychology: Vol. 2. Cognitive, perception and language,* 6th ed.. Hoboken, NJ: Wiley.

Nelson, C. A., III, Zeanah, C. H., & Fox, N. A. (2007). The effects of early deprivation on brain-behavioral development: The Bucharest Early Intervention Project. In D. Romer & E. Walker (Eds.) *Adolescent psychopathology and the developing brain: Integrating brain and prevention science.* New York, NY: Oxford University Press.

Nezu, A. M., Nezu, C. M., & McMurran, M. (2008). Problem-solving therapy. In W. T. O'Donohue and J. E. Fisher (Eds.), *Cognitive behavior therapy: Applying empirically supported techniques in your practice* (2nd ed., pp. 402–407). Hoboken, NJ: Wiley.

Ohan, J., Myers, K., & Collett, B. (2002). Ten-year review of rating scales: IV. Scales assessing trauma and its effects. *Journal of the American Academy of Child and Adolescent Psychiatry, 41,* 1401–1422.

Okamura, H., Watanabe, T., Narabayashi, M., Katsumata, N., Ando, M., & Adachi, I. (2002). Psychological distress following first recurrence of disease in patients with breast cancer: Prevalence and risk factors. *Breast Cancer Research and Treatment, 61,* 131–137.

Pantalon, M., & Motta, R. W. (1998). Effectiveness of anxiety management training in the treatment of posttraumatic stress disorder: A preliminary report. *Journal of Behavioral Therapy and Experiential Psychiatry, 29,* 21–29.

Pelkonen, M., Marttunen, M., Henriksson, M., & Lonnqvist, J. (2005). Suicidality in adjustment disorder, clinical characteristics of adolescent outpatients. *European Child and Adolescent Psychiatry, 14,* 174–180.

Phillips, J. A. (2013). Factors associated with temporal and spatial patterns in suicide rates across U.S. states, 1976–2000, *Demography, 50,* 591–614.

Phillips, J. A., Robin, A. V., Nugent, C. N., & Idler, E. L. (2010). Understanding recent changes in suicide rates among middle-aged: Period or cohort effects? *Public Health Reports, 125,* 680–688.

Ponniah, K., & Hollon, S. D. (2009). Empirically supported psychological treatments for adult acute stress disorder and posttraumatic stress disorder: A review. *Depression and Anxiety, 26,* 1086–1090.

Portzky, G., Audenaert, K., & van Heeringen, K. (2005). Adjustment disorder and the course of the suicidal process in adolescents. *Journal of Affective Disorders, 87,* 265–270.

Resick, P. A., Monson, C. M., & Rizvi, S. L. (2008). Posttraumatic stress disorder. In D. H. Barlow (Ed.), *Clinical handbook of psychological disorders: A step-by-step treatment manual* (4th ed., pp. 65–122). New York, NY: Guilford Press.

Resick, P. A., & Schnicke, M. K (1992). Cognitive processing therapy for sexual assault victims. *Journal of Consulting and Clinical Psychology, 60,* 748–756. http://dx.doi.org/10.1037/0022-006X.60.5.748

Richardson, L. K., Frueh, B. C., & Acierno, R. (2010). Prevalence estimates of combat-related post-traumatic stress disorder: critical review. *Australia and New Zealand*

Journal of Psychiatry, 44, 4–19.

Romer, D., & Walker, E. (Eds.). (2007). Adolescent psychopathology and the developing brain: Integrating brain and prevention science. New York, NY: Oxford University Press.

Rubin, A. (2009). Introduction: Evidence-based practice and empirically supported interventions for trauma. In A. Rubin & D. W. Springer (Eds.), Treatment of traumatized adults and children: Clinician's guide to evidence-based practice (pp. 3–28). Hoboken, NJ: Wiley.

Rutter, M., O'Connor, T. G., & English and Romanian Adoptees (ERE) Study Team. (2004). Are there biological programming effects for psychological development? Findings from a study of Romanian adoptees. Developmental Psychology, 40, 81–94.

Schechter, D. S. (2012). The developmental neuroscience of emotional neglect, its consequences, and the psychosocial interventions that can reverse them. American Journal of Psychiatry, 169, 452–453.

Schechter, D. S., & Wilheim, E. (2009). When parenting becomes unthinkable: Intervening with traumatized parents and their toddlers. Journal of the American Academy of Child and Adolescent Psychiatry, 48, 249–253.

Scheeringa, M. S., Zeanah, C. H., & Cohen, J. A. (2011). PTSD in children and adolescents: Toward an empirically based algorithm. Depression and Anxiety, 28, 770–782.

Schwiebert, P., & DeKlyen, C. (2005). Tear soup: A recipe for healing after loss. Portland, OR: Grief Watch.

Seligman, L. (1996). Promoting a fighting spirit: Psychotherapy for cancer patients, survivors, and their families. San Francisco, CA: Jossey-Bass.

Shapiro, F. (1989). Efficacy of the eye movement desensitization procedure in the treatment of traumatic memories. Journal of Traumatic Stress, 2, 199–223.

Shreeve, D. F. (2012). Reactive attachment disorder: A case-based approach. New York, NY: Springer.

Smith, J. A., Lumley, M. A., & Longo, D. J. (2002). Contrasting emotional approach coping with passive coping for chronic myofascial pain. Annals of Behavioral Medicine, 24, 326–335.

Spates, C. R., & Rubin, S. (2012). Empirically supported psychological treatments: EMDR. In J. G. Beck & D. M. Sloan (Eds.), The Oxford handbook of traumatic stress disorders (pp. 449–462). New York, NY: Oxford University Press.

Spitz, R. A. (1945). Hospitalism: An inquiry into the genesis of psychiatric conditions in early childhood. Psychoanalytic Study of the Child, 1, 53–59.

Strain, J. J., & Friedman, M. J. (2011). Considering adjustment disorders as stress response syndromes for DSM-5. Depression and Anxiety, 28, 818–823.

Strain, J. J., Klipstein, K. G., & Newcorn, J. H. (2011). Adjustment disorders. In R. E. Hales, S. C. Yudofsky, & G. O. Gabbard (Eds.), Essentials of psychiatry (3rd ed., pp. 255–270). Arlington, VA: American Psychiatric Publishing.

Srivastava, M., Talukdar, U., & Lahan, V. (2011). Meditation for the management of adjustment disorder, anxiety and depression. Complementary Therapies in Clinical Practice, 17, 241–245.

Sundquist, J., Lilja, A., Palmer, K., Memon, A. A., Wang, X., Johansson, L. M., & Sundquist, K. (2014). Mindfulness group therapy in primary care patients with depression, anxiety and stress and adjustment disorders: Randomised controlled trial. The British Journal of Psychiatry, 114. 322–326.

Trafford, A. (2009). As time goes by: Boomerang marriages, serial spouses, throwback couples, and other romantic adventures in an age of longevity. New York, NY: Basic Books.

Trafford, A. (2014). Crazy Time: Surviving divorce and building a new life (3rd ed). New York, NY: Harper Collins.

Van der Kolk, B. (2014). The body keeps score: Brain, mind, and body in the healing of trauma. New York, NY: Viking.

van Dijk, S. (2011). Don't let your emotions run your life for teens Dialectical behavior therapy skills for helping teens manage mood swings, control angry outbursts, and get along with others. Oakland, CA: New Harbinger.

Viorst, J. (2002). Necessary losses. New York, NY: Fireside Books.

Vujanovic, A. A., Niles, B., Pietrefesa, A., Schmertz, S. K., & Potter, C. M. (2011). Mindfulness in the treatment of posttraumatic stress disorder among military veterans. Professional Psychology: Research and Practice, 42, 24–31.

Webster-Stratton, C., & Reid, M. J. (2010). The incredible years. Parents, teachers, and children training series: A multifaceted treatment approach for young child with conduct disorders. In J. R. Weisz & A. E. Kazdin (Eds.), Evidence-based psychotherapies for children and adolescents (2nd ed., pp. 194–210). New York, NY: Guilford Press.

Wurtzen, H., Dalton, S. O., Elsass, P., Sumbundu, A. D., Steding-Jensen, M., Karlsen, R. V., ... Johansen, C. (2013). Mindfulness significantly reduces self-reported levels of anxiety and depression, results of a randomized controlled trial among 336 Danish women treated for stage I-III breast cancer. European Journal of Cancer, 49, 1365–1373.

Zeanah, C. H. (Ed.). (2009). Handbook of infant mental health (3rd ed.). New York, NY: Guilford Press.

Zeanah, C. H., Scheeringa, M. S., Boris, N. W., Heller, S. S., Smyke, A. T., & Trapani, J. (2004). Reactive attachment disorder in maltreated toddlers. Child Abuse & Neglect, 28, 877–888.

Zilberstein, K. (2014). Neurocognitive considerations in

the treatment of attachment and complex trauma in children, *Clinical and Child Psychology and Psychiatry, 19*, 336–354.

Zoellner, L. A., Abramowitz, J. S., Moore, S. A., & Slagle, D. M. (2008). Flooding. In W. T. O'Donohue and J. E. Fisher (Eds.), *Cognitive behavior therapy: Applying empirically supported techniques to your practice* (pp. 202–211). Hoboken, NJ: Wiley.

09 해리장애

📖 사례 연구 9.1

패리는 이란 출신의 32세 기혼 여성으로 네 살짜리 아들을 키우며 미국에서 살고 있었다. 어느 날 그녀가 아파트 단지 건물 사이를 배회하는 것이 발견되었다. 그녀에게 알코올이나 약물을 사용한 흔적은 없었다. 상해를 당한 것 같지도 않았다. 하지만 그녀는 자신의 이름이 무엇인지, 어디에 사는지, 가족사항은 어떠한지 등에 대해 기억해내지 못했다.

이러한 기억상실 증상은 14일간 지속되었다. 그 이후에야 패리는 자신의 이름, 사는 곳, 이란에서의 어린 시절 등 자신의 인생사를 기억해내기 시작했다. 패리 가족은 쿠르드 족 출신의 난민으로 이란과 이라크 사이의 전쟁이 발생했을 당시 그 국경지역에 살고 있었다. 폭탄은 거의 매일 터졌다. 특히 폭격이 심했던 기간에 어린 소녀였던 패리는 많은 잔학행위를 목격했고 며칠간 가족들과 떨어져 있었다.

패리는 드디어 자신이 해리성 기억상실에 걸렸던 그 밤의 사건을 기억해냈다. 그녀는 지하 세탁실에 있었는데, 옆에 보일러실에서 폭발이 일어났던 것이다. 당시 그녀는 다시 한 번 죽을 것 같은 공포를 경험했다.

패리는 해리성 기억상실, 해리성 둔주 동반으로 진단되었다.

---

*DSM-5*에서 해리장애는 새롭게 생긴 범주로 외상 및 스트레스 관련 장애 다음에 나온다. 이러한 배치는 두 장애 간의 인접성을 보여준다. 해리는 외상에 대한 반응으로 나타나는 경우가 많다. 외상후 스트레스장애뿐만 아니라 급성 스트레스장애도 이인증, 비현실감, 기억상실 및 기타 해리 증상을 동반한다.

*DSM-5*에서는 해리장애의 진단기준에 다음과 같은 여러 변화가 있었다.

- *DSM-IV*에서는 네 가지 장애로 분류되었던 해리장애가 세 가지로 합쳐졌다. 즉 이인성/비현실감 장애, 해리성 기억상실, 그리고 해리성 정체성장애로 재분류되었다.

- 해리성 둔주는 더 이상 독립적인 상태로 보지 않고 해리성 기억상실의 명시자로 추가되었다.

- 해리성 정체성장애의 진단기준 A는 둘 또는 그 이상의 별개의 성격 상태가 어떤 문화권에서는 빙의 경험으로 설명될 수 있음을 명시한다.

- 해리성 정체성장애의 진단기준 B는 회상의 반복적 공백이 단지 외상적 경험에 국한되는 것이 아니라 매일의 사건까지 포함하도록 진단기준을 확장하였다.

- 기타 해리장애가 명시될 수 있다. 예를 들어, 세뇌, 고

문, 사상 개조와 같은 강압적 설득에 의한 해리성 혼미, 1개월 미만 지속되는 급성 해리성 반응, 그리고 문화적 또는 종교적 관례와 상관없는 해리성 황홀경이 있다.

해리성 증상은 사례의 95% 경우가 25세 전에 발병한다. 증상이 40세 이후에 시작되는 것은 드물며, 그런 경우에는 혹시 기저에 의학적 상태가 있는지를 확인하기 위해 의학적 평가를 의뢰해야 한다(APA, 2013).

해리장애에서 속하는 장애는 다음과 같다.

- 해리성 정체성장애
- 해리성 기억상실
- 이인성/비현실감 장애
- 달리 명시된 해리장애
- 명시되지 않는 해리장애

진단

몇 초에서 몇 시간까지 지속되는 일시적인 이인증이나 비현실감 증상은 대부분의 사람들이 인생의 어느 시점에서는 경험하는 흔한 증상이다. 대부분의 사람들은 머리가 하얘지는 경험이나, 마치 자신의 몸 밖에서 자신을 보고 있는 것 같은 경험, 또는 한동안 완전히 시간 감각이 붕괴된 것 같은 경험을 적어도 한 번 정도는 해본 적이 있다고 말한다. 해리장애로 진단되려면 이러한 비현실감이나 분리(detachment)의 경험이 지속적이고 반복적이면서 몇 가지 기능 영역에 임상적으로 현저한 고통을 초래해야 한다.

해리장애의 핵심 증상은 기억과 경험의 의식적 통합 불가능이다. 이로 인해 정보 인출이 어려워지고 결과적으로 정체성이 붕괴된다. 해리성 기억상실, 이인성/비현실감 장애, 해리성 정체성장애의 진단에서는 중요한 사건을 기억하지 못하거나 회상하지 못하는 것이 주요 증상인 것이다.

해리장애 발병에 대한 다양한 설명이 시도되었다. 이 장애를 겪는 사람들 대부분이 어린 시절 외상이나 학대 경험이 있기 때문에 외상 관련 원인론이 제기된다. 해리장애는 히스테리와도 밀접한 관련이 있어, 많은 경우 의원성 질환(iatrogenic)일 수 있으며, 암시, 최면, 사회적 압력에 의해 악화될 수 있다고 본다.

뇌의 시상이 기능하지 않으면 외상적 기억은 처음, 중간, 끝이 있는 하나의 이야기로 회상되지 못한다. 이때 신체는 두려움, 공포, 무기력과 같은 강한 정서와 혼합된 심상, 소리, 신체 감각을 파편화된 상태로 저장하게 된다(van der Kolk, 2014).

이제 각각의 해리장애에 대해 살펴보도록 하자.

해리성 정체성장애

*DSM-5*에서 해리성 정체성장애(dissociative identity disorder, DID)로 진단되려면 둘 또는 그 이상의 별개의 성격 상태(어떤 문화권에서는 빙의로 지칭)로 지각되는 상태가 관찰되거나 보고되고, 이로 인해 자기감(sense of self)의 분열이나 단절이 생기고, 정동, 행동, 인지, 지각, 의식, 기억 또는 감각운동 기능에 변화가 나타나야 한다. 정체성 분열은 일상적 사건, 개인적 정보, 그리고/또는 외상적 사건의 회상에 반복적 공백을 초래한다. 기억의 공백은 대인관계와 직장생활에서의 고통을 초래한다. 이러한 증상은 문화나 종교적 관례로 인한 것이 아니며, 약물 사용이나 다른 의학적 상태에 의한 것도 아니다.

다음의 두 증상군을 통해 DID를 확인해볼 수 있다.

1. 반복적인 해리성 기억상실. 개인적 생활사건(예 : 결혼, 출산)에서의 공백, 믿을 만한 기억(예 : 운전, 컴퓨터 사용)의 쇠퇴, 개인이 습득한 기억이 없는 설명되지 않는 용품(예 : 가방, 의류)의 발견과 같이 명백히 드러난다. *DSM-5*에 따르면 해리성 둔주는 흔하며, 옷장 등 자신이 어떻게 그곳에 가게 되었는지에 대한 기억이 없는 장소에서 깨어나게 되는 증상을 동반한다. DID를 겪는 사람들이 보이는 기억상실은 스트레스 사건이나 외상사건에만 국한되어 있지 않으며 일상의 사건 때문에도 나타날 수 있다.
2. 자기감과 행위 주체감의 갑작스런 변화나 비연속성

DID는 이전에는 다중인격장애로 불리웠다. 정체성의 분열이라는 현상을 좀 더 정확하게 반영하기 위해 *DSM-*

IV에서 그 이름을 변경하였다. 정체성, 기억, 의식의 측면들이 통합되지 못하면 다양한 인격을 갖게 되기보다는 하나의 전체적인 인격을 이루지 못하는 상태에 이르게 된다(Spiegel, 2006). 정체성 분열이 지속되는 기간 동안 지속적인 스트레스를 동반하게 된다.

DID와 가장 자주 동반되는 장애는 우울, 불안, 물질 남용, 그리고 자해이다. 이차적 이득을 위해 해리 증상을 만들어내는 사람들과는 대조적으로 DID를 경험하는 사람들은 심리적으로 고통을 느끼며 우울 증상을 보인다. 자살시도와 자해 행동의 과거력을 갖는 경우가 흔하다. DSM-5에 따르면 해리 상태는 비자발적이며 지속적이며 통제 불가하고 고통을 야기한다.

DID 진단을 받은 사람의 90% 정도는 어린 시절 신체적 학대, 성적 학대, 방임을 경험했다. 기타 아동기 외상(예 : 반복적인 수술, 전쟁, 테러, 강요된 아동 매춘)도 보고되어 왔다(APA, 2013). DID는 이 주제에 대한 논문을 읽어보면 알 수 있듯이 계속된 논쟁 속에 있는 진단이다(Brand, Loewenstein, & Spiegel, 2013; Paris, 2012; Piper & Merskey, 2004; Reinders, 2008).

해리성 기억상실

해리성 기억상실(dissociative amnesia)은 주로 외상이나 스트레스와 관련된 중요한 개인적 정보를 회상하는 능력의 상실을 동반하며, 실제로 외상사건이나 스트레스성 생활사건 이후에 주로 나타난다. 일상적인 망각 이상의 현저한 망각이 나타나며, 중요한 개인적 정보, 가까운 가족 구성원의 이름, 직장의 위치, 방금 일어난 교통사고나 기타 외상사건의 세부사항과 관련된 부분적인 기억상실을 보인다. 기억이 돌아오면 우울, 공격적 충동, 손상된 기능과 같은 일련의 증상을 보고하기도 한다. 자살과 자해 행동도 동반할 수 있다. 해리성 기억상실 증상은 임상적으로 현저한 손상을 초래해야 하며, 알코올, 약물, 다른 물질의 사용이나 의학적 상태(예 : 복합 부분 발작, 두부 외상)에 의한 것이 아니어야 한다.

자전적 정보의 상실은 해리성 기억상실의 핵심 특징이다. 여성의 2.6%, 남성의 1.0%가 이 장애를 경험하며 30대 혹은 40대에서 주로 나타난다. 해리성 기억상실은 외상사건이나 스트레스성 사건 이후 갑자기 나타나는 경향이 있다. 예를 들어, 미국 세계무역센터의 9월 11일 사건 이후 쌍둥이빌딩에서 실종된 것으로 보고되었던 사람들 몇몇이 나중에 생존된 것으로 발견된 적이 있었다. 그들 중 다수가 해리성 기억장애에 걸렸다(Tucker, 2002). 기타 선행되는 외상으로 강도, 고문, 신체적 학대, 전쟁 외상에서 피해를 입는 것 등이 있다(Steele & van der Hart, 2009). 기억상실은 일회적이며 특정 사건의 개인적 회상에만 영향을 미친다. 좀 더 전반적인 기억상실은 외상적 뇌 손상이나 주요 혹은 경도의 신경인지장애에 의해 더 잘 설명된다.

앞에서 언급했듯이 기억상실은 일반적으로 외상사건에 대한 것이다. 해리성 기억상실을 겪는 사람들 대부분은 외상이나 다른 사건의 피해자였던 과거력이 있다. 한 연구에서는 해리성 기억상실 사례의 60%가 아동 학대 경험이 있는 것으로 나타났다(Coons and Milstein, 1986). 가족 구성원의 죽음, 자살시도, 기타 용인되지 않은 행동(즉 범죄, 성적 활동) 등도 선행사건으로 보고되고 있다.

해리성 둔주는 해리성 기억상실의 명시자로 DSM-5에서는 개별 장애로 진단되지 않는다. 만약 해리성 둔주(즉 정체성 또는 다른 중요한 자전적 정보에 대한 기억상실로 인한 배회나 여행)가 있다면 명시하도록 한다.

해리성 둔주를 동반하든 하지 않든 간에 기억상실 사례 대부분은 자발적으로 관해한다. 이 장애는 물질 남용이나 다른 의학적 상태로 인한 것이 아니다.

이인성/비현실감 장애

DSM-IV에서는 이인성 장애라는 진단하에 비현실감을 한 증상으로 보았는데, DSM-5에서는 명칭에 비현실감을 추가하여 이인성/비현실감 장애(depersonalization/derealization disorder, DDD)로 변경하게 되었다.

전체 인구의 약 50%까지 이 증상을 경험하지만, 장애의 평생 유병률은 0.8~2.8%로 낮은 편이다(APA, 2013). 사고나 느낌이 비현실적인 것 같은 경험(이인증) 또는 주변 환경이 비현실적인 것 같은 경험(비현실감)이 이인성/비현실감 장애의 핵심 증상이다. 이러한 경험을 하더라도 현실 검증력은 유지된다. 이 장애는 물질, 약물, 또는 기타 의학적 상태에 의한 것이 아니다.

이인증 또는 비현실감의 15% 정도는 물질이나 약물의 섭취로 나타난다. 이런 경우 약물이나 물질 사용을 중단한 후 증상이 지속되지 않는다면 DDD로 진단하지 않는다.

이인성/비현실감 장애는 단극성 우울, 불안, 회피성이나 경계성 또는 강박성 성격장애와 같은 성격장애를 동반하는 경우가 흔하다. 외상 경험으로 증상을 보이는 경우가 많음에도 불구하고 PTSD를 동반하는 경우는 드물다. 현실 검증력이 유지되기 때문에 정신병적 장애는 배제된다.

DDD 증상은 아동기나 청소년기에 시작될 수 있고 일생에 걸쳐 호전과 악화를 반복하는 양상을 보인다. 소수지만 몇몇 사람들은 이러한 증상 없이 살았던 때를 회상할 수 없다고 보고한다. 발병하는 평균 연령은 16세이며, 사례의 5% 정도만이 25세 이후에 진단을 받는다. 이렇게 늦게 진단을 받을 때는 기저에 의학적 상태(예 : 수면성 무호흡, 발작장애, 뇌병변장애) 때문일 수 있기 때문에, 그 가능성을 배제하기 위해 의학적 평가를 의뢰해야 한다.

DDD 진단을 받는 사람들을 3등분하여 분류해볼 수 있다. 이들 중 3분의 1은 만성적으로 증상을 보이고, 3분의 1은 구별된 삽화를 보이며, 나머지 3분의 1은 처음에는 삽화적인 증상을 보이다가 연속적 형태로 바뀐다. 스트레스, 우울이나 불안, 조명과 같은 물리적 요인, 수면 부족, 또는 과자극 등은 증상을 악화시킬 수 있다. 미성숙한 방어(예 : 투사)의 사용과 같은 기질적 요인과 현실에 대한 부정도 증상을 악화시킬 수 있다.

이인성 증상을 경험하는 많은 사람들은 자신과 환경에 대한 비현실감을 호소한다. 그들은 삶에서 단절된 기분을 경험하고, 둔마된 정서를 보이며, 로봇 같은 움직임을 보인다. 멍하니 응시하고, 마비되었다고 느끼고, 얼빠진 상태로 있거나 집중을 못하는 증상을 자주 보고한다. 여동생을 수술 중 갑작스럽게 잃게 된 후 이인성/비현실감 장애를 앓게 된 한 여성이 있다. 그 여성은 자신이 경험하는 증상이 사건을 실제로 체험하는 것이 아니라 2차원적인 사건이 눈앞에 영화 필름처럼 펼쳐지고 있고 자신은 그것을 관람하는

상태 같다고 설명했다. DDD 증상은 약물 복용이나 종교적 경험으로 인한 비현실감으로부터 구분되어야 하지만, 종교적 혹은 영적 경험이 심화되는 과정에서 나타나기도 한다.

내담자 특징

해리 증상을 보이는 사람들은 공통적으로 시간 감각을 잃어버리고, 거짓말을 했다고 오해받으며, 자신의 소지품에서 모르는 물건(예 : 노트, 의류)을 발견하고, 시각적 왜곡 등을 경험하기도 한다. 해리장애 증상은 거의 대부분이 아동기에 시작된다. 해리장애로 진단받은 사람의 약 90%가 외상을 겪은 적이 있는 것으로 보고되었다. 그리고 비지지적이고 학대가 있는 환경에서 아동기를 보낸 경험이 흔하다. 어떤 아동은 해리와 환상을 쉽게 보이는 기질을 가지고 있어서 다른 아동에 비해 쉽게 최면에 걸리기도 한다.

평가

해리장애는 진단이 덜 되는 편이며 성격장애나 정신병적 장애와 같은 다른 장애로 오진되는 경우도 많다. 해리장애를 가진 사람 중 첫 회기에 자신의 증상에 대해 충분히 전달하는 사람은 별로 없다. 대부분의 사람들은 많은 건강 관련 종사자들을 만난 후에야 해리장애 진단을 받게 된다.

특히 DID의 경우, DID 진단을 받기 전에 서너 가지 다른 진단(예 : 제II형 양극성장애, PTSD)을 받는다. 처음 증상을 보이고 진단을 받기까지 걸리는 평균 시간은 6년이다 (Brand, Armstrong, & Loewenstein, 2006).

순차적 관찰, 과거력, 심리학적 평가를 종합하여 DID의 증상을 평가해볼 수 있다. DID에서 나타나는 둔마된 정서는 평상시에 나타나는 것은 아니라는 점에서 조현병과 구분된다. 삽화 동안 보이는 해리 증상과 기억상실이 있다는 점에서 DID는 정신병적 장애와도 구별된다. 일상사건에 대한 기억상실과 여러 정체성 상태의 변화는 DID를 PTSD로부터 구별해주는 요소가 된다. 이 장애를 가진 사람들이 갖는 기질적 특성을 고려할 때 이들의 자기보고는 과장되고 신뢰할 수 없을 수 있다. 해리 증상에 대한 평가 도구에는 다음과 같은 것이 있다.

• 해리 경험 척도(Dissociative Experiences Scale, DES;

Carlson, Putnam, Ross, et al., 1993) — 해리 증상을 선별하는 자기보고 도구

- 구조화된 꾀병 증상 검사(Structured Inventory of Malingered Symptomatology, SIMS; Smith & Burger, 1997) — 과장된 기억 문제 증상을 평가하는 자기보고 질문지
- 해리장애 면접 계획(Dissociative Disorders Interview Schedule, DDIS; Ross, Heber, Norton, et al., 1989) — 구조화된 임상 면담
- *DSM-IV*의 해리장애에 대한 구조화된 임상 면접 (Structured Clinical Interview for *DSM-IV* Dissociative Disorders, SCID-D; Steinberg, 1994)
- 케임브리지 이인성 척도(Cambridge Depersonalization Scale; Sierra & Berrios, 2000)

아동과 청소년의 증상을 평가할 때 사용할 수 있는 부모 평정 척도로는 청소년용 해리 경험 척도 2판(Adolescent Dissociative Experiences Scale-II, A-DES; Armstrong, Carlson, & Putnam)과 아동용 해리 체크리스트(Child Dissociative Checklist; Putnam, Helmers, & Trickett, 1993)가 있다.

치료자의 자질

해리장애를 가진 사람들 대부분이 어린 시절에 학대나 외상 경험이 있고 상당한 스트레스와 불안에 대처해야 하는 상황이기 때문에, 안전과 지지에 기초한 치료적 관계를 수립하는 것이 매우 중요하다. 이는 증상의 자발적 관해를 위한 충분조건은 아니지만, 필수조건이 된다. 차분하고 공감적이며 부담 없는 관계 수립이 반드시 필요하며, 치료적 동맹에 문제가 생기면 어떤 것이든 언급하고 다루어야 한다. 상담자는 내담자가 하는 말뿐만 아니라 비언어적 반응에도 주의를 기울여야 한다.

DID나 기타 해리장애를 가진 사람들은 현실을 잘못 지각하는 경향이 있기 때문에, 현실 검증이 필요할 수도 있다. 그들은 무언가를 기억하는 것을 힘들어하고 사실에 대해 혼동하며 모호하게 말하거나 건망증을 보일 수 있다. 외상의 경험 때문에 어떤 내담자들은 사람을 믿기 힘들어한

다. 따라서 전문적이면서도 개인적인 신뢰감을 바탕으로 상담의 상호작용의 일관성을 유지하는 것이 치료에 필수적인 부분이다(Steele & van der Hart, 2009).

개입 전략

해리장애의 치료를 위해 지지치료, 인지치료, DBT, EMDR, 최면 등 많은 다양한 전략이 사용되어 왔으며 이들 치료는 어느 정도 효과가 있었다(Brand, Classen, McNary, & Zaveri, 2009). 어떤 치료 방법을 사용할지는 해당 장애와 그 증상의 심각성, 치료자의 전문 분야, 내담자의 선호에 따라 달라질 수 있다. 해리장애의 치료 방법에 대해 정신학회의 일치된 의견은 없다. 하지만 의원성 전염 가능성도 있기 때문에 치료 시에는 내담자의 증상이 악화되지 않는 것을 보장할 수 있는 방법으로 치료하는 것이 중요하다.

해리장애에 대한 합리적인 치료 접근으로는 단계적 접근 방식의 외상 관련 심리치료가 있다. 이 치료는 첫 단계에서 증상 완화에 초점을 두면서 안전감과 안정감을 제공한다. 두 번째 단계에서는 외상사건과 관련하여 외상을 되돌아보고 재경험하며 정화하고 탈민감화하는 작업을 한다(Brand, Lanius, Vermetten, Loewenstein, & Spiegel, 2012). 또한 우울, 불안, 인지 왜곡과 같은 기저의 문제도 함께 다루도록 한다. 덧붙여 전반적 안녕감을 증진시키며 해가 되지 않는 보조 치료(예 : 요가, 마음챙김 명상)를 병행하는 것을 권장한다.

이 책은 근거 기반 치료에 초점을 둔다. 해리장애의 희귀성 때문에 이 분야에 대한 전반적인 임상 연구가 부족한 편이다. 많은 새로운 치료법이 소개되고 있지만, 아직은 신뢰할 만큼 충분한 연구가 축적되지는 못했다. 여기에 소개된 해리장애의 치료법은 매우 적은 숫자이지만 근거 기반의 방법들로 제한하고 있다.

해리성 정체성장애　DID의 치료에 대한 무선통제 연구는 아직 이루어지지 않고 있다. 대신 많은 사례 연구가 출간되어 치료의 방향성을 잡는 데 도움을 주고 있다. 문헌에서는 인지분석치료(Kellett, 2005; Ryle & Fawkes, 2007)와 변증법적 행동치료(DBT)가 적절한 치료법으로 소개되고 있다(Courtois & Ford, 2013). 약물치료는 해리 증상을 치료하

는 데 도움이 되지 않는 것으로 보인다(Loewenstein, 1994; 2006). 약물치료를 통한 개입은 동반 장애나 불안, 우울, 또는 자살사고와 같은 증상을 다루는 데 국한되는 편이다.

DID에 대한 가장 효과적인 치료법은 아직 확인되지 않았지만, 이들을 치료하는 치료자들은 내담자가 어린 시절에 외상이 있었던 것을 수용하고 이것을 다루도록 돕는 역할을 하는 편이다. 애도 작업을 하는 것도 도움이 될 수 있다.

해리성 기억상실 해리성 기억상실의 치료에 대한 통제 연구는 수행되지 않았다. 해리성 기억상실의 대부분은 자발적인 관해가 일어난다. 특히 개인이 위협적이거나 스트레스가 많은 상황에서 벗어나게 되면 이 장애는 관해된다.

이인성/비현실감 장애 이인성/비현실감 장애의 대부분 증상은 해리성 기억상실보다는 훨씬 느리긴 하지만 관해되는 편이다. 심리교육은 내담자의 해리 경험을 정상화하는 데 도움이 된다(Hunter, Salkovskis, & David, 2014). 마음챙김이나 수용 수반 인지행동치료는 해리 증상과 관련된 두려움과 불안을 줄이는 데 도움이 된다(Michal et al., 2013). Van der Kolk(2014)는 내담자가 현실감을 유지하면서 해리감을 극복하도록 하기 위해 요가나 기타 신체작업을 추천한다.

반복적 경두개 자기자극(rTMS)은 이인성 장애의 치료에 대한 잠재적 효과성을 보여주었다(Christopeit et al., 2014). 이인성 증상을 rTMS로 매일 치료했을 때의 효과성을 밝히기 위한 무선통제 연구는 미국국립보건원(National Institutes of Health)에 의해 진행되고 있다. rTMS 효과성에 관한 12명 대상의 소규모 연구에서는 6명이 치료 3주 후에 반응한 것으로 보고되었다(Mantovani et al., 2011). 이에 대해서는 더 많은 표본을 대상으로 한 더 많은 연구가 필요한 실정이다. 이인성/비현실감 장애를 치료할 때는 동반 장애에 대한 치료를 병행하도록 한다.

이인증과 비현실감은 하나의 장애로 진단될 수도 있지만 다른 장애(예 : PTSD, 조현병)와 관련된 증상일 수도 있다. 후자의 경우 치료가 필요하다. 이인성/비현실감 장애를 위한 치료에 도움이 되는 약물은 아직 발견된 바 없지만, 동반 장애에 대한 치료를 위해 약물치료도 고려하도록 한다.

예후

치료를 한다고 해서 DID 증상이 완전히 관해되는 것은 아니지만 증상 완화에는 도움이 되는 것 같다. DID에 대한 치료 효과 연구 16편을 연구한 논문에서는 치료를 통해 우울, 자살사고, 해리가 줄어든 것으로 나타났다(Brand, Classen, McNary, & Zaveri, 2009). 외상 중점 치료(trauma-focused therapy)를 통해 아동기 때 학대를 경험한 성인 집단에서 해리 증상이 낮아진 것을 확인할 수 있었다(Jepsen, Langeland, Sexton, & Heir, 2014). 그렇다 하더라도 DID를 진단받은 사람들 대부분은 스트레스와 해리 증상을 지속적으로 경험한다(Brand, Loewenstein, & Spiegel, 2013). 동반 장애나 심각한 의학적 질병, 외상의 재경험, 지속적인 학대, 치료 지연과 같은 요소는 예후에 부정적인 영향을 미친다(APA, 2013). 해리성 기억장애의 대부분이 자발적으로 관해되듯이, DDD도 자발적으로 관해되는데 다만 그 속도가 훨씬 느릴 수 있다.

달리 명시된 해리장애

달리 명시된 해리장애는 여기에 분류된 어떤 장애의 진단기준도 완전히 충족시키지 못하는 증상에 대한 적절한 진단이 된다. 이때 진단기준을 충족시키지 못한 이유도 적시하도록 한다. 여기에 해당하는 예는 다음과 같다.

- 납치되거나 고문당하거나 어떤 종파에 들어가 있는 동안 발생하는 지속적이고 강력한 강압적인 설득(예 : 세뇌)에 의한 정체성장애
- 스트레스성 사건에 대한 급성 해리 반응 ― 수시간이나 수일간 지속된다. 지각장애(예 : 시간이 천천히 흐르는 느낌), 일시적 혼미, 사건에 대한 기억상실을 동반한다.
- 혼합된 해리 증상
- 해리성 황홀경 ― 물리적 환경에 대한 완전한 인식 상실과 환경 자극에 대한 무감각증. 이로 인한 무반응성, 일시적 마비, 그리고 의식의 상실. *DSM-5*는 황홀경이 다양한 종교적 또는 영적 행위와 관련된 일종의 해리 경험일 수 있으며 이런 경우 장애가 아닐 수 있

음을 인정한다. 문화나 종교적 관례로 널리 수용될 수 있는 정상적 부분이 아닌 해리성 황홀경만 달리 명시된 해리성 장애로 진단한다.

명시되지 않는 해리장애

이 범주는 증상이 해리장애 범주에 나오는 장애 중 하나와 비슷하지만, 치료자가 특정 진단을 내리기에는 정보가 불충분하다고 판단하는 경우(예 : 응급실 상황) 적용된다.

치료적 제언 : 통합 치료 모델

진단

- 해리장애는 기억과 경험을 의식적 지각에 통합하는 데 문제가 있는 경우 진단한다(해리성 정체성장애, 해리성 기억상실, 이인성/비현실감 장애, 달리 명시된 그리고 달리 명시되지 않는 해리장애).

치료 목표

- 치료가 가장 효과적으로 이루어질 수 있는 안전하고 지지적인 환경 제공
- 두드러지는 증상 완화 또는 제거
- 내담자 대처 기술의 극대화
- 내담자가 촉발 요인이나 외상적 경험을 다루어갈 수 있도록 조력

평가

- 의학적 · 신경학적 · 심리학적 평가
- 진단을 명료화하고 기능 수준과 이차적 증상에 대한 정보를 제공하기 위한 구체적 증상 목록(해리, 꾀병, 스트레스, 우울, 물질 남용, 자살사고, 자살과 상관없는 자해)

치료자의 자질

- 안전과 지지에 기초한 치료관계를 수립할 수 있을 것
- 차분하고 공감적인 자세를 유지할 것
- 학대나 외상 경험이 있는 내담자와의 관계에서 오는 역전이 반응을 다룰 수 있을 것
- 필요하다면 지지와 장기상담 제공 가능할 것
- 의료진, 가족, 개인 심리치료사, 재활 상담사와 협력할 수 있을 것

치료 장소

- 외래 치료, 위기 상황으로 필요하다고 판단하면 입원 치

료 병행
- 자살사고나 자해가 있다면 주간 치료를 통한 치료도 때때로 필요함

개입 전략

- 지지치료
- 장애에 대한 심리교육
- 특정 장애에 대한 치료 효과에 따라 최면요법, 변증법적 행동치료, 인지치료
- 안정성을 증진하고 가족 구성원의 이해를 높이기 위한 가족치료

치료의 주안점

- 해리 증상을 줄이기 위한 외상 중점 치료
- 지지와 구조를 강조

치료 참여 구성

- 주로 개인치료
- 가족치료도 효과적일 수 있음
- 외상이나 학대를 경험하고 해리성 정체성장애 진단을 받은 사람들을 위한 집단치료

치료 속도

- 대부분 장기 치료, 해리성 기억상실은 예외
- 치료의 성공을 위해 적절한 타이밍이 필수

약물치료

- 보통 동반하는 불안, 우울, 물질사용장애에 대한 치료 목적으로만 사용
- 부작용을 최소화하고 오용이나 자살을 방지하기 위해 모니터링을 요함

(계속)

보조 개입

- 사회적 기술 훈련과 활동 개발
- 내담자가 현실에 기반 한 느낌을 갖도록 돕는 요가나 기타 신체작업
- 스트레스를 완화시키기 위한 마음챙김 명상이나 마음챙김 기반 스트레스 감소 훈련

예후

- 모든 해리장애는 예후 양호. 동반 장애가 있거나 지속적인 외상이 있거나 치료를 찾는 데 지연되면 예후가 나빠질 수 있음

통합 치료 모델 : 패리

이 장의 처음에서 어린 시절 이란에서 전쟁을 겪었던 32세 여성 패리를 소개했다. 시간이 많이 흘렀고 미국에서 살고 있었지만 아파트 건물에서 폭발이 있고부터 패리는 해리성 기억상실에 걸렸고 둔주 상태가 되었다. 그녀는 10일 동안 해리성 둔주 상태에 있었고, 그 후 서서히 기억이 돌아와 남편 및 아이와 재회할 수 있었다. 패리는 계속해서 스트레스를 받고 과민한 상태에 있었는데, 특히 큰 소리에 과민반응했다. 그리고 미래의 삽화가 아들에게 미칠 영향에 대해 걱정했다. 치료에 대한 동기는 고취되어 있었고 미래에 그런 삽화를 경험할 확률을 최소화하기 위해 할 수 있는 것을 배우고자 했다. 패리를 위해 다음과 같은 치료 설계를 제안한다.

진단

- 해리성 기억상실 – 해리성 둔주 동반

치료 목표

- 중요한 삶의 사건에 대한 기억 회복
- 이전의 기능 수준 회복

평가

- 가능하면 다양한 정보원을 통한 자세한 과거사 수집
- 기타 기질성 장애(예 : 섬망, 치매, 코르사코프 질환, 뇌진탕 후 기억상실)와 해리장애를 구별하기 위한 평가
- 성격장애, 주요우울장애, 인위성장애 및 PTSD 증상 배제
- 알코올 사용에 대한 측정 및 평가

치료자의 자질

- 안전한 환경 조성에 주력
- 차분하고 공감적인 태도
- 긍정적인 태도

치료 장소

- 외래 환경
- 패리가 행동화, 신체적 공격성 또는 자살사고를 보여 자신이나 타인에게 위험이 된다고 판단될 경우에만 입원

개입 전략

- 개인 심리치료(지지치료, CBT)
- 내담자에게 치료 속도에 대한 통제를 주는 자가 최면을 포함한 최면

치료의 주안점

- 건강한 대처 행동 장려
- 차분하게 하는 기술 습득
- 정서 일기 작성
- 강한 정서를 다루기 위한 위기 계획 수립

치료 참여 구성

- 개인치료

치료 속도

- 느리게

약물치료

- 권장하지 않음

보조 개입

- 즐길 만한 취미와 흥미 개발
- 이완 기법, 요가, 기타 신체작업
- 집단치료는 감정을 정상화하는 데 도움이 됨

(계속)

예후
- 특히 스트레스 원인이 제거된다면 해리 증상에 대한 자발
- 적 치료가 일어날 가능성이 많음
- 10대 시절에 있었던 기억상실은 지속될 수 있음

추천문헌

Courtois, C. A., & Ford, J. D. (Eds.). (2013). *Treating complex traumatic stress disorders: An evidence-based guide* (pp. 145–165). New York, NY: Guilford Press.

Levine, P., & Frederic, A. (2012). *Waking the tiger: Healing trauma*. Berkeley, CA: North Atlantic.

van der Kolk, B. (2014). *The body keeps the score: Brain, mind and body in the healing of trauma*. New York, NY: Viking.

Zinn, J. K. (2009). *Full catastrophe living: Using the wisdom of your body and mind to face stress, pain, and illness* (Rev. ed.). New York, NY: Random House.

Treatment of Depersonalization Disorder With Repetitive Transcranial Magnetic Stimulation (NCT02256085). (2014). Retrieved from http://clinicaltrials.gov/show/NCT02256085 (Identification No. NCT02256085).

참고문헌

American Psychiatric Association. (2013). *Diagnostic and statistical manual of mental disorders* (5th ed.). Washington, DC: Author.

Armstrong, J. G., Putnam, F. W., Carlson, E. B., Libero, D. Z., & Smith, S. R. (1997). Development and validation of a measure of adolescent dissociation: The Adolescent Dissociative Experiences Scale. *Journal of Nervous Mental Disorders, 185*, 491–497.

Brand, B. L., Armstrong, J. G., & Loewenstein, R. J. (2006). Psychological assessment of patients with dissociative identity disorder. *Psychiatric Clinics of North America, 29*, 145–168.

Brand, B. L., Classen, C., McNary, S. W., & Zaveri, P. (2009). A review of dissociative disorders treatment outcome studies. *Journal of Nervous and Mental Disease, 197*, 646–654.

Brand, B. L., Lanius, R., Vermetten, E., Loewenstein, R. J., & Spiegel, D. (2012). Where are we going? An update on assessment, treatment and neurobiological research in dissociative disorders as we move toward the *DSM-5*. *Journal of Trauma and Dissociation, 13*, 9–31.

Brand, B. L., Loewenstein, R. J., & Spiegel, D. (2013). Disinformation about dissociation: Dr. Joel Paris' notions about dissociative identity disorder. *Journal of Nervous and Mental Disease, 201*, 354–356.

Carlson, E. B., Putnam, F. W., Ross, C. A., Torem, M., Coons, P., Dill, D. L., ... Braun, B. G. (1993). Validity of the Dissociative Experiences Scale in screening for multiple personality disorder: A multicenter study. *American Journal of Psychiatry, 150*, 1030–1036.

Christopeit, M., Simeon, D., Urban, N., Gowatsky, J., Lisanby, S. H., & Mantovani, A. (2014). Effects of repetitive transcranial magnetic stimulation (rTMS) on specific symptom clusters in depersonalization disorder (DPD). *Brain Stimululation, 7*, 141–143.

Coons, P. M., & Milstein, V. (1986). Psychosexual disturbances in multiple personality: Characteristics, etiology, and treatment. *Journal of Clinical Psychiatry, 47*, 106–110.

Hunter, E. C. M., Salkovskis, P. M., & David, A. S. (2014). Attributions, appraisals, and attention for symptoms in depersonalization disorder. *Behavioral Research & Therapy, 53*, 20–29.

Jepsen, E. K. K., Langeland, W., Sexton, H., & Heir, T. (2014). Inpatient treatment for early sexually abused adults: A naturalistic 12-month follow-up study. *Psychological Trauma, 6*, 142–151.

Kellett, S. (2005). The treatment of dissociative identity disorder with cognitive analytic therapy: Experimental evidence of sudden gains. *Journal of Trauma & Dissociation, 6*, 55–81.

Loewenstein, R. J. (1994). Diagnosis, epidemiology, clinical course, treatment, and cost effectiveness of treatment for dissociative disorders and multiple personality disorder: Report submitted to the Clinton administration task force on health care financing reform. *Dissociation, 7*, 3–11.

Loewenstein, R. J. (2006). DID 101: A hands-on clinical guide to the stabilization phase of dissociative identity disorder treatment. *Psychiatric Clinic of North American, 29*, 305–332.

Mantovani, A., Simeon, D., Urban, N., Bulow, P., Allart, A., & Lisanby, S. (2011). Temporo-parietal junction stimulation in the treatment of depersonalization disorder. *Psychiatry Research, 186*, 138–140.

Michal, M., Koechel, A., Canterino, M., Adler, J., Reiner, I., Vossel, G., ... Gamer, M. (2013). Depersonalization disorder: Disconnection of cognitive evaluation from autonomic responses to emotional stimuli. *PLoS One, 8*(9), e74331. doi:10.1371/journal.pone.0074331.

Paris, J. (2012). The rise and fall of dissociative identity disorder. *Journal of Nervous and Mental Disease, 200,* 1076–1079.

Piper, A., & Merskey, H. (2004). The persistence of folly: Critical examination of dissociative identity disorder. Part II: The defense of multiple personality or dissociative identity disorder. *Canadian Journal of Psychiatry, 49,* 678–683.

Putnam, F. W., Helmers, K., & Trickett, P. K. (1993). Development, reliability, and validity of a child dissociation scale. *Child Abuse & Neglect, 17,* 731–741.

Reinders, A. A. (2008). Cross-examining dissociative identity disorder: Neuroimaging and etiology on trial. *Neurocase, 14,* 44–53.

Ross, C. A., Heber, S., Norton, G. R., Anderson, D., Anderson, G., & Barchet, P. (1989). The Dissociative Disorders Interview Schedule: A Structured Interview. *Dissociation, 2,* 69–89.

Ryle, A., & Fawkes, L. (2007). Multiplicity of selves and others: Cognitive analytic therapy. *Journal of Clinical Psychology, 63,* 165–174.

Sierra, M., & Berrios, G. E. (2000). Cambridge Depersonalisation Scale: A new instrument for the measurement of depersonalization. *Psychiatry Research, 93,* 153–164.

Smith, G. P., & Burger, G. K. (1997). Detection of malingering: Validation of the Structured Interview of Malingering Symptoms. *Journal of the American Academy of Psychiatry Law, 25,* 183–189.

Spiegel, D. (2006). Recognizing traumatic dissociation. *American Journal of Psychiatry, 163,* 566–568.

Steele, K., & van der Hart, O. (2009). Treating dissociation. In C. A. Courtois & J. D. Ford (Eds.), *Treating complex traumatic stress disorders: An evidence-based guide* (pp. 145–165). New York, NY: Guilford Press.

Steinberg, M. (1994). *The Interviewer's Guide to the Structured Clinical Interview for DSM-IV Dissociative Disorders–Revised.* Washington, DC: American Psychiatric Association.

Tucker, E. (2002, August 28). Two men missing since 9/11 found alive in hospitals. *Houston Chronicle,* p. A15.

van der Kolk, B. (2014). *The body keeps the score: Brain, mind and body in the healing of trauma.* New York, NY: Viking.

10 신체증상 및 관련 장애

사례 연구 10.1

마틴 박사는 62세 아프리카계 미국인 남성으로 주치의가 심리치료를 권유하여 내방하였다. 마틴은 장내 불편감으로 병원을 찾았고 소장에 암이 있을 것이라고 생각하고 있었다. 부친은 60대에 암으로 사망하였고, 당시 마틴은 10대였다.

지난 몇 년간 마틴은 종양학자를 포함하여 3명의 의사에게 진료를 받아보았고 정밀검진도 받아봤으나 안 좋은 식습관으로 인한 잦은 소화불량과 변비 외에 다른 질병은 발견하지 못했다. 마틴이 진단 결과를 받아들이지 못하자 주치의가 심리치료를 의뢰하게 된 것이다.

마틴은 35년간 교수로 재직하였다. 25년 전 전쟁사에 관한 영향력 있는 저서를 출간한 후 부교수로 승진하였으나, 그 업적을 뛰어넘는 성과를 거두지 못했다. 정교수 승진을 위한 노력도 실패로 끝났다.

마틴은 집에서도 스트레스를 받았다. 그는 15년 전 첫 번째 아내와 이혼하였고, 스무 살 어린 여성과 8년간 결혼생활을 유지하였다. 마틴은 자신이 직업적 성취를 이루지 못해 아내가 실망한다고 느끼고 결혼생활에 대해 불안해했다. 스트레스에 대처하는 방법으로 오랜 시간 일에 몰두했고, 위장 증상을 해소하기 위해 처방전 없이 구입 가능한 약을 복용했다. 그는 집에 있는 시간, 친구와 보내는 시간, 여가 시간도 거의 없었으며 자신의 감정을 언어로 표현하는 데에도 어려움이 있었다.

처음에 마틴은 장내 불편감과 위장장애, 즉 신체적 문제로 도움을 청하였다. 그러나 주치의는 마틴의 신체적 이상에는 정서적인 원인이 있다고 보았다. 마틴은 신체증상장애를 경험하고 있었다. *DSM-IV*에서는 이를 건강염려증이라고 하였다. 그러나 *DSM-5*에 의하면 마틴의 증상은 의학적 질병에 대한 두려움이 과도해진 상태로 신체증상장애에 해당한다. 이 경우 신체적 이상은 감정적인 어려움과 얽혀 있어서 신체적 이상과 감정적 어려움 모두에 주의를 기울여야 한다.

*DSM-5*에서 신체증상 및 관련 장애는 새롭게 등장한 장으로 과거에 신체화, 히스테리아, 건강염려증, 브리케 증후군, 신경증 등으로 불리던 장애들을 주로 다루고자 생겨났다. 신체증상 및 관련 장애의 증상은 의학적 장애에 대한 염려, 의학적 장애와 관련된 고통 및 불안 증상, 어떤 의학적 장애로도 설명되지 않는 허위 증상에 기인한다.

*DSM-IV*에서는 이러한 장애를 신체화, 전환, 감별 불능 신체형 장애, 동통장애, 건강염려증, 신체이형장애의 여섯 가지 장애로 구분했었다.

*DSM-5*에서는 몇 가지 조건에 변화가 생겼고, 장애 간 통합이 이루어졌다. 그리고 신체이형장애는 강박 및 관련 장애 범주로 이동됐다. 이러한 변화는 심신 연결에 대한 우리의 이해가 향상된 것을 반영하지만 여전히 갈 길이 멀다. 신경학 연구의 진보를 통해 신체적 상태가 어떻게 정서에 영

향을 미치는지뿐만 아니라 정서가 어떻게 신체적 감각에 영향을 미치는지도 더 잘 이해하게 될 것으로 기대된다.

신체증상장애를 겪는 사람들은 대개 처음에는 동네 의원이나 기타 의료 기관을 방문하며 기존의 의학적 또는 심리학적 상태로 잘 설명되지 않는 증상을 호소한다. 의학적 상태가 없다고 해서 심리적 장애의 실제가 배제되지 않으며, 심리적 장애가 있다고 해서 의학적 상태의 부재가 배제되지 않는다. 따라서 이러한 사례는 평가, 진단, 그리고 치료에 매우 세심한 주의가 필요하다.

이 같은 장애를 보이는 대부분의 사람들은 자신의 증상을 의학적 상태에 기인한다고 믿고 심리 평가로 의뢰되는 것에 저항한다. '심리적 문제로 인한' 또는 '의학적으로 설명되지 않는 증상'이라는 용어를 듣게 되면 이들은 화를 내고 자신의 고통이 실제이며 의도적으로 만들어낸 것이 아니라고 반박한다. 이들은 고통을 해결하기 위해 의학적 해결책을 구하거나 기분을 좋게 하는 약물을 찾으려고 '닥터 쇼핑'을 한다. 치료를 조기 종결하고 정신건강 치료를 거부하며 심리적 혹은 심인성 문제를 언급하지 않으려 한다. 많은 사람들이 자신의 행동 패턴, 사고, 정서(예 : 불안, 우울)가 사실은 고통을 장기화하거나 실제 장애(예 : 질병불안장애, 인위성장애)를 유발하여 자신의 고통을 어떻게 더 악화시키는지 보는 것을 꺼린다.

내담자가 의학적 설명과 치료를 구할 때, 내담자의 불안을 잠재우고 무비판적 태도로 정보를 제공하는 것을 통해 내담자가 심리적 과정에 참여하도록 도울 수 있다. 따라서 치료자는 따뜻하고 공감적이면서도 심리교육적인 관점에서 접근할 필요가 있다(Kent & McMillan, 2009). 내담자가 자신의 증상을 심리적이면서 신체적인 통합적 관점에서 바라볼 수 있게 돕는 것은 중요한 첫 단계라 할 수 있다.

의학적으로 설명되지 않은 증상은 흔하며, 의학 전문기관의 사례 중 대략 30%가량이 이에 속하는 것으로 추정된다(Lockhart & Satya-Murti, 2015).

이 장에서 다루는 장애의 핵심적인 특징은 신체 증상과 관련된 과도한 반응, 즉 예상되는 수준을 넘어서는 현저한 사고, 감정, 행동이다.

신체증상 및 관련 장애 범주에 포함되는 모든 장애는 신체 증상에 대한 몰두라는 증상을 공유하고 있다. 인위성장애에서처럼 질병에 대한 입증되지 않은 믿음을 보이는 경우도 있고, 불안으로 천식이 악화되는 것과 같이 이미 알려진 의학적 상태에 악영향을 미치는 경우도 있다. 또한 기능성 신경학적 증상장애에서처럼 의학적으로 설명할 수 없는 증상을 보이는 경우도 있다. 이 장에서는 다음의 신체증상 및 관련 장애 각각을 자세히 기술하고자 한다.

- 신체증상장애
- 질병불안장애
- 전환장애(기능성 신경학적 증상장애)
- 기타 의학적 상태에 영향을 주는 심리적 요인
- 인위성장애
- 달리 명시된 신체증상 및 관련 장애
- 명시되지 않는 신체증상 및 관련 장애

신체증상장애

DSM-IV의 많은 신체화장애를 DSM-5에서 재개념화하면서 중복되는 부분이 줄어들고 증상이 명확해지며 장애 간의 경계가 분명해지게 되었다. 건강염려증, 동통장애 등은 '삭제'된 것으로 보이지만 실제로는 재개념화를 통해 다른 범주에 포함되었다. 신체증상장애(somatic symptom disorder) 범주의 몇 가지 큰 변화는 다음과 같다.

설명되지 않는 증상 기준의 삭제 : 설명되지 않는 증상이 반드시 존재해야 한다는 진단기준은 삭제되었다. 이 진단기준은 DSM-IV에 있었던 것으로, 새로운 DSM-5 지침에 따르면 신체증상장애를 호소하는 사람들은 진단받은 의학적 상태가 있을 수도 있고 없을 수도 있다.

건강염려증의 재개념화 : DSM-IV 진단체계상 건강염려증에 속했던 대부분의 증상은 DSM-5에서 신체증상장애에 포함되었다. 그리고 이전에 건강염려증이라고 진단되었던 사람들의 75%는 신체증상장애로 분류되는데, 신체증상장애는 지속성과 심각도를 명시하게 되어 있다. DSM-5에 따르면 건강에 대한 불안을 지닌 건강염려증 환자의 나머지 25%는 신체증상장애와 불안장애 양상을 모두 보이는 질병불안장애로 진단된다.

동통장애를 신체증상장애 중 통증이 우세한 경우로 변경 : 명칭이 변경되었다고 동통장애가 없어진 것은 아니다. *DSM-5* 체계에서 동통장애는 신체증상장애로 분류되었으며 통증이 우세한 경우로 다른 신체증상장애와 구분된다.

진단

*DSM-5*의 진단기준에 따라 신체증상장애로 진단되려면 일상에 중대한 지장을 일으키는 하나 이상의 신체 증상(예 : 동통, 피로)이 존재해야 한다. 신체 증상은 의학적 설명을 발견하지 못하더라도 실제이며 최소 6개월 이상 지속되어야 한다.

신체 증상에 대한 과도한 생각, 행동, 느낌이 다음의 증상 중 최소한 하나 이상으로 나타나야 한다.

- 증상의 심각성에 대한 비현실적이고 지속적인 생각
- 건강에 대한 높은 불안 수준의 유지
- 건강염려로 과도한 시간과 에너지 낭비

신체증상장애의 새로운 정의에 따르면 '통증이 우세한 경우'는 명시될 수 있다. 앞서 언급되었듯이 *DSM-IV*의 동통장애가 이러한 명시로 대체되었다.

신체증상장애의 명시자로는 다음과 같은 것이 있다.

- 통증이 우세한 경우(과거, 동통장애) — 통증이 우세한 증상인 경우
- 지속성 — 증상이 오래 지속되었거나 현저한 손상을 가져온 경우
- 심각도 수준 — 경도, 중증도, 고도

내담자 특징

신체증상장애를 지닌 사람들은 자신의 건강에 대해 걱정하고, 의학적 상태나 질병 수준에 해당되지 않는 정상적인 신체 감각이나 불편을 경험하면서도 최악을 두려워하는 경향을 보인다. 어떤 경우에는 실제로 심각한 의학적 상태(예 : 심장마비, 척추수술)를 경험한 후 회복 기간 중에 걱정과 불안으로 두려워하며 상태를 오히려 악화시키기도 한다.

신체증상장애는 의학적 장애가 있는 상태에서도, 없는 상태에서도, 또는 질병의 가족력으로 걱정 수준이 과도하게 상승되는 경우에도 진단될 수 있다. 심각한 경우 신체적 불평, 진단되지 않은 장애에 대한 두려움, 건강 관련 불안으로 인해 개인의 인생을 허비하기도 한다. 여러 의사와 전문가를 이리저리 찾아다니고, 치료를 거부하고, 약물을 복용하지 않는 등 일련의 행동이 나타날 수 있다.

평가

모든 신체 질환과 마찬가지로 효과적인 치료는 정확한 진단에 달려 있다. 다음은 증상을 악화시키는 경향 및 질병 불안을 측정하는 데 유용한 척도이다.

- 와이틀리 검사(Whitely Index; Pilowsky, 1967) — 가장 오래된 질병불안 척도 중 하나로, 질병불안장애(IAD)의 세 가지 측면(신체 몰두, 질병 공포, 질병 확신)을 측정
- 질병태도척도(Illness Attitudes Scale, IAS; Weck, Bleichhart, & Hiller, 2010) — 29문항이며, 질병불안, 죽음에 대한 공포, 건강 습관, 그 밖의 여섯 가지 하위 척도로 구성되어 있음
- 신체감각 증폭척도(Somatosensory Amplification Scale, SSAS; Barsky, 1992) — 10문항으로 건강 질병 불안을 증폭시키는 경향을 측정하는 데 유용함
- 건강염려증 예일-브라운 강박 척도(Hypochondriasis Yale-Brown Obsessive Compulsive Scale, Y-BOCS; Greeven et al., 2009)

평가 회기의 목적은 정확한 진단뿐 아니라 내담자의 동의하에 의학적 치료 및 심리적 치료를 선택하여 치료 계획을 수립하는 것을 포함한다. 대개 치료자는 내담자와 협력하는 의사, 기타 전문가로 구성된 치료 팀의 일부분이다.

치료자의 자질

치료 방법을 추천하기 전에 치료자는 먼저 내담자가 자신의 문제를 어떻게 보고 있는지 완전히 이해해야 한다. 신체증상장애가 있는 사람들은 자신의 증상과 통증의 원인을 찾고 해결하지 않는 의료진에게 좌절하고 낙심하며 화가 날 때가 많다.

내담자의 신체적 불평을 수용하고 공감하는 치료자는 내담자의 경험을 타당화하며 신뢰관계를 보다 쉽게 형성한다. 저항을 마주하고 공감할 수 있는 치료자는 협력적 작업관계를 잘 형성하고, 내담자로 하여금 스트레스와 불안이 증상을 악화시킬 수 있다는 것을 고려하도록 도울 수 있다.

내담자에게 스트레스, 신체 증상 그리고 정서 상태의 관련성에 대해 심리교육을 제공하는 것으로 개입을 시작하는 것은 꽤 적절하다. 그리고 내담자에게 한 주 동안 발생하는 상황, 불안, 스트레스원을 자가 기록하고 스트레스, 정서 상태, 증상 악화 간에 어떤 연결고리가 있는지 관심을 갖고 살펴보도록 할 수 있다.

개입 전략

많은 수의 무선통제실험에 따르면 인지행동치료(CBT)는 일반적인 신체증상 및 관련 장애에 대한 가장 효과적인 치료 방법이며(Barsky & Ahern, 2004; Greeven et al., 2007; Visser & Bouman, 2001) 특히 신체증상장애 치료에도 효과적이다(Kroenke, 2007; Sumathipala, 2007).

불안장애 치료와 마찬가지로 CBT는 신체 걱정에 대한 강박적 사고를 감소시키고 잘못된 정보를 수정하며 불안을 증가시키고 두려움을 유지하는 선택적 주의, 파국화, 오귀인 등과 같은 인지 왜곡을 다룬다. 이러한 개입이 효과적인 이유는 불안이 통증을 악화시킬 수 있기 때문이다.

마음챙김 기반 인지치료 마음챙김 기반 인지치료(MBCT)는 신체증상장애에 대한 보완적인 치료로 유용하다. 전반적으로 마음챙김 개입은 안전하고 해를 입히지 않으며 신체 증상으로 인한 고통을 경감시킨다. 이 개입은 대부분 장애의 치료 과정에 포함될 수 있다. 마음챙김 기반의 어떤 요소가 특히 치료적인 작용을 하는 것인지는 밝혀지지 않았다. 그것이 마음챙김 연습 자체일 수도 있고, CBT나 집단 요소가 작용하는 것일 수도 있고, 또는 깊은 수준의 경청, 지도자의 연민과 공감이 치료 동맹 효과와 유사한 작용을 하는 것일 수도 있다.

중증 신체곤란 증후군을 위한 전문 치료 중증 신체곤란 증후군을 위한 전문 치료(Specialized Treatment for Severe Bodily Distress Syndromes, STreSS)는 덴마크의 한 병원에서 신체 증후군 치료를 위해 개발되었다. 신체곤란 증후군은 신체증상장애, 섬유근육통, 비심장성 가슴통증, 만성피로 증후군, 과민성 대장 및 기타 질환 등에서 나타나는 공통적인 기능 상태를 통합적으로 지칭하는 용어이다.

기능적 신체 증후군에 초점을 둔 통합된 치료 접근, 즉 STreSS를 사용하는 것은 CBT 접근에 기반을 둔다. 무선통제실험 결과, STreSS에 참여한 사람들이 일반적 치료를 받은 사람들에 비해 신체 건강의 향상을 더 높게 보고한 것으로 나타났다.

집단치료 통증이 우세한 경우인지 여부와 상관없이 집단치료는 신체증상장애에 적합할 수 있다. 치료를 찾는 많은 사람들은 건강 관련 걱정과 통증을 줄이는 데 몰두하여 일을 그만두고 거의 집에만 있게 된다. 집단 참여는 사회성을 증진시키고, 지지를 제공하고, 정서의 직접적인 표현을 촉진하는 효과가 있다(Simon, 2002). Kent와 McMillan(2009)은 의학적으로 설명되지 않는 증상에 대해 CBT에 기초한 접근을 제시했다. 그에 따르면 인지 왜곡을 원인이 아닌 증상에 초점을 두고 다룰 필요가 있다.

집단치료에서는 또한 심리교육, 지지, 이완 기술 훈련, 마음챙김 명상, 기공, 그리고 신체증상장애 치료에 효과적이라고 알려진 그 밖의 기술을 제공할 수 있다.

질병에 대한 적절한 논의를 모델링하고, 동료로부터 현실적인 피드백을 받고, 연민 어린 지지를 받는 것은 자신의 증상에 대해 책임감을 갖도록 돕고, 좌절과 모호함에 대한 인내심을 키우고, 삶을 즐길 수 있는 능력을 증진시킨다.

가족 심리교육 신체증상장애를 지닌 사람들은 신뢰할 수 있는 전문가가 치료를 지지할 때뿐만 아니라 가까운 친구나 가족이 치료를 지지할 때 치료 참여에 대한 동기가 고취된다.

추가적으로 이루어지는 가족 심리교육 집단은 가족 구성원에게 다음과 같은 정보를 제공하면 매우 도움이 될 수 있다.

- 의존 행동을 하지 않도록 하면서 지지적일 수 있는 방법
- 가족 구성원의 신체적 불평을 두드러지게 하지 않으면서 긍정적인 상호작용에 초점을 둘 수 있는 방법

- 신체적 질병을 강화하지 않으면서 긍정적인 강화를 통해 관심과 애정을 제공할 수 있는 방법
- 생활습관의 변화(예 : 저녁식사 후 함께 산책, 휴가계획, 레저 활동에 참여하기 등)를 장려하고 지지하도록 환경에 작은 수정을 가할 수 있는 방법

복합 치료 신체증상장애를 관리하기 위해 약물 사용이 늘어나는 추세이며, 기저의 우울증 경감을 위해 선택적 세로토닌 재흡수 억제제(SSRIs)를 일반적으로 사용한다. SSRI 계 약물을 사용할 경우 통증과 불안을 경감시키는 추가적인 혜택이 있을 수 있다(Schweitzer, Zafar, Pavlicova, & Fallon, 2011). 그러나 약물은 대처 능력을 향상시키지 못하며 압도적으로 느껴지는 삶의 불확실성을 마주했을 때 이완하거나 진정시키는 방법을 가르쳐주지 않는다. 그러므로 항상 인지행동치료 또는 다른 종류의 심리사회적 치료가 필요하다.

예후

신체증상장애를 지닌 사람들은 심리사회적 개입에 저항하는 편이다. 다행히도 치료에 참여하는 사람들은 그렇지 않은 사람들보다 좋은 예후를 보이며 치료 효과가 몇 년 동안 지속된다는 사실을 지지하는 연구가 늘어나고 있다. 하버드에서 실시된 한 연구는 신체증상장애에 대한 단기 집중 치료의 개선 효과를 발견했고, 치료 효과는 1년 후에도 유지되었다(Holder-Perkins & Wise, 2001).

오늘날 우리는 의료사회, 심리치료, 마음챙김 명상 요소를 포함하는 중다양식 접근이 의학적 개입(주사, 수술)보다 효과적이라는 것을 알고 있다. 약물치료는 분명 몇 가지 이점을 제공할 수 있다. 그러나 Henningsen, Zipfel, 그리고 Herzog(2007)는 메타분석을 통해 인지적 접근, 대인관계적 접근, 의사중심 개입 등 다양한 치료를 살펴본 결과 의사-환자 관계에 초점을 두는 치료가 가장 중요하다고 밝혔다.

질병불안장애

질병불안장애(illness anxiety disorder)는 *DSM-5*에 새롭게 추가된 진단이다. 앞서 언급하였듯이, *DSM-IV*에서 건강

염려증으로 진단되었던 많은 사람들이 신체 증상을 가지고 있기 때문에 신체증상장애로 진단하는 것이 보다 적절할 수 있다. 그러나 질병에 걸리는 것에 대한 불안을 가지고 있는 나머지 25%의 사람들은 질병불안장애로 진단되는 것이 적합하다. 이들은 일반적으로 치료가 어렵다고 알려져 있다(APA, 2013).

진단

질병불안장애의 주요 특징은 심각한 질병에 걸려 있거나 걸리는 것에 대한 지속적이고 심각한 불안과 몰두이다. 의학적 상태가 실재하거나 가족력을 볼 때 의학적 상태가 생길 가능성이 높은 경우라면, 병에 대한 몰두가 분명히 지나치거나 부적절해야 하며 증상이 6개월 이상 지속되어야 한다.

이들은 자신의 건강 상태에 대해 쉽게 경각심을 갖고, 신체 상태(예 : 혈압, 체온)를 자주 관찰하며, 병원 예약과 정기적인 검진을 회피하거나 두려워한다. 신체 증상은 있더라도 단지 경도 정도이다. 그럼에도 불구하고 앞서 말한 병에 대한 불안과 몰두 증상이 심각하다면 신체증상장애의 진단을 고려할 필요가 있다.

병에 걸릴지 모른다는 두려움은 건강과 질병에 대한 상당한 불안을 동반한다. 이 같은 몰두는 가족, 친구 또는 검진 후 의료진의 안심시키는 말에도 불구하고 쉽게 사라지지 않는다.

정상적인 신체 기능의 일부로서 어떤 증상(예 : 기립성 현기증, 트림)이 나타날 수 있으나 그것이 질병을 의미하지는 않는다. 그런데 질병불안장애로 진단되는 사람은 이를 자신의 건강 문제와 관련지어 생각하고 두려워한다. 그리하여 불안이 삶의 중심이 되어버리고, 지나치게 과도해져서 그의 대인관계, 직업적 수행, 전반적인 기능에 영향을 주기 시작한다.

인터넷의 보급으로 질병불안장애는 기존과는 다른 새로운 수준으로 증가하게 되었다. 사람들이 질병의 증상과 관련될 수 있는 자신의 신체 반응을 자주 확인할 뿐 아니라 이제는 질병과 증상을 인터넷에서 검색하게 된 것이다.

내담자들이 보이는 끊임없는 염려와 안심 추구 행동은 대인관계뿐 아니라 의사나 의료진과의 관계에도 부정적 영향을 미친다. 사람들은 안심시켜달라는 그들의 지속적인

요구에 좌절감을 느끼게 된다.

　유병률은 불확실하지만 성별에 따른 큰 차이 없이 1.3~10%까지에 이른다. 이 장애는 어린이들에게서는 잘 나타나지 않는다. 발병 연령은 성인 초기 및 중년기이며 만성적이고 재발하는 경우가 일반적이다. *DSM-5*(APA, 2013)에 따르면, 의학적 동반이환보다 정신과적 동반이환이 적을 경우, 질병불안장애를 지닌 사람들 중 많게는 절반 가량이 일시적인 형태를 보인다. 의료 외래 환자 중 많게는 5%가 질병불안장애를 가지고 있다. 일차 의료 상황에서 적어도 증상의 3분의 1은 설명할 수 없다(Kroenke & Harris, 2001).

　질병불안장애를 지닌 사람들은 일반화된 불안장애, 다른 신체증상장애, 성격장애 등을 동반할 가능성이 높다. 한 연구에서는 건강염려증의 경우 약 40%가 성격장애를 동반하는 것으로 나타났다(Fallon et al., 2012). 우울장애도 건강염려증과 자주 동반하여 나타난다. *DSM-5*에 따르면 건강염려증에 대한 기존의 문헌과 경험적 연구 결과를 질병불안장애에 어떻게 적용할 수 있는지는 아직 분명하지 않다.

　질병불안장애와 OCD 증상 간에 많은 유사점이 발견되었다. 여기에는 신체 감각에 대한 지나친 몰입과 과도한 반추 등이 포함된다. 건강염려증 중에서 OCD의 평생 유병률은 10%에 가깝다(Barsky, 1992). OCD와 질병불안장애는 구별될 수 있는데, OCD인 사람들은 여러 종류의 집착과 강박을 보이는 데 반해 질병불안장애는 오로지 건강에 대한 몰두를 보인다. 질병불안장애를 가진 사람들이 보이는 두려움이 과도하고 현실과 동떨어져 보이기는 하지만, 그들이 두려워하는 질병 자체는 실재할 수 있으며, 이러한 특징으로 인해 질병불안장애는 정신병적 장애와 구별된다.

　질병불안장애의 발달에 대해서는 알려진 바가 거의 없다. 때때로 주요 생활 스트레스에 의해 유발되기도 하며, 가족 구성원의 신체적 질병이 성인 발병의 배경이 되기도 한다. 그밖에 아동기 학대 과거력, 과보호 부모, 아동기 심각한 질환 경험 등이 성인기에 이 장애로 발전할 수 있는 환경적 소인으로 작용한다.

내담자 특징

이 장애를 가진 사람들 중에는 같은 증상으로 여러 의사를 찾아 상의를 하는 사람들이 있는가 하면, 의사를 찾아가는 것이 너무 두려워 회피하는 사람들도 있다. 예를 들어, 두통이 있는 남성은 병원에 가면 MRI를 찍게 하고 그러면 뇌종양으로 판명될까 봐 두려워 의료기관 방문을 꺼릴 수 있다. 그러다 기침을 하게 되면 폐암에 걸렸을까 봐 두려워하며 같은 날 여러 병원 예약을 잡을 수 있다. 의사가 각각 진찰을 하고 감기라고 진단해도 그는 의사가 자기 이야기를 제대로 듣지 않는다고 느끼며 폐 x-레이 사진을 찍어야 한다고 주장하거나 추가적인 검사를 요구할 수 있다.

　질병불안장애를 가진 사람들은 잦은 의료 소비자로 의사를 방문하는 환자 중 4~6%를 차지한다(Baumeister & Harter, 2007). 이들은 자신이 의학적으로 아프다고 믿고 있기 때문에 대부분의 경우 정신건강 치료는 찾지 않는다. 건강염려증 치료에 대한 임상 연구에서는 건강염려증으로 진단될 만한 사람들 중 질병불안장애에서 다루어야 할 문제를 강조하는 심리치료에 참여하겠다고 한 사람은 30% 미만에 불과했다. 이들은 치료 개입이 의학적 치료를 포함하거나 의학적 서비스 환경에서 수행되어야 정기적으로 치료에 참여할 가능성이 그나마 높아진다.

평가

단축형 건강 불안 척도(Short Health Anxiety Inventory, SHAI; Salkovskis, Rimes, Warwick, & Clarke, 2002)는 건강 불안 증상을 측정하는 주요한 자기보고식 검사이다. 짧은 선별 도구로서 타당하고 신뢰할 수 있는 검사이다. 그 밖의 자기보고식 검사로는 질병 행동 질문지(Illness Behavior Questionnaire; Pilowsky & Katsikitis, 1994)와 질병 태도 척도(Illness Attitudes Scale; Weck et al., 2010)가 있다. 예일-브라운 강박 척도(Y-BOCS; Goodman et al., 1989)는 건강염려증을 평가하기 위해 개발되었고 질병 몰두를 평가하는 데 유용할 수 있다(Greeven et al., 2009). MMPI도 역시 신체증상장애를 진단하는 데 유용할 수 있다. 물론 BAI(Beck & Steer, 1990)와 BDI-II(Beck, Steer, & Brown, 1996)도 불안과 우울의 일반적인 증상과 신체 증상

을 측정하는 데 사용될 수 있다.

치료자의 자질

질병불안장애를 지닌 사람을 돕는 첫 번째 단계는 믿을 수 있는 치료 동맹을 형성하는 것이다. 치료자는 내담자의 건강에 대한 불안을 인식하며 치료자가 과정 중에 지속적으로 함께할 것이라고 안심시킬 수 있어야 한다. 이를 위해 내담자의 두려움과 고통을 인정해야 한다. 그들이 심각한 질병을 가진 것이 아니라고 섣부르게 안심시키려는 시도는 내담자로 하여금 자신이 진지하게 다뤄지지 않고 있다는 신호로 받아들이게 할 수 있다.

치료자는 의학적 질병에 대한 내담자의 두려움을 정서적 소통의 한 형태로 고려해볼 수 있다. 질병불안장애를 지닌 많은 사람들이 정신적 장애를 가지고 있다고 믿지 않기 때문에 치료자는 내담자를 안심시키고 내담자의 행동을 수용해주는 것이 중요하다. 동시에 신체적 염려에 대해서는 시간 제한을 두고 논의하고 건강 유지(예 : 수면 습관, 다이어트, 운동)에 대해서는 충분한 시간을 갖고 논의하는 식으로 치료를 진행해갈 필요가 있다. 동반이환 장애도 함께 다루어야 한다.

치료자는 내담자와의 더딘 진척에서 느끼는 자신의 좌절감을 인식하고 필요하다면 동료 슈퍼비전을 통해 자문을 받도록 한다. 치료자는 질병불안장애 자체의 차도보다 내담자의 전반적인 향상에 초점을 두는 태도를 취하는 것이 좋다. 증상에 대처하는 내담자의 능력을 증진시키는 것은 좋은 목표가 된다.

개입 전략

질병불안장애에 효과적인 치료에는 심리교육, 노출, 노출 및 반응 방지 기법(ERP), 인지재구조화, 불안 관리 요소(예 : 마음챙김 명상) 등이 있다.

질병불안장애 치료에 대한 연구는 많지 않다. 건강염려증에 대한 몇몇의 연구와 무선통제실험은 비록 장기적인 결과는 아니지만 인지행동치료의 긍정적인 효과를 보여줬다.

인지행동치료는 역기능적 신념("나는 질병이 있다.")이 질병 불안을 유지하는 역할에 관심을 둔다. 회피 행동(즉 병원에 가지 않는 것)을 통해 사람들은 역기능적 신념이 변화하는 것(즉 검사 결과 질병이 없는 것으로 나타남)을 피한다. 회피를 통해 잘못된 인지가 유지되는 것이다. 질병불안장애의 현실적인 치료 목표는 전반적인 신체 증상을 줄이는 것이 아니라 대처 능력을 향상시키고 질병과 관련된 고통스러운 두려움과 신념을 줄이는 것이다.

노출 및 반응 방지 기법 질병불안장애에 대한 노출 및 반응 방지 기법(ERP)의 구성 요소는 다음과 같다.

- 두려움 위계 구조 설정
- 두려움 목록 중 가장 불안을 적게 유발하는 것부터 노출과 반응 억제 시작
- 심상적 노출(질병에 걸렸다고 상상하는 것)도 사용 가능
- CBT 원리를 이용한 독서치료도 유용

심상 노출(즉 질병에 걸렸다고 상상하기)과 함께하는 반응 방지(즉 의학적 정보를 찾기 위해 인터넷 검색을 하지 않기) 개입에서는 내담자로 하여금 불안을 경험하면서도 이에 대해 반응을 행동화하지 않도록 격려한다. 건강염려증에 대한 통제된 연구에서 이러한 치료는 효과적이었고 치료 효과는 7개월 후까지 지속되었다(Visser & Bouman, 2001).

인지행동치료 ERP뿐 아니라 인지행동치료(CBT)도 신체 감각에 부여된 의미를 변화시키기 위해 인지재구조화와 함께 심리교육적 요소를 포함한다. 내담자는 자신의 걱정이 어떻게 질병을 키우는지 깨닫게 되면서 자신의 행동이 과도하다는 것을 자각하기 시작한다. 6회기의 CBT 개입을 처지집단으로 한 무선통제실험 결과, 증상이 나아지지는 않았지만 건강염려증 관련된 신념이 재구조화되는 데는 효과적인 것으로 나타났다(Barsky & Ahearn, 2004).

마음챙김 기반 인지치료 Lovas와 Barsky(2010)는 심각한 건강 불안에 대한 마음챙김 기반 인지치료(MBCT)의 파일럿 연구를 수행하여 참여자들이 중도 탈락 없이 치료에 매우 만족함을 확인하였다. 건강 불안의 감소는 마음챙김의 향상과 높은 상관관계를 보였고 그 효과는 3개월 추적조사에서도 유지되었다. 이와 같은 성공적인 파일럿 연구는 앞으

로 보다 엄격한 통제 연구를 위한 기초가 될 것이다.

MBCT는 우울증, 반추, 그리고 감정 반응에 취약하게 만드는 인지 과정을 치료적 초점으로 두고 개발되었다 (Teasdale, Segal, & Williams, 1995). 이 치료법은 불안, 공황장애, 만성피로증후군, 섬유근통, 치료 저항성 우울증 등 광범위한 범위의 건강 문제를 치료하는 데 활용되어 왔다(Hargus et al., 2010; Hofmann, Sawyer, Witt, & Oh, 2010; Piet & Hougaard, 2011).

MBCT는 내담자의 생각이나 질병에 걸리는 것에 대한 불안한 두려움을 변화시키는 것을 목표로 하지 않고 마음에 떠오르는 어떤 생각이든 수용하기 때문에 질병불안장애 치료에 특히 유용할 수 있다. MBCT는 현재에 머무는 방법을 가르쳐 역기능적인 반추를 감소시키는 것을 보여주었다 (Heeren, van Broeck, & Philippot, 2011; Michaelak, Holz, & Teismann, 2011). 반추와 과도한 염려는 건강 불안을 유지하는 두 가지 핵심 특징이다(Marcus, Hughes, & Arnau, 2008).

마음챙김은 신체적 통증이나 감각을 경감시키지 않으며, 그것들을 회피하지도 않는다. 그러나 감각 그 자체에 호기심을 갖도록 초대하여 몸이 어떻게 가려운 충동에 반응하는지 그리고 가려움에 반응하지 않는 것이 어떻게 느껴지는지 인식하고 관찰하도록 한다. 건강 불안에 대한 8주간의 심리교육, 보디스캔, 마음챙김, 명상을 포함하는 MBCT 프로그램을 수행한 사례에 대해 Surawy와 동료들(2015)이 기술하였다.

MBCT에 대한 질적 연구는 MBCT가 건강 불안에 대한 수용할 만한 치료법이라고 밝혔다(Williams, McManus, Muse, & Williams, 2011). 건강 불안에 대해 MBCT를 적용한 첫 번째 무선통제실험은 MBCT가 건강 이슈와 관련된 불안 증상은 경감시켰으나 전반적인 우울 증상이나 불안 증상에는 유의미한 영향이 없었다고 밝혔다. 모두 여성으로 구성되었던 참가자들은 집단 형식의 MBCT를 매우 선호했다(McManus, Surawy, Muse, Vazquez-Montes, & Williams, 2012). MBCT가 유쾌한 치료 형식이라고 판단되었지만 질병불안장애의 치료에 있어서 효과적인지 밝히는 연구는 추가적으로 이루어져야 한다.

예후

질병불안장애가 있는 사람들이 어떤 형식이든 CBT 치료에 참여한다면 예후는 양호할 것으로 예상된다. 그러나 치료에 참여하지 않거나 중도 탈락했거나 치료 전 질병불안 수준이 높았던 사람의 예후는 상대적으로 덜 양호할 것이다. 또한 치료를 통해 혜택을 받는 사람들에 비해 치료에 반응하지 않는 사람들은 더 많은 신체 증상, 높은 심리사회적 손상, 신체적 기능에 대한 역기능적 사고를 지닐 가능성이 많다(Hiller, Leibbrand, Rief, & Fichter, 2002). Scher와 동료들(2014)은 건강염려증에 대한 연구에 기초하여 약 25%는 치료에 잘 반응하지 않고, 66%는 만성적 상태에 머물며, 10% 미만만이 회복된다고 결론지었다.

전환장애(기능성 신경학적 증상장애)

신경학적 진단이나 내담자의 다른 증상을 설명하는 기타 진단으로 설명되지 않는 신경학적 증상의 실제가 전환장애의 핵심 특징이다. '전환장애(conversion disorder)'라는 명칭은 정서적 고통이 신체적 질병으로 전환된다는 것을 의미한다.

진단

비간질성 경련, 기능 약화 및 기타 기능성 신경학적 증상이 전환장애(기능성 신경학적 증상장애)에서 자주 나타난다.

유병률은 평가기관에 따라 다르게 나타난다. 한 연구의 경우 병원 장면에서 전환장애로 진단될 수 있는 비율을 약 5%인 것으로 추정했다. 전환장애는 여성들에게 더 흔히 나타나며 평생에 걸쳐 발병할 수 있다. 전환장애는 낮은 교육 수준, 낮은 사회경제적 지위와 관련이 있으며, 이 장애를 가진 사람 중 3분의 1가량은 우울장애를 지니고 있다.

전환장애의 원인은 불분명하지만 증상으로 주목받아 대인관계, 직장, 가정 내의 지속적인 스트레스원에서 멀어지게 되면서 얻게 되는 2차 이득과 관련되는 것으로 보인다. 예를 들어, 왼쪽 안면에 간헐적 마비 증상을 느끼는 여성은 남편이 이혼 위협을 했던 다툼 이후 더 심한 증상을 경험할 수 있다. 증상의 원인을 알아보기 위해 또 다른 신경학자를 찾아가게 되면 남편은 떠나지 않고 아이들과 함께 하게 된다. 이것이 2차 이득인 것이다.

이처럼 전환장애는 민감한 사람들이 무의식적으로 고통스러운 감정을 신체 감각으로 전환하여 표현하는 것일 수 있다.

내담자 특징

기능성 신경학적 증상이 있는 사람들은 종종 오진되거나 의사가 자신의 신체적 이상을 대수롭지 않게 묵살하는 경험을 하고 꾀병이라고 보는 시선을 받기도 한다. 기능성 증상은 지속되며 발작과 혼동되기도 한다. 신경학과의 외래 환자 중 3분의 1은 질병으로 설명되지 않는 증상이 있다. 많은 사람들이 자신을 이상하다고 볼까 두려워 공황 증상이나 발작을 동반 증상으로 경험하고 있어도 이에 대해 이야기하길 꺼린다.

증상의 후유증이 있다는 점은 이 장애를 가진 사람들이 일부러 증상을 만들어내는 것이 아님을 보여주는 것 같다. 또한 증상(비현실감, 비인격화, 공황, 통증) 발현의 지속성은 매우 실제적이며 연구가 진행되는 국가와 상관없이 일관적으로 나타난다. 질병에 대한 신념에 따라 증상의 발현 방식은 국가마다 다를 수 있다.

평가

전환장애의 진단은 기존의 임상적 증상과 일치하지 않는 비전형적 신경학적 증상이 무엇인지 보여준다. 질병이 있는 것처럼 보이고자 의도가 있는 인위성장애와 구분되어 감별진단되어야 한다. 인위성장애와 전환장애 모두 꾀병과는 다르다. 꾀병은 금전적 이득, 작업 회피, 장애등급 취득 등의 보상을 얻기 위한 목적으로 의도적인 거짓말을 하는 것이다.

전환장애가 있는 대부분의 사람들은 검사 및 진단을 받기 위해 신경학과나 다른 의료 전문기관을 찾아가본다. 의료기관에 따라 설명되지 않는 증상은 흔하게 나타날 수 있고 많게는 30%가량을 차지하기도 한다(Lockhart & Satya-Murti, 2015).

치료자의 자질

온정적이며 친절한 치료자는 기능성 신경학적 손상이 있는 사람들과 동맹을 잘 형성하는 편이다. 내담자는 자신의 증상이 지속적이고 재발하는 것에 대해 혼란스럽고 불안하며 무기력해진다.

치료자와 내담자 간의 작업 동맹을 증진시키면 내담자의 불안을 경감시킬 수 있다. 치료자가 내담자의 증상이 위장된 것이 아니라 실제이며 그들을 믿는다고 전하는 것이 중요하다. 해리(이인증 및 비현실감)에 대한 심리교육은 자신이 이상해지고 있는 것이 아닌지 걱정하는 내담자를 안심시킬 수 있다. 또한 간질이나 다발성 경화증과 같은 더 심각한 장애가 있는 것이 아니라고 설명하는 것도 내담자에게 도움이 된다.

개입 전략

무선통제실험은 CBT가 효과적이며, 모든 신체형 장애의 치료적 접근으로 사용될 수 있음을 보여주었다. 그러나 구체적으로 전환장애에만 초점을 맞추어 수행된 무선통제실험은 아직 보고되지 않았다(Kroenke, 2007; Sumathipala, 2007). 전환장애 치료에서 CBT와 경두개 자기자극에 대한 효과성을 지지하는 연구가 일부 있기는 하지만 더 많은 연구가 필요한 실정이다.

CBT의 구성 요소는 특정 증상을 다루는 데 도움이 될 수 있다. 예를 들어 이 장애를 가진 사람들은 자신의 감정을 잘 인식하지 못한다. 이런 경우 수용 기반 CBT는 질병에서 정서의 역할에 대한 인식을 증가시키는 데 기여한다.

전환장애 치료에 약물이 사용되기도 한다. 동반되는 우울증을 약물로 치료하는 것도 전환 증상에 긍정적인 영향을 미칠 수 있다.

증상과 알려진 평가 및 치료 방법에 대해 가족과 친구에게 심리교육을 제공하는 것도 도움이 된다. WHO는 사람들이 기능성 신경학적 증상의 원인, 증상, 치료에 대해 찾아볼 수 있도록 웹사이트(www.neurosymptoms.org)를 운영하고 있다.

예후

전환장애의 예후는 증상이 지속된 기간과 직접적으로 관련된다. 급성 발병, 인식 가능한 스트레스원, 증상 기간이 짧은 경우는 조기 발병의 경우보다 증상이 쉽게 관해된다.

1년 이상 지속적인 증상이 있어온 사람들은 치료를 요하는 다른 뚜렷한 동반이환이 있을 수 있다(Feinstein, Stergiopoulos, & Fine, 2001).

기타 의학적 상태에 영향을 주는 심리적 요인

만성 의학적 상태를 관리하는 데 있어서 심각한 심리적 이슈에 대처하는 것이 필요한 경우도 있다. 한 사람의 정신건강이 신체건강에 대한 어떤 의사결정에 영향을 줄 수 있는 상태라면 고통, 장애 또는 죽음에 이를 수 있는 선택을 할 수도 있다.

기타 의학적 상태에 영향을 주는 심리적 요인은 신체증상 및 관련 장애 범주에 속하게 된 새로운 장애이다. DSM-IV에서는 임상적 관심의 초점이 될 수 있는 조건으로 포함되어 있었다. DSM-5에서 이 장애로 진단되려면 먼저 어떤 의학적 상태가 존재해야 하며 그것이 심리적 이슈에 의해 악화되어야 한다.

심리적 요인이 의학적 상태에 영향을 줄 수 있다는 것은 충분히 입증되어 왔다. 심리적·행동적 요인과 다른 많은 장애의 발병 및 악화의 관련성은 분명하다. 예를 들어, 한 위장병 연구는 환자들이 염려하는 것 중 많게는 60%가 심리적 문제와 관련되어 있다고 밝혔다(Folks & Kinney, 1995). 심근경색으로 입원한 환자의 주요우울장애는 사망률에 영향을 미치는 독립적인 위험 인자이기도 하다(Stoudemire & Hales, 1995). 다음은 심리적 문제와 의학적 상태 간의 관련성이 잘 입증되어 있고 흔히 볼 수 있는 몇 가지 임상적 예시이다(Stoudemire, 1995).

- 천식에 영향을 미치는 심각한 불안
- 파킨슨병에 영향을 미치는 주요우울장애
- 심장질환에 영향을 미치는 급성 외상
- 당뇨병에 영향을 미치는 우울증
- 대장염에 영향을 미치는 스트레스

질병이 악화되거나 질병에 대한 치료가 지체되거나 하는 사건은 심리적인 요인과 시간적으로 긴밀한 관계성을 갖는 경우가 종종 있다. 특정 정신적 상태(예 : 우울, 불안)에 있는 사람들은 해당 문제에 고착되어 더 큰 그림을 보지 못하기도 한다. 우울증 증상(예 : 지연, 에너지 상실, 부정적 생각)은 의사결정을 방해하거나 암 치료 과정을 충분히 잘 따라가지 못하게 할 수 있다. 이는 추가적인 건강상 위험을 초래하거나 극단적으로는 죽음에 이르게 할 수도 있다.

이것은 새로운 장애이므로 유병률, 치료 개입, 의학적 상태에 영향을 줄 수 있는 그 밖의 심리적 요인에 대한 정보는 아직 부족하다. 그렇지만 의학적 상태에 대한 치료뿐 아니라 심리적 장애의 증상을 감소시키는 개입도 병행하는 것은 타당하다.

일반적으로 개입에는 대처 능력 향상, 이완 증가, 전반적인 스트레스 감소를 돕는 행동적 기술이 포함된다.

마음챙김 개입도 신체장애 치료에 도움이 될 수 있다. 마음챙김 기반 스트레스 감소(MBSR) 무선통제실험 결과, 생활의 질 향상이라는 측면에서 MBSR은 일반적인 치료에 비해 빠르게 효과를 보였고, 15개월 후 추적조사에서 변화는 유지되고 있었다(Fjorback et al., 2013). 마음챙김은 임상적으로 중요한 변화에 대해서도 CBT 집단과 비슷한 수준의 효과를 보였다. 이러한 결과를 반복적으로 확인하는 더 많은 연구가 필요하지만 MBCT와 MBSR은 신체 증상(Bohlmeijer, Prenger, Taal, & Cuijpers, 2009), 만성 통증(Kabat-Zinn, 1982), 만성 질병(Matthijs, Beltman, Voshaar, & Speckens, 2010), 주요우울, 그밖에 섬유근육통과 같은 다른 신체 증후군(Sephton et al., 2007), 과민성 대장 및 만성 피로증후군에 대한 잠재적인 효과적 치료 접근으로 보인다.

인위성장애

인위성장애(factitious disorder)는 증상이 스스로에게 부여되거나 타인에게 부여될 수 있다.

진단

인위성장애는 드문 장애로 대부분 병원 장면에서 나타나며 환자 중 1% 미만이 인위성장애 진단기준을 충족한다. 이탈

리아 연구에서 스스로에게 부여된 인위성장애의 유병률은 1.8%, 타인에게 부여된 인위성장애는 0.53%로 나타났다(Ferrara et al., 2013). 두 장애에 있어서 증상은 기본적으로 같으며, 스스로나 타인에게 허위로 증상을 부여하거나 손상 또는 질병을 유발해야 한다. 거짓 질병이나 손상은 명백한 기만이지만 금전적 이득을 위해 수행되지는 않는다. 또한 망상이나 다른 정신장애로 더 잘 설명되지도 않는다.

타인에게 부여된 인위성장애로 진단을 받는 사람은 피해자가 아닌 가해자이다. 스스로에게 부여된 경우와 타인에게 부여된 경우 모두 단일 삽화인지 재발 삽화인지 명시하도록 한다.

타인에게 부여된 인위성장애 타인에게 부여된 인위성장애는 일반적으로 대리인에 의한 뮌하우젠 증후군이라고 불리며 보호자(주로 어머니)가 관심, 지원, 동정을 받기 위한 목적으로 자신이 보살피고 있는 어린이 또는 다른 사람의 신체적 또는 심리적 증상을 만들어내거나 과장하는 것이다. 이 장애는 종종 의료 직업에 대한 관심, 의료기술자, 의사 또는 의료 관련 커뮤니티의 다른 사람들과 좋은 관계를 맺으려는 시도나 지원받는 느낌과 관련되기도 한다.

이 장애를 지닌 사람들은 특히 속임수에 능하고 악의적인 의도를 확고히 부정한다. 대신 이들은 아동(또는 다른 사람, 반려동물)을 돕기 위해 의료 서비스를 찾는 것 등을 하고 있다고 주장한다. 아동의 손상이나 일어날 수 있는 죽음까지도 예방하기 위한 조기 발견의 중요성과 진단의 어려움 때문에 의학 전문가들은 아동을 밤새 병원에서 관찰하거나 어머니와 자녀의 행동을 모두 관찰할 수 있는 안전한 이중맹검 상황을 조성하기도 한다. 증상의 발현에서 장애가 인식되기까지 걸리는 평균 시간은 몇 달 또는 몇 년이다. 그 시간 동안 아동은 설명할 수 없고 희귀한 질병을 가진 것으로 조작된다. 때때로 아동은 여러 수술을 받고 심지어 그 결과로 사망하기도 한다.

천식, 구토, 설사, 발작 및 성장 부진은 특히 자주 허위로 조작되는 상태이다. 천식의 1%, 알레르기 환자의 5%는 대리인에 의한 인위성장애로 보고되었다(Godding, & Kruth, 1991; Warner & Hathaway, 1984). 어떤 부모는 심지어 탈모로 보이도록 자녀의 머리를 뽑기도 한다(Beattie, Hezal,

Stewart, 2009). 보다 극단적인 경우는 아동이 중독되거나 질식하거나 실제 수술을 받게 되기도 한다.

이 장애를 평가하는 데 있어서 두 가지 방해 요소가 발생한다. 수많은 아동들이 희생될 수 있음에도 불구하고 많은 사례가 누락되기 쉽다. 반면 많은 무고한 어머니들이 자녀를 학대한다고 잘못된 비난을 받고 아동을 집에서 격리시킬 수 있다. 이 또한 아동에게 해가 된다(Pankratz, 2006). 두 경우 모두 잘못을 범하지 않기 위해 주의를 기울여야 한다.

타인에게 부여된 인위성장애는 미국 내에서 새로운 사례가 매년 600개 이하로 보고될 정도로 드물다(Shaw, Dayal, Hartman, & DeMaso, 2008). 피해자는 가해자의 보호를 받고 있는 노인층이나 신체장애자들도 있지만 대부분의 5세 미만이었고 이들은 질병을 가장하도록 위협받는다.

이 장애를 가진 사람의 75%는 어머니에 의해, 7%는 아버지에 의한 것이었으며, 조부모와 다른 양육자도 잘못을 저지를 수 있다. 이 장애를 가진 사람들의 약 25%는 자신의 현재 관계에서의 학대나 어린 시절의 학대 경험을 가지고 있다(Rand & Feldman, 2001; Sheridan, 2003). 그러나 자신이 돌보고 있는 아동이나 다른 사람들의 의학적 증상을 만들어내거나 과장하는 사람들의 행동과 동기는 범주가 넓기 때문에 일관성 있는 행동 패턴을 찾기는 어렵다(Kozlowska, Foley, & Crittenden, 2006).

내담자 특징

어린 시절부터 자주 나타나는 병적인 거짓말은 인위성장애의 주요 특징이다. Carney와 Brown(1983)은 인위성장애를 지닌 42명을 인터뷰하여 90% 이상이 의문을 제기해도 자신이 속임수를 사용하였음을 인정하지 않는다는 것을 발견했다. 그 밖에도 반사회적 특성(예: 공격성, 범죄 기록), 물질 남용 경험(60%), 과거 자살시도 또는 자해 행동(66%) 등이 두드러지는 요소이다. 보다 심각한 증상을 보이는 사람들(전체의 3분의 1 정도)은 방랑자였으며, 정신병적 특징을 더 보였다.

Carney와 Brown은 인위성장애를 지닌 사람들의 4분의 3은 결혼생활 어려움이나 성적 문제를 가지고 있어 대리 보상을 추구하고 있다고 밝혔다. 즉 과거 애착의 상처는 현재 관계에서 행동화되어 피학 행동이나 자해 행동으로 나타나는데, 그 행동은 의사 및 기타 의학 전문가로부터 관심, 동정, 타당화를 얻고자 하는 시도인 것이다. 몸에 칼을 대는 의학적 절차는 애착 대상과 친밀한 관계를 유지하기 위한 대가인 것이다.

가장 일반적으로 조작되는 증상은 명령 환각, 해리성 정체성장애, 외상후 스트레스장애이다(Woo & Keatinge, 2008). Krahn, Hongzhe, O'Conner(2003)는 증상과 검사 결과 간의 불일치, 부적절한 약물 사용, 소지하고 있는 약물, 가족 직면, 흔치 않은 실험 결과(특히 독성 보고서), 그리고 의사들 간의 불일치하는 기록 등 인위성장애를 드러낼 수 있는 몇 가지 방법을 확인했다. 그럼에도 불구하고 직면을 통해 죄를 인정할 가능성은 낮다.

간혹 인위성장애를 가진 사람들이 자신의 속임수를 인정하기도 한다.

타인에게 부여된 인위성장애   앞서 언급하였듯이 이 장애의 환자들은 정신건강 치료를 거의 받으러 오지 않는다. 그러나 치료자들은 어머니나 양육자에 의해 희생당해 질병을 가장하도록 강요받았거나 어릴 때 어머니나 양육자 때문에 실제로 병을 얻게 된 내담자를 만날 수 있다. 어떤 사람은 공공장소에서 불필요하게 휠체어를 쓰도록 강요받았을 수 있고, 또 어떤 사람은 기분이 나아질 것이라며 실제로는 몸을 안 좋게 만들 수 있는 혼합 음료를 억지로 마셨어야 했을 수도 있다.

평가

현재까지 정확하게 인위성장애를 식별할 수 있는 평가 도구는 없다. 낮은 발병률 및 증상의 의학적 특성으로 인해 심리적 치료보다 의학적 치료가 모색된다.

타인에게 부여된 인위성장애   Ferrara와 동료들(2013)은 의학전문가에게 보고된 아동의 증상과 의학적 질병 간에 불일치가 확인되면 타인에게 부여된 인위성장애의 가능성을 고려하도록 권고하였다. 부모는 아이를 위해 의학적 치료를 찾고 있는 애정 어린 양육자로 보일 수 있다. 그러나 장애 증상임을 빠르게 인식하고 의사에게 의뢰하여 아동보호

서비스를 이용하도록 해야 한다(Shaw et al., 2008).

치료자의 자질

인위성장애로 진단받은 사람과 치료적 관계를 맺는 것은 당연히 매우 도전적인 일이다. 거짓말하거나 당황하게 만드는 사람들과 작업할 때 치료자는 공감적이고 지지적이어야 한다. 혹시라도 직면을 사용하게 된다 하더라도 부드럽고 지지적인 방식으로 해야 한다. 직접적인 직면은 부인과 적대감으로 이어질 수 있다. 직면을 통해 무의식적인 것을 의식화하는 것은 분노, 부인, 치료 종결로 귀결될 수 있다. 그러나 안전한 치료 동맹 속에서 이루어지는 보다 친절한 직면은 치료적일 수 있다.

과장하고 기만하는 내담자와 작업할 때 치료자는 자신의 화와 좌절을 인식하고 다루며 내담자와 힘겨루기, 공공연한 갈등, 굴욕감을 주는 것을 피해야 한다. 증상을 적대감이나 의도적 조종으로 보기보다는 현실의 왜곡과 도움 요청이라고 보면 치료자와 내담자 모두에게 생산적일 수 있다.

주치의와의 자문은 내담자의 신체적 이상에 대한 의학적 기반을 확인하는 데 매우 도움이 된다. 의사에게 설명할 수 없는 질병의 과거력, 발생 빈도, 의사 변경 기록 등을 물어봐야 한다.

타인에게 부여된 인위성장애   이 환자들이 유발하는 역전이 반응을 효과적으로 다루고 진단과 치료에 대한 윤리적 이슈를 해결하기 위해 개입 초기부터 정신건강 전문가, 법률 상담가, 의료 인력 등을 포함하는 다학제 간 치료 팀을 구성할 필요가 있다(Wise & Rundell, 2005). 타인에게 부여된 인위성장애와 관련된 정신과적 평가, 법적 문제, 절차상 문제 등에 대해 더 많은 정보를 원하는 독자들은 Shaw와 동료들(2008)을 참고하기 바란다.

개입 전략

인위성장애   인위성장애에 대한 효과적인 개입 방법은 아직 파악되지 않았다(Krahn et al., 2003). 직면을 한다고 해서 내담자가 자신의 속임수를 인정하거나 증상에 대한 통찰을 보이게 되는 것 같지는 않다. 팀 접근이 증상을 관리

하는 최선의 방법인 것으로 보인다. 이를 통해 내담자들은 실제 신체 증상과 스트레스의 심리적 영향으로 인해 악화된 신체 증상을 구분하는 것을 배울 수 있다. 팀 접근을 통한 다각적인 치료는 의학적 및 심리적 개입 모두를 제공해야 한다(Huffman & Stern, 2003).

타인에게 부여된 인위성장애 앞서 언급하였듯이 이 장애를 지닌 사람들은 정신건강 치료를 받으러 거의 오지 않는다. 그러나 치료자들은 어머니나 다른 양육자에 의해 피해자가 되고 아픈 척하도록 강요되거나 실제로 아프게 된 내담자를 만날 수 있다. 다른 사람들에게 동정을 사기 위해 질병을 가장하도록 강요되거나 몸을 낫게 하는 약이라고 해서 먹었지만 사실 아프게 만드는 혼합물을 강제로 먹게 될 수도 있다.

워낙 드물기 때문에 이 장애(대리인에 의한 인위성장애 또는 대리인에 의한 뮌하우젠 증후군)에 대한 정보는 대개 입증되지 않은 일화적 진술이거나 이론적인 것뿐이다. 증상, 평가, 법적 고려사항에 대한 충분한 논의는 Shaw와 동료들(2008)에서 찾아볼 수 있다.

Greiner와 동료들(Greiner, Palusci, Keeshin, Kearns, & Sinal, 2013)은 의학적 아동 학대를 조기 발견하기 위한 초기 선별 도구를 개발하고 타인에게 부여된 인위성장애의 증상을 알아볼 수 있는 몇 가지 방안도 제시하였다. 그들의 연구에 따르면 아동을 해치는 양육자들 대부분은 자신이 어릴 때 학대, 정신질환, 뮌하우젠 증후군 경험을 가지고 있었다.

타인에게 부여된 인위성장애 피해자로 밝혀진 어린이들에게서 보이는 세 가지 가장 흔한 증상은 목과 얼굴 주변의 타박상, 독성 및 이상한 약물 수준, 설명되지 않는 만성 구토 및 설사였다(Greiner et al., 2013). 양육자들은 무호흡 기계를 요청하는 모습을 자주 보였고, 더 입원해야 한다는 의학적 충고를 무시하고 퇴원을 요구하거나 다른 기관으로 이송을 요구하는 경우가 많았다(Greiner et al., 2013).

예후

인위성장애의 예후는 좋지 않아 보인다. 특히 혼미, 자해, 그리고 자살사고와 자살시도 과거력이 있는 경우는 더욱 그러하다(Huffman & Stern, 2003). 아마도 자해 행동을 예방하기 위해 추천할 수 있는 가장 좋은 방법은 장기 심리치료이다.

마찬가지로 타인에게 부여된 인위성장애 환자는 자신이 돌보고 있는 사람의 증상 발달에 책임이 있다는 것을 부인하기 때문에 치료가 어렵다. Simon(2002)의 연구에서는 이 드문 장애로 치료받았던 사람 중 50% 이상이 재발하는 것으로 나타났다. 증상의 차도를 가장 잘 예측하는 패턴은 양육자로부터 아동을 떨어뜨려 놓는 것이었다(즉 입원 또는 병력에 의한 것).

달리 명시된 신체증상 및 관련 장애

이 범주는 기존의 진단 부류에 속한 장애 중 어떤 것에도 완전한 기준을 만족시키지 않는 증상을 진단하는 데 적합하다. 왜 완전한 기준에 부합하지 않는지 그 이유를 열거해야 한다. 예를 들면 다음과 같다.

- 과도한 건강 연관 행동이 나타나지 않는 질병불안장애
- 상상임신(임신을 했다는 잘못된 믿음)
- 단기 신체증상장애—6개월 미만

명시되지 않는 신체증상장애

이 범주는 증상이 신체증상 및 관련 장애 범주의 장애 중 하나와 유사하지만 치료자가 올바른 진단을 내리기 충분하지 않은 정보를 가지고 있을 때(예 : 응급실 상황) 적합하다.

치료적 제언 : 통합 치료 모델

신체증상 및 관련 장애 치료를 위한 치료적 제언을 요약하였다.

진단

- 신체적 및 심리적 요인이 결합되어 있는 장애(신체증상 및 관련 장애)로 신체증상장애, 질병불안장애, 전환장애(기능성 신경학적 증상장애), 기타 의학적 상태에 영향을 주는 심리적 요인, 인위성장ㅍ애, 그리고 달리 명시된 신체증상 및 관련 장애가 있다.

치료 목표

- 신체화 감소
- 건설적인 감정 표현의 증대
- 기능과 대처 기술의 극대화
- 사회성 증진 및 여가 시간의 사용

평가

- 신체 검사
- 필요에 따라 불안, 우울, 성격, 지적 기능의 평가

치료자의 자질

- 신체질환에 대한 지식
- 의사와 협력할 의지
- 주저하는 내담자를 다루는 숙련된 기술
- 구조화되고 구체적인 개입
- 따뜻하고 낙관적인 태도
- 좌절에 대한 높은 인내

치료 장소

- 일반적으로 외래 치료

개입 전략

- 의학 및 정신건강 전문가가 함께하는 치료 팀 접근
- 감정을 인식하고 언어화하는 능력을 증진시키기 위한 공감과 감정의 반영
- 전체적인 접근
- 스트레스 관리와 대처 기술 교육
- 관심과 지지를 요청하는 긍정적인 방법 격려
- 이완 기술의 사용
- 사회성 증진
- 기능 증진을 위한 행동 변화 전략
- 필요한 경우 부드러운 직면

치료의 주안점

- 지지적일 것
- 적당히 지시적일 것
- 주요 관심은 현재에 둔 채 과거에 대한 어느 정도의 관심
- 인지적 · 행동적 · 감정적 영역에 대한 통합적인 초점(일반적으로 행동적 개입이 두드러짐)

치료 참여 구성

- 주로 개인치료
- 2차 이득을 줄이고 장애에 대한 가족 구성원의 이해와 대처 방법을 돕기 위한 가족치료
- 기능상 허락된다면 사회성 증진을 위한 집단치료

치료 속도

- 내담자의 준비도에 맞춤
- 점진적이고 장기적이 될 수 있음

약물치료

- 신체장애 및 특정 정서적 증상에 따라 — 항우울제가 종종 도움이 됨

보조 개입

- 여가와 진로상담
- 활동 계획하기

예후

- 대체로 좋지만 장애에 따라 변수가 많음

통합 치료 모델 : 마틴 박사

이 장은 62세 남성 마틴 박사에 대한 기술로 시작했었다. 그가 암이라고 확신해서 찾았던 의료기관의 의사가 심리치료를 의뢰하였다.

진단

- 신체증상장애, 지속성, 중등도
- 신체장애는 확인되지 않음. 그러나 내담자는 위장질환의 증상을 보고함
- 직업적 · 경제적 어려움, 결혼생활 갈등, 신체적 염려

치료 목표

- 스트레스 관리와 대처 기술의 증진
- 결혼생활 관계와 대화 기술 증진
- 현실적인 직업적 및 경제적 목표 수립 촉진
- 의학적 상태 증진
- 감정의 인식 및 표현 능력 증진
- 자존감 및 삶의 즐거움 향상

평가

- 신체 건강 평가
- 와이틀리 검사 또는 질병불안 척도 등을 통한 신체증상 평가

치료자의 자질

- 따뜻하고 낙관적
- 주저하는 내담자를 다루는 숙련된 기술
- 의학적 염려에 대한 지식
- 성숙하고 경험 많은
- 전반적으로 지지적이며 수용적이지만 직접적이고 구조화된

치료 장소

- 외래 환경

개입 전략

- 치료자와 내담자가 치료의 중심이 된 채 치료자와 의사 간 다면적 협력(신체적 및 심리적 치료의 호환성을 보장하고 내담자에게 삶의 다른 영역에서 누락되어 있는 통제감을 제공함)
- 위장 기능에 스트레스가 미치는 영향에 대한 교육
- 위장 불편감을 줄이는 식이요법에 대한 교육
- 감정 인식의 증진과 감정의 언어화를 돕는 지지적이며 반영적인 상담
- 이완, 여가 활동의 확대 등을 포함하는 스트레스 대처 기술
- 보다 현실적이고 보상적인 진로 목표를 세우기 위한 진로 관련 태도, 능력, 기회의 탐색
- 컨설팅과 하프타임 교육이 결합된 부분 은퇴에 대한 토론(스트레스 경감과 내담자의 재정적 상황의 안정화를 위해)
- 부부치료(내담자와 아내 사이의 의사소통 증진을 위해 서로의 감정을 이해하고 실제적이고 상호 수용 가능한 생활양식을 정의함)

치료의 주안점

- 구조화된, 상대적으로 지시적이지만 격려하는
- 내담자 스스로 자신의 치료와 생활양식을 적절하게 책임지도록 함

치료 참여 구성

- 개인 및 부부 치료

치료 속도

- 주 1회
- 빠른 속도
- 중간 정도의 지속성

약물치료

- 위장질환에 약물이 필요한지 주의 깊게 관찰

보조 개입

- 재정 계획, 은퇴 계획
- 여가 상담

예후

- 보통 혹은 양호함

추천문헌

Flaherty, E. G., & MacMillon, H. L. (2013). Caregiver-fabricated illness in a child: A manifestation of child maltreatment. *Pediatrics, 132*, 590–597.

Folks, D. G., & Kinney, F. C. (1995). Gastrointestinal conditions. In A. Stoudemire (Ed.), *Psychological factors affecting medical conditions* (pp. 99–122). Arlington, VA: American Psychiatric Publishing.

Greiner, M. V., Palusci, V. J., Keeshin, B. R., Kearns, S. C., & Sinal, S. H. (2013). A preliminary screening instrument for early detection of medical child abuse. *Hospital Pediatrics, 3*, 39–44.

Lockhart, J., & Satya-Murti, S. (2015). Symptom exaggeration and symptom validity testing in persons with medically unexplained neurological presentations. *Neurological Clinical Practice, 5*, 17–24.

Orsillo, S. M., & Roemer, L. (2011). *The mindful way through anxiety.* New York, NY: Guilford Press.

Shaw, R., Dayal, S., Hartman, J. K., & DeMaso, D. (2008). Factitious disorder by proxy: Pediatric condition falsification. *Harvard Review of Psychiatry, 16*, 215–224.

Surawy, C., McManus, F., Muse, K., & Williams, J. M. G. (2015). Mindfulness-based cognitive therapy (MBCT) for health anxiety (hypochondriasis): Rationale, implementation and case illustration. *Mindfulness, 6*, 382–392. doi:10.1007/s12671–013–0271–1

참고문헌

American Psychiatric Association. (2013). *Diagnostic and statistical manual of mental disorders* (5th ed.). Washington, DC: Author.

Barsky, A. J. (1992). Hypochondriasis and obsessive compulsive disorder. *Psychiatric Clinics of North America, 15*, 791–801.

Barsky, A. J., & Ahern, D. K. (2004). Cognitive behavior therapy for hypochondriasis: A randomized controlled trial. *Journal of the American Medical Association, 291*, 1464–1470.

Bass, C., & Jones, D. (2011). Psychopathology of perpetrators of fabricated or induced illness in children: Case series. *British Journal of Psychiatry, 199*, 113–118.

Baumeister, H., & Härter, M. (2007). Prevalence of mental disorders based on general population surveys. *Social Psychiatry and Psychiatry Epidemiology, 42*, 537–546.

Beattie, K. C., Hezal, D. M., & Stewart, S. E. (2009). Clinical case rounds in child and adolescent psychiatry: Trichotillomania-by-proxy: A possible cause of childhood alopecia. *Journal of the Canadian Academy of Child and Adolescent Psychiatry, 18*, 51–52.

Beck, A. T., & Steer, R. A. (1990). *Manual for the Beck Anxiety Inventory.* San Antonio, TX: Psychological Corporation.

Beck, A. T., Steer, R. A., & Brown, G. K. (1996). *Manual for the Beck Depression Inventory-II.* San Antonio, TX: Psychological Corporation.

Bohlmeijer, E., Prenger, R., Taal, E., & Cuijpers, P. (2009). The effects of mindfulness-based stress reduction therapy. *Journal of Psychosomatic Research, 68*, 539–544.

Carney, M. W., & Brown, J. P. (1983). Clinical features and motives among 42 artifactual illness patients. *British Journal of Medical Psychology, 56*, 57–66.

Fallon, B. A., Harper, K. M., Landa, A., Pavlicova, M., Schneier, F. R., Carson, A., . . . Liebowitz, M. R. (2012). Personality disorders in hypochondriasis: Prevalence and comparison with two anxiety disorders. *Psychosomatics, 53*, 566–574.

Feinstein, A. (2011). Conversion disorder: Advances in our understanding. *Canadian Medical Association Journal, 183*, 915–920.

Feinstein, A., Stergiopoulos, V., & Fine, J. (2001). A prospective study of psychiatric outcome in patients with a psychogenic movement disorder. *Journal of Neuropsychiatry and Neuropsychological Behavioral Neurology, 14*, 169–176.

Ferrara, P., Vitelli, O., Bottaro, G., Gatto, A., Liberatore, P., Binetti, P., & Stabile, A. (2013). Factitious disorders and Munchausen syndrome: The tip of the iceberg. *Journal of Child Health Care, 17*, 366–374.

Fjorback, L. O., Arendt, M., Ornbol, E., Walach, H., Rehfeld, E., Schroder, A., & Fink, P. (2013). Mindfulness therapy for somatization disorder and functional somatic syndromes—Randomized trial with one-year follow-up. *Psychosomatic Research, 74*, 31–40.

Flaherty, E. G., & MacMillon, H. L. (2013). Caregiver-fabricated illness in a child: A manifestation of child maltreatment. *Pediatrics, 132*, 590–597.

Folks, D. G., & Kinney, F. C. (1995). Gastrointestinal conditions. In A. Stoudemire (Ed.), *Psychological factors affecting medical conditions* (pp. 99–122). Arlington, VA: American Psychiatric Publishing.

Godding, V., & Kruth, M. (1991). Compliance with treatment in asthma and Munchausen syndrome by proxy. *Archives of Diseases of Childhood, 66*, 956–960.

Goodman, W. K., Price, L. H., Rasmussen, S. A., Mazure, C., Delgado, P., Heninger, G. R., & Charney, D. S. (1989). The Yale-Brown Obsessive Compulsive Scale. II. Validity. *Archives of General Psychiatry, 46*, 1012–1016.

Greeven, A., Spinhoven, P., van Bolkom, AJLM. (2009). Hypochondriasis Y-BOCS, a study of the psychometric properties of a clinician administered semi-structured interview to assess hypochondriacal obsessive thoughts and behaviors. *Clinical Psychology and Psychotherapy, 16*, 431–443.

Greiner, M. V., Palusci, V. J., Keeshin, B. R., Kearns, S. C., & Sinal, S. H. (2013). A preliminary screening instrument for early detection of medical child abuse. *Hospital Pediatrics, 3*, 39–44.

Hargus, E., Crane, C., Barnhofer, T., & Williams, J. M. (2010). Effects of mindfulness on meta-awareness and specificity of describing prodromal symptoms in suicidal depression. *Emotion, 10*, 24–42. doi:10.1037/a0016825

Heeren, A., Van Broeck, N., & Philippot, P. (2009). The effects of mindfulness on executive processes and autobiographical memory specificity. *Behavior Research Therapy, 47*, 403–409. doi:10.1016/j.brat.2009.01.017

Henningsen, P., Zipfel, S., & Herzog, W. (2007). Management of functional somatic syndromes. *Lancet, 369*, 946–955.

Hofmann, S. G., Sawyer, A. T., Witt, A. A., & Oh, D. (2010). The effect of mindfulness-based therapy on anxiety and depression: A meta-analytic review. *Journal of Consulting and Clinical Psychology, 78*, 169–183. doi:10.1037/a0018555

Hiller, W., Leibbrand, R., Rief, W., & Fichter, M. M. (2002). Predictors of course and outcome in hypochondriasis behavioral treatment. *Psychotherapy and Psychosomatics, 6*, 318–325.

Holder-Perkins, V., & Wise, T. N. (2001). Somatization disorder. In K. A. Phillips (Ed.), *Somatoform and factitious disorders* (pp. 1–21). Washington, DC: American Psychiatric Association.

Huffman, J. C., & Stern, T. A. (2003). The diagnosis and treatment of Munchausen's syndrome. *General Hospital Psychiatry, 25*, 358–363.

Kabat-Zinn, J. (1982). An outpatient program in behavioral medicine for chronic pain patients based on the practice of mindfulness meditation: Theoretical considerations and preliminary results. *General Hospital Psychiatry, 4*, 33–47.

Kabat-Zinn, J. (2003). Mindfulness-based interventions in context: Past, present, and future. *Clinical Psychology and Scientific Practice, 10*, 144–56.

Kent, C., & McMillan, G. (2009). A CBT-based approach to medically unexplained symptoms. *British Journal of Psychiatry: Advances in Psychiatric Treatment, 15*, 146–151.

Kozlowska, K., Foley, S., & Crittenden, P. (2006). Factitious illness by proxy: Understanding underlying psychological processes and motivation. *Australian and New Zealand Journal of Family Therapy, 27*, 92–104.

Kozlowska, K., Foley, S., & Savage, B. (2012). Fabricated illness: Working within the family system to find a pathway to health. *Family Process, 51*, 570–587.

Krahn, L. E., Hongzhe, L., & O'Connor, M. K. (2003). Patients who strive to be ill: Factitious disorder with physical symptoms. *American Journal of Psychiatry, 160*, 1163–1168.

Kroenke, K. (2007). Efficacy of treatment of somatoform disorders: a review of randomized controlled trials. *Psychosomatic Medicine, 69*, 881–8.

Kroenke, K., & Harris, L. (2001). Symptoms research: A fertile field. *Annals of Internal Medicine, 134*, 801–802.

Lockhart, J., & Satya-Murti, S. (2015). Symptom exaggeration and symptom validity testing in persons with medically unexplained neurological presentations. *Neurological Clinical Practice, 5*, 17–24.

Lovas, D. A., & Barsky, A. J. (2010). Mindfulness-based cognitive therapy for severe health anxiety: A pilot study. *Journal of Anxiety Disorders, 24*, 931–935.

Marcus, D., Hughes, K., Arnau, R. (2008). Health anxiety, rumination, and negative affect: A meditational analysis. *Journal of Psychosomatic Research, 64*, 495–501.

Matthijs, W., Beltman, R. C., Voshaar, O., & Speckens, A. E. (2010). The effects of mindfulness-based stress reduction therapy on mental health of adults with a chronic medical disease: A meta-analysis. *Journal of Psychosomatic Research, 68*, 539–544.

McManus, F., Surawy, C., Muse, K., Vazquez-Montes, M., & Williams, J. M. (2012). A randomized clinical trial of mindfulness-based cognitive therapy versus unrestricted services for health anxiety (hypochondriasis). *Journal of Consulting and Clinical Psychology, 80*, 817–828.

Michalak, J., Hölz, A., & Teismann, T. (2011). Rumination as a predictor of relapse in mindfulness-based cognitive therapy for depression. *Psychology and Psychotherapy, 84*, 230–236. doi:10.1348/147608310X520166

Pankratz, L. (2006). Persistent problems with the Munchausen Syndrome by proxy label. *Journal of the American Academy of Psychiatry Law, 34*, 90–95.

Piet, J., & Hougaard, E. (2011). The effect of mindfulness-based cognitive therapy for prevention of relapse in recurrent major depressive disorder: A systematic review and meta-analysis. *Clinical Psychology Review, 31*, 1032–1040.

Pilowsky, I. (1967). Dimensions of hypochondriasis. *British Journal of Psychiatry, 113*, 89–93.

Pilowsky, I., & Katsikitis, M. (1994). A classification of illness behavior in pain clinic patients. *Pain, 57*, 91–94.

Rand, D. C., & Feldman, M. D. (2001). An explanatory model for Munchausen by proxy abuse. *International Journal of Psychiatry in Medicine, 31*, 113–126.

Salkovskis, P. M., Rimes, K. A., Warwick, H. M. C., & Clark, D. M. (2002). The Health Anxiety Inventory: Development and validation of scales for the measurement of health anxiety and hypochondriasis. *Psychological Medicine, 32*, 843–853.

Scher, L. M., Knudsen, P., & Leamon, M. (2014). Somatic symptom and related disorders. In R. E. Hales, S. C. Yudofsky, & L. W. Roberts (Eds.) *Textbook of psychiatry* (6th ed., pp. 531–556). Arlington, VA: American Psychiatric Publishing.

Schroder, A., Rehfeld, E., Ornbol, E., Sharpe, M., Licht, R. W., & Fink, P. (2012). Cognitive-behavioral group treatment for a range of functional somatic syndromes: A randomized trial. *British Journal of Psychiatry, 200*, 499–507.

Schweitzer, P. J., Zafar, U., Pavlicova, M., & Fallon, B. A., (2011). Long-term follow-up of hypochondriasis after selective serotonin reuptake inhibitor treatment. *Journal of Clinical Psychopharmacology, 31*, 365–368.

Sephton, S. E., Salmon, P., Weissbecker, I. Ulmer, C., Floyd, A., Hoover, K., & Studts, J. L. (2007). Mindfulness meditation alleviates depressive symptoms in women with fibromyalgia: Results of a randomized clinical trial. *Arthritis Care & Research, 57*, 77–85.

Shaw, R., Dayal, S., Hartman, J. K., & DeMaso, D. (2008). Factitious disorder by proxy: Pediatric condition falsification. *Harvard Review of Psychiatry, 16*, 215–224.

Sheridan, M. S. (2003). The deceit continues: An updated literature review of Munchausen syndrome by proxy. *Child Abuse & Neglect, 27*, 431–451.

Simon, G. E. (2002). Management of somatoform and factitious disorders. In P. E. Nathan & J. M. Gorman (Eds.), *A guide to treatments that work* (2nd ed., pp. 447–461). New York, NY: Oxford University Press.

Stoudemire, A. (Ed.). (1995). *Psychological factors affecting medical conditions.* Arlington, VA: American Psychiatric Publishing.

Stoudemire, A., & Hales, R. E. (1995). Psychological factors affecting medical conditions and *DSM-IV*: An overview. In A. Stoudemire (Ed.), *Psychological factors affecting medical conditions* (pp. 1–17). Arlington, VA: American Psychiatric Press.

Sumathipala, A. (2007). What is the evidence for the efficacy of treatments for somatoform disorders? A critical review of previous intervention studies. *Psychosomatic Medicine, 69*, 889–900.

Surawy, C., McManus, F., Muse, K., & Williams, J. M. G. (2015). Mindfulness-Based Cognitive Therapy (MBCT) for health anxiety (hypochondriasis): Rationale, implementation and case illustration. *Mindfulness, 6*, 382–392. doi:10.1007/s12671–013–0271–1

Teasdale, J. D., Segal, Z., & Williams, J. M. (1995). How does cognitive therapy prevent depressive relapse and why should attentional control (mindfulness) training help? *Behavioral Research Therapy, 33*, 25–39.

Visser, S., & Bouman, T. K. (2001). The treatment of hypochondriasis: Exposure plus response prevention vs. cognitive therapy. *Behavioral Research Therapy, 39*, 423–442.

Warner, J. O., & Hathaway, M. J. (1984). Allergic forms of Meadow's Syndrome (Munchausen by proxy). *Archives of Disease in Childhood, 59*, 151–156.

Weck, F., Bleichhardt, G., & Hiller W. (2010). Screening for hypochondriasis with the Illness Attitude Scales. *Journal of Personality Assessment, 92*, 260–268.

Williams, M. J., McManus, F., Muse, K., & Williams, M. G. (2011). Mindfulness-based cognitive therapy for severe health anxiety (hypochondriasis): An interpretative phenomenological analysis of patients' experiences. *The British Psychological Society, 4*, 379–397.

Wise, M. G., & Rundell, J. R. (2005). *Clinical manual of psychosomatic medicine: A guide to consultation-liaison psychiatry.* Arlington, VA: American Psychiatric Publishing.

Woo, S. M., & Keatinge, C. (2008). *Diagnosis and treatment of mental disorders across the lifespan.* Hoboken, NJ: Wiley.

11

급식 및 섭식 장애

앤디는 규모가 꽤 큰 주립대학에서 생화학을 전공하고 있는 2학년 대학생이었다. 앤디의 어머니는 독일인이었고, 영양 섭취에 대하여 매우 엄격한 사람이어서 아이들에게 탄산음료나 감자튀김, 아이스크림, 케이크, 과자와 같은 간식을 허용하지 않았다. 대학에 갔을 때 앤디는 처음으로 스스로 음식을 선택하고 간식을 사게 되었다. 겨울 방학 중에 앤디의 몸무게는 9kg이나 증가했고 갖고 있는 옷을 입기가 어려울 정도였다. 휴일에 집에 갔을 때 어머니는 그녀에게 살을 빼야 한다고 했다.

1월에 학교에 돌아왔을 때 앤디는 엄격한 다이어트를 하는 중이었다. 그녀는 하루에 750칼로리의 지나치게 엄격한 식단 조절을 하고 있었다. 그녀는 학교 급식을 중단했는데, 신선한 과일과 야채를 많이 제공하고는 있었지만 탄수화물을 너무 많이 제공하기 때문이었다. 다이어트에 실패하고 있다고 생각한 몇 주 후에 그녀는 완화제를 먹었고 식사 후 구토를 하였다. 그러나 체중이 줄지 않았고, 이러한 보상 행동은 사실 그녀로 하여금 더 먹도록 하였다. 앤디는 자신이 많은 양의 음식을 먹는다는 것에 부끄러웠다. 그래서 한번에 여러 가지 음식을 주문하는 것을 들키지 않기 위해 여러 패스트푸드 음식점을 돌며 차에서 음식을 주문하기 시작하였다. 앤디는 곧 다시 체중이 증가하는 것 같았다. 그녀는 하루 종일 배가 고픈 채 있다가 룸메이트가 잠들면 모든 음식을 먹어치웠다. 앤디의 생일 전날 밤 룸메이트는 2단짜리 초콜릿 케이크를 사왔다. 그러나 생일 파티 당일에는 케이크 받침 위에 초콜릿 부스러기만 남아 있었을 뿐이다. 앤디가 그 모든 케이크를 다 먹은 것이었다. 룸메이트는 앤디에게 섭식장애가 있다는 것을 직면시키면서 도움이 필요한 것 같다고 했다. 대학건강센터에서 첫 평가 회기 이후에 앤디는 신경성 폭식증으로 진단받았다.

섭식장애에 대한 개요

서양의 여러 나라에서는 젊은 여성의 13% 이상과 점점 더 많은 남성들이 DSM-5의 섭식장애 진단기준에 부합되고 있다(Stice, Marti, & Rohde, 2013). 초기의 발병, 가족력, 친구들의 다이어트, 이상적인 신체 이미지 개념, 문화적 고려 요인은 이 장애가 발달하는 데 중요하며, 이 장애는 종

종 만성적 과정을 밟게 된다. 섭식장애는 스트레스의 증가, 기능적 손상, 건강 관련 문제, 심지어 죽음과도 관련되어 있다. 예를 들어 신경성 식욕부진증은 정신장애 중 가장 높은 사망률을 보이는데, 이는 자살의 위험성과 적정 몸무게 유지의 실패(즉 단식)에서 오는 의학적 합병증 때문이다. 유감스럽게도 섭식장애가 있는 사람 중 치료를 받는 사람들은 3분의 1도 되지 않는다. 그리고 치료를 받는 사람

들 중 오직 40~60% 정도에게만 증상 감소를 보인다(Stice, Burton, & Shaw, 2004).

DSM-5가 출판되면서 DSM-IV의 '급식장애'와 '섭식장애'가 모두 '급식 및 섭식장애'의 새로운 분류로 통합되었다. DSM-5의 전생애 관점을 유지하면서, 이전에는 DSM-IV에서 "영아, 유아, 청소년기 동안 흔히 처음으로 진단되는 장애"라고 이름 붙여진 장에 있던 섭식 관련 장애들이 모두 개정되었으며 아동부터 성인까지 전생애적 접근으로 확장되었다. DSM-5의 섭식장애는 다음과 같다.

- 이식증
- 되새김장애
- 회피적/제한적 음식섭취장애
- 신경성 식욕부진증
- 신경성 폭식증
- 폭식장애
- 달리 명시된 급식 또는 섭식 장애. 이 범주는 섭식장애의 완전한 기준을 만족하지 않는 장애에 적용됨 [예 : 비전형적 신경성 식욕부진증, (저빈도 또는 제한된 기간의) 신경성 폭식증, (저빈도 또는 제한된 기간의) 폭식장애, 제거장애, 야식증후군]
- 명시되지 않는 급식 또는 섭식 장애

DSM-5에서는 신경성 식욕부진증과 신경성 폭식증을 위한 한계치가 낮아지고 폭식장애가 추가되었는데, 이는 그동안 임상 현장에서 섭식장애로 가장 흔했던 명시되지 않는 섭식장애(EDNOS)로 진단되는 사례의 빈도를 감소시킬 것이다(Smink, van Hoeken, & Hoek, 2013). 이제 DSM-5의 특정 섭식장애에 대한 논의를 하도록 하겠다.

이식증

영아나 유아기에 보통 가장 처음 진단되는 이식증(pica, 영양분이 없고 음식도 아닌 물질을 먹는 행동)은 성인, 특히 임산부나 신경인지장애가 있는 사람들에게도 발병할 수 있다. 음식물들은 생애 기간과 먹을 수 있는 가능성에 따라 다양하다. 이 장애를 갖고 있는 영아나 미취학 아동은 분필, 페인트, 종이, 풀, 머리카락, 옷과 같은 물질을 먹는 경향이 있다. 좀 더 나이가 많은 아동은 보통 벌레, 식물, 찰흙, 조약돌, 동물의 똥을 먹는 경향이 있다. 이식증을 갖고 있는 성인은 흙, 얼음, 찰흙, 머리카락을 가장 흔하게 먹는다. 비음식물에 대한 특정한 갈망은 또한 몇몇 여성들에게서 임신 중에 나타날 수 있다.

이식증의 유병률은 불분명하지만 지적장애가 있는 아동에게서 가장 흔히 발병한다. 관리가 되지 않고, 방치된 상태, 그리고 좀 더 심각한 장애가 있는 경우 문제를 악화시킬 수 있다. 만일 식습관이 문화적 가치나 개인 그리고 가족의 종교의 일부로 나타난 경우에는 이식증으로 진단 내리지 않는다.

이식증은 유의미한 정도로 개인의 기능을 방해할 때만 치료의 대상이 되곤 한다. 이식증이 있는 아동은 보통 의학적 합병증이 발생하기 전에는 치료에 오지 않는다. 예를 들면, 페인트 섭취는 흔히 납중독의 결과를 가져온다. 다른 의학적 문제로는 장폐색, 대장천공, 영양결핍, 감염 등이 있다.

이식증은 드물게 나타나는데 지적발달장애, 자폐스펙트럼장애, 강박장애, 조현병과 같은 다른 정신장애가 있는 아동에게 더 자주 나타난다. DSM-5에 따르면 이식증은 식습관이 추가적인 임상적 주목의 대상이 될 만큼 심각할 때만 구분해서 진단해야 한다(APA, 2013).

이물질을 먹는 것은 청소년기에 증가하는 것처럼 보인다. 크기가 큰 수은건전지, 강력한 자석, 마약 포장지, 흡착제, 그리고 다른 위험한 물질들에 관해서 **청소년 건강지**(Journal of Adolescent Health)의 한 연구를 포함해 학술 자료의 주제가 되어 왔다(Sahn, Mamula, & Ford, 2014). 이물질을 반복적으로 먹는 것은 낮은 사회경제적 지위, 경계성 성격장애, 그리고 동반하는 정신적 진단과 관련될 수 있다(Frei-Lanter et al., 2012; Palta et al., 2009).

1개월은 이 장애를 구분하기 위한 최소 기간이다. 미국 정신의학회는 신생아 때 보이는 발달적으로 정상적인, 물체를 입으로 가져가는 행동과 사고로 물질을 삼키는 것을 이식증에서 배제하기 위해 최소 2세 이상에서 진단하는 것을 제안하고 있다(APA, 2013).

개입 전략

아동의 이식증 치료에서는 행동조절 전략을 위한 부모 훈련이 흔하게 사용된다. 이런 종류의 훈련은 아동의 식습관 패턴을 자세히 모니터링하게 촉진하고 긍정적 강화를 촉진하도록 돕는다. 부모는 행동 도표를 어떻게 만드는지 배우고 아동이 적절한 영양분이 있는 음식을 먹었을 때 스티커와 함께 적절한 음식 섭취 행동을 기록한다. 이 행동을 강화하기 위하여 보상 시스템과 행동의 결과에 대해 결정한다.

비타민과 무기질 섭취는 또한 이식증을 치료하는 데 효과적인 것으로 보인다. 유망한 세 연구에서 이식증이 있는 아동에게 매일 복합비타민 혹은 철분을 섭취하게 하자 증상이 줄어드는 것을 발견하였다(Pace & Toyer, 2000). 이식증이 있는 아동과 성인에게 비타민과 무기질의 효과에 대한 더 많은 연구가 필요해 보인다.

예후

몇몇 이식증 사례에서는 평생 동안 이식증이 지속되는 것처럼 보이는데, 특히 지적장애와 관련되어 나타난 경우에 그러하다. 그러나 대부분의 사례에서는 몇 달 동안의 적절한 개입을 통해 이식증 증상이 사라지게 된다. 한편 어렸을 때 이식증 내력이 있는 경우 이 장애가 재발하는 것에 대한 우려 혹은 이후 성인이 되었을 때 다른 섭식장애로 발전되는 것에 대한 우려가 있다. 섭식장애와 관련된 위험 요인에 대한 한 연구에서는 이식증과 어렸을 때의 소화 관련 문제는 이후 폭식증의 시작과 관련이 있다고 밝혔다(Marchi & Cohen, 1990). 다른 연구에서는 이식증이 있던 임산부의 33%가 어렸을 때 이식증 내력이 있었다고 밝히고 있다. 그리고 56%는 이 장애에 대한 가족력이 있었다(Roberts-Harewood & Davies, 2001). 분명, 어렸을 때의 이식증과 이 후에 이 장애로의 발전 혹은 폭식증으로의 발전과의 상관에 대한 연구가 추가적으로 필요해 보인다.

되새김장애

되새김장애(rumination disorder)는 주로 영아에게 나타난다. 좀 더 나이가 많은 아동, 청소년, 그리고 특히 지적장애가 있는 성인에게서 나타나기도 하지만 보통 3~12개월 사이에 시작된다.

이 장애의 증상은 음식을 반복적으로 씹고 역류하는 것이다. 정상적으로 음식을 먹고 소화시킨 기간 이후에 생기고 적어도 1개월 동안 지속되어야 한다. 또한 일반적인 의학적 질병이나 다른 섭식장애의 경과 중에 나타난 것이 아니어야 한다. 되새김장애가 있는 아동은 되새김을 좀 더 잘할 수 있게 하는 활처럼 휜 자세를 하면서 빠는 전형적인 동작을 보인다. 되새김과 역류 행동은 자기 자신을 편안하게 하거나 자기를 자극하는 기능을 하는 것 같다(APA, 2013). 성인의 경우 역류가 나타나는 음식은 뱉어낼 수 있을 것이다.

이식증과 비슷하게 영양결핍 혹은 다른 의학적 질병이 음식의 반복적인 되새김과 역류로 인해 나타날 수 있다. 체중의 감소 혹은 체중 미달이 나타날 수 있다. 되새김장애는 다른 의학적 질병과 차이가 있어야 한다. 또한 체중 증가를 막기 위한 수단으로 어떤 사람들은 음식을 씹고 뱉는 행동을 하는데, 이러한 행동은 신경성 식욕부진증과 신경성 폭식증과는 차이가 있어야 한다. 되새김장애는 지속될 수도 있고 어떤 시기에 나타날 수도 있는데 방치, 스트레스, 가족 문제와 관련될 수 있다.

개입 전략

되새김장애를 갖고 있는 아동은 보통 손상된 식사 행동으로 신체적 질병이 생기게 되어서야 처음으로 의료기관에 도움을 구하러 오게 된다. 이 집단과 작업하게 되는 치료자들은 의학 전문가 팀에게 자문을 구하고 도움을 요청하는 등의 협업 능력이 필요하다. 가족체계 안에서의 훈련과 인지행동적 접근은 치료자로 하여금 이 장애와 가족의 연관성에 대해 작업할 수 있도록 돕는다. 또한 이 접근은 아동의 증상에 대한 책임감으로 인하여 생기는 부모의 화나 저항에 대해서도 치료자가 작업을 할 수 있도록 돕는다.

예후

대부분의 되새김장애는 자연스럽게 사라진다. 특히 영아나 어린 아동의 경우에 그러하다. 그러나 이는 생명을 위협할 가능성도 갖고 있다. 아동의 식습관에 대해 주의 깊게 살펴봄으로써 사례, 질식, 사망과 같은 문제가 발생하기 전에 일찍 이 장애를 발견할 수 있도록 도움을 줄 수 있을 것이다.

회피적/제한적 음식섭취장애

전생애적 관점을 택하고 있는 *DSM-5* 진단에서는 이전에 영아 혹은 초기 아동기의 급식장애로 명명된 회피적/제한적 음식섭취장애(avoidant/restrictive food intake disorder, ARFID)에 대해 음식의 회피, 제한적 음식 섭취 혹은 음식을 먹는 데 대한 흥미 결여는 생의 어떤 단계에서도 일어날 수 있다는 사실을 인정하고 있으며 그 진단기준이 확장되었다.

DSM-5 진단기준 A에 맞기 위해서는 적절한 체중 혹은 활력에 필요한 충분한 칼로리를 소비할 수 없을 정도로 음식 섭취 문제가 있어야 한다. 그리고 다음 중 하나 이상이 나타나야 한다.

- 심각한 체중 감소 혹은 연령에 적절한 체중 증가의 실패(영아 혹은 아동일 경우)
- 심각한 영양결핍
- 충분한 영양 공급을 위하여 위장관 경구 급식 혹은 영양 보충제의 필요(예 : 잘 자라지 못하고 있는 아동, 의학적 상태가 좋지 않아 튜브를 통해 급식이 필요한 성인)
- 이러한 제한적 섭식 패턴으로 정신사회적 기능에 방해를 줌(APA, 2013)

또한 다른 섭식장애(예 : 신경성 식욕부진증)가 발생하거나 의학적 질병(예 : 위장장애, 음식 알레르기), 정신건강 진단(예 : 특정공포증, 강박장애, 주요우울장애)의 가능성은 없어야 한다. 제한적 음식섭취는 문화적으로 제지당하거나 단식과 같은 종교적 관행의 결과여서는 안 되며, 구할 수 없는 음식이 없기 때문이어서도 안 된다.

음식의 섭취에 대해 제한하는 결정은 음식에 대한 불쾌한 경험(예 : 음식으로 인한 구토나 질식) 이후에 일어날 수 있다는 점을 주목해야 한다.

음식의 재질, 맛, 혹은 냄새에 예민한 유아에게 있어서 나타날 수 있는 음식의 제한 또는, 음식 섭취가 감소한 노인들에게 나타날 수 있는 음식의 제한은 발달적으로 적절할 수 있으며 이 장애의 진단기준에 맞지 않는다. 자폐스펙트럼장애, 지적장애, 그리고 ADHD와 같은 신경발달장애는 종종 회피적/제한적 음식섭취장애(ARFID)와 함께 발생한다. 강박장애나 불안장애와 같은 다른 장애도 역시 제외되어야 한다.

아동에게 있어 이 장애는 비기질적 성장장애와 같은 위험한 의학적 질병을 초래할 수 있다. 이는 아동이 적당한 양의 음식을 섭취하지 못하여 연령에 적합한 체중에 미달되거나 약 한 달간 심각한 수준의 체중 감량이 일어날 때 발생된다. 영아의 경우 계속 졸리거나 혼수상태가 나타날 수 있고, 어린 아동은 특히 식사 시간에 주 양육자에게 짜증을 내거나 잘 협력하지 않는 것으로 나타날 수 있다. 몇몇 경우 ARFID 아동의 부모는 이 아동의 행동을 거부로 보거나 자신의 정신병리 때문에 적절한 음식을 주지 않음으로써 이 문제를 더 키울 수 있다.

ARFID이 있는 아동은 달래기가 어려워 보인다. 그들은 저성장 패턴을 보이거나 수면 중 깨는 장애를 보일 수 있다. ARFID 아동은 불안정 애착일 경우가 많고, 부모-아동의 상호작용과 관련된 다른 정서적 어려움을 보였다. 부모-아동의 상호작용과 관련된 정신사회적 어려움, 낮은 사회경제적 지위, 방치는 이 장애와 높은 상관이 있었으나 Kenney와 Walsh(2013)는 이것이 항상 그러한 것은 아님을 상기시키고 있다. 청소년과 성인 또한 영양과 사회적 기능에 영향을 주는 식사의 어려움을 갖고 있을 수 있다.

이 집단과 작업하는 치료자들은 다른 섭식장애의 증상, 특히 신경성 식욕부진증과 신경성 폭식증에 대해서도 잘 알아야 한다. 많은 청소년과 10세 이하의 아동도 몸매를 걱정하느라 음식을 받아들이는 데 제한을 두고 있음이 밝혀지고 있다(Wilson & Fairburn, 2007). 놀랍지 않게 섭식장애를 갖고 있는 어머니를 둔 아동에게서 음식을 거부하는 비율이 더 높게 나타났다. 이는 유전과 모방 행동의 상호작용의 가능성을 암시하고 있다.

개입 전략

의학적 모니터링 외에도 ARFID 아동의 주된 치료 양상은 가족치료이다. 아동의 발달적 패턴과 식습관 패턴뿐 아니라 영양에 대한 정보를 제공하는 것이 긍정적 결과를 위한 첫 번째 단계이다. 인지행동적 그리고 심리교육적 개입은 양육과 관련된 주제를 다루는 데 유용하다. 몇몇의 경우 부모를 대신하는 사람이 아이에게 음식을 줌으로써 아동이 식사와 관련된 긴장을 줄이고 긍정적 경험을 제공할 수 있다. 그동안 부모는 상담에 참여하면서 어떻게 식사 시간의 행동을 잘할 수 있는지, 어떻게 식사 시간에 일어나는 행동적 문제를 다룰 수 있는지에 대해 심리교육을 받게 된다.

ARFID가 영아나 아동에게 나타나며 성장장애도 동반한다면 치료는 반응성 애착장애에 대한 치료(제8장 참조)와 비슷해야 한다. 아동이 음식을 먹는 것을 거부하는 것이 문제라면 행동적 기법이 도움이 될 것이고, 먹는 것에 대한 긍정적 강화, 긍정적 식사 행동에 대한 모델링, 식사와 식사 사이에 (다른 음식을 먹지 않는) 통제, 그리고 식사 시간 중 다른 데 주의를 뺏기지 않도록 하기 등이 포함될 수 있다(Kronenberger & Meyer, 2001).

ARFID가 있는 성인은 아동보다 가족 기능이나 다른 사회적 장면에서 제한된 음식섭취와 관련된 문제를 경험하게 된다. 폭식증이나 거식증처럼 이 장애에서 노출과 관련된 행동치료가 도움이 될 수 있다. 물론 불안이나 우울과 같은 동반 장애도 살펴봐야 할 것이다. 음식에 대한 회피는 의학적 상태 혹은 임신과 관련이 될 수 있으나 이러한 경우는 짧게 지속된다.

예후

ARFID는 *DSM-5*에서 새로운 진단이기 때문에 그 경과나 예후에 대한 정보가 거의 없다. 보통은 아동이 증상을 보이며 몇몇의 경우에는 다른 섭식장애로 발전될 수 있다(즉 신경성 식욕부진증 혹은 신경성 폭식증). 효과적인 치료를 위해 좀 더 많은 정보를 제공할 수 있는 연구가 필요한 실정이다.

신경성 식욕부진증

종합적으로 신경성 식욕부진증(anorexia nervosa, AN)에 대한 핵심적 진단기준은 *DSM-IV*와 거의 비슷하다. 단, 다음 세 가지 사항이 변경이 되었다. (1) 무월경의 기준이 제거됨, (2) 진단적 역치가 낮아짐, (3) 새로운 심각도에 대한 구분이 추가됨이 그것이다.

진단

신경성 식욕부진증은 청소년에게 있어서 세 번째로 가장 흔한 만성적 의학 질병 가운데 하나이다. 젊은 여성 중 0.4%가 12개월 동안의 유병률을 보인다(APA, 2013). 남자 청소년 중 특히 운동선수이고 신체 이미지에 신경을 써야 하는 이들은 소녀들의 절반에 해당하는 비율 정도가 신경성 식욕부진증으로 발전한다.

*DSM-5*에 따르면 신경성 식욕부진증은 연령, 성별, 발달 과정 및 신체적 건강 상태에 비해 최소한의 정상 수준보다 낮은 체중을 유지한다. *DSM-5*에서 '저체중'이란 좀 더 유동적인 개념인데, 이는 한 개인의 연령과 키에 기대되는 것의 85% 이하로 더 이상 규정되지 않는다. 대신 최대 15 이하의 수준을 갖고 있는 체질량 지수(body mass index, BMI)를 기준으로 심각도 수준을 제안한다.

이 장애의 다른 증상들로는 비만이 되는 것에 대한 극심한 두려움(표준 체중 이하일지라도), 체형에 대한 불안(말랐음에도 스스로를 뚱뚱하다고 믿는 것), 그리고 통제를 잃을까 봐 두려워하는 것을 포함하고 있다.

점점 야위어가는 것 외에도 이 장애의 흔히 나타나는 신체적 증상으로는 추위를 잘 견디지 못하고 피부가 건조해지며 신체의 털이 가늘어지고 저혈압, 부종 등이 포함된다. 신진대사의 변화, 칼륨 손실, 심장 쇠약이 이 장애로부터 기인할 수 있고 치명적일 수도 있다. 음식과 관련된 충동조절과 같은 강박적 양상은 흔히 나타나며 폭식과 관련된 의식적 행동을 포함한다. 평가에 대한 두려움은 AN이 있는 사람들에게 흔히 나타나며, 이러한 이유로 공공장소에서 먹는 것을 피한다.

신경성 식욕부진증은 두 하위 유형인 제한형과 폭식/제거형으로 구분된다. 좀 더 흔한 제한형 장애의 사람들은 폭식 혹은 제거 행동은 하지 않으며 과도한 음식섭취의 제한, 다이어트, 단식, 그리고 과도한 운동으로 저체중을 유지한다. 폭식/제거형 사람들은 폭식과 제거 행동(저체중을 유지하기 위해 스스로 구토 유도, 하제, 이뇨제, 관장제를 부적절하게 사용하는 것)이 반복적으로 나타난다. 시간이 지나면서 두 하위 유형이 함께 나타나는 것은 드문 일이 아니다(APA, 2013). 치료자들은 환자의 지난 3개월의 행동에 근거하여 이 하위 유형을 결정한다. 또한 이 장애가 완전히 사라졌는지, 부분적으로 사라졌는지 명시하는 것도 중요하며 심각도의 현재 수준을 다음에 의거하여 판단해야 한다.

경도 : BMI가 17kg/m² 이상인 경우
중등도 : BMI가 16 ~16.99kg/m² 이하의 경우
고도 : BMI가 15 ~15.99kg/m² 이하의 경우
극도 : BMI가 15kg/m² 미만의 경우

심각도는 증상의 정도, 기능장애, 감시의 필요 여부에 근거하여 높아질 수 있다.

신경성 식욕부진증은 보통 10~30세 사이에 시작된다. 그러나 시작 시점의 연령이 점점 더 낮아지고 있으며 9세 정도의 아동에게도 진단되고 있다. 영양실조와 체중 유지의 실패 때문에 신경성 식욕부진증이 있는 아동, 청소년, 성인은 의료적 도움을 받아야 한다. 특히 아동의 경우 중다 치료 팀이 필요하다.

신경성 식욕부진증은 보통 눈에 띄는 기능적 훼손과 고통, 재발의 반복과 복합 재발을 보이는 만성적이고 심각한 의학적 문제 혹은 죽음도 초래하는 장애이다. 자살 위험성과 심장이나 영양실조로 인한 사망을 고려한다면 신경성 식욕부진증은 어떤 정신장애보다도 가장 높은 사망률을 보인다(Costin, 2007).

신경성 식욕부진증은 흔히 우울장애, 불안장애, 강박장애와 동반하게 된다. 물질 남용, 특히 코카인이나 다른 흥분 문제를 사용하면 식욕을 떨어뜨리고 체중이 증가하는 것을 방해하기에 물질 남용에 대한 주의 깊은 평가도 해야 한다. 물질 남용과 PTSD는 폭식/제거형 하위 유형을 갖고 있는 사람들에게 주로 나타난다. 경계성 성격장애를 동반한 사람들은 아동기의 성적 학대를 당한 비율이 평균 이상이었는데 여성 중 40~70%가 그리고 남성 중 10%가 해당하였다(Costin, 2007; Woodside, 2004; Woodside et al., 2001).

이 장애의 두드러진 특징이며 필요한 진단기준은 체중 증가에 대해 그리고 살이 찌는 것에 대한 강렬한 두려움이다. 소위 '살 공포증'은 강박장애와 우울로부터 이 진단을 구분하게 해준다.

내담자 특징

신경성 식욕부진증은 섭식장애가 있는 가족에게서 나타난다(Keel & Striegel-More, 2009). 이 장애를 갖고 있는 사람에게는 어렸을 때 먹는 것에 어려움이 있었거나 1명 이상의 가족 구성원들이 먹는 것과 관련된 장애가 있는 것이 종종 보고된다(Bulik et al., 2006). 쌍둥이 연구에서 거식증에 대한 유전적 소인의 가능성이 56% 정도 보였다(Bulik et al., 2006). 어머니나 자매가 신경성 식욕부진증을 갖고 있는 사람은 이 장애로 발전될 가능성이 12배나 높았다. 연구들은 신경성 식욕부진증에 있어서 유전적 소인이 다른 정신장애보다도 높다는 점을 주목했다. 비록 정확한 병리학적 메커니즘이 불투명하긴 하지만 이 잠재적 유전적 소인을 갖고 있는 사람은 거식증으로 발전될 수 있는 환경적 위험에 더 민감할 것이다(Clark, Weiss, & Berrettini, 2012). 신경학 연구에서는 신경성 식욕부진증을 갖고 있는 여성이 기쁨과 보상을 조절하는 뇌의 도파민 수용기가 과활성화되는 현상을 보였다(Kate, Fudge & Paulus, 2009). 다른 뇌 이미지 연구에 의하면 신경성 식욕부진증이 있는 사람들의 뇌에서 축소된 회색물질을 찾았는데, 이는 식욕조절 호르몬 변화의 가능성이 원인일 수 있다는 점을 지적했다(Tong & D'Alessio, 2011). 이러한 연구는 초기 단계에 있는데 만성적 장애에 대한 우리의 이해를 점점 더 넓혀줄 것이다.

문화적 요인도 중요한 부분이다. 신경성 식욕부진증은 모든 문화에 걸쳐 나타난다. 그러나 미국, 오스트레일리아, 그리고 다른 유럽 국가와 같이 사회경제적 지위가 다소 높은 산업화된 국가들에서 좀 더 흔하게 나타난다. 미국에서는 아프리카계 미국인이나 라틴계 미국인 또는 아시아계 미국인에게서보다 유럽계 미국 여성에게서 신경성 식욕부진증의 유병률이 더 높다(APA, 2013). 미국의 문화가 국제적으로 퍼지면서 날씬함에 대한 이상형이 매력과 연결되었고, 점점 더 많은 신경성 식욕부진증 사례들이 이전에는 잘 보이지 않았

던 중국이나 인도와 같은 나라에서도 나타나고 있다.

청소년의 경우 부정적 정서와 우울 증상은 모든 식사 관련 문제(섭식장애, 다이어트, 구토, 반복되는 체중 변화 등)의 위험성을 증가시킬 수 있다(Johnson, Cohen, Kotler, Kasen, & Brook, 2002). 신경성 식욕부진증이 있는 많은 사람들은 불안, 완벽주의, 경계성 성격장애 특성의 이력을 보고하고 있다(Johnson et al., 2002). 낮은 사회적 지지, 낮은 자존감, 스트레스가 되는 생활사건에 대해 회피적 대처 양식 또한 신경성 식욕부진증 환자들의 내력에서 발견되었다 (Jacobi, Hayward, de Zwaan, Kraemer, & Agras, 2004).

병리적 섭식은 부정적 기분 상태를 조절하기 위한 시도가 그 근본적 근원이 된다. 그리고 이상적 신체 이미지에 대한 서구적 사고에 바탕을 두고 종종 신체에 대한 불만이 높을 때 이 병리가 더 발전하게 된다(Johnson & Wardle, 2005). 신경성 식욕부진증이 있는 사람들은 자주 낮은 자존감, 부정, 수치심, 우울장애, 대인관계 문제, 수면이나 성욕 문제와 관련된 부정적 정서를 보인다. 그리고 특히 음식 관련 집착과 같은 강박적 성향 또한 발견되며 이것이 치료를 복잡하게 만들 수 있다(Costin, 2007). 신경성 식욕부진증이 있는 사람들은 가족을 위해 종종 요리를 한다. 그렇지만 체중이 증가하는 것에 대한 극심한 두려움으로 인해 자신이 준비한 음식을 먹지 않는다. 이 장애가 자아 동질적이기 때문에(많은 신경성 식욕부진증 여성은 먹는 것을 통제하여 마른 체형을 유지하는 것에 대해 자랑스러워한다), 치료받는 것을 거부하고 식습관을 변화시키고 싶어 하지 않는 경향이 있다.

신경성 식욕부진증의 평생 유병률은 0.9% 정도이다 (Hudson, Hiripi, Pope, & Kessler, 2007). 신경성 식욕부진증은 남성에 비해 여성에게서 10배 정도 더 많이 나타난다. 그러나 사춘기 직전의 이 장애가 있는 아동 중 4분의 1은 남자아이이다(APA, 2013). NA가 있는 남성은 좀 더 근육이 많은 신체를 원한다. 그리고 그들은 체중을 감소시키기 위한 노력으로 격렬한 운동을 더 많이 하는 경향이 있고 여성보다 스스로 구토를 유도하는 것과 같은 보상 행동은 덜하는 경향이 있다(Weltzin et al., 2005).

평가

신경성 식욕부진증은 신체적으로 위험해질 수 있고 잠재적으로는 생명에 위협을 줄 수도 있는 장애이다. 따라서 치료의 첫 번째 단계에서는 환자의 내력을 조심스럽게 조사하고 신체검사도 하도록 하여 환자의 식습관과 신체적 위험성이 있는지에 대한 평가를 해야 한다.

이 장애의 심각성에 대한 정확한 평가를 하기 위해 치료자들을 도울 수 있는 많은 심리 도구가 있다. 몇 가지 예를 들면 섭식과 체중 패턴에 대한 질문지 개정안 (Questionnaire on Eating and Weight Patterns-Revised, QEWP-R; Yanovski, 1993), 섭식장애 검사 질문지 제16판(Eating Disorder Examination Quesionnaire, 16th ed., EDEQ; Fairburn, Cooper & O'Connor, 2008)과 같다. 특정 섭식장애가 있는지에 대한 이러한 자가보고 선별 검사들은 섭식장애나 다이어트 행동의 빈도와 심각도에 대한 정보를 제공할 수 있으며 환자가 음식에 대한 태도에 대해 어느 정도 통찰할 수 있도록 한다(Craighead, 2002; Grilo, Sinha, & O'Malley, 2002).

심각도 수준은 앞에서 언급한 바와 같이 *DSM*-5에서 새롭게 제안한 체질량 지수(BMI)를 사용하여 몸무게에 의해 결정할 수 있다. 아동과 청소년을 위한 체질량 비율은 미국 질병통제예방센터(CDC)에서 제안한 아동을 위한 BMI 비율 계산법에 근거하여 사용되어야 한다(이 계산법은 nccd.cdc.gov/dnpabmi/calculator.aspx 참조).

이 장애를 갖고 있는 사람들의 자살 위험성은 심각하게 다루어져야 한다. 평가와 예방에 대한 논의는 이 책의 부록에서 찾아볼 수 있다.

치료자의 자질

신경성 식욕부진증 환자들은 대인관계에서 거절이나 비승인에 대해 매우 예민하다. 따라서 그들이 보통 수치스러워하는 증상을 드러낼 수 있도록 치료에서 지지와 인정이 많이 필요하다. 지지적이고 공감적 치료 동맹을 형성하는 것은 어떤 다른 개입보다 AN 환자들에게 긍정적 효과를 갖고 올 수 있다(Maine, McGilley, & Bunnell, 2010). 다음의 치료자의 태도는 이 장애가 있는 사람들과 긍정적 치료 동맹을 형성하는 데 매우 중요하다.

- 일관된 공감
- 장기적 관점의 개발
- 통제권 다툼의 최소화
- 행동에 대한 동의를 구하고 약속을 협의하는 능력
- 인지적 왜곡에 도전
- 권위와 보살핌의 조화

치료자는 섭식장애로 진단받은 사람들과 작업을 할 때 협력적 접근을 해야 한다. 환자들은 목표가 달성될 수 있다고 믿을 때 변화에 대한 동기부여가 좀 더 되는 경향이 있다. 따라서 긍정적 기대를 유지하는 것은 긍정적 치료 결과를 예측하게 해준다(Arnkoff, Glass, & Shapiro, 2002). 치료 초기에 치료자는 긍정적 치료동맹을 발달시키기 위한 한 부분으로 환자의 치료적 향상에 대한 기대를 평가하고 논의하고 촉진해야 한다(Constantino, Arnow, Blasey, & Agras, 2005). McGilley와 Szablewski(2010)의 훌륭한 논문에서는 섭식장애 환자들과의 치료적 동맹 효과에 대해 종합적으로 논의하고 있다.

치료자는 부드럽게 환자가 자기 통제력, 독립, 그리고 적극적 치료에의 참여를 권하면서 환자의 강한 의존성에 대해 언급해야 한다. 동시에 치료자는 구조화를 잘해야 할 것이다. 이는 안정감, 일관성을 제공하기 위함이고 또한 환자들을 보호하기 위한 한계 설정을 하기 위함이다. 이는 단식의 영향으로 주요 기관계(예: 심혈관계, 위장계, 신장계)에 의학적 합병증이 발생될 때 필요하면 환자들이 입원해야 하는 것도 포함한다. Costin(2007)은 치료가 진행될 때 초기에, '이 치료는 환자와 자기 자신과의 싸움이 아닌 환자와 섭식장애와의 싸움'이라고 환자에게 말한다고 한다.

섭식장애가 있는 대부분의 사람들은 적어도 하나 이상의 다른 정신적 장애를 갖고 있기 때문에 치료자는 섭식장애의 증상을 아는 것뿐 아니라 우울, 양극성장애, 불안장애, 외상장애, 강박장애, 물질남용장애, 성격장애(예: 경계성, 의존성, 강박성)와 같은 다른 장애에 대해서도 잘 알아야 한다. 비록 신경성 식욕부진증의 사람들 중 남성은 10%에만 해당되지만 그들은 섭식장애를 다루는 전문가들이 부족하고 특히 남성의 섭식장애만을 다루는 치료세팅이 부족

하다는 이유를 들면서 여성보다 치료를 덜 받는 경향이 있다(Weltzin et al., 2005).

개입 전략

36개의 무선통제실험 연구들은 인지행동치료(CBT)가 AN에 대한 증거 기반 치료임을 확인해주고 있다(Fay, 2013). 가족 기반 치료는 AN이 있는 청소년에게 그 효용성이 매우 크다(Brown & Keel, 2012; Fay, 2013). 여러 전문 분야의 공동적 접근은 심각한 신경성 식욕부진증 환자와 작업하는 데 가장 좋다.

다학제 간 접근 내과 의사, 영양사, 정신건강 전문가로 이루어진 치료 팀은 이 장애가 개인의 건강에 미치는 영향에 대해 관찰할 수 있다. 한 무선통제실험에서는 AN을 치료할 때 정신치료만으로 치료할 때보다 의학적 전문가를 방문하도록 연계한 정신치료가 더 효과적이었음을 밝히고 있다(McIntosh et al., 2005). 다른 연구에서는 환자의 특수한 요구에 초점을 맞춘 치료가 이 장애로 인한 사망의 위험성을 최소화하는 데 가장 적합하다고 밝혔다. 분명 치료에 대한 선택은 이 장애의 심각도, 환자의 연령, 장애의 만성화 정도, 변화에 대한 동기, 동반 장애의 유무, 치료 선택 가능성 등에 의해 판단되어야 할 것이다.

Watson과 Bulik(2013)은 1980~2011년에 출판된 무선통제실험들을 연구하였는데, 신경성 식욕부진증을 치료하는 데 있어 다른 치료보다 더 우수한 특정 치료가 있지는 않았다. 가족치료는 만성적이지 않은 AN 청소년에게서는 효과적으로 밝혀졌다. 그러나 성인에게는 다른 치료들에 비해 더 우수한 특정 치료적 접근은 없었으며, 다른 어떤 것보다 체중 증가와 정신치료(예: CBT, DBT, IPT)를 함께하는 것이 효과가 있었다(Watson & Bulik, 2013). 이 환자들과 작업하는 전문가들은 전문적 치료 지침, 최근의 진전들, 현재 진행 중인 무선통제실험의 결과에 대해 견지해야 한다. 그리고 AN를 치료하는 동안 다음의 우선사항에 초점을 맞추는 것은 매우 중요해 보인다.

1. 적당한 몸무게를 유지시키는 것
2. 이 장애와 관련된 정신적 이슈들을 다루는 것

3. 이 장애를 유지하는 행동을 제거하거나 감소시키고 새로운 기술을 교육하며 재발 예방을 위한 계획을 세우는 것

다음은 AN의 다양한 환자를 치료하는 데 있어 효과적으로 보인 치료양식 목록이다.

가족치료 많은 연구들은 가족치료가 특히 가족 역동으로 이 장애가 기인하게 된 청소년들에게 가장 적합하다고 밝히고 있다(Fisher, Hetrick, & Rushford, 2010; Lock & Le Grange, 2015; Wilson & Fairburn, 2007). 가족 역동(예 : 부모화, 통제, 개별화)과 섭식과 관련된 이슈들이 가족치료에서 다루어질 수 있다. 또한 부모들은 심리교육이나 가족치료에서 자녀의 섭식장애와 관련된 그들 자신의 감정적 고민에 대처할 수 있고 도움을 받을 수 있다. 이 접근은 AN 환자 중 좀 더 어리고 만성적이지 않은 환자에게 가장 적합해 보인다. 최근 연구에서는 비판적 어머니를 둔 청소년들은 분리하여 가족치료를 진행하는 것이 좋고 비판적이지 않은 어머니의 자녀들은 함께 가족치료를 진행하는 것이 좋다고 보여주고 있다(Brown & Keel, 2012).

입원 치료 입원 혹은 부분적 입원은 AN과 관련된 체중 감소를 치료하는 데 필요하다. 거식증이 있는 심각한 저체중 환자를 입원시키는 주요 목적은 재섭식을 하여 체중을 증가시키는 데 있다. 또한 환자가 자살시도나 자살사고가 있거나 심각한 불안이나 우울이 정상적 기능의 능력을 저해하는 경우에도 환자의 안전을 위하여 입원이 필요할 수 있다. 만일 환자가 위기 상황이 아니라면 정상 체중으로 회복하고 다른 자기를 해하는 위험한 행동을 줄이는 조치를 취할 때까지 외래 치료도 적합할 수 있다.

체중이 회복된 후에 재발을 예방하기 위한 심리사회적 개입이 중요하며 영양 상담만 하는 것보다 좀 더 효과적인 것 같다(Pike, Walsh, Vitousek, Wilson, & Bauer, 2003). 다른 종류의 치료도 가능하다. 새로운 DBT 치료도 긍정적 효과의 가능성을 보이고 있으나 IPT와 CBT가 가장 증거에 기초한 치료이다. 연구들은 개별적 치료가 섭식장애 치료에서 가장 효과가 있다고 제안하고 있다. 신경성 식욕부진

증의 심각한 의학적 합병증의 가능성 때문에 이러한 개별적 치료가 매우 필요하다.

인지행동치료 강화된 인지행동치료(enhanced CBT, CBT-E)는 전생애적 관점에서 섭식장애 병리를 치료하고 좀 더 집중된 처치를 제공하기 위해 Fairburn과 동료들(2009)이 개발한 진단을 통한 치료 접근이다. 섭식장애 행동(폭식, 건강한 체중이나 BMI를 유지하는 데 실패, 잘못된 이뇨제의 사용, 단식, 보상적 운동, 구토)이 무엇인지 알고, 그 행동의 기저에 있는 감정과 그 행동을 지속시키는 잘못된 인지를 밝힘으로써 CBT-E는 신경성 폭식증, 신경성 식욕부진증, 폭식장애 여부와 상관없이 전통적인 CBT를 좀 더 행동에 초점을 맞출 수 있도록 축소했다. 동시에 CBT-E는 이상적인 음식조절과 규제에 대한 사회적 과대평가에 초점을 두고 섭식 행동의 변화를 촉발하는 감정과 환경의 변화를 주의 깊게 보고 있다.

CBT-E는 신경성 식욕부진증을 치료하는 데 있어 효과적으로 보인다. CBT-E 치료를 40회기 받은 99명의 신경성 식욕부진증 성인 대상 연구에서 64%는 치료를 완전히 마쳤는데 이들에게서 체중이 많이 증가했다(Fairburn, Cooper, Doll et al., 2013). CBT-E는 또한 청소년과 입원 환자에게서도 효과적인 것으로 밝혀졌다(Dalle Grave, Calugi, Doll, & Fairburn, 2013).

대인관계치료 대인관계치료(IPT)는 지지적 치료 유형으로 AN을 치료하는 데 효과적으로 보인다(Wilson, Grilo, & Vitousek, 2007). 5년 동안의 추적 연구에 의하면 치료 성과 측정에 있어서 임상관리, IPT, CBT 간의 유의미한 차이가 없었다(Carter, Jordan, McIntosh et al., 2011). IPT의 주요 강조점은 환자로 하여금 현재 대인 관계상의 이슈(예 : 상실, 의사소통 문제)를 규명하고 변화시키는 데 있다.

변증법적 행동치료 DBT의 새로운 형태인 급진적으로 개방적인 변증법적 행동치료(radically open-DBT, RO-DBT)는 특히 감정의 과대통제와 제안을 보이는 신경성 식욕부진 사람들의 필요에 맞춰진 처치를 제공하고 있다. RO-DBT는 DBT에서처럼 마음챙김 요소가 포함되어 있다. 그

러나 이는 전통적인 DBT와는 매우 큰 차이가 있다. RO-DBT의 개인치료는 중요도의 위계가 있는데, 가장 중요한 것은 생명을 위협하는 행동(예 : 자해, 자살, 단식)과 관련된 것을 줄이는 것이다. 그리고 치료적 동맹의 깨진 부분을 회복하는 단계, 반추와 손상된 대인관계를 만드는 과잉 통제 행동을 줄이는 단계를 순차적으로 진행한다. 이 접근은 너무 건강해 보이면 '환자' 역할이 사라져 다른 사람들이 자신에게 더 높은 기능 수준을 기대할 것이라는 무의식적 두려움 때문에 정상적인 행동에 대한 기대나 책임으로부터 회피하게 되는 부적응적 행동에 대해서 우연하게라도 강화하는 것을 줄이는 데 도움을 준다(Lynch et al., 2015).

급진적인 수용보다는 RO-DBT는 '삶의 변화하는 본질에 대해 철저히 개방하는 것', '반추하고 고치려 하고, 결과를 알아내기 위한 그 밖의 다른 행동에 필요한 에너지를 쏟기보다 생활사건을 통제하기 위해 자기 자신의 노력들을 알아보려고 노력하는 것'에 대해 강조하고 있다. 감정 조절 기술 훈련은 DBT와 비슷하다. 단, 은밀히 복수하려는 행동 중 비난에 대한 과각성을 방지하고 목표지향적 행동을 유예하려고 하는 것은 다른 점이다. 즉 환자들은 사물을 다르게 보는 데 급진적으로 개방하는 것을 배우게 되고, '~하게 되어야만 한다'와 같은 자신이 현재 갖고 있는 신념에 대해 행동화할 필요성 없이 자각하게 되는 것을 배운다.

RO-DBT에 대한 예비 연구 결과들은 이 치료의 성공 가능성에 대해 보여주고 있다. RO-DBT의 효과성 연구들은 외래 진료 환경에서 수행되어 왔다(Lynch, Lazarus, & Cheavens, 2015). 추가 연구와 무선통제실험을 발전시키는 것이 추후 방향을 위한 관점을 제공하게 될 것이다.

복합적 접근 신경성 식욕부진증의 입원 환자, 주간 치료, 외래 프로그램에서는 비록 그 효과에 대한 지지 연구가 거의 없지만 거의 항상 약물을 병행한다(Crow, Mitchell, Roerig, & Steffen, 2009). 현재 몇 항정신약물이 신경성 식욕부진증의 증상에 대해 처방되고 있으나 AN만을 치료하기 위해 승인된 특정 약물은 없다. 선택적 세라토닌 재흡수 억제제(SSRI)가 종종 동반된 우울이나 강박을 위해 처방되나 이는 체중 증가에 도움이 되지는 않는다. 이례적으로 항정신 올란자핀(자이프렉사)은 위약 효과와 비교했을 때 불안 증상을 감소시키는 것처럼 보이고 체중을 증가시키는 것 같다(Attia et al., 2011). 이는 또한 강박적 사고와 반추를 감소시키고 우울 증상을 완화시킨다. 신경성 식욕부진증과 다른 섭식장애를 위한 복합치료의 한 요소로서 정신약리학적 개입에 대한 전반적 연구들은 Brown과 Keel(2012)의 연구에서 찾아볼 수 있다.

예후

신경성 식욕부진증을 갖고 있는 청소년과 성인을 위한 다양한 치료 선택이 가능하다. 오늘날에는 청소년에게 가족 치료와 성인을 위한 보조적 치료로서 가장 효과적인 것은 올란자핀으로 보인다(Brown & Keel, 2012). 의학적 응급 상황이 아니거나 더 이상 위기 상황이 아닌 사람들에게는 다른 CBT-E, 대인관계 치료, 마음챙김 기반 DBT와 같은 치료들을 포함한 심리사회적 치료들이 효과적이다. 급진적 개방성에 중심을 두고 있는 새로운 종류의 DBT는 과잉 통제적이고 제한적인 AN을 치료하는 데 효과의 가능성이 높아 보인다.

치료 기간은 AN을 성공적으로 치료하는 데 중요한 변인으로 보인다. 적어도 보통 4~6개월간 지속되는 좀 더 긴 치료들은 보통 더 성공적이다. 심각한 섭식장애 환자들은 입원이나 외래 입원 프로그램이 필요할 수 있는데, 이러한 처치가 일 년 이상 지속되는 치료를 감축시키게 한다. AN은 다양한 경과를 보이며 일찍 병의 차도가 있는 사람들은 완전히 회복되는 경험을 할 가능성이 높다(Grilo & Mitchell, 2010; Keel & Striegel-Moore, 2009). 보통 AN 환자의 44%는 치료를 통해 완전히 회복되고, 28%는 유의미하게 호전되며, 24%는 회복되지 않거나 유의미하게 악화된다. 그리고 10%는 단식의 영향 혹은 자살로 일찍 사망한다. 시간이 흐르면서 AN 환자 대부분은 체중의 증가와 함께 신경성 폭식증으로 발전된다. 발병의 시기가 늦을수록 그리고 폭식/제거형의 경우 예후가 더 좋지 않다.

신경성 폭식증

신경성 폭식증(bulimia nervosa, BN)은 다소 이후에 발병을 하며 종종 신경성 식욕부진증 이후에 나타난다. 신경성 식욕부진증 사례 중 약 50% 정도가 BN으로 발전한다. 320개의 종단 연구에 의하면 신경성 폭식증은 아동기의 비만, 부모의 문제(알코올 의존 포함), 가족의 체중과 신체 이미지에 대한 비난, 그리고 부정적 자기평가 등과 관련이 깊었다(Jacobi et al., 2004).

BN의 발병은 과거 20년 동안 점점 증가하고 있는 추세이다(Stice & Bulik, 2008). 폭식증이 있는 사람은 신경성 식욕부진증의 폭식/제거형과 비슷한 증상을 갖고 있다. 그러나 이 진단의 완전한 기준에 부합하지는 않는다. 왜냐하면 신경성 폭식증인 사람들은 BMI가 평균 이상을 보이기 때문이다.

DSM-5에 의하면 신경성 폭식증은 적어도 3개월 동안 일주일에 1회 이상 폭식 행동이 일어나야 하며 체중 증가를 막기 위한 반복되는 보상 행동(예 : 스스로 유도한 구토, 단식, 완화제 등 약물 사용, 과도한 운동)이 있어야 한다.

대부분의 사람들이 동일한 시간 동안 먹는 것보다 많은 양의 음식을 먹는 것과 폭식을 하는 동안 통제력이 없는 느낌은 진단의 필수조건이 된다. 폭식은 어디에서건 몇 분에서 몇 시간까지 대략 평균 1,400칼로리를 먹는 동안 지속될 수 있다(Craighead, 2002). 사람들은 폭식에 대해 많은 이유를 든다. 이 이유에는 (하향 순서로) 긴장과 불안, 음식에 대한 갈망, 불행감, 식욕을 통제할 수 없는 능력, 배고픔, 불면증을 포함한다. 섭식장애는 보통 강한 감정을 조절하기 위한 대처 기제로 보인다.

다이어트나 건강식품 탐욕증(건강한 음식을 먹는 것에 집착함)은 보통 섭식장애로 발전하게 하는 초기의 역할을 한다. 그리고 최근의 연구에서는 대학 동료들의 다이어트 활동과 섭식장애 발전 간의 직접적인 상관을 밝히고 있다. 폭식을 하는 사람들은 많은 방법으로 체중을 통제하고 있는데, 그중 하나가 스스로 구토를 유도하는 방법으로 이는 신경성 폭식증 사람들의 90%까지 나타나고 있다. 구토 행동은 종종 친구들한테 배우게 되는데 청소년 여자아이들 사이에서는 몸무게를 조절하는 수용 가능한 방법으로 강화되고 있는 것 같다. 스스로 유도한 구토는 자기 통제감을 증진시키고 불안을 낮추는 것처럼 보이고 이러한 이차적 이득은 이 행동을 없애기 어렵게 만든다. 구토하는 것 외에

신경성 폭식증이 있는 사람들은 단식, 과도한 운동, 음식을 씹은 후에 뱉어버리기, 이뇨제, 완하제, 관장제, 다이어트 약의 사용, 혹은 이러한 행동을 함께하는 등의 다른 보상 행동을 사용한다. 사우나나 핫요가를 하는 것도 체중을 조절하는 방법으로 고려되고 있다. 폭식증이 있는 남성들은 스스로 유도하는 구토와 같은 보상 행동보다는 과도한 운동을 하는 편이다.

스스로 유도하는 구토에는 보통 신체적 표시가 뒤따른다. 이 표시로는 얼룩다람쥐 모습처럼 보이는 귀밑샘의 부기, 손등의 상처(구토를 유도하는 동안 손이 치아와 닿는 것으로 인해 생김), 목이 쉬는 것, 입이 마르는 것 등이 있다. 구토에 대한 생리적 반응은 충치, 치아 에나멜 질의 손실, 전해질 불균형, 심장과 신장의 문제, 식도 파열이 있을 수 있다. 빈번한 폭식과 구토의 장기적 영향으로는 무월경, 빈혈, 탈수, 급성 심부정맥이 포함된다. 영양 결핍은 또한 골다공증, 배란의 문제, 당뇨, 높은 콜레스테롤의 위험성을 높인다(Sagar, 2005).

내담자 특징

15~16세의 연령에 이르면 거의 30%의 소녀들이 다이어트로 체중을 감량하고 있다(Boyce, 2004). 같은 연령 집단의 다른 연구에서는 이 소녀들 중 3분의 1보다 많은 아이들이 체질량지수가 평균 범주에 있음에도 불구하고 자신이 너무 살이 쪘다고 지각하고 있다는 것을 발견하였다(Boyce, King, & Roche, 2008).

과체중일 경우 빈번하게 놀림(집에서도 학교에서도), 따돌림, 집단 활동에서 제외의 원인이 된다(Janssen, Craig, Boyce, & Pickett, 2004). 또한 과체중은 이후 폭식을 포함한 섭식장애로 발전하는 것과 상관이 있으며, 체중을 조절하기 위한 과도한 행동을 하게 되는 것과도 상관이 있다.

많은 연구들은 청소년과 사춘기 이전 아이들의 체중을 감량하려고 하는 노력과 결합된 신체 이미지에 대한 불만족은 사실 체중 증가, 비만, 그리고 이후 섭식장애로의 발전과 연관되었다는 것을 밝혔다(Field et al., 2003; Le Grange & Loeb, 2007; Neumark-Szatainer, Wall, Guo, Story, Haines, & Eisenberg, 2006). 신경성 식욕부진증과 신경성 폭식증 모두 청소년기에서 초기 성인기로 이행하는 동안 유병률이

증가한다(Hoek, 2007). 신경성 식욕부진증과 신경성 폭식증의 4분의 3, 그리고 폭식장애의 50%가 22세 이전에 발병한다(Hudson et al., 2007). 폭식증이 있는 사람들 중 대략 10%는 남성이다. 남성은 여성에 비해 폭식 행동을 더 많이 하는 것 같고 보상 행동으로서 스스로 유도하는 구토는 덜 하는 것 같다. 남성은 섭식장애가 여성의 영역으로 생각되는 문화적 편견 때문에 치료에 덜 오는 경향이 있다(Weltzin et al., 2005).

높은 체질량지수, 낮은 사회경제적 지위의 가족 환경, 낮은 자존감, 자기 자신을 과체중으로 지각하는 것을 포함하여 많은 변인들이 섭식장애로의 발전과 연관된다. 우울과 충동성도 또한 BN과 관련된 구토 행동으로 발전될 위험성과 유의미한 연관이 있다.

청소년기 동안 많은 소녀들은 몸무게에 강박적으로 되고 다이어트와 운동을 시작하며 날씬한 것에 몰두하기 시작한다. 그러나 오직 몇몇만이 BN의 증상으로 발전될 뿐이다. 지금까지 연구들은 왜 다른 사람들은 그렇지 않은데 몇몇 사람들은 섭식장애로 발전하는지에 대한 명쾌한 설명을 하지 못하고 있는 실정이다.

신경성 폭식증의 평생 유병률은 1.5%이다(Hudson et al., 2007). 그들은 폭식 행동에 대하여 과도하게 자기 비난을 하고 비밀로 삼고 있는 듯하다. 그들은 폭식과 구토 행동에 대해 부끄러워하거나 죄책감을 느끼며 종종 통제를 상실한 기분을 느낀다. 이로 인하여 폭식증을 갖고 있는 사람들이 치료를 바로 받지 않고 보통 5년 후에나 이 장애로 치료를 찾게 된다(Fairburn & Harrison, 2003).

신경성 식욕부진증과 마찬가지로 폭식증도 가족적 요인을 갖고 있는 것 같다. 폭식증이 있는 사람들의 일차친척은 종종 기분장애, 물질남용장애, 비만 등이 있었다(Jacobi et al., 2004). 또한 가족들의 충동성이나 기분 불안정성과 같은 취약성을 공유하고 있다(Fischer, Smith, & Anderson, 2003; Lilienfeld et al., 1997). 폭식증이 있는 사람들의 가족들은 아마도 특히 신체 이미지와 체중에 대해서 매우 비판적이며 감정 표현이나 갈등에 대한 높은 기준을 갖고 있을 것이다.

기분장애는 BN이 있는 사람들에게 매우 흔히 나타난다. 폭식증이 있는 사람 중 과반수는 성격장애를 또한 동반하

는데, 이는 연구자들로 하여금 성격장애가 폭식증으로 발전하게 하는 위험 요인이 되지 않을까 하는 의문을 갖게 하였다(Rosenvinge, Martinussen, & Ostensen, 2000; Yates, Sieleni, Reich, & Brass, 1989).

신경성 폭식증이 있는 여성들은 또한 자살사고, 우울장애, 불안, 반사회성 성격장애, 가족의 약물 남용의 비율이 일반 사람들보다 높았다(Grilo et al., 2002). 아동기와 청소년기 때 성적 학대를 받은 비율도 BN이 있는 사람들에게 높이 나타났다.

평가

BN은 신경성 식욕부진증에 비해 의학적 합병증이 더 낮으며 영양부족도 드물게 나타난다. 따라서 의학적 개입이나 입원의 필요성은 매우 낮다. 그럼에도 불구하고 섭식과 관련된 장애에 대한 평가에서는 의학적 원인이나 합병증이 있는지를 배제하기 위하여 반드시 의학적 진단을 받아야 한다.

신경성 폭식증을 평가하는 것은 폭식장애를 평가하는 것과 비슷하다. 평가는 폭식의 빈도와 기간에 중점을 두어야 한다. 치료자는 환자에게 보통 일어나는 폭식과 폭식 행동을 유발하는 감정(예 : 우울, 혐오, 외로움 등)에 대하여 기술하도록 요구한다. 인지에 대한 평가도 또한 중요하다. "내가 뚱뚱하면 아무도 나를 좋아하지 않아."와 같은 인지적 신념이나 신체 이미지에 대한 역기능적 사고는 일반적이다. 또한 폭식을 하는 사람들에게는 구토나 과도한 운동, 완하제의 사용과 같은 보상 행동이 없는지 물어봐야 한다. 보상 행동이 있다는 것을 알게 되면 치료자는 신경성 폭식증이나 신경성 식욕부진증에 대한 감별진단이 필요할 것이다.

섭식장애로 발전하게 되는 위험 요인(예 : 신체에 대한 불만족, 우울, 성격장애)에 대해서 또한 평가해야 한다. 한 중요한 메타분석 연구에서는 일반인들과 대조적으로 섭식장애가 발전될 위험이 높은 사람들을 중점으로 개입한 것이 좀 더 효과가 있었다고 밝히고 있다. 다른 성공적 개입 프로그램은 상호작용적 성격, 알려진 위험 요인(즉 신체에 대한 불만족)에 주의를 기울이면서 감소시키는 것, 한 번의 치료회기가 아닌 여러 번의 치료회기 형식을 사용하는 것이 특징적이었다(Stice, Shaw, & Marti, 2007).

개입 전략

CBT는 신경성 폭식증을 치료하는 데 효과가 있다고 인정되고 있다(Brown & Keel, 2012). 신경성 폭식증의 치료 전략은 감정조절과 행동의 변화에 초점을 둔 신경성 식욕부진증이나 폭식장애의 치료와 비슷하다. 폭식증이 있는 사람에게 평생 우울증 발병 비율은 일반 사람에 비해 60~70% 더 높게 나타난다(Godart et al., 2007). 그리고 이러한 증상들은 다른 동반 장애와 함께 더 효과적인 치료를 위해 다루어야 한다.

동기강화상담 감정을 조절하기 위하여 음식에 의존하기 때문에 신경성 폭식증이 있는 사람들은 건강하게 감정을 다룰 수 있는 자신감이 별로 없는 편이다. 동기강화상담은 치료를 시작할 때 희망을 고취하고 자신감을 북돋는 데 도움을 줄 수 있는 중요한 도구이다.

진단을 통한 개입 인지 외에도 감정에 중점을 두는 진단을 통한 치료 접근은 그 구체적 진단이 무엇인지 상관없이 섭식장애를 갖고 있는 사람들에게 효과적인 것으로 밝혀졌다(Fairburn et al., 2008; Fairburn et al., 2009). 진단을 통한 개입의 이점은 폭식 행동을 줄이고, 감정조절을 잘하게 하고, 환자의 특수한 필요에 중점을 둔 맞춤식 치료 프로그램이 가능하다는 점이다(Fairburn et al., 2009).

강화된 인지행동치료(CBT-E; Fairburn, et al., 2009)는 잘 기능하지 않는 식습관을 갖고 있는 사람들의 필요에 전통적인 CBT를 맞추어 집중적 개입을 제공하고 있다. 신경성 폭식증을 위한 CBT-E의 한 무선통제실험에서는 집중적인 치료와 전반적 치료 모두 신경성 폭식증 치료와 달리 명시되지 않는 섭식장애 치료에 효과적이었다(Fairburn et al., 2009). 전반적인 형태의 치료는 섭식장애와 더불어 추가적인 문제(예 : 불안, 우울)를 다룰 필요가 있는 사람들을 위해 맞출 수 있다.

변증법적 행동치료 치료의 단계적 접근은 폭식증 환자와 작업하는 데 가장 도움을 줄 수 있는 것처럼 보인다. 치료 이전 단계에서 환자의 증상, 변화에 대한 동기, 긍정적 치료적 동맹의 가능성에 대해 평가한다. 치료 단계에서 환자들은 여러 가지 다른 기술(예 : 마음챙김, 감정조절, 스트레스 인내)을 배워 자신의 감정을 관찰하고 평가하고 수정할 수 있도록 하여 폭식과 구토 행동을 줄이게 된다. 자각을 하면서 마음챙김을 하며 식사하는 것을 가르치는 것(이것은 폭식과는 정반대의 행동임)이 변증법적 행동치료(DBT)의 특징 중 하나이다(Safer, Telch, & Chen, 2009). 마지막 회기에서는 치료에서 얻은 점에 대해 요약하고 재발 방지를 위한 계획을 세운다. 그리고 사기를 높이는 치료 회기를 가지면서 그동안 해왔던 진행에 대해 강화한다. DBT와 대기명단에 있는 통제집단과의 비교 연구에서 DBT는 유의미하게 폭식과 구토의 횟수를 줄여주는 것으로 밝혀졌다(Safer, Telch, & Agras, 2001). 그러나 대기자 명단 집단과 비교했을 때 기분조절이나 자존감에서는 차이가 발견되지 않았다.

매뉴얼화된 치료 인지행동치료에 기초하여 구조화된 접근을 제공하는 매뉴얼화된 치료는 대부분의 섭식장애에 가장 널리 활용 가능하며 신경성 폭식증에 대한 가장 선호되는 치료 방법이 되어왔다. 워크북은 대부분 옥스퍼드에서 Christopher Fairburn에 의해 1980년대에 개발되고 가장 최근인 2013년에 개정된 매뉴얼화된 접근과 비슷하다. 이는 20주라는 기간 동안 어떻게 치료가 구조화될 수 있는지의 좋은 예시를 제공한다. 이 치료는 4단계로 구분된다. 첫 번째 단계에서는 치료 접근의 전체 개요와 영양 및 섭식장애에 대한 정보를 제공한다. 그리고 건강한 식사 패턴을 회복하기 위한 노력으로 자기 자신을 관찰하는 것이 시작되고 행동 수정 기술을 배우게 된다. 두 번째 단계에서는 많은 양의 작업을 하게 될 세 번째 단계에 환자가 잘 이행할 수 있도록 돕는 두 번의 개인 회기가 포함된다. 여태까지 진행한 치료에 대해 요약하고 변화의 장애물 혹은 문제점을 찾아보며 개인치료 계획을 발전시키는 정보가 포함된다. 세 번째 단계의 목표는 식사, 체중, 신체 사이즈에 대한 역기능적 사고를 규명하고 변화시키는 데 있다. 인지적 개입은 이 단계에서 중점이 된다. 환자들은 음식, 살, 매체에 나오는 이미지에 대한 자신의 태도에 대해 이야기하게 된다. 완벽주의, 낮은 자존감, 자기효능감에 대한 이슈들이 논의된다. 20주가 끝날 무렵의 네 번째 단계에서는 치료를 잘 종결하는 데 중점을 둔다. 환자들은 자신이 해낸 진전에 대해 돌아보기를 격려받고, 치료의 성과물에 대해 논의하며 재발방지 예방에 대한 계획을 세운다.

이것은 단지 하나의 섭식장애를 위한 매뉴얼화된 자조치료의 한 예이다. 이 밖에도 자조치료(Fairburn, 2013), 가족(Lock & Le Grange, 2015), 청소년과 아동(Le Grange & Lock, 2011), 신체 이미지 왜곡 등에 초점을 맞춘 치료가 있다. 매뉴얼화된 CBT는 신경성 폭식증을 위한 선택 치료가 되었고 폭식장애를 치료하는 데도 역시 비슷하게 효과가 있다는 것이 밝혀졌다(Murphy, Straebler, Cooper, & Fairburn, 2010). 환자들은 이 치료를 좋아하는 것 같다. 매뉴얼에 기초한 치료 접근에 대한 환자의 태도에 대한 한 조사에서 응답자의 25%는 개인치료나 가족치료가 더 도움이 된다고 생각하였으나 많은 환자들은 매뉴얼에 기초한 치료 접근이 매우 효과가 있고 치료로서 수용 가능하다고 평가하였다(Krautter & Lock, 2004).

복합적 접근　폭식증만을 치료하기 위해 승인된 약물은 없지만 폭식증 환자군에서 우울이 높은 비율로 나타나기에 항우울제 약, 특히 SSRI가 심리치료의 일반적인 보조제로 사용된다. 신경성 폭식증에 대한 많은 연구들과 메타분석에서 보면 약물 혹은 심리치료 자체만 사용했을 때보다 복합적인 접근이 좀 더 강력한 효과를 나타냈으며(Grilo et al., 2002; Rivas-Vasquez, Rice, & Kalman, 2003), 폭식과 구토 행동의 빈도를 줄이는 데 도움이 되었다(Romano, Halmi, Sarkar, Koke, & Lee, 2002). 종종 약물을 끊었을 때 재발이 되기 때문에 약물을 사용할 때 CBT와 함께 병행하여 사용하는 것이 중요하다(Mitchell, Agras, & Wonderlich, 2007).

예후

비록 관해율이 낮지만 — 플루옥세틴만으로 치료 시 관해율 20%, CBT만 시행했을 때는 40% — CBT와 플루옥세틴(항우울제)를 병행하는 것이 신경성 폭식증을 치료하는 데 있어 가장 효과가 있는 치료처럼 보인다(Brown & Keel, 2012). 한편 신경성 폭식증 치료의 예후는 신경성 식욕부진증에 대한 예후보다 다소 좋다. 한 연구에 따르면 폭식증 진단 후 5~10년 후에 여성 중 대략 50%가 완전히 회복되었

고, 20%는 여전히 이 장애에 대한 진단을 유지하였고, 약 30%는 재발되었다(Sagar, 2005). 다른 섭식장애와 비슷하게, 치료 경과는 거의 선형적이지 않다. 그래서 재발 예방에 대한 계획을 치료 과정에서 세워야 한다.

폭식장애

폭식장애(binge eating disorder, BED, 기존에는 '명시되지 않는 섭식장애'로 분류되었다)는 *DSM-5* 분류체계에서 자체적인 진단기준을 갖게 되었다. 이는 가장 빈번하게 나타나는 섭식장애로 보이며, 집단표본에서 13~18세 청소년의 경우 1.6%, 7백만 명의 성인에게 영향을 미치고 있다(Swanson et al., 2011). 이는 비만을 초래하고 많은 과체중과 관련된 건강 문제를 야기시킨다. 폭식장애(BED)는 비만과 많은 연관이 있지만 비만을 갖고 있는 대부분의 사람들이 폭식을 하지는 않으며, 이 장애의 진단기준에 들어맞지는 않는다. 비만의 기준에 부합하는 사람 중 8%만이 폭식장애를 보인다(Grilo et al., 2002).

폭식장애는 폭식 삽화가 평균적으로 최소한 3개월 동안 일주일에 1회 이상 발생해야 한다. 그러나 신경성 폭식증의 진단에 필요한 지속적인 보상 행동은 없어야 한다(APA, 2013). BED가 있는 사람은 다음 요인 중 세 가지가 부합되어야 한다.

- 평소보다 많은 양을 급하게 먹음
- 불편하게 배가 부를 때까지 먹음
- 신체적으로 배고프지 않은데도 많은 양의 음식을 먹음
- 혼자 먹음
- 자신의 먹는 행동에 대해 역겨운 느낌 혹은 죄책감을 느낌

폭식 행동에 대한 기준에 부합하는 것 외에도 폭식장애로 진단하기 위해서는 행동의 결과로 인하여 두드러진 스트레스를 경험해야 한다. 먹는 것에 대한 통제감 상실은 BED의 주된 특징이다. 과식을 하지만 먹는 것에 대해 통제감을 상실했다고 보고하지 않는 사람은 BED의 진단에 맞지 않을 것이다(APA, 2013).

보통 폭식은 기분 변화에 의해 촉발된다. 섭식장애는

부정적인 기분 상태를 조절하기 위한 시도에서 발전된다 (Stice et al., 2004). 사람들은 폭식 전에 불안이나 긴장감을 보고하며, 그 후 감정을 마비시키거나 안락감을 느끼기 위해 그리고 부정적 감정으로부터 주의를 전환시키기 위하여 많은 양의 음식을 섭취한다. 그러나 회피행동은 다시 나쁜 영향을 초래하게 되는데, 즉 더 많은 부정적 기분과 죄책감을 가져오게 되고, 결국 이것이 반복되는 폭식 행동을 초래하여 만성적 과정을 일으키게 한다. 우울한 증상은 폭식 발병의 예측 요인이다. 또한 반대로 폭식 삽화 이후 뒤따르는 수치심, 죄책감, 부정적 기분은 우울의 위험 요인을 증가시킬 수 있다. 감정적 자기조절 문제는 이후 삶에서 충동적 과식, BED, 신경성 폭식증, 불안, 우울을 초래하게 된다 (Zerbe, 2008).

*DSM-5*는 폭식장애의 심각도를 나타내기 위해 다음을 명시하면서 차원적 모델을 덧붙였다.

경도 : 평균적으로 일주일에 1~3회의 폭식
중등도 : 평균적으로 일주일에 4~7회의 폭식
고도 : 평균적으로 일주일에 8~13회의 폭식
극도 : 평균적으로 일주일에 14회 이상의 폭식

BED는 단지 과식하는 것과는 다르다. BED의 진단기준에 맞는 사람들은 먹는 것에 대한 통제감의 상실을 보고한다. 유전적 그리고 환경적 변인 모두 이 섭식장애의 발달에 있어 중요한 역할을 하는데, 여기서 유전적 요인이 45% 정도의 영향을 미치고 있다(Adan & Kaye, 2011).

양극성장애, 우울, 불안, 그리고 동반되는 물질남용장애는 BED 환자군에게서 높은 비율로 나타나고 있다. 폭식장애 환자들은 또한 삶의 질이 특히 직장과 성생활에 있어서 많이 훼손되고 있다고 보고하고 있다(Hudson et al., 2007; Wildes & Marcus, 2009). 또한 B군 성격장애의 충동적 특성은 먹기 전에 그 결과를 생각하지 못하고 심사숙고 능력이 결여되어 있는 BED 사람들에게서 나타난다(McElroy & Kotwal, 2006). 당뇨병과 다른 건강 관련 문제들을 포함한 의학적 합병증은 비만으로부터 빈번히 발생하게 된다.

내담자 특징

BED 사람들은 어떤 것에 대해 극단적으로 바라보고, 체중과 신체 이미지의 중요성에 대해 과도하게 강조하는 것과 같은 완벽주의적 사고를 갖고 있다. 다른 섭식장애보다 폭식장애 환자들은 여러 종류의 다이어트 시도와 실패를 반복하면서 요요현상을 많이 경험하여 체중의 감소와 증가가 되풀이되고, 자기 자신에게 음식 규제를 하는 경향이 있다. 그들은 또한 수치심 때문에 혼자 있을 때 먹기 위해 음식을 숨기거나 모아두는 경향이 있다.

BED의 유병률은 일반인에게서 0.7~4% 정도로 나타난다. 체중 감소 프로그램에 참여하는 사람들 중에서는 그 비율이 좀 더 높이 나타난다(약 30%까지도 나타난다). 음식을 과도하게 섭취하는 경향은 아동 때부터 시작되며 체중 증가, 신체 이미지와 관련된 심리적 증상, 그리고 결국에는 다이어트 행동으로의 발전으로 연관된다(APA, 2013). 그러나 폭식장애의 발달은 성인기 초기 및 중반기에 발생한다. 폭식 행동은 여성만큼 남성에게서도 빈번히 보인다. 그러나 남성은 폭식 삽화 이후 스트레스를 받아야 한다는 진단기준에 들어맞지 않는 경우가 대부분이다(Hudson et al., 2007). 남성들은 보상 행동으로 과도한 운동을 좀 더 자주 사용한다(Anderson & Bulik, 2003).

섭식장애로 발전되는 남성들은 여성과는 다른 패턴을 갖는 것 같다. 그들은 치료를 찾지 않는 경향이 있고, 증상에 대해 무시하거나 묵살하는 경향이 더 많다. 남성들의 친구나 가족 또한 증상에 대해 섭식장애라기보다는 근육을 만들려고 과도하게 운동을 하거나 약물 사용과 같은 원인으로 돌리는 것 같다(Woodside, 2004).

평가

BED는 정서적 안녕감뿐만 아니라 신체적 안녕감에도 영향을 미칠 수 있다. 따라서 철저히 평가를 시행하는 첫 번째 단계에서는 신체적으로 손상을 주는 모든 것을 포함한 환자의 먹는 행동에 대한 정확한 내력을 살펴봐야 한다. 환자에게 최근의 의학적 내력을 물어봐야 하고 그전 해에 신체적으로 문제가 있는지 알아보기 위해 의사에게 소개해야 한다.

폭식장애와 함께 동반되는 기분장애를 진단하는 데 유용한 평가 도구는 다음과 같다.

- 폭식장애 척도(Binge Eating Scale, BES; Gormally, Black, Daston, & Rardin, 1982) — 자기보고 형식의 16문항
- 식사 기대 척도(Eating Expectancy Inventory, EEI; Hohlstein, Smith, & Atlas, 1998) — 리커트식 34문항으로 다른 섭식장애와 폭식증을 구분할 수 있게 도와주는 세 하위 유형이 있는 질문지
- 켄터키 마음챙김 기술 척도(Kentucky Inventory of Mindfulness Skills, KIMS; Baer, Smith, & Allen, 2004) — 지켜보기와 비판단적 수용과 같은 마음챙김 기술에 대한 자기보고 도구
- 벡 우울 척도-II(BDI-II; Beck, 1996)

어떤 환경에서 어느 정도의 음식을 섭취하였는지, 그리고 그 식사가 폭식 삽화로 느껴지는지 등이 포함된, 섭취한 모든 음식을 쓰는 음식 일기는 치료에서 중점을 두는 자각 영역에 도움이 될 수 있다.

동기강화상담은 충동적인 행동을 진정시키기 위한 효과적인 방법이다(Zweig & Leahy, 2012). 다음 질문은 첫 평가에서 포함될 수 있는 것이다.

- 이 상담에서 환자의 치료 동기는 어느 정도인가?
- 환자가 자신의 식사 행동에 대해 모니터링하고 싶어 하는 의지가 있는가?
- 환자가 체중 감소에 대한 이슈보다 폭식 행동을 줄이는 데 초점을 두려는 의지가 있는가?
- 다이어트가 포함되어 있지 않은 개입을 사용하는 데 관심이 있는가?
- 치료 목표를 정하기 전에 다른 정신건강 문제가 고려되어야 하는가?
- 폭식이 어떤 기능을 하는가? (Craighead, 2002)

동기강화상담은 환자로 하여금 자신의 행동을 지키는 것과 변화시키는 것의 이득과 손실을 생각해볼 수 있도록 한다. 평가 과정 초기에 합리적이고 작은 노력으로도 성취 가능한 구체적인 치료 목표를 설정해야 한다.

지난 시간 동안 체중이 언제 증가하고, 언제 감소하는지 개인의 역사를 담은 섭식장애에 대한 시간상 변화표는 스트레스가 되는 생활사건 및 증상의 발단과의 관계에 대해 알 수 있도록 돕는다. 이때 포함되면 좋은 영역들로는 환자의 인생 전반에 걸친 중요한 생활사건에 대한 기억의 연대표, 기분과 자존감, 대인관계, 그리고 체중의 변화(보상 행동 포함)이다. 과거의 치료도 또한 포함되어야 한다. 그동안의 식사에 대한 문제를 보고하는 것은 보통 이 장애에 대한 만성적 변화 과정을 규명하고 그 패턴을 아는 데 도움이 될 수 있다.

BED에 대해 평가할 수 있는 다른 유용한 도구들로는 식사 행동에 대한 자기보고, 인지적 과정에 대한 평가, 자기효능감에 대한 척도, 신체 이미지 평가 등이 있다. 섭식장애와 성격장애를 동반하고 있는 사람들의 비율이 높기 때문에 관련 성격 특성과 장애를 평가하는 것도 필요하다.

BED를 갖고 있는 사람들은 이면에 보통 외상과 감정조절장애에 대한 역사가 있기 때문에 치료자는 기분장애 혹은 양극성장애, 알코올 혹은 약물 사용, 충동적이거나 무모한 행동에 대한 역사, 자해나 자살 경향성, 대처 기술, 관계에 대한 내력(부모, 자매, 친구, 애인 관계 포함)에 대해 잘 알고 있어야 한다. BED가 있는 많은 사람들은 또한 외상의 역사를 갖고 있다. 이에 성적 혹은 정서적 학대, 사별, 또는 다른 외상적 사건에 대해 살펴보는 것이 적절하겠다.

충동조절과 감정조절 장애가 보이는 모든 장애와 마찬가지로 BED 평가에서는 환자의 변화 동기 수준을 판단하고 행동적 요인과 정서적 요인에 대해 철저히 다뤄야 한다.

치료자의 자질

섭식장애에 성공적으로 작업하는 치료자들은 변화에 대한 환자의 동기가 오르락내리락하면서 계속 변하는 것에 대해 타당화하고 이를 다루려는 노력이 필요하다. 첫 회기에서 동기강화상담을 시행하는 치료자는 치료 진행 과정에서 낙담하거나 실패했을 때 환자들을 도울 수 있는 능력이 있어야 한다. 그때 처음 기술했던 목표에 대해, 그리고 그대로 있는 것과 행동 변화하는 것의 장점과 단점을 다시 평가하고 탐색하는 것은 중요할 것이다. 행동 변화에 대한 가장 효과적인 방법은 양가감정을 다루고 구체적이고 성취 가능

한 행동변화 목표를 세우는 것이라는 점이 지속적으로 밝혀지고 있다(Miller & Rollnick, 2012; Barlow et al., 2011).

치료자는 부정적 감정을 피하는 대신 지지적 환경을 제공하여 환자들이 감정을 표현하게 하고 그 감정을 인식하고 명명할 수 있게 하여, 궁극적으로는 그 감정들을 포용할 수 있는 방법을 배울 수 있도록 한다. 환자들은 폭식 행동에 대해 새롭게 대처할 수 있는 기술을 개발하고 대안적 행동을 발견하게 될 것이다. 물론 치료자는 또한 치료를 종결하기 전에 재발 예방에 대해 논의하게 될 것이다.

개입 전략

폭식장애의 치료는 대부분 인지행동 요소를 포함하고 있다. 메타분석, 무선통제실험, 임상적 지침에서는 모두 CBT와 IPT가 다른 치료보다 확실히 더 효과가 있는지에 대해서는 분명하지는 않지만, 폭식장애에 효과적이라고 보고하고 있다(Brown & Keel, 2012; Fay, 2013). 다음은 CBT, DBT, 대인관계치료, 그리고 약물과 함께한 치료에 대한 간략한 요약 내용이다.

강화된 인지행동치료 Fairburn과 동료들에 의해 강화된 인지행동치료(CBT-E)는 섭식장애가 있는 사람들에게만 특정하여 진단에 근거한 설계된 접근이다. 많은 연구들에 의하면 BED 치료에 있어서 자조치료 자체보다 안내가 주어지는 자조 프로그램이 더 효과가 있는 것으로 나타났다. 신경성 폭식증 혹은 다른 특정 섭식장애(예 : 야식증후군)와 관련된 폭식장애를 CBT-E와 함께 치료를 하는 것에 대해서는 연구가 덜 되었고 아직 일치되지 않는 결과가 보고되고 있다.

한 폭식장애가 있는 사람들에 대한 무선통제실험에서 무선으로 안내가 주어지는 자조치료와 보통의 치료(treatment as usual, TAU) 집단에 무선할당을 하였는데, 안내가 주어지는 자조치료 집단은 64%가 폭식을 멈췄고 TAU 집단에서는 45%가 폭식을 멈췄다(Striegel-Moore et al., 2010). 다이어트, 신체 모습에 대한 고민, 우울에 있어서도 또한 향상이 있었다.

최근 연구들에 기초하여 Fairburn은 폭식을 하는 사람들이 스스로 자조 매뉴얼을 따라 할 수 있는 단계적 치료 접근을 제안하고 있다. 반복되는 폭식을 하는 사람들은 CBT나 CBT-E를 전문적으로 훈련받은 사람과의 개인치료 단계를 추가해야 할 것이다. Fairburn은 더 나아가 지지와 유대감을 제공하는 데 도움을 주는 12단계 추가적 치료 프로그램을 권하고 있다. 그러나 아직까지 폭식장애에 대한 이러한 프로그램 치료의 효과성에 대해서는 증거가 부족한 실정이다.

변증법적 행동치료 변증법적 행동치료(DBT)는 대부분의 만성적 섭식장애에 도움이 된다고 밝혀졌는데, 특히 성격장애, 약물남용장애, 우울이 동반되고 치료에 저항적인 사람들에게 효과적이다. DBT가 부정적 감정을 감소시키고 감정조절 기술을 증진시키는 데 목표를 두기 때문에, 부정적 기분을 많이 느끼고, 충동적이며 자살의도가 없는 자해 행동과 해리 삽화를 보이는 경계선적 특성을 갖고 있는 사람에게 특히 도움이 될 것이다(Craighead, 2002).

한 연구에 의하면 BED에게 특히 적합한 DBT(DBT-BED)가 비처치 통제 집단에 비해 효과가 있었다고 보고하였다(Safer, Robinson, & Jo, 2012). 폭식이 줄어들었고, 자제력이 좀 더 빠르게 향상되었으며, DBT-BED는 낮은 조기 종결 비율을 보였다. DBT는 BED가 있는 사람들이 감정을 조절하고 폭식과 대조를 이루는 마음챙김 식사 행동을 받아들일 수 있도록 돕는다.

대인관계치료 대인관계치료(IPT)는 단기 심리치료로서 사람들이 관계와 애도 등을 살펴보면서 현재 대인관계 이슈들을 규명하고 변화하는 데 도움을 준다. 이는 본래 Weisman과 동료들에 의해 우울증을 치료하기 위해 개발되었는데, 그 이유는 분명하지는 않지만 폭식장애를 치료하는 데 도움이 된다고 밝혀지고 있다. BED가 있는 많은 사람들은 우울 증상이 있고, 대인관계 문제가 있으며 애도나 상실과 관련하여 지지가 필요하다(Wilson et al., 2007). IPT의 효과는 20회기 치료 종결 후, 그리고 1년 후에 폭식을 참는 것, 폭식하는 일수, 폭식의 빈도 면에서 CBT와 비슷한 것으로 나타났다(Wilfley et al., 2002; Wilson, Wilfley, Agras, & Bryson, 2010).

복합적 접근 항우울제, 항경련제 토피라메이트(토파맥스),

날트렉손(레비아)과 같은 항아편제는 BED와 관련된 폭식을 줄이는 것으로 밝혀졌다. 그러나 약물에 의존하는 문제는 약물을 중단했을 때 재발이 많이 된다는 점이다. 약물을 중단했을 때 재발의 비율이 높기 때문에 행동 변화를 고취시키기 위해서는 인지행동치료가 선택적으로 병행되어야 한다(Mitchell et al., 2007; Zweig & Leahy, 2012).

폭식장애에 대한 복합적 치료는 폭식 행동을 성공적으로 중단시키는 것 같다. 그러나 체중 감소가 필수적으로 따라오지는 않는다. 식욕을 줄이는 약물 혹은 체중 감량을 일으키는 약물도 가능하다. 많은 약물들이 여기에 포함되어 있는데, Brown과 Keel(2012)의 연구에서 모든 약에 관한 목록을 찾을 수 있을 것이다.

어떤 사람들은 체중을 감소시키기 위하여 베리아트릭 체중감량 수술(bariatric weight loss surgery, BWL)과 같은 다른 의학적 개입을 결정하기도 한다. 최근 BWL 수술을 한 사람과 BWL과 비슷한 생활양식 조성 프로그램에 참여한 사람들에 대해 비교한 연구에서 보면 두 집단에서 폭식 빈도가 비슷하게 감소하였다. 그러나 베리아트릭 수술을 한 사람들은 치료 1년 이후에 더 많은 체중이 감소하였다(체중의 22.1%). 이에 반해 생활양식 조성 프로그램에 참여한 사람들은 10.3%의 감소를 보였다(Wadden et al., 2011). 한편 별도 연구에서 BWL을 받은 사람 중 12%는 수술 이후에 스스로 유도하는 구토를 시작하는 것으로 보고되었다(de Zwaan et al., 2010).

예후

폭식장애는 잘 치료가 되며 관해 비율도 신경성 식욕부진증이나 신경성 폭식증에 비해 높다. CBT와 IPT는 관해율이 80%를 보이며 BED 치료에 있어 가장 장기 효과가 높은 것으로 보인다(Wilfley et al., 2002; Wilson et al., 2010; Zweig & Leahy, 2012). DBT도 또한 성공 가능성이 높아 보인다. 비록 폭식장애가 만성적 상태이며 인생의 과정 중 다시 생기기도 하지만 이 장애에 대한 예후는 신경성 식욕부진증이나 신경성 폭식증이나 비만 그 자체보다는 좋다. Fairburn과 동료들(2009)은 신경성 폭식증보다 BED에 대한 높은 회복률을 보고하고 있으며 BED 집단 중 82%는 치

료 5년 후에도 회복 상태를 유지하고 있었다.

달리 명시된 급식 또는 섭식 장애

이 섭식장애 분류는 이전에는 DSM-IV에서 달리 명시되지 않는 급식 장애(EDNOS)로 알려졌으며 많은 다양한 진단적 특성을 포함하고 있었다.

DSM-5 진단기준에서는 역치 아래에 있는 전형적인 신경성 식욕부진증이나 신경성 폭식증은 달리 명시된 급식 또는 섭식 장애(OSFED)로 구분한다. 제거장애나 야식증후군 같은 것이 구분될 것이다. 폭식장애는 DSM-5가 출판되면서 그 분류가 구분되었고 더 이상 이 분류에 들어가지 않는다. OSFED는 다음 다섯 가지 상황에 대하여 진단될 수 있다.

1. 폭식장애(저빈도 그리고/또는 제한된 기간) : BED의 진단기준에 모두 들어맞지만 폭식의 빈도가 일주일에 1회 이하이거나 3개월 이하로 나타남
2. 신경성 폭식증(저빈도 그리고/또는 제한된 기간) : BN의 진단기준에 맞지만 예외적으로 이 장애는 3개월 이하로 나타나거나 일주일에 1회 이하로 나타남
3. 제거장애 : 제거장애가 있는 사람들은 폭식 완하제나 약물이 없는 상태에서 체형이나 체중에 대해 과도하게 걱정하고 살이 찌는 것을 피하기 위해 스스로 유도하는 구토, 설사제, 이뇨제 또는 다른 치료약물을 오용하는 것 등이 포함된 극도의 조치를 취함(Keel & Striegel-Moore, 2009). 제거장애의 주요 특징은 폭식 행동 없이 반복적인 제거 행동이 있음(APA, 2013)
4. 비전형적 신경성 식욕부진증 : AN의 진단기준을 모두 보이지만 체중이 평균이거나 그 이상을 유지함
5. 야식증후군 : 야식증후군의 진단은 밤에 반복적으로 먹는 삽화, 자다가 일어나서 먹는 삽화, 저녁 식사 후에 많은 양의 음식을 섭취하는 삽화를 보이는 사람에게 해당함. 야식증후군에 해당되기 위해서는 사회적 규범이나 개인의 수면 주기 변화에 의해 발생해서는 안 됨. 또한 스스로 밤에 먹고 있다는 사실을 인식하고 있으며 약물의 영향(예 : 수면제), 약물 남용(예 :

안주)이나 다른 섭식장애(예 : 폭식), 또는 의학적 상태에 의해 설명될 수 없음(APA, 2013)

야식증후근의 증상으로는 아침에 배고프지 않고 하루에 섭취해야 하는 칼로리의 반 이상을 저녁 식사 이후에 섭취하며 수면에 지장이 있거나 불면증이 있다. 야식증후군은 미국의 거의 6백만 명의 사람들에게서 나타나고 있으며 이 중 33%가 병적인 비만의 기준에 부합된다. 남성과 여성에게 비슷한 유병률을 보인다. 야식증후군은 폭식장애로 설명될 수 없다. 만일 그러하다면 폭식장애로 진단되어야 한다. 한 연구에 의하면 야식을 하는 사람들 중 거의 3분의 1에 해당하는 사람들이 또한 폭식장애로 진단되었다.

야식증후군에 대한 최근의 연구에서는 야식증후군으로 진단받은 사람들에게서 비만, 우울, 다른 섭식장애 행동(예 : 폭식, 구토), 자살 의도 없는 자해의 비율이 증가된 것으로 나타났다(Runfola, Allison, Hardy, Lock, & Peebles, 2014). 조금 오래된 연구에 의하면 야식증후군이 없는 사람들의 경우 저녁 8시에서 새벽 6시 사이에 15% 정도만의 칼로리를 섭취하는 데 반해 야식증후군이 있는 사람들은 평균 56%의 칼로리를 섭취하는 것으로 밝혀졌다(Birketvedt et al., 1999).

야식증후군은 수면을 유도하기 위하여 약을 복용하는 동안 주로 발생하는 수면 관련 섭식장애(sleeping related eating disorder, SRED)와는 구분되어야 한다. SRED의 경우 자는 동안 걸어 다니고 먹는 행동에 대해 인지하지 못하는 몽롱한 상태에서 일어나는데, 보통 아침에 일어나 먹을 것을 찾거나 다른 일을 하게 된다.

명시되지 않는 급식 또는 섭식 장애

이 범주는 섭식장애의 특징이 보이지만 특정 급식 혹은 섭식 장애에 대한 완전한 기준을 만족시키지 못할 때 적용된다. 이 범주는 치료자가 기준에 맞지 않는 이유를 명시할 수 없는 상황 혹은 좀 더 특정한 진단을 내리기에는 정보가 불충분한 상황을 포함한다.

결론

섭식장애의 이전 치료에 대한 반응은 치료의 긍정적 결과에 대한 가장 좋은 예측변수가 될 것이다(Wilson & Fairburn, 2007). 긍정적 예후를 갖는 데 많은 변인들이 상호작용을 하는데, 다음사항을 포함한다.

- 지지적인 가족 환경
- 환자의 높은 교육 수준
- 질병이 생기기 전의 좋은 기능 상태
- 환자가 허기를 인지할 수 있는 능력
- 성숙도와 자아 존중감
- 적은 체중 감량
- 짧은 장애 기간
- 장애에 대해 부정하지 않는 정도
- 활동량이 많음
- 다른 정신장애의 부재

대부분의 충동조절장애와 마찬가지로 섭식장애의 재발은 흔히 일어나며 보통 스트레스가 되는 생활사건에 의해 시작된다. 재발과 치료적 이득을 유지할 수 있는 계획은 섭식장애의 성공적 치료 계획에 반드시 포함되어야 한다. 더 이상 섭식장애의 기준에 부합되지 않는 사람일지라도 불쾌한 감정을 경험하고 건강하지 못한 섭식 패턴을 유지하고 있을 수 있다. 섭식장애에 대한 치료는 추후 치료의 방문, 지지 집단, 다시 원상태로 되돌아왔을 때를 예방하고 이를 다룰 수 있는 다른 계획들까지 확장되어야 한다.

치료적 제언 : 통합 치료 모델

이 장에서는 섭식장애의 진단과 치료에 초점을 맞추었다. 섭식장애의 증상은 매우 다양할 수는 있지만 공통점이 있다. 섭식장애 환자의 치료 설계 형식에 맞춰 구조화된 일반적인 치료적 제언을 다음에 제시하고자 한다.

진단

- 섭식장애(이식증, 되새김장애, 회피적/제한적 음식섭취장애, 신경성 식욕부진증, 신경성 폭식증, 폭식장애, 달리 명시된 급식 또는 섭식 장애, 명시되지 않는 급식 또는 섭식 장애)

치료 목표

- 장애에 대한 지식 획득
- 역기능적인 식사 관련 행동 감소
- 건강하고 영양이 균형 잡힌 식사 행동 습득
- 스트레스를 감소시키고 생활양식의 개선
- 재발 예방

평가

- 대부분의 모든 사례에서 신체 검사가 중요함
- 증상 평가
- 증상 심각도의 기저선 측정
- 동반하고 있는 정신적 장애 존재 여부 판단

치료자의 자질

- 팀의 일원으로 협조해서 작업할 수 있는 능력
- 섭식장애에 대한 지식
- 구조화하고 지시적이지만 지지적일 수 있는 능력
- 환자의 행동에 대한 잠재적인 부정적 감정을 다룰 수 있는 능력
- 동기가 없는 환자와 생산적으로 작업할 수 있는 능력

치료 장소

- 보통 외래 세팅
- 몸무게를 유지하지 못하거나 자살사고가 있는 심각한 사례의 경우 단기 입원 치료 가능
- 주간 치료나 부분적 입원 프로그램도 가능
- 부가적인 치료로서 온라인상의 지지

개입 전략

- 음식을 음미하면서 먹을 수 있도록 도우며, 자신을 관대하게 대하고, 건강하지 않은 식사 행동을 하게 하는 인지를 규명하고 변화시키며, 건강하지 않은 행동을 변화시키는 작업 내용을 포함하는 수용 기반 치료(ACT, DBT, MBCT)
- 환자로 하여금 자신의 식사 행동에 영향을 주는 기분과 그 영향을 관찰할 수 있도록 돕는 인지행동치료
- 대처를 좀 더 잘할 수 있도록 문제해결 습득
- 섭식장애가 있는 아동이나 10대의 경우에는 가족 기반 치료
- 체중의 정상화와 영양에 대한 교육

치료의 주안점

- 지시적
- 중간 정도의 지지적
- 주로 현재 행동과 대처 기제에 중점을 둠

치료 참여 구성

- 변화에 대한 동기가 낮을 때 특히 집단치료가 중요함
- 개인 및 가족치료도 또한 중요함

치료 속도

- 빠른 속도
- 재발 방지에 중점을 둔 확장된 회복기 치료가 있는 중간 정도 지속 기간의 단기치료

약물치료

- 음식에 대한 집착을 줄이고 우울이나 불안 증상을 치료하고 폭식을 조절하기 위해 보조적 치료로서 약물이 필요한 경우도 있음

보조 개입

- 동료 지지 집단
- 영양 상담
- 마음챙김 명상

예후

- 환자가 변화에 대한 동기가 있는 경우 유의미한 발전의 긍정적 예후
- 재발이 일반적임

통합 치료 모델 : 앤디

이 장은 섭식장애 때문에 치료를 찾은 대학생 앤디에 대한 기술로 시작하였다. 앤디는 어린 시절부터 엄격한 식습관을 해온 배경이 있었다. 앤디의 어머니는 가족들에게 생활 전반에서 엄격한 규칙을 강요했는데, 여기에는 음식을 먹는 것도 포함되었다. 그 결과 앤디는 건강한 음식을 어떻게 선택해야 하는지나 필요한 음식의 양을 스스로 결정하는 것을 배우지 못했다. 대학에 갔을 때, 처음으로 많은 음식 종류를 선택해야 하는 것을 경험했고 갑자기 9kg이나 체중이 증가했다. 그러고 나서 체중을 감소시키기 위해 극심한 노력—스스로 구토하기나 다른 보상 행동—의 결과로 신경성 식욕부진증이 초래되었다. 다음은 앤디를 치료하는 데 제안된 통합 치료 모델이 제시되어 있다.

진단

- 신경성 식욕부진증

치료 목표

- 건강한 영양섭취와 관련된 교육 제공
- 폭식 삽화의 감소 및 제거
- 영양이 균형 잡힌 건강 회복
- 함께 동반된 다른 상태를 치료
- 가족 심리교육 제공 및 지지 요청
- 재발 방지 예방

평가

- 의학적 검사를 위해 의사에게 의뢰
- 기분장애(우울 및 양극성장애) 평가
- 폭식 행동과 스스로 구토하는 행동의 빈도와 심각도 평가

치료자의 자질

- 지지적이면서도 권위적인
- 끈질기면서도 인내력 있는
- 팀 접근 치료의 구성원으로서 협력적으로 일할 수 있는

치료 장소

- 외래 세팅
- 만약 증상이 나빠지거나 자살사고가 있는 경우 주간 치료나 부분적 입원 프로그램

개입 전략

- 변증법적 행동 치료—음식, 체중, 신체상에 대한 부정적 왜곡을 변화
- 대인관계치료—어떻게 관계가 폭식과 스스로 구토하는 행동에 영향을 주는지 알기

치료의 주안점

- 지시적—특히 영양에 관한 상담을 할 때
- 다른 면에서는 지지적

치료 참여 구성

- 개인치료
- 섭식장애에 대한 DBT 집단치료와 병행

치료 속도

- 일주일에 1~2회 개인치료 회기
- 부가적으로 매주 집단치료

약물치료

- 이번에는 필요 없음

보조 개입

- 영양 상담
- 부모(특히 어머니)가 건강한 섭식 패턴을 이해하고 강화해 주기 위한 가족 기반 치료

예후

- 스스로 구토하는 증상 치료에는 매우 좋음
- 장기간 치료로 완전한 회복이 가능함

추천문헌

Fairburn, C. G. (2013). *Overcoming binge eating* (2nd ed.). New York, NY: Guilford Press.

Grilo, C. M., & Mitchell, J. E. (2010). *The treatment of eating disorders: A clinical handbook.* New York, NY: Guilford Press.

Le Grange, D., & Lock, J. (2011). *Eating disorders in children and adolescents: A clinical handbook.* New York, NY: Guilford Press.

Lock, J., & Le Grange, D. (2015). *Treatment manual for anorexia nervosa: A family based approach* (2nd ed.). New York, NY: Guilford Press.

Lynch, T. R., Lazarus, S., & Cheavens, J. S. (2015). Mindfulness interventions for emotion dysregulation disorders: From self-control to self-regulation. In B. K. Brown, D. Cresswell, & R. Ryan (Eds.), *Handbook of mindfulness: Theory and research.* New York, NY: Guilford Press.

McGilley, B. H., & Szablewski, J. K. (2010). Recipe for recovery: Necessary ingredients for the client's and clinician's success. In M. Maine, B. H. McGilley, & D. Bunnell (Eds.), *Treatment of eating disorder: Bridging the research-practice gap* (pp. 197–215). Burlington, MA: Elsevier.

Watson, H. J., & Bulik, C. M. (2013). Update on the treatment of anorexia nervosa: Review of clinical trials, practice guidelines and emerging interventions. *Psychology of Medicine, 43,* 2477–2500.

참고문헌

Adan, R. A. H., & Kaye, W. H. (2011). *Behavioral neurobiology of eating disorders.* New York, NY: Springer.

American Psychiatric Association. (2013). *Diagnostic and statistical manual of mental disorders* (5th ed.). Washington, DC: Author.

Anderson, C., & Bulik, C. (2003). Gender differences in compensatory behaviors, weight and shape salience, and drive for thinness. *Eating Behavior, 5,* 1–11.

Arnkoff, D. B., Glass, C. R., & Shapiro, S. J. (2002). Clients' expectations and preferences. In J. C. Norcross (Ed.), *Psychotherapy relationships that work: Therapist contributions and responsiveness to patients* (pp. 335–356). New York, NY: Oxford University Press.

Attia, E., Kaplan, A. S., Walsh, B. T., Gershkovich, M., Yilmaz, Z., Musante, D., & Wang, Y. (2011). Olanzapine versus placebo for out-patients with anorexia nervosa. *Psychological Medicine, 41,* 2177–2182.

Baer, R. A., Smith, G. T., & Allen, K. B. (2004). Assessment of mindfulness by self-report: The Kentucky Inventory of Mindfulness Skills. *Assessment, 11,* 191–206.

Barlow, D. H., Ellard, K. K., Fairholme, C. P., Farchione, T. J., Boisseau, C. L., Allen, L. B., Ehrenreich-May, J. (2011). *The unified protocol for transdiagnostic treatment of emotional disorders: Client workbook.* New York, NY: Oxford University Press.

Beck, A. T. (1996). *Manual for the Beck Depression Inventory-II.* San Antonio, TX: Psychological Corporation.

Birketvedt, G. S., Florholmen, J., Sundsfjord, J., Østerud, B., Dinges, D., Bilker, W., & Stunkard, A. (1999). Behavioral and neuroendocrine characteristics of the night-eating syndrome. *Journal of the American Medical Association, 282,* 657–663.

Boyce, W. F. (2004). *Young people in Canada: Their health and well-being.* Ottawa, Ontario: Health Canada.

Boyce, W. F., King, M. A., & Roche, J. (2008). Healthy living and healthy weight. In *Healthy Settings for Young People in Canada.* Retrieved from http://www.phac-aspc..gc.ca/dca-dea/yjc/pdf/youth-jeunes-eng.pdf

Brown, T. A., & Keel, P. K. (2012). Current and emerging directions in the treatment of eating disorders. *Substance Abuse: Research and Treatment, 6,* 33–61.

Bulik, C. M., Sullivan, P. F., Tozzi, F., Furberg, H., Lichtenstein, P., & Pedersen, N. L. (2006). Prevalence, heritability, and prospective risk factors for anorexia nervosa. *Archives of General Psychiatry, 63,* 305–312.

Carter, F. A., Jordan, J., McIntosh, V. V., Luty, S. E., McKenzie, J. M., Frampton, C. M., . . . Joyce, P. R. (2011). The long-term efficacy of three psychotherapies for anorexia nervosa: A randomized, controlled trial. *Eating Disorders, 44,* 647–654.

Clarke, T. K., Weiss, A. R., & Berrettini, W. H. (2012). The genetics of anorexia nervosa. *Clinical Pharmacology Therapy, 91,* 181–188.

Constantino, M. J., Arnow, B. A., Blasey, C., & Agras, W. S. (2005). The association between patient characteristics and the therapeutic alliance in cognitive behavioral and interpersonal therapy for bulimia nervosa. *Journal of Consulting and Clinical Psychology, 73,* 203–211.

Costin, C. (2007). *The eating disorder sourcebook: A comprehensive guide to the causes, treatments, and prevention of eating disorders* (3rd ed.). New York, NY: McGraw-Hill.

Craighead, L. W. (2002). Obesity and eating disorders. In M. M. Antony & D. H. Barlow (Eds.), *Handbook of assessment and treatment planning for psychological disorders* (pp. 300–340). New York, NY: Guilford Press.

Crow, S. J., Mitchell, J. E., Roerig, J. D., & Steffen, K. (2009). What potential role is there for medication treatment in anorexia nervosa? *International Journal of Eating Disorders, 42,* 1–8.

Dalle Grave, R., Calugi, S., Doll, H. A., & Fairburn, C. G. (2013). Enhanced cognitive behavior therapy for adolescents with anorexia nervosa: An alternative to family therapy? *Behaviour Research and Therapy, 51,* R9–R12.

de Zwaan, M., Hilbert, A., Swan-Kremeier, L., Simonich, H., Lancaster, K., Howell, L. M., … Mitchell, J. E. (2010). Comprehensive interview assessment of eating behavior 18–35 months after gastric bypass surgery for morbid obesity. *Surgical and Obesity Related Disorder, 6,* 79–85.

Eisler, I., Simic, M., Russell, G., & Dare, C. (2007). A randomized controlled treatment trial of two forms of family therapy in adolescent anorexia nervosa: A five-year follow-up. *Journal of Child Psychology and Psychiatry, 48,* 552–560.

Fairburn, C. G. (2013). *Overcoming binge eating* (2nd ed.). New York, NY: Guilford Press.

Fairburn, C. G., Cooper, Z., Doll, H. A., O'Connor, M. E., Bohn, K., Hawker, D. M., … Palmer, R. L. (2009). Transdiagnostic cognitive-behavioral therapy for patients with eating disorders: A two-site trial with 60-week follow-up. *American Journal of Psychiatry, 166,* 311–319.

Fairburn, C. G., Cooper, Z., Doll, H. A., O'Connor, M. E., Palmer, R. L., & Dalle, G. R. (2013). Enhanced cognitive behavior therapy for adults with anorexia nervosa: A UK–Italy study. *Behavior Research and Therapy, 51,* R2–R8.

Fairburn, C. G., Cooper, Z., & O'Connor, M. E. (2008). The Eating Disorder Examination (Edition 16.OD). In C. G. Fairburn (Ed.), *Cognitive behavior therapy and eating disorders* (pp. 309–313). New York, NY: Guilford Press.

Fairburn, C. G., & Harrison, P. J. (2003). Eating disorders. *Lancet, 361,* 407–416.

Fay, P. (2013). A systematic review of evidence for psychological treatments in eating disorders: 2005–2012. *International Journal of Eating Disorders, 46,* 462–469.

Field, A. E., Austin, S. B., Taylor, C. B., Malspeis, S., Rosner, B., Rockett, H. R., … Colditz, G. A. (2003). Relation between dieting and weight change among preadolescents and adolescents. *Pediatrics, 112,* 900–906.

Fischer, S., Smith, G. T., & Anderson, K. G. (2003). Clarifying the role of impulsivity in bulimia nervosa. *International Journal of Eating Disorders, 33,* 406–411.

Fisher, C. A., Hetrick, S. E., & Rushford, N. (2010). Family therapy for anorexia nervosa. *Cochrane Database System Review, 4,* CD004780. doi:10.1002/14651858 .CD004780.pub2

Frei-Lanter, C. M., Vavricka, S. R., Kruger, T. H., Tutuian, R., Geier, A., Bauerfeind, P., … Frei, P. (2012). Endoscopy for repeatedly ingested sharp foreign bodies in patients with borderline personality disorder: An international survey. *European Journal of Gastroenterology and Hepatology, 24,* 793–797.

Godart, N. T., Perdereau, F., Rein, Z., Berthoz, S., Wallier,

J., Jeammet, P., & Flament, M. F. (2007). Comorbidity studies of eating disorders and mood disorders: Critical review of the literature. *Journal of Affective Disorders, 97,* 37–49.

Gormally, J., Black, S., Daston, S., & Rardin, D. (1982). The assessment of binge eating severity among obese persons. *Addictive Behaviors, 7,* 47–55.

Grilo, C. M., & Mitchell, J. E. (2010). *The treatment of eating disorders: A clinical handbook.* New York, NY: Guilford Press.

Grilo, C. M., Sinha, R., & O'Malley, S. S. (2002). *Eating disorders and alcohol use disorders: Research update.* Washington, DC: U.S. Government Printing Office.

Hoek, H. W. (2007). Incidence, prevalence and mortality of anorexia and other eating disorders. *Current Opinion in Psychiatry, 19,* 389–394.

Hohlstein, L. A., Smith, G. T., & Atlas, J. G. (1998). An application of expectancy theory to eating disorder: Development and validation of measures of eating and dieting expectancies. *Psychological Assessment, 10,* 49–58.

Hudson, J. I., Hiripi, E., Pope, H. G., & Kessler, R. C. (2007). The prevalence and correlates of eating disorders in the National Comorbidity Survey Replication. *Biological Psychiatry, 61,* 348–358.

Jacobi, C., Hayward, C., de Zwaan, M., Kraemer, H. C., & Agras, W. S. (2004). Coming to terms with risk factors for eating disorders: Application of risk terminology and suggestions for a general taxonomy. *Psychological Bulletin, 130,* 19–65.

Janssen, I., Craig, W. M., Boyce, W. F., & Pickett, W. (2004). Associations between overweight and obesity with bullying behaviors in school-aged children. *Pediatrics, 113,* 1187–1194.

Johnson, F., & Wardle, J. (2005). Dietary restraint, body dissatisfaction, and psychological distress: A prospective analysis. *Journal of Abnormal Psychology, 114,* 119–125.

Johnson, J. G., Cohen, P., Kotler, L., Kasen, S., & Brook, J. S. (2002). Psychiatric disorders associated with risk for the development of eating disorders during adolescence and early adulthood. *Journal of Consulting and Clinical Psychology, 70,* 1119–1128.

Kaye, W. H., Fudge, J. L., & Paulus, M. (2009). New insights into symptoms and neurocircuit function of anorexia nervosa. *National Review of Neuroscience, 10,* 573–584.

Keel, P. K., & Striegel-Moore, R. H. (2009). The validity and clinical utility of purging disorder. *International Journal of Eating Disorders. 8,* 706–719.

Kenney, L., & Walsh, B. T. (2013). Avoidant/restrictive food intake disorder (ARFID): Defining ARFID. *Eating Disorders Review, 24,* 3.

Krautter, T., & Lock, J. (2004). Treatment of adolescent

anorexia nervosa using manualized family-based treatment. *Clinical Case Studies, 3,* 107–123.

Kronenberger, W. G., & Meyer, R. G. (2001). *The child clinician's handbook* (2nd ed.). Boston, MA: Allyn & Bacon.

Le Grange, D., & Lock, J. (2011). *Eating disorders in children and adolescents: A clinical handbook.* New York, NY: Guilford Press.

Le Grange, D., & Loeb, K. L. (2007). Early identification and treatment: Prodrome to syndrome. *Early Intervention in Psychiatry, 1,* 27–39.

Lock, J., & Le Grange, D. (2015). *Treatment manual for anorexia nervosa: A family based approach* (2nd ed.). New York, NY: Guilford.

Lilienfeld, L. R., Kaye, W. H., Greeno, C. G., Merikangas, K. R., Plotnicov, K., Pollice, C., ... Nagy, L. (1997). Psychiatric disorders in women with bulimia nervosa and their first-degree relatives: Effects of comorbid substance dependence. *International Journal of Eating Disorders, 22,* 255–264.

Lynch, T. R., Gray, K. L. J., Hempel, R. J., Titley, M., Chen, E. Y., & O'Mahen, H. A. (2013). Radically open-dialectical behavior therapy for adult anorexia nervosa: Feasibility and outcomes from an inpatient program. *BMC Psychiatry, 13,* 293.

Lynch, T. R., Lazarus, S., & Cheavens, J. S. (2015). Mindfulness interventions for emotion dysregulation disorders: From self-control to self-regulation. In B. K. Brown, D. Cresswell, & R. Ryan (Eds.), *Handbook of mindfulness: Theory and research.* New York, NY: Guilford Press.

Maine, M., McGilley, B. H., & Bunnell, D. (Eds.). (2010). *Treatment of eating disorders: Bridging the research-practice gap.* Burlington, MA: Elsevier.

Marchi, M., & Cohen, P. (1990). Early childhood eating behaviors and adolescent eating disorders. *Journal of the American Academy of Child and Adolescent Psychiatry, 29,* 112–117.

McElroy, S. L., & Kotwal, R. (2006). Binge eating. In E. Hollander & D. J. Stein (Eds.), *Clinical manual of impulse-control disorders* (pp. 115–148). Arlington, VA: American Psychiatric Publishing.

McGilley, B. H., & Szablewski, J. K. (2010). Recipe for recovery: Necessary ingredients for the client's and clinician's success. In M. Maine, B. H. McGilley, & D. Bunnell (Eds.), *Treatment of eating disorder: Bridging the research-practice gap* (pp. 197–215). Burlington, MA: Elsevier.

McIntosh, V. V., Jordan, J., Carter, F. A., Luty, S. E., McKenzie, J. M., Bulik, C. M., ... Joyce, P. R. (2005). Three psychotherapies for anorexia nervosa: A randomized controlled trial. *American Journal of Psychiatry, 162,* 741–747.

Miller, W. R., & Rollnick, S. (2012). *Motivational interviewing: Helping people change* (3rd ed.). New York, NY: Guilford Press.

Mitchell, J. E., Agras, S., & Wonderlich, S. (2007). Treatment of bulimia nervosa. Where are we and where are we going? *International Journal of Eating Disorders, 40,* 95–101.

Murphy, R., Straebler, S., Cooper, Z., & Fairburn, C. G. (2010). Cognitive behavioral therapy for eating disorders. *Psychiatric Clinic of North America, 33,* 611–627.

Neumark-Sztainer, D., Wall, M., Guo, J., Story, M., Haines, J., & Eisenberg, M. (2006). Obesity, disordered eating, and eating disorders in a longitudinal study of adolescents: How do dieters fare 5 years later? *Journal of the American Dietetic Association, 106,* 559–568.

Pace, G. M., & Toyer, E. A. (2000). The effects of a vitamin supplement on the pica of a child with severe mental retardation. *Journal of Applied Behavior Analysis, 33,* 619–622.

Palta, R., Sahota, A., Bemarki, A., Salama, P., Simpson, N., & Laine, L. (2009). Foreign-body ingestion: Characteristics and outcomes in a lower socioeconomic population with predominantly intentional ingestion. *Gastrointestinal Endoscopy, 69,* 426–433.

Pike, K. M., Walsh, B. T., Vitousek, K., Wilson, G. T., & Bauer, J. (2003). Cognitive behavior therapy in the posthospitalization treatment of anorexia nervosa. *American Journal of Psychiatry, 160,* 2046–2049.

Rivas-Vasquez, R. A., Rice, J., & Kalman, D. (2003). Pharmacotherapy of obesity and eating disorders. *Professional Psychology: Research and Practice, 34,* 562–566.

Roberts-Harewood, M., & Davies, S. C. (2001). Pica in sickle cell disease: She ate the headboard. *Archives of Disease in Childhood, 85,* 510.

Romano, S. J., Halmi, K. A., Sarkar, N. P., Koke, S. C., & Lee, J. S. (2002). A placebo-controlled study of fluoxetine in continued treatment of bulimia nervosa after successful acute fluoxetine treatment. *American Journal of Psychiatry, 159,* 96–102.

Rosenvinge, J. H., Martinussen, M., & Ostensen, E. (2000). The comorbidity of eating disorders and personality disorders: A meta-analytic review of studies published between 1983 and 1998. *Eating and Weight Disorders, 5,* 52–61.

Runfola, C. D., Allison, K. C., Hardy, K. K., Lock, J., & Peebles, R. (2014). Prevalence and clinical significance of night eating syndrome in university students. *Journal of Adolescent Health, 55,* 41–48.

Safer, D. I., Robinson, A. H., & Jo, B. (2010). Outcome from a randomized controlled trial of group therapy for binge eating disorder. Comparing dialectical behavior therapy adapted for binge eating to an active comparison group. *Behavior Therapy, 41,* 106–120.

Safer, D. L., Telch, C. F., & Agras, W. S. (2001). Dialectical behavior therapy for bulimia nervosa. *American Journal of Psychiatry, 158,* 632–634.

Safer, D. L., Telch, C. F., & Chen, E. Y. (2009). *Dialectical behavior therapy for binge eating and bulimia.* New York, NY: Guilford Press.

Sagar, A. (2005). Long-term health risks due to impaired nutrition in women with a past history of bulimia nervosa. *Nutrition Noteworthy, 7,* Article 8. Available: http://repositories.cdlib.org/uclabiolchem/nutritionnoteworthy/vol7/iss1/art8

Sahn, B., Mamula, P., & Ford, C. A. (2014). Review of foreign body ingestion and esophageal food impaction management in adolescents. *Journal of Adolescent Health, 55,* 260–266.

Smink, F. R. E., van Hoeken, D., & Hoek, H. W. (2013). Epidemiology, course and outcome of eating disorders. *Current Opinions in Psychiatry, 26,* 543–548.

Stice, E., & Bulik, C. M. (2008). Eating disorders. In T. P. Beauchaine & S. P. Hinshaw (Eds.), *Child and adolescent psychopathology* (pp. 643–669). Hoboken, NJ: Wiley.

Stice, E., Burton, E., & Shaw, H. (2004). Prospective relations between bulimic pathology, depression, and substance abuse: Unpacking comorbidity in adolescent girls. *Journal of Consulting and Clinical Psychology, 72,* 62–71.

Stice, E., Marti, C. N., & Rohde, P. (2013). Prevalence, incidence, impairment, and course of the proposed *DSM-5* eating disorder diagnoses in an 8-year prospective community study of young women. *Journal of Abnormal Psychology, 122,* 445.

Stice, E., Shaw, H., & Marti, C. N. (2007). A meta-analytic review of eating disorder prevention programs: Encouraging findings. *Annual Review of Clinical Psychology, 3,* 207–231.

Striegel-Moore, R. H., Wilson, G. T., DeBor, L., Perrin, N., Lynch, F., Rosselli, F., & Kroemer, H. C. (2010). Cognitive behavioral guided self-help for the treatment of recurrent binge eating. *Journal of Consulting and Clinical Psychology, 78,* 312–321.

Swanson, V., Power, K. G., Crombie, I. K., Irvine, L., Kiezebrink, K., Wrieden, W., & Slane, P. W. (2011). Maternal feeding behaviour and young children's dietary quality: A cross-sectional study of socially disadvantaged mothers of two-year old children using the Theory of Planned Behaviour. *International Journal of Behavior, Nutrition and Physical Activity, 23,* 8–65.

Tong, J., & D'Alessio, D. (2011). Eating disorders and gastrointestinal peptides. *Current Opinion in Endocrinology and Diabetes Obesity, 18,* 42–49.

Wadden, T. A., Faulconbridge, L. F., Jones-Corneille, L. R., Sarwer, D. B., Fabricatore, A. N., Thomas, J. G.,

... Williams, N. N. (2011). Binge eating disorder and the outcome of bariatric surgery at one year: A prospective, observational study. *Obesity (Silver Spring), 19,* 1220–1228.

Watson, H. J., & Bulik, C. M. (2013). Update on the treatment of anorexia nervosa: Review of clinical trials, practice guidelines and emerging interventions. *Psychology of Medicine, 43,* 2477–2500.

Weltzin, T. E., Weisensel, N., Franczyk, D., Burnett, K., Klitz, C., & Bean, P. (2005). Eating disorders in men: Update. *Journal of Men's Health & Gender, 2,* 186–193.

Wildes, M. D., & Marcus, J. E. (2009). Obesity: Is it a mental disorder? *International Journal of Eating Disorders, 42,* 739–753.

Wilfley, D. E., Welch, R. R., Stein, R. I., Spurrell, E. B., Cohen, L. R., Saelens, B. E., ... Matt, G. E. (2002). A randomized comparison of group cognitive-behavioral therapy and group interpersonal psychotherapy for the treatment of overweight individuals with binge-eating disorder. *Archives of General Psychiatry, 59,* 713–21.

Wilson, G. T., & Fairburn, C. G. (2007). Treatments for eating disorders. In P. E. Nathan & J. M. Gorman (Eds.), *A guide to treatments that work* (2nd ed., pp. 579–611). New York, NY: Oxford University Press.

Wilson, G. T., Grilo, C. M., & Vitousek, K. M. (2007). Psychological treatment of eating disorders. *American Psychologist, 62,* 199–216.

Wilson, G. T., Wilfley, D. E., Agras, W. S., Bryson, S. W. (2010). Psychological treatments of binge eating disorder. *Archives of General Psychiatry. 67,* 94–101.

Woodside, D. B. (2004). Assessing and treating men with eating disorders. *Psychiatric Times, 11,* 989–990.

Woodside, D. B., Garfinkel, P. E., Lin, E., Goering, P., Kaplan, A. S., Goldbloom, D. S., & Kennedy, S. H. (2001). Comparisons of men with full or partial eating disorders, men without eating disorders, and women with eating disorders in the community. *American Journal of Psychiatry, 158,* 570–574.

Yanovski, S. Z. (1993). Binge eating disorder: Current knowledge and future directions. *Obesity Research, 1,* 306–324.

Yates, W. R., Sieleni, B., Reich, J., & Brass, C. (1989). Comorbidity of bulimia nervosa and personality disorder. *Journal of Clinical Psychiatry, 50,* 57–59.

Zerbe, K. (2008). *Integrated treatment of eating disorders: Beyond the body betrayed.* New York, NY: Norton.

Zweig, R. D., & Leahy, R. L. (2012). *Treatment plans and interventions for bulimia and binge-eating disorder.* New York, NY: Guilford Press.

12 배설장애

📖 **사례 연구 12.1**

카일러는 평범한 발달력을 가진 7세 소년이다. 카일러의 증상은 어머니가 그녀의 남자친구와 함께 살기 위해 집을 떠났을 때 처음 시작되었다. 카일러와 그의 형은 아버지의 집과 어머니의 아파트를 왔다 갔다 하며 사는 생활을 하게 되었다. 카일러는 감정을 별로 표현하지 않는 아버지를 닮았으며, 조용하고 예민한 편이었다. 부모의 별거 직후, 카일러는 변비로 고생하게 되었다. 그는 어머니와 아버지에게 이야기하지 않았지만 학교에서 바지에 대변을 묻히게 되어 매우 곤란했던 적이 있었다. 이 일로 반 친구들에게 놀림을 당했고, 학업 문제도 생겼다. 어머니는 화가 나서 아들이 바지에 대변을 묻히는 행동에 벌을 주기도 했다. 한편, 아버지는 직장 일로 카일러에게 신경 쓸 틈이 없었다. 몇 주가 지나서야 결국 카일러의 증상이 심각하다는 것을 부모가 알게 되었고, 치료실을 찾았다. 그 사이 카일러의 유분증은 고치기 어려운 습관처럼 되어버렸다.

배설장애 개관

이 장에서는 *DSM-5*의 두 가지 배설장애인 유분증과 유뇨증의 진단과 치료에 대한 정보를 제공하고자 한다. 유분증과 유뇨증은 옷이나 부적절한 장소에 대변이나 소변을 보게 되는 것을 말한다. 두 장애 모두 아동기에 처음 시작되며 전 생애에 걸쳐 지속되기도 한다. 이 장애를 진단하기 위해서는 생활연령 또는 발달 수준이 유분증의 경우 4세 이상, 유뇨증의 경우 5세 이상이어야 한다. 효과적인 치료 계획을 세우기 위해서 치료자는 아동이 유분증이나 유뇨증 발병 전에 배변 훈련을 성공적으로 마쳤는지를 확인해야 한다.

배설장애 증상이 있는 아동은 우선 발달적·인지적·심리적으로 성공적인 배변 훈련을 할 수 있는 능력이 있는지에 대한 평가가 먼저 이루어져야 한다. 미국 아동이 배변 훈련을 끝마치는 나이는 평균 36.8개월로, 대략 5세에 이르면 대부분의 모든 아동이 배변 훈련을 마친다(Barone, Jasutkar, & Schneider, 2009). 대부분의 유아는 24~30개월 사이에 배변 훈련에 필요한 기술을 발달시킨다(Schum et al., 2002). 몇몇 연구에서는 32개월이 지난 후 배변 훈련을 하는 아동의 경우, 4~12세 사이에 주간 유뇨증이나 야뇨증이 더 쉽게 나타나는 것으로 보고되었다(Barone et al., 2009). 더 관심이 있는 독자라면 Schum과 동료들(2002), Au와 Stavinoha(2008)의 연구에서 배변 훈련 기술에 관한 정보를 더 얻을 수 있다.

유분증

5세 아동의 약 1%, 7~8세 아동의 약 1.5%가 유분증(encopresis)으로 알려진 변실금을 보이는 것으로 추정된다 (Butler & Heron, 2008). 남아가 여아보다 3배 더 많으며, 증상은 의도적이거나 불수의적으로 일어난다. 유분증은 종종 질병 후에 시작되며, 입학과 같은 심리사회적 스트레스나 부적절한 배변 훈련, 문제 행동에서 기인한다. 대부분의 경우 변비나 범람 변실금을 보이며, 아동이 성장하면서 나아지는 경향이 있다(Har & Croffie, 2010).

진단

유분증은 생활연령이 최소 4세 이상이거나 이와 유사한 발달 수준을 보이는 경우에 진단 가능하며, 적어도 지난 3개월 동안에 월 1회 이상의 증상이 나타나야 한다. 증상은 의학적 상태(변비 제외)나 약물 또는 완화제로 인한 것이 아니어야만 한다.

유분증은 '변비 및 범람 변실금을 동반하는 경우'와 '변비 및 범람 변실금을 동반하지 않는 경우'의 두 가지 아형이 있다. 이러한 구분은 원인과 이후 치료에서의 차이를 가져오게 된다. 대부분의 경우 유분증은 신체적 질병이나 식단의 변화 결과 발생하게 된 심각한 변비 후에 발달한다. 분변매복(대변이 쌓여 단단히 굳어 있는 상태)은 배변 시 고통을 유발하고, 항문이 찢어지거나 가려움증을 유발하기도 한다. 아동은 이러한 상태에 대해 두려움을 느끼게 되고, 배변 시 고통을 피하기 위하여 대변을 보지 않으려 한다. 아동이 화장실 가기를 꺼리면서 묽은 변을 속옷에 보게되는 경우가 발생하기도 하는데, 이에 대해 대부분의 부모가 자녀에게 더 자주 화장실에 가라고 요구하게 되면서 부모-자녀 갈등이 생기기도 한다. 결국 이러한 과정을 거치면서 배변 거부과 변실금이 하나의 행동 패턴으로 자리 잡게 된다.

유분증 아동의 80%가 '변비 및 범람 변실금을 동반하는 경우'에 속한다. 이 아형은 진단과 치료가 더 쉽고, 예후도 더 좋은 편이다. 유분증의 5~20%는 '변비 및 범람 변실금을 동반하지 않는 경우'이다. 이 아형은 다음의 네 가지 형태로 나뉜다. (1) 대변 가리기를 아직 완벽하게 익히지 못한 경우, (2) 만성적 설사 또는 과민성 대장 증후군이 있는 경우, (3) 특정 장소(예 : 공공화장실, 학교 등)에서 대변 보는 것과 관련된 불안이 있는 경우, (4) 부적절한 배변이 더 광범위한 문제 행동의 일부인 경우(Kuhn, Marcus, & Pitner, 1999)이다. 이 경우는 종종 다른 정서적 문제나 심리장애 (예 : 지적장애, 적대적 반항장애, 품행장애)와 관련이 있는 경우가 많다.

내담자 특징

유분증은 가족 간 스트레스, 학교생활에서의 당혹감, 학업수행 저하 등을 가져올 수 있고, 아동의 대변 묻힘 행동은 가족들의 부정적 반응을 더 증가시키기도 한다. 유분증 증상을 보이는 아동에 대한 부모의 분노와 거절은 이러한 문제 행동을 더욱 증폭시킨다. 아동은 또한 그들이 당황스러움을 경험할 만한 사회적 상황을 피하게 되고, 이것이 다시 스트레스와 손상의 수준을 높이게 된다.

제한된 몇몇 연구에 의하면 유분증 아동은 다른 아동들에 비해 우울과 불안 증상이 더 많고, 가정생활이 더 파괴적이며, 더 많은 주의집중 문제를 보이고, 학교 장면에서의 수행 수준이 낮은 것으로 나타났다. 자존감 수준에서 유의미한 차이는 나타나지 않았지만, 유분증 아동의 20%는 또래로부터 따돌림을 더 많이 당하고, 정서적 · 행동적 문제가 더 많이 나타나며, 반사회적 행동을 더 많이 보이는 것으로 확인되었다(Joinson, Heron, Butler, & von Gontard, 2006).

치료자의 자질

아동을 주로 보는 치료자는 유분증 아동을 만나는 경우가 종종 있는데, 특히 의사에 의해 의뢰되는 경우가 많다. 치료자는 유분증 아동의 가족에게서 나타나는 심리적 역동뿐만 아니라 변비와 같은 증상에 대한 행동관리 또한 능숙해야 한다. 배설장애의 진단과 치료 경험이 부족한 치료자라면, 이 장애를 잘 다룰 줄 아는 다른 전문가에게 의뢰해야 한다.

성공적인 치료를 위해서 치료자는 아동이 안전감을 느낄

수 있도록 아동과의 라포 형성을 잘할 수 있어야 하며, 부모와의 관계에서도 부모가 자녀의 유분증 진단 이후에 느끼게 될 당혹감이나 죄책감에서 부담을 덜고 지지받는 경험을 할 수 있도록 해야 한다. 또한 치료자는 아동과 부모뿐 아니라 의사, 학교 담당자 등과도 협업을 잘할 수 있어야 한다. 유분증은 관해되기까지 대략 6개월 정도가 걸리며, 이 기간 동안 아동은 충분히 지지받고 격려받으며 이해받는 경험을 가져야 한다.

평가

아동이 발달상으로 또는 생활연령상으로 치료에 적합하다는 평가가 이루어지면 우선 소아과 의사에게 의뢰하여 아동의 유분증이 변비 및 범람 변실금을 동반하는지, 아닌지에 관한 아형을 확인해야 한다. 아형 확인 후에는 아동이 이전에도 대변을 참는 행동이 있었는지, 아닌지를 파악해야 하는데, 이것은 이후의 치료 방법을 결정하는 데 중요하기 때문이다.

버지니아 유분증-변비 검사(Virginia Encopresis-Constipation Apperception Test, VECAT; Cox et al., 2003)는 유분증과 관련된 행동적·정서적 증상 측정을 위한 연구 도구로 개발된 것이다. 이것은 장애가 없는 통제집단으로부터 장애가 있는 아동을 구별해내는 데는 효과적이지만, 개인 평가 도구로 활용되지는 않는다. 부모와 아동은 모두 변실금과 관련된 질문뿐만 아니라 일반적인 부모-자녀 관계와 관련된 문항에 응답하게 된다. VECAT는 유분증을 일으키게 하는 행동적 패턴을 명확히 하는 데 도움이 된다(Cox et al., 2006).

몇몇 경우에는 행동평가를 통해 공병하는 장애가 있는지, 반항, 공격성, 적대적 행동, 기질 등이 유분증 이면에 중요한 요인으로 작용하는지 등을 확인해야 한다. 아동 행동 평가척도(Achenbach, 1991), 보호자 평정 DSM-5 레벨 1 교차 증상 척도-6~17세 아동용(DSM-5 Parent/Guardian-Rated Level 1 Cross-Cutting Symptom Measure-Child Age 6~17; APA, 2013)도 현재의 문제 행동을 평가하는 데 도움이 될 것이다.

개입 전략

유분증 아동은 이 장애가 선천성 거대결장증(히르슈슈프룽병)에 의한 것이 아니라는 것을 확인하기 위해 먼저 소아과 의사에게 의뢰되는 경우가 있으며, 변비관리를 위해서도 소아과 전문의에게 보내지기도 한다. 처음에는 장 운동 조절을 위하여 완화제나 좌약, 관장제 등이 처방되기도 한다. 과일과 야채 등 섬유질이 많고 적당한 수분 섭취를 위한 식단 구성도 요구된다. 한 연구에 의하면 40%의 섬유질 증가 식단을 통해 적절한 배변 활동이 116%로 증가했다고 확인되었다. 치료 효과는 6개월 후에도 유지되거나 개선되었다(Stark, Owens-Stively, Spirito, Lewis, & Guevremont, 1990).

유분증의 대부분의 경우가 변비로 시작하지만, 아동이 치료실을 찾을 즈음에는 더 이상 배변 때문에 고통스러워하지 않는 경우가 많다. 이미 아동은 배변 거부에 익숙해져 있고, 그러한 행동 패턴이 습관처럼 되어버린 경우가 많다.

아동의 나이, 문제의 심각도, 배변을 거부하는 정도, 유분증이 가족 역동에 미치는 영향 등을 모두 고려한 후에 어떤 치료적 접근을 택할 것인지 결정해야 한다. 변비 및 범람 실금을 동반하는 경우처럼 유분증이 대장과 관련된 문제일 경우에는 일반적으로 치료가 쉬운 편이다. 약 20%를 차지하는 변비를 동반하지 않는 경우에는 부적절한 행동 유지를 지속시키는 인지적·행동적·가족 간 문제 등에 치료의 초점을 맞춰야 한다.

최소한 아동에게 자기관리 기술과 유분증 관련 심리교육을 제공하고, 보상 시스템을 활용하는 행동적 개입 등을 하는 것이 좋다. 부모교육과 가족 내 스트레스 감소를 돕는 부모 또는 가족치료를 함께 병행하는 것도 좋은 개입 전략이다. 유분증에 대한 다양한 치료적 접근을 비교하는 연구는 아직 없지만, 의학적 접근(완화제, 관장 등)과 행동치료(부모 대상 심리교육, 일일차트 기록, 보상차트 기록 등)를 결합하는 형태의 접근이 가장 흔한 것으로 보인다.

유분증에 대한 ETT(enhanced toilet training) 기반의 인터넷 개입 방법인 'UCanPoopToo'는 2개의 무선화된 통제 실험에서 치료적 가능성이 확인된 바 있다. 인터넷 개입 전략을 사용한 경우가 일상적인 관리만 한 경우보다 치료 직후와 1년 후 추적조사에서 더 좋은 성과가 나타났으며, 의학적 관리와 'UCanPoopToo'를 같이 시행할 경우 대장 관련 문제를 비롯한 여러 증상이 더 빨리 개선되는 것으로 나타났다(Ritterband et al., 2013). 이러한 결과는 치료종결 3주 후에 통제집단의 경우 45%가 호전을 보인 것에 비해 인터넷 개입 전략으로 처치받은 집단의 경우 70%까지 효과를 보고한 이전의 연구 결과와도 유사한 것이다(Ritterband et al., 2003).

소아 유분증에 대한 인터넷 개입 전략은 대체로 효과가 좋은 편이며, 특히 접근성이 높고, 사생활이 보장되며, 저비용일 때 더 좋은 치료 효과를 보인다. 만화 동영상으로 만들어진 치료모듈은 마치 비디오게임을 하는 것과 유사하기 때문에 아동이 계속해서 사용하고 싶게 하는 효과가 있다.

예후

유분증은 재발이 흔하며, 보통 증상 호전을 위해서는 4~6주 정도의 꾸준한 치료가 필요하다. 또한 변비와 같은 의학적 문제의 재발 방지를 위해서도 장기적인 관리가 요구된다. 이러한 지속적인 치료 과정 외에도 교육적인 개입을 함께할 때 예후가 더 좋다(Stark et al., 1990). 시간이 흐르면서 유분증 아동의 30%는 증상이 많이 개선되는 편이고, 6개월이 지나면 65% 정도가 거의 완벽하게 증상이 사라지는 것으로 나타났다(Har & Croffie, 2010).

유뇨증

거의 천만 명의 아동이 밤에 자다가 소변을 보는 실수를 한다. 이것은 문화적 배경, 인종, 사회경제적 지위, 가족 간 역동에 상관없이 일어나는 매우 흔한 문제이다. 이러한 아동의 4분의 3 이상은 어떤 의학적 문제나 정신장애 문제가 없으며, 대부분의 경우 청소년이 되기 전에 자연스럽게 이 문제는 사라진다. 따라서 유뇨증(enuresis)은 무엇보다도 방광기능을 조절할 수 있는 신체적 성숙과 발달의 문제와 관련된 장애로 볼 수 있을 것이다.

진단

유뇨증은 적어도 연속된 3개월 동안 주 2회 이상의 빈도로 부적절한 장소(예 : 침대, 옷, 바닥)에 반복적으로 소변을 보는 배설장애로서, 증상으로 인해 집과 학교 또는 다른 중요한 영역에서 기능적 손상을 초래한다. 진단을 내리기 위한 아동의 최소 연령은 생활연령이 5세 이상이거나 그와 유사한 발달 수준을 보여야 한다. 또한 증상과 관련된 행동이 물질이나 약물(예 : 이뇨제, 항정신성 약물), 다른 의학적 상태(예 : 요로감염, 당뇨병)로 인한 것이 아닐 때 진단 가능하다.

유뇨증은 '야간형 단독', '주간형 단독', '주ㆍ야간형 복합'의 세 가지 아형으로 구분된다. '야간형 단독' 유뇨증은 가장 흔한 유형으로, 아동이 깊이 잠들었을 때 방광팽창감을 느끼지 못해 잠에서 깨지 못하고, 그 결과 잠자리에 불수의적으로 소변을 보게 되는 경우이다. '주간형 단독' 유뇨증은 낮 동안에 일어나며, 남성보다는 여성에게서 더 흔하게 관찰할 수 있는 형태이다. 이 경우에는 아동의 작은 방광이 많은 양의 소변을 감당할 수 없어서 어쩔 수 없이 요실금이 발생하는 '절박 요실금' 때문이거나 너무 늦게까지 소변보는 것을 미루는 '배뇨지연' 때문에 나타난다. 미국정신의학회(APA, 2013)에 따르면 '주간형 단독' 유뇨증은 9세 이후에는 매우 드문 것으로 보고되었다. 세 번째 아형은 주간형과 야간형 유뇨증이 함께 있는 것으로, 요실금이 낮과 밤 동시에 있는 경우이다.

한편, 유뇨증은 소변 가리기를 한 번도 성공하지 못한 '일차성' 유뇨증과 6~12개월 정도 소변을 가린 기간 후에 증상이 나타나는 '이차성' 유뇨증이 있다. 유뇨증은 불수의적이거나 의도 없이 발생한다. 만약 아동이 자발적으로 부적절한 장소에서 소변을 보는 경우라면 심각한 발달지연이거나 다른 정신장애일 가능성이 더 높다.

내담자 특징

대부분의 아동은 5세경에 이르면 소변을 가릴 수 있다. 따라서 5세 이후에 잠자리에 소변을 보는 등의 실수를 하게 되면 자신이 일종의 '사고'를 친 것처럼 생각할 수 있다. 더욱이 친구와 함께 밤새 지내게 되는 특정한 상황에서는 더 더욱 당황할 것이다. 이러한 야간 유뇨증에 대해 부모가 엄하게 꾸짖거나 혼을 내면 아동의 불안은 증가하고, 더 나아가 자존감 문제를 초래할 수도 있다. 그런데 불행하게도 Thiedke(2003)의 연구에 의하면 아동이 밤에 소변을 가리지 못할 때 부모의 3분의 1이 '처벌'의 방법을 사용하는 것으로 나타났다. 그러나 아동이 부끄럽게 느끼도록 하고, 벌을 주는 방법은 절대로 사용해서는 안 되는 방법이며, 문제를 더욱 악화시키는 것이 명백하다.

야간형 유뇨증은 주간형 유뇨증보다 3배 이상 흔하게 발생한다(Ramakrishnan, 2008). 야간 유뇨증은 전형적으로 밤의 첫 전반기 동안 일어나며, 종종 REM 수면 단계 동안 일어난다. 대부분 아동은 너무 깊게 잠이 들어서 자신이 소변을 보고 싶다는 것을 알아차리지 못했다고 보고한다. 또한 몽유병 증상이나 악몽, 소변을 보는 꿈 등을 보고하기도 한다.

유뇨증의 경우 방광의 통제 기능이 어느 정도 수준인지를 파악하는 것이 도움이 될 수 있다. 야간에 방광 통제 기능이 제대로 작동하려면 다음과 같은 요인이 충족되어야 한다. (1) 방광의 용량이 충분히 커야 한다. (2) 방광이 가득 찼을 때, 아동이 잠에서 깰 수 있어야 한다. (3) 야간의 소변 생성량이 감소해야 한다. 그런데 이러한 3개 요인 간의 불균형은 성장기 아동에게 빈번히 발생하며, 그러한 불균형이 야간 유뇨증의 발달에 영향을 미치게 된다(Houts, 2010).

이차성 유뇨증은 적절한 방광 통제 기능을 획득한 후에 나타나며, 흔히 5~8세 사이에 발병한다(APA, 2013). 이차성 유뇨증과 상관이 있는 질병(예 : 당뇨병, 감염)을 확인하기 위해서는 의학적 진단이 필수적이다. 또한 아동의 생활 스트레스가 증가하면서 동시에 유뇨증이 발병됐다면, 심리적 스트레스 요인도 중요한 원인이 될 수 있다.

야간 유뇨증의 유전 가능성은 가족과 쌍생아 대상 연구에서 발견된다. 유뇨증의 위험은 어머니가 유뇨증이 있는 자녀의 경우 3.6배, 아버지가 요실금이 있는 경우에는 10.1배 더 높다. 위험 수준은 야간 유뇨증과 주간 유뇨증 모두 유사한 것으로 나타났다(APA, 2013).

대부분의 유뇨증 아동에게는 다른 정신장애나 행동 문제가 동반되지 않는 편이다. 그러나 이차성 유뇨증이 있는 아동의 경우, 주의력결핍 과잉행동장애, 품행장애, 사회불안,

우울증이 동반되는 경향이 있다. 9~12세의 주의력결핍 과잉행동장애 아동은 다른 아동에 비해 지속적인 문제를 보일 가능성이 3배 더 높게 나타난다. 일반적으로 유뇨증 아동은 고립감, 수치심, 낮은 자존감, 충동성 등과 같은 심리적 문제에 대한 가능성도 잠재적으로 가지고 있다. 또한 부모의 스트레스 수준도 유뇨증 아동의 가족에게서 더 높게 보고되었다(Ramakrishnan, 2008). 유뇨증은 발달지연, 학습장애, 운동 기술의 지연을 보이는 아동에게서 더 흔하게 발생하는 편이다(APA, 2013).

치료자의 자질

치료자는 행동치료, 심리교육, 가족체계치료, 라포 형성 등의 기술에 모두 숙련된 전문가여야 한다. 또한 유뇨증 및 유뇨증의 치료에 대한 전문적 지식이 있고, 그러한 지식을 아동과 부모에게 적절하게 전달할줄 알아야 한다. 왜냐하면 이 장애에 대한 심리교육을 제공하고, 경험을 정상화해 주고, 유뇨증이 불수의적이라는 점 등을 설명해주는 것이 가족들이 겪고 있는 상당한 정서적 스트레스를 완화시켜줄 수 있기 때문이다. 이러한 일련의 과정은 종종 유뇨증과 함께 동반되는 분노, 수치심, 죄책감을 감소시켜주는 데 도움이 된다. 치료자는 유뇨증에 대한 행동치료를 시작하기 전에 아동과 부모가 모두 이 치료의 전체 과정에 기꺼이 참여하고자 하는 의지가 확고한지를 판단해야 한다. 아동이 행동 기술을 통해 몇 번의 성공 경험을 하게 되면, 이후에는 다른 가족 간 문제(예 : 부부싸움, 불안)를 살펴볼 수 있다. 치료자는 또한 학습장애, 주의력결핍 과잉행동장애, 적대적 반항장애, 품행장애와 같은 유뇨증에 동반되는 다른 장애를 정확하게 평가할 수 있고, 이 장애에 대해 잘 알고 있어야 한다.

평가

대부분의 유뇨증 아동은 소아과 의사로부터 의뢰를 받게 된다. 사실 아동은 방광 기능이 정상적인지, 감염이나 당뇨병 등과 같은 다른 의학적 문제가 없는지에 대한 진단 후, 심리치료자에게 온다. 아동과 부모는 수분 섭취량 및 시간, 화장실 사용, 야간 야뇨증이 발생하는 시간 등에 대한 기록

일지를 작성하게 되는데, 특히 주간 야뇨증의 경우에는 환경·맥락적 요인도 탐색해야 한다. 주간 야뇨증은 학교 활동을 제때 하지 못하는 것에 대한 불안이나 공공화장실을 사용하는 것이 어려워서 발병하는 경우가 종종 있기 때문이다.

아동 행동 평가 척도(Achenbach, 1991)와 아동용 행동 평가 체계(BASC; Reynolds & Kemphaus, 2006)는 아동의 행동 관련 장애를 확인하기 위해 가장 많이 쓰이는 평가 도구이다.

이미 언급한 바와 같이 야간 야뇨증이 있는 아동은 다른 장애를 동반하지 않는 경우가 많다. 그러나 아동이 자신의 유뇨증에 대해 어떻게 대처하는지를 평가하는 것은 매우 중요하다. 대부분의 경우 밤에 소변을 가리지 못해 창피를 당할까 봐 파자마 파티나 캠핑과 같은 활동을 피하게 된다. 치료자는 치료 과정에서 지속적으로 정서적 지지를 제공하고 끊임없이 아동을 격려해줄 필요가 있을 것이다.

개입 전략

많은 개입 전략이 야간 유뇨증에 활용 가능하지만, 장기적 관점에서 치료 성공을 거두기 위해서는 행동적 요소가 필수적으로 포함되어야 한다. 대부분의 행동적 개입에는 소변경보 과정, 마른침대 훈련, 과잉학습 등이 포함된다. 행동치료를 적절하게 병행하여 사용하면 치료 효과는 85% 정도까지 이른다(Azrin, Sneed, & Foxx, 1974; Glazener, Evans, & Peto, 2003). 각각의 방법에 대한 안내는 다음에서 간단하게 설명하도록 하겠다.

야뇨증 치료를 시작하기 전에 치료자는 아동과 부모에게 유뇨증과 유뇨증의 치료, 대부분의 야뇨증이 저절로 나아진다는 사실 등에 대한 심리교육을 제공하는 것이 좋다. 또한 이후의 치료 성과 측정에 활용할 수 있도록 행동치료에 영향을 줄 수 있는 기본적인 정보를 수집할 필요가 있다. 종종 아동에게 일주일 동안 주간과 야간에 소변을 본 횟수를 기록하라고 요청하기도 한다. 대부분의 가정에서는 전문적인 도움을 받으러 오기 전에 이미 취침 전에 수분 섭취량을 줄이는 것, 화장실을 가도록 잠자는 중간에 아동을 깨우는 것, 밤에 소변 가리기를 성공했을 때 보상을 주는 것 등과 같은 노력을 했을 가능성이 높다.

'소변경보기'는 습기에 민감한 작은 경보장치를 아동의 바지에 부착하는 것이다. 소변이 감지되면 경보기가 작동하기 때문에 아동은 자신이 소변을 봐야 한다는 것을 알아차릴 수 있다. 이 방법은 15주 정도까지는 사용해야 하며, 75%의 치료 성공률이 보고되었다(Houts, 2010). '소변경보기'는 심리치료나 약물치료보다 더 효과적인 것으로 나타났으며(Ramakrishnan, 2008), 비용 면에서도 약물치료보다 더 효율적인 것으로 확인되었다. 진동형을 포함한 다양한 형태의 경보기가 온라인상에서 쉽게 구매 가능하다.

'소변경보기'를 사용하는 것은 훈련의 과정과 많은 노력이 필요하고 야뇨증이 사라지기 전까지는 잠자다가 중간에 일어나야 하는 등 번거로운 과정일 수도 있다. 이러한 이유로 조기종결 비율이 10~30%까지 높은 편이다(Thiedke, 2003). 어떤 아동과 가족은 야뇨증에 대해 별로 신경을 쓰지 않을 수도 있으며, 어떤 경우에는 아동의 행동에 적절한 강화를 제공하기가 어려운 가족 환경일 수도 있다. 또한 불안정한 가정 상황, 높은 수준의 불안정한 결혼생활, 부모의 낮은 교육수준, 높은 사회경제적 지위와 같은 다양한 변인이 '소변경보기'의 치료 진행을 힘들게 하는 것으로 보인다.

이러한 이유로 다양한 방법을 '소변경보기' 방법에 추가하여 실시하는데, 보유조절(retention control) 훈련, 과잉학습, 보상체계 등이 그 예이다(Christophersen & Friman, 2010). 또한 매주 진행하는 집단 훈련 참여, 치료계약서 서명, FSHT(full-spectrum home training; Houts, 2010)가 조기종결 비율을 낮추고, 치료의 진행을 돕는 보조적인 방법이 될 수 있다.

'소변경보기'의 치료 성공률을 85%까지 상승시킬 수 있는 추가적인 2개의 행동적 개입 기술은 '마른침대 훈련'과 '과잉학습'이다. '마른침대훈련'은 Azrin, Sneed와 Foxx(1974)가 개발한 것으로 아동에게 보유조절, 밤에 깨는 방법, 청결 훈련(소변을 본 자신의 잠자리와 옷을 치우고 새 것으로 바꾸는 것) 등을 가르치는 것이다. '소변경보기'와 긍정적 강화는 '소변경보기' 과정에서와 동일하게 적용된다. '과잉학습'은 재발 방지 및 재발률 감소를 위한 것으로서 아동이 처음으로 밤에 소변 가리기를 성공한 날부터 14일 동안 위에서 제시한 훈련법을 지속하는 것이다. '과잉학습'은 새로운 행동을 강화해주는 역할을 하는 것으로 보인다.

사실 반복은 재발을 효과적으로 막는 방법이다. Christophersen과 Vanscoyoc(2013)는 선행 연구들에 기초하여 '소변경보기', '마른침대 훈련', '과잉학습'을 함께 병행하는 개입 전략이 효과적이라고 제안하였다. 그들은 또한 '마른침대 훈련'을 하는 과정을 완벽하게 소개하였고, '소변경보기' 사용의 유용한 팁을 제안했으며, 다른 유용한 내용들을 제공해주었다.

약물치료는 유뇨증에서 가장 덜 선호되는 개입 전략인데, 부작용의 위험이 크고, 치료 성공률이 낮으며, 비용이 많이 들고, 약물치료 중단 시 즉각적으로 재발하는 등의 문제가 많기 때문이다. FDA는 이미프라민(토프라닐), 삼환계 항우울제에 대해서만 7세 이상 아동의 야간 유뇨증에 일시적인 부차적 약물치료를 승인하였다. 약물치료의 성공 비율은 야뇨증의 경우 일주일 중 하룻밤 정도의 비율로 감소 효과가 있다고 보고되었다(Ramakrishnan, 2008). 졸림, 불안, 우울, 과복용 시 사망에 이르기까지 부작용이 매우 심각하기 때문에 부모들은 약물치료 시 위험 요인에 대해 매우 조심해야 할 것이다(Christophersen & Friman, 2010).

유사하게 FDA는 DDAVP(데스모프레신) 비강 스프레이의 승인을 철회하였는데, DDAVP는 의사가 때때로 아동에게도 처방했던 약물이었다(예 : 밤샘 파티, 특별한 경우). 나트륨 결핍, 발작, 심하면 사망 등의 위험 때문에 FDA는 유뇨증의 치료에서 비강 내 DDAVP의 승인을 철회하게 되었다. 알약 형태는 여전히 사용 가능하기는 하지만, 전해질 불균형의 문제와 다른 부작용의 위험이 있으므로 부모는 야뇨증 치료에서 약물의 사용에 최대한 주의를 해야 한다. 약물을 복용하기 전 부모는 해당 약물의 부작용과 위험 요인에 대해 완벽하게 알고 있어야 할 것이다.

예후

유뇨증은 아동의 연령이 증가하면서 저절로 나을 수 있는 자가회복질환에 해당하는 것으로, 1년 유병율이 15% 정도이다. 야간 유뇨증은 5세 아동에게서 15~25%, 12세 남아의 경우 8%, 청소년의 경우 1~3%의 유병률을 보인다(Thiedke, 2003). 후기 아동기까지 지속되는 유뇨증은 다른 정서장애의 발달 위험을 높일 수 있으므로, 그 시기까지 호전되지 않는 상태라면 부모는 적극적 개입을 해야 할 것이다. 아동기에 유뇨증이 있었던 사람의 단지 1%만이 성인기까지도 증상이 지속되는 것으로 나타났다(Equit, Sambach, Niemczyk, & von Gontard, 2014).

'소변경보기', '마른침대 훈련', '과잉학습'과 함께 고전적 조건 형성 방법을 사용하는 것이 가장 효과적이며, 예상치 못한 부작용의 위험을 낮추는 것으로 보인다. 또한 어떤 종류의 개입 전략을 선택하든, 재발 방지, 추수회기, 지지, 격려 등은 아동의 불안을 낮추고 자존감을 향상시키는 데 매우 중요한 요인이다.

달리 명시된/명시되지 않는 배설장애

아동과 가족에게 현저한 고통을 초래하고 학교 장면이나 사회적 상황에서의 기능 손상이 두드러지는 증상임에도 불구하고, 배설장애의 진단기준을 충족시키지 못한다면 '달리 명시된 배설장애' 진단을 내린다. 진단 시에는 기준이 충족되지 않은 이유(예 : 빈도를 충족하지 않음)를 기록해야 한다. 치료자가 진단기준이 충족되지 않은 이유를 명시할 수 없거나 진단을 내릴 만한 충분한 정보가 부족할 때는 '명시되지 않는 배설장애' 진단을 내리는 것이 가장 적절하다.

치료적 제언 : 통합 치료 모델

이 장에서는 아동기에 주로 시작되는 배설장애에 초점을 맞추었다. 유분증과 유뇨증은 증상은 매우 다르지만, 유사한 부분이 많다. 이 둘은 일차성과 이차성(배변 훈련 성공 후 아동에게 발병)이 있고, 아동기의 분리, 외상, 학대와 같은 문제의 결과로 발생할 수 있으며, 다른 정신적 문제(예 : 불안, 우울, 주의력결핍 과잉행동장애)와 연관이 있을 수도 있고 그렇지 않은 경우도 있다. 통합 치료 모델에 맞춰 제안되는 다음의 일반적인 치료적 개입이 배설장애에 도움이 될 것이다.

진단

- 최초 진단이 초기 또는 중기 아동기에 내려지는 배설장애

치료 목표

- 역기능적 행동 제거하기
- 학업 기능 향상하기
- 따돌림을 줄이고 사회성과 또래집단 참여를 늘리기
- 장애에 대한 가족들의 이해를 향상시키기
- 부모/가족 기능 향상하기

평가

- 아동기 발달 수준 및 생활연령 평가
- 주간기록을 통한 문제의 자가보고
- 증상 평가
- 행동치료에 대한 아동의 동기 및 준비 수준 평가
- 보호자 평정 *DSM-5* 레벨 1 교차 증상 척도 —6~17세 아동용

치료자의 자질

- 제한된 세팅에서 라포를 형성하고 지지를 제공하며 치료에 대한 저항을 극복하는 능력
- 아동의 발달적 패턴과 문제에 전문성이 있음
- 가족, 선생님, 학교상담가, 의사와의 협업 능력

치료 장소

- 외래 개인 진료실
- 회기 사이에 집에서 하는 과제 부여

개입 전략

- 자기관리 전략과 행동 변화에 대한 책임을 강조하는 행동치료
- 기저선 확립
- 현실적인 목표 수립
- 행동 수정 및 추적
- 정적 강화의 사용과 논리적 결과
- 아동과 부모를 대상으로 장애에 대한 교육
- 의사소통 및 다른 기술 훈련
- 놀이치료

치료의 주안점

- 구조화되었지만 지지적
- 기본적으로 현실중심

치료 참여 구성

- 개인/가족치료
- 또래집단 상담과 놀이치료

치료 속도

- 빠른 속도로 진행되는 중기 치료

약물치료

- 변비를 동반한 유분증 치료를 위한 완화제와 다른 약물
- 특별한 경우(예 : 파자마 파티, 캠핑, 여행 등)에만 유뇨증을 위한 제한된 단기 약물 사용

보조 개입

- 부모교육
- 보상 활동

예후

- 특히 지속적인 부모의 지지가 있다면 좋음

통합 치료 모델 : 카일러

이 장은 부모의 이혼 후에 유분증이 발병한 7세 남아인 카일러의 사례를 기술하면서 시작하였다. 다음은 카일러를 위한 통합 치료 모델의 내용이다.

진단
- 유분증
- 별거 또는 이혼으로 인한 가족의 분열
- 부모-자녀 관계 문제
- 학업적 또는 교육적 문제

치료 목표
- 유분증 증상 제거
- 장애에 대한 가족의 이해 증진시키기
- 양육 기술 및 가족 기능 향상시키기
- 가정 내 스트레스를 줄이고 의사소통 향상하기
- 학교에서의 따돌림 행동을 줄이고 학업적 기능 향상시키기

평가
- 현재 기능 수준 평가
- 아동의 자기보고 : 1주일 동안이 유분증 증상 기록하기
- 보호자 평정 *DSM-5* 레벨 1 교차 증상 척도－6～17세 아동용

치료자의 자질
- 라포 형성, 심리교육, 행동치료, 가족 개입에 능숙

치료 장소
- 개인 진료실
- 가정 내 컴퓨터

개입 전략
- 유분증에 대한 심리교육

- 인터넷 버전의 강화된 배변 훈련(Enhanced Toilet Training)
- 분노를 줄이고 지지를 늘리기 위한 부모 훈련
- 학교 교내 회의(따돌림을 줄이고 학업적 성취 향상을 돕기 위해)
- 긍정적 행동에 대한 강화
- 재발방지 계획

치료의 주안점
- 구조화된, 지지적인, 기본적으로 현실중심적인

치료 참여 구성
- 가족이 참여하는 개인치료
- 학교 상담가 및 선생님과 자문

치료 속도
- 중간 정도의 치료 길이, 주 1회, 빠른 속도

약물치료
- 의학적 문제를 확인하고 변비치료를 위하여 소아과 전문의에게 의뢰

보조 개입
- 부모교육
- 카일러에게 의미 있는 보상이 되는 긍정적 강화 계획 수립
- 양육의 일관성을 위한 가사조정(가족중재)

예후
- 부모의 협조가 있다면 매우 좋음, 그렇지 않은 경우에는 꽤 좋은 편

추천문헌

Journals including *American Family Physician* (for treatment guidelines), *Child Development, Developmental Psychology, Elementary School Guidance and Counseling, Journal of Abnormal Child Psychology, Journal of the American Academy of Child and Adolescent Psychiatry*, and *Journal of Pediatric Psychology*.

Barone, J., Jasutkar, N., & Schneider, D. (2009). Later toilet training is associated with urge incontinence in children. *Journal of Pediatric Urology, 5*, 429–524.

Burket, R., Cox, D. J., Ritterband, L. M., Kovatchev, B., & Sutphen, J. L. (2006). Does stubbornness have a role in pediatric constipation? *Journal of Developmental and Behavioral Pediatrics, 27*, 106–111.

Equit, M., Sambach, H., Niemczyk, J., & von Gontard, A. (2014). *Urinary and fecal incontinence: A training program of children and adolescents.* Boston, MA: Hogrefe.

Garman, K., & Ficca, M. (2012). Managing encopresis in the elementary school setting: The school nurse's role. *The Journal of School Nursing, 28*, 175–180.

Har, A. F., & Croffie, J. M. (2010). Encopresis. *Pediatrics in Review, 31*, 368–374.

Ramakrishnan, K. (2008). Evaluation and treatment of enuresis. *American Family Physician, 78*, 489–496.

웹사이트

Ucanpooptoo.com/our-research/encopresis
www.nobedwetting.com
www.dri-sleeper.com
www.nitetrain-r.com
www.pottypager.com
www.bedwettingstorecom

참고문헌

Achenbach, T. (1991). *Manual for the Child Behavior Checklist.* Burlington: University of Vermont, Department of Psychiatry.

American Psychological Association. (2013). *DSM-5 Parent/Guardian-Rated Level 1 Cross-Cutting Symptom Measure—Child Age 6–17.* Washington, DC: Author.

Au, S., & Stavinoha, P. L. (2008). *Stress-free potty training: A common sense guide to finding the right approach for your child.* New York, NY: American Management Association.

Azrin, N. H., Sneed, T. J., & Foxx, R. M. (1974). Dry bed training: Rapid elimination of childhood enuresis. *Behaviour Research and Therapy, 12*, 147–156.

Barone, J., Jasutkar, N., & Schneider, D. (2009). Later toilet training is associated with urge incontinence in chil-

dren. *Journal of Pediatric Urology, 5*, 429–524.

Butler, R. J., & Heron, J. (2008). The prevalence of infrequent bedwetting and nocturnal enuresis in childhood: A large British cohort. *Scandinavian Journal of Urology and Nephrology, 42*, 257–264.

Christophersen, E. R., & Friman, P. C. (2010). *Elimination disorders in children and adolescents: Enuresis and encopresis.* Goettingen, Germany: Hogrefe & Huber.

Christophersen, E. R., & Vanscoyoc, S. M. (2013). *Treatments that work with children: Empirically supported strategies for managing childhood problems* (2nd ed.). Washington, DC: American Psychological Association.

Coelho, D. P. (2011). Encopresis: A medical and family approach. *Pediatric Nursing, 37*, 107–112.

Cox, D. J., Ritterband, L. M., Quillian, W., Kovatchev, B., Morris, J., Sutphen, J., & Borowitz, S. (2003). Assessment of behavioral mechanisms maintaining encopresis: Virginia Encopresis-Constipation Apperception Test. *Journal of Pediatric Psychology, 28*, 375–382.

Equit, M., Sambach, H., Niemczyk, J., & von Gontard, A. (2014). *Urinary and fecal incontinence: A training program of children and adolescents.* Boston, MA: Hogrefe.

Garman, K., & Ficca, M. (2012). Managing encopresis in the elementary school setting: The school nurse's role. *The Journal of School Nursing, 28*, 175–180.

Glazener, C. M. A., Evans, J. H. C., & Peto, R. E. (2003). Alarm interventions for nocturnal enuresis in children. *Cochrane Database of Systematic Reviews, 2003* (2), CD002911. doi:10.1002/14651858.CD002911.pub2

Har, A. F., & Croffie, J. M. (2010). Encopresis. *Pediatrics in Review, 31*, 368–374.

Houts, A. C. (2010). Behavioral treatment for enuresis. In J. R. Weisz & A. E. Kazdin (Eds.), *Evidence-based psychotherapies for children and adolescents* (2nd ed., pp. 359–374). New York, NY: Guilford Press.

Joinson, C., Heron, J., Butler, U., & von Gontard, A. (2006). Psychological differences between children with and without soiling problems. *Pediatrics. 117*, 1575–1584.

Kuhn, B. R., Marcus, B. A., & Pitner, S. L. (1999). Treatment guidelines for primary nonretentive encopresis and stool toileting refusal. *American Family Physician, 59*, 2171–2178.

Ramakrishnan, K. (2008). Evaluation and treatment of enuresis. *American Family Physician, 78*, 489–496.

Reynolds, C. R., & Kamphaus, R. W. (2006). *Behavior Assessment System for Children* (2nd ed.). Upper Saddle River, NJ: Pearson.

Ritterband, L. M., Cox, D. J., Walker, L. S., Kovatchev, B., McKnight, L., Patel, K., ... Sutphen, J. (2003). An Internet intervention as adjunctive therapy for pediatric encopresis. *Journal of Clinical and Consulting Psychology, 71*, 910–917.

Ritterband, L. M., Ardalan, K., Thorndike, F. P., Magee, J. C., Saylor, D. K., Cox, D. J., ... Borowitz, S. M. (2008). Real world use of an Internet intervention for pediatric encopresis. *Journal of Medical Internet Research*, *10*. Retrieved from www.jmir.org/2008/2/e/16

Ritterband, L. M., Thorndike, F. P., Lord, H. R., Borowitz, S. M., Walker, L. S., Ingersoll, K. S., ... Cox, D. J. (2013). An RCT of an Internet intervention for pediatric encopresis with one-year follow-up. *Clinical Practice in Pediatric Psychology*, *1*, 68–80.

Schum, T. R., Kolb, T. M., McAuliffe, T. L., Simms, M. D., Underhill, R. L., & Lewis, M. (2002). Sequential acquisition of toilet-training skills: A descriptive study of gender and age differences in normal children. *Pediatrics*, *109*, E48.

Stark, L. J., Owens-Stively, J., Spirito, A., Lewis, A., & Guevremont, D. (1990). Group behavioral treatment of retentive encopresis. *Journal of Pediatric Psychology*, *15*, 659–671.

Thiedke, C. C. (2003). Nocturnal enuresis. *American Family Physician*, *67*, 1499–1506.

13 수면-각성장애

📖 **사례 연구 13.1**

10세 소년 코너는 한밤중에 소리 지르며 잠에서 깨어 초조해하곤 한다. 동공은 확대되고 땀을 잔뜩 흘리기도 한다. 이런 일이 주 2~3회 일어나는데, 낮에 있었던 어떤 사건과 딱히 관련되는 것 같지도 않다. 코너는 잠들기 전 무서운 영화를 보지도 않으며 폭력에 노출되지도 않았고 심지어 형과 싸우지도 않았다. 부모는 코너가 대개 10시경에 소리 지르고 5~6분 안에 진정되고 다시 바로 잠든다고 보고했다. 코너는 아침에 이런 일을 기억하지 못한다. 코너는 수면 연구에 참여하게 됐고, 아동에게 자주 나타나며 대개는 치료하지 않아도 자연히 사라지는 야경증으로 진단되었다.

📖 **사례 연구 13.2**

스텔라는 자면서 격렬한 팔다리 움직임을 보이기 시작했다. 동시에 그녀가 내뱉는 말을 들은 남편은 그녀가 꿈에서 일어나는 일을 행동으로 옮기고 있다고 했다. 그녀는 수면 중 말을 하고 갑작스러운 움직임을 보였다. 이런 행동은 대체로 REM 수면 중에 갑자기 나타났다. 주치의는 스텔라에게 수면 연구 참여를 권하고 파킨슨병이나 다른 신경학적 문제 여부를 확인하기 위해 신경과에 가보도록 했다.

수면은 연령에 상관없이 전반적인 정신건강 및 신체건강에 매우 중요하다. 수면의 어려움은 만성화되어 다른 의학적 상태와 상호작용할 수 있으며, 우울, 고혈압, 첫 심근경색을 포함한 심혈관질환 등의 위험성을 증가시킨다(Bonnet & Arand, 2010). 치료자들은 좋은 수면 습관, 수면에 영향을 주는 환경적 요소, 수면장애로 인해 유발 및 악화되는 정신건강 문제 치료 등에 대한 심리교육을 통해 수면의 양과 질을 개선하는 데 중요한 역할을 할 수 있다.

DSM-5는 DSM-IV의 수면장애 아형을 약간 수정하여 새로운 수면-각성장애 범주에 포함시켰다. 많은 장애(예 : 호흡관련 수면장애)가 추가되었고 몇몇(예 : 의학적 상태 또는 다른 정신장애에 의한 수면장애)은 삭제되었다. 수면장애 진단과 관련된 또 다른 큰 변화는 수면무호흡과 저호흡, 하지불안 증후군, 기면증 등의 많은 수면-각성장애에 관한 진단기준에 수면다원검사 및 기타 과학적 연구를 통한 증거를 요구하게 된 것이다.

*DSM-5*의 수면-각성장애는 다음의 장애를 포함한다.

- 불면장애
- 과다수면장애
- 기면증
- 호흡관련 수면장애
- 일주기리듬 수면-각성장애
- 사건수면
- NREM 수면 각성장애
- 악몽장애
- REM 수면 행동장애
- 하지불안 증후군
- 물질/치료약물로 유발된 수면장애
- 달리 명시된 그리고 명시되지 않는 수면-각성장애

불면장애

이 장애의 핵심 특징은 수면 개시나 유지의 어려움이다. 수면부족의 영향으로 성인의 10~15%는 주간 졸음을 경험하고 6~10%는 불면장애(insomnia disorder) 진단 기준을 충족한다.

잠자리에 들 때 수면을 시작하기 어려운 것, 수면을 유지하기 어려운 것, 다시 잠들기 어려운 것은 흔히 일어나기 때문에 수면-각성장애 중 불면장애의 유병률이 가장 높게 나타난다. 불면장애는 다음 세 가지 중 적어도 하나 이상의 증상을 보여야 한다. (1) 수면 개시의 어려움, (2) 빈번한 각성으로 확인되는 수면 유지의 어려움, (3) 이른 아침 각성하여 다시 잠들기 어려움이다. 증상은 최소 3개월간 일주일에 3회 이상 나타나야 한다. 다른 모든 수면장애와 마찬가지로 증상은 낮 시간 중 기능하는 데 있어서 임상적으로 현저한 손상을 유발하고 일, 운전, 그 밖의 다른 중요한 기능 영역에 영향을 미칠 수 있다.

만약 불면증을 일으킬 수 있는 다른 정신적 상태 또는 의학적 질병이 있다면 불면장애로 진단되지 않는다. 이는 *DSM-IV*와 달라진 점이다(APA, 2013). 그러나 '기타 의학

적 상태 동반이환 동반', '비수면장애 정신질환 동반이환 동반', '기타 수면장애 동반'의 추가적 진단이 명시될 수 있다. 만약 이 중 어떤 상태에 속한다면 불면장애 명시 조건에 따라 즉각 명시되어야 한다. 삽화성, 지속성, 재발성의 경우도 명시한다.

개인적·환경적 요인은 불면장애 발달에 영향을 미친다. 이 장애는 여성 그리고 걱정이 많고 불안 수준이 높은 사람에게서 유병률이 높다(Nowell, Buysse, Morin, Reynolds, & Kupfer, 2002). 신진대사에 의한 일정한 각성 상태와 부신피질 자극 호르몬 및 코르티솔 수준의 전반적 증가는 수면 개시의 어려움 및 불면증과 쌍방으로 영향을 주고받는다(Bonnet & Arand, 2010; Mahowald & Schenck, 2005). 환경적 요인(예 : 소음, 방의 온도, 조명)뿐 아니라 수면 교란이나 불면증 관련 가족력도 영향을 미칠 수 있다. 불면증이 있는 사람들은 코르티솔 수준과 각성 수준의 상승으로 인해 낮에 피곤함을 덜 느끼기도 하지만 과민성, 집중력 저하, 피로, 불안 그리고 우울과 같은 이차 증상이 낮 시간 기능을 방해할 수 있다.

아동에게 잠들기 어렵다는 것은 보호자의 개입 없이 수면 개시가 불가능함을 의미한다. 마찬가지로 아동에게 수면 유지의 어려움은 한번 깼다가 다시 잠들 때 보호자의 개입이 필요하다는 것을 의미한다.

과다수면장애

밤새 적절한 수면을 취한 후에도 주간에 과도하게 졸린 것(과다수면)이 핵심 특징으로 초기 성인기인 17~24세 사이에 시작되는 경향이 있다. 수면장애클리닉을 방문하는 사람들 중 10% 정도가 과다수면장애(hypersomnolence disorder)로 진단된다. 환경적 요인, 두부 외상, 바이러스성 감염은 과다수면장애 발달에 영향을 미칠 수 있다. 이 장애가 있는 많은 사람들의 일차친족도 과다수면장애를 가지고 있다는 점은 유전의 영향을 보여준다.

증상은 주 3회 이상씩, 3개월 이상 나타나야 한다. 적절한 수면에도 불구하고 과도한 피로감을 느끼는 것과 더불어 낮 시간에 반복적으로 잠듦, 밤에 9시간 이상 수면을 취

하지만 여전히 피곤함, 깨어났을 때 완전히 각성되지 않음의 증상 중 적어도 하나 이상이 나타나야 한다.

이 질환의 특징인 9~12시간의 긴 수면 시간은 쇠약하게 만들고 사회적·직업적 활동에 부정적인 영향을 미칠 수 있다. 과다수면은 치료하지 않으면 만성적으로 진행될 수 있으며 건강을 해칠 수도 있다. 스트레스와 알코올 섭취는 증상을 악화시킬 수 있다.

수면과다장애의 심각도 수준은 경도, 중등도, 고도로 구분된다. 급성, 아급성, 지속성을 명시하며, '의학적 상태 동반'이나 '다른 수면장애 동반'의 경우도 명시한다.

기면증

기면증(narcolepsy)은 2만 명당 1명꼴로 발생하는 드문 장애이다. 기면증의 주요 증상인 낮잠, 깜박 잠이 드는 것, 억누를 수 없는 수면 욕구가 3개월 동안 적어도 주 3회 이상 발생해야 한다. 이 장애를 가진 대부분의 사람들이 10~20분 정도 지속되는 '수면발작' 경험을 통해 기운이 나는 기분을 느끼지만 2~3시간 후 원래 상태로 돌아간다. 기면증 증상은 고용, 관계, 일상적인 기능(예 : 운전, 독서)을 상당히 방해할 수 있다.

기면증으로 진단되기 위해서는 탈력발작, 뇌척수액에서 측정되는 하이포크레틴 결핍 또는 수면다원 검사로 측정되는 급속안구운동(REM) 수면 잠복기 이상 중 하나의 상태가 나타나야 한다.

탈력발작은 몇 초에서 몇 분간 지속되는 수면 마비 기간으로 정의되며 1개월 동안 적어도 수차례 이상 발생해야 한다. (1) 탈력발작에는 완전히 의식이 있는 상태와 깨어 있는 상태에서 강렬한 감정(놀람, 분노, 웃음)에 의해 유발되는 짧은 근육긴장의 손실 삽화, (2) 분명한 감정 계기 없이 혀를 내밀며 턱이 처지거나 얼굴을 찡그리는 삽화(대개 아동이나 발병 6개월 이내의 환자에게 발생)가 포함된다. 기면증 환자의 70%는 탈력발작을 경험하며 이로 인해 넘어지거나 쓰러지기도 한다.

기면증의 심각도(경도, 중등도, 고도)와 유형(탈력발작의 여부, 상염색체 우성 소뇌실조와 난청, 또는 비만 및 제2형

당뇨)은 명시되어야 한다. 기면증은 의학적 상태에 의해 이차적으로 발생하기도 한다. 이 경우 먼저 기저 의학적 상태를 부호화하고 이어서 기면증을 부호화한다.

기면증의 발병은 주로 사춘기에 일어나며, 40세 이후에도 드물게 발생한다. 기면증은 아동에게는 드물게 진단된다. 기면증을 가진 사람의 40% 정도는 우울, 불안 및 물질관련 장애를 포함하는 동반 장애의 영향을 받는다. 30% 이상의 사례에서 유전적 영향을 확인하였다(Ohayon & Okun, 2006).

호흡관련 수면장애

DSM-5의 호흡관련 수면장애(breathing-related sleep disorder) 분류는 다른 증상과 병인을 지닌 3개의 장애로 구성되며 수면다원 검사를 통해 진단되어야 한다. 폐쇄성 수면 무호흡 저호흡, 중추성 수면무호흡증, 수면관련 환기저하가 여기에 해당된다. 이 장애로 진단하기 위해 수면 연구(수면다원 검사)가 필요하다.

폐쇄성 수면 무호흡 저호흡

폐쇄성 수면 무호흡 저호흡(obstructive sleep apnea-hypopnea)은 가장 흔한 호흡관련 수면장애로 아동에게서 가장 많이 진단되며 중년층 남녀, 비만인 사람들, 폐경 후 여성 등에게도 발생한다(Mahowald & Schenck, 2005). 증상으로는 수면 중 호흡기류의 완전한 정지(무호흡)와 부분적 감소(저호흡)가 있는 다수의 야간 삽화가 포함된다. DSM-5 기준을 충족시키기 위해, 무호흡 또는 저호흡은 10초 이상 지속되어야 한다. 일부 사람들은 각성을 동반하여 하룻밤에 300회 이상의 삽화를 경험한다. 환자 스스로는 자신의 수면이 방해받고 있다는 것을 인지하지 못할 수 있으나 다른 가족 구성원이나 수면 파트너가 이 장애의 특징인 코골이, 거친 콧숨, 수면 중 호흡 정지를 보고할 수 있다. 많은 사람들이 산소 부족으로 인한 피로감을 호소할 수 있으며 산소 부족은 치료하지 않으면 고혈압 및 심장 기능 저하를 초래할 수도 있다.

폐쇄성 수면 무호흡 저호흡의 진단은 수면다원 검사에서

수면 시간당 15회 이상 무호흡/저호흡이 확인되거나, 적어도 5회 이상 무호흡/저호흡 및 다른 동반된 증상(예 : 코골이, 거친 콧숨/헐떡임, 수면 중 호흡 정지)이 있거나, 충분한 수면을 취했음에도 주간 졸음, 피로감 증상이 있어야 한다. 상태의 심각도는 무호흡 저호흡 지수(Apnea/Hypopnea Index, AHI)에 의해 결정되는데, 5~15 사이라면 경도, 15~30 사이라면 중등도, 30을 초과하면 고도로 구분된다.

이 장애를 지닌 사람들의 30%는 우울증을 동반한다. 다른 의학적 동반이환으로는 심장질환, 고혈압, 뇌졸중, 당뇨, 파킨슨병 및 신경인지장애가 있을 수 있다. 아동의 증상으로는 호흡 곤란, 야뇨증, 지속적인 주간 졸음 호소가 포함된다.

수면 무호흡 저호흡은 유전적 상태일 수 있다. 의학적 상태에 기반을 두어 나타날 수도 있으며, 이 장애가 의학적 상태의 발달의 원인이 되기도 한다. 이와 같은 특성은 모든 수면-각성 장애를 평가하는 데 고려해야 할 사항이다.

중추성 수면무호흡증

중추성 수면무호흡증(central sleep apnea)은 드문 장애로 60세 이상의 남성에게 주로 나타난다. 수면다원 검사에서 수면 시간당 5회 이상의 중추성 무호흡이 확인된다. 장애는 다음의 상태 중 어느 하나에 기인하며 이는 명시되어야 한다. 특발성 중추성 수면무호흡증(기도 폐색의 증거 없이), 체인 스토크스 호흡(빈번한 각성을 동반한 크고 파괴적인 호흡 패턴), 아편계 사용과 동반이환된 중추성 수면무호흡증(장기간 아편 남용으로 인한 호흡 장애)이 그것이다.

수면관련 환기저하

수면관련 환기저하(sleep-related hypoventilation)는 비만과 관련되며 수면다원 검사에서 다른 수면장애로 설명되지 않는 혈액 중 이산화탄소 농도의 상승과 연관된 호흡저하 삽화들이 있을 때 진단된다. 증상으로는 아침 두통, 불면증 또는 수면 중 빈번한 각성과 깨어남, 주간 졸음의 보고가 있다. 심각도는 수면 중 혈액산소와 이산화탄소 농도에 따라 결정되며 보다 심각한 경우에는 각성 상태에서 혈액 가

스 이상이 나타난다. 심각도 수준에 덧붙여 특발성 환기저하, 선천성 중추성 폐포 환기저하, 동반이환된 수면관련 환기저하를 명시한다. 동반이환된 수면관련 환기저하는 의학적 상태(예 : COPD), 약물(예 : 진정제) 또는 신경근육이나 흉벽장애(예 : 근육퇴행위축)로 인해 발생한다.

일주기리듬 수면-각성장애

일주기리듬 수면-각성장애(circadian rhythm sleep-wake disorder)를 지닌 사람들은 신체리듬의 균형을 잃은 것처럼 느낀다. 그들은 밤에 잠들기 어려워한다. 이로 인해 계획보다 늦게 잠자리에 들게 되고 평소에도 졸린 상태일 수 있다. 일주기리듬 수면-각성장애에는 뒤처진 수면위상형, 앞당겨진 수면위상형, 수면-각성 주기가 24시간 환경에 일치하지 않는 비24시간 수면-각성형, 통상적이지 않은 근무 시간을 요하는 사람들에게 근무 외 시간에 불면증을 유발하는 교대근무형, 명시되지 않는 유형 등이 존재한다.

어떤 경우에는 일주기리듬 수면-각성장애의 가족성이 특정 변화로 인해 발생하며 가족 패턴을 발견할 수 있다. 가족성은 아동기와 성인 초기에 나타날 수 있으며 지속적인 과정이 되기도 한다(APA, 2013).

사건수면

사건수면(parasomnias)은 아동에게 특히 흔히 발생하는 악몽장애, 야경증, 수면보행증의 세 가지 장애로 구성된다. 이 장애는 깨어날 때 개인의 반응과 수면주기 중 증상이 발생하는 시점에 의해 세분화된다. 대부분의 사건수면은 수면에서 각성으로 전환되는 동안 일어난다. 아동에게 사건수면은 대개 병리적이지 않으며 개입 없이 증상이 사라진다. 성인의 사건수면은 깨어 있는 시간 중 발생했던 어떤 속상한 사건에 의해 촉발된 무서운 꿈과 관련될 수 있다. 스트레스, 수면 부족 또는 알코올 및 수면 보조기구 사용은 수면 중 야간 보행, 섭식, 운전 또는 그 밖의 위험한 행동을 일으킬 수 있다.

악몽장애

악몽장애(nightmare disorder)에서 악몽의 내용은 일반적으로 연령과 관련된다. 영유아는 괴물과 무서운 이미지, 부모나 보호자 상실을 두려워한다. 좀 더 큰 아동은 무서운 영화나 TV 프로그램과 관련된 주제를 결합한다.

야경증

야경증(sleep terror disorder)은 대개 4~12세 사이에 시작되며 꿈을 기억하지 못한 채 비명을 지르거나 울면서 꿈에서 깨어나는 것이 특징이다. 삽화는 보통 하룻밤에 한 번 일어나며 압도되는 공포, 빈호흡, 발한, 그 밖의 자율신경계 반응을 동반한다. 이 장애는 아동에게 보다 빈번히 발생하며 연령이 증가하며 사라진다. 성인의 경우 2.2% 정도에게만 영향을 준다. 야경증은 유전적 소인이 있으며 일차친척 내에서 10배 이상 높게 나타난다.

수면보행증

수면보행증(sleepwalking disorder) 은 인구의 5% 미만에게 영향을 준다. 비록 대부분의 아동이 적어도 한 번쯤 수면보행을 경험하지만 이 정도로 장애가 되진 않는다. 전형적인 발병 시기는 6~12세 사이이며 15세쯤 되면 증상이 사라지는 편이다(APA, 2013).

진단

여러 장애가 수면의 질과 지속성에 초점을 두고 수면-각성장애로 통합되었지만 증상군집, 병인, 치료는 특정 장애에 맞게 조정이 필요하다.

내담자 특징

수면-각성장애는 증상, 연령, 병인에 따라 상당히 다양하다. 한편으로 대부분의 성인과 거의 모든 아동은 잠들기 어려워하고, 수면을 유지하기 어려워하며, 한 번 깨면 다시 잠들기 어려워하는 경험을 어느 시점에 하게 된다. 그러나 수면-각성장애로 진단되기 위해서는 증상이 지속되어야

하며 때로는 연령 증가에 따라 증상이 악화되어야 한다.

수면-각성장애를 지닌 사람들은 근육긴장, 보통 이상의 각성, 그리고 스트레스와 관련되어 보이는 많은 문제(두통, 위장장애) 등의 신체적 증상을 평균보다 많이 보고한다. 에너지 감소, 집중력 저하, 그리고 직업적 기능의 어려움은 흔히 나타난다. 만성적인 불면증은 발병 후 1년 내에 물질 사용과 남용, 우울, 공황장애, 그리고 다른 정신장애를 일으킬 수 있다(Nowell et al., 2002).

수면장애를 지닌 많은 사람들은 중년층, 여성, 그리고 최근 상실이나 상당한 스트레스 또는 건강 문제를 경험한 사람일 가능성이 많다(Savard & Morin, 2002). 수면 문제는 환경 변화에 영향을 받기도 한다. 수면 문제가 없는 사람들이 새로운 환경에서 잠자기 어려워하는 경향이 있는 반면 불면증을 지닌 많은 사람들은 새로운 환경에서 잠을 잘 잔다(Nowell et al., 2002). 이로 인한 기타 기능적 손상은 단지 개인뿐만 아니라 그 이상에 영향을 미친다. 미국 고속도로 안전관리국(National Highway Traffic Safety Administration, NHTSA)은 미국 내 10만 건의 자동차 사고가 졸음운전으로 발생한다고 추정했다. 이는 교통사고 사망의 2.5%이고 교통사고 상해의 2%에 해당한다(NHTSA, 2011).

문화적 기대 또한 수면장애 발달에 영향을 미친다. 어떤 문화는 감정 표현을 장려하지 않는다. 결과적으로 스트레스와 관련된 걱정은 수면 불만, 불면, 수면 과잉으로 나타날 수 있다(Paniagua, 2001).

아동기 수면 문제는 전 세계적으로 공통되게 나타나며 악몽, 수면보행, 수면개시의 어려움으로 구성된다. 그러나 수면 관련 문제로 보고된 아동의 대부분은 취침 저항이나 수면 거부로 인해 악화된 수면 개시의 문제를 보이고 있다는 점은 분명히 해둬야 한다. 수면 저항은 일관성 없는 취침 의식, 침대 이외의 장소에서 잠드는 것, 취침 시간이 정해져 있지 않은 것과 관련이 있다고 알려졌다(Hiscock, Canterford, Ukoumunne, & Wake, 2007). 이런 문제는 부모교육을 통해 해결될 수 있는 행동적 이슈이다. 더불어 *DSM-5*의 수면장애 진단에는 포함될 문제가 아니다.

아주 어린 아동의 절반 이상이 담요, 엄지손가락 빨기와 같은 잠드는 것을 도와주는 어떤 형태의 전이 대상을 필요

로 한다. 그렇지 않은 아동은 잠들기 위해 성인이 옆에 있는 것이 필요하다. 대부분의 아동은 학령기가 되면 스스로 달랠 수 있게 되고 혼자 잠들 수 있게 된다. 반면 10%의 아동은 그렇지 못하다(Christophersen & Vanscoyoc, 2013). 아동의 수면 패턴에는 문화적 차이가 있다. 아시아 가정의 아동은 백인 가족보다 방이나 침대 공유를 많이 한다(Mindell, Sadah, Weigand, How, & Goh, 2007).

지속적인 주간 졸음을 경험하는 아동과 청소년은 일반적으로 충분히 수면을 취하지 않는 것이 문제이다.

평가

다음의 항목은 잠재적 수면장애 대상이라면 연령에 상관없이 거쳐야 할 평가 과정이다.

- 임상적 평가 면접
- 최소한 일주일간의 수면 일지 작성
- 자기보고식 및 가족보고식 평가
- 증상이 확실한 경우 수면다원 검사 의뢰

*DSM-5*에서는 많은 수면−각성장애, 특히 과도한 졸음, 하지불안 증후군, 호흡관련 수면장애를 진단하는 기준으로 객관적인 수면 평가(생물학적 평가, 수면다원 검사)를 요구한다(APA, 2013). 수면 연구에 의뢰된 환자는 밤새 수면다원 검사를 받는다. 수면다원 검사에서는 심박 수, 안구운동, 뇌 기능, 그리고 근육 활성화를 관찰한다. 야간 운동 동작을 관찰하기 위해 동작기록장치도 사용될 수 있다. 검사 결과는 환자가 자고 있는 동안 수면의 질과 양, 수면 행동을 나타내는 수치, 유형 그리고 무호흡 및 저호흡의 기간에 대한 객관적인 정보를 나타낸다. 이와 같은 검사는 연령에 상관없이 수면 중 일어나는 객관적인 생체 변화 정보를 제공하는 데 유용하다. 그러나 검사를 통해 아동에게서 흔히 일어나는 행동적 수면 문제나 수면 거부를 측정하지는 못한다.

수면 평가 등을 위해 의사에게 의뢰되려면, 내담자는 그 전에 먼저 적어도 일주일간의 수면 일지를 작성해야 한다. 일지에는 매일 밤 수면 시간, 각성의 용이성, 주간 졸음, 하루 동안 에너지와 기분, 취침 전 활동, 카페인 섭취 및 그 밖의 정보를 기록해야 한다.

수면 문제가 위와 같은 광범위한 평가가 필요한 수준이 아니라면, 다음과 같은 평가 도구 및 자기보고식 척도를 사용할 수 있다.

- 불면증 인터뷰 목록 — 반구조화된 임상 면담(Insomnia Interview Schedule; Morin, 1993)
- 수면장애를 위한 구조화된 면담(Structured Interview for Sleep Disorders, SIS-D; Schramm et al., 1993) — 수면다원 검사와 90% 일치한다고 주장
- 수면 EVAL(Sleep-EVAL; Ohayon et al., 1997) — 1시간 동안 컴퓨터로 평가
- 수면위생 습관 척도(Sleep Hygiene Practice Scale, SHPS; Yang & Ebben, 2008) — 수면 습관에 관한 30문항 평가

한 연구는 수면 문제를 보고한 사람 중 30%가 수면장애를 지니고 있지 않을 뿐 아니라 사실 잠을 잘 잔다는 것을 발견했다(Mahowald & Schenck, 2005). 수면에 대한 역기능적 신념과 태도 척도(Dysfunctional Beliefs and Attitudes about Sleep Scale, DBAS; Morin & Espie, 2003)는 수면 관련 인지를 측정하고 수면과 관련된 개인의 기대가 얼마나 현실적인지 보여준다. 30문항의 자기보고식 척도 결과는 수면에 대한 부정적인 생각, 두려움, 신화를 다루는 인지치료에 활용될 수 있다(Savard & Morin, 2002).

아동기

아동의 수면 문제 여부를 판단하기 위해서는 지연된 수면 개시, 취침 시간에 대한 끊임없는 투쟁, 한밤중에 자주 깨어나는 것 등의 증상을 고려해야 한다. 또한 아동의 연령과 발달 단계도 고려해야 한다. 예를 들어, 영유아기 아동은 분리불안과 어둠에 대한 공포를 경험할 가능성이 높다면, 학령기 아동은 지속적인 주간 졸음을 경험할 가능성이 높다(Mindell & Owens, 2010). 대부분의 아동은 10~11시간 수면을 취하여 주간 졸음을 호소하지 않는다. 수면의 질이나 양과 관련된 기타 문제가 있다면 종합적인 평가가 필요

할 수 있다.

임상적 면담에서는 행동 및 정서적 기능, 수면 습관(취침 시각, 취침 의식, 야간 각성)에 관해 평가해야 한다.

Christophersen과 Vanscoyoc(2013)은 아동에 대한 접수면접에서는 호소 문제와 상관없이 수면의 양과 질을 평가해야 한다고 주장했다. 아동을 위한 연령별 수면 질문지가 있는데, 여기에는 부모보고뿐 아니라 학교생활에 관한 교사보고도 포함된다. 부모와 아동의 자기보고식 검사에는 아동용 수면습관 질문지(Children's Sleep Habits Questionnaire, CSHQ; Owens, Spirito, & McGuinn, 2000)가 있다. CSHQ는 4~10세 아동을 위해 고안된 35문항의 부모보고 검사인데 지적장애, 자폐스펙트럼장애, ADHD, 그리고 다른 장애를 지닌 아동에게도 사용 가능하다. 취학 전 아동 행동 평가 척도(Achenbach, 1991)는 2~3세 아동의 수면 문제를 평가하는 데 사용할 수 있다.

청소년(10~19세)은 수면 습관 설문(Sleep Habits Survey; Wolfson et al., 2003)을 이용할 수 있다. 나이가 좀 있는 아동의 경우 소아용 수면장애 척도(Sleep Disturbance Scale for Children; Bruni et al., 1996) 또는 소아 수면 질문지(Pediatric Sleep Questionnaire; Chervin, Hedger, Dillon, & Pituch, 2000)를 사용할 수 있다. 더 관심 있는 독자들은 아동 수면 연구에 대해 종합적인 근거 기반 연구를 제공하고 있는 Lewandowski, Toliver-Sokol과 Palermo(2011)를 살펴보길 권한다. 다만 이 연구들은 아동에게 가장 흔히 보고되는 수면 관련 어려움이며 행동 문제인 취침시간 저항을 다루고 있지는 않다.

아동기 수면 문제는 대체로 행동적이거나 악몽, 야경증, 그리고 수면 보행과 관련된다. 대부분은 부모 교육, 수면 문제를 일으키는 스트레스나 다른 문제의 해결, 또는 시간의 경과로 해결된다. 또한 호흡관련 장애이거나 심각한 수준이 아니라면 대부분의 아동은 수면다원 검사로 의뢰되지 않는다.

치료자의 자질

처음 수면장애를 경험하는 사람들은 숙면을 방해하는 최근의 상실, 이직, 또는 환경적 요인(예 : 신생아, 소음)과 같은 일상생활 경험이 원인이 되었을 수 있다. 어떤 수면 문제는 진단되지 않은 기저의 의학적 상태와 관련될 수도 있으며 어떤 수면 문제는 치료하지 않고 방치하면 의학적 문제를 유발할 수도 있다. 많은 동반 장애들은 수면장애의 증상을 악화시키기도 하고 수면장애처럼 보이는 증상을 만들어내기도 한다. 불면증과 과다수면은 스트레스 반응, 우울, 불안 또는 물질관련장애로 인해 유발될 수 있다. 이런 장애는 임상적 주의를 요한다.

치료자는 수면 관련 문제의 다차원적인 속성을 고려하여 평가나 치료 시 지지적이며 동시에 지시적인 자세로 내담자가 보고하는 수면과 관련된 모든 문제를 진지하게 다뤄야 한다. 수면장애를 가진 많은 사람들이 치료를 미루지만 즉각적인 지원, 수면 부족을 경감시키는 개입, 그리고 의사에게 의뢰되는 것이 필요하다. 어떤 사람들은 겉으로는 다른 관련 없어 보이는 상태를 치료하는 과정에서 수면 문제를 꺼내놓기도 한다. 새로운 내담자와의 첫 접수면접에서 생물학적 기능(예 : 수면, 식습관)을 평가하는 것의 중요성은 아무리 강조해도 지나치지 않다. 어떤 사람들은 생활양식의 선택에 대해 논하거나 잠재적인 기본 문제를 공개하기를 원하지 않을 수 있다. 이런 주저함은 종합적인 평가의 일부로서 치료자가 다루고 감소시켜야 한다.

개입 전략

수면 문제 치료의 일환인 교육은 내담자를 안심시키고, 일부 수면 관련 문제를 정상적인 것으로 이해하게 도와주며, 수면에 대한 인지적 왜곡이나 잘못된 신화를 반박할 수 있도록 한다.

수면장애가 현재 문제이든 다른 상태의 후유증이든 숙면 습관에 대한 심리교육은 증상 완화, 불안 감소, 수면 개선에 도움이 될 수 있다. 내담자에게 취침 시간에 지켜야 할 지침을 제공하는 것은 수면과 양립할 수 없는 행동을 줄이는 데 도움이 된다. 지침 목록은 다음과 같다.

- 오후 3시 이후에 카페인 섭취 제한
- 낮잠 금지
- 피곤할 때 취침

- 자신의 침대 외에 다른 곳에서 잠들지 않기
- 침실을 수면 관련 활동을 하는 장소로만 사용(낮이든 밤이든 침실에서 일하거나 먹거나 TV를 보거나 하지 않음)
- 15~20분 동안 잠들지 못하면 일어나서 다른 방으로 이동하고 피곤할 때만 침대로 돌아오기
- 전날 밤 수면의 양과 상관없이 동일한 시간에 기상하기

숙면을 위한 습관에 덧붙여 치료자들은 밤에 어떻게 잠들지에 대해 알려줘야 한다. 근육 이완 회기를 수행하고 복식호흡 연습을 하도록 마음챙김 기반 명상을 통해 내담자를 돕는 것은 스트레스와 코르티솔 수준을 감소시키고 수면을 가능하게 하는 것으로 밝혀졌다.

건강한 식단, 규칙적인 운동, 알코올 사용의 제한에 대한 주의는 환경적 요인(예 : 소음, 조명, 온도)을 통제하는 것과 마찬가지로 수면을 개선하는 데 도움이 될 수 있다.

인지행동치료는 수면에 대한 부적응적 신념을 해결하고, 한밤중에 일어나 동트기까지 남은 시간과 잘 수 있는 시간을 계산하며 느끼는 불안을 완화시키는 데 도움이 되어 치료의 좋은 첫 단계가 될 수 있다. 내담자는 야간 시간이 수면을 위한 시간임을 배워 몇 시인지 상관없이 어두우면 다시 자도록 한다. 한밤중에 조명을 켜는 것은 24시간 주기의 리듬을 방해하는 것으로 나타났다.

국립수면재단(National Sleep Foundation)의 합의된 성명문(Owens et al., 2005)에 따르면 아동기 수면장애 치료를 위한 첫 단계는 아동을 위한 적절한 수면 습관과 함께 소거, 점진적 소거(아이가 잠들 때까지 울게 내버려두는 방법), 수면 시간 연기(아이가 잠드는 시간을 15분씩 늦추면서 아이를 점점 피곤하게 만드는 방법) 등의 행동 전략에 관한 부모교육을 제공하는 것이다. 부모에게는 취침 일과의 중요성, 안정시키는 기술, 아동의 나이에 맞는 정상적인 수면 행동을 강조하는 지침서를 제공해야 한다. 위에 언급한 수면 위생에 덧붙여, 부모에게 자녀 연령에 적합한 수면-각성 일정을 설정하도록 교육해야 한다.

시차로 인한 피로, 교대근무, 일주기리듬 수면장애, 그리고 불면증은 멜라토닌과 처방전 없이 구입할 수 있는 약물로 도움을 받을 수 있다(Bonnet & Arand, 2010). 그러나 보조식품의 장기간 사용이 건강에 미치는 영향은 완전히 밝혀지지 않았다. 어떤 경우에는 시간요법을 통해 체계적으로 약간 일찍 취침시간을 정하여 생물학적 시계를 재설정하는 것이 도움이 된다. 시간요법은 서서히 그리고 일관성 있게 진행되어야 한다(Mahowald & Schenck, 2005). 그 밖에 효과적인 개입 방법으로는 광선 치료, 스트레스 관리, 이완 기술 등이 있다. 알코올과 카페인 섭취는 수면 습관이 개선될 때까지 금해야 한다(Yang & Ebben, 2008).

불면증과 달리, 과도한 졸음(수면과잉증)은 수면 무호흡증/저호흡증과 같은 의료장애에 기인하는 경우가 일반적이다. 이러한 증상의 치료를 위해서는 의학적 평가가 필수적이다. 의학적 치료는 질환에 따라 다르다.

기면증 증상은 하루 20분의 짧은 낮잠으로 호전될 수 있다. 그렇지만 약물도 효과적일 수 있다. 기면증에 동반되는 주간 졸음은 흥분제로 상쇄되고 탈력발작 증상은 항우울제로 치료될 수 있다.

호흡관련 수면장애는 수면 중 지속적으로 정량의 공기 흐름을 제공하는 C-PAP 장치를 사용함으로써 종종 완화된다. 이 문제의 경우 체중 감소가 권장되며 호흡 개선을 위해 수술이 필요하기도 하다.

호흡장치는 처음에는 특히 불편할 수 있다. 달력, 스티커, 부모의 정적 강화 등의 행동 전략은 아동이 C-PAP 장치에 적응하여 오래 부착하는 데 도움을 주어 장치 사용의 효과를 얻을 수 있도록 할 수 있다. 아동이 장치를 반드시 사용해야 할 경우 정적 강화와 점진적 노출의 결합과 역조건화가 효과적인 것으로 밝혀졌다(Koontz, Slifer, Cataldo, & Marcus, 2003).

수면 무호흡증/저호흡증, 일주기리듬 수면장애, 하지불안 증후군과 같은 보다 심각한 의학적 상태인 경우는 대개 의사의 치료가 필요하다.

사건수면과 다른 수면관련장애는 아동의 25%에 영향을 미치는 흔한 수면 문제로, 1차 진료 방문 시 부모가 가장 많이 언급하는 걱정 중 상위 5위에 해당된다(Felt & Chervin, 2014). 아동의 악몽과 수면보행증은 특별한 치료 없이 대부분 사라진다. 일반적으로 부모들은 디펜히드라민인 베나드릴처럼 처방전 없이 구입 가능한 수면 유도 약물을 사용하는데, 이 약물들의 수면 보조제로서의 효과에 대한 연구 결

과는 일관성이 없다. 어떤 연구는 위약 효과 이상의 효과는 없음을 나타내고, 어떤 연구는 이들의 효과성을 지지하고 있다(Mindell & Owens, 2010). 디펜히드라민에는 아동의 졸음을 유도하는 목적으로 사용해서는 안 된다는 설명과 함께 심각한 부작용이 나열되어 있다. 한 연구는 약물 사용이 수면 개선에 효과가 없다고 밝히며 내성이 생길 수 있음을 지적했다(Felt & Chervin, 2014).

대부분의 약물 연구가 성인을 대상으로 효과성을 평가했기 때문에, 아동을 위한 다른 수면 약물의 사용은 FDA 승인을 얻지 못했다. 아동이나 청소년에 관한 연구는 거의 근거 기반 개입의 기준을 충족시키지 못했다(Mindell & Owens, 2010).

멜라토닌 보조제의 사용은 지난 몇 년간 대중화되었고, 아동과 성인 대상으로 효과성에 관한 연구가 이루어졌다. 아동과 청소년의 수면 유도를 위한 멜라토닌 사용 효과를 살펴본 결과 여러 연구에서 수면 문제를 감소시키는 데 도움이 되는 것으로 나타났다(Armour & Paton, 2004; Masters, 2014). 자폐스펙트럼장애를 가진 아동에 대한 또 다른 연구에서는 절반 이상이 수면 개선을 보고하였고, 4분의 1은 연구 이후에도 더 이상 수면 문제를 보이지 않았으며, 13%는 차이를 발견하지 못했다(Anderson, Kaczmarska, McGrew, & Malow, 2008).

불면증을 지닌 사람들의 약 40%는 정신장애를 동반하며, 14%는 주요우울장애로 진단되고 있다(Yang & Ebben, 2008). 이와 같은 동반이환은 양방향적으로 보이며 많은 사람들이 불면증으로 진단되고 4년 이내에 우울증으로 발전한다(Szklo-Coxe, Young, Peppard, Finn, & Benca, 2010).

동반 장애(물질 사용, 우울, 불안)의 성공적인 치료는 수면장애의 해결책이 될 수 있으므로 동반하는 어떤 장애든 치료되어야 한다. 스트레스 생활사건(사별, 외상, 실업)으로 인한 수면 문제를 지닌 사람들에게는 불면증/과다수면 그리고 근본적인 원인을 치료하는 데 있어서 심리치료가 도움이 될 것이다.

예후

근거 기반 개입과 의학적 개입을 병행하면 대부분의 수면-각성장애의 예후는 좋다. 호흡관련 수면장애와 기면증 같은 만성적인 상태는 평생에 걸쳐 치료를 받아야 할 수도 있지만, 치료를 통해 성공적으로 관리될 수 있다. 불면증과 일주기리듬 수면-각성장애의 예후는 생활양식의 변화, 스트레스 감소 그리고 변화 행동에 대한 개인의 능력과 동기에 달려 있다.

아동의 사건수면(예: 악몽, 야경증, 수면보행증)은 일부만 성인기까지 지속되고 대부분 빨리 회복되는 경향을 보인다. 취침시간에 수면 개시와 관련된 문제는 달력, 스티커, 많은 사랑과 긍정적인 강화로 구성된 행동치료로 가장 잘 수정된다.

치료적 제언 : 통합 치료 모델

이 장은 성인과 아동의 수면-각성장애 진단 및 치료에 초점을 두고 있다. 이 장에 포함된 대부분의 수면장애는 의사 의뢰, 수면 실험, 때로는 약물 및 수술 또는 기도 내 양압호흡 마스크와 다른 호흡장치 사용 등의 의학적 개입을 요한다. 다음은 수면장애와 관련된 통합 치료 모델이다.

진단

- 수면-각성장애(불면증, 과다수면장애, 탈력발작이 있거나 없는 기면증, 호흡관련 수면장애, 사건수면, 물질/치료약물로 유발된 수면장애, 달리 명시된 그리고 명시되지 않은 수면-각성장애)

치료 목표

- 숙면 습관 교육
- 수면 개선
- 일관성 있고 건강한 야간 일과 수립

평가

- 임상적 평가 면접
- 최소 일주일간 수면 일지 기록
- 자기보고식 및 가족보고식 척도
- 수면다원 검사를 위한 의뢰
- 동반하는 의학 및 정신건강장애 평가

치료자의 자질

- 지지적
- 지시적
- 의사, 수면 실험실 및 기타 지역사회 기관의 전문가들과의 협업 능력

치료 장소

- 병의원
- 수면 연구실

개입 전략

- 숙면 위생 교육
- 수면에 대한 잘못된 생각을 직면시키는 인지행동치료
- 시간요법
- 호흡관련 수면장애를 위한 C-PAP 장치

치료의 주안점

- 초기에 평가와 진단

치료 참여 구성

- 개인치료

치료 속도

- 개인치료는 주 1회
- 대부분의 수면 연구는 밤 사이에 이루어짐

약물치료

- 장애에 따라 아동과 성인의 수면 시작을 돕는 약물이 필요할 수 있음
- 어떤 약물, 카페인, 알코올은 수면 문제를 악화시킬 수 있음
- 때로는 멜라토닌이 수면 유도에 효과적임
- 어떤 약물은 주간 졸음을 감소시키는 데 도움이 될 수 있음

보조 개입

- 기타 동반 장애의 치료

예후

- 일부 수면장애, 특히 아동기 사건수면은 시간이 지나면서 자연스럽게 사라짐
- 불면증과 일주기리듬 수면-각성장애는 지속적인 생활습관 변화에 대한 동기가 있으면 예후가 좋음
- 수면 무호흡 그리고 기면증과 같은 보다 만성적인 다른 수면 상태는 지속적인 치료를 통해 관리될 수 있음

통합 치료 모델: 코너

이 장은 거의 매일 한밤중에 수면 문제를 경험하고 있는 10세 소년 코너의 사례로 시작했다. 아침에 코너는 자신이 질렀던 비명을 기억하지 못했다. 코너의 부모는 의학적 평가를 위해 소아과 의사에게 데려갔다. 코너는 사건수면, 야경증 유형으로 진단되었다.

진단
- 사건수면, 야경증 유형

치료 목표
- 수면 개선
- 야경증 증상의 감소

평가
- 임상적 평가 면접
- 최소 일주일간 수면 일지 기록
- 자기보고식 및 가족보고식 척도
- 상태가 호전되지 않으면 수면다원 검사를 위해 수면 실험 의뢰
- 동반된 의학 및 정신건강 장애 평가

치료자의 자질
- 지지적
- 지시적
- 의사, 수면 실험실 및 기타 지역사회 기관의 전문가들과의 협업 능력

치료 장소
- 병의원

개입 전략
- 이 시점에는 치료가 필요하지 않음

치료의 주안점
- 주로 평가와 진단

치료 참여 구성
- 숙면 습관에 대한 교육
- 스트레스 감소를 돕기 위한 인지행동치료

치료 속도
- 6개월 후 사후관리

약물치료
- 이 시점에 약물은 필요하지 않음

보조 개입
- 마음챙김 기반 스트레스 감소 훈련

예후
- 많은 아동기 사건수면과 같이 야경증은 보통 시간이 지나면 사라짐

추천문헌

Beebe, D. W. (2013). A brief primer on sleep for pediatric and child clinical neuropsychologists. *Child Neuropsychology*, *18*, 212–228.

Christophersen, E. R., & Vanscoyoc, S. (2013). *Treatments that work with children: Empirically supported strategies for managing childhood problems* (2nd ed.). Washington, DC: American Psychological Association.

Mindell, J. A., & Owens, J. A. (2010). *A clinical guide to pediatric sleep: Diagnosis and management of sleep problems* (2nd ed.). Philadelphia, PA: Lippincott, Williams, & Wilkins.

Pagel, J. F., & Pandi-Perumal, S. R. (2014). *Primary care sleep medicine: A practical guide*. New York, NY: Springer.

Pandi-Perumal, S. R., Verster, J. C., Monti, M., Lader, M., & Langer, S. Z. (Eds.). (2008). *Sleep disorders: Diagnosis and therapeutics*. New York, NY: Informa Healthcare.

Yang, C.-M. (2009). The application of psychology in sleep medicine: Past, present, and future. *Research in Applied Psychology*, *41*, 71–92.

참고문헌

Achenbach, T. (1991). *Manual for the Child Behavior Checklist*. Burlington: University of Vermont, Department of Psychiatry.

American Psychiatric Association. (2013). *Diagnostic and*

statistical manual of mental disorders (5th ed.). Washington, DC: Author.

Anderson, I. M., Kaczmarska, J., McGrew, S. G., & Malow, B. A. (2008). Melatonin for insomnia in children with autism spectrum disorders. *Journal of Child Neurology*, *23*, 482–485.

Armour, D., & Paton, C. (2004). Melatonin in the treatment of insomnia in children and adolescents, *Psychiatric Bulletin*, *28*, 222–224.

Bonnet, M. H., & Arand, D. L. (2010). Hyperarousal and insomnia: State of the science. *Sleep Medicine Reviews*, *14*, 9–15.

Chervin, R. D., Hedger, K., Dillon, J. E., & Pituch, K. J. (2000). Pediatric sleep questionnaire (PSQ): Validity and reliability of scales for sleep-disordered breathing, snoring, sleepiness, and behavioral problems. *Sleep Medicine*, *1*, 21–32.

Christophersen, E. R., & Vanscoyoc, S. (2013). *Treatments that work with children: Empirically supported strategies for managing childhood problems* (2nd ed.). Washington, DC: American Psychological Association.

Felt, B. T., & Chervin, R. D. (2014). Medications for sleep disturbances in children. *Neurology and Clinical Practice*, *4*, 82–87.

Hiscock, H., Canterford, L., Ukoumunne, O. C., & Wake, M. (2007). Adverse associations of sleep problems in Australian preschoolers: A national population study. *Pediatrics*, *119*, 8–93.

Koontz, K. L., Slifer, K. J., Cataldo, M. D., & Marcus, C. L. (2003). Improving pediatric compliance with positive airway pressure therapy: The impact of behavioral intervention. *Sleep*, *26*, 1010–1015.

Lewandowski, A. S., Toliver-Sokol, M., & Palermo, T. M. (2011). Evidence-based review of subjective pediatric sleep measures. *Journal of Pediatric Psychology*, *36*, 780–793.

Mahowald, M. W., & Schenck, C. H. (2005). Insights from studying human sleep disorders. *Nature*, *437*, 1279–1285.

Masters, A., Pandi-Perumal, S. R., Seixas, A., Girardin, J. L., & McFarlane, S. I. (2014). Melatonin, the hormone of darkness: From sleep promotion to ebola treatment. *Brain Disorder Therapy*, *4*, 1.

Mindell, J. A., & Owens, J. A. (2010). *A clinical guide to pediatric sleep: Diagnosis and management of sleep problems* (2nd ed.). Philadelphia, PA: Lippincott, Williams, & Wilk

Mindell, J. A., Sadah, A., Weigand, B., How, T. H., & Goh, D. Y. (2009). Cross-cultural differences in infant and toddler sleep. *Sleep Medicine*, *11*, 274–280.

Morin, C. M. (1993). *Insomnia: Psychological assessment and management*. New York, NY: Guilford Press.

Morin, C. M., & Espie, C. A. (2003). *Insomnia: A clini-cian's guide to assessment and treatment*. New York, NY: Springer.

NHTSA (National Highway Traffic Safety Administration). (2011). *Traffic safety facts crash stats: Drowsy driving*. Washington, DC: DOT; DOT HS 811 449.

Nowell, P. D., Buysse, D. J., Morin, C., Reynolds, C. F., & Kupfer, D. J. (2002). Effective treatments for selected sleep disorders. In P. E. Nathan & J. M. Gorman (Eds.), *A guide to treatments that work* (2nd ed., pp. 593–609). New York, NY: Oxford University Press.

Ohayon, M. M., Guilleminault, C., Paiva, T., Priest, R. G., Rapoport, D. M., Sagales, T., ... Zulley, J. (1997). An international study on sleep disorders in the general population: Methodological aspects of the use of the Sleep-EVAL system. *Sleep*, *12*, 1086–1092.

Ohayon, M. M., & Okun, M. L. (2006). Occurrence of sleep disorders in the families of narcoleptic patients. *Neurology*, *67*, 703–705.

Ohayon, M. M., & Schatzberg, A. F. (2002). Prevalence of depressive episodes with psychotic features in the general population. *American Journal of Psychiatry*, *159*, 1855–1861.

Owens, J. A., Babcock, D., Blumer, J., Chervin, R., Ferber, R., Goetting, M., ... Sheldon, S. (2005). The use of pharmacotherapy in the treatment of pediatric insomnia in primary care: Rational approaches; A consensus meeting summary. *Journal of Clinical Sleep Medicine*, *1*, 49–59.

Owens, J. A, Spirito, A., & McGuinn, M. (2000). The Children's Sleep Habits Questionnaire (CSHQ): Psychometric properties of a survey instrument for school-aged children. *Sleep*, *23*, 1043–1051.

Pagel, J. F., & Pandi-Perumal, S. R. (2014). Sleep medicine: Evidence-based clinical practice. In J. F. Pagel & S. R. Pandi-Perumal (Eds.), *Primary care sleep medicine: A practical guide* (pp. 11–20). New York, NY: Springer.

Paniagua, F. A. (2001). *Diagnosis in a multicultural context: A casebook for mental health professionals*. Thousand Oaks, CA: Sage.

Savard, J., & Morin, C. M. (2002). Insomnia. In M. M. Antony & D. H. Barlow (Eds.), *Handbook of assessment and treatment planning for psychological disorders* (pp. 523–555). New York, NY: Guilford Press.

Schramm, E., Hohagen, F., Grasshoff, U., Riemann, D., Hajak, G., Weess, H. G., & Berger, M. (1993). Test-retest reliability and validity of the Structured Interview for Sleep Disorders according to *DSM-III-R*. *American Journal of Psychiatry*, *150*, 867–872.

Szklo-Coxe, M., Young, T., Peppard, P. E., Finn, L. A., & Benca, R. M. (2010). Prospective associations of insomnia markers and symptoms with depression. *American Journal of Epidemiology*, *171*, 709–720.

Wolfson, A. R., Carskadon, M. A., Acebo, C., Seifer, R., Fallone, G., Labyak, S. E., & Martin, J. L. (2003). Evidence for the validity of a Sleep Habits Survey for adolescents. *Sleep, 26,* 213–216.

Yang, C.-M. (2009). The application of psychology in sleep medicine: Past, present, and future. *Research in Applied Psychology, 41,* 71–92.

Yang, C.-M., & Ebben, M. R. (2008). Behavioral therapy, sleep hygiene, and psychotherapy. In S. R. Pandi-Perumal, J. C. Verster, J. M. Monti, M. Lader, & S. Z. Langer (Eds.), *Sleep Disorders: Diagnosis and Therapeutics* (pp. 115–123). New York, NY: Informa Healthcare.

14 성기능부전

📖 **사례 연구 14.1**

도나텔로는 건강한 47세 여성인데 몇 년간 성적 욕구가 없다고 보고하였다. 그녀는 사랑하는 사람과 결혼했고 대학생인 두 딸을 두고 있다. 그녀는 남편과 친밀했던 마지막 때가 언제였는지도 가물가물했으며, 사실 성적 욕구가 없는 것이 그리 아쉽지 않았다. 다른 말로 하면 그녀는 어떤 성적 판타지나 꿈, 생각이 없었다. 그녀는 성관계를 그리워하지 않았고 성적 욕구가 없는 것 때문에 삶의 기능에서 어떤 문제도 초래하지 않는다고 보고했다. 그녀는 남편과의 관계나 자신의 행복에서도 문제가 없다고 하였다. 도나텔로는 여성 성적 관심/흥분장애의 증상에 모두 부합하였는데 단, 그것이 스트레스를 주지 않는다는 점은 예외였다. 그녀의 성적 욕구가 없다는 것이 삶에서 중요한 문제를 일으키지는 않고 있었다.

식사, 수면과 더불어 성적 기능도 건강에 있어 한 부분으로 고려된다. 다음 장애들은 *DSM-5*에서 새로 구성하고 있는 성기능부전의 범주이다.

1. 사정지연
2. 발기장애
3. 여성극치감장애
4. 여성 성적 관심/흥분장애
5. 성기-골반통증/삽입장애
6. 남성성욕감퇴장애
7. 조기사정
8. 물질/약물치료로 유발된 성기능부전
9. 달리 명시된 성기능부전
10. 명시되지 않는 성기능부전

한 역학조사에 의하면 성적 장애의 정도는 여성의 경우 43%, 남성의 경우 31%로 추정된다(Laumann, Paik, & Rosen, 1999). 29개 국가의 성인을 대상으로 한 최근의 연구에서도 비슷한 유병률을 보고했다(Laumann et al., 2005). 성적 문제는 흔하고 나이가 들면서 증가하는 경향을 보인다.

몇 사례들에서 성적 문제는 의학적 상태(예 : 관다발병, 당뇨, 전립선 질환)로 인한 결과이거나 혹은 다른 생물학적 변인(예 : 약물, 노화)에서 기인한다. 어떤 경우에는 심리적 요인으로 인해 성관계를 하는 능력이 없어지거나 성에 대한 관심이 없어진다. 주요우울장애, 알코올과 담배 사용, 스트레스나 불안 또한 중요한 역할을 한다.

대인관계도 또한 성적 어려움을 발달시키는 데 연관된다. 결혼한 커플의 경우 성적 활동이 줄어든다고 밝혀진 연구 결과에서 알 수 있듯이 결혼은 성생활에 긍정적이지 못한 것으로 보인다. 반대로 적어도 남성이 책임감을 덜 느끼는 관계에서 성기능 수행이 떨어질 가능성이 증가한다. 분명 이는 복잡하며, *DSM-5*에서는 성적 기능에 대한 다양한 생물학적·심리학적·환경적 영향을 인정하고 있다. 또한 모든 성장애의 진단 시 고려해야 하는 다섯 가지 요인을 규명하고 있다.

성기능부전의 진단을 위한 규준에 덧붙여 고려해야 할 다섯 가지 요인은 다음과 같다.

1. 파트너 요인 ─ 건강 상태, 다른 성기능부전
2. 관계 요인 ─ 대화 패턴, 성적 욕구의 불일치
3. 개인적 취약성 요인 ─ 이전의 성적 트라우마, 신체에 대한 부적절한 이미지, 공존 장애(예 : 우울, 불안), 정서적 스트레스 요인
4. 문화 또는 종교적 요인 ─ 성생활에 대한 태도나 억제
5. 의학적 요인 ─ 예후, 경과, 치료와 관련됨

모든 성기능부전은 다음 하위 유형에 의해 추가적으로 정의된다.

평생형 혹은 후천형

- 평생형 ─ 기능부전이 개인이 첫 성경험 이후로 계속 존재함
- 후천형 ─ 기능부전이 정상 성기능 시기 이후 발생함

상황형 혹은 전반형

- 상황형 ─ 특정 상황, 특정 자극 종류 혹은 특정 동반자와 관계있을 때만 발생함
- 전반형 ─ 특정 상황, 자극 종류, 파트너와 관계없이 발생함

현재의 심각도 수준 명시

- 경도 ─ *DSM-5* 진단기준 A의 증상이 경한 고통을 보임
- 중등도 ─ 중등도의 고통을 보임
- 고도 ─ 심각한 고통을 보임

분명히 성적 반응은 복잡하다. 이는 생물학적 과정이고 관계이며 문화적 맥락 안에서 발생한다. 성행위는 생물심리사회적 과정에 의해 영향받으며 대부분은 성적 어려움의 특정 원인을 판단하기가 어렵다. 성기능부전의 진단에는 다음 사항을 포함하여 문제를 악화시킬 수 있는 다양한 항목의 배제가 필요하다.

- 물질의 영향(알코올, 대마초, 니코틴, 불법 마약)
- 의학적 상태의 영향
- 의학적 상태를 치료하기 위해 처방받은 약의 영향
- 관계 스트레스
- 파트너의 폭력
- 다른 스트레스 요인(예 : 경제적 문제, 직장 관련 스트레스)

성기능부전이 다른 정신적 장애(우울, 양극성, 정신병적 장애, PTSD)에 의한 것이라면 오직 다른 정신질환만으로 진단 내려져야 할 것이다. 만일 다른 성 관련 장애가 동시에 발생된다면 두 가지 모두 진단되어야 한다.

성기능부전의 진단이 내려지기 위해서 *DSM-5*의 기준에 맞아야 하고 이 상태에 대한 분명한 고통을 경험해야 한다. 이제 *DSM-5*의 성장애 각각에 대한 정의를 살펴볼 것이다.

사정지연

충분히 흥분되고 자극이 있음에도 현저한 사정지연(delayed ejaculation) 혹은 사정이 부재하는 것이 사정지연의 일반적인 특성이다. 이 기능부전은 파트너와의 성적 활동에서 75% 이상이 일어나야 하며 6개월 이상 지속되어야 한다. 그리고 임상적으로 유의미한 개인적 고통을 유발해야 한다.

오직 1%의 남성만이 이 문제를 갖고 있다고 보고하기 때문에 사정지연에 대한 유병률은 밝혀지지 않고 있다. 이 질환은 남성의 성적 문제 발병률 중 가장 희박하다. 무엇이 '지연'인지에 대해 정확히 판단하기 어려우며 커플마다 다양할 것이다. 오르가슴을 얻기 위해 지연시키려 노력하는 것은 불편하고 힘든 것이라고 많이 보고되고 있다. 몇몇 남

자들은 이로 인해 성적 활동을 회피한다. 이 기능부전을 경험하고 있는 남자들은 보통 자위하는 동안에는 정상적으로 사정을 할 수 있다.

앞에서 제시한 하위 유형(평생형/후천형, 전반형/상황형)에 덧붙여서 다섯 가지 요인도 또한 고려되어야 한다. 사정지연은 연령과 관련된 신체적 변화로 인하여 50세 이후 남성들에게서 유의미하게 증가한다. 이 장애는 주요우울장애를 갖고 있는 남자에게서 좀 더 흔히 보이며, 항우울제, 항정신병약, 알파 교감계 약물을 복용하고 있는 남자들에게서도 이 장애가 좀 더 흔히 나타난다.

발기장애

성적 활동 중에 발기하는 것이 어려움, 발기를 유지하는 것이 어려움, 발기 후 단단함이 감소함이 발기장애(erectile disorder)의 주요 증상이다. *DSM-5*에 의하면, 이 부전장애는 6개월간의 기간에 걸쳐 파트너와의 성적 활동에서 75% 이상 발생해야 한다. 그리고 개인에게 심각한 고통을 주어야 한다. 앞에서 언급했던 심각도의 수준과 하위 유형이 명시되어야 한다. 발기장애는 평생형보다는 후천형이 거의 대부분이다.

발기장애는 남성 중 20%에게 나타나는 흔한 장애이다. 십년마다 이 장애의 증가율을 보이며 연령은 발기장애의 위험성을 증가시킨다(DeRogatis & Burnett, 2008). 40~70세 사이의 남성 중 50%가 발기의 문제를 경험한다(Wiegel, Wincze, & Barlow, 2002). 중년기에는 남성과 여성 모두 성적 활동에 대한 흥미가 감소되는 경험을 한다. 그러나 흥미는 여성에게서보다 남성에게 더 많이 지속된다(Lindau & Gavrilova, 2010).

다섯 가지의 요인을 고려해본다면 개인적 취약성과 의학적 상태는 가장 관련성이 높아 보인다. 생물학적 문제에는 음경에 피가 흐르는 것을 감소시키게 하고 발기를 지속시키는 능력을 저해하는 당뇨, 관다발병을 포함한다. 약물이나 알코올 사용도 또한 발기 실패에 이르게 한다. 발기 부전에 이르게 하는 심리학적 요인에는 새로운 파트너와 지내는 것에 대한 불안, 성관계를 갖고자 하는 의욕 부족, 발기가 어려울까 봐 미리 두려워하는 점 등이 포함된다.

증상이 상황적인 것이고 일정치 않고 변화하며 40세 이전에 일어난 것이라면 심리학적 원인을 좀 더 생각해보아야 할 것이다. 그러나 발기 지속의 어려움이 심리적인 것인지, 의학적 상태 때문인지를 판단하는 것은 어려울 수 있다. 환자들은 관다발병이나 다른 문제가 없는지 배제시키기 위해 의학적 평가를 받아야 한다. 그리고 수면 중에 자연스럽게 발기가 일어나는지 아닌지 판단하기 위해 수면 분석도 추천된다. 이를 통해 심리적 원인은 보통 배제될 수 있다(Wylie, 2008). 그러나 많은 경우에 발기의 어려움은 의학적·심리적 요인 모두 복합된 결과일 때가 많다.

우울, PTSD, 그리고 다른 성기능부전(예 : 조기사정, 성욕감퇴장애)은 발기의 실패를 경험하는 남성에게서 보통 동시에 나타난다.

발기장애는 정상적인 발기 기능과는 구별되어야 할 것이다. 가끔 있는 발기 기능부전은 정상이다. 그리고 40세 이하의 남성 중 2%가 이에 대해 보고하고 있으며 40세 이후의 남성 중 13~21%가 그렇다고 보고하고 있다. 또한 성행위에 대한 불안도 흔히 있다. 대략 20%의 남성이 첫 성경험 동안 발기 어려움에 대해 걱정을 한다. 반대로 연구에 의하면 실제로 8%만이 삽입에 문제가 있다고 한다(APA, 2013). 대부분의 불안과 심리적으로 유발된 발기 문제는 자연적으로 없어지는 경향이 있다. 반면 생물학적 요인과 관련된 후천적 발기장애는 대부분의 남성에게 지속될 경향이 있다.

여성극치감장애

극치감의 강도 감소, 뚜렷한 지연, 또는 부재가 여성극치감장애(female orgasmic disorder)의 주요 특성이다. 다른 성 관련 장애가 함께 동반되며 증상은 파트너와의 성적 활동시 대부분의 경우(75~100%)에서 나타나야 하며, 65개월 이상 지속되어야 하고, 여성에게 뚜렷한 개인적 고통을 유발해야 한다. 생애에 걸쳐 극치감을 경험하지 못한 여성들은 약 10% 정도로 추정된다(APA, 2013).

여성이 극치감을 느끼는 위해서는 음핵 자극이 필요하다. 비록 대부분의 여성들이 극치감은 삽입과 관련된다고 보고하지만, 자위를 할 때 더 많이 극치감을 갖는다고 보고되고 있다(APA, 2013).

극치감을 느끼는 것과 관련된 문제는 다섯 가지 요인 모두에 의해 영향을 받을 수 있으며, 또한 관계 이슈, 종교적·문화적 기대, 동반되는 의학적 혹은 심리적 상태, 환경적 스트레스 요인, 잘못된 자신에 대한 이미지 혹은 신체 이미지, 건강과 관련된 걱정, 불안, 혹은 성적/정서적 학대의 내력 등과 같은 다른 많은 요인에도 영향을 받을 수 있다.

보통 우울 치료제로 많이 쓰이는 선택적 세로토닌 재흡수 억제제(SSRI) 계열의 약물은 여성이 극치감을 느끼는 데 방해가 된다. 나이가 든 여성들은 노화와 관련된 증상(질건조증, 가려움, 통증)을 경험할 수 있으며 이는 성교의 어려움을 야기한다. 그러나 보통은 극치감을 가지는 능력을 방해하지는 않는다. 그리고 세대 간, 문화적·종교적 사항은 성적 태도와 기대에 영향을 줄 수 있다. 예를 들면 극치감을 느끼는 데 어려움이 있다고 보고하는 비율은 북유럽에서 17.7%인 반면, 동남아시아에서는 42.2%까지 상승한다(APA, 2013). 문화적 영향은 중요한 역할을 하는 것처럼 생각된다.

극치감을 느끼기 어렵다고 보고한 여성 중 오직 절반 정도만이 뚜렷한 고통을 보고하였다(DeRogatis & Burnett, 2008).

여성 성적 관심/흥분장애

성적 관심과 성적 흥분의 결핍 장애는 DSM-5에서 한 장애인 여성 성적 관심/흥분장애(female sexual interest/arousal disorder)로 통합되었다. 성적 욕구의 결핍은 여성의 성적 장애 중 가장 흔한 것이다(Basson, 2007). 성적 사고나 환상의 결핍, 성적 욕구가 없음, 전반적으로 성에 대한 관심의 결핍은 여성의 50%에게 영향을 끼치고 있다(McCabe, 2005). 일상적인 요인으로는 다른 동반 장애가 포함될 수 있다(예 : 우울, 물질 혹은 알코올 남용). 여성에게 있어 성적 기능은 또한 신체 이미지, 신체적 상태, 자신의 파트너에게 성적으로 매력적인 정도와 관련이 된다(Pujols, Meston, & Seal, 2010).

성적 외상 경험 내력은 외상사건이 일어난 몇 년간 성적

기능에 중요한 영향을 미칠 수 있다. 이로 인해 여성에게서는 흥분장애가 유발될 수 있고, 남성에게는 발기부전이 일어날 수 있다(Laumann, Paik, & Rosen, 1999).

이 장애는 연령과 함께 증가하며 폐경된 여성들에게도 많이 보고된다(Wiegel, Wincze, & Barlow, 2002). 남녀 모두에게서 신체적 각성 혹은 성적 흥분의 결핍은 중년기의 건강과 관련될 수 있는 부분이다(Lindau & Gavrilova, 2010).

성기-골반통증/삽입장애

여성의 성적 통증 장애는 DSM-IV에서는 두 장애로 제시되어 있는데 — 성교동통(생식기의 통증 혹은 삽입이나 성교와 관련된 불편함)과 질경련(불수의적 질의 수축으로 성교를 방해함) — 이를 하나의 전체 장애로 통합하였다. 성기-골반통증/삽입장애(to-pelvic pain/penetration disorder)를 갖고 있는 여성은 지속적으로 성교와 관련된 어려움을 갖고 있는데, 여기에는 삽입의 어려움이나 통증, 성교를 하는 동안 예상되는 통증에 대한 두려움이나 불안, 골반저근의 뚜렷한 긴장이나 조임이 포함된다. 이러한 문제는 적어도 6개월 이상 지속되어야 하고 임상적으로 뚜렷한 고통을 야기해야 하며 다른 의학적 혹은 정신적 상태, 스트레스 혹은 파트너 관계 문제로 야기되어서는 안 된다.

이전에 논의되었던 다섯 가지 요인은 모두 이 장애를 발전시키는 데 중요한 역할을 할 수 있다. 파트너의 요인은 특정 성적 활동에 영향을 줄 수 있다. 관계의 이슈들은 원활하지 못한 의사소통이나 성관계 빈도에 대한 불일치 등을 야기할 수 있다. 필수적이지는 않지만 개인적 취약성도 포함될 수 있다. 예를 들면, 이전의 성적 학대, 관계에서의 폭력 혹은 다른 외상, 혹은 스트레스 요인 등이다. 문화적·종교적 풍습이 여성들로 하여금 성적 활동을 즐기는 것을 허가하지 않을 수 있다. 그리고 의학적 요인도 치료의 과정에 영향을 줄 수 있다.

고통스러운 성교는 40세 이전의 여성에게 특이하지는 않다. 한 연구에 의하면 여성 중 3~25%는 성기-골반통증/삽입장애를 보고하고 있다. 이 장애는 산부인과 진찰을 받

을 때도 통증을 초래할 수 있다. 이는 생물학적 이유일 수 있으며, 또한 성관계와 관련된 이전의 고통에 조건화된 반응일 수 있다(ter Kuile, Weijenborg, Beekman, Bulte, & Melles, 2009). 두려움과 회피 행동은 또한 몇몇의 사례에서 이전의 성적 학대와 관련될 수 있다(ter Kuile et al., 2009).

남성성욕감퇴장애

남성에게서 성행위에 대한 생각, 성적인 생각, 환상의 결여 그리고 성적 활동에 대한 욕구의 결여는 남성성욕감퇴장애 (male hypoactive sexual desire disorder)와 관련된다. 이 장애에 대한 진단을 할 때 성적 기능에 영향을 주는 요인ㅡ가령, 개인적 맥락(예 : 파트너와의 욕구의 불일치), 그리고 다른 사회문화적 맥락ㅡ에 대해 고려해야 한다(APA, 2013). 이 증상은 적어도 6개월 이상 지속되어야 하며 개인에게 고통을 야기시켜야 한다.

성적 활동을 시작하지 않는 것이나 파트너의 성적 활동 시 수용하지 않는 것이 한 증상일 수 있다. 평생형/후천형, 전반형/상황형의 하위 유형은 앞에서 언급한 다섯 가지 요인과 함께 고려되어야 할 것이다. 거의 이 모든 것이 이 장애의 발전에 중요한 역할을 한다.

남성성욕감퇴장애 유병률은 매우 다양하다. DSM-5에서는 성에 대한 관심의 지속적 결핍을 6개월 이상 보이는 16~44세 이하의 남성 사이에서는 1.8% 정도라고 보고하고 있다. 좀 더 나이가 든 남성(66~74세)은 성적 욕구와 관련된 문제를 더 많이 보고하고 있다(41%까지 보고됨). 종종 성적 욕구의 감퇴는 다른 발기부전이나 사정지연과 같은 성 장애와 관련되어 있다(Corona et al., 2013). 발기 어려움을 갖고 있는 결혼한 남성들 혹은 자신의 파트너에게 매력을 느끼지 못하는 사람들이 가장 영향을 많이 받는 것 같다. 일과 관련된 스트레스도 성적 관심의 결여에 가장 빈번한 원인이 된다(Carvalheira, Traeen, & Stulhofer, 2014). 신체적 어려움(예 : 낮은 테스토스테론, 당뇨)과 기분장애나 우울장애도 또한 남성의 낮은 욕구에 대한 예측 변인이 될 수 있다(APA, 2013).

성적 욕구는 종종 자신의 파트너에 대한 감정과 얽혀 있

다. 사실, 이는 성치료를 찾는 커플에게서 가장 흔히 보이는 문제이며(Laumann, Glasser, Neves, & Moreira, 2009), 모든 성적 어려움의 50%는 파트너에 대한 감정 때문이다. 당연히 관계는 어려운 기간과 스트레스 상황(예 : 실직, 사별)을 겪으며 이들은 성적 욕구에 부정적 영향을 줄 수 있다. 대부분의 사례에서는 이러한 스트레스 요인이 해결되면 이 또한 해결이 된다. 그러나 관계 요인, 불안, 또는 고통을 야기하는 다른 상태가 진단할 수 있는 성기능부전과 동시에 발생하게 된다면, 남성성욕감퇴장애는 진단에서 제외된다(APA, 2013).

조기사정

조기사정[premature (early) ejaculation]은 파트너가 원하기 전에 질 내에 삽입한 지 1분 안에 사정을 하는 것으로 정의된다(APA, 2013). 증상은 적어도 6개월 이상 지속되어야 하고 대부분의 파트너와의 성관계 시 대부분의 경우에서 나타나야 한다(75~100%). 증상은 개인에게 임상적으로 현저한 고통을 초래해야 한다.

조기사정은 남성 중 29%가 영향을 받고 있으며, 이에 대해 보고하고 있는 남성 중 60세 이상의 남성은 거의 60% 비율에 달한다(Wiegel, Wincze, & Barlow, 2002; Wincze, Bach, & Barlow, 2008). 어떤 남성들은 그들이 원하는 것보다 더 빨리 사정을 하는 것 같다고 한다. 그러나 새로운 DSM-5의 정의(예 : 질 삽입 후 1분 이내)에 따르면 이 진단기준에 확실히 일치하는 남성의 수는 감소될 것이다.

다른 성관련 장애와 마찬가지로 조기사정은 평생형과 후천형이 있다. 후천형은 이후에 발병되고 40대에 시작된다. 평생형 조기사정은 보통 처음 성관계를 할 때 시작이 되며 평생 동안 지속된다. 몇 가지 의학적 상태가 이 장애의 경과에 영향을 줄 수 있으며 치료가 증상 개선에 영향을 미칠 수 있다.

이 장애는 불안 문제(특히 사회불안장애)나 특정 의학적 상태(예 : 전립선염, 마약 금단 증상, 갑상선 질환)와 관련될 수 있으며 어느 정도 유전적 원인이 기여한다. 지속적인 조기사정은 낮은 자존감에 영향을 미칠 수 있으며 관계의

만족도를 낮출 수 있다.

　다른 성기능부전과 다른 의학적 · 심리적 상태는 배제되어야 한다. 또한 사정과 관련된 삽화적 혹은 가끔 있는 문제를 조기사정장애로 오해해서는 안 된다.

물질/약물치료로 유발된 성기능부전

물질/약물치료로 유발된 성기능부전의 주요 특성은 성적 문제의 발전 혹은 악화와 물질 혹은 약물—성적 욕구나 윤활성, 혹은 발기를 할 수 있고 유지하는 능력, 혹은 극치감을 느끼는 능력에 영향을 주는 것으로 알려져 있는—섭취와의 시간적 관련성에 있다.

　알코올을 포함하여 아편계 진통제, 항불안제, 고혈압 약물을 포함하여 많은 물질이 성기능부전에 영향을 줄 수 있다. 가장 흔히 보고되는 항우울제의 부작용은 극치감을 느끼지 못하게 하거나 사정을 하지 못하게 하는 것이다(APA, 2013). 부프로피온(웰부트린)과 미르타자핀(레메론)을 제외하고 대부분의 항우울제는 가벼운 성 관련 부작용이 있는 것으로 알려져 있다. 비록 부스피론은 그렇지 않은 것 같지만 벤조디아제핀은 극치감을 지연시키는 것으로 알려져 있다. 몇몇 항정신병약물(일반적인 것과 특정한 것 모두)은 성적 욕구를 약화시키고 발기의 어려움을 초래한다(Segraves & Althof, 2002).

　알레르기, 녹내장, 고혈압, 궤양, 그리고 발작을 치료하는 데 처방된 다른 약물들 또한 성적 욕구를 감퇴시키고 극치감을 느끼거나 발기를 유지하는 데 어려움을 초래한다(APA, 2013). 물질/약물로 유발된 성기능부전의 기능적 결과 중 한 가지는 개인이 이전 성적 욕구나 기능 수준으로 되돌아가고자 하는 기대로 인해 약에 순응하지 않을 수 있다.

　만성적으로 알코올이나 니코틴을 남용하는 것 또한 발기의 어려움 및 조기사정과 연관되며 두 장애의 주요 원인이 될 수 있다. 그러나 이러한 어려움은 물질 사용을 한 지 몇 년 후에나 나타날 수 있다(Arackal & Benegal, 2007). 조기사정은 아편계 사용을 멈춘 후에 나타날 수 있다. 불법 암페타민 사용이 남성의 성적 기능에 주는 영향에 관한 최신 연구는 엇갈린 결과를 보여주고 있다. 비록 몇몇 남성들은 통제집단에 비해 높은 발기부전의 비율을 보인 반면 1,159명의 암페타민 사용자 중 절반은 이 약물 사용이 그들의 성기능에 영향을 주고 있지 않다고 보고하였다(Chou, Huang, & Jiann, 2015).

평가

성기능부전을 평가할 때 기저에 존재하는 생물학적인 이슈가 있다면 이를 제외시키는 것이 가장 먼저 해야 할 단계이다. 치료가 필요한 상태인지를 판단하기 위해 철저한 신체검사, 병력 조사, 실험평가를 하는 것이 필수적이다(예 : 여성의 자궁내막증). 성 관련 장애를 진단하기 위한 도구로는 반구조화된 면담, 특정 기능부전의 평가서, 성에 관련된 태도를 측정하는 설문 및 평가지 등이 있다. 성적 외상이나 학대의 이전 내력이 종종 이후의 성적 문제의 발전과 관련이 있을 수 있기 때문에 이전의 성과 관련된 이력에 대한 질문지 또한 도움이 될 수 있다. 다음은 성적 장애와 관련한 평가 도구의 몇 가지이다.

- 초기 성경험 체크리스트(Early Sexual Experiences Checklist, ESEC; Miller, Johnson, & Johnson, 1991)—16세 이전에 발생한 원치 않는 성적 경험을 조사하기 위한 9문항의 질문지(Wiegel, Wincze, & Barlow, 2002)
- 성기능부전 척도(Sexual Dysfunction Scale, SDS; McCabe, 2010)
- 여성 성기능 지표(Female Sexual Function Index, FSFI; Rosen, Brown, Leiblum, Meston, & Shabsigh, 2000)
- 성적 욕구 평가 도구(Sexual Desire Inventory, SDI; Spector, Carey, & Steinberg, 1996)
- 여성용 성적 관심 및 욕구 평가 도구(Sexual Interest and Desire Inventory-Female, SIDI-F; Sills et al., 2005)—단축형으로 성적 욕구을 평가하는 17문항 척도
- 성적 기능에 대한 드로가티스 면담지(DeRogatis Interview for Sexual Functioning, DISF; DeRogatis, 1997)—반구조화된 면담지로 성적 환상과 사고, 성적

행동과 기대, 극치감, 성적 욕구, 성적 흥분의 다섯 가지 항목으로 되어 있음
- 성관련 견해 척도(Sexual Opinion Survey, SOS; White, Fisher, Byrne, & Kingma, 1977)—21항목으로 성별, 연령, 국가와 종교에 기반을 둔 규준이 포함된 성에 관련된 견해에 관한 리커트식 척도. 남편-아내 간 점수의 불일치는 낮은 성적 만족도와 관련이 됨(Wiegel, Wincze, & Barlow, 2002)
- 발기 기능의 국제적 지표(International Index of Erectile Functioning, IIEF; Rosen, Cappelleri, & Gendrano, 2002)

치료자의 자질

성기능부전을 치료하는 치료자는 성 치료와 관련된 특정 기술의 최근 동향을 잘 아는 것 외에도 성적 그리고 관계의 기능, 성적 장애, 문화적 예민성, 성과 성별 차이 등을 포함하여 다양한 영역에서 전문성을 갖춰야 한다(Hall & Graham, 2014; Hertlein, Weeks, & Gambescia, 2015). 불륜, 성적 학대나 외상의 내력, 성욕 과다, 신체 이미지와 같은 다른 이슈들도 또한 성기능에 영향을 줄 수 있으므로 이에 대한 고려가 필요하다(Hall & Graham, 2014).

성적 장애를 갖고 있는 사람들과 작업하는 치료자는 환자와 처음 만날 때부터 환자가 편안하게 느낄 수 있도록 돕고 공감을 표현하고 지지와 용기를 불어넣어주는 데 능숙해야 한다. 성적 어려움으로 치료를 찾는 대부분의 사람들은 불편하고 부끄러워한다. 많은 사람들은 자신의 성적 태도나 행동에 대해 치료를 찾기 전에 공개적으로 이야기 해본 적이 없으며 치료자와 그런 이야기를 하는 것도 어려울 것이다. 환자들은 아마도 특정한 세세한 부분은 회피할 수도 있고 문제를 축소할 수도 있으며, 용어 자체에 대해 익숙하지 않은 것처럼 보이기도 할 것이다. 치료자는 환자 혹은 커플이 편안하게 느끼도록 도우면서 세밀하게 평가 면담을 수행할 수 있어야 한다.

치료자는 친밀하고 성적 본능과 같은 내용에 대해 논의하는 것으로 인한 전이 효과에 대해 또한 인지하고 있어야 한다. 전이가 발전되는 것에 대해 전이감정을 탐색하고 논의하며 타당화하고 해석하며 분산시키는 작업을 통해 적절하게 다루어야 한다.

이 분야에서 일하는 성치료자와 상담자는 이 영역에 대한 추가적인 임상 훈련, 슈퍼비전, 그리고 지속적인 교육을 받아야만 한다. 그들은 환자와 성적 관계를 가져서는 안 된다는 윤리적 규준을 반드시 따라야만 하고 스스로를 잘 관리하고 개인적 가치관을 분명히 해야 한다. 또한 치료자들은 경험이 부족하거나 훈련이 부족한 영역에서 작업을 할 때는 반드시 슈퍼비전을 받아야 한다(Kleinplatz, 2015; Watter, 2012).

개입 전략

비록 많은 성기능부전이 초기 성인기에 시작되지만, 이 질병에 대한 치료는 20대 후반 혹은 30대 초반에 시작된다. 환자들이 치료를 찾을 때는 아마도 여러 가지 실망스러운 성적 경험, 성적 접촉의 회피, 오래 지속된 창피함, 수치심, 자책 등에 의해서 문제가 더 커져 있고 이러한 문제가 치료를 좀 더 어렵게 만들 수 있다.

이전에 언급한 것처럼 어떤 성기능부전의 치료라도 첫 번째 단계는 어려움의 원인이 되는 것이 무엇인지 판단하기 위하여 성적·의학적·심리사회적 내력을 철저하게 조사하는 것이다. 그리고 성적 문제의 원인으로서 의학적 상태의 가능성을 배제하기 위해 의사의 평가가 먼저 필요하다.

성적 장애에 대한 심리사회적 치료는 주로 행동치료로 시행하는 경향이 있다. 그러나 인지적이고 정신역동적 개입도 또한 자기비판적 사고를 수정하고 오랫동안 지속된 학대나 불신, 그리고 수치심을 해결하는 데 도움을 줄 수 있다.

1970년대 Masters와 Johnson의 작업을 시작으로 현재에 이르기까지 지난 몇 년 동안 여러 행동치료 기법이 개발되었다(Binik & Hall, 2014; Marnach & Casey, 2008). 예를 들면 남성과 여성의 성기능부전 치료를 위한 인지행동 프로그램을 통해 성에 대한 태도의 개선, 성은 좀 더 즐길 만하다는 믿음, 향상된 자신감이 보여졌다. 또한 치료 이

후 성기능부전의 수준이 낮아졌다고 보고되었다(McCabe, 2001).

　긍정적 가능성을 보이는 인터넷을 기반으로 한 성기능부전 심리치료도 개발되었다. 이러한 종류의 프로그램 중 여성의 성기능부전을 치료하는 한 프로그램에서는 심리교육, 대화 기술 훈련, 그리고 감각에 중점을 둔 연습 내용을 포함하고 있다. 이 프로그램을 마친 여성은 이 치료를 받지 않은 다른 여성에 비해 파트너와의 대화에서 향상을 보였으며 성적 기능이 향상되었다고 보고하였다(Jones & McCabe, 2011).

　성치료자들은 커플이 성기능에 있어 향상을 보일 수 있도록 도울 수 있으며, 남성이 발기부전에 대한 걱정을 감소하도록 도울 수 있으며, 조기사정을 통제할 수 있도록 인지치료를 제공할 수 있다. 또한 커플이 좀 더 상호 만족스러운 성적 관계를 발전시키는 작업을 할 수 있도록 긍정적이고 지지적인 분위기 속에서 그들의 선호(예 : 누가 성적 접근을 할 것인지, 성적 환상 등)에 대해 논의하도록 도울 수 있다.

커플치료

관계 안에서 일어나는 성기능부전은 또한 관계 안에서 해결할 수 있다. 커플치료의 일부로서 관계 안에서의 문제가 커플의 성적 행동에 영향을 주는지 혹은 성 생활의 결핍이 관계를 방해하고 있는지 판단하기 위해 커플의 개인적 관계와 성적 관계에 대한 정보를 수집하는 것이 포함되어야 한다. 평가 정보는 커플이 함께 있을 때 혹은 개별적으로도 수집할 수 있다. 종종 관계에 대한 관점에서 불일치를 보일 수 있는데, 이는 이전에 파트너와 이야기해보지 않은 부분일 수 있다. 대부분의 경우 커플치료는 의사소통을 증진시키고 기대를 명확하게 하며 커플로 하여금 그들의 성적 욕구나 행동에 대해 논의할 수 있게 하여 좀 더 행복한 성 생활을 할 수 있도록 한다.

　때로는 자신 혹은 다른 파트너가 자신의 성적 수행과 파트너의 반응을 지켜보는 것이 불편하고 불안하다는 것이 치료에서 분명해질 때가 있다. Masters와 Johnson은 이를 '관람하기'라고 불렀는데 보통 자신의 수행을 지켜보고 비판하는 것과 관련된 긴장과 불안은 이완하는 데 방해가 되며 진정한 즐거움을 누리는 데 방해가 된다. 이러한 경우 커플의 성적 문제는 실제로 더 악화가 된다. 관람하기와 관련된 불안감을 감소시키기 위하여 커플은 즐거운 이완 훈련, 예를 들면 파트너에게 성과 관련되지 않은 마사지해주기, 자기 자신이 아닌 파트너의 즐거움에 초점 맞추기 등과 같은 훈련을 배우게 된다. 이러한 방법으로 커플은 판단이나 기대에 사로잡히지 않고 그 순간의 즐거움을 누리는 방법을 배우게 된다.

　성기능부전을 치료하는 데 중요한 다른 기법으로는 체계적 둔감화, 극치감을 느끼지 못하는 여성을 위한 자위, 연결 작업(자위나 손의 자극에서 삽입으로 전환시키는 것), 쥐어짜는 기법(조기사정의 남성에게 조절하는 방법을 교육하는 것), 심상이나 환상을 사용하여 성적 흥분을 자극하는 것 등이 있다.

　커플이 파트너와 즐거운 경험을 만드는 것과 같은 좀 더 폭넓은 목표를 갖도록 하는 것은 단지 성적 기능을 회복하는 것보다 관계에 좀 더 많은 것을 할 수 있게 한다.

약물치료

물론 이 장애에 기초한 치료 개입은 다양할 것이다. 낮은 성적 욕구를 경험하고 있는 사람들은 성적 욕구를 증진시키는 약물을 처방받는 것에서 도움을 받을 수 있다. 현재 약물 처방은 낮은 성적 욕구를 갖고 있는 남성과 여성 모두에게 가능하다.

예후

성기능부전에 대한 예후는 장애에 따라 다양하다. 모든 성기능부전의 절반가량은 치료에서 향상을 보인다. 그러나 치료적 향상이 항상 유지되는 것은 아니며 재발도 흔하게 발생한다. 성적 욕구 장애를 갖고 있는 여성과 남성의 50~70% 정도는 심리치료 이후 약간의 향상을 보였다. 그러나 치료적 향상은 3년간의 추적 결과 유지되지 않았다. 그렇기는 하지만 성적 욕구의 결핍에도 불구하고 관계에서의 만족도 수준에서는 향상을 보고했다(Segraves & Althof,

2002).

한번 성기-골반통증/삽입장애가 6개월 이상 유지되면 자연적으로 증상이 호전되지는 않는 것으로 보인다. 이 경우 치료가 도움이 될 수 있고, 여성들은 폐경기 이후 증상을 덜 보고한다. 여성의 성적흥분장애의 치료에 대한 예후도 또한 좋지는 않다.

달리 명시된 성기능부전

개인에게 고통을 유발하지만 성기능부전의 진단기준에 완전히 들어맞지 않는 다른 성기능부전은 '달리 명시된 성기능부전'이라고 기록하여 명시할 수 있다. 그리고 왜 기준에 맞지 않는지에 대한 특정 이유(예 : 성적 혐오)를 기록한다.

명시되지 않는 성기능부전

이 범주는 증상이 성기능부전의 범주에 있는 장애 중 하나와 비슷하지만 치료자가 타당한 진단을 내릴 만큼 충분한 정보가 없을 때(예 : 응급실) 적절하다.

치료적 제언 : 통합 치료 모델

이 장은 여성과 남성에게 영향을 끼치고 있는 여덟 가지 특정 성장애의 진단과 치료에 초점을 맞추었다. 이 장애들의 증상이 비록 서로 상이하지만 그 기저에는 성기능부전의 심리적 영향과 관련된 공통성이 있다. 다음은 일반적인 치료적 제언이다. 각 장애에 대한 추가적인 특정 정보는 추천문헌에서 찾아볼 수 있을 것이다.

진단

성기능부전 장애로 다음의 것이 포함되어 있다.

- 사정지연
- 발기장애
- 여성극치감장애
- 여성 성적 관심/흥분 장애
- 성기-골반통증/삽입장애
- 남성성욕감퇴장애
- 조기사정
- 물질/약물치료로 유발된 성기능부전

치료 목표

- 이 장애에 대한 지식 증가
- 역기능적 행동의 감소
- 새로운 행동의 습득
- 자기 자신의 필요를 만족시키는 능력 증진
- 중요한 타인과의 개인적 관계 및 성적 관계의 증진

- 생활양식의 개선

평가

- 신체 검사 — 모든 성 장애에 중요함
- 기능에 대한 평가 도구와 척도를 통한 증상의 심각도 판단
- 다른 동반된 의학적 혹은 정신적 장애의 평가
- 성적 기능에 영향을 주는 다른 요인이 존재하는지 여부를 판단하기 위한 철저한 심리사회적 평가(예 : 이전의 성적 외상, 물질 남용, 빈약한 신체 이미지, 문화적 · 종교적 금지사항, 성별 불쾌감)
- 다른 성기능부전의 평가

치료자의 자질

- 지지적이고 공감적이고 판단적이지 않은
- 모든 성에 관한 측면에 대해 익숙하고 편안한
- 일련의 특정 기법에 대해 지식이 있는
- 환자의 행동에 대한 잠재적인 부정적 감정을 조절할 수 있는

치료 장소

- 외래 세팅

개입 전략

- 심리교육
- 대화 기술과 관계 기술의 향상

(계속)

- 인지행동치료

치료의 주안점

- 지지적이나 필요시 지시적인
- 현재 기능 수준을 향상시키는 데 가장 우선을 두는
- 약간 과거의 패턴이나 내력에 대해 주의를 두는

치료 참여 구성

- 개인치료

치료 속도

- 빠른 속도
- 보통 일주일에 한 번 단기에서 중기 정도의 기간

약물치료

- 남성의 발기장애를 제외하고는 치료에서 주된 유형이 되지 않음
- 때때로 낮은 성적 욕구를 치료하는 데 도움이 되기도 함

보조 개입

- 필요시 관계 이슈를 다루기 위해 커플치료 가능

예후

- 발기장애와 사정장애에 예후가 좋음
- 만일 환자가 변화에 대한 동기가 있다면 성적 욕구 장애에 있어서는 유의미한 향상이 가능할 수 있음
- 많은 성적 장애에 관계 문제가 지속된다면 좋지 못한 예후로 귀결될 경향이 있음

통합 치료 모델 : 도나텔로

이 장에서는 낮은 성적 욕구를 보이며, 성관계에 대한 흥미가 결여되어 있지만 남편과의 관계에서는 문제가 없고 우울도 보고하지 않는 도나텔로라는 건강한 47세의 여성 사례로 시작하였다. 도나텔로의 성적 욕구의 결여와 결혼생활에서의 친밀감이 그녀에게 문제가 되지 않고, 그래서 치료를 찾지 않는다면 이 경우에는 *DSM-5*의 기준하에서는 진단적 장애가 될 순 없다. 만일 그러하다면 그 경우에는 여성 성적 관심/흥분장애라고 볼 수 있고 그 치료는 다음과 같을 것이다.

진단

- 여성 성적 관심/흥분 장애

치료 목표

- 여성의 성적 욕구에 대한 심리교육
- 파트너와의 개인적 관계와 성적 관계의 향상

평가

- 다른 동반 장애(예 : 우울, 뇌하수체 장애)에 대한 평가
- 다른 성기능부전(예 : 성교 동통, 파트너의 기능부전, 파트너의 성적 관심 장애 등)에 대한 평가

치료자의 자질

- 지지적이면서도 지시적인

치료 장소

- 외래 치료

개입 전략

- 심리교육
- 인지행동치료
- 의사소통과 대인관계 기술의 증진

치료의 주안점

- 지시적인
- 중간 정도의 지지적인
- 약간 과거의 패턴과 행동에 주의를 두는

치료 참여 구성

- 개인치료

치료 속도

- 일주일에 한 번

(계속)

약물치료

• 이번에는 필요 없음

보조 개입

• 커플 상담이 가능함

예후

• 도나텔로가 행동의 변화에 대해 적극적이고 동기가 높다면 좋은 예후가 예상됨

추천문헌

Nationally, the American Association of Sexuality Educators, Counselors and Therapists (AASECT; aasect.org), the Society for the Scientific Study of Sexuality, and also journals and other related sources of information: *Archives of Sexual Behavior, Journal of Sex and Marital Therapy, Journal of Sexual Medicine, International Journal of Impotency Research, Sexual and Relationship Therapy*

Binik, Y. M., & Hall, K. S. K. (Eds.). (2014). *Principles and practice of sex therapy* (5th ed.). New York, NY: Guilford Press.

Fisher, T. D., Davis, C. M., Yarber, W. L., & Davis, S. L. (Eds.). (2011). *Handbook of sexuality-related measures* (3rd ed.). New York, NY: Routledge.

Hertlein, K. M., Weeks, G., & Gambescia, N. (Eds.). (2015). *Systematic sex therapy* (2nd ed.). New York, NY: Routledge.

Kleinplatz, P. J. (Ed.). (2012). *New directions in sex therapy: Innovations and alternatives* (2nd ed.). New York, NY: Taylor & Francis Group.

참고문헌

American Psychiatric Association. (2013). *Diagnostic and statistical manual of mental disorders* (5th ed.). Washington, DC: Author.

Arackal, B. S., & Benegal, V. (2007). Prevalence of sexual dysfunction in male subjects with alcohol dependence. *Indian Journal of Psychiatry, 49,* 109–120.

Basson, R. (2007). Sexual desire/arousal disorders in women. In S. R. Leiblum (Ed.), *Principles and practice of sex therapy* (4th ed., pp. 25–53). New York, NY: Guilford Press.

Binik, Y. M., & Hall, K. S. K. (2014). *Principles and practice of sex therapy* (5th ed.). New York, NY: Guilford Press.

Carvalheira, A., Traeen, B., & Stulhofer, A. (2014). Correlates of men's sexual interest: A cross-cultural study. *Journal of Sexual Medicine, 11,* 154–164.

Chou, N. H., Huang, Y. J., & Jiann, B. P. (2015). The impact of illicit use of amphetamine on male sexual functions. *Journal of Sexual Medicine, 12,* 1694–1702.

Corona, G., Rastrelli, G., Ricca, V., Jannini, E. A., Vignozzi, L., Monami, M., . . . Maggi, M. (2013). Risk factors associated with primary and secondary reduced libido in male patients with sexual dysfunction. *Journal of Sexual Medicine, 10,* 1074–1089.

DeRogatis, L. R. (1997). The DeRogatis Interview for Sexual Functioning (DISF/DISF-SR): An introductory report (1997). *Journal of Sex and Marital Therapy, 23,* 291–304.

DeRogatis, L. R., & Burnett, A. L. (2008). The epidemiology of sexual dysfunctions. *Journal of Sexual Medicine, 5,* 289–300.

Hall, K. S. K., & Graham, C. A. (2014). Culturally sensitive sex therapy: The need for shared meanings in the treatment of sexual problems. In Y. M. Binik & K. S. K. Hall, *Principles and practice of sex therapy* (5th ed., pp. 334–358). New York, NY: Guilford Press.

Hertlein, K. M., Weeks, G., & Gambescia, N. (Eds.). (2015). *Systematic sex therapy* (2nd ed.). New York, NY: Routledge.

Jones L. M., & McCabe, M. P. (2011). The effectiveness of an Internet-based psychological treatment program for female sexual dysfunction. *Journal of Sexual Medicine, 8,* 2781–2792.

Kleinplatz, P. J. (Ed.). (2012). *New directions in sex therapy: Innovations and alternatives,* 2nd ed. New York, NY: Taylor & Francis Group.

Kleinplatz, P. J. (2015). The current profession of sex therapy. In K. M. Hertlein, G. Weeks, & N. Gambescia (Eds.), *Systematic sex therapy* (2nd ed., pp. 17–28). New York, NY: Rutledge.

Laumann, E. O., Glasser, D. B., Neves, R. C. S., & Moreira, E. D. (2009). A population-based survey of sexual activity, sexual problems and associated help-seeking behavior patterns in mature adults in the United States of America. *International Journal of*

Impotence Research, 21, 171–178.

Laumann, E. O., Nicolosi, A., Glasser, D. B., Paik, A., Gingell, C., Moreira, E.,... GSSAB Investigators' Group. (2005). Sexual problems among women and men aged 40 to 80 years: Prevalence and correlates identified in the Global Study of Sexual Attitudes and Behaviors. *International Journal of Impotence Research, 17*, 39–57.

Laumann, E. O., Paik, A., & Rosen, R. C. (1999). Sexual dysfunction in the United States: Prevalence and predictors. *Journal of the American Medical Association, 281*, 537–544.

Lewis, R. W., Yuan, J., & Wang, R. (2008). Male sexual arousal disorder. In D. L. Rowland & L. Incrocci (Eds.), *Handbook of sexual and gender identity disorders.* (pp. 32–63). Hoboken, NJ: Wiley.

Lindau, S. T., & Gavrilova, N. (2010). Sexual activity in middle to later life. *British Medical Journal, 340*, 850.

Marnach, M. L., & Casey, P. M. (2008). Understanding women's sexual health: A case-based approach, *Mayo Clinic Proceedings, 83*, 1382–1387.

Masters, W. H., & Johnson, V. E. (1970). *Human sexual inadequacy.* Boston, MA: Little, Brown.

McCabe, M. (2001). Evaluation of a cognitive behavior therapy program for people with sexual dysfunction, *Journal of Sex & Marital Therapy, 27*, 259–271.

McCabe, M. P. (2010). Sexual Dysfunction Scale (SDS). In T. D. Fisher, C. M. Davis, W. L. Yarber, & S. L. Davis (Eds.). *Handbook of sexuality-related measures* (3rd ed., pp. 211–212). New York, NY: Routledge.

McCabe, M. P. (2005). The role of performance anxiety in the development and maintenance of sexual dysfunction in men and women. *International Journal of Stress Management, 12*, 379–388.

Miller, R. S., Johnson, J. A., & Johnson, J. K. (1991). Assessing the prevalence of unwanted sexual experiences. *Journal of Psychology and Clinical Sexuality, 4*, 43–54.

Pujols, Y., Meston, C. M., & Seal, B. N. (2010). The association between sexual satisfaction and body image in women. *Journal of Sexual Medicine, 7*, 905–916.

Rosen, R., Brown, C. J. H., Leiblum, S., Meston, C. M., & Shabsigh, R. (2000). The Female Sexual Function Index (FSFI): A multidimensional self-report instrument for the assessment of female sexual function. *Journal of Sex and Marital Therapy, 26*, 191–208.

Rosen, R. C., Cappelleri, J. C., & Gendrano, N. (2002). The International Index of Erectile Function (IIEF): A state-of-the-science review. *International Journal of Impotency Research, 14*, 226–244.

Segraves, T., & Althof, S. (2002). Psychotherapy and pharmacotherapy for sexual dysfunctions. In P. E. Nathan & J. M. Gorman (Eds.), *A guide to treatments that work* (2nd ed., pp. 497–524). New York, NY: Oxford University Press.

Sills, T., Wunderlich, G., Pyke, R., Segraves, R. T., Leiblum, S., Clayton, A.,... Evans, K. (2005). The Sexual Interest and Desire Inventory-Female (SIDI-F): Item response analyses of data from women diagnosed with hypoactive sexual desire disorder. *Journal of Sexual Medicine, 2*, 801–818.

Spector, I. P., Carey, M. P., & Steinberg, L. (1996). The Sexual Desire Inventory-2: Development, factor, structure, and evidence of reliability. *Journal of Sex and Marital Therapy, 22*, 175–190.

ter Kuile, M. M., Weijenborg, P. T. M., Beekman, A., Bulte, I., & Melles, R. (2009). Therapist-aided exposure for women with lifelong vaginismus: A replicated single-case design. *Journal of Consulting and Clinical Psychology, 77*, 149–159.

Watter, D. (2012). Ethics and sex therapy: A neglected dimension. In P. J. Kleinplatz (Ed.), *New directions in sex therapy: Innovations and alternatives* (2nd ed., pp. 85–99). New York, NY: Taylor & Francis Group.

White, L. A., Fisher, W. A., Byrne, D., & Kingma, R. (1977). Development and validation of a measure of affective orientation to erotic stimuli: The Sexual Opinion Survey. Paper presented at the Midwestern Psychological Association, Chicago, IL.

Wiegel, M., Wincze, J. P., & Barlow, D. H. (2002). Sexual dysfunction. In M. M. Antony & D. H. Barlow (Eds.), *Handbook of assessment and treatment planning for psychological disorders* (pp. 481–522). New York, NY: Guilford Press.

Wincze, J. P., Bach, A. K., & Barlow, D. H. (2008). Sexual dysfunction. In D. H. Barlow (Ed.), *Clinical handbook of psychological disorders: A step-by-step treatment manual* (4th ed., pp. 615–661). New York, NY: Guilford Press.

Wincze, J. P., & Carey, M. P. (2001). *Sexual dysfunction: A guide for assessment and treatment.* New York, NY: Guilford Press.

Wylie, K. (2008). Erectile dysfunction. *Advanced Psychosomatic Medicine, 29*, 33–49.

Wylie, K. R., & Machin, A. (2007). Erectile dysfunction. *Primary Psychiatry 14*, 65–71.

15 성별 불쾌감

📖 **사례 연구 15.1**

브렌트는 28세 남성으로 어렸을 때부터 성별 불쾌감 증상을 보이기 시작했다. 그는 누나의 옷을 입고 변장하기를 좋아했고, 학교에서 기회(예 : 핼러윈, 장기자랑, 학교연극, 변신놀이 등)가 될 때마다 '브렌나'라고 스스로 이름 붙였고 여자아이처럼 차려입으려고 애썼다. 그는 종종 자신이 언젠가는 소녀로 변할 것이라는 믿음을 표현하기도 했다. 브렌트가 이러한 여성적인 행동으로 인해 또래로부터 따돌림을 당하고 비웃음거리가 되자 부모는 매우 당황하였다. 심지어 브렌트의 형과 누나조차도 그의 행동을 경멸하는 듯한 태도를 보이기 시작했다. 사춘기에 접어들자 브렌트에게도 남자로서의 이차 성징이 나타나기 시작했다. 브렌트는 생물학적인 성과 그가 동일시하는 성 사이의 갈등으로 힘들어했고, 불안과 우울 증상을 보이기 시작했다. 그는 아버지에게 남자로서 사느니 차라리 죽는 편이 낫다고 말했고, 결국 가족들은 심리치료의 도움을 찾게 되었다. 브렌트는 성별 불쾌감으로 진단받았고, 현재 호르몬 치료를 받으면서 여성으로서 제2의 삶을 살아가고 있으며, 성전환 수술을 고려 중이다.

성별 불쾌감(gender dysphoria)은 이전의 *DSM-IV*에서 논란이 되어 왔던 성 정체감 장애를 대체하는 *DSM-5*의 새로운 진단범주이다.

성별 불쾌감의 핵심 특징은 표현되는 성과 출생 시의 생물학적 성과의 불일치이다. 불쾌감 또는 정서적 불편감은 이러한 불일치의 결과로서 나타나는 것이며, 이것이 임상적으로 유의미한 고통을 초래하거나 직업적 · 사회적 장면 또는 대인관계에서 기능적 손상을 가져올 때 성별 불쾌감이라고 진단할 수 있다.

*DSM-5*에서는 중요한 기준이 바뀌면서 더 이상 자신의 성별에 대한 의심 자체가 정신장애가 될 수 없다는 것에 동의하였다. 성별 불쾌감은 오직 정서적 불편감과 관련 있을 뿐, 신체적 결과에 대한 결정과는 무관하다.

다른 *DSM-5*의 장애와 마찬가지로 임상적으로 유의미한 고통은 상황과 관련되어야만 한다. 바꾸어 말하면 자신의 성별에 대한 의심 또는 성별 불일치감 자체가 정신장애가 될 수 있는 것은 아니다. 오히려 사회적 · 직업적 대인관계 영역에서 임상적으로 의미 있는 고통이나 장애가 존재해야만 한다(APA, 2013). *DSM-5*는 성별 불쾌감을 아동, 청소년, 성인에 대하여 각각 구분되는 기준을 제시하고 있다.

이 장애는 자신의 출생 시 생물학적 성에 대한 정서적 또는 인지적 불만에 초점을 맞추는 것으로 재개념화되면서, 초점은 출생 시 성과 자신이 지각한 정체감 사이의 부조화를 동반하는 불편감에 맞추어졌다.

성별 불쾌감의 기준을 충족하기 위해서는 다음의 사항이 존재해야만 한다.

- 표현된 성과 출생 시의 성 간에 뚜렷한 차이
- 성별 불일치감이 중요한 기능 영역에서 임상적으로 유의미한 고통을 초래해야 함
- 증상은 적어도 6개월 이상 존재해야 함
- 아동의 경우 다른 성이 되고자 하는 욕구가 존재하고 언어로 표현되어야 함

아동, 청소년, 성인의 경우 선천적인 부신성기장애와 같은 선천적인 상태가 존재한다면, '성발달장애 동반'이라는 명시자가 추가되어야 한다.

자신이 선호하는 성으로 이미 살고 있거나 의료적 처치(예 : 호르몬 치료, 성전환 수술)를 통해 다른 성으로 생활하고 있는 성인의 경우 '전환 후 상태'라는 명시자가 추가되어야 한다. '전환 후 상태' 명시자는 새로운 성을 유지하기 위한 치료적 절차를 지속하는 경우에 사용 가능하다.

내담자 특징

성정체감은 전생애 과정에서 여러 번 의심해볼 수 있는 유동적인 개념이다. 이 개념은 신체, 사회적 역할, 성 정체감과 성적 취향 등에 관한 여러 감정 등을 아우르는 개념이다. DSM-IV의 성정체감장애는 경멸적인 의미가 있었고, 논란이 많은 진단명이었다. 중요한 기준이 변화되어 왔고, 성별 불쾌감은 더 이상 성적인 역기능으로 간주되지 않는다. 다만, 출생 시의 성과 다른 성별에 대한 동일시로 인한 불쾌감과 관련 있을 뿐이다.

성별 불쾌감은 매우 드물다. 네덜란드와 스코틀랜드의 연구에 따르면, 1만 1,000명의 남성 중 1명, 3만 명의 여성 중 1명 정도의 유병률을 보이고 있다(Carroll, 2007). 아동기에는 2 : 1에서 4.5 : 1까지의 비율로 남성이 여성보다 성별 불쾌감을 호소하는 경우가 더 많다(APA, 2013). 흥미롭게도 일본과 폴란드 두 나라에서는 성별에 따른 비율이 다르게 나타났는데, 여자가 남자보다 2 : 1의 비율로 더 높게 나타났다.

일반적으로 성정체감은 3세 정도에 확립되며 대부분의 사람들은 출생 시의 생물학적 성과 일치하며, 전생애에 걸쳐 출생 시의 성으로 고정하여 살아간다(AACAP, 2012).

조기발병 및 후기발병의 성별 불쾌감

매우 낮은 비율의 아동이 청소년기 그리고 성인기까지 지속적으로 성별 불만족을 표현할 것이다. 비교적 초기에 성별 불쾌감을 호소하는 대부분의 남성의 경우, 그 감정은 사라질 것이고 이러한 사람들은 사춘기 이후에 자신을 동성애자로 규정지을 것이다(APA, 2013).

후기에 발생하는 성별 불쾌감의 경우, 증상은 사춘기나 그 이후에 최초로 시작된다. 그들은 다른 성이 되고자 하는 욕구를 가지고 있으나 그것을 절대로 다른 사람들에게 표현하지 않으며 만일 그들이 그렇게 표현한다면 사춘기 청소년들이 보일 만한 놀라운 행동 정도로 취급될 수 있다. DSM-5에 따르면 후기에 성별 불쾌감을 호소하는 남성들은 양가감정을 경험할 가능성이 더 높으며, 성별 불쾌감의 강도에서 더 많은 감정의 동요를 겪는다. 그들은 여성과 동거하거나 결혼할 가능성이 더 높고, 성전환 수술로 만족할 가능성이 더 낮은 것으로 나타났다(APA, 2013).

아동은 빠르게 성장하고 변하기 때문에 어렸을 때 성별 불쾌감 증상을 보였던 대부분의 아동이 자라면서 그러한 증상이 줄어드는 것은 그리 놀랄 만한 일이 아니다. 그러나 어떤 아동에게는 사춘기의 시작 또는 이차 성징(예 : 유방 성장, 수염 등)의 발달이 성관련 불쾌감의 신체적 암시물이 되고, 그것이 증상을 더 악화시키기도 한다.

아동기 성별 불쾌감이 청소년기까지 지속되는 빈도는 명확하지 않다. 초기부터 성별 불쾌감을 호소한 아동에 대한 몇몇 종단 연구에서 사춘기 이후에 동성애나 양성애와 같은 성적 지향의 빈도가 매우 높은 것으로 나타났다. 아동기 성별 불쾌감이 성인기까지 지속되는 사례는 극히 소수인 것으로 나타났다(Wallien & Cohen-Kettenis, 2008).

예일대학교에서 수행한 오래된 종단 연구에 따르면(Green, 1987), 아동기 성별 불쾌감에 대한 치료를 받은 66명의 남성 중 75%가 명확하게 동성에 대한 선호를 발달시킨 것으로 나타났다. 단지 1명의 남성만이 성인기까지 계속해서

성별 불쾌감을 표현했다. 이러한 연구들을 통해 자신의 성에 불만이 있는 아동의 치료는 매우 주의 깊게 이루어져야 함을 알 수 있는데, 이는 많은 요인이 불쾌감에 영향을 미치기 때문이다.

- 아동과 청소년은 그들의 출생 시의 성에 대한 불만족이나 불쾌감을 표현하는 대신에 주기적으로 이성의 행동을 하는 경향이 더 높음
- 청소년들은 사춘기를 전후하여 나타나는 동성애적인 성향이 있기 때문에 때때로 성별 불쾌감을 발달시킴
- '인지적 혼란 요인'(AACAP, 2012, p. 963)

한 가지 분명한 것은 사춘기부터 성인기까지 지속되는 성별 불쾌감은 변하지 않는다는 것이다. 제한된 연구지만 성별 불쾌감을 진단받고 사춘기 억제 호르몬 치료를 받은 70명의 청소년을 추적한 한 연구에서는 모두 성전환을 한 것으로 나타났다(deVries, Steensma, Doreleijers, & Cohen-Kettenis, 2010).

성별 불일치감은 가족과 친구들로부터의 거절로 인한 우울장애, 불안장애, 파괴적 충동조절장애를 가져올 수 있다. 이러한 행동 문제는 아동기에 증가하며 사회적 배척을 가져오고, 그것이 다시 행동 문제를 더 증가시키게 된다.

사회적 낙인, 따돌림, 가족들로부터의 외면, 모성 정신병리에 대한 두려움은 모두 청소년의 두려움에 기여하며 적응을 방해하고 적절한 치료적 개입을 받는 것을 지연시킨다. 많은 사람들이 평생에 걸쳐 다른 성의 사람으로 옷을 입거나 행동하는 것에 노력을 기울이며 사는가 하면, 어떤 사람들은 성전환 수술이나 호르몬 치료를 받는다. 증가된 우울증, 불안, 성격장애, 물질사용장애, 다른 동반되는 장애들이 상황을 더 악화시키기 때문에 사람들이 치료를 찾게 되는 이유가 되기도 한다. 그들은 또한 성전환 수술로 발생하는 새로운 상황 때문에 심리치료를 찾기도 한다. 우울, 가족 간 불화, 성별 불쾌감을 경험하고 있는 자녀와 거리두기 등이 부모의 흔한 반응이며, 이것이 초기 성인기의 고립감과 성별 불쾌감을 더 악화시키는 경향이 있다(Marantz & Coates, 1991). 사회적 낙인, 또래로부터의 따돌림, 성관계에서의 좌절된 시도 등이 감정적 혼란을 더 증가시킬 수 있다. 문화적 · 종교적 · 사회적 규준도 부담을 가중시킬 수 있으며, 특히 민족적 · 성적 소수자들에게 특히 그러하다(Rosario, Schrimshaw, & Hunter, 2004).

물질 남용, 고위험 행동, 자해 행동, 자살률은 일반적으로 청소년기에 높아지는 경향이 있으며, 자신의 성(sexuality)을 확신하지 못하는 사람의 경우 훨씬 더 높다(Garofalo, Wolf, Kessel, Palfrey, & DuRant, 1998; Ziyadeh et al., 2007). 성전환 청소년의 거의 절반이 자살사고를 보고하며, 25%는 자살시도를 하는 것으로 나타났는데, 이러한 비율은 또래 이성애자의 2배가 넘는 수치이다(Grossman & D'Augelli, 2007). 자살 위험을 높이는 요인에는 사회적 경멸, 따돌림, 가족으로부터의 거절(Family Acceptance Project, 2009), 소수인종(Centers for Disease Control & Prevention, 2011), 신체적 · 언어적 폭력(IMPACT, 2010) 등이 있다.

부모들 또한 자녀가 자신의 성에 대해 의문을 품는 기간 동안 인지부조화를 경험할 수 있다. 결국에는 자녀를 지지하고 긍정하는 대부분의 부모조차도 자신의 자녀가 성별 불쾌감을 처음으로 표현했을 때는 적절하게 반응하지 못하는 경우가 종종 있다.

치료자의 자질

성별 불쾌감을 호소하는 아동, 청소년, 성인과 작업하는 치료자는 아동 및 청소년 발달, 평가, 진단에 정통해야 한다. 그들은 비밀보장이 되는 안전한 환경을 만들 수 있어야 하며, 아동과 청소년이 편안하게 자신의 성을 탐색할 수 있도록 해야 한다.

특히 아동 및 그들의 가족과 함께 작업하는 경우, 심리교육과 지지가 많이 제공되어야 한다. 치료자는 아동 및 성인과 모두 유능하게 작업할 수 있어야 하며, 부모에게는 규범적 행동을 교육시키고, 아동을 보호하고 학교 내 따돌림이나 학대와 같은 상황을 다루게 될 교사 또는 학교 관계자와도 치료적 작업을 해야 한다.

치료자가 우울장애, 불안장애, 성격장애와 같이 동반될 수 있는 심리장애를 잘 진단하고 개입할 수 있는지 또한 매우 중요하다. 물품음란장애도 성별 불쾌감과 종종 동반되

는 장애로서 다루어져야만 한다.

평가

의학적 평가에 이어서 성별 불쾌감에 대한 심리학적 평가는 다른 종합적인 심리평가와 유사할 것이다. 다만, 성 정체성의 4개 차원인 사회적 역할, 성적인 동일시, 성적 욕망, 신체에 추가적으로 더 초점을 맞출 필요가 있다(Carroll, 2007).

성 역사에 대한 질문은 아동기, 청소년기, 성인기의 성 정체성에 대한 정보를 수집하는 데 초점이 맞추어져야 한다. 전형적인 아동기 놀이, 선호하는 복장, 다른 사람들의 성 역할에 대한 반응, 사춘기 시작, 이전 치료 경험, 다른 치료 방법(Carroll, 2007)과 같은 것이 그것이다.

환자의 성 역사에 대한 정보 역시 수집해야 한다. 환자의 성 역사에 대한 정보 역시 수집해야 한다. 가령 성전환수술을 받은 이성애자의 경우, 이전의 이성에 대한 성적 매력이나 공상은 좋지 않은 치료 성과의 예측인자가 될 수 있다는 연구 결과들이 있다(De Cuypere et al., 2006; Smith, Van Goozen, Kuiper, & Cohen-Kettenis, 2005). 성 역사에 대한 정보 수집 관련한 자세한 논의는 변태성욕장애를 다룬 제20장에서 찾을 수 있다.

몇몇 평가 척도나 설문지가 심각도나 증상은 평가하는 데 도움이 될 수 있다. 완벽한 목록은 아니지만 다음의 평가 도구가 도움이 될 것이다.

- 아동용 성 정체감 질문지(Gender Identity Interview for Children; Wallien et al., 2009)
- 아동용 성 정체감 설문지(Gender Identity Questionnaire for Children, 부모 보고; Johnson et al., 2004)
- 청소년 및 성인용 성 정체감/성별 불쾌감 설문지(Gender Identity/Gender Dysphoria Questionnaire for Adolescents and Adults; Singh et al., 2010)

성 정체감 평가나 진단, 치료와 관련된 경험이 부족한 치료자라면 성별 불쾌감을 호소하는 내담자를 보다 경험이 많은 정신건강 전문가에게 의뢰하도록 한다.

개입 전략

성별 불쾌감의 치료와 관련된 대규모의 역학 연구는 없다. 다양한 심리적 · 의학적 치료 방법이 가능한데, 치료는 개인의 연령과 요구에 따라 차별화되어야 한다.

특히 아동을 치료하는 경우 이례적인 성 행동과 정상적인 성적 발달 단계에서 나타나는 행동에 대한 구분을 하는 데 매우 세심한 주의를 기울일 필요가 있다. 환경적인 요인(성별 불쾌감을 경험하는 형제자매가 있는 경우)도 영향을 줄 수 있다. 감별진단은 또한 여자아이한테서 나타나는 사내아이 같은 행동이나 남자아이한테서 나타나는 여자아이 같은 행동과 같이 전형적인 성 역할 행동에서의 불일치는 제외되어야 한다.

또한 성별 불쾌감은 복장도착장애와도 구분되어야 한다. 복장도착장애는 양성애 또는 이성애 남성 청소년이나 성인이 성적 쾌감을 얻기 위해 이성의 옷을 입는 경우이다. 아주 드물지만 때때로 몇몇 사람들은 이 2개의 장애의 진단 기준을 모두 충족시키는 경우도 있다.

아동기의 성별 불쾌감   성별 불쾌감을 호소하는 아동의 치료는 계속해서 논란이 되어 왔으며, 아동이 성별 불쾌감의 모든 증상을 가지고 있다는 것을 확신하기 위해서 세심한 주의가 필요하다. 아동이 성별 불쾌감의 진단기준을 충족한다면, 일반적으로 치료는 아동의 증상을 다루는 개인 심리치료와 부모 및 다른 가족 구성원의 수용을 돕는 가족치료로 구성된다.

아동기 성별 불쾌감 치료는 성별, 행동에 대한 느낌과 성인기에 마주하게 될 문제에 대한 걱정이 아닌 지금 현재 일어나고 있는 장애에 초점을 맞추어야 한다. 또한 평가는 가족 역동, 학교 장면에서의 다른 요인 또는 또래관계의 결과로 나타날 수 있는 내면화 또는 외현화 행동을 포함하는 다른 장애도 찾아낼 수 있어야 한다. 아동을 치료할 때는 가족 환경이 매우 중요한데, 적절한 개입의 요점에 대한 부모 대상의 심리교육이 있어야 한다.

청소년 치료   성별 불쾌감이 청소년기까지 지속되는 경우에는 성 정체성에 편해지도록 돕는 치료 전략을 고려해볼 수 있다. 출생 시 성과 일치하는 행동을 하도록 강요하거나 설득하려는 개입 전략은 적절하지 않다. 필요하다면 치료는 생물학적 성에 대한 아동의 불쾌감, 가정에서 가족 구성원들과 관계, 학교에서 선생님과 또래와의 관계에 초점을 맞추어야 한다.

청소년이 후에 자신의 성을 바꾸기로 결정했다면 사회적 낙인, 가족과 친구들의 반응이 주요 어려움이 될 수 있고, 성전환 과정에서 겪게 될 신체적 · 심리적 어려움에 대한 현실적인 고민이 가족치료의 적절한 초점이 될 수 있다.

청소년과 성인초기의 치료 목표는 삶에 대한 만족과 가정, 학교, 직장에서의 적응에 초점이 맞추어져야 한다. 치료자는 성인 초기의 내담자가 자신의 선택을 저울질하고, 생물학적 치료에 대한 현실적인 결정을 하는 데 도울 수 있다.

성인기 성별 불쾌감

성별 불쾌감에 대한 심리적 치료는 일반적으로 약물치료와 함께 심리치료를 포함하는 팀 접근을 택한다. 다음에 소개하는 항목이 비록 완벽하지는 않지만 가장 흔하게 사용하는 치료 방법의 예가 될 것이다.

- 환경적 변화 : 자신의 성정체성과 일치하는 성 역할에서 살기
- 개인 심리치료 : 성정체성 탐색, 스트레스 완화, 관련 심리사회적 어려움(따돌림, 사회적 낙인, 가족 문제) 다루기, 사회적 낙인을 다루기
- 우울증이나 불안과 같은 동반 장애를 다루기 위한 심리치료
- 신체를 더 남자답게 하거나 더 여자답게 하기 위한 호르몬 치료
- 일차적 또는 이차적 성 특징을 변화시키기 위한 수술

성전환 수술의 잠재적 후보자인지에 대한 세심한 심리학적 심사는 계속해서 매우 중요한 사안이다. 특히 결정이 빨리 이뤄지거나 주의 깊은 생각 없이 이루어질 때, 동반하는 장애가 출현했을 때, 또는 청소년이나 성인기 초기일 때 특히 그렇다.

28개의 연구를 대상으로 한 메타 연구에서는 성전환 수술을 한 대부분의 성인이 더 행복하다고 보고한 것으로 나타났다. 성별 불쾌감의 증상도 유의미하게 호전되었고(80%), 삶의 질도 향상했으며(80%), 성적 기능도 개선되었다(72%). 자살시도도 유의미하게 감소하였다(Murad et al., 2010).

다른 연구(De Cuypere et al., 2005; Oltmanns & Emery, 2007)는 심리사회적 기능 향상이 신체적 성에 대한 만족(예 : 오르가슴, 성적 흥분)보다 더 빈번하게 일어난다는 사실을 반복적으로 확인하였다. 몇몇 사람들은 수술 후에도 계속해서 불쾌감, 심리적 증상의 악화, 자살시도 등을 포함하는 수술 후 적응 문제를 가지기도 하지만, 부정적인 치료 결과는 매우 소수의 사례에서 발견되며, 특히 주요우울장애나 성격장애와 같은 심리장애를 동반하는 사람들의 경우에서 두드러진 것으로 나타났다.

예후

성별 불쾌감에 대한 치료는 지난 20년 동안 의학적 치료의 발전과 자신의 심리적 안녕감에 가장 적합한 것을 결정할 수 있는 권리가 있다는 의식의 성장에 힘입어 크게 발전했다. 그러나 여전히 발전해야 할 측면이 많이 남아 있으며, 추후에는 수술 후 성적 기능의 향상, 심리적 안녕감에 대한 향상된 관찰, 추가적인 종단 연구 등이 필요할 것이다.

달리 명시된 성별 불쾌감

달리 명시된 성별 불쾌감은 증상이 의미 있는 기능적 손상을 가져옴에도 불구하고 진단기준을 충족시키지 못했을 때 진단할 수 있다. 진단을 내릴 수 없는 이유가 나타나야만 한다(예 : 단기 성별 불쾌감).

명시되지 않는 성별 불쾌감

명시되지 않는 성별 불쾌감은 성별 불쾌감의 진단기준을 충족하지 못하고, 명확한 진단을 위한 정보가 충분하지 않거나 치료자가 이유를 명시하지 않는 경우이다.

치료적 제언 : 통합 치료 모델

성별 불쾌감에 대한 추천할 만한 치료법은 통합 치료 모델에 따라 다음과 같이 요약할 수 있다.

진단

- 성별 확인, 성생활, 신체 및 사회적 역할에 대한 정서 등을 포함하여 자신의 출생 시 성에 대한 불쾌감
- 성 역할 불쾌감의 발달력 탐색이 완벽하게 이루어져야 함
- 동반하는 장애의 진단(예 : 불안, 우울장애, 성격장애)

치료 목표

- 성별 불쾌감의 주요 증상의 경감 및 제거
- 삶에 대한 만족도 향상
- 환자의 대처 기술을 최대화하기
- 환자가 가족, 친구, 동료들로부터 받는 사회적 낙인에 잘 대처할 수 있도록 돕기

평가

- 성별 불쾌감의 발달력 탐색을 포함하는 의학적 · 신경학적 · 심리적 평가
- 동반 장애 평가를 위한 도구와 척도(예 : 불안, 우울장애, 성격장애, 물질 남용, 자살사고)
- 아동의 경우 성정체감 인터뷰 및 설문지가 유용함

치료자의 자질

- 환자가 삶에 대한 만족도(집, 학교, 직장)에 집중하도록 돕는 것에 기초한 지지적인 치료관계를 형성함
- 생물학적 처치와 성전환에 관한 지식이 요구됨
- 역전이 반응에 대한 적절한 대처
- 필요하다면 지지와 장기 치료가 요구됨
- 의료 전문가, 가족, 개인적 심리치료자와 협업 가능

치료 장소

- 일반적으로 외래 환자 치료
- 자살사고 출현 시 주간 치료

개입 전략

- 스트레스 완화를 위한 지지적 치료

- 장애 관련 심리교육
- 성정체성 탐색과 관련 심리사회적 문제(즉 사회적 낙인, 따돌림, 가족 내 수용) 해결을 위한 개인 심리치료
- 성별 불쾌감에 관한 심리교육을 제공하고 가족 구성원이 미래에 일어날 변화에 대처하고 수용하도록 돕는 가족치료
- 때때로 수술 전에 '1년 동안 자신이 원하는 성정체성과 일치하는 성 역할로 살아가기' 등과 같은 환경적 변화를 추천함

치료의 주안점

- 현재 지향
- 지지를 강조하면서 동시에 다소 지시적

치료 참여 구성

- 기본적으로 개인치료
- 적절하다면 가족치료
- 집단치료는 사회적 낙인, 따돌림, 친구/가족/직장 내의 심리사회적 어려움을 경험하는 사람들에게 유용함

치료 속도

- 장기, 특히 자살사고 및 자해 행동 출현 시

약물치료

- 동반하는 불안, 우울, 물질사용 장애의 치료에만 제한적으로
- 호르몬 치료

보조 개입

- 성전환 수술의 잠재적 후보자인지에 대한 평가
- 성전환 가족 구성원에게 미치는 영향을 다루기 위한 가족치료

예후

- 성별 불쾌감의 심리적 측면의 치료에 좋으며 삶의 질 개선에도 도움이 됨
- 주요우울장애 및 성격장애를 포함하는 동반하는 장애들이 안 좋은 예후로 이어짐

통합 치료 모델 : 브렌트

이 장은 지난 2년 동안 여성처럼 옷을 입고 여성처럼 생활하는 28세의 브렌트라는 남성의 사례를 소개하였다. 어렸을 때 브렌트는 출생 시 성별에 대한 불만족감을 분명하게 드러냈다. 그는 학교에서 괴롭힘을 당했고, 가족들은 어떻게 그를 도와주어야 할지를 몰랐다. 브렌트를 위한 치료 설계를 제안하면 아래와 같다.

진단

- 불안과 우울을 동반한 성별 불쾌감

치료 목표

- 불안과 우울의 감소 및 성별 불쾌감의 주요 증상 제거
- 삶에 대한 만족도에 초점을 둔 가정 및 직장 내 적응 개선
- 대처 기술 최대화
- 가족/친구/동료들의 반응을 잘 다룰 수 있도록 돕기

평가

- 의학적 · 신경학적 · 심리적 평가
- 출생 시 성과 다른 성별을 동일시하는 것과 관련된 불쾌감의 발달력 평가
- 성 관련 발달력 평가
- 우울증 평가를 위한 벡 우울 척도
- 불안 수준 평가를 위한 벡 불안 척도

치료자의 자질

- 생물학적 처치와 성전환에 관한 지식이 요구됨
- 지지적이면서 공감적
- 환자가 삶에 대한 만족도에 집중하도록 돕기
- 의료전문가, 가족, 개인적 심리치료자와 협업 가능

치료 장소

- 외래 환자 치료

개입 전략

- 개인 심리치료(지지치료)
- 상황의 수용과 불안 감소를 위한 수용전념치료(ACT)
- 환경적 변화 : 의학적 성전환 준비로서 2년 동안 여성으로서 살기

치료의 주안점

- 지지적이어야 하며 가족/친구로부터의 사회적 낙인에 대처하고 다루는 법을 교육하기
- 자살사고의 활성화를 자주 평가하기
- 위기 상황에 대한 계획을 수립하기

치료 참여 구성

- 개인치료
- 성전환 수술 시 고려되는 점과 관련된 가족치료

치료 속도

- 주 1회, 장기

약물치료

- 여성다운 외모를 위한 호르몬치료

보조 개입

- 부모 및 형제의 적응을 촉진하기 위한 가족치료

예후

- 안녕감의 향상과 심리사회적 적응에 좋음
- 수술 후 신체적 성생활 만족도에는 덜 낙관적

추천문헌

Practice parameter on gay, lesbian, or bisexual sexual orientation, gender nonconformity, and gender discordance in children and adolescents. *Journal of the American Academy of Child & Adolescent Psychiatry*, *51*, 957–974.

Tishelman, A. C., Kaufman, R., Edwards-Leeper, L., Mandel, F. H., Shumer, D. E., & Spack, N. P. (2015). Serving transgender youth: Challenges, dilemmas, and clinical examples. *Professional Psychology: Research and Practice*, *48*, 37–45.

World Professional Association for Transgender Health. (2012). Standards of care for the health of transsexual, transgender, and gender-nonconforming people. *International Journal of Transgenderism*, *13*, 165–232.

참고문헌

Adelson, S. L., & The American Academy of Child and Adolescent Psychiatry (AACAP) Committee on Quality Issues (2012). Practice parameter on gay, lesbian, or bisexual sexual orientation, gender nonconformity, and gender discordance in children and adolescents. *Journal of the American Academy of Child & Adolescent Psychiatry*, *51*, 957–974.

American Psychiatric Association. (2013). *Diagnostic and statistical manual of mental disorders* (5th ed.). Washington, DC: Author.

Carroll, R. A. (2007). Gender dysphoria and transgender experiences. In S. Leiblum (Ed.), *Principles and practices of sex therapy* (4th ed., pp. 477–508). New York, NY: Guilford Press.

Centers for Disease Control and Prevention. (2011). *Youth Risk Behavior Surveillance—United States, 2011*. Atlanta, GA: U.S. Department of Health and Human Services.

De Cuypere, G., Elaut, E., Heylens, G., Van Maele, G., Selvaggi, G., T'Sjoen, G., ... Monstrey, S. (2006). Long-term follow-up: Psychosocial outcome of Belgian transsexuals after sex reassignment surgery. *Sexologies*, *15*, 126–133.

De Cuypere, G., T'Sjoen, G., Beerten, R., Selvaggi, G., de Sutter, P., Hoebeke, P., ... Rubens, R. (2005). Sexual and physical health after sex reassignment surgery. *Archives of Sexual Behavior*, *34*, 679–690.

de Vries, A. L. C., & Cohen-Kettenis, P. T. (2012). Clinical management of gender dysphoria in management of gender dysphoria in children and adolescents: The Dutch approach. *Journal of Homosexuality*, *59*, 301–320.

de Vries, A. L. C., Steensma, T. D., Doreleijers, T. A. H., & Cohen-Kettenis, P. T. (2010). Puberty suppression in adolescents with gender identity disorder: A prospective follow-up study. *The Journal of Sexual Medicine*, *8*, 2276–2283.

Eden, K., Wylie, K., & Watson, E. (2012). Gender dysphoria: Recognition and assessment. *Journal of Continuing Professional Development*, *18*, 2–11.

Family Acceptance Project™ (2009). Family rejection as a predictor of negative health outcomes in White and Latino lesbian, gay, and bisexual young adults, *Pediatrics*, *123*, 346–352.

Garofalo, R., Wolf, R. C., Kessel, S., Palfrey, S. J., & DuRant, R. H. (1998). The association between health risk behaviors and sexual orientation among a school-based sample of adolescents. *Pediatrics*, *101*, 895–902.

Green, R. (1987). *The "sissy boy syndrome" and the development of homosexuality*. New Haven, CT: Yale University Press.

Grossman, A. H., & D'Augelli, A. R. (2007). Transgender youth and life-threatening behaviors. *Suicide and Life-Threatening Behaviors*, *37*, 527–537.

IMPACT. (2010). Mental health disorders, psychological distress, and suicidality in a diverse sample of lesbian, gay, bisexual, and transgender youths. *American Journal of Public Health*, *100*, 2426–2432.

Johnson, L. I., Bradley, S. J., Birkenfeld-Adams, A. S., Kuksis Radzins, M. A., Maing, D. M., Mitchell, J. N., & Zucker, K. J. (2004). A parent-report: Gender Identity Questionnaire for Children. *Archives of Sexual Behavior*, *33*, 105–116.

Marantz, S., & Coates, S. (1991). Mothers of boys with gender identity disorder: A comparison of matched controls. *Journal of the American Academy of Child and Adolescent Psychiatry*, *30*, 310–315.

Murad, M. H., Elamin, M. B., Garcia, M. Z., Mullan, R. J., Murad, A., Erwin, P. J., & Montori, V. M. (2010). Hormonal therapy and sex reassignment: A systematic review and meta-analysis of quality of life and psychological outcomes. *Clinical Endocrinology*, *72*, 214–231.

Oltmanns, T. F., & Emery, R. E. (2007). *Abnormal psychology* (5th ed.). Upper Saddle River, NJ: Pearson.

Rosario, M., Schrimshaw, E. W., & Hunter, J. (2004). Ethnic/racial differences in the coming-out process of lesbian, gay, and bisexual youths: A comparison of sexual identity development over time. *Cultural Diversity and Ethnic Minority Psychology*, *10*, 215–228.

Singh, D., Deogracias, J. J., Johnson, L. L., Bradley, S. J., Kibblewhite, S. J., Owen-Anderson, A., ... Zucker, K. J. (2010). The Gender Identity/Gender Dysphoria Questionnaire for Children, Adolescents and Adults: Further validity evidence. *Journal of Sexual Relations*, *47*, 49–58.

Smith, Y., Van Goozen, S., Kuiper, A., & Cohen-Kettenis, P. T. (2005). Sex reassignment: Outcomes and predictors of treatment for adolescent and adult transsexuals.

Psychological Medicine, 35, 89–99.

Wallien, M. S. C., & Cohen-Kettenis, P. T. (2008). Psychosexual outcome of gender-dysphoric children. *Journal of the American Academy of Child & Adolescent Psychiatry, 47,* 1413–1423.

Wallien, M. S. C., Quilty, L. C., Steensma, T. D., Singhe, D., Lambert, S. L., Leroux, A., . . . Zucker, K. J. (2009). Cross-national replication of the Gender Identity Interview for Children. *Journal of Personality Assessment, 91,* 545–552.

World Professional Association for Transgender Health (WPATH). (2012). Standards of care for the health of transsexual, transgender, and gender-nonconforming people. *International Journal of Transgenderism, 13,* 165–232.

Ziyadeh, N. J., Prokop, L. A., Fisher, L. B., Rosario, M., Field, A. E., Camargo, C. A., Jr., & Austin, S. B. (2007). Sexual orientation, gender, and alcohol use in a cohort study of U.S. adolescent girls and boys. *Drug and Alcohol Dependence, 87,* 119–130.

16 파괴적, 충동조절 및 품행 장애

📖 사례 연구 16.1

놀런은 8세 소년으로 학급 교사에 의해 최근 학교 상담실로 의뢰되었다. 놀런은 교사의 말을 따르지 않았고, 규칙을 지키지 않았으며, 운동장에서 부적절한 행동을 해왔다. 놀런은 화가 치밀자 다른 아동을 미끄럼틀에서 밀어 넘어뜨렸고, 그 일에 대한 벌로 일주일간 운동장에서 놀지 못하게 되었다.

놀런의 가족으로는 맞벌이하는 부모와 큰 말썽을 부려본 적이 없는 형이 있다. 부모는 놀런이 종종 시킨 일을 하지 않거나 시킨 일과 정반대되는 일을 하거나 아무도 보지 않을 때 몰래 방을 빠져 나가는 등의 행동을 한다고 했다. 가끔은 형 방에 몰래 들어가 서랍에서 물건을 훔쳐가기도 한다. 부모는 놀런의 행동에 대해 우려하는 것처럼 보이지만 동시에 막내라 더 봐주기도 하고, 장난 중 일부는 귀엽다고도 생각한다. 놀런에게 무엇인가를 하도록 부탁했을 때 그가 화내는 모습을 보고 웃어넘겼다. 그를 질책하거나 행동을 수정하려고 하기보다는 기대를 낮추고 언젠가 행동이 나아지려니 믿고 있었다. 그들은 놀런이 독립적이고 자신만의 길을 가며 다른 사람들한테 명령받는 것을 좋아하지 않는다고 생각한다.

학교 상담사는 놀런을 만나 면접을 하고, 몇 가지 행동 평가 검사를 진행했다. 그녀는 놀런을 적대적 반항장애로 진단하고, 부모에게 부모교육 과정에 참석하여 적절한 행동에 대해 정적 보상을 제공하고 그렇지 않은 행동은 소거하는 것을 배우도록 권하였다.

아동기의 두 가지 파괴적 행동장애인 적대적 반항장애와 품행장애가 *DSM-5*에 새롭게 추가되었다. 여기에는 충동조절장애, 병적 방화, 병적 도벽이 포함되어 있다. 이 장애의 주요한 특징은 정서 및 행동에 대한 자기조절 부족이다. 파괴적, 충동조절 및 품행 장애를 구성하는 범주는 다음과 같다.

- 적대적 반항장애

- 간헐적 폭발장애
- 품행장애
- 반사회성 성격장애
- 병적 방화
- 병적 도벽
- 달리 명시된 파괴적, 충동조절 및 품행 장애
- 명시되지 않는 파괴적, 충동조절 및 품행 장애

적대적 반항장애

부정적 정동과 논쟁적·반항적 행동은 이 장애의 주요 특징이다. 아동은 부모, 교사, 또는 그 밖의 권위자와 잦은 논쟁을 하다가 적대적 반항장애(oppositional defiant disorder, ODD)로 처음 진단을 받게 되곤 한다.

진단

적대적 반항장애(ODD)는 다음의 세 가지 증상으로 이 범주의 다른 장애와 구분된다.

1. 부정적 정동(예 : 분노, 과민한 기분)
2. 논쟁적이고 반항적인 행동(타인을 고의적으로 귀찮게 함, 권위자에 대한 저항)
3. 지난 6개월 안에 적어도 두 차례 이상 악의에 차 있거나 앙심을 품음

ODD는 남아, 여아에게서 유사한 빈도로 발생한다. 그러나 여아들은 언어적 공격(예 : 거짓말, 비협조적 태도)으로 증상을 드러내고 남아들은 언어보다는 행동으로 공격성을 표출하는 경향이 있다(Collett, Ohan, & Myers, 2003). 아동의 ODD 유병률은 1~11%이다(APA, 2013).

내담자 특징

ODD를 지닌 아동은 성인의 협조 요청을 거절하고, 부탁을 들어주지 못하고, 책임 있게 행동하지 못하며, 자신의 행동에 대해 남 탓을 하는 경향을 보인다. ODD는 부모-자녀 간 고조된 갈등, 비합리적 신념과 요청, 부정적 성향, 그리고 때로는 다른 사람을 향해 적대적이고 앙심을 품는 행동과 관련된다. 정서적 민감성, 분노와 분개, 남 탓하려는 태도와 같은 특징은 종종 친구관계에서 나타나고 결과적으로 좋은 의도를 왜곡하여 우정의 증진을 방해하는 지속적인 행동 패턴으로 이어진다.

ODD 증상은 품행장애 또는 우울증을 보이기 이전에 발생하는데, 이 둘과 자주 동반이환을 보인다(Maughan, Rowe, Messer, Goodman, & Meltzer, 2004). ODD의 부정적인 감정 차원은 이후 삶에서 우울증을 예측하는 반면 부정적 행동 측면은 그렇지 않다(Burke, Hipwell, & Loeber, 2010). 청소년기의 ODD는 성인기 우울증 발달을 예측한다(Copeland, Shanahan, Costello, & Angold, 2009).

소아 과민성(즉 분노, 성마름, 과민함)이 아동기 우울증의 지표로 우울한 기분을 대체하고 있는지 확인하는 연구가 진행되고 있다(Stringaris & Goodman, 2009).

평가

적대적 행동이 아동기의 특정 발달 단계, 특히, 2~4세 사이와 청소년기에 나타나는 것은 자연스러운 일이다. 따라서 증상에 대한 철저한 평가가 필요하며 부모와 떨어진 상태에서 아동을 관찰하거나, 교사나 아동을 아는 타인의 보고에 의존해야 할 수도 있다. 적대적 행동은 대개는 친숙한 성인과 동료와 함께 하는 상황에서만 나타나기 때문이다. 평가 면접을 보완해주는 다수의 질문지나 체크리스트를 사용할 수 있다.

- 아동 행동 평가 척도(Achenbach, 1991)
- 아이버그 아동행동검사(Eyberg Child Behavior Inventory; Eyberg & Pincus, 1999)
- 파괴적 및 반사회적 행동에 관한 뉴욕 교사 평정 척도(New York Teacher Rating Scale for Disruptive and Antisocial Behavior; Miller et al., 1995)
- 가정 및 학교 상황 질문지(Home and School Situation Questionnaires; Barkley & Edelbrock, 1987).

치료자의 자질

적대적이며 권위자에 도전하는 아동과 작업하는 것은 치료자에게 어려울 수 있다. 치료자는 아동 발달 패턴과 파괴적 행동의 발달에 기여하는 다양한 요소를 잘 알고 있어야 한다. 치료자는 분노, 적대감, 통제에 대한 자신의 감정을 잘 이해하고 있어야 한다.

아동과 작업할 때 치료자는 인내심을 가지고 단호해야 하고, 아동과 가족의 고유한 요구에 부합하는 행동 전략을 개발하는 능력이 있어야 한다. 또한 부모 규율 전략, 아동과 양육자 간의 유대감, 그리고 일관적인 구조와 규칙을 유지하고 적용시킬 수 있는 부모의 능력 등 가족 특유의 상태를 평가할 수 있어야 한다(Henngeler & Scheidow, 2010).

장애의 심각도에 따라 치료를 어떻게 구성할지 결정하게 되는데 덜 심각한 어린 아동의 경우 개인 및 가족 중심 치료를 보다 잘 받아들일 수 있다. 아동의 연령이 증가함에 따라 부모와 함께 치료에 참여하려는 경향은 줄어들며 교사, 학교 관계자와 미성년 재판소 관련자가 개입에 포함될 가능성이 높아진다.

개입 전략

ODD 증상이 품행장애(CD)나 반사회성 성격장애로 발달되는 경로를 가속화시키는 패턴이 되는 것을 방지하는 데 핵심이 되는 것은 조기 개입이다(Burke, Loeber, & Birmaher, 2002). 구조화된 심리사회적 개입을 첫 단계로 협력 증진과 갈등 감소를 목표로 하는 ODD 치료를 시작하도록 한다. 대부분의 ODD 치료는 부모-자녀 간 상호작용을 개선하기 위한 부모 기술 훈련을 포함한다. ODD에 대한 모든 치료 계획은 아동이 더 협력적이고 덜 논쟁적이 되도록 하는 친사회적 기술을 습득하여 결국에는 또래들에게 잘 수용되도록 돕는 것을 목표로 한다(Paap et al., 2013; Rey, Walter, & Soutullo, 2007).

동반이환 상태(예 : ADHD)는 진단되고 치료되어야 한다. 동반 장애에 대해 주의를 기울이는 것을 통해 ODD 치료가 더 효과적이 되도록 도울 수 있다.

일반적으로 취학 전 ODD 아동에 대한 치료에서는 아동과 가족의 요구에 부합하도록 개입 종류와 기간을 조절한다.

2~8세의 어린 아동에 대한 개입에서는 일반적으로 부모-자녀 간 상호작용을 개선하고 아동의 행동을 보다 효과적으로 관리하는 것을 돕는 부모교육에 초점을 맞춘다. 부모는 아동이 말을 더 잘 듣도록 하고, 정적 강화를 제공하고, 논쟁 및 권력 다툼의 확대를 감소시키는 방식으로 지도하는 법을 배운다. 일관되고 점진적인 훈육을 배우는 것이다. 초기 연구는 이러한 부모 교육이 3분의 2 이상의 아동의 행동 문제를 감소시켰다는 것, 조기 개입일수록 긍정적인 효과와 관련된다는 것을 밝혔다(Webster-Stratton & Herman, 2010).

부모 관리 교육(parent management training, PMT)은 가장 많이 연구된 ODD와 CD 치료법이며 많은 부모 대상 교육 프로그램의 모델이다. PMT는 부모에게 어떻게 훈육 방식을 고수하면서 아동의 행동을 관찰해서 정적 강화를 제공하는지 알려주는 인지행동적 접근이다. PMT는 공격성과 적대적 행동을 감소시키고 친사회적 행동을 증가시킨다(Webster-Stratton & Herman, 2010). 6~12세 아동의 행동 문제를 다루는 데 있어서는 PMT가 CBT보다 효과적임이 밝혀졌다(McCart, Priester, Davies, & Azen, 2006). 부모 관리 교육은 학교 맥락으로 일반화되지는 않으므로 학령기 아동을 대상으로 할 때는 PMT 단독보다는 교사 훈련 요소가 더해진 복합적인 접근이 효과적이다(Webster-Stratton, Reid, & Hammond, 2004).

아동을 위한 CBT 기반의 기술교육과 부모교육이 함께 이루어지는 병행 접근이 독립적인 각각의 개입 방법보다 효과적이다(Kazdin, 2003, 2010).

괴롭힘과 다른 문제에 저항하도록 돕는 집단치료나 학교 내 프로그램은 ODD를 지닌 어린 아동에게 도움이 될 수 있다. 그러나 부정적인 결과의 가능성 때문에 청소년에게는 이러한 접근의 사용을 금한다(Barlow & Stewart-Brown, 2000).

개인치료도 ODD 아동의 치료에 사용된다. 구조화된 활동, 역할놀이, 게임, 컴퓨터 기반의 응용 프로그램 및 교육 모듈의 사용을 통해 아동은 문제해결 능력, 대인관계 능력, 공감 능력을 습득한다.

문제해결 능력 훈련은 가장 많은 연구를 통해 지지되고 있다(Kazdin, 2010). ODD 아동은 종종 충동적이고 독단적이며 친구를 사귀는 데 필요한 사회적 기술이 부족하다. 부모에게는 자녀가 주어진 상황에서 자신의 충동성을 억제하고 사회적 유능성을 발휘하는 데 도움이 될 수 있는 구체적인 방법을 가르칠 수 있도록 교육한다.

첫 번째 단계는 아동이 자신에게 기대하는 것이 무엇인지 결정하는 것이다. 즉 문제를 정의하는 것이다(예 : "아침 식사로 무엇을 먹을까?"). 두 번째로 아동은 가능한 선택지를 고려하는 것을 배운다("나는 시리얼이나 오트밀, 또는 토스트를 먹을 수 있어."). 그리고 아동은 선택을 한다("나는 시리얼을 먹을 거야."). 마지막으로 아동은 자신의 선택이 괜찮았는지 그리 좋지 않았는지를 평가하는 방법을 배운다("나는 토스트가 정말 먹고 싶었는데, 시리얼을 먹어야 하다니!"). 만약 선택이 바람직하지 않았다면 이 과정을 다시 거칠 수 있다(예 : "이 시리얼을 이제 어떻게 하지? 어떤 선택지가 있지? 이제 와서 토스트를 달라고 하면 어머니가 화내실 거야. 아무래도 최선은 오늘 시리얼을 먹고 내일 더 좋은 선택을 하는 거 같아.").

앞의 예시는 분명 너무 단순화되어 있다. 그러나 어린 아동 입장에서는 괴롭지 않게 가족들과 집에서 배울 수 있는 문제해결 과정이 된다. 시간이 지나면서 이 아동은 놀이터 같은 사회적 상황이나 어떻게 사회적 상호작용을 시도해야 할지 불확실할 때 PSST 기술을 적용하는 것을 배우게 된다.

ODD 아동의 치료에 입증된 약물은 없지만, 동반 장애(ADHD, 우울장애, 불안장애)의 증상을 치료하는 데 약물이 처방된다. ODD와 품행장애의 구분이 다소 모호할 수 있으므로 독자들은 진단과 치료를 결정하기 전에 이 두 장애의 가능성을 모두 충분히 탐색해야 한다.

예후

ODD의 예후는 좋은 편이며, 예후는 조기 개입과 치료, 치료 목표를 유지하고 훈육 전략을 실천하는 부모의 능력 및 치료자의 전반적인 지식과 직접적으로 관련된다. 부모 관리 교육과 다른 형태의 CBT는 증상 감소에 효과적이고 어떤 경우에는 1~3년 후 추적 조사에서도 그 효과성이 유지되는 것으로 나타난다(Kazdin, 2010).

간헐적 폭발장애

간헐적 폭발장애(intermittent explosive disorder, IED)의 핵심 특징은 촉발 자극이나 심리적 스트레스원에 대해 반응할 때 충동적인 분노와 공격성을 통제하지 못하는 것이다. 이 행동은 반복적으로 나타나야 하며 일반적으로 기대되는 반응보다 과도해야 한다.

진단

DSM-5에서는 행동폭발의 빈도와 성질에 대해 보다 명확하게 정의하고 있다. 신체적 공격성의 경우 비록 증상이기는 하지만 진단에 필수적이지는 않다. 비파괴적이거나 해를 가하지 않는 언어적 또는 물리적 공격성으로도 이 장애를 진단하기에 충분하다.

공격성 조절 실패로 나타나는 반복적인 행동폭발은 다음 중 하나를 특징적으로 보인다. (1) 1년 이내에 재산의 파괴나 동물 또는 사람에 대한 신체적 폭행을 3회 보이거나, (2) 3개월 동안 평균적으로 일주일에 2회 이상 발생하는 언어적 공격성 또는 신체적 공격성을 보인다. 언어적 공격성은 분노발작, 장황한 비난, 논쟁이나 언어적 다툼으로 정의된다. 이러한 행동폭발은 일반적으로 가족이나 친한 친구의 경미하거나 가벼운 도발에 대한 반응으로 분노에 기초하며, 신체적 상해나 재산의 파괴를 일으키지는 않고 일반적으로 30분 넘게 지속되지는 않는다.

모든 장애와 마찬가지로 증상은 개인적 고통, 직장이나 관계에서의 어려움을 초래하거나 재정적 또는 법적 문제를 야기한다. 증상은 다른 정신 또는 의학적 상태의 결과로 인한 것이 아니어야 한다. 또한 알코올이나 약물과 같은 탈억제 물질이 종종 공격적 사건을 악화시킬 수는 있지만 약물이나 알코올 사용으로 인한 것이 아니어야 한다. DSM-5에 따르면 IED는 6세 미만의 아동에게는 진단될 수 없다.

행동폭발이 계획적이기보다 충동적이라는 사실이 IED와 품행장애를 구분해준다. 파괴적 기분조절부전장애와도 구분되어야 한다. 6~18세 사이의 아동은 적응장애의 맥락에서 행동폭발을 보인다면 간헐적 폭발장애라고 진단할 수 없다. 반사회성 성격장애, 경계성 성격장애, 의학적 상태로 인한 성격 변화, 주요신경인지장애, 약물 중독이나 금단 그리고 ADHD, 적대적 반항장애, 품행장애 또는 자폐스펙트럼장애 등은 IED와 비슷한 양상을 보일 수 있으므로 충분히 고려해야 한다. 이 중 어떤 장애가 아동기에 발병한다면 충동적이고 분노하는 행동폭발을 나타낼 수 있다.

IED에 대한 평생 유병률과 12개월 유병률은 각각 7.3%, 3.9%이다(Kessler, Coccaro, Fava, et al., 2006). 평균 발병 연령은 16세이며 연구에 따라 성차가 없다고 보고하는 연구도 있지만 여성보다 남성에게 보다 흔하다고 알려져 있다(Coccaro, Posternak, & Zimmerman, 2005; Coccaro & Danehy, 2006). IED는 40세 이하 성인에게 가장 흔하다. 이 장애는 만성적인 듯하다가 삽화적으로 나타날 수 있으며, 중년기가 되면 증상이 사라지기도 한다. 문화적 요인도 영향을 미친다. 아시아와 중동 국가는 미국에 비해 IED 사례를 적게 보고하고 있다(APA, 2013).

　IED를 지닌 사람들의 일차친척 중 많게는 3분의 1가량이 이 장애를 가지고 있다(Coccaro & Danehy, 2006). 쌍둥이 연구에 따르면 충동적인 공격성에 대한 상당한 유전적 관련성이 발견되었다(APA, 2013). 최근 연구에서도 염증지표(inflammatory marker)와 IED 사람들의 반복적인 충동적 공격성 사이에 직접적 관련성이 확인되었다(Coccaro, Lee, & Coussons-Read, 2014). 그러나 염증이 공격성을 유발하는지 또는 통제할 수 없는 화와 분노가 염증을 유발하는지에 대해서는 밝히지 못하였다. 방향성이 어떻게 되든 이 둘은 생물학적으로 연결되어 있다(Coccaro et al., 2014). 이전 연구는 염증이 우울증 및 스트레스와도 관련된다고 밝혔다.

내담자 특징

IED가 있는 사람 중 81%는 다른 동반 장애를 가지고 있을 수 있다. 가장 흔하게는 다른 충동조절장애 또는 우울증, 양극성, 불안, 물질사용장애가 있을 수 있다. 진단을 위해서는 IED와 양극성장애를 구분해야 한다. 이 둘은 유사한 증상을 지니지만 서로 다른 치료를 요한다.

　이 장에 속한 대부분의 다른 장애와 마찬가지로 간헐적 폭발장애는 신경학적 기초가 있는 것 같다. IED로 진단받은 사람들은 종종 생후 20년 이내에 신체적 또는 정서적 트라우마 경험이 있었다고 보고한다. IED는 이후 발생하는 스트레스성 생활사건에 의해 촉발될 수 있다. 대인관계 문제, 실직, 법적 분쟁, 다툼으로 인한 형사고발, 사고, 위협 등의 경험은 흔히 일어난다. 도발이 작거나 없어도 재산의 파괴, 언어적 위협 행동, 또는 신체적 폭행이 일어날 수 있으며 분노의 크기는 상황이나 스트레스원을 고려할 때 정도를 심하게 넘어선다.

　IED의 평균 발병 연령은 14세이며 평균 43차례 공격 행동이 일어난다(Kessler et al., 2006). 대부분의 공격 행동은 위협 또는 실제 대 인간 폭력을 포함한다. IED를 지닌 사람들의 대다수(60% 이상)는 동반된 정서적 또는 물질 관련 문제로 평생에 걸쳐 전문적 도움을 추구하지만 3분의 1도 채 안 되는 사람들만이 분노 문제로 치료를 찾는다.

개입 전략

IED 증상을 가진 사람 중 30% 미만이 실제 치료를 찾고, 17%는 주로 분노조절을 위해 치료를 찾는다(Kessler et al., 2006; McLaughlin, Green, Hwang, Sampson, Zaslavsky, & Kessler, 2012). 분노와 공격성 치료를 위한 심리사회적 개입의 효과성에 대한 자료가 많음에도 불구하고, 간헐적 폭발장애 치료에 대해 수행된 연구는 거의 없다. 5개의 메타분석 연구에 따르면 이완 훈련, 자가면역 훈련, 인지 재구조화, 인지 및 행동 병행 치료를 포함하는 분노와 공격성의 인지행동치료가 분노, 적대감, 공격성의 치료에 중간 이상의 효과성을 보였고, 인지적 및 행동적 요소를 모두 포함하는 개입에 대한 경험적 지지가 가장 많았다(McCloskey, Deffenbacher, Noblett, Gollan, & Coccaro, 2008). 연구자들은 높은 공격성을 보이는 사람들이 치료에 더 저항할 것이라고 주장한다.

　간헐적 폭발장애 치료를 위한 약물의 효과성에 대한 연구는 제한적이지만 플루옥세틴에 대한 14주간의 무선 이중 맹검 연구에서 간헐적 폭발장애 증상이 큰 폭으로 감소됨을 발견하기도 했다(Schreiber, Odlaug, & Grant, 2011). 다른 연구는 기분 안정제, 베타차단제, 항경련제, SSRIs, 그리고 항정신병 약물인 리스페리돈이 일반적인 충동적 공격성을 감소시키는 데 유용할 수 있음을 보여줬다(Buitelaar, van der Gaag, Cohen-Kettenis, & Melman, 2001; Hollander et al., 2005; Olvera, 2002).

　이 장애는 특히 아동 및 청소년과 관련되므로 치료에 대한 더 많은 연구가 필요하다.

예후

미국 동반이환 조사(NCS-R)에 따르면 12개월간 미국 내 IED 사례는 850만 명으로 추정된다. 만약 이들이 전부 타인이나 사물에 대해 평균 43회의 반복되는 공격적 삽화를 보인다면 치료되지 않은 IED로 인한 폭력의 양은 굉장히 심각한 수준이다. 발병 시기가 이른 것을 감안할 때, 아동기 IED의 평가와 치료는 사회의 폭력 사건을 줄이는 데 역할을 할 것으로 보인다.

품행장애

품행장애(conduct disorder, CD)는 앞에서 소개한 적대적 반항장애보다 훨씬 더 심각하다. DSM-5의 품행장애 진단 기준을 충족하는 아동은 다른 사람의 기본적 권리를 침해하는 반복적인 반사회적 행동 양상을 보인다. 이러한 행동 양상은 다음의 네 가지 주요 범주 중 하나로 나타난다.

- 사람이나 동물에 대한 공격성
- 재산 파괴
- 사기 또는 절도
- 심각한 규칙 위반(일반적으로 13세 이전)

진단

품행장애 진단을 위해서는 지난 12개월 동안 다른 사람을 괴롭히거나 위협함, 싸움, 신체적 손상을 입히기 위해 무기 사용, 다른 사람이나 동물을 신체적으로 잔인하게 대함, 도둑질, 다른 사람에게 성적 활동을 강요함, 개인적 이득을 위해 다른 사람에게 거짓말을 함, 침입, 통행금지의 무시, 2회 이상 가출, 위조, 13세 이전의 무단결석의 행동 중 적어도 세 가지 이상이 일어났어야 한다(지난 6개월 동안 적어도 하나 이상).

대부분의 DSM-5 장애에서처럼 이런 행동은 임상적으로 심각한 기능 손상을 일으켜야 한다. 대부분의 품행 문제는 18세 이전에 진단된다. 18세 이후에 품행장애로 진단되려면 반사회성 성격장애를 배제할 수 있어야 한다.

DSM-5에서 품행장애는 연령, 심각도, 성격특질과 관련된 명시자를 포함한다.

다음 중 하나를 명시한다.

- 아동기 발병형 — 10세 이전에 발생함
- 청소년기 발병형 — 10세 이전에 증상 없음
- 명시되지 않는 발병 — 발병 연령을 알지 못함

심각도 수준의 명시는 다음과 같다.

- 경도 — 진단을 위해 세 가지 이상의 증상을 보이지만 적은 수의 품행 문제
- 중증도 — 품행 문제가 중간 정도의 수준(경도와 고도 사이)
- 고도 — 진단을 충족하는 품행 문제가 많거나 다른 사람에게 심각한 해를 끼치는 경우(예 : 성폭행, 무기 사용, 신체적 잔인함)

만약 다음의 특징 중 두 가지 이상이 12개월 이상 지속적으로 나타나면 제한된 친사회적 정서 동반이다.

- 후회나 죄책감 결여
- 냉담 — 타인에 대한 공감 또는 관심 결여, 차갑고 무관심
- 수행에 대한 무관심 — 어떤 노력을 기울이지 않으며, 개의치 않고, 다른 사람 탓을 함
- 피상적이거나 결여된 정서 — 피상적이거나 가식적이고 깊이가 없는 정서를 제외하고는 감정 또는 정서를 표현하지 않음

'제한된 친사회적 정서 동반' 명시자는 품행장애를 가진 사람들 중 냉담함과 부정적 성향을 함께 지닌 사람들이 더 많은 삽화를 경험하고 보다 심각한 공격성 양상을 보이며 치료에 덜 반응한다는 연구에 기반을 두고 추가되었다 (Frick & Moffitt, 2010).

진단을 위해 내담자와 친숙한 다양한 사람들로부터 정보 수집할 수 있다. 자기보고가 활용되는 경우가 흔하며, 부모 혹은 교사의 보고를 활용하기도 한다.

내담자 특징

품행장애는 치료가 어려울 수 있다. 품행장애를 지닌 사람들 중 많은 경우 ADHD를 동반하고 있는데, 이로 인해 이들은 더 충동적이 되기도 하며 실행 기능의 문제로 실수로부터 배우는 것이 더 어려워진다. 이들은 처벌에 대한 저하된 민감성을 보이기도 한다. 까다로운 기질이 있으면 적대적 행동을 통해 사람들이 자신을 피하게 하거나 상대도 자신을 적대적으로 대하게 만들 수 있다. 문제는 종종 부모와 자녀, 교사와 아동, 그리고 다른 사람들과의 상호작용에서 이러한 양상의 갈등이 고조되면서 발생한다.

DSM-5는 품행장애를 가진 아동과 청소년이 이 장애를 발달시키는 데 기여하는 다양한 환경적 · 기질적 · 유전

적 요인을 지니고 있을 수 있음을 지적했다. 어린 시절에 ADHD, 물질 남용, 품행장애를 가졌던 보호자에 의해 양육된 아동은 ADHD, 양극성 장애, 우울 및 양극성 장애, 심각한 알코올사용장애 또는 조현병의 병력을 가진 생물학적 부모가 있는 아동과 마찬가지로 위험성이 증가한다. 비일관적인 자녀 양육, 대가족, 양육자의 잦은 변동, 폭력에 노출, 비행 집단과 어울리는 것도 공통적으로 보이는 위험 요소이다. 다른 정신장애와 달리, 품행장애가 있는 사람들은 느린 심박 수를 보인다. 이는 품행장애 특유의 특징은 아니지만, 감소된 공포 반응을 나타낸다(APA, 2013). 이러한 결과가 유의미한지 이해하기 위해 추가적인 연구가 필요하다.

'제한된 친사회적 정서 동반' 명시자(냉담하고 감정에 움직이지 않는 명시자)를 충족하는 품행장애 환자들도 겁 없고 처벌을 잘 견디며 개인의 이득을 위해 계획적인 공격성을 보인다. 이 범주의 많은 사람들은 아동기에 발병하고 심각도는 '고도'로 평가될 것이다(APA, 2013).

평가

품행장애 발병에 기여하는 문제와 행동의 다양성은 평가와 치료를 매우 복잡하게 만든다. 품행장애의 정확한 진단은 다양한 정보원(아동, 보호자, 학교, 법 집행, 사법 또는 사회 서비스 기관)으로부터 올바른 정보를 획득하는 것에 달려 있다.

정확한 가족력은 심각도 수준을 결정하고, 치료 계획을 따를 수 있는 가족의 능력을 알아보는 데 도움이 되는 풍부한 정보를 제공해줄 수 있다. 또한 아동의 가정 내 약물 남용, 가정폭력, 양육자 적대감, 그 밖의 중요한 위험 요소는 치료자의 주의를 요한다.

ODD 평가에서 추천했던 것과 동일한 평가 도구가 품행장애에서도 사용될 수 있다. 척도와 평가 도구의 결과는 증상의 심각도 수준을 결정하는 데 도움을 줄 수 있고, 부모-자녀 상호작용의 본질에 대한 통찰을 제공할 것이다.

- 아동 행동 평가 척도(Achenbach, 1991)
- 아이버그 아동행동검사(Eyberg & Pincus, 1999)
- 파괴적 및 반사회적 행동에 관한 뉴욕 교사 평정 척도 (Miller et al., 1995)

- 가정 및 학교 상황 질문지(Barkley & Edelbrock, 1987)

치료자는 모든 동반 장애(예 : ADHD, ODD, IED, 물질사용장애, 우울증 또는 양극성장애)에 대해 평가하고 그에 따른 치료 계획을 세워야 한다.

물질 사용 또는 범죄 행위에 대한 가족 행동 모방도 긍정적 예후에 영향을 미친다(Moffitt, 2005). 연구는 품행장애 병력이 있는 부모의 경우 적절한 양육과 가정 환경을 제대로 제공하지 못할 수 있다고 밝혔다.

치료자의 자질

품행장애 내담자 평가의 첫 단계는 내담자가 자신이나 다른 사람에게 야기하는 위험을 파악하고 가정 환경이 장애 발달에 기여할 수 있는 영향력을 평가하는 것이다. 부모가 제 기능을 하지 못하면 가정은 아동에게 안전한 장소가 아닐 수 있으며, 이 경우 다른 환경을 고려할 필요가 있다.

치료자는 품행장애 발병에 기여하는 원인에 대해 잘 이해하고 있어야 한다. 치료에 내담자를 참여시키며 내담자를 평가하고 내담자의 변화 동기를 고취시키고, 내담자와 부모 간 문제해결, 갈등 처리, 우호적으로 동의하지 않는 방법을 집중적으로 치료해갈 수 있는 치료자는 시간은 걸려도 효과적인 변화를 만들어갈 수 있다.

개입 전략

심리사회적 개입은 품행장애 치료의 첫 단계이다. ODD와 CD 치료 효과성에 대해 1,500개 이상의 통제 연구가 진행되고 있다. 약물은 일반적으로 ADHD 또는 공격성 증상에 제한적으로 활용된다.

아동이 어릴 때 공감을 배우지 못했을 것으로 보이는 바, 공감교육이 많은 관심을 받았다. 따뜻함과 수용을 가르치는 프로그램은 아동을 다른 사람의 입장에서 생각해보도록 하여 만약 자신이 따돌림당하거나 놀림받거나 거짓말을 들으면 기분이 어떨 것 같은지 상상하게 한다.

양육 기술이 아동의 공감 부족의 유일한 이유는 아니지만 비효과적인 양육(예 : 비판, 가혹한 처벌, 비일관된 훈육)은 아동의 공감 부족 가능성을 증가시킨다. 연구에 따르면 품행장애를 지닌 10대의 치료에 부모가 참여하는 것은 공격적인 행동을 줄이는 효과뿐 아니라 친사회적 행동(예 : 공감)의 증진과 가족의 유대감 구축이라는 효과가 있을 수 있다.

경험적으로 가장 지지되는 품행장애 치료는 부모관리교육(PMT), 기능적 가족치료(FFT), 문제해결 기술과 분노 관리 기술을 강조하는 CBT 또는 CBT 및 PMT의 병행이다. 이러한 프로그램은 문제 행동을 파악하고 바꾸기 위한 단계별 지침을 부모에게 제공한다(Woo & Keatinge, 2008). 품행장애가 심각한 경우, 범죄 행위를 감소시키는 데 다중체계 치료(multisystemic treatment, MST)가 효과적일 수 있다. 이제부터는 각각의 품행장애 개입에 대해 간단하게 논하고자 한다.

부모관리교육 부모관리교육(PMT)는 품행장애 치료 접근으로 가장 많이 연구되었고, 가족 역동의 수정이 아동 행동을 긍정적으로 변화시킬 수 있다는 확실한 증거를 제공한다. 이 프로그램은 교육과 실제적인 양육 능력 강화에 초점을 둔다. 부모를 위한 근거기반 교육 프로그램으로는 다음과 같은 프로그램이 있다.

- 학부모-아동-교사 협력 프로그램 : 인크레더블 프로그램(Webster-Stratton & Herman, 2010)
- 부모-아동 상호작용 치료(Parent-Child Interaction Therapy, PICT; Eyberg, Nelson, & Boggs, 2010)
- 오리건 부모 훈련 모델(Oregon Parent Training Model; Forgatch & Patterson, 2010)
- 긍정적 양육 프로그램(Positive Parenting Program; Nowak & Heinrichs, 2008)

인지행동치료 사회적 기술 교육 측면에서 CBT는 품행장애 청소년에게 또래, 성인, 부모와 어떻게 잘 지낼 수 있는지 가르칠 수 있다. 분노조절 훈련, 자기주장 훈련, 문제해결 기술, 그리고 공감과 의사소통 능력 향상은 모두 적절한 사회적 관계를 맺고 파괴적 행동을 감소시키는 데 도움이 된다(Eyberg, Nelson, & Boggs, 2008). 82개의 통제 연구를 검토한 연구는 분노조절, 스트레스 면역 훈련, 자기주장 훈련, 그리고 REBT가 품행장애 치료에 효과적이었던 것 같

다고 밝혔다(Brestan & Eyberg, 1998).

품행장애가 있는 다른 사람과 함께하는 집단치료는 보통 권하지 않는다. 비슷한 문제를 가진 아동이 다른 사람들로부터 배울 수 있다는 사실에도 불구하고 서로 부정적인 행동을 가르칠 것이라는 점 때문에 품행장애 치료 시 집단치료를 금기시하게 되었다.

기능적 가족치료 기능적 가족치료(functional family therapy, FFT)는 부모관리교육과 인지행동적 의사소통 훈련에서 파생되었고 행동, 구조 그리고 가족 체계 이론을 포함한다. FFT는 역기능적 체계와 의사소통 패턴을 가족 구성원 간의 긍정적 상호작용으로 대체함으로써 가족 역동을 개선한다. 치료는 사춘기 이전 위기 아동과 행동화 및 품행장애로 심각한 문제를 보이는 사람들을 대상으로 한다. 교육은 CBT, 가족 의사소통의 체계적 기술 훈련, 양육, 문제해결, 갈등 관리 기술을 포함한다. 전 세계적으로 300개 이상의 기관에서 기능적 가족치료의 매뉴얼된 버전과 임상 훈련 매뉴얼을 사용하고 있다(www.fftinc.com). 무선통제 연구는 FFT가 다른 개입보다 효과적이고 가족 기능을 개선한다고 밝혔다(Sexton, 2010). 효과성 연구는 FFT가 형사법에 저촉되는 품행장애 청소년의 상습적인 재범률을 25~60%까지 감소시킬 수 있다고 시사한다(Sexton & Turner, 2010; Waldron & Turner, 2008). 특히 치료자가 치료 매뉴얼을 충실히 지킬 때 치료는 효과적이었다. 치료자가 매뉴얼을 따르지 않을 경우 또는 청소년이 물질을 남용하는 경우, 상습적인 재범률은 더 높았다(Henggeler & Sheidow, 2012).

다차원적 가족치료 다차원적 가족치료(multidimensional family therapy, MDFT)는 Liddle과 동료들(2009)이 개발한 매뉴얼된 치료 방법이다. 이 접근은 내담자와 가족의 특정 요구에 부합하기 위해 수정될 수 있고 수정되어야 한다. 다차원적 가족치료는 반사회적 행동을 감소시키고 약물 사용을 억제하고 가족관계를 개선하는 데 효과적인 것으로 밝혀졌다.

다중체계 치료 다중체계 치료(multisystemic treatment, MST)는 청소년의 품행장애가 범죄 행위를 초래하게 된 심

각한 사례에 시행되는 보다 강력한 치료이다. MST 상담자는 가정 방문, 청소년 사법제도에 대한 개입과 같이 집중적이고 단기적인 개입을 제공한다. 치료자는 한 가족당 주 2~15시간을 할애하고 다른 체계(즉 교육적, 형사사법, 사회적 서비스 체계)와 상호작용하는 가족에게 지지를 제공한다.

청소년 범죄자에 대한 연구 결과는 다중체계 치료가 범죄를 감소시키는 것으로 나타났다(프로그램에 참여한 사람 중 71%가 4년 후의 추적 조사에서도 재검거되지 않았다). 약물 사용이 감소했고, 프로그램 참여에 대한 방해물(즉 교통수단, 예산 부족)이 해결되면서 참여자들의 98%가 프로그램을 수료했다.

다중체계 치료는 품행장애가 심각한 사례에 대해 개입할 때와 부모 개입이 시도되었으나 실패한 상황에서 도움이 되는 것으로 알려져 왔다(Butler, Baruch, Hickey, & Fonagy, 2011). 가족과 학교가 함께하는 프로그램(Families and Schools Together, FAST Track)은 품행장애 아동을 위해 고안된 MST 프로그램의 예이다. 여러 조사 연구는 대조군에 비해 FAST Track에 참여한 아동이 사회적 대처, 긍정적 또래 관계, 그리고 학업 수행에서 향상을 보였다는 결과를 바탕으로 이것이 효과적인 조기 개입 방법임을 입증하였다. 4~5학년을 대상으로 한 또 다른 연구는 FAST Track에 참여한 아동이 대조군 아동에 비해 사회적 유능감과 사회인지에서 향상을 보였고, 가정에서의 품행 문제도 감소했다는 것을 발견했다.

출가 조치를 고려할 만큼 문제가 심각하다면 다른 대안을 사용할 수 있다. 내담자가 폭력적이거나 자살 위험이 있거나 가정 내 신체적 또는 성적 학대의 피해자일 경우 치료적 위탁양육, 외래 환자 주간 치료 프로그램, 그리고 대안적 거주 환경 조성이 보장되어야 한다(Henngeler & Sheidow, 2012).

약물치료 약물치료는 품행장애 아동의 치료에 추천하지 않는 편이다. 품행장애와 관련된 약물에 대한 무선통제 연구도 이루어지지 않았다. 그러나 때때로 특정 증상은 약물로 치료된다. 비전형적인 항정신병 약물인 리스페리돈은 5~18세 사이의 아동이 보이는 공격적 행동을 치료하는 데 쓰이기도 한다. 그러나 항정신병 약물의 부작용과 이득을 잘 비교하여 사용을 고려해야 한다(Loy, Merry, Hetrick, & Stasiak, 2012).

예후

품행장애의 치료는 힘들 수 있다. 반사회적 행동 패턴으로 발달되기 전에 조기 개입이 중요하다. CD는 ODD에서 반사회성 성격장애로 이동하는 발달적 경로 사이에 위치하므로 치료자는 경로의 어디쯤 위치하는지 파악하기 위해 증상과 심각도 수준을 주의 깊게 평가해야 한다. 동반된 물질 사용장애가 있으면 치료 효과는 좋지 않다. 가족중심치료는 근거 기반 개입을 충실히 따르고 있어 높은 효과성을 보인다.

볼더에 위치한 콜로라도주립대학교의 폭력 연구 및 예방 센터는 지역사회 폭력 수준을 감소시키고 10~17세 사이 아동의 삶을 향상시키는 데 도움이 될 수 있는 프로그램에 대한 정보를 연구하고 보급하는 웹사이트를 개발했다. 따돌림, 폭력, 폭력서클 가입 그리고 아동과 학교를 안전하게 지키는 것과 관련된 기타 주제에 대한 정보를 이용할 수 있다(www.blueprintsprogram.com).

반사회성 성격장애

반사회성 성격장애(antisocial personality disorder)를 품행장애와 병적 방화 사이에 제시하고 있는 것은 반사회성 성격장애가 이 두 장애와 관련성이 높기 때문이다. *DSM-5*에서 반사회성 성격장애는 성격장애 범주와 파괴적, 충동조절 및 품행 장애 범주에 모두 포함된다. 이 책에서는 반사회성 성격장애의 진단기준, 치료적 제언 등 모든 논의를 성격장애 부분에서 다루도록 하겠다.

병적 방화

비록 청소년의 27%가 방화를 저질러본 적이 있다고 보고하지만 대부분의 불은 병적 방화(pyromania)와 관련이 없다. 병적 방화가 주 진단으로 내려지는 경우는 매우 드물어 전체 인구의 1%도 되지 않으며 방화범 중에는 3.3% 정도에 불과하다(Lindberg, Holi, Tani, & Virkkunen, 2005). 병적 방화는 파괴적, 충동조절 및 품행 장애와 자주 관련되고 병적 도벽 및 간헐적 폭발장애와 함께 *DSM-5*에서 이 장으로 옮겨졌다.

화재는 다른 정신건강 또는 물질사용장애가 있는 사람들이 가장 자주 일으킨다. 대부분의 방화가 병적 방화와 관련되지 않지만 신중한 진단이 요구된다. 일반적으로 화재를 일으키는 사람들은 네 집단으로 구분될 수 있다.

1. 호기심 많은 사람(예 : 불, 성냥 또는 라이터에 대한 초기 아동기 발달 실험의 일환으로)
2. 위기에 처해 있는 사람(예 : 부모의 별거 또는 이혼을 경험 중인 청소년)
3. 품행불량자 및 품행장애가 있는 사람
4. 병적 방화범(Elliott, 2002; Lejoyeux, McLoughlin, & Ades, 2006)

이 중 가장 마지막의 반복된 병적 방화범만이 병적 방화로 진단될 수 있다. *DSM-5* 기준은 불에 대한 그리고 불과 관련된 상황적 맥락(예 : 방화용품, 불구경)에 대해 강하게 매료될 뿐만 아니라 화재를 일으키기 전에 긴장이나 정서적 흥분을 느끼고 뒤이어 만족, 기쁨 혹은 안도감을 느껴야 한다. 이는 불이 난 것을 목격하는 것 또는 불을 끄는 것에 참여하는 것에 대한 반응으로 나타난다. 불을 지르는 어떤 사람들은 불에 대한 흥미가 강하여 소방서와 관련된 일을 하거나 소방관이 되기도 한다.

병적 방화만을 다룬 연구는 거의 수행되지 않았다. 따라서 현재 구할 수 있는 대부분의 문헌, 연구 및 통계는 성냥이나 라이터를 가지고 놀다 불을 지른 아동, 재정적 이득을 위해 불을 지른 방화범, 외재화 행동 문제가 있는 청소년을 모두 포함하고 있어 이들 중 진짜 병적 방화로 진단될 수 있는 사람들을 구분하지 못하고 있다. 예를 들어, 모든 화재의 40%는 아동이 저지른 것이라는 통계는 정확하지만 이것이 처음 실험적으로 해본 불놀이였는지, 반복되는 반사회적 행동으로 나타난 행동인지, 또는 정서적 쾌감으로 인해 불과 관련된 행동을 멈추지 못하는 양상으로 나타난 것인지를 이해하는 데 도움이 되지 않는다. 후자만이 *DSM-5*

의 병적 방화 진단기준을 충족한다.

내담자 특징

방화는 가장 쉽고 가장 충동적인 범죄 중 하나이다(Burton, McNiel, & Binder, 2012). 그러나 병적 방화와 연관된 방화는 방화의 법적인 정의와 항상 일치하지는 않는다. 병적 방화를 지닌 많은 사람들(어린 아동과 청소년을 포함)이 집이나 뒤뜰에 국한된 불장난을 하다 보니 방화까지 되지는 않는다. 그러나 충동이 증가하고 이에 따라 행동한다면 시간이 지나며 방화로 이어질 수 있다(Grant & Kim, 2007).

병리적 방화자들은 긴장 완화를 위해 또는 불타는 것을 보기 위해 불을 지핀다. 이는 정서적 각성을 일으켰다 감소시킨다. 병적 방화의 진단기준을 충족하는 것은 바로 이러한 각성과 진정의 양상이다. 이는 비밀스러운 개인적 행동으로 거의 집단으로는 일어나지 않는다.

병적 방화로 진단된 사람들에 대한 지역사회 표본에서 3분의 2는 방화를 계획했고, 성적 흥분을 보고한 경우는 없었지만 참여자 전부가 쾌감을 경험한다고 보고했다(Grant & Kim, 2007). 많은 사람들이 불을 지르기 전에 스트레스를 받고 지루해하며 부적절감을 느낀다. 그러나 25%는 유발요인이 없다고 보고했다. 수치심, 당황 등의 부정적 감정과 중요한 대인관계 장해도 병적 방화와 관련되어 있다. 어떤 사람들은 자신의 불 지르는 행동이 통제 불능이라고 느껴 이런 행동을 중단하기 위해 자살을 고려한다. 불을 지르는 사람들 중 19~56% 사이의 사람들이 최소한 한 번의 자살시도 경험이 있다(Burton, McNiel, & Binder, 2012).

이 장애를 가진 사람들은 불을 지르는 것뿐 아니라 불과 관련된 물건에 대한 호기심과 흥미를 지닌다. 그들은 전문 직업인으로 소방관이 되거나 소방서에서 봉사를 하거나 잘못된 경보를 멈추거나 자신이 일으킨 화재의 결과를 보기 위해 거리에 모인 군중들 틈에 함께한다(Lindberg et al., 2005).

병적 방화를 진단하기 전에 먼저 다른 범죄의 은닉, 이득, 복수, 테러 또는 정치적 행위와 같은 방화의 다른 원인을 배제해야 한다. 이러한 행동은 범죄가 될 수는 있지만 반드시 병리적이지는 않다.

다른 범죄자 집단에 비해 방화범 중에 정신질환이 많이

나타난다. 방화범은 일반인보다 조현병을 보일 가능성이 20배 이상 높다(Anwar, Lanstrom, Grann, & Fazel, 2011).

또한 병적 방화로 진단된 사람들의 54%는 알코올사용장애를 동반이환으로 가지고 있는 것으로 밝혀졌다.

병적 방화와 도박, 병적 도벽 등과 같은 다른 충동조절장애의 관계는 이들 질환 사이에 유사한 원인이 있음을 나타낸다.

보통의 아동기 호기심은 불에 대한 과도한 흥미 및 불 지르는 행동과 구별되어야 한다. 전형적으로 정상적인 불에 대한 호기심은 6세쯤 시작되고 특정 위험 인자가 있을 때 보다 심각한 방화 행위로 확대된다. 예를 들어, 학대를 경험한 아동은 일반적으로 보다 심각한 행동과 정서적 문제 그리고 더 많은 방화 삽화를 보인다. 미국 내 화재의 45%는 아동과 청소년에 의해 일어났지만 극히 일부만이 병적 방화로 고려된다(MacKay, Paglia-Boak, Henderson, Marton, & Adlaf, 2009). 아버지의 알코올 남용, 신체적 또는 성적학대 경험, 물질사용장애, 그 밖의 가족 역기능과 같은 가족력은 불을 지른 남성에게서 흔히 발견된다.

불 지르는 행동은 판단 기능을 손상시키는 다른 장애 (예 : 신경인지장애, 지적장애)와 함께 나타나거나 물질사용장애, 우울증 및 양극성장애, 그리고 품행장애의 영향으로 일어날 수 있다. 이러한 경우 병적 장애 진단을 별도로 추가하지 않는다(APA, 2013). 조증 삽화의 일부로 망상 또는 환각을 동반하여 술에 취하여 일으키는 방화는 모두 병적 방화로 진단되지 않는다.

병적 방화는 품행장애를 지니거나 사회 기술이 부족한 남성에게서 특히 더 자주 발생하며 아동기부터 성인기까지 어떤 시기에든 일어날 수 있다. 불 지르는 청소년은 동물 학대, 공격성, 또래 거부, 자살사고 그리고 부모의 모니터링 부족과도 관련되어 있다(Lindberg et al., 2005; MacKay et al., 2009). 한 연구는 병적 방화 진단의 평균 연령이 20세라고 밝혔다(Lejoyeux et al., 2006). 어린 시기의 첫 방화, 미혼, 남성, 낮은 지능, 방화의 총횟수 등의 요소는 정신장애와 방화 경험이 있는 사람의 재범 위험과 연관된다. 다른 범죄 혐의가 없다는 것은 반사회적 행동이 불과 관련된 행동에만 국한되어 있음을 의미한다(Burton et al., 2012).

평가

병적 방화에 대한 철저한 평가에는 방화 경험, 불과 관련된 행동, 방화사고, 그리고 이런 행동에 동반되는 감정에 대한 질문이 포함된다.

Burton과 동료들(2012)은 자살 평가를 진행할 때와 마찬가지로 내담자에게 방화 행동에 대한 과거 경험을 물어보도록 권한다. 방화 경험이 있다고 확인되면 횟수, 빈도, 강도 그리고 동기를 물어봐야 한다. 행동 양상도 탐색되어야 한다.

화재 계획 및 화재 관련 도구에 대한 접근뿐 아니라 화재 사고(예 : 매혹, 강박관념, 환상, 불빛에 대한 열망, 방화 전 의식, 해치려는 의도, 특정한 동기)도 고려해야 하며, 불과 관련된 모든 행동(예 : 촉진제의 사용, 의도의 심각성, 불의 위험성, 불에 대한 반응)을 탐색해야 한다.

종종 행동의 양상을 통해 병적 방화와 다른 종류의 방화 행동을 구별할 수 있다. 치료자는 순환주기에 대한 지식을 통해 치료 계획을 결정하고 내담자가 촉발 원인을 알아차려 충동적 행동을 멈추고 재범을 일으키지 않도록 돕는 개입을 추천할 수 있다.

그밖에도 내담자의 충동조절장애 또는 알코올사용장애, 지적장애, 성격장애(예 : 반사회성, 경계성)와 같은 동반될 수 있는 장애의 유무도 평가해야 한다. 병적 방화를 지닌 많은 사람들은 동반이환을 가지고 있다.

이 장애와 관련된 연구가 부족하다는 점을 고려할 때, 반사회적 특질을 지니고 방화에 대한 흥미를 보이는 아동, 청소년, 성인은 일단 잘 관찰하는 것이 필요하다. 병적 방화와 관련된 충동은 진단되어야 하며, 위험한 행동으로 진전되기 전에 조기에 치료되어야 한다(MacKay et al., 2006).

치료자의 자질

아동의 불장난은 매년 수많은 화재, 재산 피해, 심각한 손상, 심지어 죽음으로 이어진다(American Academy of Pediatrics, 2000). 아동 및 청소년을 전문으로 하는 치료자들은 불과 관련된 행동을 보이는 아동을 평가하게 될 수 있으며 이런 행동을 억제할 수 있도록 부모를 도와야 할 수 있다. 병적 방화의 전조 행동은 방화 행동의 발달에 영향을 미치는 개인적 요인(예 : 연령, 성별, 문제해결 능력), 양육 요인(관리감독, 화재 안전 모방, 관계), 학교, 또래, 이웃, 문화적 요인(또래, 역할 모델, 빈곤)을 포함한 생태학적 상호작용의 일부이다(Barreto, Zeff, Boekamp & Paccione-Dyszlewski, 2007). 방화 행동의 발달에 대한 보다 깊은 이해를 원하는 독자는 Barreto와 동료들(2007)을 읽어볼 것을 권한다.

개입 전략

병적 방화를 가진 사람들을 위한 치료의 초점은 방화에 대한 호기심을 강화하는 행동을 친사회적 행동으로 대체하는 것이다.

　일반적으로 불의 오용은 화재 안전 교육을 통해 해결될 수 있다고 생각하지만 이러한 믿음을 지지하는 연구는 없다(Fineman, 2014). 화재 안전 교육(fire safety education, FSE)은 불을 저지른 아동을 위한 첫 개입으로 권장된다(Kolko, 2001). 화재 안전 교육의 목적은 화재 안전 관련 지식, 기술, 유능감 증진에 있다.

　한 다학제 간 프로그램은 청소년의 상습적인 방화를 감소시키는 데 어느 정도 효과가 있었다. 1시간씩 여덟 번의 회기를 통해 청소년들은 방화 행동을 유발하는 요인을 확인하여 사회적으로 수용 가능한 행동으로 대체하는 방법을 배웠고, 이를 통해 자아존중감, 자기효능감, 소속감의 욕구를 채울 수 있게 되었다(Franklin et al., 2002).

　또 다른 치료 효과 연구는 남아들을 대상으로 화재 안전 교육 제공을 위한 소방관의 단시간 가정 방문과 CBT를 비교하였다. CBT와 FSE의 병행 치료는 외현화 및 내재화 장애를 동반한 방화 청소년 치료에 종종 도움이 된다. 가족 프로그램도 도움이 될 수 있다(Barreto et al., 2007).

　병적 방화를 위한 CBT는 아동, 부모 그리고 가족의 기능을 증진시키고자 한다. CBT는 아동이 보다 심각한 정신병리 또는 가족 기능 장애를 보일 때 사용되는 경향이 있다. FSE는 불에 대해 호기심이 있거나 화재 도구에 노출된 아동을 단념시키는 데 효과가 뛰어나다. 두 가지 개입이 두

유형의 아동에게 모두 동일하게 효과적이라고 밝혀졌다.

　불에 대한 매혹, 과거 성냥 및 불장난의 경험, 외현화 장애의 존재(ADHD, ODD, 품행장애)는 상습적인 방화를 예측했다(Kolko, Herschell, & Scharf, 2006). 한 연구는 6개월 추적조사에서 상습적인 방화가 ADHD 진단과 관련됨을 밝혔다.

　화재를 일으키는 행동을 하는 아동은 성냥 또는 라이터 숨기기, 화재경보기 울리기 등 불과 관련된 다른 부적절한 행동도 하는 경향을 보인다. 이들은 또한 불에 대한 호기심, 흥미 그리고 매력을 더 많이 느꼈다.

　아동의 화재 유발 행동이 법적 처벌대상이 된다면, CBT와 병행할 수 있는 재발 방지 안전 계획이 개발되어야 한다(Fineman, 2014). 화재 설정과 방화는 형사법적인 개입이 필요하다.

　인지 재구조화, 심상치료의 사용, 그리고 피드백을 통해 부적절한 사고를 줄이고 화재에 대한 열망을 진정시킬 수 있다.

　FDA에서 승인된 병적 방화를 위한 치료 약물은 없다. 그러나 몇몇의 사례 연구는 다양한 약물(예 : SSRIs, 마약성 길항제, 기분 안정제 및 비정형 항정신병 약물)이 병적 장애 증상을 감소시키는 데 도움이 될 수 있다고 밝혔다(McIntyre, Moral, Serradell, & Prous, 2006). 병적 방화의 치료에 대한 더 많은 연구가 필요하다.

　알코올 의존, 조현병, 도박장애, 기분장애 또는 다른 파괴적 충동조절장애와 같은 동반이환은 병적 방화의 효과적인 치료를 위해 반드시 진단 및 치료되어야 한다.

예후

화재를 일으키는 사람들 중 물질사용장애, 성격장애(특히 반사회성 성격장애), 지적장애 또는 정신병을 동반하는 경우는 화재 유발 행동을 반복하기 가장 쉽다. 화재를 일으키는 행동을 예측하는 한 가지는 과거 화재 경험이기 때문에 치료자는 면밀히 과거력을 탐색하고 위험 평가를 면밀하게 수행해야 한다(Burton et al., 2012).

병적 도벽

병적 도벽(kleptomania)의 특징은 개인적 용도로 쓸모가 없거나 금전적 가치가 없는 물건을 반복적으로, 의도치 않게 훔치는 것이다. 이 장애는 남성보다 여성에게 더 빈번히 발생하며 그 비율은 2 : 1에서 3 : 1 사이이다. 그리고 보통 청소년기 후기에 시작된다. 병적 도벽에 대한 평가 시 평균 연령은 여성의 경우 30대 중반에서 후반이고, 남성의 경우는 중년기이다. 약한 우울 및 대인관계에서 상실을 경험하고 있는 중년 여성들도 이 장애로 진단되고는 한다. 인구의 0.3~0.6%에 영향을 미치는 드문 장애지만, 병적 도벽은 정신과 환자 집단에서는 매우 일반적이다.

내담자 특징

불안, 죄책감, 수치심은 병적 도벽을 보이는 사람들이 흔히 경험하는 정서이다. 모든 사례는 자신의 삶의 어느 시점에서는 우울했다고 보고한다(J. E. Grant, 2006). 몇몇은 이 장애의 초기에 즐거움과 긴장을 보고한다. 그리고 반복적인 행동이 되면서 습관이 된다. 슬쩍 훔치는 것과 같은 고위험 행동에 참여함으로써 부정적 감정이 경감되는 것은 이 행동을 지속시키는 강화물이 된다.

병적 도벽을 가지고 있는 사람이 불안장애, 섭식장애(특히 폭식증), 우울증, 그리고 물질사용장애(특히 알코올)를 동시에 갖고 있는 경우는 드물지 않다. 성격장애 중 특히 편집성 · 분열성 · 경계성 성격장애도 다른 충동조절 장애에서와 마찬가지로 흔히 함께 나타난다(APA, 2013; B. F. Grant et al., 2004). 또한 병적 도벽이 있는 사람들은 자살 시도율이 높고(32%), 외향성 및 저장 행동의 증가(Grant & Kim, 2002)를 보인다.

병적 도벽의 목적은 훔친 물건의 가치가 아니라 부정적 감정의 경감이라는 점에서 절도와 구분될 수 있다(J. E. Grant, 2006). 이들은 말 그대로 훔치려는 충동에 저항할 수 없고(Blanco et al., 2008). 청소년과 젊은 성인의 절도는 평생 유병률이 11.2%로 상대적으로 흔한 편이다. DSM-5(APA, 2013)에 따르면 절도로 체포된 사람 중 4~24%는 병적 도벽의 진단기준을 충족한다.

진단을 위해 병적 도벽은 통상적 도둑질, 꾀병, 조증 또는 정신병적 삽화와 반드시 구별되어야 한다. 병적 도벽과 대조적으로 도둑질하는 사람들은 여럿이 함께하는 경향이 있고 사전에 절도 계획을 세우는 편이며 품행장애나 반사회성 성격장애로 진단될 가능성이 높다. 병적 도벽을 경험하는 사람들은 부끄러움과 수치심으로 인해 10년 또는 그이상 치료를 받지 않을 가능성이 높다(J. E. Grant, 2006). 어떤 사람들은 체포되거나 법원의 명령 있는 경우에나 치료를 찾아온다.

평가

만약 병적 도벽 증상이 갑자기 발병된 경우라면 의학적 평가를 먼저 수행하여 발병을 촉발시켰을 수 있는 모든 의학적 상태를 배제하는 것이 이루어져야 한다. 사례 연구에 따르면 갑작스런 병적 도벽의 발병 전에 간질, 외상성 뇌손상, 기타 두부 외상이 있었다고 보고하고 있다(Aizer, Lowengrub, & Dannon, 2004; Kaplan, 2007; McAllister, 1992).

병적 도벽이 의심되는 경우 및 진단기준을 충족하는 경우, 예일-브라운 강박 척도(Y-BOCS)를 사용하여 기능 수준의 기저선을 확인하고 이후 치료 효과를 평가할 수 있다(Kim, Dysken, Pheley, & Hoover, 1994).

치료자의 자질

병적 도벽의 사람들은 자신의 증상을 부끄러워하여 드러내지 않기 때문에 통찰력 있는 치료자는 훔치고 싶은 충동에 대해 질문해야 한다. 특히 물질 남용, 두부 손상, 또는 발작이 있었던 사람들에게는 반드시 질문해야 한다. 치료자는 비판단적인 태도를 유지하고 비밀보장을 강조해야 한다(Talih, 2011).

개입 전략

병적 도벽의 치료에 대한 가용 가능한 정보는 거의 없다. 통제된 임상실험은 수행된 적이 없으며, 하나의 사례 연구에서 인지 재구조화를 병행한 행동치료는 도움이 되는 것으로 설명되었다(Kohn & Antonuccio, 2002).

병적 도벽에 대한 첫 번째 매뉴얼화된 치료 프로토콜에서 Grant와 동료들(J. E. Grant, Odlaug, & Donahue, 2012)은 6회기의 CBT와 동기강화상담을 결합했다. 상상적 둔감화를 통해 17세 남성 내담자는 절도 삽화를 녹음했다. 그는 매일 그리고 훔치고 싶은 충동을 느낄 때마다 녹음을 들었다. 치료와 몇 번의 유지 회기 후 6개월간의 추적조사에서 그는 훔치는 행동을 하지 않았다. 이러한 종류의 치료는 다른 충동조절장애의 치료에도 사용될 수 있을 것으로 보인다.

현재까지 병적 도벽의 치료로 FDA 승인을 받은 약물은 없다. 그러나 날트렉손, 에스시탈로프람 및 SSRI계 약물을 포함하여 여러 가지 인가되지 않은 약물이 이 질환의 치료에 사용되고 있다. 날트렉손은 훔치고 싶은 충동을 감소시켜주는 것으로 밝혀졌다. 병적 도벽에 대한 유일한 위약 통제 이중맹검 연구에서, 참가자들은 위약 또는 날트렉손을 8주간 복용했다. 위약을 복용한 사람들은 7.7%만 호전된 반면 날트렉손을 받은 참가자들은 3분의 1이 증상 차도를 보였다(J. E. Grant, Kim, & Odlaug, 2009).

에스시탈로프람에 대해서는 임상실험 연구가 진행된 적이 있기는 하다. 에스시탈로프람 또는 위약을 무작위로 15명의 학생에게 17주간 투여하였다. 두 집단 간에 유의미한 차이는 발견되지 않았다. 두 집단 모두 50%의 재발률을 보였다(Koran, Aboujaoude, & Gamel, 2007). 항우울제, 특히 SSRI계 약물은 동반된 우울증 치료에 처방된다. 다른 약물(예 : 파록세틴, 토피라메이트, 발프로산)도 병적 도벽의 치료를 위한 사례 연구에서 가능성을 보였다(Dannon, 2003; Kraus, 1999). 병적 도벽의 원인, 치료, 예후에 대한 더 많은 연구가 필요한 것이 분명하다.

예후

심리치료와 약물치료를 병행한 사람들은 일부 증상의 개선과 병적 도벽의 차도까지도 효과를 볼 수 있다(Talih, 2011).

달리 명시된 파괴적, 충동조절 및 품행 장애

파괴적 충동조절장애와 품행장애의 어떤 완전한 기준도 충족시키지 않는 경우 이 진단이 내려질 수 있다. 예를 들어, 행동폭발의 횟수가 간헐적 폭발장애의 완전한 기준을 충족시키지는 못하는 경우 이 진단을 할 수 있다.

명시되지 않는 파괴적, 충동조절 및 품행 장애

이 진단은 치료자가 진단기준을 왜 충족시키지 못하는지 알 수 없을 때, 응급실 상황처럼 진단을 내리기에 충분한 정보가 없을 때 주어진다.

치료적 제언 : 통합 치료 모델

이 장은 대개 18세 이전에 시작되고 일반적으로 파괴적인 아동기 행동과 관련되는 장애에 초점을 두었다. 다음은 이 장애에 대한 일반적인 통합 치료 모델이다.

진단

- 파괴적, 충동조절 및 품행 장애(적대적 반항장애, 간헐적 폭발장애, 품행장애, 반사회성 성격장애, 병적 방화, 병적 도벽)

치료 목표

- 파괴적 · 충동적 · 반사회적 행동의 제거
- 주의집중, 학업 및 성적 향상

평가

- 지능 및 학습 능력 평가
- 행동 체크리스트

(계속)

치료자의 자질

- 아동, 청소년, 그리고 부모와의 능숙한 작업
- 저항을 극복하는 기술
- 한계 설정, 회기 사이에 과제 할당

치료 장소

- 대체로 외래
- 문제가 보다 심각한 아동의 경우, 주간 치료 센터

개입 전략

- 문제해결 기술 훈련
- 부모 관리 훈련(인크레더블 프로그램, 오리건 부모 훈련 모델, PCIT)

치료의 주안점

- 구조화 및 지지적
- 주로 현재 지향

치료 참여 구성

- 가족 참여가 동반되는 개인치료(아동의 연령에 따라 달라질 수 있음)
- 사회적 기술을 돕기 위한 집단 상담(품행장애의 경우 추천하지 않음)
- 전문 상담교사, 교장, 교사, 그리고 범죄가 발생했다면 법률가에게 자문

치료 속도

- 단기에서 중기 치료
- 빠른 속도로 매주 회기 진행

약물치료

- 대개 추천하지 않지만 동반이환 치료를 위해 필요할 수 있음(즉 ADHD, 불안, 우울, 초조)

보조 개입

- 행동 변화를 위한 계약
- 현실 치료
- 활동 계획
- 상황의 성격과 정도에 따라 환경 변화, 사회적 서비스 또는 기타 기관의 참여를 필요로 할 수 있음

예후

- 장애에 따라 다름

통합 치료 모델 : 놀런

이 장은 적대적 행동으로 인해 학교지도 상담사가 의뢰한 8세 남아 놀런에 대한 기술로 시작했었다. 놀런은 학교와 가정에서 권위자와 갈등이 있었고, 말을 듣고 지시를 따르는 것에 문제가 있어 왔다. 다른 아동이 새치기했다고 분노하여 놀이기구에서 그 아동을 떨어뜨린 놀런의 두 번째 행동으로 인해 부모는 놀런의 행동을 심각하게 받아들이기 시작했다. 놀런이 학교에서 정학을 당하면서 부모가 학교로 호출되었고, 놀런의 행동에 대한 자신들의 방임적인 태도가 도움이 되지 않는다는 것을 인지하기 시작했다. 그들은 학교에 협조하기로 하고 놀런이 일관적인 훈육을 배워 다시 학교로 돌아갈 수 있게 돕기 위한 노력으로 부모 관리 훈련에 참석하였다. 다음의 치료 설계는 놀런을 위해 학교 상담교사가 권장하는 치료 설계이다.

진단

- 적대적 반항장애

치료 목표

- 적대적 행동의 감소
- 듣고 따르는 연습

평가

- 아동 행동 평가 척도(Achenbach, 1991)
- 아이버그 아동 행동 검사(Eyberg & Pincus, 1999)
- 파괴적 및 반사회적 행동에 관한 뉴욕 교사 평정 척도
- 가정과 학교 상황 질문지

(계속)

치료자의 자질
- 성인 및 아동과 작업할 수 있어야 함
- 성공적인 라포 형성
- 한계 설정 및 유지

치료 장소
- 학교 상담실(놀런의 경우)
- 고등학교 체육관(부모 관리 훈련의 경우)

개입 전략
- 부모 관리 훈련(부모를 위해)
- 문제해결 기술 훈련(놀런을 위해)

치료의 주안점
- 구조화 및 지지적
- 주로 현재 지향

치료 참여 구성
- 개인치료

부모 집단치료
- 부모 집단치료

치료 속도
- 매주 회기
- 빠른 속도로 진행
- 학기말 재평가

약물치료
- 현 시점에서는 필요하지 않음

보조 개입
- 부모교육
- 자신감을 형성하고 주의집중을 요하는 몇 가지 긍정적인 활동(태권도, 축구, 농구, 수영)에 놀런을 참여시킴

예후
- 부모의 협조가 있다면 좋을 것이고, 그렇지 않다면 보통일 것으로 예상됨

추천문헌

Barreto, S. J., Zeff, K. R., Boekamp, J. R., & Paccione-Dyszlewski, M. (2007). Fire behavior in children and adolescents. In A. S. Martin, F. R. Volkmar, & M. Lewis (Eds.), *Lewis's child and adolescent psychiatry: A comprehensive textbook* (4th ed., pp. 483–492). Philadelphia, PA: Wolters Kluwer Health/Lippincott Williams & Wilkins.

Burton, P. R. S., McNiel, D. E., & Binder, R. L. (2012). Firesetting, arson, pyromania, and the forensic mental health expert. *Journal of the American Academy of Psychiatry and the Law, 40*, 355–365.

Center for the Study and Prevention of Violence (2015). Blueprints for Healthy Youth Development. Boulder, CO: University of Colorado Boulder. www.blueprintsprogram.com

Eyberg, S. M., Nelson, M. M., & Boggs, S. R. (2008). Evidence-based treatments for child and adolescent disruptive behavior disorders. *Journal of Clinical Child and Adolescent Psychology, 37*, 213–235.

Webster-Stratton, C. H. (2011). Combining parent and child training for young children with ADHD. *Journal of Clinical Child and Adolescent Psychology, 40*, 191–203.

Webster-Stratton, C. H., & Herman, K. C. (2010). Disseminating incredible years series early intervention programs integrating and sustaining services between school and home. *Psychology in the Schools, 47*, 36–54.

참고문헌

Achenbach, T. (1991). *Manual for the Child Behavior Checklist*. Burlington: University of Vermont, Department of Psychiatry.

Aizer, A., Lowengrub, K., & Dannon, P. N. (2004). Kleptomania after head trauma: Two case reports and combination treatment strategies. *Clinical Neuropharmacology, 27*, 211–215.

American Academy of Pediatrics, Committee on Injury and Poison Prevention (2000). Reducing the number of death and injuries from residential fires. *Pediatrics, 105*, 1355–1357.

American Psychiatric Association. (2013). *Diagnostic and statistical manual of mental disorders* (5th ed.). Washington, DC: Author.

Anwar, S., Langstrom, N., Grann, M., & Fazel, S. (2011). Is arson the crime most strongly associated with psychosis? A national case-control study of arson risk in schizophrenia and other psychoses. *Schizophrenia Bulletin, 37*, 580–586.

Barkley, R. A., & Edelbrock, C. (1987). Assessing situational variation in children's problem behaviors: The Home and School Situations Questionnaires. In R. J. Prinz (Ed.), *Advances in behavioral assessment of children and families* (Vol. 3, pp. 157–176). Greenwich, CT: JAI Press.

Barlow, J., & Stewart-Brown, S. (2000). Behavior problems and group-based parent education. *Journal of Developmental and Behavioral Pediatrics, 21*, 356–370.

Barreto, S. J., Zeff, K. R., Boekamp, J. R., & Paccione-Dyszlewski, M. (2007). Fire behavior in children and adolescents. In A. S. Martin, F. R. Volkmar, & M. Lewis (Eds.), *Lewis's child and adolescent psychiatry* (4th ed., pp. 483–492). Philadelphia, PA: Wolters Kluwer Health/Lippincott Williams & Wilkins.

Blanco, C., Okuda, M., Wright, C., Hasin, D. S., Grant, B. F., Liu, S., & Olfson, M. (2008). Mental health of college students and their non-college-attending peers: Results from the National Epidemiologic Study on Alcohol and Related Conditions. *Archives of General Psychology, 65*, 1429–1437.

Brestan, E. V., & Eyberg, S. M. (1998). Effective psychosocial treatments of conduct-disordered children and adolescents: 29 years, 82 studies, and 5,272 kids. *Journal of Clinical Child Psychology, 27*, 180–189.

Buitelaar, J. K., van der Gaag, R. J., Cohen-Kettenis, P., & Melman, C. T. (2001). A randomized controlled trial of risperidone in the treatment of aggression in hospitalized adolescents with subaverage cognitive abilities. *Journal of Clinical Psychiatry, 62*, 239–248.

Burke, J. D., Hipwell, A. E., & Loeber, R. (2010). Dimensions of oppositional defiant disorder as predictors of depression and conduct disorder in preadolescent girls. *Child and Adolescent Psychiatry, 49*, 484–492.

Burke, J. D., Loeber, R., & Birmaher, B. (2002). Oppositional defiant and conduct disorder: A review of the past 10 years, part II. *Journal of the American Academy of Child and Adolescent Psychiatry, 41*, 1275–1293.

Burton, P. R. S., McNiel, D. E., & Binder, R. L. (2012). Firesetting, arson, pyromania, and the forensic mental health expert. *Journal of the American Academy of Psychiatry and the Law, 40*, 355–365.

Butler, S., Baruch, G., Hickey, N., & Fonagy, P. (2011). A randomized controlled trial of multisystemic therapy and a statutory therapeutic intervention for young offenders. *Journal of the American Academy of Child and Adolescent Psychiatry, 50*, 1220–1235.

Coccaro, E. F., & Danehy, M. (2006). Intermittent explosive disorder. In E. Hollander & D. J. Stein (Eds.), *Clinical manual of impulse-control disorders* (pp. 19–38). Arlington, VA: American Psychiatric Publishing.

Coccaro, E. F., Lee, R., & Coussons-Read, M. (2014). Cerebrospinal fluid and plasma C-reactive protein and aggression in personality-disordered subjects: A pilot study. *Journal of Neural Transmitters, 122*, 321–326.

Coccaro, E. F., Posternak, M. A., & Zimmerman, M. (2005). Prevalence and features of intermittent explosive disorder in a clinical setting. *Journal of Clinical Psychiatry, 66*, 1221–1227.

Collett, B. R., Ohan, J. L., & Myers, K. M. (2003). Ten-year review of rating scales. VI: Scales assessing externalizing behaviors. *Journal of the American Academy of Child and Adolescent Psychiatry, 42*, 1143–1170.

Copeland, W. E., Shanahan, L., Costello, E. J., & Angold, A. (2009). Childhood and adolescent psychiatric disorders as predictors of young adult disorders. *Archives of General Psychiatry, 66*, 764–772.

Dannon, P. N. (2003). Topiramate for the treatment of kleptomania: A case series and review of the literature. *Clinical Neuropharmacology, 26*, 1–4.

Elliott, E. J. (2002). Juvenile justice diversion and intervention. In D. Kolko (Ed.), *Handbook on firesetting in children and youth* (pp. 383–394). San Diego, CA: Academic Press.

Eyberg, S. M., & Pincus, D. (1999). *Eyberg child behavior inventory and Sutter-Eyberg student behavior inventory: Professional manual*. Odessa, FL: Psychological Assessment Resources.

Eyberg, S. M., Nelson, M. M., & Boggs, S. R. (2008). Evidence-based treatments for child and adolescent disruptive behavior disorders. *Journal of Clinical Child and Adolescent Psychology, 37*, 213–235.

Fineman, K. R. (2014). Firesetting in youth. In: L. Grossman & S. Walfish (Eds.), *Translating psychological research into practice* (pp. 49–55). New York, NY: Springer.

Forgatch, M. S., & Patterson, G. R. (2010). Parent management training—Oregon model: An intervention for antisocial behavior in children ad adolescents. In J. R. Weisz & A. E. Kazdin (Eds.). *Evidence-based psychotherapies for children and adolescents* (2nd ed., pp. 159–178). New York, NY: Guilford.

Franklin, G. A., Pucci, P. S., Arbabi, S., Brandt, M., Wahl, W. L., & Taheri, P. A. (2002). Decreased juvenile arson and firesetting recidivism after implementation of a multidisciplinary prevention program. *Journal of Trauma, 53*, 260–266.

Frick, P. J., & Moffit, T. E. (2010). *A proposal to the DSM-V childhood disorders and the ADHD and disruptive behavior disorders work groups to include a specifier to the diagnosis of conduct disorder based on the presence of callous-unemotional traits*. Washington, DC: American Psychiatric Association.

Grant, B. F., Hasin, D. S., Stinson, F. S., Dawson, D. A., Chou, S. P., Ruan, W. J., & Pickering, R. P. (2004). Prevalence, correlates, and disability of personality disorders in the U.S.: Results from the National Epidemiologic Survey on Alcohol and Related Conditions. *Journal of Clinical Psychiatry, 65*, 948–958.

Grant, J. E. (2006). Kleptomania. In E. Hollander & D. J. Stein (Eds.), *Clinical manual of impulse-control disorders* (pp. 175–202). Arlington, VA: American Psychiatric Publishing.

Grant, J. E., & Kim, S. W. (2002). Clinical characteristics and associated psychopathology of 22 patients with kleptomania. *Comprehensive Psychiatry, 43*, 378–384.

Grant, J. E., & Kim, S. W. (2007). Clinical characteristics and psychiatric comorbidity of pyromania. *Journal of Clinical Psychology, 68*, 1717–1722.

Grant, J. E., Kim, S. W., & Odlaug, B. L. (2009). A double-blind, placebo-controlled study of the opiate antagonist, naltrexone, in the treatment of kleptomania. *Biological Psychiatry, 65*, 600–606.

Grant, J. E., Odlaug, B. L., & Donahue, C. B. (2012). Adolescent stealing treated with motivational interviewing and imaginal desensitization. *Journal of Behavioral Addictions, 1*, 191–192.

Hales, R. F., Yudofsky, S. C., & Roberts, L. W. (Eds.). *The American Psychiatric Publishing textbook of psychiatry* (6th ed.). Arlington, VA: American Psychiatric Association.

Henggeler, S. W., & Sheidow, A. J. (2012). Empirically supported family-based treatments for conduct disorder and delinquency in adolescents. *Journal of Marital and Family Therapy, 38*, 30–58.

Hollander, E., Swann, A. C., Coccaro, E. F., Jiang, P., & Smith, T. B. (2005). Impact of trait impulsivity and state aggression on divalproex versus placebo response in borderline personality disorder. *American Journal of Psychiatry, 162*, 621–624.

Kaplan, Y. (2007). Epilepsy and kleptomania. *Epilepsy and Behavior, 11*, 474–475.

Kazdin, A. E. (2003). Problem-solving skills training and parent management training for conduct disorder. In A. E. Kazdin & J. R. Weisz (Eds.), *Evidence-based psychotherapies for children and adolescents* (pp. 241–262). New York, NY: Guilford Press.

Kazdin, A. E. (2010). Problem-solving skills training and parent management training for oppositional defiant disorder and conduct disorder. In J. R. Weisz & A. E. Kazdin (Eds.), *Evidence-based psychotherapies for children and adolescents* (2nd ed., pp. 211–226). New York, NY: Guilford Press.

Kessler, R. C., Coccaro, E. F., Fava, M., Jaeger, S., Jin, R., & Walters, E. (2006). The prevalence and correlates of DSM-IV intermittent explosive disorder in the National Comorbidity Survey Replication. *Archives of General Psychiatry, 63*, 669–678.

Kim, S. W., Dysken, M. W., Pheley, A. M., & Hoover, K. M. (1994). The Yale-Brown Obsessive-Compulsive Scale: Measure of internal consistency. *Psychiatric Residency, 51*, 203–211.

Kohn, C. S., & Antonuccio, D. O. (2002). Treatment of kleptomania using cognitive and behavioral strategies. *Clinical Case Studies, 1*, 25–38.

Kolko, D. J. (2001). Efficacy of cognitive-behavioral treatment and fire safety education for children who set fires: Initial and follow-up outcomes. *Journal of Child and Adolescent Psychology and Psychiatry, 42*, 359–369.

Kolko, D. J., Herschell, A. D., & Scharf, D. M. (2006). Education and treatment for boys who set fires: Specificity, moderators, and predictors of recidivism. *Journal of Emotional and Behavioral Disorders, 14*, 227–239.

Koran, L. M., Aboujaoude, E. N., & Gamel, N. N. (2007). Escitalopram treatment of kleptomania: An open-label trial followed by double-blind discontinuation. *Journal of Clinical Psychiatry, 68*, 422–427.

Kraus, J. E. (1999). Treatment of kleptomania with paroxetine. *Journal of Clinical Psychiatry, 60*, 793.

Lejoyeux, M., McLoughlin, M., & Ades, J. (2006). Pyromania. In E. Hollander & D. J. Stein (Eds.), *Clinical manual of impulse-control disorders* (pp. 229–250). Arlington, VA: American Psychiatric Publishing.

Liddle, H. A. (2009). *Multidimensional family therapy for adolescent drug abuse: Clinician's manual.* Center City, MN: Hazelden.

Lindberg, N., Holi, M. M., Tani, P., & Virkkunen, M. (2005). Looking for pyromania: Characteristics of a consecutive sample of Finnish male criminals with histories of recidivist fire-setting between 1973 and 1993. *BMC Psychiatry, 5*, 47.

Loy, J. H., Merry, S. N., Hetrick, S. E., & Stasiak, K. (2012). Atypical antipsychotics for disruptive behavior disorders in children and youths. *Cochrane Database Systems Review, 12*, 85.

MacKay, S., Henderson, J., Del Bove, G., Marton, P., Warling, D., & Root, C. (2006). Fire interest and antisociality as risk factors in the severity and persistence of juvenile firesetting. *Journal of the American Academy of Child and Adolescent Psychiatry, 45*, 1077–1084.

MacKay, S., Paglia-Boak, A., Henderson, J., Marton, P., & Adlaf, E. (2009). Epidemiology of firesetting in adolescents: Mental health and substance use correlates. *Journal of Child Psychology and Psychiatry, 50*, 1282–1290.

Maughan, B., Rowe, R., Messer, J., Goodman, R., & Meltzer, H. (2004). Conduct disorder and oppositional defiant disorder in a national sample: Developmental epidemiology. *Journal of Child Psychology and Psychiatry, 45*, 609–621.

McAllister, T. W. (1992). Neuropsychiatric sequelae of

head injuries. *Psychiatric Clinics of North America, 15*, 395–413.

McCart, M. R., Priester, P. E., Davies, W. H., & Azen, R. (2006). Differential effectiveness of behavioral parent-training and cognitive-behavioral therapy for antisocial youth: A meta-analysis. *Journal of Abnormal Child Psychology, 34*, 527–543.

McCloskey, M. S., Deffenbacher, J. L., Noblett, K. L., Gollan, J. K., & Coccaro, E. F. (2008). Cognitive-behavioral therapy for intermittent explosive disorder: A pilot randomized clinical trial. *Journal of Counseling and Clinical Psychology, 76*, 876–886.

McIntyre, J., Moral, M. A., Serradell, N., & Prous, J. R. (2006). Psychopharmacology of impulse-control disorders. *Drugs of the Future, 31*, 245–258.

McLaughlin, K. A., Green, J. G., Hwang, I., Sampson, N. A., Zaslavsky, A. M., & Kessler, R. C. (2012). Intermittent explosive disorder in the National Comorbidity Survey Replication Adolescent Supplement, *Archives of General Psychiatry, 69*, 1131–1139.

Miller, L. S., Klein, R. G., Piacentini, J., Abikoff, H., Shah, M. R., Samoilov, A., & Guardino, M. (1995). The New York teacher rating scale for disruptive and antisocial behavior. *Journal of the American Academy of Child and Adolescent Psychiatry, 34*, 359–370.

Moffitt, T. E. (2005). Genetic and environmental influences on antisocial behaviors: Evidence from behavioral-genetic research. *Advances in Genetics, 55*, 41–104.

Nowak, C., & Heinrichs, N. (2008). A comprehensive meta-analysis of Triple—Positive Parking Program using hierarchical linear modeling: Effectiveness and moderating variables, *Clinical Child & Family Psychology Review, 11*, 114–144.

Olvera, R. L. (2002). Intermittent explosive disorder: Epidemiology, diagnosis and management. *CNS Drugs, 16*, 517–526.

Paap, M. C. S., Haraldsen, I. R., Breivik, K., Butcher, P. R., Hellem, F. M., & Stormark, K. M. (2013). The link between peer relations, prosocial behavior, and ODD/ADHD symptoms in 7-9 year-old children, *Psychiatry Journal.* doi: 10.1155/2013/319874.

Rey, J. M., Walter, G., & Soutullo, C. A. (2007). Oppositional defiant and conduct disorders. In A. S. Martin, F. R. Volkmar, & M. Lewis (Eds.), *Lewis's child and adolescent psychiatry* (4th ed., pp. 453–466). Philadelphia, PA: Wolters Kluwer Health/Lippincott Williams & Wilkins.

Schreiber, L., Odlaug, B. L., & Grant, J. E. (2011). Impulse control disorders: Updated review of clinical characteristics and pharmacological management. *Frontiers in Psychiatry, 2*, 1.

Sexton, T. L. (2010). *Functional family therapy in clinical practice: An evidence-based treatment model for working with troubled adolescents.* New York, NY: Routledge.

Sexton, T. L., & Turner, C. T. (2010). The effectiveness of functional family therapy for youth with behavioral problems in a community practice setting. *Journal of Family Psychology, 24*, 339–348.

Stringaris, A., & Goodman, R. (2009). Three dimensions of oppositionality in time. *Journal of Child Psychology & Psychiatry, 50*, 216–223.

Talih, F. R. (2011). Kleptomania and potential exacerbating factors: A review and case report. *Innovations in Clinical Neuroscience, 8*, 35–39.

Waldron, H. B., & Turner, C. W. (2008). Evidence-based psychosocial treatments for adolescent abuser: A review and meta-analysis. *Journal of Clinical Child and Adolescent Psychology* [Special Issue]: Evidence Based Psychosocial Interventions for Clinical Child and Adolescent Disorders, *37*, 1–24.

Webster-Stratton, C. H., & Herman, K. C. (2010). Disseminating incredible years series early intervention programs integrating and sustaining services between school and home. *Psychology in the Schools, 47*, 36–54.

Webster-Stratton, C., Reid, M. J., & Hammond, M. (2004). Treating children with early-onset conduct problems: Intervention outcomes for parent, child, and teacher training. *Journal of Clinical Child and Adolescent Psychology, 33*, 105–124.

Woo, S. M., & Keatinge, C. (2008). *Diagnosis and treatment of mental disorders across the lifespan.* Hoboken, NJ: Wiley.

17 물질관련 및 중독 장애

📖 사례 연구 17.1

36세 백인 남성인 조지 W는 법원으로부터 치료에 의뢰되었다. 음주운전으로 세 번째 유죄판결을 받은 후, 조지는 6개월간 워크 릴리즈(work release) 프로그램을 선고받았다. 프로그램 참여의 일부로 치료가 의뢰되었다.

조지는 14세에 알코올 남용을 시작하였고 그 후로 과도한 음주가 지속되었다. 아버지와 외조부, 그리고 세 형제 중 2명 역시 나쁜 음주 습관을 갖고 있었다.

조지는 두 번째 아내와 2년 전에 결혼했고, 한 살 된 아이가 있었다. 첫 결혼은 4년 전 이혼으로 끝이 났는데, 원인 중 일부는 아내가 더 이상 조지의 음주를 참을 수 없었기 때문이었다. 조지는 그 결혼에서 낳은 두 아이와 연락을 지속하고 있었다.

조지는 건설 회사의 감독관으로 일하고 있었다. 빈번하게 결근을 했음에도 불구하고 10년 이상 같은 회사에 있었다. 낮 동안에는 음주를 거의 하지 않았지만, 퇴근하고 집에 돌아오자마자 맥주를 마시기 시작했다. 조지는 가끔 의식을 잃기도 했을 뿐만 아니라 주말에 폭음을 하는 일이 빈번하다고 보고했다. 그는 스스로 술을 끊으려 반복적으로 노력했고 두 번째 아내와 결혼했을 때는 6개월간 음주를 하지 않았지만, 아이가 태어난 것과 관련해서 경제적 어려움이 생기자 다시 술을 마시게 되었다고 말했다. 조지는 아내가 자신이 술을 마시는 것에 불만이며 함께 외출을 하지 않는 것에 대해 실망스러워한다고 말을 했지만, 아내는 육아에 빠져 있기 때문에 사교생활을 거의 하지 않는 것은 사실 그녀에게 큰 문제가 되지는 않는다고 믿었다.

조지는 약간의 경도 우울장애 증상을 보고하였고, 사람들과 있으면 수줍고 불편하다고 언급하였다. 술은 그가 더 자신감 있는 것처럼 느끼도록 도와주고, 술을 많이 마시는 것으로 보이는 남성 집단과 관계를 형성하는 데 도움이 된다고 보고했다.

조지는 20년 이상 알코올 의존이라는 행동 및 충동통제 장애에 시달리고 있었다. 이 장애 환자들이 흔히 그러하듯, 조지는 알코올 남용 가족력을 보고하였다. 행동 및 충동통제 장애 환자들이 일반적으로 그러하듯 조지의 정신장애는 전부가 아니라도, 그의 삶의 대부분의 영역에 영향을 미쳤다. 그는 대인관계, 직업, 그리고 다른 기능 영역에 손상을 보였다.

기저하는 회피성 성격장애 진단을 고려할 수 있었다. 그렇지 않다면 조지의 문제는 알코올 의존과 관련된 것으로 보였으며, 이것이 치료의 초점이 되었다.

DSM-5에서는 알코올과 다른 물질관련장애를 분류하는 것에 큰 변화가 있었다. 가장 광범위한 변화는 행동장애를 물질사용과 중독장애 분류에 포함시킨 것이다. DSM-IV에도

---

1 역자 주 : 노동시간 중에는 자신의 일터에서 일을 하고 교도소로 돌아오도록 하는 수감 형태

있었던 도박이 이 장으로 옮겨진 유일한 행동장애인데, 이는 도박이 생리학, 뇌 기원, 임상적 표현, 그리고 치료의 측면에서 물질관련장애와 유사하다는 연구 결과들을 반영한 것이다(APA, 2013). 물질과 마찬가지로, 어떤 반복적인 행동은 뇌의 보상체계를 활성화시키고 중독 행동의 순환을 촉발할 수 있다. 알코올과 다른 물질에 대해서는 잘 입증되어 있었지만, 이제는 도박이 코카인이나 헤로인과 같은 약물처럼 예측/보상/해소의 동일한 반복적 순환을 활성화한다는 증거도 밝혀졌다. 다른 행동(예 : 쇼핑, 인터넷게임장애, 섹스) 역시 중독 장애로 분류되는 것이 고려되었지만, 아직까지 정신장애로 명명할 만큼 충분히 검증된 연구가 보고되지 않았다. 이 세 행동 중 인터넷게임장애만이 DSM-5에 '추가 연구가 필요한 진단적 상태'로 포함되어 있다. DSM-5에서 도박장애를 새로운 물질관련 및 중독 장애 범주로 옮김으로써, 추후에는 다른 행동 증후군 역시 정신장애로 인식될 것이라는 함의를 갖게 되었다.

두 번째 주요 변화는 물질 남용과 물질 의존을 구분하지 않게 되었다는 것이다. DSM-5는 두 범주를 하나의 포괄적인 장애 ─ 경도에서 중도까지 연속선상에서 측정되는 물질사용장애 ─ 로 결합하였다.

DSM-5에서 물질사용장애 부분을 작업한 팀에 의하면, 이러한 변화는 혼란을 막고 진단을 표현된 증상과 더 잘 짝짓기 위해서라고 한다. 또한 변화로 인해 치료자들은 더 이상 두 진단기준 세트 ─ 남용 진단기준과 의존 진단기준 ─ 를 구별할 필요가 없게 되어 진단이 더 쉬워질 것이다(Schuckit, 2012). 그리고 이제는 진단을 위해 2개의 증상이 필요한데, 이는 물질사용장애는 단지 하나의 문제 영역이나 증상이라기보다 행동 패턴이라는 인식 때문이다. DSM-5에서 경도 물질사용장애로 진단되려면 가능한 11가지 증상 중에서 두세 증상이 요구된다.

물질사용장애 범주에 대한 다른 변화는 다음과 같다.

- 스펙트럼 접근법을 유지하여, 물질사용장애의 심각성 정도는 '경도', '중등도', 또는 '고도'로 명시될 것이다.
- 진단적 범주는 11개 증상 목록으로 통합되었고, 진단을 위해서는 두 가지가 필요하다.
- 갈망 범주(물질을 사용하려는 강한 욕구나 충동)가 증

상 목록에 추가되어, DSM-5가 국제보건기구의 ICD-10과 유사하게 되었다.

- 법적 제재나 법률 체계와 관련된 문제에 대한 범주는 DSM-5에서 삭제되었다. 법적 문제(약물 복용 운전으로 인한 체포, 마약 사용과 관련된 범죄)는 종종 물질 남용과 관련되고 때로는 치료를 찾는 이유가 되기는 하지만, 심각성 정도를 보여주거나 기능저하를 예측하는 것으로 보이지는 않는다.
- '생리적 의존이 있는 것/없는 것' 명시자 역시 DSM-5에서 삭제되었다.
- 복합물질 의존은 더 이상 DSM-5의 진단이 아니다. 만일 둘 이상의 물질이 물질사용장애의 진단기준을 충족시킨다면, 각각에 대해 진단하고 기록한다.
- DSM-5는 '통제된 환경에 있음'을 명시자로 포함하여 환자가 폐쇄병동, 감옥, 치료 커뮤니티, 또는 다른 통제된 환경에 있음으로 인해 알코올이나 다른 물질에 접근하는 것이 금지되어 있는지 표시한다. 또한 '유지 치료 중'인지를 명시한다.
- 3~12개월 동안 어떠한 증상도 나타나지 않는다면, '조기 관해 상태'가 명시될 수 있다. '지속적 관해 상태' 명시자는 진단기준을 충족시키지 않고 12개월 이상이 지난 것을 의미한다.
- DSM-5에서는 물질사용장애와 다음의 물질로 유발된 장애를 구분한다.
  - 중독
  - 금단
  - 기타 물질/약물치료로 유발된 정신장애(예 : 물질로 유발된 정신병적 장애)

카페인 금단과 대마 금단이 DSM-5에 새롭게 추가되었다. 카페인 금단은 카페인을 장기적으로 매일 사용하다가 갑자기 중단한 후 나타날 수 있는 임상적으로 중요한 장애이다. 두통, 과민성, 피로감, 독감과 유사한 증상, 집중력 결핍이 증상에 포함된다. 카페인사용장애는 이번에는 장애로 포함되지 않지만, III편에서 '추가 연구가 필요한 진단적 상태'로 포함된다.

대마 금단 역시 DSM-5에는 새롭게 등장했는데 중등도

또는 고도의 대마사용장애와 함께로만 진단될 수 있다. 대마를 중단한 7일 이내에 적어도 하나의 신체적 증상(예: 두통, 발한)이 있고 과민함, 불안 또는 우울 정서, 수면장애, 차분하지 못함, 그리고 식욕 감소 중 셋 이상의 증상이 나타난다.

*DSM-5*는 각 물질사용장애에 대한 기록과 부호화 절차뿐만 아니라 물질사용장애에 대한 광범위한 논의점을 제공하는데, 각 세부사항은 이 책의 범위를 벗어난다. 이 장애군을 다루는 독자들은 *DSM-5*의 해당 부분에서 진단범주, 경과 명시자, 기록 절차를 꼼꼼하게 살펴보아야 할 것이다. *DSM-5*는 물질관련장애에 대해 스펙트럼 관점을 취하고 장애의 심각성 수준을 경도, 중등도, 고도로 분류한다. 각 물질관련장애는 물질사용장애와 물질로 인한 장애(중독과 금단)로 구분된다.

이제 다음의 물질과 관련된 중독성 장애 각각에 특수한 정보를 제공하고자 한다.

- 알코올관련장애
- 카페인관련장애
- 대마관련장애
- 환각제관련장애
- 펜시클리딘사용장애
- 기타 환각제사용장애
- 환각제 지속성 지각장애
- 흡입제관련장애
- 아편계관련장애
- 진정제, 수면제 또는 항불안제 관련장애
- 자극제관련장애
- 담배관련장애
- 기타(또는 미상의) 물질관련장애
- 비물질관련장애
- 도박장애

알코올관련장애

미국 질병통제예방센터(CDC, 2015)에 의하면, 18세 이상 성인의 51.4%가 정기적으로, 한 해에 최소 12회 술을 마신

다. 자주 마시지 않는 사람들(1~11회)은 12.9%에 해당한다. 알코올관련장애(alcohol-related disorder)는 다음과 같다.

- 알코올사용장애
- 알코올 중독
- 알코올 금단
- 기타 알코올로 유발된 장애
- 명시되지 않는 알코올관련장애

알코올 소비는 연령, 성별, 인종, 사회경제적 수준에 따라 다양하다. 미국 성인의 12개월 유병률을 살펴보면, 백인계, 히스패닉계, 아프리카계, 아시아계, 태평양 섬 주민들에 비해 북아메리카 원주민과 알래스카 원주민 사이에서 알코올사용장애가 더 많이 나타난다(APA, 2013; Chartier, Vaeth, & Caetano, 2013). 청소년 인구에서는 흑인계나 아시아계 미국인보다 백인계 미국인의 알코올 사용 비율이 더 높다.

남성이 여성에 비해 더 많은 양의 알코올을 소비하고, 한 번에 여러 잔을 마시며, 폭음도 2배로 많은 경향이 있다(CDC, 2014, 2015). 알코올 관련 상해는 대부분 여성(3,137)보다 남성(33,600)에게서 나타난다. 신체적 폭력, 폭행, 자살, 교통사고 사망 역시 술에 취한 남성에게서 더 많이 나타난다. 알코올사용장애로 치료를 받는 남성 중 반사회성 성격장애가 함께 나타나는 비율은 50%에 달한다(McCrady, 2006).

여성 알코올 사용 세계적으로 여성은 남성에 비해 술을 덜 마시고 알코올관련장애를 갖는 비율이 낮은 경향이 있다(WHO, 2011). 그러나 미국에서는 이러한 차이가 점차 사라지는 것 같다. 알코올 남용과 알코올사용장애 기구(National Institute on Alcohol Abuse and Alcoholism, NIAAA, 2015)에 의하면, 미국에서 530만 여성이 권장 섭취량을 초과하여 음주를 하고 결과적으로 건강을 해치고 있다. 과음은 간을 손상시키고 뇌 크기를 감소시키고 암 발병의 위험을 증가시킬 수 있으며, 심혈관질환의 주요 원인이 된다. 여성은 남성에 비해 훨씬 적은 양의 알코올을 소비하더라도 알코올로 인한 의학적 문제에 더 취약하며, 알코올 소비와 관련하여 질병과 관련된 증상(예: 암, 간경변)

을 더 일찍 보일 가능성이 높다(NIAAA, 2015).

많은 경우 알코올사용장애를 가진 여성은 대인관계, 부모와 관련된 이슈, 파트너 학대, 트라우마 과거력을 비롯하여 경제 상태, 교통편, 양육과 관련된 치료의 장애물과 같은 다른 고려점을 살필 필요가 있다. 그들은 종종 친밀한 관계에서 어려움을 겪고 혼자 술을 마실 가능성이 남성보다 높다. 여성은 또한 남성보다 인생 후반부에 음주 문제를 갖게 될 가능성이 높은데, 이혼이나 가족 구성원의 죽음과 같이 인생에서 힘든 상황을 겪을 때 이에 대한 반응으로 음주 문제를 보이는 경우가 빈번하다.

알코올을 남용하는 여성은 우울, 낮은 자존감, 심각하게 왜곡된 성격장애를 갖고, 결혼을 한 적이 없을 가능성이 남성보다 더 높다. 알코올 사용으로 인해 간질환, 신체적 또는 정서적 학대, 인지적 결함의 위험이 증가한다(Hommer, Momenan, Kaiser, & Rawlings, 2001).

여성의 신체가 알코올을 대사시키는 것은 남성의 신체와 다르기 때문에 여성은 알코올의 독성에 더욱 취약하다(Lieber, 2000). 이러한 생물학적·사회학적·행동적 차이점으로 인해 치료자들은 여성 내담자들의 특수한 요구를 충족시킬 수 있는 치료법을 잘 가늠해야 한다. 치료자들은 또한 여성 내담자들이 회복 시간이 느리고 인지 손상이 크며 공병장애가 많다는 것을 고려해야 한다(Sullivan et al., 2002). 여성은 여성의 이슈에 초점을 둔 프로그램에서 더 잘 반응하는 경향이 있으므로, 가능하면 여성의 필요를 충족시키기 위해 특별히 준비된 재활치료 프로그램과 지지 집단으로 안내해야 한다.

때로는 알코올 소비가 생물학적인 요인의 결과일 수 있다. 예를 들면, 아시아계 혈통은 알코올사용장애가 생기는 것에 대한 예방 요인이 될 수 있다. 중국, 한국, 일본인의 혈통 중 50%에 달하는 수가 ALDH2*2 형질을 갖고 있는데, 이는 알코올을 섭취할 때마다 구토, 홍조, 심박 증가와 같은 불쾌한 신체적 증상을 유발한다. 결과적으로 ALDH2*2 형질을 가진 사람은 알코올사용장애가 생길 가능성이 낮다. 그들은 다른 물질을 사용하거나 담배를 피울 가능성도 낮다(Eng, Luczak, & Wall, 2007).

알코올 중독

미국 성인의 30%는 술을 마시지 않는다. 미국인 음주자들의 상위 10%(2,400만 명)가 매년 미국에서 소비된 알코올의 절반 이상을 소비한다. 즉 평균적으로 한 주에 74잔가량, 또는 대략 하루에 10잔을 매일 마신 것으로 추산된다(Ingraham, 2014).

알코올을 소비하는 사람들 대부분은 인생의 어느 시점에 중독을 경험할 것이다. 중독 상태에서는 균형을 잡거나 똑바로 걷기가 어렵고, 충동 통제에 실패하고, 기억이 잘 나지 않고, 안구 운동에 집중하거나 통제하지 못하고(안구진탕 또는 '춤추는 눈'), 판단력이 손상되거나 정서적으로 불안정한 것과 같이 행동이 변한다. 중독은 또한 충동적인 성행위, 취한 상태에서 운전하기, 관계를 해치는 논쟁이나 싸움과 같은 심각한 문제 행동으로 이어질 수 있다. 알코올 중독의 징후로는 행동 변화(말이 많아짐, 불분명하게 발음하기, 충동적 행동)와 호흡에서 알코올 냄새가 나는 것이 있다.

중독이 되었을 때 가끔 기절 또는 일어난 일을 기억하지 못하는 일이 발생할 수 있는데, 단시간에 많은 양의 알코올을 섭취한 것과 관련될 수 있다. 알코올 중독은 알코올사용장애가 생기는 전조일 수 있다.

중독과 관련해서 반복적으로 문제가 생긴다면 알코올 사용의 심각도를 결정하기 위한 평가가 이루어져야 한다. 다음 네 가지의 언어적 자기보고식 검사는 추가적인 평가와 치료가 필요한지를 결정하기 위해 손쉽게 사용할 수 있는 도구이다.

1. 미시간 알코올중독 선별 검사(Michigan Alcoholism Screening Test, MAST; Selzer, 1971)
2. 알코올 남용을 위한 CAGE 스크리닝(CAGE Screening for Alcohol Abuse; Ewing, 1984)
3. TWEAK(Russell, 1994)
4. 알코올사용장애 식별 검사(Alcohol Use Disorders Identification Test, AUDIT; Babor, Higgins-Biddle, Saunders, & Monteiro, 2001)

알코올 중독은 또한 기능의 손상, 판단력 저하, 그리고 심각한 결과를 초래할 수 있다. 음주와 함께 물질 남용이 동반된다면 호흡 저하, 혼수상태, 그리고 심지어 사망에 이를 수 있다. 함께 나타나는 물질사용장애, 우울, 품행장애, 그리고 반사회성 성격장애는 알코올 중독과 관련하여 더욱 심각한 결과에 일조할 수 있으므로, 반드시 기록되어야 한다.

일반적으로 중독 기간은 체중, 음식 섭취, 체내 수분 상태와 같은 기타 요인과 함께, 특정 시간 동안 소비한 알코올의 양에 따라 다르다. 개인의 내성, 신진대사, 유전자 구성 역시 영향을 미친다. 알코올 섭취가 중단된다면 대부분의 경우 중독 상태는 몇 시간 내에 해소가 될 것이다. 중독 상태에서 혼란, 구토, 발작, 심박 저하, 저체온증, 호흡 저하, 의식 상실, 또는 혼수상태가 나타난다면 즉시 의학적 개입이 이루어져야 한다.

알코올 중독은 주로 몇 시간 정도의 특정 시간 동안 지속되며 음주를 중단하고 취기가 사라지면 끝이 난다. 그렇지만 중독 동안 많은 손상과 혼란이 일어날 수 있다. CDC에 의하면, 미국에서만 매년 약 8만 8,000건의 사망이 알코올 사용 때문인 것으로 나타난다. 교통사고와 여타의 사고에서 높은 비율뿐만 아니라 자살의 25%와 타살의 50%가 여기에 포함된다. 매년 알코올 관련 사망 중 4,300건 이상은 미성년자 사이에서 발생한다(CDC, 2005).

감별진단을 위해서는 몇몇 약물치료(예 : 벤조디아제핀, 수면제, 항히스타민제) 때문에 나타나는 진정제 투여 상태와 흡사한 상태뿐만 아니라 알코올 중독과 유사한 다른 의학적 상태(예 : 당뇨, 신경학적 상태)의 영향력을 배제해야 한다.

알코올 중독은 주로 고등학생이나 대학생 때 처음 시작하고 연령이 증가함에 따라 사라지는 경향이 있다. 알코올은 미국에서 21세 이하 연령대에서 가장 많이 사용되는 물질이다. 미래 모니터링 조사(Monitoring the Future Survey)에 따르면 8학년생의 28%와 고등학교 3학년생의 68%가 알코올을 시도했고 고등학교 3학년의 39%가 전월 음주 경험이 있는 것으로 보고되었다(Johnson, O'Malley, Miech, Bachman, & Schulenberg, 2013). 연구에 의하면 15세 이전에 음주를 시작한 사람은 21세 이후에 시작한 사람에 비해 이후에 알코올사용장애가 나타날 가능성이 5배 높다(Hingson, Heeren, & Winter, 2006).

다양한 생물정신사회적 요인이 알코올 소비 정도에 영향을 미친다. 동반이환, 정서조절 문제, 충동성, 그리고 불안을 떨치기 위한 대처 기술 부족뿐만 아니라 연령, 또래집단, 성별, 문화 모두가 영향을 미친다. 알코올 중독 가능성은 과음이 보편적인 환경(예 : 대학 동아리, 가족 전통, 결혼식, 장례식)에 있는 사람들에게서 증가한다. 종교적 전통은 음주를 권장하거나 억제할 수 있다(예 : 몰몬교 또는 이슬람교).

부모의 알코올 남용은 많은 다양한 경로를 통해 아동에게 간접적으로 영향을 미치는데, 이 영향력은 일생에 걸쳐 계속될 수 있다. 아동 학대와 방임의 대다수 사례가 물질사용장애를 가진 부모와 관련된다. 부모의 행동을 모델링하는 것 역시 아동에게 큰 영향을 미친다. 부모가 음주를 하는 아동은 첫 음주 연령이 낮은데, 이는 또한 이후 알코올사용장애가 발생하는 것에 영향을 미칠 수 있다. 어떤 부모들은 어릴 때 알코올을 가족 전통으로 소개하면 음주 습관을 정상화하고 이후 폭음을 예방할 수 있다고 믿지만, 연구에 의하면 사실은 그 반대이다. 가정에서 지도하에 음주를 하게 되면 술 소비량이 증가하고 이후 계속해서 지도 없이 술을 마시거나 더 심각한 문제가 나타날 가능성이 높다(Donovan, 2014).

교통사고 중 높은 비율이 알코올에 의한 것이다. 자동차 사고의 대다수가 음주운전에 해당하고, 14세 이하 아동 사망의 14%가 성인의 음주운전에 기인한다.

음주 상태에서의 양육은 종종 학대나 방임을 초래한다. 아동학대 사례의 33~66%가 물질 남용과 관련되는 것으로 추산된다(U.S. Department of Health and Human Service, 1999). 미국에서 18세 미만 아동의 10.5%(대략 750만 명)가 부모 중 적어도 한 사람이 알코올이나 다른 약물을 남용하고 있고(Office of Applied Studies, 2004), 이로 인해 약물 남용과 관련하여 아동 복지에 사용되는 비용은 53억 달러로 추산된다(National Center on Addiction and Substance Abuse at Columbia University, 2001).

유전적 취약성에 더하여 부모는 알코올에 대한 자신들의 태도, 전통, 기대를 물려준다. 부모의 음주로 인해 자녀에게 초래되는 간접적인 부담은 상당하다(Donovan, 2014). 부모의 알코올사용장애가 아동에게 미치는 전체 효과를 상세히 기술하고 치료가 필요한 상태와 치료가 가능한 상태의 간극을 좁히기 위한 연구가 진행되고 있다.

태아기 알코올 사용   부모의 음주가 출생 전 자녀에게 미치는 간접적 영향은 상당히 높다. 미국에서 태아기 알코올 노출(ND-PAE)과 관련된 신경행동장애는 출생 전에 태아의 2~5%에게 영향을 미친다. ND-PAE는 *DSM-5*에 추가 연구가 필요한 진단적 상태에 기술되어 있다. 이 장애를 가진 아동은 적응적 기능과 자기조절에서 더 많은 손상을 보인다. 태내기 발달에서 알코올의 영향을 받아, 신경인지기능의 손상과 지적장애 또한 흔하다.

태내에서 알코올의 기형 발생 효과에 노출된 아동 중 절반은 생후 첫 3년 이내에 증상을 보일 것이다. 나머지는 입학 때까지 눈에 띄는 징후를 보이지 않을 것이다. 이 시기에는 실행 기능상의 문제가 도드라져서 평가가 더 용이하다.

현재로서는 ND-PAE와 임신 동안의 음주로 인한 결손에 대해서 적절한 치료가 없다. 조기 개입이 이루어진다면 일부 증상을 경감시킬 수 있을 것이지만, 많은 경우 평생 동안 영향을 받을 것이다. ND-PAE는 *DSM-5*에 추가 연구가 필요한 진단적 상태로 포함되어 있으므로 제안된 진단 기준에 대한 연구가 가능하고 추가적인 연구 결과가 수집될 수 있다. 현재의 진단기준은 임상적 사용을 위한 것이 아니다(APA, 2013).

청소년기 알코올 사용   알코올은 12~17세 사이에서 가장 흔하게 남용되는 물질이다. 젊은이들은 성인에 비해 덜 빈번하게 음주를 하지만, 한번 마시면 더 많이 마신다(각 장소에서 평균 5잔). 미성년자 음주의 90% 이상이 폭음의 형식으로 나타난다. 2008년에만 21세 이하 19만 명이 음주와 관련한 부상으로 병원 응급실을 찾았다(Substance Abuse and Mental Health Services Administration, 2012a).

청소년의 폭음은 정상적인 성장과 뇌 발달의 붕괴, 자살, 타살, 성폭행, 신체적 폭행, 사고의 위험성 증가, 그리고 알코올 독성으로 인한 사망과 같은 그로 인해 가능한 결과들을 생각해볼 때 훨씬 더 심각해진다. 대부분의 미성년자 음주는 주로 성인의 지도가 없이 이루어지는데, 또래 집단은 미성숙하고 중독, 혼수상태, 또는 심지어 죽음에 이르

는 등 알코올로 인해 일어날 수 있는 위험이나 부정적인 결과에 대해 잘 모르기 때문에 그들은 자주 잘못된 판단을 내리게 된다. 매년 거의 5,000명의 젊은이가 알코올과 관련된 사망에 이른다(Office of Juvenile Justice and Delinquency Prevention, 2005).

장기적인 영향도 충격적일 수 있다. 알코올을 처음 사용한 연령이 낮을수록 물질관련장애, 사회적 문제, 공병장애, 범죄 활동, 그리고 정신병의 발달이 더욱 심각하다(Carroll & Ball, 2007).

청소년기에는 일반적으로 다른 장애가 알코올사용장애와 함께 나타난다. 성인과 유사하게 치료 중인 청소년의 70%가 공병 장애가 있는데, 가장 빈번한 것이 품행장애, ADHD, 우울, 불안, 그리고 PTSD이다. 자살을 생각했거나 시도한 비율은 인구의 4분의 1에 달한다. 치료가 시작되기 전에 많은 청소년이 정신과적 평가나 기저하는 트라우마에 대한 치료에 먼저 의뢰되어야 한다(Godley, Smith, Meyers, & Godley, 2009).

앞서 나열된 알코올사용장애에 대한 *DSM-5*의 증상에 더하여, 청소년이 알코올을 사용하고 있을 것이라는 경고 징후로는 다른 활동에 대한 흥미의 감소, 또래 집단의 변화, 학업적 문제, 소지품 중에 알코올을 숨기기 등이 있다.

대학생 알코올 사용   미국에서 전체 알코올의 11%가 21세 이하 인구에서 소비된다(National Council on Alcoholism and Drug Dependence, 2015). 매년 100만 명 이상의 대학생들이 취한 상태에서 다치거나 취한 사람에 의해 다치고, 다른 9만 7,000명은 알코올과 관련한 성폭행의 희생자가 되며, 1,825명은 사망한다(Hingson, Zha, & Weitzman, 2009). 알코올과 관련한 고위험군은 신입생, 운동선수, 남학생 또는 여학생 사교클럽에 속한 학생들이다. 여자 대학생들의 알코올 사용은 사회불안 및 정서조절 문제 모두와 관련된 것으로 밝혀졌다(Chandley, Luebbe, Messman-Moore, & Ward, 2014).

전국의 대학들은 학생들에게 안전한 음주습관을 확립하도록 돕기 위해 긍정적인 또래 압력을 사용한 심리교육(예 : 운전 담당자 정하기, 2인 1조 시스템, 학생들에게 폭음의 위험성을 교육하는 여러 프로그램)을 제공하기 시작

했다. 대학생의 위험 감소 프로그램으로 사용되는 BASICS와 STEPS를 이후 개입 부분에서 더욱 상세히 소개하도록 한다.

중년기 알코올 사용 45세 이후에 음주를 시작하는 사람은 드물고, 일부는 중년기에 알코올 소비를 줄이기 시작한다. 미국에서는 하루에 6명이 알코올 중독으로 사망하며, 놀랍게도 그들 중 70%가 35~64세 사이의 비히스패닉계 백인 남성이다. 알코올 중독으로 인한 사망의 30%가 알코올사용장애로 인해 발생한다(CDC, 2015).

노년기 알코올 사용 65세 이상 인구의 40% 이상이 술을 마신다. 건강상에 문제가 없고, 하루에 알코올 음료를 한 잔 이하로 마시며, 어떠한 약물치료도 받고 있지 않는 사람에게는 문제가 되지 않는다. 그러나 노인의 대다수는 이러한 조건을 충족시키지 않는다. 알코올은 심장, 간, 다른 신체 기관들뿐만 아니라 당뇨와 고혈압에 심각하게 부정적인 영향을 준다. 기억력, 정서, 수면 역시 알코올에 의해 부정적인 영향을 받는다. 이 연령대의 사람들이 알코올을 계속해서 섭취한다면, 의사나 약사에게 의뢰하여 치료를 위해 복용 중인 약물과 전반적인 건강 상태를 고려할 때 안전한 알코올 섭취량의 한계선이 어디인지 결정해야 한다. 일상적으로 자신이 의도한 것보다 더 많은 양의 알코올을 섭취하는 사람들 또는 술을 마시지 않아야 하는 건강상의 이유(예 : 간 문제, 당뇨, 또는 알코올과 함께 복용할 수 없는 처방된 의약품)가 있음에도 불구하고 알코올을 섭취하는 사람들은 알코올사용장애 진단기준을 충족시킬 것이며 정식으로 평가를 받고 추후 치료를 권고받는다.

알코올 금단

오랜 기간(수개월에서 수년) 동안 많은 양의 알코올을 소비한 음주자들은 알코올을 중단한 지 몇 시간 또는 며칠 이내에 알코올 금단 증상이 시작된다. 금단 증상은 발한 또는 빈박(100bpm 이상), 수전, 구역질, 불면, 정신운동성 초조, 두통, 불안과 같다. 또한 5% 미만은 발작을 경험하는데, 이는 응급실을 찾기에 충분할 정도로 심각하다. 일시적인 청각적 또는 시각적 환각을 포함하는 알코올 금단 섬망

(delirium tremens, DTs), 초조, 불안, 그리고 혼미 또한 알코올 금단 인구의 약 5%에서 나타난다(Schuckit, 2009). 알코올 금단 증상은 금주 둘째 날에 가장 강렬하게 나타나는 경향이 있고 많은 경우 넷째 또는 다섯째 날에 해소된다.

알코올 금단의 심각한 합병증은 소수의 사람들에게서만 나타난다. 그러나 다른 사람들보다 특히 더 취약한 사람들이 있다. 발작의 과거력이 있는 사람, 술을 왕성하게 마신 사람, 음주에 대한 갈망이 심한 사람, 이전에도 알코올중독 치료를 받았던 사람들은 술을 끊을 때 의학적 관리를 고려해야 하며, 알코올 금단을 겪은 후에는 평생 술을 절제할 것을 고려해야 한다.

기타 알코올로 유발된 장애

알코올 섭취는 일반적으로 다른 정신장애들과 결합되어 나타나는데, 알코올과 관련되지 않은 의학적 증상을 악화시키는 경향이 있다. *DSM-5*는 알코올사용장애와 주요우울장애가 함께 나타나는 것을 예로 든다. 일생 중 주요우울장애를 앓을 가능성은 알코올사용장애를 가진 사람들에게는 40%에 해당한다. 그러나 이들 중 33~50%만이 중독 상태가 아닐 때 삽화를 경험한다. 대부분의 사례에서 증상은 금주 1개월 이내에 경감될 것이지만, 심각한 중독과 금단을 계속해서 경험하는 동안에는 증상이 지속될 가능성이 크다. 알코올로 인한 수면과 불안 상태에서도 유사한 양상이 나타난다. 반대로 알코올로 인한 정신병은 상당히 드물다.

독립적인 정신장애를 진단하기 전에 알코올로 유발된 장애들을 고려해야 한다(APA, 2013). *DSM-5*의 알코올로 유발된 장애 목록은 다음과 같다.

- 알코올로 유발된 정신병적 장애
- 알코올로 유발된 양극성장애
- 알코올로 유발된 우울장애
- 알코올로 유발된 불안장애
- 알코올로 유발된 성기능부전
- 알코올로 유발된 수면장애
- 알코올로 유발된 주요 또는 경도 신경인지장애

이 책에서는 이러한 알코올로 유발된 장애 각각을 원래

의 진단적 범주하에서 설명한다. 알코올이 다른 정신장애에 미치는 효과와 알코올사용장애 유병률이 높은 점을 고려할 때, 진단적 평가를 수행할 때 이 점을 염두에 두는 것이 중요하다.

명시되지 않는 알코올관련장애

어떠한 특정 알코올관련장애의 진단기준에도 완전히 부합하지 않지만 임상적으로 심각한 고통을 초래하는 징후들은 명시되지 않는 알코올관련장애로 분류된다. 이제 알코올사용장애의 치료 전략에 대한 논의로 넘어간다.

개입 전략

알코올사용장애 치료는 심각도에 따라 다양할 것이다. 금단은 알코올을 많이 섭취했거나 발작이나 알코올 금단 섬망이 있다면 위험할 수 있다. 이러한 경우는 입원이 치료의 가장 첫 단계가 될 것이다. 입원을 하지 않더라도 알코올의 위해성 때문에 주로 의학적 검진을 권고한다. 종종 알코올 금단이 코르사코프 정신병과 베르니케뇌병변으로 진행되는 것을 막기 위해서 종합비타민을 권유한다.

금주를 돕기 위해 사용할 수 있는 많은 다양한 프로그램이 있다. 중요한 첫 단계는 치료의 목표—금주인지 또는 문제가 없을 정도로만 마실 것인지—를 설정하는 것이다. 치료 결과 차이를 검증하는 무선통제실험에 의하면 치료 결과를 예측하는 가장 중요한 요인 중 하나는 내담자가 진술한 의도와 치료 목표이다(Adamson, Heather, Morton, & Raistrick, 2010). 금주를 목표로 설정한 연구 참여자들은 목표를 달성하고 3개월 이후에도 이를 유지할 가능성이 더 높았다. 문제가 없을 정도로만 음주를 할 것을 목표로 설정한 사람들은 금주를 성공할 가능성이 낮았다. 연구자들은 내담자의 목표가 평가 과정에 포함되어 치료계획 개발에 반영되고 내담자와 치료자 사이의 협력의 기초가 되어야 한다고 제안한다(Adamson et al., 2010).

동기강화 치료는 분노와 적개심을 경감시키고 치료자에 대한 저항을 줄이며 행동 변화에 대한 준비도를 높이고 통제집단에 비해 금주율을 2배 높이는 것으로 보고되었다(Burke, Arkowitz, & Menchola, 2003; Murphy & Maiuro,

2009; Project MATCH Research Group, 1998).

행동치료, 약물치료관리, 또는 둘의 복합치료가 알코올사용장애 치료에 효과적이다. 가장 효과적인 것으로 보고된 행동적 기술은 다음과 같다.

- 사회적 기술 훈련
- 동기강화 치료
- 유인 자극(알코올 사용을 중단하도록)
- 알코올 사용을 줄이고, 알코올을 더욱 보상가가 높은 활동으로 대체하고, 재발을 자극하는 고위험 상황을 인식하는 기술 쌓기
- 인지행동치료

인지재구조화는 알코올사용장애, 특히 우울이나 불안장애가 공존하는 장애에 대한 종합적인 치료의 한 부분으로 거의 항상 포함된다. 회기 사이의 과제로는 감정에 대한 기록, 알코올 사용의 타임라인 설정하기, 알코올을 갈구하도록 촉발하는 힘든 상황을 목록화하기가 있을 것이다. 회기 중에는 치료자가 음주를 하지 않고 과거의 촉발자극에 대처하도록 역할연기를 도울 수 있다.

알코올을 남용하는 청소년은 사회적 기술 훈련이 특히 필요하다. 또래들과 비교할 때 알코올을 사용하는 청소년은 문제해결 기술이 부족하고 대인관계 기술이 낮다. 청소년 약물 사용자들은 더 충동적이고 회피적인 문제해결 기술을 사용한다(Jaffe & D'Zurilla, 2003). 의사소통과 자기주장기술을 향상시키는 데 초점을 둔 사회적 기술 훈련으로 청소년이 사고와 감정을 인지하고 명명하며 사회적 상호작용에 더욱 적절하게 반응하도록 도울 수 있다(Wagner & Austin, 2009).

Jon Kabat-Zinn의 작업을 토대로 한 마음챙김 기반 재발예방(mindfulness-based relapse prevention, MBRP)은 알코올사용장애를 가진 성인에 대한 근거 기반 치료의 일부라 할 수 있다(Bowen, Witkiewitz, et al., 2014). 내담자들은 재발을 촉발하는 감정을 알아차리고 이 감정을 받아들이되 그에 따라 행동하지 않는 법을 배운다. SOBER 공간이라 불리는 3분 호흡 연습은 내담자가 판단 없이 그 순간에 머물고 촉발자극이 떠오를 때마다 호흡으로 돌아가는 것을 배우는 데 유용하다. 이러한 방법으로 어떠한 불편함에도 그

것을 회피하기보다 머무를 수 있고, 하루 중 3분간 반복적으로 연습함으로써 반복적인 패턴을 끊고 습관적으로 반응하는 대신 기술적으로 반응하는 것을 배우게 된다(Bowen, Chawla, & Witkiewitz, 2014).

알코올사용장애에 대한 대부분의 치료는 인지치료에 행동적 기술을 접목시킬 것이다. 가끔 알코올사용장애가 오래 지속되었거나, 의학적 상태가 공존하거나, 오랫 동안 치료에 실패한 과거력이 있는 환자에 대해서는 더 집중적인 프로그램을 제시한다. 그렇지만 집중적인 주거 및 재활 프로그램은 비용이 많이 들고, 관리의료(managed care)로 관리되는 경우도 드물며, 치료의 효과성을 증명할 연구도 부족하다.

약물치료

알코올사용장애 치료를 위해 종종 날트렉손, 디설피람, 아캄프로세이트가 처방된다. 날트렉손(레비아)은 단기 심리치료 및 자조집단 참여와 함께 사용되는데, 재발의 빈도와 강도를 경감시키는 것으로 밝혀졌다(Donovan et al., 2008). 날트렉손은 매달 투여하는 주사형(비비트롤)으로 사용할 수 있다. 디설피람(안타부스)은 40년 넘게 사용되어 왔는데, 효과성에 대한 근거는 많지 않다. 안타부스는 알코올 길항제로, 알코올과 섞일 때 구토제로 작용한다. 한 연구에서는 참여자의 거의 50%가 치료를 중단했다. 이처럼 치료에 불응하는 비율이 높고 효과성이 낮다는 점에서 안타부스는 알코올사용장애 치료제로 널리 사용되지 않는다(Williams, 2005).

세 번째 가능한 약물은 아캄프로세이트(캄프랄)이다. FDA에서 알코올사용장애 치료를 위해 승인한 약으로는 이 세 약물—날트렉손, 디설피람, 아캄프로세이트—이 유일하다. 다른 약물(예 : 벤조디아제핀, 항정신병 약물, 항우울제)은 알코올 사용과 관련된 특정 증상(예 : 불안, 우울, 기분 변화, 정신병, 알코올 충동)을 완화하는 것으로 알려져 있지만, 그 자체만으로 알코올사용장애를 치료할 수 있는 것으로 알려진 약물은 없다.

재발 예방

치료 계획에는 재발을 예방할 계획이 포함되어야 하며, 치료를 위한 장치를 사용하는 내담자들은 자신이 알코올을 갈구하고 있음을 알아차리고 극복하게 된다. 충동 파도타기(urge surfing)는 마음챙김에서 알코올에 대한 충동을 자각하고 받아들이고 대체하도록 돕기 위해 사용하는 인지를 기반으로 한 기술이다(Lloyd, 2008). 부정적 정서 감소시키기, 삶의 균형 찾기, 동기 유지하기 역시 중요하다. 컴퓨터 기술을 사용해서 내담자가 자기를 관찰하도록 도울 수 있고, 휴대폰 애플리케이션으로 동기를 부여할 문구를 잊지 않도록 환기시킬 수 있다. 전화로 음주 상태를 체크하는 것은 주관적 안녕감을 증가시킨다(Rus-Makovec & Cebasek-Travnik, 2008). 중다치료 접근법의 한 부분으로 12단계 프로그램(첫 달에는 매일, 그리고 2년간은 덜 자주)을 사용했을 때, 참여자들의 금주 비율이 높아졌다.

예방 프로그램

알코올 사용은 모든 연령과 발달 단계에 해당하는 아동에게 영향을 미치는데, 심리교육과 위험성 감소 전략에 초점을 둔 개입 프로그램으로 알코올사용장애 부모로부터 아동을 보호하고 청소년 음주를 예방하며 대학생에게 자기를 관찰하고 책임감 있는 음주하는 방법을 가르칠 수 있다.

셀러브레이팅 패밀리(Celebrating Families!)는 부모 중 하나가 약물 중독에서 빠른 회복을 보이고 아동이 가정폭력, 아동학대, 또는 방임의 위험에 처해 있는 가정을 위한 근거기반 인지행동모델 훈련 프로그램이다. 이 프로그램은 건강하게 생활하기, 약물과 알코올 없이 지내기와 분노조절, 약물남용이 가족 전체에 미치는 영향, 경계 설정하기, 건강한 선택하기와 같은 가족 중심적인 주제에 대한 8주간의 교육 코스에 아동과 부모를 함께 참여시킨다. 이 프로그램은 캘리포니아에서 가족치료 약물 코트(Family Treatment Drug Court) 시스템의 일환으로 처음 사용되었다. 이후로 20개 주 이상의 시설 내 환자와 외래 환자 치료 서비스, 종교 단체, 사회 복지 단체에서 사용하고 있다. 7,000명 이상의 부모와 자녀(4~17세)가 셀러브레이팅 패밀리 프로그램에 참여했다.

청소년과 대학생에 초점을 둔 예방 프로그램은 성인 초기에 알코올관련장애로 진행되는 수를 줄이는 데 도움이 된다. 단체 스포츠, 음악, 클럽, 지역사회나 교회 관련 프로그램과 같은 방과 후 프로그램에 참여하는 청소년과 10대(12~17세)는 자존감이 더 높고 학업 성취 수준이 높으며 약물 사용 정도가 덜하다. 약물 사용과 건강에 대한 국가 조사(National Survey on Drug Use and Health)에 의하면 이러한 결과는 가족의 소득수준과 무관하게 나타난다(SAMHSA, 2007).

대학생을 위한 간단 알코올 선별 및 개입(Brief Alcohol Screening and Intervention for College Students, BASICS; Dimeff, Baer, Kivlahan, & Marlatt, 1999)은 과음을 하고 알코올 관련 문제를 일으킬 위험에 있는 학생들을 위해 개발된 근거 기반 예방 프로그램이다. BASICS는 동기강화상담과 Alan Marlatt에 의해 처음 소개된 위해성 감소 모델을 통합하였다. 전반적인 목표는 고위험군 학생들(예 : 신입생, 운동부, 남학생 및 여학생 클럽 구성원들)의 알코올 소비를 감소시키고 음주의 부정적인 결과를 예방하도록 동기를 강화시키는 것이다. 초기 평가 면담에 이어, 학생들은 자신의 음주 행동을 일반 학생들과 비교하는 법을 배우고 알코올 소비의 장단점을 가늠하도록 질문을 받는다. 중독과 음주운전 또는 충동적인 성행위와 같은 위험한 행동의 가능성을 감소시키기 위해 자신의 음주 행동을 스스로 관찰하는 법을 배운다(Miller & Leffingwell, 2013). 이 프로그램은 다양한 상황, 대상, 그리고 섭식장애, 우울, 가정폭력을 포함한 다양한 행동에도 적용된다. 지금까지 대학생 2만 명 이상이 미국 내 1,100지역 이상에서 이 프로그램을 거쳤다. 연구에 의하면 고위험 행동이 감소할 뿐 아니라 알코올 섭취의 빈도와 양이 감소하였다(Terlecki, Buckner, Larimer, & Copeland, 2012). 추적 연구(Terlecki, Buckner, Larimer, & Copeland, 2012)에 의하면 사회불안 수준이 높은 대학생은 음주 행동의 변화 가능성이 적거나 BASICS 프로그램의 효과가 크게 나타나지 않았다.

예후

알코올사용장애 치료 이후 재발 가능성은 치료 1년 이내에 70~90%에 달하는 것으로 산출된다. 치료 경과에는 환경이 중요한 역할을 한다. 중간시설(halfway house)을 통해 상담을 받고 사회로 점진적으로 복귀할 수 있는 도움을 받는다. 첫해에는 추가적인 도움이나 치료가 필요한데, 특히 술을 많이 마셨거나 공존하는 심리적 장애로 중복진단을 받은 사람에게는 특히 그러하다(Moos & Moos, 2006). 알코올사용장애 개선은 예후가 좋지만, 장기적으로 완전한 금주는 드물어 20% 이하에 해당한다(Rus-Makovec & Cebasek-Travnik, 2008; Schuckit, 2010).

카페인관련장애

북아메리카 지역 인구의 90%가 매일 카페인을 섭취한다. 아마도 카페인은 정신에 작용하는 약물 중 세계에서 가장 널리 사용되는 약물일 것이다(Weinberg & Bealer, 2001). 평균적으로 사람들은 매일 200~400mg 또는 8온스 컵으로 약 3~4잔의 커피를 섭취한다. 카페인을 중간 정도(20~200mg)로 섭취하면 에너지가 증가하고 집중력이 높아지며 안정감을 주지만, 그 이상이 되면 불안, 위장장애, 초조가 유발될 가능성이 높다고 보고된다(Griffiths, Juliano, & Chausmer, 2003). 카페인을 지속적으로 사용하면 내성이 생기고 같은 효과를 위해 더 많은 카페인이 필요하게 된다. 이는 종종 의존이나 중독으로 이어진다. 카페인 섭취가 중단되면 금단 증상이 나타나는데, 불쾌한 금단 증상을 피하기 위해 카페인을 지속적으로 사용하게 된다.

카페인을 일상적으로 사용하는 사람과 카페인 중독이나 카페인 금단과 관련하여 문제가 발생함에도 불구하고 사용을 지속하는 사람은 구분되어야 한다. 후자는 최근에 *DSM*에 추가되었다. 카페인 중독과 카페인 금단은 사회적·직업적·다른 중요한 기능 영역에서 임상적으로 심각한 기능장애를 동반해야 한다.

카페인 중독

카페인은 커피, 차, 초콜릿, 에너지드링크, 소다 음료, 약, 그리고 체중감량 보조제에서 발견된다. 카페인은 취침 시간을 늦추고 수면 시간을 단축하며 수면의 질을 저하시킨다. 대부분의 사람들은 카페인을 중간 정도로 섭취한다. 그러나 카페인의 효과는 아동에게서 더욱 확연한데, 아마도 아동은 체중이 적고 내성이 약하며 자신의 신체에 대해 카페인이 미치는 생리적 효과를 감찰하고 조절할 필요성에 대한 인식이 부족하기 때문에 카페인 중독의 위험이 높을 수 있다. 에너지 드링크가 개발된 후로 카페인 섭취가 급격히 증가했고 카페인 중독으로 응급실을 찾는 경우도 늘었다(SAMHSA, 2013a).

7%만이 카페인 중독 진단기준을 충족시키는데, 근래에 카페인을 섭취하고 다음 증상 중 적어도 다섯 가지에 해당해야 한다.

- 불안
- 신경과민
- 정신운동 초조
- 안면 홍조
- 근육 연축
- 사고와 언어의 두서없는 흐름
- 일정 기간 지치지 않음
- 불면
- 위장장애
- 빈뇨
- 흥분
- 빈맥 혹은 심부정맥

카페인을 하루에 1g 이상 섭취하면 더 심각한 증상(예 : 정신운동 초조, 심부정맥)이 나타날 수 있다. 카페인의 반감기는 4~6시간으로 추정된다. 대부분의 카페인 중독 증상은 대개 사라지고 어떠한 문제도 남기지 않는다. 그러나 카페인을 고용량 섭취하면 치명적일 수 있으므로, 하루에 5~10g 섭취하는 것은 의학적 주의가 요구된다(APA, 2013).

카페인 중독은 카페인을 드물게 사용하는 사람들과 카페인의 효과를 인식하지 못하는 사람들에게서 더 쉽게 나타난다. 아이들 또는 카페인 내성이 발달하지 않는 사람들이 위험성이 높다. 카페인 중독의 다른 인자로는 유전적 요인, 니코틴 사용, 그리고 경구 피임약 사용이 있는데, 경구 피임약은 신체가 카페인을 제거하는 능력을 저하시키고 중독

의 위험성을 높일 수 있다.

드물기는 하지만 카페인 다량 섭취가 사망과 관련된다고 보고된다. 카페인을 다른 약물(예 : 에페드린)과 함께 섭취했을 때 사망에 이르기도 한다. 카페인과 관련된 사망으로 자살이 있다(Holmgren, Norden-Pettersson, & Ahlner, 2004). 그러나 대부분의 카페인 관련 사망은 살을 빼거나(예 : 다이어트 약) 근육량을 늘리는 데(예 : 수분 없는 순수 카페인) 도움이 되는 것으로 알려진 식이보조제 사용과 관련된다. 이러한 보고들은 드물기는 하지만 카페인 독성의 위험성과 심리교육 및 우리가 소비하는 음식과 음료에 얼마만큼의 카페인이 들어있는지를 쉽게 알 수 있는 정보(예 : 라벨) 제공의 필요성을 설명하고 있다(Jabbar, & Hanly, 2013).

카페인 금단

카페인 사용자의 40%가 불안, 불면, 위장장애, 심장 부정맥, 유방 섬유낭성 질환과 같은 건강 관련 이유로 카페인을 끊으려 한다(Schuckit, 2010). 금단 증상은 경도에서 중증도로 다양한데, 두통, 피로감, 과민성 또는 경도로 우울한 기분, 집중하기 어려움, 독감과 유사한 증상(예 : 메스꺼움, 구토, 근육통) 등이 있다. 많은 사람들이 업무 수행이나 일상적 활동 능력을 저해하는 카페인 금단 증상을 경험한다(APA, 2013).

카페인 금단에 대한 연구는 드물지만, 자기보고식 평정으로 카페인 금단 진단기준을 충족하는 94명의 카페인 의존자에 대한 한 연구를 통해 카페인 의존의 속성, 끊고자 하는 지속적인 욕구에도 불구하고 카페인을 계속해서 사용하는 사람들의 특성, 사용을 자제하려는 비성공적인 노력, 그리고 카페인을 지속적으로 사용하는 것의 심리적이고 생리학적인 문제에 대해 살짝 엿볼 수 있다(Juliano, Evatt, Richards, & Griffiths, 2012). 이 연구에서 치료를 찾는 가장 일반적인 이유는 건강과 관련한 염려(59%)와 카페인에 의존하고 싶지 않아서(35%)로 나타났다. 카페인을 줄이거나 제거하기 위해 의학적 전문가의 조언을 받은 비율은 43%에 달했다. 거의 대부분(88%)이 카페인을 줄이기 위해 진지하게 시도를 했는데, 평균 2.7회 시도를 했던 것으로 보고된다. 참여자의 평균 연령은 41세였다. 참여자의 50%가 카페

인의 주 공급원으로 커피를 보고했다. 37%는 카페인 함유 소다 음료였다. 연구 참여자들은 하루 평균 548mg의 카페인을 섭취했다. 이 연구는 일상적으로 사용되는, 적당히 소비하면 이득이 될 수 있는 약물이라 하더라도 남용의 가능성이 있음을 보여준다.

카페인 사용에 대해서는 사회적으로 인정되는 분위기가 있고 특별한 인식 없이 카페인이 섭취되고 있기 때문에, 많은 사람들은 자신이 매일 카페인 금단을 겪고 있음을 의식하지 않는다. 금단 증상은 의학적 시술 전후 또는 일상의 변화(예 : 여행, 휴가)와 같이 카페인이 없는 상황에서 드러난다.

카페인 금단의 유병률은 알려진 바가 없다. 카페인에 생리학적으로 의존하는 지속적인 사용자는 카페인 소비를 줄이거나 중단하였을 때 50%의 시간을 두통을 경험할 수 있다. 카페인 섭취를 중단한 사례의 70%가 최소 하나의 대표적인 금단 증상으로 두통을 경험할 것이다. 어떤 사람은 전반적인 불안을 경험하거나 독감과 관련한 근육통 및 통증을 경험할 수 있다. 전부는 아니라도 대부분의 금단 증상은 카페인이 재섭취되면 사라진다.

카페인 금단은 빈번하게 의학적 주의를 요하는 다른 장애로 잘못 판단될 수 있다. 두통은 편두통이나 다른 두통 장애로 오인될 수 있고, 카페인 금단의 독감과 유사한 증상들은 바이러스성 질환들, 부비강 질환, 다른 의학적 문제로 잘못 판단될 수 있다. 카페인 섭취가 중단된 시점과 증상이 나타난 시점을 고려하면 임상적 이해에 도움이 되는데, 카페인을 재섭취하고 증상이 경감된다면 특히 그러하다.

카페인은 *DSM-5*의 물질관련장애 중 사용장애를 진단하지 않는 유일한 물질이다. 카페인사용장애는 III편에서 추가연구가 필요한 진단적 상태에 포함된다. 카페인사용장애의 증상으로 가능한 것은 불안, 과민성, 불면, 주의집중 어려움이 있을 것이다. 심장, 위장, 비뇨기 문제가 있음에도 불구하고 카페인 사용을 통제하지 못하는 것이 하나의 진단기준이 될 수 있다.

기타 카페인으로 유발된 장애

카페인은 또한 다른 정신장애를 유발하거나 악화시킬 수 있다. 카페인으로 유발된 장애로는 카페인으로 유발된 불안장애와 카페인으로 유발된 수면장애가 있다. 증상이 충분히 심각하다면 카페인 중독이나 금단으로 진단되기보다 이러한 장애로 진단되어야 한다. 이러한 카페인으로 유발된 장애들은 적절한 장(즉 불안장애, 수면-각성장애)에서 설명한다.

임산부는 카페인 사용을 제한하도록 권유한다. 임신은 카페인 대사율을 낮추고, 태반을 거쳐 태아에 영향을 미친다(Christian & Brent, 2001 ; Kuczkowski, 2009).

유럽 국가는 하루 평균 280~490mg으로 카페인 섭취가 가장 많은 것으로 보고된다. 스칸디나비아 국가는 하루 평균 400mg으로 가장 높은 사용률을 보인다. 유럽연합은 2002년부터 식품과 음료에 카페인을 명시하도록 하였다.

우리가 섭취하는 식품과 음료에 있는 평균 카페인의 양은 다음과 같다.

- 차 한 잔 ─ 40~135mg
- 아이스티 ─ 20~60mg
- 커피 ─ 70~175mg
- 초콜릿 ─ 10~20mg, 다크초콜릿의 경우는 그 이상
- 카페인 소다 음료(콜라, 루트비어 중 몇 종류, 오렌지, 크림소다) ─ 30~50mg
- 디카페인 커피와 차 ─ 2~15mg
- 에너지 워터와 에너지 드링크 ─ 50~500mg

몇몇의 진통제에는 각 65mg가량이 들어 있다. 아이러니하게도 카페인은 두통 치료에도 사용되고 처방전 없이 구매할 수 있는 두통약(아나신, 엑세드린, 마이돌)에도 포함된다. 카페인을 너무 많이 또는 너무 적게 섭취하는 것 역시 두통을 유발할 수 있다. 심지어 커피맛 아이스크림과 요거트도 반 컵에 20~50mg의 카페인을 함유하고 있다.

에너지 드링크 에너지 드링크는 50~500mg의 카페인을 함유하고 있는데, 이는 콜라의 평균보다 높다. 아동은 일반적으로 카페인을 많이 섭취하지 않아서 내성이 생기지 않는다. 따라서 아동에게는 에너지 드링크나 소다를 섭취하는

것이 행동적인 변화, 민감성, 초조, 또는 불안을 유발하는 등 더 큰 영향을 미칠 것이다. 미국 소아과학회(Committee on Nutrition, 2011)는 아동의 뇌 발달이 급격히 이루어지고 마지막 단계에 이르는 시점에 카페인이 중추신경계에 미치는 영향을 고려해서 아동과 청소년의 카페인 섭취를 금지할 것을 권고한다. 아동은 10대 시기에 성인기 몸무게의 절반을 형성한다. 식욕을 억제하는 카페인은 성장 과정을 저해할 수 있다. 카페인은 또한 칼슘 균형과 수면의 질과 지속에 영향을 미친다. 미국 소아과학회는 물이 아동과 청소년의 주 수분 공급원이 되어야 한다고 권고하였다(Committee on Nutrition, 2011).

오스트리아의 한 연구에서는 에너지 드링크의 대다수가 소수의 인구에 의해 소비된다고 밝혔다. 특히 오스트리아 인구의 9%가 에너지 드링크의 거의 80%를 소비한다. 연령을 비롯한 다른 자세한 정보는 보고되지 않았다.

에너지 드링크를 가장 많이 사용하는 사람들은 10대와 젊은 성인이다. 중학생과 고등학생의 30%가 에너지 드링크를 일상적으로 마신다(Terry-McElrath, O'Malley, & Johnston, 2014). 카페인 고함량의 에너지 드링크를 많이 마시는 것은 카페인 중독과 금단 증상을 유발할 수 있고 성인 초기와 대학생 시기에 알코올과 벤조디아제핀을 사용하는 것과 관련된다(Arria et al., 2011; Schuckit, 2010). 연구자들은 연간 52개 이상의 에너지 드링크를 마시는 대학생들이 카페인 고함량 드링크를 마시지 않거나 적당히 마시는 사람들에 비해 알코올에 의존할 가능성이 높았다고 보고한다. 카페인이 함유된 드링크와 알코올을 섞어서 마시는 것은 수면욕구를 감소시키고 음주 상황을 지속시키는 결과를 초래한다.

카페인 정제나 가루는 카페인을 한꺼번에 섭취하도록 하여 중추신경계에 충격을 줄 수 있다.

특히 이전부터 문제(불안, 심장 문제)를 갖고 있었던 아동은 카페인 섭취를 제한해야 한다. 부모는 스포츠 음료가 에너지 음료와 다름을 인지해야 한다. 모두가 자신이 카페인을 얼마나 섭취하고 있는지 인지해야 하며, 흡연이나 음주와 마찬가지로 부모는 자녀들과 함께 카페인 섭취에 대해 논의해야 한다.

FDA에는 카페인 사용에 대한 안전 지침이 없지만, 캐나다 정부는 카페인을 음식 중독으로 규제하고 다음과 같이 안전을 위해 매일 허용되는 카페인 양을 권고하였다.

- 성인 : 300~400mg(하루 커피 3잔에 해당)
- 청소년 : 100mg(하루 콜라 3캔에 해당)
- 10~12세 아동 : 85mg
- 7~9세 아동 : 62.5mg
- 4~6세 아동 : 하루 최대 45mg

캐나다 정부는 또한 카페인을 식품 중독으로 규제하고 에너지 드링크를 식품으로 재분류하였다. 이로써 에너지 드링크에 포함되는 카페인의 양에 대한 한계선이 설정되었다. 음료 하나에 포함되는 카페인 양은 180mg까지이다. 28개 에너지 드링크 제조사들은 규정에 맞도록 음료를 다시 만들어야 했다(Mills, 2012).

카페인 섭취는 주로 아동기에 시작되는데, 카페인이 함유된 소다로 시작된다. 자녀의 카페인 섭취에 대해 228명의 부모를 대상으로 한 조사에서 5~7세 아동이 하루 52mg(콜라 한 캔과 동일), 8~12세 아동은 하루 109mg을 섭취하는 것으로 보고되었다. 아동의 카페인 섭취는 야뇨증(침대 적시기)과 수면시간 감소와 관련된다(Warzak, Evans, Floress, Gross, & Stoolman, 2011).

커피나 차와 같은 우려낸 음료를 섭취하는 것은 일반적으로 10대 시기에 시작된다. 카페인 사용은 20~30대에 최고조에 이르며 이후에 안정화되고 감소하게 된다.

치료 개입

카페인 사용과 관련된 개입은 주로 카페인 사용과 의존 이슈에 대한 심리교육을 수반한다. 아동에게 카페인 과다 섭취의 위험성에 대해 가르치기, 청소년에게 에너지 드링크의 영향에 대해 교육하기, 젊은 층과 대학생들에게 카페인 음료와 알코올 음료를 섞어서 섭취하는 것의 위험성에 대해 경고하기 등이 있다.

카페인 효과가 반감되는 시간은 4~6시간이므로, 대부분의 카페인 중독 사례는 영향을 남기지 않고 하루 이내에 자발적으로 호전된다(APA, 2013). 심각한 사례는 심장마비 예방을 위해 즉각적으로 의학적 주의를 기울여야 한다.

카페인 의존 치료에 대한 연구는 거의 없다. 가장 심각한 금단 증상(예 : 두통, 가벼운 메스꺼움, 피로감, 불쾌감)은 카페인 사용을 7~14일 동안 점차 줄이면 최소화될 수 있다. 양에 상관없이 카페인을 정기적으로 사용하는 사람에게는 점차 줄이는 방법이 적절하다.

카페인 사용과 특정 음료, 의약품, 음식에 있는 카페인의 용량에 대해 심리교육을 한 후, 치료자는 내담자에게 한 주간 카페인 기록을 하도록 요청할 수 있는데, 이때 내담자는 매 카페인 품목과 그것을 언제 섭취했는지, 그리고 관련된 감정이나 신체적 증상을 일기에 기록한다. 다음으로 치료자와 내담자는 몇 주 기간 동안 카페인 섭취량을 매주 25%씩 점차적으로 줄여나간다. 카페인 섭취를 점차적으로 줄여가는 것은 금단으로 인해 두통이나 다른 증상이 나타날 가능성을 감소시킨다. 4주 후에 내담자는 카페인 없이 지낼 수 있을 것이다.

회복을 유지하기(즉 카페인에 다시 의존하지 않게 되기) 위해서는 카페인 섭취를 하루 100mg 이하로 제한하고 카페인을 비정기적으로 섭취하는 것이 생리적 의존을 피할 수 있다.

대마관련장애

미국인 중 거의 2천만 명이 마리화나를 사용하며 마리화나는 12세 이상 인구가 가장 빈번하게 사용하는 불법 약물이다(SAMHSA, 2014).

테트라히드로칸나비놀(THC)은 마리화나 식물의 유효 성분이며 대부분의 독성에 대한 주원인이다. 많은 사람들은 이완감과 청각적 예민함, 고양된 기분을 경험한다. 그러나 다량의 대마를 오랜 기간 사용하거나 처음 사용하는 사람들 또는 THC 효과에 특히 취약한 사람들에게는 대마가 심각한 불안, 편집적 사고, 그리고 환각제가 유발하는 것과 유사한 지각 왜곡을 유발할 수 있다.

몇몇 주에서 마리화나를 합법화하는 변화가 있고 의학적·오락적 목적으로 사용하는 경우가 증가하면서, 대중에게 대마를 단기간, 장기간 사용했을 때 가능한 부작용에 대한 축적된 연구 결과들을 교육할 필요성이 대두된다.

2013년 약물사용과 건강에 대한 국가 조사에 의하면 매일 290만 명이 불법 약물을 처음 시도해보는 것으로 추정된다. 이 중 70.3%가 처음 시도하는 약물이 마리화나이다(SAMHSA, 2014). 다음은 오락을 목적으로 마리화나를 단기간 사용할 경우에 대한 몇 가지 사실이다.

- 마리화나를 피운 지 한 시간 이내에는 마리화나 사용자의 심장마비 위험성이 4배 증가하는 것으로 보인다(NIDA, 2009).
- 유전적 취약성을 갖고 있는 사람이 처음 마리화나를 사용하면 첫 정신병 삽화가 나타날 위험성이 있다(Hall & Degenhardt, 2009).
- 청소년기에 대마를 빈번하게 사용하는 것은 특정 양상의 조현병을 보이는 원인이 된다(Gleason, Birnbaum, Shukla, & Ghose, 2012).
- 이미 정신병이나 조현병 과거력이 있는 사람들은 대마로 유발된 정신병이 나타날 위험도 있다(Moore et al., 2007).
- 알코올 사용과 마찬가지로 대마 사용은 판단력과 정신운동 기술에 부정적인 영향을 미치므로, 자동차를 운전하기 전에는 어떠한 형태로도 대마를 사용해서는 안 된다(Ramaekers, Berghaus, van Laar, & Drummer, 2004).

마리화나를 매일 사용하는 사람들이 2005~2007년에는 510만 명이었다가 2013년에는 810만 명으로 늘어났다(SAMHSA, 2014). 장기적으로 대마를 매일 사용하는 것은 기억력과 학습의 감소를 포함한 신경학적 손상과 관련되는데, 이러한 손상은 대마의 효과가 사라진 후에 수 주간 지속될 수 있다. 특히 청소년은 대마가 뇌 성숙에 미치는 장기적인 영향력에 취약하다. 만성적인 사용은 낮은 직업적 지위와 높은 고용 관련 문제(예 : 많은 병가)와도 관련된다. 대마를 매일 사용하는 청소년은 대마를 사용하지 않는 경우에 비해 고등학교를 졸업할 가능성이 낮고 다른 불법 약물을 사용하고 자살을 시도할 위험이 높다(Sillins et al., 2014).

수치 파악이 가능한 마지막 해인 2013년에는 2,460만 미국인(전체 인구의 9.4%)이 불법 약물을 사용하였다. 이들 중 마리화나를 사용한 경우는 80.6%(1,890만 명)에 달했다

(SAMHSA, 2014).

대마 중독

많은 대마 중독 증상은 사용 후 몇 시간 이내에 나타나는데, 행복감, 불안, 운동협응 손상, 시간이 느리게 가는 느낌, 그리고 확대된 동공, 입 마름, 심계항진, 식욕 증가와 같은 생리학적 증상을 포함한다. 또한 현실 검증력이 있는 상태에서 환각이 나타나기도 한다.

대마 사용은 기억력, 협응, 운전 능력에 부정적인 영향을 준다. 최근 12학년 2만 2,000명을 대상으로 한 미시간대학교의 연구에서는 술에 취한 상태에서 운전을 한 경우보다 마리화나에 취해 운전한 경우가 12.8% 더 많았다(O'Malley & Johnston, 2011).

청소년기에서 성인기까지의 대마 사용에 대한 종단 연구는 마리화나 사용이 일생을 걸쳐 해로운 영향을 미친다고 보고하였다. 청소년기에 매주 대마를 사용하는 것은 성인기 약물 남용의 높은 위험성, 다른 불법 약물로 옮겨갈 가능성, 폭력, 조현병 발병의 높은 위험성을 예측한다(Moore et al., 2007). 고연령 집단에서는 장기간 대마 사용의 효과 또한 나타나기 시작하고 있다. 만성적인 대마 사용이 고령 베이비붐 세대의 뇌에 미치는 영향에 대한 임상 실험이 현재 진행되고 있다.

마리화나 사용에 대한 다른 문제점으로는 청소년의 뇌 발달에 미치는 영향, 생식 능력 문제와의 관련성, 저체중 신생아, 정신병 첫 삽화에 미치는 영향 등 대마 사용과 관련한 건강상의 부작용이 있다(Moore et al., 2007).

마리화나 연기에는 담배 연기보다 발암성 탄화수소가 70% 더 포함되어 있다(SAMHSA, 2014). 기억 상실, 고환암 증가(Daling et al., 2009; Lacson et al., 2012), 면역 체계 손상, 심혈관 질환(Thomas, Kloner, & Rezkalla, 2014), 폐 질환(Tashkin, 2013), 그리고 생식 능력 문제가 모두 마리화나 연기의 독성과 관련된다(Burkman, Bodziak, Schuel, Palaszewski, & Gurunatha, 2003).

대마 금단

대마를 몇 달간 많은 양, 거의 매일 사용했다면 금단 증상이 나타날 수 있다. 금단의 특징은 대마에 대한 갈망, 신체적 증상(예 : 안절부절못함, 두통, 복통, 오한), 정서적 증상(예 : 성마름, 불안, 수면장애, 식욕 감소, 우울감, 초조)이다. 증상은 대마를 중단한 지 며칠 이내에 나타나고 4~6일 사이에 최고조에 이르며 2주가량 지속된다(Budney & Hughes, 2006; Roffman, 2010). 대부분의 증상은 하루 이틀 사이에 사라지지만, 기분 문제는 남아 있을 수 있다. 대마 금단은 담배를 끊는 것만큼 사람을 쇠약하게 할 수 있고, 금단 증상을 완화하려는 욕구 때문에 재발이 되기도 한다. 미국에서 약물 사용 치료기관에 들어온 사람들의 약 16%가 마리화나 때문인데, 이는 마리화나에 대한 심리적 의존을 시사한다(Macleod et al., 2004).

대마 치료

인지행동치료와 동기강화치료의 조합이 대마사용장애에 대한 가장 효과적인 치료로 대두된다. 11개 이상의 통제 실험이 진행되었다. 한 연구에서는 대조군과 14주간 집단 CBT를 실시한 집단, 그리고 동기강화상담과 마리화나 사용을 감소시킬 방법에 대한 조언을 포함한 2회기 개인치료 프로그램의 효과성을 비교하였다(Stephens, Roffman, & Curtin, 2000). 두 치료 모두 내담자가 촉발 요인을 인지하고 마리화나 사용을 회피할 전략을 개발시키도록 돕는 심리교육적 요소를 담고 있다. 대조군과 비교했을 때, CBT와 단기 동기강화상담은 동일한 효과성을 보였다. 1년 후 참여자의 30%가 대마 사용을 중지하고 있는 것으로 보고되었다.

메타 연구에서는 CBT와 동기강화치료가 결합되었을 때가 단일한 치료법을 사용했을 때보다 효과적인 것으로 밝혀졌다(Marijuana Treatment Project Research Group, 2004). 동기강화치료(motivational enhancement therapy, MET)는 내담자가 자신의 내적 동기를 변화시키도록 돕기 위하여 내담자가 제공한 평가 자료를 근거로 한 피드백을 동기강화상담 및 반영적 경청과 결합한다. 평가를 치료에 접목시킴으로써 치료자들은 치료 회기에서 빈도, 의존도, 부정적 결과에 대한 정보를 제공할 수 있고, 대마 사용을 감소시킬 대처 기술 개발을 도울 수 있다. 이후의 평가로 추가적인 대화 포인트를 제공하고 진행을 강화하며 성공을 위한 동기를 북돋을 수 있다(Stephens & Roffman, 2005). CBT와 MET에 사례관리를 추가하면 치료 효과는 더욱 향상된다.

　　부정적 결과(예 : 가족 이슈, 꾸물거림, 법적 문제)의 수, 빈도, 심각도를 목표로 하고 감찰하는 것은 치료를 시작할 동기를 제공할 수 있고 MET에 결합시킬 수 있다(Stephens & Roffman, 2005). SAMHSA에서 제공하는 치료자를 위한 마리화나 의존 단기 상담 매뉴얼에는 마리화나 사용에 대한 *DSM-IV*의 구조화된 임상 면담, 금연 이유 질문지(Reasons for Quitting Questionnaire), 그리고 마리화나 문제 검사(Marijuana Problem Scale, MPS; Stephens et al., 2000)가 포함된다(www.kap.samhsa.gov/products/brochures/pdfs/bmdc.pdf).

　　청소년 대마사용자 치료에는 가족치료적 요소(예 : 기능적 가족치료, 가족지지 네트워크 개입), 다체계적 치료, 또는 단기 전략적 가족치료가 포함된다. 치료 매뉴얼은 청년 대마 치료 시리즈(Canabis Youth Treatment Series)의 일환으로 개발되었으며 SAMHSA에서 제공된다.

　　현재로서는 마리화나 사용을 감소시키는 것으로 알려진 치료법은 없지만, 대마에 대한 갈망 및 다른 대마 금단 증상을 감소시킬 방법에 대한 연구가 진행 중이다.

예후

대마 치료에 참여한 전체 대마사용자의 절반이 이전에 치료를 받은 경험이 있고, 8.9%가 5회 이상 치료를 시도한 것으로 보고되었는데, 이는 대마를 끊는 것이 얼마나 어려운지를 시사한다. 한 추적 연구에서는 치료 1년 후 재발률이 70%인 것으로 보고되었다(Stephens, Roffman, & Curtin, 2000).

환각제관련장애

환각제관련 물질사용장애는 펜시클리딘 및 다른 해리 유발 약물, 그리고 환각제라는 두 집단으로 나뉜다. 각 범주는 사용장애, 중독, 유발된 장애로 구성된다. 또한 환각제 지속성 지각장애(플래시백)는 환각제를 사용하는 인구의 4%에게서 나타나는데, 별도의 진단으로 포함된다.

펜시클리딘사용장애와 중독

해리성 약물로는 펜시클리딘(PCP)과 케타민, 덱스트로메토르판(DXM, 처방전 없이 구입할 수 있는 기침약에 있음)과 다른 관련 물질이 있다. 이러한 약물은 행복감과 무심함, 그리고 해리감을 유발할 수 있다. 이들은 또한 우울, 환각, 건망증의 특성을 갖고 있다.

　　PCP와 케타민은 1950년대에 인간과 동물의 마취용으로 처음 개발되었고 1960년대에 마약이 되었다(APA, 2013). 액체의 형태로 제조하고, 건조하여 가루의 형태로 만들어서, 입으로 피우거나 코로 흡입하고 알약으로 조제하거나 음료에 타서 마신다. 마리화나와 혼합하거나 목욕 소금에 섞기도 한다.

　　미래 모니터링 조사에 의하면, 2014년 고등학교 3학년 중에서 전년도 PCP 사용은 1.3%에 해당했다(Johnston et al., 2014). 고등학교 3학년들 사이에서는 LSD나 PCP보다 남멕시코나 중앙아메리카에서 일반적으로 발견되는 식물의 부산물인 샐비어가 선호된다. 사용률은 2009년 5.9%에서 2014년 1.8%로 감소했다.

　　해리성 약물은 분노, 탈억제, 예측할 수 없고 종종 폭력적인 행동과 같은 많은 심각한 심리적 문제를 유발하는 것으로 알려졌다. 기침약 중에서 덱스트로메토르판(DXM) 활성 성분이 들어 있는 특정 기침약은 PCP와 유사한 특성이 있다. 사용자의 3%에게서 발작이 일어난다. 고열이 나타날 수도 있고 해리성 약물이 알코올이나 다른 약물들과 섞일 때는 악화될 수 있다. 고열은 즉각 치료해야 한다. 혼란, 섬망, 혼수상태, 그리고 사망에 이를 수도 있다(MacLean, Johnson, Reissig, Prisinzano, & Griffiths, 2013).

　　증상은 약물을 사용한 지 수 분 이내에 시작되어 몇 시간 지속되고, 어떤 증상은 며칠간 영향을 미치기도 한다. 약물은 8일 이상 경과하더라도 신체에 남아 있다.

금단

지속적으로 사용하면 내성이 생겨, 동일한 효과를 얻기 위해 필요한 약의 양이 늘어나게 된다. 약물을 중단하면 약을 갈구하게 된다. 장기간 사용하면 기억력 상실, 해리, 망상을 유발하는데, 이러한 증상은 약물 중독 기간이 지나서도 남아 있을 수 있다(Morgan, Muetzelfeldt, & Curran, 2010). PCP와 이러한 유형의 약물을 사용하는 사람들은 사용을 줄이는 데 종종 어려움이 있다.

케타민은 냄새와 맛이 없는 약물로 가끔 성폭행이나 데이트 강간 때 음료에 몰래 타서 사용된다. 기억상실과 일정 기간의 의식 손상을 유발한다.

PCP 중독 증상으로는 조현병과 유사하게 정신병, 무딘 정동, 긴장증이 나타날 수 있다. 증상이 PCP 사용 전에 나타났는지 또는 증상이 약물 복용의 결과인지를 결정하는 것은 감별진단을 위해 중요하다.

치료

폭력적이거나 공격적이거나 동요된 행동이 있다면 그것이 가장 먼저 통제되어야 한다. 공격 행동을 처치하기 위해 종종 벤조디아제핀이 처방된다. PCP 중독 치료를 찾는 사람들의 3%에서 발작이 나타나는데, 이 역시 치료가 필요하다. 이상고열은 의학적 응급 상황이다. 즉각적인 의학적 치료가 이루어진 후에는 중독에 대한 심리사회적 치료가 필요하며 이는 다른 유형의 약물들에 대한 치료와 유사할 것이다.

기타 환각제

기타 환각제사용장애와 중독 범주는 메스칼린, LSD(리세르그산 디에틸아미드), MDMA 또는 엑스터시(메틸렌디옥시메스암페타민), 환각 버섯들, 그리고 샐비어 디비노럼('예언자의 세이지' 또는 '샐리-디')과 아야와스카와 같은 토속 식물 성분에 해당된다. 이 약물들은 현실 지각의 심각한 왜곡, 행복감, 지각 변화를 유발하고 통찰과 내적 성찰을 증가시킬 수 있다. 부정적인 영향으로는 정신병, 환각이 아닌 착각(이미지를 보거나 소리를 들음), 그리고 인지적 손상이 있다. 약물을 중단하면 기분 변화와 우울 및 불안 증상이 수 주에서 수개월 지속될 수 있다(Smith & Capps, 2005).

장기적으로 또는 다량으로 환각제를 사용했을 때의 부작용은 오래 지속되고 고통스러울 수 있다. MDMA 사용은 기억 손상, 심리적 기능, 영구적인 뇌 손상, 수면장애, 그리고 때로는 죽음에 이르는 등의 신경독성의 부작용과 관련된다(Wu et al., 2009). MDMA/엑스터시 사용은 뇌의 기능적 연결을 감소시킬 수 있다(APA, 2013). LSD를 사용하면 일반적으로 플래시백이 나타나는데, 이는 간헐적으로 수년간 나타날 수 있다. 약물로 유발된 정신병으로 진단된 사람 중 25%는 이후에는 약물과 관련없는 정신병을 보인다(Canton et al., 2007).

환각제에 있어서는 임상적으로 심각한 금단 증후군이 보고되지 않았고, 따라서 *DSM-5*에서 환각제 장애는 사용, 중독, 그리고 기타 환각제로 유발된 장애로 제한된다. 환각제 금단은 포함되지 않는다.

환각제를 오용하는 사람들은 많은 경우 다양한 약물사용장애들을 동반할 가능성이 있다. 우선적으로 대마, 알코올 또는 니코틴 사용, 높은 자극 추구성, 공존하는 반사회성 성격장애, 특히 우울, 불안, 양극성장애들이 공존하는데, 엑스터시와 샐비어를 사용할 때 특히 그렇다(APA, 2013).

환각제 사용 비율은 물질사용장애 중 낮은 편에 속하는데, 아마도 접근성이 낮은 것과 소위 '합성 마약'으로 불리는 엑스터시와 기타 클럽 마약들의 인기가 높아진 것이 원인인 것 같다(Johnston, O'Malley, Bachman, & Schulenberg, 2012). 12개월 유병률은 0.5%로 추정된다. 그럼에도 불구하고 유병률 연구가 가능한 세계 36개국 중에서 일생에 LSD나 기타 환각제를 사용한 고등학생 인구 측면에서 미국이 독보적으로 가장 높은 순위를 보인다(미국 6%, 유럽 2%; Hibell et al., 2012).

역사적으로 환각 식물인 페요테와 특정 버섯들은 종교적인 의식에서 해리와 신비한 경험을 촉진하기 위해 사용되어 왔다(Griffiths et al., 2011). 샐비어 디비노럼은 멕시코에서 수세기 동안 사용되어 왔다. 브라질 정글에서 온 아야와스카는 브라질리안 아메리칸 교회에서 의식에 사용된다. 종교 의식에서 페요테를 정기적으로 사용하는 것은 어떠한 신경심리학적 손상과도 관련이 없었다(APA, 2013).

환각제 지속성 지각장애(환각성 플래시백)는 환각제를 사용하는 사람들 중 약 4.2%에게서 나타난다(APA, 2013). 플래시백을 경험하는 많은 사람들은 경험을 누리고 일상생활을 할 수 있지만, 소수의 사람들은 환각제에 중독 중에 경험했던 하나 이상의 지각 경험을 재경험함으로써 임상적으로 심각한 괴로움을 겪을 수 있다. 지각적인 증상(즉 색채의 섬광, 물체 주위의 후광, 잔상, 또는 움직이는 물체의 잔상)은 다른 의학적 상태(즉 시각적 간질) 또는 정신장애(섬망 또는 최면행진환각 등)로 인한 것이 아니어야 한다. 이러한 지각 왜곡은 일차적으로 LSD 사용과 관련되며, 수 주, 수개월 또는 수년간 지속될 수 있다. 이들은 또한 다른 약물(예 : 알코올, 대마)을 사용하거나 밝은 곳에서 어두운 곳으로 이동할 때 촉발될 수 있다.

흡입제관련장애

흡입제사용장애(inhalant use disorder)와 중독은 마킹펜, 수정액, 풀, 매니큐어 리무버, 가솔린, 스프레이 페인트, 라이터 기름 등의 다양한 물질을 코로 숨을 들이마셔 흡입하는 10대 초기에 해당하는 영역으로 보인다(Wu et al., 2004).

흡입제 남용은 일찍 시작되는데, 주로 7~12세 사이에 시작되고, 연령이 증가하면서 감소한다(Johnston et al., 2012). 아동은 가정에서 쉽게 접할 수 있으면서 행복감과 해리감 또는 육체를 떠나는 느낌을 주는 물질을 사용하는 경향이 있다. 단기간과 장기간의 부작용이 많이 보고되는데, 두통, 메스꺼움, 영구적인 뇌 손상, 사망 등이 있다.

흡입제사용장애 진단기준을 충족시키는 12~17세 사이 미국인의 12개월 유병률은 0.4%이다. 중독 통제 핫라인에 전화하는 것은 14세에 최고조에 달한다. 흡입제 남용은 지방에서 특히 일반적이며, 아메리카 원주민들 사이에서 가장 많이, 아프리카계 미국인 사이에서 가장 적게 보고된다(APA, 2013).

흡입제 사용은 종종 가정, 학교, 사회적 상황에서의 문제와 관련된다. 신경학적 손상과 관련된 높은 불안, 적개심, 자살시도 및 기타 문제 역시 흔하다.

알코올이나 기타 물질사용장애, 품행장애, 그리고 성인 반사회성 성격장애가 공병 장애로 빈번하게 나타난다(APA, 2013). 증상이 임상적 주의가 필요할 만큼 충분히 심

각할 때에만 중독이 아닌 기타 흡입제로 유발된 장애로 진단된다. 기타 흡입제로 유발된 장애에는 정신병적 장애, 우울장애, 불안장애, 경도신경인지장애가 있다.

아편계관련장애

전 세계 2,640만에서 3,600만 명이 헤로인, 메타돈, 처방된 진통제를 포함한 아편계를 남용한다(United Nations Office on Drugs and Crime, 2012). 미국에서만 바이코딘(하이드로코돈)의 거의 100%와 옥시코돈(예 : 퍼르코셋)의 81%가 소비되는데(United Nations, 2009), 최근 통계에 의하면 210만 명이 처방된 아편계 진통제와 관련된 아편계사용장애를 갖고 있고 추가로 46만 7,000명은 헤로인과 관련된 아편계사용장애를 갖고 있다(SAMHSA, 2013a).

아편계(예 : 하이드로코돈 및 옥시코돈 제품)에 대한 처방전의 수는 1991년 760만에서 2013년 2억 7백만 개로 증가했고, 이로써 처방된 진통제 사용은 미국에서 가장 빠르게 늘어나는 물질관련장애가 되었다(Bart, 2012). 다음 통계치는 문제의 심각도를 보여준다.

- 미국은 지난 10년간 아편계 관련 사망에 있어서 기하급수적인 증가를 경험하였다. 1999년 4,000명에서 2010년 1만 6,650명으로 정점에 달했다(CDC, 2012; Chen, 2013; Mack, 2013).
- 12세 이상 미국 인구의 5% 이상이 아편계 진통제를 의학적이지 않은 목적으로 사용했다(SAMHSA, 2013a).
- 모든 의도하지 않은 처방전 관련 사망의 82%가 아편계 진통제 때문이다(CDC, 2012).
- 코카인이나 헤로인으로 인한 사망보다 처방된 아편계로 인한 사망이 더 많다(Paulozzi, Budnitz, & Xi, 2006).
- 10대에서는 청소년기에 처음으로 남용하는 가장 흔한 약물로 처방된 아편계가 마리화나를 능가했다(SAMHSA, 2012b).
- 처방된 진통제를 오용하는 사람 중 절반 이상이 이 약을 처방받은 친구나 가족으로부터 쉽게 구했다. 의사

에게서 이 약을 받은 경우는 20% 미만이었다(Becker, Tobin, & Fiellin, 2011).

- 미국에서 전년도 헤로인 사용은 2005년에서 2012년 사이 38만에서 67만으로 2배 증가했다(SAMHSA, 2013a).
- 많은 근거들에 의하면 미국에서 아편계 진통제들을 비의학적으로 많이 사용하는 것은 헤로인 사용과 관련된다(Muhuri, Gfroerer, & Davies, 2013). 이러한 경향은 처방된 아편계에서 헤로인 사용으로 옮겨가는 젊은이들 사이에서 나타난다. 이로 인해 남용 가능성이 낮은 옥시코돈의 새로운 형태가 개발되었고, 처방된 아편계를 얻는 데 어려움이 생겼으며, 헤로인이 더 저렴해지게 되었다(Hooten & Bruce, 2011; Slevin & Ashburn, 2011).

집계가 가능한 마지막 해인 2012년에, 미국인 77만 3,000명이 처방된 아편계 사용에 대한 치료를 받았고, 45만 명이 헤로인 중독 치료를 받았다(SAMHSA, 2013b). 아시아에서는 모르핀 의존이 전체 인구의 2%에 해당했다(United Nations Office on Drugs and Crime, 2012).

중독

짧은 기간 동안의 행복감이 끝나면 아편 사용은 무관심, 불쾌감, 판단력 손상, 그리고 졸음 또는 혼수상태, 불명료한 언어, 기억 손상 중 하나 이상의 증상으로 이어진다(APA, 2013). 아편계 중독은 지각장애가 동반될 수도 있고, 동반되지 않을 수도 있다.

금단

아편계 금단 증상은 심각할 수 있는데, 사용이 감소하거나 중단될 때면 언제나 나타날 수 있다. 금단이 나타나고 금단 증상을 경감시키려는 시도로 추가적으로 아편을 사용하는 것이 일반적이다. 임상적인 세팅에서는 지난 6개월 동안 헤로인을 적어도 한 번 사용했던 사람들 중 금단이 나타나는 경우가 60%에 달한다(APA, 2013). 아편계 금단 증후군으로는 독감과 유사한 증상, 초조, 통증 민감성, 불쾌한 기분, 메스꺼움 또는 구토, 불면, 그리고 발한이 있다. 불안, 우울과 유사한 증상, 쾌감 상실, 그리고 불면은 수 주에서 수개월 지속될 수 있다(APA, 2013).

기타 아편계로 유발된 장애에는 불안, 우울장애, 수면장애, 성기능부전, 신경인지장애(예 : 섬망)가 있다.

처방된 진통제와 관련된 문제는 어떠한 연령에서도 나타날 수 있지만, 10대 후반과 20대 초반에서 가장 흔히 나타난다. 처방된 약물 과다복용이 급속히 확산되고 있다(Paulozzi, 2012). *DSM-5*에 의하면 미국 12~17세 인구의 1%가 진통제사용장애에 해당한다. 이러한 사용은 수년에서 수십 년까지 이어질 수 있고, 짧은 기간 사용을 중단할 수 있지만 일반적으로 빈번하게 재발한다. 40세 이후에는 이러한 사용이 감소한다. 아편계를 오용한 사람의 2%가량이 매년 약물 사용으로 사망하고 20~30%는 장기간 사용 절제에 성공한다(APA, 2013).

기질(예 : 충동성, 지루함에 대한 낮은 인내), 유전적 요인, 그리고 환경(예 : 또래 압력)이 모두 이 장애의 발달과 관련된다. 아동기나 청소년기의 품행장애 과거력은 아편계사용장애의 주요한 위험 요인으로 알려져 있다(APA, 2013). 반사회성 성격장애 역시 일반 인구에서보다 많이 나타난다. 아편계사용장애는 의료계 종사자(예 : 의사, 약사)나 처방된 진통제에 대한 접근성이 높은 사람들 사이에서 더 잘 발생한다.

과거에는 헤로인 사용이 사회경제적 수준이 낮고 도시에 거주하는 집단에서 두드러지게 나타났지만, 헤로인과 아편계 성질의 처방된 진통제를 구할 수 있는 방법이 쉬워지면서 사용이 더 확산되었다. 이 장애는 이제 모든 연령 집단과 전 지역(시골, 교외, 도심, 대학 캠퍼스)에서 나타난다. 아편계사용장애는 특별히 백인 중산층, 특히 여성에게서 일반적으로 나타난다.

기타 물질사용장애는 흔히 나타나는데, 종종 아편에 대한 갈망을 감소시키거나 아편의 효과를 증대시키는 물질과 관련된다. 담배, 알코올, 벤조디아제핀, 대마, 자극제가 가장 빈번하게 사용되는 약물이다. 많은 아편계 관련 사망의 원인으로 알코올을 함께 사용하는 것이 빈번하게 언급된다. 아편계로 유발된 정신장애 역시 일반적인데, 이는 지속성 우울장애(기분저하증)와 유사한 우울이 특징이며, 재발, 자살사고, 사고사의 원인이 된다.

비록 *DSM-5*에서 반복되는 법적 문제를 약물남용과 중독의 진단기준에서 삭제했지만, 아편계 내성은 급속히 발달하고 종종 절도, 성매매, 폭력으로 이어진다. 이러한 행동들은 약물에 대한 갈망을 충족시키고 사용을 지속하며 금단 증상을 가라앉히기 위해 더 많은 헤로인이나 처방된 아편계 약물을 얻으려는 것과 관련된다.

날록손은 아편 과다복용의 해독제인데 1996~2010년 사이에 과다복용 1만 사례의 부작용을 막은 것으로 유명하다(CDC, 2012). 그래도 헤로인 사용자의 연간 사망률은 매년 의학적 상태, 과다복용, 자살, 사고 또는 폭력으로 인해 거의 2%에 달하는 수준으로 높게 나타난다(Schuckit, 2010). 또한 헤로인이나 기타 아편계를 주사로 주입하는 사람 중 50% 이상에게 C형 간염, HIV 감염, 박테리아성 심장내막염과 같은 의학적 장애가 함께 나타난다. 1,590만 명의 정맥주사 마약 사용자 중, HIV 바이러스에 양성반응을 보이는 경우는 3백만 명 가까이 된다(Mathers et al., 2008). 주삿바늘을 공유하고 안전하지 않은 성행동을 하는 것 역시 B형과 C형 간염의 위험을 높인다. 면역력 저하로 결핵 역시 흔하다(APA, 2013).

장기간 사용하는 경우 변화의 동기가 약하고, 문제가 있음을 인정하지 않고, 약물을 갈망하는 생리적 욕구가 강해서 일상적인 활동을 잊어버리고 직업을 유지할 능력을 상실하고 대인관계가 손상되는 특징을 보인다. 결국 계속되는 갈망을 충족시키는 것이 그들의 우선순위와 주요 동기가 된다.

치료

아편계사용장애 치료에는 전형적으로 다음의 개입을 결합한 장기 치료가 요구된다.

- 아편계 대체 치료(opioid substitute treatment, OST)를 이용한 중독치료
- 입원 치료
- 외래 치료
- 지속적인 지지(즉 12단계 지지 집단, 심리사회적 치료, 필요한 경우 가족치료)

많은 경우 사용은 남용으로 이어질 가능성이 높기 때문에, 아편계사용장애에 대한 조기 해독 및 치료가 중요하다. 해독을 위한 치료와 입원 치료 중에는 여전히 중독성이 있으나 덜 유해한 아편계가 사용되어 중독의 심각도를 감소시킨다. 아편계사용장애 치료를 위해 특별히 개발된 세 종류의 약물은 메타돈, 부프레노르핀, 아편계 길항제 날트렉손(예 : 레비아, 비비트롤)이 있다.

메타돈은 가장 일반적인 아편 대체 치료제인데, 북아메리카 지역에서 아편 의존 내담자의 4분의 1가량을 치료하는 데 사용되었다(Dennis et al., 2014). 메타돈 유지 치료(methadone maintenance treatment, MMT)는 1965년부터 사용되었는데, 문헌에 의하면 성공률은 20~70%로 다양하다(Dennis et al., 2014; O'Brien & McKay, 2007). MMT는 금단 증상을 감소시키고 갈망을 예방하고 재발률을 낮춘다.

메타돈을 대체할 약물 사용이 증가하고 있는데, 부프레노르핀과 날렉손의 화합물인 서복손®이 있다. 부프레노르핀과 서복손®은 모두 중독성이 높은데, 아편계사용장애가 처음 발생하게 된 기저 원인을 다루는 다양한 치료와 결합되어 마약재활기관의 입원 환자 해독치료와 지속적인 외래 환자 치료에 가장 흔히 사용된다. 메타돈과 부프레노르핀은 모두 금단 증상을 경감시키고 갈망을 예방하며 재발을 감소시키는 것으로 보인다(Bart, 2012). 금단 증상이 재발과 직접적으로 관련되기 때문에, 금단의 불편감을 감소키는 것이 아편계 중독 치료의 중요한 부분이다.

메타돈과 서복손®(부프레노르핀/날렉손)은 장기간 사용했을 때 약물 중단을 유지하고 과다복용, 범죄, 수감기간, 추후의 약물 사용과 같은 유해한 행동을 감소시키는 데 가장 효과적이다(Schwartz et al., 2013; Zarkin, 2005). 서복손®은 메타돈에 비해 불쾌감이 적고 신체적 의존을 덜 유발한다(Orman & Keating, 2009). 메타돈과 서복손®을 비교한 종단 연구에 의하면, 서복손®을 사용한 집단에서 메타돈 집단에 비해 결혼 및 사회 생활, 교육수준, 치료 반응에서 더 높은 평가를 내렸다(Curcio, Franco, Topa, & Baldassarre, 2011). 모든 아편계 대체 치료의 효과성에 대한 문헌을 메타분석하여 개관하는 연구가 현재 진행 중이다. 이 체계적인 개관으로 아편계사용장애의 치료 옵션에 대한 우리의 지식이 넓어질 것이다(Dennis et al., 2014).

날트렉손(레비아, 비비트롤)은 마약이 아니라 아편이 뇌의 아편 수용체에 미치는 영향을 막는 아편계 수용체의 길항제이다. 이것은 아편으로 인한 행복감을 감소시키고 갈망을 줄이는 데 도움을 준다. 날트렉손은 내담자가 의학적 해독 과정을 거친 후에만 효과적이다. 날트렉손과 같은 대체 약물은 중독성이 낮고 아편 중독 치료에는 덜 효과적이다(Bart, 2012). 또한 날트렉손은 이후 재발하는 사람들의 과다복용 위험성을 증가시키는데, 정도는 메타돈의 3~7배에 해당한다(Gibson & Degenhardt, 2007).

특히 오랫동안 아편을 사용한 사람들에게는 치료적 공동체가 치료에 있어서 또 다른 중요한 역할을 한다. 치료적 공동체는 마약이 없는 주거시설로, 자유와 책임의 수준을 점차 증가시키는 치료 단계로 이루어진 위계적 모델을 사용한다. 공동체에서는 자기평가를 격려하고 동료 상담자, 약물치료, 변화를 위한 집단 활동이 이루어진다. 치료적 공동체에 장기간(2개월 이상) 거주하는 것은 재발률 감소와 관련된다.

중독치료 프로그램의 일부로 내과의사가 약물의 종류와 치료의 기간을 결정하는데, 결정은 의학적 필요와 환자의 치료의지, 재발 감소, 약물의 가능한 부작용, 사회적 영향(범죄 활동)과 같은 요인에 근거하여 이루어진다.

아편계사용장애의 치료에 있어서 행동적 심리사회적 치료는 아편 보조제 치료와 비교해서 효과적인 것으로 나타나지 않았다. 그러나 장기간의 의학적 치료와 재발 예방을 위해서는 다음과 같은 행동적ㆍ심리사회적 치료가 내담자의 전체적인 치료 계획의 일부로 포함되어야 한다.

- 동기강화상담 — 변화의 동기를 평가하고 강화하기 위함
- 보상 프로그램 — 마약 중단 상태를 유지하기 위해 보상을 제공
- 기술 훈련 — 마약 사용에 대한 저항을 증가시킴
- 행동치료 — 마약 사용을 유용하고 즐거운 활동으로 대체시킴
- 집단치료 — 더 좋은 대인관계를 촉진함
- 동료 지지 집단 — 마약 중단 상태를 유지하도록 도움
- 가족 상담 — 관계를 개선하고 재발 예방 노력에 대한 지지를 제공

예후

아편계사용장애의 단기간 예후는 치료 후 첫 6개월 이내 재발률이 90%가량으로 좋지 않다. 장기간 예후는 더 좋은데, 최종적으로 3분의 1 이상이 사용을 중단한다. 치료 결과가 좋은 것은 3년 이상 중단 상태가 지속되거나, 형사 관련 문제가 적게 있거나, 다른 약물사용장애를 갖고 있지 않거나, 지지적인 배우자가 있는 등 다양한 요인과 관련된다(Heinz, Wu, Witkiewitz, Epstein, & Preston, 2009). 반사회적 활동에 참여하지 않는 것 역시 좋은 치료 결과를 예측하는 요인이다.

진정제, 수면제 또는 항불안제 관련장애

진정제, 수면제 또는 항불안제 사용에 문제가 있다는 것은 필요한 양보다 더 많이 또는 더 오랜 기간 약물을 사용하는 것을 말한다. 진정제 사용을 중단하거나 통제하려는 노력은 성공적이지 않고 진정제에 대한 갈망이나 강한 욕구가 되돌아온다. 사용을 중단하려는 노력은 떨림, 불면, 메스꺼움 또는 구토, 정신운동성 흥분, 불안, 발한, 100bpm 이상의 맥박, 또는 대발작과 같은 금단 증상을 유발할 수 있다. 금단은 일시적인 시각적 또는 청각적 환상이나 환각과 같은 지각 이상을 동반할 수 있다.

*DSM-5*에 의하면 진정제, 수면제, 항불안제는 벤조디아제핀(예 : 아티반, 클로노핀, 바리움, 자낙스), 카바메이트, 바르비투르산염, 바르비투르산염 유사 수면제, 모든 처방된 수면제, 대부분의 처방된 항불안제를 포함한다. 벤조디아제핀계가 아닌 항불안제(예 : 부스피론, 제피론)는 여기에 해당하지 않으며 오용과 관련이 없다. 알코올과 마찬가지로 이 물질들은 뇌 억제제이며 안녕감과 이완감을 증가시켜 불안을 감소시키는 데 높은 효과를 갖는다. 이러한 진정 효과 때문에 종종 사람들은 지속적으로 사용하게 된다. 일반적으로 중독 증상은 복용 직후에 시작되고 불명료한 언어, 물을 마시기 힘든 정도의 운동 실조, 걷기 어려울 정도의 불안정한 보행, 선행성 기억상실(알코올 블랙아웃과

유사) 등의 기억력과 집중력 손상을 포함한다. 이 물질들은 특히 알코올과 함께 사용하면 인사불성, 혼수상태, 또는 심지어 사망까지 유발할 가능성이 있다.

사용장애 발병은 일반적으로 두 가지 상이한 경로 중 하나를 따른다. 청소년과 젊은 성인은 '취한' 상태 또는 변화된 상태를 경험하기 위해 사용하기 시작할 것이다. 그들은 사용량을 늘리게 된다. 더 충동적이 되고, 다른 약물사용장애(예 : 알코올, 아편계, 각성제)를 동반할 가능성이 있으며, 간헐적으로 사용하던 것에서 상시로 사용하게 되고 내성이 생길 수 있다. 진정제, 수면제 또는 항불안제 사용장애로 가는 두 번째 경로는 40대 이상 인구에서 더 일반적인데, 불안, 불면, 또는 기타 신체적 불편을 치료하기 위해 약을 처방받은 이후에 시작된다. 내성이 생기면서, 금단 증상이 나타나지 않게 하려면 더 많은 약물이 필요하게 된다. 금단 증상을 피하기 위해 여러 의사를 찾기 시작하고 동일한 수준의 기능을 유지하기 위해서 다양한 처방전에 기대게 된다.

1년 중 처방된 진정제를 사용한 사람의 비율은 미국 인구에서 거의 13%에 해당하는데, 2%가 지정된 날에 처방된 진정제를 복용하였다. 6%가량이 불법적으로 사용한 것으로 보고되었다. 12~17세에서 0.3%, 그리고 성인의 0.2%만이 진정제, 수면제 또는 항불안제 사용장애의 진단기준을 충족시킬 것인데(APA, 2013), 13세 이전에 마약을 복용하기 시작한 경우가 21세 이후에 시작한 경우보다 사용장애가 생길 가능성이 더 높다(McCabe, West, Morales, Cranford, & Boyd, 2007).

진정제, 수면제 또는 항불안제 사용장애의 동반이환은 양극성, 우울, 불안 장애, 기타 물질사용장애(알코올, 대마, 코카인, 헤로인, 암페타민), 반사회성 성격장애와 같다(APA, 2013).

자극제관련장애

암페타민과 암페타민 유사 물질의 효과가 코카인과 비슷하기 때문에, *DSM-5*는 이들을 하나의 범주 — 자극제관련장애 — 로 묶고 어떠한 자극제가 사용되었는지(예 : 자극제관련사용장애 — 코카인) 명시할 수 있도록 하였다. 애더

럴, 카트, 마황, 합성 자극제('배스솔트'), 메스암페타민, 기타 암페타민 유사 물질이 해당된다. 이 물질을 코로 흡입하거나 삼킨 지 수 분 이내에 사용자는 에너지가 증가하는 것을 느끼고 자신감과 과도한 성욕, 식욕 저하, 행복감을 경험하는데, 40~90분(코카인)에서 10~12시간(메스암페타민) 동안 지속된다. 부작용으로는 흥분, 과민성, 혼란, 위장경련, 편집증, 폭력 행동, 환각이 있다(Rawson, Sodano, & Hillhouse, 2007).

메틸페니데이트(리탈린), 암페타민 합성물(애더럴) 또는 페몰린(싸일러트)으로 ADHD 치료를 받는 젊은이의 수가 늘면서 대학생들 사이에서 암페타민 유사 약물을 접할 가능성과 오용하는 정도가 증가했다. 미래 모니터링 조사(2014)에 의하면 대학생들이 처방된 자극제를 남용할 가능성은 동일 조건의 비대학생에 비해 높았다. 처방된 약물 남용자들은 여성일 가능성이 높고 다른 물질 남용 또는 정신건강 장애를 가질 가능성도 높았으며 범죄 활동에 연루될 가능성도 높았다(Chen, Strain, Alexandre, Alexander, Mojtabai, & Martins, 2014).

암페타민은 삼키거나 잘게 부숴서 코로 흡입할 수 있다. 장기적인 사용은 부정맥, 불면, 체중 감소, 기분장애, 불안, 편집증을 유발할 수 있다. 시간이 지나면 동일한 효과를 유지하기 위해 더 많은 양이 필요하게 된다. 금단 증상으로는 우울 유사 증상, 두드러진 기분 변화, 피로감, 불면증, 무기력감, 일상 활동에 대한 흥미 감소가 있다.

암페타민은 다른 어떤 약물보다 공황발작, 강박 상태, 임상적 우울과 같은 정신장애와 흡사한 증상을 유발할 가능성이 가장 높다. 지속적으로 사용할 때 편집증적 망상, 환각, 자살사고, 폭력이 나타날 수 있다(Ockert, Baier, & Coons, 2004).

특히 메스암페타민(메스)은 뇌, 폐, 면역 체계에 영구적인 손상을 줄 뿐만 아니라 심장발작을 유발하여 건강에 유해하다(Berman, Kuczenski, McCracken, & London, 2009). 정신병, 망상, 자살, 폭력적 행동과 같은 심각한 변화들도 나타난다(Lecomte et al., 2013).

암페타민과 다른 자극제들은 종종 비만, 주의력결핍 과잉행동장애, 기면증 등의 의학적 장애에 대한 처방전을 통해 구하게 된다. 정신자극제를 사용하고 비의학적 목적으

로 약물을 오용하는 고등학생과 대학생의 수가 증가하는 것이 응급실 이용률 증가에 일조한다는 것은 특히 염려스럽다(Johnston et al., 2014).

코카인을 다량 사용하는 것은 앞서 암페타민 사용에 대해 언급한 것과 동일한 많은 부정적인 증상을 유발한다. 코카인은 중독성이 강한 약이어서, 단기간에 사용에서 오용과 의존으로 급속히 진행될 수 있다(APA, 2000).

- 크랙 코카인을 사용하는 60만 명 이상을 포함하여, 현재 210만 명이 코카인을 사용한다.
- 사고, 자살, 타살과 결합되면서 심장 부정맥, 뇌졸중, 호흡부전으로 인한 사망 위험성이 높아져, 코카인으로 인한 사망률은 다른 어떤 약물에 의한 사망률보다 높다(Smith & Capps, 2005).
- 대부분의 코카인 사용자들(80% 이상)은 행복감을 증대시키기 위해 코카인을 알코올과 함께 사용한다. 이러한 조합은 간 내의 코카틸렌 수치를 치명적으로 높이고 갑작스러운 사망의 위험성을 증가시킨다(Baker, Jatlow, Pade, Ramakrishnan, & McCance-Katz, 2007).
- 코카인 사용자들은 미혼이고 직장이 없으며 알코올 사용자에 비해 젊은 경향이 있다(Hambley, Arbour, & Sivagnanasundaram, 2010).

이들 중에는 여러 물질을 사용하는 경우가 흔하다. *DSM-5*에서는 *DSM-IV*에 있었던 중다물질 의존 진단은 삭제되었다. 이제는 다양한 물질이 사용장애 진단기준을 충족시킨다면 장애 각각에 대해 진단을 내려야 한다.

자극제사용장애 치료

개인치료를 할 때, 동기유발 유인(motivational incentive)[2]과 수반성 관리 보상(contingency management reward)[3]을 결합한 CBT 접근이 가장 효과적인 것으로 밝혀졌다(www.div12.org). 이러한 프로그램에는 치료를 받고 약물 사용을

중단한 것에 대해 보상을 제공하는 재발 예방적 요소가 포함된다. 토큰이나 점수를 얻을 수 있고 영화나 체육관 사용권과 같은 아이템과 교환할 수 있다.

FDA(NIDA, 2009)는 코카인 치료를 위한 특정 치료약을 승인하지 않았다. 12단계의 지역사회 기반 프로그램이 재발 예방의 중요한 부분이 될 수 있다. 개인의 치료 요구와 기능 수준에 따라 추가적인 서비스(예 : 직업 상담, 결혼 상담, 주거지원 또는 사례관리)가 필요할 것이다.

코카인을 다른 물질과 함께 사용한 사람들의 경우 특히 예후가 나쁘다. 알코올과 물질 사용장애로 거주시설에서 치료를 받은 사람들을 대상으로 이루어진 6개월 후의 추적 조사에 의하면, 다른 물질들을 함께 사용한 코카인 사용자들이 치료 후 물질 사용이 감소한 정도가 가장 낮았다(Hambley et al., 2010).

담배관련장애

담배사용장애

니코틴 사용은 기분 개선, 스트레스 감소, 집중력이나 자각의 강화와 관련된다. 니코틴 역시 중독성이 강하며 미국에서의 전체 사망의 25%와 관련된다.

금연의 건강상 장점에 대해서는 잘 알려져 있다. 매년 2천만 명의 미국인이 금연을 시도하지만 장기간 금연하는 경우는 6% 미만이다. 국가 건강 면담 조사(National Health Interview Survey, 2008)에 의하면 미국 남성의 24%, 여성의 17.9%가 담배를 피운다. 흡연의 위험성에 대한 교육이 증가하면서 흡연 청소년 인구가 12~17세의 경우 15.2%에서 7.8%로 크게 감소했다(Lipari & Hughes, 2015).

청소년과 여성은 니코틴 의존에 더 취약한 것으로 보인다. 공존하는 정신장애가 있는 사람들은 일반 인구보다 흡연을 할 가능성 역시 더 높다. 알코올사용장애, 조현병, 우울장애와 양극성장애, 불안장애를 가진 사람들이 니코틴을 사용하는 비율은 일반 인구의 2배이다(Selby, Voci, Zawertailo, George, & Brands, 2010). 불법 마약 중 적어도 하나를 사용하는 비율은 비흡연 청소년의 경우는 6.1%인 것에 비해 담배를 피우는 청소년 중에는 53.9%에 해당한다

---

2 역자 주 : 원하는 보상을 선택하도록 하여 바람직한 행동을 하도록 동기를 유발하는 방법

3 역자 주 : 바람직한 행동에 대해 보상을 제공하는 치료법

(NSDUH, 2013).

금단

담배를 끊은 사람 중 절반 이상에게서 담배 금단 증상이 나타나므로 많은 사람들이 담배 금단 증상에 익숙하다. 증상으로는 성급함, 불안, 식욕 증가, 초조, 우울 기분, 불면, 심지어 집중 곤란이 있다. 금단의 초기 증상은 기본적으로 니코틴이 없어서 나타나기 때문인데, 궐련을 피거나 씹는 담배를 사용하는 사람들에게서 더 심각하게 나타난다. 많은 사람들은 금연 첫해에 체중이 증가하는데, 이는 일차적으로는 단 것에 대한 갈망이 증가하거나 손을 입으로 가져가는 습관적 움직임 때문이다. 담배 금단 증상은 2~3주가량 지속될 수 있고, 일반적으로 흡연 기간이 길수록, 그리고 다른 공병 장애(예 : 우울, 양극성장애, 물질 사용, 불안, ADHD)가 있을 때 더 나쁘다.

치료

심리사회적 프로그램과 결합된 니코틴 대체 치료(nicotine replacement therapy, NRT)가 금연 치료에 가장 효과적이다. 종종 니코틴 약물 사용으로 담배 금단 증상을 감소시킬 수 있다. 그런 다음 이러한 약물의 양을 점차 줄이게 된다. NRT의 다섯 가지 유형, 즉 니코틴 껌, 패치, 비강 스프레이, 흡입기, 사탕이 FDA의 승인을 받았다. 경피 패치에 대한 연구에 의하면 행동치료와 함께 이 패치를 사용했을 때 흡연 중단율이 약 60%로 나타났다(Syad, 2003). 또한 FDA는 니코틴 금단 치료를 위한 치료제(예 : 자이반, 챈틱스)를 승인했다. 바레니클린(챈틱스)은 불쾌한 금단 증상도 감소시키는 동시에 뇌 속의 니코틴 수용체를 억제하고 흡연의 만족스러운 효과를 감소시키는 작용을 한다. NRT와 마찬가지로 치료제 사용은 심리치료와 결합될 때 가장 효과적이다. 그러나 두 약물치료는 모두 부정적인 신경정신병리적 부작용을 갖고 있고 FDA의 블랙박스 경고문 — 기관의 가장 강한 안전 경고문 — 을 부착한다(Radoo & Kutscher, 2009). 치료자들은 내담자들에게 가능한 부작용을 설명해야 하고 내담자가 공존하는 정신장애를 갖고 있을 때는 부정적인 사건을 신중하게 모니터링해야 한다.

성공적인 금연 치료 방법이 있음에도 불구하고 25~35%만이 금연을 위해 약물치료나 NRT를 사용할 것이다. 5~16%는 치료 없이 스스로 담배를 끊을 것이다(American Cancer Society, 2006).

미국 의무감(Surgeon General)은 담배사용장애 치료와 금연에 대한 임상적 실제를 위한 가이드라인을 개발했다. 가이드라인은 더 강력한 치료적 접근을 위해 상담과 약물치료의 결합을 제안하는데, 상담 회기 수와 금연의 정적 관계를 지적한다. 확실히 상담은 담배사용장애의 성공적인 치료와 재발 예방을 위해 중요하고 필요한 요소이다.

행동치료, 특히 문제해결, 기술 훈련, 격려해주는 안전한 사회적 지지가 가장 도움이 되는 것으로 보인다. 금연에 대해 양가적인 사람들을 돕기 위해서는 동기강화상담 기술이 필요하다(Fiore et al., 2008). 이러한 치료 제안에 대한 개요는 미국 공중위생국(Public Health Service, www.ahrq.gov/clinic/tabacco/tobaqrg.htm)에서 찾을 수 있다.

예후

니코틴 중독 극복에 대한 예후는 남성과 여성에게서 유사하며 백인, 흑인, 히스패닉계에서도 동일하다. 한 연구에 의하면 치료는 심각한 정신장애를 가진 사람들에 대해서 일반 인구에서와 동일하게 효과적일 수 있다(Banham & Gilbody, 2010).

기타(또는 미상의) 물질관련장애 도박장애

도박장애(gambling disorder)는 충동통제장애에서 중독장애로 재범주화되었는데, 최초의 그리고 유일한 비물질관련 중독으로 DSM-5에 포함되었다. 도박이 이 범주로 옮겨진 것은 도박이 물질과 유사하게 뇌의 쾌락중추를 활성화시킨다는 과학적 근거 때문이다. 중독 가능성이 있는 기타 반복적 행동(예 : 인터넷게임, 쇼핑, 섹스)은 추후에 규명될 것이지만, 현재로서는 이들은 동일한 조건을 충족시키지 않는다. 셋 중에서 인터넷게임만이 III편의 추가 연구가 필요한 진단적 상태에 포함된다.

진단

도박장애의 일차적 양상은 이러한 행동의 부정적인 결과에
도 불구하고 계속적으로 끈질기게 도박 활동에 참여하려
고 하는 것이다. 도박장애의 진단기준은 한 가지를 제외하
고는 *DSM-IV*에서와 동일하다. *DSM-5*에서는 도박 자금을
대기 위해 불법적인 행동을 하는지에 대한 진단기준을 삭
제하였다.

도박장애는 미국에서 150만 명에게 영향을 미치며 전 세
계적으로는 더 많다. *DSM-IV*에서 이 장애는 '병리적 도박'
으로 칭했으나, 이제는 덜 경멸적인 표현인 도박장애로 명
칭이 변경되었다.

문헌에서는 도박장애(*DSM-5*의 진단기준을 충족하는)와
'문제성 도박(problem gambling)'(*DSM-5*의 진단기준을 충
족하지 않는)을 구분한다. 일반 인구에서보다 문제적 도박
자들에게서 더 많이 나타나는 것으로 선행 연구들에서 발
견한 몇 가지 증상은 심각한 수준의 재정적 어려움, 우울,
알코올 중독, 신체적 건강 상태 불량, 망가진 대인관계, 가
족 갈등, 자살사고에 이를 정도의 괴로움 등이다.

되풀이되는 문제적인 도박이 12개월 이상 나타나야 하
며, 조증 삽화로 더 잘 설명되지 않는 임상적으로 심각한
괴로움으로 이어져야 한다. 다음 아홉 증상 중 최소 네 가
지가 나타나야 한다. 아홉 가지 진단기준은 도박 의존, 도
박에 대한 사고 또는 인지, 그리고 도박이 대인관계에 미치
는 영향에 대한 증상을 설명한다.

1. 시간이 지나면서 동일한 즐거움을 얻기 위해 더 많은
   돈으로 도박을 한다.
2. 도박을 하지 않으면 초조하고 성급해진다.
3. 도박 행동을 통제하려는 계속된 시도들이 실패한다.
4. 도박에 대한 생각에 사로잡혀 있다.
5. 괴로운 감정을 극복하기 위해 도박을 한다.
6. 돈을 잃은 후에 돈을 다시 따려고 도박을 한다.
7. 도박 활동의 정도를 감추기 위해 거짓말을 한다.
8. 도박의 결과로 직업적 기회 또는 대인관계가 위태롭다.
9. 도박 빚을 갚기 위해 타인에게 의존한다.

다음은 도박장애의 아형에 해당한다.

- 삽화성 — 삽화 사이에 수개월간 증상이 가라앉음
- 지속성 — 진단기준을 충족시키는 정도의 증상이 수년
  간 지속적으로 있음

다음의 경우에 명시해야 한다.

- 조기 관해 상태 — 3~12개월간 도박장애 진단기준을
  더 이상 충족시키지 않은 경우
- 지속적 관해 상태 — 도박장애 진단기준을 충족시킨
  기간에 이어서 12개월 이상 도박장애 진단기준 중 어
  떤 것도 충족시키지 않은 경우

현재 심각도를 명시해야 한다.

- 경도 — 4~5개 진단기준 충족
- 중증도 — 6~7개 진단기준 충족
- 고도 — 8~9개 진단기준 충족

내담자 특징

도박장애는 미국 인구 중 평생 유병률이 1% 이하로 비교적
흔하지 않은 반면, 도박장애 진단기준을 충족하지 않는 문
제성 도박은 2~4배에 해당하는 사람들에게 영향을 미친다
(Kessler, Hwang, LaBrie, et al., 2008). 빈도와 도박 금액
이 점차 증가하는 반복적인 도박 행동 패턴은 청소년이나
젊은 성인, 중년기 또는 이후에도 나타날 수 있다. 그렇다
하더라도 도박 유병률은 연령이 증가함에 따라 감소한다
(Welte, Barnes, Tidwell, & Hoffman, 2011).

유병률은 일반적으로 남성이 여성보다 높은데, 남성
이라는 성별은 청소년기 도박의 위험 요인이다(Pietrzak,
Ladd, & Petry, 2003). 한 연구에 의하면 남자 대학생은 일
반 인구에 비해 도박장애 비율이 10배에 달한다(Nowak &
Aloe, 2014). 문제성 도박은 만일 낮은 연령에 시작되었다
면 품행장애와 더 많이 공병한다(Welte et al., 2011).

도박을 하는 대부분의 사람들은 하나 또는 두 가지의 게
임(예 : 복권, 온라인 도박, 포커, 슬롯, 스포츠 베팅)을 선
호한다. 도박자들의 일반적인 기질에는 충동성, 기저하는
정서적 문제, 그리고 우울이 있다. 도박은 물질관련장애,
ADHD, 불안, 양극성장애와 같은 다른 정신장애들을 동반

한다. 성격장애 역시 흔하다.

도박자들의 생활에서는 기능적인 문제 역시 일반적이며, 이러한 문제들은 종종 재정적 어려움, 직업적·법적 문제, 파트너, 가족, 친구와 정서적으로 진실한 관계를 유지하는 것의 어려움과 관련된다. 대인관계와 직업적 기회를 위태롭게 하고 도박 빚을 갚아달라며 다른 사람들에게 연락을 하는 것은 더 심각한 도박장애 내담자들에게 가장 흔히 나타난다. 치료를 찾는 비율은 낮지만(10% 이하), 중등도에서 고도의 도박 행동을 하는 사람들이 치료를 찾는 경향이 있다.

도박장애를 보이는 사람들에게는 자극 추구와 현실도피(예 : 분리, 회피, 공상) 기질이 일반적이다. 충동성과 자기통제 부족은 도박, 폭식, 알코올 남용과 관련된 성격이며 전두피질 결함과 관련된다(Potenza, 2013). 추후에 도박에 대한 신경생물학적 연구가 이루어진다면 생애에 걸친 도박장애 발병과 궤적에 대한 우리의 이해가 넓어질 것이며 적절한 치료법을 제안할 수 있을 것이다.

이 인구에서는 자살 위험이 높다. 도박 전화상담서비스를 찾는 도박자들의 20~40%가 이전에 자살을 시도한 경험이 적어도 한 번은 있는 것으로 보고되었다(Ledgerwood, Steinberg, Wu, & Potenza, 2005). 발병연령이 낮고, 도박 문제가 심각하고, 범죄 활동을 하고, 충동조절장애 가족력이 있는 경우 자살 위험성이 높다. 여러 연구들은 도박이 합법인 도시에서의 자살률이 도박이 합법화되지 않은 도시보다 4배 높다고 보고하였다(Pallanti, Rossi, & Hollander, 2006).

탄력성 요인으로는 높은 교육수준, 기혼, 종교적 소속, 강력한 사회적 관계망, 그리고 높은 소득수준이 있다(Potenza, 2013).

평가

다음 선별 도구는 도박 행동이 문제가 되는지 판단하는 데 도움을 준다.

- 도박자 신념 질문지(Gamblers's Beliefs Questionnaire, GBQ; Steenbergh, Meyers, May, & Whelan, 2002) ― 도박 관련 인지 왜곡을 식별하기 위한 자기보고

식 측정 도구. 높은 내적 일관성 신뢰도와 구성 타당도가 검증되었으며 문제성 도박자들을 위해 적절함(Winfree, Ginley, Whelan, & Meyers, 2015)
- 사우스 오크 도박 선별 검사(South Oaks Gambling Screen, SOGS; Lesieur & Blume, 1987) ― 도박 심각도를 측정하기 위한 20문항 자기보고식 측정 도구
- 사우스 오크 도박 선별 검사-개정판(South Oaks Gambling Screen-Revised, SOGS-R) ― 청소년과 관련된 질문들을 포함한 SOGS 개정판
- GA 20 질문지(GA 20 Questions) ― 도박중독 치료모임(Gamblers Anonymous)에서 개발된 도박자 자기평가지. 과학적으로 타당화되지는 않음

사우스 오크 도박 선별 검사와 SOGS-R은 문제성 도박을 측정하는 데 전 세계적으로 가장 일반적으로 사용되는 도구이다. 문제성 도박 평가 도구에 대한 자세한 논의는 Abbott와 Volberg(2006)의 글을 참고하라.

개입 전략

다른 문제성 도박자들에 비해 도박장애 진단기준을 충족시키는 도박자들에게서 인지왜곡이 훨씬 더 일반적으로 나타난다. 도박 관련 인지왜곡은 흔히 이길 확률을 과대평가하고 자신이 운이 좋다고 믿으며 잃은 돈을 다시 따기 위해 높은 위험을 부담하고('잃은 돈 뒤쫓기') 통제할 수 있다는 환상을 갖는 등 도박사의 오류와 관련된다(Goodie & Fortune, 2013). 운과 근면성의 측면에서 운에 기대는 정도가 높은 것은 도박장애 치료를 받는 것에 대한 부정적인 태도와 관련된다.

여러 메타분석에서 다양한 형태의 인지행동치료가 도박 행동을 감소시키는 데 효과적이라고 밝혔다. CBT는 도박장애를 가진 사람들에게서 흔히 나타나는 이기는 것에 대한 왜곡된 사고와 미신, 결과를 통제할 수 있다는 과도한 자신감과 감정, 그리고 문제를 부정하고 피하려는 태도를 재구조화하는 데 도움이 된다(Cowlishaw et al., 2012; Gooding & Tarrier, 2009). 포함 기준을 충족시키는 25개 연구에 대해 메타분석과 문헌 연구를 한 결과, CBT가 도박 행동을 감소시키는 데 매우 유의미한 효과가 있는 것으로 나타났다

(Gooding & Tarrier, 2009). 효과 크기는 치료가 끝난 후 첫 3개월간 가장 높았고, 6개월, 12개월, 24개월 추적 검사에서도 역시 높게 나타났다. 모든 유형의 CBT(예 : 동기강화상담, 심상적 탈감각화, 인지치료)가 효과적이었으며 인지치료는 다른 두 유형과 비교했을 때 추가적인 이점이 있었다.

다양한 형태의 행동치료와 인지치료가 단독으로 또는 결합하여 도박 행동을 감소시키는 것으로 나타남에도 불구하고, 어떠한 것도 다른 것보다 더 효과적이라고 밝혀지지는 않았다. 도박장애에 대한 효과적인 치료는 다음과 같다.

- 인지치료는 미신, 과도한 자신감, 부인과 같은 부정확하고 왜곡된 사고를 교정하는 것으로 밝혀짐
- 심상적 탈감각화와 같은 행동치료는 도박 및 충동 통제와 관련된 기타 장애들에 대해 효과성을 보임(McConaghy, Armstrong, Blaszczynski, & Allcock, 1988)
- 도박에 대한 인지왜곡을 발견하고 변화시키며 도박을 하지 않는 것을 강화시키기 위한 CBT
- 위험한 상황과 도박 행동을 촉발하는 정서를 인식하도록 돕기 위한 재발 예방적 요소가 있는 CBT(Topf, Yip, & Potenza, 2009)
- 도박장애 치료에 대한 자신의 양가감정을 깨닫고 변화시키도록 돕는 동기강화상담(MI)
- 단기 MI — 간략하고 개별적인 동기강화 피드백 회기는 도박 행동을 감소시키는 데 효과적임(Hodgins, Currie, Currie, & Fick, 2009; Larimer et al., 2012; Petry, Weinstock, Ledger-wood, & Morasco, 2008)

마음챙김 요소를 강조하는 CBT 개입은 긍정적인 사고 전략[사고 비교하기(comparative thinking)[4], 우선순위 매기기, 사려하기, 두려움 감소]을 개발하고 재발로 이어지는 부정적인 사고와 정서를 감소시키는 데 효과적이라고 보는 것이 타당한 것으로 사료된다(Shonin, Van Gordon, & Griffiths, 2013). 현재까지 대부분의 연구들이 신뢰할 만하기는 하지만, 아쉽게도 사례 연구에 국한되어 있다. 마음챙

김을 근거로 한 인지치료(MBCT)가 도박장애 개입에 효과적인지를 판단하려면 더 많은 연구가 필요하다.

자기 제외 프로그램(self-exclusion programs; Ladouceur, Sylvain, & Gosselin, 2007), 도박자 치료집단(Gamblers Anonymous)과 같은 자조집단(Pallanti, Rossi, & Hollander, 2006), 그리고 가족의 지지 역시 재발을 예방하고 특히 젊은이들의 도박 문제 발생을 예방하는 데 도움이 된다(Dickson-Gillespie, Ruggle, Rosenthal, & Fong, 2008).

인터넷을 통한 자기 조력에 대한 무선 실험에서는 8주간의 CBT 프로그램이 도박 행동, 불안, 우울을 감소시키고 삶의 질을 향상시킬 수 있다고 밝혔다(Carlbring & Smit, 2008). 또한 인터넷 서비스는 변두리 지역과 도박에 특화된 치료가 아직 여의치 않은 지역에 거주하는 사람들이 쉽게 접근할 수 있고 그들에게 더 많은 치료 기회를 제공한다. 그러나 인터넷을 통한 치료는 중도 탈락률이 높고 장기적인 추후 조사가 이루어지지 않았다는 점에서 염려스럽다.

공존하는 장애들이 흔히 있는데, 도박장애 치료가 성공적이려면 이것 역시 명시되어야 한다. 36개 연구에 대한 최근 개관 연구에 의하면, 도박장애를 가진 사람 중 거의 75%에게서 동반이환이 나타난다(Dowling et al., 2015). 니코틴 의존, 우울장애, 알코올사용장애, 사회불안장애, 범불안장애, 공황장애, PTSD, 대마사용장애, ADHD, OCD, 양극성장애, 적응장애가 가장 일반적이다. 동일한 연구자들에 의한 초기 연구에 의하면 도박자들의 거의 50%가 성격장애를 동반하는데, 가장 흔한 것은 B군 장애(예 : 자기애성, 반사회성, 경계성), 회피성 그리고 강박성 성격장애이다(Dowling, Cowlishaw et al., 2014).

현재로서는 미국 FDA의 승인을 받은 도박 치료 약물은 없다. 경우에 따라서는 아편 억제제(예 : 날트렉손)가 도박 충동의 빈도와 강도를 줄이기 위해 처방되기도 한다(Grant, Odlaug, & Schreiber, 2012; Rosenberg, Dinur, & Dannon, 2013).

예후

도박장애는 치료하지 않으면 종종 더욱 심각해지는 만성적이고 일생 동안 지속되는 상태이다. 도박장애에 대한 종단

---

4 역자 주 : 다른 사실과 비교하기, 타인과 비교하기, 과거의 자신과 비교하기 등 다양한 비교를 통해 자신을 깨닫는 기법

연구는 쉽지 않다. 한 추적 연구에서는 절제 기반 치료 프로그램에 참여한 도박자 178명을 사우스 오크 도박 선별 검사(SOGS; Lesieur & Blume, 1987)로 평가했다. 12개월 후의 조사에서, SOG를 근거로 했을 때 32명은 여전히 도박을 절제하고 있었고, 15명은 도박으로 인한 문제가 없었으며,

13명은 증상이 있었고, 23명은 장애가 있는 것으로 나타났으며, 95명은 병리적인 것으로 나타났다. Weinstock과 동료들(2007)은 도박장애자들에게는 한 주에 1.5시간 이하로 월 소득의 1.9% 이하의 돈을 도박에 사용하는 것은 도박 문제가 없는 것과 동일하다고 결론을 내렸다.

치료적 제언 : 통합 치료 모델

이 장은 물질관련장애의 진단과 치료에 초점을 두었다. 물질이 광범위함에도 불구하고(카페인, 알코올, LSD), 물질관련장애를 위해서 치료 설계 양식에 따라 정리된 다음의 일반적인 통합 치료 모델이 가능하다.

진단
• 물질관련 및 중독 장애[알코올관련장애, 카페인관련장애, 대마관련장애, 환각제관련장애, 흡입제관련장애, 아편계관련장애, 진정제, 수면제 또는 항불안제 관련 장애, 자극제관련장애, 담배관련장애, 기타 물질관련장애, 비물질관련장애(예 : 도박)]

치료 목표
• 장애에 대한 지식 증대
• 역기능적 행동 감소
• 새로운 행동 습득
• 자신의 욕구를 충족시킬 능력 향상
• 스트레스 감소
• 생활양식 개선
• 재발 예방

평가
• 신체적 검진(알코올 금단에서 특히 중요)
• 증상 목록 검사
• 증상 심각도의 기준치 확인
• 공존하는 정신장애 확인

치료자의 자질
• 개인, 집단, 가족치료에 대한 이해
• 알코올 및 물질 사용장애에 대한 지식
• 구조화되고 지시적이지만 지지적일 수 있는 능력

• 내담자의 행동에 대해 느낄 수 있는 부정적인 감정을 다룰 능력
• 내담자의 우유부단함, 동기결여, 적개심을 효과적으로 다룰 능력

치료 장소
• 주로 외래 세팅
• 심각한 물질관련장애의 경우에는 단기간 입원 치료가 가능
• 치료적 공동체, 주간 치료 프로그램, 온라인 지지 역시 가능

개입 전략
• 변화를 위한 노력을 증가시키기 위한 동기강화상담
• 행동치료와 인지행동치료를 강조한 다각도의 프로그램
• 변화 측정하기
• 교육
• 의사소통과 대인관계 기술 향상
• 스트레스 관리
• 충동 통제 전략

치료의 주안점
• 매우 지시적
• 중간 정도 지지적
• 현재 행동과 대처 메커니즘에 일차적으로 초점을 둠
• 과거 패턴과 과거력에 약간의 주의를 둠

치료 참여 구성
• 변화의 동기가 낮을 때는 집단치료가 특히 중요
• 개인 및 가족 치료 역시 중요

치료 속도
• 치료 진행 속도가 빠름

(계속)

- 단기에서 중기로 이루어지며, 재발 예방에 중점을 둔 장기적인 사후지도

약물치료

- 일반적으로 치료의 일차적 방법은 아님
- 어떤 경우에는 약물치료가 호전을 가속화할 수 있음. 특히 마약과 알코올 사용을 감소시키고 기저하는 우울을 완화하고, 도박 충동을 감소시키는 데 도움이 됨

보조 개입

- 단주 모임(Alcoholics Anonymous), 마약치료 자조 모임(Narcotics Anonymous), 단도박 모임(Gamblers Anonymous), 합리적 회복집단(Rational Recovery)과 같은 동료 지지집단
- 가족 구성원을 위한 알아넌(Al-Anon)

예후

- 예후는 사용된 특정 물질과 관련됨
- 일반적으로 내담자가 변화의 동기가 있다면(또는 생긴다면) 현저하게 개선되어 예후가 좋음
- 재발이 흔한데, 특히 중독성이 더 높은 물질(코카인, 아편계)과 행동적 중독(대마, 도박)일 때 그러함

통합 치료 모델 : 조지

이 장은 22년간 부적응적인 알코올 사용 과거력이 있는 조지라는 36세 남성에 대한 설명으로 시작되었다. 조지는 법적·관계적·직업적·결혼 생활에 있어서의 문제를 경험하고 있었다. 그는 기저하는 우울과 사회적 불편감을 보고하였다. 조지는 음주운전으로 체포된 후 치료에 의뢰되었다. 다음 치료 설계는 조지에게 제공된 치료의 개요인데, 알코올을 남용하거나 다른 행동 및 충동통제의 장애를 가진 사람들을 위해 일반적으로 제안되는 치료 과정이다.

진단

- 알코올사용장애
- 회피성 성격장애 또는 회피성 성격특질은 제외됨
- 파트너 관계 문제

치료 목표

- 알코올 사용을 중단하고 이를 유지하기
- 결혼관계를 개선하기
- 사회적 기술을 개선하기
- 직업적 기능 개선
- 생활의 즐거움뿐만 아니라 대처 및 생활 기술 쌓기
- 의학적 불편함에 대해 진단을 받고 치료받기

평가

- 알코올 사용이 신체 상태에 미친 영향을 평가하고 신체적 불편을 치료하기 위한 철저한 의학적 검진
- 미시간 알코올중독 선별 검사

치료자의 자질

- 알코올 의존의 발달과 증상에 대한 이해
- 구조화되고 지시적일 것
- 한계 설정에 능할 것

치료 장소

- 내담자가 감찰로 인해 수 주간 음주를 하지 않았음을 고려할 때(의학적 평가와 지도감독이 공존하는 입원 세팅보다) 외래 세팅

개입 전략

- 일차적으로 집단 행동치료
- 개인치료, 이후 필요하다면 가족치료와 부부치료
- 인지행동치료
- 변화의 준비를 격려하기 위한 동기강화치료
- 금주 격려하기
- 스트레스 관리, 문제해결, 의사소통 기술, 알코올의 효과, 알코올 사용의 부적응적 패턴에 대한 교육
- 음주에 초점을 두지 않은 여가와 사회적 활동 개발
- 치료 계획에 재발 예방 계획 수립하기

치료의 주안점

- 지시적일 것

(계속)

- 현재 행동에 초점두기
- 지시적이면서 설명적인 요소

치료 참여 구성

- 개입, 집단, 가족, 커플 치료

치료 속도

- 빠른 속도
- 중간 정도의 기간
- 지속적인 추후관찰과 12단계 프로그램 참여

약물치료

- 없음
- 조기 재발의 경우 날트렉손(레비아)을 고려할 것

보조 개입

- 알코올중독 자조집단(최소 주 3회)
- 추후에는 어덜트 칠드런 오브 알코올 홀릭(Adult Children of Alcoholics)에 참여
- 내담자의 아내는 알아넌(Al-Anon)에 참여

예후

- 좋음(내담자는 내적/외적으로 동기화되어 있고, 음주를 줄이거나 중지할 필요가 있음을 인정하며, 직장과 결혼 생활이 위태롭다는 것을 자각함. 다만 장기간 단주를 실시하는 것에 대해 망설임)
- 장기간 사후 관리를 하고 알코올중독 자조집단에 지속적으로 참여하는 것이 좋음
- 재발이 흔함

추천문헌

Bowen, S., Chawla, N., & Marlatt, G. A. (2010). *Mindfulness-based relapse prevention for addictive behaviors: A clinician's guide.* New York, NY: Guilford Press.

Foreman, J. (2014). *A nation in pain: Healing our biggest health problem.* New York, NY: Oxford University Press.

Miller, W. R., & Rollnick, S. (2012). *Motivational interviewing: Helping people change* (3rd ed.). New York, NY: Guilford Press.

Motivational Enhancement Therapy and Cognitive Behavioral Therapy Supplement: 7 Sessions of Cognitive Behavioral Therapy for Adolescent Cannabis Users (2002). *Cannabis Youth Treatment Series,* Vol. 2. Rockville, MD: U.S. Department of Health and Human Services, SAMHSA. Available at www.samhsa.gov

Richard, D. C., Blaszczynski, A., & Nower, L. (2013). *The Wiley-Blackwell handbook of disordered gambling.* Hoboken, NJ: Wiley.

Springer, D. W., & Rubin, A. (Eds.). (2009). *Substance abuse treatment for adolescents and adults: Clinician's guide to evidence-based practice.* Hoboken, NJ: Wiley.

참고문헌

Abbott, M. W., & Volberg, R. A. (2006). The measurement of adult problem and pathological gambling. *International Gambling Studies, 6,* 175–200.

Adamson, S. J., Heather, N., Morton, V., & Raistrick, D. (2010). Initial preference for drinking goal in the treatment of alcohol problems: II. Treatment outcomes, *Alcohol and Alcoholism, 45,* 136–142.

American Cancer Society. (2006). Help with physical addiction: Nicotine replacement therapy and other medicines. In *Guide to quitting smoking.* Available: www.cancer.org

American Psychiatric Association (2013). *Diagnostic and statistical manual of mental disorders* (5th ed.). Washington, DC: Author.

Arria, A. M., Caldeira, K. M., Kasperski, S. J., Vincent, K. B., Griffiths, R. R., & O'Grady, K. E. (2011). Energy drink consumption and increased risk for alcohol dependence. *Alcoholism: Clinical and Experimental Research, 35,* 365–375.

Babor, T. F., Higgins-Biddle, J. C., Saunders, J. B., & Monteiro, M. G. (2001). *The Alcohol Use Disorders Identification Test (AUDIT): Guidelines for use in primary care.* Geneva: World Health Organization.

Baker, J., Jatlow, P., Pade, P., Ramakrishnan, V., McCance-Katz, E. F. (2007). Acute cocaine responses following cocaethylene infusion. *American Journal of Drug and Alcohol Abuse, 33,* 619–625.

Banham, L., & Gilbody, S. (2010). Smoking cessation in severe mental illness: What works? *Addiction, 105,* 1176–1189.

Bart, G. (2012). Maintenance medication for opiate addiction: The foundation of recovery. *Journal of Addictive Disorders, 31*, 207–225.

Becker, W. C., Tobin, D. G., & Fiellin, D. A. (2011). Non-medical use of opioid analgesics obtained directly from physicians: Prevalence and correlates, *Archives of Internal Medicine, 171*, 1034–1036.

Berman, S. M., Kuczenski, R., McCracken, J. T., & London, E. D. (2009). Potential adverse effects of amphetamine treatment on brain and behavior: A review. *Molecular Psychiatry, 14*, 123–142.

Bowen, S., Chawla, N., & Witkiewitz, K. (2014). Mindfulness based relapse prevention for addictive behaviors. In: R. A. Baer (Ed.), *Mindfulness-based treatment approaches: Clinician's guide to evidence based practice* (2nd ed., pp. 142–160). Waltham, MA: Academic Press.

Bowen, S., Witkiewitz, K., Clifasefi, S. L., Grow, J., Chawla, N., Hsu, S. H., ... Larimer, M. E. (2014). Relative efficacy of mindfulness-based relapse prevention, standard relapse prevention, and treatment as usual for substance use disorders: A randomized clinical trial. *JAMA Psychiatry, 71*, 547–556.

Budney, A. J., & Hughes, J. R. (2006). Cannabis withdrawal syndrome. *Current Opinion in Psychiatry, 19*, 233–238.

Budney, A. J., Roffman, R., Stephens, R. S., & Walker, D. (2007). Marijuana dependence and its treatment. *Addiction Science and Clinical Practice, 4*, 4–16.

Burke, B. L., Arkowitz, H., & Menchola, M. (2003). The efficacy of motivational interviewing: A meta-analysis of controlled clinical trials. *Journal of Consulting and Clinical Psychology, 71*, 843–861.

Burkman, L., Bodziak, M. L., Schuel, D., Palaszewski, D., & Gurunatha, R. (2003). Marijuana (MJ) impacts sperm function both in vivo and in vitro: Semen analyses from men smoking marijuana. *Fertility and Sterility, 80*, 231.

Canton, C. L. M., Hasin, D. S., Shrout, P. E., Drake, R. E., Dominguez, B., First, M. B., ... Schanzer, B. (2007). Stability of early-phase primary psychotic disorders with concurrent substance use and substance-induced psychosis. *British Journal of Psychiatry, 190*, 106-111.

Carlbring, P., Jonsson, J., Josephson, H., & Forsberg, L. (2010). Motivational interviewing versus cognitive behavioral group therapy in the treatment of problem and pathological gambling: A randomized controlled trial. *Cognitive Behaviour Therapy, 39*, 92–103.

Carlbring, P., & Smit, F. (2008). Randomized trial of Internet-delivered self-help with telephone support for pathological gamblers. *Journal of Consulting and Clinical Psychology, 76*, 1090–1094.

Carroll, K. M., & Ball, S. A. (2007). Assessment of cocaine abuse and dependence. In D. M. Donovan & G. A. Marlatt (Eds.), *Assessment of addictive behaviors* (2nd ed., pp. 155–184). New York, NY: Guilford Press.

Centers for Disease Control and Prevention. (2005). *Alcohol-related disease impact (ARDI)*. Atlanta, GA: CDC. Retrieved from http://apps.nccd.cdc.gov/DACH_ARDI/default/default.aspx.

Centers for Disease Control and Prevention (2012). Community-based opioid overdose prevention programs providing naloxone, United States, 2010. *Morbidity and Mortality Weekly, 61*.

Centers for Disease Control and Prevention. (2014). *Fact Sheets: Excessive alcohol use and risks to men's health*. Division of Population Health, National Center for Chronic Disease Prevention and Health Promotion, Centers for Disease Control and Prevention.

Centers for Disease Control and Prevention. (2015). Alcohol Poisoning Deaths: A deadly consequence of binge drinking. *Vital Signs*. www.cdc.gov/vitalsigns

Chandley, R. B., Luebbe, A. M., Messmen-Moore, T. L., & Ward, R. M. (2014). Anxiety sensitivity, coping motives, emotion disregulation, and alcohol-related outcomes in college women: A moderated mediation model. *Journal of Studies on Alcohol and Drugs, 75*, 83–92.

Chartier, K . G., Vaeth, P. A. C., & Caetano, R. (2013). Ethnicity and the social and health harms from drinking. *Alcohol Research: Current Reviews, 35*, 229–237.

Chen, L. H. (2013). QuickStats: Number of deaths from poisoning, drug poisoning, and drug poisoning involving opioid analgesics—United States, 1999–2010. *Morbidity and Mortality Weekly Report, 62*, 234.

Chen, L.-Y., Strain, E. C., Alexandre, P. K., Alexander, G. C., Mojtabai, R., & Martins, S. S. (2014). Correlates of nonmedical use of stimulants and methamphetamine use in a national sample. *Addictive Behavior, 39*, 829–836.

Christian, M. S., & Brent, R. L. (2001). Teratogen update: Evaluation of the reproductive and developmental risks of caffeine. *Teratology, 64*, 51–78.

Committee on Nutrition and the Council on Sports Medicine and Fitness (2011). Sports drinks and energy drinks in children and adolescents: Are they appropriate? *Pediatrics, 127*, 1182; originally published online May 29, 2011; doi:10/1542/peds.2011–0965. Accessed September 19, 2013.

Cowlishaw, S., Merkouris, S., Dowling, N., Anderson, C., Jackson, A., & Thomas, S. (2012). Psychological therapies for pathological and problem gambling. *Cochrane Database System Reviews, 14*, 11.

Curcio, F., Franco, T., Topa, M., & Baldassarre, C. (2011). Buprenorphine/naloxone versus methadone in opioid dependence: A longitudinal survey. *European Review of Medical Pharmacological Science, 15*, 871–874.

Daling, J. R, Doody, D. R., Sun, X., Trabert B. L., Weiss N. S., Chen, C., ... Schwartz, S. M. (2009). Association of marijuana use and the incidence of testicular germ cell tumors. *Cancer, 115,* 1215–1223.

Dennis, B. B., Naji, L., Bawor, M., Bonner, A., Varenbut, M., Daiter, J., . . . Thabane, L. (2014). The effectiveness of opioid substitution treatments for patients with opioid dependence: A systematic review and multiple treatment comparison protocol. *Systemic Review, 3,* 105.

Dickson-Gillespie, L., Ruggle, L., Rosenthal, R., & Fong, T. (2008). Preventing the incidence and harm of gambling problems. *Journal of Primary Prevention, 29,* 37–55.

Dimeff, L. A., Baer, J. S., Kivlahan, D. R., & Marlatt, G. A. (1999). *Brief Alcohol Screening and Intervention for College Students (BASICS): A harm reduction approach.* New York, NY: Guilford Press.

Donovan, D. M., Anton, R. F., Miller, W. R., Longabaugh, R., Hosking, J. D., & Youngblood, M. (2008). Combined pharmacotherapies and behavioral interventions for alcohol dependence (The COMBINE Study): Examination of posttreatment drinking outcomes. *Journal of Studies on Alcohol and Drugs, 69,* 5–13.

Donovan, J. (2014). The burden of alcohol use: Focus on children and preadolescents. *The Journal of the National Institute on Alcohol Abuse and Alcoholism, Alcohol Research: Current Reviews, 35,* 186–192.

Dowling, N. A., Cowlishaw, S., Jackson, A., Merkouris, S. S., Francis, K. L., & Christensen, D. R. (2015). Prevalence of psychiatric co-morbidity in treatment-seeking problem gamblers: A systematic review and meta-analysis. *Australian and New Zealand Journal of Psychiatry,* Mar 3. pii:0004867415575774.

Dowling, N. A., Cowlishaw, S., Jackson, A. C., Merkouris, S. S., Francis, K. L., & Christensen, D. R. (2014). The prevalence of comorbid personality disorders in treatment-seeking problem gamblers: A systematic review and meta-analysis. *Journal of Personality Disorders,* 1–20.

Eng, M. Y., Luczak, T. E., & Wall, S. L. (2007). ALDH2, ALDH1B, ADH1C genotypes in Asians: A literature review. *Alcohol Research and Health, 30,* 23–27.

Ewing, J. A. (1984). Detecting alcoholism: The CAGE questionnaire. *Journal of the American Medical Association, 252,* 1905–1907.

Fiore, F. C., Jaen, C. R., Baker, B., Bailey, W. C., Benowitz, N. L., & Curry, S. J. (2008). *Treating tobacco use and dependence: 2008 update. Clinical practice guideline.* Rockville, MD: U.S. Department of Health and Human Services Public Health Service. Available: www.ahrq.gov/clinic/tobacco/tobaqrg.htm

Foreman, J. (2014). *A nation in pain: Healing our biggest health problem.* New York, NY: Oxford University Press.

Gibson, A. E., & Degenhardt, L. J. (2007). Mortality related to pharmacotherapies for opioid dependence: A comparative analysis of coronial records. *Drug and Alcohol Review, 26,* 405–410.

Gleason, K. A., Birnbaum, S. G., Shukla, A., & Ghose, S. (2012). Susceptibility of the adolescent brain to cannabinoids: Long-term hippocampal effects and relevance to schizophrenia. *Translational Psychiatry, 2,* e199.

Godley, S. H., Smith, J. E., Meyers, R. J., & Godley, M. D. (2009). Adolescent Community Enforcement Approach (A-CRA). In D. W. Springer & A. Rubin (Eds.), *Substance abuse treatment for youth and adults: Clinician's guide to evidence-based practice* (pp. 109–201). Hoboken, NJ: Wiley.

Goodie, A. S., & Fortune, E. E. (2013). Measuring cognitive distortion in pathological gambling: Review and meta-analyses. *Psychology of Addictive Behaviors, 27,* 730–743.

Gooding, P., & Tarrier, N. (2009). A systematic review and meta-analysis of cognitive-behavioral interventions to reduce problem gambling: Hedging our bets? *Behaviour Research and Therapy, 47,* 592–607.

Grant, J. E., Odlaug, B. L., & Schreiber, L. R. (2012). Pharmacological treatments in pathological gambling. *British Journal of Clinical Pharmacology, 77,* 375–381.

Griffiths, R. R., Johnson, M. W., Richards, W. A., Richards, B. D., McCann, U., & Jesse, R. (2011). Psilocybin occasioned mystical-type experiences: Immediate and persisting dose-related effects. *Psychopharmacology, 218,* 649–665.

Griffiths, R. R. Juliano, L. M., & Chausmer, A. (2003). Caffeine: Pharmacology and clinical effects. In: A. W. Graham, T. K. Schultz, M. F. Mayo-Smith, R. K. Ries, & B. B. Wilford (Eds.), *Principles of addiction medicine* (3rd ed., pp. 193–224). Chevy Chase, MD: American Society of Addiction Medicine.

Hall, W., & Degenhardt, L. (2009). Adverse health effects of non-medical cannabis use. *Lancet, 374,* 1383–1391.

Hambley, J., Arbour, S., & Sivagnanasundaram, L. (2010). Comparing outcomes for alcohol and drug abuse clients: A 6-month follow-up of clients who completed a residential treatment programme. *Journal of Substance Use, 15,* 184–200.

Heinz, A. J., Wu, J., Witkiewitz, K., Epstein, D. H., & Preston, K. L. (2009). Marriage and relationship closeness as predictors of cocaine and heroin use. *Addictive Behavior, 34,* 258–263.

Hibell, B., Guttormsson, U., Ahlström, S., Balakireva, O., Bajamason, T., Kokkevi, T., & Krauss, L. (2012). *The 2011 ESPAD Report: Substance Use Among Students in 36 European Countries.* Stockholm, Sweden: The Swedish

Council for Information on Alcohol and Other Drugs.

Hingson, R. W., Heeren, T., & Winter, M. R. (2006). Age at drinking onset and alcohol dependence: Age at onset, duration, and severity. *Pediatrics, 160*, 739–746.

Hingson, R. W., Zha, W., & Weitzman, E. R. (2009). Magnitude of and trends in alcohol-related mortality and morbidity among U.S. college students ages 18–24, 1998–2005. *Journal of Studies on Alcohol and Drugs* (Suppl. 16), 12–20.

Hodgins, D. C., Currie, S. R., Currie, G., & Fick, G. H. (2009). Randomized trial of brief motivational treatments for pathological gamblers: More is not necessarily better. *Journal of Consulting and Clinical Psychology, 77*, 950–960.

Holmgren, P., Norden-Pettersson, L., & Ahlner, J. (2004). Caffeine fatalities: Four case reports. *Forensic Science International, 139*, 71–73.

Hommer, D., Momenan, R., Kaiser, E., & Rawlings, R. (2001). Evidence for a gender-related effect of alcoholism on brain volumes. *American Journal of Psychiatry, 158*, 198–204.

Hooten, W. M., and Bruce, B. K. (2011). Beliefs and attitudes about prescribing opioids among healthcare providers seeking continuing medical education. *Journal of Opioid Management, 7*, 417–424.

Ingraham, C. (2014, September 25). Time for a stiff drink. *The Washington Post*.

Jabbar, S. B., & Hanly, M. G. (2013). Fatal caffeine overdoses: A case report and review of the literature. *American Journal of Forensic Medicine and Pathology, 34*, 321–324.

Jaffe, W. B., & D'Zurilla, T. J. (2003). Adolescent problem-solving, parent problem-solving, and externalizing behavior in adolescents. *Behavior Therapy, 34*, 295–311.

Johnston, L. D., O'Malley, P. M., Bachman, J. G., & Schulenberg, J. E. (2012). *Monitoring the Future national results on adolescent drug use: Overview of key findings 2011.* Ann Arbor, MI: University of Michigan.

Johnston, L. D, O'Malley P. M., Bachman, J. G, & Schulenberg, J. E. (2014). *Monitoring the Future national results on drug use: 2013 Overview of key findings on adolescent drug use.* Ann Arbor, MI: Institute for Social Research, University of Michigan.

Johnston, L. D., O'Malley, P. M., Miech, R. A., Bachman, J. G., & Schulenberg, J. E. (2013). *Monitoring the Future national survey results on drug use 1975-2013: Key findings on adolescent drug use.* Ann Arbor, MI: University of Michigan.

Juliano, L. M., Evatt, D. P., Richards, B. D., & Griffiths, R. R. (2012). Characterization of individuals seeking treatment for caffeine dependence. *Psychology of Addic-tive Behaviors, 4*, 948–954.

Kessler, R. C., Hwang, I., LaBrie, R., Petukhova, M., Sampson, N. A., Winters, K. C., & Shaffer, H. J. (2008). *DSM-IV* pathological gambling in the National Comorbidity Survey Replication. *Psychological Medicine, 38*, 1351–1360.

Kuczkowski, K. M. (2009). Caffeine in pregnancy. *Archives of Gynecology and Obstetrics, 280*, 695–698.

Lacson, J. C. A., Carroll, J. D., Tuazon, E., Castelao, E. J., Bernstein, L., & Cortessis, V. K. (2012). Population-based case control study of recreational drug use and testis cancer risk confirms an association between marijuana use and nonseminoma risk. *Cancer, 118*, 5374–5383.

Ladouceur, R., Sylvain, C., & Gosselin, P. (2007). Self-exclusion program: A longitudinal evaluation study. *Journal of Gambling Studies, 23*, 85–94.

Larimer, M. E., Neighbors, C., Lostutter, T. W., Whiteside, U., Cronce, J. M., Kaysen, D., & Walker, D. D. (2012). Brief motivational feedback and cognitive behavioral interventions of disordered gambling: A randomized clinical trial. *Addiction, 107*, 1148–1158.

Lecomte, T., Mueser, K. T., Macewan, W., Thornton, A. E., Buchanan, T., Bouchard, V., . . . Honer, W. G. (2013). Predictors of persistent psychotic symptoms in persons with methamphetamine abuse receiving psychiatric treatment. *Journal of Nervous Mental Disorders, 201*, 1085–1089.

Ledgerwood, D. M., Steinberg, M. A., Wu, R., & Potenza, M. N. (2005). Self-reported gambling-related suicidality among gambling helpline callers. *Psychology of Addictive Behavior, 19*, 175–183.

Lieber, C. S. (2000). Ethnic and gender differences in ethanol metabolism. *Alcoholism: Clinical & Experimental Research, 24*, 417–418.

Lesieur, H. R., & Blume, S. B. (1987). The South Oaks Gambling Screen (SOGS): A new instrument for the identification of pathological gamblers. *American Journal of Psychiatry, 144*, 1184–1188.

Lipari, R. N., & Hughes, A. (2015). State estimates of adolescent cigarette use and perceptions of risk of smoking: 2012 and 2013. Substance Abuse and Mental Health Services Administration, Center for Behavioral Health Statistics and Quality. Rockville, MD.

Lloyd, A. (2008). Urge surfing. In W. T. O'Donohue & J. E. Fisher (Eds.), *Cognitive behavior therapy: Applying empirically supported techniques in your practice* (2nd ed., pp. 571–575). Hoboken, NJ: John Wiley & Sons.

Mack, K. A. (2013). Drug-induced deaths: United States, 1999–2010. *Morbidity and Mortality Weekly Surveillance Summary, Suppl 3*, 161–163, CDC.

MacLean, K. A., Johnson, M. W., Reissig, C. J., Prisinzano, T. E., & Griffiths, R. R. (2013). Dose-related effects of salvinorin A in humans: Dissociative, hallucinogenic, and memory effects. *Psychopharmacology, 226,* 381–392.

Macleod, J., Oakes, R., Copello, A., Crome, I., Egger, M., Hickman, M., . . . Oppenkowski, T. (2004). Psychological and social sequelae of cannabis and other illicit drug use by young people: A systematic review of longitudinal, general population studies. *Lancet, 363,* 1579–1588.

Marijuana Treatment Project Research Group (2004). Brief treatments for cannabis dependence: Findings from a randomized multisite trial. *Journal of Consulting and Clinical Psychology, 72,* 455–466.

Mathers, B. M., Degenhardt, L., Phillips, B., Wiessing, L., Hickman, M., Strathdee, S. A., . . . 2007 Reference Group to the U.N. on HIV and Injecting Drug Use (2008). Global epidemiology of injecting drug use and HIV among people who inject drugs: A systematic review. *Lancet, 372,* 1733–1745.

McCabe, S. E., West, B. T., Morales, M., Cranford, J. A., & Boyd, C. J. (2007). Does early onset of non-medical use of prescription drugs predict subsequent prescription drug abuse and dependence? Results from a national study. *Addiction, 102,* 1920–1930.

McConaghy, N., Armstrong, M. S., Blaszczynski, A., & Allcock, C. (1988). Behavior completion versus stimulus control in compulsive gambling. Implications for behavioral assessment. *Behavior Modification, 12,* 371–384.

McCrady, B. S. (2006). Family and other close relationships. In W. R. Miller & K. M. Carroll (Eds.), *Rethinking substance abuse* (pp. 166–181). New York, NY: Guilford Press.

Miller, M. B., & Leffingwell, T. R. (2013). What do college student drinkers want to know? Student perceptions of alcohol-related feedback. *Psychology of Addicted Behaviors, 27,* 324–333.

Miller, W. R., & Rollnick, S. (2012). *Motivational interviewing: Helping people change* (3rd ed.). New York, NY: Guilford Press.

Mills, C. (Dec. 31, 2012). "Health Canada caps caffeine in energy drinks," *The Toronto Star.*

Moore, T. H. M., Zammit, S., Lingford-Hughes, A., Barnes, T. R. E., Jones, P. B., Burke, M., & Lewis, G. (2007). Cannabis use and risk of psychotic or affective mental health outcomes: A systematic review. *Lancet, 370,* 319–328.

Moos, R. H., & Moos, B. S. (2006). Rates and predictors of relapse after natural and treated remission from alcohol use disorders, *Addiction, 101,* 212–222.

Morgan, C. J., Muetzelfeldt, L., & Curran, H. V. (2010). Consequences of chronic ketamine self-administration upon neurocognitive function and psychological wellbeing: A 1-year longitudinal study. *Addiction, 105,* 121–133.

Muhuri, P. K., Gfroerer, J. C., & Davies, M. C. (2013). *Associations of nonmedical pain reliever use and initiation of heroin use in the U.S.* Rockville, MD: Center for Behavioral Health Statistics and Quality Data Review, SAMHSA.

Murphy, C. M., & Maiuro, R. D. (Eds.). (2009). *Stages of change in intimate partner violence.* New York, NY: Springer.

National Health Interview Survey. (2008). *National Center for Health Statistics. Centers for Disease Control and Prevention.* Atlanta, GA: CDC.

National Institute on Alcohol Abuse and Alcoholism (2015). *Alcohol: A women's health issue. Office of Research on Women's Health.* Rockville, MD: Author. Available from pubs.niaaa.nih.gov

National Institute on Drug Abuse (2009). *A cognitive behavioral approach: Treating cocaine addiction.* Available: www.drugabuse.go/txmanuals/cbt/cbt4.html

Nowak, D. E., & Aloe, A. M. (2014). The prevalence of pathological gambling among college students: A meta-analytic synthesis, 2005–2013. *Journal of Gambling Studies, 30,* 819–843.

O'Brien, C. P., & McKay, J. (2007). Pharmacological treatments for substance use disorders. In P. E. Nathan & J. M. Gorman (Eds.), *A guide to treatments that work* (2nd ed., pp. 125–156). New York: Oxford University Press.

Ockert, D., Baier, A. R., & Coons, E. E. (2004). Treatment of stimulant dependence. In S. L. A. Straussner (Ed.), *Clinical work with substance-abusing clients* (2nd ed., pp. 209–234). New York, NY: Guilford Press.

Office of Applied Studies. (2014). Alcohol Dependence or Abuse Among Parents with Children Living in the Home. *NSDUH Report.* Rockville, MD: United States Department of Health and Human Services, Substance Abuse and Mental Health Services Administration.

Office of Juvenile Justice and Delinquency Prevention (2005). *Drinking in America: Myths, Realities, and Prevention Policy.* Washington, DC: U. S. Department of Justice, Office of Justice Programs, Author. Available from http://www.udetc.org/documents/Drinking_in_America.pdf

O'Malley, P. M., & Johnston, L. D. (2013). Driving after drug or alcohol use by U.S. high school seniors, 2001–2011. *American Journal of Public Health, 103,* 2027–2034.

Orman, J. S., & Keating, G. M. (2009). Buprenorphine/naloxone: A review of its use in the treatment of opioid dependence. *Drugs. 69,* 577–607.

Pallanti, S., Rossi, N. B., & Hollander, E. (2006). Pathological gambling. In E. Hollander & D. J. Stein (Eds.), *Clinical manual of impulse control disorders.* Arlington, VA: American Psychiatric Publishing.

Paulozzi, L. J. (2012). Prescription drug overdoses: A

review. *Journal of Safety Research, 43*, 283–289.

Paulozzi, L. J., Budnitz, D. S, & Xi, Y. (2006). Increasing deaths from opioid analgesics in the United States. *Pharmacoepidemiology Drug Safety, 15*, 618–627.

Petry, N. M., Weinstock, J., Ledgerwood, D. M., & Morasco, B. (2008). A randomized trial of brief interventions for problem and pathological gamblers. *Journal of Consulting and Clinical Psychology, 76*, 318–328.

Pietrzak, R. H., Ladd, G. T., & Petry, N. M. (2003). Disordered gambling in adolescents: Epidemiology, diagnosis and treatment. *Pediatric Drugs, 9*, 583–595.

Potenza, M. N. (2013). Neurobiology of gambling behaviors. *Current Opinions in Neurobiology, 23*, 660–667.

Project MATCH Research Group. (1998). Matching alcoholism treatments to client heterogeneity: Project MATCH three-year drinking outcomes. *Alcoholism: Clinical and Experimental Research, 22*, 1300–1311.

Radoo, B. M., & Kutscher, E. C. (2009). Visual hallucinations associated with varenicline: A case report. *Journal of Medical Case Reports, 3*, 7560.

Ramaekers, J. G., Berghaus, G., van Laar, M., Drummer, O. H. (2004). Dose related risk of motor vehicle crashes after cannabis use. *Drug Alcohol Dependence, 73*, 109–119.

Rawson, R. A., Sodano, R., & Hillhouse, M. (2007). Assessment of amphetamine use disorders. In D. M. Donovan & G. A. Marlatt (Eds.), *Assessment of addictive behaviors* (2nd ed., pp. 185–214). New York, NY: Guilford Press.

Rehm, J., & Hingson, R. W. (2014). Measuring the burden: Alcohol's evolving impact on individuals, families, and society. *Alcohol Research, 35*, 122-127.

Roffman, R. A. (2010). Cannabis related disorders. In I. B. Weiner & W. E. Craighead (Eds.), *The Corsini Encyclopedia of Psychology* (4th ed., Vol. 1, pp. 276–277). Hoboken, NJ: Wiley.

Rosenberg, O., Dinur, A. K., Dannon, P. N. (2013). Four-year follow-up study of pharmacological treatment in pathological gamblers. *Clinical Neuropharmacology, 36*, 42–45.

Rosenthal, R., & Fong, T. (2008). Preventing the incidence and harm of gambling problems. *Journal of Primary Prevention, 29*, 37–55.

Rus-Makovec, M., & Cebasek-Travnik, Z. (2008). Long-term abstinence and well-being of alcohol-dependent patients in intensive treatment and aftercare telephone contacts. *Croation Medical Journal, 49*, 763–771.

Russell, M. (1994). New assessment tools for drinking in pregnancy T-ACE, TWEAK, and others. *Alcohol Health and Research World, 18*, 55–56.

Schuckit, M. A. (2009). Alcohol-use disorders. *Lancet, 373*, 492–501.

Schuckit, M. A. (2010). *Drug and alcohol abuse: A clinical guide to diagnosis and treatment.* New York, NY: Springer.

Schuckit, M. A. (July 2012). Editor's corner: Editorial in reply to the comments of Griffith Edwards. *Journal of Studies on Alcohol and Drugs, 73*, 521–522. Available at: www.jsad.com/jsad/link/73/521

Schwartz, R. P., Gryczynski, J., O'Grady, K. E., Sharfstein, J. M., Warren, G., Olsen, Y.,...Jaffe, J. H. (2013). Opioid agonist treatments and heroin overdose deaths in Baltimore, Maryland, 1995–2009. *American Journal of Public Health, 103*, 17–22.

Selby, P., Voci, S. C., Zawertailo, L. A., George, T. P., & Brands, B. (2010). Individualized smoking cessation treatment in an outpatient setting: Predictors of outcome in a sample with psychiatric and addictions co-morbidity. *Addictive Behaviors, 35*, 811–817.

Selzer, M. L. (1971). The Michigan Alcoholism Screening Test: The quest for a new diagnostic instrument. *American Journal of Psychiatry, 127*, 1653–1658.

Shonin, E., Van Gordon, W., & Griffiths, M. D. (2013). Buddhist philosophy for the treatment of problem gambling. *Journal of Behavioral Addictions, 2*, 63–71.

Sillins, E., Horwood, L. J., Patton, G. C., Fergusson, D. M., Olsson, C. A., Hutchinson, D. M.,...Mattick, R. P. (2014). Young adult sequelae of adolescent cannabis use: An integrative analysis. *Lancet Psychiatry, 4*, 286–293.

Slevin, K. A., & Ashburn, M. A. (2011). Primary care physician opinion survey on FDA opioid risk evaluation and mitigation strategies. *Journal of Opioid Management, 7*, 109–115.

Smith, R. L., & Capps, F. (2005). The major substances of abuse and the body. In P. Stevens & R. L. Smith (Eds.), *Substance abuse counseling: Theory and practice* (3rd ed., pp. 36–85). Upper Saddle River, NJ: Pearson Education.

Steenbergh, T. A., Meyers, A. W., May, R. K., & Whelan, J. P. (2002). Development and validation of the Gamblers' Beliefs Questionnaire. *Psychology of Addictive Behaviors, 16*, 143–149.

Stephens, R. S., & Roffman, R. A. (2005). Assessment of cannabis dependence. In D. Donovan & G. A. Marlatt (Eds.), *Assessment of addictive behaviors* (2nd ed.). New York, NY: Guilford.

Stephens, R. S., Roffman, R. A., & Curtin, L. (2000). Comparison of extended versus brief treatments for marijuana use. *Journal of Consulting and Clinical Psychology, 68*, 898–908.

Stern, T. A., Gross, A. F., Stern, T. W., Nejad, S. H., & Maldonado, J. R. (2010). Current approaches to the recognition and treatment of alcohol withdrawal and delirium tremens: "Old wine in new bottles" or "new wine in old bottles." *The Primary Care Companion to the*

Journal of Clinical Psychiatry, 12, 3.

Substance Abuse and Mental Health Services Administration. (2007). *The NSDUH report: Youth activities, substance use, and family income.* Rockville, MD: Author.

Substance Abuse and Mental Health Services Administration. (2012a). *The DAWN report: Highlights of the 2010 Drug Abuse Warning Network (DAWN) findings on drug-related emergency department visits.* Rockville, MD: Center for Behavioral Health Statistics and Quality.

Substance Abuse and Mental Health Services Administration, Office of Applied Studies. (2012b). *The report: National survey on drug use and health.* Rockville, MD: Author.

Substance Abuse and Mental Health Services Administration. (2013a). *Results from the 2012 national survey on drug use and health: Summary of national findings*, NSDUH Series H-46, HHS Publication No. (SMA) 13–4795. Rockville, MD: Author.

Substance Abuse and Mental Health Services Administration, Center for Substance Abuse Treatment. (2013b). *Substance abuse treatment for persons with co-occurring disorders: A treatment improvement protocol.* Rockville, MD: Center for Substance Abuse Treatment.

Substance Abuse and Mental Health Services Administration. (2014). *Results from the 2013 National Survey on Drug Use and Health: Summary of national findings.* Rockville, MD: Author.

Sullivan, E. V., Fama, R., Rosenbloom, M. J., & Pfferbaum, A. (2002). A profile of neuropsychological deficits in alcoholic women. *Neuropsychology, 16*, 74–83.

Syad, T. (2003). Safety and efficacy of the nicotine patch and gum for the treatment of adolescent tobacco addiction. *Journal of Pediatrics, 147*, 406–407.

Tashkin, D. P. (2013). Effects of marijuana smoking on the lung. *Annals of American Thoracic Society, 10*, 239–247.

Terlecki, M. A., Buckner, J. D., Larimer, M. E., & Copeland, A. L. (2012). Brief motivational intervention for college drinking: The synergistic impact of social anxiety and perceived drinking norms. *Psychology of Addictive Behaviors, 26*, 917–923.

Terry-McElrath, Y. M., O'Malley, P. M., & Johnston, L. D. (2014). Energy drinks, soft drinks, and substance use among United States secondary school students. *Journal of Addiction Medicine, 8*, 6–13.

Thomas, G., Kloner, R. A., Rezkalla, S. (2014). Adverse cardiovascular, cerebrovascular, and peripheral vascular effects of marijuana inhalation: What cardiologists need to know. *American Journal of Cardiology, 113*, 187–190.

Topf, J. L., Yip, S. W., & Potenza, M. N. (2009). Patho-logical gambling: Biological and clinical considerations. *Journal of Addiction Medicine, 3*, 111–119.

United Nations. (2009). *Report of the International Narcotics Control Board, 2008.* New York, NY: Author.

United Nations Office on Drugs and Crime (2012). *World Drug Report 2012.* New York, NY: Author.

U.S. Department of Health and Human Services (1999). *Blending perspectives and building common ground: A report to Congress on substance abuse and child protection.* Washington, DC: U.S. Government Printing Office.

Wagner, E. F., & Austin, A. M. (2009). Problem solving and social skills training. In D. W. Springer & A. Rubin (Eds.), *Substance abuse treatment for youth and adults* (pp. 57–108). Hoboken, NY: Wiley.

Warzak, W. J., Evans, S., Floress, M. T., Gross, A. C., & Stoolman, S. (2011). Caffeine consumption in young children. *Journal of Pediatrics, 158*, 508–509.

Weinberg, B. A., & Bealer, B. K. (2001). *The world of caffeine: The science and culture of the world's most popular drug.* New York, NY: Routledge.

Weinstock, J., Ledgerwood, D. M., & Petry, N. M. (2007). Association between gambling behavior and harm in pathological gamblers. *Psychology of Addictive Behaviors, 2*, 185–193.

Welte, J. W., Barnes, G. M., Tidwell, M. C. O., & Hoffman, J. H. (2011). Gambling and problem gambling across the lifespan. *Journal of Gambling Studies, 27*, 49–61.

Williams, S. H. (2005). Medications for treating alcohol dependence. *American Family Physician, 72*, 1775–1780.

Winfree, W. R., Ginley, M. K., Whelan, J. P., & Meyers, A. W. (2015). Psychometric evaluation of the Gamblers' Beliefs Questionnaire with treatment-seeking disordered gamblers. *Addictive Behaviors, 43*, 95–102.

World Health Organization (WHO). (2011). *Global Status Report on Alcohol and Health.* Geneva, Switzerland: Author.

Wu, L. T., Parrott, A. C., Ringwalt, C. L., Patkar, A. A., Mannelli, P., & Blazer, D. G. (2009). The high prevalence of substance use disorders among recent MDMA users compared with other drug users: Implications for intervention. *Addictive Behaviors, 34*, 654–661.

Wu, L. T., Pilowsky, D. J., & Schlenger, W. E. (2004). Inhalant abuse and dependence among adolescents in the United States. *Journal of American Academy of Child and Adolescent Psychiatry, 43*, 1206–1214.

Zarkin, G. (2005). Benefits and costs of methadone treatment: Results from a lifetime simulation model. *Health Economics, 14*, 1133–1150.

18 신경인지장애

📖 **사례 연구 18.1**

글래디스는 평생 재봉사로 일하면서 미국의 경제 대공황과 제2차 세계대전을 겪었고, 현재는 결혼하여 가정을 꾸렸다. 70세가 되면서 그녀의 단기기억에 문제가 생기기 시작했다. 어디에 주차를 했는지, 아침 식사를 했는지 등을 잊어버렸으며, 심지어 딸의 이름을 망각할 때도 있었다. 어느 날 그녀가 시계의 용도가 무엇인지 기억해내지 못하자, 딸이 그녀를 주치의에게 데려갔다. 주치의는 글래디스를 알츠하이머병으로 인한 주요신경인지장애라고 진단했다. 글래디스는 그 후 몇 년간 딸과 함께 살았다. 그러던 어느 날 넘어져 엉덩이뼈에 금이 가는 일이 생기면서 수술을 받기 위해 병원에 입원하게 되었다. 알츠하이머병이 있는데다 마취제 투여를 받으면서 고관절 수술을 받아 그녀는 인지 능력을 완전히 상실하게 되었다. 글래디스는 병원에서 재활병원으로 옮겨졌다. 작업치료사와 물리치료사는 그녀에게 미끄럼이나 넘어짐을 방지하는 안전교육을 시도했고, 반복적으로 양말을 신고 벗는 행동과 같은 문제 행동을 줄여보려고 노력했다. 8주간 재활시설에서 생활한 후 글래디스는 장기요양시설로 옮겨 그곳에서 남은 생을 살게 되었다.

65세 이상 되면 정도는 사람마다 다르지만 기억과 관련된 문제를 호소한다. 미국 노령화 통계 관련 연방 포럼(Federal Interagency Forum on Aging Related Statistics, 2004)에 따르면, 65~69세 사이 인구의 8%가량, 그리고 85세 이상 인구의 34%가량이 기억 문제를 호소한다. 단기기억 문제와 다른 인지 문제(예 : 집중력 상실, 단어 찾기의 어려움)가 실제로 문제임에도 불구하고 '정상적 노화'로 치부해버리는 경우도 더러 있다.

의학 전문가의 주의 깊은 평가와 진단을 통해 신경인지장애(neurocognitive disorder, NCD)와 정상적 인지 능력의 감퇴를 구별할 수 있다. 성인은 고령이 되면서, 신경세포와 수상돌기의 상실 및 도파민에 대한 민감도 상승으로 뇌의 변화를 경험한다. 이러한 변화는 기억 기능과 집행 기능에 영향을 미치고, 마취제, 특정 약물, 알코올, 물질이 뇌에 미치는 부작용을 가중시킬 가능성을 높인다. 세계적으로 알츠하이머병의 절반 정도는 이미 알려진 위험 요인에 기인한다.

치매로 인해 소비되는 비용은 세계적으로 연간 6,040억 달러에 이르는 것으로 추정된다. 치매에 대한 국제 전문가 단체는 G8 국가들을 모아 치매 예방을 세계적 목표로 정했다. 그들은 건강한 생활양식이 신경인지장애를 크게 줄여줄 수 있다는 것을 보여주는 증거를 인용하면서 초기에 고

위험인 사람들을 식별하여 치매를 예방할 것을 강조한다. 일단 질병에 걸리면 병은 서서히 진전되어 이전 상태로 되돌릴 수 없게 된다.

*DSM-5*의 신경인지장애(NCD)에는 다음과 같은 장애가 포함된다.

- 섬망
- 치매
- 주요 및 경도 신경인지장애의 병인적 아형
  - 알츠하이머병
  - 전두측두엽 변성
  - 루이소체병
  - 혈관성
  - 외상성 뇌손상
  - 물질/약물치료로 유발된
  - HIV 감염
  - 프라이온병
  - 파킨슨병
  - 헌팅턴병
  - 다른 의학적 상태로 인한
  - 다중 병인으로 인한
- 명시되지 않는 신경인지장애

이 분류의 장애의 주요 임상적 특징은 발달적 결손이라기보다는 하나 이상의 인지 영역에서의 후천적 인지 결손에 있다. 증상은 여러 질병의 과정이나 의학적 상태(예 : 파킨슨병으로 인한 NCD, 외상성 뇌손상으로 인한 NCD, 알코올로 유도된 치매)로 인해 생긴 것일 수 있다. 따라서 장애의 구체적 원인을 밝혀내기 위해서 신경학적 또는 정신과적 평가를 의뢰하는 것이 중요하다.

주요신경인지장애는 하나 이상의 인지 영역의 현저한 기능 저하를 특징으로 한다 경도신경인지장애는 조기에 인지적 손상이 덜 심한 상태를 발견하여 장애의 진행속도를 늦추는 개입을 하기 위한 의도로 진단하게 된다.

신경인지장애는 주요 및 경도 신경인지장애 및 그 아형들과 함께, 섬망, 기억상실장애, 그리고 기타 인지장애를 포함한다. 치매는 주요신경인지장애에 속하지만 하나의 증상으로 분류되기도 한다. *DSM-5*에 따르면 NCD는 포괄적

인 용어로 치매가 부재한 상태에서도 진단 가능하다. 치매는 일종의 기억상실장애로 이제는 다른 의학적 상태로 인한 주요 NCD로 진단될 수 있다.

신경인지장애는 다음의 인지 영역에서의 결함을 근거로 결정된다.

- 복합적 주의 — 지속적이고 복합적인 주의, 그리고 처리 속도
- 집행 기능
- 학습과 기억
- 표현성 언어와 수용성 언어
- 지각–운동 능력
- 사회인지(마음이론 및 감정의 인식)

주요 및 경도 NCD에 대한 자세한 영역별 증상과 평가에 대한 표가 *DSM-5*(APA, 2013, pp. 593-595)에 제시되어 있기 때문에 여기서 다시 설명하지는 않겠다. 거의 대부분의 신경인지장애는 기저에 신경학적 원인이 있어서 신체검사와 신경학적 검사 및 실험실 검사를 통해 진단되어야 한다.

이러한 장애를 가진 사람들을 치료하는 대부분의 정신건강 전문가들은 인지 결손 증상에 동반되는 우울, 애도, 정서적 염려와 같은 심리학적 증상에 초점을 둔다. 가족 및 부양자는 치료에 참여하여 지지와 도움을 받으면서 환자에 대한 관리 및 돌봄 계획을 결정해갈 수 있다. NCD 아형들을 개괄적으로 살펴보면서 정신건강 전문가들에게 유용할 수 있는 구체적인 심리학적 평가와 치료를 논하도록 하겠다. 의학적 진단을 목적으로 신경학적 증상에 대한 심도 있는 논의를 원하는 독자들은 *DSM-5*나 의학책을 참고하여 NCD의 신경학적 증상, 원인론, 진단에 대한 자세한 설명을 찾아볼 것을 권한다.

여러 가지 NCD 아형은 함께 나타나기도 한다. 인지 결손은 다른 정신장애(예 : 조현병)의 증상으로 나타나기도 하는데, 주요 특징이 인지적인 장애만을 NCD로 분류한다. 이러한 장애가 발생하면 기능 수준이 이전에 비해 확실히 저하된다. 신경발달장애와 달리 신경인지장애는 선천적인 것이 아니다. 따라서 NCD는 많은 경우에 진단이 결정되고 원인이 밝혀질 수 있다.

진단

NCD의 증상은 우울, 불안, 성격 변화, 편집증, 혼란과 같은 다른 정신장애에서 나타나는 많은 증상들과 유사하다. 그래서 많은 신경인지장애가 특히 초반에는 증상 면에서 유사한 다른 정신장애로 오진되기도 한다. 예를 들어, NCD에서 자주 나타나는 주의집중의 어려움은 우울의 주요 증상이기도 하다. 허위성 치매(pseudodementia)는 회복 가능한 인지장애인데, 이것이 알츠하이머병으로 오진되기도 한다.

노인성 우울 척도(Geriatric Depression Scale)를 사용하면 두 장애를 감별하는 데 도움이 된다. 우울에 대한 효과적인 치료법은 있지만 알츠하이머병으로 인한 NCD에 대한 효과적인 치료법이 아직까지는 발견된 바가 없다. 따라서 정확한 진단은 필수적이다.

알츠하이머병, 파킨슨병, 헌팅턴병을 동반하는 우울은 유병률이 높다. 일반적으로 우울 증상이 먼저 나타나고 인지적 손상이 생긴다. 발병 직전 몇 주 사이에는 상실이나 중대한 생활사건이 일어나는 경우가 많다. 우울 증상이 시작된 후에 사람들은 집중할 수 없다거나 기억하기 힘들다는 호소를 하게 된다(Weiner, 2013).

NCD에서는 공통적으로 기억(특히 단기 기억 또는 최근 기억)의 손상과 함께 다음과 같은 영역에서의 현저한 변화가 증상으로 나타난다.

- 추상적 사고
- 지각
- 언어
- 집중력 및 새로운 과제 수행력
- 전반적 지적 수행
- 판단력
- 주의력
- 시공간적 지남력
- 계산 능력
- 의미를 파악하고 사물을 식별하는 능력
- 신체와 환경에 대한 지각

60세 이상 노인들의 치매 중 가장 흔한 것이 알츠하이머

병으로 인한 치매이고, 그다음은 혈관성 치매이다. 복합적인 신경학적 문제가 대부분의 치매를 설명해준다고 보는데, 특히 최고령층에서는 그러하다(Han & Han, 2014). 65세 노인들의 유병률은 10~13%로 추정되며, 65~74세 사이에서는 3% 증가하고, 75~84세 사이에서는 추가적으로 19%가 증가하는 것으로 추정된다. 85세 이상 노인 중 거의 절반이 NCD를 가지고 있다(Evans et al., 1989).

개입 전략

NCD는 많은 경우에 치료보다는 예방이 효과적이다.

예를 들어, 많은 외상성 뇌손상은 헬멧 착용, 스포츠 할 때 좀 더 조심하기, 두부 손상 시 바로 치료받기 등을 통해 예방될 수 있다.

알츠하이머병으로 인한 NCD에 대한 보호 요인으로는 6년 이상의 고등교육, 뇌 손상 예방, 규칙적 운동 등이 있으며, 2년 이상 비스테로이드성 항염증제를 복용하는 것도 효과적이다(Breitner et al., 2011). 물론 이 경우에는 부작용 대비 효과성이 얼마나 되는지를 따져보아야 한다.

높은 수준의 스트레스는 경도 NCD와 상관이 있는데, 특히 알츠하이머병으로 인한 NCD의 경우는 더욱 그렇다. 마음챙김 기반 명상은 스트레스를 감소시키고 뇌 기능을 향상시키는 데 효과적인 것으로 많은 연구에서 보고되고 있다(Wells et al., 2013).

현재까지의 약물치료는 NCD의 진행을 어느 정도 늦추어줄 뿐이다(Han & Han, 2014). NCD에 대한 효과적인 치료가 부재한 상태에서 Han과 Han은 기존의 위험 요인에 대한 생활양식 수정 전략에 초점을 둔 예방적 치료가 2025년까지 20% 정도의 새로운 NCD 사례를 예방해줄 것이라고 제언한다.

치매에 대한 국제 전문가들은 중년기에 운동량을 늘리고, 혈당과 당뇨를 조절하고, 고혈압과 우울을 치료하고, 비타민 B와 오메가-3 지방산이 풍부한 건강한 식단을 따르는 것과 같은 생활양식의 변화가 필요하다고 말한다. 더불어 과음과 흡연은 피하도록 권고한다(Smith & Yaffe, 2014).

섬망

섬망(delirium)은 의학적 상태, 물질 중독이나 금단, 수술 후 상태로 인해 나타날 수 있는 인지의 혼란이 특징적인 장애이다. 섬망은 환경에 대한 의식이 감소하거나, 주의가 산만하거나, 활동이나 가족 및 친구에 대한 관심이 줄어든 것을 통해 처음 식별하게 되는 경우가 많다. 섬망은 대개 단기간(몇 시간에서 며칠)에 발생하고 인지적 손상(예 : 쓸데없는 말을 늘어놓음, 지남력장애, 최근 사건에 대한 기억 문제)을 동반한다. 초조, 극단적 감정(예 : 두려움, 편집증, 불안), 그리고 수면 습관의 변화가 흔하게 나타나며, 때로는 수면-각성 주기가 완전히 뒤바뀌기도 한다. 장애는 밤에 악화되는 경우가 많은데, 밤에 나타나는 증상의 악화를 '일몰증후군(sundown syndrome)'이라 부르기도 한다.

섬망은 특히 수술 직후 병원에서, 중환자실에서, 요양원에서 흔히 접하게 되는 장애이다. 사람들 중 많게는 83%가 생명이 다하는 시점에 이 상태를 경험하게 된다고 한다. 아동기 섬망은 주로 질병, 고열, 특정 약물과 관련하여 나타난다. 알코올 남용이나 마약 남용을 중단하는 사람들은 섬망에 걸릴 위험이 증가한다. 혈관성 질환, 알츠하이머병, 치매, 또는 HIV와 관련된 주요 및 경도 NCD 때문에 뇌의 탄력성(cerebral reserve)을 상실한 사람들도 마찬가지다.

섬망에 대한 명시자는 다음과 같다.

- 물질 중독 섬망
- 물질 금단 섬망
- 약물치료로 유발된 섬망
- 다른 의학적 상태로 인한 섬망
- 다중 병인으로 인한 섬망

섬망의 기간과 정신운동 활동의 정도는 다음의 명시자를 사용하여 표기하도록 한다.

- 급성(몇 시간에서 며칠 지속)
- 지속성(몇 주에서 몇 개월간 지속)
- 과활동성(기분 가변성, 초조 또는 의학적 치료에 대한 협조 거부)
- 저활동성(축 늘어짐, 무기력, 혼미)

- 혼합성 활동 수준(비록 주의가 빠르게 바뀌긴 하지만, 정상 수준의 정신운동 활동)

달리 명시된 섬망과 명시되지 않는 섬망도 진단 가능하다. 약화된 섬망 증후군은 섬망에 대한 진단기준이 모두 충족되지는 않지만 몇몇이 충족될 경우 사용을 고려할 수 있다.

주요 및 경도 신경인지장애

주요신경인지장애의 핵심은 인지적 기능이 이전 기능 수준보다 현저한 저하를 보인다는 데 있다. 이러한 기능 저하는 다음 인지 영역 중 한 가지 이상에 영향을 미친다.

- 복합적 주의
- 집행 기능
- 학습과 기억
- 언어
- 지각-운동
- 사회인지

인지 결손은 환자를 잘 아는 정보제공자의 보고나 표준화된 신경심리검사의 결과를 통해 평가 가능하다. 인지 결손은 일상생활(즉 돈을 내거나, 일하거나, 약물을 제때 먹는 것)에서 독립성을 방해할 정도로 심각해야 한다.

경도신경인지장애는 심각도 수준에서 주요신경인지장애와 차이가 있다. 경도 NCD는 이전 기능 수준에 비해 경미한 저하가 있는 경우로 일상 활동을 수행하지 못할 정도는 아니나, 일상 활동을 잘 수행하려면 좀 더 노력이 필요한 정도이다. 만약 일상 활동의 수행을 위해 도움이 필요할 정도가 되면 진단이 주요신경인지장애로 바뀌게 된다.

주요인지신경장애와 경도신경인지장애 모두 다음의 병인으로 인한 것일 수 있으며, 이에 대해 명시하도록 한다.

- 알츠하이머병
- 전두측두엽 변성
- 루이소체병
- 혈관 질환

- 외상성 뇌손상
- 물질/약물치료로 유발된
- HIV 감염
- 프라이온병
- 파킨슨병
- 헌팅턴병
- 다른 의학적 상태
- 다중 병인
- 명시되지 않는 경우

행동장애를 동반하는 경우와 동반하지 않는 경우에 대해서도 명시하도록 한다.

알츠하이머병

알츠하이머병(Alzheimer's disease)은 치매를 일으키는 가장 주된 원인이며, 특히 65세 이상 연령층에서는 그러하다 (Noggle & Dean, 2014). 알츠하이머병의 발병 위험성을 증가시키는 요인으로는 만성적인 심리적 고통에 취약한 경우, 오랜 동안 우울을 방치한 경우, 고당식을 하는 경우, 운동이 부족한 경우 등이 있다(Wells et al., 2013).

알츠하이머병에 걸렸을 때 처음 보이는 증상은 단기기억의 결함과 집행 기능에서의 작은 변화이다. 이러한 결함은 언어적 · 비언어적 기억에 영향을 미치며, 최근 학습한 정보를 '빠르게 망각'하는 증상으로 이어진다(Salmon & Bondi, 2009). 장애가 진행되면서 이러한 결함은 점점 심해져서 추상적 의미의 상실, 주의의 어려움, 시공간적 능력(시각적 지각과 지각적 운동 능력)의 상실로 이어진다. 정서 인식도 둔화되면서 정서적 둔마를 보이게 된다.

알츠하이머병으로 인한 NCD에서는 역행성 기억상실(발병 이전에 있었던 사건에 대한 기억상실)이 흔하다. 시간이 지나면서 인지 결손은 악화되어 기능을 저하시키고, 결국 일상 활동의 수행 능력을 저해하게 된다. 그렇게 되면 주요 신경인지장애 진단이 내려진다. 절차적 기억(예 : 카드 놀이하기, 춤추기)은 좀 더 오래 보존되는 편이다.

현재까지는 인지 결손의 원인을 밝혀내는 신경학적 검사가 부재하기 때문에, 진단은 많은 다른 장애(예 : 외상성 뇌손상, 파킨슨병, HIV로 인한 NCD)와의 감별을 통해 이루어진다. 가족력은 위험 요인으로 고려되어야 하지만, 알츠하이머병으로 인한 NCD의 경우 5% 미만만이 순수하게 유전적 요인으로 설명된다. 오히려 생활양식(좋지 않은 식습관, 운동 부족), 생물학적 요인(고혈압이나 당뇨 같은 공병하는 의학적 장애), 그리고 환경적 요인(이전의 뇌 손상 같은)의 결합이 이 장애의 발병에 기여하는 바가 크다. 알츠하이머병은 일반적으로 다른 인지신경장애를 동반하지 않는 것으로 알려져 있다.

정신상태검사를 포함한 평가 도구가 인지 결손을 추적하는 데 사용된다. 주요 및 경도의 장애진단을 받고 심각한 치매로 발전하여 죽음에 이르기까지 소요되는 평균 기간은 10년이다(DSM-5, 2013). 알츠하이머병의 경우 일단 발병하고 진행되면 신경인지적 결손을 줄여줄 수 있는 것으로 알려진 약물치료가 부재하며 이에 대한 연구도 부족한 실정이다.

외상성 뇌손상은 동반이환에 포함된다. 다운증후군(21번 삼염색체)이 있는 사람들은 주로 중년기에 알츠하이머병에 걸린다.

전두측두엽 주요 또는 경도 신경인지장애

60세 이하의 성인에게서 가장 흔하게 진단되는 치매는 전두측두엽 변성(frontotemporal lobar degeneration, FTLD)으로 인한 것으로 전체 사례의 20%까지가 여기에 해당한다(Snowden, Bathgate, Varma, et al., 2001 ; Weder, Aziz, Wilkins, & Tampi, 2007).

FTLD는 피크병, 피질기저퇴화, 의미치매, 진행성 유창성 언어장애 등을 포괄하는 용어이다. 이런 종류의 장애는 우선 전두엽과 측두엽에 영향을 미치고, 증상으로는 일반적으로 행동 증상(예 : 억제부전, 냉담, 공감 상실, 보속증, 설탕중독)이나 언어 손상(예 : 말하기, 단어 이해, 단어 찾기, 물건 이름 대기 등의 상실)이 가장 먼저 나타난다.

FTLD는 10대처럼 어린 나이에 발병할 가능성도 배제할 수는 없지만 보통은 30~90대 사이에 나타난다. FTLD는 알츠하이머병보다 기능 저하가 빠르게 진행되며 생존 기간도 더 짧다. 이 장애로 진단받은 사람의 40%가량이 NCD가 조기 발병했던 가족력을 지니고 있다. CT와 MRI는 모두 특정 양상의 뇌 위축을 보여줄 수 있다.

FTLD는 언어 손상과 행동 손상을 동반하며 조기에 발병하기 때문에 개인의 업무 능력을 현저히 저해할 수 있으며, 부적절한 행동(예 : 막말, 충동적 배회)과 다른 억제부전 행동(예 : 부적절한 성적 언동)으로 인해 사회적 영역에 여러 가지 문제를 야기할 수 있다(Weder et al., 2007).

의미치매는 자주 나타나는 증상으로 특정 사물에 대한 단어뿐 아니라 개념의 상실도 초래한다. 예를 들어, '개'와 같은 단어를 잃어버릴 뿐 아니라 나중에는 개가 무엇이라는 개념까지도 상실한다. 반복적이고 강박적인 증상이나 고정된 사고도 흔하게 나타난다. 의미치매가 있는 사람들은 고통에 대한 반응을 과장하기도 한다. 정서적이고 반복적이며 강박적인 행동이 의미치매의 특징으로, 이러한 특징을 통해 97%의 정확도를 가지고 다른 FTLD와 감별할 수 있게 된다(Snowden et al., 2001).

일상 활동과 운동제어는 보통 질병이 진행되는 후기까지 정상적으로 유지되는 편이어서 FTLD를 기분장애나 양극성장애, 조현병으로 오해하기도 하고 환자를 내과의사 대신 정신과의사에게 의뢰하기도 한다. 조기진단을 통해 치료 가능한 원인, 즉 영양 결핍, 감염, 또는 대사 이상으로 인한 NCD를 감별해볼 수 있다.

이 집단을 대상으로 수행된 대규모 임상 실험이 별로 없기 때문에 FTLD 치료에 관한 정보는 제한적이다. SSRI계 약물과 파록세틴에 대해 수행된 몇몇 무선통제실험에서는 이 약물들이 정서적·행동적 증상(예 : 우울, 불안, 짜증, 강박, 과잉식욕)을 치료하는 데는 도움이 되지만 인지적 문제에는 별 효과가 없는 것으로 나타났다. 파록세틴을 대상으로 한 다른 연구는 파록세틴이 행동 증상의 완화뿐만 아니라 부양자의 스트레스 감소에도 효과적임을 보여주었다(Weder et al., 2007).

비약물치료법의 효과성은 아직 명확하지 않다. 치매 관련 행동 장애에 대한 심리학적 치료를 체계적으로 연구한 논문에 따르면 구체적인 내담자 행동, 부양자 행동, 그리고 두 가지 모두에 초점을 맞춘 행동 관리 기술이 효과적일 수 있다고 한다. 내담자의 증상에 대한 긍정적 효과는 몇 달간

지속되었다(Livingston et al., 2005).

모든 종류의 NCD 치료에 있어서 부양자의 스트레스와 소진을 다루는 것이 매우 중요하다. 한 연구에 따르면 부양자가 지각하는 부담감이 부양자의 스트레스와 높은 상관이 있었으며, 면역력 감소, 건강관리 문제 상승 및 비용의 상승과도 관련이 있었다. 이것은 환자가 조기에 요양원에 입소하게 되는 원인이기도 한다.

사회적 지지는 부양자의 스트레스를 줄여주고 불안을 낮출 뿐 아니라 면역체계 기능도 강화시켜준다. 이 장애를 가진 사람들과 일하는 치료자들은 부양자에게 지지, 교육, 치료를 제공할 수 있어야 한다. 연구들에 따르면 조기에 부양자에 대해 개입하는 것이 내담자와 부양자 모두의 삶의 질을 향상시켜 장기 요양 시설의 입소도 늦출 수 있다(Litvan, 2001). 환경적 변화(장기 요양시설이나 기타 유사한 시설로 이동)가 생기면 NCD 내담자들은 지남력이 저하되고 초조해지며 신경이 예민해지는 것으로 보고된다. 돌봄 및 치료는 스트레스 전반에 대해 보이는 개인의 독특한 반응을 고려하여 이루어져야 한다.

HIV 감염으로 인한 주요 또는 경도 신경인지장애

알츠하이머병과는 달리 HIV 감염으로 인한 NCD의 원인과 진행은 훨씬 많이 연구되어 있다. 이 진단을 받으려면 주요 또는 경도 신경인지장애 진단기준을 충족시켜야 하며 인간면역결핍바이러스(human immunodeficiency virus, HIV) 감염 진단도 받아야 한다. 또한 이 장애가 다른 의학적 상태나 다른 NCD 또는 뇌질환으로 더 잘 설명되지 않아야 한다.

HIV 감염에 걸리는 사람 중 약 25%가 경도 NCD 증상을 보인다. HIV 감염으로 인한 NCD는 서서히 개선되거나 악화되는 양상을 보이는 편이며 빠르게 진행되는 경우는 흔치 않다. 이러한 증상은 병원을 내원하는 이유가 된다.

이 장애에 대한 위험성은 우선 HIV 감염에 대한 위험 요인(예 : 정맥주사 약물 사용, 감염된 파트너와의 피임 없는 성교, 감염된 피의 수혈)에 얼마나 노출되었는지에 달려 있다. 주산기에 모체에서 태아로 감염되는 경우도 흔하다. 특

히 HIV 감염 가능성에 대해 임산부를 정기적으로 검사하고 치료하는 것이 이루어지지 않고 있는 개발도상국에서 이러한 전염에 유의할 필요가 있다.

전반적으로 NCD의 경과는 HIV 질병의 단계, 당사자의 연령, 동반 장애, 감염, 이로 인해 생기는 다른 의학적 문제에 따라 달라진다. HIV 감염으로 인한 경도 NCD를 앓는 영아는 신경인지적 지체를 보일 가능성이 있다. 성인 초기 청년의 경우 집행 기능이 저하되는 증상을 보이긴 하지만 기본적으로 건강해 보일 수 있다. 연령의 증가, 동반 장애나 다른 의학적 상태, 면역결핍으로 인한 뇌감염이 있으면 NCD 증상이 더 심해질 수 있다.

HIV 관련 신경인지장애(HIV-associated neurocognitive disorder, HAND)는 항레트로바이러스 치료(antiretroviral therapy)를 받는 사람들에게 자주 나타나는 편이다(Liner, Ro, & Robertson, 2010). 이유를 정확히는 모르지만 아마도 무엇보다 고령화, 아밀로이드 침전물(amyloid deposit), 그리고 지속적인 중추신경계 감염의 조합 때문인 것으로 추정된다(Tan & McArthur, 2012). 이렇게 취약한 집단에서 신경인지장애가 증가하는 것을 방지할 방안을 마련하려면 더 많은 연구가 필요하다.

HIV 감염으로 인한 NCD의 평가를 위해서는 주로 MRI나 요추천자(lumbar puncture)를 활용한다. 동반하는 장애에는 물질사용장애, 다른 뇌혈관장애, 그리고 신진대사증후군 등이 있다.

외상성 뇌손상

대부분의 신경인지장애와 달리 외상성 뇌손상(traumatic brain injury, TBI)으로 인한 NCD는 어린 아동, 청소년, 고령의 성인에게서 가장 많이 나타난다. 가장 흔한 선행사건으로 추락, 자동차 사고, 물체에 의한 두부 충격이 있다(Faul, Zu, Wald, & Coronado, 2010). NCD 기준을 충족시키면서 외상성 뇌손상 직후 바로 의식상실, 기억상실, 혼돈이나 지남력장애, 신경학적 징후 중 하나 이상의 증상이 나타나야 하고 이로 인한 인지적 손상이 지속되어야 한다.

심각도는 얼마나 빨리 의식상실이 발생했는지와 지남력

장애나 혼돈 기간, 그리고 사건에 대한 기억상실이 있는지 여부에 따라 결정된다. 외상성 뇌손상(TBI)이 동반하는 다른 증상으로는 광과민성, 두통, 피로, 신경과민, 수면장해 등이 있다.

경도의 TBI는 보통 몇 주에서 몇 달 사이에 해소된다. 중등도에서 고도의 TBI는 예후가 좋지 않으며, 인지적 탄력성(cognitive reserve)이 부족할 수 있는 고령 성인의 경우에는 특히 회복이 완전히 불가능할 수 있다. 운동선수(예 : 권투선수)나 참전 용사의 경우 다중 삽화의 TBI로 인해 만성 외상성 뇌병변(encephalopathy)이 생길 수 있으며 심하면 치매에 걸릴 수도 있다(Baugh et al., 2012). 퇴행성 장애는 시간이 갈수록 악화되어 결국 치매로 이어진다(McKee & Daneshvar, 2013).

미국에서 매해 생겨나는 170만 외상성 뇌손상의 59%는 남성이 차지한다. 경쟁적인 스포츠, 특히 풋볼, 레슬링, 하키, 축구는 경도 TBI의 증가에 기여한다. 스포츠에 참여하는 여학생들은 남학생들보다 뇌진탕에 걸릴 확률이 70% 정도 높은데, 특히 농구나 축구에 참여할 때 그 위험성이 가장 높다(Marrar, McIlvain, Fields, & Comstock, 2012).

NCD가 동반하는 장애로는 알코올 남용, 물질 남용, PTSD 등이 있다. 이들 장애는 증상에 있어 유사한 부분(예 : 우울, 공격성, 충동통제의 어려움, 집중 곤란)이 있어 혼란스러울 수 있다. 외상성 뇌손상으로 인한 NCD와 PTSD는 전쟁 참여 집단에서 동반이환으로 나타나는 경우가 많다.

물질/약물치료로 유발된 주요 또는 경도 신경인지장애

신경인지장애는 반복적인 물질사용이나 약물치료로 인해 생겨날 수 있다. *DSM-5*는 구체적인 물질/약물을 표로 제시하였다. 표에는 알코올, 흡입제(천식 치료에 사용되는 것처럼), 진정 수면제 또는 항불안제(예 : 벤조디아제핀계 약물, 수면제), 기타(또는 미상의) 물질이 포함되어 있다. 이 목록이 모든 것을 포함하는 것은 아니다. NCD처럼 보이는 증상(단기기억 상실, 억제부전, 신경과민, 불쾌감, 수면

장해, 불안)을 야기하는 기타 약물에 항생제, 코르티코스테로이드제, 항경련제, 항구토제, 근육이완제, 아편계 진통제 등이 있다. 항콜린성 부작용이 있는 약물 역시 이러한 증상의 발현과 관련이 있을 수 있다. 물질 및 약물의 사용과 그 기간은 NCD를 일으킬 정도로 충분해야 하며, 신경인지 손상의 발생은 약물이나 물질의 사용 시점과 이어져서 나타나야 한다. 증상은 중독이나 급성 금단 이후에도 지속되어야 한다.

자극제 약물은 시소효과로 인해 우울이나 과다수면이 반등되게 할 수 있다. 벤조디아제핀계 약물과 알코올을 복용하면 신경과민과 과활동성이 나타날 수 있다. 알코올과 같은 물질들은 장기간 사용하게 되면 신경운동 문제와 정서 조절 상실(예 : 공격성, 부적절한 정동, 냉담)로 이어질 수 있다.

진정제, 수면제, 항불안제 약물은 기억장해와 환각을 초래할 수 있다. 중추신경계 수면제인 바비튜르산유도체도 약물치료로 유발된 NCD에 기여하는 것으로 보인다.

약물치료 관련 문제는 65세 이상 미국인의 사망 원인 5위 안에 들어가는 것으로 추정되며(American Society of Consultant Pharmacists), 혼란, 우울, 추락, 장애, 독립성 상실을 일으키는 주요 원인이 된다. 현재 미국 인구의 7명 중 1명이 65세 이상이며, 불행히도 전체 약물 부작용의 35%가 65세 이상에서 나타난다(ASCP, FDA report, 1996).

약물은 전체 NCD 사례 중 12%가량, 그리고 60세 이상 노인 중 기능 회복이 가능한 NCD 사례 중 5%가량에 대해 인지 손상을 일으킨 원인으로 추정된다(처방되는 약물의 수에 따라 숫자는 늘어난다). 그리고 모든 치매의 12% 정도는 NCD 때문인 것으로 보인다.

물질이나 약물치료로 유발된 NCD의 발병 위험 요인에는 고령, 장기간 사용, 50세 이상에서 지속적 사용 등이 있다. 뇌는 노화되면서 알코올, 마약, 약물치료에 더 예민하게 반응하기 때문에, 노인들에게 약물을 처방할 때, 특히 다양한 약물을 처방할 때는 주의해야 한다. 몸에서 약물을 제거하는 개인의 능력은 신장과 간 기능이 정상적 노화와 함께 저하되는 정도에 맞추어 저하된다. 여러 종류의 약제를 동시에 사용하면 약제들 간에 상호작용을 일으켜 부작용이 증가한다. 65세 이상의 노인들 대부분이 하루 평균 일

곱 가지 약물을 복용한다. 그들이 전체 인구에서 차지하는 비율은 13%인데 반해, 약물처방 중 그들이 차지하는 비율은 25~30%에 달하며, 처방전이 필요하지 않은 일반의약품 사용은 40%를 차지한다(Maris, 2012).

치료가 시작되기 전, 특히 다중 약물을 처방할 때는 반드시 인지 기능을 먼저 평가하도록 한다. 이 연령층 사람들에게는 가능하면 단기간에 작용하는 약물과 혈액뇌장벽(blood-brain barrier)을 통과하지 않는 약물을 사용해야 한다.

아편류, 삼환계 항우울제, 그리고 벤조디아제핀계 약물은 치매, 섬망, 인지 손상을 악화시킬 수 있다. 항고혈압제와 항콜린제 성분의 약물은 약물치료로 유발된 NCD를 일으킬 가능성이 가장 높은 편이다(Starr & Whalley, 1994).

경도 NCD를 일으키는 다른 원인으로 특정 유형의 마취제가 있다. 수술 직후 인지 기능은 저하되는 편이다. 여기에 기여하는 요인으로 수술 시간, 마취제의 양과 종류, 그리고 수술 중 색전술이 있었는지의 여부 등이 있다(Purandare et al., 2012). 수술 후 나타나는 인지 결손은 보통 2~3개월 사이에 없어지는 편이지만, 6개월 이상 지속되는 경우도 있다.

혈관성 주요 또는 경도 신경인지장애

고혈압, 당뇨, 흡연, 비만 및 높은 콜레스테롤 수치는 혈관성 주요 또는 경도 신경인지장애를 일으키는 위험 요인으로 알려져 있다. 혈관성 신경인지장애는 이전에는 뇌혈관장애(cerebrovascular accidents, CVAs) 혹은 뇌졸중(stroke)으로 불렸다.

혈관성 NCD는 두 번째로 많은 NCD로 알츠하이머병 바로 다음이다. 이 장애가 발병할 위험성은 나이가 들면서 증가하는데, 특히 65세 이상의 연령층에게 위험성이 높다. 65~70세 사이 노인은 0.2%의 유병률을, 80세 이상의 노인은 16%의 유병률을 보이는 것으로 나타났다.

기타 위험 요인에는 남성, 아프리카계 미국인, 경구 피임약 사용, 흡연, 고혈압, 심장질환, 높은 콜레스테롤 수치 등이 있다. 뇌졸중 증상은 갑자기 나타나며, 3분의 1가량이 수면 중에 증상을 경험한다. 뇌졸중이 발병하고 3개월 내에 30%가량의 사람들이 치매 진단을 받는다(DSM-5,

2013). 반면에 24시간 내에 사라지는 증상은 일과성뇌허혈증(transient ischemic attack, TIA)이라 하는데, 이 증상을 경험한 많은 경우가 뇌졸중으로 완전히 진행된다.

NCD는 많은 경우 치료보다는 예방이 효과적인데, 뇌졸중의 경우도 사후 치료보다는 사전 예방이 더 효과적일 수 있다. 기존의 위험 요인에 대한 교육, 신체 운동, 정신 활동의 증가는 뇌의 신경가소성 관련 보호 요인으로 작용할 수 있다. 뇌졸중을 유발하는 위험 요인에 대한 치료도 적절할 수 있다. 이전에 TIA를 경험한 사람들은 완전히 진행된 뇌졸중에 걸릴 확률이 5% 정도 된다.

*DSM-5*에서 NCD로 분류된 다른 항목으로는 헌팅턴병, 프라이온병, 다른 의학적 상태, 또는 루이소체병으로 인한 NCD가 있다. 다중 병인으로 인한 NCD도 진단될 수 있고, 명시되지 않는 NCD도 진단될 수 있다.

치료자의 자질

신경인지장애 진단은 주치의, 신경학자, 기타 의학 전문가에 의해 가장 많이 진단된다. 이 장애를 가진 사람들의 치료자는 NCD의 심리학적 측면과 신경학적 측면에 대한 훈련을 충분히 받아야 하고 다른 의학 전문가와 협업할 수 있어야 한다.

NCD가 있는 사람과 치료적 관계를 얼마나 잘 맺을지는 전반적으로 그 사람의 인지 기능 수준, NCD의 경도 혹은 주요 여부, 그리고 환자에 대한 중요한 의학적 정보를 제공해줄 만큼 환자를 잘 아는 부양자나 가족 구성원이 있는지에 달려 있다. 지지하기, 안심시키기, 교육하기는 치료자가 신경인지장애가 있는 내담자와 그 가족들에게 제공할 수 있는 가장 중요한 세 가지 서비스이다. 치료자는 환자의 현실 자각을 촉진하고 장애의 구체적 측면에 대한 정보를 제공하며 특정 시기에 필요한 심리학적 개입 및 의학적 개입을 결정할 수 있도록 지도하는 역할을 할 수 있다.

가족 상담, 교육, 요양 치료 · 가족지지 집단 · 부양자 휴식지원과 같은 보조 개입 관련 조력 및 개입이 필요할 수 있다. 치료자는 이 집단과 일하는 것에 대한 자신의 감정을 지각하고 가족 구성원과 부양자의 필요를 다루는 데 자신

이 가진 한계를 인식할 필요가 있다.

평가

NCD는 내담자와의 면접만으로 진단하기에는 어려움이 있기 때문에, 정신건강 전문가는 뇌손상이나 NCD가 의심되면 바로 신경학적 평가를 의뢰해야 한다. 상담자는 신경인지장애에 대한 사전 진단 도구로 정신상태 간이검사(Mini-Mental Status Exam, MMSE; Folstein, Folstein, & McHugh, 1975)를 실시해볼 수 있다. MMSE는 기억/주의력, 지남력, 주의력/연산 기술, 언어, 시공간 기술에 대한 연구 기반의 선별 검사이다. MMSE는 신뢰도와 타당도를 갖추고 있으며, 실시하는 데 걸리는 시간이 15분 미만이다. 치매와 우울로 인한 가짜치매 및 인지적 손상이 없는 치매를 구별하는 데 사용될 수 있다. 하지만 MMSE는 선별 도구로 상승된 점수는 추가적 검사와 후속 조치가 필요함을 알려주는 것임을 기억해야 한다.

시계 그리기 검사(Clock-Drawing Task; Nolan & Mohs, 1994)는 추상적 사고, 계획하기, 순서화와 관련된 집행 기능에 대한 간단한 평가 도구이다. 수검자는 숫자가 있는 동그란 시계를 그리도록 요청받는다. 그리고 시계바늘을 그려 특정 시간을 나타내도록 요청받는다. 시계와 숫자를 적절한 위치에 그리고, 시계바늘을 적당히 배치하는 능력에 따라 4점까지 획득하게 된다. 4점 미만의 점수는 집행 기능에 문제가 있음을 시사한다.

신경정신증상 평가척도(Neuropsychiatric Inventory, NPI; Cummings et al., 1994)는 주요 NCD를 평가하는 데 가장 많이 사용되는 도구이다. 환자에 대해 잘 알고 있는 부양자가 열 가지 심리적 문제(예 : 망상, 불안, 초조, 억제부전, 불쾌감)의 가능성에 대한 질문에 대답을 하게 된다. 그중에서 행동 영역에 영향을 주는 부분에 대해서는 빈도 및 심각도 관련 추가질문을 한다. NPI는 경도와 주요 NCD를 구별하고 치매의 다양한 원인을 파악하며 나아가 행동 변화의 심각도와 빈도를 측정하는 데 도움을 준다.

의사나 신경학자에게 의뢰가 필요하다고 판단되어 의뢰가 이루어지게 되면 EEG, CT 검사, MRI, 양전자 방사 단

층 촬영(PET), 스펙트 스캔(SPECT scan), 그리고 종합적인 의학 검사를 실시하여 뇌 기능을 평가한다. 인지 선별 검사와 신경심리학적 검사는 인지 결손의 종류를 파악하고 기저선 자료를 제공하며 장애의 심각도 및 기능 저하 정도를 측정하는 데 도움이 된다. 하지만 검사 결과를 통해 예후나 경과를 알 수 있는 것은 아니다.

인지 결손은 쉽게 치료될 수 있는 의학적 원인(예 : 인지 혼란을 초래하는 방광염)에 의한 것일 수 있기 때문에 조기에 발견하여 진단하는 것이 중요하다. NCD가 초기 단계에서 진단되면 생활양식의 변화나 약물치료를 통해 장애의 진행 속도를 늦출 수 있다. 치료가 불가능한 NCD의 경우에도 진단을 하게 되면, 적어도 증상이 더 심해지기 전에 환자가 자신의 미래와 관련된 결정을 할 수 있는 시간을 갖게 될 수 있다는 측면에서 의미가 있다.

개입 전략

신경인지장애는 대부분 예방적 차원에서 치료가 이루어진다. 아직까지는 주요 또는 경도 신경인지장애를 되돌리거나 치료하는 약물이 발견되지 않았다. 하지만 많은 약물치료가 다음과 같은 용도로 사용되고 있다.

- NCD의 발병을 막는 것을 돕는 예방 조치
- NCD 증상 치료
- 신경인지장애의 진행 속도 늦추기

알코올 남용 등이 원인이 되는 비타민 결핍을 치료하는 것도 효과적이다. 한 연구에서는 2년 동안 높은 용량의 비타민 B를 복용하게 한 결과 뇌 위축의 30~53%가 감소하게 되었다(Smith et al., 2010).

높은 용량의 비타민 E(매일 2,000IU)를 복용하는 것은 이미 시작된 알츠하이머병을 회복시키지는 않지만 그 진행 속도를 늦추는 데 효과적인 것으로 나타났다(Karceski, 2012). 하지만 높은 용량의 비타민 E 복용은 심혈관성 현상의 증가와 출혈의 용이라는 부작용이 있다.

알츠하이머병으로 인한 NCD에 걸린 사람들에게 널리 사용되는 몇 가지 약물이 있다. 그중 메만틴은 중등도에서 고도의 알츠하이머병에 대한 치료제로 널리 인정받아 왔으며 FDA의 승인을 받은 약물이다. 이 약물로 인한 이상 반응은 거의 없지만, 이 약물의 사용을 지지할 만큼의 효능을 보여주는 연구는 별로 없어 보인다. 콜린에스테라아제 억제제(cholinesterase inhibitor)를 추가하더라도 효능이 증가하지는 않는 것 같다(Howard et al., 2012).

레보도파와 같은 약물은 파킨슨병으로 인한 NCD에 효과적일 수 있다. 이런 약물은 파킨슨병 관련 증상을 감소시켜 준다. 하지만 어떤 사람들에게는 정신병적 증상, 환각, 충동조절 문제를 일으킬 수 있다(Poletti & Bonuccelli, 2013).

고혈압, 우울, 당뇨와 같은 의학적 상태를 관리하면 뇌졸중이나 NCD 발병 위험성을 줄이는 데 도움이 된다. 혈압을 낮추거나 혈당 수준을 조절하거나 우울 증상을 줄이는 데 도움이 되는 약물은 모두 건강한 뇌 기능의 유지에 한몫한다.

주요 NCD 환자들이 공통적으로 경험하는 초조, 편집, 환각의 치료를 위해 항정신병 약물과 신경이완제가 주로 처방된다.

이러한 약물을 노인 집단에 사용할 때는 불원 부작용(untoward side effect, 약물이 가지고 있는 여러 작용 중에서 질병 치료에 필요하지 않은 작용)이 생길 위험이 있기 때문에 조심해야 한다.

대부분의 약물은 부작용이 있기 때문에, 약물로 인한 혜택과 그로 인한 위험을 언제나 저울질해볼 필요가 있다.

생활양식 변화

운동과 사회적 상호작용의 증가와 같은 생활양식의 변화는 NCD 환자들에게 장애의 진행속도를 늦추어주는 등 긍정적 효과가 있는 것으로 나타났다. 한 연구에서는 알츠하이머병 초기 단계의 사람들 중 양호한 심폐지구력을 가진 성인은 규칙적으로 운동을 하지 않는 사람들에 비해 뇌 위축이 적은 것으로 나타났다(Honea et al., 2009).

혈관성 NCD를 치료할 때는 혈압, 당뇨, 콜레스트롤, 혈당을 조절하는 데 초점을 둔다. 체중 감소, 알코올 섭취 감소, 금연도 치료 목표가 된다(Peters, Huxley, & Woodward, 2014).

즐거운 활동 참여, 사교적 활동 참여, 기억 및 집중력 기술을 통한 뇌 운동은 치매 환자들의 인지 결손을 늦추는 데 도움이 될 수 있다(Woods, Aquirre, Spector, & Orrell, 2012). 하지만 아직까지 인지 결손을 줄이는 데 효과적인 구체적인 인지 훈련 프로그램을 지지하는 경험적 증거는 없는 실정이다(Lövdén, Zu, & Wangy, 2013).

일상 공간을 더 편안하게 만드는 환경 수정을 통해 환자들의 효과적인 대처를 도울 수 있다. 가능하면 일상의 변화나 스트레스는 피하도록 한다. 가족 방문이나 친근한 음악 감상과 같이 환자가 즐길 수 있는 상황을 늘리도록 한다. 대부분의 인지 능력을 상실한 사람도 과거 즐겼던 음악에 반응하거나, 가장 즐겼던 여가 활동(예 : 카드 놀이, 보드 게임)에는 참여할 수 있다. 조명을 밝게 하는 것은 치매 관련 초조와 우울 같은 증상을 줄여줄 수 있다(Hanford & Figueiro, 2013).

심리치료

심리치료는 대부분의 신경인지장애의 치료에 있어서 부차적인 역할을 하지만, 특히 알츠하이머병으로 인한 NCD나 혈관성 치매의 초기 단계에서는 약물치료를 보완하는 중요한 개입이 될 수 있다. 심리치료는 대처 기술을 향상시켜주는데, 대처 기술이 향상된 환자들은 재활 서비스나 기타 서비스에 대해 잘 참여하게 된다. 치매, 알츠하이머병, 기타 NCD와 같이 비가역적인 퇴행성 장애의 경우에는 지지적 환경을 제공하는 것이 최고의 치료일 수 있다.

심리치료는 지지적인 형태로 환자와 그 가족 구성원에게 장애의 진행에 대한 이해를 돕는 심리교육을 제공하면서 환자가 가능한 한 활동적이고 독립적으로 생활하도록 격려하는 식으로 이루어진다면 가장 도움이 될 것이다.

행동치료를 통해 환자들이 충동 행동, 초조, 정서적 변이성, 사회적으로 부적절한 행동을 안전한 대처 행동으로 대체하는 것을 도울 수 있다.

마음챙김 기반 스트레스 감소 훈련과
마음챙김 기반 인지치료

마음챙김은 판단 없이 현재 순간을 의도적으로 자각하는 것으로 정의되곤 한다. 마음챙김 명상은 불교의 영적 수행에서 유래되었다. 세속적 심리학적 수련은 많은 동양적 전통 요소를 흡수하였는데, 그 대표적인 것이 Jon Kabat-Zinn(2003)이 개발한 마음챙김 기반 스트레스 감소(MBSR)와 마음챙김 기반 인지치료(MBCT)이다. 통증, 우울, 불안 및 다른 만성질환을 치료하는 데 이 기법이 사용된다. 두 기법 모두 이 책 다른 곳에서도 소개되었지만, 마음챙김 명상 수행이 뇌에 미치는 긍정적 효과를 증명하는 연구들이 최근 충분히 이루어졌기 때문에 여기에서도 소개하고자 한다.

마음챙김 기반 스트레스 감소 훈련과 마음챙김 인지치료에서 활용되는 마음챙김 수행이 뇌 기능을 변화시키는 것은 기능적 뇌 영상 연구를 통해 증거를 충분히 확보하였다(Marchand, 2014). 마음챙김 수행이 인지적 효과와 정서적 효과로 이어지는 신경 과정에 대한 이해도 높아지고 있다. 한 예비 연구에서는 치매에 걸릴 가능성이 높은 성인에게 MBSR을 실시한 결과 질병이 진행되면 가장 영향을 받기 쉬운 뇌 영역에서 해마 수축이 감소하면서 기능적 연결성이 향상된다는 것을 증명하였다. 이러한 연구 결과는 마음챙김 명상이 보호 요인으로 작용할 수 있음을 보여준다(Wells et al., 2013).

명상 기술은 비용이 많이 들지 않고 가르치기 쉬우며 실시하기도 비교적 용이하다. 명상이 경도 NCD 환자들의 인지와 기억, 언어적 유창성 및 인지적 유연성에 긍정적 효과가 있다는 것을 지지하는 연구 결과들이 축적되고 있다(Marciniak et al., 2014; Newberg et al., 2014).

마음챙김 기반 스트레스 감소 훈련은 경도 NCD 환자들의 뇌위축을 줄여주고, 알츠하이머병과 경도 인지 손상과 가장 관련성이 높은 뇌 영역에 긍정적 영향을 미친다는 것이 밝혀졌다(Wells et al., 2013). 인지 결손이 스트레스 때문인 경우, 명상은 스트레스를 줄여주고 인지를 향상시키며 안녕감을 높여줄 수 있다. 이것은 비외과적이고 비용 부담도 적으며 부작용도 거의 없다. 집단에서 명상을 하는 사람들의 경우에는 사회적 연결감도 부가적으로 얻게 된다. 임상적인 기능의 향상이 전반적인 마음챙김 명상으로 가능한 것인지 MBSR이 특별히 도움이 되는 것인지를 밝히려면 더 많은 연구가 필요하다.

NCD 환자를 돌보는 가족 및 기타 부양자는 스트레스 관련 장애, 우울, 불안에 걸릴 가능성이 높다. 치료에 대한 포괄적 접근을 위해서는 부양자에 대한 지지를 반드시 고려해야 한다. 온라인 지지 집단, 규칙적인 명상, 요가, 운동은 스트레스를 줄이고 탄력성을 증가시키며 우울을 예방하는 데 도움이 된다. 부양자가 아니더라도 과도한 부담을 지고 있는 가족 구성원들에게 상담, 위탁 간병, 하루 휴식 프로그램(day out program)을 제공하면 부담감을 완화시켜줄 수 있다. 노화 관련 지역기관 및 지역사회 서비스 게시판을 활용하면 위탁 간병 및 재택 서비스 같은 지역사회 자원을 찾아볼 수 있다. 지역사회에서 이루어지는 동료지지 집단에 참여하면서 부양자는 좋은 정보를 얻을 수 있고, 나아가 지지적이고 이해받는 분위기 속에서 자신의 감정, 좌절감, 공포를 나눌 수 있다. 주 1회 방문하는 친절한 이웃이나 친구만 있어도 부양자는 스스로를 위해 병원을 방문하거나 자신의 정신건강을 돌볼 기회를 얻게 된다.

알코올이나 물질 사용으로 인한 NCD 환자들은 절주를 장려하는 12단계 프로그램을 통해 치료와 지지를 얻을 수 있다. 신경인지장애는 어떤 종류이든 우울, 편집, 또는 섬망과 같은 다른 장애를 동반할 수 있다. 이러한 동반 장애를 치료할 때는 대상자가 인지적으로 충분히 기능하는 사람일 때 대하는 것과 같은 태도를 가지고 치료에 임하도록 해야 한다.

예후

예후는 NCD 자체가 다양한 만큼 다양하며, 보통은 원인에 따라 다르게 나타난다. 알코올과 물질 사용, 대사 이상, 전신병(systemic illness), 경도 외상성 뇌손상으로 인한 신경인지장애는 일시적이며 보통은 완전히 회복되거나 상당히 호전되는 편이다.

알츠하이머병, 루이소체병, HIV 감염, 헌팅턴병 등으로 인한 퇴행성 NCD는 독립적 생활을 저해하는 인지 결손을 일으킨다. 우울증도 생기는데, 만약 치료 없이 방치하면 우울로 인해 혈관성 치매 및 뇌졸중 가능성이 증가한다(Sibolt et al., 2013).

치료적 제언 : 통합 치료 모델

이 장에서는 신경인지장애에 대해 논의하였다. 신경인지장애는 인지 기능 수준이 이전보다 퇴행하는 것이 특징적으로 나타나는 장애이다. 치료적 제언을 통합 치료 모델에 맞추어 다음과 같이 요약하여 정리하였다.

진단

- 신경인지장애 : 섬망, 치매, 주요 및 경도 신경인지장애(아형—알츠하이머병, 전두측두엽 퇴화, 루이소체병, 혈관성 질환, 외상성 뇌손상, 물질/약물치료, HIV 감염, 프라이온병, 파킨슨병, 헌팅턴병, 기타 다중 병인)

치료 목표

- 가능하다면 유전적 요인과 예방에 대한 심리교육
- 안전 조치 향상시키기
- 사회적 고립, 우울, 냉담함 감소시키기

평가

- 알코올, 물질, 처방 약물 사용 등을 포함한 상세한 의학력
- 신체 검사
- 혈액검사와 뇌 영상 스캔
- 기분장애에 대한 평가와 치료

치료자의 자질

- 다양한 형태의 신경인지장애에 대한 지식을 갖출 것
- 정서적 지지를 제공할 것
- 친절하고 안도감을 제공할 수 있을 것

치료 장소

- 주로 외래 환경
- 때로는 생활지원 시설, 데이케어, 홈건강서비스
- 말기 환자를 위한 고통완화 처치 및 호스피스

(계속)

개입 전략

- 심리교육
- 원치 않는 행동(언어적, 성적, 행동적)을 줄이기 위한 지시적 행동치료
- 생활양식 변화─규칙적 운동, 건강한 식단, 지적 자극, 사회적 기술
- 기억 보조에 대한 기술 훈련 제공
- 회상 치료

치료의 주안점

- 지지적
- 적당히 지시적

치료 참여 구성

- 개인치료
- 사회적 기술 훈련을 위한 집단치료

치료 속도

- 내담자의 필요에 따라 조정함

약물치료

- 기억 상실을 줄이고 행동적 증상(기분장애, 정신병적 증상, 분노와 공격성)을 치료하는 데 약물이 도움이 될 수 있음

보조 개입

- 사회화 촉진
- 운동과 영양관련 프로그램
- 부양자를 위한 지지 집단

예후

- 안전과 지지를 유지하고 원치 않는 행동적 증상을 줄인다면 양호
- 장기적인 전반적 예후는 그리 좋지 않은 편

통합 치료 모델 : 글래디스

이 장은 알츠하이머병으로 인한 주요 신경인지장애를 앓고 있는 여성 노인인 글래디스에 대한 소개로 시작되었다. 그녀를 위해 다음과 같은 치료 설계를 추천한다.

진단

- 알츠하이머병으로 인한 주요신경인지장애

치료 목표

- 사회적 고립, 우울, 냉담함 감소시키기

평가

- 알코올, 물질, 처방 약물 사용 등을 포함한 상세한 의학력
- 신체 검사
- 혈액검사와 뇌 영상 스캔
- 기분장애에 대한 평가와 치료

치료자의 자질

- 다양한 형태의 신경인지장애에 대한 지식을 갖출 것
- 정서적 지지를 제공할 것

- 친절하고 안도감을 제공할 수 있을 것

치료 장소

- 말기 환자를 위한 고통완화 처치 및 호스피스

개입 전략

- 심리교육
- 원치 않는 행동(언어적, 성적, 행동적)을 줄이기 위한 지시적 행동치료
- 규칙적 운동(예 : 풍선 배구), 건강한 식단, 지적 자극(제2차 세계대전 음악 콘서트, 카드놀이)의 유지
- 회상 치료

치료의 주안점

- 지지적
- 적당히 지시적

치료 참여 구성

- 개인치료

(계속)

- 집단 사회적 활동

치료 속도

- 내담자의 필요에 따라 조정

약물치료

- 반복적 행동 증상을 치료하기 위한 약물치료
- 우울, 과민성, 공격성을 줄이기 위한 SSRI계 약물과 항정신병 약물치료

보조 개입

- 사회화 촉진
- 운동과 영양관련 프로그램
- 부양자를 위한 지지 집단

예후

- 안전과 지지를 유지하고 원치 않는 행동 증상을 줄인다면 양호
- 장기적인 예후는 좋지 않음

추천문헌

Beers Criteria for Potentially Inappropriate Medication Use in Older Adults: Results of a U.S. Consensus Panel of Experts. (2003). *Archives of Internal Medicine, 163*, 2716–2724.

Livingston, G., Johnston, K., Katona, C., Paton, J., Lyketsos, C. G., & Old Age Task Force of the World Federation of Biological Psychiatry. (2005). Systematic review of psychological approaches to management of neuropsychiatric symptoms of dementia. *American Journal of Psychiatry, 162*, 1996–2021.

Noggle, C. A., & Dean, R. S. (Eds.). (2014). *The neuropsychology of cortical dementias.* New York, NY: Springer.

참고문헌

American Psychiatric Association. (2013). *Diagnostic and statistical manual of mental disorders* (5th ed.). Washington, DC: Author.

Baugh, C. M., Stamm, J. M., Riley, D. O., Gavett, B. E., Shenton, M. E., Lin, A., ... Stern, R. A. (2012). Chronic traumatic encephalopathy: Neurodegeneration following repetitive concussive and subconcussive brain trauma. *Brain Imaging Behavior, 6*, 244–254.

Breitner, J. C., Baker, L. D., Montine, T. J., Meinert, C. L., Lyketsos, C. G., Ashe, K. H., ... ADAPT Research Group (2011). Extended results of the Alzheimer's disease anti-inflammatory prevention trial. *Alzheimers and Dementia, 7*, 402–411. doi:10.1016/j.jalz.2010.12.014

Cummings, J. L., Mega, M., Gray, K., Rosenberg-Thompson, S., Carusi, D. A., & Gombein, J. (1994). The Neuropsychiatric Inventory: Comprehensive assessment of psychopathology in dementia. *Neurology,* 44, 2308–2314.

Evans, D. A., Funkenstein, H. H., Albert, M. S., Scherr, P. A., Cook, N. R., Chown, M. J., ... Taylor, J. O. (1989). Prevalence of Alzheimer's disease in a community population of older persons: Higher than previously reported. *Journal of the American Medical Association, 262*, 2551–2556.

Faul, M., Xu, L., Wald, M. M., & Coronado, V. G. (2010). *Traumatic brain injury in the United States: Emergency department visits, hospitalizations and deaths* 2002–2006. Atlanta, GA: Centers for Disease Control and Prevention, National Center for Injury Prevention and Control.

Federal Interagency Forum on Aging Related Statistics: Older Americans (2004). Key Indicators of Well-Being. Washington, DC: U.S. Government Printing Office.

Folstein, M. F., Folstein, S. E., & McHugh, P. R. (1975). Mini-mental state: A practical method for grading the cognitive state of patients for the clinician. *Journal of Psychiatric Research, 12*, 189–198.

Han, J. Y., & Han, S. H. (2014). Primary prevention of Alzheimer's disease: Is it an attainable goal? *Journal of Korean Medical Science, 29*, 886–892.

Hanford, N., & Figuero, M. (2013). Light therapy and Alzheimer's disease and related dementia: Past, present and future. *Journal of Alzheimer's Disease, 33*, 913–922.

Honea, R. A., Thomas, G. P., Harsha, A., Anderson, H. S., Donnelly, J. E., Brooks, W. M., & Burns, J. M. (2009). Cardiorespiratory fitness and preserved medial temporal lobe volume in Alzheimer disease. *Alzheimer Disease Association Disorders, 23*, 188–197.

Howard, R., McShane, R., Lindesay, J., Ritchie, C., Baldwin, A., Barber, R., ... Phillips, P. (2012). Donepezil and memantine for moderate-to-severe Alzheimer's disease. *New England Journal of Medicine, 366*, 893–903.

Kabat-Zinn, J. (2003). Mindfulness-based interventions in context: Past, Present, and Future. *Clinical Psychology: Science and Practice, 10*, 144–156.

Karceski, S. (2012). Preventing Alzheimer disease with exercise? *Neurology, 78*, 110–112.

Liner, K. J., Ro, M. J., & Robertson, K. R. (2010). HIV, antiretroviral therapies, and the brain, *Current HIV/AIDS Report, 7*, 85–91.

Litvan, I. (2001). Therapy and management of frontal lobe dementia patients. *Neurology, 56*, 541–545.

Lövdén, M., Xu, W., and Wang, H. X. (2013). Lifestyle change and the prevention of cognitive decline and dementia: What is the evidence? *Current Opinions in Psychiatry, 26*, 239–243.

Livingston, G., Johnston, K., Katona, C., Paton, J., Lyketsos, C. G., & Old Age Task Force of the World Federation of Biological Psychiatry (2005). Systematic review of psychological approaches to management of neuropsychiatric symptoms of dementia. *American Journal of Psychiatry, 162*, 1996–2021.

Marchand, W. R. (2014). Mechanisms of mindfulness. *World Journal of Radiology, 6*, 471–479.

Marciniak, R., Sheardova, K., Cermakova, P., Hudecek, D., Sumec, R., & Hort, J. (2014). Effect of meditation on cognitive functions in context of aging and neurodegenerative diseases. *Frontiers in Behavioral Neuroscience, 8*, 17.

Maris, D. (2012, July 24). Who is popping all those pills? *Forbes.*

Marrar, M., McIlvain, N. M., Fields, S. K., & Comstock, R. D. (2012). Epidemiology of concussions among United States high school athletes in 20 sports. *American Journal of Sports Medicine, 40*, 747–755.

McKee, A. C., & Daneshvar, D. H. (2013). The neuropathology of traumatic brain injury. In J. Grafman & A. M. Salazar (Eds.), *Handbook of Clinical Neurology* (pp. 45–66). Amsterdam, North Holland: Elsevier.

Newberg, A. B., Serruya, M., Wintering, N., Moss, A. S., Reibel, D., & Monti, D. A. (2014). Meditation and neurodegenerative diseases. *Annual New York Academy of Sciences, 1307*, 112–123.

Noggle, C. A., & Dean, R. S. (Eds.). (2014). *The neuropsychology of cortical dementias.* New York, NY: Springer.

Nolan, K. A., & Mohs, R. C. (1994). Screening for dementia in family practice. In R. W. Richter & J. P. Blass (Eds.), *Alzheimer's disease: A guide to practical management, Part II* (pp. 81–95). St. Louis, MO: Mosby Yearbook.

Peters, S. A., Huxley, R. R., & Woodward, M. (2014). Diabetes as a risk factor for stroke in women compared with men: A systematic review and meta-analysis of 64 cohorts. *Lancet, 383*, 1973–1980.

Poletti, M., & Bonuccelli, U. (2013). Alteration of affective Theory of Mind in amnestic mild cognitive impairment. *Journal of Neuropsychology, 7*, 121–131.

Purandare, N., Burns, A., Morris, J., Perry, E., Wren, J., & McCollum, C. (2012). Association of cerebral emboli with accelerated cognitive deterioration in Alzheimer's disease and vascular dementia. *American Journal of Psychiatry, 169*, 300–308.

Salmon, D. P., & Bondi, M. W. (2009). Neuropsychological assessment of dementia. *American Review of Psychiatry, 60*, 257–282.

Sibolt, G., Curtze, S., Melkas, S., Putasia, J., Pohjasvaara, T., Kaste, M., . . . Erkinjuntti, T. (2013). Poststroke dementia is associated with recurrent ischaemic stroke. *Journal of Neurological Neurosurgery & Psychiatry, 84*, 722–726.

Smith, A. D., Smith, S. M., de Jager, C. A., Whitbread, P., Johnston, C., Agacinski, G., . . . Refsum, H. (2010). Homocysteine-lowering by B vitamins slows the rate of accelerated brain atrophy in mild cognitive impairment: A randomized controlled trial. *PLoS One, 5*, e12244. doi:10.1371/journal.pone.0012244

Smith, A. D., & Yaffe, K. (2014). Dementia (including Alzheimer's disease) can be prevented: Statement supported by international experts. *Journal of Alzheimer's Disease, 38*, 699–701.

Snowden, J. S., Bathgate, D., Varma, B., Blackshwa, A., Gibbons, Z. C., & Neary, D. (2001). Distinct behavioral profiles in frontotemporal dementia and semantic dementia. *Journal of Neurological Neurosurgery in Psychiatry, 70*, 323–332.

Starr, J. M., & Whalley, L. J. (1994). Drug induced dementia: Incidence, management, and prevention. *Drug Safety, 11*, 310–317.

Tan, I. L., & McArthur, J. C. (2012). HIV-associated neurological disorders: A guide to pharmacotherapy. *CNS Drugs, 26*, 123–134.

Weder, N. D., Aziz, R., Wilkins, K., & Tampi, R. R. (2007). Frontotemporal dementias: A review. *Annals of General Psychiatry, 6*, 15.

Weiner, M. F. (2013). Neurocognitive disorders. In R. E. Hales, S. C. Yudofsky, & N. Roberts (Eds.), *American Psychiatric Publishing textbook of psychiatry* (5th ed., pp. 815–850). Arlington, VA: American Psychiatric Publishing.

Wells, R. E., Yeh, G. Y., Kerr, C., Wolkin, J., Davis, R. B., Tan, Y., . . . Kong, J. (2013). Meditation's impact on default mode network & hippocampus in mild cognitive impairment: A pilot study. *Neuroscience Letter, 556*, 15–19.

Woods, B., Aquirre, E., Spector, A. E., & Orrell, M. (2012). Cognitive stimulation to improve cognitive functioning in people with dementia. *Cochrane Database System Review, 15*, 2. CD005562. doi: 10.1002/14651858

성격장애

📖 **사례 연구 19.1**

오스카는 국방부의 하청업자로 20년 이상 종사하였는데, 그의 강력한 협상력, 높은 스트레스 상황에서도 차분히 대처할 수 있는 능력이 주변 동료들에게 아주 잘 알려져 있었다.

　　오스카의 어머니는 마흔이 넘어서 낳은 첫 외동아들 오스카에게 사랑을 듬뿍주며 키웠다. 그녀는 아이가 생겨서 행복했고, 그래서 항상 오스카에게 칭찬을 해주고 요구하는 것은 거의 다 해주며 키웠다. 오스카가 일곱 살이 되었을 때 오스카의 아버지가 돌아가셨다. 그 후로 오스카의 어머니는 매일 오스카가 좋아하는 음식으로 저녁 식사를 준비했다. 오스카가 결혼한 후에도 매일 어머니는 저녁 식사를 요리해서 갖다주었다. 하지만 오스카의 아내 렉시에게는 그 음식이 '오스카의 것'이기 때문에 먹지 말라고 하였다.

　　오스카와 어머니는 둘 다 자신이 남들보다 우월하다는 생각을 가지고 있었다. 며느리가 주방 싱크대를 사용할 때마다 바로 닦지 않는다며 오스카의 어머니는 짜증을 냈다. 오스카와 어머니는 개미가 생기지 않게 하려면 그렇게 해야 한다고 믿었으며 렉시는 이렇게 중요한 내용에 대해 부주의하다고 생각했다.

　　올해는 오스카에게 불행스러운 해였다. 어머니는 88세가 되자 고령으로 돌아가셨다. 오스카는 어머니가 항상 해준 칭찬이 그리웠지만 무엇보다 어머니가 만들어준 지티와 미트볼을 먹지 못하게 된다는 것이 괴로웠다. 어머니가 돌아가시자 집안 분위기는 험해졌고 오스카는 자주 예민했다.

　　어머니의 죽음과는 별개로, 오스카는 직장에서 수행한 계약 협상 과정에서 사기 혐의를 받고 조사를 받게 되었다. 1백만 달러 이상의 금액이 근거 자료에서 문제가 있었다. 동료들은 오스카를 비난하기 시작했고 오스카는 "나보다 능력 없는 사람들이 시기하고 있다."는 말로 그들을 비난했다. 아내에게는 혐의 조사에 대해 전혀 말하지 않으려 했다. 하지만 미국 독립기념일 파티가 1개월 남은 시점이 되자 오스카는 직장의 파티에서 자신이 대화 주제가 될 것이라고 확신했다. 그의 태평한 척하는 자세에도 금이 가기 시작했다. 어느 밤, 오스카는 아내가 돌아가신 시어머니의 요리법에 맞추어서 만든 프라이드 치킨을 한 입 먹더니 음식이 담긴 접시를 멀리 던져버렸다. "당신은 남부 출신이 아니야! 우리 어머니처럼 절대 음식을 못하겠지! 내가 일일이 다 해야 해?"라며 아내에게 고함을 질렀다.

　　다음 날 오스카의 아내는 첫 회기 상담 약속을 잡기 위해 상담사에게 전화를 했다. 한 해 전에 남편이 다른 상담사를 만나서는 마음에 들어 하지 않았기 때문에 아내는 남편이 상담 시간에 나타나지 않을지도 모른다고 염려했다. "오스카 입장에서는 모든 사람들에게 다 결함이 있어요."라고 아내가 말했다. "그는 상담사의 출신 학교를 물어볼 것이기 때문에, 학교 졸업장, 상담사

(계속)

면허, 그리고 다른 증명서를 상담 사무실 벽에 전시하시는 것이 좋을 겁니다. 오스카는 이를 눈여겨볼 겁니다."라고 했다. 실제 첫 상담일에 오스카는 상담사와 악수를 하고는 상담사가 어느 대학원을 다녔는지 물어보았다. 그러면서 오스카는 벽에 붙은 상담사의 인증서들을 훑어보았다. 첫 상담 후 상담사는 오스카를 자기애성 성격장애로 진단 결론을 내렸다.

성격장애 개관

성격장애는 문화적 기대와는 어긋난 부적응적 태도 및 행동을 특징으로 하는 일생 동안 지속되는 장애로, 다음 중 최소 두 가지 이상에서 증상이 나타난다.

- 자신과 자신의 환경에 대한 인지 및 이해
- 감정의 표현, 감정의 본질, 감정의 범위, 및 감정의 적절함
- 대인관계 기술 및 인간관계
- 충동조절

성격장애가 있는 사람들은 경직된 태도와 행동을 보일 수 있으며, 여러 개인적·사회적 상황에서 고통과 장애를 경험한다(APA, 2013).

성격장애는 다음과 같은 세 가지 군으로 나뉘지만 *DSM-5*는 이 같은 분류의 한계점과 분류 간의 겹치는 부분을 지적하고 있다. 이 분류 체계는 타당성이 일관되게 입증되지는 않았다. 미국 성인 인구 중 15%에 해당하는 사람들에게는 한 가지 이상의 성격장애가 있다.

1. A군(자기보호적 및 독특한 성격이 두드러짐) : 편집성·조현성 및 조현형 성격장애
2. B군(극적·감정적·예측 불가한 성격) : 반사회성·경계성·연극성 및 자기애성 성격장애
3. C군(불안 및 두려움) : 회피성·의존성·강박성 성격장애

진단에 대한 분류에 덧붙여 *DSM-5*의 III편에서는 대안적 모델을 제시한다. 차원적 접근법은 성격의 기능함에 있어 다양한 특징과 장애를 보여주고 공감, 자기애, 자기 주도 등과 같은 성격 특징과 무자비함, 기만성, 충동성 같은 정신병적 특징에 더 무게를 둔다. 이 모델을 활용하면

성격장애는 반사회성, 회피성, 경계성, 자기애성, 강박성, 조현형의 총 여섯 가지 진단으로 정리된다. '특질에 따라 명시된 성격장애(PD-TS)' 진단은 성격장애가 발견은 되었지만 그 분류를 특정할 수 없을 때 내리게 된다. 두 체계는 각각 단독으로 사용하거나 같이 사용하여 성격장애의 분류적 또는 특성적 관점을 진단에서 나타낼 수 있다.

성격장애는 일생에 걸쳐 발달하는 것으로, 아동기나 청소년기에 시작한 어떤 특징이 성인기에 완전히 발달되는 과정으로 간주하면 가장 잘 이해할 수 있다. 경계성 성격장애와 같은 몇몇 성격장애는 성인기에 증상이 많이 완화되지만, 조현형 성격장애는 일생 동안 계속 악화되는 것으로 보인다. 18세 이하의 경우 증상이 최소 1년 이상 지속된 경우에만 성격장애 진단을 내린다. 예외적으로 반사회성 성격장애는 장애의 정의 자체가 18세 이하에는 진단을 내리지 못하게 되어 있다.

성격장애는 중년기 또는 노년기에 삶이 불안정해지거나 배우자의 사망과 같은 중대한 사건이 일어나면서 악화될 수 있다. 하지만 중년기 이후에 삶의 큰 변화가 일어나는 것은 진단되지 않았던 물질사용장애의 결과이거나 다른 의학적 증상일 확률이 더 높다(APA, 2013).

성별에 따라 성격장애는 발병률이 다르다. 예를 들면, 경계성 성격장애는 여성 내담자가 75%로 여성이 더 진단 확률이 높고, 반사회성 성격장애는 남성이 80%이다(Millon et al., 2004). 이러한 성별의 차이는 실제 차이일 수도 있고 혹은 진단을 내릴 때의 편견이 다소 영향을 미칠 가능성도 있다.

마찬가지로 문화적 요소가 성격장애의 진단에 영향을 줄 수 있다는 점을 치료자는 알고 있어야 한다. 예를 들면, 아시아인들은 수줍어하고 집단적으로 행동하는 경향이 있지만 북아메리카와 유럽인들은 좀 더 자신의 의견을 더 드러내고 개인적인 성향을 보인다(Sue, Sue, & Sue, 2006). 사회경제적 지위, 나이, 결혼 여부, 인종 등의 다른 요소도 성격

장애 발달에 영향을 주는 것으로 밝혀졌다(NIH & NIAAA, 2004).

발병 원인

성격장애 발생의 원인과 위험 요인에 대한 연구들을 살펴보면 유전, 환경, 심리사회적 요인이라는 세 가지 요소가 상호작용하며, 그 원인이 되는 것으로 볼 수 있다. 불안, 부정적 정서, 신경질적 성향 등 성격에 대한 유전적 기질은 외상, 방임, 스트레스 또는 다른 불안정 요소에 의해 활성화될 수 있다. 한 개인의 성격 및 기질에 의해 다양한 대처 반응이 나온다. 예를 들어, 침착하고 적절한 대처, 부정적·파괴적 반응, 심리적으로 취약한 상태 등으로 나타난다. 어릴 때 이러한 대처 반응을 학습하게 되면 감정 표현, 억압, 회피 및 통제 등과 관련된 문제가 평생 지속될 수 있다.

신경증이나 부정적 정서 등은 대부분 개인의 성격에 어느 정도 존재한다. 신경증 성향이 낮으면 스트레스가 높은 상황에도 차분함을 유지할 수 있는 성격이 될 수 있다(Widiger & Costa, 2013). 대부분의 성격장애의 경우 신경증적 성향이 매우 높다. 통계적으로 '정상적인' 신경증 성향은 건강한 사람들에서도 나타난다. 이것은 문제가 되지 않는 성격 특성으로 대부분의 사람들은 약간의 부적응적 신경증적 성향을 경험한다.

성격장애가 있는 사람들은 전형적으로 오랜 기간에 걸쳐 방어기제나 저항 등에 결함 이력이 있으며 동반 장애가 있는 경우가 빈번하다. 그래서 오랜 기간 치료를 한 후에야 변화가 나타난다는 연구 결과들이 나오는 것은 놀라운 일이 아니다. 심리치료는 대부분의 성격장애 치료에 있어서 최초의 수단으로 간주된다. Leichsenring과 Rabung(2008)은 성격장애 치료는 단기간의 치료보다는 1년(50회기)의 치료 후에 더 전반적인 효과가 나타남을 발견했다.

성격장애 치료 과정은 치료를 위한 협력관계를 수립하고 자해 행동을 줄이고 부적응적 관계 패턴을 개선하려는 목표를 가지고 내담자의 변화 단계와 관련된 활동을 수반한다. 치료를 위한 협력적 관계가 원만할수록 내담자는 치료를 꾸준히 받고 이 목표들을 위해 노력할 확률이 높다. 다음은 각 성격장애에 대한 내용이다.

편집성 성격장애

편집성 성격장애(paranoid personality disorder)의 주요 특징은 다른 사람들의 동기에 대한 불신과 의심이다. 이 장애가 있는 사람들은 다른 사람들이 자신을 싫어하고 괴롭힐 것이라는 공포를 느낀다. 편집성 성격장애가 있는 사람들은 착취와 비판으로부터 스스로를 보호하고 자신이 약하다는 느낌을 갖지 않기 위해 타인과의 관계에서 항상 방어적인 태도를 취한다. 이것은 그들이 다른 사람을 신뢰하거나 서로 만족하는 인간관계로 발전하는 것을 방해한다.

진단

어느 정도의 편집적 사고는 성장 과정에서 정상적인 것이며 누군가와의 관계에서 상대를 얼마나 신뢰할지 결정할 때 필수적일 수 있다(Carroll, 2009). 그러나 편집성 성격장애를 가진 사람들의 사고, 인식 및 행동은 다른 사람의 행동에 대하여 지속적으로 의심하고 불신하는 극단적인 경우의 예시가 된다. 타인의 발언을 빈번하게 개인적인 것으로 받아들이고 부정적·악의적 혹은 해를 끼치려는 의도로 잘못 해석한다.

DSM-5(APA, 2013)에 따르면 편집성 성격장애의 기준을 충족시키기 위해서는 다음 행동 중 적어도 네 가지가 만족되어야 한다.

- 어린 나이부터 타인을 전반적으로 불신함
- 친구와 가족의 의리를 항상 의심함
- 과거에 인지한 타인의 나쁜 행동에 대해 오랫동안 앙심을 품음
- 타인이 사악한 의도를 가지고 있다고 믿고 타인의 말과 행동에 악의가 있다고 오해함
- 자신에게 해가 될 것 같다는 두려움으로 타인에게 정보를 공개하지 않음
- 자신의 인격이나 평판이 공격을 당했다고 인지하면 바로 화를 냄
- 자신의 파트너의 진실성을 의심함

편집성 성격장애는 분노, 피해망상, 고립을 공통적으로 보이는 다른 장애들과 반드시 구분되어야 한다. 예를 들면, 피해망상, 양극성장애, 또는 정신병 특징이 있는 우울장애, 조현병 스펙트럼 장애는 편집성 성격장애와 유사할 수 있다. 이 장애들은 정신병 특징의 유무 여부로 편집성 성격장애와 구분을 할 수 있다. 편집성 성격장애가 있는 사람들은 쉽게 화를 내고 타인을 잘 불신하지만, 현실을 잘 파악하고 있으며 괴이한 망상이나 환각 증상을 경험하지는 않는다. 편집성 성격장애의 증상은 건강 상태 변화에 의한 성격 변화가 아니다. 이러한 건강 상태 변화로 편집성 성격장애와 유사할 수 있는 것으로 알코올 오남용을 포함한 지속적인 물질 남용 혹은 청력장애 등과 같은 신체장애 등을 고려할 수 있다.

내담자 특징

편집성 성격장애는 전체 인구의 2.3~4.4% 정도이며 여성보다 남성에게서 더 많이 발생한다. 친척이나 가족에게 편집성 성격장애, 피해망상, 조현병이 있으면 유전적으로 영향을 받을 수 있다고 제시하는 자료가 있다(APA, 2013).

편집성 성격장애가 있는 남성들은 다른 성격장애에 비해 가장 부정적인 특징을 더 많이 보이기도 하며 취업을 못할 가능성이 가장 높다. 직장에 근무하는 경우에도 상사나 동료들과 문제가 있을 확률이 상당히 높으며, 해고를 당하거나 구조조정 때 해고될 확률이 가장 높다(Ettner, Maclean, & French, 2011). 편집성 성격의 특징이 소송 등 비정상적 민원 행위와 관련이 있다는 것을 보고한 연구가 있다(Mullen & Lester, 2006)는 사실은 그리 놀랍지 않다.

편집성 사고에 대한 일반적인 연구는 비록 편집성 성격장애에 특정한 것은 아니지만 폭력성(Johnson et al., 2000; Mojtabai, 2006), 반사회적/범죄 행동(Berman, Fallon, & Coccaro, 1998; Johnson et al., 2000), 스토킹/협박/데이트 폭력 시작(Mullen, 1995; Mullen, Pathe, & Purcell, 2000) 등과 편집 성향의 관계를 밝혔다. 비임상적 대상에 대한 메타분석은 편집적 사고 경향이 있는 사람이 숙고를 많이 하면 자극을 받을 때 공격 행동을 보이는 것과 상관관계가 있다고 보고했다(Bettencourt et al., 2006).

동반 장애들은 편집성 성격장애의 증상을 더 악화시킬 수도 있기 때문에 진단 및 치료가 이루어져야 한다. 편집 성향이 다른 장애와 동반될 경우 특히 문제가 힘들 수 있다. 그 이유는 ADHD가 있거나 물질 남용, 반사회성 성격장애, 불안, 우울, 정신병적 특징이 있는 경우 충동조절이 어려울 수 있기 때문이다.

편집성 성격장애의 증상은 아동기나 청소년기에 최초로 나타나는데 대인관계 불안/예민함, 철수, 타인으로부터의 단절 등의 형태로 나타날 수 있다. 이러한 아동은 판타지 등 독특한 생각을 한다거나 특이하다는 이유로 괴롭힘을 당할 수 있고 학교에서 성취도가 낮을 수 있다. 그래서 대인관계 또한 원만하지 않을 수 있다.

일부 문화적 요소와 행동은 편집성 특성으로 잘못 해석될 수 있다. 이민자들이나 소수민족 출신의 경우, 폭력에 대한 편견, 무관심, 언어 장벽, 혹은 서로의 문화에 대한 무지로 인해 방어적이고 불신하는 자세를 보일 수 있다. 이는 다시 서로 간의 불신을 낳고 또 서로 방어적이고 화가 난 행동을 취할 수 있는데 이것을 편집성 성격장애와 혼동해서는 안 된다(APA, 2013).

편집성 성격장애에 대한 경험적 연구 자료가 제한적이기 때문에 일부 연구자들은 이를 DSM에서 별도의 분류로 제외하자는 제안을 하기도 했다(Triebwasser, Chemerinski, Roussos, & Siever, 2013). 성격장애에 대한 대안적 DSM-5 모델(Section III, DSM-5, 2013)은 이 장애를 성격장애-TS (특성 명시)로 진단한다.

치료자의 자질

편집성 성격장애가 있는 사람들에게는 신뢰를 형성하는 것이 치료의 가장 중요한 목표이다. 이를 통해 치료자와의 관계에서 저항이 극복될 수 있고 내담자가 치료에 참여하기로 결정할 수 있기 때문이다. 치료자들은 전문가답고 격식을 갖추며 솔직하고 내담자의 사생활과 독립성을 침해하지 않도록 조심해야 한다. 편집성 성격장애 내담자를 대하는 치료자는 내담자가 같이 있지 않을 때 내담자의 가족과 연락을 하는 등의 의심을 살 행동을 피해야 한다. 치료자의 동기에 대해 의심하게 만들 수 있기 때문에 치료자는 지나치게 친절해서는 안 된다. 치료를 위한 협력적 관계에 문제가 생기면 내담자와 치료자는 솔직하게 반응해야 하며, 꾸미거나 방어적인 자세를 취하면 안 된다.

내담자에게 상담 회기 사이의 과제를 주고 덜 빈번하게 상담 일정을 잡으면 내담자에게 치료에 대한 통제권을 더 내줄 수 있다(Renton & Mankiewicz, 2014). 적대적이고 무례하며 때로는 화를 내거나 폭력적인 내담자들에 대해 치료자는 자신의 감정을 관찰하고 있어야 하며 상황이 폭력으로 치닫지 않기 위해 상대와 똑같은 반응을 보여서는 안 된다. 내담자가 공격적이거나 위협적 행동으로 반응하게 되면 전문가적 태도로 한계를 설정해야 한다(Carroll, 2009). 이러한 특징을 보이는 내담자들에게는 상담 회기를 종료시키거나 회기 빈도를 3주에 1회 하는 등 빈도를 줄이는 것이 적절한 수단이 될 수 있다.

평가

내담자에게 신체적 · 정서적 폭력, 성적 트라우마 등과 같은 아동기 트라우마 이력이 있을 수 있는데 이것을 확인해야 하며(Bierer, Yehuda, Schmeidler, et al., 2003), 편집 성향이 드러나는 사고의 발달이 오랜 기간에 걸쳐 어떻게 발전했는지를 확인해야 한다. 이 모든 것은 심리 상태를 평가하는 절차의 일부로 진행한다.

편집성 성격장애는 성격장애 중에서 가장 연구가 덜 이루어진 분야이기 때문에 특화된 진단 도구가 존재하지 않는다. 하지만 여러 척도를 활용하여 이 장애의 증상을 파악할 수 있다.

구조화된 임상 면담(SCID-II; First, Gibbon, Spitzer, Williams, & Benjamin, 1997)은 성인의 성격장애 진단에 사용된다. SCID-II는 치료자들이 진단 분류를 5년 이상 확인한다는 전제하에 청소년에게 사용될 수 있다(Widiger & Samuel, 2005).

청소년용 정신병리척도(Adolescent Psychopathology Scale, APS; Reynolds, 1998)는 자기보고형 측정법으로 정보를 수집하는 데 적절한 도구로 간주된다. 치료자는 자기보고식 측정과 반구조화된 면담이 아동의 연령이 낮을수록 신뢰도가 떨어지는 경향이 있다는 것을 알고 있어야 하며

성격장애가 있는 청소년들이 보이는 신뢰도를 고려해야 한다(McCloskey et al., 2007).

개입 전략

편집성 성격장애 치료에 대한 경험적 연구는 양이 상당히 적은데, 아마도 많은 내담자들이 보이는 대인관계에 대한 불신이 치료를 찾지 않는 이유일 것이다. 앞에서도 언급했듯이 신뢰를 쌓고 유지하는 것이 치료의 중심이 될 것이며, 이는 치료 초기에 특히 더 그러하다. 치료를 유지하는 내담자들은 지지적인 개인 심리치료에서 개선 효과를 얻을 확률이 높다. 정서에 대한 해석과 반추는 잘못 해석될 위험이 있기 때문에 강조되어서는 안 된다.

치료자보다는 내담자가 상황을 통제하게 하는, 논리적이며 잘 계획된 행동치료는 음모에 대한 우려를 가라앉히고 치료를 위한 협력관계가 형성될 만큼 충분한 기간 동안 내담자가 치료를 받을 수 있도록 도울 것이다. 문제해결, 스트레스 관리, 자기주장, 및 기타 사회기술 훈련이 치료 초기 단계에 가장 효과가 있는 것으로 보인다. 대인관계 기술을 다른 유형의 행동으로 실험할 기회 혹은 다른 사람들에 대한 가정을 확인하는 방법이라고 제시함으로써 치료자는 내담자로 하여금 자신의 문제를 해결하기 위한 효과적인 대처 체계와 사회적 기술을 익히도록 돕는다. 이 과정에서 작은 성공이 쌓이기 시작하면 좀 더 심도적인 인지치료를 시작할 수 있다. 이 치료에는 Beck의 편집성 성격장애 인지치료가 포함될 수 있는데, Beck의 편집성 성격장애 인지치료는 편집성 성격장애 기저의 핵심적인 부적응적 인지 도식을 다룬다. 내담자가 자신의 생각을 현실에 비추어보는 동시에 자신의 실력과 자존감을 형성할 수 있도록 돕는 것은 내담자의 의혹이 초기에 타당화된 경우 유용할 수 있다(Bernstein & Useda, 2007).

편집성 성격장애 내담자들은 지나치게 일반화를 하고 부정적 측면을 확대하며, 흑백 사고를 하려는 경향이 크기 때문에 인지치료는 대안적 설명에 초점을 두어야 한다. 내담자가 자신의 메타인지에 자신이 학습한 것을 적용하기 시작하면 치료자는 행동치료에서처럼 합리적이고 논리적이며 위협을 주지 않는 존재로 보일 수 있다. 자신에게 있는

인지의 왜곡, 오류, 생각을 이해함으로써 사람들은 자신이 타인에게 끼치는 영향을 볼 수 있게 된다. 타인의 관점에서 바라보는 것은 분노와 적개심을 줄여주는 경향이 있으며 이 치료 단계에서 편집증이 우울증으로 진화할 수 있다. 지혜로운 치료자는 내담자의 이러한 우려에 대해 함께 대처하고 수용하며 정상화 및 우호적인 태도를 보인다.

내담자가 자신의 방어적 성향과 과도한 경계 성향을 알아채고 이를 감소시킬 수 있게 되면 전반적인 대처 기술이 개선되는 경향이 있다. 자기효능감도 좋아진다(Renton & Mankiewicz, 2014). 만약 내담자의 행동으로 인해 법적·직업적 혹은 인간관계의 문제가 생길 확률이 높을 경우 가벼운 현실 검증이 필요할 수도 있다. 치료자는 부정적 결과를 예방할 수 있도록 내담자가 행동 수정이 얼마나 중요한지 이해하도록 도와야 한다.

편집성 성격장애 내담자들은 친밀한 환경을 극도로 불편해하고 불안해하고 동요하며 싸우려고 하기 때문에 집단치료는 거의 사용하지 않는다. 편집증 내담자에게 상당한 개선이 일어나서 자신의 역할을 이해하고 자신의 행동이 가족 내부에 어떤 역할을 미치는지 스스로가 이해하기 전에는 가족치료는 추천하지 않는다. 이 조건이 충족되어야만 가족 구성원들과 생산적으로 상호작용할 수 있을 것이다.

일시적인 정신병 증상이나 극도의 불안 또는 편집증을 치료하는 데 약물 처방이 유용할 때가 있다. 약물 처방을 위한 정신과 진료 의뢰는 극도의 상실이나 적대적 상황에만 적용하는 것이 좋으며 내담자가 외부 정신과 의뢰를 음모라고 느끼고 모욕을 당한다고 생각하거나 하는 등의 오해를 하지 않도록 부드럽게 진행해야 한다.

예후

모든 성격장애가 그렇듯이 치료가 효과적이기 위해서는 내담자의 치료 동기가 유지되어야 하고 내담자가 적극적으로 오랫동안 참여해야 한다. 편집성 성격장애 내담자들은 치료를 포기하고 조기 종결하는 경향이 있다. 결과가 좋을수록 내담자는 치료를 유지할 확률이 높으므로 목표는 작고 단기적인 것들로 세워서 치료가 끝나지 않았다 하더라도 내담자 스스로 변화에 대해 긍정적으로 생각할 수 있도록

도와주어야 한다. 초기 목표들이 달성되면 장기 목표를 세우고 치료를 진행할 수 있다.

조현성 성격장애

조현성 성격장애(schizoid personality disorder)는 성격장애 중에서 가장 드물게 존재하는 것일 수 있다. 조현성 성격장애 내담자들은 일반적으로 타인들과의 관계를 회피하며 치료를 거의 찾지 않는다. 따라서 연구 자료도 매우 부족한데, 유병률은 인구 대비 1%(Torgersen, 2009)에서 4.9%(APA, 2013)로 다양하게 나타난다.

진단

조현성 성격장애의 주요 특징은 타인과 공감하는 능력이 결여된다는 것이다. 또 사람 사이의 가까운 접촉을 회피할 뿐 아니라 가족관계를 비롯한 친밀한 관계에 대한 욕구도 결여될 수 있다. 이러한 행동 패턴은 청소년기와 청년기에 두드러진다. 사회적 고립 및 타인과의 의사소통 실패는 취업과 결혼에 심각한 장애물이 되며 정서적으로 만족스러운 삶을 살기 어렵게 한다. DSM-5에 따르면 다음 조건 중 네 가지 이상이 부합하면 조현성 성격장애 진단을 내릴 수 있다.

- 가까운 인간관계를 회피하고 아쉬워하지도 않음
- 대개 혼자서 하는 활동을 선호함
- 연애나 결혼을 거의 하지 않으며 이성관계에 최소한의 관심만 보임
- 삶의 쾌락을 거의 추구하지 않음
- 가족 이외의 가까운 인간관계가 없음
- 타인의 부정적·긍정적 의견에 영향을 받지 않음
- 감성이 결여된 분위기를 보임

현실 감각은 대개 문제가 없기 때문에 환각이나 망상의 유무로 인한 정신병 장애(조현병, 양극성장애, 정신병적 양상 동반 우울장애)는 고려 대상에서 배제된다. 자폐스펙트럼장애는 조현성 성격장애와 그 증상이 일부 유사한 부분이 있지만 좀 더 심각한 대인관계의 손상이 나타난다. 지속적인 물질 남용, 다른 의학적 처치에 의한 성격 변화, 기타

성격장애 또한 고려 대상에서 제외되어야 한다.

이 장애가 있는 사람들은 자신의 감정을 부인하고 생각의 흐름에 균형 감각이 없고 쉽게 주의가 산만해진다(Sperry, 2015). 일부 내담자들은 표면적으로는 타인들과 어울려서 생활할 수 있지만 온라인 활동, 컴퓨터 게임, 퍼즐과 같은 혼자서 하는 활동을 선호하고 대부분의 시간을 풍부한 환상 속에서 보낸다. 조현성 성격장애가 있는 사람들은 거의 결혼을 하지 않으며 혼자 살거나 부모와 같이 살 확률이 높고 야간 물품 정렬 작업 등과 같이 타인을 대할 일이 거의 없는 직업에 종사하지만, 일부 내담자들은 피상적인 네트워크에 소속되어 정상적인 삶을 사는 것으로 보이기도 한다.

평가

조현성 성격장애 내담자들은 수줍어하고 타인과 같이 있기를 불편해하는 경향이 있기 때문에 이들을 이해하기는 상당히 어렵다. 이들은 넋이 나가 있거나 딴생각을 하거나 혹은 차갑게 보일 수 있다. MMPI나 MCMI와 같은 도구는 진단을 내리는 데 도움을 줄 수 있을 것이다. 내담자들은 치료자들과 면담을 하는 것보다 글로 표현하는 것에 더 쉽게 응할 수 있다. '성격이 없는 성격장애'(Millon, 2004, p. 401)로 구분되기도 하는데, 치료자들은 내담자의 환상 속 생활을 탐험함으로써 내담자 내면의 생각과 느낌에 대한 풍부한 자료에 접근할 수 있다.

내담자 특징

여성보다는 남성에게서 조현성 성격장애가 더 많이 발견된다. 이 장애가 있는 여성은 남성에 비해 알코올 또는 물질사용장애 문제가 있을 확률이 높다(Grant et al., 2004).

A군의 성격장애가 있는 대부분의 내담자들이 보이는 조현병 증상은 '사회적으로 동떨어져 있고 인지적 왜곡이 있으며 남들과 다르거나 친구를 사귀는 데 어려움이 있고 특정 생각에 심취하기 쉽다는 점' 등의 특징이 일반적으로 아동기에 나타난다. 다른 아동과 다르다는 점은 또래관계를 악화시키고 고립, 학업성취 부진을 초래할 수 있으며 항상 친구들 사이에서 놀림감이 될 수 있다. 조현적 특징이 있는

어린이와 청소년들은 우울장애가 생기는 경향이 있다.

조현성 성격장애가 있는 사람이 성인이 되면 변화를 바라는 사람은 거의 없다고 볼 수 있다. 이들은 부모의 집 지하실에서 살고 있다 하더라도 보통은 상대적으로 안정적인 생활을 꾸려나간다. 어떤 사람들은 자신이 혼자서 일하는 안정적 환경을 찾아 경제 활동을 하기도 한다. 일례로 조현성 성격장애가 있는 한 내담자는 엔지니어였는데 취업을 했던 도시마다 같이 살 사람을 찾아 거주 환경을 꾸릴 수 있었다. 이 엔지니어는 동거인들과 어울리지는 않았지만 자신의 시간에 컴퓨터 게임을 하며 시간을 보냈다. 그녀의 고용주 중 한 사람이 전문적인 도움을 받아보라고 권유했다. 왜냐하면 다른 동료 직원들이 그녀가 대화를 전혀 하지도 않고 직장 관련 회식 활동도 전혀 참여하지 않는다고 걱정했기 때문이다. 가족 중 누군가가 타인과 인간관계를 형성하지 못한다면 전문가에게 의뢰할 수도 있다.

대부분 타인의 입장에서 바라보는 경험을 해봄으로써 변화가 일어날 수 있다. 위의 사례에서 내담자는 자신의 동료들이 자신에게서 무엇을 바라는지에 대해 이해하지 못했다. 그녀는 다른 직원들이 이미 오래된 친구이며 그들과 특별히 끈끈한 사이라고 생각했었다. 그녀는 또 그들이 자신을 좋아하지 않으며 자신의 자리를 원하기 때문에 상사에게 자신에 대해 험담한다고 생각했다. 문제가 있는 사람은 자신이 아니라 다른 동료라고 생각했고, "왜 동료들은 나에게 이런 문제를 제기하지?"라고 의아해했다. 타인과 공감하는 방법, 타인의 시각을 인식하는 법, 사무실에서 처음 봤을 때 인사를 먼저 건네는 일과 같은 대인기술 등을 학습함으로써 그녀는 자신이 해결하고자 하는 문제의 원인이 바로 자신의 행동임을 인지하게 되었다. 자신의 행동을 바꾼 후로 그녀는 동료들이 자신에게 좀 더 친근하게 대한다는 것을 알게 되었고 나중엔 점심을 같이 먹게 되기도 했다. 그녀는 자신의 태도를 바꿈으로써 타인들의 지지를 받고 그들과 관계를 맺을 수 있었다.

이 성격장애는 조현성 성격장애가 있는 친척이 있을 때 발생할 확률이 높으며 종종 이민을 온 사람들이 보이는 문화적 차이로 인식되거나 낯선 대도시로 이사 온 사람들처럼 조용하고 혼자 시간을 보내며 타인에게 무관심한 사람으로 보일 수 있다(APA, 2013).

치료자의 자질

조현성 성격장애가 있는 사람들은 치료를 찾는 경우가 거의 없다. A군의 다른 성격장애와 마찬가지로 치료를 찾는 경우에는 성공적인 협력관계를 형성하기 위해 신뢰를 쌓는 것이 가장 중요한 요소가 된다. 치료자들은 일단 내담자들에게 치료의 장단점을 비롯한 치료 후 기대되는 개선점을 이해시켜주고 달성할 목표를 같이 작성한다. 목표를 세우는 것은 반드시 내담자와 치료자가 함께해야 한다. 그렇지 않으면 조현성 성격장애 내담자는 치료자가 시키는 것을 수동적으로 받아들이게 된다(Renton & Mankiewicz, 2014).

성인 내담자가 실직 혹은 소중한 사람의 사망과 같은 위기의 결과로 치료를 받으러 왔거나 우울증 또는 물질 남용 문제로 오게 되었다면 치료자는 아무런 해석도 하지 않고 직면하지 않는 것이 현명한 선택이라고 할 수 있다. 부드럽고 한결같으며 수용적이며 인내하고 지지하는 태도가 최선으로 보인다. 교정적 효과가 있는 정서 경험을 유도할 수 있는 치료자는 내담자가 대인관계에 대한 희망을 갖고 치료를 충분히 길게 유지하게 하여 인간관계의 가치를 알 수 있도록 도울 수 있다.

개입 전략

조현성 성격장애에 대한 연구 결과는 많지 않다. 그러나 한정된 일반화는 가능하다.

인지행동적 접근은 어린이와 청소년의 기분장애를 완화시키는 것으로 알려졌으며 부드럽게 설득한다면 효과가 있다.

자폐스펙트럼이 있는 어린이들과 마찬가지로 조현성 특징이 있는 어린이들은 사람들과 말을 어떻게 할지에 대한 도움이 필요하다(예 : 말하는 차례 기다리기, 대화 도중에 말 끊는 방법 익히기 등). 핵심 내용을 인쇄해서 계속 학습할 수 있다면 조현성 성격장애가 있는 어린이 내담자 및 부모가 같이 긍정적 변화를 만들어낼 수 있다.

행동 기술은 청소년과 성인 내담자로 하여금 대인관계 및 의사소통을 개선시킬 수 있게 돕는다. 자기주장, 자기표현, 대인관계 기술을 증진시키는 심리교육은 강화에 기초

한 행동적 접근보다 성공할 확률이 더 높다.

출근을 할 때 자동차 운전을 하기보다 버스를 타고, 주기적으로 커피를 마시러 외출하도록 하는 것은 집에 혼자 있는 것보다 사람들과 좀 더 만날 기회를 제공할 수 있고, 새로이 학습한 대인기술을 시도할 수 있는 자연스러운 환경이 될 것이다. 내담자의 기술과 능력을 서서히 개선시키는 치료 계획을 세우는 것은 매우 중요하다. 이 내담자들은 가족 및 집단 회기로 이동시키거나 다양한 접근법 등으로 압도당하게 해서는 안 된다(예 : 직업 훈련, 자기 의견 주장하기 훈련 등).

공감적 사회인지 기술을 가르치는 것(타인의 감정 상태를 반영하는 것)과 마음이론(타인들은 어떻게 생각하는지 이해하기)은 청소년들의 의사소통 및 관계를 개선시키는 것으로 밝혀졌으며 조현병이 있는 성인에게도 도움이 될 수 있다. 특정 장애에 국한되는 것은 아니지만, 한 연구에서는 어린이들과 청소년들이 가상 속 인물의 감정을 이해할 수 있도록 연기 수업을 배움으로써 공감 및 실생활에서 타인의 관점을 이해하는 데 다소간 개선이 있음을 보여줬다(Goldstein & Winner, 2012). 조현성 성격장애 내담자들에게 이와 유사한 대인 기술을 훈련시키는 것이 도움이 될지는 추가 연구로 밝힐 수 있을 것이다.

내담자가 관심 있어 하는 사회적 참여를 점진적으로 유도하는 인지적·행동적 접근법이 도움이 될 수 있다. 내담자의 환상과 두려움도 탐색하고 찾아가면 치료의 실마리를 제공할 수 있다.

Beck의 역기능적 사고기록지(Beck's Dysfunctional Thought Record, DTR; Beck, Rush, Shaw, & Emery, 1979)는 내담자의 생각과 두려움을 식별하고 변화할 수 있도록 돕는 도구가 될 수 있다. 즐거운 활동 목록을 작성할 수 있도록 도와주는 다른 도구들을 통해, 조현성 성격장애 내담자는 자신이 관심을 갖고 즐거움을 느낄 수 있는 활동에 더 활발하게 참여할 수 있다.

도식치료는 인지치료에서 확장된 것으로 인지의 기저에 있는 왜곡된 생각을 다룬다. 치료자는 조현성 성격장애 내담자와 함께 심상 활용, 운동, 공감교육, 그리고 제한적인 양육을 다시 수행하여, 인간관계는 신경 쓸 만큼의 가치가 없다거나 삶은 지루하고 밋밋한 것이라는 등의 부적응 도

식을 수정할 수 있다.

이 장애를 치료하기 위한 특정한 의약 처방은 없다. 그러나 우울 증상이나 정신이상 증상이 두드러지면 의료 전문인에게 약물치료를 받을 수 있도록 의뢰해야 한다.

조현성 성격장애는 성격장애에 대한 대안적 *DSM-5* 모델에서 별도로 이름을 붙인 장애로 분류되지 않는다. 조현성 성격장애는 성격 기능에 극도의 장애가 있는 PD-TS로 진단될 것이다. 이와 관련된 성격 특징에는 쾌감상실증, 정동 둔마, 친밀감의 회피 및 철수가 있다.

예후

조현성 성격장애 내담자들은 지나치게 빨리 치료를 중단할 가능성이 크다. 많은 내담자들이 치료를 유지할 동기가 없으며 주위에서 걱정하는 직장 상사, 가족, 혹은 친구들이 의뢰를 해서 치료에 온다. 이들이 치료에 참여하게 되면 대인 간 상호작용이 다소 증가할 수 있지만 그 과정은 느릴 수 있다. 꾸준한 치료와 추수 상담이 진행되지 않으면 이 장애가 있는 사람들은 이전 기능 수준으로 돌아갈 확률이 매우 높다.

조현형 성격장애

독특한 행동 및 마법과 미신의 신봉이 조현형 성격장애 (schizotypal personality disorder)의 핵심 특징이다. 드물게 발생하는 이 장애는 인구 중 1% 미만에게 발견되며 성별과 상관없이 나타난다(Torgersen, 2009; Torgersen et al., 2001).

조현형 성격장애는 경도의 조현병 스펙트럼 장애이기 때문에 조현형 성격장애 내담자들은 여러 조현병 증상을 보인다. 여기에는 중증의 인지 결함, 사회적 격리, 사회경제학적 지위 하락, 위기 시 정신병적 증상이 포함된다. 이 장애가 있는 사람들은 어린 시절부터 증상을 보이며 사회로부터 고립되는데, 어느 정도는 그들의 독특한 언행 및 옷 입기 때문이다. 조현형 성격장애가 있는 사람들은 다른 성격장애가 있는 사람들보다 더 자주 장난, 놀림, 괴롭힘 등의 대상으로 지목되는 것으로 보인다.

진단

조현형 성격장애의 아홉 가지 특징은 다음과 같다. *DSM-5* 에서 진단을 내리기 위해서는 이들 중 다섯 가지 이상을 확인해야 한다(APA, 2013).

1. 자신과 상관없는 외부의 사건들이 자신의 일상에 영향을 주는 인과관계가 있다고 생각하는 관계사고나 신념, 또는 관계망상(예 : 라디오에서 어떤 노래가 어떤 순간에 들렸는데 그것은 자신에게 위로를 주기 위한 것이었다고 믿음)
2. 마술적 사고 및 기타 사회적으로 받아들여지지 않는 사고(예 : 초능력, 텔레파시, 괴이한 믿음, 환상 등)
3. 신체에 대한 망상 및 독특한 지각(예 : 자신의 자아가 자신의 몸에 속하지 않는다고 믿음)
4. 말투가 지나치게 불명확하거나 지나치게 내용이 많거나 비유를 쓰거나 에둘러 말함
5. 편집적이고 의심이 많음
6. 정동이 둔마되거나 부적절함(예 : 슬플 때 웃음)
7. 이상하고 독특한 외모/행동
8. 친구가 없는 외로운 생활을 하고 일차친척 외에는 마음을 털어놓는 사람이 없음
9. 편집적 두려움과 자주 관련된 극도의 대인관계 불안

조현형 성격장애의 특징이 어린 시절에 나타날 때는 풍부하고 기괴한 생각/언어/판타지의 형태여서 주위의 친구들에게 괴짜 같다는 인상을 준다. 자주 일어나는 인지·지각 왜곡으로는 초자연적 경험, 관계적 사고, 신체적 착각(예 : 유체 이탈 경험, 얼굴이 떨리지 않아도 떨리고 있다고 인지함 등)이 있다. 이러한 착각과 망상은 자주 일어나며, 타인에게 이상한 사람이라는 인상을 줄 수 있다(Mohr & Blanke, 2005). 이들은 큰 소리로 혼잣말을 하거나 이상하게 옷을 입고 적절한 외모 관리를 하지 못하며 말을 할 때 지나치게 비유적인 표현을 사용하거나 불분명하고 에둘른 표현을 하기도 한다. 여성의 경우 가벼운 가족 모임에 정장을 입고 가기도 하고 아무도 보지 못하는 누군가와 대화하면서 큰 제스처를 사용하기도 한다. 신앙의 일부로서 마술적 사고와 미신을 믿는 것을 조현형 성격장애와 혼동해서

는 안 된다. *DSM-5*에서는 모든 내담자를 평가할 때 그들의 종교와 문화적 배경의 맥락을 고려해야 한다고 제시한다.

이 장애가 있는 사람들에게서 불안, 과민, 사회적 고립, 힘든 학교생활, 동료들과 상호작용의 어려움 등이 빈번하게 보고된다. *DSM-5*에 따르면, 청소년기에 조현형 특징이 시작하는 것은 스트레스나 간헐적인 정서적 문제의 결과일 수 있으며 위기가 지난 후에는 해결이 될 수 있다고 한다. 일반적으로 성격장애는 큰 변동성이 없으며 대부분의 사람들은 조현병, 조현적 정동장애 등과 같은 다른 정신장애로 발전하지 않는다. 그러나 사회적·역할 기능의 감퇴와 동반 장애가 있을 때 장기적으로 좋지 않은 결과를 유발할 수 있다(Ryan, Macdonald, & Walker, 2013). 부수적으로 조현형 성격장애가 있는 청소년들은 이후 삶에서 정신장애를 앓게 될 위험이 높다(Addington & Heinssen, 2012). 그렇게 정신장애를 앓게 되는 사람들은 그때는 '조현형 성격장애(병전)'라고 진단을 받는다.

신경발달장애, 자폐스펙트럼장애 및 정신병 증상을 보이는 기타 정신장애(예 : 우울장애, 양극성장애, 조현병, 망상장애) 등은 배제되어야 하며, 의학적 처치나 알코올/물질 남용 등에 의한 성격 변화도 배제되어야 한다.

성격장애에 대한 대안적 *DSM-5* 모델은 조현형 성격장애를 극도의 성격 기능 장애로 규정할 수 있는 하나의 독립된 장애로 보며 괴이한 행동, 제한된 정서, 사회적 철수, 의심하기, 독특한 믿음과 경험, 인지/지각의 혼돈 중 네 가지 이상의 성격 특징을 지닌다고 한다.

내담자 특징

조현형 성격장애 내담자 중 78% 이상이 지각 왜곡, 망상, 마법의 신봉, 편집적 생각을 보고한다(Dickey et al., 2005). 이렇게 이상한 태도와 행동은 주위 사람들의 눈에 잘 띄고 고용관계 및 동료관계에서 문제를 만드는 원인이 되기도 한다. 이들의 기괴한 행동을 타인이 회피하면서 내담자는 사회적으로 고립되고 인지적 오류를 만들어낼 수 있다. 이 장애가 있는 사람들은 일반적으로 평균 이상의 지능을 갖고 있음에도 사회·경제적으로 '하향 이동'을 할 수 있다(Dickey et al., 2005, 2003).

이 장애는 조현병 내담자와 직계가족 관계인 사람들에게 자주 발견되기 때문에 유전적·환경적 요소가 영향을 미치는 것으로 보인다. 조현병 내담자에서 발견되는 전두엽의 신경학적 결핍이 증상에 기여하는 하나의 요인으로 보인다(Morris & Heinssen, 2014). 일부 어린이들은 조현형의 유전적 성향을 갖고 태어난다. 학대, 괴롭힘, 배척, 수치심 경험은 조현형 성격장애 치료를 찾는 성인의 배경에서 빈번하게 발견된다.

동반 장애로는 우울장애와 불안장애가 있다. 일회성 정신병 증상들이 나타날 수 있고, 이는 스트레스에 의해 갑자기 나타날 수 있다. 모든 조현병 스펙트럼 장애와 마찬가지로, 두뇌에 미치는 장기적인 인지적·신경생물학적 영향을 완화하기 위해서는 정신병적 증상을 조기에 발견하고 치료하는 것이 매우 중요하다(Fusar-Poli et al., 2012).

이 장애가 있는 사람들은 정신적 증상보다는 미세한 신체적 고통을 호소하여 '신체화'가 빈번하게 목격된다. 편집성·회피성·강박성·경계성 성격장애 등과 같은 타 성격장애들이 공존할 수 있다.

개입 전략

조현형 성격장애 내담자에 대한 치료법 연구는 거의 이뤄져 있지 않다. 편집성 성격장애 내담자들과 마찬가지로 조현형 성격장애 내담자들은 스스로 치료를 찾을 확률이 적지만 가족이나 가까운 친구를 통해 치료를 시작하게 될 수는 있다. 청소년기에 일찍 진단하고 개입하면 장기적으로는 증상을 완화시키고 장기적 예후에 긍정적 영향을 미칠 수 있다(Ryan, Macdonald, & Walker, 2013).

치료 초기에 협력적 관계를 형성하는 것에 주안점을 두는 지지적 개인치료가 내담자를 치료로 이끄는 데 가장 도움을 주는 것으로 보인다. 치료자와의 친밀 정도 및 치료 속도를 내담자가 결정할 수 있게 하면 내담자는 자기 통제감을 갖게 되고 행동 수정에 대해 개방적인 태도를 갖게 되어 직장 및 직장 외부에서 만나는 사람들과의 관계에서 문제가 되는 행동을 변화시킬 수 있게 된다. 자신감을 높이고 인지행동 전략을 부드럽게 사용하는 것에 주안점을 두는 치료는 내담자가 자의식을 개선할 수 있도록 도와준다.

일반적으로 치료는 개인 위생, 자립심 기르기, 고립 예방하기, 삶의 즐거움 찾기 등과 같이 개인이 일상을 살아가는 기본적 기술을 증진시키는 활동에 중점을 둔다. 독특한 경험, 마법의 신봉, 편집증적 사고는 자아동조적이며 치료가 잘되지 않는다. 인지치료는 내담자들이 이러한 유형의 사고들을 검토하고 이를 뒷받침할 근거가 있는지 판단하도록 도울 수 있다. 직면 · 해석 상황보다는 수용적이고 지지적인 환경에서 수행하는 현실 검증이 더 잘 받아들여진다(Beck, Davis, & Freeman, 2014).

지지적인 분위기에서 위험에 도전하는 기술과 대인관계 기술을 촉진시키는 행동적 접근법은 왜곡된 사고를 완화시키고 비판적으로 해석해서 착각한 것들을 다루는 데 도움이 된다. 참가자들을 잘 선정하고 위협적이지 않도록 구조화가 잘된 환경에서의 집단치료도 도움이 될 수 있다.

조현형 성격장애에 특정되지는 않지만, 정신병 발병 고위험군에 속한 개인들을 무선 통제하여 실시한 인지행동치료는 지지치료보다 정신병 발생률을 감소시키는 데 더 효과가 있었다. 증상 개선은 지지치료보다 인지행동치료에서 더 속도가 빨랐다(Addington et al., 2011).

몇몇 연구에서는 약물치료를 병행하는 것이 편집증 및 정신병 증상을 통제하는 데 도움이 되는데, 특히 정신병적 보상 상실(decompensation)[1]과 연관된 급성 증상에 효과가 있다는 것을 시사한다. 다수의 이중맹검 및 위약 통제 연구를 통해 리스페리돈이나 올란자핀과 같은 비정형 항정신병 약물을 사용하면 불안을 감소시키고 조현형 성격장애와 관련된 중증 인지장애를 효과적으로 완화시킬 수 있는 것으로 밝혀졌다(Keshavan et al., 2004). 이 약물들이 장애의 수준을 완화시키는 데 도움이 될 수는 있지만 성격장애의 패턴을 변하게 하지는 않는다.

다수의 무선통제실험(RCT), 이중맹검, 위약 대조 실험으로 고도 불포화 지방산(PUFAs)을 정신병으로 전이시키는 치료를 해본 결과, 고도 불포화 지방산은 양성 증상들을 현저하게 완화시키고 정신병으로 발전하는 위험을 감소시키는 것으로 나타났다. 한 연구에서는 완전히 발현하지 않

은 정신병 증상이 있는 젊은 내담자들에게 안전한 대안적 항정신병 약품으로써 오메가-3 지방산이 효과적일 수 있다는 결론을 냈다(Amminger et al., 2010).

예후

조현병 스펙트럼상에 있기는 하지만 조현형 성격장애가 있는 사람들 대부분은 크게 성공하지는 않아도 안정적인 삶을 꾸려나간다. 조현형 성격장애는 조현 2형으로 표기되어야 한다는 제안이 있었는데, 그 이유는 이것이 조현병 스펙트럼 장애 중 경미한 것이기도 하고, 이 장애가 있는 대부분의 사람들은 더 심하고 역기능적인 조현병 진단으로 악화되지 않기 때문이다(Dickey et al., 2005). 이들이 독립적인 생활력을 유지하고 직장생활을 지속할 수 있도록 관리하고 장기적인 감독이 필요할 수 있다. 정신병적 보상 상실이 일어날 경우 위기관리가 필요해진다.

반사회성 성격장애

타인의 권리를 무시하고 사회적 규범을 위반하는 무책임한 행동 패턴이 두드러지게 나타나는 것이 반사회성 성격장애(antisocial personality disorder, APD)의 핵심 특징이다. 반사회성 성격장애는 일생에 걸쳐 꾸준히 발달하는 것으로 유년기의 문제 행동에서 품행장애로, 그리고 반사회적 특성으로까지 발전한다. 반사회성 성격장애는 18세 이전에는 진단을 내리지 않으며 반드시 15세 이전에 품행장애 증거가 충분히 있어야 진단을 내린다.

진단

반사회성 성격장애와 관련된 특징은 사회적 상식 및 준법행위 준수가 불가능하다는 것, 기만성, 오락이나 개인적 이익을 위한 사기 행위, 신경질적 성향과 공격성향, 충동성, 자신/타인의 안전 무시, 무책임성, 타인의 고통에 대한 무관심, 타인에게 고통을 준 것에 대해 반성하지 않는 점 등이 포함된다. 반사회성 성격장애와 친절, 양심성, 친화력 사이에는 반비례 관계가 있는 것으로 밝혀졌다(Decuyper, De Pauw De Fruty, De Bolle, & De Clercq, 2009). 반사회

---

1 역자 주 : 정신적 · 신체적 결점이나 약점을 의식할 때 다른 면의 일을 해냄으로써 그것을 보충하려는 마음이 사라짐

성 성격장애 성인 내담자들은 독립성을 필요로 할 뿐 아니라 자기 자신만 믿으려는 성향이 있다. 이들은 선제 공격, 공격당할 것을 예상하고 미리 공격하기, 대치하기 전에 자신의 행동을 방어하는 등의 행동을 자주 보인다. 그들은 양심이나 공감 능력이 없기 때문에 자기반성을 거의 하지 않으며 자신이 저지른 범죄에 대해서도 안타까워하지 않는다. 그들은 종종 타인을 민첩하게 판단하며 자신의 이익을 위해 자신의 언변과 대인관계 기술을 타인을 이용하는 데 사용하기도 한다. 실제로 감옥에 수감된 죄수들을 장기간 관찰한 한 연구에 따르면 대인 기술 프로그램에 참여한 반사회성 성격장애 죄수들은 타인을 좀 더 폭력적인 방식으로 해친다고 한다(Rice, Harris, & Cormier, 1992). 또 석방된 후 자신의 개선된 대인 기술을 사용해서 타인을 이용한다(Harris & Rice, 2006).

반사회성 성격장애 내담자들 중 다수는 '기생충의 삶'을 산다(Millon et al., 2004, p. 154). 이들은 사회적·법적 행동규범을 따르지 못하며 자주 금전적 어려움을 겪고 부모 혹은 직원으로서 무책임한 행동을 하며 자신의 행동에 대해 죄책감을 느끼기보다는 남 탓을 할 확률이 높다. 자기애, 권리 의식, 자기중심적 사고는 반사회성 성격장애 성인 내담자에게서 자주 발견된다. 따라서 반사회성 성격장애 내담자들은 친밀한 관계를 오랫동안 지속시키기 어려워하고 연인과 고용주를 자주 바꾸곤 한다. 대략 남성의 3%와 여성의 1%가 반사회성 성격장애 범주에 속한다. 물질 남용 치료를 받는 이들 중 70% 이상, 범죄과학 수사 대상의 70% 이상이 이 장애의 범주에 속한다고도 추측된다(APA, 2013). 반사회성 성격장애 성인 내담자 전부가 범죄 행위를 저지르는 것은 아니다. 범죄자 중에서 5~6%가 전체 범죄 중 50% 이상을 저지른다는 보고서가 존재한다. 여러 해 전에 발표된 한 장기 연구는 청소년기까지만 존재하는 반사회적 행동과 성인이 되어서도 지속되는 반사회적 행동을 구분할 수 있는 결과를 냈다. Moffitt(1993)는 지속적인 범죄자들은 자신의 범죄 성향에 기여하는 선천성 신경·정신과적 문제를 가지고 태어나며 여기에 환경적 요소가 더해진다는 것을 밝혔다. 다수의 입양아 연구에서 반사회성 성격장애 발달에는 유전적 및 환경적 요소 둘 다 영향을 미친다는 것이 확인되었다. 반사회성 성격장애가 있다고 전

부 범죄자가 되는 것이 아니며, 범죄를 저지르는 사람 모두가 성격장애가 있는 것은 아니다. 성격 특징이 유연하지 못하고 부적응적이며 여러 기능적 장애를 지속적으로 가지고 있을 때만 반사회성 성격장애의 수준이 된다. 반사회적 특징이 있는 사람들 중 많은 이들이 사업가, 정치가 등의 진로를 선택하는데, 이들이 가진 독특한 매력, 교묘함, 공격성이 높은 권위를 가진 자리로 이들을 이끌어 올린다. 이런 환경에서는 자신의 이익과 물질적 축적에 집중하는 것이 보상을 받는다.

이 장애의 증상은 아동기와 청소년기에 시작해서 청년기에 가장 두드러진 후 중년기에 자연적으로 사라진다. 구타, 욕설, 협박 등의 공격적 행동을 보이는 아동의 경우 자라면서 이 행동이 더 심화될 확률이 높다. 아동의 지속적인 물리적 싸움은 적대적 반항장애(ODD)에서 품행장애(CD)로 발전할 것임을 예측해준다(Loeber, Burke, & Lahey, 2002). 반사회성 성격장애 특성이 있는 청소년과 성인들은 아동기부터 품행장애의 증상을 보인다. 이 지속적인 충동적이고 공격적인 행동 패턴은 사회적 규범에 대한 반응과 권위에 대한 반대로 빈번히 나타난다. 아동의 충동성은 성인이 되어서 반사회성 성격장애가 발달하는 것에 직접적 역할을 하지는 않지만 반사회성 성격장애가 되려는 경향과는 상호작용한다. 즉 반사회성 성격장애는 충동성과 상호작용을 해서 아동의 반사회적 충동적 행위를 방지하는 내부 통제성을 약화시킨다. 반응적 공격은 장애의 내재화와 관련이 있고 능동적 공격은 반사회성 성격장애와 관련이 있는데 이 둘은 구분이 될 필요가 있다. 청소년기의 범죄 성향은 청년기의 반사회성 성격장애 발달을 예측해줄 수 있다(Simonoff et al., 2004).

내담자 특징

APD는 유전적 성향, 기질, 환경의 요인이 상호작용한 결과이다. 다수의 연구들을 메타분석한 Ferguson(2010)은 반사회성 성격장애의 50%가 유전이 원인이며, 31%는 독특한 경험, 11%는 공유된 경험이 그 원인이라는 것을 밝혔다. 두뇌의 부변연계가 반사회성 성격장애 발달에 역할을 한다. 안와전두피질의 발달이 미흡해도 원인이 될 수 있는데 안와전두피질은 충동, 대인관계 및 감정적 결정을 통제

한다. 이 경우 어린이는 부모 또는 어른이 주는 지시 내용 기저의 감정이나 신호를 인지하지 못한다. 충동성과는 별도로, 반사회성 성격장애는 어린이가 자신의 경험으로부터 학습하지 못하게 하는 결과를 낳는다(Kiehl, 2006; Kiehl & Buckholtz, 2010). 이러한 신경학적 취약성과 더불어 일관성 없는 훈육, 트라우마 등의 환경적 문제가 결합되면 반사회성 성격장애가 발달할 수 있는 완벽한 환경이 된다(Hiatt & Dishion, 2008).

나이가 들어서 반사회성 성격장애로 발전하는 아동은 일반적으로 반사회성 성격장애, 알코올 또는 물질 남용 문제가 있는 일차친척 환경에서 성장한 이력이 있다. 훈육은 일관성이 없고 제멋대로이며 지나치게 엄격한 형태였을 수 있다. 대인관계는 서로 영향을 미치는 것이어서 아동의 충동적이고 불편한 행동이 부모가 지나치게 처벌하도록 유도할 수 있으며, 부모는 얼마의 노력 후 포기하게 될 수 있다. 아동의 바르지 못한 행동 및 통제력 상실에 대해 부모가 아동의 행동을 교정하는 훈육 대신 회피/무시 또는 효과가 없는 방식을 선택함으로써 양방 관계가 초래된다(Burke, 2007).

이런 가정에서는 지지적이지 않거나 방어적인 의사소통 패턴이 자주 목격되며, 반사회성 성격장애 진단을 받은 많은 사람들은 유년기에 이들에게 공감하고 친절히 대하는 롤 모델이 부재했다. 오히려 이 아동들은 자신을 위해 경계하는 것을 배우고 타인을 위협하기 위해 타인을 공격하거나 폭력을 사용한다. 다수의 경우 일찍부터 행동에 문제가 있었으나 처벌을 통해 통제되지 않았다.

다른 성격장애들보다도 이 유형의 성격장애 인구가 약물관련장애를 보일 확률이 가장 높다(Millon et al., 2004). 반사회성 성격장애 및 약물장애가 공존하는 사람들은 공격성, 충동성, 정신병 특성에서 높은 점수를 받는다(Alcorn, Gowin, Green, Swann, Moeller, & Lane, 2013). 감정의 불안정성과 억제 불능의 조합은 두 장애가 동시에 존재할 때 증폭되어 다른 어떤 단일/이중 정신질환 진단의 경우보다 자살, 살인 등의 폭력 위험이 커지게 된다(Alcorn et al., 2013; Arseneault, Moffitt, Caspi, et al., 2000). 따라서 반사회성 성격장애 내담자의 물질관련장애는 반드시 치료되어야 한다.

자기애성, 편집성, 연극성 등 다른 성격장애가 동반되는 경우가 많다. 만약 가학적이고 부정적 성격 패턴이 존재한다면 치료 개선 효과는 많이 기대할 수 없다. 반사회성 성격장애 내담자들 중 다수는 기저에 우울증이 있어서 치료하지 않는 경우에는 자살의 위험이 증가한다. 반사회성 성격장애 내담자 중 11%는 자살을 시도했고 5%는 자살로 삶을 마친다는 예측 자료가 있다(Verona, Patrick, & Joiner, 2001).

치료자의 자질

성인 반사회성 성격장애 내담자들은 법원 명령에 의해 치료를 시작하는 것이 가장 흔한 경우이다. 치료는 가석방 또는 보호 및 관찰의 조건이거나 혹은 수감생활 중에 치료를 받을 수도 있다. 대부분의 반사회성 성격장애 내담자들이 치료를 원한다거나 스스로 찾아가거나 하지 않기 때문에 치료의 동기 및 이유가 치료 시작 전에 반드시 확인되어야 한다. 치료자가 초기에 치료에 대한 내담자의 적대감 또는 모호성에 대해 공감을 한 후 협력적 관계를 형성해야 반사회성 성격장애 치료 결과가 가장 긍정적으로 나타난다(Sperry & Sperry, 2015).

처음에 반사회성 성격장애 내담자는 매력적이고 겉으로 보기에 순응적이어서 초기에는 치료자와의 허니문 기간을 가질 수 있다. 치료가 표면적 상호작용 단계를 넘어서면 치료자는 대치해야 할 권위상으로 비칠 가능성이 커진다. 따라서 치료자들은 치료 과정에서 상대를 진심으로 대하고 수용적이며 공감하고 평가하지 않아야 하며, 자신이 전문가이자 협력자임을 보여주어야 한다.

심리교육과 동기부여를 위한 면담은 내담자가 자신의 선택사항들을 알고 자신의 선택에 집중할 수 있게 해주기 때문에 내담자들은 자신의 목표와 행동에 책임이 있다는 것을 인지하게 된다. 내담자들이 자신의 이익에 대해 발전된 시각을 갖도록 돕는 것은 미래의 행동에 동기를 갖게 하는 핵심 요소가 될 수 있다. 반사회성 성격장애 내담자들과 협업하는 것은 매우 어려울 수 있다. 치료자들은 내담자들에 대한 역전이를 경험하고 경계를 위반하게 될 수도 있다. 치료자들이 내담자의 불법 행위를 최소화하려 하기 때문에 불신과 공모/결탁이 자주 발생한다(Sperry & Sperry,

2015). 명확한 가이드라인이 있으면 치료를 저해하는 권력투쟁을 효과적으로 줄일 수 있다. Beck과 동료들(2014)은 내담자에게 장애를 명확하게 설명하고 치료 참여의 가이드라인과 한계를 명시하라고 권장한다. 치료자들은 반사회성 성격장애 내담자의 이력을 보고 분노하거나 위협을 느낄 수도 있고 개선이 없음을 보고 좌절하거나 의욕을 잃을 수 있다. 이러한 반응들은 치료가 효과적일 수 있도록 반드시 전부 관찰·관리되어야 한다. 내담자가 치료를 통해 개선이 이루어지고 있다는 명확한 증거가 있는 경우에만 치료를 지속한다.

평가

유치원 시절부터 존재하는 행동장애(예 : 중증의 관리 문제)와 정서적 결핍의 연장선상에 반사회성 성격장애가 있다는 증거가 존재하지만(Frick et al., 2003), 반사회성 성격장애는 정의에 따라 유년기에는 진단되지 않는다. 정서결핍척도(measures of callous and unemotional traits)에서 높은 점수를 받고 불안척도에서 낮은 점수를 보인 어린이들은 자신의 행동에 대한 사회적 거부나 처벌에 대해 신경 쓰지 않으며, 자신의 실수로부터 학습하지 않는다. 그러므로 5세부터 진단을 내릴 수 있는 품행장애나 적대적 반항장애에 대해 조심하여 평가해야 한다. 어린이가 보이는 대부분의 반사회적 행동은 가정 밖이나 부모가 인지하지 못하는 곳에서 일어나기 때문에 이 장애들의 존재 여부 및 반사회성 성격장애 특성 발달의 판단은 교사와 부모의 행동 묘사에 의존해야 한다(Burke, 2007).

　일반적으로 청소년과 성인의 반사회성 성격장애 증상 판단은 구조화된 임상 면담 및 정신병질척도 개정판(Psychopathy Checklist-Revised, PCL-R; Hare, 2003)을 사용하여 이루어진다. 치료자들은 진단적 증상의 근거가 되는 외부 요소를 찾아야 한다(예 : 경찰과의 연락, 학교에서의 비행, 공격적·괴롭힘 행위, 불량한 친구들). 다른 성격장애들에 비해 반사회성 성격장애 진단은 시간이 지나도 변하지 않을 수 있는데, 그 이유는 반사회성 성격장애 진단은 반사회적·범죄적 행동에 의한 것이기 때문이다(Duggan et al., 2007).

한 개인의 유년기에 영향을 주는 여러 환경적 요소에 대해 치료자는 유념해야 한다(예 : 부모의 반사회적 특성, 부모의 일관적이지 못한 성향, 부모의 학대, 낮은 사회경제적 지위, 불안정한 부정적 정서, 충동성, 가족 간의 격한 감정 표출 등). 이 요인들은 치료에 참여하는 능력에도 영향을 미친다.

　반사회성 성격장애 내담자들은 폭력적·반사회적 행동 이력에 대해 일반적으로 솔직하지 않기 때문에 형사사건 기록, 전과 기록 등을 별도로 입수해야 한다. 약탈 범죄 전과의 경우 특히 폭력적인 위협이나 어린이 혹은 취약한 사람들을 대상으로 하는 행동의 이력에 대해서는 반드시 범죄 수사 전문가의 상담을 통해 파악해야 한다. 치료자는 또 반사회성 성격장애 진단을 받은 성인의 위험 가능성을 파악해 두어야 한다. 이때 과거 폭력 이력을 고려하되 폭력의 성질과 경중도 고려한다. 동반 장애, 특히 물질남용장애의 비율이 높기 때문에 다른 *DSM-5* 진단에 대한 파악도 이루어져야 한다. 가능하다면 언제든 가족과 면담을 하여 충동 이력, 대인관계의 어려움, 현재의 인간관계 스트레스 등을 조사해야 한다. 정확한 정황을 파악하기 위해 노력할수록 반사회성 성격장애 내담자를 위한 치료 계획을 잘 세울 수 있을 것이다.

개입 전략

반사회성 성격장애 치료를 위해서는 예방이 가장 효과적인 치료인 것으로 보인다. 유치원생 및 초등학생 시절에 반항장애나 품행장애로 최초로 진단을 받은 경우 조기에 개입을 하면 아동의 행동에 현저하게 긍정적인 영향을 줄 수 있다. 유년기 초기에 이루어지는 치료는 행동 규칙을 초점으로 하고 공감 능력을 키울 수 있도록 아동을 훈련시켜야 한다. 이러한 조기 개입은 성인이 되었을 때 반사회성 성격장애로 발전하는 비율을 40~70% 정도 감소시키는 것으로 밝혀졌다(Duggan, 2009; Woo & Keatinge, 2008).

　아동기 개입은 부모에게 주안점을 두되, 아동기에 시작하는 장애와 청소년기에 시작하는 장애가 구분되어야 한다. 아동기에는 부모의 양육 기술을 개선시키는 것이 1차 목표이다(Kazdin, 2014). 의사소통 패턴을 개선하고 가족관계 패턴을 회복시키려는 노력을 위해 아동기와 청소년기의 가족치료가 특히 더 유용한 개입이 될 수 있다. 부모관리치료(parent management therapy, PMT)는 부정적 행동(예 : 타인을 이용하기, 협박, 괴롭히기 등)의 강화를 감소시키고 바람직한 행동을 강화시킬 수 있다. 일관성, 애정, 타임아웃, 행동 강화, 긍정적 표현과 부정적 표현을 3 : 1로 맞추기 등의 전략을 통해 부모들은 적절한 한계를 설정하고 일관성을 유지하고 아동과 분리하며 자신의 죄책감, 분노, 수치심에 대해 적절히 대처할 수 있다(Kazdin, 2014).

정서인지 훈련(emotion recognition training, ERT)은 특정 감정에 대한 이해와 내재화에 중점을 두는데 이것이 증상 개선에 도움을 줄 수 있다. 최근 한 연구에서는 정서결핍척도에서 높은 점수를 받은 아동의 경우 정서인지 훈련이 문제 행동을 감소시키는 데 효과적인 것으로 나타났다(Dadds, Cauchi, Wimalaweera, Hawes, et al., 2012).

가정 및 공동체 기반 서비스의 통합된 팀을 통한 환경적 개입이 필요할 때도 있다. 이러한 사례관리를 하려면 가족과 매일 연락을 해야 할 수도 있다. 중증인 경우, 구금/소년원 환경에서 거주 형식의 대안적 공동체 기반 전략이 필요할 수도 있다. 이러한 환경에서는 분노조절과 행동 관리를 위해 인지행동치료, RET, 문제해결 치료를 수행한다(Kazdin, 2014). PMT가 효과가 없는 청소년 내담자들에게는 거주 치료, 집단 홈, 위탁 돌봄 치료가 종종 사용된다.

성인치료 성인 범죄자 중 반사회성 성격장애가 있는 사람들을 정밀하게 통제하여 치료한 연구는 극소수이며 정신건강 연구의 수는 그보다도 더 적다. 인지행동치료와 대인기술 훈련, 문제해결 훈련을 조합한 것은 성인 범죄자들에게 가장 긍정적인 결과를 가져왔으며 상습 범행을 감소시키기도 했다. 치료를 목적으로 하는 공동체는 가장 낮은 성공률을 보였다(Bateman et al., 2013). 반사회성 성격장애가 있는 성인 남성을 대상으로 한 무선통제조건의 인지행동치료 연구는 재범률이 감소하는 것을 보여주었다(Davidson, Tyrer, Tata et al., 2009).

반사회성 성격장애가 있는 성인 남성에 대해서는 어떤 심리사회적 치료 접근법이 효과가 있는지 밝히는 연구가 이뤄져야 하지만, 일부 행동 훈련 및 대인기술 훈련은 증상을 다소 개선시킨다는 것이 밝혀졌다. 동반되는 물질 남용은 반사회적 특성을 증폭시키기 때문에 분노 관리 및 약물 사용을 다루는 탈진단 치료법이 필요한 것으로 보인다(Woo & Keatinge, 2008). 집단 형태의 대인기술훈련은 내담자에게 자기통제와 만족 지연을 가르칠 수 있다(Duggan, 2009). 또 구조화된 집단치료는 반사회성 성격장애 내담자들의 친사회적 기술을 개선시키는데 어느 정도 성공을 보여주었다(Sperry & Sperry, 2015).

도식치료와 정신화 기반 치료(mentalization-based treatment, MBT)도 반사회성 성격장애 치료에 희망적 결과를 보여주기도 했다. 이 둘에 대해 여기에서 간략하게 다루지만, 더 많은 연구가 필요한 상황이다.

도식치료 범죄수사 상황에서 반사회성 성격장애 치료를 위해 도식 치료가 수행되어 왔다(Rafaeli, Bernstein, & Young, 2011). 반사회성 성격장애 내담자들에게 전형적으로 발견되는 부적응적 도식은 불신, 호의와 특권을 당연하게 여기는 마음, 자제력 부족, 자신은 결함이 있어서 타인들에게 버림을 받을 것이라는 믿음 등이다. 반사회성 성격장애 내담자들은 과잉보상 도식을 활용하려는 경향이 있어서 타인에게 사기를 치고 타인을 이용하고 평가절하하며 괴롭히고 위협하며 편집적이며 감춰진 위협과 적을 찾아내려 한다(Chakhssi, de Ruiter, & Bernstein, 2014). 치료의 초점은 일반적으로 현재의 행동에 맞춰지지만 반사회성 성격장애 내담자들은 간혹 자신의 과거에 대해 말할 때 방어를 낮출 수 있으므로 이를 활용하면 현재의 활동을 거론할 수 있는 유용한 연결고리가 될 수 있다(Young, Klosko, & Weinshaar, 2003). 대규모 무선통제 실험조건의 도식치료가 현재 네덜란드 7곳의 범죄 수사 병원에서 진행 중에 있다. 연구 결과들이 아직 출간되지는 않았지만 초기 자료들은 반사회성 성격장애 치료에 대한 희망을 보여준다(Bamelis, Evers, Spinhoven, & Arntz, 2014; Chakhssi, de Ruiter, & Bernstein., 2014; Rafaeli et al., 2011).

정신화 기반 치료 정신화 기반 치료(mentalization-based therapy, MBT)는 치료의 인지적 요소와 관계적 요소를 애착 이론의 기초와 통합한다(Bateman et al., 2013). MBT는 내담자의 불안을 유발하는 심리 상태에 집중할 수 있도록 안전한 치료적 환경을 제공하는 방법을 찾는다. 반사회성 성격장애 내담자들이 가장 두려워하는 심리 상태는 자존감이 위협받는 상태이다. 반사회성 성격장애 내담자들은 자존심, 특권, 지위를 보호하기 위해 존경심을 요구하고 공포 분위기를 조성한다. 지위의 상실은 수치스럽게 여겨지는 것으로 그런 일이 발생하면 내담자의 감정과 충동을 통제하지 못하게 되며 극도로 시야가 좁아지게 된다. 또 자신이 상황을 통제하고 있다고 확인하기 위해 물리력을 사용할 수도 있다. 반사회성 성격장애 내담자들은 양심의 가책이나 죄책감을 느끼지 않기 때문에 타인에 대한 공감도 하지 않는다. 자신에 대한 두려움도 느끼지 않으며 지위와 존경에 대한 욕구는 폭력으로 발생되는 위험과 그것의 대가보다 더 중요하다.

MBT를 통한 치료는 반사회성 성격장애 내담자들이 자신의 생각이 어떤 과정으로 흐르는지를 알아채는 능력을 형성시키고 언제 과격한 행동을 하는지 인식하게 해주며 스스로 결정한 목표와 일관된 대안 행동으로 반응할 수 있도록 도와준다. DBT가 경계성 성격장애 내담자의 자살 및 자해 행위를 다루듯이 MBT는 난폭한 행위를 능동적으로 탐색한다. MBT는 부분 입원 프로그램을 받는 경계성 성격장애 내담자를 위한 치료에 효과적인 것으로 밝혀졌다. 이 경계성 성격장애 내담자 중에는 반사회성 성격장애를 동반하는 사람들도 있었다(Bateman et al., 2013; Bateman & Fonagy, 2006). 반사회성 성격장애 내담자 맞춤형 MBT는 감정 단서 이해하기, 타인의 감정 이해하기, 권위에 대한 민감성 탐구, 타인의 관점을 더 잘 이해하기 위한 대인관계 절차 수행 등을 다룬다(Bateman et al., 2013). 반사회성 성격장애 내담자들과는 집단 작업이 필수적이다.

복합 치료 성인 반사회성 성격장애 내담자 치료에 약물치료가 병행될 때가 있다. 리튬, 플루옥세틴(프로작), 설트랄린(졸로푸트), 베타차단제 등은 모두 분노와 충동 조절에 도움이 된다고 보고되었다(Sperry & Sperry, 2015). 그러나 RCT에 대한 연구들에서는 반사회성 성격장애 치료에 약물을 사용하는 것에 대해 설득력 있는 증거를 발견하지 못했다(Duggan, 2009; Duggan et al., 2008). 약물은 조심해서 처방되어야 하는데, 이는 이 내담자들이 약물을 남용하는

경향이 있고 문제에 대해서 내적 해결책보다는 외적 해결책에 의지하려 하기 때문이다.

환경적 변화 토큰 경제, 또래 모델링하기, 명확한 규칙을 도입한 치료 목적의 공동체, 환경요법과 거주치료 프로그램은 반사회성 성격장애 내담자들에게 변화를 이끌어내기도 한다. 범법자들을 위해 설립된 거주치료 프로그램은 자신의 행동에 대한 결과를 잘 이해하도록 하는 동시에 주로 책임 수준 및 자신과 타인에 대한 신뢰를 증진시키는 것에 집중한다. 이러한 거주치료 프로그램의 중요한 장점 중 하나는 사람들을 과거의 환경에서 떠나게 함으로써 반사회적 행동을 강화시킬 수 있는 또래들로부터 격리시킨다는 것이다. 수감 중인 사람들에게는 석방 전 프로그램 또는 수감 중기 프로그램이 사회적으로 더 수용되는 삶의 방식으로 바꿀 수 있도록 도움을 줄 수가 있다. 새로운 지원 체계를 만들고 고용과 자기계발집단(예 : 익명의 마약 사용자 모임)에 가입하고 활동하는 것 또한 도움이 될 수 있다.

예후

반사회적 특성을 보이는 어린이 · 청소년 및 반사회성 성격장애 성인 내담자들은 일반적으로 치료에 대해 저항을 보인다. 독립적이고 자신이 경멸하는 권위자에 대해 저항하려는 강한 요구 등으로 변화에 대한 동기부여가 잘 안되는 것으로 보인다. 어떤 사람들은 정신건강 치료의 길을 선택하는 대신 자신의 충동적 · 폭력적 습관을 방관하며 법의 처벌을 받는 길을 선택하기도 한다(Duggan, 2009). 치료를 받으려고 나타난 성인 반사회성 성격장애 내담자들에게는 자신의 실질적인 이익을 위해 스스로 행동을 통제할 수 있도록 훈련시키는 구조적이고도 능동적인 치료 접근법이 최소한의 목표를 제공하는 것으로 보인다(Millon, 2004).

초기 개입 및 예방 프로그램은 반사회성 성격장애로 발전할 위험이 있는 아동을 보다 더 중점적으로 다루고 있다. 선별하는 방법이 개선되면 적대적 반항장애 혹은 품행장애가 있는 치료에 적합한 반사회적 특성을 수반한 아동 내담자를 식별하도록 도울 수 있다. 특정 증상이 있는 아동에게 어떤 치료 전략이 가장 효과가 있는지 추가 연구가 필요한 상황이다. 새로운 개입 전략은 부모의 기대를 해결하고

치료에 접근하는 문턱을 낮게 만들도록 설계되어야 한다 (Burke, 2007).

반사회적 특성이 성인기까지 이어지게 되면 예후는 긍정적이지 않다. 그 이유는 변화에 대한 동기 때문이다(Millon et al., 2004). 성인이 되면 우울증이나 동반하는 물질 남용, 도박, 분노 및 폭력의 이력이 예후를 더 악화시킨다. 한 연구에서는 약물관련장애의 치료 종결이 반사회성 성격장애 내담자들의 재범을 감소시키는 데 가장 중요한 요소였다(Messina, Wish, Hoffman, & Nemes, 2002). 그렇다 하더라도 반사회성 성격장애 내담자의 다수는 치료, 약물치료 관리, 물질 남용 치료 프로그램에 대해 반감을 갖고 있다.

반사회성 성격장애 내담자들에게는 시간이 최고의 치료약일 수 있다. 사람들은 나이를 먹으면서 충동성이 줄어들고 반사회적 행동의 강도가 줄어드는 경향이 있다. 자신의 행동에 대해 반성하고 애착이 있으며 가학적·폭력적이지 않았으며 치료자를 두렵게 하지 않는 40세 이상의 사람들에게서 치료의 성공 확률이 높게 나타난다(Sperry & Sperry, 2015).

연극성 성격장애

연극성 성격장애(histrionic personality disorder) 내담자는 극적이고 관심을 요구하며 폭넓게 타인을 유혹하고 과도한 감정 패턴을 보인다. 그들은 자주 모임의 중심이 되기를 좋아하며 유혹적·도발적 행동을 보이기 쉽다. 치료자들은 연극성 성격장애의 증상을 식별하고 이 내담자들이 보이는 이상화 및 유혹에서 일어나는 역전이에 대해 인식하고 있어야 한다(Skodol et al., 2014).

진단

연극성 성격장애가 있는 사람들은 타인의 관심을 끌기 위해 사람들과의 상호작용에서 불필요하게 유혹적이고 도발적인 행동을 보이기도 한다. 그들은 자신의 화법, 외모, 과장된 감정 표현을 사용하여 타인을 자신의 의도대로 움직이도록 조종하기도 한다. 연극성 성격장애 내담자들은 타인의 말에 쉽게 생각을 바꿀 수 있다. 그들은 자신의 연인

관계를 실제보다 더 가깝게 지각하는 경향이 있으며 쉽게 불편해짐, 지루함을 느끼고, 주변의 관심이 자신에게 있지 않을 때 어떻게 존재해야 하는지를 모른다. 연극성 성격장애 내담자는 피상적이고 감정의 깊이도 얕다는 평을 받는다. 말을 할 때도 세부 내용이 자주 결여되어서 사실을 전달하기보다 인상을 남기는 목적의 화법을 구사한다.

내담자 특징

연극성 성격장애 내담자들은 감정을 과장해서 표현하는 경향이 있다. 그들은 히스테릭하게 울거나 지나치게 크게 웃기도 한다. 웃음이나 울음은 과할 정도로 길게 지속될 수 있다. 그들은 성적으로 그리고 사회적으로 활발하지만 평균보다 더 높은 비율로 성적인 문제를 보인다(Paris, 2003). 이들은 쉽게 지루해하기 때문에 새로운 도전과 자극을 찾아서 현재의 연인 관계에 문제를 유발하기도 한다. 그들은 완벽한 파트너를 찾아 항상 연인 관계를 조금씩 조정해 가는 것으로 보인다. 그들은 감정적이지 않은 사람과 연인 관계를 시작하는 경우가 많다. 그들의 파트너들은 내담자의 의존성 욕구를 채워주지만 꾸준한 확신과 강한 감정은 주지 않는 성향이 있다. 전형적으로 이들은 자신이 원하던 안정감을 찾으면 지루함을 느끼고 재빨리 연인을 바꾼다. 이것은 놀랄 만큼의 빈도로 반복될 수 있다.

젊은 시절 이성을 많이 유혹했던 내담자의 경우라면 노화는 특히 곤혹스러운 것이다. 이들은 나이가 들면서 관심의 중심이 되는 다른 방법의 필요를 느낀다(Paris, 2003). 주위의 관심을 끌기 위해 이들은 성공한 사람 혹은 유명한 사람과 관계를 만들어갈 수 있다.

직업에서도 지루함은 지속적인 문제가 될 수 있다. 이들은 불안정한 직업 이력을 보일 수 있다. 기질, 비논리적 사고, 세부 내용에 대한 관심 결여로 인해 이들은 여러 직위에 적절하지 않은 후보이다. 하지만 창의력, 열정, 폭발적 에너지가 평가를 받는 곳에서 직업을 이어간다면 이들은 상당한 성공을 경험할 수도 있다.

이 장애는 성격장애 중 가장 보편적인 편에 속하며 인구 중 2% 이내로 발생하는 것으로 보인다(APA, 2013). 동반 장애로는 신체화장애, 우울장애, 해리장애, 불안장애, 약물

남용장애, 양극성 및 순환성 장애가 있다. 극도의 스트레스 상황에서 연극성 성격장애 내담자들은 편집성 성격장애의 특성을 발현할 확률이 있다(Paris, 2003).

치료자의 자질

처음에 내담자들은 매력적이고 호감을 주며 표현력이 풍부해서 치료자를 만족시키려고 노력하는 것으로 보인다. 치료가 진행되면서 내담자가 거절을 과장되게 두려워하는 것이 확연히 보이게 된다. 연극성 성격장애 내담자들은 자신이 사랑받고 있다는 감정의 재확인을 꾸준히 바란다. 가족과 친구의 사랑만으로는 부족해서 모든 사람의 사랑을 받아야 한다. 치료자의 애정도 예외가 아니다. 연극성 성격장애가 있는 여성 내담자는 다른 성격장애 내담자들보다 더 두드러지게 남성 치료자를 선호한다(Millon et al., 2004). 치료자들은 이러한 내담자들과 재빨리 경계선을 설정해서 전문가의 자세를 견지해야 한다.

친절하고 진심으로 대하며 한결같은 치료자는 신뢰를 쌓고 유지할 수 있으며 내담자의 결핍 욕구를 완화시킬 수 있다. 내담자의 전이 반응을 생산적으로 사용하면 내담자가 어떻게 타인들과 관계를 맺는지 이해할 수 있고 관심을 끄는 행동의 부적응적 결과를 파악할 수 있다. Millon(2004)은 내담자와 적절한 거리를 유지하고 한계를 설정하는 방법으로 치료 과정과 내담자의 이력에 드러난 사실에 집중해야 한다고 제안했다. 약간의 직면을 통해 내담자들은 자신의 행동이 얼마나 타인을 이용하는 것이고 자신을 피폐하게 하는지 돌아볼 수 있다. 한계 설정과 직면은 아무리 부드럽게 한다 하더라도 연극성 성격장애 내담자에게는 거절로 받아들여질 수 있기 때문에, 한계 설정 및 직면 단계는 사전에 일련의 명확한 단기 목표를 설정하고 진행하도록 한다. 이 목표는 내담자에게 의미가 있어야 하며, 직면은 내담자가 치료에서 목표하는 것을 상기시켜주는 식으로 이루어질 필요가 있다. 이를 통해 아무리 작다 하더라도 강화를 받을 수 있고, 내담자가 자신의 요구가 수용되지 않았다는 이유로 드라마틱한 행동을 하거나 치료를 조기에 종료하는 등의 행동을 예방할 수 있다. 그렇다 하더라도 연극성 성격장애 내담자들은 대화의 주제를 벗어나는 경향이 있기 때문에 치료

자들은 목표에 대해 집중하고 있어야 한다.

개입 전략

연극성 성격장애 치료에 대한 연구는 거의 수행되지 않았지만 개인 정신역동치료가 주요 치료법으로 남아 있다. 그렇지만 대부분의 내담자들은 장기적으로 치료를 받지 않는 경향이 있다. 상담에서는 지금 여기에서의 관계 문제를 다루는 접근법이 내담자가 자신의 행동이 어떻게 타인에게 영향을 미치는지를 잘 이해할 수 있도록 도와줄 확률이 가장 크다. 현재 행동이 어떻게 장기적 관점에서 인간관계를 방해하고 있는지 내담자 스스로 인식하고 자신의 정체성을 찾는 현실적 목표를 세울 수 있도록 돕는 것은 치료에서 의미 있는 부분이 될 수 있다(Millon, 2011; Sperry, 2015).

연극성 성격장애를 비롯한 B군 성격장애가 있는 내담자 군에서는 분노와 공격 성향이 짙어진다고 알려져 있는데 인지행동치료는 이러한 성향을 완화시키는 데 도움을 줄 수 있다. 분노와 폭력성을 완화시키기 위한 인지행동치료를 14주 동안 진행한 결과, 스스로 부정적 분노 전략을 많이 활용한다고 생각하는 연극성 성격장애 내담자들이 자기애성 성격장애와 반사회성 성격 특징이 있는 내담자들에 비해 더 빠른 속도로 좋아지는 것을 확인하였다(Gerhart, Ronin, Russ, & Seymour, 2013).

마찬가지로 자기주장 훈련과 문제해결 훈련은 자신이 타인에게 어떤 영향을 미치는지 자각하게 함으로써 충동성을 완화시킬 수 있다(Millon et al., 2004). 자극적이고 새로운 것을 찾는 이들의 요구에 맞는 새롭고 건강한 활동을 찾아내게 도와주는 행동치료 또한 도움이 될 수 있다.

동반 장애들도 해결이 되어야 한다. 이들은 우울증, 불안, 신체화 증상이 통제되기 전에는 자신의 행동을 바꿀 능력이나 의지가 생기지 않을 수 있다. 마찬가지로 충동적 행동 유발에 알코올이나 물질 남용이 중요한 역할을 하고 있다면 이 또한 해결되어야 한다. 알코올 섭취를 줄이는 데 약물 처방이 효과가 있기도 하다. 날트렉손(레비아)은 알코올 섭취 중단을 원하는 사람과 자해 행위를 하는 사람에게 도움을 줄 수 있다(Sperry, 2015). 항우울제와 항불안제는 우울과 불안 증상을 완화시킬 수 있지만 약물치료가 추천

되는 경우, 연극성 성격장애 내담자들 중 일부는 자살 위협 및 자살 징후를 보일 수 있기 때문에 주의해서 약물을 사용해야 한다.

연극성 성격장애 내담자들은 집단치료를 통해 자기 자신을 좀 더 잘 파악할 수 있고 자신의 행동이 의미 있는 인간관계를 맺는 데 어떻게 방해가 되는지 알아볼 수 있다. Sperry와 Sperry(2015)는 집단치료의 역동성을 정리하며 집단치료는 기능성이 높고 공감할 수 있으며 다른 구성원들을 걱정해줄 수 있는 사람들에게만 추천한다고 하였다. 하지만 연극성 성격장애 내담자들에게 집단치료가 효과적이라는 근거 자료는 존재하지 않는다.

예후

연극성 성격장애는 예후가 상당히 좋은 편인데, 그 이유는 주로 인간관계를 맺고 유지하는 능력이 있기 때문이다(Millon, 2011). 연극성 성격장애 내담자들은 모임에서 따돌림을 당하거나 연인 관계가 끝이 났을 때와 같이 인간관계가 줄어들었을 때 치료를 찾는 경향이 있다. 자신의 인간관계 문제를 지속적으로 만들어내는 행동 패턴을 변화시키는 데 목적을 둔 개입은 내담자가 정상으로 돌아오도록 도와줄 것이다. 치료를 유지하고 자기 인식을 형성하며 새로운 행동 패턴을 익힌 사람들은 지속적으로 학습하고 성장할 가능성이 크다. 치료를 조기에 종료하거나 내적 자원을 형성하지 못하는 사람들은 과거의 유치한 행동 패턴을 끊지 못하고 자신의 요구를 위해 타인을 필요로 하는 생활을 이어갈 것이다.

경계성 성격장애

경계성 성격장애(borderline personality disorder, BPD)는 성격장애 중 가장 많이 진단이 내려지고, 외래 치료를 받는 이들이 가장 많으며, 정신병원 입원 건 중 72%에 해당하기도 한다(Koerner & Dimeff, 2007). 아마도 이러한 이유 때문인지 이 심각한 성격장애의 특징이라고 할 수 있는 강렬한 감정, 자해 행위, 극도의 충동 성향을 효과적으로 통제하는 여러 가지 치료법이 존재한다.

진단

경계성 성격장애의 세 가지 핵심 증상인 불규칙한 기분, 강렬한 분노, 충동성은 매우 불안정한 패턴을 형성하여 인간관계, 취업 상태, 자기 이미지에 부정적으로 영향을 준다. 자해 및 자살 위험도 높다고 볼 수 있다. 이 장애는 청소년기와 청년기에 나타나지만 나이가 들면서 완화되는 경향을 보인다. DSM-5(APA, 2013)에 따르면 경계성 성격장애로 진단되려면 중 최소 다섯 가지 이상의 증상이 존재해야 한다.

- 상상 또는 실제의 유기를 피하기 위해 극도로 노력함
- 격렬하고 불안정한 대인관계
- 안정적이고 내재화된 자기에 대한 느낌 결여
- 지속적으로 공허하고 지루해함
- 자기파괴적 충동 행위(예 : 물질 남용, 과소비, 과식, 난잡한 성관계)
- 예민함, 극도의 불쾌감, 불안으로 인해 기분이 수 시간에서 수일 단위로 변함
- 격렬한 분노, 감정 통제 불가
- 스트레스 관련 해리 및 편집증
- 자해 행위(예 : 칼질, 화상 입히기) 혹은 자살 상상 또는 자살시도

상상 혹은 실제로 타인에게 버려질 것이라는 두려움은 BPD 내담자의 자기 이미지 핵심에 영향을 미쳐 행동 패턴을 폭넓게 변화시킨다. 따라서 BPD 내담자는 혼자라는 불안과 두려움을 완화시키기 위해 광적인 행동을 취하게 된다. 충동적 행동(예 : 격노, 난잡한 성관계, 자해 및 자살시도)은 자신을 망치는 행위이기 때문에 대개 자신이 원래 두려워했던 유기―타인이 자신을 버리고 떠나는 것―의 결과를 결국 초래하게 된다.

경계성 성격장애 내담자들은 자신의 행동에 대한 이해 수준, 직업적 · 사회적 기능 손상 수준, 동반 장애 등의 변수에 따라 기능성이 높을 수도 혹은 낮을 수도 있다. 물질 남용, 우울장애, 불안장애, 기타 성격장애도 빈번하게 동반한다. 이인증과 같은 해리도 스트레스를 많이 받는 상황에서는 자주 발생한다. 식사, 수면, 자기 관리도 비정상일 수 있고, 경계성 성격장애 내담자들은 거의 대부분 연인 · 가

족 관계와 직장 관계에서 어려움을 겪는다.

발달 경로

지난 30년간 경계성 성격장애 발달의 이해에는 상당한 발전이 있었다. 한때는 유년기의 성적·신체적 학대가 경계성 성격장애의 원인이라고 생각한 때도 있다. 하지만 학대당한 아동에 대한 다수의 무선통제 연구를 통해 학대당한 대 대부분의 아동은 경계성 성격장애가 생기지 않는다는 것을 알게 되었다. 오히려 BPD로 발달하게 된 아동의 경우 가족 간 상호작용이 무시하고 대립적이고 부정적이며 비판적이었기 때문에 일부 학자들은 이러한 환경이 경계성 성격장애를 유발하는 생물사회적 스트레스 모델이라는 가설을 세우게 되었다(Linehan, 1993).

경계성 성격장애는 유전된 취약점이 내면화 및 외면화된 것으로 잘 설명된다(Bornovalova et al., 2013). 즉 유전적으로 취약한 아동이 환경적 문제를 경험할 때(예 : 무관심, 학대, 양육의 부재 및 둔감한 양육) 애착관계에서 균열을 일으킨다는 것이다. 트라우마, 스트레스 혹은 인정받지 못함은 애착 체계를 활성화시켜 아동은 불안을 줄이고 애착을 늘리려고 보호자와 가까이 있으려 하고 보호를 요구한다. 이는 아동과 보호자에게 스트레스의 원인이 되어 다시 애착관계를 재활성화시킨다(Bleiberg et al., 2011).

경계성 성격장애 내담자들은 실제의 혹은 자신이 상상한 애착의 상처로 촉발된 부정적 감정을 극복하려는 노력을 하지만 궁극적으로 자신에게 해가 되는 행동을 할 가능성이 크다(예 : 물질 남용, 문란한 성관계, 자해 행위 등). 중증인 경우 부정적 감정을 극복하려는 절박한 노력 끝에 자살을 생각하거나 이를 실행에 옮길 수도 있다.

경계성 성격장애는 1 : 3의 비율로 남성보다 여성에게 더 많이 진단이 내려지지만 이 비율에는 오차가 있을 수 있는데 왜냐하면 여성 경계성 성격장애 내담자와 같은 증상을 보이는 남성들은 자기애성 혹은 반사회성 성격장애 진단을 받을 확률이 더 높기 때문이다(APA, 2013).

약물남용장애, 양극성/우울 장애, 반사회성 성격장애가 집안 내력인 경우도 빈번하다(APA, 2013).

일부 연구는 감소된 세로토닌 양이 충동성과 우울 증상과 관계가 있다는 것을 밝혔는데, 이는 경계성 성격장애에서 흔히 보이는 현상이다. 뇌 화학물질과 정서적 능력, 해리, 동반 기분장애의 연결 고리도 밝혀진 바 있다(Coan & Allen, 2008; Johnson, Hurley, Benkelfat, Herpertz, & Taber, 2003). 감정조절의 신경학적 원인을 연구한 결과 두 뇌에서 충동적 공격성과 관계있는 감정조절 부분의 신경회로 역기능이 존재한다는 것을 알게 되었다.

최근의 연구에서는 경계성 성격장애와 ADHD 증상의 잠재적 신경학적 유사성이 포착되었다. 경계성 성격장애와 ADHD에서 공통으로 일어나는 증상은 충동과 감정조절 장애이다(Matthies & Philipsen, 2014). 두 장애는 일생에 걸쳐 자주 동반해서 발생하지만(Davids & Gastpar, 2005) ADHD 내담자들은 일반적으로 타인에게 버림받는 것을 회피하기 위해 격렬한 노력을 하지 않으며 경계성 성격장애의 증상 중 하나인 극단적 사고도 하지 않는다. 마찬가지로 ADHD의 주요 증상인 주의산만 및 과잉 활동은 경계성 성격장애 내담자에게서 항상 발견되지는 않는다. 명백한 차이가 두 장애 사이에 존재한다.

1,233명의 여성 청소년을 대상으로 한 연구를 통해 8세에 ADHD와 적대적 반항장애가 있는 경우 14세에 경계성 성격장애 증상의 발달을 예측한다는 것을 알게 되었다(Stepp, Burke, Hipwell, & Loeber, 2011). 아동기의 경계성 성격장애 발달 지표에는 공격성, 적대성, 불신적 관점, 정서 불안 등이 있다. 주요우울장애나 품행장애는 BPD 발달을 예측해주는 요소가 되지는 않았다.

BPD는 감정조절과 자기정체성이 크게 변하는 사춘기 후기와 성인기 초기에 특히 강하게 나타난다. 11~21세 사이의 여성은 과도한 비율로 경계성 성격장애 기준에 부합한다. 따라서 정상적인 사춘기의 불안정한 감정과 경계성 성격장애를 구분하도록 유의해야 한다(Crowell, Beauchaine, & Lenzenweger, 2008).

내담자가 나이가 들면서 주위의 인간관계와 직업이 안정되면서 경계성 성격장애 증상은 점진적으로 개선된다. 정서적 불안정, 격한 감정, 연인 관계의 격렬한 성향은 평생 지속될 수 있다(APA, 2013).

내담자 특징

경계성 성격장애 내담자들의 가변적 자의식은 자신이 누구인지 파악하고 자기 자신을 수용하는 데 장애물이 된다. 자의식 결여는 직업, 종교, 헤어스타일, 심지어 이름도 정기적으로 바꾸도록 만든다. 두부처럼 경계성 성격장애 내담자들은 주위의 맛과 향을 흡수하고 항상 새로운 친구 및 새로운 직업을 탐색하며 전공을 바꾸거나 학위를 계속 찾게 된다.

경계성 성격장애 내담자의 감정조절 능력의 부재는 예민한 감수성이 부정적 감정으로 편향되면서 초래되는 것으로 보인다. 이것이 낮은 스트레스 내성과 결합되면 부정적 감정 상태를 통제 불능으로 만든다(Carpenter & Trull, 2013). 경계성 성격장애 내담자는 이런 상황에서 대처할 수 없기 때문에 부정적 감정을 극복하기 위해 다양한 보상 전략을 선택하지만 이들 중 대부분은 자신을 망치는 것들이다. 기분 개선을 위한 과식, 음주, 쇼핑, 도박, 약물, 기타 과잉 행동은 반동 효과가 있어서 연인 관계가 끝나거나 청구서가 돌아오면 상황이 더 나빠지는 경우가 빈번하다. 위기가 심화될수록 자해 행위나 자살 행위가 늘어날 수 있다. 충동적 공격성과 감정조절 장애는 전형적으로 경계성 성격장애 내담자의 자살 행위, 자해 행위와 관련 있다(Crowell et al., 2008). 경계성 성격장애가 MDD, 양극성장애 또는 물질 남용을 동반하면 자살 위험이 증가한다(Links & Kola, 2005).

경계성 성격장애 내담자들은 정신병적 증상이 드물지 않다. 거의 4분의 3에 해당하는 경계성 성격장애 내담자들이 편집적 생각과 해리 증상을 경험한 적이 있으며, 24%는 더 심각한 정신병 증상을 호소한다. 이러한 증상들은 대개 일시적이며 꼭 정신병 장애로 발달할 것을 예측해준다고 볼 수는 없다(Barnow, Arens, Sieswerda et al., 2010).

경계성 성격장애, ADHD, 양극성장애에서는 스트레스에 대한 과민반응, 감정조절 장애가 발견되기 때문에 신경학적 연결고리가 존재하는지는 아직 분명하지 않다. 두뇌 영상 연구에서는 대뇌 변연계의 신경병이 스스로 감정을 조절하지 못하는 행동을 설명할 수도 있다고 생각한다(Stone, 2013). 반추, 긍정적 감정 대신 부정적 감정에 집중하는 것, 대처 체계의 부재 때문에 경계성 성격장애 내담

자들은 삶에서 앞으로 나아가지 못할 수 있다. 급성, 부정적 기분일 때 충동적으로 행동하려는 마음은 경계성 성격장애 내담자에게서 빈번하게 발견되며, 이는 이 장애의 핵심 특징인 정서적 불안정성으로 나타나게 한다. 경계성 성격장애 내담자 중 다수는 감정적이 되었을 때 사전 계획 없이 충동적으로 행동한다. Carpenter와 Trull(2013)은 선천적 감수성, 부정적 감정에 대한 편향, 스트레스에 대한 부적응적 대처 전략(예 : 억압, 회피, 충동적 행동, 극단적 반추 등)이 결합하여 경계성 성격장애에서 발견되는 감정조절 장애가 초래된다고 한다. 이러한 연구 결과와 일관되게 탄력성 연구들은 아동의 세 가지 속성이 경계성 성격장애 발달로부터 보호 역할을 한다고 한다.

- 숙고 — 어떤 일이 일어났는지를 뒤돌아보고 어떻게 다르게 행동할 수 있었는지 생각함
- 주체성[2] — 자기 자신을 알고 좌절에 직면해서 끈기 있게 버틸 수 있는 능력
- 관계성 — 어린이가 믿고 편안하게 대화할 수 있는 인간관계를 최소 하나 이상 만드는 것(Hauser, Allen, & Golden, 2006)

경계성 성격장애는 물질 남용이나 기분장애, 불안장애와 같은 다른 성격장애(특히 반사회성 성격장애)를 거의 동반한다. 한 조사에서는 경계성 성격장애 내담자의 거의 75%가 불안장애를 겪고 있으며 50%가 공황장애를 경험한 적이 있다고 하였다.

최근까지 경계성 성격장애 연구의 대부분은 성인에 초점을 맞추었다. 조기 발견 및 예방에 대해 다시 관심이 모아지면서 아동기 및 청소년기 정보가 상당량 수집되었다. 발달 및 연령 관련 행동을 고려하면 18세 미만의 어린이는 최소 1년 이상 증상이 지속되어야 성격장애가 진단될 수 있다. 이는 DSM-5에서 새로운 것이 아니다. 과거에도 성격장애 연구 부족을 이유로, 대부분의 치료자들은 아동을 경계성 성격장애로 진단하는 것을 꺼렸는데, 특히 경계성 성격장애가 주는 낙인, 과거 축 II 장애에 대한 보험 회사들의

---

2 역자 주 : 원어는 'agency'임. 용어의 의미를 따라 해석하였음

보험 지원 부재, 아동의 성격장애 원인 및 증상에 대한 연구 부족이 이유가 되었다.

경계성 성격장애는 유전적 요소와 환경적 스트레스원의 조합으로 일어난다는 연구 결과를 토대로 늘 변덕스럽고 때로는 목숨을 앗아가는 이 장애에 대한 조기 진단, 개입, 치료 및 예방의 길이 열렸다. 뒷부분에는 증거 기반 치료를 기술한다.

당연할 수도 있지만 경계성 성격장애 내담자를 딸로 둔 부모를 대상으로 한 설문을 통해 내담자는 유아 시기부터 현저한 증상을 보인다는 것이 밝혀졌다. 특히 정서적 증상, 우울, 대인관계의 어려움이 유아기에 두드러졌으며, 공격성, 충동성, 버릇없는 행동, 자해 행위 증상이 청소년기에도 지속됐다(Goodman et al., 2010).

주로 돌보는 사람과의 애착에 파열이 생기는 상황은 경계성 성격장애 내담자 중 절반 이상이 보이는 흔한 경험이다. 어린 시기의 트라우마는 아동기의 정체성 성장과 발달을 훼손할 수 있고 평생에 걸쳐 애착에 문제를 일으킬 수 있다. 청소년기는 정체성 형성 및 계발을 통해 삶의 모든 측면(예 : 대인관계, 교육, 직업 등)을 준비하는 매우 중요한 성장시기이다.

가족 역기능은 아동의 경계성 성격장애 발달에 기여하는 경우가 많다. 특히 어머니가 지나치게 엄격하거나 방임하는 경우가 많다. 어머니가 물질남용장애, 기분장애, 혹은 자신도 BPD가 있을 수 있으며 이로 인해 아이를 양육할 때 일관성이 부재 혹은 결여될 수 있다(Sperry & Sperry, 2015). 아버지가 있다면 아버지는 자주 부재하거나 어머니-아이 사이의 상호작용에 개입하지 않는 경우가 빈번하다(Masterson & Lieberman, 2004). 아동 경계성 성격장애 내담자 중 3분의 1은 어머니-아이 혹은 부모 간의 관계 불화를 경험했다. 그 결과 아동은 다른 부모와의 관계를 특별한 것으로 여기게 된다. 많은 사람들이 한쪽 부모와는 '거리감'이 있다고 말한다.

경계성 성격장애에서 분노는 가장 안정적이고 지속되는 것이지만 경계성의 분노는 정상적인 것이 아니고 감정적 폭풍 같으며 대개는 자신이 거부당했다고 느낀 후에 일어난다. 즉 사랑하는 사람이 자신을 거절하거나 무언가를 억누르거나 혹은 경계성 성격장애 내담자를 떠나려는 듯한 인상을 줄 때 특정인에게 분노가 향한다. 거절에 대한 예민성, 누군가가 자신을 떠나버릴 것이라는 두려움으로 경계성 성격장애 내담자는 조그만 도발도 공격적으로 반응하게 되어 결국 가장 소중히 여기는 사람에게 거부당하는 결과로 이어진다(Berenson, Downey, Rafaeli, Coifman, & Paquin, 2011; Romero-Canyas, Downey, Berenson, Ayduk, & Kang, 2010).

분노가 내재화되면 자해 행위 혹은 자살로 이어질 수 있다. 불안, 우울 또는 기타 대처하기 어려운 강한 감정을 완화하기 위해 경계성 성격장애 인구의 75%는 자살 외에 다른 자해 행위(non-suicidal self-injury, NSSI)를 한다(Kleindienst et al., 2008). 구조화된 NSSI 평가척도를 101명의 여성 BPD 내담자를 대상으로 실시한 적이 있다. 대부분의 사람들은 자해 행위를 하게 되는 몇 가지 다른 동기들을 인정했다. 응답자 중 50% 이상은 부정적 감정으로부터 빠르게 벗어나고 긴장이 해소되며 자신을 벌하며 신체 감각을 다시 의식할 수 있게 되고 현실 감각을 되찾을 수 있다고 답했다. 주목받고 기분을 개선하고 성취감을 느끼려고, 혹은 쾌감을 경험하기 위한 동기는 공감을 덜 받았다. 85%의 응답자들은 자살 이외의 자해 행위 이후에는 긴장이 완화되었고 해리 증상이 덜 나타난다고 밝혔다.

경계성 분노가 외부로 나타나면 대인관계와 치료적 관계에 혼선이 올 수 있다(Whisman & Schonbrun, 2009). 아동이 경계성 분노의 대상이 되면 신뢰했던 어른이 통제 불능 상황이 되기 때문에 아동은 공포스러운 경험을 하게 된다.

경계성 성격장애 발달로 이끄는 아동기에 대한 연구에서는 다음 사항이 포함되었다.

1. 아동기에 주요 보호자로부터 격리된 빈도
2. 내담자에 대한 탐색 단계에 경계성 성격장애 내담자는 어머니와의 관계가 과하게 갈등적이거나 과하게 보호적이었다고 함
3. 아버지는 일반적으로 부재하거나 삶에 개입하지 않음
4. 양쪽 부모와 비정상적 관계가 경계성 성격장애의 원인이 됨(Zanarini & Wedig, 2014)

한 초기 연구에서는 향후 경계성 성격장애로 발달하는 아동은 누군가를 잃어버린 경험이 있다는 것을 발견했다.

조현병 혹은 우울증에 걸리는 아동보다 경계성 성격장애가 된 아동의 부모가 이혼한 가정일 확률이 더 높다. 다음은 아동 경계성 성격장애 내담자와 관련된 주요 통계 지표이다.

- 경계성 성격장애 내담자 중 57%는 사망 또는 이혼으로 인해 부모를 잃은 적이 있음
- 50%는 부모가 만성 중증 질환으로 입원한 이력이 있음
- 경계성 성격장애 내담자 중 21%만이 위 두 가지 사항에 해당하지 않음(Walsh, 1977)

양육의 일관성을 개선시키기 위해 가족치료가 자주 추천된다.

치료자의 자질

경계성 성격장애는 외래 및 입원 치료 장면에서 흔하기 때문에 치료자는 치료자로 살아가는 동안 최소한 1명 이상의 경계성 성격장애 내담자와 상담할 확률이 매우 높다.

경계성 성격장애 내담자들이 보이는 자해적이고 또 잠재적으로는 자살에 이르게 하는 행동 때문에 치료자는 이러한 위험을 파악하는 동시에 빠르게 내담자와 관계를 형성해야 한다. 치료자는 문제가 되는 주제를 처음부터 바로 다루고, 위기 시 내담자에게 적용할 수 있는 안전 대처 계획을 작성해야 한다. 당시에는 내담자에게 즉각적인 안전 계획이 필요 없을 수도 있겠지만 누군가에게 버려졌다는 느낌, 격한 감정, 삶의 위기에서 느낀 강한 스트레스 등에 의해 언제든지 자살 충동과 시도가 일어날 수 있다는 것을 기억하자. 경계성 성격장애 내담자의 3분의 2 이상이 자살을 시도하고 10%는 실제로 사망한다(Oldham, 2006).

내담자는 자신의 감정을 파악하고 감정을 행동과 연결해서 볼 수 있도록 반드시 도움을 받아야 한다. 경계성 성격장애 내담자들이 주로 사용하는 자아방어기제는 합리화, 투사, 부인 및 분열이다. 자신의 감정을 의식하지 않고 타인에게 자신의 동기를 연결 짓는 경계성 성격장애 내담자에게 투사는 특히 전형적으로 발생하는 것이다. 부인은 자신의 행동을 스스로 비판적 시각으로 보는 것을 막는다.

자해 행위를 하는 대신 스스로를 위로하고 괴로운 부정적 감정을 완화시키는 법을 학습하는 것, 감정적 사고 경향을 극복하는 것이 치료의 주안점이 된다(자살 성향을 보이는 내담자 치료에 대한 정보는 부록 참조).

경계성 성격장애 내담자의 치료에 대한 저항 및 치료에 대한 비협조로 조기에 치료가 중단될 수 있다. 경계성 성격장애 내담자 중 거의 100%가 이전 치료 이력이 있고 이전에 평균 6.1명의 치료자를 만난 경험이 있다(Oldham, 2006). 물론 치료 실패 책임의 일부는, 서로 상반된 설명이기는 하지만, 결국 같은 피해를 입히는 치료자의 실수일 것이다. 즉 (1) 경계성 성격장애 내담자를 과하게 또는 쉽게 만나주어 의존감을 만들고 비합리적인 기대를 하게 만들거나, (2) 만남을 어렵게 만들어서 유기에 대한 염려를 촉발하고 자해 행위를 하게 하는 것이다. 치료자들은 위기 시 내담자를 유기하지 않으며 오히려 내담자의 정서적 불안정성에 대해 가엾게 여기며 이를 판단하지 않아야 한다. 치료자들은 내담자가 자신에 대한 희망을 가질 수 있을 때까지 안정감을 주고 안심시키며 희망을 준다. 성공적인 치료자들은 또 명확하고 일관적인 한계와 가이드라인을 수립한다. 치료 측면에서 바람직하다고 판단되면 추가 회기와 지지적인 전화통화는 제공할 수 있지만, 이 방법이 '평소의 치료'여서는 안 된다. 경계성 성격장애 내담자를 치료하는 치료자들은 치료의 구조화에 도움을 주는 증거 기반 치료법을 사용하여 치료를 위한 협력적 관계를 형성하고 현실적인 개선이 이루어지도록 노력해야 한다.

치료자들은 자신의 역전이 이슈를 반드시 다루어야 한다. 강박증 내담자들이 "그건 내가 아니고 내 강박증이야."라고 혼잣말하도록 훈련받는 것처럼 치료자들은 경계성 성격장애 내담자에게 자신의 문제에 대해 책임이 있다고 말하는 대신 유전자와 삶의 환경이 자신이 선택하지도 않은 발달 과정에 오게 했다고 말하도록 훈련시킨다. 유연하고 내담자의 정서적 고통과 번민을 진지하게 받아들이고 예의를 갖추며 내담자와의 경계와 한계를 설정할 수 있는 치료자는 경계성 성격장애 내담자가 안전하고 협력적인 치료관계를 형성하도록 돕는 동시에 내담자를 위기 시에 도울 수 있고 이런 조건에서 내담자는 긍정적 변화를 경험할 가능성이 크다(Spinhoven, Giesen-Bloo, Van Dyck, Kooiman, & Arntz, 2007).

처음부터 대부분의 치료자들은 경계성 성격장애 내담자

의 분열 경향을 목격한다. 내담자는 치료 초기에 치료자를 이상적으로 생각하지만 이후에 치료자가 자신의 이상에 미치지 않으면 평가절하를 하기 시작한다. 신뢰가 건강하게 균형 잡혀 있어야 한다. 한 연구에서 경계성 성격장애 내담자의 절반 이상이 치료를 조기 중단하고 다음에 자신이 이상적으로 생각하는 치료자로 변경한다는 것을 알아냈다(Crits-Christoph & Barber, 2007). 치료자 내면의 공포와 버림받음에 대한 이슈를 인지하고 다루는 치료자는 내담자가 치료를 받음으로써 어떤 개선을 기대할 수 있는지 알게 해줄 확률이 높다.

압도되고 구조가 결여되었다고 느끼며 강한 불쾌감을 느끼며 경계성 성격장애 내담자를 피하고 싶다는 치료자에게는 빈번하게 병력 과정이 일어나기도 한다(Betan et al., 2005; Van Lyun, 2007). 치료자는 이렇게 복잡하고 번뇌를 주는 자신의 역전이 감정과 반응도 해결해야 한다. 한계를 설정하고 동료의 지도감독을 요청하고 경계성 성격장애 내담자에게 팀 접근을 사용하고(Norcross & Guy, 2007) 자신이 담당하는 BPD 내담자 수를 제한하는 것은 치료자의 균형감과 객관성을 유지하는 건강한 방법이다.

평가

다음의 방법과 임상 면담 도구를 통해 경계성 성격장애 진단을 내리는 데 도움을 얻을 수 있다.

- *DSM-IV* 성격장애용 구조화된 면담(SIDP; Pfol, Blum, & Zimmerman, 1997)
- 미네소타 다면적 인성검사-2(MMPI-2 성인용) — MMPI-A는 14~18세 청소년용
- 밀론 임상 다축 성격검사(MCMI; Choca et al., 1992)
- 성격장애에 대한 구조화된 임상 면담-II(SCID-II; First et al., 1997)
- 성격장애 신념 척도(Personality Disorder Belief Questionnaire, PDBQ; Arntz et al., 2004)
- 경계성 내담자를 위한 진단적 면담 개정판(Revised Diagnostic Interview for Borderline Patients, DIB-R; Zanarini et al., 1989)
- 경계성 성격장애용 자나리니 평가 척도(Zanarini

Rating Scale for Borderline Personality Disorder, ZAN-BPD; Zanarini et al., 2003)

대부분의 치료자들은 자신만의 평가 면담을 수행하고 내담자의 충동성(자신 또는 타인을 향한 공격성, 섭식장애, 물질 남용), 기분, 문제성 가족/연인 관계 및 취업 이력의 특정 행동 영역에 근거하여 진단을 내린다.

개입 전략

심리치료가 경계성 성격장애의 1차 치료 방법이며 내담자들은 이를 통해 개선된다는 것이 세계 각지의 연구들을 통해 확인되었다. 성격장애, 특히 경계성 성격장애는 평생 회복의 희망이 없다고 여기던 것은 이제 과거의 일이다. 경계성 성격장애는 성격장애들 중 가장 많이 연구되고 있다. 네덜란드, 뉴질랜드, 독일, 오스트레일리아 및 타 국가의 연구들은 다음 치료법들이 경계성 성격장애에 대해 효과가 있고 또 근거가 존재하는 치료 방법이라고 제시한다.

- 변증법적 행동치료(Linehan, 1993; Linehan, 2014)
- 도식중심 인지행동치료(Giesen-Bloo et al., 2006)
- 정서적 예측 가능성 및 문제해결을 위한 시스템 교육(STEPPS; Blum et al., 2008)
- 정신화 기반 심리치료(Bateman & Fonagy, 2006, 2012)
- 전이중심 심리치료(Clarkin, Levy, Lenzenweger, & Kernberg, 2007)
- 역동적 지지치료(Misch, 2000; Sperry & Sperry, 2015)

다음은 BPD를 위한 증거 기반 치료법에 관한 설명이다.

변증법적 행동치료　변증법적 행동치료(DBT)는 마음챙김 요소가 있는 행동치료이며 BPD 치료를 위해 특별히 개발되었다(Linehan, 1993). 변증법적 행동치료는 증거 기반 경계성 성격장애 치료법 중 가장 많이 효과성이 검증되었고 가장 학습하기 쉽다(Gunderson, 2014, p. 145). 변증법적 행동치료는 내담자의 감정적 성향을 완화시키고 스트레스 내성을 개선시킴으로써 자살 및 자해적 행위를 줄이는 데

상당히 효과적이라는 것이 많은 사례를 통해 검증되었다. 직업 및 대인관계 기능 개선도 보고되었다(Clarkin et al., 2007; Linehan, 2014).

변증법적 행동치료는 12개월에 걸친 개인 및 집단 치료와 함께 심리교육, 기술 훈련, 부가적으로 가족치료를 동반한다. 치료자는 코치의 역할을 하며 내담자의 정서적 고통을 받아들이고 공감하지만, 이와 동시에 변증법적 자세를 취하면서 개선된 대처 기술을 학습하도록 도전하고 왜곡된 인지를 교정하고 정서적 인내심을 향상시키고 스스로를 망치는 행동을 완화하도록 돕는다. 경계성 성격장애 내담자들이 1년 단위로 지속되는 치료에 대해 내켜 하지 않기 때문에 치료의 첫 단계는 치료를 지속할 수 있도록 독려하는 심리교육을 포함한다. 다른 기술 훈련 모듈은 자살 및 자해 행위를 줄이고 감정 및 스트레스 내성을 증대시키며 마음챙김을 통해 현재를 의식할 수 있도록 가르치고 문제성 감정과 행동을 줄이는 등의 행위를 포함한다. 감각 알아차리기, 감정 명명하기, 사실 확인하기, 문제 해결하기, 위기 생존 기술 등도 이 프로그램에 포함된다. 정서적 안정성과 감정 공감은 이 효과적인 치료 프로그램의 중요한 목표로 변증법적 행동치료는 가족 기술 훈련(DBT-family skills training, DBT-FST) 요소를 포함한다. 이를 통해 가족들이 BPD를 더 잘 이해하고, 특히 치료 중인 청소년 및 자살 성향이 있는 내담자들에게 적절한 지원을 할 수 있도록 돕는다.

변증법적 행동치료는 1970년대에 처음으로 Marcia Linehan과 동료들에 의해 개발된 이래로 자살 성향 및 자해 행위를 감소시키는 효과에 대해 많은 연구를 통해 그 실효성이 입증되어서(Clarkin et al., 2007), 물질 남용, 섭식장애, PTSD, 자해 성향/자살 성향 청소년, 기타 성격장애, 지적장애 아동 등을 치료하는 데 응용되고 있다(Dimeff & Koerner, 2007; Harned, Korslund, Foa, & Linehan, 2012; MacPherson, Cheavens, & Fristad, 2013; Rathus & Miller, 2015).

도식중심 인지행동치료 이 유형의 인지행동치료는 "나는 사랑받을 수 없어.", "나는 언제나 혼자일 거야.", 혹은 "나는 나쁜 사람이야." 등의 명제처럼 자신에 대한 부적응적 핵심 믿음 등의 스키마를 조절하는 것에 초점을 맞춘다. 인지행동치료는 이러한 믿음이 어떻게 자신과 타인과의 상호작용에 부정적으로 작용하며, 또 이러한 믿음에 대해 설명을 요구하여 결국 자신에 대해 좀 더 긍정적인 이미지를 형성하도록 가르친다. 몇몇 무선통제 실험을 수행한 결과, 도식 중심의 치료는 자살 행위 및 치료 중단 비율을 감소시키고 경계성 성격장애 회복률을 개선하는 데 효과를 보였다(Farrell, Shaw, & Webber, 2009; Giesen-Bloo, et al., 2006).

정서예측 가능성 및 문제해결을 위한 체계적 훈련 정서예측 가능성 및 문제해결을 위한 체계적 훈련(Systems Training for Emotional Predictability and Problem Solving, STEPPS)은 경계성 성격장애에 특화된 집단치료로서 무선통제 실험에서 임상적 효과가 입증된 방법이다(Blum et al., 2008; Bos, van Wel, Apello, & Verbraak, 2010). STEPPS는 인지행동치료, 기술 훈련 및 체계적 관점을 결합한다. 20주간의 치료를 실시한 결과, STEPPS는 우울, 충동성, 부정적 정서를 완화시키고 전반적 기능을 개선시키는 것으로 나타났다. 한 연구에서는 STEPPS 참가자들이 치료 기간과 치료 후에도 통제 집단에 비해 응급실 방문이 더 적었다는 통계를 보고했다(Blum et al., 2008).

정신화 기반 치료 정신화 기반 치료는 특별히 경계성 성격장애를 치료하기 위해 영국에서 Bateman과 Fonagy(2006, 2012)가 개발한 것이다. 애착 이론에 기반을 둔 이 치료법은 생각 자체에 대한 생각, 즉 '정신화'의 개념에 초점을 두는 정신역동적 접근법이다. 내담자는 자신의 정신 상태에 근거하여 자신이 타인의 행동을 어떻게 해석하는지 자각하도록 훈련받는데, 정신의 상태는 아동기에 형성되는 것이지만 불안정한 애착관계 상황에서 형성되면 부적응적으로 형성될 수가 있다. 무선통제 실험에서 스트레스 증상 감소, 사회적/대인 기능 증가, 자살시도 감소가 정신화 기반 치료를 받은 이들에게서 관찰되었다(Bateman & Fonagy, 2009). 정신화 기반 치료는 입원 및 주간 치료의 형태로 제공될 수 있다.

전이중심 치료   전이중심 치료(transference-focused psychotherapy, TFP)는 Kernberg의 이론에 근거한 수정된 정신역동적 치료법으로 특별히 경계성 성격장애를 치료하기 위해 개발되었다. 치료자는 내담자와의 협력적 관계를 통해 아동기에 내재화된 역기능적 경험을 함께 자세히 살펴본다. 현실 검증, 분노 중화, 그리고 치료자와 내담자의 전이 관계 관리를 통해 비현실적으로 긍정적이거나 부정적인 기준으로 세상을 구분하는 것이 아니라 이를 통합해서 볼 수 있도록 내담자를 돕는 것이 목표이다. 경계성 성격장애 내담자를 치료할 때는 긍정적 및 부정적 전이 해석 모두가 수정된다(Gabbard & Horowitz, 2009; Yeomans, Clarkin, & Kernberg, 2015). 이 치료는 1년이 넘는 기간에 걸쳐 1주일에 2회씩 매뉴얼화된 상담회기를 실시한다. 치료를 시작하기 전에, 치료자와 내담자는 회기 출석, 비용, 자해 행위(섭식장애, 자해 행위, 자살)와 관련된 구두 계약을 체결한다. 무선통제 실험에서 전이중심 치료는 일반적인 치료에도 효과가 있는 것을 확인했고(Doering, Horz, Rentrop et al., 2010), 경계성 성격장애 내담자에게서는 충동성과 분노를 감소시킨다는 것을 확인했다(Clarkin et al., 2007; Leichsenring & Rabung, 2008).

역동적 지지 치료   역동적 지지 치료는 부가적 지지가 필요한 경계성 성격장애 내담자들에게 도움이 될 수 있다. 역동적 지지 치료에서는 변화를 이끌어내기 위해 치료를 위한 협력 관계의 중요성에 방점을 둔다. 5~8년간 지지 치료를 할 경우 경계성 성격장애 내담자들의 기능을 개선시킬 수 있는 것으로 나타났다(Misch, 2000). Stone(2010)은 정신병질척도(Psychopathy Checklist; Hare et al., 1990)에서 타인 조종, 무감각, 양심의 가책 결여, 기타 반사회적 특성에서 높은 점수를 받는 사람들은 역동적 지지 치료를 통해 개선이 일어날 가능성이 적다고 하였다. 치료 진척을 제한하는 다른 요인들로는 자기애적 특성, 혼란스러운 충동성, 자아취약성, 약화된 숙고 능력, 공감 능력 부족 등이 있다(Stone, 2010).

사물에 대한 관계와 도덕적 기능이 안정적이고 현실 감각과 다소의 통찰력도 있으며 높은 수준의 방어를 사용하는 사람들은 병리적 현상이 덜하다. 기능 수준이 저조한 경계성 성격장애 내담자들은 예후가 더 좋지 않다(Caligor & Clarkin, 2010). 마찬가지로 연극성 혹은 우울성 특성의 2차 특징이 있는 내담자들은 반사회적 혹은 편집성 특성이 있는 내담자들에 비해 정신역동치료에서 더 좋은 예후를 보인다.

약물치료   미국 식약청에서는 경계성 성격장애 치료를 위해 어느 의약품도 승인한 적이 없지만 특정 증상들을 완화하기 위해 약물 처방이 유용한 경우가 있다. 우울증, 잦은 감정 기복, 불안, 분노 증상을 위해 SSRI계 약물이 사용되기도 한다. 클로자핀(클로자릴), 올란자핀(자이프렉사), 쿠에티아핀(쎄로켈), 리스페리돈(리스페달)과 같은 항정신병 약물은 일회성 편집증, 이인증, 환각 또는 편집 성향을 치료하기 위해 소량으로 사용되곤 했다(APA, 2013; Soloff, 2000). 이러한 약들과 더불어 라모트리진(라믹스탈), 토피라메이트(토파맥스)와 같은 기분안정제를 사용해 충동성, 자해 행위(예 : 자살 성향, 난잡한 성생활, 사소한 일에 대한 격노)를 완화하기도 한다. 벤조디아제핀계 약물은 공황, 불안, 불면에 대해 처방되기도 하지만 중독성이 있고 오남용의 위험이 있으며 이 장애를 앓는 내담자들의 자살시도 빈도 때문에 가급적 다른 약을 사용해야 한다(Gunderson, 2014).

경계성 성격장애와 동반해서 발생하는 다른 장애들의 증상(예 : 알코올/물질남용장애, ADHD, 분노/공황장애, 우울증, 및 PTSD)이 반드시 고려되어야 한다. 이러한 장애들은 효과적인 경계성 성격장애 치료를 위해서 의약품 관리를 필요로 할 수가 있다. 특히 우울증은 경계성 성격장애와 동반해서 발생할 경우 치료에 저항적일 수 있다(Gunderson, 2013).

예후

경계성 성격장애 내담자들은 사회적 지지가 있고 대인관계의 스트레스가 낮을 때 증상이 진정될 수 있는 것으로 보인다. 10년간 진행된 한 연구에서는 경계성 성격장애에서 회복을 보인 내담자 중 11%만이 증상이 재발했다(Gunderson et al., 2011). 이는 양극성장애, 공황장애, 주요우울장애에 비해 낮은 재발률이다. 치료법이 무엇이든 내담자에게서 개선이 관찰되었다. 이에 대한 이유가 무엇인지는 추가 연구가 필요하다. 낮은 연령과 높은 학력은 일관성 있게 더 나은 기능을 예측했다. 회복을 경험하지 못한 내담자들은 만성적으로 장애를 겪고 있을 확률이 높았다(Gunderson et al., 2011).

경계성 성격장애 치료는 퇴행도 있고 시간도 많이 필요한 과정이지만 내담자들의 자살사고가 줄어들고 대인관계가 개선되며 불안 및 우울증이 감소하고 삶 전반의 수준이 개선된다. 경계성 성격장애 내담자들의 대인관계 특징을 10년에 걸쳐 관찰한 한 연구에서는 치료를 받은 사람 중에서 50%가 회복을 했고 사회적·직업적 기능이 정상적인 것으로 나타났다. 회복은 성취하기 어렵지만 일단 회복이 되면 그 이후는 대부분의 사람들이 안정적으로 살아가는 것으로 보인다. 치료 프로그램을 완수한 50%의 내담자들 중, 2년 차 회복률은 86%에 약간 못 미쳤다(Choi-Kain, Zanarini, Frankenburg, Fitzmaurice, & Reich, 2010). 치료 후 증상 재발은 치료를 종결한 내담자 중 6%에게서만 나타나서 재발이 드문 것으로 보고되고 있다. 치료가 효과가 없거나 자살 또는 자해성 행위를 통제할 수 없는 사람들은 부상/사고/자살로 인한 사망 확률이 높다(Oldham, 2006). 일반적으로 행동, 인지, 정서조절, 동반 장애 발생을 다루는 치료들은 장기적으로 효과가 있는 것으로 보인다. 경계성 성격장애 증상 중 대부분은 내담자가 나이가 들면서 누그러드는 경향이 있으며 이는 장기간에 걸친 연구들에서도 일관적으로 나타난다.

성격장애에 대한 대안적 *DSM-5* 모델에 대한 기술은 *DSM-5*의 III편에 정리되어 있다. 대안적 모델은 성격장애를 성격 기능의 손상으로 간주하며 경계성 성격장애는 총 일곱 가지의 병리적 성격 특징 중 네 가지에 해당한다고 정의한다.

자기애성 성격장애

부적응적 행동 패턴은 자기애성 성격장애(narcissistic personality disorder)로 이어지지만 이 과정에 대한 정확한 과학적 근거는 거의 존재하지 않는다. 자기애성 성격 특성은 여러 경로를 통해 발달한다고 보는 것이 안전하며 남성의 18%, 여성의 6%가 이 특성을 보인다(McLean, 2007).

진단

부모의 양육 방식이 자기애성 성격장애의 발달에 기여하는 주요 요인인 것으로 제안되었었다(Horton, Bleau, & Drwecki, 2006; Wearden, Peters, Berry, Baraclough, & Liverside, 2008). 사례 연구들을 살펴보면 부모의 비판적 태도 또는 아동기의 방치가 불안감을 갖게 하고 타인을 신뢰하거나 의지할 수 없게 하는 결과를 초래한다. 이러한 감정을 보상하기 위해 이들은 우월감과 자급자족의 모습을 인위적으로 만들고 그 결과 타인과 자신을 분리하게 되고 친밀한 수준에서 타인과 공감할 수 있는 능력이 떨어지게 된다. 공감 능력이 부족하고 호의와 특권을 당연히 여기는 사람이 되며 공상이 현실적 생각을 대체하는 경우가 빈번하게 발생한다(Kohut, 1971; McLean, 2007). 자신의 아이를 과대평가하고 실제로 그런 생각을 아이에게 주입하는 부모로 인해 자기애성 성격장애가 발생할 수도 있다. 이는 외동이거나 차별적으로 애정을 받는 아이, 일부 문화에서는 첫째 아들에게서 빈번하게 발생한다(Millon, 2011). 이 어린이들은 자신은 특별하며 남들과는 다른 특별 대우를 받아야 한다는 메시지를 내재화한다. 그들 대부분은 아이들 성장에 중요한 부분인 책임감과 나눔을 배우는 일이 거의 없다. 자신이 특별하다는 감정은 가정 밖에서 통하는 일이 거의 없다. 또 자기에게 주어지는 특별한 관심을 부정적으로 보는 이들은 이러한 관심이 지나친 것이라는 것을 알고 있으며 타인이 자신을 알게 되는 상황을 두려워하여 타인을 멀리한다. 자기애성 성격장애 내담자가 현실을 직면할 경우 종종 수치심과 부끄러움을 느낀다.

자신의 이미지가 도전받게 될 경우 격한 반응을 할 수도 있다. 이러한 정체성 위기는 대개 우울증으로 이어지고 치료를 찾게 되는 주요 원인이 될 수 있다. 조금의 비판이라도 느껴지게 되는 경우 분노, 비판, 상처받은 감정을 표현한다. 이들은 대인관계를 멀리하고 호전적이고 자만하게 될 수도 있고 자신이 받아야 한다고 여기는 대접을 요구할 수도 있다. 일부 자기애성 성격장애 내담자들은 모욕감을 느끼면, 즉 자기애에 손상을 입으면 이에 대한 보복을 모색할 수 있다. Neuman과 동료들(Neuman, Assaf, Cohen, & Knoll, 2015)은 이러한 측면이 다수의 학교 총기사건, 민간 대량학살의 중심 주제이기 때문에 이러한 사고들을 예방하기 위해 위험 요소가 있는 사람들을 사전에 구별해내는 방법을 찾아내야 한다고 주장한다(Knoll, 2010; Neuman et al., 2015).

일반적으로 자기애성 성격장애 내담자들은 친밀감 및 공감 능력이 현저하게 부족하며 타인을 통제하려는 성향을 보인다. 자기애성 성격장애 내담자의 경우 불만족을 느끼는 연인이 치료를 받으러 하기 때문에 많은 경우 커플치료를 찾는다. 그런 경우에도 자신의 우월성을 보이고 자신의 잘못은 없다는 것을 보이려 노력하며, 치료를 통제하고 치료자를 자신의 마음대로 다루려는 상황이 발생한다.

직장에서는 부족한 대인관계 기술, 타인에 대한 인내력 부족, 자신은 규칙 위에 존재한다는 생각으로 규칙을 지키지 않는 성향으로 인해 직업경력이 정체되는 상황을 초래하곤 한다. 하지만 일부는 매우 성공적으로 직업에 적응한다. 이들의 자립심 및 통제력은 자신이 어느 방향으로 삶을 꾸려야 하는지 인지하게 돕는다.

자기애성 성격장애는 건강한 자기애와는 구분되어야 한다. 건강한 사람에게는 자신감 및 자존감, 공감 능력, 타인에 대한 관심, 타인의 오해를 자신이 어떻게 유발했는지 인정하는 능력 등의 특징이 있다(Millon, 2011).

자기애성 성격장애는 경계성 성격장애에 비해 더 자의식이 강하고 경계성 성격장애에서 나타나는 유기에 대한 두려움이 없다. 다른 성격장애가 자주 동반해서 일어나는데 특히 반사회성·연극성·편집성 성격장애가 그렇다. 수치스러운 패배, 곤혹스러운 일 이후에는 기분부전증, 불안장애 및 건강염려 증상이 발달할 수 있는데(Millon, 2011), Millon은 이를 '가정의 폭군'이라고 불렀다(2011, p. 407). 이들은 가정에서 자신의 권위를 주장하고 가족들이 자신의 질환에 신경을 쓰게 하여 자신은 특별한 관심이 필요한 특별한 사람이라는 위치를 되찾으려 한다. 늘 변명(예: 건강상의 꾀병)을 대며 자신의 실패와 단점을 합리화하는 것으로 2차 이득을 얻는다.

평가

일반적으로 성격장애는 진단을 내리기 어려운데, 자기애성 성격장애는 많은 다른 장애에서 자기애성 특성이 나타나기 때문에 더욱 어려움이 있다. Beck과 동료들(2014)은 자기애에 상처가 발생할 경우 격한 반응이 나타나기 때문에 이 장애는 조심해서 파악하는 것을 추천한다. 자기 이미지에 대한 도전은 자주 위기를 불러오며 우울증이 그 결과로 나타날 수 있다. 다음은 자기애성 성격장애 진단을 돕기 위한 몇 가지 평가 도구이다.

- 미네소타 다면적 인성검사(MMPI; Butcher et al., 2001)
- 밀론 임상 다축 성격검사(MCMI; Choca, Shanley, & Van Denburg, 1992) — 진단에 도움을 줄 수 있음
- 자기애성 성격검사(Narcissistic Personality Inventory, NPI; Raskin & Hall, 1979)
- 성격 신념척도(Personality Belief Questionnaire; Beck & Beck, 1991) — 구조화된 설문지로서 자기애적 사고의 유무 여부 및 그 정도를 파악하도록 돕는 구조화된 설문지
- 자기애적 신념 진단 척도(Diagnostic Interview for Narcissistic Beliefs; Gunderson, Ronningstam, & Bodkin, 1990)
- 성격장애에 대한 대안적 *DSM-5* 모델(Section III, APA, 2013 참조)

기저에 다른 장애가 존재하는지를 판단하려면 성격장애를 철저하게 파악해야 한다. Campbell과 Miller(2011)의 연구에서는 자기애성 성격장애 파악을 위한 총체적인 논의를 한다. *DSM-5* III편에 추가 연구로 제안된 성격장애에 대한 대안적 *DSM-5* 모델은 자기애성 성격장애가 여섯 가지의 구분된 성격장애 중 하나라고 간주한다. 적개심과 부정적 정서는 추가로 명시될 수는 있지만 진단을 위해 요구되는 사항은 아니다.

치료자의 자질

자기애성 성격장애 내담자들이 치료에 저항적일 수 있다는

점은 납득하기 쉽다. 그들은 자신에게 문제가 있다거나 혹은 자신이 처한 상황의 특수성을 타인이 이해할 수 있다는 것을 인정하기 어려워한다.

친절함, 수용, 진심, 이해심을 보이는 치료자들은 내담자가 치료에 더 적극적으로 임하게 할 수 있겠지만 치료자들은 이러한 사람들이 잘 무너질 수 있다는 것을 과소평가해서는 안 된다. 이 내담자들은 겉으로 드러나는 얇은 자신감 뒤에 취약성을 감추고 있을 수 있다. 치료자가 조금이라도 비판하려는 듯한 느낌이 들면 내담자는 적대적 반응을 보이고 치료를 조기에 중단할 수 있다. 또 어떤 내담자들은 차분하고 전혀 동요되지 않아 보이기도 하며 Millon(2011)이 '거만할 정도로 차분함'이라고 말한 상태로 보일 수 있다. 이러한 무심함, 긍정, 타인의 어떠한 말과 행동에도 전혀 영향받지 않는 겉모습이 무관심한 기질의 징표이다(Millon, 2011). 자신의 자기애적 신념에 대해 스스로 질문을 던지게 만드는 중증의 자기애 상처만이 그들의 자신감을 뒤흔들 수 있다. 이러한 개인적 방어의 손상은 일시적인 정신병 증상을 초래할 수 있다.

내담자가 자기 삶의 전문가임을 수용하지만 치료자 자신은 심리치료의 전문가임을 명시하는 협력적 관계를 조성해야 한다. 이러한 협력적 관계는 도움을 수용할 수 있도록 할 수 있고 관계를 돈독하게 할 수 있다. 긍정적인 변화에 대한 칭찬은 모두 내담자에게 돌아가도록 한다(Kernberg, 2000). 공감하고 내담자에게 긍정적 반응을 보이는 형태로 적절하게 자신의 이야기를 함으로써 치료자는 협력적 관계를 성공적으로 이루어나갈 수 있다. 전이는 치료를 위한 소재로 간주하고 회기 중에 활용되어야 한다. 그러나 진정한 공감과 관계는 형성하기 어려울 수 있다.

개입 전략

자기애적 어머니, 상사, 남자에 대한 많은 대중적인 심리서적이 나와 있기도 하고 자기애적 성격장애의 발달 및 증상에 대한 정보는 많이 존재하지만 치료에 대한 실증적 연구는 거의 존재하지 않는다(Ronningstam, 2009). 통제된 결과를 보여주는 연구가 없기 때문에 가장 성공적인 유형의 치료에 대해서는 사례 연구를 통해 추측하는 수밖에 없다(Levine & Faust, 2013). 개인 심리치료가 이 장애를 위

해 가장 좋지만 많은 사람들이 자발적으로 치료를 시작하지 않을 것이고 치료를 시작하는 내담자들 중 일부는 치료자의 지식이나 기술을 폄하하고 치료를 조기에 중단한다(Millon, 2011).

정신역동, 인지행동, 도식중심 치료는 내담자의 개별적 필요에 맞추어 변형되면 도움을 줄 수 있다. 가벼운 역기능으로 인해 치료하기를 원하는 사람들은 정신역동적 접근을 통해 개선될 수 있다. 정서 및 충동 통제에 문제가 있는 내담자들은 표현, 인지 및 지지 중심 유형의 치료에 더 잘 반응하는 것으로 보인다.

Kernberg(2000)와 Kohut(1971)은 자기애성 성격장애가 있는 일부 사람들이 긍정적 성격 변화를 이루고 자신에 대해 좀 더 정확하게 인식할 수 있도록 돕는 심리분석법을 개발했다. Kernberg는 분노, 질투, 자립심, 자신과 타인에 대한 요구 등과 같은 기본적 이슈들을 현실과 전이 관계 모두에서 다뤘다. Kohut은 전이 관계를 활용하여 내담자의 초기 성장기 및 내담자가 바라는 이상적 관계와 이상적 자아에 대한 소망을 알아본다. 공감적 맥락에서 Kernberg와 Kohut은 방어, 욕구 및 혼돈을 조사하였다(Kernberg, 2000; Kohut, 1971). 두 유형의 치료는 종결까지 수년이 걸리며 그 기간에 치료를 위한 협력적 관계에서 발생하는 문제들이 반드시 다루어져야 한다.

자기애성 성격장애 내담자의 현저한 변화를 위해서는 대개 장기간의 치료를 필요로 하지만, 통찰력 부족과 과도한 합리화 때문에 이 내담자들을 집중 치료하는 것은 어렵다. 따라서 증상에 집중하는 짧은 치료와 더불어 현재의 위기에 맞는 특정 목표를 수립하는 치료가 더 맞는 내담자도 존재한다.

어떤 내담자들의 경우에는 치료를 위한 협력적 관계를 형성하는 시점부터 치료가 어떤 도움을 줄지 이해할 수 있도록 도와주는 인지행동치료 혹은 도식치료가 더 생산적일 수 있다. Behary와 Davis(2014)는 치료에서 자기애성 성격장애 내담자의 당면 위기와 증상을 유발하는 장애를 먼저 다루고 난 뒤 자신의 부적응적 대처 행동 패턴을 자각하고 당혹감에 대한 인내심을 키우며 타인에 대한 공감 능력을 키울 수 있도록 돕는 것을 추천한다. 타인과의 차이점보다 유사점에 집중하는 것은 태도와 공감 능력을 개선시

킬 수 있다. 내담자와 치료자가 협업함으로써 치료자는 칭찬과 지지를 보낼 수 있고 내담자는 자신의 강점에 대해 좀 더 정확하게 파악할 수 있다. 심리교육, 인지치료, 경험적 치료, 관계치료의 조합을 통해 내담자는 무조건적 가치를 형성하기 시작한다(Behary & Davis, 2014).

Young과 동료들(2003)은 인지행동치료를 기반으로 한 상세한 치료 모델을 개발하였다. 이것은 자기애성 성격장애 내담자들이 호의와 특권을 권리로 여기는 마음, 감정 결핍, 지능 및 행동 부족과 관련된 초기 부적응적 도식을 인식하고 이해하도록 도우려는 목적으로 만들어졌다. 내면의 아이에게 접근함으로써 치료자는 내담자가 자해적이고 충동적이며 중독된 행위를 하는 대신 정서적 고통과 고립을 인내하는 방법을 학습하도록 도울 수 있다(Rafaeli et al., 2011). 치료를 위한 협력적 관계는 자기애성 성격장애 내담자들과 함께할 때 매우 강력한 도구가 될 수 있다. 경험적 작업, 인지적 및 교육적 전략, '지금 여기'에서의 상담 활용, 행동 패턴 수정 등을 통해 내담자는 핵심 도식을 바꿀 수 있다.

행동적 접근, 대인관계 심리치료, 심상 노출 등 다른 방법도 치료에 통합될 수 있다. 위기 대처 전략과 행동 반응 예방을 포함하는 행동적 접근은 폭식, 쇼핑, 성적 갈망과 같은 자해적 습관을 완화시키는 데 도움을 줄 수 있다. 대인관계 심리치료는 내담자 자신이 어떻게 대인관계의 문제를 만드는지 자신의 역할을 점검해볼 수 있도록 돕는다. 치료자들은 공감적이고 섬세하게 표현한 정반대의 말들을 조합하여 내담자가 자신을 좀 더 알아볼 수 있도록 돕는다. 심상 노출을 사용하여 자기애성 성격장애 내담자가 비판에 대해 무뎌질 수 있도록 도울 수 있다. 심상을 통해 내담자는 어떻게 불편한 점을 직면하고 어떻게 타인에게 비판적 피드백을 요청하며 어떻게 적대적이지 않은 자세로 반응할 것인지를 학습할 수 있다.

정서중심 커플 치료는 자기애성 성격장애 내담자가 배우자에 의해 치료를 받으러 온 경우에 도움이 될 수 있다. 내담자가 방어적인 자세를 취하거나 배우자와 다투는 대신 공감하는 방법을 학습하도록 돕는 것은 변화를 이끌어낼 수 있다. 예컨대 전일제 근무를 하는 아내가 퇴근 후 집에 돌아오자 아이는 배고프다고 울고 있고 개는 산책을 요구하지만 남편은 소파에서 TV를 보고 있는 상황을, 내담자에게 상상해보라고 한다(내담자는 아이가 둘 있는 유부남이다). Millon(2011)은 공감 능력이 내재화되면 변화에 대한 욕구가 곧 생긴다고 하였다.

Millon(2011)은 자기애성 성격장애는 미국 밖에서는 잘 발견되지 않으며 미국에서도 상류 및 중상류 계층에서 더 자주 보인다고 했다. 미국에서 자기애성 성격장애가 증가한 이유는 20세기 후반의 독특한 생활양식 때문이라는 추측이 있었다. 전체주의 사회보다 개인주의적 사회에서 개인의 성과, 독립, 개인적 만족을 중요시한다. 추가 연구를 통해 이 주제에 대해 더 밝혀지기를 기대한다.

예후

장애가 경미한 수준이거나 경계성 혹은 반사회성 성격장애를 동반하지 않는 경우 자기애성 성격장애 예후가 더 긍정적이다(Kernberg, 2000). 기능이 높고 집단치료나 커플치료에 참석하는 이들에게서도 예후가 더 낫게 나온다. 방향과 치료의 구조를 제시하면서 공감적 및 지지적 관계를 만들 수 있는 치료자가 도움이 될 가능성이 높다.

회피성 성격장애

지나친 수줍음과 예민함을 포함한 회피성 성격장애(avoidant personality disorder)의 증상 대부분은 아동기 시절부터 존재하는 것이다. 하지만 어느 정도의 수줍음은 발달적으로 적절한 것이다. 성인기 회피성 성격장애는 사람들을 대할 때 지나치게 불안해하거나 타인에게 판단당하는 것과 자신에게 부족한 부분이 발견되는 것을 두려워하고, 사람들을 대하는 것이 지나치게 서툴러서 사람을 대하기 두려워하거나 '회피'하는 형태로 나타난다.

진단

회피성 성격장애 내담자들은 비판과 부정적 평가에 대해 지나치게 민감하며 자신의 부정적 오류를 강화시키는 명제들을 항상 찾아본다. 이들은 자신의 부정적 편향을 대개 과장하거나 반복해서 생각한다. 회피성 성격장애는 전체 인구 중에서 1.7%(Torgersen, 2009) 혹은 10%(Millon et al., 2004) 정도로 추측된다. 남성과 여성에게서 같은 비율로 발생하며 다음 증상 중 네 가지 이상이 있으면 회피성 성격장애가 있는 것으로 판단한다.

- 조롱당할까 봐 친밀한 관계에서도 과도하게 수줍음을 보임
- 사회적으로 거부당하거나 비판받을 것에 대한 과도한 두려움
- 열등감 또는 사회적 부적응감
- 당황할까 봐 두려워 새로운 기회를 거절하기까지 함
- 적응하지 못할 것을 걱정하여 새로운 사회적 상황을 두려워함
- 사람들이 자신을 좋아할 수밖에 없는 모임에만 참여함(예: 가족 모임, 종교 모임)
- 부정적으로 평가받을 것을 심하게 두려워하여 취업, 승진, 새로운 책임, 기회 등을 받아들이지 않음

회피성 성격장애 내담자들은 사람들 앞에서 수치심을 겪는 것을 두려워하여 억압된 삶을 살아간다. 그들은 잠재적으로 부정적일 수 있는 타인의 말에 과도하게 집중하고 이러한 말들의 단어 하나하나에 신경을 써서 정작 타인이 하려던 말의 핵심 메시지를 읽지 못하기도 한다. 이들은 대인관계에 대한 불안으로 인해 가장 형식적일 수도 있는 사회적 기능(생일 축하, 결혼식 등)도 거부하고 그 대신 집에 있기를 선호한다. 일부 사례에서는 철수, 고립, 몰입성 행동(예: 비디오게임, TV 시청)이 증가하여 가족 역기능, 분노, 흥분 상태, 고의적 자해 행위가 나타날 수 있다.

조현병이나 내담자가 고립에 개의치 않는 기타 A군 성격장애들과는 달리 회피성 성격장애 내담자들은 인간관계를 그리워하고 자신의 삶은 다르다고 상상할 공산이 크다. 비난을 받거나 당혹감을 느끼게 될 것에 대한 두려움은 타인과 같이 있고 싶다는 욕구보다 훨씬 강하다. 가족이나 신뢰하는 친구와의 관계에서도 놀림을 당하거나 곤혹스러움을 느끼게 될 것이라는 두려움으로 개인 정보를 공유할 가능성이 적다.

회피성 성격장애가 있는 여성 내담자들은 전형적인 성별 역할에 들어맞는 경우가 많아서 수동적이고 불안해하며 결정을 내릴 때 타인에게 의존하곤 한다. 기저의 두려움이 인간관계에 스며들 수 있지만 이를 표현했을 때의 결과를 두려워하여 표현을 망설일 확률이 크다. 일반적으로 회피성 성격장애 내담자들은 자신의 삶, 배우자, 직업에 대해 불만이 크며, 이러한 삶의 요소가 망가져 있을 확률도 크다. 타인과의 관계가 있다 하더라도 그들과의 거리를 유지한다.

아동기에 보이는 회피성 성향의 조기 지표로는 수줍음, 거절에 대한 두려움, 대인관계에 대한 예민성, 사람을 대하는 상황을 회피하는 것 등이 있다. 청소년 내담자의 경우 인기가 적고 운동 활동을 별로 하지 않으며 취미나 관심사가 적고 친구가 거의 없을 수 있다. 또 사람들을 만나야 하거나 학교에서 무언가를 해야 하는 상황을 회피하고 아예 학교에서 자퇴할 확률도 다른 학생들에 비해 높을 수 있다.

청소년기가 되면 회피성 성격장애 증상이 있는 사람들 중 다수는 이미 타인과 건강한 인간관계를 만드는 능력을 상실했을 수 있다. 정상적인 성인이 되기 위해 필요한 대인관계 기술인 관계 형성, 구직 및 취업 유지, 독립적으로 생활하기 등이 이 내담자들에게는 결핍된 것이다. 이렇게 퇴화된 대인관계 기술은 삶의 질을 전반적으로 퇴보시킬 수 있다.

회피성 성격장애는 내담자가 나이가 들면서 완화될 수 있지만 완전히 사라지지는 않는다. 스트레스를 받는 경우 기능이 무너지는 경향을 보일 가능성이 크다(Sperry & Sperry, 2015).

평가

처음 발병하는 나이는 늦은 아동기 혹은 초기 청소년기로, 치료되지 않으면 만성적으로 지속되는데, 유아기 혹은 유치원 시절부터 수줍음을 많이 타고 민감해 보였을 수 있으며, 이는 그 나이에 비춰봤을 때 발달상으로 적절해 보였을 수 있다. 회피성 성격장애 아동을 평가하는 유효한 측정법은 존재하지 않는다. 회피성 성격장애는 쉽게 관찰할 수 있는 것도 아니며 장애가 아동의 내면에 영향을 미치기 때문에 해당 아동이 자신의 고민을 쉽게 말해주려 하지 않을 수 있다.

성인에게서도 증상 전부를 확인하기가 어려운데 그 이유는 이 장애가 있는 사람들은 개인적으로 당혹스러운 정보

를 스스로 말하려 하지 않기 때문이다. 일반적으로 불안과 우울증이 치료의 중심이 되며 현명한 치료자는 성격장애와 기타 동반 장애(예 : 사회공포증, 범불안장애)가 존재하는 지 자세히 평가할 필요가 있다. 해리장애와 조현병 스펙트럼 장애는 회피성 성격장애와 동반되어 나타난 사례가 보고되었으며, 회피성 성격장애가 있는 가족력이 있는 경우에도 영향을 받는다(Millon et al., 2004).

치료자의 자질

치료를 받지 않으면 회피성 성격장애 내담자들은 불신하는 성향이 더욱 커지고 타인과 소원하게 되며 타인을 만나는 상황을 회피하게 되어 편안한 만남을 갖는 사람으로 자신의 가족만 남게 되는 경우가 빈번하다. 위험을 멀리하는 행동과 제한된 대인 기술 때문에 가족이나 직장 상사가 강요하지 않는 한 치료를 찾을 확률이 매우 낮다. 이들은 우울증, 분노와 같은 특정 이슈를 해결하길 원하는 배우자에 의해 치료를 받게 될 수도 있고 혹은 배우자와의 관계를 개선하기 위해 커플치료에 참여하게 될 수도 있다. 그런 경우에도 치료 과정이 매우 위협적으로 느껴지기 때문에 치료자는 내담자가 치료 과정을 신뢰할 수 있도록 각 회기의 상당 부분을 내담자를 지지하고 안심시키는 데 써야 한다. 회피성 성격장애 내담자는 약간이라도 비판, 비난 혹은 오해를 받고 있다고 느끼게 되면 치료를 조기 종결할 수 있고, 때로는 회기 중간에 떠나기도 한다. 치료 종결 이후 실시된 한 추수 연구에서는 회피성 성격장애가 있는 참가자 중 50%가 중도 하차했는데 이는 놀라운 일이 아닐 것이다 (Roth & Fonagy, 2005).

치료자는 온화하고 위협적이지 않으며 반복해서 내담자를 안심시키려는 의사를 보여야 한다. 약간이라도 자존감을 위협하는 일에 당혹하고 수치심을 느끼는 회피성 성격장애 내담자들에게 치료자는 이들의 자아탄력성과 강점에 집중함으로써 자신감을 세우도록 도울 수 있다. 이 내담자들은 극도로 비판에 취약하기 때문에 치료자들은 친절, 관심, 공감, 지지, 자신의 시간, 보호를 확인시켜주면서 느린 속도로 진행해야 한다. 치료자는 진행을 위해 내담자를 조금씩 압박할 수 있지만 치료 과정에서 지나치게 일찍 직면

상황을 독려하면 치료가 조기에 중단될 수 있다. 상담 몇 회기를 사전에 선불로 지불하도록 계약하면 치료를 지속할 확률이 개선될 수 있다.

치료자들은 회피성 성격장애 내담자를 치료할 때 지나치게 예의를 갖추거나 과도하게 보호적이지 않도록 반드시 주의해야 한다. 하지만 치료 과정에서 내담자를 지나치게 빨리 압박해서도 안 된다.

개입 전략

회피성 성격장애에 대한 *DSM-5*의 일곱 가지 조건 중 여섯 가지가 대인관계와 관련이 있기 때문에 이 장애를 치료하는 데 대인관계 기술 훈련이 필수사항인 것은 당연한 것이다. 치료가 종결된 후에 개선사항을 유지할 수 있도록 재발을 방지하는 것이 중요하다. 내담자의 삶의 수준을 개선시킬 확률이 가장 높은 대인관계 기술로는 대인 간 표현, 자기 의견 표현, 의견대립 시 협상하기 등이 있다(Padesky & Beck, 2014). 치료자는 식당에서 주문한 식사를 퇴짜 놓거나 구매한 물건을 가게에서 반품하는 등의 작은 경험적 연습을 시켜서 사람을 대할 때의 표현을 개선하도록 도울 수 있다. 상담회기 도중에 내담자가 자기 의견을 말하도록 독려하여 자기 의견을 표현하는 훈련을 시킬 수 있다.

이 내담자들은 초기에는 지지 치료에만 반응할 수도 있지만 일단 신뢰관계가 형성되면 치료자는 내담자가 방어적으로 회피를 사용하는 것에 대해 부드럽게 토의할 수 있을 것이다. 자동적 사고, 자신의 사회적 서투름에 대한 기저의 핵심 신념에 대해 조심스레 도전하고 내담자가 역할극을 하거나 실생활에서 자신의 신념을 실험해볼 수 있는 실험적 관계로 치료자와 내담자의 관계를 활용하는 것은 도움이 될 수 있겠지만, 이 장애의 치료를 가이드하기 위한 실험 연구 결과는 거의 존재하지 않는다.

대인관계 기술을 안전한 맥락에서 학습하고 연습할 수 있는 기회를 주는 집단치료는 변화가 일어나는 시점에서 추가할 수 있다. 기존 연구 결과는 제한적이지만 1년간 지속된 집중 집단치료 프로그램은 추수 연구에서 긍정적인 결과를 보였다(Crits-Christoph & Barber, 2007). 참가자의 부정적 평가에 대한 두려움을 줄이려는 체계적 둔감법의

사용은 이 프로그램의 핵심으로 보인다.

회피성 성격장애를 가진 가족이 있는 사람들은 내담자가 사람을 마주하는 빈도를 늘리도록 하여 내담자를 도울 수 있는데 내담자를 보호하면 내담자의 의존성이 짙어질 수 있다. 가족치료의 효과에 대해서는 자료가 거의 존재하지 않는다.

커플 상담과 대인관계 기술 훈련을 결합하면 배우자와의 관계에서 일반적으로 볼 수 있는 사회적 거리를 줄이는 데 기여할 수 있고 두 사람 사이의 관계를 개선시킬 수 있다. 치료의 추가 장점으로는 회피 성향의 내담자가 가진 대인 불안 감소와 대인 활동을 더 잘하기 위해 위험을 감수하도록 장려한다는 것이다(Padesky & Beck, 2014).

치료를 종결하기 전에 내담자들은 앞으로 몇 달 동안 자신이 배운 기술(예 : 새로운 대인 상황을 시험해보기, 우정을 깊게 하기 등)을 어떻게 사용할지 장기적 목표의 목록 작성을 독려받는다. 내담자들은 자신이 회피하려는 상황과 행동에 특히 신경을 쓰고 회피의 기저에 있는 왜곡된 인지에 대해 생각해보도록 교육받는다. 이런 식으로 내담자들은 계속 성장할 수 있고 자신이 언제 다시 치료를 재개해야 하는지 인식할 수 있게 된다. 치료자들은 치료에 대한 서로 간의 약속으로 이후 지속되는 추수 상담(예 : 월별, 혹은 필요한 대로) 계획을 수립할 수도 있다.

이 장애에 대한 약물 처방이 특정된 것은 없지만 일부 초기 연구 결과들은 모노아민 산화효소 억제제와 일부 SSRI계 약물(예 : 파록세틴, 설트랄린)이 도움이 될 수 있다는 것을 시사한다. 벤조디아제핀계 약물은 거절에 대한 예민함, 사람을 대하는 상황의 두려움, 새로운 행동을 시도하는 것 등으로 인해 생기는 불안을 좀 더 잘 조절할 수 있게 도와줄 수 있다.

예후

조기 진단 및 치료를 통해 회피 특성이 있는 어린이와 청소년이, 특히 청소년에서 성인으로 성장하는 중요한 시기에 건강한 인간관계를 만들 수 있도록 도울 수 있다. 회피성 성격장애 치료를 받는 성인들은 의미 있는 인간관계를 맺고 자신의 필요에 맞는 직업적 환경을 찾을 수 있다. 그렇다 하더라도 변화는 느리며 기저에 있는 자신에 대한 의심과 이 장애가 생기도록 만드는 행동은 항상 이 내담자 성격의 일부로 남아 있을 확률이 매우 높다.

의존성 성격장애

어린이와 청소년의 의존성 행동은 성장기에 적절할 수 있지만 성인의 경우 타인의 돌봄에 대한 요구가 과하다고 할 수 있는 경우가 존재하며 특히 돌봄의 요구가 아래의 증상 중 다섯 가지 이상이라면 의존성 성격장애(dependent personality disorder)를 생각해볼 수 있다.

- 일상의 결정을 내리는 것이 어려움
- 거절당하거나 지지를 잃거나 타인의 마음에 들지 않을까 봐 분쟁을 회피함
- 스스로 할 수 있다는 자신감이 결여되어 어떠한 일을 하기가 어려움
- 괜찮다는 확인을 지나치게 많이 필요로 함
- 일상의 일부를 책임질 타인을 필요로 함
- 연인관계가 끝날 경우 긴급하게 대체할 사람이 필요함
- 자신을 스스로 돌봐야 한다는 두려움에 매몰됨

의존성 성격장애의 특징 중 일부는 다른 정신장애(예 : 공황장애, 광장공포증, 우울증)가 있거나 다른 의학적 처치 혹은 물질 남용 때문일 수 있다. 마찬가지로 다른 성격장애(예 : 연극성, 회피성, 경계성)에서도 공통된 특성이 존재할 수 있다. 모든 조건이 만족되고 특성이 지속적이며 현저한 장애나 스트레스의 원인이 될 때에만 의존성 성격장애 진단을 내려야 한다.

의존성 성격장애로 진단을 내리는 경우는 의존 성향이 심각해서 정상적 판단에 현저한 문제를 일으키는 경우이다. 예컨대 싱글로 지내는 위험을 무릅쓰기보다는 폭력적이고 가학적인 연인관계에 머무르기로 선택하는 사례가 이에 해당될 수 있다. 의존성 성격장애가 생기는 사람들은 대개 불안정 애착의 이력 혹은 만성적 질병이 있다. 사랑하는 사람의 상실 혹은 예측된 버려짐의 결과로 자주 나타나는 우울증도 동반될 수 있다. 사실 우울증과 의존성 성격장

애는 부정적 사고, 파국화, 희망의 상실, 희생자가 되는 것, 동기 상실, 낮은 자존감, 결정하기의 어려움 등 많은 유사점이 존재한다(Beck et al., 2014).

불안장애, 신체화장애, 섭식장애, 물질남용장애와 같은 다른 장애들이 의존성 성격장애와 더불어 진단이 내려지는 경우가 빈번하다(Beck et al., 2014).

내담자 특징

일반적으로 인구 중 1% 미만이 의존성 성격장애 기준에 부합한다(APA, 2013). 여성 대비 남성의 발병 비율은 2 : 1로 여성에게서 더 자주 발생하는 것으로 보인다(Sperry & Sperry, 2015). 의존성 욕구는 성장 단계 아동에게는 적절할 수 있기 때문에 아동의 의존성은 병적이라고 잘못 해석해서는 안 되며, 아동에게 의존성 성격장애를 진단하는 것에 대해 조심해야 한다고 *DSM-5*에서는 경고한다. 같은 맥락에서 어떤 문화에서는 복종, 수동성, 예의 갖춤을 중요시한다는 것을 기억해야 한다. 의존성 성격장애는 문화적 측면, 나이, 성별 등 모든 조건을 고려해야 한다. 어떤 문화에서는 성별에 따라 의존성을 장려하기도 한다.

아동에게 의존성 성격장애를 진단하지 말라는 경고가 있기는 하지만 정상적인 의존성은 아동기에 형성되는 것으로, 성인이 되어서도 돌보는 사람으로부터 독립적으로 기능하지 못하는 사람은 병적으로 의존적인 것이 맞다. 이는 의존성 성격장애 조건과도 일치하는 것이다. 이러한 사람들은 많은 노력을 통해 불안감을 지속적으로 해소시켜주어야 한다. 이들은 스스로 아주 작은 결정도 내리지 못하며 결국에는 자신에게 해가 될지도 모르는 사람들에게 보호와 지도를 부탁할 수 있다.

의존성 성격장애가 발달하는 이유에는 성격, 양육 방식, 유전, 및 문화적 요소가 포함된다. 어린이 스스로 자신이 약하고 힘이 없다고 느끼는 환경을 조성하는 양육 방식은 의존성, 우울증 및 불안을 증대시킬 수 있다.

경험적 연구에 따르면 안정 애착 척도에서 높은 점수를 받은 성인들은 의존성 성격장애 척도에서 낮은 점수를 받을 확률이 높다(Bornstein, Becker-Weidman, Nigro, Frontera, & Reinecke, 2007; Brennan & Shaver, 1998). 마

찬가지로 불안정 애착이 있는 경우 의존성 성격장애가 발달할 위험이 증가할 수 있다(Livesley et al., 1990).

치료자의 자질

다른 어떤 진단보다도 의존성 성격장애가 있는 사람들은 치료자에 대해 로맨틱한 애착을 형성하게 될 확률이 높다(Beck et al., 2004). 치료자는 내담자와의 관계에 명확한 경계를 설정해야 하고 신체적 접촉을 전부 피해야 하며 이러한 로맨틱한 감정이 치료 관계에서 특이한 것이 아니지만 이를 실천에 옮겨서는 안 되며 내담자와 치료자의 관계는 직업적이라는 것을 설명해야 한다.

의존성 성격장애 내담자들 다수는 사랑하는 사람의 사망이나 이혼으로 이후에 치료를 찾는다. 또는 가족이나 직장 상사의 추천으로 치료를 받을 수도 있다. 전형적으로 이 내담자들은 치료에 대해 망설이거나 불안을 느끼지만 현재의 연인관계 혹은 직장을 잃지 않기 위해 치료를 받으려 한다.

이 내담자들은 정시에 도착하고 수동적이라 하더라도 협조적이며 상담 중에 치료자가 질문하거나 지시사항을 말할 때까지 기다린다. 그들은 또 치료자를 의지할 수 있는 '마법 같은 조력자'로 보며 치료자의 마음에 들도록 많은 노력을 한다.

치료자들은 이 상황에 존재하는 역동을 의식하고 있어야 하며 상담에서 나온 정보를 토대로 신뢰관계를 쌓고 독립심을 늘릴 수 있도록 독려해야 한다.

치료자의 마음에 들기 위해 나타나는 변화는 상담 밖에서는 지속될 확률이 적다는 것도 치료자는 알고 있어야 한다. 치료의 목표가 자기 의견 주장하기 혹은 독립심 기르기가 되는 일은 거의 없으며 전체적 목표는 안전한 맥락에서 내담자의 자립심과 독립심을 개선하여 새로 학습한 기술이 치료 외부로도 옮겨질 수 있도록 하는 것이다. 치료의 종결은 어려운 편이며 치료는 서서히 줄여나가는 방식으로 마침으로써 내담자가 버림받은 느낌을 갖지 않도록 돕는다. 한 달에 1회 혹은 두 달에 1회 정도 상담을 하도록 제안하는 것은 치료 종결이 자연스럽게 되도록 해준다.

치료자들은 이 내담자들에 대해 강한 역전이 반응을 경험할 확률이 높다(Livesley et al., 1990). 치료자는 내담자

가 위험한 일을 당하지 않도록 지나치게 보호적이 되려고 할 수도 있고 혹은 치료의 늦은 진척 속도와 항상 안심시켜 주어야 하는 내담자의 요구에 짜증이 날 수도 있다. 치료자는 이러한 감정을 겉으로 드러내지 말고 치료를 위한 협력적 관계에 손상이 가지 않도록 감정 관리를 할 필요가 있다. 치료를 위한 협력적 관계에 문제가 생기면 반드시 언급하고 회복되도록 해야 한다.

개입 전략

의존성 성격장애의 치료 효과에 대한 연구는 거의 존재하지 않는다. 회피성 성격장애 치료와 유사하게 치료의 시작은 내담자를 지지하고 치료를 위한 협력적 관계를 긍정적으로 형성하는 데 주안점을 둘 것이다. 의존성 성격장애를 위한 인지행동치료는 독립성을 기르고 의존적 요구에 기대지 않는 인간관계를 맺는 방법을 배우는 것에 집중한다(Brauer & Reinecke, 2014). 개인의 무능함에 대한 부적응적 신념에 도전하고 타인에게 기대지 않고도 감정을 조절하도록 가르치는 인지치료는 의존성 성격장애 내담자들의 연약한 감정을 대체하고 실질적인 자기효능감을 경험하게 도울 것이다. 궁극적 목표는 과거에는 간과했던 자기 이익, 자아 탐험, 주도적 결정 등 자신에 대한 주제에 집중하는 것이다(Brauer & Reinecke, 2014).

성격장애에는 일반적으로 약물을 처방하지 않지만 의존성 성격장애 내담자들 중 다수는 불안을 완화하기 위해 약물 처방을 요구할 수도 있다. 내담자들이 약물에 의존하는 치료에서는 개선이 덜 이루어진다는 보고가 있다. 약물 처방이 멈추면 개선된 변화가 사라지게 된다. 그러므로 인지, 행동, 정서 통제, 지각, 몸 사용(즉 명상, 이완)이 지속적인 변화를 가져올 확률이 높다.

다소의 진척이 이루어진 후에 치료자는 내담자의 필요에 따라 가족치료 혹은 집단치료를 시작할 수 있다. 커플 상담 혹은 가족 상담은 내담자가 자신이 새롭게 학습한 기술을 사용하고 자기 자신을 다른 방식으로 표현하고 자신의 요구를 전달하는 방법을 실험해볼 수 있는 기회를 준다. 가족치료가 가족 간의 협업을 통해 개선점을 만들어낼 수 있듯이, 집단치료 또한 내담자가 다른 의사소통 방식을 시도하기 위해 필요한 부가적인 지지 틀을 제공한다. 집단치료는 의존성 성격장애 내담자들의 위기 방문 횟수를 감소시키고 약물 사용 또한 감소시키는 것으로 밝혀졌다(Piper & Ogrodniczuk, 2005). 치료를 위한 집단은 내담자들이 압도되거나 위협을 느끼지 않도록 참가자들을 엄선해야 한다. 집단치료에 준비가 된 내담자들은 증상이 보다 가볍고 최소한의 대인관계 기술을 가지고 있어야 한다. 의존성 성격장애 집단은 다른 집단들에 비해 빠르게 단결하고 인간관계의 지지를 제공하며 더 빠른 증상 완화를 가져온다는 연구 결과가 있다(Eskedal & Demetri, 2006). 집단치료는 개인치료에서 벗어나는 좋은 전환 단계를 제공하고 전이를 완화시키며 치료 종결을 용이하게 할 수 있다.

앞에서도 언급했듯이 도식치료는 내담자들이 자신의 핵심 인지를 인식하고 타인의 확인을 원하는 부적응적 행동을 좀 더 자립적인 행동으로 대체할 수 있도록 도와줄 수 있다(Jovey & Jackson, 2004). 반사회성 성격장애의 치료와 유사하게 의존성 성격장애 내담자들은 자신에게 결함이 있고 자신의 잘못을 타인이 발견하면 자신은 버려질 것이라는 두려움을 기저에 가지고 있다(Rafaeli, Bernstein, & Young, 2011). 의존성 성격장애와 연관된 회피성 대처 반응들은 변화의 장해물이 된다.

예후

의존성 성격장애 내담자들은 연인관계를 맺는 능력이 있기 때문에 이 장애의 예후는 상대적으로 양호한 편이다. 의존성 성격장애 내담자들은 신뢰를 주는 것도 가능하고 약속을 하고 이를 지키는 것도 가능하다. 내담자들은 타인을 기쁘게 하려 하고 타인에게 도움을 요청하기도 한다. 이러한 특징들은 다른 거의 모든 성격장애와 비교했을 때 좀 더 긍정적인 치료 결과가 나오도록 하는 원인이 된다. 그래도 역전이 감정은 인식되어야 하며 치료가 성공적이기 위해서는 치료자에 의해 역전이 감정이 반드시 해결되어야 한다.

강박성 성격장애

강박성 성격장애(obsessive compulsive personality disorder,

OCPD)는 완벽주의와 경직된 행동가 주된 특징이고 인구의 2% 정도에게 보이며 가장 빈번하게 나타나는 성격장애 중 하나이다(Samuels & Costa, 2012). 이름이 유사한 강박장애(OCD, obsessive compulsive disorder)와는 다르게 강박성 성격장애는 자아동조적인 장애로서 옳고 그름에 대한 판단이 삶의 모든 부분에서 나타난다. 주어진 작업에 대한 의무, 규칙, 완벽성이 실제로 그 작업을 마치는 것보다 더 중요한 경우가 많다.

진단

강박성 성격장애 내담자들 대부분은 지나치게 양심적이다. 옳아야 한다는 욕구 때문에 이들은 결정을 내려야 하거나 프로젝트를 마감하는 것에 어려움을 느낄 수 있다. 이들은 많은 사람들이 미덕이라 여기는 청결함, 약속 시간 준수 등의 특징을 보이고 직업적으로도 상당히 성공적인 삶을 살고 있을 수 있다. 인간관계를 통제해야 하는 강렬한 욕구와 동시에 실수에 대한 두려움, 완벽한 명확성에 대한 필요 그리고 이 장애가 가진 다른 특성으로 인해 가정, 직장, 타인과의 관계에서 상당한 스트레스를 느끼고 있어야 성격장애로 간주될 수 있다.

강박성 성격장애 내담자들은 다음과 같은 특징을 보인다.

- 타인에게 업무를 위임하기 어려움
- 휴가 및 사회 활동을 할 수 없을 정도로 업무를 많이 감당함
- 도덕적·윤리적 신념을 엄격하게 지킴
- 제한된 감정 표현
- 지나친 자기비판적 성향
- 쓸모가 없어진 사물을 버리는 것을 어려워함
- 우유부단함
- 과도하게 금전 절약을 함. 돈을 받을 것이라는 확신 없이는 타인에게 돈을 주지 않으려 함
- 완벽성, 규칙, 세부 내용, 의무에 집착한 나머지 일이 진척이 되지 않음
- 통제를 하고 있어야 하는 욕구

이 장애는 여성보다는 남성에게서 더 자주 나타난다. 강박성 성격장애를 가진 여성 중 통제 욕구, 완벽주의, 완고한 신념이 있는 이들은 섭식장애, 특히 신경성 식욕부진증을 동반할 가능성이 있다. 통제 욕구는 자신의 삶에 대한 세부적 내용에서도 나타나서 음식물의 선택, 매일의 체중 확인, 마른 체형이어야 한다는 강박관념 등의 형태로 나타날 수 있다. 섭식장애 내담자의 65%가 강박성 성격장애의 세 가지 특성, 즉 완고한 신념, 완벽주의, 지나친 근검 절약 증상을 보였다(Samuels & Costa, 2012).

강박장애 내담자들과 다르게 강박성 성격장애 내담자들은 자신이 바라지 않는 침투적 사고 혹은 강요를 자주 경험하지 않는다. 중요한 일에서 실패했거나 소중한 사람을 잃은 후에 강박성 성격장애가 시작됐다면 불안과 우울증이 종종 동반되기도 한다. 이들에게는 감정보다는 신체적 문제를 이야기하기가 더 쉬워서 신체화가 자주 나타나는데, 신체적 문제는 통제의 상실과 동일하게 여겨진다. 항상 통제하고 있어야 한다는 욕구로 인한 정서적 경직성은 둔마된 정동의 원인이 될 수 있다. 강박성 성격장애 내담자들은 두려움을 머리로 분석하고 통제하려는 경향이 있지만 자신이 옳아야 한다는 욕구에 대해 작은 도전이라도 받게 되면 분노 반응을 할 가능성이 크다.

강박성 성격장애가 있는 많은 내담자들은 모든 것이 지나치게 정돈되어 있고 단정하며 시간을 잘 지킬 수도 있지만, 어떤 내담자들은 그렇지 않으며 미래에 필요할지도 모르는 사물을 버리는 것을 상당히 어렵게 느낀다. 따라서 물건을 모아두는 현상이 잘 목격된다. 일을 미루는 습관도 자주 나타난다. 실수, 완벽하지 않음이 드러나는 것에 대한 두려움은 우유부단함을 야기하고 이는 또 다른 여러 문제를 촉발한다.

적정 수준의 강박성 성격장애가 있는 경우 뛰어난 적응력을 보이고 성공적인 성취자가 될 수도 있다. 이 내담자들은 항상 높은 수준을 유지하고 야근을 자주 하며 일에 대해 상당한 헌신성이 있는 것으로 비춰진다. 그러나 자신의 삶을 통제하는 의무와 규칙이 동료와 부하직원들에게 꼭 공감될 이유는 없기 때문에 직장에서 문제가 발생할 수가 있다.

앞에서도 언급했듯이 강박장애는 항상 떠올리고 있는 생각과 강박적 행동의 유무를 통해 강박성 성격장애와 쉽게 구분된다. 강박장애 내담자의 대부분은 자신의 강박적 행동에 사용하는 시간 분량 때문에 매우 스트레스를 받지만

강박성 성격장애 내담자들은 일반적으로 자신에게 문제가 있다고 믿지 않는다. 일부 사례에서는 강박장애와 강박성 성격장애가 동시에 진단이 내려지기도 한다. 강박성 성격장애와 극도의 물건 수집 행동이 보이면 별도로 수집광 진단을 내릴 수 있다. 다른 성격장애들은 강박성 성격장애와 유사하게 보일 수 있으므로 이를 구분해야 한다(예 : 자기애성 성격장애). 강박성 성격장애는 물질남용장애 혹은 건강 상태에 의한 성격 변화와는 반드시 구분되어야 한다.

내담자 특징

강박성 성격장애는 완벽주의적 인생 철학과 연결되어 있어서 내담자는 일을 완벽하게 하지 못하는 것에 대한 불안을 느낀다. 일반적으로 자신의 직업에서 성공적인 성실한 일꾼이지만 좋은 감독자가 되기는 어려운 유형으로, 주어진 업무가 바르게 수행되지 않을 것이라는 두려움으로 업무를 넘기지 못하고 타인과 협업하기를 좋아하지 않는다. 이들은 팀 프로젝트, 집단 역동을 싫어하고 모든 것을 스스로 하기를 선호한다.

강박성 성격장애 내담자들은 완벽주의 성향이 있고 흑백 논리적 사고를 하려 하기 때문에 모든 것을 옳거나 혹은 그른 것으로 보려 한다. 일반적으로 이들은 자신을 선한 사람으로 생각하고 자신이 실수를 했다고 느끼면 자신에 대해 격하게 비판적이 된다. 그들은 또 타인에 대해 옳고 그름의 평가를 쉽게 하고 타인의 행동에서 오류를 찾아내며 자신의 원칙을 위반할 경우 우정이나 연인 관계도 종료해버릴 수 있다. 그 결과, 이들은 친구가 거의 없을 수 있고 결혼을 해도 이혼하기 쉬우며 사회적으로도 고립되기 쉽다. 장기적 관점에서 강박성 성격장애 내담자들은 주위 사람들과 인간관계에 문제가 발생하는 경향이 있다.

휴가를 가지 않을 정도로 일을 한다고 배우자가 불만을 토로할 수도 있고 청결 유지에 대한 욕구가 강박 수준일 수도 있다(예 : 양념은 알파벳 순서로 정리되어 있어야 하고 주방 싱크대는 사용 후에 항상 행주로 물기를 닦아야 함). 강박성 성격장애 내담자의 일과 사생활의 균형을 잡기 위해 배우자가 커플치료를 받자고 종용할 수 있다. 또 이들의 많은 요구와 통제적 행동이 서툰 감정 표현과 결합되면 연인관계에 긴장이 생기고 함께하는 삶에 즐거움이나 자발성이 사라지며 의무와 업무만이 남게 된다.

부모로서도 이들은 억압적인 경향이 있고 자녀의 실수에 대해 격하게 비판적일 수 있다. 가정 환경은 질서와 통제를 강조할 수 있다. 이들의 양육 방식은 자신의 부모가 양육한 것과 비슷하게 처벌을 많이 하고 권위주의적인 경우가 많다. 놀랍지 않게도 강박성 성격장애는 일차친척 사이에서 더 빈번하게 발생하며 이 장애가 있는 사람들은 타협을 모르는 높은 수준의 기준을 유지하는 사람들이 많다(Jovev & Jackson, 2004).

치료자의 자질

강박성 성격장애 내담자들은 배우자의 강한 권유, 직장 상사의 권유 혹은 다른 이유(예 : 커리어, 사회적 격리에 대한 불안 등) 등으로 치료를 찾게 된다. 일단 치료에 임하면 내담자는 머리로 이해하려는 욕구와 자신이 옳다고 생각하는 규칙에 따라 치료자란 절대로 오류를 범하지 않을 것이라는 판단으로 치료자와 직면을 유발할 수 있다. 강박성 성격장애 내담자와 유대관계를 형성한 후에 치료자는 자신의 인간으로서의 한계에 대해 사전 예고를 하고 치료 과정에서 어느 시점에는 자신도 내담자의 기준에 미치지 못하는 말을 의도치 않게 할 수 있다는 것도 미리 말해주는 것이 현명한 방법이다. 갈등 관리에 대한 실험으로, 치료자의 완벽하지 않은 점에 대해서 내담자가 치료를 조기 중단하기보다 이를 회기 중에 언급하는 것을 내담자에게 과제로 줄 수 있다. 상담 중에 갈등에 대한 역할극을 하는 것도 효과적인 치료 도구가 될 수 있다. 치료자들은 반드시 솔직한 피드백을 주고 진심으로 대하며 내담자가 원할 때 함께해 줄 수 있어야 한다.

유대관계를 형성하고 치료를 생산적으로 만드는 것은 어려운 일일 수 있다. 감정을 회피하고 머리로 이해하며 항상 옳은 일을 해야 하는 내담자의 욕구를 치료자는 통제할 수 있어야 한다. 치료자는 역전이 이슈와 힘의 투쟁을 회피하기 위해 자신의 통제 욕구에 대해서도 의식하고 있어야 한다.

강박성 성격장애 내담자들은 해결이 필요한 문제를 치료받기 위해 오며 대개는 그 문제에 대한 옳고 그른 해결책들이 존재한다고 믿는다. 옳고 그름이 존재하는 이슈는 거의 존재하지 않으며 극소수의 신념만이 절대적이다. 문제에 관한 많은 해결책이 존재하며 흑백 구분이 아닌 회색 지대도 그 다양성이 많다는 것을 내담자가 인식하게 하는 것이 치료에서 가장 중요한 부분일 수 있다.

강박성 성격장애 내담자와 내담자의 가족에게 인간관계는 지뢰밭일 수 있다. 관계 그 자체보다 옳아야 한다는 것이 더 중요성을 갖는다. 부부 갈등으로 고심하는 내담자에게 옳은 것과 행복한 것 중에서 무엇을 선택할 것인지 물어보는 것도 좋은 방법이다.

개입 전략

강박성 성격장애 내담자들은 자신의 감정에 대해 말하는 것을 견디기 어려워하며 명확한 개입을 하는 인지행동적 접근법에 더 잘 반응한다. 치료자에 대한 신뢰가 확인되고 내담자와 라포가 형성되면, 인지치료를 천천히 도입하여 내담자가 옳다고 여기는 규칙 및 규범에 대한 신념 체계를 돌아보도록 돕는다. 강박성 성격장애 치료에 특화된 연구 결과는 소수이지만 한 연구에서는 인지행동치료를 받은 강박성 성격장애 내담자 중 83%가 증상이 완화되었고 53%가 우울 증상이 줄어들었다고 보고했다(Strauss et al., 2006).

직접적으로 인지를 다루기보다 행동 실험을 유도하는 수정된 인지치료를 통해 내담자들은 자신은 결코 실수하는 법이 없으며 절대로 이루어질 수 없는 완벽함을 추구하며 살아야 한다는 자신들의 신념에서 논리적 오류를 볼 수 있다. 검사지, 워크북, 상담 사이의 '실험'들은 내담자들의 고집, 구조에 대한 욕구에 대해 호소력이 있다.

강박성 성격장애 내담자들에게 잘 받아들여지는 다른 유형의 치료는 구조적이고 문제를 다루며 현재에 주안점을 두는 것이다. 강박성 성격장애에 특정된 것은 아니지만 마음챙김 기반 인지치료를 종합적으로 메타분석했더니 이 개입 방법은 불안과 우울한 기분을 완화시키고 전반적 생활을 개선시키는 장점이 있는 것으로 나타났다(Khoury et al., 2013).

이완 기술과 스트레스 면역 훈련, 대인관계 기술 훈련, 역할극을 중점으로 하는 행동치료는 강박적 성격장애 증상 개선을 도울 수 있다(Simon, 2009). 여가와 사회 활동 참여를 독려하면 계획 및 결정 능력을 개선시키면서 긍정적 기분도 증가시킬 수 있다. 이와 비슷하게 유머와 자발성을 통제된 방식으로 따라 하게 하면 새로운 방식의 반응법을 학습하게 할 수도 있다.

다수의 연구를 통해 성격장애에 대한 인지 및 행동 개입의 효과가 입증되고 있다. 도식치료는 내담자들이 새로운 핵심 인지를 형성하고 양보하지 않는 기준의 기대치를 완화하도록 도울 수 있다(Rafaeli et al., 2011). C군의 다른 성격장애들과 마찬가지로 강박성 성격장애 내담자들에게 회피성 반응은 흔하다. 회피성 반응은 도식이 촉발된 경우 발생하는 부정적 감정을 일시적으로 피하는 것이다. 회피성 반응은 행동적 및 인지적으로 동시에 두 가지 방식으로 나타날 수 있다.

중증의 불안과 우울증이 동반되지 않는다면 강박성 성격장애 치료에 약물 처방은 일반적으로 하지 않는다. 중증의 불안과 우울증이 동반된 경우라면 두뇌의 5-HT 신경에 직접적으로 효과가 있는 SSRI계 약물이 증상을 완화시키는 데 도움이 될 수 있다(Preston, O'Neal, & Talaga, 2010). 불안 완화제 또한 불안치료를 위해 사용될 수 있다.

예후

강박성 성격장애 내담자들 중 다수는 가족이나 직장 상사가 치료를 강요하기 전에는 자신에게 문제가 있다는 것을 인식하거나 받아들이지 않는다. 예를 들어 어느 뉴스레터 편집장이 꾸준히 문구를 고치고 페이지 레이아웃을 완벽하게 수정하느라 항상 뉴스레터가 2주씩 지연되는 경우를 생각해보자. 편집장의 고용인이 "이만하면 됐다."며 인쇄소로 보내자고 했을 때 편집장은 사직서를 내면서 자신은 완벽하지 않은 것에 자기 이름을 걸고 싶지 않으며 자신의 상사가 수준 미달의 뉴스레터를 출판한다는 것을 믿을 수 없다고 했다. 대부분의 사람들은 자신의 완벽주의적 특성을 '옳다'고 보며 자신이 통제하는 부분을 양보하거나 행동을 바꾸려 하지 않기 때문에 강박성 성격장애의 예후는 보통이라고 밖에는 할 수 없다.

기타 성격장애

기타 성격장애 분류는 세 가지 특정 조건에 해당하는 경우이다. (1) 건강 상태 변화에 의한 성격 변화, (2) 달리 명시된 성격장애, (3) 명시되지 않는 성격장애가 그것이다.

심장병, 두부 외상, 간질, HIV, 중추신경계에 영향을 주는 질환 등의 이유로 성격이 변할 수 있다. 건강 상태에 의

해 성격이 변한 것으로 판정되려면 성격 변화가 지속적이어야 하고 내담자의 평소 행동 패턴에 변화가 있어야 하며 건강 검사, 임상 이력, 실험실 검사 결과 등에 의한 근거가 존재해야 한다. 섬망, 물질사용장애, 통증장애와 같은 기타 건강 조건은 성격 변화의 원인이나 기타 성격장애의 결과는 아니다.

치료적 제언 : 통합 치료 모델

이 장에서는 성격장애의 분류를 다루었다. 다음의 치료 추천 요약은 통합 치료 모델의 형식에 맞추어서 정리되었다.

진단
- 성격장애(편집성, 조현형, 조현성, 반사회성, 경계성, 연극성, 자기애성, 회피성, 의존성, 강박성)

치료 목표
- 즉각적 목표 : 치료를 위한 협력적 관계 형성
- 단기적 및 중기적 목표 : 사회적·직업적 기능 개선, 의사소통 기술, 자존감, 공감 능력, 대응 체계, 적절한 책임감 형성, 동반되는 우울증 및 불안 완화
- 장기적 목표 : 기저의 역기능적 성격 패턴 수정

평가
- 광범위한 성격 검사(예 : 밀론 임상 다축 성격 검사)
- 특정 증상 척도(예 : 물질 사용, 우울증, 불안)

치료자의 자질
- 일관성
- 한계 설정 능력
- 저항, 적대감, 의존의 표시 앞에서 수용과 공감으로 의사소통함
- 전이와 역전이 반응을 잘 관리하는 능력
- 느린 진척 속도에 대해 인내하고 적응함

치료 장소
- 일반적으로 외래 치료
- 자살 기도 및 퇴행에 대처하기 위한 응급 및 입원 치료

개입 전략
- 저항하거나 법정 명령을 받은 내담자들에 대해서는 치료 동기를 알아보는 면담 실시
- 역기능적 성격을 수정하기 위한 정신역동
- 응급 상황 관리, 체계적 둔감화, 대처 기술 개선 등을 목표로 하는 행동치료
- 도식중심 치료
- 변증법적 행동치료, 경계성 및 반사회성 성격장애용 정신화 기반 치료
- 필요에 따른 위기관리

치료의 주안점
- 치료를 위한 협력적 관계 형성에 특히 중점을 두고 이 관계에 문제가 생기면 바로 회복 노력을 함
- 지지 요소와 탐험적 요소의 균형
- 내담자가 책임감을 갖도록 함
- 과거와 현재의 이슈를 동시에 다룸

치료 참여 구성
- 초기에는 대개 개인치료를 하고 추후에 가족치료 또는 커플치료와 조합함
- 집단치료는 내담자가 공포를 느끼거나 파괴적이 되지 않으면서도 집단을 견뎌낼 수 있게 되면 개인치료와 조합할 때 매우 유용한 경우가 많음

치료 속도
- 대개는 장기적이지만 조기 종결을 막기 위해 단기 목표도 수립함
- 점진적이지만 꾸준한 속도

(계속)

- 1주일에 1회 이상의 회기도 가능함(특히 내담자가 위기상황일 때)
- 재발의 가능성을 관리하기 위한 장기적 추수 상담

약물치료

- 성격장애 교정에는 효과가 없음
- 우울증, 불안, 정신병 증상 완화에 간혹 사용될 수 있음
- 내담자의 약물 남용/자살시도 경향에 맞추어서 사용해야 함

보조 개입

- 자조집단(알코올 자조 집단, 금연 자조 집단 등)
- 직업 상담
- 자기표현 훈련

예후

- 나쁘지 않지만 가변적임
- 단기적 행동 변화는 긍정적일 수 있음
- 기저의 성격 변화는 나쁘지 않음

사례 : 오스카

이 장은 어머니의 사망 후 아내에 의해 커플치료를 받으러 온 46세 남성 오스카에 대한 묘사로 시작하였다. 오스카는 자주 예민해지고 폭력적으로 되었으며 분노를 폭발하기도 했다. 그는 오랫동안 호의와 특권을 당연하게 받아들였고 자기애적 특성을 가지고 살았으며 다른 사람들의 감정에 대해 전혀 신경을 쓰지 않는 삶을 살아왔다. 오스카는 직장에서 재무 관련 의심으로 조사를 받고 있었으며 치료를 받으러 왔을 때는 횡령 혐의로 기소되고 직장에서 해고당한 상태였다. 극도의 독립심, 자급자족, 지나친 자만, 드러내놓고 심술을 부리는 등의 행동 때문에 아내와의 관계가 악화되어 있었다. 분노의 기저에 오스카는 당혹감과 수치심을 느끼고 있었는데, 이는 회사에서 자신이 횡령한 돈을 자신의 돈인 것처럼 여겼기 때문이다. 오스카는 어머니와 사이가 각별했는데 어머니의 사망 후 오스카는 평소 같지 않은 강한 분노와 여러 부정적 반응을 보였고 이는 아내, 이웃, 이전 직장 동료들과의 관계에 영향을 미치고 있었다. 1차 진단은 자기애성 성격장애였다. 다음은 오스카를 치료하기 위한 통합 치료 모델 추천 내용이다.

진단

- 1차 진단 : 자기애성 성격장애
- 사랑하는 사람의 사망을 애도함
- 횡령 및 직장 관련 문제들로 기소를 당한 상태
- 부부관계 문제

치료 목표

- 가정과 직장에서의 인간관계 개선

평가

- 미네소타 다면적 인성 검사(MMPI)
- 밀론 임상 다축 성격 검사(MCMI)
- 자기애성 성격 검사
- 불안장애 및 우울장애 검사

치료자의 자질

- 지지적이되 확고함
- 치료를 위한 협력적 관계의 문제를 해결하는 능력이 있음

치료 장소

- 외래 치료

개입 전략

- 초기에는 지지치료, 대인관계치료, 행동치료(목표 : 치료를 위한 협력적 관계를 형성하고 내담자가 치료의 유용성을 인지하게 함)
- 인지치료 또는 도식치료와 통합(내담자가 자신의 부적응적 대처 방식을 인지하고 좌절에 대한 인내력을 기르고 타인에 대한 공감 능력을 학습하기 위함)

치료의 주안점

- 초기에는 우선 치료를 위한 협력적 관계를 형성하기 위해 지지적 관계에 중점을 둠
- 초기에는 내담자의 현재와 행동에 초점을 둠
- 이후에는 과거의 이슈와 기저의 역기능과 역동을 살펴봄

(계속)

치료 참여 구성
- 개인치료
- 커플 상담

치료 속도
- 내담자가 원하면 장기 치료 수행
- 점진적이지만 꾸준한 속도

약물치료
- 없음

보조 개입
- 집단치료
- 정서중심 커플치료

예후
- 단기적 행동 변화는 긍정적임
- 기저의 성격 변화는 나쁘지 않음

추천문헌

Bateman, A., Bolton, R., & Fonagy, P. (2013). Antisocial personality disorder: A mentalizing framework. *Focus, 11*, 178–186.

Bateman, A., & Fonagy, P. (2012). *Handbook of mentalizing in mental health practice.* Arlington, VA: American Psychiatric Publishing.

Kohut, H. (2011). *Introductory considerations: The analysis of the self: A systematic approach to the psychoanalytic treatment of narcissistic personality disorders.* Chicago, IL: University of Chicago Press.

Linehan, M. (2014). *DBT Skills training manual* (2nd ed.). New York, NY: Guilford Press.

Oldham, J. M., Skodol, A. E., & Bender, D. S. (Eds.) (2013). *The American Psychiatric Publishing textbook of personality disorders* (2nd ed.). Arlington, VA: American Psychiatric Publishing.

Rathus, J. A., & Miller, A. I. (2015). *DBT Skills Manual for Adolescents.* New York, NY: Guilford Press.

Sharp, C., & Tackett, J. L. (Eds.). (2014). *Handbook of borderline personality disorder in children and adolescents.* New York, NY: Springer.

Widiger, T. A., & Costa, P. T. (2013). *Personality disorders and the Five-Factor Model of Personality* (3rd ed.). Washington, DC: American Psychological Association.

Yeomans, F. E., Clarkin, J. F., & Kernberg, O. F. (2015). *Transference-focused psychotherapy for borderline personality disorder: A clinical guide.* Arlington, VA: American Psychiatric Publishing.

참고문헌

Adams, C., McCarthy, L., Fenton, M., Lee, T., Binks, C., & Stocker, O. (2006). *A systematic review of the effectiveness of pharmacological and psychological treatments for those with personality disorder.* Retrieved from http://www.nfmhp.org.uk/MRD%2012%2033%20Final%20Report.pdf

Addington, J., Epstein, I., Liu, L., French, P., Boydell, K. M., & Zipursky, R. B. (2011). A randomized controlled trial of cognitive behavioral therapy for individuals at clinical high risk of psychosis. *Schizophrenia Research, 125*, 54–61.

Addington, J., & Heinssen, R. (2012). Prediction and prevention of psychosis in youth at clinical high risk. *Annual Review of Clinical Psychology, 8*, 269–289.

Alcorn, J. L., Gowin, J. L., Green, C. E., Swann, A. C., Moeller, F. G., & Lane, S. D. (2013). Aggression, impulsivity, and psychopathic traits in combined antisocial personality disorder and substance use disorder. *Journal of Neuropsychiatry and Clinical Neuroscience, 25*, 229–232.

American Psychiatric Association. (2013). *Diagnostic and statistical manual of mental disorders* (5th ed.). Washington, DC: Author.

Amminger, G. P., Schafer, M. R., Papageorgiou, K., Klier, C. M., Cotton, S. M., Harrigan, S. M., . . . Berger, G. E. (2010). Long-chain ω-3 fatty acids for indicated prevention of psychotic disorders: A randomized, placebo-controlled trial. *Journal of the American Medical Association Psychiatry, 67*, 146–154.

Arntz, A., Dreessen, L., Schouten, E., & Weertman, A. (2004). Beliefs in personality disorders: A test with the Personality Disorder Belief Questionnaire. *Behavioural*

Research and Therapy, 42, 1215–1225.

Arseneault, L., Moffitt, T. E., Caspi, A., Taylor, P. J., & Silva, P. A. (2000). Mental disorders and violence in a total birth cohort: Results from the Dunedin Study. *Archives of General Psychiatry, 57,* 979–986.

Bamelis, L., Evers, S., Spinhoven, P., & Arntz, A. (2014). Early prevention of antisocial personality: Long-term follow-up of two randomized control trials comparing indicated and selective approaches. *American Journal of Psychiatry, 171,* 649–657.

Barnow, S., Arens, E. A., Sieswerda, S., Dinu-Biringer, R., Spitzer, C., & Lang, S. (2010). Borderline personality disorder and psychosis: A review. *Current Psychiatry Reports, 12,* 186–195.

Bateman, A., Bolton, R., & Fonagy, P. (2013). Antisocial personality disorder: A mentalizing framework. *Focus, 11,* 178–186.

Bateman, A., & Fonagy, P. (2006). *Mentalization-based treatment for borderline personality disorder: A practical guide.* Oxford, England: Oxford University Press.

Bateman, A., & Fonagy, P. (2009). Randomized controlled trial of outpatient management for borderline personality disorder. *American Journal of Psychiatry, 166,* 1355–1364.

Bateman, A., & Fonagy, P. (2012). *Handbook of mentalizing in mental health practice.* Arlington, VA: American Psychiatric Publishing.

Beck, A. T., & Beck, J. S. (1991). *The Personality Belief Questionnaire. Upublished assessment instrument.* Bala Cynwyd, PA: Beck Institute for Cognitive Therapy and Research.

Beck, A. T., Davis, D. D., & Freeman, A. (Eds.). (2014). *Cognitive therapy of personality disorders* (3rd ed.). New York, NY: Guilford Press.

Beck, A. T., Rush, A. J., Shaw, B. F., & Emery, G. (1979). *Cognitive therapy of depression.* New York, NY: Guilford Press.

Behary, W. T., & Davis, D. D. (2014). Narcissistic personality disorder. In A. T. Beck, D. D. Davis, & A. Freeman (Eds.), *Cognitive therapy of personality disorders* (3rd ed., pp. 299–324). New York, NY: Guilford Press.

Berenson, K. R., Downey, G., Rafaeli, E., Coifman, K. G., & Paquin, N. L. (2011). The rejection-rage contingency in borderline personality disorder. *Journal of Abnormal Psychology, 120,* 681–690.

Berman, M., Fallon, A. E., & Coccaro, E. F. (1998). The relationship between personality psychopathology and aggressive behavior in research volunteers. *Journal of Abnormal Psychology, 109,* 651–658.

Bernstein, D. P., & Useda, J. D. (2007). Paranoid personality disorder. In W. O'Donohue, K. A. Fowler, & S. O. Lilienfeld (Eds.), *Personality disorders: Toward the DSM-V* (pp. 41–62). Thousand Oaks, CA: Sage.

Betan, E., Heim, A. K., Zittel-Conklin, C., & Westen, D.

(2005). Countertransference phenomena and personality pathology in a clinical practice: An empirical investigation. *American Journal of Psychiatry, 162,* 890–898.

Bettencourt, B. A., Talley, A., Benjamin, A. J., et al. (2006). Personality and aggressive behavior under provoking and neutral conditions: A meta-analytic review. *Psychological Bulletin, 132,* 751–777.

Bierer, M., Yehuda, R., Schmeidler, J., Mitropoulou, V., New, A. S., Silverman, J. M. & Siever, L. J. (2003). Abuse and neglect in childhood: Relationship to personality disorder diagnosis. *CNS Spectrums, 8,* 737–754.

Bleiberg, E., Rossouw, T., & Fonagy, P. (2011). Adolescent breakdown and emerging borderline personality disorder. In A. W. Bateman & P. Fonagy (Eds.), *Handbook of mentalizing in mental health practice* (pp. 463–509). Arlington, VA: American Psychiatric Publishing.

Blum, N., St. John, D., Pfohl, B., Stuart, S., McCormick, B., Allen, J., . . . Black, D. W. (2008). Systems training for emotional predictability and problem solving (STEPPS) for outpatients with borderline personality disorder: A randomized controlled trial and 1-year follow-up. *American Journal of Psychiatry, 165,* 468–478.

Bornovalova, M. A., Huibregtse, B. M., Hicks, B. M., Keyes, M., McGue, M., & Iacono, W. (2013). Tests of a direct effect of childhood abuse on adult borderline personality disorder traits: A longitudinal discordant twin design. *Journal of Abnormal Psychology, 122,* 180–194.

Bornstein, R. F., Becker-Weidman, E., Nigro, C., Frontera, R., & Reinecke, M. A. (2007). The complex pathway from attachment to personality disorder: A life span perspective on interpersonal dependency. In A. Freeman & M. A. Reinecke (Eds.), *Personality disorders in childhood and adolescence* (pp. 559–609). Hoboken, NJ: Wiley.

Bos, E. H., van Wel, E. B., Apello, M. T., & Verbraak, M. J. (2010). A randomized controlled trial of a Dutch version of Systems Training for Emotional Predictability and Problem Solving for borderline personality disorder. *Journal of Nervous and Mental Disease, 198,* 299–304.

Brauer, L., & Reinecke, M. A. (2014). Dependent personality disorder. In A. T. Beck, D. D. Davis, & A. Freeman (Eds.), *Cognitive therapy of personality disorders* (3rd ed., pp. 155–173). New York, NY: Guilford Press.

Brennan, K., & Shaver, P. (1998). Attachment styles and personality disorders: Their connections to each other and to parental divorce, parental death, and perceptions of parental caregiving. *Journal of Personality, 66,* 835–878.

Burke, J. D. (2007). Antisocial personality disorder. In A.

Bell & M. Reinecke (Eds.), *Personality disorders in child-hood* (pp. 429–494). Hoboken, NJ: Wiley.

Butcher, J. N., Graham, J. R., Ben-Porath, Y. S., Tellegen, A., Dahlstrom, W. G., & Kaemmer, B. (2001). *Minnesota Multiphasic Personality Inventory (MMPI) Manual.* Minneapolis, MN: University of Minnesota Press and Pearson.

Caligor, E., & Clarkin, J. F. (2010). An object relations model of personality and personaltiy pathology. In J. F. Clarkin, P. Fonagy, & G. O. Gabbard (Eds.). *Psychodynamic psychotherapy for personality disorders: A clinical handbook* (pp. 3–26). Washington, DC: American Psychiatric Publishing.

Campbell, W. K., & Miller, J. D. (2011). *The handbook of narcissism and narcissistic personality disorder.* Hoboken, NJ: Wiley.

Carpenter, R. W., & Trull, T. J. (2013). Components of emotion dysregulation in borderline personality disorder: A review. *Current Psychiatry Reports, 15,* 335–342.

Carroll, A. (2009). Are you looking at me? Understanding and managing paranoid personality disorder. *Advances in Psychiatric Treatment, 15,* 40–48.

Chakhssi, F., de Ruiter, C., & Bernstein, D. (2014). *Psychotherapy for individuals with psychopathy/antisocial personality disorder: A new frontier.* [Web Article]. Retrieved from http://www.societyforpsychotherapy.org/psychotherapy-for-individuals-with-psychopathy-antisocial-personality-disorder

Chakhssi, F., Kersten, T., de Ruiter, C., & Bernstein, D. P. (2014). Treating the untreatable: A single case study of a psychopathic inpatient treated with Schema Therapy. *Psychotherapy, 51,* 447–461.

Choca, J. P., Shanley, L. A., & Van Denburg, E. (1992). *Interpretative guide to the Millon Clinical Multiaxial Inventory.* Washington, DC: American Psychological Association.

Choi-Kain, L. W., Zanarini, M. C., Frankenburg, F. R., Fitzmaurice, G. M., & Reich, D. B. (2010). A longitudinal study of the 10-year course of interpersonal features in borderline personality disorder. *Journal of Personality Disorders, 24,* 365–376.

Clarkin, J. F., Levy, K. N., Lenzenweger, M. E., & Kernberg, O. F. (2007). Evaluating three treatments for borderline personality disorder: A multi-wave study. *American Journal of Psychiatry, 164,* 922–928.

Coan, J. A., & Allen, J. J. B. (2008). Affective style and risk for psychopathology. In T. P. Beauchaine & S. P. Hinshaw (Eds.), *Child and adolescent psychopathology* (pp. 234–264). Hoboken, NJ: Wiley.

Crits-Cristoph, P., & Barber, J. P. (2007). Psychosocial treatments of personality disorders. In P. E. Nathan & J. M. Gorman (Eds.), *A guide to treatments that work* (3rd ed., pp. 641–658). New York, NY: Oxford University Press.

Crowell, S. E., Beauchaine, T. P., & Lenzenweger, M. F. (2008). The development of borderline personality disorder and self-injurious behavior. In T. P. Beauchaine & S. P. Hinshaw (Eds.), *Child and adolescent psychopathology* (pp. 510–539). Hoboken, NJ: Wiley.

Dadds, M. R., Cauchi, A. J., Wimalaweera, S., Hawes, D. J., Brennan, J. (2012). Outcomes, moderators, and mediators of empathic-emotion recognition training for complex conduct problems in childhood. *Psychiatry Resources, 199,* 201–207.

Davids, E., & Gastpar, M. (2005). Attention deficit hyperactivity disorder and borderline personality disorder. *Progressive Neuropsychopharmacology and Biological Psychiatry, 29,* 865–877.

Davidson, K. M., Tyrer, P., Tata, P., Cooke, D., Gumley, A., Ford, I.,...Crawford, M. J. (2009). Cognitive behavior therapy for violent men with antisocial personality disorder in the community: An exploratory randomized controlled trial. *Psychology of Medicine, 39,* 569–577.

Decuyper, M., De Pauw, S., De Fruyt, F., De Bolle, M., & De Clercq, B. (2009). A meta-analysis of psychopathy, antisocial personality disorder, and FFM associations. *European Journal of Personality, 23,* 531–565.

Dickey, C. C., McCarley, R. W., Niznikiewicz, M. A., Voglmaier, M. M., Seidman, L. J., Kim, S., & Shenton, M. E. (2005). Clinical, cognitive, and social characteristics of a sample of neuroleptic-naïve persons with schizotypal personality disorders. *Schizophrenia Research, 78,* 297–308.

Dimeff, L. A., & Koerner, K. (Eds.). (2007). *Dialectical behavior therapy in clinical practice.* New York: Guilford Press.

Doering, S., Horz, S., Rentrop, M., Fischer-Kern, M., Schuster, P., Benecke, C.,...Buchheim, P. (2010). Transference-focused psychotherapy v. treatment by community psychotherapists for the treatment of borderline personality disorder: Randomised controlled trial. *British Journal of Psychiatry, 196,* 389–395.

Duggan, C. (2009). A treatment guideline for people with antisocial personality disorder: Overcoming attitudinal barriers and evidential limitations. *Criminal Behaviour and Mental Health, 19,* 219–223.

Duggan, C., Huband, N., Smailagic, N., Ferriter, N., & Adams, C. (2007). The use of psychological treatments for people with personality disorder: A systematic review of randomized controlled trials. *Personality and Mental Health, 1,* 95–125. http://dx.doi.org/doi:10.1002/pmh.22

Duggan, C., Huband, N., Smailagic, N., Ferriter, N. & Adams, C. (2008). The use of pharmacological treatments for people with personality disorder: A systematic review of randomized controlled trials. *Personality and Mental Health, 2*, 119–170.

Eskedal, G. A., & Demetri, J. M. (2006). Etiology and treatment of cluster C personality disorders. *Journal of Mental Health Counseling, 28*, 1–18.

Ettner, S. L., Maclean, J. C., & French, M. T. (2011). Does having a dysfunctional personality hurt your career: Axis II personality disorders and labor market outcomes. *Industrial Relations, 50*, 149–173.

Farrell, J. M., Shaw, I. A., & Webber, M. A. (2009). A schema-focused approach to group psychotherapy for outpatients with borderline personality disorder: A randomized controlled trial. *Journal of Behavioral Therapy and Experimental Psychiatry, 40*, 317–328.

Ferguson, C. J. (2010). Genetic contributions to antisocial personality and behavior: A meta-analytic review from an evolutionary perspective. *Journal of Social Psychology, 150*, 160–180.

First, M. B., Gibbon, M., Spitzer, R. L., Williams, J. B. W., & Benjamin, L. S. (1997). *Structured Clinical Interview for DSM-IV Axis II personality disorders* (SCID-II). Washington, DC: American Psychiatric Press.

Frick, P. J., Cornell, A. H., Barry, C. T., Boden, S. D., & Dane, H. E. (2003). Callous-unemotional traits and conduct problems in the prediction of conduct problem severity, aggression, and self-report of delinquency. *Journal of Abnormal Child Psychology, 31*, 457–470.

Fusar-Poli, P., Bonoldi, I., Yung, A. R., Borgwardt, S., Kempton, M., Barale, F., . . . & McGuire, P. (2012). Predicting psychosis: A meta-analysis of transition outcomes in individuals at high clinical risk. *Archives of General Psychiatry, 69*, 1–10.

Gabbard, G. O., & Horowitz, M. J. (2009). Treatment in psychiatry: Insight, transference interpretation, and therapeutic change in the dynamic psychotherapy of borderline personality disorder. *American Journal of Psychiatry, 166*, 517–521.

Gerhart, J. I., Ronan, G. F., Russ, E., & Seymour, B. (2013). The moderating effects of Cluster B personality traits on violence reduction training: A mixed-model analysis. *Journal of Interpersonal Violence, 28*, 45–61.

Giesen-Bloo, J., van Dyck, R., Spinhoven, P., van Tilburg, W., Dirksen, C., van Asselt, T., . . . Arntz, A. (2006). Outpatient psychotherapy for borderline personality disorder: Randomized trial of schema-focused therapy vs. transference-focused psychotherapy. *Archives of General Psychiatry, 63*, 649–658.

Goldstein, T. R., & Winner, E. (2012). Enhancing empathy and theory of mind. *Journal of Cognition and Development, 13*, 19–37.

Goodman, M., Patil, U., Triebwasser, J., Diamond, E.,

Hiller, A., Hoffman, P., . . . New, A. (2010). Parental viewpoints of trajectories to borderline personality disorder in female offspring. *Journal of Personality Disorders, 24*, 204–216.

Grant, B. F., Hasin, D. S., Stinson, F. S., Dawson, D. A., Chou, S. P., Ruan, W. J., & Pickering, R. P. (2004). Prevalence, correlates and disability of personality disorders in the U.S.: Results from the National Epidemiologic Survey on Alcohol and Related Conditions. *Journal of Clinical Psychiatry, 65*, 948–958.

Gunderson, J. (2013). Reorienting a depressed patient to address underlying borderline personality disorder. *Psychiatric News, 48*, 1.

Gunderson, J. (2014). *Handbook of good psychiatric management for borderline personality disorder*, Arlington, VA: American Psychiatric Publishing.

Gunderson, J. G., Ronningstam, E., & Bodkin, A. (1990). The diagnostic interview for narcissistic patients, *Archives of General Psychiatry, 47*, 676–680.

Gunderson, J. G., Stout, R. L., McGlashan, T. H., Shea, T., Morey, L. C., Grilo, C. M., . . . & Skodol, A. E. (2011). Ten-year course of borderline personality disorder: Psychopathology and function from the collaborative longitudinal personality disorders study. *Archives of General Psychiatry, 68*, 827–837.

Hare, R. D. (2003). *Hare Psychopathy Checklist-Revised (PCL-R)* (2nd ed.). Toronto, Canada: Multi-Health Systems.

Harned, M., Korslund, K., Foa, E., & Linehan, M. (2012). Treating PTSD in suicidal and self-injuring women with borderline personality disorder: Development and preliminary evaluation of a Dialectical Behavior Therapy Prolonged Exposure Protocol. *Behavior Research and Therapy, 50*, 381–386.

Harris, G. T., & Rice, M. E. (2006). Treatment of psychopathy: A review of empirical findings. In C. J. Patrick (Ed.), *Handbook of psychopathy* (pp. 555–572). New York, NY: Guilford Press.

Hauser, S. T., Allen, J. P., & Golden, E. (2006). *Out of the woods: Tales of resilient teens*. London, England: Harvard University Press.

Hiatt, K. D., & Dishion, T. J. (2008). Antisocial personality development. In T. P. Beauchaine & S. P. Hinshaw (Eds.), *Child and adolescent psychopathology* (pp. 370–404). Hoboken, NJ: Wiley.

Horton, R. S., Bleau, G., & Drwecki, B. (2006). Parenting Narcissus: What are the links between parenting and narcissism? *Journal of Personality, 74*, 345–376.

Johnson, P. A., Hurley, R. A., Benkelfat, C., Herpertz, S. C., & Taber, K. H. (2003). Understanding emotion regulation in borderline personality disorder: Contributions of neuroimaging. *Journal of Neuropsychiatry and Clinical Neuroscience, 15*, 397–402.

Johnson, J. G., Cohen, P., Smailes, E., Kasen, S., Oldham, J. M., Skodol, A. E., & Brook, J. S. (2000). Adolescent personality disorders association with violence and criminal behavior during adolescence and early adulthood. *American Journal of Forensic Psychiatry, 157,* 1406–1412.

Jovev, M., & Jackson, H. J. (2004). Early maladaptive schemas in personality disordered individuals. *Journal of Personality Disorders, 18,* 467–478.

Kazdin, A. (2014). *The everyday parenting tool kit: The Kazdin method for parenting your defiant child.* New York, NY: Mariner Books.

Kernberg, O. (1975). *Borderline conditions and pathological narcissism.* New York, NY: Aronson Press.

Kernberg, O. (2000). *Borderline conditions and pathological narcissism.* New York, NY: Jason Aronson Press.

Kernberg, P. F., Weiner, A. S., & Bardenstein, K. K. (2000). *Personality Disorders in Children and Adolescents.* New York, NY: Basic Books.

Keshavan, M. S., Rabinowitz, J., DeSmedt, G., Harvey, P. D., & Schooler, N. (2004). Correlates of insight in first episode psychosis. *Schizophrenia Research, 70,* 187–194.

Khoury, B., Lecomte, T., Fortin, G., Masse, M., Therien, P., Bouchard, V., & Hofmann, S. G. (2013). Mindfuness-based therapy: A comprehensive meta-analysis. *Clinical Psychological Review, 33,* 763–771.

Kiehl, K. A. (2006). A cognitive neuroscience perspective on psychopathy: Evidence for paralimbic system dysfunction. *Psychiatry Research, 142,* 107–128.

Kiehl, K. A., & Buckholtz, J. W. (2010). Inside the mind of a psychopath. *Scientific American Mind, 21,* 22–29.

Kleindienst, N., Bohus, M., Ludascher, P., Limberger, M. F., Kuenkele, K., Ebner-Priemer, U. W., . . . Schmahl, C. (2008). Motives for non-suicidal self-injury among women with borderline personality disorder. *Journal of Nervous & Mental Disease, 196,* 230–236.

Knoll, J. L. (2010). The "pseudocommando" mass murderer: Part I. The psychology of revenge and obliteration. *Journal of the American Academy of Psychiatry Law, 38,* 87–94.

Koerner, K., & Dimeff, L. A. (2007). Overview of dialectical behavior therapy. In L. A. Dimeff & K. Koerner (Eds.), *Dialectical behavior therapy: Applications across disorders and settings* (pp. 1–18). New York, NY: Guilford Press.

Kohut, H. (1971). *The analysis of the self.* New York, NY: International Universities Press.

Kohut, H. (2011). *Introductory considerations. The analysis of the self: A systematic approach to the psychoanalytic treatment of narcissistic personality disorders.* Chicago, IL: University of Chicago Press.

Leichsenring, F., & Rabung, S. (2008). Effectiveness of long-term psychodynamic psychotherapy: A meta-analysis. *JAMA: The Journal of the American Medical Association, 300,* 1551–1565.

Levine, A. B., & Faust, J. (2013). A psychodynamic approach to the diagnosis and treatment of closet narcissism, *Clinical Case Studies,* doi:10.1177/1534650113475475.

Linehan, M. (1993). *Cognitive-behavioral treatment of borderline personality disorder.* New York: NY: Guilford Press.

Linehan, M. (2014). *DBT skills training manual* (2nd ed.). New York, NY: Guilford Press.

Links, P. S., & Kola, N. (2005). Assessing and managing suicide risk. In J. M. Oldham, A. E. Skodol, & D. S. Bender (Eds.), *The American Psychiatric Publishing textbook of personality disorders* (pp. 449–462). Arlington, VA: American Psychiatric Publishing.

Livesley, W. J., Schroeder, M. L., & Jackson, D. N. (1990). Dependent personality disorder and attachment problems. *Journal of Personality Disorder, 4,* 131–140.

Loeber, R., Burke, J. D., Lahey, B. B. (2002). What are the adolescent antecedents to antisocial personality disorder? *Criminal Behavior and Mental Health, 12,* 24–36.

McLean, J. (2007). Psychotherapy with a narcissistic patient using Kohut's Self Psychology Model. *Psychiatry, 4,* 40–47.

MacPherson, H. A., Cheavens, J. S., & Fristad, M. A. (2013). Dialectical behavior therapy for adolescents: Theory, treatment, adaptations, and empirical outcomes. *Clinical Child and Family Psychology Review, 16,* 59–80.

Maffei, C., Fossati, A., Agostoni, I., Barraco, A., Bagnato, M., Deborah, D., . . . Petrachi, M. (1997). Interrater reliability and internal consistency of the Structured Clinical Interview of *DSM-IV* Axis II personality disorders (SCID-II) version 2.0. *Journal of Personality Disorders, 11,* 279–284.

Masterson, J. F., & Lieberman, A. R. (Eds.). (2004). *A therapist's guide to the personality disorders: The Masterson approach.* Phoenix, AZ: Zeig Tucker & Theisen.

Matthies, S. D., & Philipsen, A. (2014). Common ground in attention deficit hyperactivity disorder (ADHD) and borderline personality disorder (BPD)—Review of recent findings. *Borderline Personality Disorder and Emotion Dysregulation, 1,* 3–13.

McCloskey, G., Kane, P., Morera, C. C., Gipe, K., & McLaughlin, A. (2007). Assessment of personality disorders in childhood. In A. Freeman & M. A. Reinecke (Eds.), *Personality disorders in childhood and adolescence* (pp. 183–227). Hoboken, NJ: Wiley.

Messina, N., Wish, E., Hoffman, J., & Nemes, S. (2002). Antisocial personality disorder and TC treatment outcomes. *American Journal of Drug and Alcohol Abuse, 28,* 197–212.

Millon, T., Grossman, S., Millon, C., Meagher, S., & Ramnath, R. (2004). *Personality disorders in modern life*

(2nd ed.). Hoboken, NJ: Wiley.

Millon, T. (2011). *Disorders of personality: Introducing a DSM/ICD Spectrum from normal to abnormal* (3rd ed.). Hoboken, NJ: Wiley.

Misch, D. A. (2000). Basic strategies of dynamic supportive therapy. *Journal of Psychotherapy Practice and Research, 9,* 173–189.

Moffitt, T. E. (1993). Adolescence-limited and life-course-persistent antisocial personality behavior: A developmental taxonomy. *Psychological Review, 100,* 674–701.

Mojtabai, R. (2006). Psychotic-like experiences and interpersonal violence in the general population. *Social Psychiatry and Psychiatric Epidemiology, 41,* 183–190.

Morh, C., & Blanke, O. (2005). The demystification of autoscopic phenomena: Experimental propositions. *Current Psychiatry Reports, 7,* 189–195.

Morris, S. E., & Heinssen, R. K. (2014). Informed consent in the psychosis prodrome: Ethical, procedural and cultural considerations. *Philosophy, Ethics, and Humanities in Medicine, 9,* 19.

Mullen, P. E. (1995). Jealousy and violence. *Hong Kong Journal of Psychiatry, 5,* 18–24.

Mullen, P. E., Pathe, M., & Purcell, R. (2000). *Stalkers and their victims.* Cambridge, England: Cambridge University Press.

Mullen, P. E., & Lester, G. (2006). Vexatious litigants and unusually persistent complainants and petitioners: From querulous paranoia to querulous behavior. *Behavioral Sciences and the Law, 24,* 333–349.

Neuman, Y., Assaf, D., Cohen, Y., & Knoll, J. L. (2015). Profiling school shooters: Automatic text-based analysis. *Frontiers in Psychiatry, 6,* 86. doi:10.3389/fpsyt.2015.000086.

Norcross, J. C., & Guy, J. D. (2007). *Leaving it at the office: A guide to psychotherapist self-care.* New York, NY: Guilford Press.

Oldham, J. (2006). Borderline personality disorder and suicidality. *American Journal of Psychiatry, 163,* 20–26.

Padesky, C. A., & Beck, J. S. (2014). Avoidant personality disorder. In A. T. Beck, D. D. Davis, & A. Freeman (Eds.), *Cognitive Therapy of Personality Disorders* ((3rd ed., pp. 174–202). New York, NY: Guilford Press.

Paris, J. (2003). *Personality disorders over time: Precursors, course, and outcome.* Arlington, VA: American Psychiatric Publishing.

Piper, W. E., & Ogrodniczuk, J. S. (2005). Group treatment. In: J. M. Oldham, A. E. Skodol, D. S. Bender (Eds.), *American Psychiatric Publishing Textbook of Personality Disorders,* pp. 347–357. Washington, DC: American Psychiatric Publishing.

Pfohl, B., Blum, N., & Zimmerman, M. (1997). *Structured interview for DSM-IV personality.* Washington, DC: American Psychiatric Press.

Preston, J. D., O'Neal, J. H., & Talaga, M. C. (2010). *Handbook of clinical psychopharmacology for therapists* (6th ed.). Oakland, CA: New Harbinger.

Rafaeli, E., Bernstein, D. P., & Young, J. E. (2011). *Schema therapy: Distinctive features.* New York, NY: Routledge.

Raskin, R. N., & Hall, C. S. (1979). A narcissistic personality inventory. *Psychological Reports, 45,* 590.

Rathus, J. A., & Miller, A. I. (2015). *DBT skills manual for adolescents.* New York, NY: Guilford Press.

Renton, J. C., & Mankiewicz, P. D. (2014). Paranoid, schizotypal, and schizoid personality disorders. In A. T. Beck, A. Freeman & D. D. Davis (Eds.), *Cognitive therapy of personality disorders* (3rd ed., pp. 244–275). New York, NY: Guilford Press.

Reynolds, W. M. (1998). *Adolescent Psychopathology Scale: Psychometric and technical manual.* Odessa, FL: Psychological Assessment Resources.

Rice, M. E., Harris, G. T., & Cormier, C. A. (1992). An evaluation of a maximum security therapeutic community for psychopaths and other mentally disordered offenders. *Law and Human Behavior, 16,* 399–412.

Romero-Canyas, R., Downey, G., Berenson, K., Ayduk, O., & Kang, N. J. (2010). Rejection sensitivity and rejection-hostility link in romantic relationships. *Journal of Personality, 78,* 119–148.

Ronningstam, E. (2009). Narcissistic personality disorder: Facing DSM-V. *Psychiatric Annals, 39,* 111–121.

Roth, A., & Fonagy, P. (2005). *What works for whom? A critical review of psychotherapy research* (2nd ed.). New York, NY: Guilford Press.

Ryan, A., Macdonald, A., & Walker, E. (2013). The treatment of adolescents with schizotypal personality disorder and related conditions: A practice-oriented review of the literature. *Clinical Psychology: Science and Practice, 20,* 408–424.

Samuels, J., & Costa, P. T. (2012). Obsessive compulsive personality disorder. In T. Widiger, *The Oxford handbook of personality disorders.* New York NY: Oxford University Press.

Sharp, C., & Tackett, J. L. (Eds.). (2014). *Handbook of borderline personality disorder in children and adolescents.* New York, NY: Springer.

Simon, W. (2009). Follow-up psychotherapy outcome of patients with dependent, avoidant and obsessive-compulsive personality disorders: A meta-analytic review. *International Journal of Psychiatry in Clinical Practice, 13,* 153–165.

Simonoff, E., Elander, J., Holmshaw, J., Pickles, A., Murray, R., & Rutter., M. (2004). Predictors of antisocial personality: Continuities from childhood to adult life. *British Journal of Psychiatry, 184,* 118–127.

Skodol, A. E., Bender, D. S., Gunderson, J. G., & Oldham, J. M. (2014). Personality disorders. In R. E. Hales, S. C. Yudofsky, & L. W. Roberts (Eds.), *American Psychiatric Publishing textbook of psychiatry* (6th ed., pp. 851–894). Arlington, VA: American Psychiatric Publishing.

Soloff, P. H. (2000). Psychopharmacology of borderline personality disorder. *Psychiatric Clinics of North America, 23,* 169–192.

Sperry, L. (2015). Personality disorders In L. Sperry, J. Carlson, D. Sauerheber, & J. Sperry (Eds.) *Psychopathology and psychotherapy: DSM-5 diagnosis, case conceptualizations and treatment* (3rd ed., pp. 27–62). New York, NY: Routledge.

Sperry, L., & Sperry, J. (2015). *Cognitive behavior therapy of DSM-5 Personality Disorders: Assessment, Case Conceptualization, and Treatment.* New York, NY: Routledge.

Spinhoven, P., Giesen-Bloo, J., van Dyck, R., Kooiman, K., & Arntz, A. (2007). The therapeutic alliance in schema-focused therapy and transference-focused psychotherapy for borderline personality disorder. *Journal of Consulting and Clinical Psychology, 75,* 104–115.

Stepp, S. D., Burke, J. D., Hipwell, A. E., & Loeber, R. (2011). Trajectories of attention deficit hyperactivity disorder and oppositional defiant disorder symptoms as precursors of borderline personality disorder symptoms in adolescent girls. *Journal of Abnormal Child Psychology, 40,* 7–20.

Stone, M. H. (2010). Treatability of personality disorders: Possibilities and limitations. In J. F. Clarkin, P. Fonagy, & G. O. Gabbard, (Eds.). *Psychodynamic psychotherapy for personality disorders: A clinical handbook,* p. 391–419. Washington, DC: American Psychiatric Publishing.

Stone, M. H. (2013). The brain in overdrive: A new look at borderline and related disorders. *Current Psychiatry Reports, 10,* 399–407.

Strauss, J., Hayes, A., Johnson, S., et al. (2006). Early alliance, alliance ruptures, and symptom change in a nonrandomized trial of cognitive therapy for avoidant and obsessive-compulsive personality disorders. *Journal of Consulting Clinical Psychology, 74,* 337–345.

Sue, D., Sue, D. W., & Sue, S. (2006). *Understanding abnormal behavior* (8th ed.). Boston, MA: Houghton Mifflin.

Torgersen, S., Kringlen, E., & Cramer, V. (2001). The prevalence of personality disorders in a community sample. *Archives of General Psychiatry, 58,* 590–596.

Torgersen, S. (2009). The nature and nurture of personality disorders. *Scandinavian Journal of Psychology, 50,* 624–632.

Triebwasser, J., Chemerinski, E., Roussos, P., & Siever, L. J. (2013). Paranoid personality disorder. *Journal of Personality Disorders, 27,* 795–805.

Van Luyn, J. V., Akhtar, S., & Livesley, W. J. (2007). *Severe personality disorders.* Cambridge, England: Cambridge University Press.

Verona, E., Patrick, C. J., & Joiner, T. E. (2001). Psychopathy, antisocial personality, and suicide risk. *Journal of Abnormal Psychology, 110,* 462–470.

Walsh, F. (1977). The family of the borderline patient. In R. R. Grinker and B. Werble (Eds.), *The borderline patient* (pp. 158–177). New York, NY: Jason Aronson.

Wearden, A., Peters, I., Berry, K., Barrowclough, C. H., & Liverside, T. (2008). Adult attachment, parenting experience, and core beliefs about self and others. *Personality and Individual Differences, 44,* 1246–1257.

Whisman, M. A., & Schonbrun, Y. C. (2009). Social consequences of borderline personality disorder symptoms in a population-based survey: Marital distress, marital violence, and marital disruptions. *Journal of Personality Disorders, 23,* 410–415.

Widiger, T. A., & Costa, P. T. (2013). *Personality disorders and the Five-Factor Model of Personality* (3rd ed.). Washington, DC: American Psychological Association.

Widiger, T. A., & Samuel, D. B. (2005). Evidence-based assessment of personality disorders. *Psychological Assessment, 17,* 278–287.

Woo, S. M., & Keatinge, C. (2008). *Diagnosis and treatment of mental disorders across the lifespan.* Hoboken, NJ: Wiley.

Yeomans, F. E., Clarkin, J. F., & Kernberg, O. F. (2015). *Transference-focused psychotherapy for borderline personality disorder: A clinical guide.* Arlington, VA: American Psychiatric Publishing.

Young, J. E. (1999). *Cognitive therapy for personality disorders: A schema-focused approach* (3rd ed.). Sarasota, FL: Professional Resource Press.

Young, J. E., Klosko, J. S., & Weishaar, M. (2003). *Schema therapy: A practitioner's guide.* New York, NY: Guilford Press.

Zanarini, M. C., Gunderson, J. G., Frankenburg, F. R., & Chauncey, D. L. (1989). The Revised Diagnostic Interview for Borderlines: Discriminating BPD from other Axis II disorders. *Journal of Personality Disorders, 3,* 10–18.

Zanarini, M. C., Vujaovic, A. A., Parachini, E. A., Boulanger, J. L., Frankenburg, F. R., & Hennen, J. (2003). Zanarini Rating Scale for Borderline Personality Disorder (ZAN-BPD): A continuous measure of DSM-IV borderline psychopathology. *Journal of Personality Disorders, 17,* 233–242.

Zanarini, M. C., & Wedig, M. M. (2014). Childhood adversity and the development of borderline personality disorder. In C. Sharp & J. Tackett (Eds.), *Handbook of borderline personality disorder in children and adolescents* (pp. 265–276). New York, NY: Springer.

20 변태성욕장애

📖 **사례 연구 20.1**

톰은 32세 변호사로 최근에 결혼을 했고 인생에서 목표한 것을 거의 다 이룬 사람 같아 보였다. 그는 변호사 시험에 합격했고 전문직을 가진 이해심 많은 여성과 결혼했으며 유명한 로펌에서 일했다. 그런데 그는 아내 몰래 변태성욕장애를 앓고 있었다. 거의 매주 톰은 온라인으로 매춘부를 검색하여 사무실 근처 호텔에서 만났다. 그리고 매춘부에게 관장과 오럴섹스를 요구하고 그 대가로 돈을 지불했다. 톰의 이런 성향은 몇 년 전에 시작됐다. 아내에게 들킨 적은 없지만 아내를 만나면서 이러한 행동을 그만두려고 노력하기도 했다. 결혼 후에는 이 행위를 완전히 끝내려 했지만 신혼 때부터도 아내에게는 성적으로 기능할 수 없음을 알게 되었다. 그는 아내에게 성적인 흥미를 느끼지 못했고, 발기도 유지할 수 없었다. 이로 인해 가정생활에서 문제가 생기기 시작했다. 아내는 톰이 변태성욕장애라는 인식은 없었지만 그가 일주일에 몇 번씩 늦게까지 일한다는 것이 신경 쓰였다. 어느 날 톰이 자정까지 집에 오지 않자 아내는 그를 경찰에 신고했다. 함정 수사 끝에 톰은 사무실 근처에 있는 호텔에서 체포되었다. 아내는 그가 치료를 받는다는 조건으로 보석금을 내는 데 동의했다. 톰은 성장애 전문가에게 의뢰되었고, 전문가는 그를 관장성애증, 즉 관장을 통해 성적 흥분을 느끼는 장애로 진단했다.

변태성욕장애 개관

변태성욕장애(paraphilic disorder)는 정상적이라고 판단되지 않는 강력하고 지속적인 성적인 관심이다. *DSM-5*에서는 여덟 가지 변태성욕장애를 제시하였다.

1. 관음장애 — 옷을 벗고 있거나 성행위를 하고 있는 사람들을 몰래 관찰하는 행위
2. 노출장애 — 자신의 성기를 눈치채지 못한 사람에게 노출하는 행위
3. 마찰도착장애 — 동의하지 않은 사람에 대해 성적인 느낌으로 접촉하거나 문지르는 행위
4. 성적피학장애 — 성행위 동안 굴욕을 당하거나 고통을 당하는 것을 즐기는 행위
5. 성적가학장애 — 다른 사람의 고통을 통해 성적 즐거움을 얻는 행위
6. 소아성애장애 — 아동에 대한 성애적 관심과 행동
7. 물품음란장애 — 무생물 물체에 대한 성적 흥분
8. 복장도착장애 — 옷 바꿔 입기를 통한 성적 흥분

범법적인 변태성욕장애는 6개월 이상 개인이 어떤 대상(주로 동의하지 않은 사람이나 무생물 물체)에 대해 반복적

457

이고 강렬한 성적 흥분으로 인해 성적 공상, 성적 충동, 혹은 성적 행동을 보이며, 이로 인해 중요한 기능 영역에서 현저한 고통을 경험하게 된다는 특징이 있다.

변태성욕장애가 무엇인지를 이해하려면 어떤 것이 변태성욕장애가 아닌지를 살펴보는 것이 도움이 된다. '정상적' 성행위는 '정상적인 표현형을 가진, 신체적으로 성숙한, 동의하는 사람들 사이의 성관계에 대한 관심 및 이에 이르게 하는 성애적 행위'로 정의된다(APA, 2013, p. 685). 변태성욕장애는 성애적 행위에서 이례적이거나 비정상적인 '선호'(예 : 엉덩이 때리기, 채찍질, 성기 노출) 또는 비정상적이거나 이례적인 성애적 대상(예 : 아동, 시체, 동의하지 않는 성인, 동물)을 선택하는 것이다. 이러한 변태성욕은 많은 경우 적정선을 넘어 불법행위가 되고 타인을 해하고 자신을 해하고 심지어 죽음(예 : 산소결핍성애)에 이르게 할 수 있다.

DSM-5(APA, 2013)의 변태성욕장애는 모든 변태성욕을 포괄하기보다는 그 빈도에 따라 선택된 것만 나열한 것이다. 셀 수 없이 많은 변태성욕장애가 존재하고 명시될 수 있다(예 : 동물성애증, 전화음란증, 관장성애증).

모든 변태성욕장애에 해당하는 명시자를 두 가지로 분류할 수 있다.

1. 완전 관해 상태 — 5년 동안 개인이 동의하지 않는 사람에게 충동적 행동을 하지 않고 더 이상 이로 인한 고통이나 기능 손상이 나타나지 않을 때. 개인이 그 행동에 더 이상 참여하지 않는다는 의미가 아니라 그 행동이 현재 문제가 되지 않는다는 의미
2. 통제된 환경에 있음 — 개인이 감금되거나 그런 행위를 할 기회가 제한된 환경에서 지내게 되어 더 이상 진단기준을 충족시키지 않게 된 경우

DSM-5에 소개된 여덟 가지 변태성욕장애 중 상당수가 특유의 진단기준과 명시자를 가지고 있다. 이 부분에 대해서는 장애의 일반적 특징을 살펴본 후에 언급하도록 하겠다. 독자들은 100가지 이상의 변태성욕이 연구된 바 있으며 진단 가능하다는 사실을 기억할 필요가 있다. DSM-5에 나온 변태성욕장애는 가장 대표적인 예일 뿐이다(Federoff, 2010; Yakely & Wood, 2014).

진단

변태성욕장애는 심각도 면에서 범위가 매우 넓다. 과잉 성욕과 관련된 많은 장애는 고통이나 기능적 손상을 초래한다는 진단기준을 충족시키지 못하여 변태성욕장애로 분류될 수 없다. 변태성욕 관련 장애에는 강박적 자위, 전화 섹스, 포르노물을 통한 오르가슴, 사이버섹스, 지연 난교가 포함될 수 있다(Kafka, 2007). 이런 행동은 기분장애, 불안장애, 물질사용장애와 같은 다른 장애를 동반할 수 있으며, 파트너와의 관계 문제나 다른 성 관련 장애에 영향을 미칠 수 있다. 예를 들어, 어떤 사람이 온라인 포르노물을 보는 것을 통해 성적 만족을 얻는 데 너무 익숙해지면 정작 아내와의 관계에서는 발기를 할 수 없게 되어 관계 문제가 생길 수 있는 것이다.

좀 더 심각한 사례에서는 문제가 되는 공상이나 충동으로 인해 그런 행동이 없으면 성적 흥분을 느끼지 못하거나 스스로 생각을 조절할 수 없는 상태에 이르게 된다. 심각한 경우 성적 공상 때문에 협박, 강압, 타인에 대한 상해, 아동 피해, 심지어 살인까지도 하게 될 수 있다. 변태성욕장애가 있는 많은 사람들은 다양한 변태 성행위를 해본다. 그들이 발각될 때는 이미 수백 가지의 성범죄를 저지른 후일 가능성이 크다.

이 장애를 가진 사람 중 소수만이 치료를 받고자 한다는 사실을 고려할 때, 변태성욕장애는 통계치보다 훨씬 많을 것으로 예상된다. 일반적으로 변태성욕 행위를 하는 사람들은 자신들이 정서적 문제를 가지고 있다고 생각하지 않기 때문에 치료를 받으러 가지 않는다. 물질을 남용하는 사람들과 마찬가지로 변태성욕장애를 가진 사람들 대부분은 자신의 행동을 즐긴다. 그들은 가족 구성원에게 등 떠밀려, 혹은 위기가 생겨서, 또는 그 행동으로 인해 체포되어 어쩔 수 없이 치료를 받으러 간다. 즉 변태성욕을 가진 사람들이 치료를 수용하게 되는 이유는 행동 그 자체가 갖는 문제가 아니라 그로 인한 부정적 결과 때문이다.

변태성욕을 즐기는 사람들 모두가 성범죄를 저지르는 것은 아니며, 모든 성범죄가 변태성욕과 관련된 것도 아니다(Federoff, 2009). 특정 유형의 변태성욕(예 : 소아성애, 관음증, 마찰도착증)을 행동화하는 것은 불법이다. DSM-5에 소

개된 많은 장애는 점점 형사사법제도와 관련성이 생기고 있다. *DSM-5* 분류체계는 일탈적 성행동을 규정하지만 범법 행동을 명시하지는 않는다. 강압도착장애를 *DSM-5*에 포함하는 것에 대해 논의된 적이 있다. 이 장애는 성적 강압에 의해 흥분하고 동의하지 않는 사람에게 성관계를 강요한 적이 있는 사람들에 대한 진단명으로 제안되었다. *DSM-5* 위원회는 범죄(반복적 성관계 강요)를 정신장애로 변형시키는 것일 수 있다는 점에서 강압도착장애를 승인하지 않았다(Frances, 2011; Zonana, 2011).

내담자 특징

변태성욕장애로 치료를 받는 전형적인 외래 환자는 37세 정도의 기혼 중산층 백인으로 대학 정도의 교육 수준과 직업을 갖고 있는 것으로 묘사된다(Kafka & Hennen, 2002). 하지만 실상은 변태성욕장애를 갖고 있는 사람은 전 인종에 걸쳐 존재하며 다양한 사회경제적 배경과 성적 지향을 가지고 있다.

이들의 약 50%는 기혼이다. 하지만 이들 중 다수는 친밀한 관계를 유지하는 능력에 결함이 있다. 연구 결과를 살펴보면 변태성욕장애 진단을 받는 여성은 극소수이다. 일종의 성적피학장애로 진단받는 남성과 여성의 비율을 살펴보면 50：1이다. 성적가학장애는 남성 대 여성 비율이 20：1로 집계된다.

변태성욕은 주로 청소년기와 성인초기에 시작되며 20~30대 사이에 최고조에 달한다(Allen & Hollander, 2006). 대인관계나 일 같은 삶의 어떤 측면에 문제가 생기기 시작할 때까지는 많은 사람들이 치료를 받으러 가지 않는다(Yakely & Wood, 2014). 변태성욕장애가 있으면 자연스럽게 성 기능에 문제가 생길 수 있으며, 성도착을 통해서만 성적 흥분을 경험하게 될 수 있다.

변태성욕장애와 가장 많이 동반되는 것으로 보고되는 장애로는 우울장애, 양극성장애, 불안장애, 물질사용장애, ADHD, 그리고 기타 변태성욕장애가 있다. 이러한 정보는 성범죄로 재소된 남성들에 대한 연구에 기초한 것으로 변태성욕장애를 가진 모든 사람에게 적용되지 않을 수 있다. 하지만 공병하는 장애가 있다면 그것을 다루는 것은 필요하다.

변태성욕장애의 원인론과 유병률에 대한 자료는 별로 없다. 어떤 사람들은 자신의 행동이 당황스럽고 수치스러워서 이야기하려 하지 않는다. 다른 사람들은 자신의 행동에 대해 아무런 고통을 느끼지 않는다. 따라서 현재 통계에 사용되는 대부분의 자료는 법적인 환경에 있는 성 범죄자에 대한 연구에서 나온 것임을 기억하기 바란다.

부적절한 성 행동이 언제나 변태성욕장애 때문이라고 할 수는 없다. 변태성욕처럼 보이는 많은 행동이 조증, 정신병, 자폐스펙트럼장애, 치매, 그리고 반사회성 성격장애와 같은 다른 장애와도 관련이 있다. 이런 경우에는 대부분 문제 행동이 성인기에 시작되고 그리 자주 보이는 것은 아니며 자아 이질적이라는 특징이 있다.

성욕과다증은 외상적 뇌 손상(Miller, Cummings, McIntyre, Ebers, & Grode, 1986), 치매(Alkhalil, Tanvir, Alkhalil, & Lowenthal, 2004), 기타 심각한 전두엽 이상처럼 행동 억제를 완화시키고 강박성을 증가시키는 증상과 관련이 있는 것으로 나타났다. 헌팅턴병, 윌슨병, 파킨슨병에 대한 엘도파(L-dopa) 치료 역시 이상 성행동으로 이어질 수 있다. 이런 경우는 아마 전두엽 회로에 문제가 생겼을 가능성이 높다. 투렛장애 집단은 다른 집단에 비해 노출증 비율이 더 높은 것으로 보고된다(Allen & Hollander, 2006). 어떤 생물의학적 모델에서는 소아성애가 강박장애와 관련이 있다는 견해를 제시하기도 한다(Baxter, 1994). 초기 두뇌의 차이가 문제일 수도 있는데, 소아성애인 사람들이 두정엽과 측두엽의 백질은 부피가 작은 편이라는 연구 결과가 있다(Cantor & Blanchard, 2012; Cantor et al., 2008).

사람들은 자신의 성적 충동, 성적 취향, 성행동에 대해 솔직하게 말하는 편은 아니다. 어떤 사람들은 자신의 현재 행동을 정당화하는 일환으로 발병과 관련된 과거 사건(예：성적 학대, 포르노물에 노출)을 언급하기도 한다. 다른 사람들은 변태성욕 행위가 알코올이나 다른 물질 사용 때문이라고 탓한다. 변태성욕장애가 발현되는 범위를 생각할 때, 자세한 성적 행동에 대한 과거력을 포함하여 심리사회적 배경에 대한 철저한 조사가 이루어져야 한다. Becker, Johnson, 그리고 Perkins(2014)는 다음과 같은 내용을 조사할 것을 제안한다.

- 성 경험 나이, 유형, 빈도
- 가정에서, 인터넷에서, 실시간에 성적 자극이 되는 자료에 대한 노출
- 성에 대한 신념과 태도
- 자신의 신체에 대한 감정, 성적인 문제에 대한 과거력
- 변태성욕(마찰도착증, 물품음란증, 복장도착증 등) 관련 감정, 공상, 또는 경험
- 폭력, 강간, 타살, 고문 관련 환상

법정 기록 및 면접에 기초한 종합위기 평가와 함께 체포 기록, 판결까지의 보고서, 보호관찰관이 제공하는 정보의 세부사항을 담은 개요를 살펴보는 것도 중요하다. 성범죄의 위기 평가에 대한 자세한 논의 및 법정 평가 도구에 대한 설명을 원한다면, Doren(2002)과 Becker와 동료들(2014)의 연구를 참조하도록 한다. 118개 표본에 4만 5,000명의 성범죄자를 대상으로 한 메타분석에 의하면, 재발을 잘 예측하려면 전문가의 소견에만 의존하기보다는 위기평가 도구를 사용하는 것이 정확도가 더 높은 것으로 나타났다 (Hanson & Morton-Bourgon, 2009).

자가보고 도구도 잘못된 인지, 반사회적 행동, 잘못된 성적 관심을 식별하는 데 유용하게 사용될 수 있다. 아벨/벡커 인지 검사(Abel and Becker Cognitions Scales; Abel, Becker, & Cunningham-Rathner, 1984)와 범비 인지왜곡 검사(Bumby Cognitive Disortions Scales; Bumby, 1996)는 강간과 성폭행에 대한 왜곡된 사고를 측정한다.

성선호 카드(Sexual Interest Cardsort; Abel & Becker, 1985)는 성인용과 청소년용이 있으며 성적 선호를 측정한다. 정신병리 체크리스트 개정판(Psychopathy Checklist-Rev.; Hare, 1999)을 통해 정신병리 성향을 파악해볼 수 있다. 동반하는 장애의 유무는 효과적인 치료 계획을 수립하기 전에 평가되어야 한다(Kafka, 2007).

DSM-5에는 치료자 평정 척도와 환자 평정 척도가 수록되어 있는데, 심각도를 1(경도)에서 4(최고도) 범위에서 평정할 수 있다. 심각도 평가는 진단을 내리는 데 유용하게 활용된다. 이에 대한 더 많은 정보를 원한다면 Laws와 O'Donohue(2008)이 변태성욕장애 진단을 위해 평가 도구, 질문지, 척도를 개관한 것을 참고할 수 있다.

치료자의 자질

변태성욕장애를 포함한 성장애 분야는 특수 전문 영역이기 때문에, 정신과 의사나 성기능부전을 특화한 치료자가 변태성욕장애를 가진 사람들 대부분을 진료할 가능성이 크며, 성범죄에 연루된 사람들은 법정 환경에서 치료를 받게 될 것이다.

법정 환경에서 일하는 사람들은 아동, 청소년, 동의하지 않은 성인에 대해 심각한 범죄를 저지른 사람에게 느끼게 되는 강한 역전이 반응을 다룰 수 있어야 한다(Ward, 2015). 법정에서 치료를 명령받은 사람들은 치료에 저항적인 편이며, 덜 저항적인 사람이라 하더라도 양가적인 편이다. 따라서 긍정적인 치료 동맹을 수립하는 것이 힘들 수 있다. 많은 사람들은 자신이 문제가 있거나 도움이 필요하다는 사실을 부인한다. 치료자는 열린 마음으로 자신의 동기를 개방적이고 솔직한 자세로 들여다볼 수 있어야 하며, 성범죄자를 치료할 때 나타날 수 있는 윤리적 이슈를 인식해야 한다(Ward, 2015).

개입 전략

성범죄자에 대한 치료를 포함한 성 관련 장애 전반에 대한 치료는 인지적 접근, 행동적 접근, 혹은 두 접근을 통합한 접근을 주로 사용한다. 성범죄자를 위한 성인치료 프로그램의 50% 이상이 인지행동적 성격을 지닌다(McGrath, Cumming, Burchard, Zeoli, & Ellerby, 2010). CBT 프로그램은 잘못된 사고, 기대, 성에 대한 신념을 다루도록 고안되었으며, 성관련장애를 가진 사람들의 생각과 행동을 사회적으로 보다 수용 가능하게 수정하도록 도와준다. CBT 프로그램은 일탈적이거나 강압적이거나 가학적이거나 불법적인 성적 흥분을 줄이고, 그것을 인지재구조화, 재조건화, 사회적 기술 훈련, 피해자 공감 훈련을 통해 정상적인 성적 흥분으로 대체하고자 한다(Stinson & Becker, 2012).

치료 성과에 대한 근거 기반 연구가 소수 존재한다. 최근 수행된 2개의 메타분석에 따르면 치료를 받은 사람들의 경우 성범죄 재발률이 낮아졌다(Hanson, Bourgon, Helmus, & Hodgson, 2009; Losel & Schmucker, 2005). 하지만 Stinson과 Becker(2012)에 따르면 프로그램에서 제시하는

몇몇 치료 목표(즉 사회기술 훈련, 피해자 공감)는 미래의 성행동 위험성과 상관이 없다. 분명한 것은 더 많은 연구가 필요하다는 사실이다.

반복적 성범죄에 대한 예측 인자에 초점을 두고 범죄자가 위험 요소를 피할 수 있게 구체적 계획 수립을 도와주는 재발 방지 프로그램은 두 번째로 많이 사용되는 치료 방법이다. 재발 방지 프로그램의 효과성에 대한 연구 결과들은 일관성이 없었으며, 치료집단과 통제집단 사이에 별 차이를 증명하지 못했다(Marques, Wiederanders, Day, Nelson, & van Ommerren, 2005).

최근에는 새로운 치료 모델이 개발되었는데, 그중에는 좋은 인생 모델(Good Lives model; Fortune, Ward, Mann, 2015; Ward, Mann, & Gannon, 2007), 중다 자기조절 모델(multimodal self-regulation model; Ward et al., 2004), 그리고 단행(desistance; Farmer, Beech, & Ward, 2012; Farrall & Calverley, 2006) 등이 있다. 이러한 치료법은 동기, 목표, 자기조절, 긍정적 변화에 초점을 둔다. 치료의 효과성에 대한 경험적 연구는 아직 발표된 것이 없어 효과성을 입증하기 위한 추가적 연구가 필요하다(Becker et al., 2014).

변태성욕장애에 대한 기타 개입 전략에는 생물학적 치료(예 : 거세, 항남성호르몬 약물치료)가 있는데, 이 방법은 좀 더 심각한 장애(예 : 재범 가능성이 높은 소아성애장애나 성적가학장애 환자)의 경우에만 효과적인 것으로 나타났다. 한 연구에 따르면 이러한 치료에 자발적으로 동의한 남성 50% 이상이 자신의 장애에 대해 통제감을 느낀다고 보고했다(Rice & Harris, 2011). 하지만 다른 연구들에서는 성적 흥분이 감소하는 정도로 성범죄 재발이 감소하지는 않은 것으로 나타났다. 게다가 화학적 거세와 외과적 거세는 의학적 · 법적 · 윤리적 문제를 야기한다(Stinson & Becker, 2012).

변태성욕장애에 대한 다른 약리학적 방법으로 세로토닌 재흡수 억제제(SSRI) 약물의 사용을 통한 증상 치료가 있다. SSRI계 약물은 우울을 감소시키고 불안과 공황을 줄이며 충동성과 강박 행동을 줄이는 데 사용되어 왔는데, 때로는 이 약물에 대한 부작용으로 성기능부전이 생기기도 한다. SSRI계 약물은 변태성욕장애 및 동반이환의 치료 효과를 향상시킬 수 있을 것으로 보이지만, 변태성욕장애의 치료에 있어서 SSRI계 약물의 효과성을 입증한 이중맹검 및 위약통제 연구는 아직 수행되지 않았다.

아동 성범죄의 거의 절반과 강간의 20% 정도가 청소년에 의한 것으로 추정된다(Hunter, 2000). 성범죄에 연루되는 청소년들은 신체적 혹은 성적 학대, 역기능 가족, 학습장애 및 학업장애, 품행장애 및 기타 행동장애, 충동조절과 판단의 어려움 등과 같은 다양한 특징을 공유한다. 한 연구에서는 37~87% 사이의 청소년 성 범죄자가 적어도 하나 이상의 정신장애(예 : 우울, 불안, ADHD, 물질 남용)를 동반하는 것으로 나타났다. 다른 변태성욕장애를 가지고 있거나 비관습적인 자극에 성적 흥분을 경험한 과거력을 가진 경우도 많다(O'Reilly & Dowling, 2008; Saleh & Vincent, 2004).

청소년을 위한 적절한 치료 수준을 결정하려면 선별과 평가를 잘하는 것이 중요하다. 치료는 보통 성인 프로그램과 유사하게 이루어지며, 지역사회 기반 프로그램에서 집중시설 치료까지 그 범위는 넓은 편이다(O'Reilly & Dowling, 2008; Veneziano & Veneziano, 2002). 청소년에게 약리학적 치료를 시행할 때는 FDA에서 SSRI계 약물에 블랙박스 경고문을 표시하였기 때문에 주의가 요구된다.

변태성욕장애에 대한 앞으로의 행동치료는 일탈적이고 범죄적인 성행위를 줄이고, 범죄자가 자기조절 능력을 기르도록 돕고 재발률을 줄이며 좀 더 이른 시기에 친사회적 목표와 공감을 배우도록 하는 데 주안점을 두어야 할 것이다.

예후

변태성욕장애는 치료에 저항적인 편이다. 조기 발병되었고 변태성욕 행동의 빈도가 높은 편이며, 정신장애나 물질사용장애를 동반하고 죄책감이 부재한 경우 예후는 더욱 나빠진다. 아동, 동의하지 않는 상대, 불법행위와 연관되는 변태성욕장애가 근절되도록 성공적인 치료의 개발을 위한 노력이 계속되어야 할 것이다.

이번에는 *DSM-5*에서 여덟 가지로 명명된 변태성욕장애 각각의 구체적 특징을 살펴보고자 한다. 수많은 변태성욕장애가 진단될 수 있으며, 달리 명시된 장애와 명시되지 않는 장애도 있다는 사실도 기억하기 바란다.

관음장애

관음장애(voyeuristic disorder) 진단을 받으려면 적어도 18세는 되어야 한다. 나이 기준은 청소년들에게서 나타나는 연령적으로 적절한 성적 호기심이나 성에 대한 높은 관심으로 인한 행동으로부터 관음장애를 구별하기 어려울 수 있기 때문에 필요하다.

관음장애는 가장 흔한 변태성욕장애 중 하나이며, 제일 많이 구속으로 이어지는 장애 중 하나이기도 하다(예 : 창문에서 엿보기, 눈치채지 못한 연인들 관찰하기).

이 장애의 남녀 비율은 3 : 1이며, 평생 유병률은 남성의 경우 12%, 여성의 경우 4%로 예상된다.

이 장애가 어떻게 발병하는지는 불명확하다. 정확한 원인은 불확실하지만, 아동기 성적 학대 경험, 아동기에 나타나는 과대성욕, 물질 오용을 관음장애의 위험 요인으로 본다. 진단 시에는 품행장애, 반사회성 성격장애, 기타 상황(예 : 반사회적 성향으로 인한 나체 상태 관찰 혹은 성행위 중인 사람 관찰)과 감별하도록 해야 한다.

노출장애

노출장애(exhibitionistic disorder)의 핵심은 자신의 성기를 노출하는 행위를 통한 성적 흥분에 있다. 노출을 하는 대상은 주로 낯선 사람이나 눈치채지 못한 동의하지 않는 대상으로, 그들은 갑작스럽게 상황에 노출되게 된다. 대부분의 피해자는 여성, 미성년인 소녀·소년들로 동의하지 않은 사람들이다. 미국에서는 노출 행동으로 체포된 사례가 전체 성범죄의 약 30%에 달한다. 재발률도 20~50%로 높은 편이다. 장애의 증상은 주로 성인 초기에 시작되나 청소년기나 성인기 후반에 발병하는 사람들도 있다.

다른 변태성욕장애의 경우와 마찬가지로 노출장애로 진단되려면 현저한 고통(예 : 수치심, 죄책감, 당황스러움, 체포)을 수반하거나 타인에게 해(예 : 신체적 상해, 피해로 인한 외상, 손해배상 청구 소송에 연루)를 끼쳐야 한다. 증상은 반복적이며 적어도 6개월 이상 지속된다.

이 장애를 가진 많은 사람들은 죄책감을 느끼지 않으며 자신의 성적 충동이나 성행동에 대한 통찰을 가지고 있지 않다. 성기 노출로 성적 흥분을 느꼈다는 사실이나 성기노출 관련 충동이나 환상을 갖고 있다는 사실을 부인하기도 한다. DSM-5에서는 노출장애를 가진 사람들이 고통을 보고하지 않는다 하더라도 진단할 수 있도록 하고 있다. 자신의 반복적 행위로 인해 타인에게 해를 끼치는 행동을 계속 부인하는 사람들에 대해서는 눈치채지 못하는 사람에 대해 반복적으로 재연하는 성기노출 자체로도 노출장애로 충분히 진단할 수 있다.

과다성욕이 특징인 다른 장애와 마찬가지로 공병 장애(예 : 양극성장애, 물질사용장애, 불안장애, ADHD) 및 규준 일탈적 행동을 동반하는 장애(예 : 품행장애, 반사회성 성격장애)를 감별하기 위해 주의를 기울일 필요가 있다.

노출장애에 대한 치료는 과다성욕을 동반하는 다른 장애에 대한 치료와 유사하다. 즉 CBT와 SSRI계 약물치료를 하며, 때로는 테스토스테론 수준을 낮추기 위해 항남성호르몬제를 투여한다.

노출장애의 몇 가지 아형이 DSM-5에 추가되었다. 아형은 성기노출로 인한 피해자의 연령에 따라 분류된다. 성적 흥분과 성기노출이 어떤 대상을 목표로 이루어진 것인지를 명시하도록 하는 것이다.

- 사춘기 이전의 아동
- 신체적으로 성숙한 개인
- 사춘기 이전의 아동과 신체적으로 성숙한 개인

마찰도착장애

동의하지 않은 사람에 대한 은밀한 접촉이나 문지르는 행위가 마찰도착장애(frotteuristic disorder)의 핵심이다. 마찰도착장애나 과다성욕 행동은 일반 남성 집단에서 30%까지 발생을 하는데, 성인 남성의 10~14% 정도만 이 문제로 외래 진료를 받고 있다(APA, 2013).

버스, 지하철, 붐비는 보도, 쇼핑몰, 복도가 주로 마찰도착 행위가 일어나는 장소이다. 보통 행위는 남성이 자신의 성기를 눈치채지 못하고 있는 사람에게 문지르거나 자신의 몸을 동의하지 않은 사람의 성기에 문지르는 형태로 나타난다. 이런 행위를 하는 많은 사람들은 자신의 행위를 부인하고 피해자에 대한 성적 환상, 의도, 관심을 인정하지 않는다. 그들이 부인함에도 불구하고 그들의 행동은 반복되는 경향으로 인해 드러나기 마련이며, 이 장애로 진단될 근거가 된다. *DSM-5*에서는 세 가지 다른 경우에 최소 3명의 피해자가 있다면 진단기준을 충족시킬 수 있다고 본다. 물론 동의하지 않은 한 개인에게 여러 번 접촉하거나 문지르는 경우라면 피해자가 이보다 적어도 진단할 수 있다. 행위자가 고통(예 : 죄책감, 수치심, 강렬한 성적 좌절감, 외로움)을 인정한다면, 피해자가 3명보다 적고 그 빈도가 여러 번이 아니더라도 진단기준이 만족될 수 있다. 마찰도착 행위의 반복적 양상이 진단을 위해 필요한 부분이다.

어떤 사람들은 규준 일탈 행동(예 : 품행장애, 반사회성 성격장애)의 일환으로 마찰도착 행위를 한다. 이런 경우 낯선 사람에게 문지르는 것에 대해 성적인 흥미를 갖는 것이 아니기 때문에 행동장애로 진단하는 것이 더 적절할 수 있다.

물질사용장애는 충동 억제를 해제하거나 과다성욕을 증가시킬 수 있다. 물질 중독 상태에서 눈치채지 못한 사람에게 문지르는 행위가 한 번 일어났다고 해서 마찰도착장애가 되는 것은 아니다. 물질 중독 상태가 아닐 때 반복적인 성적 충동과 행동이 나타나야 마찰도착장애의 진단을 고려할 수 있다. 여기서 언급한 장애 외에도 양극성장애, 불안 및 우울 장애, 기타 변태성욕장애도 고려해야 한다.

성적피학장애

굴욕을 당하는 행위를 통해 강렬한 성적 흥분을 경험하는 것이 성적피학장애(sexual masochism disorder)의 핵심 특징이다. 이러한 행위는 생각, 환상, 충동, 행동을 통해 드러날 수 있다. 굴욕감을 느끼게 되는 행위에는 묶이거나 결박당하는 것, 얻어맞거나 매질당하는 것, 칼로 긋거나 신체 부위에 구멍을 내는 것, 상대의 배변이나 소변을 받는 것 등 다양한 방식이 존재한다(Krueger, 2010).

이 장애는 알코올 및 물질 사용장애, 기타 다른 변태성욕장애를 동반하는 경우가 많다. 성적피학장애(현저한 고통을 일으킴)는 고통 없는 성적피학 행위(따라서 진단되지 않음)와 감별할 필요가 있다.

진단이 되지 않아도 성적피학과 연관된 행위들은 위험해서 심각한 상해, 심지어 죽음까지 이어질 수 있다. 따라서 *DSM-5*에서는 경과에 대한 명시자로 '질식기호증'(질식을 통한 성적 흥분)을 사용하도록 하였다. 미국에서 성적 흥분을 위해 뇌에 산소 공급을 줄이는 특정 형태의 피학증으로 인해 죽음에 이르는 사람은 매년 수천 명에 이르는 것으로 보고되고 있다(Detiege & Brooks, 2010).

법정 전문가는 실제 사망자 수는 더 많은데 가족 구성원의 당혹감과 수치심 때문에 과소 보고되고 있는 것으로 본다. 또한 자위 질식기호증이 자살과 유사하다는 점 때문에도 과소 보고되고 있는 것으로 본다. 행위의 반복적 성격, 저산소증에 의한 희열의 강도(어떤 사람들은 코카인을 흡입했을 때와 같다고 한다), 그리고 복장도착장애 및 신체결박과의 연관성을 고려해볼 때, 자위 질식기호증인 사람은 실제로 훨씬 많을 것으로 추정된다. 장애를 가진 대부분은 15~25세 사이의 남성이다. 복장도착이 있는 좀 더 나이 든 남성은 질식기호증을 동반한 성적피학장애를 보이기도 한다. 남성 대 여성의 비율은 50 : 1로 추정되지만, 자위 질식 행위를 하는 여성의 비율이 남성과 비슷하다는 결과도 있다(Hucker, 2011; Uva, 1995).

성적가학장애

결박과 훈련, 지배와 복종은 성적가학장애(sexual sadism disorder)가 있는 사람들이 상상하고 계획하고 행동할 때 주제가 된다. 고통을 가하는 것을 보여주는 포르노물을 섭렵하는 경우도 흔하다. 부가적으로 스트레스가 되는 생활 사건이나 기타 부정적 감정을 완화시키기 위해 반복적으로 성적 공상, 충동, 행동을 하는 증상을 보이기도 한다.

많은 변태성욕장애가 불법행위로 이어지는데, 몇몇 강간범들은 성적가학장애와 형사범죄 모두를 충족시킨다. 피해자에게 약물을 먹이거나 하여 의식적으로 동의할 수 없는 상태가 되게 하고 나서 물리적으로나 심리적으로 가해하는 사람들의 경우 특히 그러하다.

소아성애장애

소아성애장애(pedophilic disorder)는 DSM-5 분류에서는 가장 자주 발생하지만 가장 진단하기 어려운 장애 중 하나이다. 이 장애가 있는 대부분의 남성은 그들이 청소년이었을 때 처음 아동에게 끌렸다고 보고한다. 그중 일부는 어린 시절 신체적으로 혹은 정서적으로 학대받은 적이 있다. 다른 일부는 다세대 간 전이 과정에 소아성애장애가 있는 가정에서 자라난 것으로 보인다. 소아성애 성향이 유전적 소인 때문인지, 모방이나 학습의 결과인지, 또는 둘 다인지를 밝히려면 더 많은 연구가 필요하다.

대부분의 변태성욕장애가 그러하듯이 소아성애장애도 만성적이고 평생 지속되는 것으로 보인다. 자발적인 치료를 받았든, 투옥 중 치료를 받았든 재발률은 높은 편이다. 이 장애가 있는 사람들은 성인과의 친밀한 관계가 손상된 경우가 많으며, 아동에 대한 공상이나 충동을 행동화하기 오래 전부터 아동에 대해 성적 관심을 표출해온 경우가 많다. 소아성애와 반사회성 행동 모두가 있는 남성의 경우 아동과의 성적 관계에서 부적절하게 행동할 가능성이 높아진다.

만약 성관계를 가진 두 사람 모두가 18세 미만이고 둘의 나이 차이가 5세 이하라면 소아성애장애로 진단되지 않는다. 예를 들어, 16세 청소년과 12세 청소년이 지속적인 성관계를 갖는다면 소아성애장애 기준을 충족시키지 않는다. 하지만 16세 청소년이 10세 아동과 성관계를 한다면 소아성애장애일 수 있다.

아동에 대한 끌림을 부인하지만 아동을 계속해서 성추행하는 사람들은 6개월 지속 기간에 대한 기준을 충족시키지 않는다 하더라도 소아성애장애로 진단되어야 한다. 주관적 고통을 부인하지만 계속해서 아동을 폭행하는 사람들은 반복적으로 수많은 아동에게 접근하여 타인에게 해를 끼치는 것으로 봐야 한다.

아동에 대한 성적 공상과 성적 선호를 인정하지만 자신의 욕구나 충동에 따라 행동화한 적은 없는 사람들도 소아성애로 보지만 소아성애장애로 확진할 수는 없다. 이후에 그들이 아동에 대해 성적 충동을 행동화한다면 그때 소아성애 진단을 받게 된다.

몇 가지 명시자를 통해 소아성애장애의 다양한 측면을 명시할 수 있다.

다음 중 하나를 명시한다.

• 배타적 유형, 아동에게만 매력을 느끼는 경우
• 비배타적 유형, 성인과 아동 모두에게 매력을 느끼는 경우

다음의 경우 명시한다.

• 성적으로 남아 선호
• 성적으로 여아 선호
• 성적으로 양성 모두 선호
• 근친상간에 국한된 경우

노출장애 및 마찰도착장애의 경우처럼 개인이 아동에 대한 성적 관심, 공상, 또는 충동을 부인한다 하더라도 반복적인 성적 행동 양상이 있다면 소아성애장애로 진단받을 수 있다.

물품음란장애

물품음란장애(fetishistic disorder)를 가진 사람들은 무생물 물체(의류), 성기가 아닌 신체 부위(다리), 또는 두 가지 모두를 사용하여 성적 흥분에 도달한다. 성적 흥분은 공상, 충동, 행동을 통해 느낄 수 있다. 이러한 증상은 성적 흥분을 목적으로 제작된 진동기 등의 물품에만 국한되지 않아야 한다. 마찬가지로 옷 바꿔 입기에 쓰이는 의복에만 국한된다면 진단기준을 충족시킨다고 볼 수 없다.

이 장애의 진단은 현저한 고통 초래나 심리사회적 역할 손상이 있을 때 가능하다. 예를 들어, 아내가 가죽옷을 입지 않으면 아내와의 관계에서 오르가슴에 도달할 수 없는 경우를 생각해볼 수 있다. 여성은 물품음란장애로 진단받을 가능성이 희박하다. 임상집단에서는 거의 남성만 물품음란장애로 진단되는 것으로 나타났다. 가장 흔하게 관심을 끄는 물품으로는 다리와 관련이 있는 것(예 : 양말, 발톱, 신발)과 여성의 속옷이 있다(Scorolli, Ghirlanda, Enquist, Zattoni, & Jannini, 2007).

물품음란장애의 명시자에는 신체 일부, 무생물 물체 등

이 있다. 성기가 아닌 신체 부분 명시자가 *DSM-5*에 새롭게 소개되어 치료자들은 어떤 신체 부위가 관심의 대상인지 명시할 수 있게 되었다. 예를 들어, 머리를 만지거나 잡거나 머리 냄새를 맡으면서 자위할 수 있다. 완전 관해 상태에 있거나 통제된 환경에 거주한다면 이에 대해서도 명시한다.

물품음란인 사람은 그 대상이 있어야 성적 흥분에 도달하게 되므로, 개인이 선호하는 물품 없이 성적 흥분에 도달하고자 하면 어려움이 생긴다. 사람들은 사랑하는 파트너와의 성행위보다 애착을 가지는 물품을 가지고 혼자서 성행위하는 것을 선호한다. 이러한 행동은 관계에 악영향을 끼치고 현저한 주관적 고통을 초래한다. 따라서 이에 대한 임상적 진단이 내려지게 된다.

사람들은 음란 물품을 수집하기도 하는데, 물품음란증을 가진 사람 중에는 자신의 물품음란적 욕구와 관련된 물품을 훔치려고 무언가를 부수고 깨뜨려서(예 : 직장 동료의 아파트에 몰래 들어가 사용한 속옷을 훔침) 체포된 사람들도 있다. 이런 행동은 물품음란장애 때문이지 그 물품의 가치 때문이 아니다.

하지만 다른 변태성욕장애와 마찬가지로 물품음란 행동이 기능적 손상이나 기타 부정적 결과를 초래하지 않는다면 장애로 보지 않는다. 예를 들어, 전희나 성적 흥분을 위해 성인용 기저귀를 차야 한다고 보고하는 사람이라도 그 행동 관련 고통을 나타내지 않는다면 물품음란은 인정되지만 장애로 진단되지는 않는다.

다른 변태성욕장애나 과다성욕은 물품음란장애와 함께 나타날 수 있다. 하지만 이 장애가 신경학적 상태와 연관되는 일은 거의 없다.

복장도착장애

복장도착장애(transvestic disorder, 옷 바꿔 입기로부터 강렬한 성적 흥분을 경험)는 *DSM-5*에서 물품음란장애와 구별되는 독립된 장애가 되었다. 다음과 같은 다양한 명시자가 있다.

• 물품음란증 동반

• 자가여성애 동반
• 통제된 환경에 있음
• 완전 관해 상태

'물품음란증 동반'은 의복에 대해 흥분을 경험하는 경우이고, '자가여성애 동반'은 자신을 여성이라고 생각하는 것을 통해 성적 흥분을 느끼는 경우이다. '성별 불쾌감 동반'이라는 명시자는 성별 불쾌감장애와 중복되기 때문에 *DSM-5*에서 제거되었다.

복장도착장애를 가진 사람들 대부분은 이성애자인 남성이다. 증상은 주로 어린 시절에 여성의 의복에 대한 강한 관심을 보이면서 시작된다. 모든 변태성욕장애가 그러하듯이 증상은 6개월 이상 지속되어야 하며 그 기간 동안 강렬한 성적 흥분 및 기타 장애의 증상으로 인해 임상적으로 현저한 고통이 있거나 중요한 생활 영역에서 기능하는 데 문제가 있어야 한다. 어떤 남성들은 자신의 복장도착적 충동과 옷 바꿔 입기 행동을 통제하기 위해 여성의 의류, 신발, 가발을 수집하고 나서 수집한 물건을 버리는 행동을 반복한다고 보고한다.

복장도착장애는 주로 물품음란증 및 피학증을 동반한다. 피학증의 한 형태인 자위 질식기호증도 복장도착장애와 함께 자주 보고된다(Hucker, 2011). 저산소증이나 질식기호증으로 알려진 이러한 형태의 성적 피학증은 미국에서 매해 하루 평균 3명의 사상자를 내고 있다(Detiege & Brooks, 2010). 감별진단을 통해 복장도착장애와 성별 불쾌감을 구분하도록 한다.

달리 명시된/명시되지 않는 변태성욕장애

달리 명시된 변태성욕장애는 증상으로 인해 현저한 기능 손상이나 고통이 있으면서 여기에 나열한 어떤 장애에 대해서도 완전한 기준을 충족시키지 않을 때 진단된다. 완전한 진단기준이 충족되지 않는 이유에 대해서도 기록하도록 한다.

*DSM-5*에서 제공하는 구체적 예시에는 다음과 같은 것이 있다.

- 전화음란증 ─ 음란한 전화통화를 통해 성적 흥분
- 관장성애증 ─ 관장을 통한 성적 흥분
- 동물성애증 ─ 동물로 인한 성적 흥분
- 시체성애증 ─ 시체로 인한 성적 흥분
- 분뇨성애증 ─ 분변으로 인한 성적 흥분
- 방뇨성애증 ─ 소변으로 인한 성적 흥분

명시되지 않는 변태성욕장애는 변태성욕장애에 대한 기준을 완전히 충족시키지는 않지만 임상적으로 현저한 고통이 있을 때 사용한다. 예를 들어, 이성의 옷을 입는 행동을 통해 처음으로 성적인 흥분을 경험한 사람이 그 후에 수치심이나 당혹감을 느껴 치료를 찾게 되는 경우를 생각해볼 수 있다.

치료적 제언 : 통합 치료 모델

이 장에서는 변태성욕장애의 범주를 논의하였다. 다음은 치료적 제언을 통합 치료 모델 형식에 맞추어 정리한 것이다.

진단
- 관음장애, 노출장애, 마찰도착장애, 성적피학장애, 성적가학장애, 소아성애장애, 물품음란장애, 복장도착장애

치료 목표
- 역기능적 행동의 감소
- 새롭고 보다 긍정적인 행동 습득
- 가정과 직장에서 관계 향상
- 스트레스 줄이기
- 생활양식 향상
- 재발 방지
- 성범죄에 연루된다면 성범죄 행동 제거

평가
- 증상 목록
- 증상의 심각도에 대한 기저선 수립
- 동반하는 장애(예 : 불안, 우울장애, 양극성장애, PTSD, 물질 사용)에 대한 평가 목록
- 행위자에 대한 성격검사(폭력성이 있는 행위자에 대해서는 MMPI, MMI, MCMI)

치료자의 자질
- 특정 장애에 대한 충분한 지식을 갖출 것
- 구조적이고 지시적이면서도 지지적일 수 있어야 함
- 내담자 행동에 대해 느낄 수 있는 부정적 감정을 다룰 수 있어야 함
- 내담자의 저항과 동기 부족을 효과적으로 다룰 수 있어야 함

- 다양한 전문가(변호사, 법정 환경, 의학 관련 종사자)에게 자문을 구할 수 있어야 함

치료 장소
- 일반적으로 외래 환경
- 만약 성범죄와 연루되어 있다면 법정 환경에서 이루어지기도 함

개입 전략
- 인지치료 또는 CBT
- 심상적 둔감화, 최소흥분조건화와 같은 행동수정 기법
- 변화에 대한 측정
- 심리교육
- 사회기술 훈련
- 충동조절 전략
- 재발 방지
- 행위자를 위한 공감 훈련

치료의 주안점
- 매우 지시적
- 중등도 정도로 지지적
- 현재 행동과 대처 기제에 초점
- 과거 양상과 과거력에 주의

치료 참여 구성
- 개인치료보다 집단치료 선호, 특히 변화에 대한 동기가 낮을 때
- 필요하고 파트너가 참여할 의사가 있다면 개인 상담 및 커플 상담

(계속)

치료 속도

- 장기 상담. 최소 6개월
- 재발 방지를 위해 사후 돌봄 제공

약물치료

- 남성 성욕을 통제하기 위한 약물(성욕억제 약물, SSRI계 약물)

보조 개입

- 성중독자 익명집단(Sex Addicts Anonymous)과 같은 동료지지 집단

예후

- 내담자가 변화의 동기가 있다면 양호한 정도의 예후를 보임
- 재발은 흔한 편

통합 치료 모델 : 톰

이 장은 변태성욕장애를 가진 신혼기의 32세 남성 톰에 대한 이야기로 시작되었다. 그를 위해 다음의 치료설계를 제안한다.

진단

- 주요 진단 : 관장성애증
- 부부 갈등

치료 목표

- 변태성욕 행위 자제
- 부부관계 향상
- 사회적 기술 향상
- 대처 기술 및 생활 기술을 쌓으며 삶의 즐거움을 회복

평가

- 변태성욕 심각도 평가를 위한 심리검사 실시
- 동반하는 우울 및 자살사고의 평가
- MMPI

치료자의 자질

- 변태성욕의 발단과 치료에 대한 충분한 지식을 갖출 것
- 구조화하면서 지시적일 것
- 한계를 설정하는 것에 능숙할 것
- 부부 상담에 능숙할 것

치료 장소

- 외래 환경

개입 전략

- 내담자가 변화에 대한 동기가 있으므로 개인치료 실시

- 부부치료
- 인지행동치료
- 변화에 대한 준비성 고취를 위한 동기강화상담
- 스트레스 관리, 문제해결, 의사소통 기술, 부적응적 성행동이 타인에게 끼치는 영향 등에 대한 교육
- 성과 관련 없는 여가 활동 및 사회적 활동 개발
- 재발 방지 부분을 포함한 치료 계획 수립

치료의 주안점

- 지시적일 것
- 현재 행동에 주안점을 둘 것
- 지지와 탐색을 모두 사용할 것

치료 참여 구성

- 개인치료와 부부 상담, 필요하다면 집단치료

치료 속도

- 빠른 속도로 진행
- 중기 정도
- 지속적인 사후 개입 및 12단계 프로그램 참여

약물치료

- 없음
- 우울 증상이 있다면 SSRI계 약물 고려

보조 개입

- 성중독자 익명모임(일주일에 3회기 이상 계획)
- 마음챙김 명상

(계속)

예후

- 양호한 편(내담자가 내적·외적으로 동기가 있음. 변태성욕 행위를 중단할 필요성을 인정함. 결혼생활이 위기에 있음을 알아차림)

- 계속해서 절제하도록 하고 장기간 사후관리를 하면 더 나은 결과가 있을 것으로 예상됨
- 재발은 흔한 편

추천문헌

Chandiramani, K. (2007). *A role for mindfulness meditation in the treatment of sexual addictions.* Royal College of Psychiatry, U.K. Retrieved from https://www.rcpsych.ac.uk/pdf/A%20role%20for%20mindfulness%20meditation%20in%20the%20treatment%20of%20sexual%20addictions%20Kishore%20Chandiramani.pdf

Binik, Y. M., & Hall, K. S. K. (2014). *Principles and practice of sex therapy* (5th ed.). New York, NY: Guilford Press.

Rollnick, S., & Miller, W. R. (2013). *Motivational interviewing: Helping people change* (3rd ed.). New York, NY: Guilford Press.

Virginia Commission on Youth. (2015). "Sexual Offending," *Collection of evidence-based practices for children and adolescents with mental health treatment needs* (5th ed.). Retrieved from www.vcoy.virginia.gov

Motivational Interviewing website: www.motivationalinterviewing.org

참고문헌

Abel, G. G., & Becker, J. V. (1985). *Sexual Interest Cardsort.* Emory University, Atlanta, GA: Behavioral Medicine Laboratory.

Abel, G. G., Becker, J. V., & Cunningham-Rathner, J. (1984). Complications, consent, and cognitions in sex between children and adults. *International Journal of Law Psychiatry, 7,* 89–103.

Alkhalil, C., Tanvir, F., Alkhalil, B., & Lowenthal, D. T. (2004). Treatment of sexual disinhibition in dementia: Case reports and review of the literature. *American Journal of Therapeutics, 11,* 231–235.

Allen, A., & Hollander, E. (2006). Sexual compulsions. In E. Hollander & D. J. Stein (Eds.), *Clinical manual of impulse-control disorders* (pp. 87–114). Arlington, VA: American Psychiatric Publishing.

American Psychiatric Association. (2013). *Diagnostic and statistical manual of mental disorders* (5th ed.). Washington, DC: Author.

Baxter, L. R. (1994). Positron emission tomography studies of cerebral glucose metabolism in obsessive compulsive disorder. *Journal of Clinical Psychiatry, 55* (Suppl.), 54–59.

Becker, J. V., Johnson, B. R., & Perkins, A. (2014). Paraphilic disorders. In R. E. Hales, S. C. Yudofsky, & W. W. Roberts (Eds.), *The American Psychiatric Publishing textbook of Psychiatry* (6th ed., pp. 895–925). Arlington, VA: American Psychiatric Publishing.

Bumby, K. M. (1996). Assessing the cognitive distortions of child molesters and rapists: Development and validation of the MOLEST and RAPE scales. *Sex Abuse, 8,* 37–54.

Cantor, J. M., Kabani, N., Christensen, B. K., Zipursky, R. B., Barbaree, H. E., Dickey, R., ... Blanchard, R. (2008). Cerebral white matter deficiencies in pedophilic men. *Journal of Psychiatric Research, 42,* 167–183.

Cantor, J. M., & Blanchard, R. (2012). White matter volume in pedophiles, hebephiles, and teleiophiles. *Archives of Sexual Behavior, 41,* 749–752.

Detiege, P., & Brooks, M. (2010). Suicide. In R. Riviello (Ed.), *Manual of forensic emergency medicine* (pp. 10–21). Sudbury, MA: Jones & Bartlett Learning.

Doren, D. M. (2002). *Evaluating sex offenders: A manual for civil commitments and beyond.* Thousand Oaks, CA: Sage.

Farmer, M., Beech, A., & Ward, T. (2012). Assessing desistance in child molesters: A qualitative study. *Journal of Interpersonal Violence, 27,* 930–950.

Farrall, S., & Calverley, A. (2006). *Understanding desistance from crime.* New York, NY: McGraw-Hill.

Fedoroff, J. P. (2010). Paraphilic worlds. In S. Levine, C. Risen, & S. Althof, *Handbook of clinical sexuality for mental health professionals* (pp. 401–424). New York, NY: Rutledge.

Fortune, C. A., Ward, T., & Mann, R. (2015). Good lives & the rehabilitation of sex offenders: A positive treatment approach. In A. Linley & S. Joseph (Eds.), *Positive psychology in practice* (2nd ed., pp. 635–658). Hoboken, NJ: Wiley.

Frances, A. (2011, May 12). *DSM-5* rejects coercive paraphilia: Once again confirming that rape is not a mental disorder. *Psychiatric Times*.

Hanson, R. K., Bourgon, G., Helmus, L., & Hodgson, S. (2009). The principles of effective correctional treatment also apply to sexual offenders: A meta-analysis. *Criminal Justice and Behavior, 36*, 865–891.

Hanson, R. K., & Morton-Bourgon, K. E. (2009). The accuracy of recidivism risk assessments for sexual offenders: A meta-analysis of 118 prediction studies. *Psychological Assessment, 21*, 1–21.

Hare, R. D. (1999). *The Hare Psychopathy Checklist—Rev.: PLC-R*. North Tonawanda, NY: Multi-Health Systems.

Hucker, S. J. (2011). Hypoxyphilia. *Archives of Sexual Behavior, 40*, 1323–1326.

Hunter, J. (2000). Understanding juvenile sex offenders: Research findings & guidelines for effective management & treatment. *Juvenile Justice Fact Sheet*. Charlottesville, VA: Institute of Law, Psychiatry, & Public Policy, University of Virginia.

Kafka, M. P. (2007). Paraphilia-related disorders: The evaluation and treatment of non-paraphilic hypersexuality. In S. R. Leiblum (Ed.), *Principles and practice of sex therapy* (4th ed., pp. 442–476). New York, NY: Guilford Press.

Kafka, M. P., & Hennen, J. (2002). A *DSM-IV* axis I comorbidity study of males (*n* = 120) with paraphilias and paraphilia-related disorders. *Sexual Abuse, 14*, 349–366.

Krueger R. B. (2010). The *DSM* diagnostic criteria for sexual sadism. *Archives of Sexual Behavior, 39*, 346–356.

Laws, D. R., & O'Donohue, W. T. (Eds.). (2008). *Sexual deviance: Theory, assessment and treatment* (2nd ed.). New York, NY: Guilford Press.

Losel, F., & Schmucker, M. (2005). The effectiveness of treatment for sexual offenders: A comprehensive meta-analysis. *Journal of Experimental Criminology, 1*, 117–146.

McGrath, R. J., Cumming., L., Burchard, B., Zeali, S., & Ellerby, L. (2010). *Current practices and emerging trends in sexual abuser management*. Brandon, VT: Safer Society Press.

Marques, J. K., Wiederanders, M., Day, D. M., Nelson, C., & van Ommeren, A. (2005). Effects of a relapse prevention program on sexual recidivism: Final results from California's sex offender treatment and evaluation project (SOTEP). *Sexual Abuse: A Journal of Research and Treatment, 17*, 79–107.

Miller, B. L., Cummings, J. L., McIntyre, H., Ebers, G., & Grode, M. (1986). Hypersexuality or altered sexual preferences following brain injury. *Journal of Neurological and Neurosurgical Psychiatry, 49*, 867–873.

O'Reilly, G., & Dowling, C. (2008). Juvenile Sexual Offending: An Evidence-Based Approach to Assessment and Intervention. In R. D. Hoge, N. G. Guerra, & P. Boxer (Eds.)., *Treating the Juvenile Offender*, New York, NY: Guilford Press.

Rice, M. E., & Harris, G. T. (2011). Is androgen deprivation therapy effective in the treatment of sex offenders? *Psychology and Public Law Policy, 17*, 315–332.

Saleh, F. & Vincent, G. (2004). Juveniles who commit sex crimes. *Annals of the American Society of Adolescent Psychiatry, 2004, 28*, 183–200.

Scorolli, C., Ghirlanda, S., Enquist, M., Zattoni, S., & Jannini, E. A. (2007). Relative prevalence of different fetishes. *International Journal of Impotence Research, 19*, 432–437.

Stinson, J. D., & Becker, J. V. (2012). *Treating sex offenders: An evidence-based manual*. New York, NY: Guilford Press.

Uva, J. L. (1995). Review: Autoerotic asphyxiation in the United States. *Journal of Forensic Science, 40*, 574–581.

Veneziano, C., & Veneziano, L. (2002). Adolescent sex offenders; A review of the literature, *Trauma, Violence, and Abuse, 3*, 247–260.

Ward, T. (2015). Ethical practice in the treatment of sex offenders: Addressing the dual relationship problem. In D. Wilcox (Ed.), *Sex offender treatment: A case study approach to issues and interventions*. Oxford, England: Wiley-Blackwell.

Ward, T., Bickley, J., Webster, S. D., Fisher, D., Beech, A., & Eldridge, H. (2004). *The self-regulation model of the offence and relapse process: A manual. Vol. I: Assessment*. Victoria, Canada: Pacific Psychological Assessment Corporation.

Ward, T., Mann, R. E., & Gannon, T. A. (2007). The Good Lives Model of offender rehabilitation: Clinical implications. *Aggression and Violent Behavior, 12*, 87–107.

Yakely, J., & Wood, H. (2014). Paraphilias and paraphilic disorders: Diagnosis, assessment and management. *Advances in Psychiatric Treatment, 20*, 202–213.

Zonana, H. (2011). Sexual disorders: New and expanded proposals for the *DSM-5*—Do we need them? *Journal of the American Academy of Psychiatry and the Law, 39*, 245–249.

자살 평가 및 예방

세계적으로 매년 100만 명 이상이 자살로 사망한다(Suicide.org, 2015). 자살 예방을 위한 미국 내의 많은 노력에도 불구하고, 10만 명당 10~13명꼴에 이르는 자살률은 지난 70년간 큰 변화 없이 유지되고 있다. 자살은 성인 사망 원인 중 열 번째, 청소년 사망 원인 중 세 번째에 해당한다. 그러나 지역사회 교육 프로그램, 찾아가는 서비스, 정신질환에 대한 인식 개선 등의 노력에도 불구하고 다른 사망 원인(예 : 심장병, 폐암, 살인 등)과 달리 자살률은 감소하지 않았으며(Insel, 2014) 오히려 증가한 경우도 있다.

2010년에는 3만 8,000명 이상의 미국인이 자살로 사망했다(Insel, 2010). 이들 중 절반에 못 미치는 사람만이 정신질환 치료를 받고 있었다. 광범위한 정신질환은 자살사고를 경험할 가능성을 증가시킨다. 특히 불안장애, 우울장애, 양극성장애, 조현병, B군 성격장애, 행동장애(섭식장애, 게임중독) 그리고 품행장애는 자살과 밀접하게 관련된다. 또한 물질사용장애가 동반될 경우 그 위험성은 크게 증가한다.

정신건강 전문가는 표준화된 치료 과정의 일부로서 자살평가를 실시하고 자살과 관련된 정보에 대해 자세히 기록해야 한다. 자살사고의 평가는 다음과 같은 상황에 실시되어야 한다.

- 초기 평가 면접(접수면접) 중
- 언제든지 자살 관련 또는 자기 파괴적 행동이나 사고를 보일 때
- 환자/내담자의 정신적 또는 임상적 상태에 주목할 만한 변화가 있을 때(예 : 새로운 증상의 발현, 환경적 스트레스원, 새로운 트라우마, 적응장애)
- 자살시도로 인해 병원에 입원했다 퇴원한 지 며칠 또는 몇 주가 지나지 않은 경우

자살 위험이 있는 환자 및 내담자와 작업하는 것이 도전적인 경험임은 분명하지만 치료자가 위험 징후와 위험 요인을 잘 알고 정확한 자살 위험 평가를 수행하여 적절한 개입 방법을 제안할 수 있으면 보람 있는 일이기도 하다.

자살에 대한 개관

매년 12만 5,000명에 달하는 10~24세 사이의 젊은이가 자살시도로 인해 응급실에 실려온다. 상담자들 중 4분의 1가량은 자살로 내담자를 잃어봤다(Rogers & Oney, 2005). 자살 계획이 있는 사람 중 72%는 실제로 시도를 한다(Kessler, Borges, & Walters, 1999).

국립 변사 보고 시스템(National Violent Death Reporting System)에 따르면, 2007년에 자살로 사망한 사람 중 3분의 1은 사망 당시 술이나 마약에 취해 있었다(Karch, Dahleberg, & Patel, 2010).

자살로 인해 사망에 이르게 된 경우, 이전에 12~25번의 자살시도가 있었던 것으로 추정된다.

만성질환 및 통증은 대처 능력을 저하시킬 수 있다. 암, HIV, 낭창, 외상성 뇌 손상 등을 앓고 있는 환자들은 원활

히 기능하지 못할 수 있으며, 그 결과 고통을 종식하는 선택으로 자살을 고려하기도 한다.

자살은 우울증처럼 유전적 요인과 가족력이 영향을 미치는 것으로 보인다. 서로 다른 환경에서 성장했어도 일란성 쌍둥이는 이란성 쌍둥이보다 자살과 관련된 강한 유사성을 보인다. 자살시도를 했던 사람 중 11% 이상이 가족 중에 자살을 시도했거나 자살한 사람이 있다(Maris, 2002). 그리고 이러한 관련성은 유전적 소인과 행동 모방에 기인한 것으로 보인다. 가족 내에서 자살에 노출된 경험이 있는 사람들은 자해 행동을 보고 배움으로써 자살할 가능성이 8배가량 높아진다(de Leo & Heller, 2008). 역기능적 가족, 정신질환, 부모의 죽음, 그 밖의 변인 또한 영향을 미친다. 우울증으로 고통받는 사람들은 정서적 고통이 너무 심각하여 증상이 결코 끝나지 않을 거라고 느끼며 자살만이 유일한 탈출구라고 여길 수 있다. 어떤 사람들은 인생의 어려움을 극복하기 위한 대처 방법으로 자살사고를 사용하기도 한다. 이들은 상황이 나아지지 않을 경우, 자살이 하나의 선택지가 될 수 있다고 생각한다.

자살 위험 요인과 징후에 대한 많은 연구가 이루어졌지만, 누가 자살시도를 할지 예측하는 것은 어려운 일이다(Insel, 2014). 특히 자살에 대한 양가감정과 충동적인 특성은 예측을 더욱 어렵게 만든다. 치명적인 자살시도에서 살아남은 사람들을 대상으로 한 연구는 이들 중 약 25%가 자살시도 5분 전에 생을 마감하겠다는 결정을 내렸었다고 밝혔다(Colt, 2006). 정신과 의사와 그들의 환자를 대상으로 한 설문에서 정신과 의사가 환자의 자살 행동을 예측했을 때 정확도는 15% 미만이었고, 환자 스스로 자신이 앞으로 자살 행동을 할 가능성을 예측했을 때도 정확도는 20% 미만에 불과했다(Nock, Hwang, Sampson, & Kessler, 2010). 이는 치료자가 자살 위험 요인과 징후를 아는 것이 개입시기와 방법을 결정하는 과정의 첫 단계에 불과하다는 점을 의미한다.

자살로 인한 사망자 중 많게는 85%가 우울증과 관련되므로, 우울증과 관련된 다음의 증상을 인식하고 있는 것은 중요하다.

- 정서적 증상 : 불안, 분노, 적개심, 과민성 및 초조, 사회생활 및 결혼생활에서 경험하는 고통
- 행동적 증상 : 울음, 외관의 방치, 철수, 의존, 무기력, 활동 감소, 사회성 결여, 정신지체, 초조
- 태도 증상 : 비관주의, 무력감, 죽음이나 자살에 대한 생각, 낮은 자아존중감, 죄책감
- 인지적 증상 : 집중력 저하, 우유부단함, 왜곡된 사고
- 신체적 증상 : 수면장애, 식욕 부진, 성적 관심 저하, 위장 및 월경 문제, 근육통, 두통

우울증 환자의 자살사고는 항상 확인해야 한다. 만약 현재 자살사고가 있다면, 생각해본 모든 계획과 도구의 가용성에 대한 정보를 수집해야 한다. 구체적인 계획이 있는 사람들은 그 계획이 모호하거나 막연한 미래에 일어날 수 있다고 생각하는 사람들보다 자살시도를 할 가능성이 훨씬 높기 때문에 계획이 있는 것은 자살의 고위험 요소로 간주된다. 특히 계획을 실행에 옮길 도구를 가지고 있다면 더욱 그러하다. 이러한 경우 도구를 제거하거나 가족이나 친구에게 연락하여 시도를 저지하거나 회기 빈도를 늘리고 회기 사이에 전화 연락을 제안하는 것이 반드시 필요하다. 이 모든 것을 내담자가 거부한다면 내담자의 안전 확보를 위해 입원이 필요하다.

최근 연구는 불안으로 인한 괴로움, 공황, 정신병, 특히 알코올 또는 약물의 사용이 동반될 때 자살 위험이 더욱 높아진다고 밝히고 있다. 그 밖에 알고 있어야 하는 중요한 정보는 다음과 같다.

- 위험 요소가 있다고 해서 그것이 꼭 자살로 이어지는 것은 아니다.
- 한 사람이 모든 위험 요소를 지니는 것은 아니며, 여러 위험 요소를 가진 사람이라도 자살하지 않을 수 있다.

우울증 외에 자살 위험성 증가와 관련 있는 위험 요소는 다음과 같다.

- 과거 자살시도 경험은 자살의 가장 큰 위험 요소로 알려져 있다. 그러나 자살로 사망한 사람들의 60~75%는 과거 자살시도 경험이 없었다(Brent et al., 1993; Cavanagh et al., 2003; Shaffer et al., 1996).
- 자살로 인한 사망자의 5명 중 4명은 남성이다. 여성의

자살시도가 더 빈번하지만 이들이 사망에 이를 가능성은 더 낮다.

- 자살시도로 입원한 후 수일 또는 수 주 이내에 자살이 빈번히 발생한다. 또한 자살의 5%가량은 정신과 시설에 입원해 있는 동안 발생한다(Tidemalm, Langstrom, Lichtenstein, & Runeson, 2008).
- 자살은 혼재성 양상의 우울 또는 불안증 동반 우울증과 관련 있다.

자살하는 대부분의 사람들이 보이는 증상은 다음과 같다.

- 소중한 물건을 처분한다.
- 앞으로 보기 어려울 것이라는 이야기를 한다.
- 자살 계획을 적거나 말로 표현한다.
- 죽음 또는 끝이 임박했음을 나타내는 행동에 몰두한다(Brent, Baugher, Bridge, Chen, & Chiappetta, 1999; Cavanagh, Carson, Sharpe, & Lawrie, 2003; Nock, Hwang, Sampson, & Kessler, 2010).

충동적인 분노를 조절하지 못하는 것이 우울증보다 더 큰 위험 요소일 수 있는데 특히 13~34세 남성에게는 주의가 요구된다(Simon, Swann, Powell, et al., 2001).

청소년 자살

자살 행동은 성인에게만 국한된 것은 아니다. 고등학생들을 대상으로 한 전국 조사에서 17%는 지난 12개월 내에 심각하게 자살을 생각해본 적이 있다고 보고했으며, 13%는 계획이 있었고, 8%는 시도를 했었다고 보고했다(Centers for Disease Control and Prevention, 2007). 또 다른 조사에서는 9명 중 1명의 청소년이 고등학교 졸업 전에 자살을 시도했던 것으로 나타났다. 그리고 자살시도를 했던 학생 중 40%는 첫 번째 자살시도가 초등학교 때였다고 밝혔다. 몇몇의 경우 첫 시도 당시 나이가 9세에 불과하기도 했다(Mazza, Catalano, Abbott, & Haggerty, 2011).

절망감은 자살 충동을 느끼는 청소년들이 자주 경험하는 정서 상태이다(Colt, 2006). 청소년들은 짧은 인생 동안 상실, 실패, 우울 사건을 경험한 것이 불과 몇 번에 지나지 않기 때문에 아직 자신을 보호하는 데 필요한 정서적 근육인 냉정함을 발달시키지 못한 상태이다. 또한 청소년들은 외적 통제 소재로 인해 자기가치를 타인에게서 찾는 경향이 있고 그 결과 자기가치는 타인과의 관계에서 만들어진다고 믿고, 관계에서 실패할 경우 자기가치가 급격히 하락하는 것을 경험한다. 자살의 위험성은 아메리카 원주민, 알래스카 원주민과 성적 소수자 청소년들에게서 가장 높게 나타난다. 비록 한 해에 자살로 사망하는 청소년의 수는 상대적으로 적지만(미국의 경우 약 2,000명) 단 한 사람의 죽음도 매우 안타까운 일이며, 예방할 수 있었다는 점을 명심해야 한다. 자살은 결코 하나의 스트레스 요인에 의해 유발되지 않는다. 스트레스에 대한 심리적 취약성과 다른 심리적 문제의 복잡한 상호작용이 마치 총기의 장전과 같은 과정이라고 한다면, 준비된 후에 방아쇠를 당기는 것은 쉽게 이루어지는 것이다. 스트레스 요인 자체는 자살의 원인이 되지 못한다. 이보다 스트레스에 대한 취약성이 문제와 결합되면서 거친 소용돌이를 일으키는 것이다.

최근 연구에 따르면 매일 22명의 참전용사들이 자살한다고 한다. 이 통계는 베트남전 시대의 고령의 참전용사뿐 아니라 아프가니스탄과 이라크 전쟁에서 돌아온 젊은 참전용사도 포함한 수치이다(Zarembo, 2013). 2010년의 경우 자살로 사망한 사람 중 5분의 1은 참전용사였다.

- 여성들이 처방받은 약물을 사용하는 것에 비해 남성들은 보다 치명적인 도구(총기, 로프)를 사용한다.
- 여성의 시도는 남성보다 3배 더 높지만, 사망에 이르는 비율은 낮다.
- 50~54세 백인 여성의 자살률이 급증하고 있다.
- 공황장애, PTSD와 같은 불안장애가 동반되면 자살 위험성이 증가한다.

불안과 미숙한 충동조절은 자살사고가 자살시도로 전환되는 것을 예측하는 경향이 있다(Nock & Kessler, 2007). 자살하는 사람들의 9~33%는 경계성 성격장애로 설명된다. 감정조절 곤란, 불안, 분노, 충동적 폭력 역시 자살에 큰 영향을 미친다(Pompili, Girardi, Roberto, & Tatarelli, 2005). 트라우마 경험(신체적 폭행 또는 성폭행 등), 파괴적이고 충동적인 행동, 과거 자살시도 경험도 역시 자살 위험을 증가시킨다.

앞서 언급하였듯이 양극성장애와 조현병과 같은 주요 정신질환 환자들에게 자살 행동이 두드러지게 나타난다는 점은 잘 알려져 있다. 그런데 적응장애를 호소하는 사람들도 자살 행동을 많이 보인다. 비록 연구가 많지 않지만 나이·성별과 상관없이 많게는 4분의 1가량의 적응장애 내담자들이 자살사고 또는 행동을 보고하고 있다(Pelkonen, Marttunen, Henriksson, & Lonnqvist, 2005). 특히 과거 정신건강 치료 경험, 심각한 심리사회적 손상, 불쾌한 기분과 초조 등이 있는 경우에는 더욱 그러하다. 위험 요소를 인지하는 것은 자살을 평가하는 중요한 첫 번째 단계이지만 이것만으로는 충분한 평가가 되지 못한다는 점에 주의해야 한다. 또한 자살을 시도하는 사람 중 대다수는 글 또는 말로써 그들의 의도를 전달한다는 점을 잊지 말아야 한다.

치료자의 자질

많은 치료자들은 깊은 절망에 빠져 있는 내담자들에 대한 전문성, 교육, 경험이 부족하다. 최근 설문조사에서는 일반인 중 13%가 삶을 마감하는 생각을 해봤다고 보고한 것으로 나타났다. 이 통계에 따르면 치료자들이 만나는 내담자 10명 중 최소한 1명은 자살사고를 가지고 있다고 예측해볼 수 있다(Rogers & Oney, 2005).

치료자들은 자신의 불안을 극복하고, 자신이 가장 좋은 치료 도구임을 잊지 말아야 한다. 새로 시작한 내담자가 자살사고를 보인다면 치료자는 라포를 형성하고 빠르게 치료동맹을 맺음과 동시에 심리사회적 평가와 자살 위험성 평가를 진행해야 한다. 내담자에 대한 강력한 공감 능력과 진솔한 존중의 표현 그리고 내담자의 고통에 대한 관심을 통해 치료자는 내담자와 함께하게 되며, 이를 통해 내담자에게 안전한 곳에서 도움을 받을 수 있고, 희망이 있다는 확신을 줄 수 있다.

공감과 반영적 경청을 통해 치료자는 내담자를 안심시키고, 스스로도 내담자와의 현재에 집중할 수 있다. 이것이 자살 위험이 있는 내담자를 만날 때 해롭지 않게 도움이 되는 유일한 역전이 반응이다(Clark, 2010). 치료자는 내담자가

표현하는 고통에 비하면 자신이 경험하는 불편감은 부차적인 것임을 명심해야 한다. 보살피고 공감하며 양육적인 환경을 유지하고, 평가 검사지를 사용하기보다는 체크리스트를 활용하여 직접 구두로 평가하며, 자살의 위험 요소와 징후를 기억함으로써 치료자는 강력한 치료 동맹을 형성함과 동시에 평가 과정을 자연스럽게 진행할 수 있다.

미국 자살연구학회(American Association of Suicidology)는 자살 징후를 기억하는 것을 돕고자 "Is path Warm?"이라는 두음문자를 만들었다.

I — Ideation(사고)

S — Substance abuse and alcohol consumption(물질 남용과 알코올 섭취) — 물질 남용과 알코올 섭취는 억제 감소와 위험 증가를 유발한다.

P — Purposelessness(목적 상실) — 삶의 목적, 희망, 의미를 잃었는지 확인한다.

A — Anxiety(불안) — 특히 우울증/조증 상태와 혼합되고 수면 패턴의 변화가 있는 초조한 불안은 자살시도로 이어질 수 있다.

T — Trapped(빠져나갈 수 없는 상태) — 현재 상황에서 벗어날 방법이 없다고 느끼는지 확인한다.

H — Hopelessness(절망감, 무망감) — 우울증보다 자살 위험과 더 관련이 깊다. 자살사고가 있는 사람들은 좁은 시야를 가지고 그 너머의 긍정적인 미래를 보지 못한다. 그들 옆에서 그들이 긴 터널을 지나 밝은 빛을 볼 수 있도록 함께 있으며 도와주는 것이 필요할 수 있다.

W — Withdrawal(철수) — 가족, 친구 그리고 즐거움을 줬던 활동으로부터 철수를 의미한다. 낮은 자아존중감, 무가치감, 수치심, 죄책감은 고립되는 행동을 초래하고 가족 또는 단체 활동에 참여할 수 없게 만들 수 있다.

A — Anger(분노) — 자신이나 다른 사람을 해칠 수 있는 분노, 복수, 돌출 행동이 관찰될 수 있다.

R — Reckless(무모함) — 안전에 대한 관심 결여, 감정조절 곤란과 같은 무모하거나 충동적인 행동은 위험한 징후일 수 있다. 특히 젊은 사람들에게는 더 의

미 있는 정보이다.

M — Mood changes(기분 변화) — 행동, 기분, 또는 성격
  의 드라마틱한 변화를 포함하는 기분 변화를 일컫
  는다. 대부분의 기분장애와 마찬가지로 수면, 식욕
  의 변화, 신체 외형 또는 자기 관리의 변화, 주의집
  중 곤란, 언어압박, 또는 운동 지체는 모두 유의해
  야 하는 징후이다.

내담자가 자신의 문제와 큰 걱정거리를 이야기할 때 치
료자는 개방형 질문과 공감 표현, 진심 어린 관심을 통해
내담자를 지지할 수 있다. 이것이 마지막 지푸라기인가? 폭
력적인 상황에서 빠져나온 것인가? 갈 곳이 없는가? 이렇
게 감정을 털어놓게 허용함으로써 치료자의 상담실은 아무
리 절망적이고 파괴적이며 고통스러운 감정일지라도 이를
표현할 수 있는 안전한 피난처가 된다. 모든 진술은 판단
없이 반영해준다. 이를 통해 더 많이 이야기하고 더 깊은
감정과 정서에 접촉할 수 있게 된다. 내담자가 문제를 정
의할 수 있게 됨에 따라 치료자는 자살 위험 신호를 기록하
고, 행동 계획을 수립하는 데 도움이 될 수 있는 강점과 대
처 능력을 확인하기 위한 작업을 시작한다.

내담자가 타당화되고 이해받았다고 느끼기 시작하여 상
담자와 내담자 간의 신뢰할 수 있는 동맹이 형성된 후에야
비로소 전체적인 그림이 나타나고, 이때 치료자는 문제해
결을 위한 탐색으로 안전하게 이동하여 대처기제를 확인하
고 문제의 잠재적 해결책을 찾을 수 있다. 치료자와 내담자
는 협력적으로 위기에 대응하는 행동 계획을 수립할 수 있
고 합의를 이뤄 후속 대처를 계획할 수 있다. 이 시점이 되
면 위기는 치료자가 내담자의 안전을 더 이상 걱정하지 않
아도 될 만큼 해결된다. 그렇지 않고 내담자의 안전에 대한
걱정이 지속된다면 치료자는 자살 금지 서약을 작성하기
보다는 자발적인 입원을 권해야 한다. 자살 금지 서약을 사
용하는 것에 대한 경험적 지지는 많지 않다. 그리고 치료적
동맹의 질이 좋을 때만 자살 금지 서약이 효과적이라고 연
구는 밝히고 있다.

평가

한 연구는 자살로 내담자를 잃은 치료자 중 절반 이상이 사
전에 자살 위험 요소를 파악하지 못했다는 것을 발견했
다(Hendin, Maltberger, Lipschitz, Haas, & Kyle, 2001). 모
든 치료자는 이미 알려져 있는 자살 위험 요소에 어떤 것
이 있는지 인지하고, 익숙하게 자살 위기 평가를 할 수 있
어야 한다. 자살 위기에 대한 세심한 평가와 문서화된 기록
은 모든 정신건강 전문가가 따라야 하는 표준화된 치료 과
정의 일부분이다. 벡 무망감 척도(Beck Hopelessness Scale,
BHS; Beck, Weissman, Lester, & Trexler, 1974), 벡 우울
척도(BDI; Beck, Steer, & Brown, 1996), 그리고 벡 자살사
고 척도(Beck Scale for Suicide Ideation, BSI; Beck & Steer,
1991) 등은 자살 위험이 있는 내담자에게 사용하기 적합한
자살 평가 척도이다.

자살은 드문 일이지만, 치료자가 자살 위험이 있는 내담
자를 만나게 되었을 때, 사전에 체계적인 위기 평가와 관리
계획 프로그램이 준비되어 있으면 이를 기초로 하여 안전
한 임상 현장을 조성해갈 수 있다. 치료자는 적절한 평가를
수행하기 위해 자살 위험 요인을 충분히 숙지하고 있어야
한다(Brown, 2002; Simon & Hales, 2006).

자살 관련 행동과 자살 의도의 차이를 구분하는 것에 대
해 많은 연구가 이루어졌다. 자살사고, 제스처, 위협, 계획
은 모두 진지하게 다뤄져야 한다. 자살을 가장하는 것처럼
보이는 많은 행동(칼로 긋기와 같은 자해 행동)은 의도적으
로든 우연히든 사망으로 이어질 수 있다. 또한 자살 제스처
를 통해 도움을 청했던 많은 사람들이 주변으로부터 진지
하게 받아들여지지 않았기 때문에 도움을 얻기 위해 더 치
명적인 시도를 해야겠다고 느낀다. 그러므로 자살과 관련
된 모든 논의는 공감과 비판 없는 관심으로 진지하게 다루
고 그 위험성을 평가해야 한다.

경계성 성격장애(BPD)에 대한 연구에 따르면 자살시도
를 한 BPD 환자는 BPD로 진단되지 않은 사람들과 동일한
수준의 치명성과 죽겠다는 의도를 가지고 있다고 밝혔다
(Berk, Grosjean, & Warnick, 2009). 그리고 우울을 동반한
BPD는 우울증만 있는 경우보다 평생에 걸쳐 심각한 자살
위험을 보이는 것 같다(Berk et al., 2009).

자살행동 질문지(Suicidal Behavior Questionnaire-14, SBQ-14; Linehan, 1996)는 과거와 미래의 자살 행동에 관한 자기보고식 검사이다. 살아야 하는 이유 질문지(Reasons for Living Questionnaire, RFL; Linehan et al., 1983)는 자살 자체를 평가하는 것은 아니지만 왜 내담자가 자신의 삶을 종식하지 않는지 그 이유에 대한 귀중한 통찰을 제공해 줄 수 있다.

문화적 특성을 잘 아는 치료자는 자살 행동에 있어서도 문화 차이를 고려할 것이다. 문화증후군(예 : 아타케 데 네르비오소¹)으로도 자살 행동이나 시도가 발생할 수 있다. 도움 추구 행동에 있어서도 문화 간 차이가 존재한다.

민족과 인종 차이는 정신질환 치료에서도 나타나고, 정신건강 시스템과 전문가에 대한 불신에서도 나타난다. 미국에서는 영어 능력이 부족하면 정신건강 치료를 받는 데 큰 어려움을 겪는다. 한 연구에 따르면 정신건강 문제를 지닌 비영어권 사람들의 90%가 필요한 치료를 받지 못했다(Sentell, Shumway, & Snowden, 2007). 그밖에 나이, 저소득, 건강보험 미가입, 농촌 지역 거주와 같은 인구통계학적 변인도 필요한 정신과 서비스를 받지 못하는 것과 관련되는 것으로 밝혀졌다(Wang et al., 2005).

많은 사람들이 필요성에도 불구하고 다양한 이유로(예 : 비용, 신념 체계, 오명 등) 정신건강 치료 서비스를 찾지 않고 있다. Alegria와 동료들(2008)의 연구에 따르면 우울증을 앓고 있으면서 치료를 이용하지 않은 사람들의 비율은 다음과 같다.

- 아시아인(69%)
- 라틴 아메리카인(64%)
- 아프리카계 미국인(59%)
- 비라틴계 백인(40%)

문화적 요소는 자살사고 및 자살시도에 영향을 미칠 수 있다. 아시아계 미국인 사회에서는 정신질환과 관련된 낙인과 수치심이 만연하다(Sribney et al., 2010). 이러한 특성을 평가 면접 시 고려해야 한다. *DSM-5*(APA, 2013)의 문화

적 개념화 면접을 사용하는 것도 도움이 될 것이다.

GLBT(게이, 레즈비언, 양성애자, 성전환자) 정체성을 지닌 사람들은 물질사용장애 발생 빈도가 높고, 우울증 비율이 높으며, 청소년기부터 많은 스트레스를 보고한다. 특히 레즈비언 여성의 경우 자살사고와 시도 빈도가 높은 편이다(Koh & Ross, 2006).

공감은 위기의 내담자를 돕는 가장 강력한 도구이다(Rogers & Oney, 2005). 치료자들은 일치성을 가지고 자신이 경험하는 불안, 경고 신호, 고통을 내담자에 대한 관심과 걱정 그리고 안위를 염려하는 마음으로 표현해야 한다. 또한 자살사고에 대한 철저한 평가를 실시하고 위기 수준에 따라 치료 계획을 수행해야 한다.

자살시도로 생을 마감한 대부분의 사람들은 정신건강 상담을 받아본 적이 없고, 고위험으로 분류될 수 있는 진단을 받아본 적이 없으며, 어떠한 자살 위험 요소도 드러내 보인 적이 없다.

미국 내 자살하는 사람들의 약 14%는 정신병원의 입원 환자 집단이 아닌 의료, 외과, 종양학 환자 집단에서 발생한다. 이들은 대개 과거 자살시도 경험이나 정신과적 질환의 경험이 없다. 따라서 일반적인 위험 요소가 이들에게는 적용되지 않을 수 있는 것이다. 이보다는 의료 문제, 만성 질환 또는 불치병, 우울증, 섬망, 초조 등의 영향이 있을 수 있다(Tishler & Reiss, 2009; Botwick & Rackley, 2007).

최근 미국에서는 최고위험 상태의 사람들을 대상으로 자살예방을 시도하여 효과를 확인하였다(Olfson et al., 2014). 고위험 상태에 있다고 볼 수 있는 경우는 다음과 같다.

- 전체 자살 중 약 25%는 퇴원 후 3개월 이내에 발생한다. 따라서 정신과 병원에서 퇴원한 후 첫 주는 특히 더욱 위험한 시기이다.
- 자해로 응급실 치료를 받은 청소년(그리고 성인) 중 0.9%는 3개월 이내에 자살한다.
- 18세 미만의 경우 개인적인 위기 직후 몇 시간이 자살 위험이 매우 높은 시기이다.
- 특히 충동적인 사람의 경우는 관계 단절 후 자살이 일어날 수 있다. 대처 기술을 교육하는 것은 관계 경험이 미흡한 젊은 남성들에게 효과적일 수 있다.

---

1 역자 주 : 특정 라틴계 집단에서 통제되지 않는 행동이나 신체 증상 등을 의미하는 문화 특징적 증후군으로 자살시도와 유사한 행동으로 이어짐

• 치명적인 도구의 사용은 위험 증가의 원인으로 자주 언급된다. 화기 소지를 제한하는 주의 경우 화기 관련 자살이나 살인의 가능성이 적다.

평가 시점

자살 위기 평가는 모든 접수면접 회기에서 항상 수행되어야 한다. 이후 회기에서는 내담자가 우울하거나 위기나 상실을 경험한 경우 자살 위기 평가를 수행해야 한다. 고위험 상태이거나 과거 자살시도가 있었던 내담자는 지속적인 평가가 필요하다.

자살사고가 있는 대부분의 사람들은 양가감정을 경험한다. 그들은 죽고 싶지 않아 하며 단지 정서적 고통이 끝나길 바랄 뿐이다. 대안을 보지 못하는 사람들, 편협한 사고 등의 인지적 증상을 보이는 사람들, 또는 정신병이나 치매를 앓고 있는 사람들의 경우 자살 위험성은 증가한다.

평가 방법

앞서 언급했듯이 자살 위험이 있는 내담자에게 가장 먼저 개입하는 방법은 공감이다. Carl Rogers의 인간중심 접근에 기초한 위기 상담에서 치료자는 내담자의 감정에 초점을 두고 어떻게 상황을 다루어나갈지에 대한 치료자 자신의 두려움과 불안을 감소시킨다.

자살 평가 도구는 20개 이상이 존재한다. 그러나 치료자들은 자살 위험이 있는 내담자에게 흑백의 인쇄물인 검사 도구를 사용하는 것이 긍정적인 치료 동맹을 수립하는 데 방해가 되는 것으로 여겨왔다. 긍정적 치료 동맹은 자살 의도를 줄이는 가장 기본적인 방법이기도 하다. 자살 위험이 있는 내담자들은 상담자와 더 자주 만나는 것, 24시간 연락 가능한 것, 작은 메모지에 자세한 응급대처 계획을 적어 지갑에 넣고 다니는 것, 그리고 회기 중에 상담자가 더 많이 상호작용에 참여하는 것을 선호한다. 반면 자살 금지 서약과 평가 양식은 가장 도움이 안 되는 것으로 밝혀졌다(Bartlett, 2006).

면대면으로 질문하지 않고 인쇄된 평가 양식을 사용하면 치료자는 내담자의 깊은 감정을 이해하기 위해 연결성을 가지고 중요한 정보를 추가로 획득할 수 있는 기회를 잃을

수 있다. 초기 평가에서 공감적인 한 사람으로서 접한 감정과 연결성이 변화를 일으키는 유일한 치료일 수 있다. 치료자는 평가 양식과 질문지에 의존하기보다 위기 요소, 역학 데이터, 내담자가 보이는 위험 징후를 충분히 인지하여 적절한 개방형 질문을 할 수 있다.

Goldman(2002)은 내담자의 대처 기술을 확인할 수 있는 질문을 권하고 있다. 예를 들면 다음과 같은 질문이다. "스트레스 받을 때 과거에는 어떻게 대처했나요?", "과거에도 자살에 대해 생각해본 적이 있나요?", "그렇다면 얼마나 자주 그랬으며 감정을 어떻게 다루었나요?", "사회적 지지 체계(관계)는 어떤가요?", "절망감, 무력감, 분노가 지금 느껴지나요?"

자살 위험성을 평가하기 위해서 치료자들은 자살 계획이 있는지, 있다면 방법은 무엇인지 물어봐야 한다. 만약 현재 계획이 있다면 구체적인지 아니면 다소 모호하고 미래 어느 시점에 죽을 막연한 계획인지 확인해야 한다. 총기나 밧줄과 같은 치명적인 방법의 사용을 고려하는 등 계획이 구체적이거나 누군가 주변에서 도와줄 가능성이 적다면 위험 수준은 매우 높은 것이다. 더불어 평가자는 많은 사람들이 자살 가능성을 부인한다는 점 또한 잊지 말아야 한다.

보호 요인도 평가해야 한다. 보호 요인은 전생애에 걸쳐 자살 위험을 줄여줄 수 있는 특질과 성격을 일컫는다. 종교 또는 영성, 응집력 있는 가족, 문제해결 기술, 긍정적인 태도, 그리고 애완동물도 죽고 싶지 않은 이유가 된다. 치료자는 위험 요인과 보호 요인을 모두 평가함으로써 위험에 대한 종합적인 평가를 할 수 있다.

위험 수준은 위험하지 않음, 경도, 중등도, 고도 수준으로 나눌 수 있다. 치료자는 위험 평가에 기초하여 적절한 개입 수준을 선택하게 된다(Kanel, 2007). 다음에 위험 수준별 간단한 위험 요소를 제시하고자 한다. 한 가지 주의할 것은 자살 위험이 있는 내담자 모두는 문화 차이를 잘 이해하고 있는 치료자에 의해 개별적으로 평가되어야 한다는 점이다(Bartlett & Daughhetee, 2010).

낮은 수준의 위험 : 자살 계획이 없거나 모호하거나 실현 가능성이 없는 경우, 다른 사람과 함께 살고 있고 주변 누군가 도와줄 가능성이 높은 경우, 겪고 있는 문제 자체

가 해결될 가능성이 있으며 급성 문제인 경우가 해당할 수 있다. 낮은 위험 수준의 사람은 살고자 하는 의지가 분명하고 알코올 문제가 없다.

중간 수준의 위험 : 치료 장면에서 가장 흔히 볼 수 있는 위험 수준이다. 몇 시간 또는 며칠 후에 대한 계획이 있고, 계획을 실행에 옮길 능력과 방법을 가지고 있으며, 주변 사람들이 개입할 가능성은 낮은 경우가 해당된다. 알코올 문제는 결부되어 있지 않다.

높은 수준의 위험 : 자살 계획이 구체적이고, 방법이 치명적이며, 언제 어떻게 계획을 실행에 옮길지 기술할 수 있는 사람들이 해당된다. 스트레스원이 급성이며 문제의 해결책이나 대안을 고려하지 못한다. 또한 사회적으로 고립되어 있으며, 약물이나 알코올 문제가 있고, 자살에 대해 어떤 주저함이나 양가감정을 표현하지 않는다.

자살을 시도하는 내담자들에게서 모든 위험 요소가 발견되는 것은 아니며, 위험 요소를 지닌 내담자들이 모두 자살 시도를 하는 것은 아니다. 정신과 의사들과 자살 위험이 있는 내담자들을 대상으로 한 최근 연구는 미래에 발생할 수 있는 내담자의 자살시도를 예측하는 것이 효과적이지 않음을 밝혔다(Nock et al., 2010). 그러나 치료자들이 위험 요소를 알고 있으면 누가 자살시도를 할 가능성이 있는지 조금 더 파악할 수 있고 그에 따라 적절한 개입을 할 수 있게 된다.

개입 전략

자살 위험이 있는 내담자에게 제공할 수 있는 개입으로는 즉각적인 입원, 부분 입원 치료(PHP), 통원 심리치료 및 약물 복용 관리의 세 가지가 있다. 자살사고를 보이는 내담자 중 일부는 안전과 자해 방지를 위해 즉각적인 입원 조치가 필요하다. 그러나 많은 경우 개입 방법이 명백하지 않으므로 확실한 결정을 내리기 위해 치료자는 유능감을 가지고 철저하게 평가해야 한다. 만약 자해 위험이 있다고 판단된다면 내담자를 홀로 남겨두어서는 안 된다. 친척, 친구에게 연락하거나 병원에 이송해줄 구급차를 부르는 등 조치가 이루어져야 한다. 개인 센터를 운영하는 치료자나 기

관에 속해 있는 치료자가 직접 내담자를 병원에 데리고 가는 것은 일반적으로 좋은 방법이 아니다. 내담자가 병원에 가게 되면 병원 직원에 의해 관리받고 심리 평가를 받게 된다. 치료자는 문서작업 또는 배경정보 제공을 위해 호출될 수 있으나 대개는 내담자가 병원에서 퇴원하게 될 때까지 연락을 취하지 않게 된다.

미국의 몇몇 주는 치료자와 상담자가 내담자를 부분 입원 치료(PHP)에 의뢰할 수 있도록 하고 있다. 그 외의 주는 정신과 의사의 소견서를 필요로 한다. PHP 또는 주간 치료 프로그램은 병원이나 다른 장소에서 이루어지는 외래 환자를 위한 프로그램이다. 심리교육, 개인 및 집단 치료, 약물 복용 관리 등이 집중적으로 제공되며, 대개 몇 주 또는 몇 개월에 걸쳐 하루에 몇 시간씩 주 5회 프로그램으로 진행된다.

대부분의 경우 통원 심리치료는 자살사고 치료에 효과적이다. 공감은 협업을 촉진하고 위기 상황에서도 계속해서 사용하게 되는 개입이다. 공감적 동맹이 발달하면 위기를 극복하기 위한 목표 설정과 계획에 따라 치료자는 협소한 사고와 인지적 오류에 초점을 두고 인지행동치료를 시행할 수 있다(Ghahramanlou-Holloway, Neely, & Tucker, 2014).

위험 수준이 낮은 내담자의 경우에도 안전 계획을 세울 수 있다. 내담자가 자살하지 않겠다고 서약하는 문서인 자살금지 서약서와 달리 안전 계획은 내담자가 더 이상 안전하지 않다고 느낄 때나 자살 행동을 취하기 전에 무엇을 할지 작성하는 것으로 치료자와 내담자 간의 공동 작업이다. 대부분의 안전 계획에는 내담자가 자살하고 싶을 때 연락할 수 있는 최소 3~4명의 믿을 만한 사람을 포함시킨다. 여기에는 치료자도 포함된다. 요청에 따라 통원치료는 위기 상황이 지나갈 때까지 주 2회 이상으로 늘어날 수 있다. 그 외에 모든 자유 시간에 대한 계획을 세워 내담자가 장시간 혼자 방치되지 않도록 한다.

초기 개입 시 평가양식의 사용, 자살금지 서약서 작성, 또는 입원조치를 취하는 것은 치료자와 내담자 간의 단절을 초래할 수 있다는 점을 명심해야 한다. 이러한 조치는 자살 가능성이 있는 내담자와 작업하는 것에 대한 치료자의 불편감을 해소하려는 목적에서 비롯된 결과일 때가 많다.

자살 위험이 있는 내담자에 대한 개입을 이행한 후에 치료자는 자신이 취한 행동과 그 이유를 반드시 기록해두

어야 한다. 치료자는 또한 슈퍼비전을 받거나 동료 치료자와 논의를 하면서 적당한 자기관리를 해야 한다. 치료자는 입원조치를 취했거나 PHP 프로그램에 내담자를 의뢰한 경우, 이후 진행이 잘되고 있는지 알아봐야 하며, 특별히 힘든 회기 후에는 언제나 후속 조치를 취해야 한다(Hankammer, Snyder, & Hankammer, 2006).

예후

짧은 일시적인 위기를 경험하고 있는 사람들, 좋은 지지 체계가 있고 동반된 정신질환이 없거나 자살 가족력이 없는 사람들은 예후가 매우 양호할 것이다. 많은 사람들의 현재 위기는 지나가기 마련이고 이후에 자살하고 싶은 사건을 다시 마주하게 될 일은 많지 않다. 위기는 친구와 가족에게 다가가게 하고 자원을 강화시키며 유연성을 개발하는 데 도움을 주기도 한다.

그러나 우울증, 양극성장애, OCD, 또는 조현병을 동반하는 사람들, 트라우마 또는 성폭행 경험이 있는 사람들, 무모한 행동, 폭발적인 분노, 알코올 남용 또는 자살사고에 강박적으로 사로잡혀 있는 사람들의 예후는 그리 좋지 않을 수 있다.

안타깝게도 우리가 아는 모든 자살 위험 요소에도 불구하고 누가 정말 위험한지 효과적으로 예측하는 것과 이들을 돕기 위한 예방 프로그램을 개발하는 것은 여전히 어려운 상태이다.

자살을 줄이려는 연방 정부, 주 정부, 지역사회 수준의 노력은 꾸준히 이루어지고 있다. 이러한 노력에는 자살예방을 위한 국가전략(National Strategy for Suicide Prevention; U.S. Department of Health and Human Services, 2012), 국립 자살 방지 라이프라인(National Suicide Prevention Lifeline), 그리고 제대군인 위기라인(Military Veterans Crisisline)이 있다. DSM-5에는 처음으로 자살 위험 요소가 포함되었고 DSM-5 웹사이트(www.DSM5.org)는 위험 평가와 예방을 위한 도구를 제공하고 있다.

자살행동장애는 DSM-5의 III편의 추가 연구가 필요한 진단적 상태에 제시되어 있다. 여기서 제안하고 있는 기준은 지난 24개월 안에 자살시도가 있었는지 여부이다. 그러나 자살사고 또는 이전 자살시도 행동만으로 이 장애를 진단할 수는 없다. 마찬가지로 자살을 의도하지 않은 자해, 종교 또는 정치적 목적에 의한 행동, 섬망 또는 혼란 속에 일어난 자살 행동도 이 장애로 진단되지 않는다.

추천문헌

Nationally, the American Association of Suicidology offers conferences, workshops, continuing education, journals, books, and other resources. Contact local suicide prevention programs and crisis hotlines for training options locally.

Center for Substance Abuse Treatment. (2009). Addressing Suicidal Thoughts and Behaviors in Substance Abuse Treatment. Rockville (MD): Substance Abuse and Mental Health Services Administration (US); 2009. (Treatment Improvement Protocol (TIP) Series, No. 50.) Part 3, Section 1, Addressing Suicidal Thoughts and Behaviors in Substance Abuse Treatment: A Review of the Literature. Available from: http://www.ncbi.nlm.nih.gov/books/NBK64013/

Granello, D. H., & Granello, P. F. (2007). *Suicide: An essential guide for helping professionals and educators*. Boston, MA: Pearson.

Jackson-Cherry, L. R., & Erford, B. T. (2014). *Crisis assessment, intervention and prevention* (2nd ed.). Upper Saddle River, NJ: Pearson.

Kanel, K. (2013). *A guide to crisis intervention* (5th ed.). Belmont, CA: Thomson.

Koslow, S. H., Ruiz, P., & Nemeroff, C. B. (Eds.). (2014). *A concise guide to understanding suicide*. Cambridge, UK: Cambridge University Press.

LivingWorks. (2013). *Applied Suicide Intervention Skills Training (ASIST-11) handbook*. Fayetteville, NC: Author. Available at www.livingworks.net

Suicide Prevention Resource Center. (2010). *Recognizing and responding to suicide risk: Essential skills for clinicians*. Retrieved from http://www.sprc.org/bpr/section-III/recognizing-and-responding-suicide-risk-essential-skills-clinicians

참고문헌

Alegria, M., Chatterji, P., Wells, K., Cao, Z., Chen, C. N., Takeuchi, D., … Meng, X. L. (2008). Disparity in depression treatment among racial and ethnic minority populations in the United States. *Psychiatric Services, 59,* 1264–1272.

American Psychiatric Association. (2013). *Diagnostic and Statistical Manual of Mental Disorders* (5th ed.). Washington, DC: Author.

Bartlett, M. L. (2006). The efficacy of a no-suicide contract with clients in counseling on an outpatient basis. *Dissertation Abstracts International, 67,* 3438, 06B UMI No. 3225247.

Bartlett, M. L., & Daughhetee, C. (2010). Risk assessment. In B. Erford & L. Jackson-Cherry (Eds.), *Crisis: Intervention and prevention.* Upper Saddle River, NJ: Pearson.

Beck, A. T., & Steer, R. A. (1991). *Manual for the Beck Scale for Suicide Ideation.* San Antonio, TX: Psychological Corporation.

Beck, A. T., Steer, R. A., & Brown, C. K. (1996). *Manual for the Beck Depression Inventory-II.* San Antonio, TX: Psychological Corporation.

Beck, A. T., Weissman, A., Lester, D., & Trexler, L. (1974). The measurement of pessimism: The Hopelessness Scale. *Journal of Consulting and Clinical Psychology, 42,* 861–865.

Berk, M. S., Grosjeck, B., & Warnick, H. D. (2009). Beyond threats: Risk factors for suicide in borderline personality disorders. *Current Psychiatry, 8,* 5.

Botwick, J. M., & Rackley, S. J. (2007). Completed suicide in medical/surgical patients: Who is at risk? *Current Psychiatry Report, 9,* 242–246.

Brent, D. A., Baugher, M., Bridge, J., Chen, T., & Chiappetta, L. (1999). Age- and sex-related risk factors for adolescent suicide. *Journal of the American Academy of Child and Adolescent Psychiatry, 38,* 1497–1505.

Brent, D., Perper, J., Moritz, G., Allman, C., Friend, A., Roth, C., … Baugher, M. (1993). Psychiatric risk factors for adolescent suicide: A case-control study. *Journal of the American Academy of Child and Adolescent Psychiatry, 32,* 521–529.

Brown, G. K. (2002). *A Review of Suicide Assessment Measures for Intervention Research With Adults and Older Adults* (Technical report submitted to NIMH under Contract No.263-MH914950). Bethesda, MD: National Institute of Mental Health. Retrieved from http://ruralccp.org/lyra-data/storage/access/brown-nd.-27cb.pdf

Cavanagh, J. T. O., Carson, A. J., Sharpe, M., & Lawrie, S. M. (2003). Psychological autopsy studies of suicide: A systematic review. *Psychological Medicine, 33,* 395–405.

Clark, A. J. (2010). Empathy: An integral model in the counseling process. *Journal of Counseling and Development, 88,* 348–356.

Centers for Disease Control and Prevention. (2007). *Suicide facts at a glance.* Retrieved from www.cdc/gov

Colt, G. H. (2006). *November of the soul: The enigma of suicide.* New York, NY: Scribner.

de Leo, D., & Heller, T. (2008). Social modeling in the transmission of suicidality, *Crisis, 29,* 11–19.

Ghahramanlou-Holloway, M., Neely, L., & Tucker, J. (2014). A cognitive-behavioral strategy for preventing suicide. *Current Psychiatry, 13,* 18–25.

Goldman, H. H. (2000). Implementing the lessons of mental health service demonstrations: Human rights issues. *Acta Psychiatrica Scandinavia* (Suppl. 299), 51–54.

Granello, D. H., & Granello, P. F. (2007). *Suicide: An essential guide for helping professionals and educators.* Boston, MA: Pearson.

Hankammer, W., Snyder, B., & Hankammer, C. C. (2006). Empathy as the primary means in suicide assessment, *Journal for the Professional Counselor, 21,* 5–19.

Hendin, H., Maltberger, J., Lipschitz, A., Haas, A., & Kyle, J. (2001). Recognizing and responding to a suicide crisis. *Suicide and Life Threatening Behaviour, 31,* 115–128.

Insel, T. (2010, September 10). *The under-recognized public health crisis of suicide.* Director's Blog. Retrieved from http:///www.nimh.nih.gov/about/director/2010/the-under-recognized-public-health-crisis-of-suicide.shtml

Insel, T. (2014). *A new research agenda for suicide prevention prevention.* Director's Blog. Retrieved from http:///www.nimh.nih.gov/about/director/2014/the-under-recognized-public-health-crisis-of-suicide.shtml

Kanel, K. (2007). *A guide to crisis intervention* (3rd ed.). Belmont, CA: Thomson.

Karch, D. L., Dahleberg, L. L., & Patel, N. (2010). Surveillance for Violent Deaths-National Violent Death Reporting System, 16 States, 2007. CDC Surveillance Summaries, *Morbidity and Mortality Weekly Report, 59* (No SS-4).

Kessler, R. C., Borges, G., & Walters, E. E. (1999). Prevalence of and risk factors for lifetime suicide attempts in the National Comorbidity Survey. *Archives of General Psychiatry, 56,* 617–626.

Koh, A. S., & Ross, L. K. (2006). Mental health issues: A comparison of lesbian, bisexual, and heterosexual women. *Journal of Homosexuality, 51,* 33–57.

Linehan, M. M. (1996). *Suicidal Behaviors Questionnaire (SBQ).* Unpublished manuscript. Seattle, WA: University of Washington.

Linehan, M. M., Goodstein, J. L., Nielsen, S. L., & Chiles, J. A. (1983). Reasons for staying alive when you are thinking of killing yourself: The Reasons For Living

Inventory. *Journal of Consulting and Clinical Psychology*, *51*, 276–286.

Maris, R. W. (2002). Suicide. *Lancet*, *360*, 319–326.

Mazza, J. J., Catalano, R. F., Abbott, R. D., & Haggarty, K. P. (2011). An examination of the validity of retrospective measures of suicide attempts in youth. *Journal of Adolescent Health*, *49*, 449–556.

Nock, M. K., Hwang, I., Sampson, N. A., & Kessler, R. C. (2010). Mental disorders, comorbidity and suicidal behavior: Results from the National Comorbidity Survey Replication. *Molecular Psychiatry*, *15*, 868–876.

Nock, M. K., & Kessler, R. C. (2007). Prevalence of and risk factors for suicide attempts versus suicide gestures: Analysis of the National Comorbidity Survey. *Journal of Abnormal Psychology*, *115*, 616–623.

Olfson, M., Marcus, S. C., & Bridge, J. A. (2014). Focusing suicide prevention on periods of high risk. *Journal of the American Medical Association*, *19*, 1107–1108.

Pelkonen, M., Marttunen, M., Henriksson, M., & Lonnqvist, J. (2005). Suicidality in adjustment disorder, clinical characteristics of adolescent outpatients. *European Child and Adolescent Psychiatry*, *14*, 174–180.

Pompili, M., Girardi, P., Roberto, A., & Tatarelli, R. (2005). Suicide in borderline personality disorder: A meta-analysis. *Nordic Journal of Psychiatry*, *51*, 319–324.

Rogers, J. R., & Oney, K. M. (2005). Clinical use of suicide assessment scales: Enhancing reliability and validity through the therapeutic relationship. In R. I. Yufit & D. Lester (Eds.), *Assessment, treatment, and prevention of suicidal behavior* (pp. 7–27). Hoboken, NJ: Wiley.

Sentell, T., Shumway, M., & Snowden, L. (2007). Access to mental health treatment by English language proficiency and race/ethnicity. *Journal of General Internal Medicine*, *22*, 289–293.

Shaffer, D., Gould, M., Fisher, P., Trautman, P., Moreau, D., Kleinman, M., & Flory, M. (1996). Psychiatric diagnosis in child and adolescent suicide. *Archives of General Psychiatry*, *53*, 339–348.

Simon, O. R., Swann, A. C., Powell, K. E., Potter, L. B., Kresnow, M. J., & O'Carroll, P. W. (2001). Characteristics of impulsive suicide attempts and attempters, *Suicide and Life Threatening Behaviors*, *32*, (1 Suppl), 49–59.

Simon, R. I., & Hales, R. E. (2006). *The American Psychiatric Publishing textbook of suicide assessment and management*. Arlington, VA: American Psychiatric Publishing.

Sribney, W., Elliott, K., Aguilar-Gaxiola, S., & Ton, H. (2010). The role of nonmedical human service and alternative medicine. In P. Ruiz & A. B. Primm (Eds.), *Disparities in psychiatric care: Clinical and cross-cultural perspectives* (pp. 274–289). Baltimore, MD: Lippincott, Williams & Wilkins.

Suicide.org. (2015). *International suicide statistics*. Retrieved from http://www.suicide.org/international-suicide-statistics.html. Accessed August 31, 2015.

Tidemalm, D., Langstrom, N., Lichtenstein, P., & Runeson, B. (2008). Risk of suicide after suicide attempt according to coexisting psychiatric disorder: Swedish cohort study with long term follow-up, *British Medical Journal*, *337*, a2205.

Tishler, C. L., & Reiss, N. S. (2009). Inpatient suicide: Preventing a common sentinel event. *General Hospital Psychiatry*, *31*, 103–109.

U.S. Department of Health and Human Services (HHS) Office of the Surgeon General and National Action Alliance for Suicide Prevention (2012). *2012 National Strategy for Suicide Prevention: Goals and Objectives for Action*. Washington, DC: HHS, September 2012.

Wang, P. S., Berglund, P., Olfson, M., Pincus, H. A., Wells, K. B., & Kessler, R. C. (2005). Failure and delay in initial treatment contact after first onset of mental disorders in the National Comorbidity Survey Replication. *Archives of General Psychiatry*, *62*, 603–613.

Zarembo, A. (2013, May 11). Vietnam veterans' new battle: Getting disability compensation. *Los Angeles Times*.

찾아보기

저자 소개

Lourie Wilson Reichenberg

면허를 취득한 상담심리전문가이며 수많은 상담 및 심리학 교재의 저자이다. 가장 최근 저서인 *DSM-5 Essentials: The Savvy Clinician's Guide to the Changes in Criteria*(2014)는 치료자들이 *DSM-IV*에서 *DSM-5*로 전환하는 것을 돕는 책이다.

미시간주립대학교에서 심리학으로 학사학위를, 메리마운트대학교에서 상담심리학으로 석사학위를 취득했다. 대학원과 학부에서 심리학을 가르치며 정신질환의 진단과 치료, 자살 평가 및 예방, 마음챙김 교육과 훈련을 해오고 있다. 버지니아 주 비엔나 소재 여성센터의 입주 상담사들과 인턴들에게 슈퍼비전을 제공하고 있다. 또한 버지니아 주 폴스교회에 위치한 자신의 상담소에서 개인 상담과 부부 상담을 하고 있으며, 특히 심각한 정신질환이 있어서 어려움을 겪고 있는 가족들을 돕는 데 많은 관심을 갖고 있다. 그녀는 크라이시스링크(CrisisLink, 위기개입을 위해 핫라인 서비스를 제공하는 비영리단체), 버지니아상담사협회, 노던버지니아전문상담사협회(NVLPC)의 이사회에서 활동하고 있기도 하다. 그녀는 Linda Seligman과 함께 상담 및 심리치료의 이론(*Theories of Counseling and Psychotherapy: Systems, Strategies, and Skills*; 2013, 2009)이라는 책과 이 책의 초판 및 2판을 공동 집필하였다. 또한 수많은 정신건강과 인적자원 관련 주제에 대한 간행물, 전문 학술지, 뉴스레터, 전문잡지, 책 일부, 논문에서 자신의 필력과 편집 능력을 발휘하고 있다.

결혼 25년 차로 남편 닐과 버지니아 주 매클레인에 거주하고 있으며, 손자인 아이작, 제이시, 오리온과 메릴랜드 주 솔로몬즈에서 여름휴가를 즐기는 편이다. 그녀는 현재 이 책과 한 세트로 구성될 수 있는 *Implementing Effective Treatments*를 집필하고 있다.

이 책은 치료자들이 진단에 적합한 치료 전략을 선택하는 데 도움을 줄 수 있을 것이다.

Linda Seligman

브랜다이스대학교에서 학사학위를, 컬럼비아대학교 교육대학원에서 생활지도와 상담으로 석사학위를, 같은 대학교에서 상담심리학으로 박사학위를 취득했다. 저자, 연구자, 교육자, 실무자 그리고 상담자로 활동 중이며 이러한 다양한 역할이 이 책에 제시된 연구, 논의, 예시에 반영되어 있다. 조지메이슨대학교의 명예교수로 재직할 때 교육학 박사과정을 총괄하였으며 지역사회 상담프로그램(Community Agency Counseling Program)을 감독하기도 하였다. 그 외에도 존스홉킨스대학교, 월든대학교, 그리고 메리마운트대학교에서 강의했다. *Assessment in Developmental Career Counseling*, *Diagnosis and Treatment Planning in Counseling*, *Developmental Career Counseling and Assessment*, *Promoting a Fighting Spirit: Psychotherapy for Cancer Patients Survivors, and Their Families*, *Fundamental Skills for Mental Health Professionals*, *Conceptual Skills for Mental Health Professionals* 등 많은 저서를 집필했다. 또한 80개 이상의 책 일부와 학술지를 집필하기도 했다. 버지니아 정신건강 상담자협회의 회장과 정신건강 상담학회지(Journal of Mental Health Counseling)의 편집장을 역임했으며, 상담 및 발달 학회지(Journal of Counseling and Development)와 버지니아 상담자 학회지(Virginia Counselors Journal)의 편집위원이기도 했다. 조지메이슨대학교에서 특훈교수로 선정되었고, 미국 정신건강 상담자 협회에서 1990년에는 올해의 연구자상을, 2006~2007년에는 올해의 상담자 교육자상을 수상하였다.

역자 소개

김영혜

원광디지털대학교 상담심리학과 교수
한국심리학회 산하 한국상담심리학회 상담심리사 1급
이화여자대학교 대학원 심리학과 졸업

김민정

아주대학교 교육대학원 상담심리전공 교수
한국심리학회 산하 한국상담심리학회 상담심리사 1급
연세대학교 대학원 심리학과 졸업

심은정

숭실대학교 상담센터 상담교수
한국심리학회 산하 한국임상심리학회 임상심리사 1급
미국 로즈미드대학원 심리학과 졸업

신혜린

기연심리상담센터 대표
한국심리학회 산하 한국상담심리학회 상담심리사 1급
연세대학교 대학원 심리학과 졸업

양현정

연세대학교 학부대학 교수
한국심리학회 산하 한국상담심리학회 상담심리사 1급
연세대학교 대학원 심리학과 졸업

유나현

고려대학교 학생상담센터 상담교수
한국심리학회 산하 한국상담심리학회 상담심리사 1급
연세대학교 대학원 심리학과 졸업

윤정설

기연심리상담센터 대표
한국심리학회 산하 한국상담심리학회 상담심리사 1급
연세대학교 대학원 심리학과 졸업